Schwind · Kriminologie

**Grundlagen**
Die Schriftenreihe der »Kriminalistik«

# Kriminologie

## Eine praxisorientierte Einführung mit Beispielen

von

Hans-Dieter Schwind
Univ.-Prof. (em.) Dr. jur. an der Ruhr-Universität Bochum
und
Hon.-Professor an der Universität Osnabrück

unterstützt durch

Jan-Volker Schwind M.A.
Polizeikommissar in Osnabrück
und
Lehrbeauftragter an der Polizeiakademie Niedersachsen

22., neubearbeitete und ergänzte Auflage

Kriminalistik

*Schwind, Hans-Dieter*, geb. 1936 in Tokyo/Japan, Universitätsprofessor (em.) für Kriminologie, Strafvollzug und Kriminalpolitik an der Ruhr-Universität Bochum (1974-2001); Niedersächsischer Minister der Justiz (1978-1982); Präsident der Deutschen Kriminologischen Gesellschaft (1984-1989); Vorsitzender der (Anti-)Gewaltkommission der Bundesregierung (1987-1990); 2002-2010 Mitglied des Bundesvorstands des WEISSEN RINGES. Ab 1997 auch Hon.-Professor an der Juristischen Fakultät der Universität Osnabrück. Seit 1996 Präsident des Stiftungsrates der Deutschen Stiftung für Verbrechensverhütung und Straffälligenhilfe (DVS).

*Schwind, Jan-Volker*, geb. 1985 in Celle/Niedersachsen. Nach Grundwehrdienst (Feldjäger) Besuch der Fachhochschule für öffentliche Verwaltung und Rechtspflege (Polizeiakademie Oldenburg) mit Abschluß (2008): Polizeikommissar und Diplom-Verwaltungswirt (FH). 2012 M. A. – Abschluss („Crimimology and Police Science") an der Juristischen Fakultät der Ruhr-Universität Bochum. 2013/14 Lehrauftrag (für Kriminologie) an der Polizeiakademie Niedersachsen: Standort Nienburg (Abordnung).

Titelbild:
EU-Staaten, Schengenstaaten und Schengenstaaten ohne EU-Mitgliedschaft

Bibliografische Information der Deutschen Nationalbibliothek

Die Deutsche Nationalbibliothek verzeichnet diese Publikation in der Deutschen Nationalbibliografie; detaillierte bibliografische Daten sind im Internet unter http://dnb.d-nb.de abrufbar.

Bei der Herstellung des Werkes haben wir uns zukunftsbewusst für umweltverträgliche und wiederverwertbare Materialien entschieden. Der Inhalt ist auf elementar chlorfreies Papier gedruckt.

ISBN 978-3-7832-0809-2

E-Mail: kundenservice@hjr-verlag.de
Telefon: +49 6221/489-555
Telefax: +49 6221/489-410



www.kriminalistik-verlag.de
www.hjr-verlag.de

Satz: inmedialo, Plankstadt
Druck: Kessler Druck + Medien, Bobingen
Printed in Germany

# Vorbemerkung zur 21. Auflage

Die Verfasser haben sich bemüht, die Neuauflage wiederum auf den neuesten Stand zu bringen. Redaktionsschluß: 1. August 2013.

Schwerpunkte der Überarbeitung bilden erneut (als Dauerthemen) die familiale und schulische (Werte-)Erziehung als Weichen im Lebenslauf, aber auch die (kriminogen) relevante Freizeitgestaltung. Im Vordergrund der Darstellung stehen vor allem Gewaltphänomene. Der Band befaßt sich auch näher mit den (Gewalt-)Intensivtätern; auffällig ist der hohe Anteil von Zuwanderern und ihren Nachkommen an dieser Problemgruppe.

Die **Europakarte**, die auf der Titelseite erscheint, soll immer wieder daran erinnern, daß Deutschland spätestens mit dem Maastrichter Vertrag (von 1992) Teil eines neuen (riesigen) kriminalgeographischen Raumes geworden ist, innerhalb dessen Grenzkontrollen wegfielen (Schengener Vertrag) bzw. verschwinden (dazu § 31). Dementsprechend werden (soweit das angezeigt ist) kriminologische Probleme auch vor dem europäischen Hintergrund kommentiert.

**Spezialprobleme** werden (wie bisher) als Exkurse in Kästen gesetzt: z. B. zum „doppelten" Dunkelfeld, zu „Haßverbrechen", zur „Peer-Viktimisierung", zum „Kriminalitätsfurcht-Paradox", zu „Straßenkindern" zum „Cybermobbing", zu Stalking-Phänomenen, zum „non-helping-bystander-Effekt", zur Kriminalitätsprognose, zu Waffen, zur „Leitkultur", zur Scharia und zum Islam.

Das **Stichwortverzeichnis*** ist (noch) länger geworden. Neu kamen (aus aktuellen Anlässen) z. B. hinzu: Fukushima, „Energiewende", Inklusion, Compliance, Suburbanisierung, Steueroasen, Salafisten, „Beschneidung", Ethikrat und EU-Rettungsschirme. Auf die Erweiterung der polizeirelevanten Themen, die besonders für die Ausbildung an den Polizeiakademien Bedeutung besitzen, hat der Co-Autor (J.-V. S.) Wert gelegt. So weisen auf das Stichwort **„Polizei"** nunmehr weit über 80 Unterstichworte hin.

Besonders bedanken möchte ich mich bei Herrn Assessor Christian *Lenz* und Herrn Peter *Pfeifer* für die verlagliche bzw. drucktechnische

* Die eingestreuten *Zeitungsmeldungen* sollen im Übrigen keine Ergebnisse der Forschung belegen, sondern zeigen, daß die jeweils angesprochene Thematik durchaus aktuelle kriminalpolitische (und mediale) Bedeutung besitzt.
Auch *Karikaturen* mögen in einem Lehrbuch ungewöhnlich erscheinen; sie bringen jedoch, wenn sie gekonnt sind, ein Problem (durch ihre bewußt überspitzte Darstellungsweise) genau „auf den Punkt" und regen damit zum Nachdenken an bzw. wecken (erst) das Interesse; unseriös wird das Buch dadurch hoffentlich nicht.
Aus Gründen der besseren Lesbarkeit wird grundsätzlich nur die männliche Form verwendet, auch wenn beide Geschlechter gemeint sind.
Und noch etwas: Die Rechtschreibreform wird weiterhin nicht berücksichtigt, weil sie die Einheitlichkeit der Rechtschreibung zerstört hat bzw. von der Bevölkerung nicht akzeptiert wird.

Betreuung sowie bei Frau Rechtsanwältin *Maike Willms* für Hilfen bei der Materialbeschaffung und Korrektur.

Nicht zuletzt: Verf. und Verlag bedanken sich für Empfehlungen der Kollegen und Kolleginnen der Hochschulen und Polizeiakademien und für motivierende Rezensionen; das gilt auch für (konstruktive) Kritik. Insoweit wird z.B. bemängelt, daß manche Themen nur kurz behandelt werden. Aber: die Seitenzahl muß begrenzt bleiben.

Zur Vertiefung des Stoffes anregen sollen die den Kapiteln vorangestellten Literaturhinweise.

Osnabrück, im Juli 2013 *Hans-Dieter Schwind*

# Auszug aus dem Vorwort zur ersten Auflage

Seit dem Zweiten Weltkrieg sind in der Bundesrepublik zahlreiche Kriminologie-Lehrbücher (bzw. Einführungen in die Kriminologie) sowie kriminologische Nachschlagewerke und Sammelwerke usw. erschienen. Darunter befinden sich hervorragende Darstellungen der Materie, die an Qualität und Vollständigkeit kaum noch zu überbieten sein dürften.

Da jedoch der Interessentenkreis als sehr begrenzt eingeschätzt wird, ist der Markt (auch) nach Auskunft des Fachhandels bereits übersetzt. Wenn diese weitere Einführung in die Materie dennoch erscheint, dann primär deshalb, weil im Bereich der **Didaktik** noch Verbesserungen möglich erscheinen. Deshalb wird in diesem Buche versucht, die Anschaulichkeit des Stoffes (die Lesbarkeit) durch die Erklärung (oder Vermeidung) von Fremdwörtern, durch einfache (verständliche) Sprache, durch bewußt vereinfachte Darstellungsweise sowie durch zahlreiche Beispiele (aus Forschung und Praxis), Übersichten und Graphiken zu erhöhen.

In allen Kapiteln wird jeweils versucht, **Bezüge zur Praxis** herzustellen, also nicht bei theoretischen Erörterungen stehen zu bleiben. Das gilt auch für die Darstellung der Kriminalitätstheorien (§§ 5–8). Daß die Kriminologie keine verstaubte Wissenschaft, sondern tagtäglich neu aktuell ist, zeigen eine Reihe von Zeitungsausschnitten, die in den Text eingestreut sind; auf diese Meldungen nehmen die Ausführungen jeweils Bezug.

Bochum, im Januar 1986 *Hans-Dieter Schwind*

# Inhaltsübersicht

## FÜNFTER TEIL



## SECHSTER TEIL



## SIEBTER TEIL



## ACHTER TEIL



## NEUNTER TEIL



## ZEHNTER TEIL

# Abkürzungsverzeichnis

| | |
|---|---|
| AFG | Arbeitsförderungsgesetz |
| AJK | Arbeitskreis Junger Kriminologen |
| AJS | American Journal of Sociology; ebenso Arbeitsgemeinschaft Kinder- und Jugendschutz |
| *Albrecht* | Albrecht, P. A.: Kriminologie, 1. Aufl., München 1999, 3. Aufl., München 2005 (zit. *Albrecht*, Lb.* 1999 bzw. 2005) |
| A.S.R. | American Sociological Review (zit. nach Jahr und Seite) |
| AO | Abgabenordnung |
| APuZ | Aus Politik und Zeitgeschichte (zit. nach Jahr, Heft, Seite) |
| ArchKrim | Archiv für Kriminologie (zit. nach Halbjahr, Jahr und Seite) |
| ARSP | Archiv für Rechts- und Sozialphilosophie |
| ASW | Arbeitsgemeinschaft für Sicherheit in der Wirtschaft (Bonn) |
| AWO | Arbeiterwohlfahrt |
| AWPsozA | Archiv für Wissenschaft und Praxis der sozialen Arbeit (zit. nach Jahr, Heft, Seite) |
| BA | Bundesagentur für Arbeit (in Nürnberg) |
| BAG | Bundesarbeitsgemeinschaft |
| BAMF | Bundesamt für Migration und Flüchtlinge (in Nürnberg; Tel. 0911-9430) |
| bdk | Bund Deutscher Kriminalbeamter |
| BDSW | Bundesverband der Sicherheitswirtschaft |
| BewHi | Bewährungshilfe (zit. nach Jahr und Seite) |
| BGBl. | Bundesgesetzblatt |
| BGH | Bundesgerichtshof |
| BGHSt | Entscheidungen des Bundesgerichtshofes in Strafsachen (zit. nach Band und Seite) |
| *Bierbrauer* | Bierbrauer, G.: Sozialpsychologie, 2. Aufl., Stuttgart 2005 (zit. *Bierbrauer*, Lb. 2005) |
| BKA | Bundeskriminalamt (in Wiesbaden) |
| BMA | Bundesministerium für Arbeit |
| BMFSFJ | Bundesministerium für Familie, Senioren, Frauen und Jugend |
| BMI | Bundesministerium des Inneren |
| BMJ | Bundesministerium der Justiz |
| BMI-PKS | ab 2000 veröffentlicht das BMI eine verkürzte PKS |

* **Lehrbücher** (und Sammelwerke) werden im Text mit „Lb." zitiert und erscheinen allein an dieser Stelle, also nicht in den Lit.-Verzeichnissen der Einzel-Kapitel; das gilt auch für Festschriften (**FS**). Quellen, die im Text **nur einmal** zitiert werden, werden nur dort (mit Fundstelle) genannt, also auch nicht im Lit.-Verzeichnis.

| | |
|---|---|
| BMJFFG | Bundesministerium für Jugend, Familie, Frauen und Gesundheit |
| *Bock* | Bock, M.: Kriminologie, München 1995; 2. Aufl. 1997; 3. Aufl., 2007 (zit. *Bock*, Lb. und Jahr) |
| *Böhm* | Böhm, A.: Einführung in das Jugendstrafrecht, 3. Aufl., München 1996 (zit. *Böhm*, Lb. 1996) |
| BPJM | Bundesprüfstelle für jugendgefährdende Medien (Tel. 0228/962103-0) |
| BSeuchG | Bundes-Seuchengesetz |
| BStatG | Gesetz über die Statistik für Bundeszwecke |
| BT-Drucks. | Bundestagsdrucksache |
| BtMG | Betäubungsmittelgesetz |
| Bull. | Bulletin des Presse- und Informationsdienstes der Bundesregierung |
| BVerfG | Bundesverfassungsgericht |
| BVerfGE | Entscheidungen des Bundesverfassungsgerichts (amtliche Sammlung, zitiert nach Band und Seite) |
| BWE | Bundesweite Erfassung von Wirtschaftsstrafsachen nach einheitlichen Gesichtspunkten |
| BZgA | Bundeszentrale für gesundheitliche Aufklärung |
| BZR | Bundeszentralregister |
| CAP | Chicago area project |
| *Clages/Zimmermann* | Clages, H./Zimmermann, E.: Kriminologie, Hilden/Rhld. 2006 |
| *v. Danwitz* | von Danwitz, K.-St.: Examens-Repetitorium Kriminologie, Heidelberg 2004 |
| DFB | Deutscher Fußballbund |
| DFG | Deutsche Forschungsgemeinschaft |
| DfK | Deutsches Forum für Kriminalprävention (Berlin) |
| DHPol | siehe PFA |
| DHS | Deutsche Hauptstelle gegen die Suchtgefahren |
| Diss. jur. | juristische Dissertation |
| DJT | Deutscher Juristentag |
| dnp | die neue polizei (zit. nach Heft, Jahr und Seite) |
| *Dölling/Hermann/Laue* | Dölling, D./Hermann, D./Laue, C.: Kriminologie, Heidelberg 2011 |
| DPT | Deutscher Präventionstag |
| DPWV | Deutscher Paritätischer Wohlfahrtsverband |
| DRiZ | Deutsche Richterzeitung (zit. nach Jahr und Seite) |
| DSD | Der Sicherheitsdienst (zit. nach Ausgabe, Jahr, Seite) |
| DVJJ | Deutsche Vereinigung für Jugendgerichte und Jugendgerichtshilfen e. V. |
| EEA | Einheitliche Europäische Akte |
| EG | Europäische Gemeinschaft |
| *Eisenberg* | Eisenberg, U.: Kriminologie, 6. Aufl., München 2005 (zit. *Eisenberg*, Lb. Jahr und Seite) |

| | |
|---|---|
| et al. | et alii (und andere) |
| eurostat | Statistisches Amt der Europäischen Gemeinschaften, Reihe 3A, Luxemburg 1995 und Folgeauflagen |
| EUV | Vertrag über die Europäische Union (1992) |
| EWG | Europäische Wirtschaftsgemeinschaft |
| EXWOST | Experimenteller Wohnungs- und Städtebau, Info des Bundesministeriums für Raumordnung, Bauwesen und Städtebau |
| *Fabricius* | Fabricius, D. und Dallmeyer, J.: Kriminalwissenschaften (3 Bände), Berlin 2011 (zit. *Fabricius*, Lb. Jahr und Seite) |
| FAZ | Frankfurter Allgemeine Zeitung |
| FE | Fürsorgeerziehung |
| Forensia | Zeitschrift Forensia (zit. nach Band, Heft und Jahr) |
| FORSI | Forschungsinstitut für Compliance, Sicherheitswirtschaft und Unternehmensicherheit (Berlin) |
| forum kriminalprävention | Fachzeitschrift des Deutschen Forums für Kriminalprävention |
| FPR | Freiwillige Polizei-Reserve (Zeitschrift) |
| FR | Frankfurter Rundschau |
| FS | Festschrift (für *Achenbach*, Heidelberg 2011; für *Böhm*, Berlin 1999; für *Böttcher*, Berlin 2007; für *Egg*, Wiesbaden 2013; für *Geilen*, Köln 2003; für *Heinz*, Baden-Baden 2012; für *Jung*, Baden-Baden 2007; für *Kaiser*, Berlin 1998; für *Kerner*, Tübingen 2013; für *Kreuzer*, Berlin 2008; für *Krey*, Stuttgart 2010; für *Kühne*, Heidelberg 2013; für *Kury*, Heidelberg 2006; für *Lüderssen*, Baden-Baden 2002; für *Müller-Dietz*, München 2001; für *Rolinski*, Berlin 2002; für H.J. *Schneider*, Berlin 1998; für *Schreiber*, Heidelberg 2003; für *Schüler-Springorum*, Köln 1993; für *Schwind*, Heidelberg 2006, für *Steinhilper*, Heidelberg 2013). |
| GA | Goltdammer's Archiv für Strafrecht (zit. nach Jahr und Seite) |
| GdP | Gewerkschaft der Polizei |
| Gewaltkommission | Gutachten der (Anti-)Gewaltkommission der Bundesregierung (hrsg. von H.-D. Schwind/Baumann, J. et al.), 4 Bände, Berlin 1990 |
| GewO | Gewerbeordnung |
| GG | Grundgesetz |
| GmbH-Gesetz | Gesetz betreffend die Gesellschaften mit beschränkter Haftung |
| GMBl | Gesetzes- und Ministerialblatt |
| *Göppinger* | Göppinger, H.: Kriminologie (herausgegeben und bearbeitet von M. Bock unter Mitarbeit von |

| | |
|---|---|
| | H. Brettel, H.-L. Kröber, W. Maschke, P. Münster, H. Schneider, F. Wendst), 6. Aufl., München 2008 (zit. *Göppinger*, Lb. und Jahr) |
| Gpk | Gesellschaft für praxisorientierte Kriminalitätsforschung e.V. |
| GS *Schlüchter* | Gedächtnisschrift für Ellen Schlüchter, hrsg. von Duttge, G./Geilen, G./Meyer-Goßner, L./Warda, G., Köln 2002 |
| GVG | Gerichtsverfassungsgesetz |
| h. M. | herrschende Meinung |
| HÖV | Handbuch für die öffentliche Verwaltung |
| Hz | Häufigkeitszahl: Zahl der bekannt gewordenen Fälle (Straftaten) insgesamt oder innerhalb einzelner Deliktsarten, errechnet auf 100 000 Einwohner |
| IKV | Internationale Kriminalistische Vereinigung |
| IMIS-Beiträge | Schriftenreihe des Instituts für Migrationsforschung und Interkulturelle Studien |
| IMK | Innenministerkonferenz |
| IRG | Gesetz über die Internationale Rechtshilfe in Strafsachen |
| ISS | Institut für Sozialpädagogik und Sozialforschung |
| ISt | Zeitschrift für Kriminalrecht, Strafvollzug und Soziale Arbeit (zit. nach Jahr und Seite) |
| JA | Juristische Arbeitsblätter für Ausbildung und Examen (zit. nach Jahr und Seite) |
| Jb. | Jahrbuch |
| JGG | Jugendgerichtsgesetz |
| JMS-Report | Jugend Medien Schutz-Report (vormals BPS-Report) |
| JÖSchG | Gesetz zum Schutz der Jugend in der Öffentlichkeit |
| JPSC | Journal of Personality and Social Psychology (zit. nach Jahr und Seite) |
| JR | Juristische Rundschau (zit. nach Jahr und Seite) |
| JuMiKo | Justizministerkonferenz |
| *Jung* | Jung, H.: Kriminalsoziologie, Baden-Baden, 2. Aufl. 2007 (1. Aufl. 2005) |
| JURA | Juristische Ausbildung (zit. nach Jahr und Seite) |
| JuS | Juristische Schulung (zit. nach Jahr und Seite) |
| JWG | Gesetz für Jugendwohlfahrt |
| JZ | Juristenzeitung (zit. nach Jahr und Seite) |
| *Kaiser* | Kaiser, G.: Kriminologie (UTB) (1. Aufl. 1971), 10. Aufl., Stuttgart 1997 (zit. *Kaiser*, Lb. und Jahr) |
| *Kaiser* | Kaiser, G.: Kriminologie (großes Lehrbuch), 1. Aufl. 1980; 3. Aufl., Heidelberg 1996 (zit. *Kaiser*, Lb. und Jahr) |

| | |
|---|---|
| *Kaiser/Schöch* | Kaiser, G./Schöch, H.: Kriminologie – Jugendstrafrecht – Strafvollzug, 7. Aufl., München 2010 |
| KFG | Kriminologische Forschungsgruppe der Bayer. Polizei |
| KFN | Kriminologisches Forschungsinstitut Niedersachsen (Hannover) |
| *Killias* | Killias, M.: Grundriß der Kriminologie. Eine europäische Perspektive, Bern 2002 (zit. *Killias*, Lb. Jahr und Randnummer) |
| KJHG | Kinder- und Jugendhilfegesetz |
| KKW | Kleines kriminologisches Wörterbuch, hrsg. von *G. Kaiser* et al., Freiburg 1974, 3. Aufl., Heidelberg 1993 |
| KrimB | Kriminologisches Bulletin (zit. nach Jahr und Seite) |
| KrimGegfr | Kriminologische Gegenwartsfragen (zit. nach Jahr und Seite) |
| Kriminalistik | Zeitschrift für die gesamte kriminalistische Wissenschaft und Praxis (zit. nach Jahr und Seite) |
| KrimJ | Kriminologisches Journal (zit. nach Jahr und Seite) |
| KrimPäd | Kriminalpädagogische Praxis (zit. nach Jahr, Heft und Seite) |
| KrimZ | Kriminologische Zentralstelle e.V. Wiesbaden |
| KritJ | Kritische Justiz (zit. nach Jahr und Seite) |
| KritV | Kritische Vierteljahresschrift für Gesetzgebung und Rechtswissenschaft (zit. nach Jahr und Seite) |
| *Kühl* | Kühl, K.: Strafrecht – Allgemeiner Teil, 4. Auflage, München 2002 |
| *Kühne* | Kühne, H. H.: Strafprozeßrecht, 8. Aufl., Heidelberg 2008 (zit. *Kühne*, Lb. Jahr/Seite) |
| *Kürzinger* | Kürzinger, J.: Kriminologie, Stuttgart 1982; 2. Aufl., Stuttgart 1996 (zit. *Kürzinger*, Lb. Jahr/Seite) |
| *Kunz* | Kunz, K.-L.: Kriminologie, Bern 1994; 2. Aufl., Bern 1998, 4. Aufl., Bern 2004 (zit. *Kunz*, Lb. Jahr/Seite) |
| KuP | Kriminologie und Praxis, Schriftenreihe der Kriminologischen Zentralstelle e.V. (Wiesbaden) |
| KZfSS | Kölner Zeitschrift für Soziologie und Sozialpsychologie (zit. nach Jahr und Seite) |
| *Lamnek* | Lamnek, S.: Qualitative Sozialforschung, 4. Aufl., Weinheim 2005/9. Aufl. 2013 (zit. *Lamnek*, Lb. 2005 und Seite) |
| *Lamnek* | Lamnek, S.: Theorie abweichenden Verhaltens I, 8. Aufl. Paderborn 2007 (zit. Lamnek, Theorie 2007 und Seite) |
| *Laubenthal* | Laubenthal, K.: Fallsammlung zur Wahlfachgruppe Kriminologie, Jugendstrafrecht und Strafvollzug, vierte Auflage Berlin 2008 (zit. *Laubenthal*, Fallsammlung Jahr und Seite) |
| Lb. | Lehrbuch |

| | |
|---|---|
| LG-Bezirk | Landgerichtsbezirk |
| LKA | Landeskriminalamt |
| *Lüderssen* | Lüderssen, K.: Kriminologie, Baden-Baden 1984 (zit. *Lüderssen*, Lb. 1984) |
| *Meier* | Meier, B.-D.: Kriminologie, München, 2. Aufl. 2005 (zit. *Meier,* Lb. 2005) |
| *Meier/Rössner/ Schöch* | Meier, B.-D./Rössner, D./Schöch, H.: Jugendstrafrecht München 2003 (zit. *Meier/Rössner/Schöch*, Lb. 2003) |
| *Mergen* | Mergen, A.: Die Kriminologie (2. Aufl. 1978), 3. Aufl., München 1995 (zit. *Mergen*, Lb. und Jahr) |
| MFDP | Magazin für die Polizei |
| MiStra | Mitteilungen in Strafsachen |
| MPI | Max-Planck-Institut für ausländisches und internationales Strafrecht |
| MS | Manuskript |
| MschrKrim | Monatsschrift für Kriminologie und Strafrechtsreform (zit. nach Jahr und Seite) |
| n | Zahl der Versuchspersonen |
| NBL | Neue Bundesländer |
| *Neubacher* | Neubacher, F.: Kriminologie, Heidelberg 2011 (zit. Neubacher Lb. 2011) |
| NJW | Neue Juristische Wochenschrift (zit. nach Jahr und Seite) |
| (N)KG | (Neue) Kriminologische Gesellschaft |
| *Northoff* | Northoff, R.: Handbuch der Kriminalprävention, Baden-Baden 1997 mit Ergänzungslieferungen; letzte Lieferung Januar 2006 (zit. nach Verf. in *Northoff*, Hb. Jahr und Gliederungspunkt) |
| N.N. | nomen nescio (Name unbekannt) |
| NOZ | Neue Osnabrücker Zeitung |
| np | neue praxis (zit. nach Jahr, Heft, Seite) |
| NStZ | Neue Zeitschrift für Strafrecht (zit. nach Jahr, Seite) |
| OECD | Organization for Economic Cooperation and Development |
| OEG | Gesetz über die Entschädigung für Opfer von Gewalttaten |
| ÖJZ | Österreichische Juristenzeitung (zit. nach Jahr und Seite) |
| OrgKG | Gesetz zur Bekämpfung des illegalen Rauschgifthandels und anderer Erscheinungsformen der Organisierten Kriminalität |
| OWiG | Gesetz über Ordnungswidrigkeiten |
| OZ | Ostseezeitung |
| Pbn | Probanden |
| PdW | Prüfe dein Wissen |

| | |
|---|---|
| PFA | Polizei-Führungsakademie (in Münster-Hiltrup); seit 1.3.2006 „Deutsche Hochschule der Polizei i.G.“ (= DHPol in Gründung); inzwischen ohne „i.G.“ |
| PKS | Polizeiliche Kriminalstatistik für die Bundesrepublik Deutschland (hrsg. v. *Bundeskriminalamt Wiesbaden*, zuletzt **2012**): „PKS 2012“ bedeutet, daß sich die Zahlen auf das Berichtsjahr **2011** beziehen. Die PKS-Infos für das Jahr 2012 (ohne Seitenangabe) stammen aus der Internetausgabe (zit. PKS-Internet 2013 für 2012) |
| Polizeilexikon | R. *Rupprecht* (Hrsg.): Polizeilexikon, 2. Aufl., Heidelberg 1995 |
| PSB | Erster Periodischer Sicherheitsbericht (PSB), hrsg. von den *Bundesministerien des Inneren und der Justiz*, Berlin, **2001**; zweiter PSB, Berlin **2006** |
| Psychiatr. Prax. | Psychiatrische Praxis (zit. nach Jahr und Seite) |
| RdJB | Recht der Jugend und des Bildungswesens (zit. nach Jahr und Seite) |
| RGBl. | Reichsgesetzblatt |
| RGSt | Entscheidungen des Reichsgerichts in Strafsachen (amtliche Sammlung) (zit. nach Band und Seite) |
| RiStBV | Richtlinien für das Strafverfahren und das Bußgeldverfahren (zit. nach Nummern) |
| RuP | Recht und Politik (Zeitschrift) |
| RVO | Reichsversicherungsordnung |
| *Schaffstein/ Beulke* | Schaffstein, F./Beulke, W.: Jugendstrafrecht, 12. Aufl., Stuttgart 1995; 14. Aufl. 2002 (zit. *Schaffstein/Beulke*, Lb. und Jahr) |
| *Schneider* | Schneider, H. J.: Kriminologie, Berlin 1987 (zit. *Schneider*, Lb. 1987) |
| *Schneider* | Schneider, H. J.: Kriminologie für das 21. Jahrhundert, Münster 2001 (zit. *Schneider*, Lb. 2001) |
| *Schneider* | Schneider, H. J. (Hrsg.): Internationales Handbuch der Kriminologie, Bd. 1 Berlin 2007, Bd. 2 Berlin 2009 (zit. *Schneider*, Hb. 2007 bzw. 2009) |
| SchwZStr | Schweizerische Zeitschrift für Strafrecht, Bern (zit. nach Jahr und Seite) |
| SGB | Sozialgesetzbuch |
| StAG | Staatsangehörigkeitsgesetz |
| Stat. Bundesamt | Statistisches Bundesamt (Wiesbaden) |
| Stat. Jahrbuch | Statistisches Jahrbuch (hrsg. vom Stat. Bundesamt) |
| StGB | Strafgesetzbuch |
| StPO | Strafprozeßordnung |
| *Streng* | Streng, F., Jugendstrafrecht, 2. Aufl. Heidelberg 2008 |
| StV | Zeitschrift „Strafverteidiger“, Frankfurt |

| | |
|---|---|
| StVO | Straßenverkehrs-Ordnung |
| StVollzG | Strafvollzugsgesetz (des Bundes) |
| StVZO | Straßenverkehrs-Zulassungs-Ordnung |
| SZ | Süddeutsche Zeitung |
| SZK | Schweizerische Zeitschrift für Kriminologie (zit. nach Heft, Jahr und Seite) |
| TV | Tatverdächtiger |
| TVBZ | Tatverdächtigenbelastungszahl (früher KBZ): Zahl der ermittelten Tatverdächtigen pro 100 000 Einwohner (ohne Kinder unter 8 Jahren) |
| UJ | Unsere Jugend – Zeitschrift für Jugendhilfe in Wissenschaft und Praxis (zit. nach Jahr und Seite) |
| UVP-Prüfung | Umwelt-Verträglichkeitsprüfung |
| verdict | Mitteilungen der Fachgruppen Richterinnen und Richter, Staatsanwältinnen und Staatsanwälte in ver.di |
| *Walter* | Walter, M.: Jugendkriminalität, Stuttgart 1995 3. Aufl. 2005 (zit. *Walter*, Lb. und Jahr) |
| WAZ | Westdeutsche Allgemeine Zeitung |
| *Weihmann/ Schuch* | Weihmann, R./Schuch, C.P.: Kriminalistik, 11. Aufl. Hilden 2010 |
| WiKG | Gesetz zur Bekämpfung der Wirtschaftskriminalität |
| wistra | Zeitschrift für Wirtschafts- und Steuerstrafrecht |
| ZAR | Zeitschrift für Ausländerrecht und Ausländerpolitik (zit. nach Jahr und Seite) |
| ZblJugR | Zentralblatt für Jugendrecht und Jugendwohlfahrt (zit. nach Jahr und Seite) |
| ZfIS | Zeitschrift für Innere Sicherheit in Deutschland und Europa |
| ZfPäd | Zeitschrift für Pädagogik (zit. nach Heft, Jahr, Seite) |
| ZfStrVo | Zeitschrift für Strafvollzug und Straffälligenhilfe (zit. nach Jahr und Seite) |
| ZfWG | Zeitschrift für Wett- und Glücksspielrecht |
| zis | Zeitschrift für Internationale Strafrechtsdogmatik; ebenso Zentrale Informationsstelle Sporteinsätze |
| ZJJ | Zeitschrift für Jugendkriminalrecht und Jugendhilfe (zit. nach Jahr und Seite) |
| ZRP | Zeitschrift für Rechtspolitik (zit. nach Jahr und Seite) |
| ZStW | Zeitschrift für die gesamte Strafrechtswissenschaft (zit. nach Band/Jahr und Seite) |

ERSTER TEIL

# Gegenstand und Aufgaben der Kriminologie

## § 1 Überblick über die Kriminalwissenschaften

**Literatur:** **Ackermann,** R./**Clages**, H./**Roll**, H: Handbuch der Kriminalistik, 3. Aufl., Stuttgart 2007 (4. Aufl. 2010); **Ahlf**, E.-H.: Polizeiforschung am Scheideweg, in: Kriminalistik 2001, S. 618–628; **Albrecht,** H.-J.: Anmerkungen zu Entwicklungen in der Kriminalpolitik, in FS für *Böhm, A.*, Berlin 1999, S. 763–788; **Arzt,** G.: Probleme der Kriminalisierung und Entkriminalisierung sozialschädlichen Verhaltens, in: Kriminalistik 1981, S. 117–122; **Basten**, P.: Rasterfahndung, in: Kriminalistik 3/2011, S. 139–154; **Baurmann,** M. C.: Die Operative Fallanalyse des Bundeskriminalamtes, in: *Lorei,* C. (Hrsg.): Polizei & Psychologie, Frankfurt/M 2003, S. 7–75; **Bierbrauer,** G.: Sozialpsychologie, Stuttgart 1996; **Bundeskriminalamt** (Hrsg.): Aktuelle Methoden der Kriminaltechnik und Kriminalistik, Wiesbaden 1995; **Burghard,** W./**Hamacher,** H. W. (Hrsg.): Lehr- und Studienbriefe Kriminalistik, Hilden ab 1985; **Clages,** H. (Hrsg.): Der rote Faden. Grundsätze der Kriminalpraxis, 12. Auflage Heidelberg 2012; **Dessecker,** A.: Straftäter und Psychiatrie, Wiesbaden 1997; **Dittmann,** V.: Täterprofile und operative Fallanalysen – Mythen und Fakten, in: *Schweizerische Arbeitsgruppe für Kriminologie* (Hrsg.): Mehr Sicherheit – weniger Freiheit? Zürich 2003, S. 71–87; **Dittmann**, V./**Jehle,** J.-M. (Hrsg.): Kriminologie zwischen Grundlagenwissenschaften und Praxis, Mönchengladbach 2003; **Dubs,** H.: Zur Stellung und Aufgabe des Psychiaters im Strafverfahren, in: Schweizerische Zeitschrift für Strafrecht 1989, S. 337–344; **Egg,** R.: Psychologisch-psychiatrische Begutachtung in der Strafjustiz, KUP Band 63, Wiesbaden 2012; **Egg,** R.: Kriminalpsychologie: Entwicklung, Problembereiche, Perspektiven, in: Psychologische Rundschau 1993, S. 162–175; **Eisner,** M./**Ribeaud,** D./**Locher,** R.: Prävention von Jugendgewalt, Cambridge 2008; **Fabricius,** D./**Dallmeyer,** J.: Rechtsverhältnisse in der Psychiatrie, in: *Wollschläger* (Hrsg.): Sozialpsychiatrie, Tübingen 2001, S. 59–89; **Feltes,** Th.: Policing in Germany: Developments in the last 20 Years, in: *Mesko et al.*: Handbook on Policing in Central and Eastern Europe, New York 2013, S. 93–113; **Forker,** A.: Einführung in die Kriminalistik, in: Kriminalistische Kompetenz, Lübeck 2000, S. 1–31; **Grafl,** C.: Möglichkeiten und Grenzen kriminaltechnischer Untersuchungen, in: Schriftenreihe der Vereinigung österreichischer StrafverteidigerInnen Bd. 9, Graz 2008, S. 112–146; **Greuel,** L.: Polizeipsychologie in Deutschland: Neue Herausforderungen an Wissenschaft und Praxis, in: Polizei & Wissenschaft 2/2001, S. 3–12; **Groß,** H./**Geerds,** F.: Handbuch der Kriminalistik, Bd. 1, 10. Aufl., Berlin 1977; **Jaeger,** R. R.: Kriminalisten-Fachbuch, Kriminalistische Kompetenz, Lübeck 2000; **Jehle,** J.-H. (Hrsg.): Kriminologie als Lehrgebiet, KuP Bd. 10, Wiesbaden 1992; **Jehle,** J.-M./**Kirchner,** M.: Herausforderungen der Kriminologie im Europa des 21. Jahrhunderts, in: BewHi 2/2000, S. 158–168; **Kerner**, H.-J.: Kriminalprävention, in Kriminalistik 1994, S. 171–178; **Kerner,** H.-J.: Wissenschaftstransfer in der Kriminalpolitik, in: *Schöch*, H./*Jehle*, J.-M. (Hrsg): Angewandte Kriminologie zwischen Freiheit und Sicherheit, Mönchengladbach 2004, S. 523–551; **Kerner,** H.-J./**Stierle,** C./**Tiedtke,** I.: Kriminalitätsbekämpfung durch Behörden des Bundes, in: Kriminalistik 5/2006, 292–304; **Kersten**, J.: Was versteht man unter „Polizeiwissenschaft" – Eine programmatische Standortbestimmung, in: neue Kriminalpolitik 1/2012, S. 8–10; **Kniesel,** M./**Kube,** E./**Murck,** M. (Hrsg.): Handbuch für Führungskräfte der Polizei, Lübeck 1996; **Krüger,** R.: Entkriminalisierung, in: Kriminalistik 1995, S. 306–310; **Kube,** E.: Polizeiliche Kriminalprävention, in: *Jehle,* J.-M. (Hrsg.): Kriminalprävention und Strafjustiz, Wiesbaden 1996, S. 133–152; **Kube,** E.: Systematische Kriminalprävention, 2. Aufl., Wiesbaden 1987; **Kube,** E./**Störzer,** H.-U./**Brugger,** S. (Hrsg.): Wissenschaftliche Kriminalistik, Wiesbaden, Bd. 1, 1983, Bd. 2, 1984; **Kube,** E./**Störzer,** H.-U./**Timm,** K. J. (Hrsg.): Kriminalistik-Handbuch für Praxis und Wissenschaft, Bd. 1, Stuttgart 1992 (Bd. 2, Stuttgart 1994); **Kühne,** H.-H. Angewandte Kriminologie und kriminalpolitische Einflußnahme, in FS für K. Miyazawa 1995, 23; **Kühne,** H.-H.: Vom Strafrecht, von der Kriminologie und vom Mythos der Rationalität, in: GA 1994, S. 503–513; **Kunz,** K.-L.: Kriminologie zwischen erfahrungswissenschaftlicher Autonomie und kriminalpolitischer Einflußnahme, in: FS für Göppinger, Berlin 1990, S. 89–101; **Laubenthal,** K.: Die Renaissance der Sicherungsverwahrung, in: ZStW 2004, S. 703–750; **Maelicke,** B./**Ortner,** H. (Hrsg.): Alternative Kriminalpolitik, Weinheim 1988; **Mezger,** E.: Kriminalpolitik auf kriminologischer Grundlage, 2. Aufl., Berlin 1942; **Möllers,** M. H. (Hrsg.): Wörterbuch der Polizei, München 2001; **Musolf,** C./**Hoffmann**, J. (Hrsg.): Täterprofile bei Gewaltverbrechen, 2. Aufl. Heidelberg 2006; **Nedopil,** N.: Verständnisschwierigkeiten zwischen dem Juristen und dem psychiatrischen Sachverständigen, in: NStZ 1999, S. 433–439; **Neubacher,** F.: Welche Zukunft hat die Kriminologie?, in: *Walter, M./Neubacher*, F. (Hrsg.): Neue Wege und Perspektiven der Kriminologie, Berlin 2006, S. 403–471; **Northoff,** R.: Rechtspsychologie, Recklinghausen 1997; **Northoff,** R.: Handbuch der Kriminalprävention, Baden-Baden 1997, mit Ergänzungslieferungen (zuletzt 6. Lieferung, Jan. 2005); **Pschyrembel,** K.: Klinisches Wörterbuch, 256. Aufl., Berlin 1990 (264. Aufl. Berlin 2012); **Schneider**, H. J.: Kriminologie für das 21. Jahrhundert, Schwerpunkte und Fortschritte der internationalen Kriminologie, Überblick und Diskussion, Münster 2001; **Schüler-Springorum,** H.: Internationale Jugendkriminalpolitik, in: SchwZStr. 2004/H. 2, S. 189–204; **Schüler-Springorum,** H.: Zum Verhältnis von Kriminologie und Kriminalpolitik, in: *Kielwein,* G. (Hrsg.): Entscheidungslinien der Kriminologie, Köln 1985, S. 13–28; **Schüler-Springorum,** H: Kriminalpolitik für Menschen, Frankfurt/M. 1991; **Schüler-Springorum,** H.: Rechtliche Konsequenzen bei gefährlichen Tätern? Überlegungen zu einer Maßregelform, in: *Rössner,* D./*Jehle,* J.-M.: Kriminalität, Prävention und Kontrolle, Heidelberg, 1999, S. 243–260; **Schwind,** H.-D.:„Rationale" Kriminalpolitik als Zukunftsaufgabe, in: FS für Wassermann, Berlin 1985, S. 573–597; **Schwind,** H.-D.: Kriminologische Lagebeurteilung und kriminalpolitische Aktivitäten: Geht die innere Sicherheit unseres Landes verloren?, in: *BKA:* Moderne Sicherheitsstrategien gegen das Verbrechen, Wiesbaden 1999; **Schwind,** H.-D./**Baumann,** J. et al. (Hrsg.): Ursachen, Prävention und Kontrolle von Gewalt (Endgutachten der Gewaltkommission der Bundesregierung), Berlin 1990; **Schwind,** H.-D./**Berckhauer,** F./**Steinhilper,** G. (Hrsg.): Präventive Kriminalpolitik, Heidelberg 1980, S. 3–26; **Sessar,** K.: Zum Verbrechensbegriff, in: FS für Kaiser, G., Berlin 1998, S. 427–454; **Tondorf**, G./**Tondorf**, B.: Psychologische und psychiatrische Sachverständige im Strafverfahren 3. Aufl. Heidelberg 2011; **Vogler,** T.: Möglichkeiten und Wege einer Entkriminalisierung, in: ZStW 90, S. 132–172; **Walter,** M.: Möglichkeiten und Grenzen einer Entkriminalisierung im Jugendrecht, in: ZfJ Nr. 4/93, S. 177–181; **Weihmann**, R./**Schuch**, C.O.: Kriminalistik, 11. Aufl. Hilden 2010; **Wenzel,** R.: Die DNA-Analyse, in dnp 1/2006, S. 30–36; **Wirth**, J. (Hrsg.): Kriminalistik-Lexikon, 4. Aufl. Heidelberg 2011; **Zipf,** H.: Kriminalpolitik, 2. Aufl., Heidelberg 1980 (1. Aufl., Karlsruhe 1973).

**Gliederung**



Die Kriminologie gehört zu den Kriminalwissenschaften; ihr Gegenstand ist die Kriminalität.

## I. Zum Kriminalitätsbegriff

1 Wenn man Polizeikommissarsanwärter (PKA) oder Jura-Studenten in den Anfangssemestern danach fragt, was denn „Kriminalität" sei, bekommt man z.B. zur Antwort: „das, was verboten ist" oder „das, was bestraft wird". Beschrieben wird damit der sog. strafrechtliche Kriminalitätsbegriff.

**1. Der strafrechtliche (formelle) Kriminalitätsbegriff**

Nach dem strafrechtlichen Kriminalitätsbegriff sind alle solche Handlun- 2
gen „kriminell“, die durch ein Straf-Gesetz mit Strafe bedroht sind. Genauer gesagt **„Handlungen mit strafrechtlichen Rechtsfolgen“**: das sind Strafen und Maßregeln. Denn eine mit Strafe bedrohte Handlung kann außer der Bestrafung (mit der die *„Schuld“* = vorwerfbares Handeln, das durch Übelszufügung ausgeglichen wird) auch noch (oder nur) die Anordnung einer der sogenannten „Maßregeln der Besserung und Sicherung“ (schuldunabhängige Rechtsfolgen) nach sich ziehen (die an die *Sozialgefährlichkeit* des Täters anknüpfen); zur Reform: *U. Schneider* in NStZ 2/2008, 68. Wir sprechen insoweit von der **„Zweispurigkeit“** des Strafrechts (dualistisches System: 1933 in das StGB eingeführt): vgl. dazu Übersicht 1.

*Übersicht 1:*

**Zweispurigkeit des Strafrechts**

| **Strafen** (§§ 38 ff StGB) | **Maßregeln** der Besserung und Sicherung (§§ 61 ff StGB) |
|---|---|
| **Hauptstrafen**: Freiheitsstrafe, Geldstrafe<br>Nebenstrafen: Fahrverbot | – **Unterbringung in der Sicherungsverwahrung**<br>– Unterbringung in einem psychiatrischen Krankenhaus,<br>– Unterbringung in einer Entziehungsantalt,<br>– Führungsaufsicht,<br>– Entziehung der Fahrerlaubnis,<br>– Verbot, einen bestimmten Beruf auszuüben |

***Warum Zweispurigkeit?*** *Der Grund für die Einführung (und Beibe-* 3
*haltung) des dualistischen Systems (Strafe/Maßregel) ist darin zu sehen, daß es Fälle gibt, in denen Täter, die z. B. geisteskrank sind, (mangels Schuldfähigkeit) auch dann nicht belangt (untergebracht) werden können, wenn die Gefahr besteht, daß sie die Allgemeinheit in Zukunft weiter gefährden. Die Maßregeln der Besserung und Sicherung, die eine Inobhutnahme zulassen und ihre Rechtfertigung in dem Sicherungsbedürfnis der staatlichen Gemeinschaft finden, sollen diese Lücke schließen und zugleich (auch) der Besserung (bzw. der Therapie) dienen (Überblick mit Statistik: Heinz in FS für Schwind 2006, 893 ff).*

Neben die Reihe 4

**Strafe – Schuld – Vergangenheit**

hat der Gesetzgeber also die zweite Kette

**Maßregel – Gefährlichkeit – Zukunft**

gesetzt.

5 ***Ordnungswidrigkeiten*** *(die mangels Strafwürdigkeit nur mit Geldbuße bedroht sind: § 1 OWiG) werden dem strafrechtlichen Verbrechensbegriff nicht zugeordnet (BVerfG 27, 18/28f; 45, 272/288f). Aber man kann darüber streiten, ob es anders nicht sinnvoller wäre, weil das Ordnungswidrigkeitenrecht (ebenso wie das Strafrecht) dem Schutz bestimmter Rechtsgüter dient und lediglich quantitative bzw. qualitative Unterschiede bestehen (vgl. Göhler, E.: Ordnungswidrigkeitengesetz, 12. Aufl., München 1998; Weber ZStW 92, 313).*

### 2. Der „natürliche" Kriminalitätsbegriff

6 Weil der strafrechtliche Kriminalitätsbegriff der „willkürlichen Verfügungsgewalt des Gesetzgebers ausgeliefert ist" (*Kürzinger*, Lb. 1982, 14), d. h. von der Entscheidung des Gesetzgebers abhängt, welches Tun kriminalisiert werden soll und welches nicht (*Sessar* 1998, 428), ist immer wieder nach einem zeit- und raumunabhängigen Verbrechensbegriff gesucht worden.

***Beispiele:***

*Die Gotteslästerung und der Ehebruch sind seit 1969, die Pornographie grundsätzlich seit 1975 nicht mehr verboten (**Entkriminalisierung**: vgl. dazu Krüger 1995, 306ff und Walter 1993, 177ff); Wirtschafts-, Umwelt- und Drogenkriminalität sind hingegen Beispiele für die **Neukriminalisierung** von Handlungen, die bis in die 70er Jahre hinein grundsätzlich straflos waren. Die Entscheidung des Gesetzgebers wird durch (oft nicht vorhersehbare) Zeiteinflüsse bestimmt, insbesondere durch Veränderungen in der sozialen Bewertung von Handlungen: Was heute als **„sozialschädlich"** bzw. als „moralisch verwerflich" gilt, kann in einigen Jahren einer anderen Beurteilung unterliegen (vgl. dazu Arzt 1981, 117ff, Kühl 2002, 546ff und Kerner et al. in FS für Schwind 2006, 963ff).*

7 So hat bereits Raffaele *Garofalo* in seinem Buch „Criminologia" (Rom, 1885) den Vorschlag gemacht, sich an einem „natürlichen Verbrechensbegriff" (delitto naturale) zu orientieren. Gemeint ist damit, daß es Handlungen gibt (einen „Kernbestand" der Kriminalität), die zu allen Zeiten und in allen Kulturen als verwerflich eingestuft und entsprechend bestraft werden: etwa Mord, Raub, Vergewaltigung, Diebstahl, also **„delicta mala per se"** im Gegensatz zu „delicta mere prohibita" (Handlungen, die nur deshalb als verwerflich gelten, weil sie verboten sind, und deshalb auch leichter wieder entkriminalisiert werden können).

8 Die „delicta mala per se" (Handlungen, die auch ohne Verbot als verwerflich bzw. als sozialschädlich gelten) sind übrigens grundsätzlich mit den sog. **Indexdelikten** identisch, die in den USA als Maßstab für die Kriminalitätsentwicklung benutzt werden. Dazu werden gezählt: Mord (murder), Raub (robbery), Vergewaltigung (rape), schwere Körperverletzung (aggravated assault), Einbruchsdiebstahl (burglary) und Diebstahlsdelikte ab einem Beutewert über 50 Dollar (larceny).

*Übersicht 2:*
Die Verbrechensbegriffe

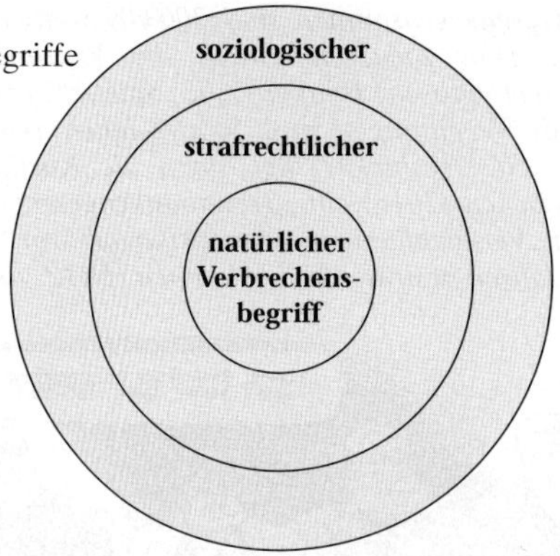


### 3. Der soziologische (materielle) Kriminalitätsbegriff

Während der natürliche Kriminalitätsbegriff den strafrechtlichen (formellen) Verbrechensbegriff einengt, schlagen Vertreter insbesondere aus dem soziologischen Lager die weitere Ausdehnung des Kriminalitätsbegriffs auf **sozialschädliches** bzw. **sozialabweichendes** Verhalten **(Devianz)** vor (vgl. z.B. *Mannheim,* Comparative Criminology 1965). **9**

*Als **„sozial abweichend“** wird in den Sozialwissenschaften ein Verhalten „verstanden, das nicht den Regeln, Normen und Verhaltenserwartungen entspricht, die in der Gesellschaft oder in einem ihrer Teilbereiche (Familie, Schule, Freundeskreis, Betrieb etc.) gelten“ (Hradil: Soziale Ungleichheit in Deutschland, 8. Aufl., Opladen 2001, 480).*

Auch die Vertreter dieses (materiellen) Verbrechensbegriffes lehnen den strafrechtlichen (formellen) Verbrechensbegriff als für die wissenschaftliche Arbeit nicht ausreichend ab, weil dieser zu formal darauf abstellt, ob eine Handlung mit Strafe bedroht ist oder nicht. Zufälligkeiten könnten danach bewirken, was als kriminell zu gelten hat, ohne daß sich an der Handlung selbst etwas ändert.

Daß der strafrechtliche Kriminalitätsbegriff mitunter z.B. auch technischen Entwicklungen hinterherhinkt, zeigen zwei Beispiele zu den sog. **Gesetzeslücken**: **10**

*(1) Mit der Entdeckung der Elektrizität im letzten Jahrhundert (Erfindung der Kohlefadenlampe 1879 durch Edison bzw. durch den Deutschen Heinrich Göbel) entstand das Problem der Ahndung unbefugter Stromentnahme, die zunächst (noch) nicht mit Strafe bedroht war. Der Gesetzgeber hat diese Lücke erst 1900 durch Einfügung des § 248c in das StGB geschlossen.*

*(2) Auch mit dem Aufkommen der Computer wurden Lücken der Strafbarkeit erkennbar, die (1986) z.B. durch einen neuen § 303 b (Computersabotage) geschlossen wurden (Rdn. 30 zu § 21).*

*(3) Ins Gerede gekommen sind 2008/09 weltweite Spekulationsgeschäfte, die zum Zusammenbruch des Weltfinanzsystems geführt haben. Die (erfolglosen) Banker (z. T. „Spieler"?) zahl(t)en sich gleichwohl „Boni"-Vergütungen aus. Strafrechtlich relevant (Betrug, Untreue) oder Gesetzeslücke? Vgl. dazu die Karikatur. Verabschiedet wurde inzwischen (2013) ein „Trennbankengesetz", nach dem Banker auch wegen „Vernachlässigung der Risikovorsorge" mit Freiheitsentzug bis zu fünf Jahren bestraft werden können (NOZ vom 7. Febr. 2013, 2).*

**Ehrenwerte Gesellschaft** SZ-Zeichnung: Oliver Schopf

aus: *Süddeutsche Zeitung* vom 3. August 2009, 2 (Medienspott: „Bankster")

Den **Gegenstand der kriminologischen Forschung** bilden (erstens) vornehmlich Handlungen mit strafrechtlichen Rechtsfolgen (strafrechtlicher Kriminalitätsbegriff), und zwar (zweitens) ganz überwiegend **Vorsatzdelikte**, „Fahrlässigkeitsdelikte blendet der Kriminologenblick aus" (so krit. *Herzberg* in FS für Schwind 2006, 317, der diese Blickverengung kritisiert).

## II. Kriminalwissenschaften

**11** Zu den Kriminalwissenschaften werden „alle diejenigen Disziplinen (gerechnet), die sich in dieser oder jener Form primär mit dem kriminellen Verhalten von Menschen befassen" (*Groß/Geerds* 1977, 12): Insoweit kann man **zwischen juristischen und nichtjuristischen Kriminalwissenschaften unterscheiden**. Zu den juristischen Kriminalwissenschaften rechnen die Strafrechtswissenschaft und die Strafprozeßrechtswissenschaft; zu den nichtjuristischen Kriminalwissenschaften zählen die Kriminologie und Kriminalistik mit ihren Bezugswissenschaften (vgl. Übersicht 3).

*Übersicht 3:* Überblick über die Kriminalwissenschaften

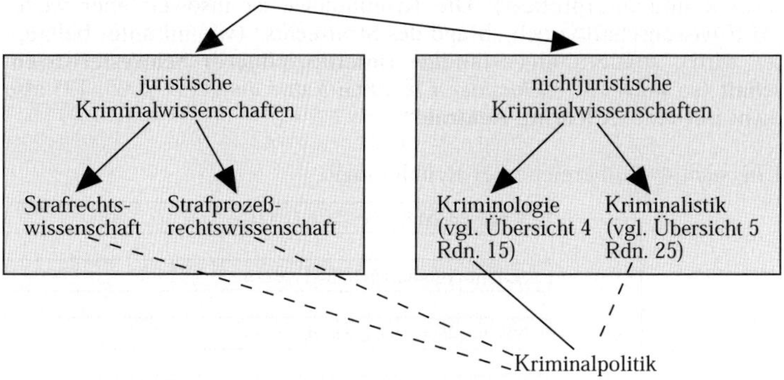


## 1. Begriff und Aufgaben der Strafrechtswissenschaft

a) **Das Strafrecht ist eine normative Wissenschaft**. Das heißt, daß es nur so weit reicht, wie die strafrechtlichen Vorschriften reichen (Rdn. 2): Die Grundregeln des (materiellen) Strafrechts enthält das Strafgesetzbuch (StGB). Das StGB ist in einen „Allgemeinen Teil" und einen „Besonderen Teil" gegliedert. Der Allgemeine Teil „umfaßt die Vorschriften allgemeinen Charakters, insbesondere die gemeinsamen Wesenszüge der mit Strafe bedrohten Handlungen, ihre Begehungsformen und Rechtsfolgen, während der Besondere Teil die einzelnen Straftatbestände und Deliktsgruppen enthält" (*Wessels-Beulke,* StGB AT 2009, Rdn. 12). **12**

Zu den Beziehungen zwischen Strafrecht und Kriminologie vgl. *Kühne* 1994, 503 ff.

b) Das **Strafverfahrensrecht**, das in der Strafprozeßordnung (StPO) geregelt ist, soll einen rechtlich geordneten Strafprozeß gewährleisten und legt dafür die „Spielregeln" fest: dazu z. B. *Schlüchter/Duttge,* Strafprozeßrecht in aller Kürze, 3. Aufl. 2004; *Kühne,* Lb. 8. Aufl. 2010). **13**

## 2. Begriff und Aufgaben der Kriminologie

### *a) Teilbereiche der Kriminologie*

Die Kriminologie befaßt sich (vgl. Übersicht 4) mit der **Ursachenforschung** (Kriminal-Ätiologie) sowie mit den **Erscheinungsformen** von Straftaten (sog. Kriminal-Phänomenologie), mit der **Lehre vom Opferverhalten** (Viktimologie), mit der Erforschung der **Wirkung der Strafe** (Poenologie), mit der **Kriminaltherapie**, mit **gerichtspsychologischen und -psychiatrischen Fragen** (forensische Psychologie und Psychiatrie), mit der **Institutionenforschung** und mit der **Kriminalität als Massenerscheinung** (Kriminalstatistik). **14**

Im Gegensatz zur Strafrechtswissenschaft, die **normativ** orientiert ist, handelt es sich bei der Kriminologie primär um eine **empirische Wissen-**

**schaft**, also um eine Erfahrungswissenschaft (= eine solche, die Tatsachen festhält und interpretiert). Die Kriminologie ist insoweit aber weder „Hilfswissenschaft" noch „Magd des Strafrechts" (wie mitunter behauptet wird), sondern **eigenständige (interdisziplinäre) Schwesterwissenschaft** (so auch z. B. *Schneider Lb.* 1993, 3 und *Jung* Lb. 2005, 13) also nicht nur eine **„Clearing-Zentrale".**

15 *Übersicht 4:* Teilbereiche der Kriminologie

**Kriminologie**
- Kriminal-Ätiologie: dazu §§ 5 ff
- Kriminal-Phänomenologie: dazu z.B. §§ 21 ff
- Viktimologie: dazu §§ 19, 20
- Poenologie (Sanktionenforschung) und Kriminaltherapie
- Forensische Psychologie und Psychiatrie
- Institutionenforschung: dazu Rdn. 2 ff zu § 8
- Kriminalstatistik: dazu Rdn. 2 ff zu § 2

16 **Zusammenfassende Definition der Kriminologie:** Unter „Kriminologie" ist der interdisziplinäre Forschungsbereich zu verstehen, der sich auf alle die empirischen Wissenschaften bezieht, die zum Ziel haben, den Umfang der Kriminalität zu ermitteln und Erfahrungen

- über die Erscheinungsformen und Ursachen der Kriminalität,
- über Täter und Opfer sowie
- über die Kontrolle der sozialen Auffälligkeit einschließlich der Behandlungsmöglichkeiten für den Straftäter und der Wirkungen der Strafe (bzw. Maßregel)

zu sammeln (weitere Definitionsversuche referieren z. B. *Kaiser,* Lb. 1993, 1 ff, und *Schneider,* Lb. 1987, 84 ff).

*In diesem Rahmen kann man zwischen **Angewandter (anwendungsorientierter) Kriminologie** und **kriminalpolitischer Kriminologie** unterscheiden. Die „Angewandte Kriminologie" sieht ihre Aufgabe darin, dem Praktiker (vor allem dem Strafrichter) und dem Sozialarbeiter kriminologisches Erfahrungswissen zur Verfügung zu stellen, das ihm für die Beurteilung des Einzelfalles (Strafzumessung, Prognose) nützlich sein kann (ausführlich zur Angewandten Kriminologie Bock Lb. 2007, 103 und Bock M.: Angewandte Kriminologie für Sozialarbeiter, in: Sanders, K./Bock, M: Kundenorientierung, Wiesbaden 2009, 101 ff.). Die „Kriminalpolitische Kriminologie" setzt sich die Politikberatung zum Ziel.*

Zur Kriminologie als Lehrgebiet: vgl. *Jehle* 1992.

*b) Bezugswissenschaften der Kriminologie (neben dem Strafrecht)*

Im Vordergrund der kriminologischen Forschung stehen heute (neben dem Strafrecht): Soziologie, Psychiatrie, die Neurobiologie und Psychologie. Eine besondere Rolle spielen darüber hinaus auch die Ethologie (vergleichende biologische Verhaltensforschung), die Anthropologie (Lehre vom Menschen: seiner Abstammung, Erbstruktur, seinem Körperbau usw.), die Sozialpädagogik sowie in methodischer Hinsicht: Mathematik und Statistik. **17**

*aa) Soziologie*

Die Soziologie (der Begriff stammt von Auguste *Comté*: 1798–1857) ist die Wissenschaft, die sich mit der Aufdeckung von Gesetzmäßigkeiten der Gesellschaftsentwicklung im Ganzen und in Teilbereichen befaßt und zu erklären versucht. Subjekt der Erkenntnis (auch der **Kriminal-Soziologie**) ist also eher nicht der einzelne Mensch, sondern die menschliche Gesellschaft insgesamt. Deshalb ist die Methode der Soziologie vor allem die (statistische) Massenbeobachtung. Eine besondere **forensische (gerichtliche) Soziologie** hat sich bisher noch nicht entwickelt; jedenfalls treten Soziologen eher selten als Sachverständige vor Gericht auf. **18**

*bb) Psychiatrie*

Die Psychiatrie ist die Lehre von den seelischen Erkrankungen und ihrer Behandlung (*Pschyrembel* 1990, 1377); die **Kriminalpsychiatrie** befaßt sich als Teilbereich der Psychiatrie mit den psychischen Erkrankungen als Ursachen von Kriminalität (vgl. ausführlich *Egg* 1993). Die **forensische (gerichtliche) Psychiatrie** äußert sich im Strafverfahren vor allem im Zusammenhang mit der Schuldfähigkeit des Straftäters (§§ 20, 21 StGB: *Streng* in NStZ 1995, 12 ff), zur Individualprognose vgl. *Alex/Feltes* in MschrKrim 4/2011, 280 ff sowie zur Frage der Unterbringung (vgl. Rdn. 2) von Personen in psychiatrischen Krankenanstalten vgl. *Dubs* 1989, *Dessecker* 1997; zur rechtlichen Situation vgl. *Fabricius/Dallmeyer* 2001, 59 ff; grundlegend *Tondorf/Tondorf* 2011. **19**

*cc) Psychologie*

Die **Psychologie** wird definiert als die Lehre von den normalen seelisch-geistigen Funktionsabläufen, wobei sie sich als klinische Psychologie auch mit pathologischen Phänomenen befaßt (*Pschyrembel* 1990, 1377; 1972, 972). Die **Kriminalpsychologie** (zu dieser *Egg* 1993, 162 ff) beschäftigt sich als Teilbereich der Psychologie mit der seelischen Struktur des Straftäters, „also mit seiner Gesamtpersönlichkeit und seinem Charakter und mit der seelischen Beziehung des Straftäters zu seiner Straftat, und zwar vor, während und nach der Tat (Motive, Vorstellungen, Willensinhalte, Reue)" (*Burghard/Hamacher/Herold* et al. 1996, 140). Die **forensische (gerichtliche) Psychologie** umfaßt alle Anwendungsgebiete der Psychologie im Dienste der (Straf-)Rechtspflege (vgl. **20**

*Northoff* 1997; *Egg* in Egg 2012, 15 ff): vor allem die Beurteilung der Glaubwürdigkeit von Zeugenaussagen (*Greuel* in Egg 2012, 33 ff). Zur **Polizeipsychologie** vgl. *Greuel* 2001, 3 ff.

*dd) Ethologie*

21, 22 Anliegen der Ethologie (vergleichende biologische Verhaltensforschung) ist „das systematische Studium der strukturellen Ähnlichkeiten von menschlichen und tierischen Verhaltensweisen" mit dem Ziel, „durch die Aufdeckung von Ähnlichkeiten im Verhalten von Tier und Mensch Hinweise auf angeborene Grundlagen des menschlichen Verhaltens und damit auf Prädispositionen menschlicher Reaktions- und Wahrnehmungsweisen geben" zu können (*Göppinger*, Lb. 1980, 74); vgl. auch § 5 Rdn. 14 ff. sowie Rdn. 14 zu § 10.

**3. Begriff und Aufgaben der Kriminalistik**

23 Die „Kriminologie" wird nicht selten mit der „Kriminalistik" verwechselt: mitunter auch von den Medien. So tauchen in der Zeitung z. B. Überschriften auf wie diese: „Kriminologen auf Verbrecherjagd". Gemeint ist jedoch nicht der Kriminologe, sondern der Kriminalist: Sherlock *Holmes* (Rdn. 27b) und z. B. die Kommissare im Fernsehen verkörpern Kriminalisten.

*a) Unterschied zwischen Kriminologie und Kriminalistik*

24 Beide Wissenschaften (Kriminologie und Kriminalistik) haben etwas mit dem Verbrechen (lat. „crimen") zu tun. Während sich jedoch der **Kriminalist** primär mit der **Aufklärung** von Delikten beschäftigt, interessieren den **Kriminologen** vor allem die Ursachen des kriminellen Verhaltens; er versucht also das Kriminellwerden zu **erklären**.

*b) Aufgaben der Kriminalistik*

25 Der Kriminalist will die Tat entdecken bzw. den Täter (Tatverdächtigen) fassen und ihn der Tat überführen; er will die Tat **„aufklären"**.

*Als „aufgeklärt" gilt eine rechtswidrige (Straf-) Tat dann, wenn für diese „nach dem (kriminal-) polizeilichen Ermittlungsergebnis mindestens ein namentlich bekannter oder auf frischer Tat ergriffener Tatverdächtiger" festgestellt worden ist (PKS 2012, 14).*

***Neuerdings** soll schon die **bloße „Zuordnung"** einer Straftat zu einem TV aufgrund dessen typischer Vorgehensweise („modus operandi") dafür ausreichen: die dadurch erhöhte Aufklärungsquote eignet sich besser für die Öffentlichkeitsarbeit, erinnert aber an Manipulation.*

Die Aufklärung kann vor allem mit Hilfe von kriminaltaktischen und kriminaltechnischen Mitteln erreicht werden (grundlegend *Burghard/Hamacher* ab 1985; *BKA* 1995; *Kniesel/Kube/Murck* 1996; *Clages* 2004).

*Übersicht 5:* Teilbereiche der Kriminalistik

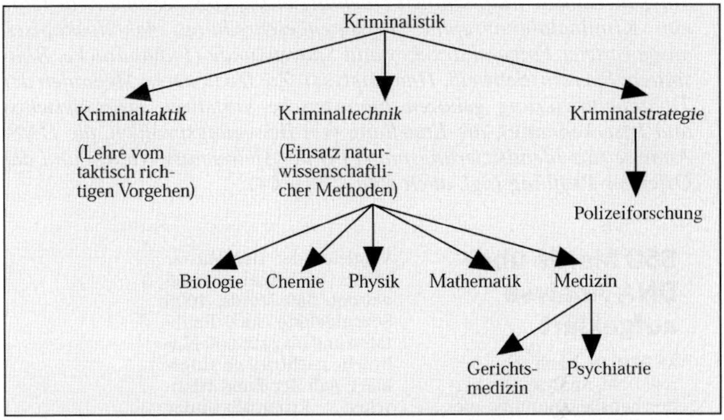


*aa) Kriminaltaktik*

Unter der Kriminaltaktik ist die „Lehre vom taktisch richtigen, d.h. vom technisch, psychologisch und ökonomisch zweckmäßigen Vorgehen beim Aufklären und Verhindern von kriminellen Taten" zu verstehen (*Groß/Geerds* 1977, 9; *Weihmann/Schuch* 2010, 74). **26**

*Zur Kriminaltaktik werden gerechnet: Arten, Anlässe und Ansatzpunkte der Fahndung (z.B. Planmäßigkeit und Schnelligkeit des Vorgehens), Beweisführung und -sicherung, Vernehmungstechnik und -taktik sowie die Nutzung psychologischer Möglichkeiten zur Verbrechensaufklärung.*

Hilfe leistet das **Pol**izeiliche **In**formationssystem **Inpol**, das (seit 4. Sept. 2003) in der Version Inpol-**neu** bundesweite (Routine-)Abfragen per Mausklick in alle wichtigen polizeilichen Datenbanken des Bundes- und der Länder erlaubt: als **Personenfahndungskartei** (Festnahmeersuchen) und als **Sachfahndungskartei** (*Kerner u.a.* 2006, 297). **26a**

*bb) Kriminaltechnik*

Unter Kriminaltechnik ist „die Lehre von den Werkzeugen, Hilfsmitteln und Verfahren zur Aufklärung oder Verhinderung von kriminellem Verhalten zu verstehen (*Groß/Geerds* 1977, 437; praktische Hinweise in *BKA* 1990). Das heißt: Der Kriminaltechnik „obliegt es, ... mit naturwissenschaftlichen Methoden und unter Ausnutzung moderner technischer Hilfsmethoden sachliche Beweise und Spuren zu untersuchen und auszuwerten" (*Burghard/Hamacher/Herold* et al. 1986, 145; ähnlich *Ackermann* 2007, 5ff; *Grafl* 2008, 114 und *Weihmann/Schuch* 2010, 74). **27**

*Zur Kriminaltechnik (die dem Sachbeweis dient) zählen z. B. erkennungsdienstliche Maßnahmen (Identifizierung von Personen mit Hilfe von Kriminalphotographie, Personenbeschreibung, daktyloskopisch ausgewerteter Fingerabdrücke) und Spurenkunde (Fußabdrücke, Blutspuren, Sperma, Schweiß, Haaranalyse). Zu den neueren Methoden der Täteridentifizierung gehören biometrische Verfahren (zur Gesichts- und Iriserkennung), die Erstellung von Bewegungsprofilen, die DNS-Analyse (als Identifizierungsmittel bei der Spurenauswertung) und das Offender-Profiling (vgl. auch Rdn. 22 zu § 4).*

> **550 Morde über DNA-Analyse aufgeklärt**
>
> AP **BERLIN.** Nach zehn Jahren DNA-Analyse zur Verbrechensbekämpfung ziehen Kriminalisten eine positive Bilanz: Durch den Vergleich der Gen-Muster in der DNA-Analyse-Datei wurden 550 Morde, 1000 Sexualdelikte, 3000 Raubtaten und bis zu 25 000 Einbrüche nachträglich aufgeklärt, gab der Bund Deutscher Kriminalbeamter gestern in Berlin bekannt.

aus: *NOZ* vom 18. April 2008

27a • Mit der **DNS-Analyse** (engl. DNA = **D**esoxyribo-**N**ucleic **A**cid) zur Identitätsfeststellung (§§ 81e–h StPO), die in den letzten Jahren die Fahndungserfolge bei schweren Straftaten hat hochschnellen lassen, kann man feststellen, ob (selbst winzige) Tatortspuren (wie Haar-Reste, Hautschuppen, Blut oder Speicheltropfen) vom TV (bzw. Täter) stammen (vgl. *Grafl* 2008, 115 und Zeitungsausriß).

Das ist möglich, weil die Erbsubstanz DNS mit ihren genetischen Informationen (genetischer Code) im Kern jeder menschlichen Zelle vorhanden ist, die wiederum in kleinsten Partikeln nachweisbar ist: **genetischer Fingerabdruck** (ausführlich *Wenzel* 2006, 30 ff). Dieser kann auf einem Röntgenfilm sichtbar gemacht werden, und zwar in Form einer Art Strichcode. Die Wahrscheinlichkeit, daß zwei Menschen dasselbe DNS-Muster haben, liegt bei **1 zu 300 Milliarden** (Überblick bei *Graalmann-Schewe* NStZ 2004, 297 ff, *Hüttemann* dnp 01/2006, 46 ff) und Sandra *Müller* in: Die Polizei 02/2006, 40 ff). Auch **DNA-Massenuntersuchungen** (Massenscreening) sind grundsätzlich zulässig (BVerfG NStZ 1996, 606): „Allzweckwaffe der Kripo".

Zulässig ist die DNA(Erbgut-)-Analyse aber nur bei „Straftaten von erheblicher Bedeutung" (dazu § 81 h StPO) oder solchen, die wegen wiederholter Begehung dem Unrechtsgehalt einer Straftat von erheblicher Bedeutung gleichstehen.

Die (seit 1998) beim BKA zentral geführte **DNA-Analyse-Datei (DAD)** umfaßt inzwischen (2009) 611 867 Datensätze (Focus 22. 7. 09, 12), die sich vor allem auf Tötungsdelikte, Raub- und Erpressungsdelikte, Sexualstraftaten, Körperverletzungen und Btm-Delikte beziehen (*Kerner* u. a. 2006, 297). Über die größte Datenbank in Europa verfügt mit 3,9 Millionen Datensätzen Großbritannien (WEISSER RING 2/2005, 9).

- Das **Offender Profiling** (Erstellung von „sozio-psychologischen **Portraits**" der Täter) ist Bestandteil der Operativen Fallanalyse (OFA) mit der versucht wird (dazu *Baurmann* 2003, 7 ff), den (unbekannten) Täter durch Verknüpfung der bekannten Informationen so zu beschreiben, daß er von anderen Personen i.S. einer Tätertyp-Hypothese unterscheidbar wird: Methode der logischen Schlußfolgerung. *Dittmann* (2003, 73) weist dazu darauf hin, daß „wesentliche Grundprinzipien dieser Methodik (schon) in der Person ... des **Sherlock Holmes** dargestellt (wurden), der seine Fälle nach zumeist kurzen Tatortanalysen im wesentlichen durch intellektuelle, oft sehr komplizierte, aber immer logisch stringente Analysen aus der Distanz löste". Heute arbeiten, um das Ziel zu erreichen, Kriminalisten, Rechtsmediziner, Kriminalpsychologen und Vertreter der forensischen Medizin (oft in einem Team) eng zusammen. Im **BKA** (inzwischen auch in allen LKA) besteht seit 1998 eine entsprechende Spezialeinheit „Operative Fallanalyse" (**KI 13 – OFA**; Leitung *Baurmann*), die sich mit diesen Fragen befaßt. Eine Rolle spielt im Rahmen ihrer Recherchen auch der modus operandi (die Art der Tatbegehung) und die Perseveranz, nämlich die Beharrlichkeit der Tatbegehung. 27b

*Dabei hilft (bundesweit seit 2000)* ***ViCLAS****, das „Violent Crime Linkage Analysis System", ein weltweit eingesetztes Datenbanksystem, mit dem man einen Einzelfall aufgrund des modus operandi und typischer Verhaltensweisen des Täters überregional mit anderen ähnlich gelagerten Fällen vergleichen kann (dazu Nagel in Musolff/Hoffmann: Täterprofile bei Gewaltverbrechern, 2.Aufl. Heidelberg 2006).*

Aber es gibt auch noch andere Merkmale. Das **bekannteste Täterprofil** wurde im Rahmen der Fahndung nach den Hintermännern (bzw. „Schläfern": vgl. Rdn. 41 zu § 30) der terroristischen Angriffe am 11. Sept. 2001 entwickelt. Dementsprechend wurden per **Rasterfahndung** (vgl. zu dieser *Basten* 2011, 197 ff, Rdn. 43 zu § 30 sowie BVerfGE 115, 320) Merkmalsträger mit folgenden Suchkriterien (Rastern) überprüft:

*„Männliche Person im Alter von ca. 20–35 Jahren, Ausländer, Muttersprache arabisch. Technikstudium, vor allem Studium der Luft- und Raumfahrt, oder Studium der Biologie oder Landwirtschaft, nicht vorbestraft etc." (zit. nach Rogoll in GS für Schlüchter 2002, 612).*

Schließlich wurde in den USA das **„geographische Hotspot-Profiling"** entwickelt. Dafür werden „mit Hilfe der Statistik mögliche künftige Tatorte und Tatzeiten prognostiziert und entsprechend mehr Polizisten in den gefährdeten Bezirken stationiert" (Focus 40/2012, 170): in „hot spots" (vgl. Rdn. 13 f zu § 16). 27c

*cc) Kriminalstrategie*

28 Während sich die Kriminaltaktik grundsätzlich auf den Einzelfall oder -vorgang bezieht, wird die Planung und Durchführung der Gesamtheit aller polizeilichen Maßnahmen (durch die hierarchischen Spitzen der Polizei) als dritte Säule der Kriminalistik unter dem Begriff der Kriminalstrategie zusammengefaßt. Typisch für diese ist die starke Vernetzung von Repression und Prävention mit der Aufgabe der effektiven Durchsetzung vorgegebener kriminalpolitischer Ziele. Zu den Grundlagen der Kriminalstrategie zählen die Resultate der Polizeiforschung bzw. die der **Polizeiwissenschaft**.

*c) Ausgangsfragen der Kriminalistik*

29 Die Grundsätze der Kriminalistik werden durch die sog. „Sieben goldenen W" zusammengefaßt (*Burghard/Hamacher/Herold* et al. 1996, 252 f):

- **wer** (hat die angezeigte Straftat begangen?): zur Erstellung eines „Phantombildes" (vgl. oben);
- **was** (hat der Täter getan oder unterlassen: Handelt es sich überhaupt um eine Gesetzesverletzung?);
- **wann** (an welchem Tag und zu welcher Tageszeit wurde sie verübt?);
- **wo** (an welcher Örtlichkeit wurde die Tat ausgeführt?);
- **wie** (ist der Täter vorgegangen; hatte er Helfer?);
- **womit** (welche Mittel und Werkzeuge hat er verwendet?);
- **warum** (aus welchen äußeren und inneren Beweggründen hat er die Tat begangen?).

30 **Zusammenfassende Definition der Kriminalistik:** Unter „Kriminalistik" ist die Lehre „von der Strategie und vom richtigen operativen, taktischen und technischen Vorgehen bei der Verbrechensverhütung und Verbrechensaufklärung" zu verstehen (*Burghard et al.* 1996, 170). Ausführliche Darstellung der Kriminalistik bei *Groß/Geerds* 1977; *Kube/Störzer/Brugger* 1984; *Burghard/Hamacher* ab 1985; *Kube/Störzer/Timm* 1992; *Kniesel/Kube/Murck* 1996; *Forker* 2000, 31 ff; *Weihmann/Schuch* 2010). Zu den „Schnittstellen von Kriminalistik und Kriminologie" vgl. *Forker* in FS für Schwind 2006, 699.

*d) Zur Polizeiwissenschaft (police science)*

30a Die Polizeiwissenschaft i.e. Sinne befaßt sich mit der Polizei als Institution **(„police")** und mit ihrem Verhalten **(„policing")**. Im Rahmen der „police" werden z.B. die Beziehungen und Einstellungen der Polizei zu sozialen Gruppen (z.B. Minderheiten) untersucht (vgl. z.B. Rdn. 31 zu § 23) oder etwa das Bild der Polizei in den Massenmedien (vgl. z.B. Rdn. 6 zu § 14), das Ansehen der Polizei in der Bevölkerung (vgl. Rdn. 10 zu § 20), das Anzeigeverhalten (vgl. Rdnr. 3 zu § 20) bzw. die Zufriedenheit der Opfer mit der polizeilichen Arbeit (vgl. Rdn. 10 zu § 20): aber auch die Zusammenarbeit mit Sicherheitsanbietern (Rdn. 29 h zu § 20).

Im Rahmen der Erforschung des „policing" interessieren etwa die Determinanten und die Gesetzmäßigkeit (Legalität) polizeilichen Handelns (vgl. *Meier* Lb 2005, 246 ff) und die Effizienz des polizeilichen Einsatzes. Stichworte dazu: Fußstreifen (Rdn. 13 zu § 15), Polizeipräsenz (Rdn. 22a zu § 20), Videoüberwachung (Rdn. 13e zu § 16).

Zum Stand der amerikanischen Polizeiforschung vgl. *Schneider* Lb. 2001, 114 und *Ahlf* 2001, 618 ff. Zur (Geschichte der) Polizeiwissenschaft und zur internationalen Polizeivergleichsforschung vgl. *Schneider* 2002, 10 ff, *Feltes/Punch* in MschrKrim 2005, 26 ff., *de Vries* in Kriminalistik 2008, 213) sowie *Schneider* in Hb 2007, 893 ff. Zur Polizeiforschung in Deutschland *Jung* 2007, 90 ff; *Feltes* in: Polizei und Wissenschaft 4/2007, 2 ff und 2013, 93 ff. Polizeiforschung wird vor allem im Kriminalistischen Institut (KI) des **BKA** betrieben (*Kerner* et al. 2006, 292 ff).

*e) Neuere Entwicklungen in der Polizeiwissenschaft und Kriminalistik*

Nicht zu übersehen ist eine **Akademisierungswelle in der Polizei**; entsprechend der Empfehlung des *US-Research Council* (Fairness and Effectiveness in Policing, Washington D. C. 2004, 4): **Wir brauchen „klügere Polizei nicht mehr“!** Beispiele dafür: **30b**

- Mit Satzung vom 15. Mai **2003** wurde (mit Sitz in Berlin) eine **„Deutsche Gesellschaft für Kriminalistik (DGfK e.V.)“**, die sich auch mit Polizeiforschung befaßt, gegründet (Präsidenten *Artkämper/Clages*): dazu *Forker* in FS für *Schwind* 2006, 699, *Neidhardt* in DIE POLIZEI 8/2007, 221 ff, *Roll* in Kriminalistik 7/2009, 414 ff.
- Die Polizeiführungsakademie (PFA) hat sich am 1. März **2006** in eine **„Deutsche Hochschule der Polizei“** (= DHPol) verwandelt (dazu *Neidhardt* in FS für Kreuzer 2008, 499) mit dem gesetzlichen Auftrag, „Polizeiwissenschaft durch Forschung, Lehre, Studium und Weiterbildung zu pflegen und zu entwickeln“ (*Kersten* 2012, 8).
- Die Fachhochschulen der Polizei (FHöV) wurden (z.B. in Niedersachsen ab **2007/08**) in **„Polizeiakademien“** umfirmiert; zu einer **wissenschaftlich** geprägten Ausbildung (vgl. *Witt* in Brenneisen/Kischewski/Raschke: Studium und Lehre 2007, 97 sowie Kersten 2012, 8 ff und Brenneisen/Staack in: Die Polizei 2013, 29 ff 5/2011, 326 ff sowie *Kersten* 2012, 8 ff).
- Der Bochumer Lehrstuhl für Kriminologie, Kriminalpolitik und Polizeiwissenschaft (*Feltes*) bietet seit **2005** einen **Magisterstudiengang Kriminologie und Polizeiwissenschaft** an: zeitgleich an der Univ. Hamburg MA für Internationale Kriminologie (*Scheerer*).
- Kriminalistik-**Vorlesungen** mit polizeiwissenschaftlichen Bezügen wurden **2005–2010** an der Uni Osnabrück (*Schwind/Sprinkmann/Hunsikker/Oevermann*) durchgeführt und werden seit **2007** an der Uni Jena (*Ackermann/Forker/Roll/Schulze*) und seit **2009** an der Uni Hannover (*Meier* et al.), aber auch in München: „Kriminalistik für Juristen“ (*Ackermann* in Kriminalistik 3/2013, 206) angeboten.
- Ein **„Forum für Aus- und Fortbildung“** wurde in der Zeitschrift „Kriminalistik“ eingerichtet. Schriftleitung: *Clages*;

– *Feltes* und *Kerner* geben (im Felix-Verlag) eine Reihe **„Empirische Polizeiforschung"** heraus.

Nicht zuletzt: **2005** wurde aus dem BGS die **„Bundespolizei" (BPol)**.

### III. Kriminalpolitik

31 Der Begriff der „Kriminalpolitik", der wahrscheinlich erstmals um 1800 benutzt worden ist, wird oft mit den Begriffen der Justiz- und Rechtspolitik gleichgesetzt oder verwechselt; tatsächlich decken sich die drei Begriffe nur in Teilbereichen. Kriminalpolitik will Probleme lösen.

#### 1. Begriffsbestimmung

32 Kriminalpolitik ist nicht nur „Rechtspolitik auf dem Gebiet der Strafrechtspflege" (so *Zipf* noch 1973, 3); Kriminalpolitik beschränkt sich auch nicht – wie *von Hippel* gemeint hat (Deutsches Strafrecht, Bd. 1, 1925, 535) – auf die „Betrachtung der Wirksamkeit des Strafrechts, die auf Verhütung und Bekämpfung von Verbrechen gerichtet ist" (**enge Auffassung** von Kriminalpolitik).

33 Die Bedeutung kriminalpolitischen Handelns besteht vielmehr in der Wahrnehmung der Aufgabe der (ressortübergreifenden) Verbrechensbekämpfung, wobei sich die entsprechenden Aktivitäten nicht nur auf die rein repressiven Bereiche beziehen, sondern vor allem auf den Einsatz auch außerstrafrechtlicher präventiver Maßnahmen (**weite Auffassung** von Kriminalpolitik).

33a In diesem Rahmen lassen sich **„rationale"** (*Schwind* 1985, 573) und **„emotionale"** (*Schüler-Springorum* 1991, 189) sowie nicht zuletzt eine **populistische** Kriminalpolitik unterscheiden, nämlich eine solche, die sich (zunehmend) von den Medien und Meinungsumfragen (sog. „Stimme des Volkes") beeinflussen läßt (dazu *Pfeiffer/Wetzels* in FS für Schwind 2006, 1095 ff). **Rational** ist die Kriminalpolitik, die sich sozialethisch legitimieren läßt und sich an den Resultaten der wissenschaftlichen Forschung orientiert: etwa dokumentiert im Endgutachten der (Unabhängigen) sog. (Anti-)Gewaltkommission (*Schwind/Baumann* et al. 1990) oder in dem „Ersten Periodischen Sicherheitsbericht" (BMI/BMJ 2001) der Bundesregierung, der 2006 mit einem Zweiten PSB der fortgesetzt wurde.

*Nach Kunz (in GS Schlüchter 2002, 727) „folgt die Beziehung zwischen den Kriminalwissenschaften und der praktischen Kriminalpolitik allerdings dem **„Goretex-Prinzip"**: „von der Wissenschaft zur Politik hin durchlässig, in Gegenrichtung abweisend". Heinz (2006, 97) hat bei Kriminalpolitikern „Züge von **Schamanismus** ausgemacht", also gebetsmühlenartiges, durch hartnäckiges und unbeirrtes Trommeln begleitetes Wiederholen von Glaubenssätzen und Beschwörungsformeln ohne Rücksicht auf den Stand der Erkenntnis". Vor diesem Hintergrund dürfen sich Kriminologen (wie es Kreuzer überspitzt formuliert hat) schon „glücklich schätzen, wenn sie in ihrer **Narrenfreiheit*** *überhaupt geduldet, mitunter gehört und ganz selten sogar ein bißchen ernst genommen werden" (in FS für Rolinski 2002, 373). Allerdings werden manche Wissenschaftler wegen ihrer für Laien unverständlichen Sprache (das gilt vor allem für soziologische Texte) gar nicht verstanden (**Transferprobleme**).*

Zur Doppelstrategie des **„flexible response"** vgl. Rdn. 35 zu § 8. Zur **Kosten-Nutzen-Analyse** kriminalpräventiver Programme vgl. *Schneider* in FS für Schwind 2006, 160. Ausführlich zur wissenschaftlichen **Politikberatung** *Egg/Sohn* in FS für Schwind 2006, 35ff. **Zur „Wende"** (Richtungsänderung) in der Kriminalpolitik hin zur Sicherheits- und Sparpolitik (**punitive Kriminalpolitik**) vgl. in FS für Schwind 2006: *Best,* S. 5ff, *Beulke,* S. 226ff und *Steffen,* S. 1150; *Neubacher* (in ZStW 4/2006, 856) und *Sack* in FS für Kury 2006, 36ff. **33b**

*a) Abgrenzung zur Justiz- und Rechtspolitik*

Der Unterschied zwischen Kriminalpolitik und **Justizpolitik** besteht darin, daß sich Justizpolitik nur auf jene Bereiche bezieht, die zum Justizressort zählen (Rechtspflege, Strafvollzug und juristische Praxis-Ausbildung), während die Kriminalpolitik ressortübergreifend alle Bereiche erfaßt, die dem kriminalitätsrelevanten Gesellschaftsschutz dienen; dazu gehören z.B. Sozialpolitik, Beschäftigungspolitik, Schulpolitik und Sicherheitspolitik (innere Sicherheit des Staates). Auf der anderen Seite decken sich Kriminalpolitik und Justizpolitik zum Teil aber auch, so z.B. bei der Reform des Strafvollzuges und der Entlassenenhilfe, also bei den Resozialisierungsversuchen des Staates (vgl. unten Übersicht 6). **34**

*Übersicht 6:* Inhaltliche Teilkongruenz der Begriffe Kriminalpolitik, Justizpolitik und Rechtspolitik **35**

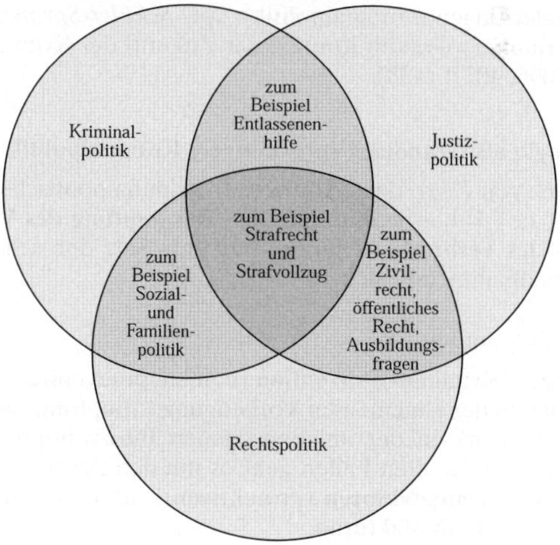

36 Mit der **Rechtspolitik** besteht dann Identität, wenn kriminalpolitische Maßnahmen einer rechtlichen Absicherung oder Regelung bedürfen. Hierher können z.B. bestimmte sozial- bzw. familienpolitische Aktivitäten zählen sowie die schulische und berufliche Förderung der Kinder aus Familien mit Migrationshintergrund (vgl. dazu Rdn. 34 zu § 24). Soweit sich Kriminalpolitik über den rein rechtlichen Bereich hinaus niederschlägt (z.B. im Einsatz finanzieller Mittel für bestimmte Programme der Prävention), decken sich Kriminal- und Rechtspolitik nicht mehr.

*b) Zusammenfassende Definition der Kriminalpolitik*

37 Unter Kriminalpolitik ist die Gesamtheit aller staatlichen und außerstaatlichen Maßnahmen zu verstehen, die zum Schutz der Gesellschaft und des einzelnen Bürgers auf Verhütung und Bekämpfung von Kriminalität gerichtet sind: *Schwind* 1980, 5; übernommen z.B. von *Burghard/Hamacher/Herold* et al. 1996, 175, sowie von der (Anti-)Gewaltkommission der Bundesregierung: *Schwind/Baumann* et al. (Hrsg.): Ursachen, Prävention und Kontrolle von Gewalt, Berlin Bd. 1 1990, 25.

38 *Dabei darf man Kriminalpolitik nicht mit Kriminalpolitikwissenschaft verwechseln. Unter der Letzteren ist „die wissenschaftliche Analyse der entsprechenden Überlegungen und Prozesse der Willensbildung des Gesetzgebers, insbesondere die Erneuerung des Verbrechensbegriffes und dessen Sanktionensystems" zu verstehen (Kaiser in: Kaiser/Kerner/Sack/Schellhoss: KKW, 1993, 281).*

39 Weiteres Schrifttum zur Kriminalpolitik: *Schwind/Berckhauer/Steinhilper* 1980; *Schwind* 1985; *Maelicke/Ortner* 1988; *Schüler-Springorum* 1991; zu Problemen der Kriminalpolitik in Deutschland vgl. *Albrecht* 1999, 763ff und *Schwind* 1999, 107ff; zu künftiger Kriminalpolitik *Heinz* 2000, 131ff; *Jehle/Kirchner* 2000, 158ff; *Ostendorf* in: ZRP 2001, 151ff. Zu „Internationaler Jugendkriminalpolitik" vgl. *Schüler-Springorum* 2004, 189ff. Zur Kriminalpolitik im Kontext der Zukunft der Kriminologie vgl. *Neubacher* 2006, 403ff (438).

### 2. Kriminologie als Grundlage (präventiver) Kriminalpolitik

40 Schon Franz von *Liszt*, der „Altmeister" kriminalpolitischen Denkens (vgl. Rdn. 42 zu § 4) hat betont, daß die **„Bekämpfung des Verbrechens die Kenntnis des Verbrechens voraussetzt"**, ein Satz der sich primär auf Präventionsmaßnahmen bezieht.

*a) Ziele der Prävention*

41 Die Ziele der (Kriminal-)**Prävention** (von lat. praevenire = zuvorkommen), bestehen in der allgemeinen Vorbeugung („Impfung" gegen kriminelle Versuchungen), in der anlaßbezogenen Intervention und in der Rückfallverhütung. In allen Fällen geht es um den Aufbau bzw. um die Verstärkung von **Schutzfaktoren** (protektiven Einflußfaktoren) und die Eindämmung von **Risikofaktoren**.

***Risikofaktoren** sind solche „bei denen man annimmt, daß sie als Ursachen an der Entstehung des Problems beteiligt sind" (Eisner/Ribeaud/Locher 2008, 4).*

***Beispiele:** defizitäre Erziehung, Konflikte in der Familie (Elterngewalt), armutsnahe Lage/beengte Wohnverhältnisse (in verwahrlosten Wohnvierteln), fehlende Bindung an die Schule bis zum Schulabsentismus, delinquenter Freundeskreis mit hoher Risikosuche, exzessiver Alkoholgenuß und Verfügbarkeit von Drogen, häufiger Disco-Besuch, genetische Belastungen. (Schwachsinn, Psychopathie, Psychosen).*

*Zu den **Schutzfaktoren** werden z. B. gerechnet: positives Selbstbild, kognitive Kompetenz bis hin zur Problemlösefähigkeit, Bindung an Werte und Formen, positive Einstellung zur Erwerbstätigkeit und stabile Beschäftigung.*

*b) Stufen der Kriminalprävention*

In bezug auf die Prävention werden im Schrifttum im Anschluß an 42
*Caplan* (1964) drei Stufen (vgl. Übersicht 7) unterschieden (vgl. z. B. *Kube* 1996, 136 *Kerner* 1994, 171 ff; *Streng* in zis 3/2010, 227):

*Übersicht 7:* Stufen der Kriminalprävention

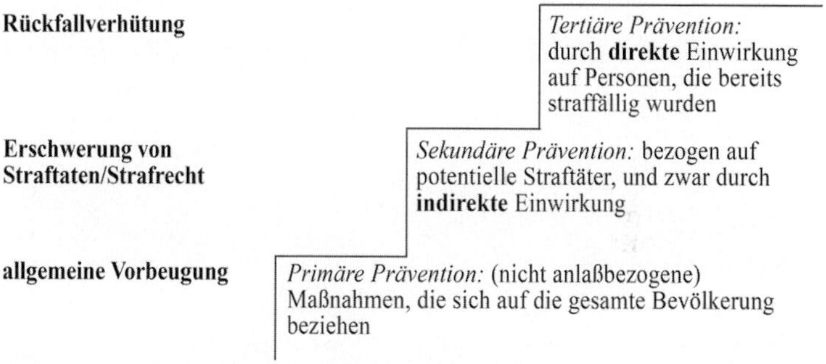


*c) Programme und Maßnahmen: Beispiele*

- **auf der Ebene der primären Prävention** etwa in Form einer Förderung der Erziehungskompetenz von überforderten Eltern, Frühförderungsmaßnahmen (schon im Kindergarten);
- **auf der Ebene der sekundären Prävention** z. B. in Form von Alkoholverboten, Strafandrohungen, polizeilicher Präsenz, Technoprävention (z. B. durch Videoüberwachung), Warnung bzw. Beratung potentieller Opfer (z. B. durch den WEISSEN RING); in Betracht kommen vor allem „indizierte" Interventionen (z. B. solche in sozialen Brennpunkten).

– **auf der Ebene der Tertiärprävention** gemeint sind z. B. (strafrechtliche) Rechtsfolgen (Diversion, Strafvollzug), Intensivtäterprogramme, aber auch die (außerstaatliche) Entlassenenhilfe bzw. Bewährungshilfe.

### 3. Soziale Kontrolle

44 Von sozialer Kontrolle spricht man dann, wenn Mittel eingesetzt werden, „mit denen die Gesellschaft über die sie bildenden Menschen Herrschaft ausübt und **Verhaltenskonformität zu erreichen** sucht". Agiert der Staat (Polizei oder- Straf-Justiz) spricht man von (**formeller sozialer Kontrolle**. Sozialkontrolle kann sich (als **informelle soziale Kontrolle**) aber auch im sozialen Nahraum von Familie (Erziehung der Kinder), Freizeit (Regeln im Sportverein), oder im Rahmen anderer „zivilgesellschaftlicher Aktivitäten äußern" (G. *Kaiser* in FS für H. Jung, 2007, 380). Für die **Kriminalprävention** wichtig ist das Zusammenspiel von formeller und informeller Kontrolle: „**Mehrebenen-Intervention**".

# § 2 Kriminalität im Hell- und Dunkelfeld

**Literatur:** **Albrecht,** G./**Howe,** C.-W./**Wolterhoff-Neetix,** J.: Neue Ergebnisse zum Dunkelfeld der Jugenddelinquenz: Selbstberichtete Delinquenz von Jugendlichen in zwei westdeutschen Großstädten, in: *Kaiser,* G./*Kury,* H./*Albrecht,* H.-J. (Hrsg.): Kriminologische Forschung in den 80er Jahren, Freiburg 1988, S. 661–696; **Baurmann** M./**Hermann** D./**Störzer** U./**Streng** F.: Telefonische Befragung von Kriminalitätsopfern: Ein neuer Weg ins Dunkelfeld? in: MschrKrim 1991, S. 159–173; **Blankenburg,** E.: Die Selektivität rechtlicher Sanktionen. Eine empirische Untersuchung zum Ladendiebstahl, in: *Friedrichs,* J. (Hrsg.): Teilnehmende Beobachtung abweichenden Verhaltens, Stuttgart 1973, S. 120–150; **BMI**: Verfassungsschutzbericht 2011, Berlin 2012; **BMJ** (bzw. **Jehle,** J.-M./**Heinz,** W./**Sutterer,** P.): Legalbewährung nach strafrechtlichen Sanktionen, Berlin 2003; **Boers,** K./**Walburg,** C./**Reinicke,** J.: Jugendkriminalität – Keine Zunahme im Dunkelfeld, kaum Unterschiede zwischen Einheimischen und Migranten, in: MschrKrim 2006, S. 63–87; **Bornewasser,** M./**Schulze,** K.: Gewalt an Schulen in Abhängigkeit vom Alter, in: Die Kriminalprävention 5/2003, S. 167–177; **Brettfeld,** K./**Wetzels,** P.: Hamburg eine Kriminalitätshochburg? Erkenntnisse aus der polizeilichen Kriminalstatistik und Dunkelfeldbefragungen zur Jugendkriminalität, in: *Reuband,* K. H.: „Das Schill-Syndrom", Opladen 2003; **Brinkmann,** B.: Dunkelfeld bei Tötungsdelikten – rechtsmedizinische Aspekte –, in: *Egg* (Hrsg.): Tötungsdelikte KUP Bd. 36, Wiesbaden 2002; **del Frate,** A. A.: Counting Crime in Europe: Survey Trends 1996–2000, in: *Aromaa,* S./*Nevala,* S.: Crime and Crime Control in an Integrating Europe, Helsinki 2004, S. 61–72; **Dölling,** D./**Hermann,** D.: Wertorientierungen und Kriminalität, in: *Haft,* F./*Hof,* H./*Wesche,* St. (Hrsg.): Bausteine zu einer Verhaltenstheorie des Rechts, Baden-Baden 2001, S. 203–213; **Dörmann,** U.: Dunkelfeldforschung im Dunkeln. Zum Problem der statistikbegleitenden Dunkelfeldforschung, in: Kriminalistik 1988, S. 403–405; **Eckert,** R.: Rechtsterrorismus und Sicherheitsbehörden – eine Zwischenbilanz, in: verdict Mai 2013, S. 4–13; **Ellrich,** K./**Baier,** D./**Pfeiffer,** C.: Polizeibeamte als Opfer von Gewalt, Baden-Baden 2012; **Ellrich,** K./**Baier,** D./**Pfeiffer,** C.: Polizeibeamte als Opfer von Gewalt, Ergebnisse einer Befragung von Polizeibeamten in zehn Bundesländern, Baden-Baden 2012; **Feldmann-Hahn,** F.: Opferbefragung in Deutschland. Bestandsaufnahme mund Bewertung. Holzkirchen/Obb, 2011; **Goergen/von den Brink/Taifi**: Mögliche Entwicklungen der Jugend(gewalt)kriminalität in Deutschland, Prognosen 2010–2050, Münster 2010; **Görgen,** Th./**Kreuzer,** A./**Nägele,** B./**Krause,** S.: Gewalt gegen Ältere im persönlichen Nahraum, Stuttgart 2002; **Görgen,** Th./**von den Brink,** H./**Taifi,** A./**Kraus,** B.: Was kommt, was geht, was bleibt, was tun? in: Die Polizei 5/2013, S. 145–150; **Häder,** S.: Wer sind die „Nonpubs"? Zum Problem anonymer Anschlüsse bei der Stichprobenziehung für Telefonumfragen, in: ZUMA-Nachrichten 39 (Nov. 96), S. 45–68; **Heinz,** W.: Kinder- und Jugendkriminalität – ist der Strafgesetzgeber gefordert?, in: ZStW 2002a, S. 520–583; **Heinz,** W.: Kriminalstatistik, in: *Dittmann,* V./*Jehle,* J.-M.: Kriminologie zwischen Grundlagenwissenschaften und Praxis, Mönchengladbach 2003, S. 149–185; **Heinz,** W.: Stand und Perspektiven der Kriminalstatistik aus deutscher Sicht, in: SZK 2/2005, S. 44–52; **Heinz,** W.: Strafrechtliche Reaktionen auf Schwerkriminalität, in: Recht und Politik 2/2002, S. 93–105; **Heinz,** W./**Jehle,** J.-M. (Hrsg.): Rückfallforschung, KUP Bd. 45, Wiesbaden 2004; **Heinz,** W.: Zum Stand der Dunkelfeldforschung in Deutschland, in FS für Kury, Frankfurt/M, 2006, S. 241–263; **Hormuth,** S. E./**Brückner,** E.: Telefoninterviews in Sozialforschung und Sozialpsychologie, in: KZfSS 37/1985, S. 526–545; **Hough,** M./**Mayhew,** P.: Taking Account of Crime: Key Findlings from the 1984 British Crime Survey, London 1985; **Humphreys,** L.: Toiletten-Geschäfte. Teilnehmende Beobachtungen homosexueller Akte, in: *Friedrichs,* J. (Hrsg.): Teilnehmende Beobachtung abweichenden Verhaltens, Stuttgart 1973, S. 254–287; **Hunsicker,** E.: Bevölkerungs- und Kriminalitätsentwicklung für die Zeiträume zwischen 1960 und 2060, München 2013; **Jehle,** J.-M./**Heinz,** W./**Sutterer,** P.: Legalbewährung nach strafrechtlichen Sanktionen. Eine kommentierte Rückfallstatistik....2003; **Jehle,** J.-M./**Albrecht,** H.-J./**Hohmann-Fricke,** S./**Tetal** C.: Legalbewährung nach strafrechtlichen Sanktionen. Eine bundesweite Rückfallstatistik 2004–2007, hrsg. vom BMJ, Berlin 2010; **Killias,** M.: New Methodological Perspectives for Victimization Surveys: The Potentials of Computer-Assisted Telephone Surveys and some Review of Victimology 1990, S. 153–166; **Kinzig,** J. Die Legalbewährung gefährlicher Rückfalltäter – Zugleich ein Beitrag zur Entwicklung des Rechts der Sicherungsverwahrung, Berlin 2010; **Kirchhoff,** G. F.: Selbstberichtete Delinquenz, Göttingen 1975; **Klein,** M.: Verhalten sich Jugendliche in Ostdeutschland häufiger delinquent als Jugendliche in Westdeutschland?, in: MschrKrim 1997, S. 148–164; **Kräupl,** G.: Gewalttätige Selbstdarstellung vor extremistischer Kulisse, in: *Zwiener,* U./*Kodalle,* K.-M./*Frindte,* W.: Extremismus-Gewalt-Terrorismus, Jena 2003, S. 57–74; **Kräupl,** G./**Ludwig,** H.: Wandel kommunaler Lebenslagen, Kriminalität und Sanktionserwartungen, Freiburg/Br. 1993; **Kreuzer,** A.: Kriminologische Dunkelfeldforschung, in: NStZ 1994, S. 10–16; **Kreuzer,** A. et al.: Auswirkungen unterschiedlicher Vorgehensweisen auf die Ergebnisse der selbstberichteten Delinquenz, in: MschrKrim 1992, S. 91–104; **Kreuzer,** A.: Vergleichende Online-Delinquenzbefragung Gießen-Madison 2003, in: FS für Th. *Raiser,* Berlin 2005; **Kreuzer,** A.: Kinderdelinquenz und Jugendkriminalität, in: Zeitschrift für Pädagogik 1983, S. 49–70; **Kreuzer,** A.: Prävention von Gewalt gegen Senioren, in: BewHi 1/2010 S. 88–105; **Kube** E./**Koch,** K.-F.: Die Kriminalitätslandschaft in Ost und West im Zeichen des politischen Umbruchs in: der Kriminalist 1990,

S. 346–350; **Kürzinger,** J.: Private Strafanzeige und polizeiliche Reaktion, Berlin 1978; **Kury,** H.: Victims of Crime – Results of a Representative Telephone Survey of 5.000 Citizens of the former Federal Republic of Germany, in: *Kaiser,* G./*Kury,* H./*Albrecht,* H.-J. (Hrsg.): Victims and Criminal Justice, Freiburg/Br. 1991, S. 266–304; **Kury,** H.: Zum Einfluß der Art der Datenerhebung auf die Ergebnisse einer Umfrage, in: Mschr-Krim 1994, S. 22–33; **Kury,** H.: Zur Viktimisierung (jugendlicher) Strafgefangener, in: ZfStrVo 1/02, S. 22–32; **Leder,** H.-C.: Dunkelfeld und Praxisrelevanz – eine sozialwissenschaftliche Perspektive, in: Kriminalistik 1993, S. 692–700; **Ludwig**, H./ **Kräupl**, G.: Viktimisierung, Sanktionen und Strafverfolgung, Mönchengladbach 2005; **Mansel,** J./ **Hurrelmann,** K.: Aggressives Verhalten Jugendlicher im Zeitvergleich – Befunde der „Dunkelfeldforschung" aus den Jahren 1988, 1990 und 1996, in: KZfSS H. 1/1998, S. 78–109; **Müller,** L.: Dunkelfeldforschung – ein verläßlicher Indikator der Kriminalität? Diss. jur., Freiburg 1978; **Naplava,** Th./**Walter,** M.: Entwicklung der Gewaltkriminalität: Reale Zunahme oder Aufhellung des Dunkelfeldes, in: MschrKrim 5/2006, S. 338–351; **Oba,** Sh.: Unverbesserliche Verbrecher und ihre Behandlung, Diss. jur., Berlin 1908; **Oberwittler,** D./**Köllisch,** T.: Jugendkriminalität in Stadt und Land, in: Raithel, J./Mansel, J.: Kriminalität und Gewalt im Jugendalter, Weinheim 2003, S. 135–159; **Ohlemacher**, T./**Rüger**, A./**Schacht**, G./**Feldkötter**; U.: Gewalt gegen Polizeibeamtinnen und -beamte 1985–2000, Baden-Baden 2003; **Plate,** M./**Schwinges,** U./**Weiß,** R.: Strukturen der Kriminalität in Solingen, Wiesbaden 1985; **Porterfield**, A.: Delinquency and its Outcome in Court and College, in: American Journal of Sociology 19/1943, S. 199–208; **Porterfield,** A.: Youth in trouble, Fort Worth 1949; **Quetelet,** A.: Physique sociale ou essai sur le développement des facultés de l'homme, 1869; **Rat für Sozial- und Wirtschaftsdaten** (Hrsg.): Optimierung des bestehenden kriminalstatistischen Systems in Deutschland, Baden-Baden 2009 (zit. RSW 2009); **Reuband**, K.-H./**Blasius**, J.: Face-to-Face-, telefonische und postalische Befragungen, in: KZfSS 2/96, S. 296–318; **Ruch**,A.: Dunkelfeld und Anzeigeverhalten bei Delikten gegen die sexuelle Selbstbestimmung, Holzkirchen/Obb, 2011; **Rüther,** W.: Zum Einfluß polizeilicher Erfassungskontrollen auf die registrierte Kriminalität, in: MschrKrim 2001, S. 294–309; **Scheib,** K.: Die Dunkelziffer bei Tötungsdelikten aus kriminologischer und rechtsmedizinischer Sicht, Berlin 2002; **Schwind,** H.-D./**Baumann,** J. et al.: Ursachen, Prävention und Kontrolle von Gewalt (Endgutachten der Gewaltkommission der Bundesregierung), Berlin 1990; **Schwind,** H.-D./**Freier,** D./**Ballering,** Ph.: Studentenbefragungen zum Dunkelfeld im Langzeitvergleich, in: Die Kriminalprävention 2002, S. 99–104; **Schwind,** H.-D./**Ahlborn,** W./**Eger,** H.-J. et al.: Dunkelfeldforschung in Göttingen 1973/74, Wiesbaden 1975; **Schwind,** H.-D./**Ahlborn,** W./**Weiß,** R.: Empirische Kriminalgeographie (Kriminalitätsatlas Bochum), Wiesbaden 1978; **Schwind,** H.-D./**Ahlborn,** W./**Weiß** R. et al.: Dunkelfeldforschung in Bochum – Eine Replikationsstudie, Wiesbaden 1989; **Schwind,** H.-D./**Fetchenhauer,** D./**Ahlborn,** W./**Weiß,**: Kriminalitätsphänomene im Langzeitvergleich am Beispiel einer Deutschen Großstadt (Bochum) 1975–1986–1998), Neuwied 2001; **Schwind,** H.-D./**Eger,** H.-J.: Untersuchungen zur Dunkelziffer. Nicht entdeckte Straftaten von Göttinger Jura-Studenten, in: Mschr-Krim 1973, S. 151–170; **Schwind,** H.-D.: Dunkelfeldforschung in Bochum: 1975 und 1986, in: *Kaiser,* G./*Kury,* H./*Albrecht,* H.-J. (Hrsg.): Kriminologische Forschung in den 80er Jahren, Freiburg 1988, S. 948–959; **Schwind**, H.-D.: Anfänge der Dunkelfeldforschung (durch Opferbefragung) in Deutschland, in FS für *Steinhilper*, Heidelberg 2013, S. 317–328; **Sessar**, K.: Zum Sinn künftiger Opferbefragungen, in: Kaiser, G./Jehle, J.-M. (Hrsg.): Kriminologische Opferforschung, Teilband II, Heidelberg 1995, S. 159–170; **Skogan,** W.: The Polls – A Review. The National Crime Redisign, in: Public Opinion Quarterly 1990, S. 256–272; **Stadler,** H.: Kriminalität im Kanton Uri. Eine Opferbefragung, Entlebuch (Schweiz) 1987; **Standler**, L./**Beieneck**, St./**Pfeiffer**, Chr.: Repräsentativbefragung Sexueller Mißbrauch 2011, Hannover (KFN) 2012; **Steffen,** W.: Analyse polizeilicher Ermittlungstätigkeit, Wiesbaden 1976; **Stephan,** E.: Die Stuttgarter Opferbefragung, Wiesbaden 1976; **Streng,** F.: Strafrechtliche Sanktionen, Stuttgart 1991; **Villmow,** B./**Stephan,** E.: Jugendkriminalität in einer Gemeinde, Freiburg/Br. 1983; **Volmer,** W.: Dunkelfeld bisher überbewertet. Eine kriminalistisch-kriminologische Untersuchung der Tötungsdelikte in Köln, in: Kriminalistik 1988 S. 477–480; J.: Die Indikatorfunktion sozialökologischer Faktoren bei Dunkelfeldkriminalität und polizeilich registrierter Delinquenz, Freiburg 1982; **Walter,** M.: Kriminalitätsanstieg und Kriminalpolitik, in: FS für D. *Spinellis* 2001, S. 1239–1253; **Wehner,** B.: Die Latenz der Straftaten. Die nicht entdeckte Kriminalität, Wiesbaden 1957; **Weiß,** R.: Bestandsaufnahme und Sekundäranalyse der Dunkelfeldforschung, Wiesbaden 1997; **Wetzels,** P./**Greve,** W./**Mecklenburg,** E./**Bilsky,** W./ **Pfeiffer,** C.: Kriminalität im Leben alter Menschen, Stuttgart 1995; **Wetzels,** P./**Enzmann,** D./ **Mecklenburg,** E./**Pfeiffer,** C.: Jugend und Gewalt. Eine repräsentative Dunkelfeldanalyse in München und acht anderen deutschen Städten, Baden-Baden 2001; **Zimmerli,** St.: Die Territorialität der Outlaw Motorcycle Clubs, in: MschKrim 1999, S. 320–339. **Ziercke,** J.: Aktuelles Lagebild und Entwicklung der Gewaltkriminalität, in Kriminalistik 12/2010, S. 697–703.

**Gliederung**



## I. Bekannt gewordene (registrierte) Kriminalität (Hellfeld)

1 Die kriminologische (und kriminalistische) Forschung bezieht sich bisher hauptsächlich nur

- auf die **Kriminalität i.S. des strafrechtlichen Verbrechensbegriffes** (vgl. Rdn. 2ff zu §1) und auch grundsätzlich nur
- auf die **bekannt gewordene (registrierte) Kriminalität** (insbesondere auf die angezeigten Straftaten), soweit sie **aufgeklärt** (und abgeurteilt) werden konnte.

### 1. Offizielle Statistiken und ihre Fehlerquellen

2 Registriert wird die Kriminalität in der Bundesrepublik Deutschland in der „Kriminalstatistik". Der Oberbegriff „Kriminalstatistik" (zur Geschichte vgl. *Kerner* 1981, 269ff) umfaßt alle solchen amtlichen Statistiken, in denen Ergebnisse staatlicher Ermittlungs- und Strafverfolgungstätigkeit registriert werden (*Kerner* aaO). Zu diesen (jährlich) erscheinenden Statistiken für das Bundesgebiet, die auch im Internet veröffentlicht werden (http://www.bka.de), rechnen vor allem (vgl. *Heinz* 2005, 48ff):

- *die* ***„Polizeiliche Kriminalstatistik"*** *(PKS): seit 1953 (herausgegeben vom Bundeskriminalamt),* die (als **tatnächste Statistik**) grundsätzlich alle der Polizei bekannt gewordenen Straftaten und alle ermittelten Tatverdächtigen zählt,
- *die* ***„Strafverfolgungsstatistik"*** *(StVerfStat): seit 1950 (herausgegeben vom Statistischen Bundesamt, in der Fachserie 10 Reihe 3: Strafverfolgung), die sich auf die von den Gerichten abgeurteilten Tatverdächtigen bezieht,*
- *die* ***„Strafvollzugsstatistik"*** *(StVollzStat): seit 1961 (herausgegeben vom Statistischen Bundesamt), in der (jeweils für den Stichtag 31. März eines Berichtsjahres) der jährliche Nachweis über Zahl und Art der Justizvollzugs- und Verwahrungsanstalten sowie über ihre Belegungsfähigkeit und ihre tatsächliche Belegung geführt wird (Fachserie 10 Reihe 4),*
- *die* ***„Bewährungshilfestatistik"*** *(BewHiStat): seit 1963 (herausgegeben vom Statistischen Bundesamt), in der vor allem die hauptamtlichen Bewährungshelfer und die ihnen übertragenen Unterstellungen unter Bewährungsaufsicht gezählt werden (Fachserie 10 Reihe 5).*

3 Die **„Staatsanwaltschaftsstatistik"** (StASt) seit 1981 und die **Justizgeschäftsstatistik der Strafgerichte** (StP/OWiStat.) seit 1958 (die beide ebenfalls das Statistische Bundesamt herausgibt: Fachserie 10 Reihe 2.6) sind **verfahrensbezogen und nicht nach Delikten oder Tätergruppen gegliedert** und geben daher für die Beurteilung der Kriminalitätslage grundsätzlich kaum etwas her.

3a *Eine* **Verlaufsstatistik**, *die es ermöglichen würde, einen Fall von der Registrierung (bzw. Anzeige) bis zur Aburteilung des Beschuldigten zu verfolgen, gibt es bisher hierzulande noch nicht; gefordert wurde sie z.B. von der (Anti-) Gewaltkommission der Bundesregierung (Schwind/Baumann et al., Berlin 1990, 22) sowie vom RSW (2009, 19).*

*Heinz (2003, 172) schlägt „verfahrensstatistische Analysen für ausgewählte Fragestellungen (vor), wie sie im europäischen Ausland – etwa in Schweden, Österreich, Schweiz – regelmäßig durchgeführt werden". Zum „* ***Optimierungsbedarf*** *und (den) Optimierungsmöglichkeiten der Kriminal- und Strafrechtspflegestatistiken in Deutschland" vgl. Heinz (in FS für Schöch 2010, 119ff) und RSW (2009, 33ff).*

*a) Die Polizeiliche Kriminalstatistik (PKS)*

In der Polizeilichen Kriminalstatistik (PKS), die (1951 von der AG Kripo beschlossen) seit 1953 (auf kommunaler Ebene sowie Länder- und Bundesebene: vgl. § 2 Abs. 6 Ziff. 2 BKAG) kontinuierlich geführt wird (grundlegend zu den Problemen *Heinz* 2003, 149 ff und 2005, 48 ff), werden **alle von der (Kriminal-) Polizei bearbeiteten Verbrechen und Vergehen („Fälle")** einschließlich der mit Strafe bedrohten Versuche gezählt, **mit Ausnahme der Staatsschutz- und grundsätzlich (seit 1963) auch der Verkehrsdelikte** sowie solcher Straftaten, die außerhalb der Bundesrepublik Deutschland (z. B. an Bord von deutschen Schiffen) begangen wurden. Verstöße gegen strafrechtliche Landesgesetze werden seit 1971 nicht mehr ausgewiesen. Einbezogen werden hingegen die vom Zoll bearbeiteten Rauschgiftdelikte. 4

*Die **Staatsschutzdelikte** (politisch motivierte Kriminalität) werden (seit 1959) über einen besonderen kriminalpolizeilichen Meldedienst „Staatsschutzkriminalität" (SMD-St) erfaßt.*
*Die **Verkehrsdelikte** werden (seit 1963) in einer vom Statistischen Bundesamt (Wiesbaden) herausgegebenen Statistik der Verkehrsunfälle bzw. der Verkehrsdelinquenz und (ergänzend) in den Statistischen Mitteilungen des Kraftfahr-Bundesamtes in Flensburg gezählt (mit Ausnahme der Verstöße gegen die §§ 315, 315 b StGB und § 22 a StVG, die wiederum die PKS registriert).*

Außer den Straftaten werden auch die **Tatverdächtigen** (nach Zahl, Geschlecht, Alter, Delikt und anderen Merkmalen) in der *PKS* erfaßt: „Tatverdächtig ist jeder, der nach dem polizeilichen Ermittlungsergebnis aufgrund zureichender tatsächlicher Anhaltspunkte verdächtig ist, eine rechtswidrige (Straf-)Tat begangen zu haben. Dazu zählen auch Mittäter, Anstifter und Gehilfen" (*PKS* 2012, 21). 5

*Der Anteil der Tatverdächtigen in der jeweiligen Altersgruppe wird als **Prävalenz** (vgl. Rdn. 37a zu § 9) bezeichnet. Diese Prävalenzrate nimmt mit zunehmendem Alter ab (vgl. Heinz 2002a, 539).*

Wie das eingeleitete Verfahren später abgeschlossen wurde, vermerkt die PKS allerdings nicht, so daß sie auch alle solche Vorgänge registriert, in denen das Verfahren später durch die StAen oder Gerichte eingestellt wurde (z.B. weil der Täter nicht ermittelt bzw. überführt werden konnte oder weil eine Falschanzeige vorlag) oder für den Täter mit Freispruch endete (nur jeder zweite oder dritte Tatverdächtige wird später verurteilt): dazu Rdn. 83. Da **Freispruch und Verfahrenseinstellung nicht** berücksichtigt werden, „wird die PKS die Anzahl der Täter und Taten **eher zu hoch** als zu niedrig einschätzen" (*v. Trotha* 1974, 31).

*Auf der anderen Seite hat die Forschung ergeben (vgl. Kürzinger 1978, 17; Kury in: Kriminalistik 2001, 82; Schwind/Fetchenhauer et al. 2001, 365), daß Polizeibeamte offenbar in beträchtlichem Ausmaß gegen das in Deutschland vorherrschende **Legalitätsprinzip** (§§ 163, 160 StGB) dadurch verstoßen, daß sie Anzeigeerstatter **„abwimmeln"**. Das würde bedeuten, daß die Anzahl der Taten und Täter in der PKS (auch aus diesem Grunde) **eher zu niedrig** als zu hoch ausfallen dürfte.*

6 1984 wurde die sog. **„echte" Tatverdächtigenzählung** eingeführt; danach wird ein TV (unabhängig von der Zahl der ihm zur Last gelegten Straftaten bzw. der durchgeführten Ermittlungsverfahren) im Berichtsjahr nur noch einmal gezählt. **Weitere Änderung 2009:** Ab 2009 werden Tatverdächtige, die während des Berichtszeitraumes in mehreren Bundesländern auffällig geworden sind, auch in den Bundestabellen nur noch einmal gezählt. Also **Vorsicht bei Zeitreihenvergleichen**! Diese werden auch noch dadurch verzerrt, daß Straftaten **nicht immer im selben Jahr begangen, entdeckt und angezeigt** werden.

7 Die Vergleichbarkeit der PKS-Jahresstatistiken untereinander (vgl. Rdn. 9) kann im übrigen auch durch **Gesetzesänderungen** beeinträchtigt werden: Ein solcher Effekt (eine **Änderung auf der Bewertungsebene**), der die Zahlen der Gewaltkriminalität drastisch zunehmen ließ, ist z. B. dadurch ausgelöst worden, daß der Gesetzgeber (ab 1. Januar 1975) die Strafbarkeit auch des Versuchs der gefährlichen Körperverletzung (§ 223 a StGB) eingeführt hat; durch diese Gesetzesänderung stiegen die in der Rubrik „gefährliche und schwere Körperverletzung" erfaßten Delikte, was plausibel erscheint, deutlich an.

8 Hinzu kommt die **„Überbewertungstendenz"** der polizeilichen Definitionspraxis. So ermitteln Polizeibeamte z. B. zunächst wegen Mordes; erst im späteren Verfahrensablauf stellt sich dann Totschlag oder Körperverletzung mit Todesfolge heraus. Nicht zuletzt um dieser Tendenz (durch Korrekturmöglichkeiten noch auf Polizeiebene) entgegenzuwirken, wird die PKS **seit dem 1. 1. 1971 als Ausgangsstatistik** (seit 2011 bundeseinheitlich) geführt, d. h. die bekannt gewordenen Straftaten werden erst nach Abschluß der polizeilichen Ermittlungen vor Aktenabgabe an Staatsanwaltschaft oder Gericht erfaßt.

*So weist Ostendorf (zit. nach Heinz 1998, 406), der frühere Generalstaatsanwalt von Schleswig-Holstein, darauf hin, daß „das Zündeln im Keller eines Mietshauses, in dem auch Ausländer wohnen, zunächst ohne weiteres als Mordversuch eingestuft worden ist, um ja nicht den Eindruck einer ausländerfeindlichen Einstellung aufkommen zu lassen". Zur Entscheidungsmacht der Polizei vgl. die Untersuchungen von Heinz 2002, 98.*

8a In der PKS wird auch eine **Opferstatistik** (vgl. *PKS* 2012, 68 ff) geführt. Dieser kann man z. B. entnehmen, daß die Täter (bzw. TV) der weiblichen Opfer von vollendetem Mord und Totschlag zu 66,0 % aus dem Kreis der Verwandten und Bekannten stammten; bei den Sexualstraftaten sind es immerhin 59,2 % (*PKS* 2012, 76 für **2011**): **Beziehungsdelikte**.

9 Die **Vergleichbarkeit der PKS-Statistiken untereinander** wird danach primär (erstens) durch Gesetzesänderungen, (zweitens) durch die Überbewertungstendenz (bis 1971) und (drittens) durch die Änderung der Erfassungsmodalitäten der Statistik sowie durch Besonderheiten der Zählweise eingeschränkt (zur Dunkelfeldproblematik vgl. Rdn. 33 ff).

Außerdem lassen sich aus der PKS die **qualitativen Veränderungen der Kriminalität**, also die Intensität (*Heinz* 2003, 173) der Gewalt (z.B. **Brutalitäten**) nur schwer oder gar nicht herauslesen. Instrumente des zwischenstaatlichen Vergleichs der registrierten Kriminalität sind die vom IKPO/Interpol-Generalsekretariat (vgl. Rdn. 54a zu § 31) herausgegebene **Internationale Kriminalstatistik**, das **European Sourcebook** of Crime and Criminal Justice Statistics (letzte Auflage 2010 = vgl. Rdn. 61 zu § 31) sowie (seit 1970 in zehn Wellen) der **World Crime Survey der Vereinten Nationen**.

*b) Die Strafverfolgungsstatistik (SVS)*

Die Strafverfolgungsstatistik ist eine **Tätigkeitsstatistik der Gerichte**. **10**
Sie weist lediglich aus, wieviele Fälle die Gerichte bearbeitet haben. Diese Statistik bezieht sich nur auf Abgeurteilte: das sind freigesprochene Tatverdächtige und verurteilte Täter bzw. solche, gegen die ein Strafbefehl erlassen wurde, sowie Tatverdächtige, deren Verfahren nach Eröffnung (z.B. gem. § 153 a StGB: Erfüllung von Weisungen oder Auflagen) vom Gericht eingestellt worden ist.

*Im Bundeszentralregister wurden (2004) insgesamt **5,7 Millionen** Männer und Frauen als **vorbestraft** registriert (rd. **8 %** der Bevölkerung): 4,2 Millionen Deutsche und 1,5 Millionen Ausländer (BZR, zit. nach Ostseezeitung vom 8. Juni 2004, S. 2). 1999 waren z.B. 73 % der registrierten **Raubtäter** vorbestraft: 38 % hatten bereits fünf und mehr Vorstrafen aufzuweisen (Brings in Heinz/Jehle 2004, 200). Auf der Basis von BZR-Auskünften hat Egg (in Heinz/Jehle 2004, 124) für **Kindesmißbraucher** eine Vorstrafenbelastung von rund 55 % errechnet, für **sexuelle Gewalttäter** eine solche von rund 70 % und für **Exhibitionisten** von fast 80 %. Zum Unterschied zwischen Vorbestrafung und Rückfälligkeit vgl. Rdn. 13a.*

Die StVStat erfaßt also nicht die Fälle, die von den Staatsanwaltschaften eingestellt wurden, z.B. weil der Täter unbekannt blieb. Da schon diese Vorgänge (unbekannte Täter) immerhin mehr als die Hälfte aller in der PKS aufgeführten Fälle betreffen, bietet die Strafverfolgungsstatistik in Bezug auf die Kriminalitätsentwicklung eine noch weniger sichere Basis als die PKS (im Gegensatz zur PKS werden jedoch die Verkehrs- und Staatsschutzdelikte miterfaßt).

*Zum „**Täterschwund** zwischen der Polizeilichen Kriminalstatistik und der Strafverfolgungsstatistik am Beispiel der Raubkriminalität“: vgl. Förster, H.-J., Diss. jur., Kiel 1986; ferner Heinz in: DVJJ-Journal 3/1997, 270ff; Steffen, W. in: FS für Kaiser 1998, 663ff (vgl. auch Rdn. 33 zu § 23). Zur **Sanktionierungspraxis** von Gerichten und Staatsanwaltschaften vgl. Heinz 1999, 461ff.*

Eine zusätzliche Verzerrung ergibt sich auch wiederum dadurch, daß **11**
(bei in Tateinheit oder Tatmehrheit begangenen Straftaten) **nur das schwerste Delikt des Urteils gezählt wird** („künstlicher Zählverlust“).

12 Mit der PKS ist die Verurteiltenstatistik schließlich auch deshalb nicht vergleichbar, weil „sich der **Erfassungszeitraum verschiebt, die Erfassungsgrundsätze sich unterscheiden** und der einzelne Fall im Justizbereich eine andere strafrechtliche Beurteilung erfahren kann" (*PKS* 2012, 9).

Schließlich kann die Statistik auch durch **„menschliches Versagen"** verfälscht werden, und zwar bei der Aufbereitung der Informationen (dazu am Beispiel von Hamburg: *Villmow*, B. in ZJJ 4/2007, 408).

*c) Strafvollzugs- und Bewährungshilfestatistik*

13 Was für die Strafverfolgungsstatistik festgestellt wurde, gilt in noch höherem Maße für die Strafvollzugsstatistik (die sich nur auf Gefangene und Verwahrte bezieht) und für die Bewährungshilfestatistik (welche lediglich Daten über Verurteilte erfaßt, die einem hauptamtlichen Bewährungshelfer unterstellt wurden), weil diese Statistiken die Situation in einem noch späteren Strafverfahrensabschnitt beschreiben und deshalb am Ende des Selektionsprozesses der Strafverfolgung (vgl. Rdn. 83) die geringsten Zahlen aufweisen (vgl. Übersicht 16 bei Rdn. 83).

**Studie: Die meisten Straftäter werden rückfällig**

aus: *NOZ* vom 5. Februar 2004

*d) Rückfallstatistik*

13a **Vorbestrafte** (vgl. oben Rdn. 10) sind nicht identisch mit **Rückfälligen** (dazu *Heinz* in Heinz/Jehle 2004, 19). Der Frage nach den Vorbestraften liegt eine in die Vergangenheit gerichtete (= retrospektive) und der Frage nach der Rückfälligkeit eine in die Zukunft gerichtete (prospektive) Betrachtung zugrunde.

> ***Beispiel:*** *Wenn X heute bestraft wird und* ***früher schon einmal*** *(oder mehrmals) bestraft wurde, ist er „vorbestraft". Wenn X nach der heutigen Verurteilung* ***erneut*** *straffällig wird, ist er „rückfällig". Zum Begriff vgl. § 9 Rdn. 21.*

Im Gegensatz zu anderen europäischen Ländern (wie z. B. der Schweiz oder England) verfügt die Bundesrepublik Deutschland bisher noch über keine regelmäßig durchgeführte Rückfallstatistik (*Blath* in Heinz/Jehle 2004, 133).

aa) Eine erste Rückfallstatistik wurde beim Generalbundesanwalt (bezogen auf die Jahre 1896 bis 1990) durchgeführt, aber nicht wiederholt. Mit dem Auftrag (des BMJ), eine (neue) Konzeption zu erstellen, die sich auf **alle** rechtlichen Sanktionen bezieht, haben dann in zwei Probeläufen *Jehle/Heinz/Sutterer et al.* (2003) die Rückfälligkeit aller (1994)

Sanktionierten oder aus der Haft Entlassenen (an Hand des Bundeszentralregisters) untersucht, und zwar bis 1998. Die Rechtsgrundlage boten die §§ 7, 42a, 42b BStatG, die solche wissenschaftlichen Arbeiten erlauben. Einzelne Ergebnisse:

- die Rückfallraten nehmen tendentiell mit der Schwere der Vorsanktionen zu: je härter die Sanktion ist, desto höher sind die Rückfallraten;
- die Mehrzahl der Verurteilten (64 %) wurde innerhalb des Untersuchungszeitraumes (**vier Jahre**) nicht rückfällig; die Zeitungsmeldung oben ist also insoweit falsch; sie trifft aber auf die **Heranwachsenden** zu (18–21 Jahre), von denen **79 %** rückfällig wurden;
- das Rückfallrisiko variiert deliktsspezifisch: Es ist bei den schweren Formen des Diebstahls (57,9 %) und bei den Raubdelikten (58,5 %) am höchsten; zur Rückfälligkeit von Alkoholtätern im Straßenverkehr vgl. Rdn. 32 zu § 26;
- das Rückfallrisiko variiert auch geschlechtsspezifisch: während durchschnittlich etwa 40 % der (einschl. Geldstrafe) sanktionierten Männer rückfällig werden, sind es bei den **Frauen nur rund 25 %.**

bb) Auf der Grundlage dieser Vorläuferuntersuchung hat das BMJ die Kriminologen *Albrecht* (Freiburg) und *Jehle* (Göttingen) beauftragt, (wiederum an Hand von BZR-Eintragungen) die **Legalbewährung nach strafrechtlichen Reaktionen** in einer Rückfalluntersuchung für die Jahre 2004–2007 (drei Jahre) zu untersuchen. Einzelne Resultate:

- Mit „der **Zahl früherer Verurteilungen** nimmt die Rückfallquote zu;
- „**entlassene Strafgefangene** werden zwar überwiegend erneut straffällig, jedoch kehren nur deutlich weniger als die Hälfte wieder in den Strafvollzug zurück" (vgl. *Jehle/Albrecht et al.* 2010, 6).

**Kriminalstatistik:**

**Starke Zunahme an Wohnungseinbrüchen**

aus: *NOZ* vom 13. Mai 2013,1

## 2. Das Kriminalitätsbild aufgrund der PKS (2013 für 2012)

Im Vergleich zu den anderen Kriminalstatistiken stellt die PKS danach 14
trotz ihrer Fehlerquellen das noch relativ brauchbarste Instrument zur Kriminalitätsmessung dar. Sie ist jedenfalls „der Kriminalität sachlich und zeitlich am nächsten" (*Kreuzer* 1983, 51).

### *a) Umfang und Entwicklung der Gesamtkriminalität (einschl. neue Bundesländer)*

**Für 2012** enthält die *PKS* (Internet 2013 für 2012) u. a. folgende Anga- 15
ben:

- ***absolute Zahl** der registrierten Straftaten: **5 997;***
- ***Häufigkeitszahl** = HZ (Fälle pro 100 000 Einwohner): **7 327;***

- ***Aufklärungsquote = AQ*** *(bezieht sich nur auf die registrierte Kriminalität!): 54,4 %;*
- ***ermittelte Tatverdächtige*** *(TV) ab 8 Jahren (sog. „Bekanntsachen"):* ***2.094.118****; die Zahlen hängen naturgemäß von der Höhe der Aufklärungsquote ab: je mehr aufgeklärt wird, desto mehr Tatverdächtige werden bekannt;*
- ***Tatverdächtigenbelastungszahl*** *= TVBZ (Tatverdächtige pro 100000 Einwohner der selben Altersgruppe ab 8 Jahren): bei den deutschen TV =* ***2.295****; für* ***ausländische TV*** *in der PKS nicht mehr angegeben (vgl. auch Rdn. 8 zu § 23): P. A. Albrecht hat für diese aber (für 2003) die* ***TVBZ von 7133*** *errechnet (Lb. 2005, 338).*

16 Die Übersichten 8 und 9 zeigen, daß die in der PKS registrierte Kriminalität bis Ende der 80er Jahre (in den alten Bundesländern) der Bundesrepublik (grundsätzlich) kontinuierlich anstieg und sich seit den 90er Jahren bis 2012 **auf relativ hohem Niveau stabilisiert hat**.

17 *Übersicht 8:*
Fallentwicklung und Hz 1963–2012 nach der PKS
**(ab 1991 einschl. neuer Bundesländer)**

| Erfassungsjahr (= „Berichtsjahr") | Gesamtzahl aller registrierten Delikte (in Klammer: Steigerungsrate gegenüber Vorjahr) | Gesamt-Häufigkeitszahl (in Klammer: Veränderungsrate gegenüber Vorjahr) |
|---|---|---|
| 1963[a)] | 1678740 – – – | 2914 – – – |
| 1964 | 1747580 (+ 4,1 %) | **2998** (+ 2,9 %) |
| 1971[b)] | 2441413 (+ 4,1 %) | 3983 (– 1,5 %) |
| 1972 | 2572530 (+ 5,4 %) | 4171 (+ 4,7 %) |
| 1988[c)] | 4356726 (– 2,0 %) | 7114 (– 2,1 %[c)] |
| 1989 | 4358573 ( 0,0 %) | 7031 (– 0,9 %) |
| 1990 | 4333726 (+ 2,2 %) | 7108 (+ 1,1 %) |
| 1991[c)] | 5302796*) – – – | 6649*) |
| 1992 | 6291519*) – – – | 7838*) |
| 1993[d)] | 6750613*) – – – | 8337*) |
| 1994 | 6537748 (– 3,2 %) | **8038****) (– 4,6 %) |
| 1995 | 6668717 (+ 2,0 %) | 8179 (+ 1,8 %) |
| 1996 | 6647598 (– 0,3 %) | 8125 (– 0,7 %) |
| 1997 | 6586165 (– 0,9 %) | 8031 (– 1,2 %) |
| 1998 | 6456996 (– 2,0 %) | 7869 (– 2,0 %) |
| 1999 | 6302316 (– 2,4 %) | 7682 (– 2,4 %) |
| 2000 | 6264723 (– 0,6 %) | 7625 (– 0,7 %) |
| 2001 | 6363865 (+ 1,6 %) | 7736 (+ 1,5 %) |
| 2002 | 6507394 (+ 2,3 %) | 7893 (+ 2,0 %) |
| 2003 | 6572135 (+ 1,0 %) | 7963 (+ 0,1 %) |
| 2004 | 6633156 (+ 0,9 %) | 8037 (+ 0,9 %) |
| 2005 | 6391715 (– 3,6 %) | 7747 (– 3,6 %) |
| 2006 | 6304223 (– 1,4 %) | 7647 (– 1,29 %) |
| 2007 | 6284661 (– 0,31 %) | 7635 (– 0,16 %) |
| 2008 | 6114128 (– 2,7 %) | 7436 (– 2,61 %) |

| | | | |
|---|---|---|---|
| 2009 | 6 054 330 (– 1,0 %) | 7 383 | (– 0,71 %) |
| 2010 | 6 933 278 (– 2,0 %) | 7 253 | (– 1,76 %) |
| 2011 | 6 990 679 (+ 1,0 %) | 7 328 | (+ 1,03 %) |
| **2012** | **6 997 040 (– 1,0 %)** | | |

*) In den neuen Bundesländern kam es zu erheblichen Mindererfassungen; Steigerungsraten fehlen deshalb.
**) Von da ab hat sich die Erfassung in den neuen Ländern weitgehend normalisiert.
a) 1963: Herausnahme der Verkehrsdelikte.
b) Änderung der Erfassungsmodalitäten für die PKS (u. a. Ausgangsstatistik, vgl. oben Rdn. 8).
c) 1991 und 1992: alte Bundesländer mit Gesamtberlin.
d) Ab 1993 beziehen sich die Zahlen nach der Wiedervereinigung auf Gesamtdeutschland.

*Übersicht 9:* 18
Entwicklung der Häufigkeitszahlen[1] bei ausgewählten Delikten[2]

| Delikt | 1970 | 1980 | 1990 | 2001 | 2003 | 2009 | 2011 |
|---|---|---|---|---|---|---|---|
| **Vergewaltigung u. sex. Nötigung** | 11,2 | 11,2 | 8,2 | 9,6 | 11 | 9 | 9 |
| **Raub** | 21,5 | 39,3 | 56 | 69 | 72 | 60 | 59 |
| **Gefährliche & schwere Körperverletzung** | 62 | 106,4 | 107 | 146 | 161 | 182 | 170 |
| **Diebstahl von Kfz**[3)] | n.b. | 80,2 | 115 | 92 | 77 | 49 | 50 |
| **Wirtschaftskriminlität**[4)] | n.b. | n.b. | 53 | 136 | 104 | 124 | 97 |
| **Rauschgiftkriminalität**[4)] (BtMG) | 26 | 101,4 | 165 | 300 | 310 | 288 | 289 |
| **Alle Delikte** | 392 | 6198 | 7108 | 7736 | 7963 | 7383 | **7328** |

1 Zahl der bekannt gewordenen Straftaten errechnet auf 100.000 Einwohner (Hz).
2 Quelle: PKS 1970–2011.
3 Der deutliche Rückgang hat z. T. mit Schutzmaßnahmen zu tun: z. B. mit elektronischen **Wegfahrsperren**, dem Einbau kodierter Radios usw. Zu „Elektronischen Ortungssystemen für das Aufspüren von gestohlenen Fahrzeugen“ vgl. *Kolde* (in: der kriminalist 11/1999, 492).
4 Bei diesen Straftaten handelt es sich um sog. **Kontrolldelikte**, d. h., die Zahl der entdeckten Rechtsbrüche hängt weitgehend von den (polizeilichen) Kontrollmaßnahmen ab: z. B. bei Drogendelikten oder beim Ladendiebstahl. So hat die Zahl der Ladendiebstähle nicht zuletzt mit den Aktivitäten der Ladendetektive zu tun. Auch die Zahl z. B. der registrierten Schwarzfahrer hat mit dem Umfang der Kontrollmaßnahmen zu tun.

Daß die Fallzahlen seit Anfang der 90er Jahre stagnieren, wird im Rahmen der (gebotenen) **Langzeitbetrachtung** kaum beruhigen können. Denn langfristig (über einen Zeitraum von über 40 Jahren betrachtet) hat sich die registrierte Kriminalität (nach Hz) **fast verdoppelt.** Das gilt auch für die Gewaltstraftaten (vgl. Rdn. 28 und 29); die Zahl der Raubtaten hat sich sogar fast verdreifacht (vgl. Übersicht 9); kritisch *Walter* 2001, 1239 ff. Wie geht es weiter? Vgl. dazu den Kasten unten. 19

20 **Kriminalitätsprognose zur Hellfeldentwicklung:** Infolge der demographischen Entwicklung (vgl. Graphik bei Rdn. 35a zu § 3) erwarten *Heinz/Spiess* (in forum kriminalprävention 3/2005, 9 ff) eine bis 2020 ständig **abnehmende Zahl der registrierten TV.**
Die Zahl der jugendlichen TV soll sich sogar bis 2020 um 22 % verringern; ähnlich *Bornewasser/Weitemeier/Dinkel* (Hrsg.: Demografie und Kriminalität, Frankfurt/M 2008, 359). *Gluba/Wolter* gehen (für Niedersachsen) hingegen „für die kommenden Jahre" von einem „vergleichbaren Niveau" der TV-Zahlen von Jugendlichen aus (Kriminalistik 2009, 288). Anders *Hunsicker* (2013, 151), der (ebenfalls für Niedersachsen) einen Rückgang der Tatverdächtigen (bis 21 Jahre) um rund fünf Prozentpunkte (bis 2060) errechnet hat.
Aber: Gelten diese Vorhersagen auch für (Mehrfach bzw. für **Intensivtäter** (zu diesen Rdn. 23a zu § 24)? Der Fachbereich Kriminologie der Deutschen Hochschule der Polizei (*Görgen/von der Brink/Taefi/Kraus* 2010, 55) faßt die Ergebnisse der bisher umfangreichsten Expertenbefragung unter der Bezeichnung **„JuKrim 2020"** wie folgt zusammen:

> *„Im Hinblick auf die viel diskutierte Problematik jugendlicher Intensivtäter nehmen 40 % der Experten trotz der in der kommenden Dekade zurückgehenden Zahl junger Menschen in der ersten Delphie-Befragung einen* ***Anstieg der Zahl der Mehrfach- und Intensivtäter*** *bis zum Jahr 2020 an. Weitere 39 % erwarten eine gleich bleibende Anzahl und nur jeder fünfte Befragte ging von einer zurückgehenden Zahl jugendlicher Intensivtäter aus". (Einzelheiten bei Görgen et al. 2013, 145 ff).*

Zum Thema „Jugendliche Gewalttäter – Entwarnung oder Warnsignale" vgl. *Schwind* in FS für Krey 2010, 465 ff. Zur Kriminalitätseinschätzung durch die Bevölkerung vgl. Rdn. 22 zu § 20.

*b) Räumliche Verteilung der Tatorte*

21 Bei der Verteilung der Tatorte fällt auf, daß Kriminalität eher in den Großstädten vorkommt als in kleineren Gemeinden (vgl. Rdn. 5 zu § 18).

22 Dieses sog. **Stadt-Land-Gefälle** der Kriminalität kann u. a. mit folgenden Ursachen zu tun haben (vgl. dazu *Oberwittler/Köllisch* 2003, 135):
- *erstens: die Gelegenheiten zur Tatbegehung und die Tatanreize sind in der Stadt (insbesondere in der Großstadt), also in Ballungsräumen, größer als auf dem Lande (im Dorf);*
- *zweitens: die (informelle) soziale Kontrolle ist in Ballungsräumen im allgemeinen geringer als auf dem Lande;*
- *drittens: in den Ballungsräumen (mit „sozialen Brennpunkten") häufen sich eher soziale Problemfälle, die sozial abweichendes Verhalten begünstigen können;*
- *viertens: auf dem Land werden evtl. mehr Normverstöße (als in der Stadt) auf privater Basis („unter sich") bereinigt;*

– *fünftens: auf dem Lande gelangen Straftaten evtl. deshalb seltener zur Anzeige, weil die polizeilichen Dienststellen schlechter erreicht werden können oder Schwellenängste bestehen.*

*c) Häufigkeit einzelner (registrierter) Straftaten*

23 Bei der Häufigkeit der einzelnen Straftaten fällt auf, daß Jahr für Jahr der Großteil der in der *PKS* registrierten Delikte auf den **Diebstahl** (mit und ohne erschwerende Umstände) entfällt; **2011:** 40,1 % (vgl. Übersicht 10). Tendenz: Der Diebstahl nimmt ab, die Betrugszahlen steigen.

24 *Übersicht 10:* Straftatenanteile an **„Straftaten insgesamt"** (2012)

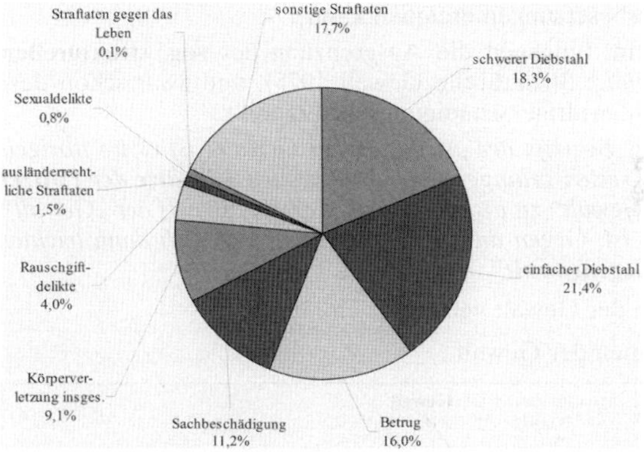


aus: *PKS* Internet 2013 **für 2012**

25 *Übersicht 11:* Gewaltkriminalität aufgeschlüsselt (2011)

| Schlüssel | Straftaten(gruppen) | erfasste Fälle | | Veränderung | | Aufklärungsquote | |
|---|---|---|---|---|---|---|---|
| | | 2011 | 2010 | absolut | in % | 2011 | 2010 |
| 892000 | Gewaltkriminalität | 197.030 | 201.243 | -4.213 | - 2,1 | 75,3 | 75,3 |
| | darunter: | | | | | | |
| 010000 | Mord | 723 | 692 | 31 | 4,5 | 95,6 | 96,1 |
| 020000 | Totschlag, Tötung auf Verlangen | 1.451 | 1.526 | −75 | −4,9 | 96,4 | 95,1 |
| 111000 | Vergewaltigung und sexuelle Nötigung §§ 177 Abs. 2, 3 und 4, 178 StGB | 7.539 | 7.724 | −185 | −2,4 | 82,5 | 81,7 |
| 210000 | Raubdelikte | 48.021 | 48.166 | −145 | −0,3 | 52,7 | 52,6 |
| 221000 | Körperverletzung mit Todesfolge | 75 | 98 | −23 | x | 86,7 | 93,9 |
| 222000 | gefährliche und schwere Körperverletzung | 139.091 | 142.903 | -3.812 | -2,7 | 82,3 | 82,3 |
| 233000 | erpresserischer Menschenraub | 85 | 81 | 4 | x | 82,4 | 92,6 |
| 234000 | Geiselnahme | 43 | 52 | −9 | x | 90,7 | 98,1 |

Hinweis: Bei einer Basiszahl unter 100 wird keine Steigerungsrate berechnet.

aus: *PKS* 2012, 245 **(für 2011)**

## 4. Zur Gewaltkriminalität

Der Gewaltbegriff ist umstritten.

*a) Was ist Gewalt?*

26 Als Minimalkonsens in der öffentlichen (politischen) Diskussion und in den einzelnen Wissenschaftsdisziplinen läßt sich ein Gewaltterminus herausfiltern, der die

***„zielgerichtete Einwirkung eines Menschen auf einen anderen Menschen, die bei diesem zu einer physischen oder psychischen Schädigung führt“*** *(Schwind/Baumann 1990).*

Stellt man „auf das Gewaltverständnis in der Bevölkerung ab, wird überwiegend auch

*noch der körperliche Angriff auf Sachen einbezogen“ (Schwind/Baumann aaO).*

Das *BKA* hat sich in der PKS für einen **Summenschlüssel** entschieden (vgl. Übersicht 11 oben), durch den jedoch die (vorsätzliche) Gewalt gegen Sachen nicht erfaßt wird (etwa solche, die sich bei Demonstrationen oder bei Hausbesetzungen ereignen kann).

Sinnvoll erscheint hingegen die Ausgrenzung der sog. **strukturellen Gewalt** (vgl. *Galtung:* Strukturelle Gewalt 1975), und zwar schon deshalb, weil der rechtswidrige Schädigungsvorsatz fehlt.

*Mit Hilfe des Begriffs der „strukturellen Gewalt“ ist es im übrigen interessierten Kreisen gelungen, auch alle legalen* ***Einsätze der Polizei*** *als „staatliche Gewalt“ zu diskreditieren, weil der Begriff der „Gewalt“ negativ besetzt ist. Gegen diesen Kampfbegriff läßt sich dann leichter nicht legale* ***„Gegengewalt“*** *organisieren.*

Zu den Formen der Gewalt vgl. Übersicht 12.

**27** *Übersicht 12:* Formen der Gewalt

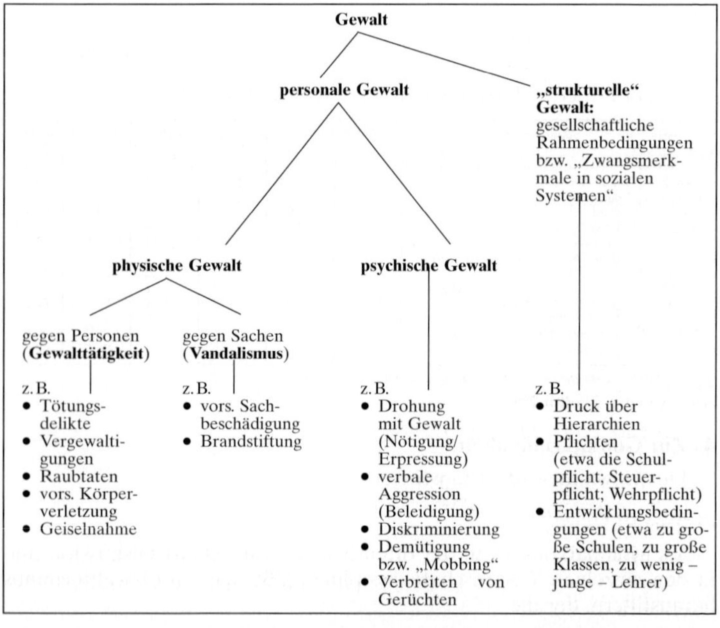

*b) Entwicklung der Gewaltdelikte und -täter insgesamt*

Seit **1970 (Hz 99)** hat sich die Zahl der in der PKS registrierten **Gewaltdelikte** bis **2011** auf 197.030 (Hz) erhöht. Der Anteil an der registrierten Gesamtkriminalität betrug (ohne „einfache“ Körperverletzungen) gleichwohl **nur etwas über 3 %**. Besonders bemerkenswert ist (im Langzeitvergleich) die **Zunahme bei den Raubtaten** sowie bei den **gefährlichen und schweren Körperverletzungen**: vgl. oben Übersichten 9 und 21 (bei Rdn. 20 zu § 3). 28

*Nach den Ergebnissen Bochumer Untersuchungen (Schwind/Fetchenhauer et al. 2001, 185) darf man jedoch davon ausgehen, daß ein erheblicher Teil des Anstiegs bei den Körperverletzungen (insgesamt)* ***Folge eines veränderten Anzeigeverhaltens*** *ist (vgl. dazu auch Rdn. 3ff zu § 20): Es wird mehr angezeigt, als das früher der Fall war (vermutet von Mansel/Hurrelmann 1998, 82; bestätigt durch Oberwittler in Dt. Z. f. Kommunalwiss. 2003, 35ff; ebenso Neubacher ZRP 2008, 192ff). Als Ursache kommt primär in Betracht, daß die Bevölkerung durch vielfältige Anti-Gewaltaufrufe in den Medien* ***sensibilisiert*** *worden und daher eher bereit zur Anzeige ist (so auch Heinz in BewHi 4/2004, 372 m.w.N.).*

Die Anzeigebereitschaft wird jedoch auch (wie *Naplava/Walter* 2006, 345) demonstrieren, durch neue **Anzeigeverpflichtungen der Schulen** sowie durch das **Gewaltschutzgesetz** (dazu Rdn. 40 zu § 20) erhöht, das (den betroffenen Frauen) „Mut machen soll, Anzeige gegen prügelnde Männer zu erstatten“ (*Prantl* in Süddeutsche Zeitung vom 4. Mai 2004, 1).

**GEWALT** GEGEN DIE POLIZEI

**Kein Respekt vor der Uniform**

Der Widerstand gegen die Ordnungsmacht nimmt immer schärfere Züge an. Sogar Gefangene werden befreit

aus: *WAZ vom 12. Okt. 2010, 2*

Auffällig ist auch die **zunehmende Gewalt gegen Polizeibeamte** (vgl. 28a
Zeitungsausriß): der „Respekt schwindet, die Hemmschwelle sinkt“ (*Robers* in WAZ vom 10. Febr. 2009, 1). In Berlin gibt es nach Angaben der *GdP* (WAZ aaO) „durchschnittlich neun Angriffe auf Polizisten pro Tag, bei denen drei Beamte mehr oder weniger schwer verletzt werden“. Die „Beamten würden oft nicht mehr ernst genommen“ betont Andreas *Zick* vom Bielefelder Institut für Gewaltforschung (WAZ aaO). Manche Täter würden sich sagen: „**Ich kann mir viel erlauben**, mir passiert eh nichts“. So ist auch zu erklären, daß „vermummte Gewalttäter mit Eisen- oder Holzstangen auf Polizeibeamte einprügeln und angreifen, um Festgenommene z.B. aus dem Zugriff der Polizei zu befreien“ (*Deutsche Polizei* 7/2009, 7). Die **Polizei selbst** beklagt die **mangelnde Solidarität** der Bevölkerung (NOZ vom 4. Sept. 2010, 5).

28b *Vor diesem Hintergrund hat die* ***IMK*** *das KFN mit einer Untersuchung der „**Gewalt gegen Polizeibeamtinnen und –beamten** (bezogen auf die Jahre 1985–2000)" betraut. Nach den Ergebnissen (Ohlemacher et al. Hannover 2003) finden die Angriffe „weit überwiegend bei **Dunkelheit**, im öffentlichen Raum und in eher bürgerlichen Vierteln statt. ... Die Beamten waren zum Angriffszeitpunkt mehrheitlich als Funkstreife eingesetzt. ... Die Täter waren zu großen Teilen **alkoholisiert** und fast zur Hälfte bereits polizeibekannt. ... Schutzwesten helfen entscheidend, Verletzungen zu verringern. ... Trotz des hohen Ausbildungs- und Übungsstandes haben die Beamten ein ausgeprägtes **Bedürfnis nach mehr psychologischer Schulung** und Nachbetreuung" (dazu auch Rdn. 29 g zu § 20). Nach der Anschlußstudie von Ellrich et al. (2012, 91) waren die Täter wie folgt motiviert: 37,8 % wollten sich der Festnahme entziehen, 30,5 % empfinden Feindschaft gegenüber der Polizei bzw. gegenüber dem Staat, bei 19,6 % ging es um Befreiungsabsichten , bei 12,5 % um Rache/Wut und bei 9,5 % spielten politische Motive eine Rolle (zu Übergriffen **durch** Polizeibeamte vgl. Rdn. 10b zu § 20).*

Daß mit der zunehmenden Gewaltkriminalität die Zahl der registrierten Gewalt**täter** (bzw. TV) zunimmt, hat schließlich auch mit **steigender Aufklärungsquote** zu tun, die vermutlich wiederum von der **Möglichkeit der DNA-Analyse** profitiert (vgl. Rdn. 27a zu § 1): „Mit ihr werden nicht nur Fälle aufgeklärt, die sonst ungelöst geblieben wären. Sie reduziert auch den zeitlichen Ermittlungsaufwand und setzt damit polizeiliche Arbeitskraft für andere Fälle frei" (*Pfeiffer/Wetzels* in FS für Schwind 2006, 1106): vgl. Rdn. 2 zu § 3.

29 Gesamtdarstellungen zur Gewalt: *Rolinski/Eibl-Eibesfeld*: Gewalt in unserer Gesellschaft, Berlin 1990; *Schwind/Baumann* et al. (Hrsg.): Ursachen, Prävention und Kontrolle von Gewalt, Berlin 1990; *Schmitt-Glaeser:* Private Gewalt im politischen Machtkampf, Berlin 1990; *Albrecht/Backes*: Verdeckte Gewalt, Frankfurt/M. 1990; *Schneider*: Kriminologie der Gewalt, Stuttgart 1994; *Struck:* Gewalt. Ein Buch gegen die Spirale von Aggression und Haß, Neuwied 1994; *Schwind:* Zu Akzeptanz und Umsetzungsstand der Vorschläge der (Anti-)Gewaltkommission der Bundesregierung, in: FS für H. J. Schneider, Berlin 1998, S. 813–846; M. *Walter*: Gewaltkriminalität, 2. Aufl. Köln 2008.

### c) *Gewalt in einzelnen Lebensbereichen*

30 Die Gewalt in einzelnen Lebensbereichen wird in verschiedenen Abschnitten des Bandes erwähnt:

- **Gewalt in der Familie:** § 2 Rdn. 53b; § 6 Rdn. 45a; § 10 Rdn. 71 ff; § 19 Rdn. 19;
- **Gewalt in der Schule:** § 11 Rdn. 21 ff;
- **Gewalt in den Stadien:** § 28 Rdn. 41;
- **Jugendliche Gewalt-Intensivtäter:** § 3 Rdn. 24 ff;
- **Gewalt in den (Massen-)Medien:** § 14 Rdn. 7 ff, 13 ff und 52;
- **Gewalt durch Ausländer:** § 2 Rdn. 15 und §§ 23 ff;

- **Gewalt gegen Ausländer:** § 28 Rdn. 26ff;
- **terroristische Gewalttaten:** § 30 Rdn. 6ff; § 24, Rdn. 17;
- **Gewalt gegen alte Menschen:** § 2 Rdn. 53b.

### 5. Politisch motivierte Gewalt (PMG)

*a) Rechtsextremistischer Hintergrund* (zur Def. vgl. Rdn. 28 zu § 9)

Nach dem *Verfassungsschutzbericht* (2012, 37) wurden im Jahr **2011 insgesamt 755** (Höchststand 1992: 2639) **Gewaltakte** mit erwiesener oder zu vermutender **rechtsextremistischer** Motivation bekannt. 31

**Aktionsfelder**: Anti-Semitismus, Islamfeindlichkeit, Geschichtsrevisionismus (*Verfassungsschutzbericht* 2012 für 2011, 118ff; *Berthel* (in Die Polizei 2013, 61) mit einem Bericht über die BKA-Herbsttagung 2012 zum Thema Rechtsextremismus (vgl. auch *Eckert* 2013, 4ff).

> Der **Unterschied** zwischen **„extremistisch"** und **„radikal"** besteht darin, daß „Radikale" nach konsequenten an die Wurzel (lat. Radix) gehenden Lösungen rufen (z.B. bestimmte Umweltschützer), während „Extremisten" die freiheitliche demokratische Grundordnung beseitigen wollen, also Verfassungsfeinde sind.

*Die große Menge der rechtsmotivierten Straftaten (im Jahr 2011 waren es 16873 solcher Delikte: Verfassungsschutzbericht aaO) setzt sich primär aus* ***Propaganda- und Agitationsdelikten*** *(11475 Fälle) zusammen (vgl. dazu Rdn. 43 zu § 28): zu diesen zählen z.B. das Zeigen verfassungsfeindlicher Symbole wie das* ***Hakenkreuz*** *bzw. Verbreiten von Propagandamitteln verfassungswidriger Organisationen (§ 86 Abs. 1 Nr. 4 StGB), das Verwenden entsprechender Kennzeichen (§ 86 a StGB), das Aufstacheln zum Rassenhaß (§ 131) oder die Volksverhetzung (§ 130 Abs. 4 StGB), und zwar auch über das Internet (vgl. Rdn. 58 zu § 14, und Rdn. 26 zu § 28).* 31a

Nach den Untersuchungen von *Kräupl* (2003, 57ff) werden von der Mehrheit der (jungen) Täter allerdings Namen und Symbole eher **„zum Inszenieren benutzt"**, um durch die Gewalt starke Effekte in der Öffentlichkeit hervorzurufen, die aus historischer Erfahrung und Empfindsamkeit damit verbunden sind. Die Gewalt selbst diene eher der Demonstration „von Gruppenmacht und individueller **Selbstbestätigung**".

> **„Abwehrzentrum gegen Rechtsextremismus":** 2011 bekannte sich ein „Nationalsozialistischer Untergrund" (NSU) zur Ermordung eines Griechen und acht Türken (sog. **Döner-Morde**). Pendent zur RAF (FOCUS 46/2011, 48)? „Braune Armee-Fraktion" (DER SPIEGEL 46/2011, 69)? Der Staat reagierte mit einem Abwehrzentrum, in dem seit Dez. 2011 Polizei und Verfassungsschutz (ähnlich dem GTAZ: vgl. Rdn. 46 zu § 30) zusammenarbeiten. Eine **„Neonazi-Kartei"** (Rechtsextremisten-Datei) mit (10 000 Namen) wurde im Sept. 2012 etabliert (WAZ vom 20. Sept. 2012). Geplant ist auch eine V-Leute-Datei. 31b

*b) Linksextremistischer Hintergrund*

32 Die Zahl der **Gewalttaten mit linksorientierter bzw. linksextremistischer** (überwiegend anarchistischer) **Motivation** hat sich von 701 (2008) **auf 1157 (2011) erhöht (Höchststand 1981: 2370):** *Verfassungsschutzbericht* 2012 (für 2011), 44; **Aktionsfelder**: Antimilitarismus, Antifaschismus, Antirepression (Verfassungsschutzbericht 2012, 204ff für 2011).

32a *Ab 2001 geraten auch Klimakonferenzen, EU-Gipfeltreffen, Weltwirtschaftstreffen und Treffen der G-8 und G-20-Staaten zunehmend ins Feindbild militanter linksradikaler Globalisierungsgegner bzw. steinewerfender Krawallos, die aus Protest ganze Straßenzüge der Konferenzstädte verwüsteten (z. B. 2001 in Göteborg und Genua).*

32b *Nach dem Lagebild* ***„Politisch motivierte Gewalt"*** *(2011) des Bundeskriminalamtes wird Linksradikalen eine* ***„hohe Grundaggression"*** *sowie eine „****niedrige Hemmschwelle*** *zur Gewaltanwendung,* ***insbesondere gegen Polizeibeamte****" bescheinigt. Als feindliche „Symbolfiguren des Staates" werden darüber hinaus „herausragende Persönlichkeiten" aus Politik und Wirtschaft eingeordnet, denen Anschläge, aus dem Kreis der linken Militanten drohen (zit. nach Focus 22/2011, 17). (vgl. auch Rdn. 20 zu S. 28).*

Zu den **Gewalttaten extremistischer Ausländer** vgl. Rdn. 18 zu § 24.

## II. Nicht bekannt gewordene Kriminalität (Dunkelfeld)

33 Seit einigen Jahren beginnen die „Vorbemerkungen" der „Polizeilichen Kriminalstatistik" (PKS), die das Bundeskriminalamt (BKA) jährlich veröffentlicht, mit dem Hinweis, daß „die Aussagekraft der Polizeilichen Kriminalstatistik besonders dadurch eingeschränkt wird, daß der Polizei ein Teil der begangenen Straftaten nicht bekannt wird". Weiter heißt es, daß „sich der Umfang dieses Dunkelfeldes ... unter dem Einfluß variabler Faktoren (z. B. Anzeigebereitschaft der Bevölkerung, Intensität der Verbrechenskontrolle) auch im Zeitablauf ändern" dürfte (PKS 2010, 7). Und: „Es kann nicht von einer feststehenden Relation zwischen begangenen und statistisch erfaßten Straftaten ausgegangen werden" (PKS aaO; vgl. auch Rdn. 69).

### 1. Begriff des Dunkelfeldes (Dunkelziffer)

*a) Definition*

34 Unter dem Dunkelfeld der Straf**taten** wird die Summe jener Delikte verstanden, die den Strafverfolgungsbehörden (Polizei und Justiz) nicht bekannt werden und deshalb in der Kriminalstatistik auch gar nicht erscheinen. Nicht bekannt werden vor allem solche Straftaten, die von den Opfern oder anderen (aus den verschiedensten Motiven: dazu Rdn. 4ff zu § 20) nicht angezeigt werden; denn nur 2–5 % aller registrierten Delikte werden Polizei und Justiz von Amts wegen bekannt bzw. durch

Zufallsfunde oder durch Abschöpfungen von Informanten (*Schwind* in: Schwind/Ahlborn/Weiß 1978, 190); *Steffen* (1976) geht von 5 % aus und *Kreuzer* (1975) von 10 %. Die Prozentzahlen sind im Übrigen von der Art des Delikts abhängig.

In der Literatur wird anstelle des Begriffes des „Dunkelfeldes" häufig auch der Begriff der „Dunkelziffer" („latente" Kriminalität) benutzt. Diesen Ausdruck hat der japanische Staatsanwalt Shigema *Oba* in seiner (deutschen) Dissertation (1908) zum ersten Mal verwendet, wobei er jedoch die englische Bezeichnung „dark number" mit „Dunkelziffer" und nicht mit „Dunkelzahl" übersetzt hat. Da die „Zahl" der Delikte, die im dunkeln verbleiben, interessiert und nicht deren „Ziffer", ist die Übersetzung zwar gründlich mißlungen, hat sich aber gleichwohl im deutschen Schrifttum durchsetzen können. **35**

*b) Dunkelziffer-Relation*

Beschrieben wird der Umfang des Dunkelfeldes mit Hilfe einer Dunkelzifferrelation: Diese wird definiert als Verhältnis aus der Zahl der der Polizei bekannt gewordenen Delikte zu der Anzahl der nicht bekannt gewordenen Straftaten. **36**

***Beispiel:*** *Eine Dunkelzifferrelation von 1:2 bedeutet, daß auf eine den Strafverfolgungsbehörden bekannt gewordene Straftat zwei weitere entfallen, die diesen nicht bekannt (z. B. nicht angezeigt) wurden. Die erste der beiden in die Dunkelzifferrelation eingehenden Größen ist also eine (aufgrund der PKS) vorgegebene Zahl. Die zweite Größe (die Anzahl der nicht bekannt gewordenen Delikte) wird mehr oder weniger sicher geschätzt.*

*c) Zur Relevanz der Dunkelfeldforschung*

Erkenntnisse über das Dunkelfeld ergänzen das Lagebild der Hellfeld-Statistik. Informationen über die Verteilung des Dunkelfeldes erleichtern aber auch die Brennpunktorientierung des polizeilichen Einsatzes bzw. die Steuerung präventiver Aktionen. Auch wenn man nach den Ursachen der Kriminalitätsfurcht sucht, darf man das Dunkelfeld nicht ausklammern. Ergebnisse der Dunkelfeldforschung können schließlich auch zu baulichen Maßnahmen führen (Beleuchtung von Unterführungen) oder zum Einsatz von Video-Überwachung usw. **36a**

### 2. Dunkelfeldforschung/Bezugsfelder

Dunkelfeldstudien liegen aus den internationalen, den nationalen und regionalen Bereichen (z. B. Städten) vor. **36b**

### 3. Methoden der Dunkelfeldforschung

Bis vor etwa vier Jahrzehnten lagen zur Ermittlung der Dunkelziffer nur Schätzungen vor. Sie beruhten oft auf reinen Spekulationen **(Blindschätzungen)** oder auf Erfahrungen der Schätzer im polizeilichen Dienst: **37**

**Erfahrungsschätzungen** (Beispiele bei *Schwind/Ahlborn/Eger* et al. 1975, 23ff). Die bekannteste Arbeit („Die Latenz der Straftaten") hat 1957 *Wehner* veröffentlicht. Der Kriminalist *Wehner* ging dabei so vor, daß er zahlreiche Fälle, die nur zufällig entdeckt worden sind, in einem Kapitel über „Phänomene der Zufallsentdeckungen" untersuchte und aus diesen Schätzwerte ableitet. Für **Tötungsdelikte** hat er z. B. eine Dunkelzifferrelation ermittelt, die zwischen **1:3 und 1:6** schwankt. Der Rechtsmediziner *Brinkmann* (2002) gelangte aufgrund einer Untersuchung, die sich auf zwei Drittel (das sind 23) aller deutschen Institute für Rechtsmedizin bezieht, zu „einer extrem konservativen Schätzung von 1380 Tötungsdelikten" (2002, 35), die pro Jahr nicht bekannt werden (Relation **1 zu 1**); *Oehmichen,* ein weiterer Rechtsmediziner, geht (in: Kriminalistik 1993, 139) von weniger spektakulären **30 zu 1 (!)** aus. Zu den Ursachen solcher Dunkelfelder weist *Brinkmann* darauf hin, daß viele „Fehlklassifikationen" bereits damit zu tun haben, daß sich der Hausarzt, der den Leichenschauschein ausstellen soll, den Toten oft gar nicht genauer betrachtet; so führt nur rund jeder 10. Hausarzt (9 %) überhaupt eine Entkleidung des Verstorbenen durch (*Brinkmann* 2002, 36; vgl. dazu auch unten den Zeitungsausriß und *Scheib* 2002).

**38** Daß solche Erfahrungsschätzungen nicht ganz der Grundlage entbehren, zeigen nicht nur die Fälle der Serienmörder (wie *„Jack the Ripper"*, Fritz *Haarmann* oder *Honka*), deren Opfer (lange oder immer) im dunkeln blieben bzw. bleiben, weil sie grundsätzlich niemand vermiß(t)e, sondern auch folgende Beispiele:

*(1) „Ein Mann stirbt nach der Diagnose des Arztes eines natürlichen Todes. Aus ordnungspolizeilichen Gründen wird die Leiche im Leichenschauhaus untergebracht und – wie in (West-)Berlin üblich – zu Studienzwecken geöffnet. Tief im Schlund des Toten fand sich sein Taschentuch. Es lag (wie sich später herausstellte) ein Raubmord vor" (**Wehner*** 1957, 24f).

*(2) In den Bergen der Steiermark (so berichtet **Byloff** in: MschrKrim 1930, 1ff) kam es noch zu Beginn des letzten Jahrhunderts häufiger vor, daß man ausgedienten bäuerlichen Dienstboten, die nur noch Kosten verursachten, kleine Prisen des Giftes Arsenik ins Essen mit reinmischte und dadurch erreichte, daß diese verfielen und frühzeitig starben. Man nannte das „Abfüttern" und scheint es nicht weiter tragisch genommen zu haben. Jedenfalls wurde es von den zuständigen Stellen – etwa aufgrund einer Anzeige – nur selten entdeckt.*

*(3) **Schneider/Rießelmann** beschäftigen sich (in: der kriminalist 4/2000, 175ff) mit dem Arzt (oder Krankenschwestern/Pflegern) als Täter und erwähnen insoweit „**Serienmörder in Krankenhäusern**": „Todesengel"; die Motive sollen vom Zweck der Euthanasie bis zum Größenwahn reichen.*

Weitere Beispiele bei S. *Rückert*: Tote haben keine Lobby – Die Dunkelziffer der vertuschten Morde, Hamburg 2000.

*Leichen*

**Kreuze im Totenschein**

**Durch ärztliche Schlamperei bei der Leichenschau bleiben die meisten Tötungsdelikte unerkannt.**

aus: *DER SPIEGEL* 43/1993, S. 105

Auf solchen Pionierarbeiten (die den Anforderungen erfahrungswis- **39**
senschaftlicher Überprüfbarkeit jedoch nicht genügen) aufbauend, wurde die Methodik inzwischen weiter entwickelt: Heute werden als mögliche Methoden der Dunkelfeldforschung das **„Experiment"**, die **„teilnehmende Beobachtung"** und die **„Befragung"** (in Form von Täter-, Opfer- oder Informantenbefragung) verwendet (zusammenfassend zur Methodik vgl. z. B. *Müller* 1978).

*a) Experiment*

Dabei wird unter dem Experiment die wiederholbare Beobachtung **40**
unter kontrollierten Bedingungen verstanden, und zwar mit dem Ziel, eine zugrundeliegende Hypothese (Behauptung eines Kausalzusammenhangs) zu überprüfen. Ein solches Vorgehen ist in der empirischen Sozialforschung durchaus üblich. Dennoch hat sich diese Methode in der Dunkelfeldforschung nicht durchsetzen können, und zwar deshalb nicht, weil in diesem Rahmen die Kontrolle aller möglichen Variablen und Störeinflüsse nicht möglich erscheint (vgl. *Müller* 1978).

*Als* ***Beispiel*** *für ein Experiment kann bei Anlegung eines großzügi-* **41**
*gen Maßstabes z. B. eine Untersuchung von* ***Blankenburg*** *(1973) in Freiburg eingestuft werden:*

*An normalen Werktagen wurde nachmittags zwischen 15 und 18 Uhr in den Selbstbedienungsläden eines großen Einzelhandelsunternehmens eine Serie von vierzig Ladendiebstählen mit zwei „Dieben" und je einem Beobachter durchgeführt. Ziel des Experiments war es, das Risiko kennenzulernen, mit dem ein Ladendieb bei „normalem" Vorgehen rechnen muß. Der „Diebstahl" sollte so ungeschickt ausgeführt werden, wie es von einem ungeübten Dieb zu erwarten wäre. Das Vorgehen des Diebes wurde ebenso wie das des Beobachters sorgfältig standardisiert. Die Waren, die eingekauft bzw. „gestohlen" werden sollten, waren vorgeschrieben: ein Pfund Kaffee bzw. eine Dose mit Fleisch und Gemüse, also Gegenstände, die so groß sind, daß sie nicht in der Hand oder im Ärmel verschwinden können. Die „Diebe" hatten eine Aktentasche mitzuführen, sie sollten „ordentlich", aber nicht elegant angezogen sein.*

*Unmittelbar im Anschluß an den „Diebstahl" sollten „Dieb" und Beobachter unabhängig voneinander ein Protokoll über den Vorgang ausfüllen. Gerechnet wurde mit einer „normalen" Dunkelziffer von etwa 90 %, also mit 10 % Entdeckungen. Tatsächlich wurden jedoch 39 Diebstähle mit Erfolg durchgeführt, nur ein Dieb gab sein Vorhaben auf, weil er sich entdeckt fühlte. Die Dunkelzifferrelation könnte demnach beim Ladendiebstahl mehr als* ***1:9*** *betragen, d.h. auf einen entdeckten Ladendiebstahl würden mindestens neun andere entfallen, die nicht entdeckt werden; das Ergebnis entspricht den Resultaten von Schoreit: Ladendiebstahl 1979. In diesem Zusammenhang soll auch der Hinweis nicht fehlen, daß sich selbst Kunden, die einen Diebstahl deutlich mit ansehen können, offenbar um solche Vorgänge nicht kümmern (anzeigen, Lärm schlagen). So waren sich „Dieb" und Beobachter zumindest in zwei Fällen darüber einig, daß andere Kunden den „Diebstahl" beobachtet hatten; keiner dieser Kunden wurde jedoch im Hinblick auf die Ergreifung des Täters aktiv. Nur eine der Kundinnen soll dem „Dieb", als sich dieser entfernte, noch „lange und strafend nachgesehen haben".*

Vor dem Hintergrund des großen Dunkelfeldes beim Ladendiebstahl wird auch erklärlich, daß nach Umfragen des Handelsforschungsinstituts EHI (zit. nach NOZ vom 18. Juni 2008, 25) die **Inventurdifferenzen** auf vier Milliarden geschätzt werden.

*b) Teilnehmende Beobachtung*

42 Als teilnehmende Beobachtung wird die „geplante Wahrnehmung des Verhaltens von Personen in ihrer natürlichen Umgebung durch einen Beobachter (bezeichnet), der an der Interaktion teilnimmt und von den anderen Personen als Teil ihres Handlungsfeldes angesehen" (anerkannt) wird (*Friedrichs*, Methoden empirischer Sozialforschung 1973, 288). Das entscheidende Kriterium für die teilnehmende Beobachtung ist danach „die Übernahme einer konkreten sozialen Rolle und des entsprechenden Verhaltens, also die Mitgliedschaft in dem sozio-kulturellen System" (*Mayntz/Holm/Hübner:* Einführung in die Methoden der empirischen Soziologie 1972, 100).

***Beispiele*** *bilden die Untersuchungen von* ***Humphrey (1973)****, der als vermeintlich homosexueller „Aufpasser" die sexuellen Begegnungen (Praktiken) in öffentlichen Toiletten beschrieben hat; ferner die Untersuchung von* ***Haferkamp (1975)****, der Mitarbeiter in Gruppen von Ladendieben, Drogenabhängigen und Rockern einschleusen konnte, oder auch die Beobachtungen von* ***Kürzinger (1978)****, der in Polizeiuniform festzustellen versuchte, wie sich die Vorgänge der Anzeigeerstattung in der Praxis einer Polizeiwache abspielen. Zu den neueren Untersuchungen gehören die von Zimmerli und Schwind. Zimmerli hat 1997/98 (1999, 320ff) im Rahmen teilnehmender Beobachtungen Mitglieder des schweizer „Outlaw Motorcycle Club" interviewt.* ***Schwind*** *hat 1998 zusammen mit* ***Fetchenhauer*** *und Studierenden der Ruhr-Uni-*

*versität Bochum Kaffeefahrten auf „Tricks" bzw. kriminelle Praktiken mit Hilfe (anonymer) teilnehmender Beobachtung überprüft (vgl. Schwind: Zur Viktimologie von Kaffeefahrten, in FS für Achenbach 2011, 527ff und Zeitungsausriß).*

**Bochumer Studenten testen Kaffeefahrten**

**500 Millionen Umsatz jährlich – Überteuerte Waren**

aus: *DIE WELT* vom 1. Juli 1998

Die **Kritik** an der „teilnehmenden Beobachtung" bezieht sich vor allem wiederum darauf, daß sich die gefundenen Resultate – wie beim Experiment – nicht verallgemeinern lassen, weil sie sich nur auf kleine spezielle Gruppen beziehen (vgl. *Müller* 1978). *Metzger-Pregizer* (1974, 230) weist darüber hinaus auf die besondere Problematik dieser Methode hin, die darin besteht, daß sich der Wissenschaftler „in dreifacher Hinsicht schuldig (mache): einmal gegenüber dem Opfer (dem er nicht beisteht), zum zweiten gegenüber seinem Beobachtungsobjekt, dem er möglicherweise einige Jahre Gefängnis hätte ersparen können, zum dritten sich selbst gegenüber, was seine strafrechtliche Verantwortung anbetrifft". **43**

*c) Befragungen*

Das gebräuchlichste Verfahren, das die empirische Forschung zur Aufhellung des Dunkelfeldes entwickelt hat, ist die (Einzel- oder Gruppen-) Befragung: **„face to face"** (direktes persönliches Interview), **per Post, per Telefon** oder als **online-Befragung**. Insoweit ist wiederum zwischen „Täterbefragung", „Opferbefragung" und „Informantenbefragung" zu unterscheiden. **44**

*Befragt werden repräsentative Bevölkerungsstichproben, also nicht schon bekannte Täter oder Opfer, wie man der Bezeichnung irrtümlich entnehmen könnte (dazu Rdn. 31 zu § 9).*

Erfaßt wird allerdings nicht „die" Kriminalität als solche, sondern nur deren subjektive Wahrnehmung durch die Probanden. Gefragt wird meist an Hand eines Fragebogens, dessen Fragen vorher im Wortlaut genau festgelegt und jeweils in gleicher Reihenfolge gestellt werden (= **standardisiertes Interview**).

Welche Art der Befragung bringt die geringsten Informationsdefizite? **45**

– Nach *Kury* (1994, 27; anders *Reuband/Blasius* 1996, 312) ist bei mündlichen (face-to-face-)Befragungen stärker als bei postalischen damit zu rechnen, daß der Proband im Rahmen der **„sozialen Erwünschtheit"** antwortet (dazu vgl. § 9 Rd. 29); außerdem sind mobile Personen in der Regel unterrepräsentiert, weil sie schwerer erreichbar sind;

- bei der postalischen Befragung (dazu *Reuband* in Mschrkrim 1/2011, 17) fällt es hingegen (nach *Baurmann* et al. 1991, 161) „den Befragten eventuell leichter, peinliche Ereignisse dem Fragebogen anzuvertrauen"; auf der anderen Seite fällt auch das **„Wegwerfen in den Papierkorb"** leichter (*Baurmann* u. a. aaO);
- bei den kostengünstigen (*Diekmann* 1995, 430; *Killias* 1990, 155) telefonischen Befragungen fallen diese Probleme zwar grundsätzlich weg, aber manche Personen sind über das Festnetz nicht (mehr) zu erreichen, z. B. weil sie **kein Telefon haben** (etwa manche Arbeitslose) oder weil sie sich ins Telefonbuch nicht eintragen lassen (sog. Nonpubs) oder weil sie nur noch per **Handy** telefonieren. So nehmen „stellenweise nur noch zehn Prozent der Angerufenen an einer Umfrage teil" (*Behnke* und TNS *Emnid*, zit. nach SPIEGEL 15/2012, 16). Zu den computer-assisted-telephone-interviews = **CATI**: vgl. *Killias* 1990, 153 ff.
- kostengünstiger als jede andere Umfrageform sind schließlich **(Internet-)-Befragungen**, die jedoch (wiederum) nur solche Personen erreichen, die über einen Internet-Anschluß verfügen; insoweit sind (derzeit noch) vor allem ältere Menschen und solche mit niedrigem Bildungsniveau unterrepräsentiert.

Beim **Gruppeninterview** (an Hand eines standardisierten Fragebogens) spielt es (nach *Kreuzer* u. a. 1992, 92 b) übrigens keine Rolle, ob die Befragung in beengten räumlichen Verhältnissen (etwa im Hörsaal) durchgeführt wird oder unter „Klausurbedingungen", bei denen jeder Teilnehmer an einem eigenen Tisch sitzt. Plausibel ist das allerdings nicht.

**46** aa) Bei der **Täterbefragung** („self reported delinquency") wird der Proband (= die Versuchsperson, hier der Befragte) einer (Zufalls-)Stichprobe (vgl. Rdn. 31 ff zu § 9) anonym gefragt (Selbstauskunft), ob er selbst (in einem bestimmten Zeitraum) ein nicht entdecktes Delikt verübt hat; oft werden auch alle Personen einer bestimmten (leicht erreichbaren und mitteilungsbereiten) Gruppe (**Bequemlichkeitsstichprobe**) befragt: Schüler einer Klasse oder Studierende einer Vorlesung, Lehrlinge, Soldaten usw.

**47** ***Beispiele:***

*(1) Schon in den vierziger Jahren fragte Austin L.* ***Porterfield*** *im Gebiet von Fort Worth/Texas (1943, 1949) 200 männliche und 137 weibliche* ***College-Studenten*** *der Texas-University anhand eines anonym ausgegebenen Fragebogens nach insgesamt 55 verschiedenen Rechtsbrüchen. Dabei ergab sich, daß sämtliche Probanden schon mehr oder minder schwere Delikte verübt hatten, und zwar bis zum Mord. Ein Theologiestudent gestand 27 Straftaten ein.*

**48** *(2) Anfang der siebziger Jahre befragten* ***Schwind*** *und* ***Eger*** *(MschrKrim 1973, 151 ff) 290 Jura-****Studenten und -Studentinnen*** *einer Strafrechtsanfängerübung in Göttingen anhand eines Fragebogens, der in der Übung ausgeteilt und anonym ausgefüllt wurde; die Probanden waren 19–23 Jahre alt und befanden sich in der Regel im zweiten oder dritten Semester. Den gleichen Fragebogen haben gleichaltrige Jura-*

*Studierende jeweils (in den Kriminologie-Vorlesungen in Bochum und Osnabrück) ausgefüllt. In allen fünf Untersuchungen wurde nach (angezeigten und nicht angezeigten) Straftaten gefragt, die die Probanden noch nach dem 18. Lebensjahr verübt hatten. Zu den Ergebnissen vgl. Übersicht 14.*

*Übersicht 14:*
Ergebnisse von Täterbefragungen in juristischen Fakultäten: Wieviele Studierende haben bestimmte Straftaten (Dunkel+Hellfeld) noch **nach dem 18. Lebensjahr** verübt?

| **Täterbefragung in:** | **§ 185** | **§§ 223 ff.** | **§§ 242 ff.** | **§ 265a** | **§§ 315c, 316** |
|---|---|---|---|---|---|
| Göttingen 1973[1] | 87,6 % | 39,3 % | 43,4 % | 73,5 % | 60,7 % |
| Bochum 1995[2] | 88,0 % | 31,7 % | 26,8 % | 60,5 % | 34,6 % |
| Osnabrück 1995[3] | 87,9 % | 28,5 % | 23,8 % | 69,1 % | 31,8 % |
| Bochum 2001[4] | 81,6 % | 26,0 % | 19,4 % | 52,0 % | 25,0 % |
| Osnabrück 2005[5] | 75,4 % | 23,2 % | 19,6 % | 48,2 % | 36,8 % |

[1] n = 290, Rücklaufquote 100,0 % = 290 Probanden
[2] n = 402, Rücklaufquote 68,9 % = 277 Probanden
[3] n = 219, Rücklaufquote 79,9 % = 175 Probanden
[4] n = 318, Rücklaufquote 61,6 % = 168 Probanden
[5] n = 280, Rücklaufquote 87,9 % = 246 Probanden

aus: *Schwind,* H.-D./*Freier,* D./*Ballering,* Ph. 2002, 102

# Juristen und Theologen stehlen die meisten Bücher

### Vandalismus mit ausgeliehenen Büchern

**Hamburg (dpa) — Die großen deutschen Bibliotheken fürchten um ihre Bestände. Anlaß sind weniger Bücherdiebstähle als Zahl und Umfang der Beschädigungen. Unterstreichungen, Markierung mit Transparentstift, abgerissene Rücken und Randnotizen aller Art, vor allem aber herausgerissene Seiten entstellen Bücher und Zeitschriften und mindern ihren Wert.**

Jedes dritte Buch zeigt bei der Rückgabe in der Bonner Universitäts-Bibliothek schwere Schäden, bei einer Zufallsstichprobe unter zwei Dutzend gängigen Lehrbüchern der Freiburger Uni-Bücherei war kein einziges unbeschmiert.

Und die Profis erhalten Zulauf. Neben den Juristen und Theologen, die traditionell beim Bücherraub führen — an einer großen Berliner Bibliothek entfallen 50 bis 60 Prozent der Buchverluste auf juristische Fach-Literatur — neigen auch Psychologen und Pädagogen, Natur- und Wirtschaftswissenschaftler immer mehr zum achtlosen Umgang mit Büchern und fremdem Eigentum. In der Hamburger Staatsbibliothek und der Bücherei des Deutschen Patentamtes in München wird zunehmend auch „Freizeitreletantes" wie allgemeine Nachschlagwerke, Sprach-, Kunst- und Reiseführer, Fotolehrbücher oder Heimtierlexika beschädigt oder gestohlen.

aus: *Oldenburger Volkszeitung* vom 31. Juli 1979

49 *(3) Eine Untersuchung Kreuzers (2003) die sich auf alle über* ***E-Mail*** *erreichbaren Studierenden aller Semester der Rechtswissenschaft* ***(Online-Delinquenzbefragung)*** *bezog, ergab (bei geringer Ausschöpfungsquote von 20 %) u. a.:*

- *daß „schon die Hälfte der männlichen und über ein Drittel der weiblichen Probanden* ***(Cannabisprodukte) probiert*** *hatte“;*
- *„nahezu geschlechtergleich zeichnet sich eine Mehrheit ab, die einer kontrollierten Abgabe, wenn nicht einer* ***Freigabe (des Cannabis-Umganges)*** *das Wort redet“ (aaO).*

50 *(4) Eine Untersuchung von* ***Dölling/Hermann*** *(2001, 203 ff), die sich (1998) auf selbstberichtete Delinquenz in Freiburg und Heidelberg bezieht (Fragebogenmethode; Rücklaufquote 31 % bzw. 35 %) befaßte sich (auch) mit der Thematik* ***„Delinquenz und Werteordnung“*** *mit u. a. folgenden Resultaten:*

- ***traditionelle*** *Werte (Gesetzesakzeptanz, Leistungsethik, Konservatismus, Religiosität und Orientierung an christlichen Normen) üben einen* ***delinquenzreduzierenden Einfluß*** *aus, während*
- ***modern-materialistische*** *Werte (Erfolgsorientierung, Härte, egoistischer Individualismus, Hedonismus)* ***kriminogene Effekte auslösen*** *können.*

50a *(5) Eine Schülerbefragung, die* ***Bornewasser/Schulze*** *(2003, 167 ff) in den Klassen 5 bis 10 von Haupt- und Realschulen Mecklenburg-Vorpommerns durchgeführt haben, hat u.a. gezeigt:*

- *daß in den Klassen 5 und 6 „nur“ 20,8 % der Schülerinnen und Schüler angaben, schon einmal einen* ***Ladendiebstahl*** *verübt zu haben, in den 7. und 8. Klassen waren es bereits 48,6 % und in der Oberstufe dann 51,4 %;*
- *daß die Häufigkeit des* ***Schwarzfahrens*** *von 26,9 % über 53,1 % auf 60,2 % in den Klassen 9 und 10 zunahm;*
- *daß das* ***Sicherheitsgefühl*** *(auf Schulweg und Schulhof) mit dem Eintritt in die 7. Klasse abnimmt; von den Probanden der 5. und 6. Klassen hatten noch 70 % angegeben, sich „sehr sicher“ bzw. „sicher“ zu fühlen.*

50b *(6) Im zeitlichen Abstand wiederholte Täterbefragungen, die sich auf Schülerinnen und Schüler (in Münster und Duisburg) beziehen (Rücklaufquoten über 85 %!), und zwar solche der 7. bis 10. Klassen, ergaben das folgende Bild: „Die Raten selbstberichteter Delinquenz (Gewaltdelikte) sind in den letzten fünf Jahren im Zeitvergleich* ***eher zurückgegangen*** *... Die männlichen Jugendlichen mit und ohne Migrationshintergrund unterscheiden sich (in Duisburg) hinsichtlich der selbstberichteten Delinquenz kaum ... Es überrascht vor allem die gegenüber den einheimischen Befragten kaum erhöhte Gewaltbelastung der Jugendlichen türkischer Herkunft“ (Boers 2006, 63/84).*

51 **Vorbehalte** gegenüber der Täterbefragung: Vor allem werden im Schrifttum (vgl. *Kaiser* aaO m. w. H.) die Genauigkeit und Zuverlässig-

keit der Selbstangaben zu eigenen Straftaten in Frage gestellt (vgl. dazu ausführlicher *Kreuzer* et al. 1993 und *Obergfell-Fuchs/Kury* 2003, 47); ganz abgesehen von der oft geringen Bereitschaft der Täter, dem Interviewer eigene Straftaten, die bisher nicht entdeckt wurden, (vollständig) zu offenbaren; außerdem spielt auch der **Telescoping-Effekt** eine Rolle (dazu § 20 Rdn. 11). *Junger* (1989, 273) schätzt den **Anteil der Befragten, die eigene Straftaten nicht zugeben**, auf 10 bis 20 %. Das gilt vor allem in bezug auf **schwere und „sozial tabuisierte Delikte“**: „(etwa) schwere Sexual- und Tötungsdelikte“ (*Kunz, Lb.* 1994, 248).

Zu den Auswirkungen unterschiedlicher methodischer Vorgehensweisen auf die Ergebnisse selbstberichteter Delinquenz vgl. *Kreuzer* 1992, 91 ff.

**Weitere Täterbefragungen (ab 1970):** z. B. *Kirchhoff* 1975; *Remschmidt/* **52**
*Merschmann/Walter* 1975; Übersicht bis 1984 bei *Schneider* 1987, 203 ff; *Albrecht* et al. 1988, 661 ff mit weiteren Hinweisen; zum Versicherungsbetrug vgl. *Fetchenhauer* (Rdn. 19a zu § 6); einen Überblick über international durchgeführte Täterbefragungen (International Self-Report-Delinquency-Studies: ISRD) gibt *Klein* 1989 (vgl. ferner Rdn. 26 zu § 3). Über Ost-West-Unterschiede in Deutschland berichtet *Posner* (1997, 164). Zu den Ergebnissen von Täterbefragungen bei Schülern (der 9. Klasse), die *Baier/Pfeiffer/Rabold* (in Kriminalistik 6/2009, 323 ff) vorgestellt haben (vgl. auch Rdn. 11 zu § 24); zu Täterbefragungen in verschiedenen europäischen Staaten vgl. *Killias* Lb 2002, 57 ff; zu selbstberichteter Delinquenz von Jugendlichen im Ostseeraum vgl. *Dünkel/Gebauer/Kestermann* in MschrKrim 2005, S. 215 bis 239. Zu **US-Befragungen:** *Schneider* Hb. 2007, 316 ff. Zu **europäischen Befragungen:** *Zaubermann*: R. Self-Reported Crime and Deviance Studies in Europe, Brüssel 2009.

bb) Gegenüber der Täterbefragung dürfte der Vorteil der **Opferbefra-** **53**
**gung** („report on victimization“), durchgeführt

- *als* ***„Crime Survey“*** *mit dem Ziel, das Dunkelfeld aufzuhellen, oder*
- *als* ***„Victim Survey“*** *mit dem Ziel, opferbezogene Erkenntnisse zu gewinnen: welche Personengruppen werden besonders häufig Opfer?; wie wirkt sich die Opfererfahrung z. B. auf die Kriminalitätsfurcht (zu dieser Rdn. 12 ff zu § 20) oder auf das Anzeigeverhalten (vgl. Rdn. 4 zu § 20) aus? usw.,*

darin bestehen, daß vom Opfer eher wahre und vollständige Antworten zu erlangen sind als von dem die Entdeckung und die Bloßstellung befürchtenden Täter; außerdem **werden bestimmte Filterprozesse** (Rdn. 83) **umgangen**. Gleichwohl sind Opferbefragungen erst später als Täterbefragungen durchgeführt worden: die ersten Arbeiten (in den sechziger Jahren) sind in den für *„The President's Commission on Law Enforcement and Administration of Justice“* verfaßten **Field Surveys** I, II und III, 1967 (vgl. die Zusammenfassungen bei *Schwind/Ahlborn/Eger* et al. 1975; *Schneider Lb.* 1987, 187 ff und Rdn. 17 zu § 20) veröffentlicht worden.

**53a** Bei der *Opferbefragung* wird der Proband einer Zufallsstichprobe (etwa aus der Kartei des Einwohnermeldeamtes) darüber befragt, ob er (in einem bestimmten Zeitraum) zum Telescoping-Effekt wiederum Rdn. 11 zu § 20) Opfer von bestimmten **(angezeigten** und **nicht angezeigten)** Delikten geworden ist. Die Ergebnisse werden auf die Grundgesamtheit (§ 9 Rdn. 35) hochgerechnet.

Diese Art der Befragung (auf **internationaler/nationaler/regionaler** Ebene) dürfte die relativ sichersten Ergebnisse bringen, da zu erwarten ist, daß ein Opfer eher als ein Täter bereit ist, Auskunft über verübte Delikte zu geben (vgl. auch *Kreuzer* 1994, 14f). Für die Opferbefragung spricht letztlich auch, daß in diesem Rahmen **Motivanalysen des Anzeigeverhaltens** durchgeführt werden können (dazu Rdn. 4ff zu § 20), die wichtige Aufschlüsse über Rückkoppelungsmechanismen (Rdn. 85) zwischen Hellfeld (in der PKS registrierter Kriminalität), Dunkelfeld und Anzeigeverhalten zulassen (dazu Rdn. 68). Allerdings **eignen sich nicht alle Straftaten für die Opferbefragung** gleichermaßen (vgl. dazu auch *Kreuzer* 1994, 14f); so müssen z. B. (aus begreiflichen Gründen) die (vollendeten) Tötungsdelikte ausscheiden. Ferner gibt es Tatbestände – wie den Betrug –, die so kompliziert sind, daß das Opfer oft gar nicht recht weiß, ob es Opfer geworden ist oder nicht. Hinzu kommen zahlreiche weitere Straftaten, die nicht erfaßt werden können, weil sie sich nicht gegen Privatpersonen richten. Dazu gehören vor allem die Straftaten gegen die öffentliche Ordnung, Vermögensdelikte zum Nachteil juristischer Personen (etwa Firmen), Umweltschutzdelikte usw. Bei manchen Straftaten gibt es gar keine Opfer: **„victimless crimes"** (Beispiele: Hehlerei, Rauschmittelgebrauch). Kaum (als Opfer) erfaßt werden können z. B. **Nichtseßhafte** (vgl. Rdn. 24f zu § 17) bzw. Personen aus bestimmten **Milieus** (z. B. aus der Drogenszene); das gilt auch für pflegebedürftige Menschen und geistig Behinderte. Diese Gruppen sind daher in Stichproben regelmäßig unterrepräsentiert.

**53b** *Zu solchen Gruppen gehören nicht zuletzt auch* **Strafgefangene**, *die in der Einwohnermeldekartei nicht geführt, aber in der Haft (durch Mitgefangene) erheblich viktimisiert werden können. So gaben z. B. in einer Studie von O'Donnell/Edgar (Fear in Prison, The Prison Journal 79/1999, 90–99), die sich auf ein britisches Gefängnis bezieht, 46 % aller befragten Insassen an, innerhalb des letzten Monats in der Strafanstalt Opfer eines Gewaltdeliktes geworden zu sein. Die Ergebnisse der US-amerikanischen einschlägigen Forschung hat Kury zusammengetragen (2002, 22ff), der selbst in der Jugend(straf)anstalt Hameln 168 deutsche Insassen nach durch Mitgefangene erlittenen Viktimisierungen (anonym an Hand eines standardisierten Fragebogens) befragt hat, und zwar mit folgenden Resultaten: 42 % der Probanden gaben an, während ihrer Haftzeit mindestens einmal Opfer eines Diebstahls geworden zu sein, 7 % einer Erpressung, 8 % einer körperlichen Bedrohung, 7 % einer körperlichen Mißhandlung und 1 % eines sexuellen Mißbrauchs (Kury aaO, 30).*

Schließlich kommt die Dunkelfeldforschung grundsätzlich nicht an solche Delikte heran, die sich innerhalb der Familie bzw. im sozialen Nahraum (etwa als **„Beziehungsdelikte“**) ereignen: vgl. Kasten unten. Meist werden nur Extremfälle bekannt.

Man spricht insoweit vom **„doppelten Dunkelfeld“** (vgl. *Schneider*, Einführung 1993, 47) oder **„absolutem“ Dunkelfeld** (so *PKS* 2009, 8). Dieses besteht aus solchen Straftaten, die weder der Polizei bekannt (bzw. angezeigt) werden, noch im Rahmen der Dunkelfeldforschung (vollständig) erfaßt werden können, weil die Opfer diese Delikte unter keinen Umständen (weder der Polizei noch Interviewern) angeben möchten. Warum nicht? Weil sie eher eine Verschlechterung ihrer Lage oder eine Minderung des Familienansehens befürchten. Zum Kreis solcher Straftaten gehören vor allem die schon erwähnten **innerfamiliären Gewalttätigkeiten** (dazu *Lamnek/Ottermann*: Tatort Familie 2004) wie die Kindesmißhandlung bzw. der sexuelle Mißbrauch von Kindern oder die Vergewaltigung in der Ehe bzw. die **Partnergewalt** (zu dieser *Rössner/Bannenberg* 1999), die Geschwistergewalt oder die Gewalt gegen Senioren bzw. alte Familienmitglieder (zur **„Pflegegewalt“** in Altersheimen vgl. *Dießenbacher/Schüller*: Gewalt im Altenheim, 1993 und *Görgen* u. a. 2002, 489 ff und *Kreuzer* 2010, 88 ff): alles kriminelle Attacken, die oft aus der Opfersicht als „Privatsache niemanden etwas angehen“ (vgl. *Wetzels* et al. 1995/ 179 ff). Nicht selten werden solche innerfamiliären Gewalttätigkeiten offenbar gar nicht als „kriminell“ eingeordnet (*Wetzels* aaO, 122): „Familienangelegenheit“. **53c**

Das (neue) **Gewaltschutzgesetz** (vgl. dazu Rdn. 40 zu § 20), das am 1. Januar 2002 in Kraft trat (**„Wer schlägt muß gehen“**), hat offenbar zu einer Verstärkung der Anzeigebereitschaft geführt. Im Übrigen kann die schwerste Form innerfamiliärer Gewalt – die vorsätzliche **Tötung von Familienangehörigen** – durch Opferbefragungen naturgemäß nicht aufgeklärt werden.

Ein doppeltes Dunkelfeld dürfte es ferner z. B. bei der **Schutzgelderpressung** geben (vgl. Rdn. 29 zu § 29). Versuche, auch noch das absolute Dunkelfeld aufzuhellen, wurden mit der sog. **drop-off-Technik** durchgeführt.

*Beispiel: In einer mündlichen Befragung durch Wetzels et al. (zit. nach PSB 2006, 75) gaben nur neun von 337 interviewten Frauen an, in den letzten fünf Jahren Opfer einer Vergewaltigung oder sexuellen Nötigung im häuslichen Bereich (meist durch den Ehemann) geworden zu sein. Erst im Rahmen einer schriftlichen Zusatzbefragung (drop off-Technik) konnten weitere 45 Opfer solcher Straftaten identifiziert werden. Hilfetelefon für Frauen bundesweit 08000 116 116.*

# Gewalt gegen Alte: Und viele schweigen

Betagte Opfer reagieren mit Angst, Scham und Hilflosigkeit

aus: *WAZ* vom 9. Juni 2011 (vgl. dazu Kasten oben)

53d Zu den **Straftaten, die sich für die Opferbefragung gut eignen**, gehören hingegen z.B. „einfacher Diebstahl“, „Einbruch“ (Diebstahl unter erschwerenden Umständen), Raub und (außerfamiliale) Körperverletzung (vgl. Übersicht 15).

*Übersicht 15:* Dunkelziffer-Relationen

| Ort/ Untersuchungszeitraum | Stichprobe; Gesamtausfallsquote, davon Verweigerer | **Dunkelzifferrelationen** wahrscheinlichster Wert (Ober- und Untergrenzen) **„einfacher“ Diebstahl** (ohne Warenhausdiebstahl) | **„schwerer“ Diebstahl** | **vorsätzl. Körperverletzung** |
|---|---|---|---|---|
| Göttingen (1973) | 1,0% der Bevölkerung; 7,4%; 4,2% | **1:15** (1:13 bis 1:17) | **1:2** (1:2 bis 1:3) | **1:8** (1:4 bis 1:11) |
| Bochum I (1975) | 0,5% der Bevölkerung; 15,2%; 10,0% | **1:6** (1:5 bis 1:7) | **1:2** (1:1 bis 1:2) | **1:7** (1:4 bis 1:10) |
| Solingen (1982) | 1,0% der Bevölkerung; 36,9%; 16,6% | **1:3** (1:2 bis 1:4) | **1:1** (1:1 bis 1:2) | **1:5** (1:2 bis 1:7) |
| Bochum II (1986) | 0,5% der Bevölkerung; 20,0%; 12,0% | **1:8** (1:7 bis 1:9) | **1:1** (1:1 bis 1:1) | **1:6** (1:4 bis 1:9) |
| Bochum III (1998) | 0,5% der Bevölkerung; 19,6%; 8,8% | **1:8** (1:7 bis 1:9) | **1:2** (1:1 bis 1:2) | **1:3** (1:2 bis 1:5) |

nach: *Schwind/Fetchenhauer/Ahlborn/Weiß* 2001, 347

54 ***Weitere Beispiele:***

*(1) Eine **Göttinger Befragung** (1974) und **drei Bochumer Opferbefragungen** (mit den Bezugsjahren 1975, 1986 und 1998) sind grundsätzlich mit demselben Leitungsteam (Schwind/Ahlborn/Eger 1975; Schwind/Ahlborn/Weiß 1978; Schwind/Ahlborn/Weiß 1989; Schwind/Fetchenhauer/Ahlborn/Weiß 2001) und grundsätzlich mit der gleichen Methodik (Opferbefragung einer Zufallsstichprobe aus der Einwohnermeldekartei; Fragebogenmethode; Berechnung von Streubreiten, Signifikanztest usw.) durchgeführt worden und deshalb in den Ergebnissen grundsätzlich vergleichbar (Schwind 2013, 317). Das gilt auch für eine **Solinger Opferbefragung** (Plate/Schwinges/Weiß 1985), in der die gleiche Methodik wie in Göttingen und Bochum angewandt wurde. Alle fünf Untersuchungen haben grundsätzlich ähnliche Resultate erbracht (vgl. Übersicht 15 unten).*

55 *(2) Die Ergebnisse **erster gesamtdeutscher Opferbefragungen** (1991, 1993, 1995), die nach der Wiedervereinigung Deutschlands die lokal*

*begrenzten Untersuchungen (zunächst) verdrängt haben, sind z. B. (1995, 9ff) von Boers, Kerner und Kurz vorgestellt worden. Danach hat sich*

- *erstens: die Eigentums- und Gewaltkriminalität nach der „Wende" im November 1989 in den* ***neuen Bundesländern*** *erheblich erhöht, aber bereits im Frühjahr 1991 das gleiche Niveau wie im Westen erreicht (vgl. auch Kury* et al. 1992, 152);
- *zweitens: die Kriminalitätsfurcht (dazu Rdn. 12ff zu § 20) bis 1993 erheblich verstärkt („doppelt so hoch wie im Westen"); diese ist aber 1995 wieder in Richtung Westniveau abgesunken;*
- *drittens: haben im Sommer 1995 durchschnittlich 40 % der ostdeutschen und 25 % der westdeutschen Großstadtbewohner befürchtet („ziemlich beunruhigt"), daß sie persönlich abends in ihrem Wohnviertel Opfer einer Bedrohung, einer Körperverletzung, eines Raubes oder eines Wohnungseinbruchs werden könnten (15 % bzw. 11 % „sehr beunruhigt"): vgl. dazu auch Rdn. 21ff zu § 20.*

*(3) Pfeiffer/Wetzels berichten (1997, 356ff) über eine vom KFN 1992* **56** *durchgeführte Opferbefragung, in deren Rahmen 3 249 Personen im Alter zwischen 16 und 59 Jahren zu Erfahrungen mit elterlicher körperlicher Gewalt in der Kindheit befragt wurden. Ergebnisse: 36,5 % gaben an, „häufiger" eine* ***Ohrfeige*** *erhalten zu haben, 10,8 % der Stichprobe wurden offenbar Opfer einer elterlichen* ***Mißhandlung*** *(mit Faust geschlagen, zusammengeschlagen, gewürgt usw.); vgl. dazu auch die Untersuchungen bei Rdn. 46 zu § 10.*

*(4) Ruch (2011) befragte 2008 alle weibliche Studierenden der Ruhr-* **57** *Universität Bochum (N=13.784) nach erlittenen Delikten gegen die sexuelle Selbstbestimmung (§§ 177–179 StGB), und zwar mittels eines* ***standardisierten Online-Fragenbogens*** *(vgl. auch oben Rdn. 49). Im Ergebnis gaben 12,3 % der Teilnehmerinnen (N=415) an, Opfer einer versuchten oder vollendeten sexuellen Nötigung oder* ***Vergewaltigung*** *(seit ihrem 16. Lebensjahr) geworden zu sein. Auffallend war (erstens), daß knapp die Hälfte der Taten nicht zur Vollendung gelangten, (zweitens), daß 81,5 % der Probanden den Täter kannten (sozialer Nahraum), (drittens ), daß mehr als ein Drittel (36,0 %) der Täter und 15,7 % der Opfer zum Tatzeitpunkt mehr oder weniger berauscht waren, und, daß (viertens) 91,4 % der Opfer die erlebte sexuelle Nötigung (Betasten oder Berühren der Geschlechtsteile bzw. Petting usw. nicht angezeigt haben, und zwar vornehmlich aus* ***Angst vor sekundärer Viktimisierung*** *(vgl. Rdn. 27 zu § 11). Die* ***Ausschöpfungsquote*** *(vgl. dazu Rdn. 38 zu § 9) lag allerdings bei nur 24,9 %.*

*(5) In einer Repräsentativbefragung* ***zum sexuellen Mißbrauch*** **58** *(Standler et al. 2012, 53ff), die vom KFN 2011 durchgeführt wurde (N=11 428 Personen) gehört zu den Resultaten, daß „die heute weiblichen 31–40-jährigen bis zu ihrem 16. Lebensjahr zu 9,5 % einen Mißbrauch mit Körperkontakt erlitten, die 21–30jährigen zu 7,1 %, die 16- bis 20jährigen dagegen nur zu 2,9 %. Bei den Männern lauten die Vergleichquoten 2,0 %, 1,4 % und 0,8 %". Von den 31–40jährigen Opfern hatten die Straftat „nur zu 4,8 % bis 14,8 % angezeigt, von den „heute*

*21-bis 30jährigen 16,9 % bis 29,7 %" und von den 16-bis 20jährigen 9,1 % „bis hin zu 50 %". Solche Straftaten werden inzwischen also eher als früher angezeigt:* ***schmelzendes Dunkelfeld****. Überblick über bisherige deutsche Opferbefragungen bei Feldmann-Hahn* 2011.

**Weitere Opferbefragungen (ab 1980):** z.B. von *Pitsela* 1986; *Stadler* 1987; *Ammer* 1990; *Schwarzenegger* 1991; *Baurmann* et al. 1991; *Sessar* 1992; *Kreuzer* et al. 1993; *Kräupl/Ludwig* 1993 und *Ludwig/Kräupl* 2005, 40; *Legge* 1994 und *Wetzels/Greve/Mecklenburg/Bilsky/Pfeiffer* 1995; *Obergfell-Fuchs/Kury* 2003, 32ff; *Raithel* in KrimJ 3/2004, 178ff; *Heinz* in FS für Kury 2006, 245ff; *van Dijk/Manchin* u.a. 2007.

**59** Aus der **Schweiz** liegen als Ergebnis der „Opferbefragungen von 1984 bis 2005" vor (*Killias, M./Haymoz, S./Lamon, P.*, Berlin 2007). **International** vergleichende Opferbefragungen haben z.B. *Arnold* 1986, 1014ff, *van Dijk/Mayhew/Killias* 1990: *del Frate* 2004, 114ff, *Ludwig/Kräupl* 2005, 40 sowie von *Dijk/Manchin* et al. 2007 publiziert. Eine bundesweite Opferbefragung des *KI/BKA* befindet sich derzeit (2013) in der Auswertung. Zu den „Anfängen der Dunkelfeldforschung (durch Opferbefragung in Deutschland" vgl. *Schwind* in FS für Steinhilper 2013, 317ff.

Bei **länderübergreifend** angelegten Erhebungen ist allerdings große Vorsicht geboten, weil „nationen- und regionenspezifische Unterschiede durch kulturgeprägte Wahrnehmungstoleranzen und Mitteilungsbereitschaften sozialer Auffälligkeiten bestimmt sein" können *(Kunz,* Lb. 1994, 247).

**60** cc) Bei der **Informantenbefragung** wird ein Proband gefragt, „ob er Kenntnis von der Ausführung bestimmter Delikte, die von anderen gegen andere verübt wurden, erlangt hat" (*Stephan* 1972, 115); hier wird also nicht danach gefragt, ob der Befragte Täter oder Opfer wurde, sondern danach, ob er etwas über Straftaten anderer Personen angeben kann.

*Eine solche Befragung „ist dann sinnvoll, wenn der Zugang zu Opfern und Tätern aus bestimmten Gründen erschwert ist. Beispiele: im Zusammenhang mit Kindesmißhandlungen werden auch Ärzte, Lehrer und Familienangehörige befragt.*

**61** dd) Unter **kombinierten Befragungen** werden solche verstanden, in denen Täter-, Opfer- und Informantenbefragung kombiniert durchgeführt werden.

**62** ***Beispiele:***

*(1)* ***Treiber*** *hat (KrimJ 1973, 97) in Deutschland 222 Rekruten und 36 Offiziere in einer kombinierten Täter/Opfer/Informantenbefragung nach nicht entdeckten Normverstößen befragt und dabei u.a. ermittelt, daß „die Anteile derjenigen, die Normbrüche zugeben, in der Regel niedriger sind als die Anteile, die durch die Informantenbefragung zustande kommen". Die meisten (Delikt-)Fragen Treibers sprachen allerdings Normverstöße an, die nur in der „totalen Institution" des Militärs vorkommen können, wie „mit dem Gewehr auf Kameraden gezielt" (die Verstöße bewegen sich zwischen 44 % und 54 %) oder „scharfe Munition im Spind aufbewahrt" (rund 4 %).*

*(2) Die **Stuttgarter Opferbefragung: Stephan** (1976) hat in Stuttgart mit Hilfe der Fragebogenmethode die Probanden von zwei Teilstichproben befragt: In der ersten Teilstichprobe befanden sich 440 Haushaltsvorstände, in der zweiten 633 Haushaltsmitglieder. Die zweite Gruppe wurde nach selbsterlittenen Opfersituationen gefragt, die erste zusätzlich nach Opfersituationen der übrigen Haushaltsmitglieder (insoweit zugleich Informantenbefragung). Dadurch beziehen sich die Informationen auf insgesamt 1645 Personen. Bei einer Verweigerungsquote von 14,4 % haben sich folgende Resultate ergeben: Auf jeden Probanden entfielen im Durchschnitt 0,42 Opfersituationen. Die obere soziale Schicht hatte dabei in beiden Teilstichproben den größten Opferanteil, während die obere Unterschicht am wenigsten zu den Opfern gehörte. Angezeigt wurden nach den Angaben der Befragten nur 46 % der Delikte. Die Antworten auf die Frage nach den persönlichen Gründen für die Nichtanzeige zeigten folgendes Bild: In ungefähr der Hälfte der Fälle war den Probanden der „Schaden zu gering" (49 %); nur in jedem vierten Fall (26 %) lautete die Begründung: „keine Aussicht auf Erfolg".* 63

*(3) **Villmow** und **Stephan** haben (1983) in einer Gemeinde 920 männliche Probanden im Alter zwischen 14 und 25 Jahren als Täter, Opfer und Informanten befragt, ob sie bei 12 ausgewählten Delikten in den vergangenen 12 Monaten Betroffene waren. Kontroll- und Wiederholungsstudien wurden zur Absicherung u. a. folgender Resultate benutzt:* 64

- *11 % der Befragten räumten ein, selbst eine Straftat begangen zu haben; 23 % waren Opfer geworden, 27 % waren zugleich als Täter und Opfer in Erscheinung getreten und 39 % weder als Täter noch als Opfer;*
- *zahlreiche Probanden (etwa die Hälfte) hatten ein oder zwei Delikte verübt, wiederholte Rechtsbrüche (vier und mehr Taten) wurden aber immerhin von 42 % der Delinquenten berichtet;*
- *die Angehörigen der sozialen Unterschichten waren am wenigsten, diejenigen der Oberschichten am häufigsten in Opfersituationen geraten (die Unterschiede sind jedoch statistisch nicht signifikant).*

**Weitere** kombinierte Befragungen liegen z. B. vor von: *Dünkel/Krainz/Würger* in: Kaiser/Kury/Albrecht: Victims and Criminal Justice, Bd. 2, S. 123–175, Freiburg 1991; *Wetzels et al.* 2001 (vgl. dazu Rdn. 4 vor § 23 und Rdn. 17 a zu § 23). 65

### 4. Zusammenfassung auffälliger Ergebnisse der Dunkelfeldforschung

*Heinz* (2006, 244) weist zutreffend darauf hin, daß (auch) „in Dunkelfeldforschungen nicht die ‚Kriminalitätswirklichkeit', sondern immer nur die Selbstbeurteilung und Selbstauskunft der Befragten gemessen sind". Außerdem hängt „die Aussagekraft davon ab, ob „die Stichprobe hinreichend groß ist (vgl. Rdn. 36 zu § 9), um noch genügend Opfer zu finden" (*Heinz aaO*).

*a) Probleme der Vergleichbarkeit*

**66** Vor diesem Hintergrund sind die Ergebnisse der verschiedenen Untersuchungen allerdings nur sehr bedingt miteinander vergleichbar, und zwar vor allem aus den folgenden Gründen (so auch *Obergfell-Fuchs/Kury* 2003, 46ff; *Heinz* in FS für Kury 2006, 251):

- *erstens: weil die* ***Auswahlverfahren*** *(z.B. Random-Auswahl aus der Einwohnermeldekartei oder „Random walk" mit Startadresse) nicht deckungsgleich sind; das gilt auch für das Alter der Befragten (ab 14 Jahre, ab 15 Jahre, ab 16 Jahre, ab 18 Jahre);*
- *zweitens: weil die* ***Befragungsformen*** *(face-to-face, postalische oder telefonische Befragung) nicht übereinstimmen;*
- *drittens: weil es sich z.T. um* ***Omnibus-Studien*** *(Mehrthemen-Umfragen = MTU) handelt, also solche, in denen auch Fragen zu völlig anderen Themenbereichen (Arbeitslosigkeit, Automodellen usw.) gestellt worden sind;*
- *viertens: weil die* ***Operationalisierung*** *(Definition) der abgefragten Delikte (etwa „Vandalismus" in Schulen) nicht übereinstimmt;*
- *fünftens: weil die* ***Interviewer*** *für den thematischen Schwierigkeitsgrad auf der einen Seite gut (z.B. Jura-Studierende), auf der anderen Seite weniger gut (wenn professionelle Meinungsumfrageinstitute abfragen) geschult worden sind;*
- *sechstens: weil die den Probanden zumutbare* ***Interviewdauer*** *(auch durch die Länge des Fragebogens beeinflußt) zu kurz ist;*
- *siebtens: weil der* ***Referenzzeitraum*** *(also der Zeitraum, auf den sich die Befragung bezieht) differiert;*
- *achtens: weil der geographische* ***Referenzraum*** *(Stadt/Land/Bund) ein anderer ist; und*
- *neuntens: weil die* ***Stichprobenausschöpfung*** *(dazu Rdn. 38 zu § 9) unterschiedlich ausfällt.*

*b) Trendresultate*

**66a** Faßt man die Ergebnisse der bisherigen Dunkelfeldforschung im In- und im Ausland (nicht nur die der referierten) gleichwohl zusammen, so ergibt sich im Trend etwa folgendes Bild:

- *erstens: es werden (grundsätzlich)* ***weniger Straftaten angezeigt als nicht angezeigt****, d.h. das Dunkelfeld ist (grundsätzlich) bei allen (bisher untersuchten) Deliktsarten größer als das Hellfeld: die PKS zeigt also nur die „Spitze des Eisbergs" aller tatsächlich verübten Straftaten;*
- *zweitens: es besteht* ***ein von zu Delikt zu Delikt*** *(mehr oder weniger)* ***variierendes Dunkelfeld****; besonders groß ist das Dunkelfeld z.B. beim Ladendiebstahl, bei der Kindesmißhandlung, bei der Beförderungserschleichung, bei Rauschgiftdelikten, bei der Wirtschaftskriminalität sowie bei Gewalt- und Sexualstraftaten im familiären Bereich (Kindesmißhandlung, Vergewaltigung in der Ehe usw.) und bei vandalistischen Straftaten;*

- *drittens:* ***im Dunkelfeld sind leichte Delikte weit überproportional*** *häufig vertreten, weil diese seltener angezeigt werden;*
- *viertens: besonders* ***große Dunkelfelder sind in den Bereichen der Kinder- und Jugenddelinquenz*** *festgestellt worden;*
- *fünftens: die Polizeiauffälligkeit stellt sich in erster Linie als eine Funktion der Delinquenzhäufigkeit (und -schwere) heraus:* ***mit zunehmender Delinquenzhäufigkeit wächst die Wahrscheinlichkeit, polizeilich gefaßt zu werden;***
- *sechstens: den Informationen der Polizeilichen Kriminalstatistik entsprechend scheinen Mädchen (Frauen) nicht nur im Hellfeld, sondern auch im Dunkelfeld weit weniger kriminalitätsbelastet zu sein als Jungen (Männer). Allerdings ist der* ***Geschlechterabstand im Dunkelfeld*** *(mit einem Verhältnis von 1 : 2)* ***geringer als der Hellfeldabstand*** *(mit 1 : 3). Dieser Abstand nimmt jedoch mit steigender Häufigkeit und Schwere der abgefragten Delikte wieder zu;*
- *siebtens: scheinen sich die „****geographischen Kriminalitätsschwerpunkte*** *im Dunkelfeld zumindest im großstädtischen Bereich mit denen des statistischen Hellfeldes weitgehend zu decken" (Dörmann 1988, 403; vgl. dazu auch unten Rdn. 70).*

Als bestimmende Motive der Nichtanzeige von Straftaten wird in der Bundesrepublik von den Opfern (noch immer) die „Geringfügigkeit des erlittenen Schadens" genannt: Die „Ineffektivität der Strafverfolgungsorgane" fällt hingegen (anders als in den USA) erst (mit Abstand) an zweiter Stelle ins Gewicht (zur **Motivanalyse** des **Anzeigeverhaltens** vgl. Rdn. 4ff zu § 20).

## III. Abhängigkeiten zwischen Hell- und Dunkelfeld

Die Ergebnisse der Dunkelfeldforschung sind nicht nur in wissen- **67**
schaftlicher Beziehung relevant; sie besitzen auch Bedeutung für die Praxis der Strafverfolgungsbehörden und letztlich für die Kriminalpolitik, und zwar primär im Rahmen der Frage: Wie sind die PKS-Zahlen zu interpretieren?

### 1. Das Dilemma der Hellfeld-Statistik

*a) Mögliche Abhängigkeiten*

Da in der PKS nur die registrierte Kriminalität (das Hellfeld) erfaßt **68**
werden kann (Rdn. 4ff), drängt sich die Frage auf, ob diese auch Anhaltspunkte für das Dunkelfeld liefert. Insoweit kommen folgende Möglichkeiten in Betracht:

- *Hell- und Dunkelfeld stehen in einem* ***konstanten*** *Verhältnis zueinander: dann kann man von steigenden PKS-Zahlen auf ein zugleich ansteigendes Dunkelfeld schließen;*
- *Hell- und Dunkelfeld verhalten sich* ***additiv*** *zueinander: dann muß man, wenn z. B. in der Stadt X die örtliche Kriminalstatistik unterdurch-*

*schnittlich wenig Straftaten aufweist, damit rechnen, daß das Dunkelfeld entsprechend größer sein könnte;*
- *Hell- und Dunkelfeld stehen in* ***überhaupt keinem bestimmten Verhältnis*** *zueinander: dann muß man bei der Interpretation der PKS-Zahlen besonders vorsichtig sein.*

*b) Gesetz der konstanten Verhältnisse?*

**69** Ein konstantes Verhältnis hat schon im 19. Jahrhundert der belgische Physiker *Quetelet* (1796–1874) angenommen (Rdn. 31 zu § 4), der in seiner Schrift „Physique sociale ...“ (Bd. 2, 1869, 251) aufgrund einer Statistik über Totschlagsdelikte in Frankreich u.a. zutreffend ausgeführt hat: „Dieses Verhältnis ist notwendig, und, ich wiederhole es, wenn es dieses nicht tatsächlich gäbe, wäre alles, was bis heute aufgrund der statistischen Unterlagen über Verbrechen ausgesagt wurde, falsch und absurd.“ Noch *Hellmer* (in: der kriminalist 1974, 103) vermutet, daß uns das „Dunkelfeld nicht interessiert, weil es überall gleich ist“. Auch Hellmer nimmt an, daß die Relation zwischen Hell- und Dunkelfeld etwa gleich groß (konstant) ist. Gemeint ist die Konstanz über die Zeit in einem bestimmten Raum. Dieser Standpunkt dürfte auch noch der heutigen Auffassung mancher Polizeibehörden und zahlreicher Kriminalpolitiker sowie Journalisten entsprechen (aber Rdn. 33). Man geht davon aus, „daß der erfaßte Ausschnitt innerhalb tolerierbarer Grenzen **repräsentativ** oder doch symptomatisch für Struktur und Bewegung der Kriminalität“ ist (*Heinz* in: Allgemeines Statistisches Archiv 1975, 97). So halfen sich Kriminologie, Kriminalistik und Kriminalpolitik über das Dilemma des Dunkelfeldes bislang (grundsätzlich) mit der Hypothese von der Konstanz des Verhältnisses zwischen registrierter und tatsächlicher Delinquenz hinweg, was impliziert, daß die PKS insoweit ein (noch) brauchbares **Thermometer** für das Steigen oder Sinken der Gesamtkriminalität darstellt.

**70** Empirische Hinweise zu dieser Frage liegen dazu z.B. aus den drei Bochumer Opferbefragungen vor (vgl. Rdn. 53a). Danach darf man die Hypothese von *Quetelet* und *Hellmer* dahingehend modifizieren,

- *daß sich die Vermutung der konstanten Verhältnisse (bezogen auf einen* ***bestimmten geographischen Raum****: z.B. auf die Stadt Bochum) erstens* ***nur bei schweren Straftaten*** *(etwa bei „schwerem“ Diebstahl und bei der vorsätzlichen Körperverletzung), zweitens* ***nur innerhalb von Streubreiten*** *(Zufallsbereichen) zu bestätigen scheint und drittens nur für* ***Zeiträume, die in politischer Hinsicht*** *(noch)* ***zusammengehören*** *(gleichbleibende Anzeigebereitschaft); zur Anzeigebereitschaft vgl. Rdn. 9 zu § 20 und Heinz 2003, 155 ff;*
- *daß sich die* ***Dunkelziffer-Relationen innerhalb eines Stadtgebietes*** *(etwa in den Stadtteilen Bochums) bei bestimmten Delikten (z.B. beim Diebstahl) voneinander derart* ***unterscheiden,*** *daß* ***neben hohen Hellfeldzahlen*** *grundsätzlich* ***auch hohe Dunkelfeldzahlen*** *stehen bzw. umgekehrt* ***neben niedrigen Hellfeldzahlen*** *grundsätzlich auch* ***niedrige Dunkelfeldzahlen*** *festgestellt werden können.*

*c) Auswirkungen auf die Interpretation der PKS-Fallzahlen*

Wenn sich Hell- und Dunkelfeld danach nicht konstant zueinander verhalten und auch nicht additiv, sind schon die jährlichen Zeitungsberichte über die Zahlen der *PKS* des jeweils vergangenen Jahres problematisch. Denn wenn in dieser Statistik (vgl. dazu die Übersicht 8) z.B. *für 2012* (gegenüber 2011) eine Abnahme von 1,0 % festgestellt wird (vgl. Rdn. 17), so kann diese Entwicklung z. B. folgende Ursachen haben: **71**

- *die Kriminalität hat 2012 tatsächlich etwas abgenommen oder (und)* **72**
- *2012 ist weniger angezeigt worden als 2011 oder (und)*
- *im Vergleich zum Vorjahr haben 2012 die Verfolgungsintensität (die Kontrolldichte) der Polizei oder die kriminalistischen Möglichkeiten abgenommen.*

Zur Bedeutung der **Verfolgungsintensität** noch folgendes **Beispiel**: **73**

*Wegen ständiger gewalttätiger Demonstrationen im Raum* ***Gorleben*** *wurde 1981 die Kriminalpolizei in Lüchow-Dannenberg erheblich verstärkt mit der Folge, daß die Zahl der registrierten Tatverdächtigen anstieg. Diese Tendenz setzte sich auch noch nach der Beendigung der Demonstrationen (aber Beibehaltung der Polizeistärke) weiter fort. Während dort 1980 nur 3,49 % der 14–21jährigen als Tatverdächtige registriert worden sind, lag die entsprechende Quote 1981 bei 5,69 % und 1982 bei 6,49 % (Steigerungsquote insgesamt: drei Prozentpunkte). Im übrigen LG-Bezirk (Lüneburg) stiegen die TV-Zahlen zwar auch, aber nur um lediglich einen Prozentpunkt (s.* ***Pfeiffer*** in: DVJJ: Bericht über den 20. Deutschen Jugendgerichtstag 1987, 2ff/34ff; dazu auch Rüther 2001, 294ff).

Daraus ergibt sich die (plausible, aber umstrittene) Erkenntnis: Je mehr Polizei eingesetzt wird, desto mehr Straftaten werden verfolgt bzw. bekannt: Die registrierten Kriminalitätszahlen steigen. Zum Teil könnte das Gorleben-Phänomen allerdings auch damit zu tun haben, daß im Rahmen der Proteste zugewanderte Straftäter im Raum Gorleben verblieben. Killias wies (auf der NKG-Tagung am 4. Oktober 2001 in Basel) in diesem Zusammenhang auf die Routine Activity Theory hin (vgl. Rdn. 18c zu § 8).

**Weitere Ursachen**, die in Betracht kommen: **74**

- *programmtechnische Probleme, die zumindest 1992 (in den neuen Bundesländern) zu Mindererfassungen bzw. Nacherfassungen geführt haben (vgl. oben Rdn. 17, Fußnote);*
- *neue Erfassungsgrundsätze der statistikführenden Stellen;*
- *Neu- und Entkriminalisierungen (vgl. Rdn. 6 zu § 1);*
- *Veränderungen der Rechtsprechung;*
- *Veränderungen der Bevölkerungszahl: etwa die Zunahme (oder Abnahme) von Zuwandererzahlen (vgl. dazu Rdn. 2ff zu § 24).*

Da (zumindest noch) unbekannt ist, mit welcher (oder welchen) dieser Ursachen der registrierte Kriminalitätsanstieg (bzw. die abnehmenden Kriminalitätszahlen) jeweils tatsächlich zu tun haben (zu den Rückkoppe- **75** lungsmechanismen vgl. Rdn. 86), ist bei der Interpretation der PKS äußerste Vorsicht geboten, etwa für den Journalisten oder für den Kriminalpolitiker, der im Rahmen der repressiven und präventiven Verbrechensbekämpfung Entscheidungen fällt. Ein „Rückschluß von der Entwicklung der ‚registrierten' Kriminalität auf die ‚Kriminalitätswirklichkeit' ist (jedenfalls) nur unter der – zunächst stillschweigend erfolgenden – Annahme möglich, sämtliche neben der Kriminalitätsentwicklung maßgebenden Einflußgrößen auf registrierte Kriminalität seien im Vergleichszeitraum konstant geblieben" (*Heinz/Spieß* 1999, 2).

*d) Statistikbegleitende Dunkelfeldforschung als Postulat*

**76** Um das Kriminalitätslagebild zu verbessern, kommt es primär darauf an, Informationen über Hell- **und** Dunkelfeld zur Verfügung zu stellen. Sonst besteht die Gefahr einer **„Kriminalpolitik im Blindflug"** (*Heinz* 2002a, 528). Deshalb ist – nach ausländischem Vorbild – eine ständige **statistik-begleitende Dunkelfeldforschung** auch in der Bundesrepublik Deutschland notwendig.

Solche kontinuierlichen (jährlichen oder halbjährlichen) Untersuchungen finden z.B. seit 1973 in den Vereinigten Staaten, seit 1982 in Großbritannien und seit 1997 in den Niederlanden statt (*Heinz* in FS für Kury 2006, 247; *RSW* 2009, 138) und seit 2006 in Schweden.

**77** (1) In den **niederländischen Crime Surveys** werden jährlich rund 11000 Haushalte (ein Promille der Bevölkerung) in den Monaten Januar und Februar befragt (vgl. die Veröffentlichungen des Central Bureau voor de Statistiek). Die Niederländer berechnen (wie in Bochum: vgl. oben Rdn. 54) übrigens **Konfidenzintervalle**, d.h. Streubereiche, die die Grenzen bestimmen, innerhalb derer der tatsächliche Wert von dem erhobenen bzw. hochgerechneten Mittelwert abweichen kann (vgl. Rdn. 36a zu § 9 und *Dörmann* 1988, 403).

**78** (2) Die (repräsentative) **Stichprobe des amerikanischen „National Crime Victimization Survey"** (NCVS) umfaßt rund 84000 Wohneinheiten (42000 Haushalte) mit (2003) rund 149000 Personen (1/2 Promille der US-Bevölkerung) und (zusätzlich) etwa 15000 Geschäfte bzw. Gewerbebetriebe, die jeweils drei Jahre lang in Sechs-Monatsabständen (nach einem besonderen **Rotationssystem**) interviewt werden, ob sie in den letzten sechs Monaten Opfer wurden (dazu *Skogan* 1990, 256ff und *Kreuzer* 1994, 14). Es handelt sich also grundsätzlich um eine **Panel-Befragung**: d.h. eine wiederholte Befragung derselben Personen im zeitlichen Abstand.

*Gefragt wird (in den USA) nach Viktimisierungen durch folgende Straftaten: Vergewaltigung, Raub, Körperverletzung, Einbruch und (Kfz-)Diebstahl. Weitere Fragen gelten den Tatmodalitäten: Anzeigeverhalten, Kriminalitätsfurcht, Sicherheitsvorkehrungen und Meinungen zur Kriminalpolitik (Kreuzer, aaO).*

(3) In verschiedenen anderen Ländern werden die Viktimisierungsraten unregelmäßig erhoben. So finden (seit 1982 mit Lücken) Replikationsstudien z.B. durch den **British Crime Survey (BCS)** in England und Wales statt (*Weiß* 1997, 20; *Obergfell-Fuchs/Kury* 2003, 32; *Schneider* Hb. 2007, 319). Seit 2001 werden jährlich 50000 Personen über 16 Jahre befragt (*Heinz* in Kury 2006, 247). Für **Deutschland** hat immer wieder *Dörmann* bundesweite **statistikbegleitende Dunkelfeldforschung** gefordert (*Dörmann* 1988, 403; vgl. aber auch *Heinz* 2005, 52 und *Heinz* in FS für Kury 2006, 256ff; vgl. auch *RSW* 2009, 19). 79

Insoweit dürfte sich eher als die flächendeckende Befragung der Bevölkerung des Bundesgebiets eine sich wiederholende **Inselbefragung** anbieten, z.B. nach dem Bochumer Beispiel (BO I bis BO III, vgl. Rdn. 53a): statistikbegleitende jährliche Replikationsstudien in (etwa zehn) ausgewählten Städten und Gemeinden der Bundesrepublik Deutschland (so auch *Dörmann* 1988, 405).

*Nach dem **„Ersten Periodischen Sicherheitsbericht"** (BMI/BMJ 2001, 49) wollte die (2005 abgelöste) rot/grüne Bundesregierung die bereits aufgenommenen Kontakte zu wissenschaftlichen und kommerziellen Forschungseinrichtungen mit dem Ziel intensivieren, baldmöglichst eine Konzeption für die regelmäßige Durchführung von Dunkelfelduntersuchungen zur Verfügung zu stellen". Getan hat sich wenig. Zu den Problemen vgl. Schwind in FS für Rolinski 2002, 471ff.*

*Zur Entwicklung einer solchen Konzeption wurde Anfang 2002 von BMI und BMJ eine Arbeitsgruppe aus Vertretern der Wissenschaft, zuständigen Behörden und kommerziellen Meinungsforschungsinstituten etabliert mit dem Auftrag die Grundlagen für eine periodisch (kontinuierlich) durchzuführende „Bevölkerungsumfrage zu Kriminalitätserfahrungen und Sicherheitsempfinden – **BUKS**" zu erarbeiten. Dieser Bericht ist am 28. Sept. 2002 vorgelegt worden (ausführlich Heinz in FS für Kury 2006, 257), wurde aber zunächst „aus Kostengründen immer noch nicht umgesetzt" (Heinz in ZJJ 1/2008, 62) bzw. „wird derzeit noch geprüft" (Heinz in FS für Tiedemann 2008, 1557).* 79a

*Inzwischen arbeitet das **BKA** (zusammen mit dem MPI/Freiburg/Br.) im Rahmen des **BaSiD** (Barometer Sicherheit in Deutschland) an einer periodischen bundesweiten Dunkelfeldstudie, die von Birkel am 3. Juni 2013 auf einem LKA (Niedersachsen)-Symposium (teilweise) vorgestellt wurde. Das gilt auch für eine entsprechende (postalische) Befragung, die alle zwei Jahre wiederholt werden soll, die bereits seit 2013 federführend die Kriminologische Forschungsstelle des* **LKA Niedersachsen** *(aber nur für dieses Bundesland) durchführt (Leiter: Hartmut Pfeiffer). Befragt wurden (erstmalig im April) 40 000 zufällig ausgewählte Bürgerinnen und Bürger über 16 Jahre.*

Wie **wichtig** statistikbegleitende Dunkelfeldforschung ist, zeigt z. B. das Resultat aus den USA, „daß mit dem langfristigen Zuwachs der registrierten Kriminalität seit den 1970er Jahren sinkende Opferraten im 79b

Dunkelfeld in entgegengesetzter Weise korrelieren" (zit. nach *Naplava/ Walter* 2006, 340), d.h. sich gegenläufig entwickeln. Ähnlich verläuft die Entwicklung in den Niederlanden (zit. nach *Naplava/Walter* aaO).

*e) Realistische Einschätzung der Aufklärungsquote*

**80** Legt man die Zahlen der *PKS* zugrunde, ist damit zu rechnen, daß in Deutschland 2012 nicht nur die registrierten rund **1,0 Millionen** schweren Diebstahlsdelikte verübt wurden, sondern bei einer Dunkelziffer-Relation von nur 1:2 (vgl. Rdn. 54) knapp **drei Millionen.** Die reale Aufklärungsquote (AQ) sinkt damit um zwei Drittel ab, d.h. die Aufklärungsquote, die beim Diebstahl unter erschwerenden Umständen 2012 rund 18,3 % betrug (*PKS* Internet 2013 für **2012**), dürfte, wenn man sie auf Hell- und Dunkelfeld gleichermaßen bezieht, nur noch bei rund 6 % liegen.

**81/82** Beim einfachen Diebstahl (Diebstahl ohne erschwerende Umstände) würde die Aufklärungsquote bei entsprechender Bezugsgröße auf unter 20 % absinken. Rechnet man die Aufklärungsquote beim Ladendiebstahl/Warenhausdiebstahl (deren Dunkelfeld auf mehr als 1:9 geschätzt wird; vgl. Rdn. 41) noch heraus, dann dürfte die realistische Aufklärungsquote des sonstigen einfachen Diebstahls weit unter die 5-Prozent-Marke absinken; denn beim Warenhausdiebstahl liegt die Aufklärungsquote bei fast 100 % (vgl. oben Rdn. 41), und zwar deshalb, weil Tat und Täter (vom Kaufhausdetektiv, Kaufhauspersonal oder Kundschaft) meist gleichzeitig entdeckt und angezeigt werden; damit gilt das Delikt schon als aufgeklärt und verschönert (eigentlich unverdientermaßen) die Statistik der Polizei.

**Einbrecher gehen nur geringes Risiko ein**

Studie: Lediglich drei Prozent der Täter verurteilt

aus: *WAZ* vom 18. Febr. 2013, 1

## 2. Ausfilterungsprozeß und Dilemma der Forschung

**83** Wie notwendig nicht nur eine ständige statistikbegleitende Dunkelfeldforschung, sondern auch die Institutionenforschung sein dürfte (vgl. Rdn. 11 zu § 8), zeigt der Ausfilterungsprozeß, der mit den Zahlen der Gesamtkriminalität (Hell- **und** Dunkelfeldzahlen) beginnt und mit der Zahl der Strafgefangenen endet **(„Trichtermodell")**. Untersucht man z.B. die entsprechenden Filterstufen am Beispiel des Diebstahls insgesamt (leichter und schwerer zusammen), ergibt sich für **die Bundesrepublik** das folgende Bild: Der größte Teil aller Diebstahlsdelikte wird überhaupt nicht entdeckt. Wenn man die entsprechende Dunkelfeldrelation (auf der Grundlage der Bochumer Dunkelfeld-Schätzungen) für die BR

Deutschland berechnet, wird man davon ausgehen können, daß jährlich (bei einer Dunkelziffer-Relation von 1 zu 3) insgesamt rund **zehn** Millionen Diebstahlsdelikte verübt werden, von denen rund **zweieinhalb** Millionen bekannt (bzw. in der PKS registriert) werden. Von diesen wiederum können rund **eine** Million aufgeklärt werden (dazu Rdn. 25 zu § 1). Diesen Delikten lassen sich rund **750 000** Tatverdächtige zuordnen, von denen rund **200 000** abgeurteilt (freigesprochen oder verurteilt) und rund **160 000** verurteilt werden. **40 000** werden mit einer Freiheitsstrafe oder Jugendstrafe bestraft (vgl. Übersicht 16).

Aber nur **rund 7 %** aller (wegen Diebstahls) Verurteilten müssen eine Freiheitsstrafe **verbüßen** (zu den Filterstufen auch *Kerner* 1973, 25 f; 1981, 266 ff; *Feltes* 1984, 50 ff; *Streng* 1991, 42 und *Heinz* 2002, 520 ff).

*Übersicht 16:* Filterstufen (des Ausleseprozesses) am Beispiel der **Diebstahlsdelikte** (§§ 242–244a, 247, 248a–c StGB): gerundet

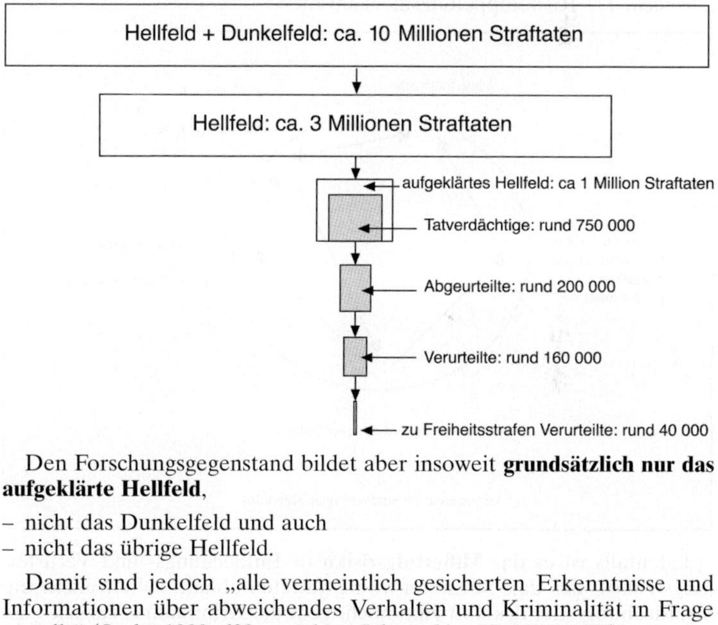


Den Forschungsgegenstand bildet aber insoweit **grundsätzlich nur das aufgeklärte Hellfeld**, 84

- nicht das Dunkelfeld und auch
- nicht das übrige Hellfeld.

Damit sind jedoch „alle vermeintlich gesicherten Erkenntnisse und Informationen über abweichendes Verhalten und Kriminalität in Frage gestellt" (*Leder* 1993, 692; so schon *Schwind* in: JR 1974, 12 ff).

**Das heißt, daß es sich bei den in der kriminologischen Forschung ermittelten Tätermerkmalen vorwiegend lediglich um die Kennzeichen (eines relativ geringen Teiles) der registrierten (jungen) Rechtsbrecher handelt.** 85

### 3. Die Rückkoppelungsmechanismen aus kriminalpolitischer Sicht

86 Die bisher zur Dunkelfeldforschung aufgeführten Phänomene stehen schließlich in einem aus kriminalpolitischer Sicht relevanten Abhängigkeitsverhältnis, das die polizeiliche Arbeit in Form von Rückkoppelungsmechanismen tangiert. Solche Effekte bestehen nämlich zwischen (vgl. Übersicht 17):

- Hellfeld,
- Dunkelfeld,
- Aufklärungsquote,
- Vertrauen der Bevölkerung in die Effektivität ihrer Strafverfolgungsbehörden (Anzeigebereitschaft) sowie
- der sogenannten „Erwartungssicherheit“ des Straftäters, unter der wir dessen Erwartung verstehen, nicht gefaßt und verurteilt zu werden (Mißerfolgsrisiko).

87 *Übersicht 17:* Rückkoppelungsmechanismen

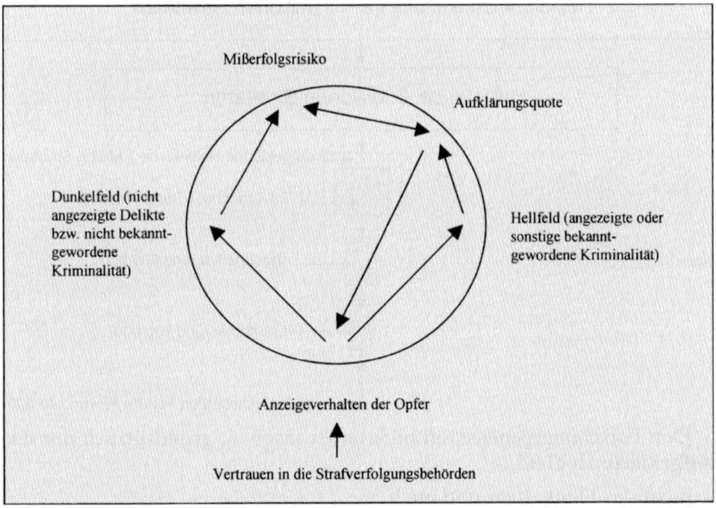


88 Jedenfalls ist es das **Mißerfolgsrisiko** (= Entdeckungs- und Verurteilungsrisiko), das den Straftäter von Straftaten abhält, selten allein die Strafdrohung. „Ist das Tatrisiko hoch, geht die Kriminalität zurück – **ist das Tatrisiko gering, steigt die Kriminalität an**“ (*Bauer* in: BKA: Polizei und Prävention 1975). Dieser Effekt ist zu erwarten, wenn der Straftäter merkt, daß er gar nicht mehr angezeigt wird, das Dunkelfeld zunimmt usw.

# § 3 Kriminalität nach Alter und Geschlecht

**Literatur: Adler,** F.: Sisters in crime: The Rise of the New Female Criminal, New York 1975; **Albrecht,** H.-J./**Dünkel,** F.: Die vergessene Minderheit – alte Menschen als Straftäter, in: Zeitschrift für Gerontologie 1981, S. 259–273; **Baier,** D.: Entwicklung der Jugenddelinquenz und ausgewählter Bedingungsfaktoren ... Hannover (KFN) 2008; **Bindel-Kögel**, G./**Karliczek**, K.-M (Hrsg.): Jungliche Mehrfach- und „Intensivtäter", Entwicklungen, Strategien, Konzepte, Berlin 2009; **Brökling,** E.: Frauenkriminalität, Stuttgart 1980; **Boers**, K.: Kontinuität und Abbruch persistenter Delinquenzverläufe, in: *Bindel-Kögel, G./Karliczek, K.-M.* (Hrsg.): Jugendliche Mehrfach und „Intensivtäter", Berlin 2009 S. 41–86; **Bruhns,** K./**Wittmann,** S.: Aussagen und Ergebnisse über gewaltbereite Mädchen in Forschung, Praxis und amtlicher Statistik, in: ZJJ 2/2003, S. 133–140; **Bruhns,** K./**Wittmann,** S.: Mädchenkriminalität – Mädchengewalt, in: Raithel, J./Mansel, J. (Hrsg.): Kriminalität und Gewalt im Jugendalter, Weinheim 2003, S. 41–63; **Brunner,** R.: Ist das deutsche Jugendstrafrecht noch zeitgemäß?, in: Kriminalistik 2002, S. 418–427; **Burgstaller,** M.: Über die Bedeutung der neuen Diversionsregelungen für das österreichische Strafrecht, in: *Miklau,* R./*Schroll,* H. V. (Hrsg.): Diversion – Ein anderer Umgang mit Straftaten, Wien 1999, S. 11–17; **Cremer,** C. G.: Untersuchungen zur Kriminalität der Frau, Kriminalwissenschaftliche Abhandlungen, Bd. 7, Lübeck 1974; **Dankwarth,** G.: Alterskriminalität, in: Kriminalistik 1996, S. 111–112; **Deutsches Jugendinstitut**: Das Jugendgerichtshilfebarometer. Empirische Befunde zur Jugendhilfe im Strafverfahren in Deutschland, München 2011; **Dünkel,** F./**Geng,** B./**Kirstein,** W.: Neue ambulante Maßnahmen nach dem JGG – eine bundesweite Bestandsaufnahme, in: DVJJ-Journal 2/1999, S. 170–184; **Einsele,** H.: Weibliche Kriminalität und Frauenstrafvollzug, in: *Sieverts,* R./*Schneider,* H. J. (Hrsg.): Handwörterbuch der Kriminologie, Bd. 3, 2. Aufl., Berlin 1975, S. 608–656; **Elsner,** E./**Steffen,** W./**Stern,** G.: Kinder und Jugendkriminalität in München, München 1998; **Elz,** J.: Täterinnen – Befunde, Analysen, Perspektiven (Hrsg.), Wiesbaden 2009 (KUP Bd. 58); **Entdorf,** H.: Wirkung und Effizienz von Strafrecht: „Was geht?" – bei jungen Gewalttätern?, Mannheim 2008; **Facella,** G.: Female Delinquency in a Birth Cohort, Ann/Arbor (Mich.) 1984, S. 274ff; **Feest,** J.: Alterskriminalität, in: KKW 1985, S. 14–18; **Fopp,** E.: Die Straftaten des alten Menschen, Bern 1969; **Frommel,** M.: Feministische Kriminologie, in: K. H. Liebl (Hrsg.): Kriminologie im 21. Jahrhundert, Wiesbaden 2007, S. 108–123; **Funken,** Ch.: Frau – Frauen – Kriminelle. Zur aktuellen Diskussion über Frauenkriminalität, Opladen 1989; **Geißler,** R./**Marißen** N.: Junge Männer und Frauen vor Gericht. Geschlechtsspezifische Kriminalität und Kriminalisierung, in: KZfSS 1988, S. 504–526; **Gipser,** D.: Frauen und Kriminalität, in: *Gipser,* D./*Stein-Hilbers,* M. (Hrsg.): Wenn Frauen aus der Rolle fallen, Weinheim 1980, S. 169–182 (2. Aufl. 1987); **Greve,** W./**Hosser,** D./**Wetzels,** P.: Bedrohung durch Kriminalität im Alter, Baden-Baden 1996; **Heinke**, Totttreter, 2010; **Heinz,** W.: Bekämpfung der Jugendkriminalität durch Verschärfung des Jugendstrafrechts!?, in: ZJJ 1/2008, 50–68; **Heinz,** W.: Frauenkriminalität, in: BewHi 2002, S. 131–152; **Heinz,** W.: Kinder- und Jugendkriminalität – ist der Gesetzgeber gefordert? in: ZStW 3/2002a, S. 519–583; **Heinz,** W.: Reformbedarf des Jugendstrafrechts? in: MschrKrim 1998, S. 399–425; **Heinz,** W.: Zahlt sich Milde aus? Diversion und ihre Bedeutung für die Sanktionspraxis (Teil 1), in ZJJ 2/2005, S. 166–179 und Teil 2 in ZJJ 3/2005, S. 302–312; **Heinz,** W.: Jugendkriminalität, Jugendgewalt und jugendstrafrechtliche Sanktionierungspraxis, in: RdJB 4/2008, S. 352–375; **Heisig,** K.: Das Ende der Geduld, 2010; **Hengesch,** G.: Weibliche/männliche Kriminalität, in: MschrKrim 1990, S. 331–335; **IMK: Bund-Länder-AG:** Bericht zur IMK-Herbstsitzung 2008: Punkt 6: Handlungsempfehlungen zu Mehrfach- und Intensivtätern, 2008; **Jehle**, J.-M.: Strafrechtspflege in Deutschland, 4. Auflage, Berlin 2005; **Karger,** Th./**Sutterer,** P.: Legalbiographische Implikationen verschiedener Sanktionsstrategien bei Jugendlichen am Beispiel des einfachen Diebstahls, in: Kaiser, G./Kury, H. (Hrsg.): Kriminologische Forschung in den 90er Jahren, Freiburg 1993, S. 127–156; **Kerner,** H.-J.: Vom Ende des Rückfalles, in: FS für *Kaiser,* Berlin 1998, S. 141–176; **Kerschke-Risch,** P.: Gelegenheit macht Diebe – doch Frauen klauen auch, Opladen 1993; **Keupp,** L.: Zur Problematik der weiblichen Delinquenz, in: MschrKrim 1982, S. 219–229; **Kilchling,** M.: Grundlinien des Jugendstrafrechts in Europa, in: DVJJ-Journal 4/2002, S. 371–377; **Kirchhoff,** G. F.: Selbstberichtete Delinquenz, Göttingen 1975; **Koch-Arzberger**, C./**Bott**, K./**Kerner,** H.-J./ **Reich,** K., **Vester**, Th.: Mehrfach- und Intensivtäter in Hessen, Wiesbaden 2010; **Kolbe,** C.: Kindliche und jugendliche Intensivtäter, Diss. jur., Heidelberg 1989; **Köhler**, T.: Straffällige Frauen. Eine Untersuchung der Strafzumessung und Rückfälligkeit, Göttingen 2012; **Körner,** H.: Sexualkriminalität im Alter, Stuttgart 1977; **Kreuzer,** A.: Schülerbefragungen zur Delinquenz, in: RdJ 1975, S. 229–244; **Kreuzer,** A., Junge Volljährige in Kriminalraten – aus juristisch-kriminologisch-kriminalpolitischer Sicht, in: MschrKrim 1978, S. 1–21; **Kreuzer,** A./**Hürlimann,** M. (Hrsg.): Alte Menschen als Täter und Opfer, Freiburg/Br. 1992; **Lamott,** F.: Konstruktionen von Weiblichkeit und die „male stream" Kriminologie, in: Neue Kriminalpolitik 1995, S. 29–32; **Landeskriminalamt Baden-Württemberg:** Mehrfach und Intensivtäter „Gewalt" in Baden-Württemberg, Stuttgart 2009; **Lange,** R.: Probleme des Altersstrafrechts, in: Sexualität in Wort und Bild, Beiträge zur Sexualforschung, Heft 41, Stuttgart 1967, S. 95–109; **Laubenthal,** K.: Alterskriminalität und Altenstrafvollzug, in: FS für *Seebode*, Berlin 2008, S. 499–511; **Laubenthal,** K.: Phänomenologie der Alterskriminalität, in: Geriatrie Praxis 1/90, S. 36–39; **Leder,** H. C.: Frauen und Mädchenkriminalität, 3. Aufl., Heidelberg 1997; **LKA NRW**: Mädchenkriminalität und Mädchengewalt in NRW, Düsseldorf 2011; **Löschnig-Gspandl,** M.: Die Wiedergutmachung im österreichischen Strafrecht, Wien 1996; **Maschke,** W.: Kinder- und Jugenddelinquenz, in: Der Bürger im Staat H.l./2003, S. 19–24; **Mischau,** A.: Frauenforschung und feministische Ansätze in der Kriminologie, Pfaffenweiler 1997; **Müller,** S./**Peter,** H. (Hrsg.): Kinderkriminalität – Empirische Befunde, öffentliche Wahrnehmung, Lösungsvorschläge, Opladen 1998; **Neubacher,** F.: Das deutsche Jugendstrafrecht – ein Vorbild für Europa?, in: Archiv 1/2007, S. 14–24; **Nisse,** R./**Lange,** U.: Jugendliche Banden werden immer gewalttätiger, in: Magazin für die Polizei 787/2000, S. 4–9; **Oberlies,** D.: Geschlechtsspezifische Kriminalität und Kriminalisierung, in KZfSS 1990, S. 129–143; **Pankofer,** S.: Wundermittel geschlossene Unterbringung?, in: DVJJ-Journal 1998, S. 125–129; **Pfeiffer,** C./**Delzer,** I.: Wird die Jugend immer brutaler?, in: FS für *Böhm*, A., Berlin 1999, S. 701–720; **Pfeiffer,** C./**Wetzels,** P.: Kinder als Täter und Opfer, in: DVJJ-Journal 4/1997, S. 346–366; **Pollak**, O.: The criminality of Woman, New York 1961; **Rössner,** D./**Cerny,** H./**Fünfsinn,**/H./**Jung-Silberreis,** H./**Rahn,** H./**Ristau,** U.: Prävention von Jugendkriminalität, in forum kriminalprävention 4/2008 und 1/2009, 19ff; **Sailer,** St.: Diversion, in: Anwaltsblatt 9/2001, S. 445–456; **Scheffler,** U.: Ist das deutsche Jugendstrafrecht noch zeitgemäß?, in: Neue Justiz 9/02, S. 449–452; **Schmerl,** Ch.: Wann werden Weiber zu Hyänen? Weibliche Aggressionen aus psychologisch-feministischer Sicht, in: *Dausien,* B. *et al.* (Hrsg.): Erkenntnisprojekt Geschlecht, Opladen 1999, S. 197–215; **Schmölzer,** G.: Aktuelle Diskussionen zum Thema „Frauenkriminalität", in: MschrKrim 1995, S. 219–235; **Schmölzer,** G.: Aktuelle Erklärungsversuche zur Frauenkriminalität und ihr Hintergrund, in: *Rössner,* D./*Jehle,* J.-M.: Kriminalität, Prävention und Kontrolle, Heidelberg 1999, S. 313–325; **Schneider,** H. J.: Alterskriminalität, in: *Schneider,* H. J. (Hrsg.): Die Psychologie des 20. Jahrhunderts, 14. Bd., Auswirkungen auf die Kriminologie, Zürich 1983, S. 528–536; **Schneider,** U.: Gemeinnützige Arbeit als Zwischensanktion, in: MschrKrim 2001, S. 274–287; **Schöch,** H.: Neue Punitivität in der Jugendkriminalpolitik?, in: BMJ (Hrsg.): Das Jugendkriminalrecht vor neuen Herausforderungen? Mönchengladbach 2009, S. 13–27; **Schüler-Springorum,** H.: Mehrfach auffällig, Untersuchungen zur Jugendkriminalität, München 1982; **Spiess,** G.: Jugendkriminalität in Deutschland – zwischen Fakten und Dramatisierung, KIK 2012; **Spiess**, G.: Sanktionspraxis und Rückfallstatistik, in: Bewährungshilfe 1/2012, S. 17–39; **Spiess**, G.: Was soll (und was darf) Diversion?, in: DVJJ (Hrsg.): Achtung (für) Jugend! Praxis und Perspektiven des Jugendkriminalrechts, Godesberg 2012, S. 441–476; **Schumann,** K. F. et al.: Jugendkriminalität und die Grenzen der Generalprävention, 1985; **Schwind**, H.-D./Schwind, J.-V.: (Gewalt-)Intensivtäter-Karrieren: Ursachen und polizeiliche Gegenstrategien, in: FS für Hans-Jürgen *Kerner* 2013; **Schwind**, J.-V. : Intensivtäter und Intensivtäterprogramme der Polizei, in: Kriminalistik 2013, S. 243–246; **Schwind,** H.-D.: Jugendliche Gewalttäter – Entwarnung oder Warnsignale, in FS für V. *Krey* 2010, S. 465–484; **Smaus,** G.: Das Strafrecht und die Frauenkriminalität, in: KrimJ 1990, S. 266–283; **Smaus,** G.: Physische Gewalt und die Macht des Patriarchats, in: KrimJ 1994, S. 82–104; **Sonnen,** B.-R.: Geschlossene Unterbringung von Kindern und Jugendlichen im Rahmen pädagogischer Intervention – Versuch einer Bestandsaufnahme, in: DVJJ-Journal 2/1994, S. 281–287; **Steffen**, W.: „Intensiv"- and Mehrfachtäter, in: BMJ: Das Jugendkriminalrecht vor neuen Herausforderungen, Bad Godesberg 2009, S. 83–100; **Steffen,** W.: Mehrfach- und Intensivtäter aus der Sicht der Polizei, KUP Bd. 47 (2005), S. 27–36; **Stein-Hilbers,** M.: Zur Frage der geschlechtsspezifisch unterschiedlichen Strafverfolgung, in: KrimJ 1978, S. 281–291; **Steinhilper,** M.: Frauenstrafvollzug, in: *Schwind, H.-D./Böhm, A.* **Jehle,** J./**Laubenthal,** K.: (Hrsg.): Kommentar zum Strafvollzugsgesetz, 6. Aufl., Berlin 2013, Rdn. 1 vor § 76; **Theurer**, A.: Emanzipation – Der Schlüssel zur Erklärung der Frauenkriminalität, Diss. jur. Regensburg 1996; **Traulsen,** M.: Delinquenz und soziale Benachteiligung der Ausländerinnen, in: MschrKrim 1990, S. 256–265; **Traulsen,** M.: Zur Delinquenz der 12- und 13jährigen, in: DVJJ-Journal 1/1997, S. 47–50; **Traulsen,** M.: Häufig auffällige Jugendliche, in: DVJJ-Journal 3/1999, S. 311–316; **Trenczek,** Th.: Was tut die Jugendhilfe im Strafverfahren?, in: DVJJ-Journal 4/1999, S. 375–388; **Trube-Becker,** E.: Frauen als Mörder, München 1974; **Uhl,** K.: Das „verbrecherische Weib". Geschlecht, Verbrechen und Strafen im kriminologischen Diskurs 1800–1945, Münster 2003; **Villmow,** B.: Diversion auch bei wiederholten oder schwereren Delikten, in: DVJJ-Journal (Hrsg.): Kinder und Jugendliche als Opfer und Täter, Bad Godesberg 1999, S. 427–456; **Walter,** M.: Das Jugendkriminalrecht in der öffentlichen Diskussion, in: GA 8/2002, S. 431–454; **Walter**, M.: „Mehrfach- und Intensivtäter" in der öffentlichen Diskussion, in: KrimPäd 43/2004, S. 25–43; **Walter,** M.: Probleme einer kriminalpolitischen Gewalttäter-Typisierung: das Beispiel jugendlicher Intensivtäter, in: *Lamnek,* S./*Boatca,* M. (Hrsg.): Geschlecht – Gewalt – Gesellschaft, Opladen 2003, S. 318–330; **Weber,** J.: Spät- und Alterskriminalität in der psychologisch-psychiatrischen Begutachtung, in: Forensia 1987, S. 57–72.

## Gliederung



1 Wie sich die Kriminalität auf das Alter der Tatverdächtigen in der PKS verteilt, zeigen die Übersichten 18 und 19. In der Tendenz ziemlich ähnlich sehen auch die Zahlen der Strafverfolgungsstatistik (Verurteiltenstatistik) aus (zur Prävalenzrate vgl. Rdn. 5 zu § 2).

2 Beide Statistiken lassen erkennen

- *erstens, daß die Kriminalität im Kindes- und Jugendalter allmählich ansteigt, zwischen dem 19. und 20. Lebensjahr Höhepunkte erreicht und dann wieder abebbt: sog. age-crime-Kurve);*
- *zweitens, daß Frauen erheblich weniger Straftaten verüben als Männer;*
- *drittens, daß die Kriminalitätsdichtepunkte bei den Frauen deliktsspezifisch etwas anders verteilt sind als bei den Männern.*

Soweit Übersicht 18 altersspezifische Präferenzen aufzeigt, muß allerdings bei der Interpretation berücksichtigt werden, daß alle Tatverdächtigen-Zahlen von der Aufklärungsquote (die sich nur auf das Hellfeld bezieht: Rdn. 25 zu § 1 und Rdn. 15 in § 2) abhängig sind, also nicht nur vom Anzeigeverhalten (dazu Rdn. 4ff zu § 20), das das Dunkelfeld (Rdn. 33ff zu § 2) primär mitbestimmt. **Wird eine Straftat gar nicht bekannt (Dunkelfeld) oder wird sie zwar bekannt, kann aber nicht aufgeklärt werden** (zur AQ vgl. Rdn. 25 zu § 1), **bleibt unklar, ob das Delikt ein Mann oder eine Frau, ein Jugendlicher, Heranwachsender oder ein alter Mensch verübt hat** (vgl. dazu Rdn. 84 zu § 2).

*Übersicht 18:*
Alters- und Geschlechtsstruktur der Tatverdächtigen insgesamt (2011), Bereich: Bundesgebiet insgesamt

| Altersgruppe | Tatverdächtige | | | | | | |
|---|---|---|---|---|---|---|---|
| | insgesamt | Veränderung z. Vorjahr in % | Verteilung in % | männlich Anzahl | männlich in % | weiblich Anzahl | weiblich in |
| **Kinder** | **85 600** | **-6,9** | **4,1** | **60 645** | **70,8** | **24 955** | **29,2** |
| bis unter 6 | 1 230 | 19,5 | 0,1 | 803 | 65,3 | 427 | 34,7 |
| 6 bis unter 8 | 3 311 | 0,9 | 0,2 | 2 607 | 78,7 | 704 | 21,3 |
| 8 bis unter 10 | 8 842 | -5,7 | 0,4 | 7 070 | 80,0 | 1 772 | 20,0 |
| 10 bis unter 12 | 20 757 | -5,8 | 1,0 | 15 850 | 76,4 | 4 907 | 23,6 |
| 12 bis unter 14 | 51 460 | -8,5 | 2,4 | 34 315 | 66,7 | 17 145 | 33,3 |
| **Jugendliche** | **214 736** | **-7,3** | **10,2** | **149 092** | **69,4** | **65 644** | **30,6** |
| 14 bis unter 16 | 99 524 | -5,6 | 4,7 | 64 598 | 64,9 | 34 926 | 35,1 |
| 16 bis unter 18 | 115 212 | -8,6 | 5,5 | 84 494 | 73,3 | 30 718 | 26,7 |
| **Heranwachsende** (18 bis unter 21) | **204 491** | **-5,7** | **9,7** | **157 579** | **77,3** | **30 718** | **26,7** |
| **Erwachsene** | **1 608 016** | **0,3** | **76,1** | **1 207 483** | **77,1** | **46912** | **22,9** |
| 21 bis unter 23 | 135 691 | -1,8 | 6,4 | 104 836 | 77,3 | 30 855 | 22,7 |
| 23 bis unter 25 | 123 368 | 1,2 | 5,8 | 94 901 | 76,9 | 28 467 | 23,1 |
| 25 bis unter 30 | 258 008 | -0,6 | 12,2 | 198 852 | 77,1 | 59 156 | 22,9 |
| 30 bis unter 40 | 385 006 | -0,3 | 18,2 | 292 871 | 76,1 | 92 135 | 23,9 |
| 40 bis unter 50 | 348 380 | -1,3 | 16,5 | 259 476 | 74,5 | 88 904 | 25,5 |
| 50 bis unter 60 | 204 994 | 1,1 | 9,7 | 149 113 | 72,7 | 55 881 | 27,3 |
| 60 und älter | 152 569 | 1,1 | 7,2 | 107 434 | 70,4 | 45 135 | 29,6 |
| **Tatverdächtige insges.** | **2 112 843** | **-1,9** | **100,0** | **1 574 799** | **74,5** | **538 044** | **25,5** |
| Tatverdächtige **ohne** strafunmündige Kinder | 2 027 243 | -1,6 | 95,9 | 1 514 154 | 74,7 | 538 044 | 25,5 |

Berechnung der Veränderung zum Vorjahr auf Basis von Tatverdächtigen nach „alter" Zählung.
aus: *PKS* 2012, 87 (für **2011**)

*Übersicht 19:*
Tatverdächtigenanteile der Altersgruppen (2012) bei Straftaten insgesamt

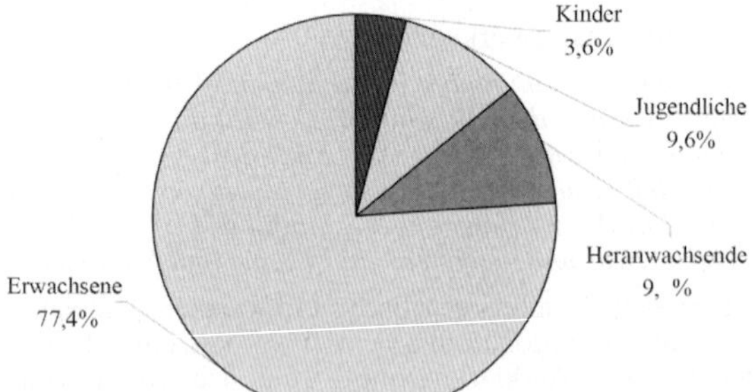


aus: *PKS* Internet 2013 (für **2012**)

## I. Strafrechtliche Rechtsfolgen der Straftat: nach Altersstufen

Entsprechend den Altersstufen des geltenden Rechts (vgl. Legaldefinition in § 1 JGG) wird auch in der Kriminologie zwischen Kinderkriminalität (sozial abweichendem Verhalten von Kindern), Jugendkriminalität und Erwachsenenkriminalität unterschieden (vgl. Übersicht 19a). Zweckmäßig erscheint diese Einteilung allerdings lediglich deshalb, weil die Rechtsfolgen grundsätzlich jeweils andere sind. Unzweckmäßig erscheint die Einteilung hingegen deshalb, weil die juristisch gezogenen Altersgrenzen „keine entwicklungspsychologischen oder soziologischen Entsprechungen finden. Vielmehr ... verlaufen die Grenzen fließend, bei jedem einzelnen anders“ (*Kreuzer* 1983, 49). 3

*Übersicht 19a:* Strafrechtlich relevante Altersklassen 4

| Kinder unter 14 Jahre | Jugendliche: 14—17 Jahre | Heranwachsende: 18—20 Jahre | Erwachsene: ab 21 Jahre |
|---|---|---|---|
| strafrechtlich **nicht verantwortlich** (§ 19 StGB) | strafrechtlich **bedingt verantwortlich** (§§ 1, 3 JGG) | strafrechtlich **grundsätzlich voll verantwortlich** (Ausnahme: §§ 20, 21 StGB) ↓ nach § 105 JGG: Jugendstrafrecht möglich | strafrechtlich **grundsätzlich voll verantwortlich** (Ausnahme: §§ 20, 21 StGB) ↓ kein besonderes Altersstrafrecht |

### 1. Strafunmündigkeit der Kinder

Nach der Strafmündigkeitsregelung des Strafgesetzbuchs (§ 19 StGB) „ist schuldunfähig, wer bei Begehung der Tat noch nicht 14 Jahre alt ist“: Kinder unter 14 Jahren können daher für ihr Verhalten strafrechtlich nicht zur Verantwortung gezogen werden (anders z.B. in Frankreich = 10 Jahre und in England: vgl. unten Zeitungsausriß); die Strafunmündigkeit von Kindern stellt einen Schuldausschließungsgrund dar. Daß in der *PKS* dennoch eine Rubrik „Kinderkriminalität“ geführt wird, hat u.a. damit zu tun, daß die Polizei nach dem **Legalitätsprinzip** (dazu Rdn. 33 zu § 18) verpflichtet ist, jedem Straftatverdacht (z.B. aufgrund einer Anzeige) nachzugehen (§§ 152, 163, 170 StPO), also auch solchem Straftatverdacht, der sich gegen Kinder richtet. Erst die Staatsanwaltschaft stellt in diesen Fällen das Verfahren wegen Strafunmündigkeit ein. 5

**Großbritanniens jüngste Angeklagte**

Gericht verurteilt zehn und elf Jahre alte Brüder wegen brutaler Tat

**London** – Wegen eines brutalen Überfalls auf zwei Kinder sind zwei zum Tatzeitpunkt zehn und elf Jahre alte Brüder in Großbritannien am Freitag zu mindestens fünf Jahren Gewahrsam verurteilt worden.

aus: *Süddeutsche Zeitung* vom 23./24. Jan. 2010, 12

### 2. Sonderstrafrecht für junge Rechtsbrecher

6 Während also die unter 14jährigen Rechtsbrecher nicht bestraft werden (anders z.B. in England: vgl. Zeitungsausriß), gilt für die 14–(bis unter)18jährigen **(Jugendliche)** und (unter bestimmten Voraussetzungen) für die 18–(bis unter)21jährigen **(Heranwachsende)** ein Sonderstrafrecht für junge Täter: das Jugendstrafrecht. § 1 Abs. 2 JGG lautet: „Jugendlicher ist, wer zur Zeit der Tat **14, aber noch nicht 18,** Heranwachsender, wer zur Zeit der Tat **18, aber noch nicht 21 Jahre** alt ist." Jugendliche werden für ihren Rechtsbruch nur dann bestraft, wenn sie der Jugendrichter für reif genug hält, das Unrecht der Straftat einzusehen und nach dieser Einsicht zu handeln (§ 3 JGG).

Heranwachsende sind hingegen generell (wie die Erwachsenen: vgl. unten Rdn. 7) strafrechtlich verantwortlich. Die Tat des Heranwachsenden ist nach dem allgemeinen (dem für die Erwachsenen geltenden) Strafrecht zu ahnden. Jugendstrafrecht kommt jedoch dann auch bei Heranwachsenden zur Anwendung, wenn „die Gesamtwürdigung der Persönlichkeit des Täters bei Berücksichtigung auch der Umweltbedingungen ergibt, daß er zur Zeit der Tat nach seiner sittlichen und geistigen Entwicklung noch einem Jugendlichen gleichstand oder es sich nach der Art, den Umständen oder den Beweggründen der Tat um eine Jugendverfehlung handelt" (§ 105 Abs. 1 JGG).

### 3. Volle Verantwortlichkeit erwachsener Straftäter

7 Nach der Prämisse des geltenden Rechts ist jeder erwachsene Mensch psychisch normal und damit auch schuldfähig, d.h. der Erwachsene – also auch der sog. Jungerwachsene (21–25 Jahre) – ist grundsätzlich (Ausnahme: §§ 20, 21 StGB) strafrechtlich voll verantwortlich. Die Rechtsfolgen für seine Tat ergeben sich aus dem allgemeinen Strafrecht, also aus dem Strafgesetzbuch sowie den strafrechtlichen Nebengesetzen.

8 Diskutiert wird hin und wieder (vgl. z.B. *Lange* 1967, 95 ff; *Schneider,* Lb. 1987, 713; *Kreuzer/Hürlimann* 1992) die Frage, ob ein besonderes **Altersstrafrecht** erforderlich ist (dafür z.B. *Fopp* 1969, 87 ff; dagegen z.B.: *Albrecht/Dünkel* 1981, 271); ein solches Strafrecht für ältere Menschen, das altersbedingte Abbauvorgänge berücksichtigen könnte (so wie das Jugendstrafrecht Aufbauvorgänge berücksichtigen soll), gibt es (bisher) allerdings noch nicht; es dürfte auch als diskriminierend aufgefaßt werden. Insofern kann lediglich über die Regeln des StGB die Schuldfähigkeit (§§ 20, 21) eines alten Menschen in Frage gestellt werden.

## II. Altersspezifische Kriminalität (deutscher) Kinder

### 1. „Kinderkriminalität" (sozial abweichendes Verhalten von Kindern)

9 Medienmeldungen über die Entwicklung von „Kinderkriminalität", die sich naturgemäß nur auf die PKS-Zahlen beziehen, sind wenig aussagekräftig, weil das Dunkelfeld extrem groß ist. Das wiederum hat primär damit zu tun, daß man Kindern noch vieles durchgehen läßt, was man bei

älteren Tätern eher anzeigen würde. Zu den Phänomenen und Ursachen der Kinderkriminalität und ihrer Entwicklung vgl. z.B. die Aufsätze bei *Müller/Peter* 1998.

*a) Bekannt gewordene „Kinderkriminalität" (Hellfeld)*

Bemerkenswert ist zunächst, daß die in der PKS registrierte Kinderkri- **10**
minalität" (d. h. die Kriminalität der bis unter 14-jährigen) bei grundsätzlich abnehmender Geburtenrate seit 1992 im Langzeitvergleich wieder ansteigt (1992: 80 480; 2008: 101 389; 2009: 96 627; **2011: 85 600**). Nimmt also (**erstens**) die Zahl der Kinder an (geburtenschwache Jahrgänge) oder (**zweitens**) die Anzeigebereitschaft der Bevölkerung zu, also die Toleranzschwelle ab? Das wissen wir mangels entsprechender Forschung noch immer zu wenig (vgl. *Pfeiffer/Wetzels* 1997, 351). *Kreher/Schmiedl* (2000, 59) bejahen die Frage. Auch *Elsner/Steffen/Stern* hatten (1998, 180) in München beobachten können, daß jugendliche Opfer von Gewaltkriminalität öfter als früher diese Taten anzeigen (dazu Rdn. 28 zu § 2). Werden (**drittens**) Strafanzeigen, die sich gegen Strafunmündige richten (wie *Pfeiffer/Wetzels* aaO, 346 vermuten) von der Polizei „mit geringerer Intensität bearbeitet" oder ist vielmehr inzwischen eher das Gegenteil eingetreten? Oder hat sich das sozial abweichende Verhalten von Kindern (**viertens**) tatsächlich verändert?

Den Großteil der Kinderkriminalität machen heute aus: Diebstahlsde- **10a**
likte, Sachbeschädigung und Brandstiftung (zur „Kinderdelinquenz im Wandel" vgl. *Weber/Meier-Stier* in: *Wollenweber* 1980, 9ff, *Traulsen* 1997, 47ff). Insoweit fällt ferner auf, daß ausländische Kinder, also Strafunmündige, die z.B. aus Großfamilien aus dem ehemaligen Jugoslawien stammen, als Taschendiebe losgeschickt werden (**„Klaukinder"**): vgl. Zeitungsausriß.

Vor dem Hintergrund der Medienberichte interessiert nicht zuletzt die Frage, ob die unter 14jährigen **überhaupt überproportional** an der Kriminalität beteiligt sind. Das jedoch ist gar nicht der Fall. Der Anteil der tatverdächtigen Kinder an der Gesamtheit aller 2 112 843 TV machte **(2011)** lediglich **4,1 %** aus (*PKS* 2012, 87 für **2011**) (vgl. oben Übersichten 19): bei einem Bevölkerungsanteil von **13,1 %** (*Statist. Jahrbuch* 2012, Angaben für 2010). Generell ist bei der Interpretation der PKS-Kinder-Statistik also besondere Vorsicht geboten.

**„Bosse" schicken Kinder als Taschendiebe auf Tour**

**100 000 Mark Beute monatlich / Schwer mißhandelt**

aus: *Hannoversche Allgemeine Zeitung* vom 25. März 1998

*b) Nicht bekannt gewordene „Kinderkriminalität" (Dunkelfeld)*

**11 bis 12** Der Rechtsbruch von Kindern stellt jedoch eher eine normale (nämlich grundsätzlich entwicklungsbedingte) Erscheinung dar: „Bei Kindern gehen Spiel- und Scheinwelt mitunter untrennbar in Ernst und Wirklichkeit über. Die kindliche und jugendtümliche Motivation delinquenten Verhaltens ist häufig zu suchen in Spiel, Unfug, Ausgelassenheit, Übermut, Abenteuerlust und Erlebnisdrang, Reiz des Verbotenen (**Nervenkitzel**), Sport, Sichaustoben, Ulk, Schabernack. Bewußt oder unbewußt erstreben sie oftmals mit dem Delikt Prestige, Anerkennung, Zugehörigkeit in der Bezugsgruppe; sie messen ihre Kräfte; sie wollen sich durchsetzen, stark erscheinen, Helden und berühmt werden"(*Kreuzer* 1983, 63). Dafür spricht auch, daß sich viele Kinder des rechtswidrigen Charakters ihres Handelns nicht bewußt sind, bzw. (entwicklungsbedingt) noch nicht sein können.

**13** *Kinder können jedenfalls oft noch nicht unterscheiden, was strafbar ist und was nicht. So machen auch andere Forschungen deutlich, „daß Kinderdelinquenz in weiten Bereichen normales kindliches Verhalten ist, das zu dem Prozeß des Hineinwachsens von Kindern in die Gesellschaft gehört" (Kaiser* 1982, 138).

**14** Da der Rechtsbruch von Kindern danach (zumindest im Bagatellbereich) eine eher **ubiquitäre** (allgemein verbreitete) Erscheinung darstellt, ist damit zu rechnen, daß das Dunkelfeld (vgl. dazu Rdn. 33ff zu § 2) groß ist. Jedenfalls wird man davon ausgehen dürfen, daß **Kinder selten angezeigt werden**. So würde wohl niemand z.B. auf die Idee kommen, ein Kind, das einem anderen Kind im Kindergarten einen Apfel entreißt, wegen Raubes (§ 249 StGB) bei der Polizei anzuzeigen. *Quensel* (1980, 415) spricht insoweit von „altersentsprechendem Spielcharakter des Raubes" (**„Jugendtorheiten"**). Anzeigen gegen Kinder erfolgen in der Regel erst bei schwereren Straftaten.

**15** Daß das Dunkelfeld der Kinderkriminalität überdurchschnittlich hoch liegen dürfte, haben auch Befragungen von Schülern gezeigt, in denen diese eingeräumt haben, als Kinder schon zahlreiche Straftatbestände verwirklicht zu haben, ohne angezeigt worden zu sein (vgl. z.B. *Kreuzer* schon 1975, 235ff; *Bornewasser/Schulze* 2003, zit. bei Rdn. 50a zu § 2).

**16** Bei der Interpretation der Kriminalitätszahlen zur Kinderkriminalität wird man ferner die Abhängigkeit der Statistik vom Delikt des **Kaufhaus- bzw. Ladendiebstahls** berücksichtigen müssen, bei dem das Dunkelfeld auf 95–99 % geschätzt wird (Rdn. 41 zu § 2). Das heißt: die Entwicklung der PKS-Zahlen zur Kinderkriminalität hängt nicht zuletzt von der Intensität der Anstrengungen der **Ladendetektive** (also der **Kontrolldichte**) ab (sog. **Kontrolldelikte**: vgl. Rdn. 18 zu § 2).

*c) Rechtsfolgen entdeckter „Kinderkriminalität"*

**17** Nach der Strafmündigkeitsregelung des geltenden Rechts (§ 19 StGB) wird „Kinderkriminalität" nicht bestraft. Die tatbestandsmäßig rechtswidrige Handlung eines Kindes kann aber ein Indiz dafür sein, daß eine dem Wohl des Kindes entsprechende Erziehung nicht gewährleistet und Hilfe für seine Entwicklung geeignet und notwendig ist.

*Übersicht 20:* Rechtsfolgen entdeckter Kinderkriminalität 18

Die Rechtsfolgen entdeckter Kinderkriminalität (die bei Verwahrlosungen auch für Jugendliche anwendbar sind) ergeben sich (i.V. mit § 19 StGB) u.a. aus folgenden Vorschriften des **SGB VIII:**

§ 28: **Erziehungsberatung** für (überforderte) Eltern;
§ 29: soziale Gruppenarbeit, etwa **Abenteuerpädagogik** (vgl. Rdn. 43 zu § 13) oder **Renovierungsprojekte** für ausbildungs-, arbeits- und perspektivlose Jugendliche;
§ 32: Erziehung in einer Tagesgruppe: etwa, wenn beide Eltern getrennt leben: **Betreuung (durch freie Träger) über Tage (auch essensmäßig)** mit Unterstützung auch bei den Hausarbeiten;
§ 33: Vollzeitpflege: Aufenthalt in einer **Pflegefamilie**;
§ 34: Heimerziehung oder sonstige betreute Wohnformen; als letztes Heilmittel kommt (für Schwellentäter unten Rdn. 23) die **geschlossene Heimerziehung** in Frage, für die es im Bundesgebiet allerdings bisher nur 370 Plätze gibt (krit. z.B. *Sonnen* 1994, 281 ff; *Pankofer* 1998, 125 ff; positiv z.B. *Rilke/Schleifer* 1997, 54 ff);
§ 35: Intensive sozialpädagogische Einzelbetreuung: für **Nichtseßhafte bzw. Straßenkinder** (vgl. Rdn. 16 zu § 17), **Drogenabhängige**, Prostituierte, aber eben auch **Straftäter**;
§ 42: **Inobhutnahme** (vgl. Zeitungsausriß unten): Herausnahme aus der Familie in drei Fällen: auf Wunsch des Kindes (oder Jugendlichen), z.B., weil dieses mittellos gestrandet ist oder wenn dringende Gefahr für das Kindeswohl besteht (Drogenmilieu, Prostitution) oder (auch gegen den Willen der Eltern) wenn das Kind zu Hause Gefahren ausgesetzt ist (Kindesmißhandlung). 2007 wurden von den Jugendämtern 421 000 solcher erzieherischen Hilfen für Familien, Kinder und Jugendliche zur Verfügung gestellt (*Statist. Bundesamt*, zit. nach FAZ vom 16. Dez. 2008, 9).

Die Lücke schließen die **§§ 27 ff des SGB VIII** (identisch mit dem 18a
KJHG vom 26.6.1990), die Förderungs-, Hilfe- oder auch Schutzmaßnahmen vorsehen, die das **Jugendamt** (§ 69 III) **unterstützt von Freien Trägern** (wie Arbeiterwohlfahrt, Caritas, Diakonie, Paritätischer Wohlfahrtsverband) anbieten, veranlassen bzw. durchführen kann (vgl. Übersicht 20; Überblick bei *Northoff* in Northoff Hb 2005, 21 ff bzw. Rdn. 34 ff). Ob die **in SGB VIII aufgeführten Eingriffe ausreichen**, ist aber **umstritten**. In der Reformdiskussion wird gefordert (vgl. Rdn. 29), die **Mündigkeitsgrenze von 14 auf 12 Jahre herunterzusetzen** (wie das schon bis zum JGG von 1923 der Fall war), um auch 12 und 13jährige Täter mit dem JGG erfassen zu können.

Auf der anderen Seite wird man berücksichtigen müssen, daß bei den meisten Kindern, die strafrechtlich in Erscheinung treten, der Rechtsbruch eine **einmalige Episode** bleibt: nach *Pongratz* et al. (Kinderdelinquenz 1975, 90) bei rund 75 %. Bei Dreivierteln der als Rechtsbrecher bekannt gewordenen Kinder setzt also ein „Rückbildungsprozeß" ein (vgl. auch unten Rdn. 27), der durch übertriebene Sanktionen wegen der entsprechenden **Stigmatisierungsgefahren gestört** werden kann (vgl. Rdn. 33 zu § 8).

**Behörden nehmen immer mehr Kinder in Obhut**

**Viele Ursachen: Überforderte Eltern, Beziehungsprobleme, Missbrauch**

aus: *NOZ* vom 16. Sept. 2010

### 2. Jugendkriminalität

19 Jugendkriminalität ist ganz überwiegend **Jungenkriminalität;** der Anteil der Mädchen nimmt jedoch zu (vgl. unten Rdn. 40).

#### *a) Bekannt gewordene Jugendkriminalität (Hellfeld)*

19a Darüber, daß auch die Jugendkriminalität nach dem Zweiten Weltkrieg bis Anfang der 80er Jahre (in den alten Bundesländern) im Langzeitvergleich gestiegen ist, kann es, wenn man die PKS zugrunde legt, keine Zweifel geben; sie ist jedoch in den Jahren von 1982 bis 1986 wieder gesunken (ab 1989 wieder gestiegen); der Anteil der jugendlichen Tatverdächtigen an der Gesamtzahl aller Tatverdächtigen betrug 2011 für das gesamte Bundesgebiet **10,2** (vgl. Übersicht 19): bei einem Bevölkerungsanteil von nur **2,9 %** (*Statist. Jahrbuch* 2012 für 2010).

##### *aa) Entwicklung der Tatverdächtigenzahlen*

20 Im **Langzeitvergleich** kann man (ab 1974) folgende drei Entwicklungsphasen erkennen:

- *erste Phase:* von 1974 bis 1982 haben sich die Tatverdächtigen(TV)-Zahlen erheblich (nicht zuletzt infolge der geburtenstarken Jahrgänge) erhöht (**1974: 142 324** jugendliche TV; **1982: 204 006**);
- *zweite Phase:* ab 1982 stagniert die Entwicklung (vor allem wegen der geburtenschwachen Jahrgänge), deren Lücken z. T. durch die zunehmende Ausländerkriminalität (vgl. Rdn. 4 vor § 23) gefüllt worden sind; bis zur Wiedervereinigung unseres Landes (1989) fallen die Zahlen dann wieder unter den Stand von 1974 zurück (**1989: 124 618**);
- *dritte Phase:* nach der Wiedervereinigung steigen die Zahlen in den neunziger Jahren wieder an, und zwar nunmehr dramatisch und stagnieren grundsätzlich auf (abnehmendem) relativ hohem Niveau **(1991: 161 299; 1996: 277 479; 2001: 298 983; 2006: 278 447; 2008: 265 771; 2009: 248 702**; **2011: 214 736**; **2012:** 200 257 (dazu Rdn. 6 zu § 2). Dabei gibt es in Deutschland immer weniger junge Menschen (vgl. unten Graphik Rdn. 35). Besonders auffällig ist es deshalb, daß die

**Zahl der qualifizierten Körperverletzungen**, die jungen Menschen zur Last gelegt werden, seit 1990 **drastisch zunimmt** (vgl. Übersicht 21).

*Übersicht 21:*
Entwicklung der TVBZ in der Bundesrepublik nach Altersgruppen – **gefährliche/schwere Körperverletzungen** (Hellfeld)

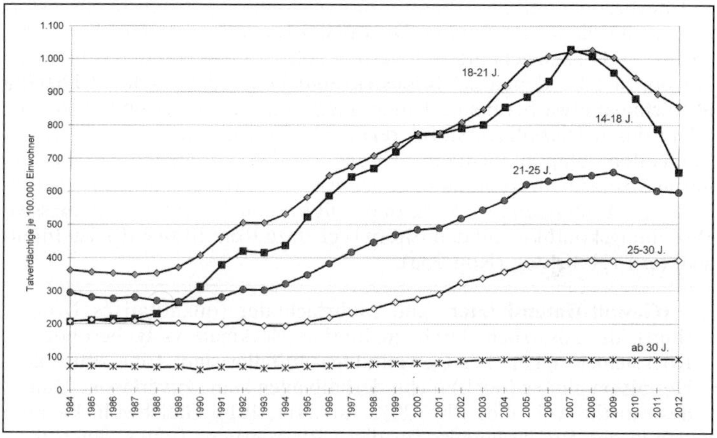


Quelle: Berechnungen des KFN auf der Grundlage der PKS *(Baier)*

*bb) Häufige Deliktsarten*

Insgesamt gesehen ist zu beobachten, daß mit steigendem Alter der Tatverdächtigen nicht nur **21**

- die **Vielfalt** der Deliktsarten zunimmt,
- sondern auch die **Anzahl** der Straftaten sowie die deliktische **Schwere** bzw. Intensität (etwa die qualifizierte Körperverletzung und der Raub);
- gleichzeitig „nimmt die **Toleranz der Gesellschaft** gegenüber straffälligem Verhalten ab“ (*Kaiser*, Lb. 1988, 421): vor allem gegenüber Gewalttätigkeiten (vgl. Rdn. 28 zu § 2).

Im Vordergrund steht bei Jugendlichen noch der Ladendiebstahl.

*cc) Ausmaß der Tätergemeinschaften*

Auffällig ist ferner das Ausmaß der (männlichen) Tätergemeinschaften (insbesondere bei Gewaltkriminalität: dazu Rdn. 26ff zu § 2 und Rdn. 20ff zu § 28): So ist z.B. in Niedersachsen festgestellt worden (vgl. *Pfeiffer/Wetzels* 1997, 352), daß 1990 von allen polizeilich aufgeklärten Gewaltdelikten, die Jugendlichen oder Heranwachsenden zur Last gelegt wurden, 38,5 % aus der Gruppe heraus erfolgten (**Co-offending**); dieses Phänomen ist aber nicht neu. Schon vor über 30 Jahren ging auch *Kaiser* bereits von 40 % aus (in: *Kaiser/Schöch* 1987, 152): **Jugendkriminalität** **22**

**ist in hohem Maße Gruppendelinquenz** (so z.B. auch *Nisse/Lange* 2000, 4). Das hat mit der jugendtypischen Art der Gesellung zu tun bzw. mit der generell stärkeren Einbindung vieler Jugendlicher in Gleichaltrigengruppen (peer groups: vgl. Rdn. 21 zu § 13).

*dd) Schwellentäter*

**23** Täterbezogen machen bereits die (oft schon persönlichkeitsgestörten) „Schwellentäter" Sorgen: **Hochrisiko-Kinder** als „krimineller Nachwuchs". Als „Schwellentäter" werden solche Kinder und Jugendlichen eingeordnet, bei denen sich **intensivkriminelle Karrieren schon frühzeitig abzeichnen:** etwa bereits im Kindergarten oder in der Grundschule: vor allem durch Disziplinverstöße, regelmäßiges Schwänzen bzw. ständiges Weglaufen, Unpünktlichkeit, Alkoholkonsum, Drogenbesitz, Dealen, geringe Selbstbeherrschung bzw. aggressives Verhalten, sexuelle Auffälligkeiten, Einbindung in Peergroups mit kriminellen Interessen, massive Beziehungskonflikte mit den Eltern (vgl. dazu Rdn. 10 zu § 10). Zu Intensivtätern vgl. Kasten (Rdn. 23a).

**23a** **(Gewalt-)Intensivtäter**: sind Mehrfachtäter (quantitatives Kriterium), die zusätzlich durch qualitative Merkmale (z.B. besondere Rücksichtslosigkeit bei Gewalttaten) auffällig sind. Eine offizielle Definition gibt es (noch) nicht, deshalb auch keine zuverlässige Bundesstatistik (vgl. aber PKS 2012 für 2011, 101). Gleichwohl haben sich in den Bundesländern für diese Risikogruppe (unter Federführung der 16 Landeskriminalämter) spezielle **Intensivtäterprogramme** entwickelt: in Baden-Württemberg sogar speziell für Gewalt-Intensivtäter. Merkmale dieser Konzepte: täterorientierte Ermittlung (die insoweit die deliktsorientierte Ermittlung abgelöst hat), Konzentration der Ermittlungen in speziellen Dienststellen mit festen Ansprechpartnern, enge Zusammenarbeit mit anderen Behörden, insbesondere Staatsanwaltschaft, Jugendamt und Ausländeramt (ausführlich dazu *Steffen* 2005; JMK 2008 und 2009; *Bindel/Kögel* 2009, 89 ff; *Koch-Arzberger/Bott/Kerner/Reich* 2010; *Heisig* („Das Ende der Geduld" 2010); J.-V. *Schwind* 2012; *Schwind/Schwind* 2013).

**Boers** (2009, 49) weist zutreffend darauf hin, dass „Jugendliche mit wiederholten Tatbegehungen, zumal schwereren Delikten, seit langem die eigentliche kriminologische Problemgruppe bilden" (vgl. dazu Rdn. 31 ff zu § 8). Auffällig ist, daß viele der Gewalt-Intensivtäter einen Migrationshintergrund haben(zu den Einflußfaktoren vgl. die Übersicht bei Rdn. 15 zu § 24). So hatten nach der Intensivtäterstatistik der Abt. 47 der Berliner Staatsanwaltschaft (*Reusch* in FAZ vom 14. Juli 2006, 8) rund 80 % der erfaßten Intensivtäter (vornehmlich aus dem Stadtteil Berlin-Neukölln) nichtdeutsche Wurzeln; zu hohen Migrantenanteilen an den(Gewalt-)Intensivtätern in Berlin ist auch *Ohder* (2011, 13) gelangt. Etwas niedrigere Zahlen (37 %) werden aus Hessen berichtet (*Koch-Arzberger et al* 2010 39).

*ee) Brutalitäten: Qualität der Gewalt*

Ob auf breiter Front die Brutalität der Gewalttaten, die Jugendliche (und Kinder) verüben (zum Gruppendruck vgl. Rdn. 24 zu § 13), zunimmt, ist hingegen nur mit Hilfe der PKS nicht zu belegen (vgl. Rdn. 9 zu § 2). 24

*Legt man die Daten des Bundesverbandes der Unfallkassen zugrunde (Stand Mai 2005), kann z.B. von einer Zunahme der Brutalitäten unter Schülern mit Frakturfolgen (z.B. Nasenbrüchen, Rippenbrüchen usw.) allerdings keine Rede sein. Solche Verletzungen gingen sogar im Zeitraum zwischen 1997 und 2003 von 1,6 auf 1,0 pro 1000 Schüler zurück (zit. nach Pfeiffer/Wetzels in FS Schwind 2006, 1104).*

*Entorf (2008, 9) stellt jedoch zu Recht in Frage, ob die stark belasteten Ärzte (insbesondere in Notaufnahmen von Krankenhäusern) tatsächlich willens sind, sich auch noch mit zusätzlichen Versicherungsfragebögen zu befassen. Außerdem schreibt er (aaO), daß „mit Gewalt in der Schule nur ein Teil der Gewaltdelikte abgedeckt wird, der weitaus größere Teil dürfte sich außerhalb der Schulen in der Freizeit auf öffentlichen Plätzen abspielen".*

Ab 2009 fallen insoweit wiederholte Medienberichte über **brutale Angriffe in öffentlichen Verkehrsmitteln (U-Bahn/S-Bahn) bzw. auf deren Bahnsteigen auf.** Jugendliche oder Heranwachsende greifen zu Zweit oder zu Dritt (meist alkoholisiert und mit Messern bewaffnet) oft ohne Vorwarnung und aus nichtigem Anlaß einzelne ältere Fahrgäste an bzw. schlagen sie erbarmungslos vereint mit Fäusten zu Boden und verletzen sie dort mit Fußtritten an den Kopf mitleidlos in lebensgefährlicher Weise „Tottreten (*Heinke:* Tottreter, 2010): **Spaß an der Gewalt**. Dabei versucht oft einer der Gewalttäter den anderen zu übertreffen (zum **Gruppendruck** vgl. Rdn. 24 zu § 13). Andere Fahrgäste greifen (nicht zuletzt aus Angst, selbst etwas abzubekommen) meist nicht (mehr) ein (zum **non-helping bystander** vgl. Rdn. 20a zu § 19). Diejenigen, die dennoch helfen, also Zivilcourage zeigen, begeben sich oft in akute Leibes- und Lebensgefahr. Die Täter (und Täterinnen) sind durchweg polizeibekannt **(Gewalt-Intensivtäter)** und haben **oft einen Migrationshintergrund**.

Berichtet werden entsprechende Vorfälle z.B. aus Hamburg, Frankfurt/M, München und Berlin. Einen Berliner typischen Fall beschreibt Regina *Mönch*, Prozeßbeobachterin in einem entsprechenden Berliner Verfahren, u.a. wie folgt: 25

*„Es ist eine eiskalte Winternacht, kurz vor dem Jahreswechsel. Der U-Bahnhof Haselhorst ist fast menschenleer, nur ein Mann befindet sich noch auf dem Bahnsteig. Dann tauchen vier Jugendliche auf, die Kapuzen über den Kopf gezogen, und fallen über den Mann her. Sie schlagen ihn ins Gesicht, der verletzte Mann versucht wegzugehen, sagt, sie sollen ihn einfach in Ruhe lassen. Sie holen ihn ein, stoßen ihn die Treppe herunter und treten gegen seinen Kopf, gegen den Oberkörper,*

*immer wieder, bis er sich nicht mehr rührt. Zum Schluß knallt einer der Jungen eine Wodkaflasche auf den Kopf des Mannes. Sie zertrümmert die Schädeldecke. Splitter fallen ins Schädelinnere, verursachen eine Gehirnblutung. Die vier Jungen verschwinden einfach. Was mit dem Opfer ist, ob tot oder gerade noch am Leben, interessiert sie nicht. Die Polizei veröffentlicht später diese Videosequenz einer Überwachungskamera".*

Der SPIEGEL (39/2009, 70) sprach von „Kindermonstern" und prangerte „die **wachsende Verrohung** unter jungen Gewalttätern" an.

*b) Nicht bekannt gewordene Jugendkriminalität (Dunkelfeld)*

**26** Alle bisherigen Untersuchungen, die im Rahmen der Dunkelfeldforschung zur Aufhellung der Jugendkriminalität durchgeführt wurden, zeigen recht deutlich, daß das Dunkelfeld der Kriminalität der 14–18jährigen weit überdurchschnittlich hoch ist (so z.B. *Heinz* 1998, 414; zum Dunkelfeld Rdn. 33ff zu § 2).

**27** Es dürfte aber kaum junge Menschen geben, die nicht schon mindestens einmal straffällig wurden.

*Dementsprechend hat z.B. schon eine Untersuchung von Schumann et al. (1985, 120) in Bremen ergeben, daß unter 690 repräsentativ ausgewählten Jugendlichen immerhin 89,4 % sogar im Verlaufe des letzten Jahres vor der Befragung eine Straftat (meist unentdeckt) verübt hatten.*

Ein großes Dunkelfeld wird sogar in Bezug auf schwere Delikte vermutet.

*So weist z.B. Füllgrabe (in Deutsche Polizei Mai-Heft 2009, 9) darauf hin, daß manche qualifizierten Körperverletzungen und Raubtaten nur deshalb nicht angezeigt werden, weil die Täter drohen:* ***„Wenn das rauskommt, stech ich Dich ab!"*** *Da „wird der Schülerausweis abgenommen, um dem Opfer Angst zu machen und zu demonstrieren, daß man seine Adresse kennt" (Füllgrabe aaO). Füllgrabe (aaO): „Das ist praktisch usus".*

*c) Jugendkriminalität als Einstiegskriminalität?*

**27a** Wie die Kinderkriminalität ist auch die Jugendkriminalität z.T. noch Ausdruck entwicklungsbedingten Spiel- und Problemverhaltens, das „seine Ursachen in kindlicher und jugendlicher Abenteuerlust, manchmal in pubertärer Aggressivität hat" (*Albrecht* 1987, 15). Die Kriminalität der meisten Jugendlichen hat also (vgl. oben Rdn. 18) eher **Episodencharakter** (vgl. dazu Rdn. 33ff zu § 8). Das heißt, es handelt sich um eine Auffälligkeit, die sich nur auf einen zeitlich begrenzten Entwicklungsabschnitt bezieht (vgl. z.B. *Heinz* 2002a, 568), dann aber verschwindet. Dieses Phänomen, das man auch **„Spontanbewährung"** nennt (vgl. Rdn. 28), hat z.B. mit Erfolgen der Erziehung in der Familie, Schule oder in der Gleichaltrigengruppe zu tun (vgl. dazu auch die Ergebnisse der, Kohortenforschung Rdn. 31ff zu § 8): das kriminelle Verhalten hört (auch ohne formelle Kontrolle) von selbst wieder auf. Bis dahin erfüllt kriminelles Verhalten sogar eine durchaus positive Funktion: Durch den Verstoß (Austesten der Regeln des Zusammenlebens) lernt der Jugendliche oft erst die Grenzen der Rechtsnormen kennen (vgl. *Kreuzer* 1983, 57). Allerdings besteht vor allem unter den folgenden vier **Voraussetzungen** auch die Gefahr der Rückfälligkeit, nämlich dann,

- wenn der Jugendliche aus seiner Kinderzeit die Erfahrung mitbringt, (wegen **Strafunmündigkeit**) keine Rechtsfolgen befürchten zu müssen, **27b**
- wenn er auch noch als Jugendlicher die weitere Erfahrung macht, (vor allem beim Ladendiebstahl) **nicht mit Entdeckung** rechnen zu müssen (geringes Mißerfolgsrisiko),
- wenn der **Umgang mit delinquenzerfahrenen Gruppen** hinzukommt und
- wenn es schließlich dem Jugendlichen am **Unrechtsbewußtsein** fehlt, weil dieses im Elternhaus nicht vermittelt wurde.

In diesen Fällen entwickelt sich leicht der Wiederholungseffekt des erfolgreichen Täters (vgl. dazu Rdn. 32 zu § 6): man probiert es noch mal.

*„Es ist deshalb sinnvoll, die Entwicklung solcher* ***‚Early starters'*** *durch Präventionsmaßnahmen zu beeinflussen.* ***Soziale Kompetenztrainings*** *(vgl. Rdn. 45 zu § 11) für Kinder sind dabei eine mögliche Strategie. Andere Ansätze sind z. B.* ***Elterntrainings*** *(vgl. Rdn. 73 zu § 10) zur Förderung der Erziehungskompetenz, Familienplanung und Familien-Therapie,* ***schulische Anti-Gewaltprogramme*** *(vgl. Rdn. 46 zu § 11) oder komplexere kombinierte Programme" (so Lösel/Beelmann 2004) aufgrund einer Metaanalyse (dazu Rdn. 56 zu § 9), die sich auf die Auswertung von 55 Forschungsberichten bezieht.* **27c**

*d) Rechtsfolgen entdeckter Jugendkriminalität*

Jugendgerichtsgesetz (JGG) und Sanktionspraxis orientieren sich an den drei typischen Merkmalen der Jugendkriminalität: **28**
- der **Ubiquität** kriminellen Verhaltens, die nicht nur für die Kinderkriminalität festgestellt wurde (vgl. oben Rdn. 14),
- der **Episodenhaftigkeit** solcher Auffälligkeit (Rdn. 18 und 27) und
- der **Spontanremission** (Spontanbewährung), „wonach Delinquenz im Jugendalter im Regelfall von selbst aufhört" (*Maschke* 2003, 21): **„sich auswächst"**, also auch ohne formelle Kontrollintervention.

Aus diesen Merkmalen ergibt sich, daß der Jugendrichter „bei leichter und insofern normaler Delinquenz stigmatisierende Sanktionen vermeiden" sollte (*Kaiser/Schöch* 1987, 156), um das Risiko der Fortsetzung der Straffälligkeit nicht noch zu erhöhen (vgl. dazu Rdn. 41 zu § 8). Entsprechende Möglichkeiten sieht das JGG vor: mit den weniger belastenden Sanktionen, zu denen Verwarnung (§ 14 JGG), erzieherische Auflagen (§ 15 JGG) und Weisungen (§ 10 JGG) zählen (vgl. Übersicht 22).

Die **bisherige Sanktionspraxis** (dazu *Heinz* 2001, 63 ff; *Jehle* 2005, 37; *Heinz* 2005, 166 ff; *ders.* 2008, 352 ff; 2012, 17 ff, ders. 2002a, 441 ff) zeigt **29** deutlich, daß der Jugendrichter grundsätzlich auch entsprechend verfährt: Jugendstrafe wird nur relativ selten verhängt und meist zur Bewährung ausgesetzt. Häufiger kommt es zur Verhängung von Zuchtmitteln.

Fast 70 % aller Verfahren enden hingegen mit der **Diversion** gemäß §§ 45, 47 JGG (*Spiess* 2012a, 443), d.h. die Verfahren enden mit Verfolgungsverzicht oder Einstellung:

- **sei es mit (intervenierende Einstellungen) oder**
- **ohne Verknüpfung mit informellen Begleitmaßnahmen** (Spiess aaO, 447),

wodurch ein (weiteres) förmliches Strafverfahren (mit Schuldspruch und Strafe) vermieden wird.

Als solche informellen (Begleit-)Maßnahmen (sozialpädagogischer Art), denen der Betroffene zustimmen muß, kommen (primär für „Ersttäter" leichter bis mittlerer Kriminalität) z. B. in Frage:

- gemeinnützige Arbeit **(„schwitzen statt sitzen"):** etwa im Krankenhaus, Altenheim, im städt. Grünflächenamt oder im Umweltschutz (dazu *U. Schneider* 2001, 273),
- Wiedergutmachungsauflagen (etwa auch in Form des Täter/Opferausgleichs: vgl. Rdn. 35 zu § 20),
- Teilnahme an Verkehrserziehungskursen usw.

Bei der Auswahl der angemessenen Maßnahmen wird der (Jugend-) Richter i. d. R. von der **Jugendgerichtshilfe** (JGH) beraten, die beim (kommunalen) Jugendamt besteht.

*Ihre Aufgabe (i.S. von Ermittlungen aufgrund sozialarbeiterischer Kompetenz), die das Jugendamt im Zusammenwirken mit den Verbänden der Jugendhilfe wahrnimmt (§ 52 Abs. 1 SGB III i.V. mit §§ 38, 50 Abs. 3 JGG), besteht primär darin, das (Jugend-)Gericht **über die Persönlichkeit** des tatverdächtigen jungen Rechtsbrechers zu **informieren**. Insoweit interessieren die Lebens- und Familienverhältnisse des Beschuldigten, sein Werdegang bzw. Ausbildung/Arbeitslosigkeit sowie seine geistigen und charakterlichen Besonderheiten (vgl. Laubenthal 1993, Trenczek 1999, 375 ff und 2000, 44 ff sowie Deutsches Jugendinstitut* 2011).

**29a** Die **aus kriminalpolitischer Sicht** relevante Frage ist allerdings, ob Diversionsmaßnahmen

*deren Ausweitung die **Vereinten Nationen** (in den „Beijing-Grundsätzen von 1985, in den „Rivadh-Richtlinien" von 1990 und in den „Tokyo-Grundsätzen" von 1990) sowie der **Europarat** (in verschiedenen „Recommendations") immer wieder fordern,*

**dem Rückfall vorbeugen oder nicht eher die Rückfallwahrscheinlichkeit** (weil Milde als „Freibrief" mißverstanden werden kann) **erhöhen** (dazu *Heinz* 2005, 166 ff).

*Übersicht 22:* Die Folgen der Jugendstraftat

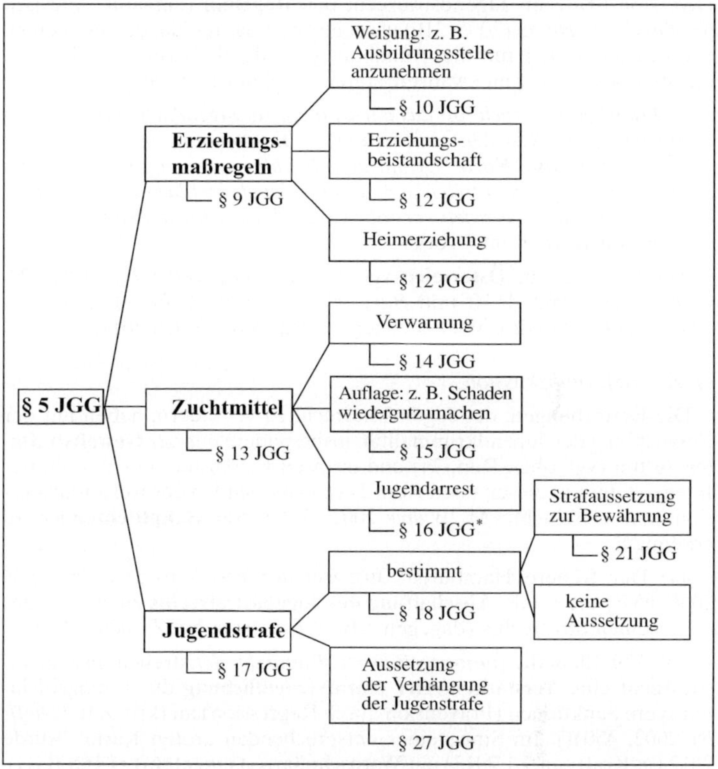


nach: P. A. *Albrecht:* Jugendstrafrecht, 3. Aufl., München 2000, S. 137; * § 16a: Warnarrest

Werden Täter, deren Verfahren mit Diversion beendet wurde (also durch „informelle" Erledigung), **weniger rückfällig** als solche, die verurteilt (formelle Erledigung) wurden? **30**

*Heinz (2005, 302ff) gelangt aufgrund einer Sekundäranalyse zu folgendem Resultat: „Bei vergleichbaren Tat- und Tätergruppen waren die Rückfallraten – im Sinne erneuter justitieller Registrierung – nach einer Verfahrenseinstellung regelmäßig **nicht höher** als nach einer Verurteilung. Ferner wurde festgestellt, daß durch eine informelle Erledigung das **Risiko des Übergangs** zu formeller und zu wiederholter formeller Sanktionierung **reduziert** wird."*

Bei *Spiess* (2012a, 469) heißt es dazu (statistisch belegt), daß „die Diversion heute im Jugendstrafrecht den **Regelfall** (darstellt) und sich **bewährt** hat“. *Heinz* (2005, 310) weist insoweit darauf hin, daß es „keinen empirischen Beleg für die Annahme gibt, durch härtere Sanktionen messbar bessere Legalbewährungsraten erzielen zu können“.

***Fraglich*** *ist jedoch, ob das auch für solche Jugendliche gilt, die (wie Intensivtäter: Rdn. 23a) wiederholt in Erscheinung treten. Insoweit dürfte eine* ***„rote Karte“*** *grundsätzlich früher angezeigt sein, um dem Eindruck entgegenzutreten, man könne ohne (erhebliche) Rechtsfolgen gegen rechtliche Normen verstoßen (vgl. dazu Schwind/Schwind* 2013, in FS für Kerner: im Druck).

Zur Diversion in **Österreich** vgl. *Löschnig-Gspandl (Hilf)* 1996, 24, *Grafl* in ÖZ 2002, 413ff und *Burgstaller/Grafl* in FS für *Miklau* 2006, 109ff. *Grafl*: 100 Jahre Wiener Jugendgerichtshilfe, .Wien 2011, 27ff.

*e) Zur Reformdiskussion*

**30a** Die Bestrebungen, das Jugendstrafrecht zu verändern, haben mit der Entwicklung der Jugendkriminalität, insbesondere der der **Gewaltstraftaten** zu tun (vgl. oben Rdn. 24) und insoweit wiederum mit der Zahl der **Intensivtäter** (zu diesen oben Rdn. 24a). Dabei sind in der Reformdiskussion (zur Geschichte M. *Walter* 2002, 37ff) **drei Hauptrichtungen** zu erkennen:

aa) Der frühere Hamburger Justizsenator *Kusch* fordert (in NStZ 2006, 65ff) die totale **Abschaffung des Jugendstrafrechts** zugunsten des allgemeinen Strafrechts (dagegen z.B. *Ostendorf* in NStZ 2006, 324ff).

bb) Vor allem die *(unionsgeführten) Bundesländer* streben im Jugendstrafrecht eine **Verstärkung der Normverdeutlichung** durch eingriffsintensivere Sanktionen (Prävention durch Repression) an (krit. z.B. *Scheffler* 2002, 450ff). Im Sinne einer entsprechenden „roten Karte“ wurde 2012 (in Kraft seit 1.1.2013) ein **Warnschußarrest** eingeführt (§ 16a JGG), der parallel zu einer Bewährungsstrafe (die mitunter mit Nichtbestrafung verwechselt wird) als Kurzzeitaufenthalt bis zu vier Wochen in einer Jugendarrestanstalt zu verbüßen ist (dazu *Müller-Piepenkötter/Kulink* in ZRP 40/2007, 61ff). Ferner sind z.T. Gegenstand von Gesetzesinitiativen (*Bundesrat 2008*): die **Herabsetzung der Strafmündigkeitsgrenze auf zwölf Jahre** wie in den Niederlanden (dazu *Beulke* in FS Schwind 2006, 228ff), die **Einbeziehung der Heranwachsenden in das allgemeine Strafrecht** (Folge: der Jugendstrafvollzug wird entleert), die **Anhebung der Strafobergrenze der Jugendstrafe auf 15 Jahre** (seit 2010 für den Fall des Mordes so geregelt), die **Etablierung des Fahrverbots als vollwertige Hauptstrafe** im JGG (Folge: Sonderstrafe für Kraftfahrer), eine **erzieherische Gruppenarbeit in „Erziehungscamps“**: angedacht sind aber keine boot-camps mit militärischem Drill nach amerikanischem Muster (zu diesen *Heinz* 2005, 3007ff), also keine mit militärischem Drill, sondern solche mit (sehr personalaufwendigen) therapeutischen Zielen.

cc) Demgegenüber steht eine Richtung, die das Jugendstrafrecht weiter **ausbauen** möchte. So hat sich schon der *24. Deutsche Jugendgerichtstag* (1998) dafür eingesetzt, **Heranwachsende vollständig in das Jugendstrafrecht einzubeziehen** (so auch M. *Walter* in GA 9/2007, 517). Die *Deutsche Vereinigung für Jugendgerichte und Jugendgerichtshilfen* (DVJJ) fordert darüberhinaus, den **Jugendarrest abzuschaffen** und das **Höchstmaß der Jugendstrafe herunterzusetzen**. Zu alledem ausführlich z.B. *Heinz* 2002a, *Brunner* 2002, 418 ff, *Schüler-Springorum* in SchwZStr 2/2004, 192 ff, *Neubacher* 2007, 14 ff. Zu den Regelungen des Jugendstrafrechts in Europa vgl. *Kilchling* 2002, 371 ff.

### 3. Alterskriminalität

*Schneider* (1981, 528) versteht unter Alterskriminalität „die Gesamt- 31
heit aller Straftaten alter („älterer") Menschen, die **‚60 Jahre und älter'** sind" (so auch *Albrecht/Dünkel* 1981, 259; *Kaiser* Lb. 1993, 321; *Laubenthal* 2008, 501). Von einer **65-Jahre-Grenze** geht einleuchtend z.B. die OECD aus (zit. nach *Kreuzer/Hürlimann* 1992, 14).

**70-jährige Bankräuberin für drei Jahre hinter Gitter**

**Draußen ließ die überschuldete Rentnerin das Taxi warten**

aus: *NOZ* vom 21. Febr. 2006

*a) Problem der Altersgrenze*

Eine starre Festlegung der Altersgrenze ist zwar problematisch, aber als 32
Arbeitshypothese brauchbar. Problematisch ist die Grenze deshalb, weil sie mit dem biologischen, psychologischen und sozialen Hintergrund nicht übereinstimmen muß. So kann ein Mensch infolge von Krankheiten und früher einsetzenden Abbauvorgängen (vor allem arteriosklerotische Hirnschäden, die z.B. zur Demenz führen können) biologisch älter sein als seine Lebensjahre aussagen; er kann aber auch biologisch jünger sein, als man seinem Alter nach annehmen könnte. Mancher Wirtschaftsführer oder Politiker über sechzig wirkt noch wie ein Vierziger oder Fünfziger; der frühere Bundeskanzler *Adenauer* (1949–1963) wurde bekanntlich erst mit 74 Jahren zum Bundeskanzler gewählt und hielt dieses Amt mit großem Erfolg bis zum 89. Lebensjahr. Auf der anderen Seite gibt es zahlreiche Menschen, die in den Rückbildungsjahren durch cerebrale Abbauprozesse Beeinträchtigungen ihrer Urteils-, Steuerungs- und Merkfähigkeit hinnehmen müssen mit der Folge verminderter Triebfeinsteuerung und zunehmender Affektlabilität (zur forensischen Begutachtung vgl. *Weber* 1987, 57 ff): „Zerfallphase" vor dem Tod. Bei **Alzheimer** werden die Verbindungsstellen (Synapsen) zwischen den Gehirnzellen (Neuronen) massenhaft zerstört (dazu Rdn. 13a zu § 5): **neuronale Zersetzungs-**

**prozesse**. Diese Erscheinungen können noch durch psychische Sonderlagen verstärkt werden, etwa durch Einsamkeit (die z. B. die Altenorganisation der „Grauen Panther" zu überwinden versucht). Verstärkend kann auch die soziale Ausgliederung (die Desozialisation) wirken (Pensionierung usw.), die zugleich noch wirtschaftliche Nachteile mit sich bringt.

*b) Hell- und Dunkelfeld der Alterskriminalität*

**33** Von den über 60jährigen Menschen, die straffällig werden, sind lediglich rund 5 % auch schon vor dem 50. Lebensjahr strafrechtlich in Erscheinung getreten (*Feest* schon 1985, 16); rund 80 % stehen hingegen zum ersten Mal vor Gericht: **„Spätkriminalität"** (vgl. dazu bereits *Fopp* 1969 und *Albrecht/Dünkel* 1981, 265).

**34** Insgesamt sind im Jahre 2011 (im ganzen Bundesgebiet) aber lediglich 152 569 (vgl. Rdn. 6 zu § 2) Tatverdächtige über 60 Jahre registriert worden. Das sind nur **7,2 %** aller Tatverdächtigen (*PKS* 2012, 87 für **2011**). Die Gruppe der über 60jährigen umfaßte (2005) hingegen **24,9 %** der Bevölkerung unseres Landes (Statist. Jahrbuch 2006 für 2005).

*Mit der Zunahme der Senioren (vgl. dazu oben Übersicht 23), die demographische Forscher primär auf Wohlstand, bessere Ernährung und Medikamente zurückführen, wird* ***vermutlich (infolge „kollektiver Verkalkung"?: Walter) auch die Zahl der „alten" Straftäter (weiter) steigen*** *(so auch Dankwarth 1996, 111): nach den Berechnungen von Glube/Wolter (in Kriminalistik 2009, 287) bis 2027 um 30,7 %.*

**Mehr Senioren begehen Straftaten**

Viele Betrugsdelikte und Gewalt gegenüber Pflegebedürftigen

aus: *WAZ* vom 12. Jan. 2013, 1

**35** Grundsätzlich kein Delikt, das Menschen über 60 verüben, erreicht diesen 24,9 %-Anteil, auch nicht der sexuelle Mißbrauch von Kindern (vgl. dazu Rdn. 22 zu § 19), der als typisches Delikt „alter Männer" gilt (*Laubenthal* 2008, 504). Eine Ausnahme bildet nur die Verkehrsdelinquenz, die über 40 % der männlichen Alterskriminalität ausmacht. Auffällig ist, daß alte Männer überproportional häufig als **„Autokratzer"** registriert werden.

*Laubenthal (aaO) führt derartige Sachbeschädigungen auf Frust über die eigene Lebenssituation zurück und auf Ärger über einen vermeintlich rechtswidrigen Zustand (Falschparker), den die Behörden durchgehen lassen.*

Frauen über 60 fallen eher durch Diebstahlsdelikte (vor allem in Kaufhäusern) auf (dazu *Albrecht/Dünkel* aaO). Als Motiv kommt insoweit z.B. auch Armut in Frage (§ 12 Rdn. 21 ff). Im Übrigen ist nicht auszuschließen, daß (wie bei den Kindern) auch Straftaten älterer Menschen eher toleriert und seltener angezeigt werden (hohes Dunkelfeld?: dazu *Kreuzer/Hürlimann* 1992, 30 ff).

*Übersicht 23:* Bevölkerungsentwicklung in Deutschland **35a**

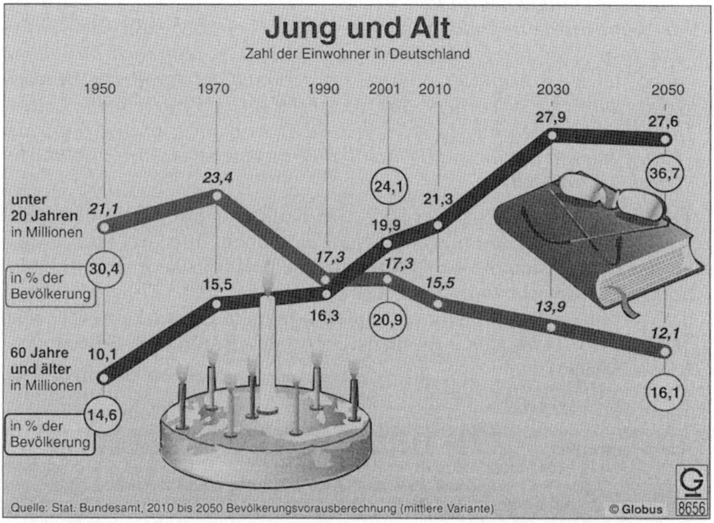


aus: *NOZ* vom 23. Sept. 2004 (**"age crime-Kurve"**)

**Zur Viktimisierung:** Alte Menschen werden auch seltener als andere Opfer von Gewaltstraftaten, aber relativ häufig von **Handtaschenraub** und **Trickdiebstählen:** z.B. Stadtwerketrick, Enkeltrick, Wasserglastrick (*Görgen* et al.: Kriminalitäts- und Gewalterfahrungen im Leben älterer Menschen, Berlin (BMI) 2009, S. 10 ff). **35b**

*c) Theorien zur Alterskriminalität*

Die Zusammenfassung der Besonderheiten der Alterskriminalität zeigt, daß alte Menschen **36**

- *erstens: wesentlich weniger als Täter (bzw. Tatverdächtige) in der registrierten Kriminalität auffällig sind als andere Altersgruppen (**"age crime-Kurve"**,*
- *zweitens: sich in deliktsspezifischer Weise von den Rechtsbrechern aus anderen Altersgruppen unterscheiden und*
- *drittens: meist zum ersten Mal vor Gericht stehen („Spätkriminalität").*

**37** Für diese drei Spezifika werden in der Literatur u. a. folgende Erklärungsmodelle angeboten (dazu *Albrecht/Dünkel* 1981, 269 ff):

- die ***These von der „Kriminalität der Schwäche": geringe kriminelle Energie****, Abnahme der physischen Konstitution, die zu einer Reduktion der Kriminalität führen;* ***Umstrukturierung*** *der „Restkriminalität" zu kriminellen Aktivitäten mit Ersatzcharakter: also Hehlerei statt Raub und Diebstahl, Beleidigung statt körperlicher Gewaltanwendung, sexueller Mißbrauch von Kindern anstelle von Vergewaltigung (kritisch Albrecht/Dünkel aaO) und*
- *der* **kontrolltheoretische Ansatz** (*vgl. auch Feest* 1985, 16): *Die Häufigkeit formeller sozialer Kontrolle alter Menschen läßt nach und damit auch die Häufigkeit der registrierten Kriminalität* ***(größeres Dunkelfeld);*** *anhängig gewordene Strafverfahren (insbesondere beim Ladendiebstahl) werden meist nach § 153 StPO eingestellt; in den restlichen Fällen kommt es zu rund 95 % lediglich zu einer Geldstrafe (Albrecht/ Dünkel* 1981, 265).

**38** Darüber hinaus spielt sicher auch eine Rolle, daß alte Menschen weniger Gelegenheit zu den meisten Straftaten haben, ihre Mobilität eingeschränkt ist und sich die verstärkte informelle Kontrolle in Familie oder Altersheim auswirkt (vgl. dazu *Albrecht/Dünkel* 1981, 270). Alte Menschen werden jedoch relativ oft **Opfer** krimineller Attacken (vgl. dazu § 19 Rdn. 12): etwa von (Taschen-)Diebstahl, Raub und Betrug (vgl. *Greve* u. a. 1996).

MÄDCHENGEWALT

**„Da habe ich rotgesehen"**

**Schlagen, treten niedermachen – die wachsende Gewaltbereitschaft junger Frauen beschäftigt Polizei und Psychologen**

**Kratzen, beißen, Haare ziehen –** das war gestern. Das Repertoire weiblicher Wehrhaftigkeit, so scheint es, ist um Fausthiebe, Fußtritte und Handkantenschläge erweitert worden. Kein Monat vergeht, ohne dass sich Mädchen, gern auch bandenweise, in die Schlagzeilen prügeln.

Laut Kriminalstatistik stiegen die von Mädchen begangenen Gewalttaten in den vergangenen 20 Jahren um 50 Prozent. Jedes fünfte Körperverletzungsdelikt, das im Vorjahr von 14- bis 18-jährigen Jugendlichen begangen wurde, geht auf das Konto eines Mädchens. Und das sind nur die zur Anzeige gebrachten Delikte. Repräsentative Untersuchungen, darauf weist die Gewaltforscherin Kirsten Bruhns vom Deutschen Jugendinstitut hin, ergäben „deutlich höhere Anteile gewalttätig agierender Mädchen" als die Polizeistatistiken.

aus: *FOCUS* 36/2008 S. 36

## III. Abhängigkeit vom Geschlecht

**39** Nach der Polizeilichen Kriminalstatistik für das gesamte Bundesgebiet (*PKS* 2012, 87 für **2011**) befanden sich unter den Tatverdächtigen des Jahres 2011 rund dreimal mehr Männer (74,5 %) als Frauen (**25,5 %**). International betrachtet ist der Anteil der Frauen sogar noch geringer: er lag (1995) z. B. in Polen und in der Türkei unter 10 % und in Spanien, den Niederlanden und in Frankreich unter 15 % (vgl. *Steinhilper* 1999, 621).

Dementsprechend hebt *Keupp* (1982, 219) hervor, daß das „Hauptcharakteristikum der weiblichen Delinquenz ihr **auffällig geringer Anteil an der Gesamtkriminalität**“ ist.

## 1. Frauenkriminalität

### *a) Bekannt gewordene Kriminalität (Hellfeld)*

Obgleich rund **51 %** (Statist. Jb. 2006 für 2005: 51,1 %) der Einwohner der Bundesrepublik weiblichen Geschlechts sind, ist der Anteil der Frauen und Mädchen an der registrierten Kriminalität mit **25,4 %** (PKS Internet 2013, für **2012**) weit unterdurchschnittlich gering: 531 928 weibliche TV. Daß Männer sehr viel häufiger als Frauen in krimineller Hinsicht in Erscheinung treten, ist allerdings keine neue Erfahrung. Neu sind hingegen die **Zunahme** der Frauenkriminalität, die in den letzten 30 Jahren zu beobachten ist, und das **Phänomen (brutaler) Mädchengangs** (vgl. Zeitungsausriß oben und Rdn. 11 zu § 28). Diese Entwicklung dürfte auch z. B. damit zu tun haben, daß Mädchen inzwischen beigebracht wird, „daß sie sich wehren müssen“. 40

*Die Zahl der einfachen Körperverletzungen durch Mädchen stieg in NRW in den Jahren 1996–2008 um 280 %, die der gefährlichen und schweren Körperverletzungen um 146 % (LKA NRW 2011, 19).*

Differenziert man nach der Art der verübten Delikte (also nach der **Deliktsstruktur**), kann man zunächst zwischen reinen Frauendelikten (wie Eigenabtreibung) und rollenspezifischen Frauendelikten (wie die Verletzung der Aufsichtspflicht und Kindesmißhandlung) unterscheiden. 41

*Die Mißhandlung von Kindern steht (nach Frommel 2005, 4) oft in Zusammenhang mit Partnerschaftskonflikten und häuslicher Gewalt. Unter **häuslicher Gewalt** sind (mit Frommel aaO, 23) zu verstehen: Männergewalt, Familienstreitigkeiten, Eheprobleme oder „Gewalt im Geschlechterverhältnis“ (vgl. auch Rdn. 53c zu § 2).* 41a

In quantitativer Hinsicht liegt der Schwerpunkt der Frauenkriminalität allerdings eindeutig bei den Diebstahlsdelikten, und zwar beim **Ladendiebstahl**. Neben dem Ladendiebstahl ist die Beteiligung der Frauen besonders bei folgenden Straftaten (relativ) hoch: falsche Anschuldigung, Meineid, Beleidigung, Begünstigung, Hehlerei, Betrug, fahrlässige Brandstiftung und (Fremd-) Abtreibung. Auf der anderen Seite ist „ein starkes Zurücktreten der Verkehrsdelinquenz, der Gewalt- und Gruppenkriminalität sowie eine deutlich geringere Rückfallquote auffällig“ (*Keupp* 1982, 219; vgl. aber Rdn. 11 zu § 28: Mädchengangs.). Auffällig hoch ist der Anteil der Frauen allerdings im Rahmen **terroristischer Anschläge** (vgl. z. B. Rdn. 7 zu § 30); auch als Selbstmord-Attentäter.

### *b) Nicht bekannt gewordene Kriminalität (Dunkelfeld)*

Daß ein Geschlechterabstand grundsätzlich besteht (anders z. B. *Leder* 1997), wird (in Bezug auf jugendliche Straftäter) auch durch die Ergeb- 42 nisse der Dunkelfeldforschung bestätigt: Allerdings ist der Abstand im Dunkelfeld (mit einem Verhältnis von 1 zu 1,3 bis 1 zu 3: *Heinz* 2002, 140) weit geringer als der Hellfeldabstand mit knapp 1 zu 4 (vgl. *Kreuzer* 1983, 58f m.w.H. sowie Rdn. 66a zu § 2). *Kreuzer* (aaO) weist darauf hin, **„daß mit steigender Häufigkeit und Schwere erfragter Delikte der Geschlechterabstand zunimmt“** (so auch z. B. *Facella* 1984, 274ff; *Kreuzer* et al. auch 1990, 11ff; *Heinz* 2002a, 531 und *Schneider* H-J Hb. 2007, 435ff).

### 2. Erklärungsansätze für die geringere Kriminalitätsbelastung

**43** Für den geringen Umfang der registrierten weiblichen Kriminalität und für die spezifische Deliktsstruktur werden in der Literatur eine Reihe von Erklärungen angeboten, die mehr oder weniger überzeugen (vgl. dazu die Übersichten bei *Cremer* 1974; *Brökling* 1980, *Leder* 1984 in MschrKrim 1984, 213ff, *Mischau* 1997; *Heinz* 2001, 82):

*a) Biologisch-anthropologische Theorien*

**44** aa) *Lombroso* (zu diesem Rdn. 13ff zu § 4) und *Ferrero* haben in ihrem Werk „Das Weib als Verbrecherin und Prostituierte“ (Hamburg 1894, 76ff) die Meinung vertreten, das weibliche Äquivalent zur Kriminalität der Männer bestehe in der Prostitution: **„Prostitutionstheorie“**; diese Theorie wurde z.B. von *Einsele* (noch 1975, 631) mit der Begründung vertreten, dem männlichen haltschwachen Straftäter würde auf Seiten der Frauen die Prostituierte entsprechen (ähnlich *Schaffstein,* Jugendstrafrecht, noch 1980, 19 und *Dürkop/Hartmann:* Frauenkriminalität, in: KJ 1974, 219ff). Zur Geschichte *Uhl* 2003.

*Im Rahmen der Drogen-Beschaffungskriminalität (vgl. Rdn. 18 zu § 27) ist es tatsächlich so: Männliche „Junkies“ begehen eher Straftaten, weibliche weichen in die Prostitution aus.*

**45** bb) Nach der sog. **„Schwächetheorie“** begeht die Frau deshalb weniger Straftaten, weil ihr zum Kriminellwerden angeblich die Körperkraft und Intelligenz fehlen. Noch 1902 hat *Möbius* in seinem Buch „Über den physiologischen Schwachsinn des Weibes“ ausgeführt, Frauen seien geistig ein „Mittelding zwischen Kind und Mann“; wichtige Gehirnteile für das geistige Leben seien bei der Frau schlechter entwickelt als beim Mann (so auch die Genetiker Anne *Moir* und David *Jessel* (in: Brainsex – der wahre Unterschied zwischen Mann und Frau, Düsseldorf 1990). Manche Straftaten werden von Justiz und Presse mitunter noch mit den biologischen Besonderheiten in Verbindung gebracht: Menstruation, Schwangerschaft, Klimakterium usw. (vgl. dazu *Einsele* 1975; *Trube-Becker* 1974).

**46** cc) Auf der anderen Seite hält es *Cremer* (1974) für möglich, daß das weibliche Geschlechtschromosom XX (dazu Rdn. 11 zu § 5) den Frauen mehr Stabilität und damit mehr Widerstandskraft gegen kriminelle Versuchung verleihen würde als das XY-Chromosom den Männern (**„Stabilitätstheorie“** vgl. dazu auch *Fetchenhauer* in FS für Schwind 2006, 844).

*b) Sozialwissenschaftliche Erklärungsversuche*

aa) Nach einem Erklärungsversuch, den man als **„Kavalierstheorie“** bezeichnen könnte, werden Frauen in Wirklichkeit nicht weniger kriminell als die Männer, ihre Straffälligkeit wird lediglich seltener entdeckt, und wenn sie entdeckt wird, seltener angezeigt (hohes Dunkelfeld), und wenn sie angezeigt wird, seltener und geringer bestraft (**selektive Sanktionierung:** vgl. z. B. *Pollak* 1961; *Geißler/Marißen* 1988, 504ff und Kritik von *Frommel* 2005, 13: „methodisch fehlerhafte Berechnungen“; ausführlich *Leder* 1997; vgl. auch den Zeitungsausriß unten). Letztere Erscheinung soll mit der „ritterlichen“ Einstellung der strafverfolgenden Männer zu tun haben (**„Frauenbonus“**). Dementsprechend wird die These vertreten, daß die tatverdächtige Frau durch die Instanzen der sozialen Kontrolle (Polizei und Justiz) begünstigt wird (vgl. zum Labeling-Ansatz: § 8 Rdn. 2). Selektionsmechanismen zugunsten der Frau? (vgl. dazu z. B. *Stein-Hilbers* 1978, 281; *Kaiser*, Lb. 1988, 437 m. w. N.; krit. *Frommel* 2007, 116). **47**

*Freiheits- und Jugendstrafen werden bei Frauen auch eher als bei Männern zur Bewährung ausgesetzt (Köhler 2012, 295). Grundsätzlich sind die Frauen bei den leichteren und Männer bei den härteren Sanktionen stärker vertreten (Köhler 2012, 292).*

Dafür, daß manche Vermutungen nicht realitätsfremd sind, könnte auch sprechen, daß der Anteil der strafmündigen Frauen an den Tatverdächtigen z. B. 2007: **24,2 %** ausmachte, der Anteil der Frauen an der Gruppe der Verurteilten (2006) hingegen nur **18,2 %**, der Anteil an den Rechtsbrechern, die zu einer Freiheitsstrafe verurteilt wurden, lediglich **10,7 %** und der Anteil an den Straftätern, die eine Freiheitsstrafe verbüßen mußten, nur noch **7,6 %**. In der **Sicherungsverwahrung** (vgl. Rdn. 2 zu § 1) befanden sich unter den 491 SVern (2009) nur (2012) drei Frauen: unter 1 %. Dabei darf man jedoch nicht übersehen, daß Frauen primär deshalb weniger hart sanktioniert werden, weil sie durchschnittlich **weniger häufig** (Rdn. 13b zu § 2) **und weniger schwere Delikte begehen** (so auch z.B. *Bruhns/Wittmann* 2003, 47; *Frommel* 2005, 13; *Köhler* 2012, 295; vgl. auch die Rdn. 42) und mehr Beihilfehandlungen als intensive Täterschaft in Betracht kommen (*Albrecht* 1987, 346ff). Deshalb sind auch die an Frauen vollstreckten Freiheitsstrafen kürzer mit der Folge, daß jährlich **doppelt so viele Frauen** als Männer **entlassen werden** (vgl. *Böhm*, Strafvollzug, 2003, 122). Vielleicht spielt nicht zuletzt auch eine Rolle, daß „Frauen häufig **unmündige** Kinder zu versorgen haben, die die Strafrichter nicht gern einem Heim überlassen möchten“ (*Schneider* 1987, 364f). Zur Strafzumessung und Rückfälligkeit straffälliger Frauen vgl. ausführlich *Köhler* 2012. **47a**

bb) Vertreterinnen (radikaler) **feministischer Richtung** (vgl. z. B. *Brökling* 1980; *Gipser* 1980; *Smaus* 1994; *Übersicht bei Mischau* 1997; krit. *Schmölzer* 1995, 252) führen die **(geringere)** Kriminalität der Frauen und Mädchen hingegen darauf zurück, daß „Frauen dem doppelten Joch kapitalistischer und patriarchalischer Unterdrückungsmechanismen ausgesetzt **48** sind und deshalb eher passive Problemlösungen wählen" (*Gipser* 1980, 175; krit. *Frommel* 2007, 108). Denn nach dieser **These von der „doppelten Unterdrückung"** (durch „Mann" und „Lohnarbeit"), die sich am Labeling-Ansatz (dazu Rdn. 2 zu § 8) orientiert, neigen Frauen „aufgrund ihrer Geschlechtsrollenzuweisung (Rollentheorie) eher zu passiven Problemlösungsstrategien, die u.a. (auch) zu nicht-kriminellen Abweichungen führen (können), wie Krankheit, Alkohol und Prostitution" (*Funken* 1989, 50).

*Gabriele Schmölzer (1999, 319) weist hingegen darauf hin, daß Feminismus Ideologie ist und „daß (rein) ideologische Ansätze einer wissenschaftskritischen Diskussion und Bewertung ... nicht zugänglich sind" (vgl. auch Rdn. 3 zu § 9).*

Die **steigende** weibliche Kriminalität wird damit erklärt, daß „Frauen um so eher abweichendes Verhalten zeigen, je mehr sie ihre unterdrückte Stellung wahrnehmen" (*Gipser* aaO). Die **spezifische** Art des deliktischen Verhaltens von Frauen und Mädchen hängt nach diesen Ansätzen „von den ihnen zur Verfügung gestellten Mitteln ab. Das sind solche Mittel, die mit der gesellschaftlichen Rollendefinition der Frau" zu tun haben (*Gipser* aaO), also keine Waffen oder Einbruchswerkzeuge. *Funken* (1989, 51) weist ergänzend auf die „spezifischen weiblichen Konfliktlagen" hin, die die „spezifische Struktur der Frauenkriminalität" erklären (vgl. auch die Beiträge in *Krüger:* Kriminologie, eine feministische Perspektive, Pfaffenweiler 1992). Nach *Hengesch* (1990, 334) „liegt der Schluß nahe, daß Frauen erst ‚männlich' werden müssen, um schwerere Verbrechen zu begehen" (vgl. ferner die Aufsätze in *Althoff/Kappel* 1995). Denn: Physische Gewalt paßt (nach *Brökling* 1980, 119) nicht in das traditionelle Rollenbild der Frau: diese sei eine männliche Domäne. *Schneider* (1987, 567) spricht aber vom zunehmenden Eindringen von Frauen in **„deliktsriskante Handlungsräume"** (vgl. unten den Zeitungsausriß).

GEWALT

**„Da bleibt keine Nase heil"**

Brutalität unter Jugendlichen ist nicht länger eine Domäne von Jungen – immer mehr Mädchen prügeln und foltern. Die Experten rätseln: Ist das die Kehrseite der Emanzipation oder notwendige Anpassung in einer roher werdenden Gesellschaft?

aus: *DER SPIEGEL* Nr. 11 vom 9. März 1998, 74.

**49** cc) Plausibel erscheint vor allem die Annahme der sog. **„Emanzipationstheorie"**, nach der sich die weibliche Kriminalitätsrate der des Mannes dann allmählich angleichen soll, wenn sich das (anerzogene) weibliche Rollenverhalten (stärkere Passivität, geringere Aggressivität usw.) dem männlichen annähert (so z.B. *Lamott* 1995, 29; vgl. auch *Theurer* 1996, 152) . **Je mehr also auch Frauen am Berufs- und Wirtschaftsleben teilnehmen**, je mehr kommen sie (nach diesem Ansatz) auch mit dem

Gesetz in Konflikt, weil sie dann den Versuchungen des Erwerbslebens in höherem Maße ausgesetzt sind: „Kriminalität durch Emanzipation"? (*Heinz*, 2002, 131) bzw. **„durch Aggression zur Emanzipation? Oder umgekehrt?"** (*Schmerl* 1999, 209). Freda *Adler* (1975, 22f) hat die These vertreten, daß die Frauenkriminalität im Zuge der weiteren Emanzipation (Angleichung der Verhaltensmuster) gleichziehen wird.

An der fortschreitenden Emanzipation dürften kaum Zweifel bestehen. Der Anteil der Frauen an der **Erwerbstätigkeit** stieg auf 46,9 % (*Statist. Bundesamt*, zit. nach DIE WELT vom 13. März 2004). Die neue Frauengeneration akzeptiert nicht mehr die Wahl zwischen Beruf und Familie. **Die 17–30jährigen wollen „nun ganz selbstverständlich alles: Beruf, Partner, Kinder und gesellschaftliche Verantwortung"** (Cl. *Kemmer* in NOZ vom 26. März 2008 unter Hinweis auf eine wissenschaftliche Untersuchung, die in Zusammenarbeit zwischen dem Wissenschaftszentrum Berlin und dem Institut für angewandte Sozialwissenschaft (infas) durchgeführt wurde):

> *Befragt wurden über 1000 Frauen im Alter von 17–29 Jahren nach ihren Hoffnungen und Plänen. Ergebnis: Die junge Frauengeneration ist selbstbewußt, fühlt sich stark und läßt sich nicht manipulieren.* ***„Ich weiß, daß ich gut bin"****, sagen 99 Prozent dieser Frauen. 90 Prozent streben an, auf eigenen Beinen zu stehen. Abhängigkeit vom Partner oder vom Staat lehnen sie ab.*

Zum Anteil weiblicher TV unter nichtdeutschen TV vgl. Rdn. 3a vor **50**
§ 23 und Zeitungsausriß unten.

## Frauen-Banden auf Beutezug in Osnabrück

**80 Täterinnen erwischt – Wer geschnappt wird, macht in einer anderen Stadt weiter**

*Von Wilfried Hinrichs*

**OSNABRÜCK. Sie reisen ein, greifen zu und ziehen weiter: Junge Frauen aus Bulgarien gehen in Osnabrück und vielen anderen Städten auf Beutezug. Ihre Masche: In Geschäften lenken sie Kunden ab und stehlen deren Geldbörse.**

aus: *NOZ* vom 4. Dez. 2010

ZWEITER TEIL

# Geschichte der Kriminologie und Kriminalitätstheorien

1 Die Kriminologie hat zwar, wie man z.B. bei *Göppinger* (Lb. 1980, 21) nachlesen kann, „eine erst kurze (wissenschaftliche) Geschichte, aber eine lange Vergangenheit". Gemeint ist damit, daß das Verbrechen die Menschen zu allen Zeiten bewegt hat (in Liedern, Gedichten, Erzählungen, Kriminal-Romanen oder auf Bildern: inzwischen vor allem in Film, Video und TV), während die methodisch-empirische Erforschung der Ursachen kriminellen Verhaltens erst relativ spät und mit bisher recht begrenztem Erfolg eingesetzt hat. Jedenfalls fehlt es an einer (zuverlässigen) Ursachenkenntnis bis heute (grundsätzlich) noch immer; deshalb gibt es zwar zahlreiche **„Kriminalitätstheorien"** (vgl. §§ 5–8), aber nur relativ wenig gesichertes Wissen (vgl. dazu Rdn. 1ff zu § 9).

*Karikatur* von Bernd *Kissel* (17 Jahre), Preisträger im Karikaturenwettbewerb „Gewalt in der Schule" (1995) des Studienkreises und der Deutschen Jugendpresse e.V.

2 Dementsprechend schwelt auch seit rund 100 Jahren der sog. **Anlage-Umwelt-Streit**, der in der Kriminologie um die Frage geführt wird, ob das unangepaßte Sozialverhalten bzw. das Kriminellwerden eher (oder ausschließlich) mit der **genetischen** Programmierung (Erbfaktoren) des Men-

schen, der straffällig wurde, zu tun hat oder eher (oder ausschließlich) mit den Umweltfaktoren, also mit dem Milieu, in dem er aufwachsen mußte.

3 Heute ist der Meinungsstand der, daß es

- erstens: grundsätzlich **keine monokausale Erklärung** für Kriminalität gibt (vgl. Rdn. 21 ff zu § 8): **Normabweichendes Verhalten hat meist mit mehreren verschiedenen Einflußfaktoren zu tun**, die einander ergänzen bzw. verstärken. Dabei folgt die Verknüpfung aber **keinen naturwissenschaftlichen Gesetzen i.S. von einfachen linearen Kausalbeziehungen bzw. eindimensionalen Ursache-Wirkung-Mechanismen** (vgl. z.B. Rdn. 27 zu § 8). Deshalb können auch **keine Ausschließlichkeitsansprüche** der Erklärungsansätze, die anschließend (§§ 5 ff) vorgestellt werden, anerkannt werden;
- zweitens: hat *Kerner* dazu (in: BewHi 1984, 138) den **„Gesichtspunkt der Additivität"** in die Diskussion eingeführt: „Additivität bedeutet vereinfacht ausgedrückt, daß verschiedenste Faktoren zu einem gemeinsamen Ergebnis Stück für Stück beitragen, so wie etwa – bildlich veranschaulicht – eine Waage sich immer mehr senkt, je mehr Gewichte oder (ergänzend) je größere Gewichte auf die Waagschale gelegt werden ... Ob dies im Ergebnis tatsächlich so ist ..., bleibt beim gegenwärtigen Erkenntnisstand", wie *Kerner* (aaO) zutreffend schreibt, jedoch ebenso offen wie die empirische Absicherung der (meisten) Thesen der Kriminalitätstheorien;
- drittens: weist *Kaiser* (Lb. 1988, 410) darauf hin, daß die Wissenschaft „zunehmend von einer **biosozialen Interaktion** ausgeht", nämlich von der **Interaktion der Gene bzw. psychischen Abnormitäten (Persönlichkeitsstörungen) mit der Umwelt** bzw. mit dem Einfluß von Hormonen und Neurotransmittern (dazu Rdn. 13 zu § 5); danach spielen sowohl personenbezogene als auch gesellschaftsbezogene Erklärungen eine Rolle.

Einigkeit besteht in der Wissenschaft darin, daß es **Risikofaktoren** gibt, nämlich solche, die die Kriminalitätsentwicklung begünstigen können und **Schutzfaktoren**, die dazu beitragen können, solche Entwicklungen zu verhindern oder abzumildern (dazu Rdn. 41 zu § 1).

## § 4 Überblick über die Geschichte der Kriminologie

**Literatur:** **Beccaria,** C.: Über Verbrechen und Strafen, 1764, übersetzt von *Alff,* W., Frankfurt/M. 1966; **Bussmann,** K.-D./**Kreissl,** R. (Hrsg.): Kritische Kriminologie in der Diskussion, Opladen 1996; **Deimling,** G. (Hrsg.): Cesare Beccaria, Heidelberg 1989; **Dölling,** D.: Kriminologie im „Dritten Reich", in: Dreier, R./Sehlert, W. (Hrsg.): Recht und Justiz im „Dritten Reich", Frankfurt/M. 1989, S. 194–225; **Engelhardt,** D. v.: Kriminalität zwischen Krankheit und Abnormität im wissenschaftlichen Denken des 19. Jahrhunderts, in: *Kerner,* H.-J./*Göppinger,* H./*Streng,* F. (Hrsg.): Festschrift für Leferenz, Heidelberg 1983, S. 261 ff; **Engels,** F.: Die Lage der arbeitenden Klasse in England, 1845; Neuausgabe hrsg. v. *Kampmann,* W., München 1973; **Ferri,** E.: Das Verbrechen als soziale Erscheinung, Leipzig 1896 (autorisierte deutsche Ausgabe von *Kurella,* H.); **Glaser,** J.: Caesar Beccaria über Verbrechen und Strafen, 2. Aufl., Wien 1876; **Hering,** K.-H.: Der Weg der Kriminologie zur selbständigen Wissenschaft, Hamburg 1966; **Jung,** H.: Montesquieu und die Kriminalpolitik, in: JuS 1999, S. 216–220; **Kaiser,** G.: Stand der Entwicklung der kriminologischen Forschung in Deutschland, Berlin 1975; **Kinzig,** J.: Von der Rasterfahndung bis zum Profiling: Spuren des „Uomo Delinquente" in Recht und Kriminologie, in: Schweiz. Arbeitsgruppe für Kriminologie, Bd. 22 (2004), S. 49–67; **Küper,** W.: Cesare Beccaria und die kriminalpolitische Aufklärung des 18. Jahrhunderts, in: JuS 1968, S. 547–553; **Kürzinger,** J.: Cesare Beccaria, Bd. 6 der Enzyklopädie „Die Großen der Weltgeschichte“, Zürich 1975, S. 760–771; **Kürzinger,** J.: Cesare Lombroso, Bd. 8 der Enzyklopädie „Die Großen der Weltgeschichte“, Zürich 1977, S. 626–635; **Laubenthal,** K.: Historische Entwicklung der Kriminalbiologie, in: *Hilgendorf,* E./*Weitzel,* J. (Hrsg.): Der Strafgedanke in seiner historischen Entwicklung, Berlin 2007, S. 147–159; **v. Liszt,** F.: Das Verbrechen als sozialpathologische Erscheinung, Strafrechtliche Aufsätze und Vorträge, Bd. 2, Berlin 1905 a, S. 230–250; **v. Liszt,** F.: Die gesellschaftlichen Faktoren der Kriminalität, Strafrechtliche Aufsätze und Vorträge, Bd. 2, Berlin 1905 b, S. 433–447; **v. Liszt,** F.: Strafrechtliche Aufsätze und Vorträge, 2 Bände, Berlin 1905 c; **v. Liszt,** F.: Der Zweckgedanke im Strafrecht (Marburger Universitäts-Programm 1882), in: ZStW 3, 1883, S. 1 ff; **Lombroso,** C.: L'uomo delinquente, Mailand 1876 a; **Lombroso,** C.: Der Verbrecher (übersetzt aus dem Italienischen), 5. Aufl. 1896/97, Bd. 1, Hamburg 1887; **Lombroso,** C.: Der Verbrecher in anthropologischer, ärztlicher und juristischer Beziehung, 3 Bände, übersetzt von *Fraenkel,* H. O. und *Kurella,* H., Hamburg 1887–1896; **Lombroso,** C.: Neue Fortschritte in den Verbrecherstudien, übersetzt von *Merian,* H., Gera 1899; **Mannheim,** H. (Hrsg.): Pioneers in Criminology, London 1960; **Quetelet,** A.: Physique Sociale, Paris 1835; **Rehbein,** K.: Zur Funktion von Strafrecht und Kriminologie im nationalsozialisischen Rechtssystem, in MschKrim 1987, S. 193–210; **Schneider,** H.: Vom bösen Täter zum kranken System, in: Requate, J. (Hrsg.): Recht und Justiz im gesellschaftlichen Aufbruch (1960–1975), Baden-Baden 2003, S. 275–293; **Schneider,** H.-J.: Die gegenwärtige Lage der deutschsprachigen Kriminologie, in: JZ 1973, S. 569–583; **Schneider,** H. J.: Prüfe dein Wissen: Kriminologie, Jugendstrafrecht, Strafvollzug, 2. Aufl., München 1982; **Schneider,** H. J.: Der Ursprung der Weltkriminologie der Gegenwart, in: *Saar,* St./*Roth,* A./*Hattenhauer,* C. (Hrsg.): Recht als Erbe und Aufgabe, Berlin 2005, S. 299–319; **Schwind,** H.-D.: Die Neue Kriminologische Gesellschaft (NKG), in: FS für Göppinger 1990, S. 633 ff; **Seelig,** E./**Bellavic,** H.: Lehrbuch der Kriminologie, 3. Aufl., Darmstadt 1963; **Streng,** F.: Der Beitrag der Kriminologie zur Entstehung und Rechtfertigung staatlichen Unrechts im „Dritten Reich“, in: MschrKrim 1993, S. 141–168; **Waldeck,** M.: Beccaria, über Verbrechen und Strafen (Übersetzung), Berlin 1870.

**Gliederung**



## I. „Pioniere“ der Kriminologie

Die Bezeichnung „Kriminologie“ soll von dem Franzosen P. **Topinard** (1830–1911) stammen. Nachweislich verwendet hat den Begriff erstmals der Italiener Raffaele **Garofalo** (1851–1934), und zwar als Titel seines 1885 veröffentlichten Buches „Criminologia“. 1

Garofalo gilt aber nicht als Begründer dieses Wissenschaftszweiges; als solche werden in der Literatur vielmehr zwei seiner Landsleute genannt: der Mailänder Jurist Cesare Bonesana Marquis di **Beccaria** (1738–1794) und der Turiner Arzt Cesare **Lombroso** (1835–1909). *Beccaria* war allerdings eher ein erster Vertreter der wissenschaftlich orientierten Kriminalpolitik (vgl. Rdn. 38 zu § 1) und *Lombroso* eher ein etwas „anrüchiger“ Stammvater der kriminologischen Forschung. 2

### 1. Der Strafrechtsreformer Cesare di Beccaria

*Beccaria* (Abb. 1) wurde am 15. März 1738 im damals unter österreichischer Herrschaft stehenden Mailand geboren, im Jesuiten-Kolleg zu Parma erzogen und an der Universität von Pavia zum Doktor der Rechte promoviert. 1764, also mit erst 26 Jahren, veröffentlichte er eine schmale Schrift mit dem Titel „Dei Delitti e delle Pene“ („Über Verbrechen und 3

Strafen"), in der er eine leidenschaftliche Anklage gegen das unmenschliche Rechts- und Gerichtswesen seiner Zeit erhob: gegen Inquisition, Tortur und Galgen.

4 Daß dieses kleine Buch (mit nur rund 100 Seiten) in kurzer Zeit (übersetzt in alle Kultursprachen; deutsch: *Waldeck* 1870 und *Glaser* 1876) in ganz Europa gelesen wurde und trotz schärfster Angriffe von theologischer und juristischer Seite auf weitgehende Zustimmung stieß (*Voltaire* und *Diderot* kommentierten das Werk), hatte nicht zuletzt mit dem Zeitgeist zu tun, dem es entsprach: der geistigen Bewegung der **Aufklärung** (Aufbruch des Geistes) des 18. Jahrhunderts, deren Inhalt durch den Wahlspruch „sapere aude" am besten erfaßt wird („habe Mut, deine Vernunft zu gebrauchen"). Als vernünftig galt, was für die Gesellschaft nützlich erschien; als nicht vernünftig, was für die Gesellschaft keinen Nutzen versprach. Nützlich für die Gesellschaft erschien es durch die Rationalität des menschlichen Denkens, die damals in allen Wissenschaften anzutreffende Irrationalität des mittelalterlichen Denkens zu verdrängen: nicht nur in der Philosophie, Mathematik oder Naturwissenschaft, sondern auch in der Rechtswissenschaft, insbesondere im Strafrecht und in der strafrechtlichen Praxis.

5 Entsprechende Kritik richtete sich z.B. gegen die Todeswürdigkeit der sog. Religionsdelikte, also gegen die Verhängung der Todesstrafe für Gotteslästerung, Ketzerei, Hexerei, Zauberei oder Teufelskult. Zur Illustration der entsprechenden Verhältnisse in Italien weist *Kürzinger* (1975, 765) darauf hin, „daß in der Heimatstadt Beccarias, die zu seiner Zeit um die 120000 Einwohner zählte, in den Jahren 1741–1762 mehr als 77000 Personen zu Gefängnis oder zum Tode verurteilt wurden; an manchen Tagen fanden in der Stadt bis zu sechs Hinrichtungen statt. Das Kriminalrecht Englands kannte zu dieser Zeit für nicht weniger als zweihundert Verbrechen die Todesstrafe."

6 Den Ausgangspunkt der Überlegungen *Beccarias* bildeten die Gedanken seines Zeitgenossen Jean-Jacques *Rousseau* (1712–1778), nach denen der Staat aufgrund von Verträgen freier Menschen entsteht, und zwar mit dem Ziel, alle möglichst glücklich zu machen *(Beccaria,* Kapitel I): deshalb sei jeder Akt der Herrschaftsgewalt, der ohne Notwendigkeit das Glück der Menschen beeinträchtigen würde, „tyrannisch" (Kap. II).

7 Dementsprechend sollte sich nach *Beccarias* Vorschlägen (1764; 1966, 155) die künftige Kriminalpolitik (in Abkehr mittelalterlicher Praktiken) nur an den folgenden Prinzipien orientieren (vgl. dazu zusammenfassend *Küper* 1968, 547ff; *Kürzinger* 1975 und *Deimling* 1989):

- erstens: **Willkürverbot für die Polizei** (Kap. XI),
- zweitens: **strikte Abhängigkeit des Richters vom Gesetz** (Kap. III),
- drittens: **zügige Abwicklung des Strafverfahrens:** je rascher die Strafe dem Verbrechen folgt, desto gerechter und nützlicher ist sie (Kap. XIX),
- viertens: **Gewährung ausreichender Zeit für die Verteidigung** (Kap. XXX),
- fünftens: **Öffentlichkeit der Gerichtsverhandlungen:** Abschaffung der geheimen Anklage (Kap. XV),

*Abbildung 1:*
*Beccaria* (1738–1794)

- sechstens: **Unschuldsvermutung zugunsten des nicht überführten Tatverdächtigen** (Kap. XVI),
- siebtens: **Abschaffung des Strafzwecks der Vergeltung zugunsten der Abschreckung** des Täters (Spezialprävention) bzw. der Allgemeinheit (negative Generalprävention) (Kap. XII),
- achtens: **Abschaffung der Folter und grausamer Strafarten:** es ist nicht Aufgabe der Strafe, „ein mit Empfindung begabtes Wesen zu quälen“ (Kap. XII),
- neuntes: **Ersetzung der Todesstrafe durch lebenslange Freiheitsstrafe** (Kap. XXVIII) und
- zehntens: **Primat vorbeugender Kriminalpolitik:** Es ist besser, den Verbrechen vorzubeugen als sie zu bestrafen: vor allem durch (protektive) Erziehung (Kap. XII, XIV).

Die Wirkungen dieser und ähnlicher Forderungen samt ihrer Begründung sind im gebildeten Europa ungeheuer gewesen. Selbst Teile der Justiz haben sich beeindruckt gezeigt. So weigerten sich Richter unter Berufung auf die Schrift *Beccarias*, noch länger nach den attackierten Vorschriften der alten Gesetze zu strafen, und orientierten sich dafür an den von *Beccaria* formulierten **„vernünftigen“ Grundsätzen** (*Küper* 1968, 547). Die Zeit erschien allerdings auch reif für Reformen, so daß *Beccarias* Schrift insoweit nur noch eine **Auslösefunktion** erfüllt haben dürfte. **8**

Aber auch in den Kreisen des Adels lösten die Gedanken *Beccarias* Bestürzung und Nachdenken aus. Am Vorabend der französischen Revolution „erfaßte ein tiefes Erschrecken die Herrschenden, die dem geistigen Aufbruch vor den Toren ihrer Schlösser und Parks bis dahin eher gleichgültig gegenüberstanden, bar jeden Gefahrenbewußtseins gegenüber den ungeheuren Kräften, die bereits in Bewegung geraten waren. Die Feudalschicht sah sich vor den Richterstuhl der Vernunft gestellt“ (*Herold* 1982 in einem Vortrag vor der Deutschen Kriminologischen Gesellschaft in Frankfurt). **9**

Ein Ministeramt, das die an den Ideen der Aufklärung interessierte russische Zarin **Katharina II.**, eine deutsche Prinzessin, *Beccaria* in **10**

Petersburg anbot, schlug dieser nach Zögern zugunsten einer Professur (für Staatswissenschaften) an der Universität Mailand aus, obgleich ihm mit dem angebotenen Staatsamt die Möglichkeit der Reformierung und Kodifizierung des russischen Rechts eingeräumt werden sollte. Mit der Ablehnung der Berufung war somit eine große Chance vertan.

11 Zum Gedenken an Beccaria verleiht die Neue Kriminologische Gesellschaft e. V. (2007 umbenannt in „Kriminologische Gesellschaft – Wissenschaftliche Vereinigung deutscher, österreichischer und schweizerischer Kriminologen“) (**KrimG**) auf Initiative von Armand *Mergen* (bis 1988 = Deutsche Kriminologische Gesellschaft: zur Geschichte vgl. *Schwind* 1990) seit 1964 die **„Beccaria-Medaille“**, die als Nobel-Preis der Kriminologie gilt, an solche Kriminalpolitiker oder Kriminologen, die sich im Sinne *Beccarias* verdient gemacht haben. Zu den Ausgezeichneten gehören z. B. der amerikanische Rechtswissenschaftler **Sheldon Glueck** und die amerikanische Pädagogin **Eleanor Glueck** sowie der italienische Kriminologe **Filippo Gramatica**, der deutsche Kriminologe **Hans von Hentig** und der amerikanische Soziologe **Thorsten Sellin** (alle 1964), der Soziologe **René König,** der Psychiater **Bürger-Prinz** und der österreichische Verhaltensforscher **Konrad Lorenz** (alle 1968), die Vollzugsreformerin **Helga Einsele** (1974), der (frühere) Präsident des Bundeskriminalamtes **Horst Herold** (1976), der französische Kriminalschriftsteller **Georges Simenon** (1977), **Hans-Dieter Schwind** (1982), der Verfasser dieses Buches, der Kriminalist **Bernd Wehner** (1984), der deutsche Innenminister **Friedrich Zimmermann** (1985 für seine Verdienste um den Umweltschutz), der österreichische Justizminister **Christian Broda** (1986), die Strafvollzugsreformer **Horst Schüler-Springorum** und **Heinz Müller-Dietz** (1987), der japanische Kriminologe **Koichi Miyazawa** (1995), der amerikanische Kriminologe **Marvin E. Wolfgang**, die spanische Kriminalwissenschaftlerin **Esther Giménez-Salinas** (1997), die forensische Psychologin **Elisabeth Müller-Luckmann** sowie die Mitarbeiterin in der Abteilung „Crime Problems“ des Europarates **Aglaia Tsitsoura** und **Wolfgang Rau** (1999), der deutsche Psychiater **Ulrich Venzlaff** und der schweizerische Strafrechtsreformer **Hans Schultz** (2001), der Kriminologe **Günther Kaiser**, der Strafrechtler **Claus Roxin** und der japanische Kriminalwissenschaftler **Toshio Yoshida** (2003), die Kriminologen **David P. Farrington** (UK) und **Arthur Kreuzer** (2005), der Strafrechtsreformer **Roland Miklau** und der Forensiker **Norbert Nedopil** (2007), der Präventions- und Evaluationsforscher **Lawrence W. Sherman** und der Strafrechtler **Heinz Schöch** (2009), der Richter **Reinhard Böttcher** and der Psychiater **Henning Saß** (2011) sowie der Kriminologe **Hans-Jürgen Kerner** und der Jugend-Psychiater **Helmut Remschmidt** (2013).

12 Gleichwohl haben sich *Beccarias* Gedanken, die bis in die heutige Zeit hineinreichen, auch schon damals praktisch auswirken können. Kaiserin

**Maria Theresia** ließ 1776 (unter dem Einfluß von *Beccarias* Ideen) die **Folter abschaffen** und ihr Sohn, (der spätere) Kaiser Joseph II., im Jahre 1788 als Erzherzog (außer im Standrecht) die Todesstrafe (die allerdings später wieder eingeführt wurde). 1791 wurde *Beccaria* auf Wunsch Kaiser Leopolds II. als Berichterstatter in die Kommission zur Reform des Josephinischen Strafgesetzbuchs berufen. Drei Jahre später (am 28. November 1794) ist er mit erst 56 Jahren gestorben. Friedrich II. (der Große) von Preußen schrieb 1777 in einem Brief an *Voltaire*: „*Beccaria* hat uns nichts zur Klärung übrig gelassen. Wir haben nur dem zu folgen, was er geschrieben hat" (zit. nach Lb. *Schneider* 1993, 13).

### 2. Empirische Impulse durch Cesare Lombroso

Während *Beccaria* durch seine kriminalpolitischen Ideen als Strafrechtsreformer Bedeutung erlangte, ist sein Landsmann Cesare *Lombroso,* der fast 100 Jahre später zur Welt kam, durch seine **Ansätze** zu **empirischer Forschung** im Gedächtnis geblieben. 13

*Lombroso* (Abb. 2) wurde am 6. November 1835 im damals österreichisch regierten Verona geboren und ist dort auch zur Schule gegangen. 1858 wurde er (wie *Beccaria*) an der Universität von Pavia promoviert, aber nicht (wie dieser) zum Doktor der Rechte, sondern zum Doktor der Medizin. Von 1859–65 nahm *Lombroso* als **Militärarzt** am Zweiten Unabhängigkeitskrieg Italiens teil. 1867 wurde er mit 32 Jahren zum außerordentlichen Professor an einer Klinik für Geisteskranke in Pavia ernannt, 1871 zum Leiter der Nervenanstalt von Pesaro und 1876 zum ordentlichen Professor für gerichtliche Medizin an der Universität von Turin. 14

*Abbildung 2:*
*Lombroso* (1835–1909)

Sein bedeutendstes Werk mit dem Titel **„L'uomo delinquente"** (Der Verbrecher) blieb 1876 in erster Auflage (rund 250 Seiten) nahezu unbe- 15 achtet und erregte (inzwischen angereichert durch kühne Hypothesen und weiteres wissenschaftliches Material) erst zwei Jahre später (1878), als es in zweiter Auflage erschien, großes Aufsehen. *Lombroso* vertrat darin nämlich die Ansicht, daß der Verbrecher schon an äußeren körperlichen Merkmalen (**stigmata**) zu erkennen sei: an Auffälligkeiten (Anomalien: vgl. Abb. 3)

- des **Schädels:** fliehende Stirn, riesiger Unterkiefer, große Augenhöhlen, hervorstehende Augenwülste, Asymmetrie des Gesichts;
- anderer **Körperteile:** große Spannweite der Arme, große Füße und Hände;
- der **Sinnesorgane:** herabgesetzte Sinnes- und Schmerzempfindlichkeit: daher die Todesverachtung und Grausamkeit.

**16** *Abbildung 3: Lombrosos* „Verbrechertypen“

aus: *Lombroso* 1899, S. 114–115

Diebe besäßen im allgemeinen (so schrieb er) sehr bewegliche Gesichtszüge und Hände, ihre Augen seien klein, unruhig und oft schielend, die Augenbrauen zusammengewachsen, die Nase krumm usw. Die Unzüchtigen würden fast immer durch ihre funkelnden Augen auffallen sowie durch ein feines Gesicht und schwellende Lippen. Typisch für Mörder seien hingegen deren glasiger, eisiger, starrer Blick sowie die bisweilen blutunterlaufenen Augen: „Die Nase ist groß, oft eine Adler- oder vielmehr Habichtsnase; der Kiefer stark knochig, die Ohren lang, die Lippen dünn, die Eckzähne groß" (1887, 230f); vgl. auch Rdn. 44 zu § 3. **17**

*Ähnlich hatte allerdings bereits im 16. Jahrhundert (1586) der italienische Naturwissenschaftler* ***della Porta*** *den Verbrecher als „Menschen mit blasser Haut, langem Haar, großen Ohren und kleinen Augen" beschrieben (zit. nach Brammsen, in: Jura 1988, 58).*

Die Grundlage dieser Behauptungen bildeten (erstens) **Schädelvermessungen** sowie andere körperliche Untersuchungen, die *Lombroso* zunächst in seiner Militärzeit an rund 4000 Soldaten und später in Strafanstalten an Gefangenen (z.B. in Neapel) durchgeführt hatte, und (zweitens) die Resultate einschlägiger älterer Vorarbeiten anderer Autoren: insoweit sind außer Giovanni Batista *della Porta* (1545–1615) noch Franz Josef *Gall* (1758–1828) oder der Schotte Bruce *Thompson* (1810–1873) zu erwähnen. **18**

*Dazu: Untersuchungen von Bott/Reich/Kerner haben ergeben, daß „in der 2. Klasse (der Grundschule) noch jeder dritte Schüler davon ausgeht, daß man einen Verbrecher am Aussehen erkennt" (in: Praxis der Rechtspsychologie Juli 2006, 20).*

Das Schlüsselerlebnis, das *Lombrosos* wissenschaftliche Interessen in die beschriebene Richtung gelenkt hat, soll er bei der Autopsie des gefürchteten Straßenräubers und Mörders *Vilella* gehabt haben, als er bei diesem angeblich eine Schädelanomalie entdeckte, die Ähnlichkeiten mit Schädelformen bei bestimmten Affenarten aufwies. Ob unter dem Eindruck dieser Entdeckung oder aus anderen Gründen, *Lombroso* hat jedenfalls alles anthropologische Material, dessen er habhaft werden konnte, über Verbrecher gesammelt und dann durch gezielt angesetzte eigene Untersuchungen ergänzt (vgl. *Kürzinger* 1977, 628). Die Ergebnisse seiner Arbeit bestärkten ihn (auf der Grundlage der Darwinschen **Evolutionstheorie**) in seiner Vermutung, daß es sich bei den Verbrechern um einen Rückfall auf eine frühere Entwicklungsstufe des Menschen handeln müsse bzw. um die Reste eines Urmenschenschlages: nämlich um mit tierähnlichen Zügen ausgestattete Wilde früherer Entwicklungsstufen der Menschheit. Selbst das häufige **Tätowieren** (vgl. dazu *Kretschmer* in FS für Schwind 2006, 578ff), das man (auch heute noch) häufig bei Rückfalltätern antrifft, führte *Lombroso* als Beweis dafür an, daß Sitten und Gebräuche der wilden Urvölker im Verbrecher noch nachwirken würden. Die schlagwortartige Verkürzung dieser Thesen zur **„Lehre vom geborenen Verbrecher"** (il nato delinquente) stammt allerdings von seinem Schüler Enrico *Ferri* (1856–1929). Die (logisch an seine Lehren anknüpfende) **kriminalpolitische Konsequenz** bestand für *Lombroso* in **19** dem Vorschlag einer lebenslangen Inhaftierung und in der Befürwortung der Todesstrafe. Menschen mit Stigmata sollten sogar bevor sie straffällig wurden (**„Prädelinquenten“**), ausgesondert und isoliert werden. Besserungsmöglichkeiten für „geborene Verbrecher“ wurden von Lombroso nicht gesehen (vgl. dazu *Laubenthal* 2007, 152ff).

**20** **Was bleibt** nach heutigen wissenschaftlichen Erkenntnissen von der Lehre *Lombrosos* übrig und weshalb gilt er als „Vater einer ganzen Wissenschaft, die Kriminologie genannt wird“ (*Kürzinger* 1977, 627)? Der anlagenbezogene Ansatz *Lombrosos* ist schon zu seiner Zeit widerlegt worden, etwa von dem Berliner Gefängnisarzt *Baer* (1896), der mit Hilfe umfangreicher Untersuchungen in Strafanstalten festgestellt hat, daß es „den geborenen Verbrecher als morphologische Abart des Menschen nicht gibt“ (*Seelig/Bellavic* 1963, 45).

**21** *Obgleich also deutlich wurde, daß der Ansatz Lombrosos verfehlt war, wurde er von der* ***nationalsozialistischen Vererbungs- und Rassenideologie*** *wiederentdeckt und zur Begründung der Judenverfolgung und zur Legitimation von eugenischen Maßnahmen* ***mißbraucht*** *(dazu Streng 1993, 164, Laubenthal 2007, 158 und Rdn. 51).*

**21a** Daß *Lombroso* dennoch als „Vater“ der wissenschaftlichen Kriminologie gilt, führt *Göppinger* (1980, 24) auf die Tatsache zurück, daß er „nicht nur vom grünen Tisch Theorien über das Verbrechen entworfen“, sondern selbst versucht hat, **empirische Arbeit** zu leisten: „wenn auch in naiver Weise“ (*Schneider* 2005, 300). In diesem Rahmen ist ihm gelungen, „die **Kriminologie von der ‚klassischen‘ tatbezogenen Ausrichtung auf die täterbezogene Betrachtung umzupolen“** (*Kunz* Lb. 2004, 175).

**22** *Lombroso war ein Vertreter der* ***Anthropometrie****, eines Mitte des 19. Jahrhunderts von Adolphe Quetelet (vgl. Rdn. 69 zu § 2) empfohlenen* ***Körpermeßverfahrens*** *zur Identifizierung von Personen. Diese Methode wurde 1903 durch die Einführung der* ***Daktyloskopie****, eines* ***Fingerabdruckverfahrens****, abgelöst, das wiederum (ab Ende des 20. Jahrhunderts) durch die* ***DNS-Analyse*** *(vgl. Rdn. 27a zu § 1), die die* ***Erbsubstanz*** *untersucht, ergänzt worden ist. Nach Kinzig (2004, 63) kann Lombroso aber auch als einer der Vorläufer für die* ***Erstellung von Täterprofilen*** *angesehen werden (dazu Rdn. 27b zu § 1), von der „es nicht weit zur sog.* ***Rasterfahndung****“ (s. Rdn. 38 zu § 29) ist, „die sich vom Profiling vor allem darin unterscheidet, daß bei ihr große Datenmengen erfaßt, d.h. durchgerastert werden“ (Kinzig aaO, 64).*

### 3. Andere „erste“ Kriminologen

**23** Auch die weitere Entwicklung wurde vor allem durch Einzelpersönlichkeiten, „Pioneers in Criminology“, wie *Mannheim* sie nennt (1960), bestimmt. Jede der Bezugswissenschaften der Kriminologie kann insoweit mindestens einen solchen Namen ins Feld führen, von denen hier nur einige erwähnt werden sollen.

Daß die Rechtsgelehrten kriminologische Probleme schon frühzeitig erkannt haben dürften, zeigt der **Sachsenspiegel (1220)**, in dem es heißt, daß man „über rechte Toren und sinnlosen Mann ... nicht richten“ soll, eine Regelung, die dem § 20 StGB (Schuldunfähigkeit) schon verwandt ist. 24

Die **Gerichtsmedizin** erhält ihre (aber eher kriminalistische) Aufgabe bereits in der Peinlichen Gerichtsordnung Karls V. von **1532** (der Constitutio Carolina Criminalis = CCC), in der die Bezeichnungen des „wundärzt“ und „sachverstendig“ benutzt werden: die Hebamme ist bei der Kindstötung und der Wundarzt beim Totschlag zu hören (Hilfe bei der Aufklärung von Straftaten). Die erste Leichenöffnung soll bereits 1302 in Bologna durchgeführt worden sein. 25

Unter den **phänomenologischen Ansätzen** zu kriminologischer Forschung ist die von dem französischen Advokaten François Gayot **de Pitaval** herausgegebene Sammlung „Berühmt gewordene Kriminalfälle“ (Paris 1743; deutsch 1747) zu nennen, sowie die „Aktenmäßige Darstellung merkwürdiger Verbrechen“, die 1828 Anselm **von Feuerbach** herausgebracht hat. In beiden Sammlungen, in denen Strafrechtsfälle aus der Rechtsprechung referiert werden, stehen jedoch noch Tatgeschehen und Prozeß im Vordergrund, die Persönlichkeit des Straftäters wird mehr am Rande besprochen. 26

Als Begründer der **Kriminalanthropologie** gilt neben *Lombroso* auch Franz Josef **Gall** (1756–1828; Hauptwerk 1822), der in seiner „Schädellehre“ (Phrenologie) die Hypothese vertrat, daß es im Gehirn spezifische Organe für unterschiedliche Deliktsarten gäbe. So lokalisiert (**Lokalisierungsansatz**) *Gall* im Gehirn u. a. einen Raufsinn, einen Mord- und Würgesinn, einen Eigentumssinn und einen moralischen Sinn. *Gall* hat dazu einen entsprechenden **Gehirnatlas** entwickelt (zu den Phrenologen des 19. Jahrhunderts vgl. *v. Engelhardt* 1983, 267 f). Das klingt kurios, ist aber nicht ganz überholt. So kann z. B. das Sexualzentrum im menschlichen Zwischenhirn lokalisiert werden. Auf diesem Wissen beruhen die sog. **stereotaktischen Eingriffe** bei Sexualdelinquenten und Aggressionstätern, die in den 70er Jahren durchgeführt wurden (vgl. dazu *Roeder:* Über die Möglichkeiten stereotaktischer Eingriffe bei Aggressionstätern, in: *Nass:* Kriminalität vorbeugen und behandeln 1971, 63/75; ferner: *Albrecht,* K./*Wille,* R.: Stereotaktische Operationen – Komplikationen und Rechtslage, in: Zeitschrift für Rechtsmedizin 1981, 109 ff). 27

*Bei der stereotaktischen Operation wird eine Elektrosonde tief ins Gehirn gesenkt, um eine kleine genau lokalisierte Menge Nervengewebe durch einen Stromstoß zu verschmoren.*

Die **Poenologie** kann sich als Ahnherrn auf den Engländer John **Howard** berufen, der 1777 seine Vorstellungen über die (notwendige) Reform des Gefängniswesens in seinem Werk „State of prisons in England and Wales“ veröffentlicht hat und damit den Anstoß zu einer internationalen Reformbewegung des Strafvollzugs gab. Den Begriff der Poe- 28 nologie soll allerdings F. *Lieber* 1838 erstmals in einer seiner Schriften verwendet haben (vgl. *Kaiser* Lb. 1988, 242).

29 Zu den ersten Kriminal-**Psychiatern** werden der Engländer **Prichard** gerechnet (1786–1848) sowie der Franzose **Esquirol** (1772–1840). *Prichard* stellte die These vom moralischen Irresein (moral insanity) auf, unter der er „eine Krankheit verstand, in welcher sich der Irrsinn nur oder doch hauptsächlich in moralischen Verkehrtheiten kundgibt" (*Hering* 1966, 38). *Esquirol* knüpft an die „Degenerationslehre" an, unter der er eine krankhafte Abweichung vom normalen menschlichen Typ verstand: eine solche komme in der **Geisteskrankheit** wie im Verbrechen gleichermaßen zum Ausdruck. Schon **Hippokrates** hatte gelehrt, daß das Verbrechen nichts anderes sei als die Handlung eines Irrsinnigen. Vor diesem Hintergrund entwickelt *Esquirol* seine Lehre von den Monomanien (partiellen Verrücktheiten), als deren Unterformen die Mordmonomanie (Mordtrieb), Pyromanie (Trieb, Feuer zu legen) und Kleptomanie (Stehltrieb) in die Literatur eingeführt wurden.

*Ein **„erstes deutschsprachiges Lehrbuch der Kriminologie"** hat 1903 der Psychiater Gustav **Aschaffenburg** unter dem Titel „Das Verbrechen und seine Bekämpfung" publiziert; es ist in die englische Sprache übersetzt worden und hat großen Einfluß auf die Entwicklung der US-amerikanischen Kriminologie ausüben können (dazu ausführlich Schneider 2005, 301 ff). Der erste Teil beschäftigte sich mit den sozialen Ursachen des Verbrechens, der zweite Teil mit den individuellen Entstehungsgründen und der dritte Teil mit der entsprechenden Kriminalpolitik.*

30 Auch die **Psychologen** dürfen den Anspruch erheben, mit einem der ihrigen einen der „ersten" Kriminologen zu stellen. So hat z. B. **v. Eckartshausen** (1752–1803) in seiner Schrift „Über die Notwendigkeit physiologischer Kenntnisse bei Beurteilung der Verbrechen" (1791, 19 f) Formulierungen niedergeschrieben, die schon modern klingen und an die Strafzumessungsvorschrift des geltenden Strafrechts (§ 46 StGB) erinnern: „Der Physiologe betrachtet die **Erziehung** (schreibt er), die der Verbrecher erhalten hatte; die Lage, in welcher er sich befand, als er zur bösen Tat schritt, das Maß an Erkenntnisssen, die Reihe seiner vorhergehenden Handlungen, die Langsamkeit oder Geschwindigkeit, mit welcher er seine Verbrechen vollstreckte; die Reizung, welche er dazu empfing, und die Äußerung, welche er noch einige Zeit über die begangene Tat von sich gab; das Temperament, welches er von seinen Eltern annehmen mußte, wie sie es ihm mit auf die Welt gaben; seinen Stand, sein Alter."

31 Von ganz anderer Seite gingen die **Kriminalstatistiker** André Michel **Guerry** (1802–1866) und Adolphe **Quételet** (1796–1874) an kriminologische Fragen heran. Der französische Advokat André Michel *Guerry* hat 1833 zum ersten Mal statistisches Material (über die zwischen 1825 und 1830 in Frankreich verübten Delikte) auf Karten dargestellt und gilt deshalb als Begründer des kriminalgeographischen Forschungsansatzes (vgl. Rdn. 6 zu § 15). Sein Sinn bestand darin, den „moralischen Zustand" der

Bevölkerung (differenziert nach Wohnsitzen) zu ermitteln (**Moralstatistik**). Auch der belgische Physiker Adolphe *Quetelet* hat sich (wahrscheinlich von *Guerry* angeregt) mit diesen Fragen befaßt. Beide versuchten, die Abhängigkeit der Kriminalitätshäufigkeit vom Raum darzustellen, wobei auch soziale Schicht, Geschlecht und Alter der Täter untersucht wurden. Daß *Quetelets* Interessen auch die Dunkelfeldfrage betrafen, ist an anderer Stelle erwähnt worden (vgl. dazu Rdn. 69 zu § 2). Die statistischen Arbeiten *Quetelets* haben nicht nur in Deutschland eine fruchtbare Diskussion ausgelöst und zur Entwicklung eines selbständigen kriminalstatistischen Forschungszweiges geführt (vgl. etwa die Arbeiten von **v. Oettingen** und von **v. Meyr**), der sich mit den Beziehungen zwischen Verurteiltenziffern sowie den persönlichen und wirtschaftlichen Verhältnissen der Verurteilten befaßt hat: mit Beruf, Alter, Geschlecht usw. (dazu Rdn. 27 zu § 12).

Schließlich soll auch der Hinweis nicht fehlen, daß die sog. **Sozialistische (bzw. marxistische) Kriminologie** (dazu Rdn. 16 zu § 8), die weltanschaulich geprägt ist, ihre Anfänge auf Friedrich **Engels** zurückführt, nämlich auf dessen 1845 veröffentlichte Studie über „Die Lage der arbeitenden Klasse in England" (*Marx/Engels*-Werke, Bd. 2, 225ff). 32

## II. Der Schulenstreit im 19. Jahrhundert

Im Mittelpunkt der Geschichte der Kriminologie steht im 19. Jahrhundert der schon oben (Rdn. 2 vor § 4) erwähnte Anlage-Umwelt-Streit: Dabei standen sich die sog. Italienische und die sog. Französische Schule gegenüber, deren Standpunkte in Einklang zu bringen die sog. Marburger Schule versucht hat. 33

### 1. Die Italienische (kriminal-anthropologische) Schule

Den Kern der sog. Italienischen bzw. kriminal-anthropologischen Schule (auch kriminal-biologische Schule genannt oder auch „Scuola Positiva") bildet die Lehre *Lombrosos* vom „geborenen Verbrecher" (dazu Rdn. 13ff), die angelehnt an die Evolutionstheorie *Darwins* unter dem Einfluß des sozialen Naturalismus steht. Diese Denkrichtung stellt den Menschen an das Ende der Tierreihe und betrachtet ihn als bloßes Ergebnis biologischer Wirkungen: „Der Verbrecher ist ... also der anomale Mensch, der von der Natur zum Rechtsbruch bestimmte Mensch" (*Hering* 1966, 27): für die Anhänger der Italienischen Schule, zu denen Anthropologen, Mediziner und Juristen gezählt werden (vgl. dazu ausführlich *Hering* 1966, 60–86), beruht das Verbrechen auf einer somatischen (körperlichen) Anomalie: „**Der geborene Verbrecher** ist nach *Lombroso* von Geburt an organisch zum Verbrechen prädestiniert, er wird auf den kriminellen Weg instinktiv und ohne innere Widerstandsmacht getrieben. Er muß früher oder später ganz unabhängig von seinen sozialen Lebensbedingungen ... (zum) unverbesserlichen ... Verbrecher 34 werden, und zwar infolge angeborener Anomalie seiner seelischen Funktionen, die ihrerseits wieder durch die körperlichen Abnormitäten bedingt" sind (*Hering* 1966, 49).

35 Unter dem Druck der Kritik (insbesondere von seiten der Vertreter der Französischen Schule: Rdn. 39ff) hat *Lombroso* allerdings in seinem Spätwerk über „Die Ursachen und die Bekämpfung des Verbrechens" (1889) seine Lehre dahingehend modifiziert, daß nur etwa ein Drittel („35 %") aller Straftäter von der Anlage her zum Verbrechen bestimmt sei (1889, 326). Da es für den „geborenen" Verbrecher keine Besserungsmöglichkeit gäbe, bleibe (als kriminalpolitische Konsequenz) außer der lebenslangen Gefangenschaft „alsdann nur noch die äußerste traurige, aber sichere Selektion übrig: die Todesstrafe" (1889, 380).

36 Für die verbleibenden zwei Drittel der Straftäter, die „keine besondere Anlage zum Verbrechen" besäßen, seien für die soziale Entwicklung insbesondere erzieherische und soziale Maßnahmen von Bedeutung: „Ihr Sinn bestehe darin, die ubiquitäre delinquente Neigung von Kindern nicht in das Erwachsenenalter fortsetzen zu lassen" (zit. nach *v. Engelhardt* 1983, 275).

37 Zu *Lombrosos* bekanntesten Schülern wird Enrico *Ferri* (1856–1929) gezählt, der sowohl als Professor für Strafrecht (u.a. in Turin, Bologna und Rom) gewirkt hat, als auch als Politiker und Abgeordneter im italienischen Parlament. *Ferri,* ursprünglich einer der eifrigsten Anhänger *Lombrosos,* hatte schon bald erkannt, „daß das Verbrechen eine Erscheinung zugleich biologischen, physischen und sozialen Ursprungs ist" (1896, 64). Welche Faktorengruppe welchen Einfluß ausübe, könne man generell nicht feststellen. Denn „dieser Einfluß wechselt für jede verbrecherische Handlung mit den psychologischen und sozialen Besonderheiten einer jeden. Der Mord wird ganz anders durch bestimmte Seiten der gesellschaftlichen Zustände und der biologischen Anlage beeinflußt als der Diebstahl oder die Notzucht" (1896, 131ff). Im Übrigen müsse man zwischen folgenden fünf Klassen von Straftätern differenzieren: verbrecherischen Irren, geborenen Verbrechern, Verbrechern aus erworbener Gewohnheit, Gelegenheitsverbrechern und Leidenschaftsverbrechern (1896, 84f).

38 Leben und Werk *Ferris* werden ausführlich z.B. von *Hering* (1966, 60–74) gewürdigt: insbesondere sein Eintreten für den Verzicht auf die Sühnestrafe zugunsten einer Schutz- und Zweckstrafe.

### 2. Die Französische (kriminal-soziologische) Schule

39 Als Gegenlehre zur Italienischen Schule *Lombrosos* entwickelte sich alsbald (unter dem Einfluß der Schriften z.B. von *Montesquieu, Locke* und *Rousseau*) die Milieu-Theorie der sog. Französischen Schule (zu *Montesquieu* vgl. *Jung* 1999, 216). Schon John *Locke* (1632–1704) vertrat in seinem Werk „Some thoughts concerning education" (1693) u.a. die These, daß die soziale Entwicklung des Menschen von seiner Erziehung abhängig

sei (zur Erziehung vgl. § 10). Dementsprechend hieß es bei *d'Holbach* (1723–1789): „Unsere Eltern und unsere Lehrer machen uns gut oder schlecht, vernünftig oder unvernünftig, arbeitsam oder vergnügungssüchtig, tüchtig oder leichtsinnig und eitel" (1770, zit. nach *Hering* 1966, 94). Solche und andere Ansätze wurden von *Lacassagne* und *Tarde* zur Milieu-Theorie der Französischen Schule erweitert, die davon ausgeht, daß die Eigenart des Menschen allein auf seine äußeren Umstände zurückgeführt werden muß. Wenn aber der Mensch nur das Produkt seiner Umwelt darstellt, also nur der Spielball der Milieueinwirkungen sei, brauche man lediglich diese Umstände zu verändern, um eine Wandlung der Persönlichkeit in einer gewünschten Richtung zu bewirken (*Hering* 1966, 93).

Der Mediziner Alexander **Lacassagne** (1843–1924) war anfangs (wie *Ferri*) den Theorien *Lombrosos* gefolgt, hatte sich aber dann (anders als *Ferri*) einseitig der Milieutheorie zugewandt, mit der er sich gegen die Lehre *Lombrosos* endgültig auf dem III. Internationalen Kriminalanthropologen-Kongreß in Brüssel (1892) durchsetzen konnte (*Hering* 1966, 97). Seine Reden schloß er oft mit dem berühmt gewordenen Aphorismus: **„Jede Gesellschaft hat die Verbrecher, die sie verdient"** („Les sociétés ont les criminels qu'elles méritent"). 40

Gabriel **Tarde** (1843–1904) war Jurist, zunächst Richter, dann Professor der neueren Philosophie in Paris. Zu seinen Verdiensten gehört, daß er anhand von empirischem Material der damaligen kriminalanthropologischen Forschung nachweisen konnte, daß bei Nichtverbrechern die gleichen Merkmale vorkommen wie bei den von *Lombroso* untersuchten Straftätern. Gleichwohl geht *Tarde* mit den Lehren *Lombrosos* eher vorsichtig um. Jedenfalls heißt es in seinem Beitrag für Brüssel (1892) u.a. wie folgt: **„Vielleicht wird man schon zum Verbrecher geboren, aber sicher wird man einer"** (falls die Umweltbedingungen entsprechend ungünstig sind). Dabei liegt für *Tarde* eine der Hauptursachen der Kriminalität in der Nachahmung der in der Gesellschaft anzutreffenden Möglichkeiten des sozialen oder asozialen Verhaltens: „jene Bewegungsformen, kraft deren der Gedanke sich von einem Gehirn zu anderen überträgt" (ZStW 1893, 186). Deshalb stellt er (bewußt überspitzt formuliert) fest: **„Jedermann ist schuldig – mit Ausnahme des Kriminellen"** („Tout le monde est coupable excepté le criminel": zit. nach *Seelig/Bellavic* 1963, 46). Denn der ahmt nur nach, was andere ihm vorgemacht haben. 41

### 3. Die Marburger Schule: Vereinigungstheorie (*v. Liszt*)

In der Zielsetzung ähnlich wie *Ferri* in Italien und *Tarde* in Frankreich versuchte in Deutschland der Jurist Franz **von Liszt** (1851–1919; Abb. 4), Professor für Strafrecht und Strafprozeßrecht (in Gießen, Marburg und Halle) – verwandt mit dem großen Musiker gleichen Namens –, die Gegensätze der Italienischen und Französischen Schule durch die **Syn-** 42

**these (Anlage und Umwelt)** zu überwinden. „Das Verbrechen (so schrieb er) ist das Produkt der Eigenart des Täters im Augenblick der Tat und aus den ihn in diesem Augenblick umgebenden äußeren Verhältnissen?" (1905b, 438). Allerdings war *von Liszt* nicht geneigt, in diesem Rahmen *Lombrosos* Lehre zu akzeptieren. Im Gegenteil: „Es scheint mir fast überflüssig, zu betonen, daß ich von alledem nichts glaube" (1905c, 305). Und an anderer Stelle: „Es gibt keinen homo delinquens, d.h., der Verbrecher bildet keinen einheitlichen anthropologischen Typus. Handlungen, welche wir als Verbrechen, Vergehen oder Übertretungen unter Strafe stellen, weichen in ihrer Erscheinung wie ganz besonders in den Triebfedern, auf welchen sie beruhen, so unendlich weit voneinander ab, daß es von vornherein als gänzlich verkehrt erscheinen muß, sie auf dieselben organischen Bedingungen zurückführen zu wollen. Es gibt auch keine Mörderschädel" (1905c, 308). Allerdings: „Unrichtig wäre es ... das Kind mit dem Bade auszuschütten und die biologische Untersuchung des Verbrechens überhaupt in das Reich der wissenschaftlichen Ammenmärchen verweisen zu wollen" (1905c, 297).

**43** Diese multifaktorielle Betrachtungsweise in der Ursachenfrage hat auch die 1888 auf Initiative von *v. Liszt* zusammen mit dem Belgier *Adolphe Prins* und dem Niederländer *Gerard van Hamel* gegründete „**Internationale Kriminalistische Vereinigung**" (IKV) übernommen. Diese hat sich ferner an den Vorstellungen *v. Liszts* über die Strafzwecke orientiert.

**44** Schon in seiner berühmt gewordenen Marburger Antrittsvorlesung (1882: sog. **Marburger Programm**) hatte *v. Liszt* die **spezialpräventive Ausrichtung des Strafrechts** gefordert, also (zu Lasten des Vergeltungsgedankens) die Neuorientierung des Strafrechts (bzw. der Kriminalpolitik) an den Ideen der Besserung (Resozialisierung) des straffällig gewordenen Menschen, der Abschreckung des (potentiellen) Rechtsbrechers und der Sicherung der Gesellschaft vor dem gefährlichen Straftäter. **„Die Strafe** (schrieb er 1905c, 126ff) **ist Prävention durch Repression"**. Mit Strafe hat *v. Liszt* die **Freiheitsstrafe** gemeint. „Der zentrale Punkt seiner Kriminalpolitik ist also der zielbewußte Eingriff in die Freiheit des Straftäters"(*Jescheck* in: FS für *Klug* 1983, 262). Insoweit verlangt *v. Liszt* auch die **Wendung vom Tat- zum Täterstrafrecht**, die in der Strafzumessung heute im Rahmen des § 46 StGB berücksichtigt wird.

**45** *Von Liszt* hat ferner schon auf die Zusammenhänge verwiesen, die zwischen Sozialpolitik und Kriminalpolitik vorhanden sein dürften. Nach seiner Beurteilung stellt jedenfalls eine **gute Sozialpolitik die beste Kriminalpolitik** dar (in Strafrechtliche Aufsätze und Vorträge, Bd. 2, 1905a, 146): allerdings „hatte er (noch) ein unvollständiges Bild von Kriminalität vor Augen, nämlich die der **Unterschichten**"; an Umwelt- und Wirtschaftskriminalität (vgl. §§ 21 und 22) dachte man damals noch nicht (*Fabricius* in FS für Schwind 2006, 284).

*Abbildung 4:*
*v. Liszt* (1851–1919)

Zu den bleibenden Werken *v. Liszts* gehört nicht zuletzt auch die Gründung der **„Zeitschrift für die gesamte Strafrechtswissenschaft“** (ZStW) 1881 zusammen mit *Adolf Dochow*: zu dieser „gesamten Strafrechtswissenschaft“ hat *v. Liszt* nicht nur die Strafrechts- und Strafprozeßrechtswissenschaft, sondern auch die Kriminalanthropologie, die Kriminalpsychologie und die Kriminalstatistik gezählt, und zwar dogmatische und empirische Ansätze miteinander verknüpft (zu *v. Liszt*, insbesondere zum Marburger Programm, vgl. z.B. *Naucke* in ZStW 1982, 525ff; *Schöch* in ZStW 1982, 864ff; *Jescheck* aaO). **46**

## III. Von den Schulen zu den Kriminalitätstheorien

Im Anschluß an den Schulenstreit des 19. Jahrhunderts haben sich im 20. Jahrhundert verschiedene **Kriminalitätstheorien** entwickelt, die z.T. mehr den Anlagefaktor betonen, z.T. mehr die Umweltbedingtheit der Kriminalität herausstellen. Dementsprechend stehen heute neben den biologischen Kriminalitätstheorien (§ 5) psychologische bzw. sozialpsychologische Kriminalitätstheorien (§ 6) sowie soziologisch orientierte Kriminalitätstheorien (§ 7). Weiter unterscheiden kann man zwischen **47**

- **täterorientierten** Kriminalitätstheorien (biologische, psychologische bzw. sozialpsychologische und soziologische Ansätze: zu diesen die §§ 5 bis 7),
- **opferorientierte** Kriminalitätstheorien (Rdn. 18a bis 18f zu § 8 und Rdn. 49a zu § 30), sowie
- **Kriminalisierungstheorien**, nämlich solche, die sich mit der Kriminalitätskontrolle befassen (dazu Rdn. 2ff zu § 8).

Als Ableger der internationalen Bewegung der Sozialverteidigung (**défense sociale**), **48**

*die auf die (Schuld-)Strafe zugunsten eines reinen Besserungs- und Verwahrungsrechts verzichten will (vgl. dazu* ***Gramatica****, F: Grundlagen der défense sociale, 1965;* ***Ancel****, M.: Die neue Sozialverteidigung, 1970),* können die Bestrebungen des **Abolitionismus** eingestuft werden, die (dem Anarchismus nahestehend) auf der Grundlage der Ablehnung des geltenden Strafrechtssystems ebenfalls auf die Abschaffung (= Abolition) des Strafrechts gerichtet sind (aus Sorge vor totaler Sozialkontrolle „gar kein Strafrecht": vgl. dazu *Schumann* in: FS für *Pongratz* 1986, 371 ff; *Scheerer* in: KrimJ 1984, 90–111; *Schumann/Steinert/Voß* (Hrsg.): Vom Ende des Strafvollzugs – ein Leitfaden für Abolitionisten, Bielefeld, 1988; *Smaus* in: KrimJ 1989, 182–193; *Habermas* in: KrimJ 1992, 82–97; *Deflen* in: KrimJ 1992, 82 ff, sowie die „**Arnoldshainer Thesen** zur Abschaffung der Freiheitsstrafe", 1989). In gemäßigter Form haben sich diese Gedanken z. B. im Täter/Opfer-Ausgleich (**TOA**) durchsetzen können (vgl. dazu § 20, Rdn. 35).

**49** Zur **Geschichte** der Kriminologie **in der Nachkriegszeit** vgl. *Hering* (1966, 201 ff), *Kaiser* (1975), *Neubacher* (2006, zit. im Lit.-Verz. vor § 1). Zur **Kontroverse zwischen „alter" und „neuer" Kriminologie** vgl. *Hess/Steiner* in KrimJ 1986, 2 ff und *Bussmann/Kreissl* 1996.

**50** Zur Funktion der Kriminologie im **NS-Staat** vgl. *Rehbein* 1987, 193; *Dölling* 1989, 194 f; *Streng* 1993, 141 ff; *Simon* in: Justizministerium NRW (Hrsg.): Kriminalbiologie, Düsseldorf 1997, S. 69 ff.

## § 5 Biologische Kriminalitätstheorien

**Literatur:** **Brauneck,** A. E.: Zum Begriff der kriminellen Anlage, in: FS für Engisch, Frankfurt/M. 1969, S. 636–643; **Christiansen,** K. O.: A Preliminary Study of Criminality among Twins, in: *Mednick,* S. A./*Christiansen,* K. O. (Hrsg.): Biosocial Bases of Criminal Behavior, New York 1977, S. 89–109; **Crowe,** R. R.: The Adopted Offspring of Women Criminal Offenders, in: Archives of General Psychiatry 27/1972, S. 600–603; **Eysenck,** H.-J.: Kriminalität und Persönlichkeit, Frankfurt/M. 1977; **Gareis,** B./**Wiesnet,** E.: Frühkindheit und Jugendkriminalität, München 1974; **Herzberg,** R.D.: Willensfreiheit und Schuldvorwurf, Tübingen 2010; **Hohlfeld,** N.: Moderne Kriminalbiologie, 2002; **Jakobs,** P. et al.: Aggressive Behavior, Mental Subnormality and the XYY Male, in: Nature 208/1965, S. 1351 ff; **Justizministerium NRW** (Hrsg.): Kriminalbiologie, Düsseldorf 1997; **Knecht,** Th.: Cesare Lombrosos Theorie vom „geborenen Verbrecher" – heute noch ein Thema?, in: *Dittmann,* V./*Jehle,* J.-M.: Kriminologie zwischen Grundlagenwissenschaften und Praxis, Bad Godesberg, 2003; **Kranz,** H.: Lebensschicksale krimineller Zwillinge, Berlin 1936; **Lange,** J.: Verbrechen ist Schicksal. Studien an kriminellen Zwillingen, Leipzig 1929; **Laubenthal** 2007 (vgl. bei Lit. zu § 4); **Lorenz,** K.: Vergleichende Verhaltensforschung. Grundlagen der Ethologie, Wien 1978; **Mednick,** S. A./**Gabrieli,** W. F./**Hutchings,** B.: Genetic influences in criminal convictions: Evidence from an adoption cohort in: Science 1984, S. 891–894; **Mergen,** A.: Der geborene Verbrecher, Hamburg 1968; **Moffitt** et al.: Whole blood serotonin and family background relate to male violance, in: *Raine* et al. (Eds.): Biosocial bases of violance, S. 231–249, New York 1997; **Piefke,** M./**Markowitsch,** H. J.: Genetische und psychophysiologische Grundlagen von Aggression und krimineller Gewalt: das Zusammenspiel zwischen Neurobiologie und sozialer Umwelt, in: ...; **Raine,** A.: Biosocial studies and violent behavior in children and adults, in: Journal of Abnormal Psychology, August 2002; **Remschmidt,** H.: Der Zappelphilipp und die Kriminalität, in: Kriminalistik 1987, S. 168–169; **Ritter,** K./**Stompe,** Th.: Die Neurobiologie der Kinder- Jugendelinquenz, in: forum kriminalprävention 1/2011, S. 45–48; **Roth,** G.: Ist Willensfreiheit eine Illusion?, in: Biologie unserer Zeit 28/1998, S. 6–15; **Streng,** F.: Hirnforschung, Willensfreiheit und Schulstrafrecht, in: *Seemüller, A. et al.* : Freiheit, interdisziplinäre Betrachtungen, Stuttgart 2010, S. 48–60; **Stumpfl,** F.: Erbanlage und Verbrechen, Berlin 1935; **Stumpfl,** F.: Die Ursprünge des Verbrechens, Leipzig 1936; **Yoshimasu,** S.: Zwillingsforschung, in: *Sieverts,* R./*Schneider,* H. J. (Hrsg.): Handwörterbuch der Kriminologie, Bd. 3, Berlin 1975, S. 691–712; **Zang,** K. D.: Psychische Auffälligkeiten und Kriminalität bei Männern mit einem überzähligen Y-Chromosom, in: KrimGegfr 1984, S. 19–31; **Zerbin-Rüdin,** E.: Gegenwärtiger Stand der Zwillings- und Adoptionsstudien zur Kriminalität, in: KrimGegfr 1984, S. 1–17.

**Gliederung**



*Lombrosos* Lehre vom geborenen Verbrecher (den man an körper- 1
lichen Stigmata erkennen könne: Rdn. 13ff und 34ff zu § 4) ist zwar widerlegt worden, aber nicht die These, daß auch die Vererbung (i.S. biopsychischer Startbedingungen) in der Ursachenfrage eine Rolle spielt (vgl. z.B. *Eysenck* 1977, 75; so schon *v. Liszt:* Rdn. 42ff zu § 4): etwa eine genetisch determinierte Gewaltkriminalität. Jedenfalls gibt es inzwischen eine Reihe empirischer Arbeiten, die als Beleg für die Vermutung zugunsten der Bedeutung der Erbkonstitution in der Literatur angeführt werden. Ist etwas dran an der Volksweisheit: **„Der Apfel fällt nicht weit vom Stamm"**?: Gibt es einen **biologischen „Sitz des Bösen"**?

Zur „überzogenen Biologisierung der Kriminologie während des **‚Dritten Reiches**'" vgl. *Streng* (in Justizministerium NRW 1997, 213).

## I. Die Zwillingsforschung

Die Zwillingsforschung geht von der Annahme aus, daß der Einfluß 2
der Erbanlage durch den Vergleich der sozialen Entwicklung von (erbgleichen) eineiigen Zwillingen mit (erbverschiedenen) zweieiigen Zwillingen bestimmt werden kann. Zweieiige Zwillinge (ZZ) sind das Produkt aus zwei verschiedenen weiblichen Eizellen, die beide gesondert durch männliche Spermien befruchtet wurden. Eineiige Zwillinge (EZ) stammen beide aus demselben Ei, das von einer einzigen Spermie befruchtet wurde; dieses Ei hat sich später geteilt, so daß sich aus ihm zwei getrennte Menschen entwickeln konnten. Da die genetischen Faktoren der EZ übereinstimmen (identisches Erbgut bzw. 100 % gemeinsames **DNS**), müßten sich diese auch in ihren sozialen Verhaltensweisen ähnlicher sein als die ZZ, wenn der Anlagefaktor Bedeutung besäße.

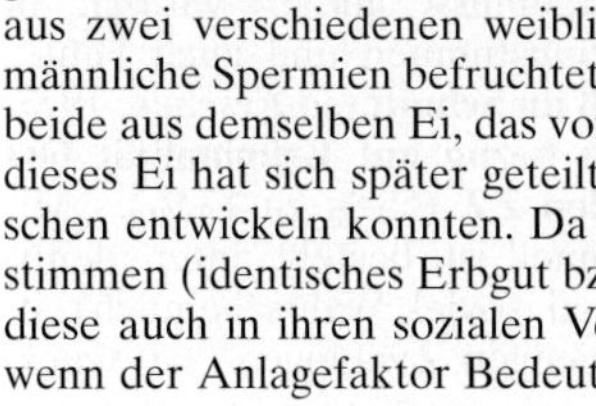
PSYCHOLOGIE

**Machtlose Gene**

Wird der Charakter von der Umwelt geprägt? Oder hängt alles von den Erbanlagen ab? In einer Zwillingsstudie kommen Münchner Forscher zu erstaunlichen Ergebnissen.

aus: *DER SPIEGEL* 8/2002, S. 186 (vgl. Rdn. 6)

3 Aufsehen in der Welt erregte schon 1929 ein Buch von J. *Lange*, das unter dem provozierenden Titel **„Verbrechen ist Schicksal"** erschien. *Lange* hatte erstmalig versucht, die „Zwillingsmethode" (Vergleich der EZ mit den ZZ) für die Erforschung der Kriminalitätsursachen nutzbar zu machen. Dabei unterschied er übereinstimmendes (konkordantes) und nicht übereinstimmendes (diskordantes) Verhalten bei seinen Probanden. Die Konkordanz bzw. Diskordanz wurde danach bestimmt, ob beide Partner eines Zwillingspaares bestraft worden waren oder lediglich einer. Diese Frage hat *Lange* bei 13 männlichen EZ und 17 männlichen ZZ untersucht und dabei feststellen können, daß bei den 13 bestraften EZ in zehn Fällen auch der Partner bestraft worden war (Konkordanzziffer: 76,9), während das bei den 17 ZZ nur in zwei Fällen registriert worden ist (Konkordanzziffer: 11,8).

4 Die Folgerungen *Langes* aus diesem Ergebnis (nämlich „Verbrechen ist Schicksal") stießen allerdings auch auf Kritik. Kritisiert wurde vor allem, daß sich die Untersuchung nur auf das Hellfeld (die bekannt gewordene Kriminalität) bezog, nicht auf die latenten Straftaten (das Dunkelfeld); kritisiert wurde aber auch z.B. die geringe Zahl seiner Probanden. Deshalb ist es nicht uninteressant, daß z.B. eine dänische Folgeuntersuchung, die *Christiansen* in den 70er Jahren durchführte (1977, 96ff), in der Tendenz ein ähnliches Resultat erbrachte. *Christiansen* hat nämlich unter 325 EZ immerhin 37,2 %, aber unter 611 ZZ lediglich 12,5 % delinquente Partner ermittelt.

5 Auf einen entsprechenden Unterschied sind auch alle anderen Wissenschaftler gestoßen, die sich mit der Zwillingsforschung in diesem Rahmen befaßt haben: etwa *Stumpfl* (1935/1936), *Kranz* (1936) und *Yoshimasu* (1941/1961/1975). Bis 1977 waren bereits über 750 Zwillingspaare untersucht worden, von denen jeweils einer (im Hellfeld) kriminell war (vgl. *Christiansen* 1977, 89ff). Auch wenn man berücksichtigt, daß die einzelnen Untersuchungen, deren Ergebnisse addiert wurden, in methodischer Hinsicht nicht immer übereinstimmen und auch Fehler aufweisen, bleibt doch bemerkenswert, **daß im Schnitt** (so *Eysenck*, 1977, 87) **bei den EZ die Konkordanzziffer in bezug auf Kriminalität fast viermal so hoch war (bzw. ist) wie bei den ZZ** (55 % zu 13 %). „Mit anderen Worten, wenn ein Zwilling kriminell ist, besteht unter identischen Zwillingen für den anderen viermal soviel Wahrscheinlichkeit, ebenfalls kriminell zu sein, als unter zweieiigen Zwillingen" (*Eysenck*, aaO).

6 Ähnlich auffällige Unterschiede zwischen EZ und ZZ sind übrigens auch in bezug auf Homosexualität und Alkoholismus festgestellt worden (*Eysenck* 1977, 88). Unklar ist, das ist die **Kritik**, inwieweit Umwelteinflüsse (etwa durch die familiale Erziehung) an diesen Erscheinungen beteiligt sind.

## II. Adoptionsstudien

Aber nicht nur die Zwillingsuntersuchungen werden zugunsten der Hypothese der Anlagebedingtheit der Kriminalität ins Feld geführt, sondern auch die Resultate der Adoptionsforschung: Dabei wird untersucht, ob Adoptierte, deren biologischer Vater (Mutter) kriminell war, eher kriminell werden als solche, deren biologischer Vater (oder Mutter) nicht kriminell war. Dazu folgende 7

***Beispiele aus der Forschung:*** 8
*(1)* ***Crowe*** *(1972, 600ff) ging in den USA dem Schicksal von 52 Babys einsitzender weißer weiblicher Straftäter nach, die zur Adoption gelangt waren, und verglich ihren Lebensweg mit dem Lebensweg einer vergleichbaren Kontrollgruppe von 52 Kindern nichtkrimineller Mütter, die ihre Kinder ebenfalls zur Adoption freigegeben hatten. Die Kinder beider Gruppen waren zur Zeit der Studie 15 bis 45 Jahre alt. Ergebnis: Die Kinder der kriminellen biologischen Mutter wurden, obgleich sie in einer anderen Familie aufwuchsen (der Adoptionsfamilie), signifikant häufiger straffällig (18,9 %) als die Kinder nichtkrimineller (biologischer) Mütter (2,7 %).*

*(2)* ***Mednick, Gabrielli*** *und* ***Hutchings*** *untersuchten (1984) in Dänemark das Schicksal von 4068 adoptierten Kindern. Das Ergebnis: Die adoptierten Kinder krimineller (biologischer) Väter wurden im höheren Maße straffällig als die adoptierten Kinder nichtkrimineller Väter. Die ungünstigste Entwicklung nahmen solche Kinder, bei denen sowohl der biologische als auch der Adoptions-Vater bereits bestraft worden war (vgl. Übersicht 24 und den Überblick bei Zerbin-Rüdin 1984).* 9

*Übersicht 24:* Kriminalität von Adoptivsöhnen,
differenziert nach aktenkundiger Kriminalität der Väter

| Kriminalität der „Väter" | Adoptivsöhne insgesamt | davon n | kriminell: % |
|---|---|---|---|
| Beide Väter nicht kriminell | 2499 | 336 | 13,5 |
| Nur Adoptivvater kriminell | 200 | 30 | 14,7 |
| Nur biologischer Vater kriminell | 1226 | 245 | 20,0 |
| Beide Väter kriminell | 143 | 35 | 24,5 |

Quelle: nach *Mednick/Gabrielli/Hutchings* 1984

## III. XYY-Konstitution als „kriminelle Anlage"?

Im Juli 1966 ging eine Zeitungsmeldung rund um die Welt: Der 24jährige Richard *Speck* war nachts in ein Chicagoer Schwesternheim eingedrungen und hatte acht Schwesternschülerinnen auf bestialische Weise umgebracht. Humangenetiker fanden unter den Geschlechtschromosomen des Täters ein **überzähliges Y-Chromosom:** XYY statt XY (vgl. dazu *Mergen* 1968, 9). Diese Besonderheit der Chromosomenanordnung soll nur bei 0,02 % der Bevölkerung vorkommen (*Brauneck* 1969, 640). 10

Der Verteidiger plädierte auf Freispruch wegen Schuldunfähigkeit (dazu auch Rdn. 13b) mit der Begründung, diese Chromosomenanomalie erhöhe die „Neigung zur Aggressivität", für die sein Mandant daher nicht verantwortlich gemacht werden könne. Das Gericht war offensichtlich beeindruckt: *Speck* wurde nicht verurteilt, sondern in eine Heilanstalt eingewiesen. Ein ähnlicher Fall hatte sich (mit ähnlichem Aufsehen) bereits 1965 in Frankreich ereignet (vgl. unten den Zeitungsausriß).

**Verteidiger: Freispruch für „Chromosomen-Mörder"**

Von unserem Berichterstatter

S. Paris, 12. Oktober (SAD)

**Hat die Chromosomen-Formel „XYY" den 36jährigen Franzosen Daniel Hugon zum Mörder an einer 45 Jahre alten Frau gemacht? Um diese Frage geht es in einem Prozeß, der Montag in Paris beginnt. Der Verteidiger des Täters, der Anwalt Bernard Cahen, wird plädieren: So wie eine genetische Anomalität zum Mongolismus und anderen Fehlbildungen führen kann, so prädestiniert das zusätzliche „Y" im geschlechtbestimmenden 23. Chromosomenpaar den Mann zum hemmungslosen Verbrecher.**

11 Das Gerücht vom **„Mörderchromosom"** wurde allerdings schon früher geboren, als man nämlich in einer schottischen Sicherungsanstalt für gemeingefährliche Verbrecher unter 197 immerhin acht fand, die ein zusätzliches Y-Chromosom aufwiesen (*Jakobs* et al. 1965, 1351 ff). Da das Y-Chromosom nur bei Männern vorkommt (Frauen haben zwei X-Geschlechtschromosomen), meinte man, auf übersteigerte männliche Eigenschaften schließen zu können, insbesondere auf eine übersteigerte Aggressivität.

12 Zahlreiche Untersuchungen haben inzwischen allerdings **keine empirisch gesicherten Anhaltspunkte** dafür gebracht, daß die XYY-Chromosomenformation bei den Männern in der vermuteten Richtung kriminalitätsfördernd oder überhaupt kriminalitätsbegünstigend wirkt (Hinweise bei *Göppinger,* Lb. 1997; *Kaiser,* Lb. 1988, 411; *Zang* 1984, 19 f).

## IV. Neurobiologische Einflußfaktoren

13 Die neuere Kriminalbiologie beschäftigt sich nicht nur mit Erbfaktoren (genetischen Dispositionen), sondern vor allem auch mit den Wechselwirkungen zwischen neurobiologischen Konstellationen, umweltbedingten Risikofaktoren (z. B. bedingt durch Gewalterfahrungen in der Kindheit) und neuropsychologischen Störungen (Überblick bei *Piefke/Markowitsch* 2009, 21 ff; *Meier* Lb. 2003, Rdn. 27 ff zu § 3; *Hohlfeld* 2002 und *Ritter/Stompe* 2011, 45 ff). Eine spezielle Rolle spielen auch **Hormone** (Androgene) und **Neurotransmitter** (chemische Botenstoffe).

*Insoweit wird vor allem der Einfluß des (Sex-)Hormons* ***Testosteron*** *auf das Aggressionsverhalten (13–14jähriger Jungen) diskutiert. Ritter/ Stompe* (2011, 47) *weisen darauf hin, daß der – Testosteron-Spiegel zwischen Pubertät und Adoleszens „steil ansteigt“ und die Bereitschaft, aggressiv auf Provokationen, zu reagieren, erhöht. Ferner scheint der Neurotransmitter* ***Serotonin*** *eine Rolle zu spielen: jedenfalls hat man (in der USA) niedrigere Serotoninwerte im Blut von Gewalttätern vorgefunden (Raine 2002; Piefke/Markowitsch 2009, 24). Der Neurotransmitter* ***Oxytocin*** *regt sexuelle Empfindungen (z. B. bei Ratten Kopulationsbewegungen) an. Lernanstrengungen scheint das Gehirn mit einem Ausstoß der Glückshormone* ***Dopamin*** *zu belohnen: etwa auch im Rahmen des Wiederholungseffektes des erfolgreichen Täters (Rdn. 44 zu § 6)? Hemmschwellen sinken. Daß eine „Dopamindusche als angenehm empfunden wird (schreibt der Neurobiologe Scheich in DIE ZEIT Nr. 39 vom 18.9.03), wurde selbst bei Kindern (mit Hilfe bildgebender Verfahren) im Zusammenhang mit emotional besonders befriedigenden (aggressiven) Computerspielen gezeigt“.*

Der Neurowissenschaftler *Singer* weist (in SPIEGEL Nr. 43/2004, 206) **13a** darauf hin, daß bereits Milliarden von (insgesamt 30 bis 100 Milliarden) **Neuronen** (Nervenzellen) mit zahlreichen Verbindungen **(Synapsen**, die sich bereits primär in den ersten zwei Lebensjahren herausbilden: dazu Rdn. 6 zu § 10) „an unterschiedlichen Gehirnstellen aktiv werden, wenn der Mensch eine Kaffeetasse erkennt, wenn er spricht, traurig ist, eine Symphonie hört“ (ebenso der Neurobiologe *Roth* in SPIEGEL 52/2004, 116 und der Hirnforscher *Linke*, zit. nach FOCUS 10/2005, 81). Das dürfte auch für das Straffälligwerden gelten. *Singer* spricht insoweit von „**Fehlverdrahtungen** des Hirns“ (zit. nach DIE ZEIT vom 10. März 2005, 37).

Vor dem Hintergrund dieser Modelle (krit. *Kunz* Lb. 2004, 120) hat **13b** auch die Diskussion der Frage wieder begonnen, ob der Mensch grundsätzlich einen **freien Willen** besitzt, der den (moralischen) Schuldvorwurf unseres Strafrechts (vgl. §§ **20, 21 StGB**) voraussetzt (vgl. dazu *BGHSt* 2, 194ff/200) oder ob unsere Entscheidungen nur das Resultat komplizierter chemischer bzw. neuronaler Determinanten **(Determinismus-Streit)** sind, bzw. von hirnorganischen Besonderheiten bestimmt werden (dazu *Roth* 1998, 6ff). Sind also (Gewalt-)Straftäter nur die **„Marionetten einer gestörten Gehirnchemie?“** (SPIEGEL-Online vom 8.1.2003; ablehnend *Füllgrabe/Schinzel* in Kriminalistik 4/2008, 233ff) bzw. lediglich eine „soziokulturelle Fiktion“? (so *Piefke/Markowitsch* 2009, 29).

*Streng* (2005, 75) weist darauf hin, daß eine „Zurücknahme strafrechtlicher wie sonstiger gesellschaftlicher Verantwortungserwartungen an die Bürger Konsequenzen (auch) für die in der **Sozialisation** erfolgende Internalisierung von Werten und Normen“ auslösen würde. Wie kann man Kinder zu normgebundener Selbststeuerung erziehen, wenn deren Entscheidungen gar nicht von einem eigenen Willen abhängen, sondern nur Ergebnisse chemischer bzw. biologischer Ablaufprozesse sind?

*Habermas* eröffnet einen plausiblen (aber nicht neuen) Ausweg. In einem FAZ-Aufsatz (vom 15. Nov. 2005, 35) geht er davon aus, daß „sich im Gehirn offenbar (zumindest) ein handlungsspezifisches (meßbares) **‚Bereitschaftspotential'** aufbaut, bevor sich die Person selbst zur Handlung ‚entschließt'" (ausführlich *Herzberg* 2010). Genügt es, wenn als „frei" im strafrechtlichen Sinne (mit *Streng* 2010, 53) derjenige Bürger gilt, der angesichts ungestörter (oder nicht wesentlich gestörter) Entscheidungsstruktur als **abwägungsfähig** und daher durch Normen motivierbar erscheint"?

*Schon die Experimente von Benjamin* ***Libet*** *1983 (zit. nach Streng 2005, 62) haben dazu ergeben, „daß bei Versuchspersonen das anhand der Hirnströme meßbare Bereitschaftspotential im Durchschnitt bereits eine halbe Sekunde vor dem Fassen des bewußten Handlungsentschlusses vorlag". Bleibt dann doch noch Platz für eine freie Entscheidung oder stellt diese nur noch „eine bloße Illusion" dar?*

Die Annahme eines Bereitschaftspotentials (von dem auch *Rainer/Fäh/Killias* in SZK 1/2007, 4 ausgehen), klingt zumindest plausibel und gefährdet das Schuldstrafrecht nicht. Im Gegenteil: der modernen Hirnforschung „könnte das Verdienst zukommen, Material für neue **Entschuldigungs- oder Schuldminderungsgründe** bereitzustellen" (*Lüderssen*, in FAZ vom 14. Juli 2005, 32).

## V. Vergleichende biologische Verhaltensforschung (Ethologie)

14 Die Ethologie (wörtlich: Lehre von der Lebensweise der Tiere) wird von einem ihrer Väter (Niko *Tinbergen*) definiert als „Biologie des Verhaltens". Sie nähert sich dem Problem der Erklärung krimineller Auffälligkeit durch den Vergleich von menschlichen mit tierischen Verhaltensweisen sowie der Untersuchung der Frage nach dem Anteil von instinktgesteuertem (angeborenem) und erlerntem Verhalten (*Kaiser*, Lb. 1988, 74). Aus kriminologischer Sicht besteht ihr Ziel darin, einen Einblick in die Grundstrukturen menschlichen Verhaltens zu erhalten (vgl. *Kaiser* aaO). Insoweit reicht die Ethologie bis auf *Darwin* zurück (1809–1882), der in seiner Evolutionstheorie davon ausging, daß sich die Lebewesen im Laufe von vielen Jahrmillionen aus einfachen zu immer komplizierteren Formen bis hin zum Menschen entwickelt haben, also in stammesgeschichtlicher Hinsicht verwandt sind.

### 1. Prägung und Fehlprägung *(Konrad Lorenz)*

15 Zu den Pionieren der vergleichenden Verhaltensforschung gehört (der Zoologe und Psychologe) Konrad *Lorenz* (Abb. 5; 1903–1989), dem 1973 für sein Werk der Nobelpreis für Medizin zuerkannt worden ist. Bekannt geworden ist *Lorenz* bereits 1935 durch sein klassisches Experiment mit der **Graugans Martina**. Angeregt durch Versuche, die sein Lehrer und Freund Oskar *Heinroth* 1911 mit Küken und Wildgänsen durchgeführt hatte, ließ *Lorenz* das Ei einer Graugans künstlich ausbrüten (vgl. dazu

*Lorenz* 1978). Als das Küken schlüpfte, zeigte es eine zunächst merkwürdig anmutende Reaktion: Es lief nämlich sofort auf den Forscher zu, akzeptierte ihn fortan als „Mutter" und soll ihm (bis zur Reifezeit der Graugans) auf Schritt und Tritt wie ein Hund nachgefolgt sein. Das Küken war einer **„Fehlprägung"** zum Opfer gefallen. *Lorenz* gelang jedenfalls durch seine Versuche der Nachweis, daß Gänseküken (drei bis neun Stunden) nach dem Schlüpfen hinter jedem sich bewegenden Objekt hinterherlaufen: ganz gleich, ob es sich um das Muttertier, einen Menschen oder um einen sich bloß bewegenden Gegenstand handelt.

Der **Schlüsselreiz** besteht also in der Bewegung, die nach dem von der Natur vorgesehenen Ablauf vom Muttertier ausgeht. Der Vorgang ist nicht mehr rückgängig zu machen (irreversibel). Man spricht von einem Prägungsvorgang, der für die Anlagebedingtheit von Verhaltensweisen ins Feld geführt wird.

16

*Abbildung 5: Konrad Lorenz* (Foto: M. *Martys*)

Entwicklungspsychologen gehen inzwischen davon aus, daß auch der Mensch als Säugling eine ähnliche Prägungsphase (bezogen auf die Eltern) durchmacht: Wird diese gestört, sind gehäuft spätere Fehlentwicklungen des Kindes beobachtet worden (dazu Rdn. 12ff zu § 10). 17

## 2. Zur Relevanz der Erziehung bei Rhesusaffen *(Harlow)*

Die Parallele zeigt sich wiederum in dem entsprechenden Verhalten von Tieren. So hat z.B. das Ehepaar *Harlow* (1962 – zit. nach *Gareis/ Wiesnet* 1974, 25) die Mutter-Kind-Beziehung bei Rhesusaffen unter- 18 sucht und dabei ermittelt, daß bei Versuchstieren (vgl. dazu auch Rdn. 15 zu § 10), die sie ohne jeden Kontakt zu den Elterntieren oder zu anderen Artgenossen im Labor aufzogen, später soziale Schwierigkeiten auftraten. Als man die Laboraffen nämlich in die Gemeinschaft von anderen Rhesusaffen mit normaler Entwicklung brachte, zeigte es sich, daß erstere ungesellig und asozial sowie sexuell gestört und bindungsunfähig waren. Weibchen, die gleichwohl schwanger wurden, kümmerten sich kaum um den Nachwuchs bzw. gingen grausam gleichgültig mit den Babys um. Sie hatten **Erziehung nicht gelernt**. Die Versuchstiere legten ihr Verhalten auch später nicht ab: Sie blieben soziale Versager, die von den Artgenossen abgelehnt wurden. *Gareis/Wiesnet* (1974, 27) kommentieren dieses Phänomen dahingehend, daß man die tierexperimentellen Erfahrungen zwar nicht kritiklos auf den Menschen übertragen könne, man aber „doch auf frappierend ähnliche Situationen und Erscheinungsweisen menschlichen Fehlverhaltens" hinweisen dürfte: **„Herzlose Eltern sind selbst oft das Produkt ebensolcher Eltern. Deren Kinder wiederum bevölkern unsere Gefängnisse"** (*Gareis/Wiesnet* aaO; vgl. dazu auch Rdn. 45 zu § 6).

## § 6 Psychologische und sozialpsychologische Kriminalitätstheorien

**Literatur:** **Becker,** G.S.: An Economic Approach, in: *Becker,* G.S./Landes, W.M.: Essays in the Economics of Crime and Punishment, New York 1974; **Biesinger**, A./**Kerner**, H.-J./**Klosinski**, G./**Schweitzer**, F. (Hrsg.): Brauchen Kinder Religion?, Weinheim 2005; **Brammsen,** J.: Kriminalität und Sozietät, in: Jura 1989, S. 113–128 und S. 186–193; **Breland,** M.: Lernen und Verlernen von Kriminalität, Opladen 1975; **Brenner,** C.: Grundzüge der Psychoanalyse, Frankfurt/M. 1967; **Cornish,** D. B./**Clarke,** R. V. (Hrsg.): The reasoning criminal. Rational Choice perspectives on offending, New York 1986; **Diedrich,** I./**Meyer,** A./**Rössner,** D.: Der Kampf um den Limes der Gesellschaft. Eine Kritik der Kontrolltheorie und des Definitionsansatzes, in KrimJ 1999, S. 82–106; **Dollard,** J. et al.: Frustration and Aggression, New Haven 1939 (2. Aufl., Berlin 1971); **Egg,** R.: Psychologische Erklärungsmodelle dissozialen Verhaltens, in: *Dittmann,* V./*Jehle,* J.-M.: Kriminologie zwischen Grundlagenwissenschaften und Praxis, Bad Godesberg 2003; **Eibl-Eibesfeldt,** I.: Der vorprogrammierte Mensch, Wien 1985; **Engelhardt,** K.: Psychoanalyse der strafenden Gesellschaft, Frankfurt/M. 1976; **Eysenck,** H. J.: Kriminalität und Persönlichkeit, Wien 1977; **Fetchenhauer,** D.: Eine experimentelle Überprüfung der „General Theory of Crime" von Gottfredson und Hirschi, in MschrKrim 1998, S. 301–315; **Fetchenhauer,** D.: Möglichkeiten und Grenzen von Rational Choice – Erklärungen für betrügerisches Verhalten am Beispiel des Versicherungsbetruges, in: KZfSS 2/1999, S. 283–312; **Freud,** S.: Abriß der Psychoanalyse, in: *Freud,* S.: Gesammelte Werke, Bd. 17, 4. Aufl., Frankfurt/M. 1966; **Friday,** P.C./**Kirchhoff,** G.F.: Social Control-Theorie, in: FS für *Schneider,* H.-J., Berlin 1998, S. 77–103; **Glaser,** D.: Criminality Theories and Behavioral Images, in: American Journal of Sociology 61/1956, S. 433–444; **Gottfredson,** M./**Hirschi,** T.: A General Theory of Crime, Stanford/Californien 1990; **Gottfredson,** M./**Hirschi,** T.: Commentary: Testing the General Theory of Crime, in: Journal of Research in Crime and Delinquency 30/1999, S. 47–54; S. 109; **Grawe** im *Spiegel*-Gespräch mit Merten (*Spiegel* vom 9.4.95, S. 132–139); **Grawe,** K.:/**Donati,** R.: Psychotherapie im Wandel, Göttingen 1994; **Haage,** H.: Theorien der sozialen Kontrolle und des sozialen Lernens in der Kriminologie, Frankfurt/M. 1995; **Haring,** C./**Leickert,** K. H.: Wörterbuch der Psychiatrie und ihrer Grenzgebiete, Stuttgart 1968; **Havers,** N.: Erziehungsschwierigkeiten in der Schule, 2. Aufl., Weinheim 1981; **Heckhausen,** H.: Motivation und Handeln, 2. Aufl., Berlin 1989; **Hirschi,** T.: Causes of Delinquency, Berkeley 1969; **Höffler**, K.: Risikokriminologie, in MschrKrim 4/2012, S. 252–268; **Hurrelmann**, K. et al.: Anti-Gewalt-Report. Handeln gegen Aggressionen in Familie, Schule und Freizeit, Weinheim 1995; **Kaiser,** G./**Schöch,** H.: Kriminologie – Jugendstrafrecht – Strafvollzug, 3. Aufl., München 1987; **Kaufmann,** H.: Kriminologie I. Entstehungszusammenhänge des Verbrechens, Stuttgart 1971; **Kaufmann,** H.: Kriminologie III. Strafvollzug und Sozialtherapie, Stuttgart 1977; **Kerner,** H.-J.: Soziale Bindungen und Soziale Abweichung, in: *Klosinski,* G.: Empathie und Beziehung, Tübingen 2004, S. 41–64; **Keupp,** L.: Aggressivität und Sexualität, München 1971; **Killias,** M.: Kriminelles Verhalten wird erlernt – aber wie? in: MschrKrim 1981, S. 329–342; **Köhn,** K.: Psychoanalyse und Verbrechen, Wiesbaden 1992; **Kreuzer**, A.: Religion – Verbrechen – Strafe, in: FS für Ebert, Tübingen 2011, S. 475–500; **Kury,** H.: Verhaltenstherapie bei Delinquenten unter besonderer Berücksichtigung des Trainings sozialer Fähigkeiten, in: *Lösel,* F.: Kriminalpsychologie, Weinheim 1983, S. 259–271; **Lösel,** F.: Psychologische Kriminalitätstheorien, in: KKW 1985, S. 219–229; **Lorenz,** K.: Das sogenannte Böse. Zur Naturgeschichte der Aggression, Wien 1963; **Mechler,** A.: Der Verbrecher als Sündenbock der Gesellschaft, in: ZRP 1971, S. 1–3; **Müller,** C.: Lexikon der Psychiatrie, Berlin 1973; **Münster,** P.: Das Konzept des reintegrative shaming von John Braithwaite, Münster 2006; **Mummendey,** A.: Aggressives Verhalten, in: *Stroebe* W. et al. (Hrsg.): Sozialpsychologie, Berlin 1990, S. 275–304; **Pawlow,** E.: Die bedingten Reflexe, München 1972; **Rabold**, S.: Zum Einfluß interethischer Freundschaften auf Gewaltverhalten deutscher und nicht-deutscher Jugendlicher (KFN), Baden-Baden, 2013; **Reckless,** W. C.: Halttheorie, in: MschrKrim 1961, S. 1–14; **Reckless,** W. C.: The Crime Problem, 5. Aufl., New York 1973; **Reckless**, W. C.: Criminal Behavior, New York 1940; **Reiss,** A. J.: Delinquency as the Failure of Personal and Social Controls, in: American Sociological Review 16/1951, S. 196–207; **Reiwald,** P.: Die Gesellschaft und ihre Verbrecher, Frankfurt/M. 1973; **Rolinski,** K.: Zur Hypothese unterschiedlicher Auswirkungen von Verstärkungsbedingungen bei Straffälligen und Nicht-Straffälligen im Lernexperiment, in: MschrKrim 1978, S. 139–148; **Schmidtchen,** G.: Das Rätsel der Gewalt: Zur Sozialpsychologie der Aggression, in: ajs-informationen – Mitteilungsblatt der Aktion Jugendschutz, 6/92, S. 1–4; **Schnell,** F.: Tiefenpsychologie – Die Entdeckung des Unbewußten, in: *Stalmann,* R. (Hrsg.): Kindlers Handbuch Psychologie, München 1982, S. 55–95; **Schneider**, H.-J.: Die kriminelle Persönlichkeit, in: FS für Schöch, Berlin 2010, S. 145–165; **Schulz** H. J.: Aggressive Handlung von Fußballfans, Schorndorf 1986; **Selg,** H.: Menschliche Aggressivität, Göttingen 1974; **Selg,** H./**Mees,** K./ **Berg,** D.: Psychologie der Aggressivität, Göttingen 1988 (2. Aufl. 1997); **Sessar**, K.: Zu einer Kriminologie ohne Täter, in: MschrKrim 1997, S. 1–24; **Skinner,** B. F.: Wissenschaft und menschliches Verhalten, München 1973; **Spiel,** W./**Pilz,** E.: Zur Psychologie der mißhandelnden Mütter, in: *Haesler,* W. T. (Hrsg.): Kindesmißhandlung, Diessenhofen 1983, S. 103–115; **Stephenson,** G. M.: Sozialpsychologie, Heidelberg 1990; **Sutherland,** E.: Die Theorie der differentiellen Kontakte, in: *Sack,* F./*König,* R. (Hrsg.): Kriminalsoziologie, Frankfurt/M. 1974, S. 395–400; **Sutherland,** E./ **Cressey,** D. R.: Criminology, 10. Aufl., Philadelphia 1978; **Wetzels,** P./**Brettfeld,** K: Auge um Auge, Zahn um Zahn: Migration, Religion und Gewalt junger Menschen, Münster 2003.

**Gliederung**

1 Psychologische sowie sozialpsychologische Kriminalitätstheorien unterscheiden sich von den soziologischen durch den Grad der Einbeziehung gesellschaftlicher Prozesse in den kriminologischen Erklärungsversuch. Wegen der zahlreichen Überschneidungen ist eine Abgrenzung allerdings schwierig. Gleichwohl kann man feststellen, daß in den psychologischen Kriminalitätstheorien soziologische Gesichtspunkte nur am Rande Bedeutung besitzen, während sie in den sozialpsychologischen mehr und in den soziologischen Kriminalitätstheorien ganz im Vordergrund der Erklärungsansätze stehen.

2 Zu den Hauptrichtungen der psychologischen und sozialpsychologischen Kriminalitätstheorien werden gezählt: psychodynamische Konzepte (I), die lerntheoretischen Ansätze (II) sowie die Aggressionstheorien (III).

## I. Psychodynamische Konzepte

3 Im Mittelpunkt der psychodynamischen Konzepte der Verbrechenserklärung steht die psychoanalytische Persönlichkeitstheorie, die auf Sigmund *Freud* (1856–1939) zurückgeht. Die tragenden Säulen, auf denen diese Theorie aufbaut, bestehen aus den folgenden Grundsätzen (zit. nach *Schnell* 1982, 56):

- *erstens: Nichts im Seelenleben geschieht zufällig und ohne Grund und*
- *zweitens: Ein großer Anteil unserer Psyche ist uns unbewußt, wir wissen nichts von ihm, und dennoch beeinflußt er unser Handeln und Fühlen.*

4 Diese Grundsätze „bleiben bestehen – was immer sich in der Folgezeit an Streitigkeiten, Abspaltungen und Neugründungen ereignete" (*Schnell* aaO). Die verschiedenen Richtungen, die aus der Freudschen Psychoanalyse („Seelenzergliederung") entstanden, werden unter dem Begriff der „Tiefenpsychologie" zusammengefaßt (Übersicht über die verschiedenen tiefenpsychologischen Schulen bei *Kaufmann* 1971, 64; *Schnell* 1982, 80ff, und *Köhn* 1992).

### 1. Der psychoanalytische Ansatz der Verbrechenserklärung

5 Der Psychiater und Neurologe *Freud* gilt als Entdecker des Unbewußten, obgleich sich schon zahlreiche Denker vor ihm mit der Erscheinung des Unbewußten befaßt haben (Überblick bei *Heinz* 1983, 16ff; *Lösel* 1985, 221ff). Daß es das Unbewußte gibt, zeigen bereits unsere Träume, „deren oft seltsame und absurde Inhalte unser Bewußtsein uns nicht erklären kann" (*Schnell* aaO).

6 Aufbauend auf dieser Erfahrung unterschied *Freud* **(erstens)** zwischen **Bewußtem, Vorbewußtem** und **Unbewußtem**.

> *„Die Inhalte des Vorbewußten sind uns zwar nicht spontan präsent, sie lassen sich jedoch durch Willensanstrengung bewußt machen. Was wir gestern zu Mittag gegessen haben, fällt uns nicht unbedingt sofort ein; mittels einer kurzen Anstrengung unseres Gedächtnisses können*

*wir es uns jedoch ins Bewußtsein zurückholen. Die Inhalte des Unbewußten – Erlebnisse, Gefühle, Wünsche, die beschämend, beängstigend oder bedrohlich sind und deshalb* ***verdrängt*** *wurden – sind solcher Willensanstrengung nicht zugänglich. Der ,Zensor' steht dazwischen. Diese Überwachungsinstanz sorgt schon beim Kind dafür, daß Verbotenes – etwa* ***Haßgefühle*** *gegenüber den Eltern,* ***sexuelle Wünsche*** *– ins Unbewußte verdrängt wird" (Schnell 1982, 56). Das Bewußte ist also nur die „Spitze des Eisbergs".*

Das psychoanalytische Persönlichkeitsmodell geht **(zweitens)** davon aus, daß sich im Unbewußten nicht nur das Verdrängte speichert, sondern auch „alles Ererbte, unsere primitiven Motive, die Triebe, Sexualität und Aggression" (*Schnell* 1982, 60). Diesen Teil des Unbewußten (vgl. Abb. 6) hat Freud als (infantile) **„Es"-Instanz** (die Triebinstanz) bezeichnet (die erste und älteste seelische Instanz: unterstes Stockwerk). 7

Das **Überich** (die Gewissensinstanz), die dritte psychische Instanz, die ebenfalls in der Zone des Unbewußten siedelt, entwickelt sich **im Laufe der ersten Lebensjahre**. Dieses „Überich", das also im frühen Kindesalter entsteht (als weitgehend unbewußtes „Gewissen"), „enthält moralische und sittliche Gebote und Verbote, Wertvorstellungen, kulturelle und gesellschaftliche Normen. Wir übernehmen sie vor allem von unseren Eltern, aber auch von Lehrern, persönlichen Vorbildern und gesellschaftlichen Idolen ... Zunächst sind Gebote und Verbote für das kleine Kind etwas, das andere von ihm fordern, ohne daß es selbst deren Sinn so recht einsieht. Und wenn es unbeaufsichtigt ist, wird es doch tun, was es will, allenfalls durch die Angst vor Strafe gehemmt. Erst im **Alter von fünf bis sechs Jahren** fängt, wie Charles *Brenner* sagt, ,die Moral an, eine Sache des Inneren zu werden'. Das heißt, Regeln und Gesetze werden internalisiert, in die eigene Seele gewissermaßen hineingenommen, die Instanz des Überichs gefestigt" (*Schnell* 1982, 61f; *Brenner* 1967, 135).

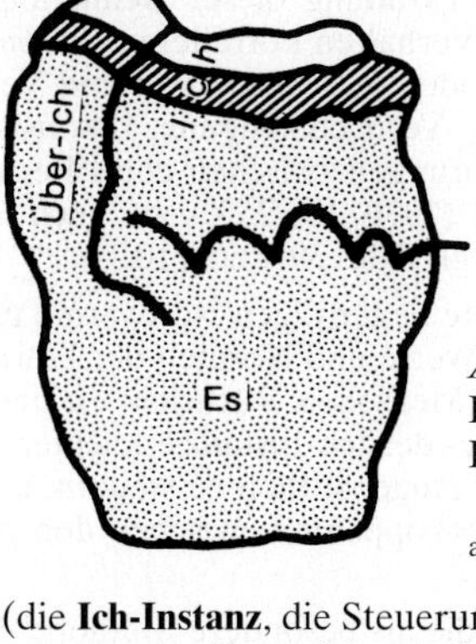


*Abbildung 6:*
Psychoanalytisches
Persönlichkeitsmodell

aus: *Schnell* 1982, S. 57

Die zweite Instanz (die **Ich-Instanz**, die Steuerungsinstanz) „vermittelt zwischen den Anforderungen des Es und der Außenwelt, ist das ,Anpassungs- und Selbsterhaltungsorgan des Menschen'. Dabei helfen ihm die 8 sog. Ich-Funktionen: Gedächtnis, Wahrnehmung, Denken, Muskelkontrolle und Triebsteuerung ... Ein wichtiger Helfer des Ich ist die **Angst**, die gewissermaßen ein Signal gibt, wenn Gefahr droht, entweder vom ungestümen Es oder vom überstrengen Überich" (*Schnell* 1982, 61).

**9** Nach dem psychoanalytischen Persönlichkeitsmodell (*Grawe* 1995, 136: „überholt") werden also die Entscheidungen, die ein Mensch trifft, durch die drei psychischen Instanzen (die sich aber nur als hypothetisches Konstrukt darstellen) bestimmt: durch das „Es" (die triebhaft unbewußte Seite der Persönlichkeit: Sexualtrieb/Libido, Aggressionstrieb/Destruktionstrieb), durch das „Überich" (die Instanz, die die moralische Wertung eines Verhaltens vornimmt: das unbewußte „Gewissen") und das „Ich" (die Vermittlungsinstanz, die die mit der moralischen Wertung nicht übereinstimmenden Triebansprüche aus dem „Es" abzuwehren versucht: vgl. *Freud* 1966, 67ff). Die Triebschicht wird primär durch die Natur mitgegeben, Überich („Superego") und Ich („Ego") werden erst im Rahmen des Sozialisationsprozesses aufgebaut.

**10** Diesem Persönlichkeitsmodell entsprechend kommt „der Mensch als kriminelles, d.h. sozial nicht angepaßtes Wesen auf die Welt. Während es dem Normalen gelingt, seine kriminellen Triebregungen teils zu verdrängen, teils im Sinne der Sozietät umzuwandeln, mißglückt dem Kriminellen dieser Anpassungsvorgang. Ein „zu schwach ausgebildetes Überich führt zu dissozialem Verhalten" (*Egg* 2003, 45). **Kriminalität ist (danach) also ... „kein ‚Geburtsfehler', sondern ein Erziehungsdefekt"** *(Schneider,* Lb. 1987, 474). Sozial abweichendes Verhalten wird dementsprechend mit schweren Schädigungen der Ich- und Überichentwicklung im Rahmen des Erziehungsprozesses erklärt (zur familialen Erziehung vgl. § 10).

**11** Besondere Bedeutung wird dabei dem Gelingen der **Identifikation mit den Eltern** bzw. (festen) Bezugspersonen zugesprochen, die in der Kindheit als Vorbilder primär in Betracht kommen. Zu den Sozialisationsvoraussetzungen, die die Erfüllung dieser Bedingungen erschweren (und hoch mit kriminellem Verhalten korrelieren: *Breland* 1975, 57), gehören nach *Moser:* „brutale oder zwischen Härte und Verwöhnung pendelnde Erziehung, Ablehnung, Vernachlässigung, Inkonsistenz der Einstellung, schwere Beziehungsstörungen zwischen den Eltern, Mangel an Aufsicht und Zuwendung" usw. (1970, 182/253 – zit. nach *Breland* 1975, 57). Zu den Erziehungsstilen vgl. Rdn. 39ff zu § 10.

**12** Auf der anderen Seite begünstigen Nestwärme und Zuwendung sowie die Ermunterung, die Werte und Normen der Erwachsenen zu übernehmen (bzw. auf andere Menschen Rücksicht zu nehmen), eine Entwicklung des Überichs, die es der Ich-Instanz erleichtert, die Triebimpulse des „Es" im Sinne sozialer Angepaßtheit zu steuern, und zwar mit dem Ziel, eine harmonische Rückkoppelung zwischen den psychischen Instanzen zu erreichen.

**13** Die **Psychoanalyse**, die als besondere Methode der Psychotherapie zu verstehen ist (vgl. dazu auch das Psychotherapeutengesetz vom 16. Juni

1998 – BGBl. I, 1311), macht sich zur Aufgabe, psychische Defekte aufzuarbeiten und auf diese Weise zu eliminieren. Dabei ist von Bedeutung, daß die Ursache der Schädigungen, die sich auch organisch auswirken können, in den Verdrängungen zu erblicken ist, die ins Kindesalter zurückgeführt werden können (Unterdrückung der Triebimpulse) und die die Grundlage der **Neurosen** bilden. Bei „der **Verdrängung** werden unerwünschte, angstmachende Gefühle, Impulse, Erinnerungen, Wünsche und Phantasien vom Bewußtsein ausgesperrt und ins Unbewußte ‚verdrängt'. Sie sind völlig vergessen, existieren subjektiv für uns nicht mehr, sind jedoch nicht entschärft" (*Schnell* 1982, 70). Denn „verdrängte Inhalte im Unbewußten lassen sich nicht einfach abstellen wie alte Möbel auf dem Dachboden. Das Verdrängte behält seine Kraft und versucht, ins Bewußtsein zu gelangen, am Zensor vorbei. Es schlüpft gewissermaßen verkleidet durch die Zensur: in **Träumen**, die wir für Unsinn halten, wenn uns nicht durch Deutung ihre Botschaft klar wird, in Fehlleistungen und nicht zuletzt in **neurotischen Symptomen**. Alle diese sind notwendige Ventile, durch die psychischer Druck abfließt, und sie geben wichtige Hinweise auf unbewußte Konflikte" (*Schnell* 1982, 57).

**Die Natur der Seele**

Hatte Sigmund Freud doch recht? Neue Untersuchungen der Hirnforschung scheinen seine umstrittenen Theorien über Verdrängung, Träume oder das Unbewusste zu bestätigen. Nun wollen Neurowissenschaftler und Psychoanalytiker das Rätsel der Psyche gemeinsam entschlüsseln.

aus: *DER SPIEGEL* Nr. 16/2005, S. 176

Das Ziel der Psychoanalyse besteht deshalb darin, „durch die beson- **14**
dere psychoanalytische Technik eine **Rückverwandlung der Symptome** in bewußte affektbesetzte Vorstellungen" zu erreichen (*Haring/Leickert* 1968, 474 u. H. auf *Freud* 1920). Die benutzte Methode ist der psychoanalytische Dialog („rent – a friend"), zu dem die **Traumdeutung** zählt (*Freud*, S.: Die Traumdeutung, 1900) sowie die **Deutung (= Verstehen) von Assoziationsmaterial**. Bekannt ist ferner das Bild des Patienten, der auf der Couch liegt, während der Analytiker hinter ihm steht (oder sitzt) und ihn auffordert („Redekur"), „seine Gedanken, Empfindungen, Wünsche und Befürchtungen, aber auch seine Träume und seine positiven oder negativen Einstellungen dem Psychoanalytiker gegenüber so auszusprechen, wie sie ihm durch den Sinn gehen.

*Daß sich diese Therapieform im* ***Strafvollzug*** *(selbst in den sozialthe-* **15**
*rapeutischen Anstalten: § 9 StVollzG) weniger durchsetzen konnte, dürfte damit zu tun haben, daß hohe sprachliche Fähigkeiten vorausgesetzt werden und erhöhte Motivation, die man bei Strafgefangenen, die primär aus der Unterschicht stammen, grundsätzlich nicht vorfinden kann.*

**Zur Relevanz des Ansatzes:** Relevant ist der Ansatz in Bezug auf die **15a**
Entwicklung sozialer Fähigkeiten (vgl. Rdn. 4 vor § 10) durch Familie

und Schule (dazu Rdn. 40 zu § 10 und Rdn. 4 zu § 11); „Es-Probleme" erschweren den Resozialisierungsvollzug (vgl. Rdn. 8 zu § 10) in Justizvollzugsanstalten.

**Kritisiert** wird am psychoanalytischen Ansatz, daß er „einer empirischen Prüfung im Sinne des wissenschaftlichen Rationalismus nicht zugänglich ist" (*Schöch* in Kaiser/Schöch 2001, 19; *Schneider* in FS für Schöch 2010, 155). Kritisiert wird ferner „die hohe Individualisierung und Pathologisierung der Dissozialität ... und die Ausblendung außerfamiliärer sozialer Faktoren als Ursachen der Delinquenz, wie z.B. Arbeitslosigkeit" usw. (*Egg* 2003, 46).

*Nach den Recherchen des SPIEGEL (16/2005, 182 und 18/2006, 160) halten „viele Neurologen und Psychiater die Psychoanalyse (sogar) für* ***Scharlatanerie****"; inzwischen ist „****Freud jedoch wieder da*** *– überall auf der Welt fahnden Neurobiologen, Psychologen, Psychiater und Psychoanalytiker nach Schnittstellen ihres Wissens". So führt etwa der Neurobiologe Damasio aus: „Freuds Einblicke in die Natur des Bewußtseins stehen* ***im Einklang mit der Sichtweise der fortgeschrittendsten modernen Neurowissenschaften****" (zit. nach SPIEGEL aaO, 178; vgl. dazu den Zeitungsausriß oben). Zur Hirnforschung vgl. auch Rdn. 13 zu § 5.*

### 2. Kontrolltheorien (Social Control-theories)

16 Theorien der (inneren und äußeren) Kontrolle (**Halt- und Bindungsansätze**), die an die psychoanalytische Betrachtungsweise anknüpfen, werden z.B. von *Reiss* (1951), *Reckless* (1940/1973) und *Hirschi* (1969) vertreten. Diese fragen jedoch primär nicht (wie die Vertreter der bisher referierten Theorien) danach, weshalb sich Menschen sozial abweichend (kriminell) verhalten, sondern danach, warum sich so viele Menschen **sozial konform** (sozial angepaßt) verhalten: also ein Perspektivenwechsel. Sie interessieren sich also primär für die Frage: „Warum begehen die meisten Menschen **keine** Straftaten?" (vgl. dazu den Überblick bei *Friday/Kirchhoff* 1998, 78ff und *Kerner* 2004, 48ff).

#### *a) Zu den Halttheorien von Reiss und Reckless*

17 *Reiss* (1951) führt das sozial konforme Verhalten vor allem auf den Einfluß intakter familiärer Beziehungen (zwischen Eltern und Kindern) und Erziehung zurück. Kriminelles Verhalten hat dementsprechend mit dem Versagen der Familie als der wichtigsten Primärgruppe im Erziehungsprozeß zu tun; jedenfalls dann, wenn es dieser nicht gelungen ist, dem Kind seine soziale Rolle begreiflich zu machen und ihm beizubringen, diese Rolle mit seinen Bedürfnissen in Einklang zu bringen. Dementsprechend soll das soziale Versagen mit **schwach entwickelten Ich- und Überich-Instanzen** zu tun haben: Es fehlen der **innere Halt** (das durch Erziehung vermittelte „Drehbuch") und die **„Immunisierung"**, die notwendig sind, um kriminellen Versuchungen (z.B. auch Einflüssen von Gewaltvideos oder solchen aus der Drogenszene) widerstehen zu können (vgl. dazu auch Rdn. 11ff zu § 10 bzw. Rdn. 11 zu § 27; zu den **Moralstu-**

**fen** vgl. Rdn. 68 zu § 10). Es fehlt schließlich auch das (begründete) Gefühl, sich auf die eigene Familie **verlassen zu können** bzw. das **Geborgenheitsgefühl**.

*Reckless* (1961) stellt dem inneren Halt (dem **„Selbstkonzept"** = Selbsteinschätzung) den **äußeren Halt** (Identitäts- und Zugehörigkeitsgefühl), den der Einzelne durch Freunde (nach *Amelang* 1986, 201; auch durch die Kirche) usw. erfährt („dichte soziale Einbettung"), gegenüber. Fehlt es am inneren Halt, kann der äußere Halt kriminelle Entgleisung verhindern (und umgekehrt). Fehlen äußerer und innerer Halt, ist hingegen der Weg in die Straffälligkeit fast vorprogrammiert.

*b) Zur sozialen Bindungstheorie von Hirschi*

Auch für Travis *Hirschi*, der auf den Halttheorien aufbaut (*ders.* in MschrKrim 1989, 413ff), ist „Devianz selbstverständlich: Konformität muß erklärt werden" (1969, 10). Insoweit versucht er mit seiner „social bonding theory" zu erklären, **welche Einflußfaktoren (Bindungen mit kriminoresistenter Wirkung: „bo(u)nds") den inneren und äußeren Halt** (wesentlich) mitbestimmen (können). **18**

*Den Ausgangspunkt dieser Überlegungen, die denen von Reiss und Reckless entsprechen, beschreiben Friday/Kirchhoff (aaO, 83) anschaulich auf die folgende Weise: „Menschen müssen im Verlauf des Aufwachsens die Freiheit ‚verlieren', Straftaten zu begehen. Das geschieht im Sozialisierungsprozeß ... Der junge Mensch muß lernen, strafrechtliche Normen als Begrenzungslinien- oder pfosten zu erkennen, die seine Freiheit einschränken. Das bildliche Schaf auf der ungezäunten Weide braucht einen Pflock mit einem Strick um den Hals, an dem es angepflockt ist, damit es seinen Aktionskreis nicht verläßt."*

Als Einflußfaktoren, die die Güte der **Bindung** (die Festigkeit des „Seiles" im obigen Beispiel) bestimmen („Beziehungsanker"), werden von *Hirschi* vier Faktoren genannt:

- **attachment** to others: die enge persönliche Bindung an wichtige Bezugspersonen (das emotionale Band), das zur Rücksichtnahme auf die Wünsche und Erwartungen dieser anderen Menschen, Eltern, Lehrer, Freunde verpflichtet (vor allem sich konform zu verhalten),
- **commitment to conventional goals**: die Abwägung der Risiken und Nachteile, die mit einer Straftat verbunden sind, wenn sie entdeckt wird,
- **involvement** in conventional activities: Einbindung in gesellschaftliche Gruppen, die das Straffälligwerden erschwert: Sportverein, Schützenverein, Freundschaften (*Rabold* 2011) oder Kirche (zur **Religion** vgl. *Wetzels/Brettfeld* 2003 und *Biesinger/Kerner* et al.; 2005 *Kreuzer* 2011, 475ff sowie Rdn. 28a zu § 8);
- **belief** in social rules: Glaube an die Verbindlichkeit moralischer Wertvorstellungen bzw. sozialer Werte (dazu Rdn. 67 zu § 10).

Je stärker solche Bindungen ausgeprägt sind, desto weniger ist kriminelles Verhalten nach diesem Ansatz zu erwarten (vgl. aber auch Rdn. 28

zu § 8). Die **Kehrseite:** Fehlende Bindungen begünstigen das **Phänomen geringer Selbstkontrolle**, die sich in „Impulsivität, Gefühlskälte und Risikofreudigkeit" ausdrücken kann (*Gottfredson/Hirschi* 1990, 89).

18a **Zur Relevanz des Ansatzes:** Verstärkung der Schutzfaktoren (protektiven Faktoren: z.B. elterliche Fürsorge, stabile Bindungen, soziale Wertvorstellungen, Problemlösungskompetenz usw.), als Ziele familialer (Rdn. 39 zu § 10) und schulischer Erziehung und als Postulate für die Familien-, Jugend- und Kriminalpolitik. Den inneren Halt zu verstärken versuchen Bond-Projekte (dazu Rdn. 43 zu § 13), den äußeren Halt zu verstärken versucht die Bewährungshilfe.

Die **Kritik** an den Kontrolltheorien, die inzwischen „genügend empirisch belegt sind und in Deutschland immer mehr akzeptiert werden" (so *Friday/Kirchhoff* 1998, 86), konzentriert sich primär auf die Beobachtung, „daß zahlreiche Individuen trotz Fehlens konventioneller Bindungen nicht straffällig werden und, daß sich das Legalverhalten von Personen mit vergleichbarem sozialen Umfeld (z.B. bei Geschwistern) ganz unterschiedlich entwickeln kann" (*Schöch* in Kaiser/Schöch 2001, 23; *von Danwitz* 2004, *Dölling* in FS für Kury 2006, 77; *Göppinger/Bock* Lb 2007, 133).

Ein Verbrechen lohnt sich

Auch Kriminelle handeln ökonomisch rational.
Sie wägen ab zwischen Risiko und Nutzen

aus: *Frankfurter Allgemeinen Sonntagszeitung* vom 11. Mai 2003

### 3. Hermanns werteorientierter Ansatz

19 *Hermann* (2003 und 2008) löst sich mit seiner **voluntaristischen Kriminalitätstheorie** von allen bisherigen Ansätzen, indem er kriminelles Verhalten ganz anders, nämlich als **Resultat mißlungener Werteorientierung**, erklärt **(Wertetheorie)**. Seine Hypothese, die er selbst empirisch bestätigen konnte, lautet: „Je ausgeprägter die Orientierung an materialistischen Werten ist (bzw. an hedonistischen Zielen oder finanziellen Interessen: dazu Rdn. 7 vor § 10), desto geringer ist die Normakzeptanz einer Person". Und: „je ausgeprägter die Orientierung an traditionellen Werten ist (vor allem an **christlich-religiöser Erziehung**), desto höher ist die Normakzeptanz und desto geringer ist die Delinquenzhäufigkeit". Auf den starken Einfluß von Werten auf Kriminalität weisen auch *Boers/Reinicke* (Delinquenz im Jugendalter, Münster 2007) hin (vgl. Rdn. 68 zu § 10). Gefragt ist danach **Werteerziehung** im Rahmen der primären Kriminalprävention (zu dieser Rdn. 41 zu § 1 und Rdn. 67 zu § 10).

**Kritik:** Der Ansatz erklärt nicht nur kriminelles Handeln, sondern auch kriminelle Verläufe sowie den Wandel von Kriminalitätsraten. Somit berücksichtigt die Theorie sowohl statische als auch dynamische sowie die individuelle und die gesellschaftliche Ebene. In allen Fällen sind Werte von zentraler Bedeutung.

## II. Theorie des rationalen Wahlhandelns (rational choice approach)

Auf der Fragestellung der Kontrolltheorien („warum begehen Menschen **keine** Straftaten?“: vgl. Rdn. 16) baut auch die (der Volkswirtschaftslehre entlehnte) von *Becker* 1974 und *Cornish/Clarke* 1986 (und Mitautoren in einem Sammelband) vertretene „Theorie des rationalen Wahlhandelns“ auf (vgl. dazu *Sessar* 1997, 1/7ff und *Fetchenhauer* 1999, 283ff), nach der sich ein (vernünftiger) Mensch für oder gegen die Begehung von Straftaten aufgrund einer **Kosten-Nutzen-Analyse** entscheidet: „Theorie der Nutzenmaximierung“ (so z.B. schon *Latané/Darley* in JPSC 1968, 377; vgl. dazu auch unten den Zeitungsausriß). Dieser fragt sich also **(kriminalökonomischer Ansatz):** Was bringt die Tat für Vorteile? Beispiele für Vorteile (= Nutzen): Höhe der Beute, Nervenkitzel, Reputationsgewinn in der Clique (bzw. Bande). Was für Nachteile (= Kosten) könnten entstehen? „Kosten“ könnten sich z.B. dadurch einstellen, daß man bei der Straftat **gefaßt wird** (dazu Rdn. 29d zu § 20) und nicht nur seine Beute (vgl. z.B. Rdn. 38 zu § 29), sondern seine gesellschaftliche Stellung verliert oder zumindest später ein schlechtes Gewissen bekommt: moralische Kosten. Zu den Kosten zählt vor allem die öffentliche Bloßstellung (**shaming**) mit denen sich vor allem *Braithwaite* befaßt hat (zu diesem *Münster* 2006). An „solche Kosten-Nutzen-Modelle“ („Theorie der Nutzenmaximierung“) knüpfen auch spezielle Maßnahmen der Kriminalprävention an, etwa bei der Erschwerung der Tatausführung durch technische Sicherungen (z.B. **Wegfahrsperren**: *Egg* 2003, 51). **19a**

Bei „guter Gelegenheit“ werden solche Hemmschwellen mitunter verdrängt (vgl. dazu Rdn. 30 zu § 7 und Rdn. 22 zu § 21: **special-opportunity crimes**). Das gilt z.B. für die folgenden Straftaten (deren Dunkelfeld daher als extrem hoch eingeschätzt wird): Steuerhinterziehung (dazu *Weidemann* in FS für Schwind 2006, 491f), Schwarzarbeit und Versicherungsbetrug. Der Versicherungsbetrug kommt vor allem in folgenden Deliktsformen vor: Übertreibung der Schadenshöhe und Fingieren eines gar nicht eingetretenen Schadens. So wird der Versicherung z.B. gemeldet: „im Urlaub ist (was gar nicht stimmt) in mein Haus eingebrochen worden“. Dazu zwei empirische Studien: **19b**

*(1) **Jeder 15. Deutsche** hat nach einer repräsentativen Studie des Marktforschungsinstituts psychonomics (zit. nach NOZ vom 31. Juli 2002) bei seinem letzten Schadensfall betrogen; das sind hochgerechnet 1,7 Millionen Versicherungsbetrüger in Deutschland (vgl. auch den Zeitungsausriß). Am häufigsten wird die Höhe des eingetretenen Schadens übertrieben. Und Männer betrügen eher als Frauen.*

*(2) In Fetchenhauers (1999, 254ff) Studentenbefragungen gaben 27 % der 730 Probanden, die geantwortet haben, an, „schon mindestens einmal ihre **Versicherung** betrogen zu haben“. Auch insoweit hat sich gezeigt: „Je geringer die Befragten das **Risiko** einschätzen, daß ihr Versicherungsbetrug bemerkt wird, desto höher ist ihre Betrugsbereitschaft“. Aber auch die „Vorstellung, daß **moralische Überlegungen** als*

*Filter vor der Berücksichtigung kalkulativer Variablen dienen", wurde „empirisch bestätigt". Zu den Stufen der Moral vgl. Rdn. 67 zu § 10.*

Plausibel erscheint die Annahme von *Höffler* (2012, 265), „daß **risikofreudige Menschen** – im Gegensatz zu risikoscheuen Menschen – den „Kostenfaktor" des potentiellen Erwischt und sanktioniert werdens eher ausblenden bzw. ganz gering veranschlagen".

**Jeder Fünfzehnte betrügt**

**Studie: Fast 1,7 Millionen hauen ihre Versicherung übers Ohr**

aus: *NOZ* vom 31. Juli 2002

19c **Zur Relevanz des Ansatzes:** Berechenbarkeit im Rahmen des Offender Profiling (Rdn. 27b zu § 1) z. B. in Bezug auf den Einbrecher und vor allem in bezug auf den Wirtschaftskriminellen (vgl. Rdn. 29 zu § 16 und Rdn. 22 zu § 21) und Umweltstraftäter (dazu das Beispiel bei Rdn. 41 zu § 22), die vor allem die öffentliche Bloßstellung (in den Medien), die den Ruf beschädigt, schreckt. Zur Prangersituation vgl. auch Rdn. 62 zu § 14 und Rdn. 39 zu § 22.

19d **Kritik:** Nicht erklären kann der Ansatz „den erheblichen Rest ‚unvernünftiger', planloser und gerade nicht vorausschauend durchgeführter Delinquenz (*Schöch* in Kaiser/Schöch 2001, 24); das gilt z. B. auch für Affektverbrechen bzw. für Straftaten mit irrationalen Motiven. Dementsprechend wird von *Kunz* (Lb. 2004, 199) bemängelt, daß der Ansatz „auf der Prämisse beruht, daß Menschen sich stets ökonomisch verhalten, selbst wenn ihr Verhalten emotional oder altruistisch geprägt ist oder anderen als unvernünftig erscheint". *Schneider* schreibt (in FS für Schwind 2006, 150): „Die rationale Wahl-Theorie hat sich in zahlreichen empirisch-kriminologischen Studien nicht bestätigt". Plausibel erscheint das allerdings nicht.

### III. Lernpsychologische Ansätze

20 Die lernpsychologischen Ansätze gehen davon aus, daß kriminelles Verhalten ebenso erlernt (oder verstärkt) werden kann wie normgerechtes Verhalten.

#### 1. Die Theorie der differentiellen Assoziation

21 Der bekannteste Vertreter dieser Erklärungsversuche ist Edwin *Sutherland* (1883–1950), der 1924 ein Kriminologie-Buch herausbrachte, das noch drei weitere Auflagen (1934, 1939, 1949) erlebt hat. In der dritten Auflage (1939) hat er eine Theorie der differentiellen Assoziation (Theorie der unterschiedlichen **Kontakte**) formuliert, die er später mit seinem Schüler Donald R. *Cressey* (1978) weiterentwickelt hat. Dieser

Ansatz umfaßt eine Reihe von neun Einzelaussagen (Thesen), von denen die wichtigsten wie folgt lauten (*Sutherland* 1974, 396ff):

- Kriminelles Verhalten ist **gelerntes Verhalten**. Im Umkehrschluß heißt das, daß kriminelles Verhalten als solches nicht vererbt wird.
- Kriminelles Verhalten wird durch Interaktion (Kontakte) mit anderen Personen in einem **Kommunikationsprozeß** erlernt.
- Kriminelles Verhalten wird hauptsächlich **in intimen persönlichen Gruppen** (etwa in peer-groups, Rdn. 31 zu § 20) gelernt. Das bedeutet, daß die unpersönlichen Kommunikationsmittel wie Filme, Zeitungen, TV und Video eine geringere Rolle bei der Entstehung kriminellen Verhaltens spielen (vgl. dazu Rdn. 20 zu § 14).
- Das Erlernen kriminellen Verhaltens schließt das Lernen (a) der **Techniken** zur Ausführung des Verbrechens ein, die manchmal sehr kompliziert sind, und (b) die **spezifische Richtung** von Einstellungen bzw. Motiven ein.

Was gemeint ist, hat *Sutherland* an folgendem **Beispiel** zu erklären ver- **22**
sucht:

*„In einem Gebiet mit hoher Delinquenzrate (schreibt er 1974, 398) wird ein ungezwungener, geselliger, aktiver und kräftiger Junge sehr wahrscheinlich mit den anderen Jungen in der Nachbarschaft in Kontakt kommen, delinquentes Verhalten von ihnen lernen und ein Gangster werden ... In einer anderen Situation wird der gesellige, kräftige und aktive Junge Mitglied einer Pfadfindergruppe und wird nicht in kriminelles Verhalten verwickelt werden." Dabei schließt im ersteren Falle das Erlernen kriminellen Verhaltens auch (wiederum) das Erlernen der für die Ausführung von Straftaten erforderlichen Techniken ein."*

Schon 1937 hatte *Sutherland* in seinem Buch über „The professional **23**
thief" (der Berufsdieb) geschrieben, daß man ein erfolgreicher Berufsdieb nur dann werden kann, wenn man auch über das entsprechende Wissen verfügt, wie man einen Diebstahl technisch gekonnt durchführt und wie man eine Entdeckung vermeidet.

*Die Basis: Unter der Anleitung von Sutherland hatte ein Berufsdieb alle Erfahrungen seines 20jährigen kriminellen Lebens notiert und mit diesem in langen Sitzungen ausführlich besprochen (zur Biographieforschung vgl. Rdn. 30a zu § 8).*

*Tannenbaum* hat diesen Lernprozeß in seinem Aufsatz über „The professional criminal" (in: The Century 1925, 577) wie folgt beschrieben: „It takes a long time to make a good criminal, many years of specialized training and much preparation." Diese kriminalistischen Kenntnisse werden meist durch bereits erfahrene Einbrecher und Diebe vermittelt (etwa im Strafvollzug): z.B. die erforderliche Fingerfertigkeit (für den Taschendiebstahl), die Geschicklichkeit im Umgehen mit technischen Hilfsmitteln, etwa dem Nachschlüssel (Dietrich) oder dem Schweißbrenner.

*So ist es wahrscheinlich kein Zufall, daß es gerade die Diebe und Einbrecher sind, die in den Strafanstalten in die Kurse für den (staatlich geprüften) Schweißer hereindrängen (empirische Untersuchungen darüber, ob bzw. inwieweit solche Motive bestehen, gibt es allerdings bisher immer noch nicht).*

Mitunter leiten auch Eltern ihre Kinder zum Stehlen an: Kriminalität wird von Familienmitgliedern gelernt; das gilt auch für das Anbetteln von Passanten durch Kinder.

**24** Zu den Vorzügen dieses Ansatzes gehört unbestreitbar, daß er der sozialen Intervention einen Sinn gibt. Dementsprechend schreibt *Kaiser* (Lb. 1988, 456), daß „Umerziehung, kompensatorisches Lernen und Verhaltensmodifikation vor allem von hier aus als wissenschaftlich begründbar, ja als theoretisch gerechtfertigt erscheinen".

**25** Schwer wiegt jedoch die **Kritik**, die sich u. a. auf folgende Fragen bezieht:

- die Schwäche der Theorie liege in ihrer **Übervereinfachung**: individuelle Unterschiede der Lernfähigkeit könnten nicht berücksichtigt werden (*Kaiser* Lb. 1988, 456);
- die These treffe nicht auf den gesamten Bereich der Kriminalität zu: **Trieb- und Affektverbrechen** ließen sich aufgrund der Theorie **nicht erklären** (*Göppinger*, Lb. 1980, 67; *von Danwitz* 2004 Rdn. 36);
- die Theorie sei wegen der Vielfalt möglicher Kontakte **kaum empirisch zu überprüfen** und ließe auch offen, welche Bedingungen dazu führen, daß „kriminalitätsbegünstigende oder -verhindernde Kontakte geknüpft werden" (*Schöch* in: *Kaiser/Schöch* 2001, 22; *Killias* Lb. 2002, 245);
- die Theorie könne nicht erklären, **warum es überhaupt** zu abweichenden Wertorientierungen und kriminellen Verhaltensmustern komme (*Kaiser* aaO).

**25a** Von P. A. *Albrecht* (Lb. 2005, 29) wird kritisiert, „daß eine Identifikation mit kriminellen Leitbildern auch ohne persönliche Kontakte, nämlich mittels „imaginärer Leitbilder möglich ist". Sutherland habe „Ende der 40er Jahre die **Rolle der Massenmedien sicherlich unterschätzt**".

Zur Fortentwicklung des Ansatzes vgl. *Killias* 1981, insbesondere auch zur Theorie der differentiellen Verstärkung von *Akers* und *Burgers.*

**Zur Relevanz des Ansatzes:** Mit Ansteckungsgefahren muß man in jedem kriminellen Milieu rechnen (vor allem im Strafvollzug und in der Rotlichtszene).

### 2. Die Theorie der differentiellen Identifikation

**26** Eine Reihe von Autoren hat den Versuch unternommen, den Ansatz von *Sutherland* zu modifizieren bzw. zu differenzieren. Insoweit ist vor allem *Glaser* (1956) zu nennen. Dieser geht davon aus, daß es nicht die generellen Kontakte zu dissozialen Personen oder Gruppen sind, die die kriminelle Ansteckung bewirken (denn diese hat der Aufsichtsbeamte im Strafvollzug auch), sondern daß es innerhalb dieser Personenmehrheiten wiederum ganz bestimmte Personen sind, mit denen sich der Gefährdete identifiziert (Lernen am Modell bzw. am Vorbild), um sie dann als Vorbild für seine eigenen Motive und Verhaltensweisen zu nehmen (1956, 440). *Glaser* schreibt: „Ein Mensch zeigt kriminelles Verhalten in dem Maße, in dem er sich selbst mit wirklichen oder imaginären Personen, aus deren Perspektive sein kriminelles Verhalten annehmbar erscheint, identifiziert" (Übersetzung nach *Hess* 1975 – zit. nach *Mergen*, Lb. 1978, 94): z.B. mit einem Schauspieler, der im Fernsehen im Rahmen seiner Rolle abweichendes Verhalten demonstriert (*Lamnek*, Theorien 2007, 275).

**Zur Relevanz des Ansatzes:** Ansteckungsgefahren (über Vorbilder) sind vor allem in peer-groups, Banden und im Rahmen des (Jugend-)Strafvollzuges zu erwarten. **26a**

### 3. *Eysencks* Kriminalitätstheorie (Kriminalität als mißlungene Konditionierung)

Für *Eysenck* (1977; zuerst 1964) besteht die Erziehung aus einem Konditionierungsprozeß, in dem der Mensch durch spezifische Lernprozesse sein Gewissen und das Bewußtsein für soziale Verantwortlichkeit erwirbt. **27**

Danach wäre beim Straftäter die (positive) Konditionierung im Sinne sozialer Angepaßtheit mißlungen: Seine Neigung zu Rechtsbrüchen hätte mit seiner fehlerhaften Konditionierung zu tun. Um diesen Ansatz begreifen zu können (c), muß zunächst dargestellt werden, was man unter operanter (a) und klassischer (b) Konditionierung versteht. **28**

*a) Operante Konditionierung*

Nach dem lerntheoretischen Ansatz des operanten Konditionierens werden Verhaltensweisen durch den Einfluß der Umwelt erlernt; **man lernt durch Erfolg**. Der Mensch neigt danach dazu, Verhaltensweisen, die ihm Erfolg gebracht haben, zu wiederholen. Sein weiteres Verhalten ist an diesen Erfahrungen orientiert. Wenn durch Erfolg gelernt wird, spricht man von operanter Konditionierung. Dieses „Prinzip des Lernens am Erfolg" ist eng mit dem Namen des amerikanischen Psychologen B. F. **Skinner** (1904–1990) verbunden, auf den folgende Versuche zurückgehen: **29**

*(1) In der sog. Skinnerbox ist eine Scheibe angebracht, die so mit einem Futtermagazin verbunden ist, daß bei Berührung der Scheibe ein Körnchen herausfällt. Setzt man nun eine hungrige Taube in die Box, wird diese zunächst ziellos auf dem Boden und gegen die Wand picken, bis sie die runde Scheibe berührt und ein Körnchen herausfällt. Die Berührung der Scheibe geschieht anfangs mehrmals durch Zufall, bis die Taube merkt, daß das Picken in diesem Falle „belohnt" wird. Ihr Verhalten wird durch den Erfolg so verstärkt, daß sie es nunmehr gezielt fortsetzt, d.h. ihr Picken gegen die runde Scheibe ist zu einem „operanten" Verhalten geworden: Die Taube hat durch Erfolg gelernt (vgl. Forster 1982, 115).* **30**

*(2) Ebenso bekannt ist der Versuch mit der Ratte, die in ihrem Käfig zufällig auf einen Hebel drückt und dadurch Futter erhält (vgl. Abb. 7). Sie lernt, daß das Hebeldrücken, das im normalen Rattenleben be-* **31**

*deutungslos ist, für sie vorteilhaft ist. Je öfter sie drückt und belohnt wird, desto nachhaltiger fällt der Lernprozeß aus: Die Ratte „lernt" am Erfolg.*

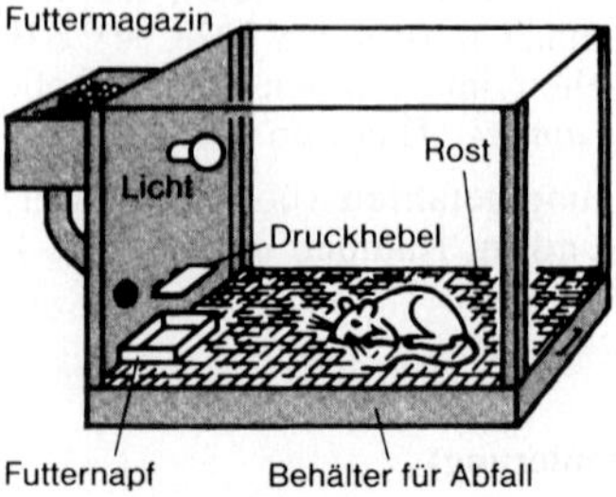


aus: *Stalmann,* R. (Hrsg.): Kindlers Handbuch Psychologie, München 1982, S. 118

*Abbildung 7:* Weiterentwicklung der Skinner-Box

32 Geht man davon aus, daß der Mensch ähnlich reagiert (vgl. Zeitungsausriß unten), kann sich ein entsprechender Erfolg nicht nur positiv auf die menschliche Entwicklung auswirken, sondern (im strafrechtlichen Bereich) für die Gesellschaft auch negativ. So wird der Dieb, der unentdeckt etwas wegnehmen konnte, leicht auf den Geschmack kommen und die Tat wiederholen. Man spricht insofern auch vom **„Wiederholungseffekt des erfolgreichen Täters"** (vgl. dazu auch Rdn. 44).

33 Die Methode des operanten Konditionierens wird auch für die **Verhaltenstherapie** genutzt, deren Anliegen darin besteht, kriminelles Verhalten durch die gezielte Verstärkung sozial angepaßten Verhaltens zu verlernen.

Da diese Methode unmittelbar auf eine Verhaltensänderung abzielt, ist sie „naturgemäß Bestandteil praktisch aller Sozialtherapie, insbesondere auch bei solchen Insassen (von Strafanstalten), bei denen wegen eines Intelligenzdefizits keine anspruchsvollen Methoden angewandt werden können" (*Kaufmann* Kriminologie III 1977, 1979; *Kury* 1983, 259ff).

*Verhaltensforschung*

**Gleicht der Mensch einer Ratte?**

Ein amerikanischer Psychologe behauptet, daß Menschen dressierbar sind wie Tiere und zu ihrem Glück gezwungen werden müssen

aus: *Stern* Nr. 42/1971 vom 7.–10. Oktober

*b) Klassische Konditionierung*

Der russische Physiologe (und Nobelpreisträger) Iwan Petrowitsch *Pawlow* (1849–1936) hatte schon vor dem Ersten Weltkrieg die Beobachtung gemacht, daß Hunde, wenn sie gefüttert werden, Speichel absondern und daß es zu dieser Speichelabsonderung (**Reflex**) auch schon dann kommt, wenn die Tiere lediglich das Futter zu sehen bekommen (**Reiz**). Ihn interessierte insoweit die Frage, ob man den angeborenen Reflex der Speichelabsonderung auch durch andere (neutrale) Reize auslösen kann, auf die der Hund normalerweise nicht mit Speichelabsonderung reagiert. *Pawlow* wollte also feststellen, ob man Reflexe durch Lernbedingungen beeinflussen (umpolen) kann. Im einzelnen sollte geprüft werden, ob man einen Hund veranlassen könnte, auf ein Glockenzeichen hin Speichel abzusondern. Der entsprechende Versuch sah wie folgt aus (vgl. Abb. 8): **34**

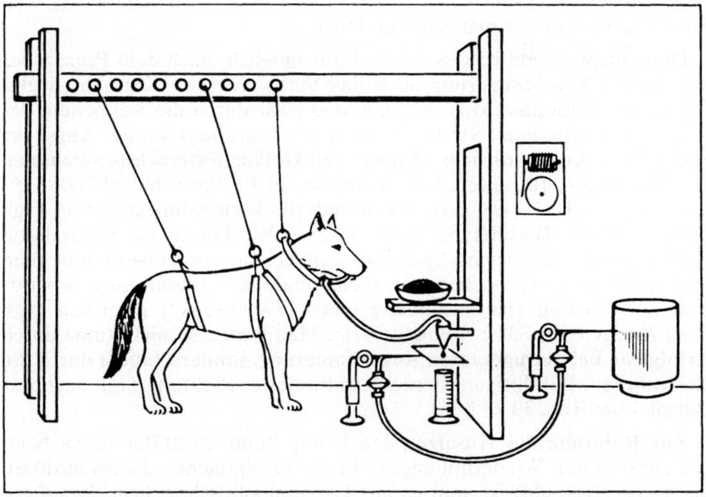

aus: *Stalmann,* R. (Hrsg.): Kindlers Handbuch Psychologie, München 1982, S. 106

*Abbildung 8:* Die Pawlowsche Versuchsapparatur

***Ausgangssituation:***
*1. Glockenzeichen (neutraler Reiz)* ==> keine Reaktion
2. Futter (unbedingter Reiz) ==> Speichelabsonderung

***Lernprozeß:***
*3. Glockenzeichen (n. R.) + Futter (u. R.)* ==> Speichelabsonderung
4. Mehrmalige Wiederholung der Koppelung

***Lernergebnis:***
*5. Glockenzeichen (bedingter Reiz)* ==> Speichelabsonderung

***Pawlow** kombinierte die Futtergabe (unkonditionierter Reiz) über einen längeren Zeitraum mit einem Glockenzeichen (neutraler Reiz). So gewöhnte sich der Hund daran, daß die Futtergabe immer mit einem bestimmten Ton kombiniert war. Schon nach kurzer Zeit konnte man feststellen, daß die Speichelabsonderung auch schon dann erfolgte, wenn lediglich die vertraute Glocke (nunmehr konditionierter Reiz) ertönte. Das Glockenspiel wurde mit dem nahenden Fressen identifiziert: „Es läutet, jetzt gibt's was.“*

**35** Nach diesen Beobachtungen kann man sagen, daß Lernen auch durch die Schaffung von Reflexen bzw. Reaktionen erklärt werden kann (*Bubholz*: Lernen, Frankfurt/M. 1984, 14).

*c) Konditionierung zu straffreiem Verhalten*

**36** *Eysenck* vertritt nun die These, daß man Reflexe auch durch **negative Reize** auslösen kann: etwa Vermeidungsverhalten (man klaut nicht), weil Strafe droht (vor der man sich fürchtet).

**37** Dementsprechend hält es *Eysenck* für möglich, nach dem Prinzip der klassischen Konditionierung auch das Verhalten (von Kindern) beeinflussen (konditionieren) zu können, und zwar durch die Koppelung der Versuchungssituation (Normverletzungen zu verüben) mit der **Angst vor Strafe** bzw. **Angst vor dem „Knast“** (zu **Gefängnisbesuchsprogrammen** vgl. Zeitungsausriß unten; krit. *Schneider* in FS für Schwind 2006, 150 und *Heinz* ZJJ 1/2008, 63): konditionierte Vermeidungsreaktion (vgl. dazu auch das Beispiel bei Rdn. 39 zu § 26). Durch die wiederholte Bestrafung des Kindes im Laufe des Entwicklungsprozesses könne man eine noch im Erwachsenenalter vorhaltende Konditionierung zu straffreiem Verhalten (Herausbildung eines „Gewissens“) erreichen (vgl. dazu *Killias* 1981, 332f; *Rolinski* 1978): **Man lernt also nicht (nur) durch Erfolg wie bei der operanten Konditionierung, sondern (auch) durch die Bestrafung**: „Bekräftigungslernen“ in zweierlei Richtung (vgl. auch das Beispiel bei Rdn. 39 zu § 26).

**37a** **Zur Relevanz des Ansatzes:** Da Erfolg beim Straftäter (etwa beim Ladendieb) den Wiederholungseffekt des erfolgreichen Täters auslösen kann (vgl. Rdn. 44), kommt es aus kriminalpolitischer Sicht darauf an, die Aufklärungsrate zu erhöhen, also die „Kosten“ der Straftat zu erhöhen (dazu oben Rdn. 19a). Für die Erziehungsinstanzen (Familie und Schule) ist die Erfahrung hilfreich, daß man mit Lob mehr erreichen kann als mit Tadel bzw. Strafe.

**37b** **Kritik:** Es erscheint fraglich, ob man das menschliche Verhalten, das mit verschiedenen Prozessen zu tun hat, mit bloßem Reflexverhalten vergleichen kann. Dementsprechend wird gegen die Eysencksche Kriminalitätstheorie eingewandt, daß sie andere – mögliche – Lernprinzipien, die die Entstehung eines ‚Gewissens‘ bestimmen könnten, wie z.B. Modelllernen (vgl. Rdn. 45), Lernen durch Belohnung (Stichwort: *Operante Konditionierung*), in ihrer Bedeutung vernachlässigt (dazu: *Göppinger*, Lb. 1980, 74). Deshalb wird der Vorwurf erhoben, daß „solche

Modelle zu schlicht sind (‚der Mensch als intelligente Ratte') und der Komplexität menschlichen Verhaltens zu wenig gerecht werden" (*Egg* 2003, 48).

**PRÄVENTION**

**Schnupperkurs im Knast**

**Eine Hamburger Gefangeneninitiative lädt Problemkids zur Abschreckung ins Kittchen ein**

Im Kampf gegen die Jugendkriminalität setzt Hamburg neuerdings auf eine besondere Form von Prävention: Abschreckung. Begleitet von Betreuern erhalten Nachwuchskriminelle Einblick in den Alltag der Haftanstalt II in Fuhlsbüttel, berüchtigt als „Santa Fu". Im Mittelpunkt des Besuchs der Kleinkriminellen, bei denen bislang Ermahnungen nicht fruchteten, steht das Gespräch mit wirklich schweren Jungs: Mördern, Totschlägern, Räubern.

Zur Schnuppervisite gehört der Gang über den tristen Innenhof in die Zellen für Untersuchungshäftlinge. Besonders eindrucksvoll, als beim Probelauf hinter einem der coolen Kids die Zellentür krachend ins Schloß fiel. „Der war tief erschrocken, als er wieder rauskam", beobachtete ein Betreuer.

Justizsenatorin Lore Maria Peschel-Gutzeit (SPD) ist von dem Projekt begeistert: „Wenn die Jugendlichen am Ende des Besuchs sagen, ‚hier möchte ich nie rein', ist dies für sie der erste Schritt, keine Straftat mehr zu begehen." ■

aus: *FOCUS* vom 28. Juni 1999 (Nr. 26) S. 63

## IV. Die Aggressionstheorien

Daß die Aggressionstheorien in den Vordergrund des Interesses gerückt **38**
sind, dürfte nicht zuletzt mit den entsprechenden Schlagzeilen der Medien zu tun haben: Gewalt auf der Straße (etwa bei Demonstrationen), Gewalt in den Sportstadien, Gewalt in der Ehe, Gewalt im Fernsehen, Gewalt auf Video und nicht zuletzt Gewalt in Verbindung mit terroristischen Anschlägen. Was ist der Unterschied zwischen Aggression und Gewalt?

*Unter **Aggression** wird jedes Verhalten verstanden, dessen „Ziel eine Schädigung oder Verletzung ist" (Verrez/Sobez 1980, 34). Solche Aggressionen können verbal erfolgen (Beleidigungen, üble Nachrede) oder in Form von Vandalismen (Gewalt gegen Sachen) oder in Form von Gewalttätigkeit (physische Gewalt gegenüber Personen): gegen andere oder gegen sich selbst (Selbstbeschädigung, Selbstmord). Der Begriff der **„Gewalt"** erfaßt hingegen nur Vandalismen und Gewalttätigkeiten (vgl. Rdn. 26 zu § 2 und Rdn. 26 zu § 6); er stellt also lediglich eine **„Teilmenge"** der Aggression dar.*

Manche Ethologen und Psychoanalytiker vermuten einen angeborenen **39**
Aggressionstrieb im Menschen; für sie ist die Äußerung einer Aggression; also eine Entfaltung der vorhandenen Triebe, deren Energie sich im Verlauf einer gewissen Zeit im Organismus (wenn es an Gelegenheit zum „Kämpfen" fehlte: *Eibl-Eibesfeldt* 1971, 97) anstaut und nach

Entladung drängt, und zwar in Form von aggressiven Handlungen (**Druckkessel-Modell**). Konrad *Lorenz* spricht von „Psycho-Hydraulik" und meint damit, daß nicht naturgerecht abgerufene Energien wie aus einem vollen Gefäß überfließen und nach Ersatzbefriedigungen suchen: etwa in Form von Gewalt (gegen Personen oder gegen Sachen) im Rahmen einer **Demonstration**. Zur unschädlichen Aggressionsreduzierung sollen sich nach *Lorenz* z.B. sportliche Wettkämpfe eignen (zit. nach *Schulz* 1986, 70). *Lorenz* hat seine entsprechenden Thesen eindrucksvoll in dem Buch über die „Naturgeschichte der Aggression" (1963) niedergelegt; gleichwohl wird die Lorenzsche Triebtheorie heute ebenso abgelehnt (zustimmend hingegen z.B. der Lorenz-Schüler *Eibl-Eibesfeldt* 1985) wie die (nicht auf naturwissenschaftliche, sondern eher auf philosophische Überlegungen gegründete) Behauptung von *Freud,* es gäbe einen besonderen Destruktionstrieb beim Menschen (vgl. *Kaiser,* Lb. 1988, 612ff m.w.H.). Dabei darf man jedoch nicht übersehen, daß sich die Sündenbockhypothese (1) und die Frustrations-Aggressions-Hypothese (3) an den Gedanken von *Freud* orientieren. Zusammen mit der lernpsychologischen Erklärung aggressiven Verhaltens (2) werden sie jedenfalls als Teile einer multikausalen Aggressionstheorie von der Wissenschaft akzeptiert (*Kaiser* aaO). Ausführliche Hinweise zu den Ursachen von Aggression und Gewalt bei *Schwind/Baumann* et al. (Hrsg.): Ursachen, Prävention und Kontrolle von Gewalt, Berlin 1990.

### 1. Zur Sündenbockhypothese

**40** Die sogenannte Sündenbockhypothese (*Reiwald* 1948/1973; *Bauer* 1957; *Mechler* 1971; *Ostermeyer* 1972; *Engelhardt* 1976, 53ff) stellt einen Erklärungsversuch insbesondere für kollektiv ausgeübte Gewalt dar.

*Der Ausdruck stammt aus dem Alten Testament (3. Buch Mose, 16. Kap., Verse 16–22): Die „Kinder Israels" brachten einen „lebendigen (Ziegen-)Bock" zum Altar, legten ihm „alle Übertretungen, mit denen sie sich versündigt" hatten, „auf den Kopf" und jagten ihn in die Wüste, „daß also der Bock alle ihre Missetat auf sich nehme und in die Wildnis trage". Die kollektive Schuld wurde danach zu eigener Entlastung dem „Sündenbock" aufgehalst.*

Sie baut auf der Triebtheorie von *Freud* auf (vgl. *Freud,* Gesammelte Werke, 1947ff, Bd. V, 57ff; Bd. XIV, 471ff), nach der die Triebe zwar im Verlaufe des Erziehungsprozesses unterdrückt werden (können), aber latent wirksam bleiben und Ersatzbefriedigungen suchen. Eine solche Ersatzbefriedigung soll darin bestehen, „seine eigene unbewußte Schuld auf den Asozialen, auf den Kriminellen zu projizieren ... Seine Bestrafung ist verschleierte Selbstbestrafung, ist Entlastung von eigener Schuld" (*Ostermeyer* 1972, 33 und 79).

Danach braucht die Gesellschaft die Verbrecher: zur Abreaktion ihrer Affekte (*Kaiser*, Lb. 1988, 273 m.w.N.); der Kriminelle als Opfer der Gesellschaft. Das Strafrecht stellt insoweit also „ein Mittel legitimer kollektiver Aggressionsabfuhr dar“ (*Göppinger*, Lb. 1980, 53 m.w.H.). Vor diesem Hintergrund könnte erklärt werden, weshalb große Teile der Bevölkerung Vorbehalte gegen den Resozialisierungsgedanken empfinden (zur Sündenbockprojektion vgl. auch *Mechler* in: ZRP 1971, 1).

In die Sündenbockrolle werden im übrigen nicht nur Kriminelle und Asoziale gedrängt: Im Dritten Reich wäre ohne die Sündenbockrolle z.B. die Judenverfolgung kaum möglich gewesen. Weitere Beispiele für die Verfolgung von völkischen, rassischen oder auch religiösen Minoritäten mit Hilfe der Sündenbockrolle hat die Geschichte der Menschheit immer wieder gezeigt: **41**

*Schon Kaiser Nero, der bekanntlich (64 n. Chr.) Rom in Brand gesteckt hat, lenkte den entsprechenden Verdacht von sich auf die Christen ab und löste damit die erste Christenverfolgung in Rom aus (Tacitus, Annalen).*

**Zur Relevanz des Ansatzes:** Die Hypothese spielt eine Rolle, wenn es um die (politisch motivierte) Verfolgung von Minderheiten geht (Judenverfolgung, Indianerverfolgung, Christenverfolgung usw.) und wenn auf diese Weise von (innen)politischen Problemen abgelenkt werden soll. **41a**

**2. Zur lernpsychologischen Erklärung aggressiven Verhaltens**

Nach dem lerntheoretischen Ansatz werden Aggressionen – wie schon erwähnt (Rdn. 20ff) – ebenso erlernt wie andere Verhaltensweisen. Gelernt wird vor allem die **Bereitschaft** zur Aggression und die **Lust** an der Aggression. Dabei stehen folgende Lernkonzepte im Vordergrund: das klassische Konditionieren, das operante Konditionieren und das Lernen durch Beobachtung und Imitation. **42**

Über das **klassische Konditionieren** wurde bereits im Rahmen der Eysenckschen Kriminalitätstheorie berichtet (vgl. Rdn. 34f: der Pawlowsche Hundeversuch). Daß die klassische Konditionierung aber auch Wut-/Ärger-Reaktionen erklärt, zeigen folgende **43**

***Beispiele:*** *„Wenn ein Mensch uns mehrmals zu ärgern vermochte, genügt im allgemeinen schon sein Anblick oder die Nennung seines Namens, um wieder Mißstimmung auszulösen“ (Selg 1974, 31, und Selg/Mees/Berg 1988/1997), etwa: „Dieser Name wird in meinem Hause nicht mehr genannt“. Der Ärger kann sich aber auch in Form der Generalisierung auf die Famile des Betreffenden ausdehnen, auf seine Freunde oder Landsleute, etwa: „Ach, wieder so ein Sachse“ (vgl. Selg aaO) oder „Vorsicht! Wieder so ein Türke“ (Selg/Mees/Berg* 1997, 29). *Der neutrale Reiz eines Namens löst also den Reflex einer abwertenden Äußerung aus.*

Von **operanter Konditionierung** spricht man dann, wenn durch **eigenen** Erfolg gelernt (dazu Rdn. 29ff: Taubenexperiment und Rattenbeispiel) und damit der Wiederholungseffekt des erfolgreichen Täters ausgelöst wird. Der Wiederholungseffekt des erfolgreichen Täters zeigt sich z.B. bei den Sportfans von Fußballvereinen oder gewalttätigen Demonstranten, wenn diese ungestraft Polizeibeamte angreifen oder **44**

Schaufenster einschlagen können (vgl. dazu z.B. die Chaostage in Hannover Rdn. 23 zu § 28).

45 Das **Beobachtungslernen** oder Modellernen (in der experimentellen Psychologie **Imitation** und in der Persönlichkeitspsychologie **Identifikation** genannt) erfolgt durch bewußte oder unbewußte Beobachtung und durch Nachahmung von Verhaltensweisen. Das Lernen durch Beobachtung mit der Folge der Imitation ist typisch bereits für das Kleinkind, das alles nachzumachen versucht, was es bei seinen Bezugspersonen beobachtet hat.

Das Kind kann **auch die aggressiven Verhaltensweisen seiner Bezugsperson nachahmen** (*Otto* 1982, 113, unter Hinweis auf *Soares/Soares*). So sollen z.B. Menschen, die als Kinder von ihren Eltern mißhandelt wurden, dazu neigen, die eigenen Kinder auf ähnliche Weise zu quälen. Jedenfalls wird diese Erscheinung sowohl lerntheoretisch im Sinne eines Lernens am Modell interpretiert (vgl. *Spiel/Pilz* 1983, 107) als auch psychoanalytisch verstanden: „Kindesmißhandler waren einmal selbst mißhandelte Kinder" (*Ammon* 1979, 8; vgl. auch Rdn. 19f zu § 19): **Kreislauf der Gewalt** – zumindest aus retrospektiver Sicht (vgl. dazu auch Rdn. 46a und 70ff zu § 10).

45a **Zur Relevanz des Ansatzes:** Kriminalpolitische Intervention muß vor allem auf die **Unterbrechung des „Kreislaufs der Gewalt"** gerichtet sein, etwa durch entsprechende Erziehungsberatung (Familie) und Medien (Selbst)-Kontrolle (vgl. dazu Rdn. 46a und 70ff zu § 10 sowie Rdn. 51ff zu § 14).

**Erklärt der „Kreislauf der Gewalt" z.B. auch die überproportional häufige Gewalttätigkeit junger Türken?**

Die Untersuchung von *Pfeiffer/Wetzels* (in DVJJ-Journal 2/2000, 107ff) hat dazu ergeben, daß fast jeder fünfte der von ihnen **befragten türkischen Jugendlichen** im Laufe des vorangegangenen Jahres zu Hause durch Fausthiebe oder stärkere Gewalt mißhandelt wurde: fast jeder dritte türkische Jugendliche hatte (nach eigener Angabe) beobachtet, wie sich die Eltern miteinander schlugen. Die Autoren stellen insoweit einen Zusammenhang zwischen diesen Gewalterfahrungen in der Kindheit und dem hohen Anteil türkischer jugendlicher Gewalttäter her (vgl. Rdn. 24a zu § 3 und 15b sowie 15g zu § 24). Zu ähnlichen Resultaten ist z.B. auch *Wetzels* in Hamburg gelangt (in Schwind/Steffen/Hermann: Kriminalprävention durch familiale Erziehung?, 2009, 107). Die entsprechende Problematik wird übrigens von türkischer Seite nicht bestritten: vgl. *Toprak* über „Erziehungsstile in türkischen Migrantenfamilien", in Schwind et al. aaO 2009, 123ff. Die Gewaltorientierung beginnt für Jungen mit der Beschneidung ihres Geschlechtsteils und einer Rollenerziehung mit Männlichkeitsritualen **(Macho-Kultur)**. Es gilt das **„Recht des Stärkeren"** (dazu: § 24, 15f.). Die türkische Zeitung **Hürriyet** (deutsche Ausgabe) hat „sogar eine Kampagne gegen häusliche Gewalt in türkischen Familien initiiert (Ayan *Can*, stellv. Chefredakteur 2009, 135).

### 3. Die Frustrations-Aggressions-Hypothese

Die von John *Dollard* und Mitarbeitern (der Yale-Schule) vertretene Frustrations-Aggressions-Hypothese (zuerst 1939) knüpft wiederum an Vorüberlegungen von Sigmund *Freud* an. *Freud* hatte in einer seiner frühen Schriften auf einen Frustrations-Aggressions-Mechanismus verwiesen, nach dem jedesmal, wenn lustsuchendes oder schmerzmeidendes Verhalten gehemmt wird, reaktiv Frustration entsteht, die zur Aggression gegen jene für diese Versagung als verantwortlich angesehenen Personen oder Gegenstände führt (zit. nach *Keupp* 1971, 27). Aus dieser Beobachtung leitet *Dollard* das allgemeine Prinzip ab, daß **jede Aggression eine Folge vorausgegangener Frustration** sei (vg. dazu *Selg/Mees/Berg* 1997, 23). 46

> ***Beispiel:*** *Sportzuschauer zeigen „eine gestiegene Bereitschaft zu aggressiven Handlungen, wenn z. B. der Sieg der gegnerischen Mannschaft sie daran hindert, ihr angestrebtes Ziel (z. B. Sieg der eigenen Mannschaft) zu erreichen, ihre Erwartungen hinsichtlich des Spiels also nicht erfüllt werden. Weitere denkbare Frustsituationen wären etwa aus Zuschauersicht ungerechte Schiedsrichterentscheidungen ...“ (Schulz 1986, 75).*

Bei aller **Kritik**, die auch dieser Ansatz erfahren hat, entspricht es immerhin der Erfahrung des täglichen Lebens, daß Frustrationen oft Aggressionen (aber auch Depressionen oder Resignation: vgl. *Selg* 1974, 13) nachfolgen, wobei die Frustration allerdings grundsätzlich anders erlebt wird, wenn sie gerechtfertigt ist, als wenn sie willkürlich erscheint (*Selg* 1974, 31). 47

> ***Beispiel:*** *Ein Bus nimmt nicht alle Wartenden mit, weil er hoffnungslos überfüllt ist (Selg 1974, 29), oder fährt halbvoll oder leer an einer Haltestelle vorbei.* 48

Zu den Ergebnissen der Frustrations-Aggressions-Forschung gehört aber auch, **„daß man Kinder so trainieren kann, daß sie auf Frustrationen hin konstruktiv reagieren“** (*Selg/Mees/Berg* 1997, 24; ferner Rdn. 10a zu § 10): z. B. nicht gegen die geschlossene Tür treten, sondern jemand suchen, der sie öffnet. Zu den unangenehmen Umweltreizen (Frustrationen), die bei Kindern Aggressionen auslösen können, gehören ferner z. B. das Ärgern und Auslachen durch Mitschüler oder Geschwister usw. (Mobbing), Überforderungen durch schulische Aufgaben oder die Meinung, vom Lehrer ungerecht behandelt oder zu wenig beachtet zu werden (*Havers* 1981, 169). 49

**Zur Relevanz des Ansatzes:** Wichtig für die familiale Erziehung zur Frustrationstoleranz und Selbstbeherrschung (Rdn. 9 zu § 10); insbesondere für die Phänomene der tätlichen Angriffe auf Lehrkräfte (zu „Amokläufen“ vgl. Rd. 36 zu § 11); auch Perspektivlosigkeit (Arbeitslosigkeit) kann zu Frust und Aggression führen (zur Anomietherorie, vgl. Rdn. 6 zu § 7). 49a

### 4. Zur Theorie vom Erregungstransfer

50 Elemente verschiedener Ansätze lassen sich schließlich in der Theorie vom Erregungstransfer (*Tannenbaum/Zillmann*) wiederentdecken, die *Schmidtchen* 1992 auf der Jahrestagung der „Aktion Jugendschutz" (1992, 1ff) vorgestellt hat. Danach verhalten sich Menschen dann aggressiver, wenn sie **zuvor gereizt** worden sind (Erregungstransfer; vgl. auch das Experiment unter Rdn. 26 zu § 14): dieser Reiz muß aber keineswegs (wie dort) aggressiver Natur sein; es reicht z.B. auch der Streß durch Belastungssituationen: so hat man z.B. feststellen können, daß sich Studenten, die unter Zeitdruck arbeiten mußten, später aggressiver verhielten als andere, die den Prüfungsstreß nicht mitgemacht hatten. Die **Basiserregung** kann ferner mit Frustrationen zu tun haben (etwa mit Familienproblemen; vgl. Rdn. 46ff). Sie kann evtl. über längere Zeit in Erinnerung bleiben und somit konserviert werden (vgl. die Beispiele unter Rdn. 43). Anstelle dieser Basiserregung kann im Rahmen des „Zwei-Faktoren-Ansatzes" (der auf Stanley *Schachter* zurückgeht) auch die **Grundeinstellung („Kapitalistenschweine", „Bullen")** ein Reizmuster bilden, das z.B. von außen aufgebaut werden kann: das geschieht etwa in den Zirkeln radikaler politischer Gruppen, die differenziertes Denken zugunsten von Schwarz/Weiß-Bildern auszuschalten versuchen. Gewalt entsteht also ebenso wenig wie ein Gewitter aus heiterem Himmel.

### 5. Konstellative Faktoren

51 Im übrigen kann aggressives Verhalten auch durch andere Einflußfaktoren mitbestimmt werden: z.B. durch Normen oder Bedingungen der Umgebung.

#### *a) Reziprozitätsnorm und Gruppendruck*

52 Die Reziprozitätsnorm (vgl. *Heckhausen* 1989, 316) besagt, daß jemand, der sich als Opfer einer Aggression fühlt, zur Vergeltung berechtigt ist; auf diesem Prinzip beruht schon das alttestamentarische **Talionsprinzip**, das erlaubt, Gleiches mit Gleichem zu vergelten: „Auge um Auge, Zahn um Zahn" (2. Mose 21, 23). Die Norm spielt z.B. (auch) bei gewalttätigen **Demonstrationen** oft eine Rolle (Protestgewalt als „Gegengewalt" contra „Polizeigewalt"). Gewalteskalationen (z.B. auch im Zusammenhang mit der Gewalt gegen Ausländer, aber auch durch Ausländer) haben ferner nicht selten mit Gruppendruck-Phänomenen zu tun (vgl. § 13 Rdn. 23f und § 28 Rdn. 28a).

#### *b) Zur Relevanz von Umgebungsbedingungen*

53 Schließlich haben verschiedene Arbeiten den Einfluß von Umgebungsbedingungen **(Lärm, räumliche Enge, Hitze)** auf aggressives Verhalten untersucht. Ergebnisse (nach *Mummendey* 1990, 290, und *Stephenson* 1990, 288):

- **Lärm** wirkt sich nur dann aggressionsfördernd aus, wenn die Versuchsperson vorher provoziert worden ist (vgl. Rdn. 50); diese Wirkung zeigt sich allerdings dann nicht, wenn dem Probanden der Eindruck vermittelt wurde, er könnte den Lärm (der dann nur noch als „Geräusch" wahrgenommen wird) kontrollieren: z.B. eine lärmverursachende Maschine abschalten; das Klavierspielen der eigenen Kinder beenden. **54**
- Laborexperimente zur Beziehung von **räumlicher Enge** und aggressivem Verhalten erbrachten hingegen widersprüchliche Resultate; je nachdem, ob die Enge als subjektiv angenehm oder unangenehm erlebt wird, hat sie aggressionshemmende oder -steigernde Wirkungen: wird sie als unangenehm empfunden, zeigen Männer eher aggressives Verhalten als Frauen. **55**
- Zu den Beziehungen zwischen **Hitze** und Aggression zeichnen sich folgende Ergebnisse ab: Das Ausmaß aggressiven Verhaltens nimmt mit Ansteigen der Umgebungstemperatur von 20 Grad bis 35 Grad Celsius ab. Dieses Phänomen wird damit erklärt, daß dann das Maximum der Aggressionsbereitschaft überschritten wurde und die Person nur noch das Bedürfnis verspüre, die Situation zu verlassen. **56**

# § 7 Soziologisch orientierte Kriminalitätstheorien

**Literatur:** **Boers,** K.: Sozialer Umbruch und Kriminalität in Deutschland, in: MschrKrim 1996, S. 314–337; **Bohle,** H. H.: Soziale Abweichung und Erfolgschancen. Die Anomietheorie in der Diskussion, Neuwied 1975; **Burgess,** E. W.: The Growth of the City, in: *Park,* R. E./*Burgess,* E. W./ *McKenzie,* R. D. (Hrsg.): The City, 6. Aufl., Chicago, London 1970, S. 47–62; **Cloward,** R. A.: Illegitime Mittel, Anomie und abweichendes Verhalten, in: *Sack,* F./*König,* R. (Hrsg.): Kriminalsoziologie, 2. Aufl., Frankfurt/M. 1974, S. 314–338; **Cloward,** R. A./**Ohlin,** L. E.: Delinquency and Opportunity. A Theory of Delinquent Gangs, New York 1960; **Cohen,** A. K.: Delinquent Boys. The Culture of the Gang, New York 1955; **Durkheim,** E.: Die Regeln der soziologischen Methode, Berlin 1961; **Durkheim,** E.: Kriminalität als normales Phänomen, in: *Sack,* F./*König,* R. (Hrsg.): Kriminalsoziologie, 2. Aufl., Frankfurt/M. 1974, S. 3–8 (1. Aufl. 1968); **Guttentag,** M.: Relationship of Unemployment to Crime and Delinquency, in: Journal of Social Issues 1/1968, S. 104–114; **Haferkamp,** H.: Kriminalität ist normal, Stuttgart 1972; **Heitmeyer,** W.: Gewalt. Schattenseiten der Individualisierung bei Jugendlichen aus unterschiedlichen Milieus, Weinheim 1995; **Hindelang,** M. J./**Gottfredson,** M. R./**Garofalo,** J.: Victims of Personal Crime: An Empirical Foundation for a Theory of Personal Victimization, Cambridge/Mass. 1978; **Jonassen,** C. T.: A Re-Evaluation and Critique of the Logic and some Methods of Shaw and McKay, in: *Voss,* H. L./*Petersen,* D. M. (Hrsg.): Ecology, Crime and Delinquency, New York 1971, S. 133–145; **Kirchhoff,** G. F.: Kriminalsoziologie, in: *Schneider,* H. J. (Hrsg.): Die Psychologie des 20. Jahrhunderts, Bd. 14, Auswirkungen auf die Kriminologie, Zürich 1981, S. 141–164; **Kräupl,** G./**Ludwig,** H.: Wertewandel und Normbruch, in FS für H. J. Schneider 1998, S. 27–56; **Lajios,** K.: Die ausländische Familie, Opladen 1998; **Lamnek,** S.: Theorien abweichenden Verhaltens, München 1979; **Lamnek,** S.: Neue Theorien abweichenden Verhaltens, 2. Aufl. München 1997; **Mannheim,** H.: Pioneers in Criminology, London 1960; **Merton,** R. F.: Sozialstruktur und Anomie, in: *Sack,* F./*König,* R. (Hrsg.): Kriminalsoziologie 1968, 3. Aufl., Frankfurt/M. 1979, S. 283ff; **Moser,** T.: Jugendkriminalität und Gesellschaftsstruktur, Frankfurt/M. 1970; **Ortmann,** R.: Abweichendes Verhalten und Anomie. Entwicklung und Veränderung abweichenden Verhaltens im Kontext der Anomietheorien von Durkheim und Merton, 2000; **Reiser,** Th.: Rechtssoziologie, Frankfurt/M 1987; **Sack,** F./**König,** R. (Hrsg.): Kriminalsoziologie, 2. Aufl., Frankfurt/M. 1974; **Scheffler,** U./**Weimer-Hablitzel,** M.: Der Weg ist das Ziel. Der Mertonsche Ritualismus und seine Bedeutung für die Kriminalwissenschaften, in: Jahrbuch für Recht und Ethik 2004, S. 483–510; **Schneider,** H. J.: Kriminologie 2000: Neue Theorieansätze und ihre empirische Bestätigung, in: JZ 2000, S. 387–394; **Schneider**, H.J.: Die

Kriminologie als Sozialwissenschaft – Die internationale und die europäische Kriminologie zu Beginn des 21 Jahrhunderts, in: JR 7/2011 S. 287–?99; **Sellin,** T.: Culture Conflict and Crime, Social Science Research Committee, Bulletin 41, New York 1938; **Shaw,** C. R.: Delinquency Areas, Chicago 1929; **Shaw,** C. R./**McKay,** H. D.: Juvenile Delinquency and Urban Areas, Chicago 1942 (London 1969); **Thrasher,** F.: The Gang. A Study of 1313 Gangs in Chicago, 2. Aufl., Chicago/ Ill. 1963 (1. Aufl. 1928); **Whyte,** W. F.: Street Corner Society, 2. Aufl., Chicago 1955 (1. Aufl. 1943).

**Gliederung**



1 Für die Vertreter der soziologisch orientierten Kriminalitätstheorien steht der Druck, den bestimmte gesellschaftliche Verhältnisse auf den Prozeß der Kriminalisierung ausüben, im Vordergrund der kriminologischen Erklärungsversuche. Verkürzend läßt sich mit *Schellhoss* (KKW 1974, 199f) sagen, daß „Kriminalität auf **sozialstrukturell bedingte ‚Mißstände'** zurückgeführt wird".

2 Dabei „unterscheiden sich die soziologischen Kriminalitätstheorien von den psychologischen auf der Ebene der Analyse derart, daß soziologische Theorien Aggregate zum Gegenstand haben, psychologische mehr Individuen" (*Kirchhoff* 1981, 142). Das heißt: Psychologische Kriminalitätstheorien beziehen sich mehr auf den einzelnen Menschen, während kriminalsoziologische Theorien mehr auf den Ergebnissen von **Gruppen- bzw. Massenuntersuchungen** aufbauen.

3 Dazu gehören aus der Vielzahl der Ansätze vor allem: die von Überlegungen *Durkheims* (I) ausgehende Anomietheorie (II), die Kulturkonfliktstheorie (III), der ökologische Ansatz der Chicago-Schule (IV) sowie die an diese anschließenden Subkulturtheorien (V) und der Desintegrationsansatz von *Heitmeyer* (Rdn. 7 vor § 10); zur Weiterentwicklung in den USA vgl. *Schneider* in Kriminalistik 1997, 306ff. Alle diese Ansätze knüpfen zwar an europäische Vorläufer an (vgl. § 4), wurden jedoch ausnahmslos in den Vereinigten Staaten entwickelt und beziehen sich damit auch auf spezifisch amerikanische Probleme. Wegen der Andersartigkeit der sozialen Verhältnisse in den USA sind sie nicht ohne weiteres auf deutsche Verhältnisse übertragbar.

## I. Die Theorie der strukturell-funktionalen Bedingtheit der Kriminalität

4 Zu den ersten soziologisch orientierten Kriminalitätstheorien wird die Theorie der strukturell-funktionalen Bedingtheit der Kriminalität gezählt, deren grundlegenden Gedanken bereits der französische Soziologe Emile

*Durkheim* (1858–1917), der als „Vater" der modernen Soziologie gilt, im Rahmen einer Selbstmordstudie (Le suicide, Paris 1897) formuliert hat.

*Durkheim* gelangte (auch) in seinen weiteren Schriften (Überblick bei *Lunden* in Mannheim 1960, 301) zu folgenden Annahmen: **5**

- *erstens:* „Es gibt keine Gesellschaft, in der keine Kriminalität existierte" (*Durkheim* 1961, 156; zuerst 1895). Kriminalität ist daher (als Kehrseite jeder sozialen Regelung) eine zu erwartende Erscheinung, nämlich **integrierender Bestandteil** jedes (gesunden) Gemeinwesens: „Kriminalität ist normal" (*Haferkamp* 1972);
- *zweitens:* Die Ächtung eines Verhaltens als Verbrechen (durch das Strafrecht) sei sogar ein Mittel, die gemeinsamen, in der Gesellschaft geltenden **Wertvorstellungen** zu artikulieren und **zu stabilisieren**, weshalb sich das Verbrechen aus sozialwissenschaftlicher Sicht sogar als eine nützliche Erscheinung erweise (*Durkheim* in „Regeln der soziologischen Methoden", dt. 4. Auflage 1976);
- *drittens:* Sorgen muß sich (nicht nur) der Kriminalpolitiker daher erst dann machen, wenn die Kriminalitätszahlen **drastisch ansteigen**: gesellschaftliches „Fieber";
- *viertens:* Die Kriminalitätszahlen steigen, wenn die sozialen Regeln keine Beachtung (mehr) finden bzw. „menschliche Triebe übermächtig werden und in Zustände der **Anomie** auslaufen" (*Durkheim* in Sack/König 1968); Anomie bedeutet Regellosigkeit, abgeleitet von dem griech. Anomia. Gemeint ist „eine Gesellschaft, in der die Solidarität verloren gegangen ist (und) deshalb auseinanderfällt und in Unordnung versinkt" (zit. nach *Raiser*, Rechtssoziologie, 1987; vgl. dazu auch *Heitmeyers* Thesen bei Rdn. 7 vor § 10);
- *fünftens:* Solche Zustände der Regellosigkeit (Gesetzlosigkeit, Normschwäche), die Orientierungsunsicherheit auslösen (können) stellen sich nach *Durkheim* vor allem in Zeiten **sozialer Umbrüche** ein, wie sie z.B. im Gefolge von gesellschaftlichen Zusammenbrüchen (mit Werteverfall: *Kräupl/Ludwig* 1998, 38ff) vorkommen; Beispiele: rasche Industrialisierung, Arbeitslosigkeit (hohen Ausmaßes), Kriege („Zusammenbruch" 1945);
- *sechstens:* Die Folgen der Anomie (der soziale Zusammenhalt zerbricht) bestehen nicht nur in dem vermehrten **Ableiten in kriminelles Verhalten** moralisch ungefestigter Personen (dazu Rdn. 67 zu § 10), sondern auch in Scheidungen und Suiziden.

**Zur Relevanz des Ansatzes:** *Durkheims* Ansatz kann nicht nur zur Erklärung der Folgen der Arbeitslosigkeit (zu dieser § 12) beitragen, sondern vor allem auch zur Erklärung der (steigenden) Kriminalität in den osteuropäischen Ländern und in den GUS-Staaten (dazu *Kräupl/Ludwig* aaO, 37ff).

**Kritik:** Offen bleibt die Frage, „bei welchem Umfang die (*Göppinger* Lb. 1980, 52) Kriminalität die Schwelle der Normalität überschreitet.

## II. Die Anomietheorie

6 **Anders als *Durkheim***, für den die Regellosigkeit gesellschaftlicher Verhältnisse im Vordergrund steht, geht Robert K. *Merton* (1911–2003) davon aus, daß Anomie (verstanden als gestörte Stabilität sozialer Beziehungen) mit dem Auseinanderklaffen der als legitim anerkannten gesellschaftlichen **Ziele** und den reduzierten Zugangsmöglichkeiten zu den zur Erreichung dieser Ziele erforderlichen **Mittel** zu tun hat (vgl. *Merton* 1968, 188): Diese **Diskrepanz** fällt nach *Merton* (1979, 292; dazu *Ortmann* 2000) **schichtspezifisch unterschiedlich** aus; das gilt z.B. dann, wenn das Einkommen durch **Arbeitslosigkeit** reduziert ist. Der Arbeitslose oder schlecht bezahlte Arbeiter kann sich keine Prestigeobjekte wie „Markenklamotten", Autos oder kostspiele Freizeitaktivitäten (mehr) leisten.

Die Zugangschancen zum Arbeitsmarkt können versperrt sein durch mangelnde Sprachkenntnisse, Fehlen formaler Qualifikation oder (ethnisch bedingte) Vorurteile usw. Das führt bei den betroffenen Personen zu **Streß**.

7 Um mit der Streß-Situation fertig zu werden (vgl. dazu auch Rdn. 11 ff zu § 12), greifen die Betroffenen nach *Merton* **individuell** (1974, 293) auf eines der fünf folgenden Verhaltensmuster (Anpassungsreaktionen) zurück:

- ***erstens „Konformität":*** *kulturelle (bzw. gesellschaftliche)* ***Ziele*** *(des wirtschaftlichen Erfolges und des raschen sozialen Aufstiegs) sowie die* ***legalen*** *(erlaubten, institutionalisierten)* ***Mittel*** *zu deren Erreichung werden bejaht und dem sozialen Wandel* ***angepaßt:*** *man schränkt sich ein (Konsumverzicht) bzw. gibt sich mit seiner (sozialen) Rolle zufrieden; keine kriminologische Bedeutung;*
- ***zweitens „Ritualismus"****: kulturelle* ***Ziele*** *werden* ***heruntergeschraubt oder aufgegeben****, die* ***(legalen) Mittel*** *jedoch* ***beibehalten*** *(z.B. routinemäßige* ***Mehrarbeit****); keine kriminologische Bedeutung; vgl. ausführlich Scheffler/Weimer-Hablitzel 2004, 481 ff;*
- ***drittens „Rückzug"*** *(„Eskapismus"): kulturelle* ***Ziele*** *werden ebenso wie die* ***(legalen) Mittel*** *zu ihrer Erreichung* ***abgelehnt****: typisch ist die* ***Flucht in gesellschaftliche Scheinwelten****, die z.B.* ***Alkohol*** *(§ 26),* ***Rauschgift*** *(§ 27)* ***und Sekten*** *eröffnen; vgl. etwa die Erfolge der Krishna-Sekte, Scientology oder Moon-Sekte, die auch als „Vereinigungskirche" firmiert und damit in den neuen Bundesländern (nach der Wiedervereinigung) zunächst Mißverständnisse provoziert hat;*
- ***viertens „Innovation"****: kulturelle* ***Ziele*** *werden* ***akzeptiert****, aber mit* ***illegalen Mitteln*** *zu erreichen versucht: mit* ***Kriminalität;***
- ***fünftens „Rebellion": Ziele und Mittel werden bekämpft****, mit dem Ziel, die bestehenden Sozialstrukturen zu verändern („Substitution durch neue Werte":* ***von Danwitz*** *2004, Rdn. 43): z.B.* ***auch durch politisch motivierte Kriminalität bis hin zum Terrorismus: vgl. § 30;*** *zur politischen Radikalisierung mit dem* ***Stimmzettel*** *vgl. Rdn. 8 zu § 12.*

Anomische Reaktionen sind nach *Merton* eher bei den **Unterschichtsangehörigen** zu erwarten, zu denen in der Literatur (z. B. schon *Guttentag* 1968, 111 ff) auch die Arbeitslosen gezählt werden: Geldknappheit infolge von Arbeitslosigkeit oder aus anderen Gründen (vgl. Rdn. 11 ff zu § 12). 8

***Beispiel:*** *Der arbeitslose Jugendliche, der sich durch Diebstahl ein Mofa verschafft, um mit seinen verdienenden Alterskameraden, die sich bereits ein Mofa kaufen konnten, mitfahren zu können (vgl. auch Rdn. 30 zu § 12).*

**Zur Relevanz des Ansatzes:** Der Ansatz trägt zur Erklärung der Gewaltbereitschaft unterprivilegierter Menschen (etwa Arbeitsloser oder Ausländer: vgl. § 12) bei sowie zur Erklärung der Flucht in gesellschaftliche Scheinwelten: Alkohol (vgl. § 26) und Rauschgift (vgl. § 27). 9

Im Rahmen der **Kritik der Anomietheorie** verweist z. B. *Schneider* (Lb. 2001, 49) darauf, daß die „Anomietheorie die Mittelschichtskriminalität nicht zu erklären vermag." *Streng* bemängelt (in JURA 1995, 184), daß weder „Fälle pathologischer Gier noch auch nur sexuelle Begierde oder frustrationsbedingte Aggressivität" erfaßt werden. *Kaiser* betont (in Lb. 1988, 388) darüber hinaus, daß „kulturelle Ziele und soziale Schichten nur vage und unzureichend umschrieben werden", abgesehen davon (so *Albrecht* Lb. 2005, 31), daß Merton „mit seiner Vermutung, in allen gesellschaftlichen Schichten seien gleiche kulturelle Ziele verankert, der pluralistischen Struktur moderner Gesellschaften nicht mehr gerecht" werde. *Lamnek* (1979, 265; 1997, 114 ff) hebt hervor, daß die Anomietheorie „keine Bedingungen angeben kann, wann und unter welchen Voraussetzungen bei sonst gleicher Ausprägung der gesellschaftlichen Strukturen der eine sich abweichend, ein anderer sich aber konform verhält" (vgl. auch *Jung* 2005, 71). Auch *von Danwitz* (2004, Rdn. 44) betont, daß „unklar bleibt, warum sich ein Gesellschaftsmitglied für eine bestimmte Anpassungsform entscheidet". Der Offenbarungseid der Anomietheorie wird nach *Breland* (Präv. Verbrechensbekämpfung 1974, 54) „fällig, wenn man fragt, wie man denn delinquentes Verhalten vorbeugend verhindern kann". 10

*Die Väter der Anomietheorie konnten im Übrigen ein weiteres Verhaltensmuster noch nicht voraussehen, das heute eine Rolle spielt: die* ***(Handy- und Kredit-) Verschuldung****, die nicht nur bei (jungen) Menschen zunimmt, die arbeitslos sind. Auch das* ***Online-Bestellverfahren*** *verleitet zum Schuldenmachen. Zur Kritik an der Anomietheorie vgl. ferner Lamnek* 1997, 114 ff.

## III. Die Kulturkonfliktstheorie

Nach der von Thorsten *Sellin* (1938) – vor dem Hintergrund der amerikanischen Einwanderungserfahrungen – formulierten Kulturkonfliktstheorie entwickelt sich anomisches Verhalten (negative soziale 11

Auffälligkeit: Rechtsbrüche, Unfälle, Krankheiten) auch aus dem Konflikt zwischen unterschiedlichen kulturellen Wert- und (strafbewehrten) Verhaltensnormen der Herkunfts- und der Aufnahmegesellschaft **(These vom Normdissens: Kulturschock)**.

***Was ist Kultur?*** *Unter dem Begriff der Kultur ist ein (multifuntionales) Konstrukt zu verstehen, das geprägt wird durch gemeinsame Werte, Ideen, Gebräuche, moralische Vorstellungen bzw. religiöse Überzeugungen sowie entsprechende Normen, Rechtssysteme und Verhaltensauffälligkeiten (etwa Rollenverteilungen), die von einer Generation auf die nächste tradiert werden. Sichtbar wird die Kultur auch in ihren Produkten wie Dichtung, Musik oder Bauwerken (in Anlehnung an Bierbrauer, G., in: Handbuch der Mediation, München 2002, S. 268/269 sowie Bierbrauer Lb. 2005, 215).*

***Kulturelle Identität*** *setzt die Zugehörigkeit zu einer Gruppe voraus. Die „Besonderheit einer religiös begründeten Identität liegt darin, daß das jeweilige Glaubenssystem als verbindlich erlebt wird" (z. B. auch der Islam) und zu einem „Selbstkonzept geworden ist". Ein kultureller Wert sind z. B. die „abendländisch-christlichen Vorstellungen über die Gleichberechtigung der Geschlechter" (Hörnle in ARSP Beiheft Nr. 113, 2008).*

**12** Mit diesem Normenkonflikt sollen sich vor allem Einwanderer konfrontiert sehen, und zwar primär solche, bei denen die kulturellen Anschauungen, Verhaltensregeln und Normen ihres Herkunftslandes (Heimatlandes) mit denen des Gastlandes nicht übereinstimmen.

***Beispiele:*** *andere* ***Moralvorstellungen*** *(vgl. unten Rdn. 14) andere Relevanz von* ***Ehrverletzungen*** *und andere Reaktion darauf bis hin zur* ***Blutrache****, anderes* ***Frauenbild*** *(vgl. Zeitungsausriß) und* ***Zwangsverheiratung der Töchter****, andere Bedeutung der* ***Religion*** *als Leitlinie des Handelns.*

## Andere Länder, andere Sitten

**Muslime in Amerika wundern sich, wofür sie dort bestraft werden**

W.K. KAIRO, im August. Ein Saudi-Araber, der in den Vereinigten Staaten lebt, ist zu seiner Verwunderung zu einer Freiheitsstrafe verurteilt worden, weil er seine Ehefrau geschlagen hat. Es war ihm, so hieß es in der saudischen Presse, niemals in den Sinn gekommen, dass etwas, das er als eine Lektion für seine Ehefrau begriff, ihn in einem fremden Land ins Gefängnis bringen könnte. Erst nach einigen Tagen hinter Gittern sah er ein, dass er sich den gesellschaftlichen Normen seines Gastlandes anzupassen hatte.

Die Ehefrau zu schlagen sei gewiss ein unerwünschter Brauch, die arabische Gesellschaft greife jedoch nicht ein in die Behandlung einer Frau durch ihren Ehemann, so lange er sie nicht töte oder ihr schwere Verletzungen zufüge. Demgegenüber sehe die westliche Gesellschaft ein solches Verhalten als ein sehr schweres Vergehen an, ein Täter werde bestraft, als ob er ein Räuber oder Mörder sei.

aus: *FAZ* vom 16. August 1999

Soziale Probleme bekommen danach also vor allem solche Menschen, die sich den neuen Verhältnissen der Adoptivkultur nicht einzupassen (zur Leitkultur vgl. Rdn. 32 zu § 24) vermögen (mangelnde Anpassungs**fähigkeit**) oder auch nicht einpassen (integrieren, assimilieren) lassen wollen (mangelnde Anpassungs**willigkeit**). Die entsprechenden Schwierigkeiten werden noch durch Gefühle der Heimatlosigkeit und Orientierungslosigkeit sowie durch Distanzierung bzw. Ablehnung seitens der Majoritätsgruppe des Gastlandes (also der einheimischen Bevölkerung) weiter verstärkt: Dazu gehören Ausländerfeindlichkeit (vgl. Rdn. 15i zu § 24), (vermeintliche) Rechtsunsicherheit usw.

Danach resultiert der Kulturkonflikt also daraus, daß sich die Kulturen (bzw. Normensysteme) des Heimatlandes (das die Basispersönlichkeit des Immigranten geprägt hat) und des Gastlandes widersprechen. Der Einwanderer muß sich daher, wenn er eine neue soziale Identität aufbauen will, den Normen und Standards des Gastlandes anpassen (annähern: Rdn. 30 zu § 24), ein Prozeß, der zu **Streß führt, der um so stärker ausfällt, je weniger sich die Kulturen entsprechen**.

**Außenkonfliktsbestimmt** sind vor allem alle jene Straftaten, die bei **13** Ausländern durch **Frustration** (zur Frustrations-Aggressions-Hypothese: Rdn. 46ff zu § 6) ausgelöst werden (vgl. dazu auch die Anomietheorie, oben Rdn. 6ff): Situationen, in denen ein Ausländer also erkennt, daß er die gesellschaftlichen Ziele mit seiner Ausbildung und Bezahlung auf dem legalen Wege (nur bedingt oder) niemals erreicht.

Häufig kommt es aber auch vor, daß der äußere Konflikt zu einem **14** Konflikt innerhalb der Ausländergruppe (etwa innerhalb der Ausländerfamilie selbst) führt **(Innenkonflikt)** und dort destabilisierend wirkt. Im Gegensatz zu ihren Eltern internalisieren (verinnerlichen bzw. übernehmen) nämlich die Kinder der Ausländer durch ihren engeren Kontakt mit der Umwelt weitgehend die Ziele der Mehrheits-Gesellschaft und rebellieren entsprechend gegen die vermeintliche Rückständigkeit ihrer Eltern (sich widersprechender Sozialisationsdruck): insbesondere gegen deren **Moralvorstellungen** (nicht auf Klassenreise gehen zu dürfen, Disco-Verbot usw.) und **Erziehungsmethoden** (körperliche Züchtigung, beschimpfen, beschämen). Das Problem: **„morgens Deutschland – abends Türkei“** (*Behr*, 1986, 153).

*Lajios (1998, 17) spricht insoweit von einer **„gebrochenen Identität“** der zweiten Ausländergeneration: solche Jugendliche können sich weder mit ihrem Herkunftsland identifizieren (weil sie dieses nicht mehr kennengelernt haben) noch mit Deutschland, weil sie hier nur eine (z. T. abgelehnte) Randgruppe bilden.*

**Zur Relevanz des Ansatzes:** Der Ansatz ist wichtig im Rahmen der **14a** Erklärung Zuwandererkriminalität, die z.B. zu tun hat: mit einem anderen Geschlechtsrollenverständnis (machohaftes Gehabe bis zur Körperverletzung der Frauen), mit einem anderen Ehrenkodex (Blutrache, „Ehrenmorde“ bei Verletzung der „Familienehre“) oder auch anderen Traditionen (Beschneidung = Genitalverstümmelung, Zwangsverheiratung usw: vgl. dazu Rdn. 15f zu § 27). Nicht zuletzt führt der Ansatz zur kulturalistischen Erklärung des Terrorismus (vgl. Rdn. 49b zu § 30).

14b **Kritik** an der Kulturkonfliktstheorie: Die Theorie widerspreche der Erfahrung, daß „die Mehrheit der jeweiligen Bevölkerungsgruppe nicht kriminell belastet ist" (*Richter* in: KrimJ 4/1981, 265). Auch *Bock* (Lb. 2000, 73) hebt hervor, daß die verschiedenen Kulturen in Bezug auf den „Kern des strafbaren Unrechts" jedenfalls nicht in erheblicher Weise voneinander abweichen würden. *Dölling* weist (in FS für Kury 2006, 77) darauf hin, daß es „zahlreiche Straftaten gibt, denen kein Kulturkonflikt zugrunde liegt".

### IV. Der ökologische Ansatz (der Chicago-Schule)

15 Zu den soziologischen Erklärungsansätzen (in Bezug auf die Entstehung kriminellen Verhaltens) gehört auch die **„Theorie der sozialen Desorganisation"** („Gemeinschafts-Zerfallsprozeß-Theorie") bzw. der ökologische Ansatz der Chicago-Schule (mit seinen Modifizierungen), aus der sich die Kriminalgeographie entwickelt hat **(vgl. § 15)** und letztlich auch der Wissenschaftszweig, der sich mit den Zusammenhängen zwischen Städtebau (bzw. Wohnhausarchitektur) und Kriminalität befaßt **(vgl. dazu § 16)**.

*Nach Schneider (Lb. 2001, 46; ders. in JR 7/2011, 291 ff) „ist eine* ***Gemeinschaft desorganisiert, wenn*** *ihr sozialer Zusammenhalt zerfällt, wenn ihre informelle soziale Kontrolle zusammenbricht, und wenn sich unter ihren Mitgliedern eine zwischenmenschliche Desorientierung breit macht und wenn antisoziales Verhalten geduldet wird …* ***Sichtbare Zeichen*** *sozialer Desorganisation sind heute: Plunder und Abfall in unbewohnten Häusern, mit Brettern vernagelte, für unbewohnbar erklärte Gebäude, abgewrackte und verlassene Autos, Banden von Teenagern, die an den Straßenecken herumstehen, Straßenprostitution, Bettelei, öffentliches Alkoholtrinken, Belästigung von Frauen, öffentliches Glücksspiel und Drogenmißbrauch. Mit der verfallenden Bausubstanz ist der* ***Zusammenbruch der Sozialstruktur*** *verbunden: … Rückzug aus dem Gemeinschaftsleben, niedrige Teilnahme an Nachbarschaftsorganisationen, … Familienzerfall, hohe Einwohner-Mobilität,* ***ethnische Ungleichheit,*** *Verschiedenartigkeit sich widersprechender Leitbilder, Wertvorstellungen und Verhaltensstile, hohe Zahl von Familien, die von Sozialhilfe leben" (vgl. auch Rdn. 37 zu § 18 und Rdn. 33 zu § 15 = broken-windows-Theorie und den Desintegrationsansatz von Heitmeyer dazu Rdn. 7 vor § 10).*

16 Im Anschluß an die Studien von *Guerry* (1833) und *Quetelet* (1835) in Frankreich und Belgien (vgl. § 4 Rdn. 31) hat Ernest W. *Burgess* (1925) zwei Jahre lang untersucht, wie sich die 5–16jährigen Delinquenten über die Stadtbezirke der Stadt Lawrence in Kansas verteilten. Dabei hat *Burgess* ermittelt, daß der Anteil dieser Delinquenten an der Gesamtheit der Altersgruppe der 5–16jährigen in den sechs Stadtbezirken zwischen 8,36 und 0,82 % variierte. Aus diesem Ergebnis hat er gefolgert, daß in

bestimmten Stadtgebieten besondere Faktoren wirksam sein müßten, die delinquente Verhaltensweisen begünstigen würden (vgl. *Burgess* 1970, 47–62). Eine entsprechende Ursachenforschung hat *Burgess* jedoch nicht durchgeführt.

Dieser Aufgabe haben sich erst *Thrasher* (The Gang, 1927) und *Shaw* (1929) unterzogen. *Thrasher* überprüfte die Aufenthalts- und Aktions gebiete von 1313 Chicagoer „Gangs“ (Banden) und gelangte dabei zu dem Ergebnis, daß es bestimmte Gegenden am Rande der City gibt (Schienengelände, Fabrikzonen usw.), in denen das Bandenwesen Chicagos primär gedeiht; *Thrasher* hat solche Gebiete **„gang-lands“** genannt.

*Shaws* erste Untersuchung (1929) bezog sich auf die Wohnsitze von 60000 männlichen Jugendlichen Chicagos, die von der Stadt, der Polizei oder den Gerichten als Schulschwänzer (school truants) bzw. als Rechtsbrecher (offenders) registriert worden waren. Die Gebiete, in denen extrem viele seiner Probanden lebten, nannte er **„delinquency areas“**.

*Solche „delinquency areas“ bzw. gang-lands (z. T. riesigen Ausmaßes) machen heute auch in Südamerika Sorgen: etwa die „favelas“, die Slumgebiete in Rio oder Sao Paulo (vgl. Foto hinter Rdn. 25).*

Dabei ging *Shaw* davon aus, daß sich diese „delinquency areas“ weitgehend mit den sog. **„natural areas“** decken würden, nämlich solchen Gebieten, die im Verlauf des natürlichen Städtewachstums entstanden sind und sich von ihrer Umgebung durch besondere geographische, topographische, soziale und kulturelle Spezifica abgrenzen. *Shaw* behauptete, daß sich jede Stadt in solche „natürlich gewachsenen Gebiete“ (natural areas) aufgliedern ließe und dadurch Strukturen erhielte, die man beschreiben und messen könne. **17**

In den dreißiger Jahren hat *Shaw* seine Untersuchungen, – und zwar in Zusammenarbeit mit (seinem Assistenten) H.-D. *McKay* (veröff. 1942) – auf weitere nordamerikanische Städte ausdehnen können. Beide versuchten nun auch zu erklären, weshalb sich sozial abweichendes Verhalten in bestimmter Weise in bestimmten Stadtteilen konzentriert (ökologischer Ansatz). Diese Arbeiten, die sich wie die Chicagoer Studie auf jugendliche Tatverdächtige und Delinquenten bezogen (grundsätzlich im Alter von 16 bis 18 Jahren), sind in Philadelphia, Boston, Cincinnatti, Cleveland und Richmond durchgeführt worden. In diesen Städten haben *Shaw* und *McKay* (nach dem Chicagoer Beispiel) wiederum Gebiete ermittelt, die im Vergleich zu anderen Stadtteilen durch besonders hohe Kriminalitätsraten auffielen. Die nähere Untersuchung ergab, daß sich diese delinquency areas wiederum **nicht nur** durch die höheren Delinquenz- bzw. Schulschwänzerraten von anderen Teilen der Stadt unterschieden, sondern auch z. T. durch hohe Säuglings-Sterblichkeitsziffern, hohe Quoten an Tuberkuloseerkrankungen, Übervölkerung, hohe Raten an von staatlicher Unterstützung lebenden Familien, durch mangelnde Angebote zur Freizeitgestaltung, aber auch durch hohe Bevölkerungsmobilität **(ungünstige Sozialstruktur)**. **18**

19 Dabei fiel auf, daß die Delinquenzbelastung der Stadtbezirke unabhängig von der ethnischen Zusammensetzung der Bewohner zu sein schien. So änderten sich die Kriminalitätsbelastungsziffern (TVBZ: vgl. Rdn. 15 zu § 2) auch dann nicht, wenn in einem Bezirk z.B. zunächst überwiegend Deutsche, dann Iren und später Polen oder Italiener wohnten; dadurch konnte der Eindruck entstehen, **als ob der Raum selbst Kriminalität hervorbringen („produzieren") würde**. Man könnte also annehmen, „daß wohl gewisse Faktoren über Jahrzehnte hinaus am Werke sind, die, unabhängig von der Kultur und Wertvorstellung der jeweiligen Bewohner, Jugendliche **immer wieder kriminell infizieren**" (*Jonassen* 1971, 145). Als zweite Möglichkeit kommt in Frage, daß der Raum **Kriminelle anzuziehen** vermag. Für diese zweite Möglichkeit spricht, daß *Shaw* und *McKay* feststellen konnten, daß die Delinquenzgebiete jeweils dort lagen, wo die Stadtteile am verkommensten waren (Abbruchhäuser/Sanierungsgebiete); in solchen Gebieten, in die bestimmte Bevölkerungsgruppen abgedrängt wurden, die kein Geld hatten (billige Mieten), lösten sich offenbar unter dem Druck sozial zersetzender Kräfte (die sich oft dort einfinden, wo die Armut zu Haus ist) die gesellschaftlichen Bindungen auf, mit der Folge, daß auch der Widerstand gegen kriminelles Verhalten (kriminelle Versuchung) abnahm (**geringe soziale Kontrolle**). Die wohlhabende Bevölkerung, die aus der Innenstadt, in der die Kaufhäuser und Büroetagen hochschossen, in die Randviertel zog, blieb von dieser Entwicklung verschont.

20 Dadurch entstanden – von den sozialen Strukturen aus gesehen – mehrere Ringe, die sich um die City gruppierten, und zwar: in der Mitte Industriegebiete und Geschäftsviertel (Zone I), dann ein Übergangsgebiet zu den Wohnvierteln, das oft zum Slumgebiet wurde (Zone II), das Wohnviertel der Arbeiter (Zone III), die Wohngebiete des Bürgertums (Zone IV) und schließlich die Wohngebiete von Pendlern (Zone V). Entsprechend dieser Verteilung von innen nach außen nahmen auch die Kriminalitätszahlen ab, und zwar umgekehrt proportional zur Entfernung vom Stadtzentrum (sog. **Zonentheorie**). Diese konzentrischen Kreise waren allerdings auch schon von *Burgess* (ebenfalls in Chicago) beobachtet worden.

21 *Shaw* und *McKay* stellten im einzelnen fest, daß je höher die Delinquenzrate einer area war, desto mehr die Wahrscheinlichkeit zunahm, daß ein Jugendlicher rückfällig wurde. Die Ursache für diese Erscheinung haben sie u.a. darin gesehen, daß der erzieherische Einfluß auf Kinder in den delinquency areas oft teilweise oder vollständig fehlt, so daß sich der Nachwuchs in solchen Gebieten seine Bezugspersonen und Vorbilder auf der Straße auswählt.

22 Die sozialen Verhältnisse in solchen Gebieten beschrieb *Shaw* (vgl. dazu auch Rdn. 20 zu § 6: Lerntheorie) schon in seinem Buch „The Jack-Roller" (Chicago 1930, 54) wie folgt:

> *„Stehlen in der Umgebung war eine allgemeine Übung bei Kindern und von den Eltern anerkannt. Immer, wenn die Jungen zusammen-*

*kamen, sprachen sie vom Stehlen und machten weitere Pläne. Ich kannte kaum Jungen, die nicht stahlen. Die kleinen Jungen praktizierten geringfügige Diebstähle, brachen Güterwagen auf und beteiligten sich an Altwarendiebstählen. Die älteren machten größere Sachen, z. B. Überfälle, Einbruch und Autodiebstahl. Die kleinen Jungen bewunderten die ‚großen Kanonen' und sehnten den Tag herbei, an dem sie in den großen ‚racket' eintreten könnten. Burschen, die ‚ihre Zeit im Knast abgesessen hatten', waren ‚große Kanonen' und wurden bewundert. Sie gaben den kleinen Jungen Anhaltspunkte, wie man an große Sachen herankommen und sie vollführen konnte" (zit. nach Cloward in: Sack/König 1974, 324).*

Die Resultate der Untersuchungen von *Shaw* und *McKay* ergeben **23**
zusammengefaßt das folgende Bild:

- *je näher ein Gebiet zum Stadtzentrum liegt, desto höher fällt die Belastung mit (Jugend-)Kriminalität aus (Zonentheorie);*
- *es gibt sog. delinquency areas, die durch hohe Delinquenzraten und ungünstige Sozialstruktur auffallen;*
- *in diesen „delinquency areas" ist die soziale Kontrolle auf ein Minimum reduziert;*
- *rascher Bevölkerungswechsel in einer Gegend begünstigt das Entstehen kriminellen Verhaltens, was damit zu tun hat, daß die einströmenden Menschen noch nicht integriert sind (vgl. dazu auch Rdn. 23 zu § 7). Im Laufe der Zeit stabilisiert sich jedoch das soziale Gefüge dann wieder in Richtung auf sozial angepaßtes Verhalten;*
- *Delinquenz kommt vor allem bei Einwanderern vor, und zwar unabhängig von Rasse oder Nationalität in denselben Stadtteilen; aber*
- *nicht der Raum, sondern die sozialen Bedingungen „produzieren" delinquentes Verhalten.*

Auf der Grundlage dieser Ergebnisse wurde in Chicago ein Kriminali- **24**
tätsbekämpfungsprogramm entworfen, das als **„Chicago Area Project"** (CAP) bekannt wurde (vgl. dazu *Schwind* in: Schwind/Ahlborn/Weiß, Empirische Kriminalgeographie, 1978, 361 ff). Die eigentliche kriminalpolitisch relevante Idee, schon im Vorfeld krimineller Entgleisung deren Ursachen vorbeugend zu bekämpfen, ist dem Programm allerdings nach dem Tode von *Shaw* (1957) abhanden gekommen; das CAP beschränkt sich heute auf Einzelfallhilfen in den Stadtteilen.

**Zur Relevanz des Ansatzes:** Der Ansatz bildet den Ausgangspunkt der **24a**
Kommunalen Regionalanalysen (Rdn. 1 ff und 35 zu § 18). Die Beobachtung der sozialen Desorganisation (in delinquency areas: Rdn. 16 oben) führte zur broken-windows-Theorie und zur Null-Toleranz-Strategie (vgl. Rdn. 34 zu § 15).

Die **Kritik** an dem Ansatz, er orientiere sich nur an der Hellfeldsta- **24b**
tistik, wurde inzwischen durch entsprechende Dunkelfeldstudien (in Großbritannien) entkräftet (vgl. dazu *Schneider*, Lb. 2001, 48 unter Hinweis auf *Sampson/Groves:* Community Structure and Crime, in: AJS 94/1989, 774–802).

## V. Modifizierungen: Die Subkulturtheorien

25 Der ökologische Ansatz ist durch sog. Subkulturtheorien ergänzt bzw. modifiziert worden, von denen es eine ganze Reihe von Spielarten gibt (vgl. z.B. *Whyte* 1943; *Cohen* 1955; *Cloward/Ohlin* 1960).

Thema sind Modelle der Selbstregulierung von Konflikten in Antisystemen, „die sich gegen das herrschende Normensystem der Gesamtgesellschaft" richten (*Jung* 1995, 72).

*Abbildung 9:* Favela (Slumgebiet) in Sao Paulo (Brasilien)

### 1. Die Theorie der (delinquenten) Subkultur

26 Die Theorie der (delinquenten) Subkultur geht auf *Whyte* (1943) und *Cohen* (1955/1961) zurück.

27 **Whyte** hat den Vertretern der Chicagoer Schule entgegengehalten, daß die „delinquency areas", also primär die **Slums** (dazu das Foto oben) oder Ghettos (Rdnr. 15a zu § 24), keineswegs (wie von *Shaw* behauptet) desorganisiert, sondern von einem **eigenen subkulturellen Normensystem** durchzogen seien (vgl. dazu Rdn. 39a zu § 24). Mit diesem (ungeschriebenen) Anti-Normensystem ist ein solches gemeint, das sich in weiten Teilen im Widerspruch zu den Moralbegriffen der Gesamtgesellschaft befindet, jedoch in der Lage ist, die Verhaltensweisen innerhalb der subkulturellen Verhältnisse im Rahmen eigener Hierarchie zu regeln (zur Mafia vgl. Rdn. 9ff zu § 29).

28 So gilt in **Slumgebieten** bzw. im „gang land" (Rdn. 16) der Diebstahl als „eine wertbesetzte Tätigkeit, durch die man Ruhm, Überlegenheit

und tiefe Befriedigung erlangen kann" (zit. nach *Mergen*, Lb. 1978, 124). Subkulturelle Konventionen können aber auch z.B. darin bestehen, Konflikte nur noch gewaltsam zu lösen. Das gilt nichtzuletzt für das Miteinander unter Strafgefangenen. Zur Subkultur des Strafvollzuges vgl. z.B. *Laubenthal* (Strafvollzug 2008, Rdn. 219).

**Zur Relevanz des Ansatzes:** Bedeutung hat der Ansatz z.B. im Rahmen der (möglichen) Folgen der Ghettobildung (vgl. Rdn. 15a zu § 24), für die Entstehung von streetgangs (vgl. Rdn. 32a zu § 28) und für den Strafvollzug (vgl. Rdn. 34 zu § 14 und Rdn. 14ff zu § 25): Unterdrückung von Mitgefangenen, Störung des Resozialisierungsvollzugs (ausführlich *Laubenthal* in FS für Schwind 2006, 593ff). 29

### 2. Die Theorie der differentiellen Gelegenheiten

*Cloward* und *Ohlin* wollten in ihrem Buch über „Delinquency and Opportunity" (A Theory of Delinquent Gangs, 1961) nicht nur den ökologischen Ansatz der Chicago-Schule mit den Positionen der Anomietheorie verbinden, sondern auch die Kulturkonfliktstheorie mit dem lerntheoretischen Ansatz von *Sutherland* (vgl. auch *Cloward* 1974, 314). 30

Dabei gingen sie davon aus, daß das Kriminellwerden letztlich auch mit der Frage zu tun hat, welche **speziellen Gelegenheiten** sich dem (potentiellen) Straftäter anbieten. Diese „Gelegenheit" betrifft auch die Frage des **Zugangs zu illegitimen Mitteln** (Waffen, Diebeswerkzeug), die wiederum von den sozialen Bedingungen abhängen würde, unter denen jemand lebt und aufwachsen mußte. Der Zugang zu den illegitimen Mitteln sei also nicht, wie *Merton* annimmt, für jeden Menschen gleich frei. Das gilt z.B. auch für Wirtschaftsstraftaten und Wirtschaftskriminalität als „**special opportunity crime**" (vgl. Rdn. 19 zu § 21; und auch Rdn. 19b zu § 6). Dementsprechend wurden die lerntheoretischen Ansätze von Sutherland dahingehend erweitert, daß die **Chance, kriminelle Verhaltensweisen zu lernen, in den Slums höher ist** als in anderen Wohngebieten der Stadt und durch Kulturkonfliktsprobleme noch verschärft werden kann (vgl. dazu die Zusammenfassung bei *Cloward* 1974, 331ff). 31

**Zur Relevanz des Ansatzes:** „Gelegenheit macht Diebe", nicht nur in Slums, sondern auch im Rahmen von Wirtschaftskriminalität. ProPK (Rdn. 64 zu § 18) versucht durch Aufklärung potentieller Opfer gegenzusteuern; vgl. dazu auch zwei andere situative Ansätze: das Lebensstilkonzept (Rdn. 18b zu § 8) und die Routine Activity-Theorie (Rdn. 18c zu § 8). 32

# § 8 Ergänzende Erklärungsversuche und Integrationskonzepte

**Literatur: Arbeitskreis Junger Kriminologen (AJK):** Kritische Kriminologie, München 1974; **Bannenberg,** B./**Rössner,** D.: Hallenser Gewaltstudie – Die Innenwelt der Gewalttäter, Lebensgeschichten ostdeutscher jugendlicher Gewalttäter, in: DVJJ-Journal 2/2000, S. 121–134; **Bettmer,** F./**Kreissl,** R./**Voß,** M.: Die Kohortenforschung als symbolische Ordnungsmacht, in: KrimJ 1988, S. 191–212; **Blankenburg,** E.: Karl Marx und der „Labeling"-Ansatz, in: KrimJ 1974, S. 313–319; **Blüthner,** H.: Soziale und kriminelle Gefährdung und Kriminalitätsvorbeugung, in: Staat und Recht 1972, S. 425–434; **Blumstein,** A./**Farrington,** D.: Longitudinal and criminal career research, in: Criminology 1988/26, S. 57–74; **Bock,** M.: Addition, Theorie, Typus, Möglichkeit und Grenzen kriminologischer Integrationsbemühungen, in: MschrKrim 1994, S. 238–251; **Boers,** K. et al: Jugendkriminalität – Altersverlauf und Erklärungszusammenhänge, in forum kriminalprävention, 4/2010, S. 48–56; **Böttger,** A.: Gewalt und Biographie – Eine qualitative Analyse rekonstruierter Lebensgeschichten, Baden-Baden 1998; **Buchholz,** E./**Hartmann,** R./**Lekschas,** J./**Stiller,** G.: Sozialistische Kriminologie, Berlin 1971; **Buikuisen,** W.: Kriminalitätstheorien, in: KKW 1985, S. 230–334; **Burt,** C.: The Young Delinquent, 4. Aufl., London 1965; **Cohen,** A. K.: Mehr-Faktoren-Ansätze, in: *Sack,* F./*König,* R. (Hrsg.): Kriminalsoziologie, 2. Aufl., Frankfurt/M. 1974, S. 219–225; **Cohen,** L. E./**Felson,** M.: Social Change and Crime Rate Trends: A Routine Activity Approach, in: American Sociological Review 44/1979, S. 588–608; **Delling,** M.: Die Befreiung des Labeling Approach von der Befreiung, in: KrimJ 3/2008, S. 162–178; **Farrington,** D. P. et al.: Understanding and Controlling Crime, New York 1986; **Feest,** J./**Blankenburg,** E.: Die Definitionsmacht der Polizei, Düsseldorf 1972; **Felson,** M.: „A Routine-Activity" Analysis' of Recent Crime Reduction, in: The Criminologist 1997, S. 1–3; **Felson,** M.: Crime and Nature, London 2006; **Gebhardt,** Th./**Heinz,** A./**Knöbl,** W.: Die gefährliche Wiederkehr der „gefährlichen Klassen": Der IQ als Indikator sozialer Devianz in der neueren amerikanischen Kriminalitätsdiskussion, in: KrimJ 1996, S. 82–106; **Glueck,** S./**Glueck,** E.: Unraveling Juvenile Delinquency, Cambridge, Mass. 1950; **Glueck,** S./**Glueck,** E.: Jugendliche Rechtsbrecher, Wege zur Vorbeugung, Stuttgart 1963; **Glueck,** S./**Glueck,** E.: Delinquents and Nondelinquents in Perspective, Cambridge 1968; **Göppinger,** H.: Der Täter in seinen sozialen Bezügen, Berlin 1983; **Gottfredson,** M.R./**Hirschi,** T.: A General Theory of Crime, Stanford 1990; **Grundies,** V.: Polizeiliche Registrierungen von 7–23jährigen. Befunde der Freiburger Kohortenuntersuchung, in: *Albrecht,* H.-J. (Hrsg.): Forschungen zu Kriminalität und Kriminalitätskontrolle am MPI edition iuscrim 1999, S. 371–401; **Heinz,** W./**Spieß,** G./**Storz,** R.: Prävalenz und Inzidenz strafrechtlicher Sanktionierung im Jugendalter, in: *Kaiser,* G./*Kury,* H./*Albrecht,* H.-J. (Hrsg.): Kriminologische Forschung in den 80er Jahren, Bd. 35/2, Freiburg 1988, S. 631–660; **Heinz,** W. et al.: Kohortenuntersuchungen, in: *Kury,* H. (Hrsg.): Entwicklungstendenzen kriminologischer Forschung, Köln 1986, S. 163–186; **Hermann,** D.: Posttraditionelle Werte, Hamburg 2008; **Hermann,** D.: Werte und Kriminalität, Konzeption einer allgemeinen Kriminalitätstheorie, Wiesbaden 2003; **Hermann,** D./**Dölling,** D.: Kriminalprävention Werteorientierungen in komplexen Gesellschaften, Mainz 2001; **Hermann,** D./**Simsa,** Ch.: Lebensstile, Opferwerdung und Kriminalitätsfurcht, in: Dölling et al.: Kommunale Kriminalprävention – Analysen und Perspektiven, Holzkirchen./Obb. 2003, S. 222–232; **Hess,** H./**Steinert,** H.: Kritische Kriminologie – zwölf Jahre danach, in: KrimJ 1986, S. 2–8; **Hindelang,** M. J. **et al.**: Victims of Personal Crime: An Empirical Foundation for a Theory of Personal Victimization, Cambridge 1978; **Kaiser,** G.: Was ist eigentlich kritisch an der „kritischen Kriminologie"? in: Festschrift für R. Lange, Berlin 1976, S. 521–539; **Kerner,** H. J.: Kohortenstudien – Ertrag bisheriger Untersuchungen, in: *Savelsberg,* J. J. (Hrsg.): Zukunftsperspektiven der Kriminologie, Stuttgart 1989, S. 190–204; **Kerner,** H. J.: Jugendkriminalität, Mehrfachtäterschaft und Verlauf, in: BewHi 3/89, S. 202–220; **Kerner,** H.-J.: Soziale Bindungen und soziale Abweichung, in: *Klosinski,* G. (Hrsg.): Empathie und Beziehung, Tübingen 2004, S. 41–64; **Lekschas,** J./**Kosewähr,** E.: Kriminologie in der DDR, in: *Kaiser,* G./*Kury,* H./*Albrecht,* H.-J. (Hrsg.): Kriminologische Forschung in den 80er Jahren, Freiburg 1988, S. 19–56; **Loeber,** R./**Farrington,** D. P.: et al.: Violence and Serious Theft. Development and Prediction from Childhood to Adulthood, New York 2008; **Maschke,** W.: Das Umfeld der Straftat, Frankfurt/M. 1987; **Neubacher**, F.: Der Routine Activity Approach – Ein vielseitiges Instrument der Kriminologie, in: JURA 3/2011, S. 205–209; **Neumann,** U./**Schroth,** U.: Neuere Theorien von Kriminalität und Strafe, Darmstadt 1980; **Otte,** G.: Hat die Lebensstilforschung eine Zukunft? in: KZfSS 2005, S. 3–31; **Peters,** D.: Richter im Dienst der Macht. Zur gesellschaftlichen Verteilung der Kriminalität, Stuttgart 1973; **Peters,** H.: Als Partisanenwissenschaft ausgedient, als Theorie aber nicht sterblich: der labeling approach, in: KrimJ 1996, S. 107–115; **Pongratz,** L. et al.: Kinderdelinquenz, München 1975; **Raithel,** J.: Delinquenz und Lebensstile Jugendlicher, in: KrimJ 3/2004, S. 178–196; **Rössner,** D.: Familiale Sozialisation und Gewalt. Ein Beitrag zur Biographieforschung in der Kriminologie, in: FS für *Kaiser, G.,* Berlin 1998, S. 339–357; **Rüther,** W.: Abweichendes Verhalten und „labeling approach", Köln 1975; **Sack,** F.: Selektion und Kriminalität, in: Kritische Justiz 1971, S. 384–400; **Sack,** F.: Definition von Kriminalität als politisches Handeln: Der labeling approach, in: KrimJ 1972, S. 3–31; **Sack,** F.: Neue Perspektiven in der Kriminologie, in: *Sack,* F./*König,* R. (Hrsg.): Kriminalsoziologie, 2. Aufl., Frankfurt/M. 1974, S. 431–475; **Sack,** F.: Probleme der Kriminalsoziologie, in: *König,* R. (Hrsg.): Handbuch der empirischen Sozialforschung, Bd. 12: Wahlverhalten, Vorurteile, Kriminalität, 2. Aufl., Stuttgart 1978, S. 192–492 (1. Aufl. 1969); **Schmidt,** H./**Lay,** B./**Ihle,** W./**Esser,** G.: Bedeutung von Dunkelfelddelikten für episodische und fortgesetzte Delinquenz, in: MschrKrim 2001, S. 25–36; **Schneider,** H.: Schöpfung aus dem Nichts. Mißverständnisse in der deutschen Rezeption des Labeling Approach und ihre Folgen im Jugendstrafrecht, in: MschrKrim 3/1999, S. 202–213; **Schubert,** A.: Delinquente Karrieren Jugendlicher, Reanalysen der Philadelphia Cohort Studies, Aachen 1997; **Schumann,** K. F. (Hrsg.): Berufsbildung, Arbeit und Delinquenz. Bremer Längsschnittstudie zum Übergang von der Schule in den Beruf bei ehemaligen Hauptschülern, Bd. 1, Weinheim 2003; **Schumann,** K. F.: Ungleichheiten in der Strafverfolgung, in: Recht und Politik 1974, S. 119–129; **Schumann,** K. F./**Prein,** G./**Seus,** L.: Lebenslauf und Delinquenz in der Jugendphase. Ergebnisse der Bremer Längsschnittstudie über AbgängerInnen aus Haupt- und Sonderschulen, in: DVJJ-Journal 3/1999, S. 300–311; **Seligman,** M.: Erlernte Hilflosigkeit, 4. Aufl., Weinheim 1992 (1. Aufl. 1975); **Stelly,** W./**Thomas,** J.: Einmal Verbrecher – immer Verbrecher? Wiesbaden 2001; **Tannenbaum** F.: Crime and the Community, 2. Auflage, London 1953 (1. Aufl. 1938); **Tracy,** P. E./**Wolfgang,** M. E./**Figlio,** R. M.: Delinquency Careers in Two Birth Cohorts, New York 1990; **Traulsen,** M.: Delinquente Kinder und ihre Legalbewährung, Frankfurt/M. 1976; **Weitekamp,** G. M./**Kerner,** H.-J.: Cross-National Longitudinal Research on Human Development and Criminal Behavior, Dordrecht 1994; **West,** D. J.: Present Conduct and Future Delinquency, London 1969; **West,** D. J./**Farrington,** D. P.: Who becomes Delinquent?, London, 1973; **West,** D. J.: Applied Criminology in England, in: *Göppinger, H.* (Hrsg.): Angewandte Kriminologie, Bonn 1988, S. 21–29; **Wolfgang,** M. E./**Figlio,** R. M./**Sellin,** T.: Delinquency in a Birth Cohort, Chicago 1972; **Wolfgang,** M./**Thornberry,** T./**Figlio,** R.: From Boy to Man: From Delinquency to Crime, London/Chicago 1987.

**Gliederung**



Unter der Überschrift „Ergänzende Erklärungsversuche“ werden (hier) 1 solche Ansätze zusammengefaßt, die von den Schemata der herkömmlichen **(täterorientierten)** Kriminalitätstheorien **abweichen**, aber als Ergänzung Bedeutung besitzen. Insoweit sind vor allem das soziologische **Konzept des labeling approach** (I) zu nennen sowie der Ansatz, an dem sich die sog. **Sozialistische Kriminologie** (II) orientiert, und nicht zuletzt die **Viktimisierungstheorien** (III).

Schließlich kann es nicht überraschen, daß (vor dem Hintergrund der Vielfalt der Kriminalitätstheorien) **Integrationskonzepte** (IV) diskutiert werden, die zu einer Hauptströmung heranreifen könnten. Wie Täter ihr Gewissen beruhigen, ist im Rahmen einer **„Theorie der Neutralisierungstechniken“** untersucht worden (Rdn. 27 zu § 19).

## I. Interaktionistische Erklärungsansätze

1a Nach diesen Ansätzen ist Kriminalität bzw. sozial abweichendes Verhalten das Ergebnis von Interaktionsprozessen, die sich im Zuge von Kontakten mit den Instanzen der strafrechtlichen Sozial-Kontrolle (Polizei, Justiz) hochschaukeln können.

Hierher gehören insbesondere der Etikettierungsansatz, die Theorie der kriminellen Karriere, die Lebenslauftheorie, aber auch z.B. die Schamtheorie und die Trotztheorie. Ferner gehören die Gruppendruckphänomene in Tätergemeinschaften (dazu Rdn. 24 zu § 13) hierher.

### 1. Der Etikettierungsansatz (labeling approach)

2 Die Vertreter des „labeling approach" (auch social reaction approach genannt) waren zwischen 1938 und 1963 vor allem *Tannenbaum* (1938), *Lemert* (1951) und *Becker* (1963), die davon ausgingen, daß die Ursache dafür, daß ein Mensch als „kriminell" eingestuft wird, **nicht nur** mit dessen sozialem Versagen zu tun hat (vgl. die ursachenorientierten Kriminalitätstheorien), **sondern auch** mit Definitions-, Zuschreibungs- bzw. Stigmatisierungsprozessen der Instanzen der sozialen Kontrolle (justizkritischer Ansatz), also der Polizei und Justiz (Kriminalisierungsansatz).

#### *a) Rezeption des labeling approach in Deutschland*

3 Diese veränderte Perspektive („Paradigmanwechsel") hat der Soziologe Fritz *Sack* in den 60er Jahren (nach einem USA-Aufenthalt) nach Deutschland mitgebracht, aber vereinseitigt und radikalisiert. Nach seiner Lesart wurde aus dem labeling approach nämlich die Behauptung, Kriminalität hätte **ausschließlich** mit Selektion durch die Strafverfolgungsbehörden zu tun. „Wenn man so will, der Richter ist der Täter" (*Peters* in KrimJ 1997, 270), die „Kriminellen werden zu Pechvögeln" (*Killias* Lb. 2002, 59).

4 Polizei und Justiz reagierten empört, und zwar auch deshalb, weil man ihnen vorwarf, vor allem Täter aus den bildungsferneren Schichten besonders hartnäckig zu verfolgen bzw. (grundlos/bevorzugt) zu **kriminalisieren**: ihnen i.S. einer „marxistisch-interaktionistischen Theorie" das Etikett (label = Stempel) des Straftäters aufzudrücken (sozial diskriminierende unterschichtsbezogene **„Klassenjustiz"**).

*Eine Serie von empirischen Untersuchungen zu den Problemen der Definitionsmacht der Polizei, selektivem Vorgehen der Instanzen sozialer Kontrolle oder gar „Klassenjustiz" hat diese Vermutungen allerdings nicht bestätigt. Dazu z.B. Feest/Lautmann 1972; Peters 1973.*

5 Den Ausgangspunkt entsprechender Überlegungen bildet für *Sack* die
bis sog. **Ubiquitätsthese,** die an Resultate der Dunkelfeldforschung (dazu
10 Rdn. 14 zu § 2; Rdn. 47 zu § 21) anknüpft. Nach dieser These ist Kriminalität „ubiquitär", d.h. eine normale Erscheinung, die etwa gleichmäßig über alle Schichten der Bevölkerung verteilt ist.

*b) Relevanz und Kritik*

Der Ansatz hat zur Verstärkung der **Institutionenforschung** (bzw. Sanktionsforschung) geführt, die in der Kriminologie seither auch ihren Platz hat. Ohne die Erforschung der Selektionspraxis sind alle Erklärungsansätze ergänzungsbedürftig: Es ist nicht zu verkennen, daß das „Gedankengut des labeling approach auch ... zu der Problemlösung der sog. **Diversion**" (Alternative zur Sanktion: dazu auch Rdn. 29 zu § 3) geführt hat. Sie hat ferner „die Begleitschäden strafjustitieller Interventionen und die **Gefahr von „net-widening-Effekten"** sowie „umgekehrt die **Vorzüge der non-Interventionen** betont" (*Jung Lb.* 2005, 77). Das Verdienst der Vertreter des Etikettierungsansatzes (die allerdings inzwischen z.T. von dem eigenen Ansatz wieder abgerückt sind: vgl. dazu *Peters* in KrimJ 1997, 268) ist ferner darin zu sehen, daß sie den Blick für die (bisher unzureichende) Verfolgung wirtschaftskriminellen Verhaltens (zur **Wirtschaftskriminalität**: vgl. § 21) geschärft haben. 11

Im Rahmen der **Kritik** an dem Etikettierungsansatz (der zur **Entstehung von Kriminalität** allerdings **nichts beitragen kann**: *Jung* 2005, 78) wird im Schrifttum vor allem die **Ubiquitätsthese** in Frage gestellt. Dementsprechend heißt es z.B. bei *Schöch* (in Kaiser/Schöch 2001, 28): „Die Gleichverteilungslehre ist durch zahlreiche Dunkelfelduntersuchungen **widerlegt**" (so auch *von Danwitz* 2004 Rdn. 60). 12

Noch keine Rolle hat bisher in der Diskussion des Etikettierungsansatzes gespielt, daß die hohe Kriminalitätsbelastung der Unterschichten (zumindest z.T.) auch damit zu tun haben könnte, daß zu diesen fälschlicherweise auch immer die **Gruppe der Minderbegabten** (Schwachsinnigen) gezählt wird, die im Hellfeld der Kriminalität (bei manchen Delikten) weit überproportional oft in Erscheinung treten (vgl. dazu Rdn. 16f zu § 11). Kein normalsinniger Arbeiter der Unterschicht würde vermutlich Verständnis dafür aufbringen, daß er in Forschungsprojekten in einer Gruppe mit schwachsinnigen Menschen rangiert (*Schwind* in: MschrKrim 1975, 303). 13

Schließlich begegnet Bedenken, daß der Etikettierungsansatz (jedenfalls in seiner einseitig radikalen Ausprägung) den Weg **sowohl zu empirischer Ursachenforschung** (einschließlich viktimologischer Fragestellung) **als auch grundsätzlich zu vorbeugender Verbrechensbekämpfung verstellt** (vgl. dazu *Kaiser* 1976, 527ff; *Jung* 2005, 78; *Laubenthal*, Fallsammlung 2006, 45). Denn bei entsprechenden Ausschließlichkeitsansprüchen sind die Fragen, warum jemand straffällig wird und was man praktisch dagegen tun kann, völlig irrelevant. 14

*So „**delegitimiert** der labeling approach sozialpädagogisches Handeln schlechthin, weil seine Umkehrung im Kern das Nichts-Tun, die Non-Intervention fordert" (Peters 1996, 112). Überflüssig wäre dann auch der Resozialisierungsvollzug (Göppinger/Bock 2007, 162).*

Mit *Kaiser* (Lb. 1976, 527) kann man aber auch die Auffassung vertreten, daß es sich bei dem „labeling"-Ansatz nur um eine andere Seite derselben Medaille handelt, also um eine Abwandlung oder **Ergänzung der traditionellen Theorieansätze**. Dementsprechend dürfte im Schrifttum inzwischen anerkannt sein, daß man den Interaktionsprozeß zwischen Individuum und Instanzen sozialer Kontrolle im Rahmen einer mehrdimensionalen Betrachtungsweise der Entstehungszusammenhänge der Kriminalität aus der empirischen Forschung nicht ausblenden darf.

*Hess/Steinert* (1986, 4) sprechen insoweit von einer „zunehmenden **Integration** der Etikettierungsperspektive“ und fassen zusammen: „Reduziert auf eine Stigma-Theorie wurden die Ergebnisse der kritischen Kriminologie **von der herrschenden Kriminologie aufgesogen**“. Zehn Jahre später heißt es allerdings bei *Peters* (1996, 107) ganz anders: „In der ... kriminologischen Literatur ist „von Etikettierung, Stigmatisierung und Labeln nicht mehr die Rede. Ätiologisches Denken beherrscht die Diskussion“ (*Peters* aaO, 108).

*Peters (aaO) weist im übrigen auch darauf hin, daß die in den 90er Jahren zunehmende **„Gewalt von rechts die Etikettierungstheoretiker entmutigt“**. Denn „wer sähe Skinheads gern als Adressaten der Stigmatisierung von Instanzen sozialer Kontrolle, als deren Konstrukt?“ (Peters aaO, 113). Insoweit räumt Peters (aaO) sogar freimütig die **„faktische Parteilichkeit des labeling approach“** ein: Sie „bietet (so schreibt er aaO) einer linken Position keinen Anreiz mehr“ (vgl. dazu auch Delling 2008, 162ff und Rdn. 29 zu § 9: Objektivität einer Untersuchung als Gütekriterium).*

### 2. Zum Modell der kriminellen Karriere

**14a** *Quensel* hat (in: KritJ 1970, 375ff: „Wie wird man kriminell?“) schon 1970 (im Anschluß an die amerikanische Forschung: Übersicht bei *Blumstein* u.a. 1988) das Modell einer kriminellen Karriere vorgestellt, in dem (in acht Phasen) „die delinquente Entwicklung als Folge eines sich wechselseitig hochschaukelnden Interaktionsprozesses zwischen dem Jugendlichen und seiner sozialen Umwelt unter Einfluß der staatlichen Sanktionsinstanzen“ aufgefaßt wird (krit. dazu *Schubert* 1997, 72ff): gemäßigte Variante des „Labeling approach“ (zu diesem oben Rdn. 2ff).

Kriminelle Karrieren bilden vor allem bei **Mehrfach- und Intensivtätern** (vgl. Rdn. 23a zu § 3) den kriminologischen Untersuchungsgegenstand. Konkret wird der delinquente Entwicklungspfad (**Trajektion**) zurückverfolgt.

### 3. Lebenslauftheorien

**14b** Die mit diesem Modell verwandten Lebenslauftheorien („Life Course Theories“) untersuchen (nach *Schneider* in Kriminalistik 1997, 306ff und Jura 1996, 399) „die Fragen,

- warum Menschen mit Delinquenz beginnen (**Anfang**),
- warum sie mit Delikten fortfahren (**Fortdauer**, Beharrlichkeit),

- warum ihre Straftaten immer häufiger und schwerer werden (**Steigerung**) und
- warum sie schließlich mit ihren Rechtsbrüchen aufhören (**Abstandnehmen**, Absehen)".

Nach *Schneider* (in FS für Schöch 2010, 157) ist „die delinquente Persönlichkeit das Ergebnis ihrer Interaktion mit ihrem sozialen Umfeld".

Insoweit „gewinnen (auch) nach dem Lebenslaufansatz **zu verschiedenen Lebensphasen unterschiedliche** institutionelle Kontexte Relevanz" *(Schumann/Prein/Seus* 1999, 301). Prägend wirken sich insoweit aus: das **Geschlecht** (geschlechtsspezifischer Ansatz: „gelebte Männlichkeit") sowie „Institutionen der **Bildung und Ausbildung**, aber auch **Partnerschaften** und **peer-groups** ... (sowie) diejenigen der **jugendstrafrechtlichen Kontrolle**" *(Schumann/Prein/Seus* aaO).

*Dabei darf man jedoch nicht übersehen, daß „der Lebenslauf eine Abfolge von Übergängen ist, so daß es zu* ***Wendepunkten („turning points")*** *kommen kann. Ein solcher Wendepunkt kann z. B. in der Eheschließung eines Straftäters mit einer nichtkriminellen Frau bestehen" (Schneider Lb. 2001, 63).*

Mit diesen Fragen beschäftigt sich nicht zuletzt die (qualitativ angelegte) **Biographieforschung,** die in **Einzelfallanalysen** den Risikofaktoren nachzugehen versucht, die kriminelle Entwicklungen fördern (vgl. dazu *Rössner* 1998, 339 ff; *Böttger* 1998).

***Beispiel:*** *die biographischen Interviews der* ***„Hallenser Gewaltstudie"*** *von Bannenberg/Rössner (2000, 121 ff). Solche Interviews, in denen der Informant weitgehend unbeeinflußt vom Interviewer seine Lebensgeschichte erzählt, nennt man* ***narrative Interviews*** *(dazu auch A. Meyer in: MschrKrim 2002, 194 ff). Die Aufgabe des Interviewers besteht darin, den Informanten zum Sprechen über seine Lebensgeschichte zu bewegen und durch Nachfragen zusätzliches Erzählpotential aufzuspüren (vgl. dazu Rdn. 29a zu § 28).*

Längsschnittstudien liegen vor allem in Form von **Kohortenuntersuchungen** vor (vgl. Rdn. 31 ff).

### 4. Fortführende Ansätze

Den Labeling-Ansatz verwenden auch die Schamtheorie, die Trotztheorie und die Symbolische Interaktionstheorie (dazu *Schneider* Hb 2007, 8/9). Nach der **Schamtheorie** (*Braithwaite* 2006, zit. nach *Schneider* aaO und *Bock* Lb. Rdn. 186) wird die Etikettierung verstärkt, wenn die Reaktionen auf die Straftat in einer Stigmatisierung bestehen. Zur Prangersituation vgl. Rdn. 62 zu § 14 und Rdn. 39 zu § 22. Von der **Trotztheorie** (*Sherman* 2006, zit. nach Schneider aaO) wird betont, daß eine stigmatisierende Behandlung der Straftäter Trotzreaktionen auslösen kann, die die Wahrscheinlichkeit von Rückfälligkeit möglicherweise erhöht. 15

Die **Symbolische Interaktionstheorie** (*Matsueda* 2003, zit. nach Schneider aaO) geht davon aus, daß sich Personen, die aus der Sicht Dritter kriminell gefährdet sind (selffulfilling prophecy) mit größerer Wahrscheinlichkeit auf Delinquenz einlassen.

### II. Der Erklärungsversuch der „Sozialistischen Kriminologie"

**16** Im Zuge der politischen Neuorientierung der ehemals kommunistischen Staaten dürfte die „Sozialistische Kriminologie" (vgl. *Buchholz/Hartmann/Lekschas/Stiller* 1971) keine Rolle mehr spielen. Nur um zu verstehen, was sich hinter der Bezeichnung verbirgt, sei an dieser Stelle darauf verwiesen, daß sich eine „Sozialistische Kriminologie" nach dem Zweiten Weltkrieg in den (damaligen) **Ostblockstaaten** etabliert hatte. Sie knüpfte an die These von Friedrich *Engels* an (vgl. Rdn. 32 zu § 4), nach der die Entstehung kriminellen Verhaltens nur mit den Verhältnissen des **Kapitalismus** zu tun haben soll; insbesondere die Diebstahlsdelinquenz. Nach *Engels* „fallen die Verbrechen gegen das Eigentum von selbst da weg, wo jeder erhält, was er zur Befriedigung seiner natürlichen und geistigen Triebe bedarf (d. h. dort), wo die sozialen Abstufungen und Unterschiede wegfallen" (*Engels* in: *Marx-Engels,* Bd. 2, 542). Insoweit – schreibt er – legen die Kommunisten „die Axt an die Wurzeln des Verbrechens" (S. 541). Das Problem für die Vertreter dieses marxistisch-leninistisch orientierten Ansatzes bestand freilich darin, erklären zu müssen, weshalb (trotz des Wegfalls der angeblichen Hauptursache) die Kriminalität in den sog. sozialistischen Staaten nicht verschwinden wollte.

**17** Man behalf sich mit der sog. **Rudimenttheorie**: danach hatte die Kriminalität im Ostblock mit Rudimenten (Überbleibseln) kapitalistischen Denkens zu tun sowie mit falschen Vorbildern der kapitalistischen Staaten: mit der Einwirkung bürgerlicher Ideologie „besonders des imperialistischen Westdeutschland" (vgl. dazu *Blüthner* 1972, 425; *Lekschas/Kosewähr* 1988, 24).

**18** Schon in den letzten Jahren vor dem Umbruch in der früheren UdSSR und vor der Wiedervereinigung Deutschlands „konnte man (jedoch) einen **Prozeß der Angleichung** der Forschungsmethoden und -inhalte beobachten, der sich zwischen sozialistischer und bürgerlicher Kriminologie" vollzog (*Cora* in: MschrKrim 1989, 369).

### III. Opferorientierte Ansätze

**18a** Die viktimologischen Ansätze (zur Viktimologie vgl. Rdn. 1 ff zu § 18) gehen davon aus, dass bestimmte Opferkonstellationen das **Viktimisierungsrisiko erhöhen** (vgl. dazu auch Rdn. 11 zu § 19: Opferdispositionen).

#### 1. Das Lebensstil-Konzept

**18b** Das „lifestyle model" führt die Viktimisierung (auch) auf den Lebensstil **des Opfers** zurück (*Hindelang* et al. 1978, 121 ff; *Kaiser* Lb. 1990, 27 ff), also auf Verhaltensweisen, die mit hoher Wahrscheinlichkeit mit delinquentem Verhalten verknüpft sind (vgl. dazu *Maschke* 1987). So hängt das Risiko, Opfer eines Straßenraubes, einer Körperverletzung oder eines sexuellen Angriffs zu werden, „z. B. stark von der Zahl der Stunden ab, die man außer Haus verbringt“ (*Schneider* Lb. 2001, 68), bzw. vom „Aktionsradius“ der Lebensstilgruppe (*Hermann* 2003, 82 ff). Der Lebensstil ergibt sich insoweit sowohl aus beruflichen Tätigkeiten (Arbeit, Schule, Haushalt usw.) als auch aus Präferenzen (z. B. für Vorlieben für bestimmte Kleidung, Musik, Filme, Sportarten) bzw. aus Freizeitaktivitäten (vgl. zu diesen Rdn. 14 zu § 13), die insbesondere im **„Aufsuchen riskanter Umgebungen“** bestehen können (*Hermann/Simsa* 2003, 223). Insoweit spielen vor allem die Häufigkeit und Art der abendlichen Ausgänge eine entscheidende Rolle (*Killias* 2002, 305 und Rdn. 8 vor § 10).

Generell lassen sich zwei Freizeitstile unterscheiden: ein eher auf die eigene Kreativität fixierter Freizeitstil (eher „**intrinsisch**“) mit dem Aktivitäten wie ‚zeichnen‘, ‚malen‘ und ‚musizieren‘ gemeint sind und ein (eher **extrinsisch** ) gruppenorientierter Freizeitstil, der Tätigkeiten wie ‚auf Party gehen‘, ‚abhängen‘ und ‚Freunde treffen‘ erfaßt (*Boers* et al., in: Neue Kriminalpolitik 4/2002, 145).

Die Unterschiedlichkeit der Lebensstile wird in der Literatur (*Hradil*, Soziale Ungleichheit 2001, 442) erklärt vor allem mit:

- **sozialen Anpassungsprozessen**: Anpassung an Arbeits-, Wohn- und Einkommensbedingungen;
- **Probierprozessen** auf dem Wege zu einer eigenen Identität und
- **Abgrenzungsprozessen**: Abgrenzung von sozialen „Territorien“: Beispiel Ghetto (Rdn. 40a zu § 24) oder gated communities (Rdn. 13a zu § 16).
- **Werteorientierungen** und **Freundeskreis** sowie
- **Eingebundensein in** (berufliche) Aufgaben.

Relevant ist aber auch die **Risikobereitschaft:** z. B. **Urlaub in Krisenregionen** (*Otte* 2005, 1 f).

*Dazu hat das BVerfW (G7 C13.08, zit. nach NOZ vom 29. Mai 2009) entschieden, daß im Ausland entführte deutsche Abenteuerreisende (die Krisengebiete aufsuchen)* ***an den Kosten ihrer Befreiung beteiligt werden können****. Das Gericht begründete sein Urteil mit Art. 5 des Konsulargesetzes. Danach ist der Empfänger der Hilfe zum Ersatz der Auslagen verpflichtet (vgl. auch Zeitungsausriß).*

**Ex-Geisel muss für Befreiung zahlen**

**Urteil des Bundesverwaltungsgerichts**

aus: *NOZ* vom 29. Mai 2009

**Zur Relevanz des Ansatzes:** Der Ansatz eröffnet den Zugang zu einzelnen Delinquenten (z.B. im Rahmen der Intensivtäterprogramme: Rdn. 23a zu § 3) oder zu Gruppen (z.B. zu den Hells's Angels: Rdn. 22a zu. § 28). Der (plausible) Ansatz unterstützt darüberhinaus Anstrengungen der Sekundärprävention wie Fußstreifen der Polizei (Rdn. 13 zu § 15) in riskanter Umgebung, Frauentaxis und Disco-Abholdienste (Rdn. 53 zu § 18) sowie stärkere Videoüberwachung (Rdn. 13e zu § 16) und hellerer Straßenbeleuchtung (Rdn. 56 zu § 18).

**2. Die Routine Activity Theorie**

**18c** Auch nach dieser Theorie (der Gelegenheitsstrukturen) hat das Viktimisierungsrisiko mit bestimmten Alltagstätigkeiten (Alltags-Routine) zu tun: wie Arbeiten, Ausgehen, Urlaub machen (*Cohen/Felson* 1979, 588ff); der Ansatz ähnelt insoweit also dem Lebensstil-Konzept (vgl. dazu ferner *Branger-Liechti* 1998, 89 und *Schneider* 2000, 394), wird aber dadurch konkreter, daß **drei Umstände** herausgestellt werden, die die Gefahr einer Viktimisierung erhöhen; das soll der Fall sein (vgl. *Cohen/Felson* 1979, 589 und *Felson* 1997, 1ff und 2006; *Neubacher* 2011, 205):

- *erstens:* wenn ein zur Begehung einer Straftat **bereiter (motivierter) Täter** (motivated offender) auf
- *zweitens:* ein **geeignetes und attraktives Opfer** (oder Tatobjekt: z.B. tagsüber leer stehende Wohnung) trifft (availability of a suitable target), das
- *drittens:* **nicht (hinreichend)** durch einen schutzbereiten Wächter (Polizeibeamten Sicherheitsdienstler, Freund oder Nachbarn) beschützt wird (absence of capable guardian).

Die Vertreter dieses Ansatzes interessieren sich also für die **situationsbezogenen Einflußfaktoren** kriminellen Verhaltens, nicht für dessen tiefere Ursachen.

> *„Demzufolge erklärt sich die Entwicklung von Eigentumsdelikten etwa mit der Zunahme hochwertiger transportabler und leicht verkäuflicher Produkte (wie Videorecorder und CD-Player), mit neuen Transportsystemen, welche die Überwachung des Gepäcks erschweren ..., mit Kindertagesbetreuung und außerhäuslicher Frauenarbeit, die dazu führen, daß Eigenheime tagsüber unbewohnt bleiben" (Kunz Lb. 2004, 206): zur Freude der Einbrecher!*

**Zur Relevanz des Ansatzes:** Zusammen mit der Rational Choice Theory (Rdn. 19 zu § 6) „bildet der Routine Activity Approach das theoretische Fundament situationsbezogener Kriminalprävention" (*Neubacher* 2011, 207): z.B. durch Wegfahrsperren, Alarmanlagen, Verstärkung der Polizeipräsenz, Videoüberwachung (Rdn. 13e § 16), verbesserte Straßenbeleuchtung (Rdn. 56 zu § 18) oder durch kriminalitätsabwehrende Architektur (Rdn. 19 zu § 16).

**Kritik:** Bei *Rainer/Fäh/Killias* (in SZK 1/2007, 7) heißt es (positiv) zu dieser Theorie: „Die Neigung ... nach den ‚tiefen' Ursachen zu forschen und dabei einfache Erklärungen wie situative Einflüsse außer acht zu lassen, ist ... nur schwer nachvollziehbar".

**Haß- oder Vorurteilsverbrechen** (Hate- or Bias-Crimes) „richten sich gegen das So-Sein des Opfers, gegen seine Rasse, seine Religion, seine ethnische Zugehörigkeit" oder gegen sexuelle Vorlieben (etwa Homosexualität). Es sind Straftaten, bei denen der „Haß" auf ganze Personengruppen im Vordergrund steht. Solche Delikte „werden zum einen im Namen der Bevölkerung verübt" (Vollstreckermentalität), „zum anderen von organisierten Haßgruppen planvoll und im Namen einer höheren Instanz, eines Idols, eines ideologischen Führers oder eines ‚religiösen' Lehrers (Gurus) begangen" (alle Zitate nach *Schneider* Lb. 2001, 70 ff). Als Beispiele kommen in Frage die Aktivitäten der RAF (vgl. Rdn. 6 ff zu § 30), ausländerfeindliche Angriffe durch Skinheads (vgl. Rdn. 26a zu § 28), der Sarin-Angriff von Tokyo vgl Rdn. 24 zu § 3a sowie die Anschläge der Glaubensterroristen der al Qaida (vgl. auch Rdn. 32 zu § 30). **18d**

### 3. Die „kulturelle" Viktimisierungstheorie

Nach diesem Ansatz sind solche Menschen besonders opferanfällig, **18e**
die sich rassisch bzw. ethnisch (Ausländer) oder religiös (Juden) oder durch ihre Lebensweise (Penner) oder durch sexuelle Vorlieben (Homosexualität) von der Mehrheitsbevölkerung unterscheiden und wegen ihrer Andersartigkeit Haßverbrechen (zu diesen Rdn. 51 zu § 30) auslösen. Als Täter kommen z.B. in Frage: Rechtsradikale (Rdn. 31 zu § 2 und Rdn. 26 zu § 28) oder religiös-fanatische Gruppen (Rdn. 15g zu § 24 und Rdn. 50 zu § 30). Für solche Eigengruppen schafft die Ausgrenzung anderer (Fremdgruppen) eine eigene Identität **(Social Identity-Theorie)**.

**Zur Relevanz des Ansatzes:** Ausländerhaß (Rdn. 15i zu § 24) z.B. von Skinheads (Rdn. 27a zu § 28), Haßverbrechen von Schülern (Rdn. 36 zu § 11): vgl. auch Kasten oben und Sündenbockhypothese (Rdn. 40 zu § 6).

### 4. Die Theorie der „erlernten" Hilflosigkeit

Dieser Erklärungsversuch (von *Seligman* 1975/92) geht davon aus, daß **18f**
Menschen, die sich über einen längeren Zeitraum „in einer traumatisierenden, ausweglosen Situation" befinden, tendentiell „nach Beendigung dieser Situation nicht mehr in der Lage sind, zu einem normalen Verhalten zurückzukehren" (*Meier* Lb. 2003, 206). Das gilt vor allem für die Fälle von Mehrfach-Viktimisierungen (repeat-victimization), die etwa ein Schüler erleidet, der immer wieder von seinem Mitschülern gemobbt bzw. gequält wird (zur **„peer-victimization"** vgl. Rdn. 27 zu § 11). Die Täter zerstören das Selbstwertgefühl des Opfers, erhöhen seine Angstgefühle und verstärken damit die „Re-Viktimisierungs-Wahrscheinlichkeit". Opferanfällig in diesem Sinne sollen vor allem Kinder sein, die

bereits von ihren Eltern emotional zurückgewiesen (vgl. Rdn. 46b zu § 10) oder überkontrolliert (vgl. Rdn. 43 zu § 10) wurden (vgl. dazu *Schneider* JZ 2000, 393).

**Zur Relevanz des Ansatzes:** Eltern sollten Viktimisierungsberichte ihrer Kinder ernst nehmen (vgl. Rdn. 27 zu § 11), Schulen sollten sich auf Anti-Gewalt-Programme einlassen (vgl. Rdn. 43ff zu § 11), und die Polizei darf Opfer, die anzeigen, schon aus psychologischen Gründen nicht „abwimmeln".

## IV. Integrationskonzepte

**19** Sieht man die einschlägige Literatur (insbesondere die gängigen kriminologischen Lehrbücher) auf Kritik an den Kriminalitätstheorien durch, so ergibt sich (zusammengefaßt) etwa folgendes Bild: kritisiert wird primär

- *die* ***Einseitigkeit*** *vieler Erklärungsansätze bzw. die Geltendmachung von Ausschließlichkeitsansprüchen,*
- *die* ***mangelnde logische Geschlossenheit*** *verschiedener Theorien,*
- *die* ***fehlende empirische Absicherung,***
- *die* ***mangelnde Praxisrelevanz*** *sowie*
- *die* ***fehlende*** *fachübergreifende* ***(interdisziplinäre) Betrachtungsweise.***

**20** Weitgehende Einigkeit besteht heute unter den führenden Kriminologen hingegen darüber, daß es **„die"** Ursachen des Verbrechens grundsätzlich nicht gibt und jeder monokausale Erklärungsversuch in eine Sackgasse führt: Die Theorien können grundsätzlich immer nur einen Teilausschnitt der Kriminalität (in Bezug auf bestimmte Personengruppen) erklären bzw. zu erklären versuchen, also nicht die Entstehung von Kriminalität insgesamt (vgl. Rdn. 1ff vor § 4).

### 1. Der Mehrfaktorenansatz

**21** Die Schwächen der Kriminalitätstheorien, insbesondere die unbefriedigende Einseitigkeit ihrer Erklärungsversuche, die der Vielschichtigkeit kriminellen Verhaltens nicht gerecht werden kann, haben zwangsläufig zu einer Renaissance der Bemühungen geführt, die Ursachenfrage (im Anschluß an die Vereinigungstheorie: Rdn. 42ff zu § 4) von einem (eher pluralistischen) Mehrfaktorenansatz **(multiple causation approach)** aus anzugehen: Dieser Ansatz will sowohl die verschiedenartigen Umwelteinflüsse und Anlagefaktoren erfassen als auch die speziellen Persönlichkeitsmerkmale des Straftäters (dazu *Cohen* 1974, 219ff). Das Konzept baut also auf der Annahme auf, daß es verschiedene Ursachen der Entstehung kriminellen Verhaltens gibt. Die Methode, diese in den Griff zu bekommen, besteht nach einer Formulierung von *Wolfgang* und *Ferracuti* (1967, 41 – zit. nach *Göppinger:* Lb. 1980, 76) im „Sammeln einer Vielfalt von Fakten aus zugänglichen Quellen, unabhängig davon, wie diese Daten sich ausdrücklich in einen theoretischen Rahmen einfügen. Tatsächlich benutzt diese Methode ... Daten wie sie kommen, um nach Möglichkeit aus induktiven Schlüssen bei der abschließenden Analyse der gesammelten Fakten Einsicht zu gewinnen".

Im Gegensatz zu den Kriminalitätstheorien, die von einer Hypothese ausgehen, ist also für den multifaktoriellen Ansatz die **induktive Vorgehensweise typisch**. Es ist jedoch ein Mißverständnis, zu meinen, daß diese völlig voraussetzungslos wäre: Sie ist es schon deshalb nicht, weil bestimmte Vorstellungen der Untersucher (vgl. Rdn. 29 zu § 9) zumindest über die Auswahl der zu erhebenden Faktoren entscheiden (*Kürzinger,* Lb. 1982, 88). Man kann jedoch sagen, daß „bei dem Mehrfaktorenansatz die Empirie auf Kosten der Theorie im Vordergrund steht" (*Schneider*, Lb. 1977, 38). Der Vorwurf der Theoriefeindlichkeit (*Sack* 1978, 207f) ist jedoch übertrieben. 22

Das Ziel der Vertreter des Ansatzes besteht dabei darin, zu erklären, daß „dieses bestimmte Ereignis durch diese bestimmte Kombination von Umständen verursacht wird" (*Kürzinger,* Lb. 1982, 88 u.H. auf *Cohen* 1968, 221). Daß in diesem Rahmen die bereits gesicherten Erkenntnisse der empirischen Forschung den Ausgangspunkt der Forschungsarbeit (mit-)begründen, versteht sich von selbst. 23

Da der multifaktorielle Ansatz die verschiedenartigsten Daten berücksichtigen will, also ohne die Hilfe der einzelnen Bezugswissenschaften nicht auskommen kann, sind die entsprechenden Untersuchungen nur interdisziplinär durchführbar. Deshalb nehmen die Anhänger des Mehrfaktorenansatzes auch überwiegend eine **interdisziplinär-integrative Position** ein. Das bedeutet, daß an einem empirischen Vorhaben z.B. Juristen, Psychologen, Soziologen und Psychiater zusammenwirken sollen. Jeder, der in einem solchen Team schon gearbeitet hat, weiß allerdings um die Schwierigkeiten der Kooperation, die primär mit dem Selbstverständnis der Bezugswissenschaften (und ihrer Methodik) zu tun haben. 24

Immerhin liegen inzwischen zahlreiche Untersuchungen vor, die multifaktoriell angelegt wurden: etwa die Arbeit des Psychologen Cyril *Burt* 1965 (zuerst 1925), der insgesamt 170 Faktoren mit Kriminalität in Verbindung bringt, oder die klassischen Studien, die der Jurist **Sheldon Glueck** und die Pädagogin **Eleanor Glueck** zwischen 1939 und 1948 in Längsschnittuntersuchungen mit dem Ziel, brauchbare **Prognosefaktoren** zu ermitteln, durchgeführt haben. In ihrer bekanntesten Forschungsarbeit („Unraveling Juvenile Delinquency", 1950) untersuchten die Gluecks bei 500 in Jugendstrafvollzugsanstalten einsitzenden 11–17jährigen männlichen Rückfalltätern und einer gleich großen Kontrollgruppe von nicht vorbestraften Jugendlichen ursprünglich 402 Faktoren, die sie jedoch (mit Hilfe der Faktorenanalyse: vgl. § 9 Rdn. 47) auf lediglich drei (besonders trennscharfe) reduziert haben (Variablen-Reduktion), aufgrund deren eine Voraussage über das künftige Sozialverhalten von (männlichen) Kindern möglich sein soll: nämlich die **Beaufsichtigung** des Jungen durch seine Mutter, die **Strenge**, mit der sie ihn erzieht (vgl. dazu die Kontrolltheorien: § 6 Rdn. 16ff), und der **Zusammenhalt** der Familie (vgl. *Glueck/Glueck* 1963, 195 und 1968). 25

26 Eine der neueren ausländischen Untersuchungen dieser Art ist von *West* vorgelegt worden.

*West fand (1988, 21 ff) in seiner bekannten prospektiven Kohorten-Untersuchung (vgl. Rdn. 38) z. T. ähnliche **„Schlüsselfaktoren" mit besonderer Vorhersagekraft,** nämlich: niedriges Familieneinkommen, große Familie, **mangelhafte elterliche Erziehung** (z. B. **unzureichende Beaufsichtigung oder wechselnder Erziehungsstil**), niedrige Intelligenz des Kindes sowie ein Elternteil mit strafrechtlicher Vorbelastung.*

26a Aus Deutschland liegt eine entsprechende Arbeit von *Stelly/Thomas* (2001) vor, die die Unterschiede zwischen ganz unauffälligen und schwer auffälligen jungen Menschen zu einem hohen Prozentsatz auf folgende drei Faktoren zurückführen: **„emotionale Familienbindung"**, die **Art und Weise des Erziehungsstils der Eltern** (dazu Rdn. 37 zu § 10) und **„Monitoring"**. Mit diesem Begriff ist die Kontrolle gemeint, die umfasst: das „Begleiten", „Beobachten", „Anleiten" und „Moderieren" sowie das „Ermuntern" zu einer anderen Verhaltensweise.

*Als **„hochkritisch"** (in Bezug auf Straffälligkeit) werden folgende Konstellationen genannt: „Die **Eltern kümmern sich nicht** um den Tagesablauf der Kinder, um die Erledigung der Pflichten und um den Umgang der Kinder mit Gleichaltrigen oder auch Erwachsenen; **sie wissen im Zweifel auch abends nicht** genau, wo sich die Kinder aufhalten oder herumtreiben; sie sind nicht nur **inkonsequent**, sondern durchweg **inkonsistent** im Erziehungsverhalten. Die Kinder entziehen sich aktiv der Kontrolle und entwickeln dazu bemerkenswerte Fähigkeiten, die Eltern und andere Instanzen der sozialen Kontrolle (etwa Lehrer) zu täuschen" (Kerner 2004, 48; vgl. auch Rdn. 23a zu § 3 und Rdn. 47 zu § 10).*

27 Von **Kritik** ist aber auch der Mehrfaktorenansatz (insgesamt) nicht verschont geblieben. Insbesondere befriedigt die Art der Auswahl der zu untersuchenden Faktoren noch nicht. So wird die Befürchtung geäußert, daß Zufallskorrelationen bzw. **Scheinzusammenhänge** (dazu Rdn. 50 zu § 9) „genauso behandelt werden wie solche, die aufgrund genau formulierter Hypothesen zustande gekommen sind ... Bei einem solchen methodischen Vorgehen besteht die Gefahr, zusammenhanglose Daten willkürlich in eine bestimmte Ordnung zu bringen und bedeutungslose Ergebnisse weit zu überschätzen" (*Kürzinger*, Kriminologie 1982, 89). Problematisch ist also „insbesondere die **Gewichtung** der potentiellen Kriminalitätsfaktoren und deren Identifizierung als Ursache oder Wirkung" (*Schöch* in: *Kaiser/Schöch* 1987, 42). Die relative **Theorielosigkeit** des Ansatzes (das Fehlen von Hypothesen), auf die diese Schwierigkeiten zurückgeführt werden, löst dementsprechend (zumindest in Teilen der Wissenschaft) Zurückhaltung aus. In diesem Rahmen wird insbesondere von *Schneider* (1973, 576) bemängelt, der Mehrfaktorenansatz versuche, „die Komplexität der Verbrechenserscheinungen und -ursachen auf **einen einfachen naturwissenschaftlichen Ursachen-Wirkungs-Mecha-**

**nismus** zu reduzieren" (vgl. z.B. Rdn. 3 vor § 4). Die Herstellung eines linearen Ursache-Wirkungs-Zusammenhangs sei aber verfehlt, es komme vielmehr „auf die Beziehungen unter den Faktoren (Strukturen) und auf das Zusammenwirken der Faktoren (Dynamik) an" (*Schneider* aaO). Schließlich wird im Schrifttum auch die Gefahr von **„Datenfriedhöfen"** (wenn man „Daten sammelt, wie sie kommen") beschworen, also die Gefahr, daß Daten erhoben werden, die man gar nicht benötigt (*Kürzinger* aaO). Dieser Vorwurf verkennt allerdings, „daß beschreibende Studien durchaus eine sinnvolle Vorstufe für die Theorienbildung sein können und für die Herausbildung von Typologien unentbehrlich sind. Wegen ihrer betont empirischen Ausrichtung haben die Mehrfaktorenansätze unser Wissen über die Wirklichkeit der Kriminalität beträchtlich vermehrt und vielfach erst die**, Operationsbasis für Theoretiker'** geschaffen" (*Schöch* in: *Kaiser/Schöch* 1987, 42).

**2. Eine Sozialisationstheorie als übergreifender Ansatz**

Vor diesem Hintergrand ist immer wieder versucht worden, eine multifaktorielle Kriminalitätstheorie zu entwickeln (z.B. von *Gottfredson/Hirschi* 1990, *Buikhausen* (1985, 230 ff) oder von *Scheerer/Hess* (1997). Überzeugend gelungen ist das bisher allerdings nicht (*Lamnek*, Theorien 2007, 289). Gleichwohl fällt auf, daß in vielen Erklärungsansätzen die Sozialisation eine wichtige Rolle spielt, und zwar in Form insbesondere der familialen Erziehung. **28**

Jedenfalls lassen sich alle Hinweise zu einer eigenen Sozialisationstheorie verdichten. Insoweit darf man z.B. erinnern (vgl. dazu *Neubacher* Lb. 2011, 104 ff): **29**

- an lernpsychologische Erklärungsversuche (Rdn. 20 zu § 6): **Modellernen bzw. Beobachtungslernen**;
- an den psychoanalytischen Ansatz (Rdn. 5 zu § 6): **Überich-Förderung**;
- an die Bindungs- und Kontrolltheorien (Rdn. 16 zu § 6: **Verstärkung der protektiven Halt-Faktoren**;
- an die voluntaristische Kriminalitätstheorie (Rdn. 28a zu § 8): **Werteerziehung**;
- an die Kulturkonfliktstheorie (Rdn. 21 zu § 23): Kulturorientierte (z.B. **muslimische**) **Werteerziehung**;
- an das Modell der kriminellen Karriere (Rdn. 29 zu § 8): **hochschaukelnde Interaktionsprozesse**.

Schließlich stellen die verschiedenen Erziehungsstile (Rdn. 39 zu § 10) eine Weiche ins spätere Leben.

**3. Kohortenstudien als empirische Basis**

Die crux der bisherigen Forschung besteht nicht zuletzt darin, daß die Erkenntnisse über die Entstehungsbedingungen von Kriminalität (bzw. über die Vernetzungen von Einflußfaktoren) noch immer gering sind (vgl. Rdn. 3 vor § 4); so entstehen oft nur die schon oben (Rdn. 27) erwähnten „Datenfriedhöfe". Die **„Kriminelle Karriere" von Vielfach-** **31**

**bzw. Intensivtätern** (Rdn. 23 zu § 3) kann jedenfalls nicht hinreichend durch die bisher übliche Querschnittsbetrachtung, sondern eher durch Lebens-Längsschnittuntersuchungen, also durch **Langzeitbeobachtungen,** aufgehellt werden. Als eine solche Form hat in den letzten Jahrzehnten die **Kohortenforschung** an Boden gewonnen.

*a) Exemplarische Arbeiten*

**31a** Mit diesem Begriff wird die Untersuchung einer Gruppe von Menschen bezeichnet, „die während eines bestimmten Zeitraums demselben bedeutsamen Ereignis ausgesetzt war; im Regelfall beziehen sich Kohortenuntersuchungen auf **Geburtskohorten**, und damit auf Gruppen desselben Alters oder ... derselben Generation" (*Kaiser/Heinz* 1986, 164): Insoweit wird die sozial angepaßte bzw. die delinquente Entwicklung (junger) Menschen eines ganzen Geburtsjahrganges über einen bestimmten Zeitraum hin untersucht.

**32** Die bekannteste Studie dieser Art (die in der Kriminologie bereits als „Klassiker" gilt) haben in Philadelphia (USA) Marvin *Wolfgang, Figlio* und *Sellin* (ab 1964) durchgeführt („Philadelphia Birth Cohort-Study") und (1972) in Buchform dokumentiert.

**33** (1) In der **„Philadelphia Birth Cohort-Study"** (vgl. *Wolfgang* et al. 1972) wurde der Lebensweg von 9945 **Jungen (des Geburtsjahrganges 1945)** an Hand von Polizei- und Schulakten untersucht, die vom 10. (angenommener Beginn der Delinquenzgefährdung) bis zur Erreichung des 18. Lebensjahres (1952–1963) in der Stadt Philadelphia ihren Wohnsitz hatten. Ergebnisse:

- 3475 (**34,9** %) der Kohortenmitglieder waren **bis zum 18. Lebensjahr mindestens ein Mal** als tatverdächtig der Polizei aufgefallen bzw. mit dem Gesetz in Konflikt geraten (vgl. die These von der Ubiquität kriminellen Verhaltens: oben Rdn. 4); bis zum 18. Lebensjahr war jedoch die Hälfte nicht noch einmal strafrechtlich in Erscheinung getreten (zum **Episodencharakter** von Jugendkriminalität vgl. Rdn. 27 zu § 3);
- die Wiederholungswahrscheinlichkeit war bei solchen Probanden (im Vergleich zu anderen) geringer, deren **Verfahren formlos (mit Einstellung oder Ermahnung)** erledigt wurde (vgl. dazu die sog. Diversion Rdn. 29 zu § 3);
- die **Wiederholungswahrscheinlichkeit wuchs hingegen mit der Zahl der Polizeikontakte bzw. Festnahmen**: bis zur sechsten Auffälligkeit lag diese bei 70 %, bis zum 15. Kontakt bei rund 80 %;
- nur 6,3 % verübten 61,7 % (nämlich 5305) der (10214) Delikte, die der Kohorte insgesamt zur Last gelegt wurden: sog. **chronische Rückfalltäter** (chronic offenders), d.h. solche, die mehr als fünf Mal polizeiauffällig wurden (vgl. dazu Rdn. 22a zu § 3);
- die Rückfalltäter waren tendenziell eher nichtweiße Täter bzw. schulschwache Jungen aus den **unteren Sozialschichten**; diese verübten auch die schwereren Straftaten (insbesondere sog. Index-Delikte; zu diesen Rdn. 8 zu § 1).

Daß sich die Studie nur **auf Jungen** bezieht, hat damit zu tun, daß für die aktuellste Anschrift die Einberufungsliste zum Militärdienst benutzt worden ist und Frauen damals in der US-Army kaum vorkamen.

Das Ziel der Arbeit bestand darin, zur Verbesserung der staatlichen **Präventions- und Sanktionspolitik** beizutragen, und zwar orientiert an der Überlegung, „daß Interventionen auf ausschließlich solche Individuen konzentriert werden müßten, die in einem **‚high risk'** stünden, Problemverhalten ... evident zu zeigen" (*Kerner* 1989, 190), bzw. Intensivtäter sind (zu diesen wiederum Rdn. 22a zu § 3). 34

*Bettmer/Kreissl/Voß (1988, 193) vermuten, daß „die Popularität des Ansatzes aus der kriminalpolitischen Doppelstrategie erwächst, die wir **‚flexible response'** nennen wollen. Diese erscheint als **die gleichzeitige Vermeidung unnötiger Härte und unangebrachter Milde** (Gottfredson/Gottfredson 1985, S. 136)".* 35 bis 36

Die Langzeitbeobachtung kann nun entweder **retrospektiv** (rückblickend) angelegt werden (wie die Philadelphia-Studien) oder **prospektiv** (lebensbegleitend bzw. vorausschauend), nämlich durch fortlaufende (Primär-) Datenerhebung zu sich wiederholenden Meßzeitpunkten (zur Geschichte der prospektiven Längsschnittstudien in der deutschsprachigen kriminologischen Forschung vgl. *Heinz/Spieß/Storz* 1988, 633 ff). 37

(2) Als Beispiel für eine **prospektiv** angelegte Arbeit kann die **Cambridge Studie** (vgl. *West* 1969 und 1988, 21 ff; *West/Farrington* 1973; vgl. auch *Schneider* 2005, 270) zitiert werden. In deren Rahmen wurden 411 männliche Jugendliche (der Geburtsjahrgänge 1953/54) – primär ausgewählt aus sechs Grundschulen (Schulkohorte) – eines Arbeiterviertels am Londoner Stadtrand vom 8. bis zum 46. Lebensjahr (ab 1961) in regelmäßigen Abständen in bezug auf eigene (unentdeckte) Delinquenz befragt (zur Methode vgl. Rdn. 46 zu § 2); ergänzend wurden darüber hinaus die Polizeiakten über entdeckte Delikte miteinbezogen sowie neben Persönlichkeitsvariablen auch Sozialdaten. Ergebnis: **Bis zum vollendeten 17. Lebensjahr** verübten 20,4 % (nämlich 84) der Kohortenmitglieder mindestens ein Delikt. Weitere Resultate: 38

- Von den 93 Jungen, die aus ärmeren Familienverhältnissen stammten, wurden 33,3 % delinquent; von den restlichen 318 Bessergestellten lediglich 16,7 %. **Armut** als Faktor für eine kriminelle Gefährdung? (vgl. dazu Rdn. 28 zu § 12);
- Von den 97 Jungen mit einem kriminellen Elternteil wurden 36,1 % auch selbst straffällig (vgl. dazu Rdn. 9 zu § 5); von den übrigen 314 waren es nur 15,6 %, die mit dem Gesetz in Konflikt kamen. **Modellernen?** (vgl. Rdn. 45 zu § 6);
- Aus der Gruppe der von ihren Lehrern als „most troublesome" beurteilten Jungen wurden 38,1 % kriminell, aus der „least troublesome"-Gruppe hingegen nur 4,1 %. **Haben Schulstörer eine schlechte soziale Prognose?** (vgl. Rdn. 4 ff zu § 11).

39 Darüber hinaus kann man zwischen Untersuchungen differenzieren, die einen **unausgelesenen Geburtsjahrgang** zum Gegenstand haben (wie die bisher erwähnten Arbeiten), und denen, die nur den Lebensweg lediglich der Probanden verfolgen, die mindestens einmal polizeilich registriert worden sind **(Ersttäterkohorten):** deren Namen man also den Polizeiakten entnimmt, nicht der Einwohnermeldekartei. Insoweit wird von Anfang an auch ein Schwerpunkt auf die Beantwortung der Frage gelegt, ob bzw. welche Rolle **Sanktionen im Zuge der Verfestigung** von kriminellen Karrieren spielen (können).

40 (3) Solche Arbeiten sind z. B. (außer von *Pongratz* 1975 und *Traulsen* 1976) von *Weschke* und *Krause* in West-Berlin durchgeführt und 1983 veröffentlicht worden. Die Autoren erfaßten insgesamt 6676 männliche und **weibliche** Probanden des Geburtsjahrganges **1953,** die vom 10. bis 21. Lebensjahr **mindestens einmal polizeilich registriert** wurden. Ergebnis u. a.: **6,3 %** auch dieser Gruppe begingen mehr als 11 Straftaten und damit 39,3 % aller von der Kohorte verübten Delikte.

41 (4) *Schumann/Prein/Seus* (1999 und Folgejahre) untersuchten ab 1989 den (weiteren) Lebenslauf von 426 **„SchulabgängerInnen"** aus Hauptschulen und Sonderschulen der Stadt Bremen (Alters-Schnitt der Probanden: 16 Jahre), und zwar in (bisher) fünf Panelwellen (gemeint sind die Meßzeitpunkte 1989/1992/1995/1997 und 2000). Ergebnisse u. a.:

- **„Kontakte zu Polizei und Gericht erhöhen deutlich ... die Wahrscheinlichkeit, wieder delinquent zu werden"** (so schon die Philadelphia-Studie; vgl. auch Rdn. 29b zu § 3);
- **„Cliquenzugehörigkeit erhöht deutlich das Risiko, Gewalt- und Eigentumsdelikte zu begehen"** (vgl. dazu auch Rdn. 15 zu § 13) und überraschend bzw. wenig plausibel (so auch *BVerfG* NJW 1998, 3337)
- eine **„Tendenz zur Deliktsbegehung fördert Arbeitslosigkeit nicht"** (2003, 249).

41a **Weitere Kohortenstudien:** *Heinz/Storz/Spieß* 1988, 631 ff und 1992, 210 ff; *Tracy/Wolfgang/Figlio* 1990; *Schmidt/Lay/Ihle/Esser* 2001, 25 ff; Überblicke bei *Kaiser/Heinz* 1986, 163 ff; *Bettmer/Kreissl/Voß* 1988, 191 ff; *Kerner* 1989, 190 ff; vgl. auch die Beiträge in *Weitekamp/Kerner* 1994. *Loeber*, R./*Farrington*, D. P. et al. 2008. *Boers* et al. 2010. In allen Studien hat sich gezeigt, daß es den **„chronischen" (Jugend-)Straftäter** gibt, also eine besondere Risikogruppe.

*b) Kritik*

42 Schließlich darf nicht unerwähnt bleiben, daß auch die Kohortenstudien **kritisiert** worden sind (etwa von P. A. *Albrecht,* Lb. 1999, 58). Als Probleme werden im Schrifttum u. a. erwähnt:

- der personelle bzw. finanzielle Aufwand solcher über Jahre hinwegreichenden Forschungsarbeiten (Kosten-Nutzen-Erwägungen);
- die Ausklammerung des Dunkelfeldes in verschiedenen Studien;
- die uneinheitliche Datenerhebung und -gewichtung durch die Behörden, deren Akten benutzt wurden;

- die Ausblendung von Viktimisierungsproblemen (die Verflechtung von Täter- und Opferrollen);
- die Ausfallquote, die z.B. durch den Wegzug von Probanden aus dem räumlichen Bereich der Untersuchung entsteht **(drop-out-Effekt)**.

Dieser Kritik kann man jedoch in künftigen Forschungsvorhaben wahrscheinlich entsprechen; *Kerner* weist allerdings darauf hin (1989, 198), daß „es der Entwicklung viel komplexerer Modelle, unter Einbeziehung viel weitgehenderer und anderer Variablen als der bisher üblichen bedarf, um der Komplexität von Aktion, Reaktion und Interaktion im Bereich der sozialen Kontrolle abweichenden Verhaltens konzeptionell gerecht werden zu können". Wie eine solche Studie aussehen könnte, haben z.B. *Kaiser/Heinz* et al. (1986, 175: „Rahmenplan einer Kohortenuntersuchung") beschrieben. Offen bleibt allerdings (zumindest in Deutschland noch immer) die Lösung der **Datenschutzproblematik** (dazu: *Heinz/Spieß/Storz* 1988, 642f und Rdn. 2 zu §9). 43

## § 9 Zur Methodik der kriminologischen Forschung und ihren Problemen

**Literatur: Ahlborn,** W./**Böker,** F./**Lehnick,** D.: Stichprobengrößen bei Opferbefragungen in der Dunkelfeldforschung, Wiesbaden 1999; **Atteslander,** P./**Kneubühler,** H. U.: Verzerrungen im Interview, Opladen 1975; **Beck-Bornholdt,** H.-P./**Dubben,** H.-H.: Der Hund, der Eier legt – Erkennen von Fehlinformationen durch Querdenken, Reinbeck 1998, S. 57ff; **Beste,** H.: Kriminologische Forschung im Visier des Datenschutzes, in: ZfStrVo 1989, S. 74ff; **Bohnsack,** R.: Gruppendiskussion, in: U *Flick* u.a. (Hrsg,): Qualitative Sozialforschung, Reinbek, S. 369–384; **Boers,** K.: Vom möglichen Nutzen der Systemtheorie für die Kriminologie. Ein Versuch anhand der kriminologischen Längsschnittforschung, in: *Frehsee,* D./*Löschper,* G./*Smaus,* G. (Hrsg.): Konstruktion der Wirklichkeit durch Kriminalität und Strafe, Baden-Baden 1997, S. 552–582; **Buchholz,** E./**Hartmann,** R./**Lekschas,** J./**Stiller,** G.: Sozialistische Kriminologie, Berlin 1971; **Diekmann,** A.: Empirische Sozialforschung, 20. Aufl., Reinbeck 2009; **Dölling,** D.: Probleme der Aktenanalyse in der Kriminologie, in:*Kury,* H. (Hrsg.): Methodologische Probleme in der kriminologischen Forschungspraxis. Interdisziplinäre Beiträge zur kriminologischen Forschung, Bd. 5, Köln 1984, S. 265–286; **Diekmann,** A.: Empirische Sozialforschung, 20. Aufl. Reinbek 2009; **Fischer,** L./**Wiswede,** G.: Grundlagen der Sozialpsychologie, Oldenburg 1997; **Frasch,** G.: Der Rücklaufprozeß bei schriftlichen Befragungen, Frankfurt 1987; **Friedrichs,** J.: Methoden empirischer Sozialforschung, 13. Aufl., Opladen 1985, **Gabler,** S./**Hoffmeyer-Zlotnik** (Hrsg.): Stichproben in der Umfragepraxis, Opladen 1997; **Hermann,** D.: Die Aktenanalyse als kriminologische Forschungsmethode, in: *Kaiser,* G./*Kury,* H./*Albrecht,* H. J. (Hrsg.): Kriminologische Forschung in den 80er Jahren, Freiburg 1988, S. 863–877; **Hofstätter,** P. R.: Psychologie, Frankfurt/M. 1972; **Hofstätter,** P. R./**Wendt,** D.: Quantitative Methoden der Psychologie, 4. Aufl., Frankfurt/M. 1974; **Hradil,** St.: Soziale Ungleichheit in Deutschland, 8. Aufl., Opladen 2001; **Jehle,** J.-M. (Hrsg.): Datensammlungen und Akten in der Strafrechtspflege, Wiesbaden 1989; **Jehle,** J.-H.: Datenschutz in der kriminologischen Forschung, in: *Hamm,* R./*Möller,* K. P.: Datenschutz und Forschung, Baden-Baden 1999; **Kaiser,** G.: Übermittlung und Verwendung von Informationen aus Strafverfahrensakten und -dateien für Forschungszwecke, in: Gedächtnisschrift für Karlheinz Meyer (hrsg. von *Geppert,* K. und *Dehnicke,* D.), Berlin 1990; **Kaiser,** G.: Brauchen Kriminologen eine Forschungsethik, in: MschrKrim 1991, S. 1–16; **König,** R. (Hrsg.): Das Interview, 7. Aufl., Köln 1972; **Krämer,** W.: So lügt man mit Statistik, 3. Aufl. Frankfurt/M. 1991; **Kreuzer,** A./**Görgen,** Th./**Römer-Klees,** R./**Schneider,** H.: Auswirkungen unterschiedlicher methodischer Vorgehensweisen auf die Ergebnisse selbstberichteter Delinquenz, in: MschrKrim 1992, S. 91–104; **Kreuzer,** A. et al.: Jugenddelinquenz in Ost und West, Bonn 1993; **Kromrey,** H.: Empirische Sozialforschung. Modelle und Methoden der standardisierten Datenerhebung und Datenauswertung, 11. Aufl. 2006; **Kromrey,** H.: Evaluation – ein vielschichtiges Konzept, in: Sozialwissenschaften und Berufspraxis 2/2001, S. 105–131; **Kühne,** H.-H.: Polizeiliche Erfahrung und wissenschaftliche Methodik, in: Kriminalistik 1993, S. 223–225; **Kühne,** H.-H.: Subjektivismen und das Objektivitätsparadigma in der empirischen kriminologischen Forschung, in: *Kerner,* H. J./*Kaiser,* G. (Hrsg.): Kriminalität, Berlin 1990, S. 81–87; **Kury,** H.: Zum Einfluß der Art der Datenerhebung auf die Ergebnisse von Umfragen, in: MschrKrim 1994,

S. 22–33; **Kury,** H.: Wie restitutiv eingestellt ist die Bevölkerung? in: MschrKrim 1995, S. 84–98; **La Pierre,** R. T.: Attitudes versus Actions, in: Social Forces 13/1934, S. 220ff; **Lamnek,** S.: Qualitative Sozialforschung, 4. Auflage, Weinheim 2005; **Lösel,** F.: Methodik und Problematik von Meta-Analysen, in: Gruppendynamik 18/1987; 323–343; **Lösel,** F./**Dillig,** P.: Zur Gültigkeit und Zuverlässigkeit einer schriftlichen Erhebung von Daten der Straffälligkeit jugendlicher Krimineller, in MschrKrim 1973, S. 171–182; **Loos/Schäffer,** B.: Das Gruppendiskussionsverfahren, Opladen 2001, **Mayntz,** R./**Holm,** K./**Hübner,** P.: Einführung in die Methoden der empirischen Soziologie, 5. Aufl., 1978; **Opp,** K.-D.: Methodologie der Sozialwissenschaften, Hamburg 1970; **Parten,** M.: Grundformen und Probleme des Samples in der Sozialforschung, in: *König,* R. (Hrsg.): Das Interview, 7. Aufl., Köln 1972, S. 181–210; **Reuband,** K.-H.: Freiwillige De-Anonymisierung in anonymen postalischen Befragungen, in: MschrKrim 1/2011, S. 17–33; **Rössner,** D.: Familiale Sozialisation und Gewalt – Ein Beitrag zur Biographieforschung in der Kriminologie, in FS für *Kaiser,* G., Berlin 1998, S. 339– 357; **Scheuch,** E. K.: Auswahlverfahren in der Sozialforschung, in: *König,* R. (Hrsg.): Handbuch der empirischen Sozialforschung, Bd. 1, Stuttgart 1962, S. 309–347; **Schnell,** R./**Hill,** P./**Esser,** E.: Methoden der empirischen Sozialforschung, 2. Aufl., München 1989 (8. Aufl. 2008); **Schnell,** R./**Kreuter,** F.: Untersuchungen zur Ursache unterschiedlicher Ergebnisse sehr ähnlicher Victimisierungssurveys, in: KZfSS H. 1/2000, S. 96–117; **Schwind,** H.-D.: Datenschutzprobleme bei der Befragung der Allgemeinbevölkerung. Erfahrungen aus zwei Forschungsprojekten (1973/74 und 1986/87), in: *Jehle,* J. M. (Hrsg.): Datenzugang und Datenschutz in der kriminologischen Forschung, Wiesbaden 1987, S. 319–330; **Schwind,** H.-D.: Zum Stand des „gesicherten Wissens" in der kriminologischen Forschung, in: JR 1974, S. 12–15; **Schwind,** H.-D./**Ahlborn,** W./**Eger,** H.-J et al.: Dunkelfeldforschung in Göttingen 1973/74, Wiesbaden 1975; **Schwind,** H.-D.:/ **Ahlborn,** W./ **Weiß,** R.: Empirische Kriminalgeographie, Wiesbaden 1978; **Schwind,** H.-D.: Kriminalität als Gegenstand der Kriminalpolitik, in: FS für H. Schüler-Springorum, Köln 1993, S. 203–228; **Schwind,** H.-D./**Fetchenhauer,** D./**Ahlborn,** W./**Weiß,** R.: Kriminalitätsphänomene im Langzeitvergleich (1975/86/98), Wiesbaden 2001; **Strobl,** R./**Böttger,** A. (Hrsg.): Wahre Geschichten? Zu Theorie und Praxis qualitativer Interviews, Baden-Baden 1996; **Überla,** K.: Faktorenanalyse, Berlin 1968; **Volkmann,** H.-R./**Jäger,** J.: Evaluation kriminalpräventiver Projekte, Münster 2000; **Walter,** M./**Brand,** Th./**Wolke,** A.: Einführung in kriminologisch-empirisches Denken und Arbeiten, Stuttgart 2009.

**Gliederung**



1 Das **„gesicherte Wissen"** über die Ursachen der Kriminalität ist gemessen an der Vielzahl (Vielfalt) der Erklärungsansätze (noch immer) **gering**. So wies *Kerner* (schon 1976, 19), um das Problem deutlich zu machen, (überspitzt formuliert) darauf hin, daß wir noch nicht einmal

wissen, warum Menschen Normen überhaupt beachten, geschweige denn, warum sie sie brechen. Richtig ist, daß der Aussagewert der Ergebnisse zahlreicher kriminologischer Forschungsprojekte aus mehreren Gründen fraglich oder zumindest problematisch erscheint (bzw. problematisch erscheinen sollte), und zwar vor allem deshalb (vgl. dazu auch *Schwind* 1993, 203ff):

- weil grundsätzlich nur die entdeckten Täter (Tatverdächtigen) oder Delikte erfaßt werden, die unentdeckte Kriminalität also insoweit unberücksichtigt bleibt und
- weil (mitunter) methodisch nicht sauber gearbeitet wird

(zum Verhältnis **polizeilicher Erfahrung** und empirischer Forschung: vgl. *Kühne* 1993, 223ff).

## I. Forschung und Dunkelfeld

Soweit sich die Ergebnisse der bisherigen kriminologischen Forschung nur auf die „entdeckten" (bekannt gewordenen) Straftaten beziehen, also nur auf einen Teil der Gesamtkriminalität, der wegen der grundsätzlich fehlenden Gesetzmäßigkeit zwischen Hell- und Dunkelfeldzahlen (dazu Rdn. 68ff zu § 2) die Gesamtkriminalität allenfalls in Teilbereichen repräsentiert (dazu Rdn. 83 zu § 2), muß die Verallgemeinerung der Ergebnisse grundsätzlich problematisch erscheinen. Jedenfalls ist damit zu rechnen, daß ihre Aussagekraft in Bezug auf die Gesamtkriminalität zumindest eingeschränkt ist (*Schwind* 1974, 12ff). **2**

Erschwert wird die Forschung durch **Datenschutzauflagen**, die nicht nur im Bundesdatenschutzgesetz (BDSG) geregelt sind, sondern auch in **§ 476 StPO** (vgl. zu dieser Vorschrift z.B. die Kommentierung im StPO-Kommentar von *G. Pfeiffer*, 5. Aufl., München 2005); für den Strafvollzug hat der Gesetzgeber in **§ 186 StVollzG** eine entsprechende Grundlage etabliert (dazu G. *Schmid* in Schwind, H.-D./Böhm, A./Jehle, J. M., Laubenthal, K., Kommentar zum Strafvollzugsgesetz, 6. Aufl., Berlin 2013, Rdn. 1ff zu § 186).

*Hilfreich ist, daß die Datenverarbeitung zu Forschungszwecken (etwa in Form der Auskunft oder Akteneinsicht) unabhängig von den Voraussetzungen des § 186 StVollzG i.V. mit § 476 StPO auch zulässig ist,* ***wenn der Betroffene wirksam schriftlich eingewilligt hat*** *(Schmid aaO, Rdn. 3 m.w.H.); vgl. dazu auch § 4a Abs. 2 BDSG).*

Schließlich existiert (seit Dezember 1995) auch eine **EU-Richtlinie** zum Datenschutz, die den Mitgliedstaaten die Verwertung solcher **personenbezogener Daten** untersagt (vgl. auch Rdn. 38), aus denen sich z.B. „die rassische Herkunft" ergibt (Amtsblatt der EG von April 1995, S. 1).

## II. Methodik und Methodenprobleme

Der weitere Einwand betrifft das Zustandekommen kriminologischer Forschungsergebnisse, also ihre methodische Basis. Auch hier liegt noch **3** vieles im Argen. Vor allem wird z.T. methodisch nicht ganz sauber gearbeitet und zu leichtfertig ausgewertet und interpretiert. Für den amerikanischen Forschungsbereich weisen z.B. schon *Hood/Sparks* (1970, 9) darauf hin, „daß ein großer Teil der kriminologischen Forschungsarbeit ... **methodisch derart mangelhaft** ist, daß er dadurch praktisch wertlos wird". *Göppinger* hat deshalb recht, wenn er schreibt (Lb. 1980, 93): „Immer wieder werden mit großer Selbstverständlichkeit Behauptungen über irgendwelche Bereiche der Kriminologie vorgebracht, so daß man den Eindruck gewinnen kann, es handele sich dabei um gesichertes Wissen ... Nach einem empirisch-wissenschaftlich gesicherten Fundament für solche Behauptungen sucht man jedoch in der Regel vergebens."

*Hauptmann (2001, 47) weist in diesem Zusammenhang auch darauf hin, „daß uns unter dem Deckmantel der ‚Wissenschaft' dann und wann bloße* ***‚Ideologie'*** *verkauft wird" (vgl. auch Rdn. 48 zu § 3).*

4 Nach *Opp* (1970, 17) handelt es sich bei den Kriterien der Methodologie „gewissermaßen um **Spielregeln und Hilfsmittel für die Forschung**, die im Hinblick auf bestimmte Ziele sinnvoll erscheinen".

5 Für die Kriminologie besteht die Besonderheit zunächst darin, daß die „kriminologische Methode" in Wahrheit nichts anderes ist als eine Zusammenfassung methodologischer Erkenntnisse der Bezugswissenschaften der Kriminologie (zu den Bezugswissenschaften Rdn. 17ff zu § 1). Mit anderen Worten: Eine spezielle kriminologische Methode gibt es nicht. Gleichwohl ist eine methodische Basis (zu der auch der Ablauf der Untersuchung gehört) vorhanden, die für alle Sozialwissenschaften gleichermaßen Bedeutung besitzt. Der Ablauf der Untersuchung wird (stark vereinfacht!) in dem folgenden Fluß-Diagramm (Übersicht 25) dargestellt, das anschließend erklärt wird: das Diagramm (vgl. dazu z.B. auch *Schnell/Hill/Esser* 1989, 110ff; *Walter/Brand/Wolke* 2009, 24, 31) zeigt, daß sich der Ablauf einer empirischen Untersuchung (grundsätzlich) in drei Teile aufgliedert (vgl. Übersicht 25), nämlich in

- **Konzipierungsphase**,
- **Erhebungsphase** und
- **Auswertungsphase**.

Bei Erhebungen an der Versuchsperson selbst handelt es sich in der Regel um **qualitative** Methoden (z.B. teilnehmende Beobachtung, Intensivinterviews: dazu Rdn. 16), die „keine unmittelbar numerische Interpretation erlauben" (*Schneider*, H-J. in ZStW 4/2010, 881). **Quantitative** Methoden sind z.B. Reihenuntersuchungen und statistische Erhebungen.

### 1. Konzipierungsphase

*a) Fragestellung und Formulierung der Ausgangshypothese(n)*

6 Am Anfang jedes Forschungsvorhabens (zu Längsschnittuntersuchungen: *Boers* 1997, 552ff) steht eine Frage, deren **(ergebnisoffene)** Beantwortung Aufgabe der Untersuchung sein soll: im Anschluß an die Unter-

suchungen der *Gluecks* (vgl. Rdn. 25 zu § 8) etwa die Frage: Besteht zwischen dem „Verhalten der Mutter" und dem „Verhalten des Kindes" ein Zusammenhang? Aus dieser **Fragestellung** ergibt sich eine wissenschaftliche (forschungsleitende) Annahme (Hypothese) über den Zusammenhang von (mindestens) zwei Merkmalen, die überprüft werden soll. Diese kann etwa lauten:

- *es wird vermutet, daß zwischen den Merkmalen „Verhalten der Mutter" und „Verhalten des Kindes"* ***ein*** *Zusammenhang besteht, oder*
- *es wird vermutet, daß zwischen den Merkmalen „Verhalten der Mutter" und „Verhalten des Kindes"* ***kein*** *Zusammenhang besteht.*

*Übersicht 25:* 7
Vereinfachtes (schematisches) Beispiel
für den Ablauf einer empirischen Untersuchung

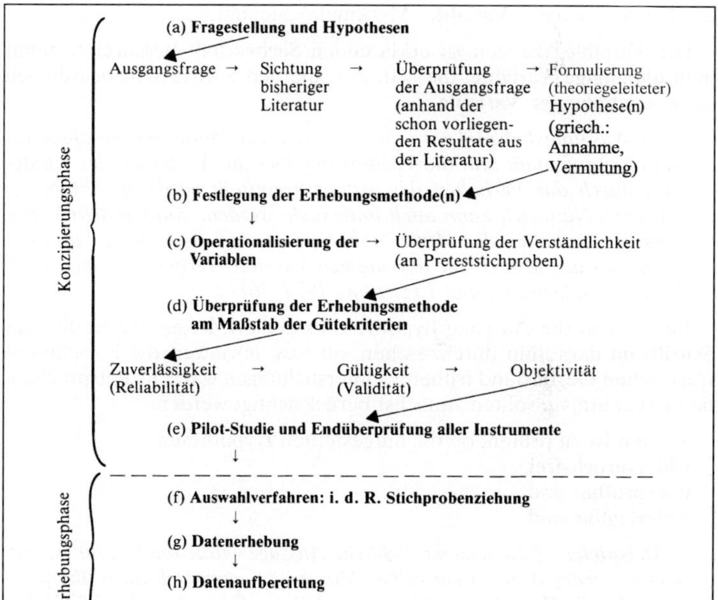

8 Neigt der Untersucher der ersten Annahme zu, so ist das seine **Ausgangshypothese** und die zweite Hypothese (das logische Komplement) die Gegenhypothese oder „Nullhypothese". Die Aufgabe (der Methodik) der Untersuchung besteht nun darin, die Nullhypothese (also die zu untersuchende Hypothese) zu widerlegen (zu **„falsifizieren"**) oder nicht zu widerlegen (zu **„verifizieren"**), um auf diese Weise die Wahrscheinlichkeit zu ermitteln, die für oder gegen die Annahme der Ausgangshypothese spricht.

*Aber Vorsicht: Durch noch so viele Untersuchungen läßt sich die Richtigkeit der Nullhypothese nicht „beweisen" (bestätigen). Man kann nur sagen, daß mit jedem Ergebnis, das die Nullhypothese (also die zu untersuchende Hypothese) nicht widerlegt, die in der Nullhypothese enthaltene Aussage sicherer (wahrscheinlicher) wird (vgl. Rdn. 45).*

9 Die veränderlichen Größen „Verhalten der Mutter" und „Verhalten des Kindes" werden **Variable** (Merkmale) genannt.

Die Variable, die den zu erklärenden Sachverhalt beschreibt, nennt man **abhängige Variable**; die Variable, die den Sachverhalt beinflussen kann, **unabhängige Variable**.

10 *Im **Ausgangsbeispiel** wird das Verhalten der Mutter als unabhängige Variable aufgefaßt und die Voraussage über das Verhalten des Kindes (das durch das Verhalten der Mutter beeinflußt wird) als abhängige Variable. Natürlich kann auch untersucht werden, von welchen Variablen das Verhalten der Mutter abhängig ist. Auf diese Weise kann das Verhalten der Mutter zur abhängigen Variable werden (Beispiel nach Fend, Sozialisierung und Erziehung 1974, 36).*

11 Bevor man die Ausgangshypothese formuliert, ist es notwendig, das **Schrifttum** daraufhin durchzusehen, ob bzw. inwieweit die Forschungsfrage schon Gegenstand früherer Untersuchungen war. Die entsprechenden Erkenntnisse sollten zunächst berücksichtigt werden.

12 Sodann ist zu prüfen, ob die aufgestellten Hypothesen
- **widerspruchsfrei**,
- **überprüfbar** und
- **widerlegbar** sind.

***Beispiele:*** *Eine widersprüchliche Aussage würde die Hypothese enthalten: „Jedes Auto ist ein gelbes Motorrad"; empirisch nicht überprüfbar wäre die Hypothese: „Alle Hexen können fliegen"; nicht widerlegbar (weil die Aussage keiner empirischen Überprüfung bedarf) ist das Sprichwort: „Kräht der Gockel auf dem Mist, ändert sich das Wetter oder es bleibt wie es ist" (Beispiele nach Kürzinger, Kriminologie, 1982, 39f).*

13 Sofern **Einstellungen** abgefragt werden sollen, wird man die Erfahrung berücksichtigen müssen, daß Einstellung und Verhalten nicht in jedem Fall übereinstimmen (vgl. den Überblick bei *Fischer/Wiswede* 1997). Insoweit darf eine vielzitierte Studie von *La Pierre* (1934, 220ff) angeführt werden.

***Beispiel La Pierres:*** *Der Autor reiste mit einem chinesischen Ehepaar durch die Vereinigten Staaten. Sie machten insgesamt in 66 Hotels und 184 Restaurants Station. Nur ein einziges Mal wurde ihnen die Bedienung verweigert. Sechs Monate nach der Reise versandte La Pierre an jedes der Hotels und Restaurants sowie an eine Kontrollgruppe einen Brief, in dem gefragt wurde, ob chinesischen Gästen der Zutritt gewährt würde. 128 Hotelbetriebe antworteten; 92 % gaben an, daß Chinesen als Gäste* ***nicht*** *akzeptiert würden (vgl. auch Rdn. 29).*

*b) Festlegung der Erhebungsmethode*

Sodann ist die **Erhebungsmethode** zu wählen. Zur Auswahl stehen u. a.: **Akten- bzw. Dokumentenanalyse** (primär Auswertung von Strafverfahrensakten und der Kriminalstatistiken, aber auch z. B. Schulakten), Fremdbefragungen und schriftliche Auskünfte sowie Untersuchungen am Probanden unmittelbar. Gewählt werden wird sinnvollerweise die Form der Datenermittlung, die (nicht zuletzt unter den Gesichtspunkten des Kostenaspekts) die aussagekräftigsten Resultate verspricht. **14**

Bei der systematischen Erfassung und Beschaffung von **Akten** sind vor allem organisatorische Probleme zu lösen. Denn die Akten lagern bei den verschiedensten Stellen: die Strafakten in der Regel bei den Staatsanwaltschaften, die Vollzugsakten in den Justizvollzugsanstalten, die Akten des Jugendamtes bei diesem, die Akten des Sozialamtes beim Sozialamt usw. Nicht wenige kriminologische Untersuchungen beschränken sich freilich aus rein zeitlichen Gründen auf die Auswertung der Straf- und Vollzugsakten. Problematisch ist bei jeder Aktenauswertung, daß die Akten sehr unterschiedlich (unvollständig) geführt werden, weil sie unter kriminologischen Gesichtspunkten grundsätzlich nicht angelegt sind, vielmehr (naturgemäß) andere Zwecke verfolgen (vgl. ausführlich zur Aktenanalyse *Dölling* 1984, 265, und *Hermann* 1988, 863 ff); zur qualitativen Methode der **Biographieforschung** vgl. *Rössner* 1998, 341 ff; Rdn. 23 zu § 6 und Rdn. 30a zu § 8. **15**

Erhebungen an der Versuchsperson selbst sind möglich durch **16**

- ***Exploration*** *(gezieltes Erfragen von Verhaltensweisen und der diesen zugeordneten Motive);*
- ***Interview*** *(Befragung: dazu Rdn. 44 ff zu § 2); zum qualitativen Interview vgl. Strobl/Böttger 1996; zum biographisch-narrativen Interview vgl. Rössner 1998, 341 ff und Rdn. 30a zu § 8;*
- ***teilnehmende Beobachtung*** *(dazu Rdn. 42 zu § 2 und Strobl/Böttger 1996 sowie Lamnek 2005, 547–640);*
- ***(Labor-) oder Feld-Experimente*** *(dazu Rdn. 40 f zu § 2; ausführlich Bönitz 1984, 287–306) und*
- ***psychologische Tests*** *(z. B. projektive Testverfahren und Intelligenztests).*

Als die beiden wichtigsten Untersuchungsmethoden gelten das Interview und die Exploration. Beide haben jedoch verschiedene Aufgaben.

17 Beim (Leitfaden-orientierten) **Interview** – das René *König* (1972, 9 und 27) den „Königsweg" der praktischen Sozialforschung nennt – geht es um die Gewinnung von Informationen (durch)

- ein zwangloses **informelles Gespräch** oder um
- eine **Fragebogen**-Befragung: entweder mit Hilfe von feststehenden **(geschlossenen)** Fragen (standardisiertes Interview) oder auf dem Wege von **offenen** Fragen, d.h. solchen ohne Antwortvorgaben.

Bei der **Gruppendiskussion** bildet die Erhebungseinheit nicht der einzelne Proband, sondern eine größere Zahl von Personen (dazu *Bohnsack* 2000, 369ff; *Loos/Schäffer* 2001.

Erreicht werden können in allen Fällen aber nur Informationen, die der Proband aus seiner **subjektiven Sicht** zur Verfügung stellt (zu Verzerrungen: *Atteslander/Kneubühler* 1975. Ein ausführlicher Gesprächsleitfaden zur **Interviewerschulung** findet sich im Anhang von *Schwind/Fetchenhauer/Ahlborn/Weiß* 2001, 372ff.

18 Die **Exploration** (Erkundung) dient hingegen der Gewinnung psychopathologischer oder psychologischer Daten, mit deren Hilfe einzelne Bereiche der Persönlichkeit des Probanden objektiv erfaßt werden sollen; diese Art der Untersuchung setzt daher psychiatrisches oder psychologisches Fachwissen voraus (vgl. *Göppinger*, Lb. 1980, 118).

*Mit einer explorativen Orientierung arbeiten mitunter auch* ***Workshops*** *(Arbeitstagungen mit Seminarcharakter). Thema kann z.B. die Frage der behaupteten Fremdenfeindlichkeit in der Polizei sein. Eine solche Untersuchung haben 1996 Bornewasser und Eckert (im Februar in der PFA) vorgestellt. Teilnehmer ihrer vier (zweitägigen) Seminare waren Polizeibeamte aus unterschiedlichen Polizeigruppen und Einsatzbereichen. Eingesetzt wurden qualitative Erhebungsverfahren: Gruppeninterviews, vertiefende Einzelinterviews und* ***Metaplan-Techniken****: Jeder Teilnehmer wird insoweit z.B. gebeten, seine Erfahrungen mit dem Thema, seine Einstellungen und Ideen auf Karteikarten kurz zu beschreiben, die auf Wandtafeln befestigt, in die Diskussion eingeführt werden. Quantitative Aussagen lassen sich mit dieser Methodik naturgemäß nicht machen; auch die qualitativen Hinweise sind nicht repräsentativ, können aber (als Ergebnisse einer Exploration) wichtige Hinweise für weitere Forschungsarbeiten liefern.*

### c) Operationalisierung der Variablen

19 Die Variablen sind nun (meßtechnisch) so zu definieren, daß sie operabel (meßbar) sind, also durch feste Merkmale (Indikatoren) beschrieben werden, die man in einen Computer einspeisen kann: es müssen also zu dem Merkmal empirische Daten erhoben werden können. Das heißt, daß im Ausgangsbeispiel festgelegt werden muß, welches „Verhalten der Mutter" gemeint ist und welches „Verhalten des Kindes" untersucht werden soll.

*Übersicht 26:*

aus: *DER SPIEGEL* 3/1996, 102; dieses Milieumodell, das den Schichtindex ersetzt, wurde von *Heitmeyer* et al. in ihrer Untersuchung über „Gewalt – Schattenseiten der Individualisierung bei Jugendlichen aus unterschiedlichen Milieus", Weinheim 1995 (3. Aufl. 1998) entwickelt.

Es gibt allerdings auch Begriffe, deren Beschreibung allgemein anerkannt ist. **20** Dazu gehören Begriffe, die **gesetzlich umrissen** werden, wie z.B. der Begriff der „Führungsaufsicht" (§ 68 StGB). Andere sind eindeutig: z.B. das Alter. Darüber hinaus gibt es Begriffe, die auf **wissenschaftlich anerkannte Weise** bestimmt worden sind und insofern auch keiner weiteren Beschreibung bedürfen.

Zu diesen gehört z. B. der Begriff der **sozialen Schichtzugehörigkeit** (vgl. *Dahrendorf*, R.: Gesellschaft und Demokratie in Deutschland, 5. Aufl. 1977, 92); dieser wurde primär nach Einkommen und sozialem Status (Ober-, Mittel-, Unterschichten) und Bildung (bzw. Ausbildung) ermittelt. **Problem:** Nach der Studie „Deutschland 2020" der Unternehmensberatung *McKinsey* nimmt die Mittelschicht („Bürger, die zwischen 70 % und 150 % des Durchschnittseinkommens verdienen") ab und die Unterschicht zu (zit. nach NOZ vom 5. Mai 2008; ebenso *Bertelsmann-Stiftung*, zit. nach WAZ vim 14. Dez. 2012, 1).

Der entsprechende (gut abgrenzbare) Schichtindex wird inzwischen durch **Milieumodelle** ersetzt (Beispiel in Übersicht 26), und zwar deshalb, weil der Schichtindex die gesellschaftliche Realität nicht mehr abbilden kann. Stichworte dazu: Individualisierung und Massenwohlstand (*Hermann* in FS für Kury 2006, 296). Soziale Milieus „fassen nunmehr Gruppen Gleichgesinnter zusammen, die gemeinsame Werthaltungen und Mentalitäten aufweisen und auch die Art gemeinsam haben, ihre

Beziehungen zu Mitmenschen einzurichten und ihre Umwelt in ähnlicher Weise zu sehen und zu gestalten" (*Hradil* 2001, 45). Erfaßt werden vor allem Lebensstile (vgl. Rdn. 18b zu § 8), Gewohnheiten, Vorlieben (Kleidung, Musik, Filme, Lokale), Arbeits- und Leistungsstile, aber auch die Peers (Rdn. 33 zu § 10) und der bewohnte Sozialraum (Arbeiter-, Alternativ-, Studenten-, Einwanderer- oder Villenviertel): Dazu *Boers/Reinicke* in Neue Kriminalpolitik 4/2002, 141.

*2006 schlug eine Studie Wellen, die im Auftrag der (SPD-nahen) Friedrich Ebert Stiftung Infratest Berlin durchgeführt hat. In dieser Studie wird zwischen neun verschiedenen Bevölkerungsgruppen differenziert, an deren Ende das* ***„abgehängte Prekariat"*** *(mit 8 %) steht: gemeint sind sozial „Beachteiligte". Diese Schicht* ***(Unterschichtsdiskussion)*** *setzt sich aus Menschen zusammen, die Abstiegserfahrungen besitzen (Arbeitslosigkeit), sich sozial ausgeschlossen fühlen und glauben, daß auch die eigenen Kinder keine Chancen besitzen (zit. nach Süddeutsche Zeitung vom 21./22. Oktober 2006, 11).*

21 Zu den Begriffen, die **mehrdeutig** sind, gehört z.B. der **Begriff des „Rückfalls"** (vgl. dazu auch § 2 Rdn. 13a). Man muß sich insoweit entscheiden, ob man darunter verstehen will z.B.:

- jede erneute Straftat (einschließlich Dunkelfeld),
- jede erneute rechtskräftige Verurteilung oder
- jede erneute Verurteilung zu Freiheitsstrafe usw.

Zu den Folgen unterschiedlicher Rückfallbegriffe siehe: *PSB* 2001, 443 und *Berckhauer/Hasenpusch* in: Schwind/Steinhilper (Hrsg.): Modelle zur Kriminalitätsvorbeugung und Resozialisierung, 1982, 299f; grundlegend *Heinz* in Heinz/Jehle: Rückfallforschung, Wiesbaden 2004, S. 12–52.

22 Besondere Probleme bringen solche Begriffe, unter denen jeder etwas anderes versteht: etwa unter dem unscharfen Begriff der **„ungünstigen Erziehungsverhältnisse"**. Untersuchungen, in denen dieser Begriff nicht genau (oder gar nicht) definiert ist, sind in bezug auf ihre Ergebnisse nicht vergleichbar (vgl. Rdn. 28). Deshalb ist genau zu umschreiben, was mit dem Begriff im Rahmen der Untersuchung gemeint ist. Es sind also **Indikatoren** zu suchen, die auf den Tatbestand der „ungünstigen Erziehungsverhältnisse" hindeuten, etwa: Mißhandlung der Kinder durch ihre Eltern, Verwahrlosung der Probanden, Kriminalität unter den nächsten Familienmitgliedern, wirtschaftliche Not, schlechte Wohnverhältnisse usw. (wobei auch diese Indikatoren wieder ausfüllungsbedürftig sind).

23 Die **operationale Definition** ist danach ein „notwendiger Übersetzungsvorgang" (*Mayntz/Holm/Hübner* 1978). **Graduelle Unterschiede** können (im Rahmen von Interviews) z.B. mit Hilfe einer fünf- (oder sieben-) stufigen Skala abgefragt werden (sog. **Likert-Skala**).

24 *Befragte sollen z. B. angeben, wie unsicher sie sich nachts außerhalb der Wohnung im eigenen Wohngebiet fühlen (vgl. § 20 Rdn. 21): sehr sicher, sicher, teils/teils, unsicher, sehr unsicher (vgl. dazu § 11 Rdn. 37).*

Schließlich muß man noch darauf achten, daß die **Fragen verständlich und eindeutig** formuliert sind. Der Befragte muß sie verstehen können. Es empfiehlt sich daher eine entsprechende Erprobung bei ähnlichen Probanden, die später auch in der Erhebungsphase befragt werden sollen (vgl. Rdn. 30). 25

*d) Überprüfung der Erhebungsinstrumente am Maßstab der „Gütekriterien“*

In der **quantitativen Sozialforschung** wird die „Güte“, also die Brauchbarkeit bzw. Repräsentativität (Verallgemeinerungsfähigkeit) einer Erhebung (bzw. ihrer Indikatoren) vor allem daran gemessen, ob sie bestimmte Gütekriterien erfüllt, die den Einfluß von Fehlerquellen reduzieren. Zu diesen gehören: die Zuverlässigkeit (Reliabilität), die Gültigkeit (Validität) und die Objektivität (vgl. dazu *Lamnek* 2005, 148ff; *Diekmann* 2009, 247ff). 26

Es geht um die Nachvollziehbarkeit der Methodik bzw. um die Überprüfbarkeit durch Dritte.

*aa) Zuverlässigkeit = Übereinstimmungsgenauigkeit (Reliabilität)*

Unter „Reliabilität“ versteht man die Stabilität und Genauigkeit einer Messung (*Lamnek* 2005, 166). Diese kann man z.B. dadurch feststellen, daß man eine Probandengruppe wiederholt befragt (= **Retest-Verfahren**); stimmen die Ergebnisse überein (d.h. sind reproduzierbar), wenn man die Probanden im Januar befragt und die Befragung im März wiederholt hat? Wie hoch ist die Abweichung? 27

***Beispiel:*** *Um die* ***Brauchbarkeit der Angaben*** *jugendlicher Delinquenten zur eigenen Kriminalität* ***zu überprüfen****, befragten* ***Lösel*** *und* ***Dillig*** *(1973, 171ff) 43 männliche Insassen der Justizvollzugsanstalt Herford (Alter im Mittel: 19) anhand eines Fragebogens, der zur Bearbeitung ausgegeben wurde. Zweieinhalb Monate später wurde der Vorgang wiederholt. Die spezifische Fragestellung der Kontrolluntersuchung bestand darin, festzustellen, inwieweit die von den Probanden angegebenen Daten reliabel waren, d.h. in vorliegendem Fall bei einer erneuten Befragung konstant blieben* ***(Retest-Reliabilität)****. Bei der Reliabilitätsprüfung trat eine Konstanz von fast 80 % ein, ein Ergebnis, das die Untersucher als „ausreichend reliabel“ bezeichnen.*

*bb) Gültigkeit = Treffsicherheit (Validität)*

Eine Erhebung ist „gültig“, wenn „mit ihr genau das festgestellt wird, was festgestellt werden soll, wenn die Merkmale bzw. **Indikatoren** (vgl. Rdn. 19) also genau das aufzeigen, was mit ihnen intendiert ist“ (*Göppinger*, Lb. 1980, 107; *Lamnek* 2005, 150). 28

***Beispiele:***

*(1) Will man z.B. das „Schulklima“ untersuchen (relevant für Gewaltbereitschaft), muß man die Menschen befragen (Schüler, Lehrer, Eltern), die es beeinflussen (können). Außerdem kommt es darauf an,*

*die „richtigen" Indikatoren für das Konstrukt „Schulklima" auszusuchen, also solche, die es möglichst zutreffend beschreiben (vgl. dazu Rdn. 41a zu § 11).*

*(2) Die Studien- und Berufseignung von Abiturienten für das Fach Humanmedizin versuchte man mit einem Testverfahren (das allerdings 1997 abgeschafft wurde) zu ermitteln. Dieser Test wäre dann als valide zu bezeichnen, wenn die Studenten mit den besten Testergebnissen in ihrem späteren Medizinstudium erfolgreicher bzw. in ihrem späteren Berufsleben auch die besten Ärzte wären.*

*(3) Daß mit Indikatoren Ergebnisse beeinflußt (manipuliert) werden können, zeigt eine Studie der SPD-nahen Friedrich Ebert Stiftung (zit. nach WAZ vom 13. Nov. 2012, 1). **„Rechtsextremes Denken** wird danach u. a. solchen Personen attestiert, die sich ausländerfeindlich äußern bzw. Bedrohtheitsgefühle zeigen oder/und durch ein „übersteigertes Nationalgefühl" auffallen. Daß sich 57,5 % der Befragten dahingehend einlassen, daß „die islamische Welt rückständig sei und sich den neuen Realitäten verweigere" hat die Verfasser der Studie besonders verstört. So beeinflußt ist die Zeitungsmeldung (unten) zu erklären.*

Zu den Formen der Validität vgl. *Lamnek* 2005, 151 ff.

**Fast jeder zehnte Deutsche denkt rechtsextrem**

aus: *WAZ* vom 13. Nov. 2012, 1

*cc) Objektivität (Nachprüfbarkeit)*

**29** Die Objektivität der Erhebung ist gewährleistet, wenn sie zu Ergebnissen führt, die von der die Daten erhebenden und auswertenden Person unabhängig sind, also dann, wenn „unter ceteris-paribus-Bedingungen Forscher zu demselben empirisch gewonnenen Resultat gelangen" (*Lamnek* 2005, 172; vgl. dazu *Kühne* 1990, 81 ff). Das heißt: die Ergebnisse müssen durch dritte, empirisch erfahrene, Personen nachprüfbar sein.

Der Interviewer darf den Interviewten auch nicht beeinflussen, z. B. **keine Suggestivfragen** stellen, weil er sonst damit rechnen muß, daß der Proband nicht unbeeinflußt antwortet.

***Beispiel:*** *Die Objektivität wird beeinträchtigt, wenn der Interviewer fragt: „Sind sie nicht auch der Meinung, daß die Kriminalität ständig ansteigt?"*

Ferner wird die Objektivität beeinträchtigt, wenn der Proband i. S. **sozialer Erwünschtheit** antwortet, d. h., so wie er meint, dem Interviewer „eine Freude" machen zu können bzw. ihn nicht zu verletzen (vgl. dazu *Diekmann* 1995, 382).

***Beispiele:***

*(1) In einer Untersuchung, die Robinson und Rohde 1946 durchgeführt haben, hat sich z. B. gezeigt, daß jüdisch aussehende Interviewer weniger antisemitische Antworten bekamen als andere (vgl. auch oben Rdn. 13).*

*(2) Nach einer britischen Umfrage gaben englische Frauen an, in ihrem Leben im Schnitt 2,9 verschiedene Sexualpartner des anderen Geschlechts gehabt zu haben, Männer hingegen 11. Das paßt nicht zusammen. Des Rätsels Lösung hat mit der unterschiedlichen gesellschaftlichen Akzeptanz solcher Verhaltensweisen zu tun. Frauen verlieren ihren „Ruf", während Männer eher Bewunderung finden. Frauen neigen daher dazu, die Zahl der Sexualpartner zu untertreiben, während Männer gern übertreiben. Diese Vermutung wird durch eine neue (amerikanische) Untersuchung von Terri Fisher (Ohio State University) bestätigt. Die Forscherin befragte weibliche Probanden zwei Mal und gab beim zweiten Mal vor, beim Test sei ein Lügendetektor angeschlossen. Ergebnis: die Zahl der beim ersten Test angegebenen Sexualpartner (2, 6) hat sich beim zweiten Mal fast verdoppelt (4, 4), zit. nach DER SPIEGEL 28/2003, 154).*

*e) Pilot-Studie und Endüberprüfung der Erhebungsinstrumente*

Der Phase der Datenerhebung (Erhebungsphase) wird meist noch ein **30**
Probelauf vorgeschaltet, eine **Pilot-Studie** (pilot-study), die den Zweck hat, alle Erhebungsinstrumente im „Feld" (am Probanden) noch einmal im kleinen Rahmen „auszuprobieren", um bisher noch nicht erkannte Fehlerquellen beseitigen zu können. Änderungen des Fragebogens sind z. B. nicht mehr möglich, wenn die Erhebungsphase schon läuft. Für die pilot-study wird in der Regel eine kleine Stichprobe (aus der Grundgesamtheit) ausreichen.

*f) Auswahlverfahren*

Die Erhebung kann in einer **Totalerhebung** bestehen (z. B.: alle Siche- **31**
rungsverwahrten in Deutschland werden einbezogen oder als immer wieder aktuelles Beispiel: die Volkszählung) oder in einer **Teilerhebung**. Eine solche „erfordert die Konstruktion einer **Stichprobe** (sample), worunter die nach bestimmten Regeln erfolgende Entnahme einer begrenzten Zahl von Einheiten aus einer Gesamtheit mit dem Ziel, Aussagen über die Gesamtheit zu machen, verstanden wird", also eine Teilmenge (*Mayntz/Holm/Hübner* 1978; ausführlich *Gabler/Hoffmeyer-Zlotnik* 1997). An entsprechenden Auswahlverfahren stehen vor allem zur Verfügung: die Auswahl nach Gutdünken (judgement sampling) und die Wahrscheinlichkeitsauswahl (probability sampling).

*aa) Auswahl nach Gutdünken*

Bei der Auswahl nach Gutdünken sind nur grobe Vorgaben für die **32**
Erhebungsauswahl zu beachten (etwa „ältere Hausfrauen" bei einer

Straßenbefragung; die Leser einer Zeitung); im übrigen kann der Untersucher aus der Gruppe nach Gutdünken auswählen. Dieses Auswahlverfahren bietet allerdings keinerlei Grundlage dafür, das Ergebnis auf die Grundgesamtheit zu übertragen. Genauigkeitsangaben in Form von Wahrscheinlichkeitsaussagen sind nicht möglich.

33 ***Beispiel:*** *1936 führte die amerikanische Zeitschrift „Literary Digest" eine Befragung durch, um den Ausgang einer Präsidentschaftswahl vorhersagen zu können. Im Verlaufe des Wahlkampfes wurden ungefähr zehn Millionen Stimmzettel verschickt, von denen rund 2,5 Millionen ausgefüllt wieder zurückkamen. Die Digest-Vorhersage machte außerordentlich viel von sich reden, da die Ergebnisse im Gegensatz zu den Schätzungen einer Reihe konkurrierender kleinerer Untersuchungen standen. Der Wahlausgang erwies allerdings, daß die Digest-Vorhersage äußerst ungenau war. Es war nicht nur mißlungen, den Sieger vorherzubestimmen, vielmehr wich auch die Vorhersage seines Stimmenanteils um 20 % vom tatsächlichen Resultat ab. Auf der anderen Seite sagte z. B. die Erhebung eines Mannes namens* ***Fortune*** *(mit nur 4500 Befragungen) den Anteil des siegreichen Kandidaten mit einem Fehler von nur 1 % voraus. Die Millionen-Probanden in der Digestbefragung erwiesen sich also als weniger verläßlich für eine Vorhersage als ein sample von weit geringerer Größe, das aber mit einer besseren Auswahlmethode ausgesucht worden war (Parten 1972, 181 und 203).*

*bb) Wahrscheinlichkeitsauswahl*

34 Zuverlässiger ist die Wahrscheinlichkeitsauswahl. Eine solche Auswahlmethode bildet z. B. die **Randomisierung**. Random-sample „ist die Bezeichnung für dasjenige Auswahlverfahren, welches jedem Individuum bzw. jeder Einheit in der Gesamtheit die gleiche Chance gibt, gewählt zu werden. Die Auswahl gilt dann als ‚zufällig' getroffen" (*Parten* 1972, 181). Diese „Forderung wird in dem sog. Urnenmodell (an dem üblicherweise die Stichprobentheorie entwickelt wird) realisiert. In einer Urne befinden sich sehr viele weiße und rote Kugeln. Die Kugeln werden gut durchgemischt. Danach werden z. B. 1000 Kugeln entnommen. Das ist die Prozedur, die Chancengleichheit für jede Kugel herstellt" (*Mayntz/Holm/Hübner* 1972, 70).

***Beispiel:*** *Es ist das Verfahren, das aus der Ausspielung der Lottozahlen vom Fernsehen her bekannt ist.*

35 Der „mathematisch-statistischen Wahrscheinlichkeitstheorie zufolge sind diese Stichproben (innerhalb angebbarer Fehlergrenzen) in allen ihren Merkmalen (Durchschnittswerten, Häufigkeitsverteilungen) gleich" (*Mayntz/ Holm/Hübner* 1978). Das „Random-sample repräsentiert (also) annäherungsweise die Gesamtheit in allen ihren Aspekten" (*Parten* 1972, 188). Da die Random-Auswahl als Stichprobe (nur) einen Teil der Gesamtwahrheit darstellt, müssen ihre Ergebnisse auf die

**Grundgesamtheit „hochgerechnet"** werden. Aber auch die Zahlen der Hochrechnung können nicht exakt sein, weil sie wiederum nur geschätzte Werte darstellen.

***Beispiel:*** *Die Stichprobe der Göttinger Dunkelfeldforschung 1973/74 (Schwind/Ahlborn/Eger 1975) umfaßte z.B. 1 % der Einwohner Göttingens: 1264 Probanden (vgl. oben Rdn. 54 zu § 2). Mit Hilfe einer Rechenanlage wurde jede hundertste Karte aus der Einwohnermeldekartei der Stadt Göttingen ausgedruckt. Nach Auswertung der Daten ergaben sich z. B. 320 Opfer von Diebstahldelikten. Auf ganz Göttingen hochgerechnet erhielte man als Schätzwert 320 × 100 = 32 000 Opfer. Nicht erfassen kann man auf diese Weise: z. B. Nichtseßhafte und Personen, die in Anstalten untergebracht sind.*

*cc) Stichprobengröße*

Die Frage ist oft, wie groß die **Zahl der Probanden** sein muß, um eine zureichende Verläßlichkeit sicherzustellen. Eine solche Berechnung ist möglich, „weil man weiß, daß die Genauigkeit der Schätzungen beim Random-sample von der Quadratwurzel aus der Zahl der Einheiten beim Sample abhängig ist" (*Parten* 1972, 209 m. entspr. math. Formel). **36**

Daneben hängt die **Genauigkeit der Schätzungen** vor allem ab:
- von der Fülle und Detailliertheit der Zusammenhänge, die man mit Hilfe (z.B.) einer Befragung untersuchen will;
- von der Häufigkeit des Auftretens der Delikte, die den Untersuchungsgegenstand bilden;
- von der Breite der Konfidenzintervalle, die erreicht werden soll.

Bei dem **Konfidenzintervall** handelt es sich um die „Streubreite", innerhalb deren sich die **(Punkt-)Schätzung** (z.B. zur Dunkelziffer) bewegt (vgl. dazu die Übersicht 15 hinter Rdn. 54 zu § 2). **36a**

Danach sollten (auch) kriminologische Untersuchungen **etwa 1600 Probanden** erfassen, eine Zahl, an der sich die Meinungsumfrageinstitute orientieren (vgl. zur Stichprobengröße *Ahlborn et al.* 1999 und *Schwind/Fetchenhauer/Ahlborn/Weiß* 2001, 47f). Was herauskommen kann, wenn zu kleine Einheiten hochgerechnet werden, zeigt folgendes Beispiel: **37**

*1970 informierte die ADAC-Motorwelt (Juli-Heft) über eine „Strukturzählung der ADAC-Mitglieder nach Berufen". Dafür hatte man aus der Grundgesamtheit der 2 Millionen ADAC-Mitglieder eine Stichprobe von 30 000 Personen gezogen. Die Hochrechnung ergab u. a. dann, daß damals 1 782 Bildhauer Mitglied im ADAC waren, 2 182 Kunstmaler, 7 542 Pfarrer und sogar 400 Domkapellmeister. In einem Leserbrief in der September-Nr. dieser Zeitschrift fragte ein Leser dann: „Nur – wo kommen die 400 Domkapellmeister her, die im ADAC sein sollen? Schließlich hat nicht mal jeder Dom einen Domkapellmeister wie wir in Worms – aber der hat kein Auto und ist nicht im ADAC!" Die Auflösung des Rätsels: im ADAC waren nur sechs Domkapellmeister Mitglied, die jedoch fast alle in die Stichprobe gerieten und sich hochgerechnet auf fast 400 vermehrten.*

**37a** Die **Größe der Stichprobe** hat auch Bedeutung für die Berechnung der Prävalenzrate und der Inzidenzrate:

- Die **Inzidenzrate** gibt die **Anzahl der Straftaten** (oder auch der Verhaftungen oder Verurteilungen) an, die sich auf eine bestimmte Population beziehen, und zwar ebenfalls wieder innerhalb eines bestimmten Zeitraums (wiederum in der Regel ein Jahr).

  ***Beispiel:*** *die **Häufigkeitszahl** der PKS (vgl. Rdn. 15 zu § 2) ist eine Inzidenzrate, nämlich die **Angabe der „Fälle" bezogen auf 100 000 Einwohner.***

- Unter der **Prävalenzrate** ist die **Verbreitung von delinquenten Personen** in einer bestimmten Population zu verstehen (dazu Rdn. 5 zu § 2), und zwar bezogen auf einen bestimmten Zeitraum (in der Regel ein Jahr).

  ***Beispiel:*** *die Tatverdächtigenbelastungszahl der PKS (vgl. Rdn. 15 zu § 2) ist eine Prävalenzrate, nämlich die Angabe, **wieviel TV sich unter 100 000 Einwohnern befinden.***

Seltene Straftaten (wie Mord oder Vergewaltigung) wird man in kleinen Stichproben nur selten oder gar nicht finden: geringe Prävalenzrate, grundsätzlich keine Inzidenzrate.

### 2. Erhebungsphase

**38** Die Erhebung der Daten bringt sehr viel Mühe mit sich und erfordert eine ständige Rückkoppelung mit den Mitarbeitern des Forschungsvorhabens, um ständig auftretende (nicht vorhergesehene) Probleme einer methodisch akzeptablen Lösung zuführen zu können.

#### *a) Datenerhebung*

Die Erhebung erfolgt als Befragung, als Experiment usw. (dazu Rdn. 16). Das besondere Problem bei der Befragung (schriftliche wie mündliche: vgl. auch Rdn. 44f zu § 2) besteht in der Ausfallquote. Denn: **Je größer die Ausfallquote (einer Befragung) ausfällt, desto weniger aussagekräftig sind naturgemäß ihre Resultate**. Die Validität (Rdn. 28) einer Untersuchung hängt daher auch von ihrer **Ausschöpfungsquote** ab. Nach *Scheuch* (1962, 333) liegt „für Umfragen, die über ein ganzes Stadtgebiet streuen..., der Prozentsatz der Ausfälle insgesamt zwischen 10 % und 20 % der ursprünglich ausgewählten Fälle. Bei Spezialuntersuchungen werden häufig höhere Prozentsätze erreicht, die für die städtische Bevölkerung oft zwischen 20 % und 30 % liegen" (zu Problemen bei schriftlichen Befragungen: *Frasch* 1987).

*Untersuchungen mit Ausfallquoten, die über 40% liegen, sollte man deutlich kennzeichnen oder im Papierkorb versenken. Der Mangel ist auch nicht durch ansonsten ausgefeilte Methodik zu heilen, die mitunter eine Genauigkeit vortäuscht, die nicht stimmt, weil das Fundament brüchig ist.*

„Ausfall" bedeutet in diesem Zusammenhang, daß eine Zielperson, d.h. ein Proband, der für ein Interview ausgewählt worden ist, nicht erreicht werden kann. Als wichtigste Gründe für solche Ausfälle werden genannt:

„1. Adressat verzogen, unbekannt, verstorben;
2. Adressat mehrfach nicht anzutreffen;
3. Adressat krank;
4. Adressat verweigert das Interview" (*Friedrichs* 1985).

Die Verweigerung kann auch mit **Datenschutz**-Bedenken der Probanden zu tun haben, die insoweit ständig durch die Medien sensibilisert worden sind. Grundsätzlich untersagt ist die Verwertung von **personenbezogenen Daten** (vgl. Rdn. 2). Um Forschung gleichwohl nicht unmöglich zu machen, enthalten die Landesdatenschutzgesetze spezifische **Forschungsklauseln** (zu diesen *Jehle* 1999, 70f), die Ausnahmen zulassen. Aber auch diese verzichten nicht auf die Voraussetzung einer Einwilligung in die Befragung. Schriftliche Einwilligungen verstärken jedoch noch die Bedenken der Probanden, die befragt werden sollen. So haben *Kreuzer* et al. (1992, 98) festgestellt, daß „die Forderung nach **einer schriftlichen Einwilligung des Befragten** zu einer deutlichen Rücklaufreduktion führt" (dazu auch *Schwind* 1987, 319 und *Schlüchter/Duttge* in JR 1997, 170ff).

*b) Datenaufbereitung*

Zur Aufbereitung der Daten gehört z.B. das Codieren für die Datenverarbeitung (bei maschineller Auswertung: Eingabe der Daten in den Computer) bzw. (bei manueller Auswertung) die Übertragung der Daten auf Listen, Karteikarten usw. 39

### 3. Auswertungsphase: Methoden der Datenauswertung

Zur Auswertung gehören die **Grundauswertung** (= die Beschreibung der Daten), die **Überprüfung der Hypothesen** z.B. mit Hilfe von Signifikanztests, die **Interpretation** der Daten und die sich daraus ergebende **Antwort auf die Ausgangsfrage des Forschungsvorhabens**. 40

*a) Grundauswertung*

Die Auswertung der Daten erfolgt heute in der Regel über elektronische Datenverarbeitung mit Hilfe von Statistikprogrammen (z.B. SPSS). Zunächst werden die Daten beschrieben (**deskriptive** Auswertung), d.h., es werden Prozentwerte, Mittelwerte und z.B. Streubreiten (Konfidenzintervalle) berechnet und in Tabellen und Graphiken anschaulich dargestellt. 41

41a **Vorsicht bei Durchschnittsangaben** (Mittelwerten). Dazu folgendes Beispiel:

*In der Schweiz gibt es hohe Berge und tiefe Täler. Im Durchschnitt ist die Schweiz ein Flachland.*

*b) Überprüfung der Hypothesen*

42 Der zweite Schritt der Auswertungsphase besteht darin, die Nullhypothese zu überprüfen. Diese kann z.B. lauten: Es wird vermutet, daß in der Göttinger Bevölkerung zwischen den Merkmalen „Opfer einer bestimmten Deliktsart geworden" und „Geschlecht" kein Zusammenhang besteht. Nehmen wir an, die Untersuchung hätte sich auf eine Stichprobe (aus der Grundgesamtheit der gesamten Göttinger Bevölkerung) von 1600 Personen bezogen (Übersicht 27) und hätte folgendes Ergebnis gebracht:

43 Dann sieht es so aus, als ob die Nullhypothese widerlegt worden wäre: jedenfalls scheint das auf den ersten Blick so zu sein. Wie groß die Wahrscheinlichkeit ist, läßt sich jedoch nur auf dem mathematischen Wege aufklären. Das heißt, die Nullhypothese (kein Zusammenhang) ist dann widerlegt (bzw. die Vermutung der Ausgangshypothese bestätigt), wenn sich signifikante Unterschiede in der Deliktsbelastung der Geschlechter ergeben, also wenn die Unterschiede so groß sind, daß man sie nicht dem „Zufall" zuschreiben möchte. Ergebnis bei Rdn. 46a.

*Übersicht 27:*
Beispiel für die Überprüfung des Zusammenhangs zwischen zwei Merkmalen

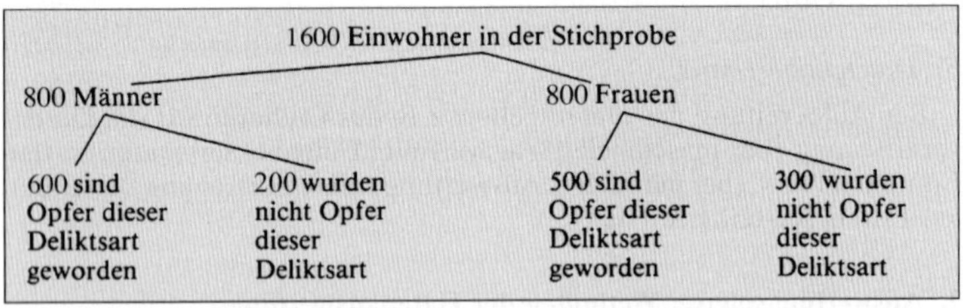


*aa) Allgemeiner Signifikanztest*

44 Als Methode, mit deren Hilfe geprüft werden kann, ob ein Zusammenhang besteht bzw. wie wahrscheinlich er ist, kommt der (von *Pearson* entwickelte) statistische **Signifikanztest** in Betracht, der den Grad der Irrtumswahrscheinlichkeit mißt. Er kann mit der sog. **Chi-Quadrat**-Probe durchgeführt werden. Dazu ein Beispiel von *Hofstätter-Wendt* (1974, 5f), das das Prinzip dieser Berechnung recht gut erklärt:

45 ***Beispiel:*** *„Ein in Norddeutschland sehr beliebtes alkoholisches Getränk ist der Grog, ein Gemisch aus heißem Wasser, Zucker und Rum, von dem Kenner behaupten, es sei wesentlich, in welcher Reihen-*

*folge die Zutaten in das Glas gegeben werden. Ein Grog, dem der Rum beigegeben werde, bevor der Zucker aufgelöst ist, habe niemals den guten Geschmack eines Grogs, in dem erst der Zucker aufgelöst und dann der Rum hinzugefügt wurde.*

*Es soll nun unsere Aufgabe sein, festzustellen, ob die beiden verschiedenen Zubereitungsarten wirklich einen spürbaren Geschmacksunterschied ergeben. Unsere Hypothese, die wir prüfen wollen, besagt, daß das der Fall ist … Wir müssen nun ein Experiment konstruieren, in dem wir die Richtigkeit dieser Hypothese … prüfen können …*

*Wir geben einem Grogtrinker im sog. ‚Blindversuch' ein Glas Grog zu kosten – im Blindversuch, das heißt, wir lassen ihn dabei nicht wissen, in welcher Reihenfolge der Grog bereitet wurde. Das soll er uns erst nach dem Geschmack sagen. Besteht zwischen den verschieden bereiteten Grogarten wirklich ein spürbarer Unterschied, dann müßte unsere Versuchsperson das Glas richtig identifizieren können. Als Wissenschaftler müssen wir jedoch skeptisch annehmen, die Versuchsperson könne zufällig das Richtige geraten haben. Auch wenn er gar nichts geschmeckt und blindlings drauflosgeraten hätte, würde er bei genügend häufiger Wiederholung in der Hälfte aller Fälle bei diesem Experiment das Richtige treffen. Es besteht also eine Wahrscheinlichkeit von ½ = 0,5 dafür, daß wir zufällig eine Beobachtung gemacht haben … Wir müssen also den Versuch wiederholen, um diese Irrtumswahrscheinlichkeit zu erniedrigen. Der Versuch mit zwei Gläsern kann vier mögliche Ausgänge nehmen: a) beide Gläser richtig, b) das erste Glas richtig, das zweite falsch, c) das erste Glas falsch, das zweite richtig, und d) beide Gläser falsch. Wenn unsere Versuchsperson nur geraten hat, sind alle diese vier möglichen Ausgänge gleich wahrscheinlich … (Es) besteht also noch eine Zufallswahrscheinlichkeit von ¼ = 0,25, daß nur geraten wurde … Es ist nun leicht zu sehen, daß eine weitere Vermehrung der Anzahl der Versuche zu einer fortgesetzten Verringerung der Zufallswahrscheinlichkeit führt".*

Die „obere Grenze der Irrtumswahrscheinlichkeit, die der Forscher bei **46**
seiner Entscheidung über eine Hypothese in Kauf nehmen will, wird das **Verläßlichkeitsniveau** genannt" (*Hofstätter/Wendt* aaO). Dieses liegt nach einer Konvention in der psychologischen, biologischen und soziologischen Forschung bei einem Wert von 0,05 (= 5 %). Als **hochsignifikant** wird das Ergebnis bezeichnet, wenn das Verläßlichkeitsniveau bei 0,01 (= 1 %) liegt. Die Wahrscheinlichkeit, daß ein Ergebnis auf Zufall beruht, ist dann zwar auch nicht ganz ausgeschlossen, aber doch äußerst gering. Denn ein Verläßlichkeitsniveau von 0,01 bedeutet, daß die Wahrscheinlichkeit, daß zwischen zwei Merkmalen kein Zusammenhang besteht, kleiner ist als 1 %. Zu **Scheinzusammenhängen** (vgl. unten Rdn. 49 sowie *Krämer* 1991.

Bei den Zahlen des Ausgangsbeispiels ergibt sich eine Ablehnung der **46a**
Nullhypothese bei einem **Signifikanzniveau** von 0,05 (= Bestätigung der Ausgangshypothese, daß in der Göttinger Bevölkerung ein Zusammenhang zwischen den Merkmalen „Opfer einer bestimmten Deliktsart geworden" und „Geschlecht" mit großer Wahrscheinlichkeit tatsächlich besteht).

*bb) Bonferroni-Verfahren*

47 Will man mehrere Hypothesen zugleich testen, um ein Signifikanzniveau zu berechnen, das sich auf denselben Zusammenhang bezieht, kommt das Bonferroni-Verfahren in Frage (Näheres dazu in *Schwind/Fetchenhauer/Ahlborn/Weiß* 2001, 43 ff). Um deutlich zu machen, worum es geht, ein **Beispiel** (zit. nach *Beck-Bornholdt/Dubben* 1998, 57 ff) dafür:

*Ein Bergsteiger knotet ein langes Bergsteigerseil aus mehreren Einzelstücken zusammen. Die Haltbarkeit der einzelnen Knoten wird auf 95 % eingeschätzt. Für den Bergsteiger ist allerdings nicht wichtig zu wissen, wie groß die Wahrscheinlichkeit dafür ist, daß* ***ein*** *Knoten hält, ihn interessiert vielmehr die Wahrscheinlichkeit, daß der erste, der zweite ...,* ***und*** *der letzte Knoten nicht reißen.*

Die Wahrscheinlichkeit, daß zwei Knoten gleichzeitig halten, ist bereits wesentlich kleiner als das bei einem Knoten der Fall ist. Die Haltbarkeit des Seiles (unser Signifikanzniveau) würde nämlich nur noch

0,95 mal 0,95 = 90,25 % betragen.

Benutzt der Bergsteiger folglich ein Seil mit 20 Knoten, beträgt die Wahrscheinlichkeit dafür, mit dem Seil nicht abzustürzen, nur noch

$0{,}95^{20}$ = ungefähr 35,85 %,

d.h. die Gegenwahrscheinlichkeit für einen Absturz beträgt über 64 % und nicht etwa 5 %. Weil das entsprechende Signifikanzniveau damit zu niedrig ausfällt, gehen Wissenschaftler diesem Verfahren gern aus dem Weg.

*cc) Korrelationskoeffizient*

48 Während mit dem Signifikanztest geprüft wird, ob überhaupt ein Zusammenhang zwischen zwei Merkmalen (Variablen) besteht, wird mit dem Korrelationskoeffizienten (Korrelation = Zusammenhang) seine **Stärke** gemessen, und zwar mit Werten, die zwischen −1 und +1 liegen. Ein positiver Korrelationskoeffizient (d.h. ein solcher, der zwischen 0 und +1 liegt) bedeutet, daß hohe Werte der einen Variablen tendentiell auch mit hohen Werten der anderen Variablen einhergehen.

***Beispiel*** *aus der BOCHUM III-Untersuchung (Schwind/Fetchenhauer/Ahlborn/Weiß 2001, 132 ff): Je mehr Raubtaten in einem Bezirk Bochums vorkamen, desto höher war auch der Anteil der Körperverletzungen. Die Korrelation zwischen beiden Variablen betrug r = 0,46.*

Man kann auch die amerikanische Schreibweise anwenden, nämlich r = .46. Danach besteht ein deutlicher Zusammenhang. Ein negativer Korrelationskoeffizient (d.h. ein Korrelationskoeffizient zwischen −1 und 0) bedeutet, daß hohe Werte der einen Variablen tendentiell mit niedrigen Werten der anderen Variablen einhergehen.

***Beispiel:*** *In der BOCHUM III-Untersuchung (2001, 269) zeigte sich ein negativer Zusammenhang zwischen Bildungsniveau und Unsicherheitsgefühl. Das heißt: Je geringer der (formale) Bildungsstand des Probanden war, desto unsicherer fühlte sich dieser (bei Dunkelheit) auf der Straße.*

*dd) Partialkorrelationskoeffizient*

Mitunter bestehen (signifikante) Korrelationen zwischen zwei Variablen, auch ohne daß zwischen diesen irgendeine kausale Beziehung besteht. Solche **Scheinzusammenhänge** können mit Hilfe von sog. Partialkorrelationen aufgedeckt werden. Insoweit wird der Zusammenhang zwischen zwei Variablen von der **Wirkung einer dritten Variablen** („Drittvariable") „befreit". Was ist ein Scheinzusammenhang? 49

***Beispiele:*** *Wenn in Schleswig-Holstein die Zahl der Störche abnimmt und zugleich auch die Zahl der Geburten, so ist das ein Scheinzusammenhang. Wenn die Elefanten mit großen Ohren aus Afrika stammen und die mit kleineren Ohren aus Indien, so hat das nichts damit zu tun, daß Afrika größer als Indien ist.*

*ee) Faktorenanalyse*

Schließlich ist auch die Gewichtung der einzelnen Faktoren **untereinander** bedeutsam. Insoweit ist die Faktorenanalyse üblich geworden. Mit der **Faktorenanalyse** können die Korrelationen, also die Zusammenhänge zwischen mehreren Variablen (bzw. Faktoren), untersucht und analysiert werden. Sie geht von der Annahme aus, „daß eine Reihe miteinander korrelierender Merkmale auf einen oder mehrere gemeinsame Faktoren zurückgehen" (*Hofstätter* 1972, 307). Dabei wird die Bedeutung eines jeden Faktors (z.B. in bezug auf die Kriminalität) durch eine **Gewichtszahl** besonders bestimmt. Die Faktorenanalyse ermöglicht also – um es kurz mit *Überla* (1968, 2) zu sagen – **„die Reduktion eines umfangreichen Datenmaterials auf wenige unabhängige (trennscharfe) und einfache Faktoren"**. 50

***Beispiel:*** *Das Ehepaar Glueck konnte seine 402 Prognosefaktoren auf diese Weise bis auf drei (besonders trennscharfe) reduzieren (vgl. §8 Rdn. 25).*

*c) Interpretation – Beantwortung der Ausgangsfrage*

Im Rahmen der Interpretation der empirischen Resultate ist es **seriös**, zunächst auf die (möglichen) **Fehlerquellen zu verweisen**: etwa auf problematische Operationalisierungen, Irrtumswahrscheinlichkeit, auf Auswahlprobleme oder auf problematisches Interviewerverhalten. **Verschwiegen wird häufig auch die Ausschöpfungsquote**! 51

*Wie wichtig das Interviewerverhalten ist, zeigt sich an den unterschiedlichen Resultaten (= die Konfidenzintervalle, also Streubreiten, überlappen sich nicht) in zwei (Konstanzer) Opferstudien. Beide Untersuchungen (unter Leitung von Wolfgang Heinz) benutzten die gleiche Methodik, fanden zeitgleich statt, und auch die Ausschöpfungsquoten unterschieden sich kaum. Die Analyse ergab (vgl. Schnell/Kreuter 2000, 98ff), daß des Rätsels Lösung primär mit dem* ***Einfluß der Interviewer auf den Erhebungsprozeß*** *zu tun gehabt haben dürfte, nämlich mit der Nichtbefolgung der Vorgaben bzgl. der Auswahl der Zielpersonen, mit der Nichtbeachtung der (vorgeschriebenen) Kontaktaufnahmeversuche* 52 *bis hin zu (Teil-)Fälschungen der Interviews, die mit geringer (oder unterlassener) Kontrolle zu tun haben (können).*

53 Der **Ablauf eines konkreten Forschungsprojekts** (zu Längsschnittuntersuchungen vgl. *Boers* 1997, 552ff) ist z.B. beschrieben worden von

- ***Schwind/Ahlborn/Eger*** *et al.: Dunkelfeldforschung in Göttingen 1973/74, Wiesbaden 1975: Aufhellung des Dunkelfeldes und Motivanalyse des Anzeigeverhaltens;*
- ***Schwind/Roitsch/Ahlborn/Gielen:*** *Gewalt in der Schule – am Beispiel von Bochum, Mainz 1995 (2. Auflage 1997);*
- ***Schwind/Fetchenhauer/Ahlborn/Weiß****, 2001, 20ff: Kriminalitätsphänomene im Langzeitvergleich am Beispiel einer Großstadt (Bochum) 1975/1986/1998, Wiesbaden 2001;*
- ***Heinz:*** *Abschlußbericht der Arbeitsgruppe BMI/BMJ „Regelmäßige Durchführung von Opferbefragungen (Anlage 4), Berlin 2002;*
- ***Meier*** *Lb. 2003, S. 88–108;*
- ***Lamnek*** *Lb. 2005, 138ff;*
- ***Jung*** *Lb. 2007, 51ff.*

54 Last but not least: die empirische Forschung kann immer **nur Wahrscheinlichkeitsaussagen** anbieten. Und: „Empirisch erweisbar ist nur die Widerlegung nicht die Bestätigung einer Theorieannahme" (*Kunz*, Lb. 1994, 102).

55 Schließlich: Wie sich Präventionsprogramme (zum Beispiel zur Gewaltprävention in der Schule: vgl. Rdn. 46 zu § 11) entwickeln, ist Gegenstand der **Evaluationsforschung**: Erfolgskontrolle (vgl. Kasten).

56 Unter **Evaluation** (Begleit- und Auswertungsforschung) ist die systematische Überprüfung kriminalpräventiver Projekte in Bezug auf ihre methodologische Qualität (vgl. oben Rdn. 26ff: Gütekriterien) zu verstehen, und zwar mit dem Ziel einer nachvollziehbaren (kritisierbaren) Bewertung der Leistungsfähigkeit unter verschiedenen Gesichtspunkten. Insoweit kann man (dazu *Volkmann/Jäger* 2000, 14) unterscheiden:

- die **Prozeßevaluation**, die sich auf die Implementierung (Programmverwirklichung) eines Präventionsprogrammes bezieht,
- die **Wirkungsevaluation**, die sich mit der Effizienz des Präventionsprogrammes beschäftigt (etwa in Form eines Vorher-Nachher-Vergleichs), und
- die **Meta-Evaluation**, die (unterschiedliche) Ergebnisse einzelner Evaluationsstudien miteinander vergleicht, um robuste empirische Beziehungen auf breiterer Basis besser einschätzen zu können (vgl. dazu *Lösel* 1987, 323ff). Zu solchen Meta-Analysen gehören z.B. der **„Sherman-Report"** und das **„Düsseldorfer Gutachten"** (beide zit. bei Rdn. 58 zu § 18).

Ohne Erfolgskontrolle ist es (schreibt *Glaser* 1973, zit. nach *Heinz* in Soziale Probleme 2006, 179) wie „eine **Firma ohne Buchhaltung**, die in seliger Unkenntnis vom Ausmaß ihres Gewinns oder ihres Verlustes arbeitet“. Deshalb ist es sinnvoll im Rahmen der Projektplanung zumindest schon **Kosten für eine wissenschaftliche Begleitevaluation** (z.B. bei Drittmittelanträgen) einzuplanen (zutr. *Wegel/Bubenitschek* in Kriminalistik 3/2013,177).

Zum Thema „Verbrechensverhütung und ihre Evaluation“ vgl. H. J. *Schneider* in FS für Schwind 2006, 147ff. Zu **Richtlinien** für den Forschungsbericht vgl. *Walter/Brand/Wolke* 2009, 57.

## DRITTER TEIL

# Einflüsse der Sozialisationsagenturen auf den sozialen Entwicklungsprozeß

Die Erziehungs- und Sozialisationsforschung gehört traditionsgemäß zu den Wissenschaftszweigen, an denen eine ganze Reihe unterschiedlicher Disziplinen beteiligt sind: von der Psychologie, Psychiatrie und Pädagogik bis zur Soziologie, von der Kulturanthropologie bis zur Physiologie. Das zeigt schon der kurze Überblick über die verschiedenen Kriminalitätstheorien (vgl. oben §§ 5–8). Typisch ist jedoch die fehlende interdisziplinäre Kooperation. Salopp ausgedrückt: jede der beteiligten Wissenschaften forscht grundsätzlich mehr oder weniger **„auf eigene Faust"** (dazu z.B. *Heinz* schon in: KZfSS 1974, 138 ff). 1

### I. Sozialisation und Erziehung: Unterschiede

Deshalb werden auch die Begriffe nicht immer in derselben Weise verwendet. Das gilt sogar für die Bestimmung der **Grundbegriffe „Erziehung" und „Sozialisation"**. Sieht man die Literatur daraufhin durch (z.B. *Fend:* Sozialisierung und Erziehung, 1974; *Götz/Kaltschmid:* Sozialisation und Erziehung, 1978), kann man jedoch so etwas wie eine herrschende Meinung feststellen: Danach unterscheiden sich Erziehung und Sozialisation (auf eine vereinfachte Formel gebracht) dadurch, daß **Erziehung in der bewußten und zielgerichteten (planvollen) Förderung sozial erwünschter Verhaltensweisen durch Erziehungsträger** (Eltern, Lehrer, berufliche Ausbilder) besteht, während unter dem Begriff der **Sozialisation das Eingeführtwerden in sowohl sozial erwünschte als auch sozial unerwünschte Verhaltensweisen durch Umwelteinflüsse jeder Art** verstanden werden (ähnlich *Hradil:* Soziale Ungleichheit in Deutschland, 2001, 447). Der Begriff der Sozialisation ist also der weitere, Erziehung der engere Begriff. Dementsprechend wird der Begriff der Sozialisation im Rahmen der folgenden Darstellung als Oberbegriff verwendet (so auch z.B. *Lenzen:* Päd. Grundbegriffe 1989, 1409 f). 2

### II. Rechtsgefühl und Rechtsbewußtsein

Zu den Voraussetzungen sozial erwünschter Verhaltensweisen gehört das Rechtsbewußtsein bzw. das Rechtsgefühl. Beide Begriffe, die sich auf die Normverinnerlichung beziehen, unterscheiden sich dadurch, daß das Rechtsgefühl eher affektiv **(gefühlsmäßig)** gesteuert wird, während das Rechtsbewußtsein eher kognitiv **(verstandesbezogen)** entsteht. Mit *Obermayer* (in JZ 1/1986, 2) „wird Rechtsgefühl verstanden als eine rechtliche Grundstimmung (einer) Person, die bei der Konfrontation mit einer Rechtsfrage eine intuitive Entscheidung bewirkt, (die) den Forderungen der Gerechtigkeit folgt". Rechtsgefühl und Rechtsbewußtsein werden 3 durch Erziehung vermittelt. Zu den Voraussetzungen des Rechtsbewußtseins gehören:

- erstens: daß man ein Gesetz kennt (Problem der Informiertheit),
- zweitens: daß man das Gesetz auch versteht (seinen Inhalt begreift),
- drittens: daß man es auch bejaht bzw. als berechtigt anerkennt (oder doch zumindest als Autorität akzeptiert): **Normakzeptanz**.

*Dazu ein Ergebnis von Dölling und Hermann: „Je größer die Normakzeptanz ist, desto geringer ist die Bereitschaft zu delinquentem Handeln" (NKG-Schriftenreihe Bd. 108/2003, S. 247): vgl. auch Rdn. 28a zu § 8.*

Normakzeptanz (bzw. Rechtsbewußtsein) kann vor allem im Rahmen von Erziehung gelernt werden: **argumentativ** (also durch Überzeugen) oder durch **Beobachtung** oder durch **Belohnung** oder durch **Bestrafung** sozialschädlichen Verhaltens (vgl. oben die Lerntheorien bei Rdn. 20ff zu § 6 und *Rössner* in FS für Schwind 2006, 1134).

4 *Übersicht 28:*
Veränderung der Sozialisationseinflüsse und Delinquenzbelastung *(Modell)*

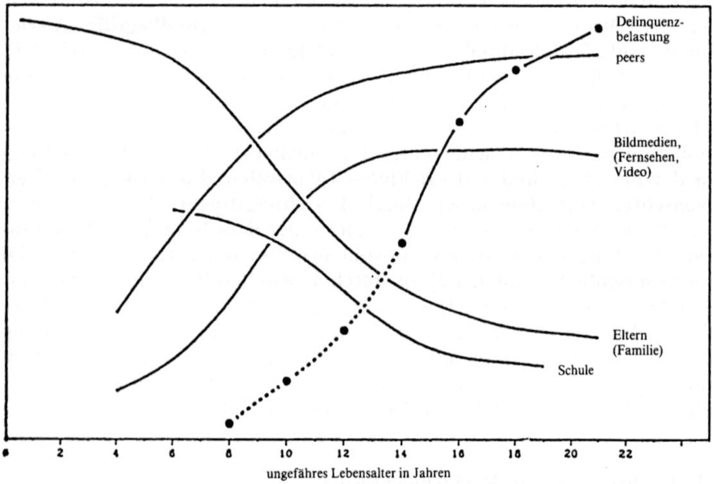


aus: *Kaiser*, Lb. 1996, S. 514

## III. Erziehungsdefizite bei Rechtsbrechern

5 Rechtsgefühl und Rechtsbewußtsein werden herkömmlich in der Familie vermittelt und in der Schule verstärkt. In beiden Institutionen werden darüber hinaus noch weitere **soziale Fähigkeiten** und Tugenden weitergegeben, die bei Straftätern (Rückfalltätern bzw. Intensiv- und Serientätern) bezeichnender Weise meist **weniger** ausgeprägt sind (vgl.

Rdn. 24b zu § 3). Dazu zählen z.B.: **Bedürfnisaufschub, Selbstbeherrschung** (bzw. Impulskontrolle), **Selbst-Disziplin, Pünktlichkeit, Frustrationstoleranz** („Coolness“) bzw. **Geduld, Bescheidenheit** (statt Anspruchsdenken), **Kommunikationsfähigkeit** (Kontakte aufbauen können), **Konfliktfähigkeit, Belastbarkeit** bzw. **Durchhaltevermögen** bzw. Ausdauer, **Konzentrationsfähigkeit** (Bündelung von Aufmerksamkeit), **Umgang mit Geld**, aber auch **Ehrlichkeit** und **Fairness** sowie nicht zuletzt **Empathie** (griech. Mitfühlen, Einfühlungsvermögen) bzw. **Rücksichtnahme** und **Hilfsbereitschaft.**

Delinquenten, die als **Mehrfachtäter**, insbesondere als Gewalt-Intensivtäter auffallen (dazu Rdn. 23a zu § 3 sowie Rdn. 69a zu § 10), wurden meist kaum oder gar nicht erzogen; sie stammen weit überproportional oft aus Familien, in denen das (Familien-) Klima nicht stimmte, mit der Folge früher Nestflucht.

Insoweit spielen aber auch Außeneinflüsse eine Rolle (vor allem Medi- **6**
eneinflüsse und Gruppendruckphänomene der peer-group), die mit zunehmendem Alter (der Verselbständigung junger Menschen) zunehmen und die Erziehungseinflüsse (auch in intakten Familien) allmählich verdrängen (vgl. Übersicht 28).

## IV. Gesellschaftliche Auflösungsprozesse

Erziehung und Außeneinflüsse werden letztlich auch durch gesell- **7**
schaftliche Prozesse (mit-)bestimmt, die bestehende Ordnungsstrukturen verändern bzw. (im Sinne von **Desintegration** bzw. Destabilisierung) derzeit sogar aufzulösen beginnen: **These des sich auflösenden traditionellen soziokulturellen Milieus** (*Heitmeyer* in „Aus Recht und Politik“ B 2/3 vom 8. Jan. 1993, 3). Zu diesem soziologisch orientierten Desintegrationsansatz vgl. auch Rdn. 32 zu § 7.

*Gemeint ist die Auflösung fester Bindungen, die allerdings mit einem* ***Gewinn an individueller Freiheit*** *einhergeht (Individualsierungsprozeß). Diese Entwicklung beginnt in den 60er Jahren des 20. Jahrhundert (vgl. Rdn. 45 zu § 10), hat ihre Wurzeln aber schon im beginnenden Industriezeitalter des 19. Jahrhunderts. An die Stelle der Großfamilie ist die Kernfamilie getreten (vgl. dazu Peuckert: Familienformen im sozialen Wandel, 4. Aufl. 2002).*

*Heitmeyer* (aaO) sieht diese Entwicklung im Rahmen von **drei** großen gesellschaftlichen Auflösungsprozessen, die die (westlichen) Industriestaaten erfaßt haben und auch mit dem sog. **Wertewandel** (zu Werten: vgl. Rdn 50 zu § 2 und Rdn. 69 zu § 10) zu tun haben (zur Werteforschung *Hermann:* Posttraditionelle Werte, Hamburg 2008, 311 ff).

*Die Erforschung des Wertewandels begann Mitte der siebziger Jahre mit einer Veröffentlichung des amerikanischen Politikwissenschaftlers Ronald Inglehart (The Silent Revolution, Princeton 1977; Modernization and Postmodernization, Princeton 1997), der davon ausging, daß die nach 1945 geborene* ***(neue) Generation*** *(anders als deren Eltern-*

*Generation, die noch um ihre materielle Existenz kämpfen mußte) reaktiv nur noch „wenig Wert auf materielle Dinge legte und statt dessen eher nach immateriellen Dingen wie **Selbstverwirklichung,** Liebe, Spaß, Unabhängigkeit, Lebensqualität oder nach politischer Mitbestimmung" strebte. Kulturbruch: Werte, die „auf die Anpassung der Einzelnen an gegebene Verhältnisse oder Erwartungen hinauslaufen", hätten für die sog. **Postmaterialisten** Gehorsam, Fleiß, Höflichkeit (gute Umgangsformen) an Bedeutung verloren: z. B. Ruhe, Anpassung, Respekt vor Autoritäten, Nationalstolz, Ordnung und Disziplin. Diese Generation „wachse langsam ‚von unten her' in die bisherige Gesellschaft hinein **‚stille Revolution'**" (zit. nach Hradil aaO, 423/447). Der Durchmarsch (auch durch die Institutionen) gehört bereits zu den Realitäten (vgl. dazu Inglehart: Kultureller Umbruch. Wertewandel in der westlichen Welt, Frankfurt/M 1995).*

**7a** Gemeint sind von *Heitmeyer* (aaO):

- (erstens) die Auflösung von Beziehungen zu anderen Personen und Lebensumständen: **Lockerung des familiären Zusammenhalts**, d. h. Zerfall von tradierten Familienstrukturen; hierzu zählen: die Abnahme der Eheschließungen, die Zunahme der Scheidungen und der Zahl der alleinerziehenden Elternteile, deutlicher Geburtenrückgang, Anstieg der außerehelichen Geburten, weitgehende gesetzliche Gleichstellung homosexueller Lebenspartnerschaften mit der Familie ab 1. 7. 2001 (Lebenspartnerschaftsgesetz vom 16. 2. 2001, BGBl I 2001, 266) oder die Entscheidung für ein Single-Dasein **(Pluralisierung der Lebensformen)**: 15,9 Millionen Menschen leben ohne Partner, Familie oder Mitbewohner (*Statist.BA*, zit. nach NOZ vom 12.7.2012, 26); hierher gehören darüberhinaus: das **„Wegschmelzen" von Milieus:** durch das Herauslösen aus traditionellen Sozialbindungen (vgl. dazu die Kontroll- bzw. Halttheorien unter Rdn. 16ff zu § 6), Aufgabe traditioneller Rollenbilder zugunsten von **Individualisierung** (vgl. oben) bzw. Selbstverwirklichung bzw. **Emanzipation** (nicht selten) auf Kosten der Kinder oder erkauft durch **Verzicht auf eigene Kinder** (vgl. Rdn. 4 zu § 10);

# Steuervorteile auch für Homo-Ehe

**Bundesverfassungsgericht zwingt Union zur Kurskorrektur**

aus: *NOZ* vom 7. Juni 2013

- (zweitens) die Auflösung des Konsenses über gemeinsame Vorstellungen zu Werten und Normen **(„Orientierungsdilemma")** in unserer Gesellschaft (**Enttabuisierungen**: Schamschranken sinken, Peinlichkeitsbarrieren werden überschritten, moralische Hemmungen verschwinden) und leitende Normen verblassen (Schwarzarbeit, Versicherungsbetrug, Steuerhinterziehung): **Erosion des Rechtsbewußtseins** (schwindendes Unrechtsbewußtsein) und schließlich auch

- (drittens) die **Auflösung traditioneller Bindungen an gesellschaftliche Institutionen** wie Kirche und Staat sowie (auch im Zuge der **Globalisierung** und Internationalisierung) der Verlust der nationalen Identität überhaupt (Stichwort: Ruf nach doppelter Staatsbürgerschaft): **Entsolidarisierung** (zugunsten radikaler Ich-Bezogenheit), abnehmende Wahlbeteiligung und abnehmende (ehrenamtliche) Mitarbeit in gesellschaftlichen Institutionen (etwa im WEISSEN RING, Roten Kreuz, bei der Feuerwehr, als Rettungsschwimmer oder im Rahmen von politischen Parteien); man will keine Verantwortung (mehr) für den Staat übernehmen; ein Grundgefühl („feeling") von Antistaatlichkeit haben die sog. „**Autonomen**" entwickelt, die „nach eigenen Gesetzen" (autonom) leben möchten.

Wir haben es nicht zuletzt mit einer Umwertung der Werte in Richtung **8** individueller Selbstbestimmung zu tun. Angestrebt wird von vielen (vor allem jüngeren) Menschen die hedonistische (= wichtig ist nur der eigene Glückszustand – Arbeit gehört eher nicht dazu) **„Spaßgesellschaft"** (als Steigerungsform der Freizeitgesellschaft), die allerdings nur noch eine Pseudogesellschaft darstellt, weil sie zu nichts mehr verpflichtet und keinen Schutz mehr gewährt.

Die aus kriminologischer Sicht relevanten Folgen solcher Freisetzungs- **9** prozesse werden u. a. in Orientierungslosigkeit, Vereinsamung und Ohnmachtsgefühlen gesehen, die nicht zuletzt für rechtsextremistisches Ideengut anfällig machen (*Heitmeyer* 1993, 5) bzw. die Gewaltakzeptanz fördern aber auch die Sehnsucht nach Bindung, die nicht wenige Jugendliche z. B. im subkulturellen Milieu glauben finden zu können (vgl. dazu die Anomietheorie § 7 Rdn. 6 ff). **Hat unsere Gesellschaft danach die Kriminellen bzw. die Gewalttäter, die sie verdient?** (dazu *Schwind* in: Kriminalistik 1994, 8 ff und Rdn. 40 zu § 4).

## § 10 Die Familie als primäre Sozialisationsinstanz

**Literatur:** **Adorno,** T. W. et al.: Der autoritäre Charakter, Bd. 1, Amsterdam 1968; **Affemann,** R.: Krank an der Gesellschaft, Symptome, Diagnose, Theorie, Stuttgart 1978; **Bannenberg,** B/**Rössner,** D: Hallenser Gewaltstudie – Die Innenwelt der Gewalttäter, in: DVJJ-Journal 2/2000, S. 121–134; **Baumhauer,** J.: Zwischen Prägung und Individualität – Antworten der Entwicklungspsychologie, in: *Stalmann,* R. (Hrsg.): Kindlers Handwörterbuch Psychologie, München 1982, S. 129 ff; **Beulke, W./Theerkorn,** G.: Gewalt im sozialen Nahraum – Beratungsauflage als (ein) Ausweg? in: NStZ 1995, S. 474–481; **Bien, W./Schneider,** N.T.: Kind ja, Ehe nein?, Opladen 1998; **Blos,** P.: Sohn und Vater, Stuttgart 1990; **BMFSFJ:** Familienreport 2009 und 2010; **BMFSFJ:** Soziale Kompetenz für Kinder und Familien, Berlin 2004; **Bönner,** K.-H.: Nichtautoritäre Erziehung, Düsseldorf 1971; **Bott, K./Reich, K./Kerner,** H-J.: Kriminalitätsvorstellungen bei Kindern, in: Praxis der Rechtspsychologie Juli 2006, S. 8–29; **Bowlby,** J.: Maternal Care and Mental Health, in: Bulletin of the World Health Organisation, Bd. 3, 1951, S. 355–534; **v. Braunmühl,** E.: Antipädagogik, 4. Aufl., Weinheim 1983; **Bryan,** J. H./**Test,** M. A.: Models and Helping: Naturalistic Studies in Aiding Behavior, in: Journ. of Personality and Soc. Psychol. 6/1967, S. 400–407; **Bussmann,** K.-D.: Familiale Gewalt gegen Kinder und das Recht, in: *Gerhardt,* U./*Hradil,* S. et al.: Familie der Zukunft, Opladen 1995, S. 261–279; **Dorbritz,** J.: Stirbt die Familie?, in: FAZ vom 20. Dez. 1999, S. 14; **Dührssen.** A.: Heimkinder und Pflegekinder in ihrer Entwicklung, Göttingen 1958; **Flammer,** A.: Entwicklungstheorien, Bern 1988; **Freud,** A.: Wege und Irrwege in der Kinderentwicklung, 3. Aufl., Stuttgart 1982; **Frey,** H.-P.: Theorie der Sozialisation, Stuttgart 1974;

**Fthenakis,** W. E.: Väter (2 Bände), München 1985; **Fthenakis,** W./**Minsel,** B.: Die Rolle des Vaters in der Familie, München 2001 (Zusammenfassung Bundesministerium für Familie usw. Juli 2001); **Funk,** W.: Familien- und Haushaltskontext als Determinanten der Gewalt in der Schule, in: Zeitschrift für Familienforschung 1994 (8/1), S. 5–45; **Gafron,** G.: Die 68er-Falle, in: DIE WELT vom 25. Juni 2007, S. 9; **Gareis,** B./**Wiesnet,** E.: Frühkindheit und Jugendkriminalität, München 1974; **Göppinger,** H.: Der Täter in seinen sozialen Bezügen, Berlin 1983; **Haferkamp,** H.: Kriminelle Karrieren, Handlungstheorie, Teilnehmende Beobachtung und Soziologie krimineller Prozesse, Hamburg 1975; **Havers,** N.: Erziehungsschwierigkeiten in der Schule, 2. Aufl., Weinheim 1981; **Heinelt,** G.: Umgang mit aggressiven Kindern, Freiburg/Br. 1978; **Hellbrügge,** T.: Zur Problematik der Säuglings- und Kleinkinderfürsorge in Anstalten. Hospitalismus und Deprivation, in: *Opitz,* H. et al. (Hrsg.): Handbuch der Kinderheilkunde, Bd. 3, Berlin 1966; **Herrmann,** T.: Lehrbuch der empirischen Persönlichkeitsforschung, 2. Aufl., Göttingen 1972; **Hetzer,** H.: Seelische Hygiene – lebenstüchtige Kinder, München 1947; **Hofmann-Hausner,** N./**Bastiné,** R.: Psychische Scheidungsfolgen für Kinder, in: Zeitschrift für Klinische Psychologie 1995, S. 285–299; **Hradil,** St.: Soziale Ungleichheit in Deutschland, 8. Aufl., Opladen 2001; **Kohlberg,** L.: Education, moral development and faith, in: Journal of Moral Education, 1974, S. 5–16; **Kolliadis,** E.: Mütterliche Erwerbstätigkeit und kindliche Sozialisation, Weinheim 1978; **Kürthy,** T.: Geschlechtsspezifische Sozialisation, Paderborn 1978; **Kury,** H.: Die Bedeutung der familialen Sozialisation für die Entstehung krimineller Verhaltensweisen, in: *Schwind,* H.-D./*Berckhauer,* F./*Steinhilper,* G. (Hrsg.): Präventive Kriminalpolitik, Heidelberg 1980, S. 147–163; **Kury,** H.: Familiale Erziehungsbedingungen und Kriminalität, in: *Kury, H.* (Hrsg.): Ist Straffälligkeit vermeidbar?, Bochum 1982, S. 72–219; **Lamnek,** S./**Ottermann,** F.: Tatort Familie: Häusliche Gewalt im gesellschaftlichen Kontext, Opladen 2004; **Lamott,** F.: Der Risikofaktor ‚Frau': Kriminalprävention und Mütterlichkeit, in: MschrKrim 1985, S. 325–339; **Lehr,** U.: Die Rolle der Mutter in der Sozialisation des Kindes, Darmstadt 1978; **Leipert,** C. (Hrsg.): Aufwertung der Erziehungsarbeit, Opladen 1999; **Lösel,** F. et al.: Erlebens- und Verhaltensprobleme von Tätern und Opfern, in: Holtappels H. G. et al (Hrsg.): Forschung über Gewalt an Schulen, 2. Aufl. Weinheim 1999, S. 137–154; **Lösel,** F./**Beelmann,** A./**Plankensteiner,** B.: Prävention dissozialen Verhaltens durch soziale Kompetenztrainings für Kinder. Eine systematische Evaluation ihrer Wirkungen, in: RdJB 52/2004, S. 496–522; **Lösel,** F./**Schmucker,** M.: Persönlichkeit und Kriminalität, in: *Pawlik,* K. (Hrsg.): Enzyklopädie der Psychologie Bd. 5, S. 887–924, Göttingen 2004; **Mansel,** J.: Familiale Erziehung und Gewalterfahrungen, in: Zeitschrift für Familienforschung H. 3/2001, S. 26–51; **Maslow,** A. H.: Psychologie des Seins, München 1973; **McLanahan,** S./**Sandefür,** G.: Growing Up With a Single, Wisconsin 1995; **Metzger,** W.: Frühkindlicher Trotz, Basel 1956; **Mitscherlich,** A.: Auf dem Weg zur vaterlosen Gesellschaft, 14. Aufl., München 1982 (erste Aufl. 1963); **Napp-Peters,** A.: Ein Elternfamilien, Weinheim 1980; **Nash,** J.: The Father in Contemporary Culture and Current Psychological Literature, in: Child Development, 36/1965, S. 261–297; **Nave-Herz,** R.: Familie heute – Wandel der Familienstrukturen und Folgen für die Erziehung, 2. Aufl., Darmstadt 2002; **Oelkers,** J.: Antipädagogik, Weinheim/Basel 1993; **Oerter,** R./**Montada,** L. (Hrsg.): Entwicklungspsychologie, 3. Aufl., Weinheim 1995 (4. Aufl. 1998); **Ostendorf,** H.: Die strafrechtliche Inpflichtnahme von Eltern wegen Verletzung der Fürsorge- und Erziehungspflicht, in: RdJB 4/2000, S. 439–447; **Parsons,** T.: The Social System: A General Theory of Action, in: *Grinker,* R. R. (Hrsg.): Towards an Unified Theory of Human Behavior, New York 1956; **Parsons,** T.: Jugend im Gefüge der amerikanischen Gesellschaft, in: *Friedeburg,* L. v. (Hrsg.): Jugend in der modernen Gesellschaft, 5. Aufl. Köln 1968; **Peuckert,** R.: Familienformen im sozialen Wandel, 4. Aufl., Opladen 2002; **Plack,** A.: Die Gesellschaft und das Böse, 4. Aufl., München 1969; **Pongratz,** L./**Hübner,** H. O.: Lebensbewährung nach öffentlicher Erziehung, Berlin 1959; **Rattner,** J.: Sozialisation in der Familie, in: JR 1974, S. 1–8; **Remplein,** H.: Die seelische Entwicklung des Menschen im Kindes- und Jugendalter, München 1971; **Richter,** H.-E.: Eltern, Kind und Neurose. Die Rolle des Kindes in der Familie, Hamburg 1983 (1. Aufl. 1963); **Rottmann,** M.: Über die Bedeutung des Vaters in der „Wiederannäherungsphase", in: Psyche 12/1978, S. 1105–1147; **Schaefer,** E. S.: A Circumplex Model for Maternal Behavior, in: Journal of Abnormal and Social Psychology 59/1959, S. 226–235; **Schmidtchen,** G.: Emotionale Unterstützung und normative Anforderungen, in: Jugend und Gesellschaft 2/1997, S. 20–21; **Schmidtchen,** G.: Moralische Erziehung und Kriminalität, in: *Schäuble,* W. (Hrsg.): Kriminalitätsbekämpfung – eine Herausforderung für Staat und Gesellschaft, Bonn 1984 (CDU/CSU-Fraktion), S. 18–23; **Schneewind,** K. A./**Herrmann,** T.: Erziehungsstilforschung, Bern 1980; **Schneewind,** K. A./**Ruppert,** St.: Familien gestern und heute: ein Generationenvergleich über 16 Jahre, München 1995; **Schneider,** U.: Körperliche Gewaltanwendung in der Familie, Berlin 1987; **v. Schoenebeck,** H.: Unterstützen statt Erziehen, München 1982; **Schwind,** H.-D.: Familiale Erziehung und sozial abweichendes Verhalten, in: FS für *Herzberg*, Tübingen 2008, S. 945–963; **Schwind,** H.-D./**Baumann,** J. et al. (Hrsg.): Ursachen, Prävention und Kontrolle von Gewalt, Berlin 1990; **Schwind,** H.-D./**Steffen,** W./**Hermann,** D. (Hrsg.): Kriminalprävention durch familiale Erziehung?, Schriftenreihe des WEISSEN RINGES Bd. 46, Baden-Baden 2009; **Seitz,** W.: Familiäre Erziehung und Delinquenz, in: *Seitz,* W. (Hrsg.): Kriminal- und Rechtspsychologie, München 1983, S. 50–55; **Spitz,** R. A.: Vom Säugling zum Kleinkind, 10. Aufl., Stuttgart 1992; **Steinberger,** P.: Du sollst den Vater ehren! Die Rückkehr des Patriarchats als Resultat der Kinderlosigkeit, in: SZ vom 28. März 2006, 13; **Stelly,** W./**Thomas,** J./**Kerner,** H.-J./**Weitekamp,** E.: Kontinuität und Diskontinuität sozialer Auffälligkeiten im Lebenslauf, in: MschKrim 1998, S. 104–122; **Struck,** P.: Das Erziehungsbuch, Darmstadt 2005; **Struck,** P.: Erziehung gegen Gewalt, Neuwied

1994; **Tausch,** R./**Tausch,** A.: Erziehungspsychologie, 9. Aufl., Göttingen 1979; **Ulbrich-Herrmann,** M.: Tradierung von Gewalt. Die Bedeutung des elterlichen Erziehungsstils und des Erziehungsverhaltens für Gewalt von Jugendlichen, in: *Mansel,* J./*Rosenthal,* G./*Tölke,* A. (Hrsg.): Generation – Beziehungen, Austausch und Tradierung, Opladen 1997, S. 180–191; **Vaskovics,** L.A. (Hrsg.): Familienleitbilder und Familienrealitäten, Opladen 1997; **Villmow,** B./**Kaiser,** G.: Empirisch gesicherte Erkenntnisse über Ursachen der Kriminalität. Eine problemorientierte Sekundäranalyse, in: *Der Regierende Bürgermeister von Berlin* (Hrsg.): Verhütung und Bekämpfung der Kriminalität, Berlin 1974, Anhang S. 1–143; **Vogt,** G.-M./**Sirridge,** St.: Söhne ohne Väter, Frankfurt/M. 1993; **Wallerstein,** J./**Blakeslee,** S.: Gewinner und Verlierer – Frauen, Männer, Kinder nach der Scheidung, München 1992; **Weinert,** F. E.: Die Familie als Sozialisationsbedingung, in: Funk-Kolleg, Pädagogische Psychologie, Bd. 1, Frankfurt/M. 1983, S. 357–386; **Wetzels**; P.: Gewalterfahrungen in der Kindheit, Baden-Baden 1997; **Wetzels,** P./**Enzmann,** D.: Die Bedeutung der Zugehörigkeit zu devianten Cliquen ... in: DVJJ-Journal 2/1999, S. 116–130; **Wetzels,** P./**Enzmann,** E./**Mecklenburg,** E./**Pfeiffer,** Ch.: Jugend und Gewalt, Baden-Baden 2001; **Winterhoff,** M.: Warum unsere Kinder Tyrannen werden, Oder: Die Abschaffung der Kindheit, Gütersloh, 7. Auflage 2008; **Winterhoff,** M.: Warum unsere Kinder Tyrannen werden. Oder: Die Abschaffung der Kindheit, 4. Auflage, München 2008.

## Gliederung



Im Anschluß an *Parsons* (1968) darf man sich die soziale Entwicklung des Menschen so vorstellen, daß **„sich die Integration des Individuums in die vorhandenen Rollen in einer Art Laufbahn vollzieht**, an deren Ende die Menschen als mehr oder weniger gut ‚sozialisierte' Mitglieder in die Gesellschaft entlassen werden („soziales Schicksal"). Beeinflußt wird diese Laufbahn sowohl durch die Sozialisationsinstanzen als auch durch 1 die schicht- und geschlechtsspezifischen sowie gesamtgesellschaftlichen Bedingungen, in denen ein Individuum groß wird" (*Frey* 1974, 17).

Sozialisations- bzw. Erziehungsinstanzen sind **Familie, Schule**, berufliche **Ausbildungsstätten**, sonstige Ausbildungs- und **Erziehungseinrichtungen** (wie z.B. Jugend- und Freizeitzentren, SOS-Kinderdörfer, Kinder- und Erziehungsheime), aber auch **Religionsgemeinschaften** (Kirchen), **Nachbarschaften** sowie zunehmend die **„peer-group"** (Rdn. 21 zu § 13), also die Gruppe der Gleichaltrigen (auf der Straße).

## I. „Kernfamilie" in der Krise?

2 Als primäre Erziehungsinstanz der ersten Lebensjahre des Kindes wird die Kleinfamilie (Kernfamilie im Gegensatz zur Mehrgenerationenfamilie) betrachtet, also die Haushaltsgemeinschaft von (verschiedengeschlechtlichen) Eltern und ihren unselbständigen Kindern (vgl. *Weinert* 1983, 362). Ist diese (nicht nur statistisch betrachtet) in die Krise geraten?

### 1. Statistik: „Familienland Deutschland"

3 Informationen enthält insoweit der Mikrozensus, eine Erhebung, in deren Rahmen jährlich eine Zufallsstichprobe von 390 000 Haushalten (= 1 % aller Haushalte) mit rund 830 000 Personen befragt wird. Dabei umfaßt die **Familie im statistischen Sinne im Mikrozensus** alle Eltern-Kind-Gemeinschaften. Im einzelnen sind das Ehepaare, Lebensgemeinschaften sowie alleinerziehende Mütter und Väter mit ledigen Kindern im Haushalt. Nach dem Mikrozensus 2009 (zit. nach BMJFFG 2010, 21) ergibt sich zum „Familienland Deutschland" das aus der Graphik ersichtliche Bild (Übersicht 28a):

*Übersicht 28a:* Familienformen (nach dem Mikrozensus)

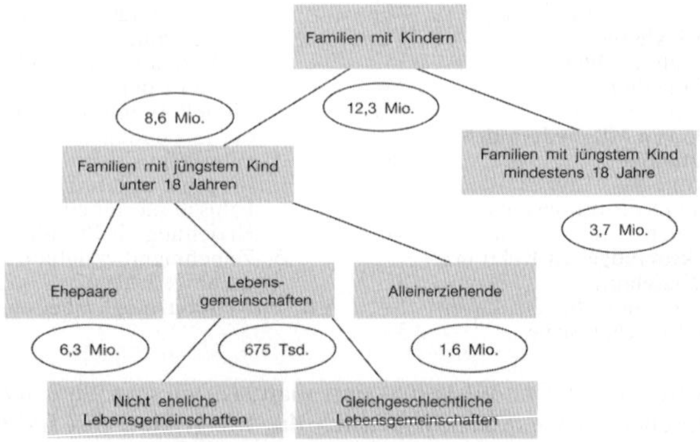


*Quelle: BMFSFJ: Familienreport 2010, 32; ebenso Familienreport* 2012 (zit. nach WAZ vom 17. Januar 2013).

Informationen zu Familien mit **Migrationshintergrund**:

- Jede vierte Mutter mit vier oder mehr Kindern war (2008) eine Migrantin (*Mikrozensus* 2009, 23);
- Mehr als jedes dritte Kind unter fünf Jahren hat einen Migrationshintergrund (BMFSFJ 2010, 81);
- 19 % der Bevölkerung mit Migrationshintergrund leben von staatlicher Unterstützung; bei der Bevölkerung ohne Migrationshintergrund sind es nur 8 % (BMJFFG 2010, 91).

Die Statistik macht deutlich, daß die Bedeutung der Familie (**Art. 6 Abs. 1 GG**) immer noch hoch ist: die traditionelle Familie ist jedenfalls (noch) kein Auslaufmodell. Dafür sprechen auch die Resultate von Meinungsumfragen.

*(1) Nach einer Befragung des Allensbacher Instituts für Demoskopie für das **„Generationen-Barometer 2006“** waren 89 % der Befragten der Oberschicht, 86 % der Mittelschicht und 74 % der Unterschicht der Meinung, daß ihre **Familie für sie eine Gemeinschaft von Menschen sei, „die sich gegenseitig helfen“** (zit. nach NOZ vom 29. 1. 2007).*

*(2) Nach der Shell-Studie „Jugend 2006“ (S. 50) antworteten immerhin 69 % der befragten Jungen „Man braucht eine Familie um glücklich zu sein“, bei den Mädchen waren es sogar 76 %.*

*(3) Nach der Vorwerk-Familienstudie 2010 ist die Familie für 76 % der Befragten das Wichtigste im Leben (zit. nach Focus 51/2010, 90). Der Freizeitwissenschaftler Opaschowski spricht sogar von einer **„Renaissance der Familie** „seit etwa fünf Jahren (vgl. auch Zeitungsausschnitt).*

**Eltern halten an traditioneller Rollenverteilung fest**

Umfrage: Mehrheit schätzt den männlichen Hauptemährer

aus: *WAZ* vom 10. April 2013,1

### 2. Einflußfaktoren der fortschreitenden Veränderung

Die fortschreitende Veränderung der Familienstrukturen (vgl. Rdn. 7a **3a**
vor § 10) hat schon im Zeitalter der Industrialisierung (also im 19. Jhrdt) mit der Auflösung der **Großfamilie** begonnen. Zu den Familienformen im sozialen Wandel (vgl. auch *Peuckert* 2002 und *Bertram* in Schwind et al. 2009, 30).

*a) Einflüsse der „68er“*

Die **Kleinfamilie** (verheiratete Eltern mit Kindern) blieb zwar bis **3b**
Mitte der 60er Jahre des letzten Jahrhunderts die von der Bevölkerung allein favorisierte Familienform. Das änderte sich aber mit der sog. Stu-

dentenrevolte der sog. 68er (Rdn. 6 zu § 30) bzw. mit der Emanzipationsdebatte die (auch) feministische Kreise ausgelöst hatten und der resultierenden gesellschaftlichen Auflösungsprozesse (Rdn. 7 zu § 10). Auch unter dem Einfluß von Hochschullehrern der „Frankfurter Schule" (Rdn. 48) wurde nunmehr die Kleinfamilie an den Pranger gestellt, und zwar

*als „Bastion der Unterdrückung und Triebverleugnung" und damit „als Brutstätten kleiner Nazis".*

Dazu paßte die Forderung nach (hemmungsloser) Sexualität: eheliche Treue war kein Tabu mehr. Im Gegenteil: sie wurde als „spießbürgerlich" diffamiert. Typisch das Motto:

*„Wer zweimal mit derselben pennt, gehört schon zum Establishment".*

Die Vaterlosigkeit wurde zum Ideal deklariert:

*„Mein Bauch gehört mir".*

Väter wurden nur noch als Samenspender akzeptiert. Die „Entmännlichung der Gesellschaft wurde zum Ziel (dazu *Gafron* in DIE WELT vom 25. Juni 2007, 9: „Die 68er-Falle"). Die Männer reagierten, indem sie sich aus ihrer Ernährerrolle herauslösten und die Frauen allein ließen. Die Zahl der alleinerziehenden Mütter nahm zu. Die Zahl der Kinder nahm ab:

*„Ob Kinder oder keine, entscheiden wir alleine".*

Propagiert wurde die Spaßgesellschaft (zu dieser Rdn. 8 vor § 10). Motto:

*„High sein, frei sein, jede Nacht dabei sein" (zit. nach FOCUS 19/ 2005, 44).*

Das Sozialprestige der Familie wurde systematisch zerstört. Familien mit mehreren Kindern wurden gern in die asoziale Ecke gestellt; der Verzicht der Familien auf (weitere) Kinder (*Schirrmacher, Minimum, München 2006*) hat auch mit dieser Diffamierung zu tun (vgl. den Zeitungsausriß).

**Deutschland gehen die Kinder aus**

**Bevölkerungszahl schrumpft weiter – Negativ-Rekord bei Geburten**

aus: *NOZ* vom 20. Juli 2006; nach einer Studie des Statist. Bundesamtes (zit. nach NOZ vom 8. Nov. 2006) wird die Einwohnerzahl Deutschlands von derzeit (2006) **82,4** Millionen bis 2050 auf **69 bis 74** Millionen abnehmen. Derzeit (2013) nimmt die Bevölkerung allerdings infolge Zuwanderung wieder zu (*Statist.BA*, zit. Nach WAZ vom 15. Jan. 2013, 1).

*b) „Bunte" Familien*

**3c** Unsere Gesellschaft ist, „was Familien angeht, eine bunte Gesellschaft geworden" (*Bertram* in Schwind/Steffen/Hermann 2009, 45). Gemeint ist, daß inzwischen viele Familien einen Migrationshintergrund haben, der sich auch auf die Formen der Erziehung auswirken kann.

### 3. Motive des Kinderverzichts

Um die Bevölkerungszahl unseres Landes konstant zu halten, müßte jede Frau (im gebärfähigen Alter) statt **1,39** (2010) (BMJFFG 2010, 15) im rechnerischen Durchschnitt **2,1 Kinder** bekommen. 4

*Zum Vergleich: Welt-Durchschnitt* ***2,8;*** *Afrika 5,2; Lateinamerika 2,8; Asien 2,7 (Deutsche Stiftung Weltbevölkerung, zit. nach FAZ vom 11. Juli 2001); Frankreich 1,9 und Italien 1,2; EU: 1,46 Kinder (zit. nach NOZ vom 15.3.05); USA: 2,1 (SPIEGEL 10/2006, 77).*

Nach einer Studie des *Bundesinstituts für Bevölkerungsforschung* (BiB) und anderen Umfragen (zit. nach FOCUS 19/2005, 42 ff) hat der **Verzicht auf Kinder** vor allem mit folgenden Motiven zu tun mit:

- **fehlendem Partner** so auch (FORSA-Umfrage, zit. nach NOZ vom 15.Febr. 2011, 23) Frauen suchen (oft erfolglos) den statusüberlegenen Mann, Männer machen (nicht selten) einen Bogen „um besser gebildete oder beruflich erfolgreichere Frauen";
- der Ablehnung einer **Beeinträchtigung der Freizeit** (*Bremer Studie*, zit. nach FOCUS 33/2011, 82) des persönlichen Freiraums (zur **Spaßgesellschaft** vgl. Rdn. 8 Vor § 10);
- **Jobangst** (vermutete Unvereinbarkeit von Beruf und Familie: „Karrierekiller": *Bundesinstitut* aaO).
- **beruflicher Unsicherheit** bzw. **Arbeitslosigkeit** (MPI, Ref. nach NOZ vom 11. Juli 2013, 2);
- **finanziellen Problemen (FORSA aaO): „Armutsrisiko"** (zu den Erziehungskosten vgl. unten Rdn. 74);
- **fehlenden Kinder-Betreuungsangeboten** (Bundesinstitut 2012 aaO);
- einer (vermeintlich) **kinderfeindlichen Umwelt;**
- (vermeintlich) **eigener Erziehungsunfähigkeit** sowie
- **ideologischen Positionen:** „es gibt schon genug Kinder in der Welt" (außerhalb Deutschlands).

Im Vordergrund stehen aber **Emanzipationsgründe:** man zieht den beruflichen Erfolg („Karriere") einer Familie mit Kindern vor und nimmt dafür die Vereinsamung im Alter in Kauf oder denkt nicht daran. 4a

Nicht selten wurde (nicht nur bei den Karrierefrauen) aber ganz einfach der **biologische Zeitpunkt** (auch infolge langer Ausbildungszeiten) verpaßt: unfreiwilliger Kinderverzicht. Im übrigen hängt die Entscheidung für oder gegen eigene Kinder von der Einstellung ab: der Kinderwunsch bzw. das Gegenteil (Kinder als „Unglück") ist also auch ein **mentales Problem.**

*Naumann* spricht (in DIE ZEIT vom 18.8.2005, 52) von **„demographischer Selbstauslöschung"**.

## II. Elterneinflüsse auf die (früh-)kindliche Sozialisation

Entscheiden sich Eltern für Kinder sollten sie wissen, wie sich junge Menschen (aus kriminologischer Perspektive betrachtet) entwickeln. 5

Auch entsprechende Erziehungskompetenz will gelernt sein. In der Praxis haben wir es allerdings eher mit **intuitiver Erziehung** zu tun oder mit angelesener Besserwisserei, die z. B. auf Elternabenden stört.

### 1. Zum Mythos der „ersten drei Jahre“

6 Folgt man *Parsons*, wird der Mensch bereits „durch die frühe Sozialisation so geprägt (zur Prägung vgl. Rdn. 16 zu § 5), daß eine spätere Änderung der Werteorientierungen wenig wahrscheinlich ist“ (*Frey* 1974, 17).

***Warum ist das so?*** *Piefke/Markowitsch (2009) weisen darauf hin, daß „die hochgradige Wirksamkeit frühkindlicher Erfahrungen durch die* ***neuronale Plastizität unseres Gehirns*** *bedingt ist: es ist neuroanatomisch und neurofunktionell* ***formbar durch Einflüsse aus der sozialen Umwelt****. Diese neronale Plastizität ist in frühen Lebensstadien ausgeprägt“.*

So heißt es z. B. (auch) bei *Rattner* (1974, 2): „Was ein Kind **in den ersten drei bis fünf Lebensjahren** mit seinen ersten Erziehungspersonen (Mutter, Vater, Geschwister) erlebt, scheint nicht nur den **Charakter** und seine **Hauptmotivationen**, sondern auch die **Intelligenz, Begabung** und **Selbstkontrolle** zu prägen. Das gilt ferner für die Herausbildung von **Grundorientierungen** (Werteorientierungen) und **Weltanschauungen** (*Bott et al.* 2006, 16; *Kerner* in FS Schwind 2006, 963 ff). Frühzeitig festgelegt werden darüber hinaus offenbar das **Lieben-können** (bzw. die Mitleidensfähigkeit/**Empathie**) und das **Geliebtwerden**.

7 *Dazu hat allerdings der US-Kinderpsychologe Mike Posner geschrieben (zit. in DIE ZEIT vom 11. 9. 03):* ***„Wir haben den Mythos ‚Geburt bis drei‘ beerdigt“****. Die Verhaltensbiologin Katharina Braun (zit. in DIE ZEIT aaO) geht deshalb von den* ***ersten sechs Jahren*** *aus, „die unsere Fähigkeiten zur Informationsverarbeitung weitgehend festlegen“. Denn in diese Zeit fielen „besonders dramatische Ereignisse der Hirnentwicklung“. Paulus stellt (in DIE ZEIT aaO) dazu fest: „Die Volksweisheit ‚Was Hänschen nicht lernt, lernt Hans nimmermehr‘ besitzt ein neurobiologisches Fundament“ (vgl. dazu Rdn. 13a zu § 5): die Synapsen die die Nervenzellen verbinden, bilden sich (durch Lernen) bereits in den ersten zwei Lebensjahren heraus.*

8 Dementsprechend weist *Seitz* darauf hin (1983, 50), „daß sich Straffälligkeit zu einem hohen Ausmaß als Folge einer in der frühen Sozialisation, speziell durch die elterliche Erziehung, erworbenen Persönlichkeitsstruktur einstellt“. Modifiziert man diese Beobachtungen dahingehend, daß eine spätere Änderung der Wertorientierungen zumindest erheblich erschwert sein dürfte, stimmt die Aussage mit den Ergebnissen der empirischen poenologischen Forschung weitgehend überein. Jedenfalls sind (Re-)Sozialisierungserfolge (zumindest) im Erwachsenenstrafvollzug (noch immer) eher die Ausnahme. Das heißt: **insbesondere die ersten Lebensjahre bestimmen danach die spätere soziale Entwicklung des Menschen; spätere „Reparaturen“ scheinen eher im Ausnahmefall erfolgreich zu sein** (ähnlich *Scheithauer/Mayer* in Schwind et al. 2009, 70).

*Einschränkend Stelly/Thomas/Kerner/Weiterkamp 1998, 119, die darauf hinweisen, daß „auch bei positiven bzw. unproblematischen Startbedingungen ein ‚Abrutschen' auch noch in späteren Lebensabschnitten möglich ist" (aaO, 119).*

## 2. Zur Normentransferfunktion

Dementsprechend steht die familiale Erziehung auch i.S. der Halttheorien (vgl. Rdn. 16ff zu § 6) im Vordergrund kriminologischer Erklärungsansätze. **Denn im „Regelfall überträgt die Familie die sozial gebilligten Werte auf die nächste Generation** und schützt das Kind zugleich vor der Übernahme sozial abweichender Normen" (*Kaiser*, Jugendkriminalität 1977, 159): Basissozialisation. Diese **Normentransferfunktion** wird durch die **Vorbildfunktion**, die Eltern für ihre Kinder wahrnehmen, unterstützt: sie leben Verhaltensmuster vor, die das Kind im Wege der Nachahmung (vgl. Rdn. 45 zu § 6) bzw. Identifikation übernimmt. Die dritte Funktion ist die sog. **Plazierungsfunktion:** Eltern machen ihre Kinder mit der eigenen sozialen Rolle bekannt, indem sie sie in bestimmte Kreise und Institutionen einführen: Kirche, Sportverein, soziale Einrichtungen, in denen die Eltern selbst tätig sind. Ein Kind „dürfte im späteren Leben meist dasjenige Selbstbild (self-concept) entwickeln, das durch die Rolle nahegelegt wird, welche ihm seine Familie zuerkannte" (*Herrmann* 1972, 354f). In der Familie werden z.B. auch soziale Fähigkeiten eingeübt, wie **Selbstbeherrschung** bzw. **Frustrationstoleranz, Bedürfnisaufschub** und **Durchhaltevermögen** bzw. **Selbstdisziplin, Anstrengungsbereitschaft, Problemlösungsstrategien** und **Rechtsgefühl**. 9

Zum fehlenden Rechtsgefühl ein Beispiel:

*Füllgrabe berichtet (in der Kriminalistik 5/2010, 291) dazu über eine Umfrage unter Schulkindern. Frage: „Warum verschmierst du deiner Klassenkameradin das Heft?". Die häufigste Antwort bestand in der Gegenfrage: **„Warum nicht?"**. Füllgrabe (aaO): „Warum soll man nicht schlagen, treten, quälen? Gibt es einen Grund, darauf zu verzichten?". Das zu erklären, gehört zur Erziehungsaufgabe der Eltern.*

Solche Verhaltensweisen sind bei Straftätern (hartnäckigen Rückfalltätern) erfahrungsgemäß grundsätzlich wenig ausgeprägt. Das gilt auch für **Strukturierungsleistungen** wie regelmäßiges Aufstehen, Pünktlichkeit und für sog. Sekundärtugenden: **Ordnung, Gehorsam, Pünktlichkeit, Sauberkeit, Fleiß** (Überblick bei *Schwind* 2008, 945ff).

## 3. Fehlentwicklungen

Nach psychoanalytischer Auffassung (dazu Rdn. 3ff und 16ff zu § 6) entstehen „innige Bindungen an früheste Objekte, welche Befriedigung, Schutz und Geborgenheit spenden, also an Mutter, Vater und andere relevante Personen der Umwelt, ganz natürlich aus der Intensität der Kontakte. Der Vorgang der Identifizierung und die langsame Entstehung (eines Über-Ichs), eines Gewissens aus diesen Identifikationen sind ihre Folge. 10

11 *Eine Kinder- und Jugend-Gesundheitsstudie (KiGGS) des Berliner Robert-Koch-Instituts (RKI), die sich auf die Befragung von 17641 Probanden bis 17 Jahre bezieht, ist insoweit zu folgenden Resultaten gelangt (zit. nach FAZ vom 18. Mai 2007, S. 9): „bei rund **11 Prozent** der Mädchen und fast **18 Prozent** der Jungen gibt es **Hinweise auf Verhaltensauffälligkeiten oder emotionale Probleme** – also mangelnde Aufmerksamkeit, Hyperaktivität, Aggressivität, Ängste, Depressionen, unsoziales Verhalten". Dementsprechend sind nach Winterhoff (im SPIEGEL-Gespräch 14/2009, 91) „30 % aller Kinder in Behandlung": Ergotherapie, Logopädie, Psychotherapie usw. (vgl. dazu Rdn. 23 zu § 3).*

*a) Affektive (gefühlsmäßige) Unterversorgung in der Heimerziehung*

12 Fehlentwicklungen werden im psychoanalytischen Schrifttum grundsätzlich mit Störungen erklärt, die in die ersten Lebensmonate des Säuglings zurückreichen; sie sollen vor allem mit der Trennung der Wechselbeziehung zwischen Mutter und Kind zu tun haben. Die bekanntesten Untersuchungen, die zu diesen Fragen vorgelegt wurden, stammen von dem Psychologen René *Spitz* (1945; zuletzt 1992).

13 *(1) **Spitz** hat in den vierziger Jahren in einem Findelhaus Kinder während ihres ersten Lebensjahres beobachtet. Alle **Säuglinge** wurden richtig ernährt und auch in hygienischer Hinsicht einwandfrei versorgt. Die Kinder wurden aber nicht durch ihre Mütter, sondern durch Säuglingsschwestern betreut. Da sich jedoch jede von diesen um 20 Säuglinge zu kümmern hatte, blieb für die Herstellung affektiver Kontakte zu den Kindern kaum Zeit: Sie wurden weder herumgetragen noch hochgenommen oder gewiegt. Es fand auch keine liebevolle Zwiesprache statt, wie sie sonst zwischen Mutter und Kind üblich ist. Die Folgen dieser Behandlung reichten von anormalen Angstreaktionen bis zu Ernährungsstörungen, Hauterkrankungen, Depression und Apathie; auch die Sterblichkeit war (während einer Masern-Epidemie) weit überdurchschnittlich hoch: Bei den Überlebenden wurde ein Entwicklungsquotient von lediglich 45 gemessen: „Die Kinder standen praktisch auf dem Niveau von Idioten" (Spitz: Hospitalism, in: The Psychoanalyst. Study of the Child, Bd. I, 1945, 53; ders.: Hospitalism: A Follow-up- Report, in: The Psychoanalyst. Study of the Child, Bd. II, 1946, 113; ders. 1969; zu den methodischen Mängeln der Arbeit vgl. jedoch ausführlich Lehr 1978, 20ff m.w.N.).*

14 *(2) Diese Ergebnisse wurden 1959 von dem US-amerikanischen Primatenforscher **Harlow** in Tierversuchen bestätigt (vgl. Rdn. 18 zu § 6). Harlow trennte junge **Rhesusaffen** bei der Geburt von der Mutter und stellte fest, daß diese Tiere (anders als normal aufwachsende Affen) in ihrem späteren Leben ähnliche seelische Reaktionsdefizite aufwiesen wie die Säuglinge in der Untersuchung von Spitz. Besonders auffällig war, daß sich die mutterlos aufwachsenden Affen auch selbst nicht um ihre Nachkommenschaft kümmerten; sie sahen nie auf das Kind, „sondern starrten ins Leere": sie hatten die Fähigkeiten zur Erziehung nicht*

*von der Mutter gelernt (Harlow, H. F.: Basic Social Capacity of Primates, in: Spuhler, J. N. [Hrsg.]: The Evolution of Man's Capacity for Culture, Detroit 1959; vgl. dazu auch De Waal, F.: Der gute Affe. Der Ursprung von Recht und Unrecht bei Menschen und anderen Tieren, München 1997; vgl. ferner die Kontrolltheorien, Rdn. 16ff zu § 6).*

Nach *Mitscherlich* (1982, 81) geht (insbesondere) „aus den Beobachtungen von *Harlow* und *Spitz* hervor, daß Entbehrungen im sozialen Gefühlsaustausch in der frühesten Jugend nicht nur die aktuelle Gefahr des Zusammenbruchs der psychosomatischen Regulationen (einen **„emotionalen Hungertod"**) heraufbeschwören, sondern daß sie auch, wenn dieser äußerste Fall nicht eintritt, irreparable **Verödungen der Kontaktfähigkeit hinterlassen**". **15**

*Im* ***Heim*** *erfahren die Kinder zwar inzwischen eine gute materielle Versorgung, aber infolge der oft schematischen Massenpflege (Ausnahme z. B. die* ***SOS-Kinderdörfer****) und des damit verbundenen Zeitmangels mitunter nur ein Minimum an lebensnotwendiger Stimulation. „Ein Familienkind von 14 Monaten ist weiter entwickelt als ein Heimkind von 22 Monaten!" (Gareis/Wiesnet 1974, 29).* **16**

Dabei darf man allerdings nicht übersehen, **„daß sich Heimkinder und Familienkinder oft bereits bei der Geburt unterscheiden**: Unter den Heimkindern finden sich etwa viermal soviele Frühgeburten; Heimkinder sind vorwiegend Kinder sehr junger oder sehr alter Mütter und haben insofern eine besonders belastete pränatale Entwicklung; Heimkinder sind im Vergleich zu Familienkindern weniger oft ‚erwünschte' Kinder; Heimkinder hatten, da ihre Mütter sie schon vor der Geburt als Belastung erlebten und sich somit häufig in besonderen Streß-Situationen befanden, vielfach ein ungünstigeres Pränatalstadium und sind schon dadurch in ihrer weiteren Entwicklung benachteiligt; Heimkinder – meist Kinder von Müttern niederer sozialer Schicht – sind häufiger Kinder mit niedrigem Geburtsgewicht und oft auch schon von den ersten Lebenstagen an ‚kränkliche' Kinder" (*Lehr* 1978, 23). **17**

Diese ungünstigen Startbedingungen können durch die Heimsituation noch verstärkt werden. Dementsprechend heißt es bei *Gareis* und *Wiesnet* (1974, 29), daß „bei einem Vergleich der Erziehungs- und Pflegesituation in amerikanischen Familien und Heimen festgestellt wurde, daß Kinder innerhalb der Familie im Durchschnitt 4,5mal soviel pflegerische Zuwendung erfahren als in Heimen und daß die affektive Zuwendung sogar 18mal größer ist".

*b) Affektive (gefühlsmäßige) Unterversorgung in der Familienerziehung*

Entwicklungsrückstände stellen sich jedoch nicht nur bei affektiv (gefühlsmäßig) unterversorgten Heimkindern ein; sie können gleichermaßen im Rahmen der Familienerziehung eintreten, wenn die Mutter (bzw. die Eltern) nicht in der Lage sind, ihr Kind gefühlsmäßig zu versorgen (dazu schon *Affemann* 1978). Auch *Schmoll* weist darauf hin (in FAZ **18** vom 26. Nov. 2001, 10), daß **„Kinder, die ohne emotionale Bindungen groß werden, keine Wurzeln entwickeln“**, die sie in der Gemeinschaft verankern. Schädliche Wirkungen für das Kind sollen sich insbesondere aus familialen Disharmonien, Kontaktmangel und Isolierung ergeben. Kinderärzte sprechen (mit *Pestalozzi*) mitunter auch von den drei großen „Z“: **Zärtlichkeit, Zuwendung** und **Zeit.**

**19** Insbesondere kleine Kinder benötigen darüber hinaus für ihren sozialen Entwicklungsprozeß auch **Anregungen:** etwa zum Malen, Singen, Basteln, Theaterspielen oder durch **Spielzeug** (vgl. Kasten unten), oder durch das Erzählen von **Märchen** (dazu: *Bettelheim*, B.: **Kinder brauchen Märchen**, 14. Aufl., München 1990).

***Aber:*** *In 42 % der deutschen Familien wird nur noch selten oder überhaupt nicht mehr vorgelesen (Stiftung Lesen, zit. nach SZ vom 14. März 2008, 12).*

**20** **Zur kriminogenen Relevanz des „Spielens“:** Durch das „Spielen“ von Eltern mit (ihren) Kindern können soziale Fähigkeiten (zu diesen Rdn. 4 Vor § 10) eingeübt bzw. trainiert werden. Beispiele:

- Regelspiele (wie Kartenspiele oder Schach) fördern die **Konzentrationsfähigkeit** und gewöhnen Kinder daran (unbewußtes Lernen), daß es **Spielregeln** gibt;
- in Spielen mit Wettbewerbscharakter kommt es (wie im Sport) auf Ausdauer an bzw. auf **Durchhaltefähigkeit**;
- Spiele wie „Mensch ärgere Dich nicht“ weiten die **Frustrationstoleranz** bzw. stärken die Fähigkeit zur **Selbstbeherrschung**;
- der Kaufmannsladen bereitet auf den **Umgang mit (Taschen-)Geld** vor;
- die **Kreavität** wird durch Bauklötze oder Legosteine gefördert, die **Phantasie** durch Märchenerzählen (dazu Rdn. 19) usw.

Insoweit sind also (auch) erzieherische Absichten (neben dem Erholungsanliegen) von Bedeutung; nicht zuletzt stärkt das Spielen aber das **Zusammengehörigkeitsgefühl** (zu diesem Rdn. 25 zu § 8) der Familie.

In der heutigen Zeit wird allerdings weniger gespielt, als das früher der Fall war, als die Eltern noch mehr Zeit hatten (bzw. nicht beide berufstätig waren) und es noch keine **Video- bzw. Computerspiele** (dazu z.B. Rdn. 9 zu § 13) gab. In vielen Familien sitzen die Eltern heute eher mit ihren Kindern stumm („nebeneinander“, nicht „miteinander“) vor der „Glotze“: „Fernsehfamilie“.

*aa) Scheidungskinder*

**21** Diese Entwicklung kann z.B. bei Kindern, deren Eltern sich scheiden lassen (vgl. oben Rdn. 3), gestört werden (dazu die Langzeitstudie von *Wallerstein/Blakeslee* 1992 sowie den Überblick bei *Hofmann-Hausner/*

*Bastiné* 1995, 285 ff): bei Kleinkindern weniger, bei Älteren mehr. 187 000 Kinder sind jährlich betroffen (BMJSFJ 2010, 24).

*(1)* ***Scheidungskinder*** *verlieren oft das natürliche Urvertrauen zu ihren Eltern (Verlustängste). Der Schock über die Trennung der Eltern löst Stress bzw. Leiden und Loyalitätskonflikte aus* ***(Trennungstrauma-These)****; die Kinder werden nicht selten gereizt, depressiv, schneller krank, lassen in der Schule nach, zeigen gesteigerte Unsicherheit im Kontakt mit anderen Menschen haben, Trennungsängste (und oft auch spätere Bindungsprobleme), besitzen nicht selten ein geringeres Selbstvertrauen als andere Kinder und werden später oft selbst zu alleinerziehenden Eltern (vgl. dazu McLanahan/Sandefür 1995).*

*(2)* ***Plausibel*** *erscheint auch das Ergebnis der Scheidungsfolgenforschung, nach dem Kinder aus konfliktreichen Kernfamilien oft die gleichen Belastungsfolgen aufweisen wie Trennungskinder; der* ***Dauerstreit der Eltern*** *(auch in formal intakten Familien) vor allem, wenn er von Alkoholproblemen und Gewalt begleitet wird, traumatisiert die Kinder in ähnlicher Weise* ***(Familienkonflikt-These)****. In solchen Fällen reagieren Kinder auf die Scheidung der Eltern nicht selten sogar auch erleichtert (Staatliches Institut für Familienforschung der Universität Bamberg, zit. nach NOZ vom 23. Juni 2000).*

*(3) Noch wenig erforscht ist, welche Rolle es für die soziale Entwicklung spielt, daß Scheidungskinder relativ häufig* ***Stiefväter (oder -mütter*** *mit eigenen Kindern bekommen, sog.* ***patch-work-****(„Flickwerk"-)* ***Familie:*** *neu zusammengesetzte Familie. Nach einer Untersuchung des Deutschen Jugendinstituts (zit. nach NOZ vom 31. Jan. 2007) gibt es in Deutschland inzwischen* ***660 000*** *solcher Stieffamilien, in denen etwa* ***1,17 Millionen Kinder*** *aufwachsen.*

Übrigens: **Kinder aus nichtehelichen Lebensgemeinschaften** tragen ein höheres Risiko, von der Trennung der Eltern betroffen zu werden: aus der **„Ehe ohne Trauschein"** können sich die Partner (meist auf Kosten der Frauen und Kinder) ohne Formalitäten rasch wieder herauslösen (vgl. ausführlich *Peuckert* 2002, 70 ff). **22**

*bb) Kinder berufstätiger Mütter*

Sind Kinder berufstätiger Mütter (vgl. oben Rdn. 3) benachteiligt? **23**

Dann nicht, wenn (erstens) die Berufstätigkeit der Mutter kein Symptom der Zurückweisung oder Gleichgültigkeit dem Kind gegenüber darstellt (*Villmow/Kaiser* 1974, 21) und wenn (zweitens) eine konstante (nicht wechselnde) Hauptbezugsperson gefunden werden kann, die genügend Zeit, Liebe und Aufsicht für das Kind aufbringt (dazu *Hellbrügge* 1966; *Kolliades* 1978; *Napp-Peters* 1980; *Kury* 1980, 147 ff; *Oerter* in Oerter/Montada 1995, 112; vgl. auch den Zeitungsausriß unten).

*Die dritte PISA-Auswertung (zu den PISA-Studien vgl. Rdn. 51 zu § 11) hat dazu ergeben (zit. nach FAZ vom 7. März 2003, 4), daß die mütterliche Erwerbstätigkeit (in den alten Bundesländern) die Bil-*

*dungschancen der Kinder angeblich so gut wie gar nicht beeinflußt. Entscheidend sei jedoch nicht die Berufstätigkeit der Mutter, sondern ihr* ***Bildungsabschluß****: Mit der Höhe ihrer Bildung steigt z. B. die Leseleistung ihrer Kinder.*

Das Problem in der Erziehungsfrage scheint im übrigen grundsätzlich weniger in dem Mangel an Erziehungswillen zu bestehen (obgleich dieses Phänomen offenbar zunimmt) als vielmehr darin, daß für die Erziehung im Gegensatz zu früheren Jahrzehnten die **Zeit fehlt: Oft gehen beide Elternteile zur Arbeit**, kommen erst abends nach Hause **(Schlüsselkinderproblem)** und bringen ihre Kinder, ohne noch deren Probleme zu hören, zu Bett; häufig will man ungestört fernsehen können. Die Durchschnittsfamilie ist heute – überspitzt formuliert – zu einer **Fernsehfamilie** verkümmert (dazu oben Rdn. 20 und Rdn. 14 zu § 14); Kommunikationsstörungen (die auch mit **versetzten Arbeitszeiten** zu tun haben können) sind deshalb oft vorprogrammiert.

## Berufstätigkeit

### Ergebnis einer amerikanischen Studie

Wie wirkt sich die mütterliche Berufstätigkeit auf die Entwicklung von Kindern aus? Dieser immer wieder neu gestellten Frage gingen Wissenschaftler des nationalen US-Gesundheitsinstituts in Washington nach. Sechs Jahre lang beobachteten sie die Kinder in 1300 Familien, und zwar von der Geburt bis zum siebten Lebensjahr. In allen Familien waren die Mütter berufstätig. Das Ergebnis der Studie: Entscheidend für die gesunde Entwicklung des Kindes ist die Sensibilität der Mutter und eine vertrauensvolle, herzliche Beziehung. Ob die Mutter berufstätig ist und das Kind tagsüber fremdbetreut wird, spielt dabei keine Rolle.

Wichtig ist, so stellten die Forscherinnen und Forscher fest, daß sich Mütter in ihrer freien Zeit ihren Kindern zuwenden, sich mit ihren Gefühlen befassen und ein gutes Vertrauensverhältnis aufbauen. Ältere Kinder profitieren von der mütterlichen Berufstätigkeit. Töchter sind selbstbewußter und Söhne sind aktiver, was die Haus- und Familienarbeit anbetrifft. **(fib)**

aus: *NOZ* vom 22. Februar 1997

*cc) Kinder Alleinerziehender*

24 Bei Alleinerziehenden (vgl. oben Rdn. 3) potenzieren sich meist die Probleme, weil Alleinerziehende oft eine **Doppelrolle** übernehmen müssen:

- die **Vater- (bzw. Mutter)rolle** (zur Vaterrolle vgl. Rdn. 29) und
- die **Ernährerrolle** im Rahmen einer außerhäuslichen Tätigkeit.

Es handelt sich übrigens eher um ein Mütterproblem: Vor allem Jungen kann in einer solchen Konstellation die Möglichkeit zur Identifikation mit den Geschlechtsrollen fehlen mit der Folge, daß es zu unausgegorenen Rollenbeziehungen kommen kann, die sich auch auf das Sexualleben auswirken.

*73 % der Alleinerziehenden sind berufstätig: von diesen haben jedoch 93 % ein* ***unterstützendes privates Netz*** *geknüpft, d.h. es helfen Omas und Schwestern, Freundinnen und Freunde bei der Kinderbetreuung (FOCUS-Recherchen 19/2001, 185). 22 % der allein erziehenden Frauen mit einem Kind (mit drei Kindern und mehr: rd. 51 %) leben von Formen der* ***Sozialhilfe*** *bzw. der staatlichen „Transferleistung" (Statist. Bundesamt, zit. nach DIE WELT vom 18. August 2004).*

*dd) Kinder in gleichgeschlechtlichen Lebensgemeinschaften*

Über die (soziale) Gefährdung der (etwa 6 600) Kinder, die in solchen **24a** Beziehungen aufwachsen, „liegen bisher kaum verwertbare Daten vor" (*Northoff* Hb. 2005 3.2.1 Rdn. 29 und 30). *Northoff* (aaO) vermutet, daß in **„Regenbogenfamilien"** (seit 2009 als Begriff im Duden) „das Erlernen des Rollenverhaltens" erschwert wird, weil der Umgang mit dem fehlenden Geschlecht (wie bei Alleinerziehenden) nicht ausprobiert werden kann. Ungeklärt ist ferner die Frage, ob Kinder, die in gleichgeschlechtlichen Lebensgemeinschaften aufwachsen, später „Schwierigkeiten im Umgang mit gesellschaftlichen Erwartungen haben" (*Northoff* aaO).

*Die Resultate einer 2009 veröffentlichten Studie (vgl. DIE WELT vom 24. Juli 2009) des Instituts für Familienforschung der Universität Bamberg (befragt wurden 693 „Regenbogenfamilien") widersprechen allerdings diesen Annahmen. Danach finden die Jungen und Mädchen, die so aufwachsen „sehr wohl" ihre Geschlechtsrollen, entwickeln sogar ein starkes Bewußtsein für die eigene Geschlechtsidentität und verfügen über ein „signifikant höheres Selbstwertgefühl". Allerdings muß eingeräumt werden, daß sie sich ständig „für ihre Eltern verteidigen" müssen und entsprechend gehänselt werden.*

## III. Entwicklungsbedingte Probleme

In die ersten (fünf) Lebensjahre, die für die spätere soziale und morali- **25** sche Entwicklung des Menschen als schicksalhaft gelten, fällt nach dem Säuglingsalter und dem „Alter des Spracherwerbs" auch das „erste Trotzalter" (*Hellbrügge* 1966).

### 1. Die Trotzphase

Dieses beginnt, wenn das Kind **rund zweieinhalb Jahre alt ist und dau- 26 ert etwa ein Jahr**. Man kann den Anfang der Phase leicht daran erkennen, daß „das Kind, das bisher willig gehorchte und sich fügte, unfolgsam, widersetzlich und schwer lenkbar wird" (*Remplein* 1971, 220 ff). Eltern kennen das energische „NEIN" !!! ihrer Sprößlinge. In dieser Phase zeigen die Kinder eine ganz besondere Vorliebe für das **Ausleben von Wut und Zerstörungsimpulsen**“ (*Richter* 1983, 105). Das Kind will von nun an auch alles allein tun und sich nicht mehr dreinreden lassen. „Jede Forderung weckt seinen Widerspruch, es wird zum Neinsager aus Prinzip“ (*Remplein* aaO). Auch im Kreise der Geschwister läßt es sich nichts mehr gefallen, unterscheidet zwischen „Mein“ und „Dein“ und streitet mit anderen Kindern, die ihm sein Spielzeug wegnehmen wollen. Den Hintergrund „bildet ein erster Wunsch nach Selbständigkeit, das Kind erprobt sich als eigenständige Person, die alles allein tun und sich nicht (mehr) reinreden lassen will: die **Entwicklung des Ich-Bewußtseins** beginnt (*Northoff* Hb. 2005, 3.2.1).

> ***Beispiel:*** *„Die Mutter ruft das Kind zum Essen – das Kind will weiterspielen – die Mutter holt es mit Gewalt – das Kind wehrt sich dagegen, es brüllt, es stemmt sich mit seiner ganzen Kraft in entgegengesetzter Richtung, es kratzt, beißt, wirft sich auf den Boden usw.“ (Remplein* aaO).

**26a** Dieser **„Zusammenstoß von Eigenwillen und Fremdwillen“** ist jedoch kein Grund zur Besorgnis, sondern ein „vorwärtstreibender Faktor in der sozialen und moralischen Entwicklung und als solcher unerläßlich notwendig“ (*Remplein* aaO, 232). Dazu *Remplein* (aaO; ähnlich *Winterhoff* 2008): „Die Art und Weise, in der in diesem Konflikt die Verselbstständigung des Kindes erfolgt, wird zum Modell dafür, wie das Kind in seinem ferneren Leben einerseits sich durchzusetzen, andererseits sich gleichzeitig in die gesellschaftlichen und moralischen Ordnungen einzufügen vermag. **Ein Kind, das in diesem Alter nicht lernt, sich einzuordnen und auf Sonderwünsche zu verzichten** (Frustration zu ertragen), weil man ihm **mit allzu großer Nachgiebigkeit und Nachsicht begegnet**, wird es auch später nicht können und so zum Egoisten, vielleicht zum Anarchisten. Ein Kind dagegen, dessen Wille durch allzu große Härte und Unbeugsamkeit unverständiger Eltern an der Entfaltung gehindert oder gar durch **Prügelstrafen** gebrochen wird, wird auch später die Kraft und den Mut nicht haben, sich zu behaupten und seine berechtigten Belange zu verteidigen. So wird es zum unselbständigen und selbstunsicheren Menschen. Was in dieser Hinsicht beim Trotzkind durch Verzärtelung oder Lieblosigkeit falsch gemacht wird, läßt sich später kaum mehr ausgleichen“ (vgl. auch Rdn. 46).

**27** *Remplein* (aaO, 233) weist ferner darauf hin, daß der Erzieher gut daran tut, den Trotz des Kindes nicht unnötig „durch allzu häufiges und nachdrückliches Gebieten und Verbieten“ zu provozieren und erteilt dazu folgenden Rat: **„Wo es möglich ist, soll man den Eigenwillen des Kindes respektieren:** in allen kleinen und nebensächlichen Dingen (will das Kind z. B. aus der roten statt aus der weißen Tasse trinken, dann lasse man ihm seinen Willen!). Um so konsequenter halte man an der Durchführung unumstößlicher Gebote fest (z. B. am pünktlichen Zubettgehen, ordentlichem Aufräumen nach dem Spiel, ruhigem Verhalten, wenn das junge Geschwister schläft usw.). Kommt es dabei zum Trotz, dann mache man möglichst wenig Aufhebens davon: Beachtet man das bockende Kind nicht, dann läßt es bald von selbst davon ab. Man gebe dem Kind also in Kleinigkeiten und Nebensächlichkeiten nach, sei aber bestimmt und unerschütterlich in der Einhaltung von Grundforderungen" (*Remplein* aaO unter Hinweis auf *Hetzer* 1947 und *Metzger* 1956).

Am besten sind nach *Rempleins* Erfahrungen (1971, 234) die sog. **„natürlichen" Strafen**, „die das Kind die Folgen seines Ungehorsams unmittelbar fühlen lassen (kommt es z.B. trotz wiederholten Rufens nicht rechtzeitig zum Essen, dann muß es sich mit den übriggebliebenen Resten des Mahles zufriedengeben)".

**Teenie-Hirn gleicht Großbaustelle**

**Verschaltungen werden in Pubertät neu sortiert – Zerbrechliche Identität**

aus: *NOZ*
vom 7. Nov. 2008

**2. Die Pubertätskrise**

Einen auch aus kriminologischer Sicht besonders kritischen Entwick- **27a**
lungsabschnitt bildet die Pubertätsphase (biologische Metamorphose): ausgelöst durch hormonelle Umstellungen (Drüsenfunktionen), die zur Geschlechtsreife führen, in deren Rahmen auch körperliche Veränderungen einhergehen (bei Mädchen z.B. Brustentwicklung, Einsetzen der Menstruation; bei Jungen z.B. Stimmbruch, Peniswachstum, Bartwuchs) und sich die Bindungen zu Bezugspersonen lockern bis zur Auflösung („Großbaustelle": vgl. Zeitungsausriß). Die Pubertät wird damit zur „erzieherischen Konfliktzone" (*Largo* in FAZ vom 1. Juli 2009, N 5). Während dieses Lebensabschnittes, der bei Mädchen etwa mit dem 10. und bei Jungen etwa mit dem 12. Lebensjahr beginnt (und etwa vier Jahre andauert), kommt es oft zu psychischen Problemen.

**Typisch sind:**

- Stimmungsschwankung bzw. Gefühlsausbrüche, Orientierungslosigkeit,
- ein beginnender Ablöseprozeß von der Herkunftsfamilie: Eltern befürchten, daß ihnen ihre Kinder entgleiten,
- Übermut, Geltungssucht,
- Drang, überschüssige körperliche Kräfte abzureagieren,
- überzogene Kritik an der Umwelt (vor allem am Elternhaus: **„Mama, Du kapierst gar nichts!"**) und Provokationen (etwa beim „out-fit"),
- Austesten von Grenzen der Freiheit, ein Prozeß, der naturgemäß auch mit **Normüberschreitungen** verbunden ist (Überblick bei *Northoff* Hb. 2005, 15).
- Suche nach einer eigenen Identität.

Dementsprechend fällt auf, daß Pubertätsjugendliche (auch im Sinne von „turning points": Rd. 30 zu § 8) nicht selten ihre neue „Identität" (im Rahmen ihrer Selbstfindungsversuche)

– in politisch radikalen oder
– alkoholisierten Jugendcliquen oder im Kreis von
– randalierenden (Fußball-)Fans suchen (*Northoff* aaO, 12): zu Hools vgl. Rdn. 29 zu § 28; auch bei Unterrichtsstörungen und bei der
– Gewalt in der Schule spielt die Pubertät eine Rolle (vgl. Rdn. 25 zu § 11).

## IV. Rolle von Mitgliedern der Kernfamilie

28 Zur Kernfamilie rechnen Mutter, Vater und Geschwister.

### 1. Rolle des Vaters

29 Während das Gelingen der Sozialisation in der frühesten Kindheit grundsätzlich der Mutter zugeschrieben wird (vgl. auch Rdn. 12; krit. zu „solchen klischeehaften Verdrehungen der Wirklichkeit“: *Lamott* 1985, 325ff), besteht im psychologischen Schrifttum weitgehend Einigkeit darüber, daß die Bedeutung des Vaters für den Erziehungsprozeß (in vollständigen Familien) nicht zu gering zu veranschlagen ist (vgl. dazu *Nash* 1965; *Kürthy* 1978; *Fthenakis* 1985, *Blos* 1990 und *Vogt/Sirridge* 1993). Jedenfalls wird nach traditionellem (keineswegs überholtem) Rollenverständnis vom Vater erwartet (zum Wandel der Vaterrolle: *Nave-Herz* 2002, 55f), daß er nicht nur (wie die Mutter) Geborgenheit vermittelt, ermutigt und Selbstwertgefühl fördert, sondern auch fordert, **Grenzen setzt, (konsequent) kontrolliert** und diszipliniert bzw. auch mal ein **„Machtwort“ spricht**, dessen Ernsthaftigkeit Kinder den Vätern oft eher abnehmen als ihren Müttern. Welches Vaterschaftskonzept ein Vater für sich selbst entwirft, hängt dabei vor allem von den Erfahrungen mit dem eigenen Vater (in der Erziehungszeit) ab (Lernen am Modell: vgl. Rdn. 54): der Vater als **Identifikationsobjekt** (*Fthenakis/Minsel* 2001).

# Kontakt zum Vater wichtig

**Studie: Sonst neigen Kinder stärker zu Aggressionen**

**London, 26. 5. (epd) Kinder, die keinen oder nur selten Kontakt zum Vater haben, sind nach einer britischen Studie häufiger aggressiv als Kinder aus intakten Familien.**

Wie die Zeitung „The Daily Telegraph“ am Mittwoch berichtete, haben Wissenschaftler einen direkten Zusammenhang zwischen Verhaltensauffälligkeiten bei Kindern und der Häufigkeit festgestellt, mit der sie ihre Väter sehen.

War die Beziehung zum Vater gut und intensiv, zeigte das Kind demnach wenig Aggressionen, so die Wissenschaftler vom King's College in London. War der Kontakt zum Vater dagegen überhaupt nicht gegeben, zeigten sich Kinder häufig aggressiv und verhaltensauffällig. Besonders ausgeprägt sei dies bei allein erziehenden Müttern gewesen, die bei der Geburt ihrer Kinder selbst noch minderjährige Teenager waren.

aus: *NOZ* vom 27. Mai 2004

30 *So schreibt **Mitscherlich** in seinem Buch „Auf dem Weg zur vaterlosen Gesellschaft“ (1982, 176): „Am Anfang steht allerdings die Beziehung (des Kindes) zur Mutter. In ihr gelingt oder mißlingt die Herstellung des ‚Urvertrauens‘ (E. H. Erikson) – ganz von der Geborgenheit, von dem Einklang bewußter und unbewußter gemüthafter Zuwendung abhängig, die das Neugeborene empfängt. Sobald aber Autonomiestre-*

*ben und Initiative (zwischen dem dritten und fünften Lebensjahr) erwachen, also ein Ich sich zu bilden beginnt, spielt die Unterweisung (die **Rolle des Vaters**) und wie affektiv sie geleitet wird für die Entwicklung des **Charakterkerns**, d.h. des Grundmusters von Verhaltensweisen, die bestimmende Rolle" (zur Ich-Entwicklung Rdn. 8 zu § 6): vgl. auch oben den Zeitungsausriß.*

Dementsprechend hat der Berliner Psychotherapeut *Petri* in einem *FOCUS*-Interview (14/2000, 216) zu seinem Buch „Das Drama der Vaterentbehrung" (2000) darauf verwiesen, daß der Vater in der **Pubertät** (Phase der Selbstfindung) und Adoleszenz die **Weichen** für den Eintritt des Nachwuchses in die Gesellschaft stellt. Umgekehrt behindert „psychoanalytischer Theorie zufolge (so heißt es bei *Lehr* 1978, 126) das **Fehlen eines Vaters** die Entwicklung des ‚Überichs', die Willensentwicklung bzw. die Entwicklung der Kontroll- und Steuerungsfunktion".

*Insoweit besteht das Problem heutzutage vor allem auch darin, daß Kinder zunehmend **in einer weiblichen Erziehungsumgebung aufwachsen** (müssen), die von der alleinerziehenden Mutter über die Kindergärtnerin bis hin zur Grundschullehrerin bestimmt wird (vgl. dazu unten den Zeitungsausriß). Bundesweit gibt es nur noch 13,4 % männliche Lehrer an Grundschulen (Kriz in NOZ vom 23. März 2007, 26). Brauchen wir eine **„Männerquote"**? (Schwind, in Schwind et al. 2009, 22).*

Vor allem in der amerikanischen Literatur wird immer wieder darauf **31**
verwiesen, daß die Rolle des Vaters für die **Entwicklung adäquater innerer Kontrollen** (Ich-Funktionen) besonders wichtig erscheint (vgl. etwa *McCord/McCord:* The Effects of Parental Role Model on Criminality, in: *Lazarus/Opton:* Personality 1967, 421–432).

*Die Abwesenheit des Vaters wird z.B. auch mit der Unfähigkeit des Kindes in Verbindung gebracht, Bedürfnisbefriedigungen (Triebwünsche) aufschieben zu können (vgl. Mischel, W.: Father-Absence and Delay of Gratification, in: Journal of Abnormal and Social Psychology 1961, 116–124): „Dinge, die man gerade zu haben wünscht, werden genommen – beim Griff in den Honigtopf ebenso wie bei der Wegnahme einer Lederjacke aus dem Regal eines Kaufhauses" (Haferkamp 1975, 153f).*

Das Kind sucht im Vater zunächst ein **Vorbild und Ideal** (vgl. Zeitungs- **32**
ausriß), dem es nachstreben möchte **(identifizierende Nachahmung)**. In der Realität haben die Väter diese Rollenmerkmale jedoch inzwischen oft weitgehend verloren (Erlöschen des Vaterbildes: *Mitscherlich* 1982, 182/188; Schwächung der Vaterautorität: *Richter* 1983, 65).

**Jungs brauchen mehr männliche Vorbilder**

**„Mangelware" in Kitas und Schulen**

aus: *NOZ* vom 12. März 2008

33 Deshalb müssen sich Frustrationen einstellen, wenn das Kind im Rahmen der Reifung seines Ich-Bewußtseins erkennt, daß der tatsächliche Vater mit dem Idealbild nicht übereinstimmt. Die Übernahme der Rolle durch die Identifikation mit dem Vater wird dadurch nicht selten gestört. Kommt hinzu, daß die Eltern keine Zeit für das Kind aufbringen können und auch seine Überwachung nicht gewährleistet ist, sucht es sich seine Vorbilder (eine Erscheinung, die immer mehr zunimmt) auf der Straße, und zwar in der **„peer-group"** (der altersgleichen Bezugsgruppe), deren Mitglieder oft ähnliche Probleme belasten, die dann gemeinsam unter subkulturellen Einflüssen gelöst werden (dazu *Wetzels/Enzmann* et al. 1999, 116ff). Familie, Eltern und Erziehung treten in den Hintergrund und verblassen im Bewußtsein des Kindes. So wird – wie *Mitscherlich* meint (1963) – der **„Weg zur vaterlosen Gesellschaft von steigenden Kriminalitätszahlen begleitet"**.

*Eine Befragung von 1058 Männern und deren Partnerinnen sowie 333 Jugendlichen, die Fthenakis im Auftrag des Bundesfamilienministeriums durchgefürt hat, soll „als Beleg für ein neues Vaterbild" gelten. Es habe eine* ***„Revolution in den Köpfen der Männer"*** *stattgefunden: 67 % der Väter sehen sich heute primär als Erzieher, nur noch 33 % entsprechen dem klassischen Bild des bloßen Ernährers (Die Rolle des Vaters in der Familie, Gutachten im Auftrag des Bundesfamilienministeriums, dortige Pressemitteilung vom 16. Juli 2001).*

### 2. Geschwisterkonstellationen als Sozialisationsbedingung

34 Nach *Weinert* (1983, 376) sind **„neben den Eltern die Geschwister vermutlich die wichtigsten Sozialisationsbedingungen in der frühesten Kindheit"**.

Denn Brüder und Schwestern bilden die erste soziale Gruppe, in die sich ein Kind einfügen muß (Spielwiese für soziales Verhalten). Kinderzimmer bilden insoweit das „Trainingsfeld für die soziale Entwicklung". **Geschwister sind die „Sparringspartner"** (*Frick,* J.: Ich mag dich – du nervst mich, Berlin 2005; vgl. auch die SPIEGEL-Übersicht (2/2006, 142) über **„Rivalen fürs Leben"**).

Dementsprechend weist z.B. auch *Nave-Herz* (2002, 74 mit Lit.-Hinweisen) darauf hin, daß ein Kind nur unter seinesgleichen so früh wie möglich lernen kann, sich zu streiten, sich wieder zu verbünden, Schläge einzustecken und auszuteilen. Die „**altersgemischte Geschwistergemeinschaft** (biete) also die Möglichkeit, frühzeitig Integrationsprobleme lösen zu können". Die Jüngeren profitieren oft auch vom Wissensvorsprung der Großen. Dem **Einzelkind** fehle dieser Wettbewerb, an dessen Stelle oft die „Überfürsorglichkeit der elterlichen Bezugsperson tritt" (vgl. dazu unten Rdn. 43). Auf der anderen Seite entgeht das Einzelkind Gewalttätigkeiten und sexuellen Übergriffen (zu diesen *Lamnek/Ottermann* 2004, 122), die sich unter Geschwistern ereignen (können).

## V. Zur kriminogenen Relevanz der Erziehung

Der Einfluß der Familie auf den Entwicklungsprozeß des Kindes wird nach der Frühphase (Säuglings- und Kleinkindalter) in Form von „Erziehung" (Unterschied zur Sozialisation = Rdn. 2 Vor § 10) fortgesetzt, die über die ausgehende Kindheit (die Adoleszenz) noch hinausreicht. Das Erziehungsverhalten der Eltern ihren Kindern gegenüber ist naturgemäß unterschiedlich: Die „Erziehungsstile" sind also (auch schichtspezifisch bestimmt) verschieden. Je nach Erziehungseinstellungen und -praktiken kann man im Anschluß an *Tausch* und *Tausch* (1979), *Herrmann* (1972) oder *Schmidtchen* (1997, 20) unterscheiden zwischen **35**

- *der **„emotionalen Dimension"**: Zuwendung oder Zurückweisung und*
- *der **„Lenkungsdimension"**: starke oder schwache Lenkung.*

Die Kombination dieser (voneinander unabhängigen) Dimensionen ergibt (in Anlehnung an *Schaefer* 1959) folgende Erziehungsstile (vgl. Übersicht 29): **36**

- *den demokratisch-kooperativen Erziehungsstil (a),*
- *den übermäßig behütenden Erziehungsstil (b),*
- *den gleichgültigen Erziehungsstil (c) und den*
- *autoritären Erziehungsstil (d).*

Hinzu kommen als Ergänzung (e) der **inkonsistente Erziehungsstil** (der verschiedene Erziehungssituationen zusammenfaßt) und der **liebevoll lenkende Erziehungsstil** (f), dem der Vorrang vor anderem Erziehungsverhalten eingeräumt wird.

*Übersicht 29:* Grundformen der Erziehungsstile **37**

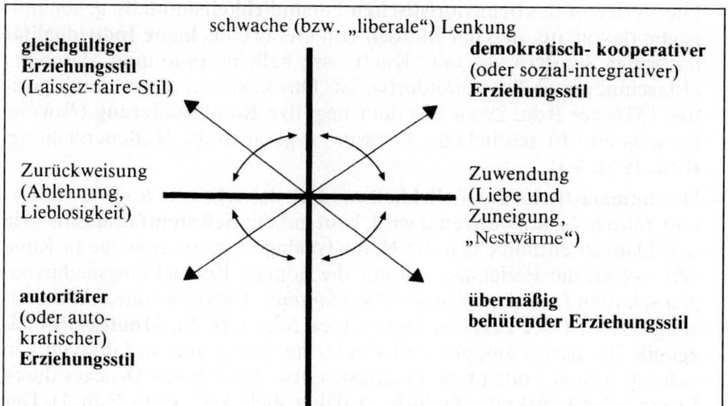


Modell: In Anlehnung an *Schaefer*, E. S.: A Circumplex Model for Maternal Behavior, in: Journal of Abnormal and Social Psychology 59/1959, S. 235

38 Bei dieser Einteilung darf man jedoch nicht übersehen, daß es zahlreiche **fließende Übergänge** des Erziehungsverhaltens gibt: Der „Erziehungsstil" ist lediglich ein **Konstrukt**, das die Orientierung erleichtert. Die Wahl des Erziehungsverhaltens hängt auch vom Erziehungsumfeld ab: etwa von der sozialen Schicht, von der Konfession usw. (dazu *Herrmann* 1972, 373ff; zur Erziehungsstilforschung: *Schneewind/Herrmann* 1980). Der Erfolg des Erziehungsverhaltens hat schließlich nicht zuletzt mit der emotionalen Atmosphäre der Familie (dem **Familienklima**) und der Persönlichkeit der Eltern zu tun (vgl. z.B. *Herrmann* 1972, 385); aber auch mit den Reaktionen des Kindes (**Interaktionsprozeß**). Eine wichtige Rolle spielt darüber hinaus der innere **„Zusammenhalt der Familie"** (so schon *Glueck* und *Glueck*; vgl. Rdn. 25f zu § 8), der durch gemeinsame Aktivitäten (Basteln, Ausflüge usw.) unterstützt werden kann. Belastend können sich finanzielle Probleme der Familie, beengte Wohnverhältnisse und sexuelle Spannungen auswirken (vgl. *Lösel*, Kriminalpsychologie 1983, 66).

### 1. Erziehungsstile aus kriminologischer Sicht

#### *a) Das Persönlichkeitsmodell als Ausgangspunkt*

39 Welcher Erziehungsstil der „richtige" ist, ist umstritten; auch insoweit schimmert der alte Anlage-Umwelt-Streit durch (vgl. Rdn. 2 Vor § 4):

- Die Anhänger des **psychoanalytischen Persönlichkeitsmodells** (vgl. zu diesem § 6 Rdn. 5ff) gehen davon aus, daß ein Kind als sozial nicht angepaßtes Wesen zur Welt kommt und deshalb der Erziehung (vgl. dazu Rdn. 2 vor § 10) bedarf, also der **Formung** i.S. von Grenzen aufzeigen und verständnisvoller Begleitung (Stärkung des „Ichs").
- Die Vertreter des **behavioristischen Persönlichkeitsmodells**, gehen hingegen davon aus, daß der Mensch von Geburt aus **keine Individualität** mitbringt, sondern wie eine Knetmasse beliebig (wie eine Maschine: „Maschinenmodell") veränderbar ist. Das kann vor allem durch positive (*Skinner* Rdn. 29 zu § 6) oder negative **Konditionierung** (*Pawlow* Rdn. 34 zu § 6) geschehen: „Dressur" (vgl. auch die Rollenerziehung: Rdn. 49 zu § 3).
- Das **humanistische Persönlichkeitsmodell**, das z.B. von *Rogers, Maslow* und *Tausch/Tausch* vertreten wird, baut auf der **Selbstentfaltungstheorie** auf: Danach entfaltet sich die Natur (**Anlage**!), wenn man sie in Ruhe läßt, selbst; die Erziehung soll nur die nötigen Entwicklungsbedingungen schaffen (vgl. dazu *Plack* 1969; *Flammer*, 1988): Wärme, Unterstützung, Freiheit des Lernens. Dieser Idee folgt z.B. die **Moutessori-Pädagogik**, die davon ausgeht, daß Kinder neugierig sind und deshalb von sich aus lernen wollen bzw. Phantasie entwickeln. Eines Druckes durch Eltern oder Lehrkräfte bedürfe es daher nicht (vgl. dazu Rdn. 4). Das gesunde Kind ist nach dieser Auffassung also in der Regel selbst in der Lage zu wählen, was für seine Entwicklung gut ist, wenn man ihm die freie Wahl läßt (vgl. *Maslow* 1973). In dieser Strömung ist auch die sog. **Antipädagogik** zu verorten (vgl. *Oelkers* 1993), nach der „Erziehung"

als inhuman abgeschafft werden soll (vgl. dazu *v. Braunmühl* 1983 und *v. Schoenebeck* 1982).

Aus kriminologischer Sicht, die mit empirischen Erkenntnissen der Pädagogik und Psychologie übereinstimmt, sind die Erziehungsstile auch für die dissoziale Entwicklung bedeutsam.

*b) Einzelne Erziehungsstile*

*aa) Der demokratisch-kooperative Erziehungsstil*

Die größten Erziehungserfolge sind nach der Auffassung mancher **40**
Pädagogen und Psychologen mit dem sog. demokratischen (sozialintegrativen) Erziehungsstil zu verbinden: Zuwendung mit liberaler Lenkung.

Darunter versteht man eine Erziehungsmethode, die die kindliche Entwicklung liebevoll unterstützt und mit Lob und Belohnung als gezielten Verstärkern (dazu Rdn. 32ff zu § 6) soziale Spielregeln (im demokratischen Sinne) einübt: etwa Rücksicht auf andere zu nehmen, die Meinung anderer Menschen anhören und respektieren zu können (aber alles zu „hinterfragen"), eine eigene Meinung zu haben und diese auch zu vertreten. Konflikte werden ausdiskutiert.

**Erhoffte positive Folgen:** Ein solcher Erziehungsstil (zu dem auch die konstruktive Kritik zählt) macht, wie *Gareis/Wiesnet* (1974, 86) ausführen, „sozial geliebt und sozialfähig" (sozialverträglich).

Skeptisch heißt es hingegen bei *Havers* (1981, 147), „daß sich die **41**
Hypothese, dieser Erziehungsstil wirke generell ‚konstruktiv' auf das Verhalten der Kinder, nicht aufrechterhalten läßt." Als Beleg wird u.a. eine (ältere) Untersuchung zitiert, die *Maccoby* durchgeführt hat.

> ***Maccoby** hat (1961) bei Kindern, die zwar positive emotionale Zu-* **42**
> *wendung von ihren Eltern erfuhren, aber wenig gelenkt wurden, folgende Resultate gefunden:* ***geringe Neigung zur Regelbefolgung, geringe Leistungsmotivation, aber stärkere Aggressivität****. Die Aggressivität wurde allerdings „meist gezielt eingesetzt und nicht als reine Impulshandlung. Die Kinder konnten sich deshalb gut gegenüber ihren Kameraden durchsetzen und nahmen in der Spielgruppe Führungspositionen ein" (zit. nach Havers 1981, 148).*

Eltern, die ihre Kinder nicht loslassen können, werden in den USA **„Helikopter-Eltern"** genannt (Focus 22/2012, 100 und Zeitungsausriß).

**Überbemutterte Kinder**

**Experten plädieren für ein „Loslassen-Können"**

aus: *NOZ*
vom 22. Januar 2000

*bb) Der übermäßig behütende Erziehungsstil*

43 Als übermäßig behütender Erziehungsstil gilt eine Form der Erziehung, die man im Volksmund auch als „Affenliebe" bezeichnet. Gemeint ist die übermäßige Fürsorge (**„overprotection"**: Überkontrolle): verhätschelnde Zuwendung zusammen mit starker Lenkung („überbemutterte" Kinder, vgl. Zeitungsausriß unten). Die Mutter, der Vater bzw. die Eltern möchten alle Gefahren von ihrem (einzigen) Kind fernhalten (zur **Einkindfamilie** vgl. oben Rdn. 3 und 34) bzw. ihm alle Schwierigkeiten des Lebens aus dem Weg räumen.

**Vermutete negative Folgen:** *Gareis/Wiesnet* (1974, 88) weisen insoweit auf die Erfahrung hin, daß so aufgewachsene Kinder schließlich zu „erwachsenen Säuglingen" werden, die große Schwierigkeiten haben, mit ihrer sozialen Umwelt fertig zu werden. Die Zahl solcher „überbehüteter Prinzen und **Prinzessinnen auf der Erbse,** deren Eltern jeden Widerstand aus dem Wege räumen" nimmt noch (*Mantler* in Focus 26/2006, 46) zu. Da sie (im **„Schonklima"** ihrer Familie) z.B. nicht gelernt haben, Versagungen bzw. Niederlagen zu ertragen und auf Wünsche zu verzichten, sind sie oft **in hohem Maße frustrationsintolerant** (*Lösel* et al 1999, 137 ff) und damit weniger gemeinschaftsfähig (vgl. dazu Rdn. 18f zu § 8).

> **Kinder nicht zu sehr behüten**
>
> **Erziehung**
>
> AFP **BAIERBRUNN.** Eltern sollten den Spielraum ihres Kindes aus Sorge vor Verletzungen nicht unnötig einschränken. Jedes bewältigte Wagnis führe bei den Kindern „zu mehr Selbstvertrauen und Selbstsicherungsfähigkeit", sagte der Leiter der Bundesarbeitsgemeinschaft für Haltungs- und Bewegungsförderung,

aus: *NOZ* vom 4. Juni 2007

43a *Seitz* (1983, 53) weist darauf hin, daß „überprotektiv-gängelnde Erziehung zu **Ichschwäche und Angst** des Kindes führen": die „**Risikokompetenz**" fehlt (vgl. Zeitungsausriß). Nach *Struck* (1994, 49) kommt es im späteren Leben oftmals zu **Anpassungsschwierigkeiten**. Deshalb bleiben so erzogene Menschen meist **Außenseiter** in der Gesellschaft, die auch von der Gruppe der Gleichaltrigen abgelehnt werden (zur Opferanfälligkeit vgl. Rdn. 18e zu § 8). Sie bleiben ihr Leben lang gehänselte „Muttersöhnchen". Nach *Selg* (1975, 30) kann eine „frustrationsfreie" Erziehung, also eine Erziehung, „die dem Kind Schwierigkeiten und damit Ärger ersparen will, über Nachgiebigkeit und falsch verstandene Toleranz auch **vermehrt Aggressivitäten auslösen**" (vgl. auch Rdn. 26): „kleine Tyrannen". Ähnlich heißt es bei *von Cube* (Fordern statt verwöhnen, 1986); „Verwöhnen führt schließlich **zu immer stärkerer Anspruchshaltung** und kann die Entstehung von Aggressionen begünstigen". *Papesch* (Die Dt. Schule, 1994/H.1, 109) weist ergänzend noch darauf hin, daß **„die Kleinfamilie die Problematik verschärft"**. Sie verleite zu einer Überidentifikation der Eltern mit ihren Kindern. Bei fünf Kindern halte sich das Maß von Zuwendung und Kontrolle in Grenzen, „bei zwei Kindern sieht das anders aus".

*cc) Der gleichgültige Erziehungsstil*

Vor dem Hintergrund zahlreicher (junger) Eltern, die mit ihrer Erziehungsaufgabe nicht fertig werden (nach *Struck* 2005 sind es 60 %), hat der gleichgültige (bzw. **resignative**) Erziehungsstil an Boden gewonnen: Zurückweisung zusammen mit schwacher Lenkung. Man tut gar nichts mehr (frz.: **laissez-faire-Stil**, frei übersetzt: „Laß sie nur machen") und überläßt die Erziehung des gleichwohl Zuwendung suchenden Kindes der (näheren) Umwelt, etwa der peer-group (Gleichaltrigengruppe) auf der Straße („geheime Miterzieher": dazu Rdn. 21 zu § 13) oder den Medien (dazu Rdn. 14ff zu § 14): „Fernsehen als dritter Elternteil". **44**

*Der Steuerungsverlust verleitet manche Eltern dazu, ihrem Kind nichts mehr zu versagen, „weil sie eine negative Reaktion als Liebesentzug erleben", den sie nicht verkraften. Hilflos versuchen sie es (auch unter dem Einfluß der 68er Ideologie) mit* ***Anbiederungen*** *(dazu Winterhoff 2008), die Kinder und Jugendliche inzwischen eher als peinlich empfinden, eine natürliche Reaktion. Mama ist nicht mehr Mama, sondern die „Gertrud",* ***Papa ist „Paul": „Erziehung verlangt Distanz*** *zu den eigenen Kindern" (so auch die Psychoanalytikerin Thompson, zit. nach Focus aaO, 83).*

**Häufige negative Folgen:** Die auch in emotionaler Weise unterversorgten (bzw. vernachlässigten) Kinder, „die mangels Leitung und Orientierung durch die Eltern jeder Form der Meinungsmanipulation ausgesetzt sind", suchen häufig ihr „Gesellungsbedürfnis in **Banden und Cliquen** zu befriedigen, wo sie Familienersatz finden" (*Gareis/Wiesnet* 1974, 87): vor allem (vermeintliche) Wärme und Anerkennung (dazu § 28 Rdn. 35a).

*(1) Peuckert (2002, 152) weist darauf hin, daß „der gleichgültige Erziehungsstil mit den* ***höchsten Gewaltätigkeitsraten*** *" und „mit der Verunsicherung der betroffenen Jugendlichen" einhergeht:* ***(Orientierungslosigkeit)****.*

*(2) Jugendliche Gewalttäter, die im Rahmen der* ***Hallenser Gewaltstudie*** *von Bannenberg und Rössner (2000, 123) befragt wurden, empfanden* ***„Gleichgültigkeit als tiefe Verletzung"****. Ein Proband wird dazu mit folgenden Worten zitiert: „Hab ich jeschnallt, hab ich gedacht, für die bin ich eben völlig gleichgültig, weil, die sagen zu mir kaum noch was, haben och kaum jesprochen und so, meine Eltern. Hab ich mir jesagt, das ist mir zu blöd, da bin ich dann nachher ausgerissen von zu Hause".*

Die entsprechenden negativen Auswirkungen äußern sich zwar nicht zwangsläufig in kriminellem Verhalten, gleichwohl ist manche kriminelle (oder Drogen-) Karriere auf diese Weise vorprogrammiert. Denn Kinder, die ohne Kontrolle groß werden (heißt es bei *Prekop* in „Der kleine Tyrann" 1993), „kennen **keine Grenzen**, weil ihnen keine gesetzt werden.

Sie kennen auch **keine Rücksichtnahme**, weil sie niemals dazu erzogen wurden. Sie **leben ihre spontanen Einfälle aus**."

*dd) Der antiautoritäre Erziehungsstil*

45 Nicht selten wird der gleichgültige Erziehungsstil fälschlicherweise mit der emanzipatorischen Pädagogik und diese wiederum mit der sog. antiautoritären (Kinder-)Erziehung verwechselt.

***Die emanzipatorische Pädagogik*** *baut auf den Thesen der* ***sog. Frankfurter Schule*** *auf (Horkheimer, Fromm, Marcuse; später Adorno und Habermas), die davon ausging, daß die in der bürgerlichen Familie entwickelten Autoritätsverhältnisse gesellschaftlich überholt sind und nur zur Heranbildung autoritärer Persönlichkeiten führen würden (vgl. Adorno et al. 1968), die ein friedliches gesellschaftliches Miteinander erschweren (zum Wertewandel vgl. auch Rdn. 7 vor § 10). Deshalb müsse das pädagogische Ziel eher darin bestehen,* ***Autoritäten in Frage zu stellen (Konfliktpädagogik:*** *vgl. auch Rdn. 39).*

Die sog. **antiautoritäre (Kinder-)Erziehung** (dazu *Bönner* 1971), die auch von den **„68ern"** (Rdn. 8 zu § 30) propagiert worden ist, will im Gegensatz dazu auf den **Einsatz von Autorität als Erziehungsmittel völlig verzichten**. Anhänger dieser alternativen Erziehung (die manche Eltern fälschlicherweise als **Alibi für das Nichtstun** betrachten), verstehen sich oft als „Kumpel" ihrer Kinder (Mama ist „Gertrud", Papa ist „Paul"), ohne zu merken, daß diese das „nervt" und ihre natürliche psychische Entwicklung behindert (*Winterhoff* 2008, 48).

**„Antiautoritäre Erziehung vorbei"**

Familienbildungsstätte hilft Eltern

aus: *WAZ* vom 5. Januar 1999

**Mögliche negative Folgen:** So erzogene Kinder, heißt es bei *Northoff* (Hb. 2005 3.2.1. Rdn. 17), „beziehen ihre Erfahrungen (nur) im Umgang mit Gleichaltrigen, können aber in anderen gesellschaftlichen Zusammenhängen als **unangepaßt und wenig normtreu** auffallen". Ähnlich schreibt *Winterhoff* (2008, 39): So erzogene Kinder sind „oft wirklich **kleine Tyrannen**, sie treten Gleichaltrigen gegenüber körperlich und verbal extrem **aggressiv** auf und sind nicht ansatzweise in der Lage, sich in eine Gruppe zu integrieren". Ihnen fehlen die Aggressionsschranken. Sie haben nicht gelernt, „warum man nicht schlagen, treten, quälen soll" (*Füllgrabe* in Deutsche Polizei 2009, 13).

*Vorzeigeschule für die antiautoritäre Pädagogik ist (noch immer) die „Weltverbesserungsanstalt" (SPIEGEL 19/2007, 62)* ***Summerhill*** *in Leiston (Suffolk): Der Unterricht ist freiwillig, Noten und Zeugnisse gibt es nicht. Jeder Zwang ist verpönt. Wenn die Schüler die Schule verlassen, können sie oft weder lesen noch schreiben (SPIEGEL aaO).*

*ee) Der autoritäre Erziehungsstil*

„Autoritär" darf man nicht mit „Autorität" verwechseln. 46

*Der Begriff „Autorität" wird von dem lateinischen Substantiv auctor (Urheber, Meister) abgeleitet; wir verstehen heute darunter das natürliche Ansehen eines Menschen (etwa aufgrund bestimmter Fähigkeiten oder Eigenschaften), das Dritte ohne Druckmittel anerkennen.*

Kennzeichen für einen autoritären (Macht ausübenden, **hierarchisch geprägten**) Erziehungsstil (emotionale Zurückweisung zusammen mit hohem Ausmaß an Kontrolle) sind (auf der einen Seite) Verzicht auf Lob und Belohnung (kein Lächeln, keinerlei Anerkennung oder Ermunterung, Beschränkung der Interaktion auf das Nötigste: „Befehlshaushalt") und (auf der anderen Seite) Einseitigkeit und Ungerechtigkeit von Tadel und Strafe sowie **Überbetonung** (traditioneller) Tugenden („Sekundär-Tugenden": vgl. oben Rdn. 10) wie **Gehorsam** und Disziplin: dabei „ist ein wesentlicher Aspekt autoritärer Erziehung (der Einsatz) körperlicher Gewalt" (*Stenger* 1984, 512) bis zur **Kindesmißhandlung: „wenig Liebe, viel Hiebe"** („Unterdrückungsbeziehung"). Vgl. dazu *Lamnek/Ottermann* 2004.

Aber wo verlaufen die Grenzen der Kindesmißhandlung? Der **bloße „Klaps" aus Erziehungsgründen** ist nach der Neufassung des **§ 1631 Abs. 2 BGB** (vgl. unten Rdn. 71) nach h.M. (*Hillenkamp* in JuS 2001, 165; *Kargl* in NJW 2003, 59) nicht mit Strafe bedroht (a.A. z.B. *Marxen* StGB AT 2003, 99). 46a

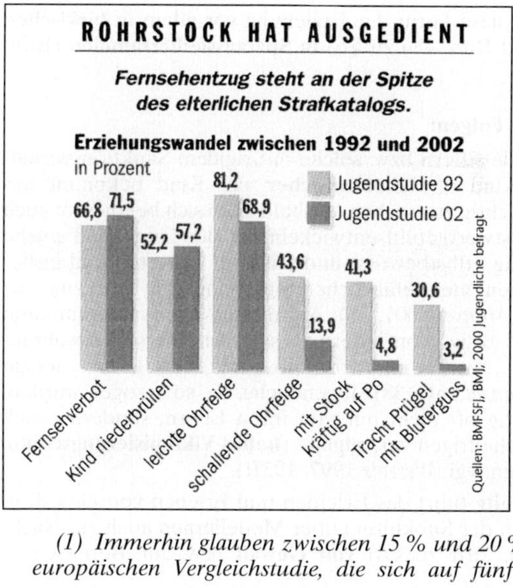


aus: *FOCUS* 13/2004, 46

*(1) Immerhin glauben zwischen 15 % und 20 % der Befragten einer europäischen Vergleichstudie, die sich auf fünf Länder bezieht, im*

*Erziehungsalltag nicht ohne den Einsatz leichter Körperstrafen auskommen zu können (zit. nach Erthal/Bussman in Schwind et al 2009, 48). So geben 42,6 % der Eltern in Deutschland an „leichte Ohrfeigen" zu verteilen (vgl. aber Graphik unten): in Österreich sind es 49,9 % und in Frankreich 71,5 % (Erthal/Bussmann aaO, 39).*

Die **gelegentliche Ohrfeige** kann jedoch bereits die Strafbarkeitsgrenze zur Körperverletzung (§§ 223, 223a StGB) überschreiten (dazu *Wessels/Beulke* StGB AT 2005, 138). Weitere Forschung:

*(2) Nach einer Untersuchung von Bussmann 1995, der (1992) 2392* ***Jugendliche*** *aus Ost- und Westdeutschland im Alter zwischen 13 und 16 Jahren befragte, gaben 81,1 % der Probanden an, schon mal geohrfeigt worden zu sein. Über* ***„deftige Ohrfeigen"*** *berichteten 43,5 % und über eine* ***„Tracht Prügel"*** *immerhin 30,6 %.*

*(3) Pfeiffer/Wetzels (in FS für Schwind 2006, 1120) können jedoch inzwischen durch Forschung belegen, daß „die körperliche Gewalt gegenüber Kindern und Jugendlichen seit Mitte der 90er Jahre ... kontinuierlich und deutlich* ***zurückgegangen*** *ist". Dem entspricht eine FORSA-Umfrage (zit. nach NOZ vom 23. März 2002), nach der 62 % der befragten Eltern angaben, sie erzögen ihre Kinder „wenig oder gar nicht" autoritär.*

*(4) Aber Melzer/Bilz haben ermittelt (FS für Schwind 2006, 1086), daß der autoritäre Erziehungsstil* ***noch immer in 25 %*** *aller Familien vorkommt.*

Weit verbreitet ist diese Form der Erziehung vor allem in **türkischen** (Rdn. 15b zu § 24 und Rdn. 45a zu § 6) **in Spätaussiedlerfamilien** (Rdn. 17a zu § 25).

46b **Erwartete negative Folgen:**

- Autoritär erziehende Eltern bzw. solche mit rigidem Sanktionsverhalten, machen ihr Kind oft **lebensunsicher**: das Kind bekommt das Gefühl, nie etwas richtig zu machen, deshalb kann sich bei diesem auch kaum eigenes Selbstwertgefühl entwickeln mit der Folge, daß solche Jugendlichen „wenig selbstbewusst und unsicher auftreten und insbesondere in brenzligen oder gefährlichen Situationen mit Rückzugsverhalten reagieren" (*Mansel* 2001, 38). Auf diese Weise wiederum kann es dazu kommen, daß sie „von Tätern als schwache Personen wahrgenommen werden ...", die man risikolos angreifen kann: „ideale Angriffsopfer" (*Mansel* aaO, 38). Jugendliche, die so erzogen werden, werden daher häufig oft nicht nur von ihren Eltern, sondern „auch noch von den Gleichaltrigen verprügelt" (**hohes Viktimisierungsrisiko,** vor allem bei Frauen: vgl. *Wetzels* 1997, 192 ff).
- **Auf der anderen Seite** führt das Erleiden und Erleben von Gewalt in der Familie (oder in der Subkultur) über Modellernen auch zur Nachahmung (vgl. Rdn. 20 ff zu § 6) **von Gewalt** bzw. zur Bereitschaft,

Gewalt als „normales Interaktionsmittel" zu benutzen (*Ulbrich-Herrmann* 1997, 180ff; *Erthal/Bussmann* in Schwind et al. 2009, 43): z.B. später gegenüber den eigenen Kindern (**„zum Kreislauf der Gewalt"**: vgl. Rdn. 45a zu § 6 und Rdn. 15b zu § 24). *Fabricius* weist (in FS für Schwind 2006, 273) darauf hin, daß es „nach den Befunden der sozialen Lerntheorie in erster Linie die **sozial mächtige Autoritätsperson** ist, welche nachgeahmt wird": Schließlich

- „haben Jugendliche aus gewaltbelasteten Familien eine Tendenz dazu, sich in **gleichaltrigen Gruppen zusammenzuschließen, die Gewalt befürworten**" (*Wetzels/Enzmann* 1999, 129, und Rdn. 26 zu § 28); **46c**
- „haben Jugendliche aus Familien mit einem autoritären Erziehungsstil die höchsten Werte für Erfahrungen als Mobbing-Täter" (*Melzer/Bilz* in FS für Schwind 2006, 1086).

*ff) Der inkonsistente Erziehungsstil*

Unter dem Begriff des „inkonsistenten" Erziehungsstils **(Wechselbad konträrer Erziehungsstile: „Schaukelstil")** werden im Schrifttum (vgl. *Havers* 1981, 150) folgende Erziehungssituationen (für Kinder unberechenbare **„Hüh- und hott"-Reaktionen**) zusammengefaßt: **47**

- *Der Erziehungsstil des Vaters steht (vor allem in Bezug auf Scheidungskinder) oft im Widerspruch zu dem der Mutter (bzw. umgekehrt), ohne daß es je zu einer Verständigung kommt,*
- *die Erziehungspraktiken eines Elternteils sind in sich widersprüchlich: z.B. werden die gleichen Verhaltensweisen einmal erlaubt und einmal verboten (oder „emotionales Wechselbad": Strenge/Verwöhnung): „Wankelpädagogik";*
- *die Erziehung ist „inkonsequent": angedrohte Strafen werden z.B. nicht immer ausgeführt.*

**Typische negative Folgen:** Nicht nur *Northoff* (Hb. 2005, 3.2.1. Rdn. 18) betont die Erfahrung, daß „Kinder, die mit sich widersprechenden Werten, Forderungen und Vorbildern konfrontiert werden, nur schwer feste Beziehungs-, Werte- und Normstrukturen bilden können; stattdessen (würden) bei ihnen Verunsicherung und Desinteresse bis hin zu neurotischen Störungen treten". *Havers* (aaO) vermutet entsprechend, daß das inkonsequente Erziehungsverhalten (nicht zuletzt der **„Wochenendväter"**) „wohl in erster Linie dazu führt, daß **Strafandrohungen nicht mehr ernst genommen werden":** generell kann sich daraus **Normunsicherheit entwickeln** (vgl. *Kury* 1982, 115). **48**

*Nach den KFN-Untersuchungen von Wetzels et al. (2001, 240f) gaben 9,3 % (von 3124 befragten Münchener Jugendlichen) an, daß sich ihre Eltern „bei Verboten mal so und mal so" verhalten hätten; 9,7 % (von 3140) Jugendlichen bejahten die Antwort: „Egal, wie ich mich verhalten habe, meine Eltern fanden das falsch". Wetzels et al. (aaO) sind in diesem Zusammenhang zu dem Ergebnis gelangt, daß „im Falle der Inkonsistenz, in dem Grenzsetzung und Kontrolle nicht* **49** *eindeutig sind, das* ***Risiko für Delinquenz steigt*** *" (so auch Mansel/ Hurrelmann in KZfSS 50/1998, 78–109). Vgl. ferner die Untersuchungen von Stelly/Thomas, beschrieben bei Rdn. 26a zu § 8.*

Zur Trennung „zwischen delinquenten und nicht-delinquenten (sowohl bei weiblichen als auch männlichen) Jugendlichen hat sich bisher auch die elterliche **‚Förderung von Zukunftspessimismus des Kindes'** (für das Delinquentwerden) als bedeutsam erwiesen" (*Seitz* 1983, 53).

*gg) Der liebevoll lenkende Erziehungsstil*

**50** Unter den bisher referierten Alternativen dürften der inkonsistente Erziehungsstil die relativ schlechteste und der demokratische Erziehungsstil die relativ beste der bisher erörterten Erziehungsmethode darstellen. Wenn man die Ergebnisse der wissenschaftlichen Forschung zu den Erziehungsstilen berücksichtigen will, bedarf es allerdings der Modifizierung, und zwar in Richtung auf eine Erziehungsmethode, die man auch als „liebevoll lenkenden Erziehungsstil" einordnen könnte.

**51** Dieser (meist intuitive) Erziehungsstil entspricht zwar grundsätzlich dem demokratischen Erziehungsstil, legt aber größeren Wert auf (einerseits) emotionale **Zuwendung, Wärme und Anerkennung** (einfühlsame Erziehung), andererseits aber auch auf (liebevolle) Kontrolle bzw. auf die **konsequente Durchsetzung aller Anordnungen und Erziehungsmaßnahmen**.

**Verbreitete positive Folgen:** *Herrmann* (schon 1972, 382 m.w.N.) faßt die Untersuchungen in bezug auf die Erziehungsfolgen dahingehend zusammen, daß „eine allgemein fürsorgliche, **liebevolle und aufgeschlossene Erziehungshaltung zusammen** mit gut **dosiertem Liebesentzug und zeitweiliger Strenge** (angewendet als gewollte Straftechnik) die stärkste steigernde Wirkung auf die Identifikation, die Normeninternalisation und Gewissensbildung zu haben scheinen": **protektive Erziehung** (vgl. dazu auch Rdn. 67).

## „Kinder brauchen Regeln"

### Jugendforscher Klaus Hurrelmann fordert klare Vereinbarungen zwischen Eltern und Kindern

**FOCUS:** Sie plädieren für klare Regeln beim Umgang mit Kindern. Ist das eine Absage an die antiautoritäre Erziehung?

**Hurrelmann:** Absolut. Eine Gruppe, in der es keine Regeln gibt, ist gewaltfördernd. Weil dann allein das Recht des Stärkeren gilt. Regeln schützen den Schwachen und zwingen den Starken, Rücksicht zu nehmen.

**FOCUS:** Also klare Richtlinien in Kindergärten, Schulen und zu Hause?

**Hurrelmann:** Wenn ich Kinder nur laufen lasse und keine Grenzen ziehe, wird das von den Kindern nicht positiv aufgenommen. Sie haben dann das Gefühl, daß sie niemand ernst nimmt. Das hat man bei der Diskussion um antiautoritäre Erziehung lange vergessen.

aus: *FOCUS* 39/1997, S. 23

Denn dieser Erziehungsstil zeigt dem Kind seine **Freiräume** auf, zugleich aber auch seine **Grenzen**, die durch **Regeln** festgelegt werden (vgl. Zeitungsausriß unten). Grenzen schaffen auch Geborgenheit: **„Alles dürfen ist doof"** (so eine 9jährige in einer Erziehungssendung von Radio 5 des WDR am 30. 8. 1999). Erziehungsmittel sind vor allem das positive Verhaltensweisen verstärkende Lob (dazu Rdn. 32ff zu § 6) sowie die ebenfalls konditionierende (aber sparsam verwendete) Strafe (dazu Rdn. 37 zu § 6). **51a**

*Dieser Erziehungsstil, den Peuckert (2002, 152) einen „reifen" Erziehungsstil nennt, erfahren nach eigener Aussage 32 % der West-Jugendlichen und 41 % der Ost-Jugendlichen (Peuckert aaO).*

Ein solcher Erziehungsstil, der die Lenkung (im vertretbaren Rahmen) betont, ist allerdings keineswegs neu: Es ist der Erziehungsstil, der in den meisten Familien (noch immer) tradiert wird. Jedenfalls ist es auch noch heute für das Eltern-Kind-Verhältnis typisch, daß die Eltern ihre Kinder gern haben und beschützen und (nach Möglichkeit) ohne den Einsatz körperlicher Zuchtmittel zu lenken versuchen. **Das Problem besteht inzwischen nur darin, daß die Außeneinflüsse auf die Erziehung so groß sind, daß sich viele Eltern überfordert fühlen** (zu den Medieneinflüssen vgl. § 14, zu den Einflüssen der peer-groups, vgl. Rdn. 21 zu § 13). **52**

***Übrigens:*** *Überfluß führt bei Kindern meistens zu Stress: im Überfluß Spielzeug, im Überfluß Geld, im Überfluß Essen, im Überfluß Freizeit usw. Der liebevoll lenkende Erziehungsstil berücksichtigt diese Erfahrung.*

*c) Erziehung im Rückblick von Eltern*

Eltern, die ihre Kinder bereits großgezogen haben, beurteilen ihren Erziehungsstil übrigens rückblickend eher kritisch: sie würden heute liberaler erziehen. **53**

*So haben Schneewind/Ruppert (1995, 140ff) 225 Familien 1976 und 16 Jahre später (also 1992) nach ihrem Erziehungsverhalten befragt und aufgrund des Vergleiches u.a. feststellen können: Eltern würden heute weniger Leistungsanforderungen stellen, mehr Mitspracherechte einräumen, mehr belohnen und mehr emotionale Zuwendung in ihre Erziehung einbringen.*

Vielleicht handelt es sich aber lediglich um eine Erscheinung, die man als **„Oma/Opa-Effekt"** einordnen könnte; die Großeltern gehen mit ihren Enkeln erfahrungsgemäß meist nachsichtiger (bzw. verständnisvoller) um als zuvor mit den eigenen Kindern. Grund: man trägt keine Erziehungsverantwortung mehr.

## 2. Modellernen als Seitenstück der Erziehung

Neben der Wahl und Anwendung des Erziehungsstils ist für den Erziehungserfolg im Sinne konstruktiver sozialer Persönlichkeitsentwicklung **54** auch das **„Modellernen“** (= Beobachtungslernen, Imitationslernen, Identifikationslernen bzw. nach *Tausch/Tausch* Wahrnehmungslernen) des Kindes bedeutsam: denn prosoziales wird ebenso wie unsoziales Verhalten (auch) durch Modellernen mitbestimmt (dazu auch Rdn. 45 zu § 6).

**55** So stellten R. *Tausch* und A.-M. *Tausch* (schon 1979, 33) aufgrund zahlreicher Untersuchungen fest, daß **„Personen, die prosoziales Verhalten bei anderen wahrnehmen, sich in größerem Ausmaß prosozial verhalten als Personen ohne derartige Wahrnehmungen**. Unter prosozialem Verhalten ist ein hilfreiches Verhalten für und zum Nutzen ande-rer zu verstehen, ein Verhalten mit der Absicht, anderen Personen Erleichterung und Besserung ihrer Lebenssituation zu verschaffen.“

***Beispiele:***

**56** ***Bryan*** *und* ***Test*** *haben z.B. (1967, 400ff) ermittelt, daß Personen selbst eher Geld spenden, wenn sie zuvor gesehen haben, wie andere Personen Geld in eine Sammelbüchse gesteckt haben.*

**57** *Dieselben Autoren (aaO) stellten in einem Experiment fest, daß Autofahrer eher bei einem Wagen mit Reifenpanne anhalten, um zu helfen, wenn sie 500 Meter zuvor gesehen haben, wie jemand dem Fahrer eines anderen Autos mit Reifenpanne behilflich war (vgl. dazu auch Rdn. 20a zu § 19).*

**58** Eltern können diesen Erziehungseffekt (Lernen durch prosoziales Verhalten anderer Personen) bei ihren Kindern u.a. dadurch erreichen (vgl. *Tausch* und *Tausch* 1979, 34f), daß

- *die Kinder die Eltern selbst im häufigen Einsatz für andere benachteiligte bzw. beeinträchtigte Personen beobachten können (alte Dame über die Straße führen, bei der Bahnhofsmission aushelfen, ehrenamtliche Bewährungshilfe leisten usw.) oder (und)*
- *die Kinder andere Personen mit prosozialem Verhalten wahrnehmen können oder (und)*
- *die Kinder selbst Situationen ausgesetzt werden, in denen sie prosoziales Verhalten zeigen können.*

**59** Insoweit ist es erzieherisch wichtig, daß die Eltern entweder auf das prosoziale Verhalten anderer Menschen **anerkennend aufmerksam** machen oder aber die Kinder, wenn sich diese entsprechend bewährt haben, dafür auch **loben**.

**60** Durch Modellernen wird aber auch unsoziales (aggressives) Verhalten gefördert. Jedenfalls sind mehrere empirische Untersuchungen zu dem Ergebnis gelangt, daß zwischen den entsprechenden Verhaltensstörungen der Eltern und denen ihrer Kinder eine Verbindung besteht (vgl. die Übersicht bei *Havers* 1981, 145f, und Rdn. 45 zu § 6).

### 3. Elterliche Erwartungshaltungen und ihre Folgen

**61** Nicht ohne Einfluß auf den Entwicklungsprozeß des Kindes sind ferner auch die Erwartungsvorstellungen der Eltern darüber, „wie das

Kind sein soll". Von Bedeutung ist also, welche „Rolle" man ihm in der familiären Gemeinschaft (oder aus der Sicht eines Elternteils) – unbewußt – zugedacht hat (dazu z.B. *Richter* 1983, 71 ff). Denn die **Rolle** wird durch die Gesamtheit der Erwartungsvorstellungen der Eltern bzw. eines Elternteils festgelegt. Die Eltern wiederum erinnern sich im Umgang mit ihren Kindern immer wieder an ihre eigene Elternbeziehung. Insbesondere die Mutter bemüht sich im Normalfall darum, zu ihrem Kind so zu sein, wie ihre eigene Mutter zu ihr selbst war. So können durch Identifikationen z.B. „auch negative Züge der Mutter bzw. der Eltern übernommen und später am eigenen Kind ausgelebt werden" (*Richter* 1983, 89). Das Wissen um die Rolle, die einem Kind auf diese Weise zugedacht ist, erweist sich oft als Schlüssel zum Verständnis kindlicher dissozialer Verhaltensstörungen. Jedenfalls erscheint dann eine „Störung des Kindes vielfach als eine direkte unbewußte Antwort auf eine unbewußte Frage oder Forderung von der Mutter, vom Vater oder von beiden zugleich" (*Richter* 1983, 84). Insoweit ist aus kriminologischer Sicht insbesondere die „narzißtische Projektion" relevant.

Bei der **narzißtischen Projektion** „verwechseln" die Eltern das Kind 62
mit der eigenen Person, indem sie ihm eine Rolle aufdrängen, die sie selbst gern gespielt hätten. Sie erleben das Kind als positive Fortsetzung „des eigenen Selbst und wollen sich durch seine Erfolge für eigene Miß erfolge entschädigen" (*Richter* 1983, 77). Um Mißverständnissen vorzubeugen, muß insoweit allerdings betont werden, daß es nicht schon an sich bedenklich ist, wenn Eltern ihr Kind „nach ihrem Bilde" zu formen versuchen; es handelt sich „im Gegenteil um eine in den erzieherischen Leitbildern der meisten Eltern vorzufindende Tendenz, der man positive Einflüsse auf das Kind nicht absprechen kann, sofern dem Kind noch genügend Spielraum für eine eigenständige Entwicklung eingeräumt wird und sofern die Eltern selbst integrierte, affektiv aus balancierte und sozial adaptierte Persönlichkeiten sind" (*Richter* 1983, 166). Folgt die Rollenvorschrift für das Kind hingegen „überwiegend dem Motiv, mit Hilfe des Kindes eigene unbewältigte Konflikte aus zutragen, dann stecken in dieser Rolle zweifellos Gefahrenmomente" (*Richter* aaO). „In Extremfällen ist die in den Eltern wohnende Konfliktspannung so stark, daß sie – unbewußt – die gesamte kindliche Lebensgestaltung unter diesem Gesichtspunkt kontrollieren und regeln zu müssen glauben, als handele das Kind immer nur stellvertretend für sie selbst, als entscheide es über ihr Glück, über ihre Schuld" (*Richter* 1983, 77).

***Beispiele:*** *Die Eltern erhoffen z.B. vom Kind, daß es* ***Ziele*** 63
***erreicht****, die* ***sie selbst nicht erreicht haben*** *und üben deshalb ständig Druck aus: etwa Abitur zu machen, ein Studium abzuschließen und eine akademische Position zu erreichen, die sie selbst nicht erreicht haben (was sie nicht zu verwinden vermögen). Oder: Die Mutter versucht, die Tochter in eine Starrolle, die sie früher für sich selbst erhofft hatte, zu drängen: als* ***„Filmkind"*** *oder* ***„Teenagermannequin"****. „Ähnliches dürfte für einen großen Anteil der Eltern gelten, die sich in den Eisstadien sammeln, um ihren knapp eingeschulten Sprößlingen Tag*

*für Tag mehrere Stunden Kunstlauf-Figuren eindrillen zu lassen. Die letzten Ersparnisse werden dabei oft für die Trainer aufgewendet, die aus den rücksichtslos gequälten Kindern spätestens mit 15, 16 Jahren umjubelte **Eislaufprinzessinnen** machen sollen" (Richter 1983, 172f). Ähnliche Beispiele lassen sich aus dem Turnsport oder dem Tennissport nennen: Eltern versuchen ihre Kinder zu **„Ballmaschinen"** zu trimmen; mitunter auch mit (vorübergehendem) Erfolg.*

64 Die Mütter bzw. Väter solcher Kinder wollen die Erfolge der Kinder als eigene erleben, nämlich als „Nacherfüllung der enttäuschten eigenen Wünsche" (*Richter* 1983, 78): das Kind „als **Substitut des idealen Selbst**". In diesen Fällen suchen die Eltern also das, was sie selbst sein möchten.

65 Eltern können in ihren Kindern aber auch das suchen, „was sie um keinen Preis sein möchten. Gegenstand der Projektion ist dann nicht ihr ideales Selbst, sondern dessen Gegenteil, nämlich die unbewußte ‚negative Identität'" (*Richter* 1983, 197): das **Kind als Substitut der negativen Identität**. Unter negativer Identität ist nach *Erikson* (zit. nach *Richter* aaO) „die Kombination aller Dinge (zu verstehen), die den Wunsch hervorrufen, ihnen nicht zu gleichen". Gemeint ist „der Versuch, eigene Schuldgefühle durch Abwälzung auf einen **‚Sündenbock'** zu beseitigen" (*Richter* 1983, 198; zur Sündenbockhypothese Rdn. 40f zu § 6).

66 ***Beispiele:*** *Der Vater, der sein Berufsziel nicht erreicht hat, die Mutter, die kein Star geworden ist, vergreifen sich an ihren Kindern, die trotz allen Drucks der Eltern auch nicht mehr Erfolg haben als diese. Der Junge, der aus der Schule eine Fünf in Mathematik nach Hause bringt, wird von seinem Vater geprügelt, obgleich dieser früher auch keine besseren Schulzensuren vorweisen konnte. So werden „die elterlichen **Selbstbestrafungstendenzen** auf bequeme Weise durch Strafhandlungen am Kind abgeführt" (Richter 1983, 199): Die Eltern reagieren den Ärger über ihr eigenes Versagen an ihren Kindern ab.*

Der Sündenbock ist also „der Adressat einer narzißtischen Projektion, die darauf hinausläuft, das Individuum von Selbstvorwürfen zu entlasten" (*Richter* aaO). Kriminologische Relevanz: **„Elterliche Prophezeiungen und Bekräftigungen eines negativen Selbstbildes des Kindes führen zu negativer Selbstidentität des Kindes als Sündenbock und Unruhestifter** und zu Handlungsweisen entsprechend dieser negativen Selbstidentität" (*Seitz* 1983, 53): die Folge besteht nicht selten in der Flucht in Alkohol und Rauschgifte (vgl. dazu die §§ 26 und 27) bzw. die Flucht in die Subkulturen der Autonomen (vgl. Rdn. 7a Vor § 10), Punks, Hools und Skins (vgl. *Struck* 1994, 50, und Rdn. 20ff zu § 28).

### 4. Ethisch-moralische Erziehung als Postulat

67 Die Aufgabe (rationaler) Erziehung besteht nicht zuletzt darin, bei dem (oder der) zu Erziehenden die Fähigkeit zu entwickeln, „nach Vorstellungen und Erwartungen zu handeln, also auch nach ethischen und normativen Gesichtspunkten" (*Schmidtchen* 1984, 1).

***Ethik?*** *Ethik beschäftigt sich mit den Fragen nach dem sittlich Guten bzw. dem „Richtigen" und dem menschlich Sinnvollen unseres Urteilens und Handelns: z. B. auf philosophischer oder theologischer Grundlage. Insoweit befaßt sich Ethik mit der ganzen Bandbreite menschlicher Verhaltensweisen: von den Umgangsformen bis hin zur* ***Moral.***

***Moral?*** *Mit Moral ist die Gesamtheit der traditionellen Gebote, Verbote, Sitten und Gebräuche usw. (griech ethos; lat. mos) gemeint, also eine gesellschaftliche Konvention, aus der sich normative Gerechtigkeitsvorstellungen ergeben (können). Moral ist nicht identisch mit Moralität. Unter* ***Moralität*** *(griech. Äthos; lat. mores) wird vielmehr das individuelle sittliche Verhalten verstanden bzw. sittliche Entscheidungen, die für unsere Zeit und Generation Bedeutung besitzen. So orientierten sich die 68er (vgl. Rdn. 45) eher an der Moralität, die katholische Kirche eher an der Moral.*

*Aufgabe der Ethik ist es nun, das* ***Spannungsververhältnis****, das naturgemäß oft zwischen Moral und Moralität besteht, zu bewerten und Brükken zu schlagen bzw. zu entscheiden. Aktuelle Probleme: Organspenden, Genmanipulation, Embryonenforschung, rituelle Beschneidung, Beihilfe zum Suizid, Geschwisterinzest,* Zulässigkeit der ***Rettungsfolter*** *(Fall „Daschner"), Abschuß terrorverdächtiger Passagierflugzeuge (vgl. Rdn. 46 zu § 30), Schwangerschaftsabbruch, Präimplantations-Diagnostik = PID, Sterbehilfe. Bei der entsprechenden Abwägung der Postulate muß berücksichtigt werden, daß sich manche moralischen Vorstellungen auch kurzfristig verändern: etwa zur „Ehe ohne Trauschein" bzw. zum vorehelichen Geschlechtsverkehr oder zu homosexuellem Verhalten (vgl. Rdn. 7 Vor § 10).* ***Von der Ethik wird Orientierung erwartet*** *(vgl. dazu Schmoller, K.: Ethische Dispute im Strafrecht, in: Fischer/Strasser: Rechtsethik 2007, S. 203 ff). Höchstes nationales Gremium für moralisch-ethische Fragen ist (seit 2001) der (26-köpfige)* ***Deutsche Ethikrat****, der aber nur Empfehlungen aussprechen kann (vgl. Zeitungsausriß),*

**Beschneidung ohne Schmerzen**

Der Ethikrat empfiehlt, die religiöse Beschneidung unter strengen Standards zu erlauben – wenn medizinische Standards garantiert sind

aus: *WAZ* vom 24. August 2012

Orientierung vermitteln, bis sie (z. B. aus ethisch-moralischen Gründen **68**
wie im Falle der Homosexualität) wieder aufgehoben werden, (Straf-)-Gesetze und andere Normen. „Strafrechtliche Normen beruhen (jedenfalls) auf gesellschaftlich (weitgehend) geteilten moralischen Wertvorstellungen über erlaubtes und unerlaubtes Handeln. **Straftaten stellen damit auch einen Verstoß gegen moralische Werte dar"** (*Lösel/Schmukker* 2004, 906). Sich den Strafgesetzen **entsprechend zu verhalten**, gehört deshalb ebenfalls zur Erziehung: nämlich **Rechtsgefühl** zu entwickeln (Rdn. 3 Vor § 10).

Erziehungspersonen sollten aber auch darauf achten, daß das Rechtsgefühl eine **moralische Untermauerung** erfährt. Insoweit lassen sich mit *Kohlberg* (1974, 5ff), der auf *Piaget* zurückgreift, und *Schmidtchen* (1984, 2ff) **am Beispiel des Diebstahls** folgende **Stufen des moralischen Urteils** unterscheiden:

- *erstens* der **moralische Realismus** (naive Moral), der dadurch gekennzeichnet ist, daß das Bewußtsein durch folgende Sätze beschrieben werden kann: „Wer stiehlt, wird bestraft. Wenn man nicht bestraft (oder erwischt) wird, darf man stehlen";
- *zweitens* die **heteronome Moral:** „Man darf nicht stehlen, weil es verboten ist" (wobei der Sinn des Verbots nicht reflektiert worden ist) und
- *drittens* die **autonome Moral**: „Man darf nicht stehlen, weil es kein moralischer Grundsatz ist." Niemand wäre vor dem Diebstahl mehr sicher: freiwillige Akzeptanz (und Verinnerlichung) rechtlicher Werte und Normen (Handeln aus moralischer Verpflichtung = „innere Stimme").

*Ein* ***Beispiel*** *dazu: „Nimmt ein potentieller Täter nur deshalb die Sache eines anderen nicht in Zueignungsabsicht weg, weil er befürchtet, beobachtet und bestraft zu werden, so verhält er sich – dem Recht genügend –* ***legal; moralisch (i.S. autonomer Moral)*** *würde er sich nur verhalten, wenn er dies ‚aus Pflicht' täte (im Beispiel: weil er fremdes Eigentum respektiert)" (Kühl in GS für Meurer 2002, 548).*

69 **Erstrebtes Erziehungsziel** für Eltern und Schule (dazu *Oser* in Vj. Päd. 1988, 59ff) sollte es sein, die **dritte Stufe**, also die der autonomen Moral, zu erreichen (vgl. dazu auch Rdn. 17 zu § 6 = Halttheorien). Nach *Schmidtchen* (1984, 3) gibt es allerdings „genügend Hinweise dafür, daß ein beträchtlicher Teil der Bevölkerung die Stufe der **autonomen Moral,** also die moralische Selbststeuerung, **nicht erreicht**. **Moralisch haben wir es in einem epidemischen Umfang mit abgebrochenen Persönlichkeitsentwicklungen zu tun**" (aaO, 3): **„moralische Orientierungslosigkeit"** (dazu *Kerner* in FS für Schwind 2006, 963), die sich offenbar auch auf das mosaische Gesetz der **„Zehn Gebote"** (Dekatalog: 2. Mose, 20) bezieht (vgl. Zeitungsausriß).

# Zehn Gebote altmodisch?

## Deutsche zeigen sich in Umfrage locker

AP **MÜNCHEN.** Das Gebot „Du sollst nicht töten" hält jeder zehnte Deutsche für altmodisch. Bei einer Emnid-Umfrage für den „Playboy" gaben elf Prozent der Befragten an, dieses Gebot sei unzeitgemäß. Elf Prozent halten das siebte Gebot „Du sollst nicht stehlen" für veraltet (unter Schülern 21 Prozent). Am lockersten gehen die Deutschen mit Gebot Nummer sechs „Du sollst nicht ehebrechen" um: 28 Prozent der Befragten finden es überflüssig.

aus: *NOZ* vom 12. Okt. 2006

Nach den Ergebnissen der empirischen Untersuchungen von *Hermann* führt jedenfalls **christlich geprägte Werteerziehung zu höherer Normakzeptanz** und wirkt dementsprechend Kriminal- bzw. auch gewaltpräventiv (vgl. Rdn. 19 zu § 6).

### 5. Zunehmend erziehungsunfähige Eltern?

Vor dem Hintergrund aller geschilderten Phänomene drängt sich die **69a** Frage auf, inwieweit Eltern heute überhaupt noch über die Fähigkeit verfügen, erziehen zu können (dazu *Schwind* in Schwind/Steffen/Hermann 2009, 19). Lassen sich die Resultate der Tierversuche von *Harlow* (oben Rdn. 14) auch auf die Menschen übertragen? Nimmt die Erziehungsfähigkeit auch bei den Menschen von Generation zu Generation ab, weil das „Erziehenkönnen" nicht mehr gelernt wird?. Wie es in Familien, die offensichtlich erziehungsunfähig sind, aussehen kann, demonstriert das Fernsehen (Doku-Soap bei RTL) in einer Sendung, in der eine Pädagogin als **„Super-Nanny"** (unten auch Rdn. 73) solche Familien aufsucht und diese mit Erziehungsratschlägen versorgt. Nach der *Shell-Jugendstudie* „Jugend 2006" sollen etwa **ein Drittel der Eltern erziehungsunfähig** sein, nach einer *GfK-Umfrage* sogar 53,7 % (zit. nach Focus 9/2009, 81).

Folgen der Überforderung erziehungsunfähiger Eltern sind oft **Kindes- 69b** **mißhandlungen**, und zwar in Form von körperlichen Mißhandlungen (Schläge, Würgen) oder seelischen Mißhandlungen (Lieblosigkeiten). Beispiele bei *Hunsicker*, kriminalist 10/2008, 405 ff). Nicht zuletzt geht es dabei um Familien mit Migrationshintergrund (so *Mönch* bezogen auf den Stadtteil Berlin-Neukölln, zit. nach FAZ vom 8. Jan. 2009). Generell fällt auf, daß immer mehr Kinder erziehungsunfähiger Eltern in **Heime** eingewiesen werden müssen.

## VI. Präventionsmöglichkeiten

Daß Störungen der kindlichen Sozialisation in der Regel zu Verhal- **70** tensauffälligkeiten führen, „betont die psychoanalytische wie auch die psychologische und familiensoziologische Forschung der letzten Jahrzehnte mit überzeugender Einhelligkeit immer wieder" (so *Kury* schon 1980, 148). Gleichwohl war die Familienpolitik bis in die neunziger Jahre insoweit eher unterentwickelt, d. h. sie entsprach nur begrenzt der kriminalpolitischen Bedeutung der Familie als der Instanz primärer Sozialisation.

Um die Lücke zu schließen, sind u. a. (z. T. schon von der Anti-Gewaltkommission der Bundesregierung: *Schwind/Baumann* et al. 1990) folgende Vorschläge zur Diskussion gestellt worden, die inzwischen auch zu den Leitlinien der jeweiligen Bundesregierungen zählen. Sie kommen nicht zuletzt den Familien der Zuwanderer zugute (vgl. Karikatur oben).

- **Das Verbot der körperlichen Züchtigung** von Kindern entsprechend **71** Art. 19 der **UN-Kinderrechtskonvention** von 1989; umgesetzt durch das Gesetz zur Ächtung der Gewalt in der Familie vom 3. Nov. 2000 (vgl. dazu *Roxin* in JuS 3/2004, 177); verändert wurde der **§ 1631 Abs. 2 BGB**.

*Dort heißt es nunmehr: „Kinder haben das Recht auf gewaltfreie Erziehung. Körperliche Bestrafungen, seelische Mißhandlungen und andere entwürdigende Maßnahmen sind unzulässig". Ähnlich war zuvor auch in* **Österreich** *(§ 146a ABGB) formuliert worden: „Die Anwendung von Gewalt und die Zufügung körperlichen und seelischen Leidens sind unzulässig"* ***(§ 146a ABGB)***.

Übrigens: Das Recht auf gewaltfreie Erziehung wurde bereits in Art. 19 der **UN-Kinderrechtskonvention** verankert.

72 • **Betonung des Grundsatzes „Hilfe vor Strafe"**. Dazu paßt, daß nach § 153a StPO (Einstellung des Verfahrens mit Auflagen) seit dem Gesetz vom 20.12.1999 (BGBl. I, 2491) auch **Beratungs- und Therapieauflagen bzw. Weisungen** in Betracht kommen.

73 • **Flächendeckende Elternberatung:** Vorgeschlagen wurden: der Ausbau (nicht Abbau! – wie derzeit überall praktiziert) der Erziehungs- und Familienberatungsstellen; verstärkt werden sollte insbesondere die Hilfe für problembelastete Familien. Stichwort: **Elterntraining**. Insoweit ist auch der Einsatz einer Super-Mama **(Super-Nanny)** ein Beispiel, einer von RTL finanzierten Pädagogin, die überforderten Eltern vor Ort (auf dem Bildschirm verfolgbar) Ratschläge zum Erziehungsverhalten erteilt.

74 • **Abbau finanzieller Streßfaktoren:** Vorgeschlagen wurden: die Besteuerung der Familie nach den Grundsätzen des Familiensplittings sowie die weitere Flexibilisierung der Erwerbstätigkeit der Eltern (z.B. in Form der Teilzeitbeschäftigung bzw. des Job-sharings). Zu den Erziehungskosten vgl. Kasten unten.

aus: *Focus* 35/2010, 61

Die **Erziehungskosten** sind hoch. Um das gleiche materielle Lebensniveau eines Paares ohne Kinder zu erreichen, muß (in der Schweiz) ein Paar, das ein Kind bekommt, 20 % mehr verdienen; bei zwei Kindern sind es 40 % und bei drei Kindern 54 % *(Perrez* in Vaskovics 1997, 104). In Deutschland geht der Fünfte Familienbericht der Bundesregierung davon aus, daß eine **Familie mit zwei Kindern** für Erziehung und Versorgung von der Geburt bis zum vollendeten 18. Lebensjahr für den Nachwuchs insgesamt **693 500 DM** (rund 355 000 Euro) ausgeben muß. **Nur „34 % davon trägt der Staat** entweder direkt in Form von Kindergeld oder Erziehungsgeld oder indirekt als Steuerfreibeträge, Anerkennung von Kindererziehungszeiten in der Rentenversicherung, kostenlose Mitversicherung der Kinder in der gesetzlichen Krankenversicherung, Kindergarten, Schulen. Den größten Teil jedoch muß die Familie selbst aufbringen" (*Peukert* 2002, 353). Damit stellt sich die Frage, ob „ein **Armutsrisiko** darin besteht, ein Kind zu bekommen" *(Krüger* in *Müller/Peter*, Kinderkriminalität, Opladen 1998). 75

Weil das so nicht sein kann, hat das **BVerfG** in einem Beschluß vom 10. November 1998 (abgedruckt in NJW 1999, 557) verlangt, „das steuerlich zu verschonende **Existenzminimum** für Kinder heraufzusetzen: Neben den Sachkosten für Ernährung, Unterkunft und Kleidung, die durch Kindergeld und Kinderfreibeträge gedeckt werden, müssen künftig auch der Betreuungs- und der Erziehungsaufwand als zweite und dritte Säule des Existenzminimums steuerlich freigestellt werden –, und zwar für alle Kinder, von reichen wie von armen Eltern" *(Gelinsky*, K., in FAZ vom 6. Februar 1999, 12).

- **Zeit für Erziehung zurückholen:** Erziehungsurlaub (§ 15 BEEG vom 15. Dez 06/19.8.07). 76
- **Erweiterung der außerhäuslichen Kinderbetreuung** (familienergänzende Infrastruktur): die Betreuung durch „Tagesmütter" und soll Erziehungsdefiziten vorbeugen, die durch die (außerhäusliche) Berufstätigkeit beider Eltern möglicherweise entstehen. Dementsprechend ist 1994 auch ein **Rechtsanspruch auf einen Kita-Platz"** (für ein bis dreijährige Kinder) eingeführt worden (U3-Betreuung), der bis zum 1. Aug. 2013 realisiert werden sollte. Derzeit (2013) gibt es bundesweit 620 000 Betreuungsplätze. Angestrebt werden 750 000 (SPIEGEL 43/2012, 13). Es fehlen also rund 130 000. Außerdem müssen noch 50 000 gutausgebildete Erzieher eingestellt werden. 77

  **Und:** Derzeitig sind nur drei Prozent aller Kita-Fachkräfte männlich (SPIEGEL 36/2012, 38). **„Männerquote"**?.

78 • **Ausbau der Alternativen zur Heimerziehung:** als vielversprechende Alternative gilt die Unterbringung in einer Pflegefamilie, „weil die Erziehungssituation in den meisten Heimen aufgrund der starken Überlastung des Fachpersonals insgesamt eher ungünstig ist" (*Kury* 1980, 162; vgl. auch Rdn. 13ff). Gute Voraussetzungen für eine sozial günstige Entwicklung von Kindern bieten auch die SOS-Kinderdörfer, von denen es weltweit in 129 Ländern 377 gibt **(Grundidee: „Jedes Kind braucht eine Mutter")**.

79 • **Familienfreundlicher Wohnungsbau**
(vgl. dazu Rdn. 11ff zu § 16)

80 • **Ausbau des Opferschutzes** (vgl. dazu Rdn. 30–40 zu § 20): Vom Deutschen Bundestag beschlossen wurden am 14. Dez. 2007 verpflichtende Vorsorgeuntersuchungen für Vorschulkinder. Geprüft wird ferner die Einführung von Notrufen (sog. hot lines) nach amerikanischem Vorbild sowie die ideelle und bessere finanzielle Förderung von Kinderschutzzentren, wie sie z.B. der Deutsche Kinderschutzbund mit Erfolg unterhält. Der Deutsche Kinderschutzbund bietet auch ein **Kinder- und Jugendtelefon** an: „Die Nummer gegen den Kummer". Bundesweite Telefon-Nummer: **08 00-1 11 03 33**.

# § 11 Die Schule als sekundäre Sozialisationsinstanz

**Literatur:** **Bannenberg,** B.: So genannte „Amokläufer" aus kriminologischer Sicht, in: FS für Schöch, Berlin 2010b; **Bannenberg,** B.: AMOK: Ursachen erkennen – Warnsignale verstehen, Katastrophen verhindern, Gütersloh 2010a; **Bannenberg**, B.: Umgang mit Amokdrohungen an Schulen, in: ZIS 5/2011, S. 300 – **Boers,** K./**Reinecke,** J.: Selbstberichtete Kriminalität...in: Informationen zur 3. Schülerbefragung in Duisburg 2004; **Brück,** U.: Schule, Freizeit und Rückfallkriminalität, Diss. jur., Hamburg 1971; **Brusten,** M./**Hurrelmann,** K.: Abweichendes Verhalten in der Schule, 3. Aufl., München 1976; **Cicourel,** A. V./**Kitsuse,** J. I.: Die Schule als Mechanismus sozialer Differenzierung, in: *Götz,* B./*Kaltschmid,* J. (Hrsg.): Sozialisation und Erziehung, Darmstadt 1978, S. 287–301; **Deimling,** G.: Sozialisation und Kriminalprävention durch Kindergarten und Schule, in: *Schwind,* H.-D./*Berckhauer,* F./*Steinhilper,* G. (Hrsg.): Präventive Kriminalpolitik, Heidelberg 1980, S. 183–207; **Dünkel,** F./**Geng,** B.: Jugendgewalt und Kriminalprävention, Mönchengladbach 2003; **Engels,** H.: Das School Shooting von Emsdetten, in Kriminalistik 7/2007, S. 443–451; **Feltes,**Th./**Goldberg**, B: Gewalt und Gewaltprävention in der Schule Holzkirchen/Obb. 2009; **Flissikowski,** R./**Kluge,** K. J./**Schauerhammer,** K.: Vom Prügelstock zur Erziehungsklasse für „schwierige" Kinder, München 1980; **Fuchs,** M.: Ausländische Schüler und Gewalt an Schulen. Ergebnisse einer Schüler-Lehrer Befragung, in *Holtappels,* H.G./*Heitmeyer,* W. et al. (Hrsg.): Forschung über Gewalt an Schulen, 1999, S. 119–136; **Fuchs,** M./**Luedtke,** J.: Gewalt und Kriminalität an Schulen, in: *Raithel,* J./*Mansel.* J. (Hrsg.): Kriminalität und Gewalt im Jugendalter, Weinheim, 2003, S. 161–181; **Füllgrabe,** U.: Narzissmus und Erziehungsdefizite als Ursache von Amokläufen, in: Die Polizei 5/2009, S. 8ff und Kriminalistik 5/2010, S. 288–293; **Havers,** N.: Erziehungsschwierigkeiten in der Schule, 2. Aufl., Weinheim 1981; **Heckmann,** C.: Von einer Schule mit zweifelhaftem Ruf zu einem Modellprojekt, in: *Marks,* E./*Steffen,* W. (Hrsg.): Bildung – Prävention – Zukunft, Mönchengladbach 2012, S. 201–?05; **Hermann**, D./**Dölling**, D.: Gewaltprävention durch Schulsozialarbeit – eine Evaluationsstudie, in: ZJJ 4/2010, S. 398–403; **Hoffmann,** J./**Roshdi,**, K./ **Robertz,** F.: Zielgerichtete schwere Gewalt und Amok an Schulen, in: Kriminalistik 4/2009, S. 196–204; **Holtappels,** H.G./**Heitmeyer,** W./**Melzer,** W./**Tillmann,** K.-J. (Hrsg.): Forschung über Gewalt an Schulen, Weinheim 1997 (4. Aufl. Weinheim 2006); **Kelly,** R.-J./**Schatzberg,** R.: Träume und bittere Enttäuschungen – Kriminalität in amerikanischen Schulen, in: Magazin der Polizei

1993, S. 4–11; **Jäger**, S./**Sturm**, J.: Die Einführung eines Nationalen Waffenregisters in Deutschland, in: Kriminalistik: 12/2012, S. 699–704; **Klockhaus, R./Habermann-Morbey,** B.: Psychologie des Schulvandalismus, Göttingen 1986; **Kosubek,** S.: Die Korrelation zwischen Schulbildung und Kriminalität, in: Jugendwohl 58/1977, S. 201–205; **Kreuzer,** A.: Schülerbefragungen zur Delinquenz, in: RdJ 1975, S. 229–244; **Kury,** H.: Delinquenzprävention in der Schule, in: *Kaiser,* G./ *Kury,* H./*Albrecht,* H.-J. (Hrsg.): Kriminologische Forschung in den 80er Jahren, Freiburg 1988, S. 757–793; **Langman,** P.: „Amok im Kopf", Weinheim 2009; **Lerchenmüller,** H.: Evaluation eines Lernprogramms in der Schule mit delinquenzpräventiver Zielsetzung, Köln 1986; **Lösel,** F.: Lehrerurteil, implizite Devianztheorie und selbstberichtete Delinquenz, in: KrimJ 1974, S. 47–60; **Lösel,** F./**Bliesener,** Th./**Averbeck,** M.: Hat die Delinquenz von Schülern zugenommen?, in DVJJ-Journal 2/1998, S. 115–125; **Lösel,** F.: Multimodale Gewaltprävention bei Kindern und Jugendlichen: Familie, Kindergarten, Schule, in *Melzer,* W./*Schwind,* H.-D.: Gewaltprävention in der Schule, Mainz 2004, S. 326–348; **Lösel,** F./**Bliesener,** T.: Aggression und Delinquenz unter Jugendlichen, München 2003; **Lösel,** F.:/**Bliesener,** Th./**Averbeck,** M.: Hat die Delinquenz von Schülern zugenommen? Ein Vergleich im Dunkelfeld nach 22 Jahren, in: *Schäfer,* M./*Frey,* D. (Hrsg.): Aggression und Gewalt unter Kinder, Göttingen 1999, S. 65–87; **Mansel,** J.: Angst vor Gewalt. Eine Untersuchung zu jugendlichen Opfern und Tätern, München 2001; **Melzer,** W./**Sandfuchs,** U. (Hrsg.): Was Schule leistet. Funktion und Aufgabe der Schule, Weinheim 2001; **Melzer,** W./ **Schwind,** H.-D. /Hrsg.): Gewaltprävention in der Schule. Grundlagen – Praxismodelle – Perspektiven, WEISSER RING, Mainz 2004; **Melzer**, W./**Schubarth**, W./**Ehninger**, F.: Gewaltprävention und Schulentwicklung, Bad Heilbronn, 2. Aufl. 2011; **Melzer**, W./**Oertel**, L./**Ottava**, V.: Mobbing und Gewalt an Schulen von 2002–?010, in: Das Gesundheitswesen, Juli 2012, S. 576–583; **Mohr,** A.: Folgen der Viktimisierung. Welche Konsequenzen hat das Erleben von Viktimisierung durch Gleichaltrige für die seelische Gesundheit der Opfer?, in: *Raithel,* J./*Mansel,* J. (Hrsg.): Kriminalität und Gewalt im Jugendalter, Weinheim 2003, S. 285–299; **Olweus,** D: Bullying at School, Oxford 1993; **Richter,** H.-E.: Eltern, Kind und Neurose. Die Rolle des Kindes in der Familie, Hamburg 1983; **Ricking,** H.: Schulabsentismus als Forschungsgegenstand, 2003; **Scheithauer,** H.: Neuantrag auf Förderung des Projektes „Ursachen und Prävention von School Shootings und Amokläufen in Schulen", Berlin 2009; **Schelsky,** H.: Schule und Erziehung in der industriellen Gesellschaft, Würzburg 1957; **Schmidt,** R.: Was tun gegen Gewalt unter Kindern und Jugendlichen, Essen 1994 (2. Aufl. 1997); **Schneider,** H. J.: Gewalt in der Schule, in: Kriminalistik 1991, S. 15–24; **Schubarth,** W. u.a.: Im Gewaltausmaß vereint? Eine vergleichende Schülerbefragung in Sachsen und Hessen, in *Holtappels,* H.G. u.a.: Forschung über Gewalt an Schulen, Weinheim 1999, S. 101–118; **Schubarth,** W./**Kolbe,** F.-U./**Willems,** H.: Gewalt an Schulen: Ausmaß, Bedingungen und Prävention, Opladen 1996, S. 131–148; **Schubarth,** W./**Melzer,** W. (Hrsg.): Schule, Gewalt und Rechtsextremismus, 2. Aufl., Opladen 1995; **Schulz,** Th.: Der Amoklauf von Erfurt, Selbstmordattentate und andere Haßverbrechen, in: Kriminalistik 2002, S. 429–436; **Schwind,** E.-C.: Gesellschaft der Wegseher. Der „Non-helping-bystander-Effekt" am Beispiel der Gewalt in der Schule, in: Die Kriminalprävention 4/2004, S. 127–134; **Schwind,** H.-D.: Gewalt und andere soziale Auffälligkeiten an („no-future-kids"-)Schulen, in: FS für R. *Böttcher* Berlin 2007, S. 411–430; **Schwind,** H.-D.: Verbrechen und Schwachsinn, in: *Sieverts,* R./*Schneider,* H. J. (Hrsg.): Handwörterbuch der Kriminologie, Bd. 3, 2. Aufl., Berlin 1975, S. 445–453; **Schwind,** H.-D./**Baumann,** J. et. al. (Hrsg.): Ursachen, Prävention und Kontrolle von Gewalt, Berlin 1990; **Schwind,** H.-D./**Roitsch,** K./**Ahlborn,** W./**Gielen,** B.: Gewalt in der Schule – am Beispiel von Bochum, Mainz 1995 (2. Aufl. 1997); **Schwind,** H.-D./**Steffen,** W./**Hermann,** D. (Hrsg.): Kriminalprävention durch familiale Erziehung?, Baden-Baden 2009; **Speck,** O.: Chaos und Autonomie in der Erziehung, München 1991; **Streng,** F.: Gewalt und Fremdenfeindlichkeit in der Schule. Ergebnisse einer Replikationsstudie, in: FS für Schöch, Berlin 2010, S. 81–99; **Streng,** F./**Pöll,** M.: Gewaltwahrnehmung und Gewaltausübung durch Schüler, in: FS für Martin Usteri, Bern 1997, S. 133–154; **Streng**, F.: Ansätze zur Gewaltprävention bei Kindern und Jugendlichen, in: zis 3/2010, S. 227–235; **Struck,** P.: Neue Lehrer braucht das Land, Darmstadt 1994; **Tillmann,** K.-J. et al.: Schülergewalt als Schulproblem, München 1999; **Wellendorf,** F.: Schule und Identität, in: *Götz,* B./*Kaltschmid,* J. (Hrsg.): Sozialisation und Erziehung, Darmstadt 1978, S. 326–349; **Wetzels,** P. et al.: Jugend und Gewalt, Baden-Baden 2001; **Wickenhäuser,** R./**Robertz,** F. J.: Der Riß in der Tafel. Amoklauf und schwere Gewalt in der Schule 2007; **Wilmers,** N.: Schulschwänzen und Jugendkriminalität, noch unveröffentlichte Diplomarbeit, Bremen 2000; **Wöbken-Eckert,** G.: „Vor der Pause habe ich richtig Angst" – Gewalt und Mobbing unter Jugendlichen, Frankfurt/M. 1998.

Gliederung



1 Den nächst nachhaltigen Einfluß (nach der Familie) auf den Entwicklungsprozeß junger Menschen übt in der Regel die Schule aus, die einen beträchtlichen Teil des Alltags der Jugend ausfüllt. Nach *Cicourel/Kitsuse* „nimmt die Schule in der Organisation und Steuerung des Übergangs vom Status des Jugendlichen zu dem des Erwachsenen (sogar) eine ‚strategische Position' ein" (1978, 294): sie ist eine **„zentrale soziale Dirigierstelle"** (*Schelsky* 1957, 17 f) **für die künftigen sozialen (Berufs-) Chancen jedes Kindes**. Traditionell wird zumindest erwartet, daß diese Institution auch Sozialisations- bzw. Erziehungsaufgaben erfüllt. *Mergen* weist in diesem Zusammenhang zutreffend darauf hin, daß die „Erziehung in der Schule in dem Maße größere Bedeutung bekommt, als die Erziehung im Elternhaus abnimmt" (Lb. 1978, 87): **„nachholende Erziehung"**.

2 Allerdings sind in den letzten Jahrzehnten in Bezug auf die Erziehungsaufgabe **zwei gegenläufige Entwicklungen** zu beobachten, die auch aus kriminologischer Sicht bemerkenswert sind:

– *einerseits nimmt (vor dem Hintergrund von Erziehungsmüdigkeit in vielen Familien) die Erziehungsbedürftigkeit junger Menschen zu (vgl. z. B. schon Brück 1971, 24),*
– *andererseits haben die Leistungsaufgaben der Schule (und ihre Selektionsfunktion) den Erziehungsgedanken im schulischen Alltag eher zurückgedrängt (vgl. z. B. Brusten/Hurrelmann bereits 1976, 13 ff).*

## I. Erziehungsaufgaben der Schule aus kriminologischer Sicht

Gleichwohl ist ernstlich kaum zu bestreiten, daß die Schule – unabhängig von der aktuellen Definition ihrer Aufgaben – die Persönlichkeitsentwicklung junger Menschen (grundsätzlich) nicht unerheblich beeinflußt (vgl. dazu z.B. die Aufsätze in dem Band von *Melzer/Sandfuchs* 2001 zum Thema: **„Was Schule leistet"**). 3

### 1. Entwicklung der Ich-Identität

Die Schule kann insbesondere die Entwicklung der „Ich-Identität" ihrer Schüler (d.h. die Konstituierung ihrer Individualität), die diese in familialen Interaktionsprozessen mit Geschwistern, Eltern, Großeltern usw. erreicht haben, ergänzen, aus dem Gleichgewicht bringen oder zumindest in Frage stellen (dazu *Richter* 1983, 196f). So läßt es die „soziale Identität", mit der die Schule die Kinder als Schüler konfrontiert, grundsätzlich geboten erscheinen (vor allem zur Vermeidung von Konflikten), die persönliche Identität mit den neuen Verhältnissen in Einklang zu bringen. 4

Der Übergang des Kindes von der Institution Familie in die Institution Schule wird durch **Einschulungsrituale** (Einschulungsfeier mit Schultüte) symbolisiert, das Verlassen der Schule mit den entsprechenden Austrittsritualen (z.B. Abiturfeier). Die Teilnahme ist „institutionell gesehen Ausdruck einer generellen Unterstellung von Konsens im Hinblick auf die in der Schule geltenden Muster sozialer Identität, der allen schulischen Szenen zugrunde liegt. Teilnahme bedeutet implizit Akzeptieren des Identitätsmusters ‚Schüler'" (*Wellendorf* in: Götz/Kaltschmid 1978, 332) und begründet damit auch die entsprechende Verantwortung, die die Schule übernimmt. Daß Schüler dieses Muster nicht immer zu akzeptieren bereit sind und sich mit ihrer Ich-Identität dagegen anstemmen, zeigten schon die Störungen solcher Rituale durch „go-ins" oder „Schülerstreiks" (in den 60er und 70er Jahren). 5

### 2. Erziehung zur Gemeinschaftsfähigkeit

Die tieferen Ursachen solchen Verhaltens, das von der Undiszipliniertheit (dazu *Havers* 1981) während der Unterrichtsstunden bis zu dem (früher eher unbekannten) Phänomen der **„Gewalt in der Schule"** reicht (dazu *Kury* 1983, 190 und 1988, 765ff; *Klockhaus* u.a. 1986; *Bäuerle* 1989; *Schwind et al.* 1997; ausführlich unter Rdn. 21ff), werden u.a. im heutigen Selbstverständnis der Schule gesehen, nach dem die **Erziehungsaufgabe** (aufgrund behördlicher Vorgaben in den Lehrplänen) zugunsten des Leistungsprinzips **vernachlässigt** wird (dazu *Brusten/Hurrelmann* schon 1976, 13ff). Das bedeutet, daß der Auftrag der Schule verkannt wird, jedenfalls dann, 6

- *wenn man diesen mit Schelsky (1957, 36) in einer vermittelnden **Erziehungsfunktion zwischen den Ansprüchen der Privatheit des Elternhauses und den Sachansprüchen der Arbeitswelt sieht** bzw.*

- *mit Brück (1971, 25) in der Erprobung der Anpassungs- und Gemeinschaftsfähigkeit der eingeschulten Kinder.*

### 3. Gefahren der Sündenbockrolle

7 Die **„Emanzipation vom Elternhaus“** (*Brück* 1971, 25) wird zumindest nicht dadurch erleichtert, daß man die „wichtigste und ‚sakralste‘ Handlung, die ein Lehrer vorzunehmen hat, (in der) Taxierung, Sortierung und Selektion von Schülern nach ihrer jeweils fach-spezifischen Leistungsfähigkeit“ erblickt (*Brusten/Hurrelmann* 1976, 14). Besonders bedenklich erscheint, daß die „von einem Schüler erworbenen **Zensuren** in einem Fach nach den Spielregeln dieser Institution seinen formellen Status in der Unterrichtsorganisation bestimmen, also sein nach den offiziellen Wertmaßstäben gewonnenes Prestige“ (*Brusten/Hurrelmann* aaO). Denn diejenigen, die nicht mithalten können, „werden von ihren Mitschülern ebenfalls überwiegend negativ eingeschätzt und auch in den informellen sozialen Kontakten der Schüler untereinander in eine Randstellung gedrängt“ (*Brusten/Hurrelmann* aaO, 20): als **„schwarzes Schaf“** in eine **Sündenbockrolle** (*Brück* 1971, 28; *Lösel* 1974, 47 ff; *Schneider* 1975, 109; vgl. auch Rdn. 41 zu § 6)): Solche Mitschüler werden oft stehen gelassen, ausgegrenzt und dadurch gequält (**Mobbing:** vgl. Rdn. 25 und Zeitungsausriß). Die Folgen sind primär drei Reaktionsmuster, die sich z. T. überlagern:

- *der Schüler flüchtet zur Selbstverteidigung in „auffällige“ (z. B.* ***Klassenkasper****) und andere „abweichende“ Verhaltensweisen (z. B. Aggression) oder*
- *akzeptiert ohne offene Auflehnung die ihm zugewiesene Außenseiterposition und begeht Schulflucht (Schulschwänzerei) oder*
- *er leidet still vor sich hin.*

PSYCHOLOGIE

**„Was da abläuft, ist extrem“**

Gedemütigt, verhöhnt und drangsaliert: Quälereien mit System machen Kindern den Schulalltag schwer. Psychologen entwickelten Programme, um das Mobbing im Klassenzimmer und auf dem Schulhof abzubauen.

aus: *DER SPIEGEL* Nr. 34/1997, 170

8 bis 10 Alle drei Gruppen, die vor den Anforderungen der Schule kapitulieren, verlieren in der Regel „ihr **Selbstvertrauen und ihre Selbstachtung** und werden deshalb“ – wie *Schneider* beobachtet hat (1968, 8 ff und 1975, 111) – „für delinquente Verhaltensweisen anfällig“.

## II. Kriminalität und Schulversagen

11 Unabhängig von der Frage, welchen Einfluß die Schule auf den Sozialisationsprozeß des jungen Menschen ausübt, fällt zunächst auf, daß bei

Straftätern, insbesondere bei Rückfalltätern, folgende Merkmale häufiger vorkommen als beim Bevölkerungsdurchschnitt (vgl. z.B. *Schöch* 1985, 384):

- ***schulischer Mißerfolg:*** *schlechte Leistungen,* ***Sitzenbleiben****, vorzeitiger Abgang, Nichterreichen des Schulziels*;
- ***Unpünktlichkeit und Schulschwänzerei***;
- ***Disziplinschwierigkeiten*** *sowie der*
- ***Besuch der Sonderschule für Lernbehinderte.***

Mehr als ein Drittel der straffälligen Jugendlichen zählt zu den **12**
Sitzenbleibern (*Feltes* schon 1979, 97); die Zahlen über Schulschwänzer **bis**
unter jugendlichen Straftätern schwanken zwischen 11 % und 95 % (*Fel-* **14**
*tes* aaO). Über ähnliche Ergebnisse wird z.B. von *Deimling* (1980, 196f), *Kury* (1983, 188; 1988, 765ff m.w.H.), *Bannenberg/Rössner* (DVJJ-Journal 2/2000, 125) und *Wilmers* (2000) berichtet

*Wilmers (2000) hat ihre Resultate zum Zusammenhang zwischen* **15**
*Schulschwänzerei und kriminellem Verhalten auf dem DPT (Rdn. 81 zu § 18) 2001 vorgestellt. Befragt wurden 10460 Schüler der 9. Klassen aller Schulformen in verschiedenen Städten. Ergebnisse der Selbstberichte: Mehr als die Hälfte der Schüler (52,9 %) erklärte, daß sie im letzten Schulhalbjahr schon einmal die Schule geschwänzt hätte. Massiveres Schwänzen (5 Tage und mehr) kam bei 14,8 % der Probanden vor. Knapp 44 % der Schulschwänzer, die mehr als 10 Tage dem Unterricht fernblieben, hatten im vergangenen Jahr eine Gewaltstraftat begangen (zum Vergleich: Nichtschwänzer: 10 %) und 57 % einen Ladendiebstahl (Nichtschwänzer: 19 %). Generell konnte beobachtet werden:* ***Je häufiger die Jugendlichen die Schule schwänzten, desto stärker waren sie auch in Straftaten involviert****.*

Daß **Schulschwänzen** (vgl. auch Rdn. 49) mit schulischen Mißerfolgser- **16**
lebnissen zu tun haben dürfte, ist plausibel: Leistungsversagen verletzt **bis**
das **Selbstwertgefühl**. Schulschwänzerei kann z.T. aber auch auf die **20**
**Angst** vor Attacken (Mobbing) durch Mitschüler zurückgeführt werden (vgl. unten Rdn. 37 und 48) oder auf **Abenteuerlust** (wie sie z.B. *Mark Twain* in seinem bekannten „**Tom Sawyer**" beschreibt). Nicht selten verschwimmt auch die Grenze zwischen Abenteuer und kriminellem Verhalten.

## III. Gewalt in der Schule

Sorgen bereitet vor allem die Aggressions-(bzw. Gewalt-)entwicklung **21**
an unseren Schulen. Zum Begriff der Gewalt vgl. Rdn. 26 zu § 2. Während in den USA schon in den 70er Jahren Gewaltanwendungen unter Schülern und gegenüber dem Lehrpersonal in die Schlagzeilen rückten, lag der Schwerpunkt der Gewalt im schulischen Bereich hierzulande (noch bis in die 80er Jahre des letzten Jahrhunderts hinein) eher beim Schulvandalismus: Beschädigungen des Schulgebäudes, von Einrich-

tungsgegenständen und technischen Installationen; der technische Aufwand zur Schadensbeseitigung wurde schon 1989 auf 150–200 Millionen DM (heute: 75 bei 100 Millionen EURO) geschätzt (vgl. *Schwind/Baumann* u.a. 1990, Bd. I, 68ff). Zur **historischen Entwicklung** der Gewalt in der Schule bis zum Zweiten Weltkrieg: vgl. *Flissikowski* et al. 1980, *Schwind/Roitsch/Ahlborn/Gielen* 1995, 8ff und *Schwind* in Melzer/Schwind 2004, 21ff; bis dahin ging die Gewalt eher von den Lehrkräften aus (die Rute als **Statussymbol des Lehrers**; vgl. die Karikatur).

aus: *Wilhelm Busch*, Plisch und Plum (1882)

22 Seit Anfang der neunziger Jahre nehmen Medienberichte über Körperverletzungen, Erpressungen und Raubdelikte auch an Schulen zu (vgl. Zeitungsausschnitte unten). Der bekannte Jugendforscher *Klaus Hurrelmann* befürchtete schon damals (sofern keine Gegenmaßnahmen erfolgen würden) **amerikanische Verhältnisse** (STERN 8/1993, 20): zu diesen vgl. auch *Schneider* 1991; *Kelly/Schatzberg* 1993. Die Zeitschrift DER SPIEGEL (vom 12. Oktober 1992) faßte (schon vor über 15 Jahren) einen entsprechenden Artikel mit folgenden Worten zusammen (S. 36):

> *„An deutschen Schulen explodiert die Gewalt. Aggressive Kinder bedrohen Klassenkameraden mit dem Tod; sie prügeln, rauben, erpressen. Schwere Verletzungen sind an der Tagesordnung. Lehrer und Polizei stehen der* ***Brutalität*** *von nie erlebtem Ausmaß hilflos gegenüber. Experten suchen die Schuld bei den Eltern."*

Werden Einzelfälle aus Sensationsgründen in unzulässiger Weise verallgemeinert? Übertreiben die Medien? Was hat die Forschung seither ergeben?

**Schüler auf dem Schulhof während der Pause beraubt**

Polizei meldet zwei Überfälle aus Schulen

aus: *WAZ*
vom 7. November 1997

### 1. Trendergebnisse zu den Phänomenen

Erst seit Ende der achtziger Jahre häuften sich (auch in Deutschland) einschlägige Studien, die sich mit der Frage der (zunehmenden?) Gewalttätigkeiten in den Schulen befassen. Daß aus der davorliegenden Zeit relativ wenige Untersuchungen (meist nur zu Schulvandalismen und Disziplinschwierigkeiten: dazu *Tillmann* 1994, 165) vorliegen, dürfte vor allem damit zu tun haben, daß Gewalttätigkeiten und Erpressungen lange zu den **Tabu-Themen** der Schulen und Schulverwaltungen zählten: man fürchtete wohl um den Ruf der Institution. Erst unter dem Eindruck der Berichterstattung der **Medien**, hat sich diese Einstellung in den neunziger Jahren (drastisch) verändert; dabei dürften aber auch der **Leidensdruck** mancher Lehrer und die **Sorgen** zahlreicher Eltern eine Rolle gespielt haben. **23**

Gerhard Mester, Wiesbaden

aus:
*Informationen zur politischen Bildung* hrsg.: von der *Bundeszentrale für politische Bildung*, Bonn 2000, S. 3.

a) Die **Vergleichbarkeit** der seither vorgelegten Resultate der Forschung wird allerdings durch die gewählte (unterschiedliche) Methodik, die unterschiedliche Definition von Begriffen und durch die unterschied- **24** lichen Ausschöpfungsquoten (dazu Rdn. 38 zu § 9) erheblich erschwert; auch sind die Stichproben nicht immer repräsentativ. Und: Mal sind die Befragten Schüler, mal Schulleiter, mal Lehrer; eher selten sind (wie z.B. bei *Schwind* et al. 1997 und *Tillmann* et al. 1999) alle zugleich befragt worden.

**25** b) Faßt man die Ergebnisse der Untersuchungen der letzten 15 Jahre (die naturgemäß **nur die subjektive Wahrnehmung messen**) gleichwohl zusammen (Überblick bei *Schwind/Roitsch/Ahlborn/Gielen* 1995, 22ff, *Holtappels* u.a. 1997, *Wetzels* et al. 2001, 143ff und 170ff sowie *Fuchs/Luedtke* 2003, 165), so ergibt sich (zumindest) im **Trend** das folgende Bild:

- *erstens:* Die Zahl der **extrem schulschwierigen Schüler** nimmt immer noch zu; dabei ist aggressives Verhalten von Kindern (mitunter schon im **Kindergarten**) nicht selten **Vorstufe** späterer Gewalttätigkeit (vgl. Rdn 23 zu § 3) in der Schule;
- *zweitens:* An einem Teil der Schulen kommen (offenbar weit **häufiger als das früher der Fall war**) **Körperverletzungen** (über die bloße „Spaßkloppe" hinaus) **bis zu länger andauernden Quälereien** (vgl. dazu Kasten bis Rdn. 27), **vereinzelt auch Erpressungen** und Raubtaten (meist in Form des „Abziehens" von „Markenklamotten" bzw. Statussymbolen) vor;
- *drittens:* **Waffen** (Messer, Schlagringe, Stahlruten, Wurfsterne, Butterflymesser, Würgeholz usw.) werden zwar („weil das jeder so macht") öfter mal in die Schule mitgenommen, aber eher aus Imponiergehabe, selten zur Einschüchterung;
- *viertens:* Auffällig sind vor allem auch die vandalistischen (von blinder Zerstörungswut bestimmten) **Sachbeschädigungen**, die Schüler verüben: Toilettenanlagen werden beschädigt, Wände bespritzt und verschmiert, Unterrichtsmaterial zerschlagen usw.
- *fünftens:* Betroffen sind **bestimmte Sonderschulen (für Lernbehinderte), Haupt- und Realschulen** sowie Berufsvorbereitungsklassen mancher Berufsschulen, und zwar primär solche (der Großstädte) mit **problematischen Schuleinzugsgebieten** (Brennpunktschulen) und entsprechend schlechtem Schulklima;
- *sechstens:* Die Täter der physischen Gewalt sind (auch als Mehrfachtäter) vornehmlich Jungen **(Jungenproblem)**; Mädchen setzen sich eher verbal auseinander (**Mobbing** als Machtdemonstration: Verspotten, Hänseln, Lügen bzw. Gerüchte verbreiten, Ausgrenzen bzw. „links liegen lassen"); auch als Cybermobbing (vgl. Zeitungsausriß unten und bei Rd. 58c zu 14); eine Verrohung der Sprache (Fäkalsprache) ist in bezug auf beide Geschlechter auffällig **(verbal-aggressiver Umgangsstil)**; die Jugendlichen sprechen nicht mehr in normaler Tonlage, sondern schreien sich an;
- *siebtens:* Die Aggressionen gehen von einem relativ **kleinen** (3 % bis 10 %) **Schülerkreis** (der z.T. auch außerhalb der Schule devianten Gruppen – Freundescliquen – angehört) aus; der Höhepunkt der

» **Mobbing** im Internet

## Cyberterror im Kinderzimmer

Früher war Mitschüler-Schikane auf den Schulhof begrenzt. Heute läuft Mobbing über die sozialen Netzwerke. Davor schützt selbst ein Schulwechsel nicht

aus: *WAZ* vom 17. Mai 2013

Aggressionen liegt bei den siebten und achten Klassen, also in den **Pubertätsjahren**;

- *achtens:* Deutlich nimmt die **Gruppengewalt** zu: d.h. Gruppen von Schülern (vor allem solche mit außerschulischer Gewalterfahrung) greifen einzelne Mitschüler an bzw. setzen sie unter Druck, um Geld oder Kleidungsstücke („coole Klamotten") abzupressen;
- *neuntens:* Manche Tatdurchführung ist **brutaler** geworden; Hemmschwellen der Fairness sind offenbar (öfter als das früher der Fall war) nicht mehr vorhanden: Nachtreten mit dem Stiefel auf das am Boden liegende Opfer, mitunter mit **„happy slapping"** (vgl. Rdn. 7 zu § 13) verbunden;
- *zehntens:* **Gewalttäter sind nicht selten auch die Opfer** von Gewalt und umgekehrt: **Täter-Opfer-Statuswechsel**;
- *elftens:* Zu körperlichen Mißhandlungen kann es schon aus **nichtigen Anlässen** kommen („die Nerven liegen blank"); mitunter scheint ein Angriff auch völlig grundlos zu erfolgen; mitunter lassen solche Täter den Tathergang auch **filmen** oder diffamieren Lehrkräfte im Internet: Internet-mobbing (zum **Cyberstalking:** vgl. Rdn. 42 zu § 20);
- *zwölftens:* Opfern (vor allem schwächeren Schülern) wird nur selten geholfen, weil jede Einmischung Ärger einbringen kann oder vor allem deshalb, weil man befürchtet, selbst etwas abzubekommen (ausführlich zum sog. **„Non-helping-bystander"-Effekt** in Schulen vgl. *E. C. Schwind* 2004, 21 ff).

## Schüler-Schläger lässt Tat filmen

**Opfer erheblich verletzt**

dpa **BAD PYRMONT.** In einer Schule in Bad Pyrmont hat ein 16-jähriger Schläger einen Mitschüler zusammengeschlagen und sich dabei von einem Kumpanen filmen lassen. Das 17 Jahre alte Opfer wurde erheblich verletzt, teilte die Polizei gestern mit.

aus: *NOZ* vom 15. März 2007

26 Ferner fällt auf, daß sich etwa ein Drittel der Schüler (über 30 %) auf dem Schulweg und Pausenhof fürchten (*Schwind/Roitsch/Ahlborn/Gielen* 1995, 174 und Zeitungsausriß).

**Angst vor Prügel in der großen Pause**

**Jeder Dritte geht mit mulmigem Gefühl zur Schule – Öffentlichkeit für das Thema sensibilisiert**

aus: *NOZ* vom 15. März 2006

*(1) Dazu auch die Ergebnisse einer EMNID-Umfrage unter 12–17jährigen Schülern (zit. nach NOZ vom 15. März 2006, 25): Jeder dritte Schüler hat Angst vor Gewalt in der Schule, jeder fünfte wurde dort selbst schon einmal angegriffen. Und: Jeder dritte Schüler hat Angst, dem Opfer eines Angriffs zu helfen; jeder vierte Befragte meint, daß seine Mitschüler bei Gewalt wegsehen.*

*(2) Nach einer Schülerbefragung (Schnitt der Prob. 14 Jahre) von Feltes/Goldberg (2009, 27) gaben (in Bochum und Herne) fast die Hälfte der befragten Mädchen an, an Busstationen oder am Bahnhof Angst zu haben; in öffentlichen Verkehrsmitteln fühlten sich 30 % unsicher, aber in der Schule bzw. auf dem Schulhof „nur“ 16 %. Jungen waren weniger furchtsam.*

*Melzer/Bilz* weisen (in FS für Schwind 2006, 1075) darauf hin, „daß zwischen den verschiedenen Formen und Vorformen der Gewalt sowie den gewaltbezogenen Einstellungen und Rechtfertigungen ein deutlicher **empirischer Zusammenhang** besteht: Wer Unterricht stört oder Schule schwänzt...verübt mit einer hohen Wahrscheinlichkeit auch psychische und verbale Aggressionen gegen Mitschüler“.

Zur **Peer-Viktimisierung** vgl. Kasten.

**2. Trendergebnisse zu den Ursachen** (Einflußfaktoren)

28 a) Nach der Sekundäranalyse der **Anti-Gewaltkommission der Bundesregierung** (vgl. *Schwind/Baumann* u.a. 1990), die nach wie vor aktuell ist, entwickelt sich die schulische Gewalt unter einem ganzen Bündel von Einflußfaktoren, zu denen die **Herkunftsfamilie mit ihren Erziehungsstilen** (vgl. Rdn. 40ff zu § 10) und **soziale Probleme** (Arbeitslosigkeit, Wohnverhältnisse, familiäre Zerrüttung) ebenso zählen wie spezielle **Persönlichkeitsmerkmale** bei den Schülerinnen und Schülern (vgl. den Zeitungsausriß).

**Schulpsychologen: Kaum noch „gesunde Familien“**

**Experten üben scharfe Kritik am Verhalten vieler Eltern**

aus: *NOZ* vom 7. August 1995

**Peer-Viktimisierung und ihre Folgen** 27

Wenn Schüler (bzw. Jugendliche) wiederholt und über längere Zeiträume von stärkeren Mitschülern oder Gruppen von Gleichaltrigen (peers) attackiert werden, spricht man von „peer-victimization", die man im Rahmen von drei **Viktimisierungsstufen** einordnen kann (vgl. dazu z.B. *Mohr* 2003, 285ff, *Kiefl/Lamnek* 1986 und *Schwind* in Melzer/Schwind 2004, 29ff): als

- **primäre** Viktimisierung: durch die (wiederholte) Tat selbst, etwa Mobbing (Hänseleien: „Brillenschlange", „Dickwanst", „Segelohr") und Demütigungen bis zu Quälereien, Abpressen von Kleidungsstücken („Abziehen") oder Schutzgelderpressungen, wird das Opfer in einen Streßzustand versetzt; Zum Cybermobbing vgl. Rdn. 58b zu § 14 und oben Rdn. 25.
- **sekundäre** Viktimisierung: Verschärfung der Streßsituation durch Fehlreaktionen des sozialen Umfeldes (etwa Eltern und Lehrer helfen nicht) oder solcher der Instanzen der sozialen Kontrolle (etwa, wenn die Polizei dem Opfer nicht glaubt);
- **tertiäre** Viktimisierung: wenn primäre und sekundäre Viktimisierung dazu führen, daß das Opfer allmählich sein Selbstwertgefühl (seine Selbstachtung) verliert und traumatische Reaktionen auftreten: diese können sich auf den **Körper** beziehen (Zittern, erhöhte Herzfrequenz, Übelkeit, Magen- und Kopfschmerzen) oder auf den **Verstand** (Gedächtnisstörungen, Denkblockaden, nachlassende Schulleistungen) oder auf das **Gefühl**: Angst bis zur Panik, Gereiztheit, Wut bis zur Aggression gegen die Peiniger oder Dritte (vgl. Rdn. 46 zu § 6) oder gegen sich selbst (Suizid); auch Hilflosigkeit kann erlernt werden (vgl. dazu Rdn. 18f zu § 8).

**Lehrer,** die auf Viktimisierungen aufmerksam werden bzw. ihre Folge-Symptome zutreffend einordnen können, sollten sich in besonderer Weise um diese Klientel kümmern und nicht etwa (um Ärger aus dem Wege zu gehen) einfach weghören oder wegsehen, bzw. weggehen. Schon das Schuleschwänzen (dazu Rdn. 48) kann mit Schulangst zu tun haben: nicht nur mit der Angst vor dem Leistungsversagen, sondern auch mit der Angst vor der peer-Viktimisierung.

*So **schwänzen** (vgl. dazu Rdn. 15 und 48) z. B. nach einer Untersuchung von Wetzels et al. (2001, 143) immerhin 5,2 % aller Schüler „hin und wieder" aus Angst vor Bedrohungen den Schulunterricht; jeder Vierte bleibt schon mal aus Angst vor Gewalt auf dem Schulweg, in der Klasse oder auf dem Schulhof einfach zu Hause.*

Zum Bedrohtheitsgefühl vgl. auch Rdn. 12ff zu § 20; zu Bewältigungs-(Coping-) Strategien vgl. Rdn. 29c zu § 20. Zum „Bullying" (schikanieren) vgl. *Bannenberg* in ZJJ 2/2004, 159ff.

So gibt es Anhaltspunkte dafür, daß **niedrige Intelligenz** (vgl. dazu oben Rdn. 16ff) oder besondere kognitive Defizite (wie z.B. Legasthenie) in übererwartungsmäßig vielen Fällen den Hintergrund für aggressive und gewalttätige Verhaltensweisen bilden. Dementsprechend werden von Fachleuten die Zusammenhänge zwischen schulischem Leistungsversagen der Jugendlichen und der Gewalt in der Schule immer wieder betont. **Schlechte Leistungen**, ein Wiederholen der Klasse, Zurückstufung in eine andere Schulart (z.B. vom Gymnasium in die Realschule oder von der Realschule in die Hauptschule) und Verfehlen des Schulabschlusses stehen mit Aggressivität und Gewalt in der Schule in deutlicher Beziehung (vgl. oben Rdn. 11). Schulversagen läßt zum einen eine innere Ablehnung der Schule und eine **Entfremdung** von ihrer Kultur entstehen (vgl. auch die Frustrations-Aggressionshypothese unter Rdn. 46ff zu § 6). Die Ablehnung schulischen Zwanges und schulischer Leistungsanforderungen wird zum Motiv für gewalttätiges und destruktives Verhalten in der Schule. Zum anderen empfindet der Schüler sein Scheitern an den schulischen Leistungsanforderungen oft deutlich als **Bedrohung seines Selbstwertgefühls** und seiner späteren sozialen und beruflichen Lebenschancen. Sein Selbstvertrauen (also das Vertrauen in die eigene Kraft) wird beschädigt. Diese Einstellung drückt sich auch in der Zurückweisung von Anregungen und Anweisungen von Lehrern und Schulleitern sowie in einer Distanzierung von den schulischen Anforderungen aus, die sich in ihrem Handeln, z.B. in häufigem Schulschwänzen, zeigt.

*Auf der anderen Seite gibt es durchaus **Faktoren,** welche die Gewalt in der Schule **offenbar hemmen**: z.B. die Förderung des Leistungswillens der Schüler, die Bedeutsamkeit des Stoffes, regelmäßige Hausaufgaben (die auch kontrolliert werden), klar formulierte Lernziele, Vertrauen in die Leistungsfähigkeit der Schüler (Lob, weniger Tadel), Einbeziehung der Schüler in Verantwortlichkeiten für die Schule, konstante Klassen, sorgfältige Vorbereitung des Unterrichts, Engagement der Lehrerschaft und Übereinstimmung hinsichtlich ihres Bildungs- aber auch Erziehungsauftrages (zum Schulklima vgl. Kasten bei Rdn. 41a).*

**29** b) Unter den ökologischen Bedingungen sind vor allem **große Schulklassen (über 30 Schüler) und Schuleinheiten (über 800 Schüler)** als Ausgangsbedingungen für die Entwicklung von Gewalttätigkeit erkannt worden; problematisch erscheint insoweit die Konzeption der **Gesamtschule** (zu dieser Rdn. 76a zu § 10). Auch die Betonsilobauweise moderner Schulen provoziert Aggressionen (vgl. Rdn. 2ff zu § 16).

**30** c) Schließlich darf nicht verkannt werden, daß Gewalttätigkeiten von Schülern ihrerseits Rückwirkungen auf die soziale Integration innerhalb der Schule haben: Lehrerinnen und Lehrer werden durch aggressives oder auch gleichgültiges Verhalten ihrer Schüler entmutigt. Sie hören auf, den beachtlichen mitmenschlichen Einsatz zu erbringen, der bereits notwendig ist, um motivierte Schüler und Schülerinnen zu unterrichten.

Durch ihr **Rückzugsverhalten** verlieren sie immer mehr an Autorität in den Augen der Klasse.

Im übrigen sind sich die meisten Untersucher darüber einig, daß (auch) die Verhältnisse in der Schule ein **Spiegelbild der Gesellschaft** darstellen; insoweit sollen z. B. relevant sein: Probleme der familialen Erziehung bzw. das Klima in der Herkunftsfamilie (zum Erziehungsstil vgl. Rdn. 40ff zu § 10), Medieneinflüsse bzw. Reizüberflutung (Rdn. 20 zu § 14), Frustrationen (die mit ungünstigen Zukunftsperspektiven zu tun haben), Langeweile und reine Freude an der Gewalt: Gewalt stärkt oft das (beschädigte) Selbstwertgefühl (vgl. unten Rdn. 36 und Rdn. 16 zu § 13; ausführlich zu den Ursachen: *Schwind/Roitsch/Ahlborn/Gielen* 1997; *Lösel/Bliesener* 2003; *Melzer/Bilz* 2006 aaO). 31

Als widersprüchlich erweisen sich die bisherigen Umfrageergebnisse bzgl. des gewaltfördernden Einflusses von schlechten Schulleistungen (wird jedoch überwiegend bejaht), der Größe der Klassen und (umstritten) der Größe der Schulen (die mit dem **Schul- und Klassenklima** zu tun haben dürfte: vgl. dazu Rdn. 41a), der Architektur des Gebäudes und im Hinblick auf die Bedeutung des **Aussiedler- bzw. Ausländeranteils**. 32

*Fuchs (1999) und Mansel (2001) haben einen Zusammenhang zwischen dem* ***Ausländeranteil*** *und dem Ausmaß der Gewalt in der Schule nicht feststellen können, die Resultate des KFN sprechen hingegen dafür (vgl. Rdn. 17a zu § 23). Nach diesen Untersuchungen gaben z. B. 34,2 % der befragten türkischen Schüler an, sie hätten im Verlauf der letzten 12 Monate andere beraubt, erpresst, massiv geschlagen oder mit der Waffe bedroht. Diese Ergebnisse beziehen sich allerdings auch auf die außerschulische Gewalt, die durch Schüler verübt wird.* 33

Auffällig ist nicht zuletzt, daß sich (zumindest) bei „Hauptschülern die **schulischen Sanktionen** als relativ wirkungslos erweisen"; dies gilt vor allem für Schüler, die sich nichts sagen lassen und nichts gefallen lassen bzw. solche mit **Macho-Haltung** (vgl. *Streng/Pöll* 1997, 141); anders ist es bei Gymniasten, die befürchten müssen, von der Schule verwiesen zu werden, wenn sie sich nicht in die Schulordnung einfügen (vgl. *Fuchs/Luedtke* 2003, 168; so schon *Schwind/Roitsch/Ahlborn/Gielen* 1997, 357). 34

Die **Erosion der Lehrerautorität** führt dazu, daß nicht wenige Lehrerinnen und Lehrer zu resignieren beginnen (ganz ähnlich wie das bereits bei vielen Eltern der Fall ist: vgl. Rdn. 44 zu § 10). Sie fühlen sich überfordert, lustlos, erschöpft, ausgebrannt, haben psychosomatische Beschwerden (Magenschmerzen usw.), sind unzufrieden mit sich selbst und psychisch auf dem Nullpunkt (**Burnout-Syndrom** = chronischer totaler Erschöpfungszustand). Diese negative Entwicklung wird noch dadurch begünstigt, daß die **Lehrkräfte von ihrer Ausbildung her nicht darauf vorbereitet sind, mit Schülergewalt umzugehen**. Die Folge: mitmenschliche Beziehungen in der Schule zerfallen; die informelle Kontrolle läßt nach (zu Präventionsvorschlägen vgl. unten Rdn. 41 ff). 34a

*Während nicht wenige Lehrkräfte resignieren, gibt es auf der anderen Seite allerdings auch solche, die (noch immer) selbst (auch aus Hilflosigkeit) gewalttätig werden (vgl. den Zeitungsausriß). So sind z.B. Schubarth u. a. (1999, 112) aufgrund von Schülerbefragungen in Sachsen und Hessen zu dem Befund gelangt, daß 9 % der Lehrer „schon mal handgreiflich werden" und 32 % „einen vor der ganzen Klasse blamieren".*

**Mit dem Kopf gegen die Tafel gestoßen**

**Prozess: Lehrer peinigten Schüler**

aus: *NOZ* vom 22. Sept 2006

### 3. Nimmt die Schulgewalt zu oder ab?

35 Täterbefragungen (zu solchen Rdn. 46 zu § 2), die in den letzten Jahren in 9. Klassen (verschiedener Schulformen) in Greifswald (*Dünkel/Geng* 2003), in Duisburg (*Boers/Reinecke* 2004), in München, Stuttgart und Schwäbisch-Gmünd (*Pfeiffer/Wetzels* 2006 in FS für Schwind) in einer „bayerischen Mittelstadt" (*Streng* 2010, 81ff) sowie deutschlandweit (*Melzer/Oertel/Ottova* 2012, 576ff; vgl. auch Rdn. 23 zu § 3) durchgeführt wurden, zeigen (über alle Delikte hinweg) tendentiell **Rückgänge**: bei Vandalismus, Körperverletzungen und Raubtaten, aber auch psychischer Gewalt (Mobbing).

*Melzer et al. (aaO, 581) führen, diese positive Entwicklung auf die „verbreitete Anwendung von Präventionsmaßnahmen und -programmen zurück, aber auch auf einen „damit einhergehenden allgemeinen Wandel in den gesellschaftspolitischen Einstellungen und moralischen Werten der Heranwachsenden". Primäre Nutznießer der „Präventionswelle" (seien) „Kinder aus gehobenen Sozialschichten und Gymnasiasten". Daraus ergebe „sich generell, daß präventive Maßnahmen zielgruppengerecht einzusetzen sind". Das (sei) insbesondere „bei Schülerinnen und Schülern aus dem sogenannten ‚bildungsfernen' Milieu angeraten".*

Ergebnisse, die sich nur auf Schulen beziehen, hat der *Bundesverband der Unfallkassen* (München 2005 im Internet veröffentlicht) vorgelegt. Auch danach nahm das „gewaltverursachte Verletzungsgeschehen" zwischen 1993 und 2003 deutlich ab: vor allem an Hauptschulen (krit. Rdn. 24b zu § 3 und Zeitungsausriß). An **sozialen Brennpunkten** sieht die Situation anders aus.

**Wenn Lehrer nur noch weinen**

Aggressive, verwahrloste Kinder machen an vielen Schulen Unterricht unmöglich – und den Eltern ist es egal. Ein Frontbericht

aus: *WAZ* vom 6. Nov. 2009

### 4. Die Rütli-Schule

Im April 2006 teilte das Lehrerkollegium der **Rütli-Schule,** einer Hauptschule (in Berlin-Neukölln) mit **hohem Ausländeranteil** (130 000 von 315 000 Menschen) dem Berliner Kultussenator in einem einstimmig verabschiedeten Hilferuf mit, nicht weiter unterrichten zu wollen, verbunden mit der Anregung, die Schule zu schließen. Wörtlich heißt es in diesem „pädagogischen Offenbarungseid“ (DER SPIEGEL 14/2006, S. 23) u.a. wie folgt: 36

> *„Wir müssen feststellen, daß die Stimmung in einigen Klassen zur Zeit geprägt ist von Aggressivität, Respektlosigkeit und Ignoranz uns Erwachsenen gegenüber ... Türen werden eingetreten ... Bilderrahmen von den Wänden gerissen ... Lehrkräfte werden nicht wahrgenommen, Anweisungen werden ignoriert. Einige Kollegen/innen gehen nur noch mit dem Handy in bestimmte Klassen, damit sie über Funk Hilfe holen können ...“*

Nach der Veröffentlichung dieses Briefes meldeten sich zahlreiche andere Schulen mit ähnlichen Problemen. So schrieben Berliner Lehrkräfte: „Die Zustände an der Neuköllner Rütli-Schule sind erschreckend, aber kein Einzelfall“ (zit. nach DER SPIEGEL aaO; vgl. auch Rdn. 15c zu § 24).

*Diese Situation hat (im Mai 2007) zur Etablierung eines Modellprojektes **„Campus Rütli“** geführt (50 000 qm), in dessen Rahmen **Integration durch Bildungsangebote** erreicht werden soll. Vor Ort kooperieren die in einer **Ganztagsschule** zusammengefaßten Schulen, mit Kindertagestätten, Sonderpädagogen, Volkshochschule und Musikschule sowie verschiedenen **Freizeiteinrichtungen.** Auch mit den **Eltern** wird eng zusammengearbeitet. In einem Schreiben der Schulleiterin Cordula Heckmann vom 20. Febr. 2012 heißt es, daß sich „nach nur zwei Jahren Erfolge der praktizierten Anerkennungs- Wertschätzungs- und Willkommenskultur zeigen“ würden (dazu auch Heckmann 2012, 201 ff).*

Zu „**no-future-kids**“-Schulen und entsprechenden „Risikoschülern“, vgl. *Schwind* in FS für Böttcher 2007, 411 ff. Zu **gewalttätigen kids** in Berlin-Neukölln vgl. *Heisig:* Das Ende der Geduld 2010.

### 5. Weitere Stufen der Eskalation

*a) Tätliche Angriffe gegen Lehrkräfte und Mitschüler*

1999 häuften sich Meldungen über tätliche Angriffe gegenüber Lehrkräften. Beispiele: Am 10. Nov. 1999 erstach ein 15jähriger im sächsischen **Meißen** vor den Augen der Klasse eine Lehrerin (siebeneinhalb Jahre Jugendstrafe für den Täter: zit. nach *FAZ* vom 30. Mai 2000). Am 23. November 1999 stach ein Schüler nach Hänseleien mit einem Messer in einer Aachener Schule zu. Am 2. Dezember 1999 bedrohten Schüler im sächsischen Kamenz ihre Lehrerin mit einem Messer, das gleiche geschah am 9. Dezember 1999 im sächsischen Hartha bei Döbeln. Morddrohungen wurden auch an weiteren 30 sächsischen Schulen registriert (zit. nach *SPIEGEL* 1/2000, 55). Die drei Schüler, die nach Meldungen vom 2. Dezember 1999 ein Blutbad (nach amerikanischem Beispiel) in ihrer Schule (im bayerischen Metten) planten, gaben an, sie „wollten **als** 37

**Massenmörder berühmt werden**“: Geltungssucht (zit. nach *SPIEGEL* aaO): nämlich wie zwei Schüler, die am **20. April 1999** in **Littleton** (Columbine High School) im Bundesstaat Colorado im Amoklauf zwölf Mitschüler und einen Lehrer erschossen und dann Selbstmord begingen.

> **Mörderischer Abgang**
>
> Er war ein Einzelgänger, seine Welt bestand aus brutalen Computerspielen, Heavy Metal und Waffen: Am vergangenen Freitag drehte ein Erfurter Ex-Schüler durch, ermordete an seinem alten Gymnasium 16 Menschen und erschoss sich dann selbst.

aus: *DER SPIEGEL* 18/2002, S. 80

Am **24. Dez. 2012** erschoß der 24jährige Adam *Lanza* (in schwarzer Militärkleidung), bewaffnet mit zwei Pistolen und einem Sturmgewehr, in einer Grundschule von **Newtown** (Connecticut/**USA**) 20 Kinder im Alter von 6 und 7 Jahren sowie sechs Erwachsene; die Waffen gehörten seiner Mutter, die er auch umbrachte. In der Folge flammte die Diskussion um eine **Verschärfung der Waffen/Gesetzgebung** auch in den USA wieder auf.

37a **Waffen**: Die Zahl der Waffen in den **USA** wird auf 300 Millionen geschätzt. Jährlich sterben 30 000 Amerikaner durch Waffengewalt, die Hälfte durch Selbstmord. Die Wahrscheinlichkeit, in den USA erschossen zu werden, ist (statistisch betrachtet) 19 mal höher als in der EU (*Hautkapp* in der WAZ vom 17. Dez. 2012). Dennoch ist es der Lobby der „National Rifle Association“ immer wieder gelungen, Reformen des Waffenrechts zu hintertreiben, und zwar unter Hinweis auf das in der amerikanischen Verfassung festgeschriebene Recht auf Waffenbesitz. So kann jeder Bürger auch halbautomatische Schnellfeuergewehre besitzen wie sie beim Massaker von Newtown (oben) benutzt worden sind.

In **Deutschland** wurden (2011) 5,78 Millionen Schußwaffen und 2,35 Millionen Schußwaffenbesitzer registriert (*Esch* in Kriminalistik 11/2012, 649). Bei 17 746 (aufgeklärten) Straftaten haben die Täter eine Schußwaffe mitgeführt, in 5 597 Fällen wurde geschossen (*PKS* 2012 für 2011). Um die notwendige Transparenz über den Bestand an legalen Waffen zu schaffen, wurde am 1.1.2013 ein **„Nationales Waffenregister“** (NWR) eingeführt. Rechtsgrundlage ist § 43a des Waffengesetzes mit dem eine EU-Waffenrichtlinie in nationales Recht umgesetzt wurde (vgl. dazu *Jäger/Sturm* 2012, 699 ff).

Zu den verbotenen, aber häufig bei Minderjährigen gefundenen Waffen bzw. Gegenständen gehören z. B.: Paintball-Waffen, Stoßdolche, Butterflymesser, Springmesser, Stahlrute, Würgeholz, Wurfsterne (*LKA Baden-Württemberg*: Jugendtypische Waffen und Gegenstände, Stuttgart 2003). Die Zahl der illegalen Waffen in Deutschland wird von der „Polizeigesellschaft auf bis zu 20 Millionen geschätzt“ (SPIEGEL 8/2013, 18). USA: 300 Millionen illegale Waffen (WAZ vom 17. Dez. 2012, 2).

*b) "School Shooting" in Deutschland*

Noch mehr Opfer forderte ein „Amoklauf" (vgl. dazu den Kasten oben) in Deutschland, und zwar am **26. April 2002** im Gutenberg-Gymnasium in **Erfurt** (Thüringen). Dort erschoß ein (Ex-) Schüler (Robert *Steinhäuser*) insgesamt 16 Personen (Lehrkräfte, Mitschüler und einen Polizeibeamten). **38**

Vergleichbare Vorfälle (wiederum mit zahlreichen Opfern) haben sich in einer Realschule im münsterländischen **Emsdetten (am 20. Nov. 2006)** und **(am 11. März 2009)** in der schwäbischen Realschule in **Winnenden** (bei Stuttgart) ereignet. Weitere geplante Anschläge meist in Kleinstädten sind nur nicht zur Ausführung gelangt: in NRW sollen das allein im ersten Halbjahr 2009 rund 500 Fälle gewesen sein (*FOCUS-Recherchen* 25/2009, 36).

*aa) Zur Analyse*

Die **Täter** waren jeweils **jugendliche Männer im Pubertätsalter** (weltweit im Schnitt von 15,6 Jahren: *Robertz* 2005, 3), die **Opfer** Lehrkräfte, Mitschüler(innen) oder Zufallsopfer. Einig ist sich die Wissenschaft grundsätzlich darüber, daß die **Ursachen,** die zur Tat geführt haben, mit einem ganzen Bündel von (oft miteinander vernetzten) Einflußfaktoren zu tun gehabt haben, Anhäufung von Risikofaktoren (*Bannenberg* 2011, 301). In Betracht kommen z.B. **38a**

- oft (junge, männliche) schulschwache, stille, schüchterne Einzelgänger (*Bannenberg* 2010b, 61);
- Laissezfaire-Erziehungsstil im (Mittelschichts)-Elternhaus, in „dem man den Jugendlichen gewähren läßt, keine Konflikte über das als problematisch erkannte Verhalten austrägt und **nebeneinander herlebt**" (*Bannenberg* 2010b, 54; so auch *Füllgrabe* 2009, 12);
- **Kränkungen** wie Bloßstellungen, Nichtbeachtung (*Bannenberg* aaO): Hänseleien bzw. Demütigungen bzw. Mobbingaktionen (*Langmann* 2009); Zurückweisungen durch das weibliche Geschlecht (*Robertz* 2005, 4; *Hoffmann* et al. 2009, 199); *Heitmeyer* spricht (im SPIEGEL 39/2009, 19) von „Anerkennungsverlusten";
- geringe Frustrationstoleranz bzw. wenig Stressresistenz (*Scheithauer* 2009); **emotionaler Stau von Haß und Wut** – verbunden mit Rachegefühlen und Tötungsplanphantasien (*Robertz* 2005, 5);
- **Narzissmus, Empathielosigkeit** „und oft auch Sadismus" (*Langman* 2009; *Füllgrabe* 2010, 208); ausführlicher dazu *Bannenberg* 2010b, 63);
- **Fehlen einer Bezugsperson,** der man sein Herz ausschütten kann und will (wenig Freunde): kein „Ventil";
- **Flucht in mediale Scheinwelten,** in denen Rache- und Machtphantasien ausgelebt werden können („Killerspiele": Rdn. 9 zu § 13), in denen der potentielle Täter zugleich eine Art „Drehbuch" bzw. ein „Rollenmodell" für die spätere Tat findet (*Schneider* in FS für Kury 2006, 197); virtuelle Gewaltverstärker (*Bannenberg* 2011, 301);

- leichter Zugang zu (großkalibrigen) Schußwaffen („Griffnähe“); Waffen (von Softair-Waffen bis hin zu Molotow-Cocktails) gelten als Symbol von Macht und Kontrolle (*Schneider* aaO).

Empirisch gesicherte Studien fehlen (in Deutschland) grundsätzlich bisher (Ausnahme *Bannenberg* 2011, 300 ff); anders in den USA (*Robertz* 2005, 4; *Hoffmann* et al. 2009, 197 ff; *Moore* et al. 2002). Im Übrigen gibt es noch weitere Einflußfaktoren. In Betracht kommen z. B. **Depressionen** (*Langman* 2009) bis hin zur **Geistesstörung**: „psychotischer Verlust der Impulskontrolle“ (*Schneider* 2006, 194; *Wickenhäuser/Robertz* 2007) oder auch **krankhafter Geltungsdrang:** der Täter will „berühmt“ werden (vgl. oben Rdn. 37). Die Mehrzahl der TV war nach den Aktenuntersuchungen von *Bannenberg* (2011, 306) zuvor **noch nicht polizeilich oder justitiell aufgefallen**. Im Rahmen eines umfassenden Forschungsprojektes (**„Target-Studie“**) befassen sich *Scheithauer/Bannenberg/Hoffmann* ab 2013 mit dem Amok-Phänomen (Süddeutsche Zeitung vom 20. März 2013, 10). Vorläufer ist die Netwass-Studie (NOZ vom 20.März 2013, 15).

*bb) Frühsignale*

38b Meist laufen der Tatdurchführung **Frühsignale** voraus (sog. **leakings:** *Scheithauer* 2009): Hilferufe in Form von Ankündigungen des geplanten Massakers! Zu solchen können z. B. gehören: Zeichnungen, Tagebucheinträge, Drohungen im Internet oder Mitschülern gegenüber geäußerte Mordphantasien; Vorliebe für dunkle Kleidung (schwarze Symbolik/„cooler“ Auftritt) sowie eine und Affinität zu Waffen (evtl. gehortete Waffen) und militärischen Symbolen (*Bannenberg* 2010b, 56/57; *dies.* 2011, 311). Zu Alarmindikatoren auch *Engels* 2007, 443 ff.

*cc) Trittbrettfahrer*

38c Schließlich ist auffällig, daß nach allen bisherigen Schulmassakern Morddrohungen, die in der Regel als „Jux“ gemeint sind, vor allem im Internet zu beobachten waren. Die Täter, „die sich sonst im Leben (oft) eher übersehen, ohnmächtig und frustriert fühlen ... genießen die Aufmerksamkeit (sich wichtig machen, Angeberei) und zuweilen auch den Effekt, anderen Angst einzuflößen ... (alles) quasi nach dem Motto: ‚Wie komme ich ins Fernsehen‘“ (*Bannenberg* 2011, 303–308). Dabei wird leicht übersehen, daß solchen **„Trittbrettfahrern“** eine Freiheitsstrafe bis zu drei Jahren (§ 126 Nr. 2 StGB) droht oder eine Geldstrafe oder eine Rechtsfolge nach dem Jugendstrafrecht (vgl. dazu den Zeitungsausriß).

**Trittbrettfahrer vor Gericht**

**Jugendarrest nach Amokdrohung – Drei Jahre Haft möglich**

aus: *NOZ* vom 28. März 2009

Unter einem **„Amokläufer“** ist ein (meist persönlichkeitsgestörter) Täter zu verstehen, welcher **spontan** (nicht geplant) im Affekt (der meist mit aufgestauter Wut und Frustration zu tun hat) **wahllos** (blindwütig) andere am Tatort (zufällig) anwesende Menschen (auch mit Waffen) angreift bzw. körperlich verletzt oder tötet. Fehlt es an diesen Indikatoren, handelt es sich also um keinen „Amoklauf“, sondern um vorsätzliche Mehrfach-Tötungsdelikte (so auch Robert *Leicht* in DIE ZEIT 18/2002; *Bannenberg* 2010b, 49), also um ein reines **„school shooting“** – oft in Form eines **erweiterten Suizids**. Insoweit kann nicht überraschen, dass der Verlauf oft eher „suizidalen Entwicklungsdynamiken“ folgt (*Hoffmann* et al. 2009, 200). Auf der anderen Seite kann sich der Täter im Verlauf des Massakers auch in einen **Blutrausch** hineinsteigern, der seine Schuldfähigkeit beeinträchtigen kann. In diesem Fall ist der „Täter“ in der Regel erst dann (wieder) ansprechbar, wenn seine Wut „abgearbeitet“ (verraucht) ist (*Scheithauer*, zit. nach DER SPIEGEL 40/2008, 138). **38d**

*dd) Vorkehrungsmaßnahmen*

Im Rahmen von Vorkehrungsmaßnahmen werden z.B. diskutiert bzw. umgesetzt: die Erhöhung der Zahl von Schulpsychologen und Schulsozialarbeitern, Zugangskontrollen, die Verschärfung des Waffenrechts, verdachtsunabhängige behördliche Hausbesuche zwecks Überprüfung der Waffenverwahrung, die Erstellung von Notfallplänen in Schulen, Handreichungen zum „Handeln in Krisensituationen“ (Aufbau von Krisenteams) für Schulen bzw. „Checklisten für Notfälle“ sowie die Sensibilisierung von Schülern für Leaking-Probleme von Mitschülern (dazu *Bannenberg* 2011, 303). **38e**

*Schließlich: Die Polizei hat ihre* ***Taktik*** *geändert: „Heute kümmern sich die Kollegen, die zuerst eintreffen, zunächst nicht mehr um Verletzte oder weinende Kinder, sondern gehen sofort ins Gebäude und bekämpfen den Täter“ (LKA NRW, zit. nach WAZ vom 11. März 2010).*

## IV. Allgemeine Präventionsmaßnahmen

Von diesen Aktivitäten abgesehen, findet man im einschlägigen Schrifttum zur Prävention von Gewalt in der Schule Vorschläge, die vor allem drei Bereiche betreffen, nämlich: **39**

- erstens: die **Veränderung der Rahmenbedingungen** der Schule,
- zweitens: die **Verbesserung der Handlungskonzepte**, die die Schulleitung bzw. das Lehrerkollegium einsetzen können,
- drittens: die Information der Lehrkräfte in Bezug auf die Frage, wie man mit Gewaltphänomenen konkret besser umgehen kann: **Tipps für die Praxis**.

Die Schule kann aber nicht alle Erziehungsdefizite aus der Herkunftsfamilie ausgleichen: eine **„nachholende Erziehung“** ist nur bedingt möglich; die Schule ist jedenfalls **keine Reparaturwerkstatt der Gesellschaft**.

39a Am 26. Juni 2003 haben die **Ministerpräsidenten der Länder** in Berlin aufgrund einer Beschlußvorlage des Saarlandes und Niedersachsens (mit Begründung) beschlossen, die **Gewaltprävention in den Schulen zu verstärken**; das sollte unter Beteiligung vor allem des Deutschen Jugendinstituts (**DJI**) und des Deutschen Forums für Kriminalprävention (**DFK**: vgl. Rdn. 67 zu § 18) geschehen.

Der entsprechende Bericht ist unter der Federführung des DJI 2007 (München) vorgelegt worden (Titel: Strategien der Gewaltprävention im Kindes- und Jugendalter). In der Einleitung heißt es: „17 Jahre nach dem Erscheinen der vier Bände der *Schwind*-Kommission ist die Zeit reif, erneut eine Zwischenbilanz zu wagen". Diese bezieht sich primär auf die folgenden Handlungsfelder: Prävention von Gewalt im Kontext der Familie; Gewaltprävention im Bereich der Kitas, **Gewaltprävention an Schulen**; Strategien der Gewaltprävention in der Kinder- und Jugendhilfe; polizeiliche Gewaltprävention und Gewaltprävention im Bereich der Justiz. Geworben wurde für eine vernetzte Zusammenarbeit zwischen Kinder- und Jugendhilfe, Polizei und Schule – eingebettet in die kommunale Kriminalprävention (zu dieser § 18).

### 1. Veränderung der Rahmenbedingungen

40 Nahezu einmütig wird (von der Schulpolitik) gefordert (so bereits von der Anti-Gewaltkommission der Bundesregierung: *Schwind/Baumann* et al. 1990, Bd. I, 32), die Rahmenbedingungen der Schule zu verändern, und zwar etwa in folgender Weise:

- damit sich die Lehrkräfte wieder mehr um die Problemkinder kümmern können: **kleinere Klassen:** nicht über 30 Schüler (vgl. auch Zeitungsausriß unten);
- um der Schulanonymität entgegenzuwirken, die nicht zuletzt auch Gewaltphänomene begünstigt: **Rückkehr zu kleineren Schulen** bzw. Verzicht auf Mammutschulen (mit über 800 Schülern);
- **Ganztagsschulen**: Nachmittagsbetreuung auf Kosten selbstgewählter Freizeitgestaltung?;
- um die Kompetenz der Lehrer im Umgang mit aggressiven Schülern zu fördern: Erweiterung der einschlägigen **Lehrerausbildung** (dazu z.B. *Feltes* schon 1979, 101; *Struck* 1994);
- für eine **Vermittlerrolle** zwischen Lehrkräften und Schülern kommen **Schulsozialarbeiter** in Frage (dazu *Hermann/Dölling* 2010, 398ff);
- um Identifikationsmöglichkeiten aufzubauen und neuen Schwung in die Schule zu bringen: wieder vermehrte **Einstellung junger Lehrer**;
- entsprechende Nachschulung: „Die Lehrer sollten z.B. **Vorstufen der Gewalt** erkennen und die Situation entschärfen können" (*Schwind/Baumann* et al. 1990 I, 193). Wie geht man z.B. mit **hyperaktiven Kindern** um?

*Ursache für dieses Verhalten, das auch mit Kriminalität in Verbindung gebracht wird (vgl. Rdn. 13a zu § 5), kann eine neurobiologische Störung sein: das Aufmerksamkeits-Defizit-Hyperaktivitäts-Syndrom (**ADHS**). Zum **Zappelphilipp-Syndrom** (dem umgangssprachlichen Synonym für ADHS) vgl. unten die Karikatur und die SPIEGEL-Titelgeschichte in Nr. 29/2002, 122 ff. Psychopharmaka wie „Paxil" oder „Ritalin" sollen Nebenwirkungen entfalten, zu denen auch gewalttätiges Verhalten gehört (FOCUS 41/2007, 112).*

aus: *Heinrich Hoffmann:* Geschichte vom Zappelphilipp, im Struwwelpeter (erstmals 1845)

- **Medienerziehung**, um negative Einflüsse von Gewalt- und Sexdarstellungen in den Medien (im Sinne von Immunisierung) abzuwehren;
- Verstärkung des **Rechtskundeunterrichts** an den Schulen, um die Schüler wieder zu Normbewußtsein und Normtreue erziehen zu können;
- Einführung von **Benimmunterricht**: an einer Bremer Schule gab es vorübergehend das Fach „Umgang, Benehmen, Verhalten"; das Saarland hält entsprechende Unterrichtsmaterialien vor;
- *Streng* (2010, 277) schlägt für die Klassenstufen 8 und 9 ein Fach **„Erziehungskunde"** vor;
- **Gewalt in speziellen Unterrichtsstunden thematisieren** (so ein Erlaß des nieders. MK (zit. nach NOZ vom 2. 9. 03);
- um Fehlverhalten besser in den Griff zu bekommen, werden die **„Kopfnoten"** (gesonderte Benotung des „Sozialverhaltens", des „Arbeitsverhaltens" und die Notierung der „versäumten Unterrichtstage") auf den Zeugnissen wieder eingeführt (z. B. in Niedersachsen und Sachsen) sowie die **Monitorüberwachung** auf dem Schulhof diskutiert (vgl. auch die entsprechende These des *WEISSEN RINGES* in Melzer/Schwind 2004, 31 ff);
- Einrichtung berufspraktischer Programme (im Rahmen der Schulpflicht) für Schulstörer in **„Schnupperwerkstätten"** (nach französischem Vorbild): die Rütli-Schule (Rdnr. 36) geht inzwischen diesen Weg.

### 2. Handlungskonzepte für die Schulleitung

41 Solche Handlungskonzepte beziehen sich auf die Präventionsmöglichkeiten, die die Schulleitung einsetzen kann: Patentrezepte gibt es allerdings nicht. Wiederum auf dem exemplarischen Wege sollen nur folgende (z. T. auch bereits praktizierte) Vorschläge kurz erwähnt werden:

- um den Bedrohtheitsgefühlen der Schüler auf dem Schulhof entgegenzuwirken: **mehr Lehrer für die Pausenaufsichten** einsetzen, evtl. unterstützt durch ältere Schüler (nach dem Vorbild der Schülerlotsen), im Rahmen eines **Schlichtermodells:** Schüler der 10. Klasse werden entsprechend trainiert (**„Konfliktlotsen“**);
- **Ruhezonen auf dem Schulhof** einrichten;
- Einrichtung von **„Anti-Wut-Schulhöfen“** (nach Leipziger Vorbild): Holzklettergerüste zum Rumtoben, bunte Arkadengänge, Sitzgelegenheiten usw.; triste Beton- bzw. Teer-Schulhöfe in gegliederte Gartenanlagen verwandeln;
- **Tutorenprogramme:** ältere Schüler und Schülerinnen betreuen jüngere;
- **Mentorenprogramme** wie „Balu und Du“ *(Müller-Kohlenberg* in forum kriminalprävention 3/2010, 19ff): das wissenschaftlich begleitetes Programm besteht darin, benachteiligten Grundschulkindern über ein Jahr einen Studierenden als Mentor an die Seite zu stellen (Tel: 0541/969-4562).
- Viele aggressive Schüler sind solche, die mit leerem Magen (morgens) die Schule erreichen: diese sollten Nahrungsangebote (wie **Kakao, Milch** usw.) wahrnehmen können;
- um die Identifizierung mit der eigenen Schule zu erhöhen: **Verstärkung des „Wir-Gefühls“** in der Schule. Stichworte dazu: Schulchor, Schulorchester, Schulsportverein („Morgen spielt unsere! Schule gegen…“), Einführung von speziellen Schul-T-Shirts usw.; diskutiert wird auch z.B. die Wiedereinführung von **Schuluniformen**: solche gibt es z.B. in der Max-Dortie-Grundschule in Potsdam (SPIEGEL 7/2006, 40) und in der Overberg(grund)schule in Kamp-Lintford (vgl. NOZ vom 31. Jan. 2007, 3);
- um den Kollegen zu helfen, die mit der Schülergewalt nicht umgehen können: **Einberufung pädagogischer Konferenzen** (kollegiale Fallbesprechungen), die auch zu untereinander abgestimmten Interventionen beitragen (können); **Durchführung eines pädagogischen Tages:** „Gewalt und Gewaltprävention in unserer Schule“;
- um überforderten Lehrern zu helfen, kann die Etablierung des **Tandem-Modells** in Frage kommen: ein zweiter Lehrer hilft und berät den ersten;
- um die Schülerschaft zu sinnvoller Freizeitgestaltung anzuregen: **Werbeveranstaltungen von Sportvereinen** (Fechten, Schwimmen, Fußball, Karate usw.) in den Schulen zulassen und die Schulhöfe an den schulfreien Nachmittagen für Fußball und andere Aktivitäten öffnen.

Wichtig ist vor allem ein gutes Schulklima i.S. von „Wohlfühlen“ (vgl. Kasten).

Die **Bedeutung des Schulklimas** (bzw. Klassenklimas) für die **Lernbereitschaft** (einerseits) und die **Gewaltbereitschaft** (andererseits) wird oft unterschätzt. Schulklima (bzw. Klassenklima) lassen sich mit dem **„Wohlfühlen“** gleichsetzen. Das Wohlfühlen wiederum kann durch Indikatoren erfaßt werden und diese wiederum durch entsprechende Fragen an Schüler, Lehrkräfte und Eltern. Nach den Ergebnissen solcher Untersuchungen (in denen das Schulklima allerdings anders (zu kompliziert) definiert wird, wirken sich **positiv** aus: der freundschaftliche Umgang der Schüler untereinander und mit den Lehrkräften, der Eindruck der Schüler, gerecht behandelt zu werden und sich mit ihren Problemen an die Lehrkräfte (jederzeit) wenden zu können, Freude am Lernen mit engagierten Pädagogen. **„Je zufriedener ein Schüler mit seiner (Schul-)Situation ist, desto weniger neigt er zu abweichendem Verhalten“** schreibt *Varbelow* (2003, 350). **Negativ** wirken sich hingegen grundsätzlich aus: eine abweisende Infrakstruktur der schulischen Bauten, Mobbing und Gewaltaktionen von Mitschülern (zur Peer-Viktimisierung vgl. oben Rdn. 27) und dementsprechende Ängste (auf Schulweg und Schulhof: vgl. Rdn. 26), Angst vor Leistungsversagen bzw. Angst vor Lehrkräften (zur „Schuldistanz“ vgl. Rdn. 49). Ob sich auch ein hoher **Ausländeranteil** bzw. **Aussiedleranteil** ungünstig auf das Klima auswirken kann, ist umstritten (vgl. Rdn. 33); das gilt auch für den **Schwellenwert:** nicht wenige Lehrkräfte gehen nach Umfragen (vgl. *Schwind/Fetchenhauer* et al. 2001, 256) von einer **30 %-Marke** aus. 41a

**Lit.:** *Dreesmann,* H./*Eder,* F. et al.: Schulklima, in: Ingenkamp, K. et al.: Empirische Pädagogik 1970–1990, Weinheim 1992; *Fend,* H.: Schulklima, Weinheim 1977; *Eder,* F.: Schul- und Klassenklima, Innsbruck 1996; *Grewe,* N.: Aktive Gestaltung des Klassenklimas, Münster 2003; *Miller,* R.: Bock auf Schule – Sich in der Schule wohlfühlen, Weinheim 2004; *Varbelow,* D.: Schulklima und Schulqualität im Kontext abweichender Verhaltensweisen, Marburg 2003; *Schwind,* E.-C.: Schulklima und Gewaltbereitschaft, in: Die Kriminalprävention, 4/2004, S. 127–134.

### 3. Tipps für die Lehrkräfte

Obwohl es sich auch bei solchen „Tips“ keineswegs um Allheilmittel handelt (jede Klasse hat, wie auch jede Schule, ihre eigenen Probleme), könnte der eine oder andere Hinweis aus dem Schrifttum (ausführliche Übersicht bei *Schwind/Roitsch/Ahlborn/Gielen* 1997, 334ff) dem einzelnen Lehrer vielleicht dabei helfen, in einer aktuellen Situation (oder generell) mit Schülergewalt adäquat wirksam fertig zu werden bzw. ihr vorbeugend (besser als bisher) begegnen zu können. Beispiele (die allerdings auch alle grundsätzlich nicht neu sind): 42

- bei Prügeleien nicht wegsehen, sondern sofort **eingreifen** und den Vorfall in der Klasse **zur Diskussion stellen**;
- **Klassenregeln gegen Gewalt verabreden** („Contracting“): in einem Anti-Gewalt-Vertrag unterschreiben Schüler (z.B. der Grundschule), entsprechende Verhaltensregeln einhalten zu wollen. Beispiel: „Ich

tue niemandem weh". „Ich erpresse niemanden". „Ich beschmiere keine Türen und Wände und mache nichts kaputt";

- Täter/Opfer-Ausgleichsgespräche versuchen: z.B. das aggressive Kind **(im Rollenspiel)** die Gefühle des Opfers nacherleben lassen (Mitleidensfähigkeit = Empathiefähigkeit fördern);
- **gewaltorientierte TV- oder Videofilme** in der Klasse zeigen und (auch mit den Eltern: Rdn. 54 zu § 14) durchdiskutieren (evtl. medienpädagogische Unterrichtsprojekte versuchen);
- Vermeiden von verbalen Verletzungen und **Stigmatisierungen**: aggressives Verhalten von Schülern nicht mit Gegenangriffen beantworten;
- um das Interesse der Schüler am Schulunterricht zu erhöhen: **attraktive Themen** in die Schule hereinholen (zur Drogenerziehung vgl. Rdn. 42 zu § 27); fächerübergreifenden Unterricht etablieren;
- **gemeinsame positive Klassenaktivitäten** organisieren, die Spaß machen: Ausflüge, Besichtigungen, Partys;
- **gemeinsame Aktivitäten mit den Eltern** fördern: Theateraufführungen, Wanderungen usw.;
- **positive Leistungen von Leistungsschwachen** im außerschulischen Bereich (z.B. im Sport) vor den Klassen erwähnen;
- den Kindern **Verantwortlichkeit übertragen,** um diese daran zu gewöhnen: etwa Beteiligung an Sanktionsregelungen;
- Zeigen der **„gelben Karte",** die die Kinder vom Fußball her kennen; bei „rot" folgen auch die mit den Eltern verabredeten Konsequenzen (siehe oben: contracting);
- Beleidigungen an die Tafel schreiben und den Sinn von gesellschaftlichen **Umgangsformen besprechen;** positive Umgangsformen einführen, zu denen z.B. gehört, daß sich Schüler und Lehrer auch außerhalb der Schule grüßen.

### V. Aktuelle Programme

43 Außer den Einzelaktivitäten, die zur Gewaltprävention in der Schule eingesetzt werden, gibt es auch

- geschlossene (Langzeit-)Programme sowie
- Sonderprogramme zur Schulwegsicherung und
- sog. Schulschwänzerprogramme.

#### 1. Geschlossene (Präventions-)Programme

44 Unter den geschlossenen (Langzeit-)Programmen kann man solche, die an konkrete Gewaltereignisse anknüpfen (spezifische Programme), von solchen unterscheiden, die die tiefer liegenden Ursachen bzw. Einflußfaktoren der Gewalt in der Schule beseitigen möchten (unspezifische Programme).

*a) Unspezifische Programme*

Das Ziel der unspezifischen Programme besteht darin, die sozialen und allgemeinen Lebenskompetenzen zu verbessern: Frustrationstoleranz, Empathie, Kommunikationsfähigkeit, Rechtsgefühl usw. (vgl. Rdn. 10 zu § 10). Hierher rechnen Programme für jüngere Schüler (z.B. „Faustlost“, Prävention im Team“, „Papilio“-Programm) und solche für ältere Schüler (Lions-Quest „Erwachsen werden“; „Soziales Lernen“; „Buddy“-Programm): ausführlich *Melzer/Schubarth/Ehninger* 2011, 226–256. 45

*b) Spezifische Programme*

Maßnahmen der spezifischen (situativ bedingten) Gewaltprävention haben einen direkten Bezug zu einem oder mehreren Gewaltphänomenen in der Schule: „es muß also schon etwas vorgefallen sein oder mit Wahrscheinlichkeit bevorstehen“ (*Steffen* in Melzer/Schwind 2004, 349ff). Zu diesen Programmen gehören Modelle der Streitschlichtung **(„Konfliktlotsen“)** bzw. der Intervention; ausführlich vorgestellt wiederum in *Melzer/Schwind* 2004. 46

**2. Programme zur Schulwegsicherung**

Zu den Programmen zur Schulwegsicherung gehört z.B. das FFiBB („Faires Fahr’n in Bus und Bahn“). Es ist ein gemeinsames von Polizei und Bundesgrenzschutz initiiertes Präventionsprojekt, das im Rahmen der Kommunalen Kriminalprävention im Landkreis Lörrach etabliert worden ist. FFiBB hat seit November 2002 insgesamt 2000 jugendliche Schüler (Jungen/Mädchen, Deutsche/Ausländer/Aussiedler) zu **Fahrzeugbegleitern** ausgebildet, die (mit einem Ausweis versehen) für Sicherheit sorgen sollen. Zu den Themen der Ausbildung gehören z.B. Erkennen und Einschätzen von kritischen Situationen (wird in Rollenspielen geübt), Streitschlichtung, aber auch Selbstschutz. Bahn- und Buspersonal wissen Bescheid. Allen Fahrzeugbegleitern wird im Schulzeugnis ihr Engagement bestätigt in der Erwartung, daß der Vermerk bei der Lehrstellensuche hilft (vgl. *Gerbert* in: Die Kriminalprävention 2/2004, 64ff). Tel. von FFiBB 0 76 21-41 54 66. Ein entsprechendes Programm („Bus Scouts“ existiert z.B. auch in Göttingen (*Verkehrsverband Süd Niedersachsen*). 47

**3. Schulschwänzerprogramme**

Nach *Ricking* (2003, 77) wird „von Schulschwänzern gesprochen, wenn Kinder und Jugendliche zeitweilig oder anhaltend – in der Regel ohne Wissen der Eltern – die Schule nicht besuchen und während der Unterrichtszeit einer für sie angenehmeren Beschäftigung – meist im außerhäuslichen Bereich – nachgehen“ (vgl. oben Rdn. 13/15/27). 48

*Dazu Melzer/Bilz (in FS für Schwind 2006, 1075): „Wer Unterricht stört oder Schule schwänzt, verübt mit einer hohen Wahrscheinlichkeit auch psychische und verbale Aggressionen gegen Mitschüler".*

*a) Modellprojekte*

**48a** Entsprechende Modellprojekte laufen z.B. in Nürnberg („Nürnberger Modell"), inzwischen aber auch in anderen Städten. Fehlt ein Kind in der Schule unentschuldigt, werden die Eltern bereits am ersten Tag des Fernbleibens verständigt. Hilft das nichts, wird die Polizei eingeschaltet, deren Aufgabe darin besteht, die Schulschwänzer (z.B. in Kaufhäusern) aufzuspüren **(„Aufstörung")** und in die Schule zu bringen **(„Zuführung")**. Schuleschwänzen wird in den meisten Bundesländern (z.B. in Niedersachsen nach dem Gefahrenabwehrgesetz) als Ordnungswidrigkeit (Verletzung der Schulpflicht) geahndet: mit **Bußgeld für die Eltern** und, wenn diese nicht zahlen, mit **Sozialstunden (gemeinnützige Arbeitsstunden) für die Schwänzer**.

Schulschwänzen kann verschiedene Ursachen haben, zu denen auch die Angst zählt, dort von Mitschülern **gemobbt** (vgl. Rdn. 16) oder **gequält** zu werden (Rdn. 25/26). Eine Rolle spielten aber auch **Überforderung** oder **Langeweile**. Folge: Schuldistanz.

*b) Schuldistanz*

**49** Mit **Schuldistanz** ist die innere Ablehnung der Institution Schule, ihrer Anforderungen (Leistungsangst), ihrer Lehrkräfte usw. zu verstehen. Schuldistanz hat mit Schulmüdigkeit bzw. Schulverdrossenheit zu tun. Die entsprechende Schulverweigerung kann in vier Stufen auffällig sein:

**Stufe 1: „Inneres Ausklinken"** bei physischer Anwesenheit; der Schüler schaltet ab, hört nicht zu; er „schläft mit offenen Augen".

**Stufe 2: Gelegentliches Fernbleiben** ohne triftigen Grund (physische Abwesenheit). Kennzeichen: zu spät kommen, Studien versäumen, tageweise wegbleiben, aber nicht mehr als 10 Tage pro Halbjahr.

**Stufe 3: Regelmäßiges Fernbleiben** ohne triftigen Grund: mehr als 11 Tage pro Halbjahr.

**Stufe 4: Vollständiges Fernbleiben** (Totalausstieg).

An die Stufen 2 bis 4 können Schulschwänzer-Programme herankommen und insoweit auch Kriminalität eindämmen, die in geschwänzter Schulzeit verübt wird.

*Nach einer Untersuchung des „Berliner Forums Gewaltprävention" (Themenschwerpunkt Schuldistanz 2003) schwänzten 18,5 % der Hauptschüler und 14,1 % der Sonderschüler mehr als 20 Tage die Schule. Die höchsten Werte (Fehlzeiten über 40 Tage) kamen in den Klassenstufen 7, 8 und 9 vor (also zur Pubertätszeit vgl. oben Rdn. 27a zu § 10).*

*Nach der PISA 2000-Untersuchung (vgl. unten Rdn. 51) haben 15jährige Schüler innerhalb der beiden Wochen unmittelbar vor der Befragung (in ganz Deutschland) zwischen 7,8 % (Sachsen-Anhalt) und 17,1 % (Bremen) den Unterricht geschwänzt.*

Da Schulschwänzer während der Schulzeit oft in den Computerabteilungen der Kaufhäuser herumhängen und dort z. B. lieber mit Playstations oder Nintendos herumspielen, sind große Unternehmen wie SATURN und Mediamarkt dazu übergegangen, die Computer erst nach 15 Uhr anzustellen.

## VI. Fremdurteile über die Leistungsfähigkeit der deutschen Schulen

Während in Deutschland jahrzehntelang der **Leistungsdruck** in den **50** Schulen kritisiert und als Einflußfaktor für Gewaltphänomene diskutiert worden ist, kommt die **Leistungsfähigkeit** der deutschen Schulen in den PISA-Studien wenig gut weg.

### 1. Ergebnisse der PISA-Studien

Die (weltweiten) PISA-Studien werden von der OECD (Organisation **51** für wirtschaftliche Zusammenarbeit und Entwicklung) initiiert. Insoweit handelt es sich um internationale Untersuchungen der Leistungsfähigkeit in Schulen. Nach PISA werden 15jährige Schüler aus rund 40 Staaten getestet, und zwar im Dreijahresrhythmus: (**2000, 2003, 2006** und **2009**; seit 2006 ohne Bundesländer-Vergleiche).

Die erste Untersuchung (2000), die 2001 veröffentlicht wurde, löste in Deutschland den sog. PISA-Schock aus, weil die Leistungen der hiesigen **(15jährigen)** Schüler nur im unteren Drittel der beteiligten Länder rangierten. Inzwischen (2009) liegt Deutschland im Mittelfeld. Besonders groß ist aber noch immer eine „Risikogruppe" von rund 18,5 % (2009; vor 10 Jahren: 22,6 %) der Befragten, die noch **nicht einmal den Mindestanforderungen im Lesen und Rechnen** genügte (max. **Grundschulniveau**).

Die Zusammensetzung der **Risikogruppe** (die sich in sozialen Brennpunktschulen bündelt) ergibt das folgende Bild: Ausgeprägte Unterschiede sind bzgl. des **Geschlechts** der Jugendlichen (Mädchen schneiden besser ab), des **Wohnsitzes** (Bayern und Baden-Württemberg besser als z. B. Hamburg und Bremen), des **sozioökonomischen Status** (Kinder aus Familien mit niedrigem Einkommen schneiden schlechter ab) und in Bezug auf einen **Migrationshintergrund** (schlechtere Resultate) festgestellt worden. Jugendliche mit Migrationshintergrund gehören aber auch überwiegend der unteren sozialen Schicht an. Immerhin hat sich ihre Lesekompetenz (bis 2009) verbessert. Zum **Medienkonsum** (*Pfeiffer/Mößle/Kleiman/Rehbein:* Die PISA-Verlierer und ihr Medienkonsum, Hannover 2008; dazu auch Rdn. 15h zu § 24).

*In Bezug auf den Migrationshintergrund hat eine Sonderauswertung der PISA-Studie 2003, die sich auf 17 Länder* ***„mit großem Migranten-***

***anteil"** bezieht (OECD, zit. nach DIE WELT vom 16.5.06 und FAZ vom 16.5.06), ergeben, daß die Leistungsunterschiede zwischen Schülern mit Migrationshintergrund und einheimischen Schülern in Deutschland am stärksten ausgeprägt sind. Die Bildungsunterschiede hätten vor allem damit zu tun, **ob zu Haus die Unterrichtssprache** gesprochen werde. Die Staatsministerin für Migration, Flüchtlinge und Integration im Bundeskanzleramt (Böhmer) forderte daraufhin eine „durchgängige, systematische **Sprachförderung vom Kindergarten über** die Schule bis hin zur beruflichen Bildung" (zit. nach FAZ aaO).*

51a Die PISA-Ergebnisse dürften **in Zukunft** für Deutschland **noch schlechter** ausfallen, und zwar (erstens) infolge der z.B. ab 1. Aug. 2013 in Niedersachsen (aufgrund der UN-Behindertenkonvention) eingeführten **„Inklusion"** mit der der Anspruch behinderter Kinder (Kinder mit sonderpädagogischem Unterstützungsbedarf) auf eine Umschulung (von Förderschulen) in (wohnortnahe) Regelschulen gemeint ist; schon heute zeigt sich, daß das neue Umfeld bei Kindern mit geistiger Behinderung Frustrationen auslösen kann und den Leistungsdurchschnitt der Klasse vermindert (Ideologie der Gleichmacherei). Ein solches Ergebnis ist (zweitens) auch von der **Abschaffung der Leistungsbenotung** (z.B. in NRW) für 2. und 3. Grundschulklassen zugunsten von bloßen „Berichtszeugnissen" zu erwarten, die den natürlichen Leistungswillen der Kinder ersticken (WAZ vom 21. Dez. 2012). Das gilt (drittens) auch für die **Abschaffung des Sitzenbleibens** (hedonistisch orientierte Ideologie der Leistungsfeindlichkeit). Nach einer FORSA-Umfrage des Philologenverbandes befürchten 85 % der Schüler und Studenten eine Abnahme der Leistungsbereitschaft. Nach einer EMNID-Umfrage sind auch 54 % der Bundesbürger gegen die Abschaffung des Sitzenbleibens (Focus 9/13, 29).

### 2. Anschlußüberlegungen

52 Der „PISA-Schock" hat Reformfieber ausgelöst: vor allem bei den Kultusministern. Aus kriminalpolitischer Sicht sind folgende (zum Teil umgesetzte) Anregungen interessant:

- **Ganztagsschule** (zu dieser auch Rdn. 76 zu § 10) als schulische Rundumbetreuung könnte (überforderte) Eltern entlasten, führt aber zu einer Reduzierung der Freizeit, die für das soziale Lernen Bedeutung besitzt;
- **bessere Kontrolle der Schulen:** könnte zu effizienterer Ausbildung führen und die Kinder besser auf den Arbeitsmarkt vorbereiten;
- die Reform der **Lehrerausbildung** (Rdn. 40 oben) sollte sich vor allem auch auf die Vermittlung sozialer Kompetenzen beziehen.

53 – die **Auschöpfung vorschulischer Lernmöglichkeiten im Kindergarten** und in der Vorschule könnte sprachliche Defizite (vor allem bei Migrantenkindern) beheben. Kindergärten bieten auch gute Möglichkeiten für die vorbeugende Kriminalprävention (vor allem bei **„early starters"**), und zwar deshalb, „weil hier Verhaltensprobleme (der Kin-

der) noch weniger gefestigt sind und nicht durch eventuelle schulische Schwierigkeiten kompliziert werden" (*Lösel* 2004, 331).

*Genutzt wird die günstige Situation bisher eher für die **Verkehrserziehung** durch Polizeibeamte: Schulkasperletheater bzw. Präventionspuppenbühne und Fahrradprüfung. Lösel (aaO) schlägt darüber hinaus ein spezielles **Kindertraining** vor (wie das z. B. durch die Super-Nanny bei RTL vorgeführt wird?) sowie ein **„elternzentriertes Trainingsprogramm**. Ersteres soll zum Ziel haben, negative Auffälligkeiten zu reduzieren, Letzteres soll die Erziehungskompetenz stärken. Zum Erfolg solcher Aktivitäten in Nürnberger Kindergärten vgl. Lösel 2004, 331: bei den Eltern konnte inkonsistentes Erziehungsverhalten abgebaut werden, bei den Kindern Hyperaktivitäten, Aufmerksamkeitsstörungen und störende Verhaltensweisen verschiedener Art.* 54

## § 12 Arbeitsverhalten und Arbeitslosigkeit aus kriminologischer Sicht

**Literatur: Albrecht,** H.-J.: Jugendarbeitslosigkeit und Jugendkriminalität, in: KrimJ 1984, S. 218–228; **Albrecht,** H.-J.: Jugendarbeitslosigkeit und Jugendkriminalität, in: *Münder,* J.: *Sack,* F./ *Albrecht,* H.-J./*Plewig,* H.-J.: Jugendarbeitslosigkeit und Jugendkriminalität, Neuwied 1987; **Albrecht,** H.-J.: Kriminell weil arbeitslos? Arbeitslos weil kriminell? in: BewHi 1988, S. 133–147; **Bialek,** H.-D.: Kriminalität in Essen, Statistischer Jahresspiegel der Kriminalpolizei, Essen 1977; **Braun,** F./**Coffield,** F./**Lagrée,** J. et al.: Jugendarbeitslosigkeit, Jugendkriminalität und städtische Lebensräume, Weinheim 1990; **Bundesministerium für Arbeit und Soziales**: Der vierte Armuts- und Reichstumsbericht der Bundesregierung, Bonn, März 2013; **Dessecker,** A.: Jugendarbeitslosigkeit und Kriminalität, Wiesbaden 2006 (KUP Bd. 50); **Dietz,** B.: Soziologie der Armut, Frankfurt 1997; **Glaser,** D./**Rice,** K.: Crime, Age and Employment, in: Americ. Soc. Rev. 1959, S. 679–686; **Göppinger,** H.: Der Täter in seinen sozialen Bezügen, Berlin 1983; **Heiland,** H.-G.: Wohlstand und Diebstahl, Bremen 1983; **Heinemann,** K.: Arbeitslose Jugendliche, Darmstadt 1978; **Höpler,** E.: Wirtschaftskrisen und Kriminalität, in: Archiv für Kriminologie 1930, S. 193–213; **Kupke,** R./**Kury,** H.: Sozialstatistik der Zugänge im Jugendvollzug Baden-Württemberg 1978, Freiburg 1979; **Landeskriminalpolizeiamt Niedersachsen:** Bericht über die ersten Erfahrungen des Beauftragten für Jugendwesen, 1.–3. Quartal 1975; **Löwe,** A.: Arbeitslosigkeit und Kriminalität, Berlin 1914; **Malinowski,** P.: Jugendkriminalität, ein Folgeproblem von Jugendarbeitslosigkeit? in: *Brusten,* M./*Malinowski,* P. (Hrsg.): Jugend – ein soziales Problem? Opladen 1983, S. 232–264; **Martens,** U./**Steinhilper,** G: Zum Zusammenhang zwischen Arbeitslosigkeit und Kriminalität, in: Kriminalistik 1978, S. 498–503; **Mayr,** G. v.: Statistik der gerichtlichen Polizei im Königreich Bayern und anderen Ländern, München 1867; **Mayr,** G. v.: Statistik und Gesellschaftslehre, Bd. 3, Moralstatistik mit Einschluß der Kriminalstatistik, Tübingen 1917; **Meier,** B.-D.: „Neue Armut" und die Entwicklung der Jugendkriminalität – besteht ein Zusammenhang?, in FS für *Kaiser,* G., Zweiter Halbband, Berlin 1998, S. 1047–1083; **Merten,** R.: Aufwachsen in Armut – Belastungen und Belastungsbewältigung, in: Ztschr. für Päd 2005, S. 49–153; **Mrozynski,** P.: Arbeit und Jugendkriminalität, in: RdJ 1976, S. 337–344; **Neu,** A. D.: Entwicklungstendenzen auf dem Arbeitsmarkt und ihre Auswirkungen auf die Jugendkriminalität, Heidelberg 1984; **Opaschowski,** H. W.: Soziale Arbeit mit arbeitslosen Jugendlichen, Opladen 1970; **Plewig,** H.-J.: Jugendstrafrecht, Sozialpädagogik und der Faktor Arbeit, in: *Münder,* J./*Sack,* F./*Albrecht,* H.-J./*Plewig,* H.-J. (Hrsg.): Jugendarbeitslosigkeit und Jugendkriminalität, Neuwied 1987, S. 93–113; **Quetelet,** A.: Physique sociale, Bd. 2, Brüssel 1869; **Rager,** L.: Jugendarbeitslosigkeit und Kriminalität, in: Die neue Polizei 3/1977, S. 43–45; **Rupprecht,** R.: Arbeitslosigkeit und Kriminalität, in: Die Polizei 11/1977, S. 345–348; **Sack,** F.: Jugendarbeitslosigkeit im Lichte der Kriminalitätstheorien, in: *Münder,* J./*Sack,* F./*Albrecht,* H.-J./*Plewig,* H.-J.: Jugendarbeitslosigkeit und Jugendkriminalität, Neuwied 1987, S. 93–113; **Schmölders,** G.: Kriminalität und Konjunktur, in: Jahrbücher für Nationalökonomie und Statistik, Bd. 128, 1928, S. 265–272;

**Schüler-Springorum,** H.: Kriminalität der Randständigen, in: MschrKrim 1995 S. 162–185; **Schumann,** K. F.: Ungleichheiten in der Strafverfolgung, in: Recht und Politik 1974, S. 119–129; **Schwind,** H.-D./**Ciesinger,** N.: Kriminalitätsanfall und Arbeitslosigkeit, in: *Schwind,* H.-D./*Ahlborn,* W./*Weiß,* R.: Empirische Kriminalgeographie, BKA-Forschungsreihe, Bd. 8, Wiesbaden 1978, S. 282–291; **Spieß,** G.: Arbeitslosigkeit und Kriminalität, in: *Kaiser,* G./*Kerner,* H.-J./*Sack,* F./ *Schellhoss,* H. (Hrsg.): Kleines Kriminologisches Wörterbuch, 2. Aufl., Heidelberg 1985, S. 32–37; **Stark-von der Haar,** E.: Jugendliche Arbeitslose ohne ausreichende soziale Sicherung, in: RdJB 1983, S. 370–377; **Steffen,** W.: Kinder- und Jugendkriminalität in Bayern, München 1979; **Steinhilper,** G.: Arbeitslosigkeit und Kriminalität, in: Kriminalistik 1976, S. 385–389; **Steinhilper,** G.: Zu den Folgen der Arbeitslosigkeit für die Justiz, in: Festschrift für Rudolf Wassermann, Neuwied 1985, S. 1061–1077; **Steinhilper,** G./**Wilhelm-Reiss,** M.: Kriminalitätsverhinderung durch Abbau der Arbeitslosigkeit? Vorüberlegungen zu Präventionsprogrammen, in: *Schwind,* H.-D./*Berckhauer,* F./*Steinhilper,* G. (Hrsg.): Präventive Kriminalpolitik, Heidelberg 1980, S. 347–365; **Villmow,** B./**Kaiser,** G.: Empirisch gesicherte Erkenntnisse über Ursachen der Kriminalität. Eine problemorientierte Sekundäranalyse, in: *Der Regierende Bürgermeister von Berlin* (Hrsg.): Verhütung und Bekämpfung der Kriminalität, Berlin 1974, Anhang S. 1–143; **Wacker,** A.: Arbeitslosigkeit. Soziale und psychische Voraussetzungen und Folgen, Frankfurt/M. 1976; **Wacker,** A.: Soziale Gefährdungen arbeitsloser Jugendlicher, in: Jugendschutz 1978, S. 77–81; **Wacker,** A.: Arbeitslos und aggressiv? Zum Verhältnis von Arbeitslosigkeit, Aggression und Kriminalitätsentwicklung, in: *Wacker,* A. (Hrsg.): Vom Schock zum Fatalismus? Soziale und psychische Auswirkungen der Arbeitslosigkeit, Frankfurt/M. 1978a, S. 241–264; **Wilhelm-Reiss,** M.: Psychische Veränderungen bei Jugendlichen ohne Arbeit, Weinheim 1980; **Zenke,** K.G.: Über den Zusammenhang von elterlicher Arbeitslosigkeit und Schulleistungen der Kinder, in: Zeitschrift für internationale erziehungs- und sozialwissenschaftliche Forschung 1991, S. 67–78.

**Gliederung**



**Arbeitslos – kriminell? Eine seltsame Gleichung aus dem BKA**

# Schiefes Weltbild

aus: *Deutsches Allgemeines Sonntagsblatt* vom 12. November 1978

1 Wenn man unter dem Stichwort „Arbeitsverhalten" von Straftätern in den einschlägigen Monographien und Lehrbüchern nachschlägt (z.B. schon *Göppinger,* Lb. 1980, 285 und *Kaiser,* Lb. 1993, 352f, jeweils mit weiteren Literaturhinweisen), stellt man fest, daß unter den Autoren grundsätzlich Einigkeit darüber besteht, daß Straftäter in ihrer beruflichen Laufbahn vergleichsweise oft

- keine Lehre durchhalten,
- unregelmäßig zur Arbeit erscheinen und
- häufig den Arbeitsplatz wechseln **(„Job-Hopper")**.

Dementsprechend fassen *Villmow* und *Kaiser* (1974, 35) schon die **bis 1973** erschienene Literatur in Bezug auf Aussagen über (registrierte) Rechtsbrecher wie folgt zusammen: 2

- *erstens: Delinquente zeigen im Vergleich zu offiziell Nichtdelinquenten häufiger eine* ***negative Arbeitseinstellung,*** *die durch berufliches Desinteresse, Bummelei und Unzuverlässigkeit charakterisiert ist;* 3
- *zweitens: Delinquente haben häufiger die* ***begonnene Lehre abgebrochen*** *und haben häufiger keinen beruflichen Abschluß vorzuweisen;*
- *drittens: Delinquente haben einen überdurchschnittlich* ***häufigen Arbeitsstellenwechsel*** *zu verzeichnen.*

Dementsprechend empfiehlt es sich zwischen **selbstverschuldeter und fremdverantworteter Arbeitslosigkeit** zu differenzieren (so auch z.B. *Northoff/Fock* in Northoff Hb. 2006, 3.3.2 Rdn. 9). Zur Länge der Arbeitszeit vgl. Rdn. 4 zu § 13.

## I. Arbeitslosigkeit

Als **„arbeitslos“** i.S. des § 16 des SGB III vom 24.3.1997 (BGBl. I, 594), zuletzt geändert am 8.6.2005 (BGBl. I, 1530), gilt, „wer vorübergehend **nicht** in einem Beschäftigungsverhältnis“ steht (d.h. weniger als 15 Stunden pro Woche arbeitet) oder wer „eine versicherungspflichtige Beschäftigung **sucht**“ und insoweit „den Vermittlungsbemühungen der Agentur für Arbeit **zur Verfügung steht**“, was voraussetzt, daß er sich „bei der Agentur für Arbeit arbeitslos gemeldet hat“. 4/5

### 1. Statistik

Die Zahlen, die über das Ausmaß der offiziell mitgeteilten Arbeitslosigkeit veröffentlicht werden, stammen meist aus der Statistik der **Bundesagentur für Arbeit (BA) in Nürnberg**. Danach waren 2012 im Jahresdurchschnitt 2,896 Millionen Menschen ohne Arbeit. Die Zahl der sozialversicherungspflichtigen Beschäftigten erhöhte sich auf 37 Millionen. Rechnet man die Mini- oder Niedriglohnjobs hinzu, waren 2012 insgesamt 41,5 Millionen Personen erwerbstätig (*BA*, zit. nach NOZ vom 3. Jan. 2013, 7). Im **Mai 2013** blieb die Zahl der Arbeitslosen wiederum unter der Drei-Millionen-Marke (2,937 Mill.). Die Arbeitslosenquote sank auf 6,8 %. Die Zahl der sozialversicherungspflichtigen Beschäftigten ging jedoch saisonbedingt leicht zurück (*BA*, zit. nach DIE WELT vom 30. Mai 2013, 10). Zur Jugendarbeitslosenquote der EU vgl. Rdn. 77 zu § 31. 6

#### *a) Fehlerquellen*

Diese Statistik ist jedoch nur bedingt aussagefähig, weil mehrere Gruppen von Arbeitslosen nicht (mehr) mitgezählt werden, nämlich Kurzarbeiter, Arbeitsuchende (die von einem privaten Vermittler betreut werden), Teilnehmer an Trainings- oder Eingliederungsmaßnahmen bzw. 7

ABM-Maßnahmen, Arbeitslose über 58 Jahre (Vorruhestand), Arbeitslose, die als „Ein-Euro-Jobber“ beschäftigt sind, Arbeitslose unter 21 Jahren, arbeitsunfähig erkrankte Personen und die sog. „stille Reserve“: Joblose, die sich (z.B. aus Scham) nicht bei der Agentur für Arbeit melden. Zu **Manipulationen** der Restzahlen vgl. SPIEGEL vom 24. Juni 2013, 30ff: „Statistikschwindel“.

8 Herausforderungen für die Zukunft sind der **Geburtenrückgang** und die Zunahme schlecht bezahlter Jobs: **Niedriglohnsektor** (unter 1 000 Euro); die Niedriglohnquote lag 2010 bei 20,6 % die Sozialleistungsquote bei rund 30 % (BM für Arbeit: Vierter Armutsbericht 2013, XI). 7,03 Millionen Beschäftigte waren 2012 als „Minijobber“ gemeldet, also solche, die (seit Jan. 2013) abgabefrei bis zu 450 Euro verdienen dürfen (NOZ vom 30. März 2013, 7).

*b) Strukturelle Probleme*

9 Mit einem völligen Abflauen der Zahlen ist kaum zu rechnen; mehr spricht dafür, daß die hohe Arbeitslosigkeit weiter anhalten wird, weil es sich nicht nur um ein lediglich (vorübergehendes) konjunkturelles, sondern um ein **strukturelles Problem** der Volkswirtschaft handelt (so schon *Martens/Steinhilper* 1978, 499; *Wacker* 1976, 62ff), das sich im Zeitalter der **Globalisierung** (der weltweiten Ausdehnung der Wirtschaftsmärkte) verstärkt. Menschen werden im Zuge von **Rationalisierungsmaßnahmen** durch Maschinen (Roboter) ersetzt, vorhandene Arbeitsplätze werden aus Kostengründen (nämlich wegen hoher Steuern, hoher Löhne und hoher **Lohnnebenkosten**) **ins Ausland** bzw. in **Billiglohnländer** mit niedrigen Steuersätzen **verlegt** (Standorthopping).

10 ***Allerdings:*** *Inzwischen geht die* ***Verlagerungswelle zu Ende****, und zwar aus zwei Gründen: einmal wegen der nicht erfüllten Erwartungen bei den erhofften* ***Kosteneinsparungen*** *bzw.* ***Qualitätsproblemen*** *(Umfrage der Wirtschaftsberatungsgesellschaft Ernst & Jung, zit. nach DIE WELT vom 19. Jan. 2008 und SPIEGEL 1/2010, 567); zum anderen, weil der boomenden Wirtschaft der postkommunistischen Staaten inzwischen selbst* ***Arbeitskräfte*** *ausgehen (Brill in Süddeutsche Zeitung vom 19. Juni 2008).*

*Nach einer ISI-Studie folgt auf jede fünfte Verlagerung nach einigen Jahren deshalb eine Rückverlegung. Andere Firmen ziehen weiter, wo es noch billiger ist:* ***„Lohnkostennomaden“*** *(vgl. Focus 17/2008, 203 ff).*

### 2. Auswirkungen der Arbeitslosigkeit auf die Arbeitslosen

11 Über die finanziellen, psychischen und sozialen Folgen, die die *(Langzeit-)*Arbeitslosigkeit auslösen kann, ist viel veröffentlicht worden. Im Schrifttum wird über folgende Phänomene berichtet:

12 – *Bei 80 % der Arbeitslosen entstehen* ***finanzielle Probleme:*** *„Persönliche Ausgaben müssen eingeschränkt, vorgesehene Anschaffungen zurückgestellt werden* ***(Konsumverzicht),*** *Zahlungsverpflichtungen können nicht erfüllt werden oder es müssen* ***Schulden*** *gemacht bzw. Ersparnisse aufgebraucht werden“ (Martens/Steinhilper schon 1978, 499).*

- *Neben „der finanziellen Einbuße ist bei Arbeitslosen häufig ein* ***sozialer Abstieg*** *zu beobachten (****Stigmatisierung durch die Umwelt:*** *Steinhilper 1985, 1063): Nicht zuletzt nehmen auch die sozialen Kontakte insbesondere zu den früheren Arbeitskollegen immer mehr ab.* **13**
- *Es kann darüber hinaus auch zu* ***Autoritätsverlusten*** *des arbeitslosen Mannes* ***in seiner Familie*** *kommen (so schon Komarovsky 1940). Über „den Zusammenhang von elterlicher Arbeitslosigkeit und Schulleistungen der Kinder" vgl. Zenke 1991, 67ff.* **14**
- *Die* ***psychischen Folgen*** *der finanziellen Probleme, des sozialen Abstiegs, der Stigmatisierung bzw. der „sozialen Zurückweisung", des Autoritätsverlustes, der enttäuschten Hoffnungen bzw. zerstörten Berufs- und Lebensperspektiven bestehen in* ***Resignation****, verunsichertem Selbstbewußtsein (Wilhelm-Reiss bereits 1980, 6), eruptiven Affektentladungen oder in der Flucht in eine gesellschaftliche Scheinwelt: von Tagträumen bis zu Alkohol- und Drogenkonsum (dazu Rdn. 7ff zu § 7). Das gilt vor allem für* ***Langzeitarbeitslose****, also für solche, die seit mehr als einem Jahr keine Anstellung haben; das waren 2012 insgesamt 1,03 Millionen Personen (4. Armutsberichte der Bundesregierung, 2013, V).* **15**
- *Schon* ***Kinder*** *(vornehmlich aus bildungsfernen Familien) haben heute oft Angst vor Arbeitslosigkeit, die sie bei den Eltern erleben: das ist anders als früher und belastet die Kindheit (vgl. auch Rdn. 3a zu § 10).* **16**

Dabei ist die **Arbeitslosigkeit bei Jugendlichen** insofern noch als ein Sonderproblem zu betrachten, als durch die fehlende Berufstätigkeit der „Aufbau einer selbständigen sozialen und persönlichen Identität" in Frage gestellt werden kann (*Plewig* 1987, 94; *Zenke* 1991, 667ff). **17**

Es „ist also nicht zufällig (heißt es bei *Wacker* 1978, 78), wenn sich bei arbeitslosen Jugendlichen häufig Symptome antreffen lassen, die im Sinne der Psychoanalyse als Erscheinungsformen einer **Identitätsdiffusion** bestimmbar sind". Auch *Opaschowski* (1970, 77) sieht „die größte Gefahr der Dauererwerbslosigkeit von Jugendlichen in der irreparablen Verzögerung bzw. Verspätung **(Retardierung) des sozialen Reifungsprozesses**. Soziale Entwicklungsdefizite in Verbindung mit Ziellosigkeit und dem Verlust von Berufs- und Zukunftsperspektiven (würden) die davon Betroffenen zwangsläufig zu Problemgruppen von heute und zu Randgruppen von morgen machen" (zu Arbeitslosigkeit und Freizeit vgl. Rdn. 7 zu § 13). **18**

**Aber:** *Bereits 2010 gab es* ***wieder mehr freie Lehrstellen als Bewerber: Nicht (mehr) Lehrstellen, sondern ausbildungsreife Bewerber sind knapp****. Der* ***demographische Wandel*** *(zu diesem Rdn. 35 zu § 3) schlägt* ***allerdings*** *regional unterschiedlich auf den Ausbildungsmarkt durch.* **19**

**Für Hauptschüler steigen Chancen auf eine Lehrstelle**

Denn in den nächsten Jahren gibt es immer weniger Bewerber

aus: *WAZ* vom 5. Juni 2012

**19a** Daß viele Lehrstellen unbesetzt bleiben, hat z. B. nach Recherchen des ZDH-Generalsekretärs *(Schleyer)* damit zu tun (zit. nach *Süddeutsche Zeitung* vom 10. März 2005), daß **10 %** der Schulabgänger das Lesen, Schreiben und Rechnen nicht genügend beherrschen und deshalb **nicht arbeitsmarkttauglich sind** (so auch die Pisa-Studien Rdn. 51 zu § 11): die Einstellungsqualifikation fehlt. Beklagt werden ferner vor allem **geringe Leistungsbereitschaft und mangelnde Belastbarkeit** (*DIHK*-Mitgliederbefragung, zit. nach WAZ vom 9. April 2010, 1). Auch andere soziale Fähigkeiten sind nicht selten unterentwickelt, wie Zuverlässigkeit, Pünktlichkeit und nicht zuletzt Höflichkeit bzw. gutes Benehmen (*Meyer-Timpe* in DIE ZEIT vom 11. August 2005, 33). Im übrigen scheinen nicht wenige Jugendliche an einer Lehrstelle gar **nicht interessiert** zu sein. Hinzu kommt, daß sich „viele Betriebe die **Ausbildung nicht mehr leisten** können – sie kämpfen nur noch um die Existenz" (*Meyer-Timpe* aaO). Gleichwohl nimmt die Zahl der Lehrverträge wieder zu (NOZ vom 10. Dez. 2007), aber auch die **Abbrecherquote**: 2011 auf 24,4 % (Bundesinstitut für Berufsbildung, zit. nach WAZ vom 26. Jan. 2013, 1).

### II. Kriminalität: Die klassische kriminologische Fragestellung

**20** Die empirischen Befunde bzw. Vermutungen zu der Frage, ob (Langzeit-)Arbeitslosigkeit auch für das Kriminellwerden Bedeutung besitzt, sind (bisher) kontrovers (ausführlicher Überblick über die bisherige Forschung bei *Braun* in: *Braun/Coffield/Lagrée* 1990, 167 ff; sowie die Aufsätze in *Dessecker* 2006).

#### 1. Armut und Kriminalität

**21** Solche Ansätze gehen meist von der Annahme aus, daß (Dauer-)Arbeitslosigkeit, die auch hierzulande hoch ist, zur **Verarmung** und die Armut direkt in die Kriminalität führt (vgl. dazu *Pfeiffer* in DVJJ-Journal 1995, 178 ff sowie die Kontroverse zwischen *Walter* und *Pfeiffer* in DVJJ-Journal 3/1996, S. 209–214 bzw. 215–229). Daß das so grundsätzlich **nicht stimmt** (und empirisch **nicht belegt** werden konnte: *Meier* 1998, 1071 ff), hat schon 1833 der französische Kriminalsoziologe *Guerry* erkannt (zu diesem auch Rdn. 6 zu § 15). Armut (modern: **„Einkommensschwäche"**) allein führt jedenfalls noch nicht zwingend zu kriminellem Verhalten (so auch *Meier* 1998, 1083). Viele einkommensschwache Menschen schränken sich ein (vgl. *Dietz* 1999). Notkriminalität ist in Deutschland eher die Ausnahme: etwa **in anomischen Zeiten** (vgl. Rdn. 6ff zu § 7).

Armut kann insoweit grundsätzlich nur dann zu einem kriminogenen Faktor werden, wenn noch **weitere Einflußfaktoren** (als „Versatzstücke") hinzukommen: etwa **Perspektivlosigkeit** (*Pfeiffer/Wetzels* in DVJJ-Journal 4/1997, 354), **unterentwickeltes Rechtsbewußtsein** (dazu Rdn. 3ff vor § 10) bzw. **fehlender innerer Halt** (Rdn. 16ff zu § 6), der notwendig ist, um kriminellen Versuchungen oder Gruppendruck (vgl. Rdn. 22 zu § 13) standhalten zu können. 22

Kommen solche Einflußfaktoren zur Armut allerdings hinzu, kann Einkommensschwäche noch vorhandene Hemmschwellen wegspülen. Dementsprechend bilden sich vielerorts **„Slums für die Armen"** (vgl. DER SPIEGEL vom 1. August 1994, 50, und Rdn. 32ff zu § 15 sowie Rdn. 15a zu § 24); zum „filtering down"-Prozeß: vgl. Rdn. 30 zu § 15. 23

Darüber, **wer (in Europa) arm ist**, wird allerdings noch gestritten: „Politiker und Wissenschaftler behelfen sich derzeit mit einer Definition der EU. Danach gelten Familien als arm, denen **weniger als 60 %** des jeweiligen mittleren Nettoeinkommens zur Verfügung stehen. Wer von **Sozialhilfe** abhängig ist (heute: Arbeitslosengeld II, im Volksmund **„Hartz IV"** genannt) erhält etwas **mehr als 40 %** des Durchschnittseinkommens und lebt damit in relativer Armut. 24

Zu den **besonders armutsgefährdeten Gruppen** zählen Arbeitslose, Alleinerziehende, Personen ohne abgeschlossene Berufsausbildung und Personen mit Migrationshintergrund (*3. Armuts- und Reichtumsbericht der Bundesregierung*, Berlin 2008). Nach einer **OECD-Studie** zur Lebensqualität von Kindern (zit. nach FOCUS 37/2009, 17) rangiert Deutschland in Bezug auf Kinderarmut auf Platz 23, die Slowakei hingegen auf Platz 14. Des Rätsels Lösung: eine deutsche vierköpfige Familie gilt schon als arm, wenn sie über netto weniger als 18 583 Euro verfügt, in der Slowakei liegt die Grenze bei 7 350 Euro.

Armut ist also **ein relativer, subjektiver Begriff**, der von der Höhe des Wohlstandes einer Gesellschaft abhängig ist: Was der eine als Armut ansieht, betrachtet ein anderer als Komfort oder sogar Luxus (*Schneider,* Lb. 1987, 405). Das gilt z.B. für die Wirtschaftsflüchtlinge, die zuwandern möchten (dazu Rdn. 11 zu § 24), weil sie in ihren Herkunftsländern oft unter den Verhältnissen **„absoluter Armut"** leben müssen, die definiert wird „als die faktische **Nichtverfügbarkeit des Existenzminimums"** (*Meier* 1998, 1072). 25

### 2. Verschiedene Erklärungsansätze

Die Schwäche der bisherigen Erklärungsansätze zum Problem „Arbeitslosigkeit und Kriminalität" besteht primär darin, mehr oder minder einseitig (monokausal) zu argumentieren. 26

*a) Die klassische Kausalitätshypothese*

27 Die These, nach der ein positiver Kausalzusammenhang zwischen wirtschaftlicher Entwicklung und Kriminalität bestehen soll, wurde schon im letzten Jahrhundert z. B. von *Quetelet* (1869, 279; Rdn. 31 zu § 4) und von Georg *von Mayr* (1867), dem „Altmeister der deutschen Kriminalstatistik", vertreten. *Quetelet* (1869, 257) war davon überzeugt, daß das Massenelend (wirtschaftliche Not), das sich mit plötzlichen Erschütterungen der Wirtschaftslage einstellt, auch zu einem Kriminalitätsanstieg führt. Von *v. Mayr* (1917, 950) wurde im Anschluß an eine frühere Arbeit aus dem Jahre 1867 ein positiver statistischer Zusammenhang zwischen der Diebstahlskurve und dem Roggenpreis (Brotpreis in „Sechsern") ins Feld geführt (sog. **Getreidepreisgesetz** oder auch „Sechsergesetz"): Zum Beleg konnte er darauf verweisen, daß die Untersuchung über die Zeiträume der Konjunkturschwankungen (Wirtschaftskrisen, Zeiten des Aufschwungs) der Jahre 1883 bis 1912 gezeigt hatte, daß die durchschnittliche Diebstahlskriminalität in den Krisenzeiten relativ höher lag als in den Zeiten des wirtschaftlichen Aufschwungs.

*b) Die These von der Krisenanfälligkeit sozioökonomisch benachteiligter Sozialschichten*

28 In der Folgezeit wurden differenziertere Ansätze entwickelt, die u. a. geographische Untersuchungsräume, Altersgruppen und Zeitperioden untereinander verglichen (vgl. z. B. *Löwe* 1914).

Eine **Verfeinerung des Erklärungsansatzes** brachte z. B. die These von der Krisenanfälligkeit sozioökonomisch benachteiligter Sozialschichten. Dieser von Friedrich *Engels* (1845; Rdn. 32 zu § 4) beeinflußte wissenschaftliche Ansatz (zusammenfassend *Vold:* Theoretical Criminology, New York 1958, 170 f), der bis heute Bedeutung besitzt, geht von der Vermutung aus, daß die Kriminalitätsbelastung der sozialen Unterschicht höher als die der sozialen Mittel- und Oberschicht ist: „Je niedriger die Sozialschicht, desto höher ist die Wahrscheinlichkeit der Begehung von Straftaten. Wirtschaftliche Krisen wirken insofern verstärkend auf diesen Zusammenhang, als Angehörige **der unteren Sozialschichten** sich aufgrund ihrer strukturellen Lage als besonders ‚anfällig' gegenüber Folgeerscheinungen ungünstiger wirtschaftlicher Entwicklungen erweisen (z. B. Arbeitslosigkeit, Armut, unmittelbare Existenzbedrohung)." (*Malinowski* 1983, 236).

*c) Die These von der „Wohlstandskriminalität"*

29 Wegen der Widersprüchlichkeit der Forschungsergebnisse wurde von einigen Wissenschaftlern (z. B. von *Poletti* 1882 – zit. nach *Malinowski* 1983, 237) vor über 100 Jahren auch die These vertreten, daß die Kriminalitätshäufigkeit nichts mit der wirtschaftlichen Not in einer wirtschaftlichen Krise zu tun hat, sondern allein positiv mit der zunehmenden **Industrialisierungsrate**, also mit dem zunehmenden Wohlstand, korreliert.

Diese Annahme wird unter dem Schlagwort „Wohlstandskriminalität" in der Fachwelt diskutiert (vgl. etwa *Kaiser:* Kriminalität in der Wohlstandsgesellschaft, bereits in: Kriminalistik 1966, 281ff und 339ff; ferner *Wagner:* Ladendiebstahl – Wohlstands- oder Notstandskriminalität? 1979). Die These hat in der Literatur aber weniger Anhänger gefunden als etwa der anomietheoretische Ansatz von *Durkheim* und *Merton*, der wiederum an die Folgen der Arbeitslosigkeit anknüpft (vgl. auch d).

*d) Anomietheoretische Interpretationen*

Nach der Anomietheorie (vgl. dazu ausführlich Rdn. 6ff zu § 7) können wirtschaftliche Krisen zu einem partiellen Zusammenbruch normativer Ordnungsstrukturen (Anomie) führen. Nach dem von *Merton* weiterentwickelten Konzept kann sich aus dem Auseinanderklaffen kulturell definierter Ziele und den Möglichkeiten, diese Ziele erreichen zu können, eine **Streßlage** ergeben, die darauf drängt, dieses Spannungsverhältnis (neben Rückzugstendenzen: Drogen- und Alkohol) auch durch einen **Rückgriff auf kriminelle Verhaltensweisen** zu lösen (vgl. Rdn. 6 zu § 7). **30**

Etwa: Der Arbeitslose, der (ohne finanzielle Mittel dasteht und) sich das Mofa, das sich seine berufstätigen Freunde angeschafft haben, selbst nicht leisten kann, verübt einen Mofa-Diebstahl oder ein anderes Vermögensdelikt, um ein Mofa aus der Beute bezahlen zu können (vgl. Rdn. 8 zu § 7).

Zu der Frage einer solchen Kausalbeziehung zwischen Arbeitslosigkeit und kriminellem Verhalten heißt es z.B. bei *Kaiser* (Lb. 1993, 356), daß man „nach dem gegenwärtigen Erkenntnisstand einen Zusammenhang zwischen Jugendarbeitslosigkeit und Jugendkriminalität annehmen" könnte. Ein solcher Zusammenhang ließ sich aber (bisher) noch nicht sicher nachweisen.

## III. Empirische Untersuchungen

### 1. Aggregatdatenanalysen (Statistische Zeitreihenvergleiche)

*Steinhilper* (1976, 385ff) versuchte, diese Lücke durch einen Vergleich der Polizeilichen Kriminalstatistik mit der Arbeitslosenstatistik der damaligen Bundesanstalt für Arbeit (BA) in Nürnberg für die Jahre 1965–1975 auf der Ebene der Bundesländer schließen zu helfen; dabei war jedoch ein Zusammenhang zwischen Kriminalität und Arbeitslosigkeit nicht nachzuweisen, ein Ergebnis, das den Resultaten von *Schmölders* (1928, 265ff), *Höpler* (1930, 197) und *Albrecht* (1987, 46ff) sowie einer Untersuchung entspricht, die das *Landeskriminalpolizeiamt Niedersachsen* (1975) veröffentlicht hat. Letzteres z.B. gelangte zu dem Resultat, daß sich „alle Behauptungen, daß die Jugendarbeitslosigkeit gravierende Auswirkungen auf die Kriminalität hat, nicht belegen" lassen (aaO; so auch *Schumann et al.* 1999, zit. unter Rdn. 41 zu § 8). Zu methodischen Problemen vgl. *Sack* 1987, 15ff, und *Albrecht* 1988, 135. **31**

32 *Steinhilper* geht sogar davon aus, daß drohende Arbeitslosigkeit möglicherweise auch kriminalitätshindernd wirken kann, weil derjenige, der einen „Arbeitsplatz hat, versucht, straffrei zu bleiben, um seine Arbeitsstelle nicht zu verlieren" (1985, 1074 und schon 1976, 385; skeptisch *Rupprecht* 1977, 345). *Höpler* ist schon (1930, 193) – wenn auch aus anderen Gründen – für Österreich zum gleichen Ergebnis gelangt, und *Glaser* und *Rice* referieren es (1959, 679ff) für die Vereinigten Staaten.

33 Alle Ergebnisse und Erklärungsversuche aus Zeitreihenvergleichen dieser Art sind jedoch schon deshalb fragwürdig (Problem der Verläßlichkeit der Daten), weil

- *erstens: in beiden Statistiken das* ***Dunkelfeld*** *unberücksichtigt bleibt; dieses verzerrt nicht nur die PKS-Zahlen (vgl. Rdn. 33ff zu § 2), sondern auch die Arbeitslosenstatistik. Im letzteren Falle wird z.B. die registrierte Jugendarbeitslosigkeit auf nur etwa ein Drittel der wirklichen Anzahl arbeitsloser Jugendlicher geschätzt (Albrecht 1984, 219; Spieß 1985, 34; Eisenberg, Lb. 2000, 824 Fn. 15 und oben Rdn. 8);*
- *zweitens: erlauben die* ***unterschiedlichen Erfassungsmodalitäten*** *keinen direkten Vergleich und*
- *drittens: könnten sich „deutliche Unterschiede in Einzelregionen zu jeweils ähnlichen Durchschnittswerten auf Landesebene* ***nivellieren****" (Steinhilper schon 1976, 385ff).*

### 2. Individualdatenanalysen

34 Anders als bei den Aggregatdatenanalysen fallen grundsätzlich die Ergebnisse der Individualdatenanalysen aus. Während bei den Aggregatdatenanalysen die Zeitreihen offizieller Statistiken verglichen werden, werden in den Individualdatenanalysen Stichproben oder Vollerhebungen tatverdächtiger oder verurteilter Probanden (Jugendlicher) daraufhin untersucht, ob sie während eines bestimmten Zeitraums oder zur Zeit der Straftat arbeitslos waren. *Malinowski* (1983, 243) führt in seinem entsprechenden Überblick dazu u.a. die (dazu zitierten) Untersuchungen von *Tropin* (1977), *Bialek* (1976/77) und *Rager* (1977) sowie die von *Kupke* und *Kury* (1979), *Kraus* (1978), *Martens* (1978), *Albrecht* und *Lamnek* (1979), *Schwind/Ciesinger* (1978) und *Steffen* (1979) auf. Grundsätzlich sind alle der zitierten Untersuchungen (Ausnahme *Bialek*) zu dem Ergebnis gelangt, daß **Arbeitslose unter jugendlichen Tatverdächtigen und Verurteilten signifikant überrepräsentiert** sind (ebenso *Albrecht* 1988, 134); das gilt auch für Bewährungshilfe-Probanden (*Schüler-Springorum* 1985, 21f) und für den Strafvollzug (vgl. z.B. *Großkelwing* in: *Schwind/Blau*: Strafvollzug in der Praxis 1976, 297 und *Göppinger* 1983).

35 ***Beispiel:*** *Im Rahmen der (ersten) kriminalgeographischen Untersuchung in Bochum (dazu Rdn. 7ff zu § 15) wurden die Tatverdächtigen des gesamten Jahres 1975 (n = 4548), denen ein Einbruch, ein Diebstahl, ein Raub oder eine (vorsätzliche) Körperverletzung zur Last*

*gelegt wurde, auf einem speziellen (polizeilichen) Fragebogen auch danach befragt, ob sie arbeitslos waren.*

*Ergebnis: 1254 Tatverdächtige (27,6 %) waren arbeitslos (damalige Arbeitslosenquote in Bochum: 5 %). Bei den 18jährigen 40,3 %, bei den 19jährigen 45,9 % und bei den 20jährigen 42,5 % (Schwind/Ciesinger 1978, 288).*

Aus diesen Ergebnissen darf man allerdings noch nicht den Umkehrschluß ziehen, daß (die verschuldete) Arbeitslosigkeit in direkter Verbindung zu Kriminalität führt (vgl dazu Rdn. 41 zu § 8). Denn es gibt andere Wissenschaftler (wie z.B. *Opaschowski* 1970, 88), die eine solche Wechselbeziehung verneinen. Selbst wenn man diese Resultate als berühmte Ausnahme von der Regel ausgrenzen will, wird man bei der Interpretation der Individualdatenanalysen, die einen Zusammenhang postulieren bzw. eine Überrepräsentation festgestellt haben, insbesondere folgende drei Erklärungsmöglichkeiten nicht außer Betracht lassen dürfen: **36**

– *erstens: ist es möglich, daß „die Überrepräsentation jugendlicher Arbeitsloser auf den verschiedenen Ebenen sozialer Kontrollinstanzen auch als Folge der Wirksamkeit des Merkmals* ***Arbeitslosigkeit als Selektionskriterium*** *interpretiert werden kann" (Albrecht 1984, 219 und 1987, 69; vgl. auch Schumann 1974, 119f; Heinemann 1978, 169; Spieß 1985, 36; Albrecht 1987, 76): schärfere Kontrolle. Dabei wird man allerdings berücksichtigen müssen, daß sich Arbeitslose grundsätzlich* ***öfter als andere auf der Straße*** *befinden und deshalb* ***eher ins Blickfeld z.B. von Polizeibeamten*** *geraten (zur* ***„höheren Sichtbarkeit"*** *auch Albrecht 1988, 137). Erheblich überrepräsentiert sind Arbeitslose insbesondere unter den Verurteilten, die eine Geldstrafe nicht aufbringen konnten und deshalb eine Ersatzfreiheitsstrafe antreten mußten;*

– *zweitens: ist es möglich, daß Arbeitslosigkeit und Kriminalität* ***parallel verlaufende Symptome derselben sozialen Fehlanpassung*** *sein können, sich also gegenseitig gar nicht bedingen; dann würde nicht die Arbeitslosigkeit zur Kriminalität führen, sondern die Störungen des Sozialisationsprozesses oder Mängel in der Persönlichkeitsstruktur, aus denen auch die Arbeitslosigkeit resultieren kann (dazu Ruprecht 1977, 346; Steffen 1979, 58; Kürzinger, Lb. 1982, 197; Steinhilper 1985, 1074; Spieß 1985, 33; Albrecht 1987, 67; Plewig 1987, 109);* **37**

– *drittens: erscheint es zumindest plausibel, daß Arbeitslosigkeit (selbst wenn „zweitens" nicht zutreffen sollte)* ***in Verbindung mit anderem Konfliktpotential kriminalitätsfördernd wirkt****: Arbeitslosigkeit als „zusätzlicher Risikofaktor" (Steinhilper 1985, 1075). Zu solchen Risikofaktoren zählen z.B. „neben der meist fehlenden oder abgebrochenen Berufsausbildung auch die Herkunft aus Familien überwiegend un- oder angelernter Arbeiter mit arbeitslosem Vater sowie aus überdurchschnittlich kinderreichen Familien" (Spieß 1985, 36).* **38**

39 bis 41 Möglich ist ferner, daß **alle drei** Ursachenstränge (Selektion, Persönlichkeit und zusätzliches Konfliktpotential) „zusammenwirken und sich gegenseitig verstärken" (*Spieß,* unveröff. Manuskript 1983). Eine solche „Tendenz zur **‚Kumulation von Chancendefiziten'** ist vor allem bei den jugendlichen Arbeitslosen und arbeitslosen Schulabgängern" beobachtet worden (*Spieß* aaO).

### IV. Ergebnisse und kriminalpolitische Aspekte

42 Als Ergebnisse wird man danach (auch für die Zeit nach 1974: vgl. oben Rdn. 2) festhalten dürfen, daß

- *(erstens) für (registrierte) Straftäter typisch sind: der Abbruch der Lehre, mangelnde Arbeitsdisziplin bzw. mangelhaft ausgebildetes Durchhaltevermögen und (damit zusammenhängend) häufiger Wechsel der Arbeitsstellen;*
- *(zweitens) sich unter Tatverdächtigen und Verurteilten weit überproportional viele Arbeitslose befinden, insbesondere unter denjenigen, die noch im Heranwachsenden-Alter stehen.*

43 Mehr gibt die empirische Forschung an (auch international) „gesichertem Wissen" bisher grundsätzlich nicht her (*Albrecht* 1987, 59/62; *Walter* 1995, 68). Sie schließt auf der anderen Seite jedoch auch nicht aus, daß „es nicht doch eine solche Beziehung gibt" (*Kürzinger*, Lb. 1982, 197; *Heiland* 1983): Die **(verschuldete)** Arbeitslosigkeit kommt zumindest als kriminalitätsfördernder **(kriminogener) Faktor in Frage** (a.A. nur *Schumann* vgl. dazu Rdn. 41 zu § 9).

Vor diesem Hintergrund kann man auf dem Standpunkt stehen, daß aus kriminalpolitischer Sicht überhaupt nichts zu veranlassen ist.

44 Auf der anderen Seite kann man jedoch auch **zumindest ebensogut** die Meinung vertreten, daß der Kriminalpolitiker mögliche Kriminalitätsursachen nicht erst dann berücksichtigen darf, wenn die kriminologische Forschung hinreichendes „Beweismaterial" vorgelegt hat; denn dann kann es für rechtzeitige Präventionsanstrengungen schon zu spät sein. Wenn man daher davon ausgeht, daß Arbeitslosigkeit die Kriminalitätsentstehung zu fördern vermag oder daß „Arbeitslosigkeit ohnehin bestehende Konfliktspotentiale (z.B. Sozialisationsdefizite) verstärkt, so trägt (bereits) jedes allgemeine Programm gegen Arbeitslosigkeit mittelbar auch zur Kriminalitätsvorbeugung bei. Insoweit kann man im Rahmen der Arbeitsbeschaffungs-, Arbeitssicherungs- und ausbildungsbezogenen Aktivitäten folgende Maßnahmen unterscheiden:

45 – erstens: **beschäftigungspolitische Programme** wie Arbeitsbeschaffungsmaßnahmen (ABM) und Ein-Euro-Jobs (um Langzeitarbeitslose wieder in Arbeit zu bringen);

46 – zweitens: Maßnahmen, die geeignet sind, die **Schwarzarbeit** (vgl. Rdn. 11 zu § 21) in die Legalität (zurück-)zuführen;

- drittens: **Maßnahmen zur Erhöhung der Ausbildungsplätze** (auch **überbetriebliche Ausbildung**); 47
- viertens: **Maßnahmen, die den Zustrom von Billigarbeitern aus den EU-Ost-Beitrittsstaaten** eindämmen, und 48
- fünftens: **Maßnahmen, die dem Arbeitsplatzexport in Billiglohnländer** entgegenwirken. 49

Ein Überblick über die im SGB III vorgesehenen kriminalitätsverhindernden „Mosaiksteine" findet sich bei *Northoff/Fock* (in Northoff Hb. 2006, 3.3.2, Rdn. 29ff.

Daß die Probleme des Arbeitsmarktes in Deutschland allein mit einer **Verlagerung der Arbeitsplätze auf den Dienstleistungssektor** gelöst werden können, ist hingegen eine Illusion, die der frühere bayerische Wirtschaftsminister (Otto *Wiesheu*) mit folgenden Worten treffend beschreibt: 50

*„Wir können nicht davon leben, daß wir uns gegenseitig die Haare schneiden" (zit. nach DER SPIEGEL 44/2004, 105).*

# § 13 Freizeit und Kriminalität

**Literatur:** **Agricola,** S.: Freizeittrends 2000plus. Freizeit in Deutschland 2000. Aktuelle Daten – Fakten – Aufsätze, Erkrath 2000; **Asch,** S. A.: Opinions and Social Pressure, in: Scientific American, Bd. 193/1955, S. 31–35; **Bayerisches Staatsministerium der Justiz** (Hrsg.): Fairplay mit dem Computer, Straftaten lohnen nicht, 4. Aufl., München 1998; **Bedacht,** A. et al.: Erlebnispädagogik: Mode, Methode oder mehr? Tagungsdokumentation des Forums Erlebnispädagogik, München 1992; **Berger,** H.-U./**Opaschowski,** H.-W.: Animative Freizeitpädagogik als notwendige Ergänzung einer präventiven Kriminalpolitik, in: *Schwind,* H.-D./*Berckhauer,* F./*Steinhilper,* G. (Hrsg.): Präventive Kriminalpolitik, Heidelberg 1980, S. 209–220; **Bergmann**, W./**Hüther**, G.: Computersüchtig. Kinder im Sog der modernen Medien, 2. Aufl. Weinheim 2009; **Boers,** K./**Reinecke,** J./**Notzke,** K./**Wittenberg,** J.: Wertorientierungen, Freizeitstile und Jugenddelinquenz, in Neue Kriminalpolitik 4/2002, S. 141–146; **Branger,** K./**Liechti,** F.: Jugendgewalt und Freizeit, in: *Eisner,* M./Manzoni, P. (Hrsg.): Gewalt in der Schweiz, Chur 1998, S. 69–91; **Brettschneider,** W.-D./**Kleine,** T.: Jugendarbeit im Sportverein (Abschlußbericht), Paderborn 2001; **Brinkhoff,** K.-P./**Ferchhoff,** W.: Jugend und Sport, in: *Heitmeyer,* W./*Olk,* Th. (Hrsg.): Individualisierung von Jugend, München 1990, S. 99–129; **Brück,** U.: Schule, Freizeit und Rückfallkriminalität, Diss. Jur., Hamburg 1971; **Butz,** P./**Bronner** U./**Reinders,** H.: Bedingungsfaktoren jugendlichen Problemverhaltens. Die Verbindung von Schule, Familie und Freizeit, in: Soziale Arbeit 1998, S. 348–355; **Curth,** A./**Kelm,** A./**Mathern,** S.: Das Projekt „Auszeit" der Sportjugend Hessen. Was kann der Sport schwierigen Jugendlichen bieten?, in: DJ 3/1998, S. 122–128; **Düchting,** F.: Alles was lebt, erlebt etwas, in: Neue Praxis 5/1994, S. 407–415; **Fandrey,** D.: Die Wirksamkeit verschiedener erlebnispädagogischer Settings auf das persönliche Selbstkonzept der Teilnehmenden, in: *Paffrath,* F.-H./*Salzmann,* A./*Scholz,* M. (Hrsg.): Wissenschaftliche Forschung in der Erlebnispädagogik, Augsburg 1999, S. 97–104; **Feltes**, Th.: Spielhallen. Kriminologische Risiken und Nebenwirkungen eines expandierenden Gewerbes, Bochum 2011, **Fischer,** T./**Ziegenspeck,** J.-W.: Handbuch Erlebnispädagogik – Von den Ursprüngen bis zur Gegenwart, Bad Heilbrunn/Obb., 2000; **Göppinger,** H.: Angewandte Kriminologie, Berlin 1995; **Göppinger,** H.: Der Täter in seinen sozialen Bezügen, Berlin 1983; **Goldberg,** B.: Freizeit und Kriminalität bei Jugendlichen. Zu den Zusammenhängen zwischen Freizeitverhalten und Kriminalität, Baden-Baden 2003; **Heckner,** Th.: Erlebnispädagogik in der Jugendhilfe, in: Landesgruppe Baden-Württemberg in der DVJJ, INFO 1999, S. 11–25; **Homfeldt,** H. G.: Erlebnispädagogik, 2. Auflage, Hohengehren 1995; **Huck,** G.: Freizeit als Forschungsproblem, in: *Huck,* G. (Hrsg.): Sozialgeschichte der Freizeit, 2. Aufl., Wuppertal 1982, S. 7–17; **Hurrelmann,** K./**Palentien,** C.: Gewalt in Familie, Schule und Freizeit, in: *Kofler,* G./*Graf,* G. (Hrsg.): Sündenbock Fernsehen, Berlin 1995, S. 145–169; **Jaeger,** St.: Computerkriminalität, 2. Aufl., Augsburg 1998; **Junger-Tas,** J.: Causal factors: social control-theory, in: *Junger-Tas,* J./*Block,* R. L.: Juvenile Delinquency in the Netherlands, Berkeley/Amstelveen 1998; **Junger,** M./**Wiegersma,** A.: The relations between accidents, deviance and leisure time, in: Criminal Behavior and Mental Health (5) 1995, S. 144–174; **Klinkmann,** N.: Gewalt und Langeweile, in: KrimJ 1982, S. 254–276; **Koepsel,** K.: Kommentierung zu § 67, in: *Schwind,* H.-D./*Böhm,* A./*Jehle,* J.-M. (Hrsg.): Strafvollzugsgesetz, Kommentar, 6. Auflage, Berlin 2013, Rdn. 1 ff zu § 67; **Kube,** E./**Schuster,** L.: Vandalismus, 2. Aufl., Wiesbaden 1983; **Liesching,** M.: Computerspiele, Internetcafés und LAN-Partys, Mainz 2003; **Lösel,** F.: Freizeitverhalten und Delinquenz – unter besonderer Berücksichtigung pädagogisch-psychologischer Aspekte, in: ZfStrVo 1983, S. 74–81; **Malchau,** J.: Heranwachsende in der Disco – Persönlichkeitsentwicklung in kommerziellen Freizeiteinrichtungen, in: Freizeitpädagogik 1990, 69–73; **Meyer,** G./**Bachmann,** B.: Spielsucht, Ursachen und Therapie, Berlin 2000; **Moeckl,** G.: Treffpunkt Clique. Jugend zwischen Langeweile und Gewalt, Fellbach 1992; **Meyer**, G.: Glückspiel – Zahlen und Fakten, in: DHS, Jahrbuch Sucht, Geesthacht 2010, S. 120–137; **Möller,** R./**Kühnel,** W./**Matuschek,** I.: Gleichaltrigengruppe: Gewaltpotentiale und deren Verankerung in verschiedenen Milieus, in: *Heitmeyer,* W. *u.a.:* Gewalt. Schattenseiten der Individualisierung bei Jugendlichen aus unterschiedlichen Milieus, 3. Aufl., Weinheim 1998, S. 347–365; **Nagl,** E.: Pädagogische Jugendarbeit. Was leistet Jugendgruppenarbeit für Jugendliche? Weinheim 2000; **Nissen,** B.: Beruf, Freizeit und Jugendkriminalität, Diss. jur., Hamburg 1972; **Opaschowski,** H.: Freizeitökonomie, Marketing von Erlebniswelten, 2. Aufl., Opladen 1995; **Opaschowski,** H. W.: Einführung in die Freizeitwissenschaft, 3. Aufl., Opladen 1997; **Pilz,** G. A.: Gewalt im, durch und um den Sport, in: *Hundsalz,* A. u.a.: Beratung für Jugendliche, Weinheim 1995, S. 179–199; **Pilz,** G./**Albrecht,** D./**Gabler,** H. et al.: Sport und Gewalt, Schorndorf 1982; **Prahl,** H.-W.: Freizeitsoziologie, München 1977; **Quensel,** St.: „Wer raucht, der stiehlt" oder: Kann man jugendliches Risikoverhalten messen?, in: *Kreuzer,* A. u.a. (Hrsg.): Fühlende und denkende Kriminalwissenschaften, Ehrengabe Brauneck, Mönchengladbach 1999, S. 141–168; **Rehbein**, F./**Mößle**, Th./**Zenses**, E.-M./**Jukschat**, N.: Zum Suchtpotential von Computerspielen, in: JMS-Report 6/2010, S. 8–12; **Rehm,** M.: Evaluationen erlebnispädagogischer Programme im englischsprachigen Raum, in: *Paffrath,* F.-H./*Salzmann,* A./*Scholz,* M. (Hrsg.): Wissenschaftliche Forschung in der Erlebnispädagogik, Augsburg 1999, S. 153–172; **Riley,** D.: Time and Crime: The Link Between Teenager Lifestyle and Delinquency, in: Journal of Quantitative Criminology (3) 1987, S. 339–354; **Sampson,** R./**Laub,** J.: Crime in the Making, London 1993; **Schmid,** C.: Glücksspiel: über Vergnügen und „Sucht" von Spielern, Opladen 1994; **Schumacher,** W.: Gruppendynamik und Straftat, in: NJW 1980, S. 1880–1884; **Schumann,** K. F./**Berlitz,** C./**Guth,** H.-W./**Kaulitzki,** R.: Jugendkriminalität und die Grenzen der Generalprävention, Neuwied 1987; **Schumann,** K. F./**Prein,** G./**Seus,** L.: Lebenslauf und Delinquenz in der Jugendphase, in: *Albrecht,* H.-J. et al. (Hrsg.): Internationale Perspektiven in Kriminologie und Strafrecht, Berlin 1998, S. 1109–1135; **Stelly,** W./**Thomas,** J./**Kerner,** H.-J./**Weitekamp,** E.: Kontinuität und Diskontinuität sozialer Auffälligkeiten im Lebenslauf, in: MschrKrim 1998, S. 194–122; **Stephan,** E.: Freizeitgestaltung und Jugendkriminalität, in: *Seitz,* W. (Hrsg.): Kriminal- und Rechtspsychologie, München 1983, S. 74–77; **Tokarski,** W./**Schmitz-Scherzer,** R: Freizeit, Stuttgart 1985; **Vahsen,** F. G. (Hrsg.): Beiträge zur Theorie und Praxis der Freizeitpädagogik, Hildesheim 1983; **Villmow,** B./**Kaiser,** G.: Empirisch gesicherte Erkenntnisse über Ursachen der Kriminalität. Eine problemorientierte Sekundäranalyse, in: *Der Regierende Bürgermeister von Berlin* (Hrsg.): Verhütung und Bekämpfung der Kriminalität, Berlin 1974, Anhang S. 37–38 und 120–125; **Walter,** M.: Jugendkriminalität (Abschnitt: Freizeitgestaltung), Stuttgart 1995, S. 70–72; **Wüstendörfer,** W./**Toman,** W./**Lösel,** F.: Freizeitaktivitäten von Jugendlichen mit abweichendem Sozialverhalten, in: MschrKrim 1976, S. 133–141.

## Gliederung

Die soziale Entwicklung junger Menschen hängt nicht nur von den Einflüssen der Familie (vgl. § 10), Schule (vgl. § 11) und beruflichen Ausbildung (vgl. § 12) maßgeblich ab, sondern (mit dem Alter zunehmend) auch von den Einflüssen, die vom (weiteren) sozialen Umfeld in der Freizeit ausgehen (vgl. Übersicht 28: Rdn. 4 vor § 10). Da alle diese **Sozialisationseinflüsse in Wechselwirkung** zueinander stehen, wird die Bedeutung der Freizeit auch im Zusammenhang mit der familialen Erziehung, der schulischen Erziehung und der Berufsausbildung jeweils erwähnt. Die Freizeitqualität ist nicht zuletzt auch ein **Standortfaktor**, der darüber mitentscheidet, ob Arbeitnehmer am Wohnort verbleiben bzw. potentielle Zuzügler zuziehen. 1

## I. Freizeitbegriff und Freizeitsituation

Daß auch die Freizeit zu den kriminalitätsbegünstigenden Faktoren zählt, erscheint zumindest plausibel. Straftaten finden primär dann statt, wenn der Straftäter dafür Zeit hat: in der „Freizeit". 2

Gleichwohl ist das Thema „Freizeit und Delinquenz" innerhalb der Freizeitforschung bisher nur „randständig" geblieben (*Lösel* 1983, 74 und die Sekundäranalyse von *Goldberg* 2003).

### 1. Freizeitbegriff

Der Begriff der Freizeit wird unterschiedlich definiert. Nach *Tokarski/Schmitz-Scherzer* (1985, 226ff) erfaßt 3

– die **„negative" Freizeitdefinition** die „Freizeit als Residualkategorie, als Handlungsraum, der sich **quantitativ** von der Arbeit her bestimmt, der jedoch im Gegensatz zur Arbeit ein Maximum an Wahl-, Entscheidungs- und Handlungsfreiheit" aufweist, während

– die **„positive" Freizeitdefinition** versucht, „Freizeit nach den Inhalten von Aktivitäten, Funktionen, Erlebensweisen und nicht nach formalzeitlichen Restkategorien zu begreifen".

In der Kriminologie wird eher die „negative" Freizeitdefinition benutzt, weil sie trennschärfer ist. So ist nach *Göppinger* (1983, 89) unter „Freizeit" jener Zeitraum zu verstehen, „der nach Abzug einer achtstündigen täglichen Arbeitszeit (bzw. der Unterrichtszeit in der Schule) einschließlich der Wege zur und von der Arbeitsstelle (bzw. Schule) bei einer 5-Tage-Woche sowie der üblicherweise notwendigen Zeit für Mahlzeiten, Schlaf und Hygiene übrig bleibt". Daß diese Definition mit der Realität nicht übereinstimmen muß, hebt *Göppinger* (1983, 90) selbst hervor, indem er darauf verweist, daß „sich bei den meisten Menschen vielfältige Verpflichtungen, die ihnen aufgrund ihrer Stellung in der Familie, im Beruf, in Organisationen oder in der örtlichen Gemeinschaft obliegen ..., in unterschiedlicher Weise auf ihre Freizeitdisposition auswirken" können: etwa Überstunden oder Hilfe im Haushalt. So ist Freizeit im Ergebnis (kann man bei dem Freizeitwissenschaftler *Opaschowski* 1997, 31 nachlesen) diejenige **„Zeit, in der man tun und lassen kann, was einem Spaß macht"**.

## 2. Zur Freizeitsituation in der Bundesrepublik

4 Im Gefolge zunehmender Industrialisierung und fortschreitender Automation dürfte die Bundesrepublik heute zu den Ländern mit der meisten Freizeit gehören. Während die Arbeitnehmer um 1850 noch zwei Drittel ihrer Zeit, die sie nicht zum Schlafen benötigten, am Arbeitsplatz zubringen mußten, hat sich das Verhältnis zwischen Arbeitszeit und Freizeit inzwischen umgekehrt (vgl. dazu *Prahl* schon 1977, 43 ff; *Huck* 1982, 9). Daneben konnte die Freizeit durch die Verwendung zeitsparender Geräte und (Fertig-)Produkte auch in den Privathaushalten ausgedehnt werden. Die Freizeit ist dadurch auch zu einem Wirtschaftsfaktor geworden.

*Zur derzeitigen Situation: Von 1960 bis 2009 sank die in Tarifverträgen festgelegte Wochenarbeitszeit für Vollzeitbeschäftigte von 44,56 auf 37,6 Stunden. Im Gegensatz dazu zeichnet sich vor dem Hintergrund der Arbeitsmarktreformen allerdings eine Trendwende ab: es wird z. T. wieder länger gearbeitet: 40 bis 42 Stunden (*__41,9 Stunden__ *(Statist.BA, zit. nach WAZ vom 21. Aug. 2012). Mit 30 typischerweise gewährten Urlaubstagen liegt Deutschland aber immer noch vor England (27), Frankreich (26), Japan (18) und USA (15): Recherchen der Unternehmensberatung Hay Group (zit. nach FAZ vom 4. Juni 2005, 57). Eine Studie der BA („Perspektive 2025") prognostiziert 44 Stunden (zit. nach FAZ vom 21. Jan. 2011, 11).*

Repräsentative Umfragen (von Allensbach) haben jedoch auf der anderen Seite gezeigt, daß viele Menschen mit dem **Zuwachs an Freizeit wenig anfangen können**. So gaben 1952 insgesamt 26 % der Befragten an, an Sonn- und Feiertagen das Gefühl der **Langeweile** zu kennen; 1993 waren es bereits 37 % (*Wickert*-Umfrage, zit. nach Ostsee-Zeitung vom 20. Juli 1993).

*Besonders betroffen sind Arbeitslose (mit 59 %), Schüler (41 %), Hausfrauen (38 %) und Rentner (38 %), die nicht wissen, was sie am Wochenende mit ihrer Freizeit anfangen sollen (Opaschowski 1997, 215).*

Jeder Dritte fühlt sich sogar **durch Freizeit gestreßt**; andere fallen in der Freizeit in Depressionen (so *Opaschowski,* zit. nach *Ostsee-Zeitung* vom 18. Juli 1996).

*Das gilt vor allem für* ***(jugendliche) Arbeitslose****, für die die Freizeitprobleme zum Lebensmittelpunkt werden* ***(ungewollte Freizeit)****: vgl. dazu Rdn. 17 zu § 12.*

### 3. Aktives und passives Freizeitverhalten

Dabei wird in der Freizeitwissenschaft (z.B. von *Opaschowski* 1995, 103) zwischen aktiver und passiver Freizeitbeschäftigung unterschieden. 5

#### *a) Aktives Freizeitverhalten*

Unter aktiver Freizeitbeschäftigung wird ein solches (leistungsbezogenes) Freizeitverhalten verstanden, das mit Eigenaktivitäten zu tun hat (*Opaschowski* aaO): wie Sport treiben, Bücher lesen, Ausflüge machen bzw. wandern oder einem anderen entsprechenden Hobby nachgehen oder sich ehrenamtlich in einem (Sport-)Verein oder in einer Partei engagieren. 6

#### *aa) Sucht nach dem Kick*

Einige, insbesondere Jugendliche, deren Freiräume durch eine eintönige Umwelt eingeengt werden (vgl. dazu Rdn. 35 b zu § 28) bzw. solche, die zu wenig erleben **(Defizittheorie)**, suchen nach dem **Kick**, nach dem Nervenkitzel, nach Wagnis und Risiko (Grenzen ausloten), die den **Adrenalinspiegel** (Blutdruck und Herzfrequenz) hochjagen können und hinterher Glückshormone (Dopamin) auslösen, die der Körper ausschüttet, wenn die Gefahr überwunden ist. „Gefahr ist geil" (vgl. unten den Zeitungsausriß). Beispiele dafür gibt es genug: 7

- **S-Bahn-Surfen:** gewonnen hat, wer sich am längsten außen an der Dachkante einer fahrenden Bahn festhält;
- **Brückenspringen:** Sieger ist, wer am nahesten an die Schiffsschraube eines vorbeifahrenden Schiffes heranspringt;
- **Auto-Surfen:** Sieger ist, wer sich am weitesten aus dem Beifahrerfenster hinauslehnt;
- **Joy-Riding:** Verfolgungsjagden mit entwendetem Kfz;
- **Car-Rafting:** Inlineskaten am Heck eines Wagens;
- **Bungee-Jumping:** der Sprung in die Tiefe am Gummiseil;
- **Autocruising:** Privatrennen mit zu Rennwagen umgebauten Serienautos (auch) mit dem Ziel, die Polizei herauszufordern bzw. zu verärgern;
- **illegales Sprayen**;

- **Happy-slapping** (fröhliches Zuschlagen): Zufallsopfer werden zusammengeschlagen: der erschrockene Gesichtsausdruck wird mit einem Foto-Handy gefilmt. Die Täter senden sich gegenseitig die Aufnahmen von Schlägen und Tritten gegen Wehrlose zu.
- **balkoning** (in Feriengebieten): Springen vom hochgelegenen Balkon in den (kleinen) Swimming-pool des Hotels.
- das **basejumping**: Basejumper stürzen sich von Hochhäusern oder Felsvorsprüngen in die Tiefe und ziehen erst nach ca. 150 Metern im freien Fall die Reißleine eines Fallschirms: manche tragen wie „Batman" Ganzkörperanzüge mit Stoffflächen unter den Armen und zwischen den Beinen.

Betroffen sind alle Formen des **sensation-seeking**: „Spielen mit der Gefahr, Überwinden von Ängsten, Erleben aufregungsstiftender (u. U. kontrollierbarer) Gefahr" (*Höffler* in: MschrKrim 4/2012, 257). Mit kontrollierbarer Gefahr rechnen insbesondere Extremsportler.

Zu den Extremsportarten gehören z. B. das
- **Canyoning:** Rutsch- und Kletterpartien durch gefährliche Schluchten entlang von Gewässern (Trend zum Risikourlaub) und das
- **Ultimate fighting**, eine Kampfsportart, in der (beinahe) alles erlaubt ist: Kampf ohne Tabus (zulässig sind Schläge, Tritte, Würgegriffe usw.).
- „High sensation seeking" ist im Übrigen ein wesentliches Merkmal der den **„psychopaths"** bzw. dissozial Persönlichkeitsgestörten, die **quasi blind gegenüber Risiken erscheinen** (*Höffler* aaO mit Hinweisen).

## Sucht nach dem Kick?

Der Reiz des freien Falls am Gummiseil hat jetzt von der Wissenschaft einen Namen bekommen: „Thrilling" oder „Angstlust" nennt sie jenen Trieb des Menschen, in seiner Freizeit in Grenzbereich seiner Leidensfähigkeit vorzudringen. „Thrilling" — das ist der Genuß der Angst vorher und der Lust nachher. Diese Mischung aus Furcht, Genuß und Hoffnung scheint ein berauschender Gefühlscocktail für den Menschen in der modernen Überflußgesellschaft zu sein.
„Wer in großem Wohlstand aufwächst, sucht immer riskantere Herausforderungen", unterstellt der Hamburger Freizeitforscher Horst Opaschowski. In einer Studie seines B.A.T.-Freizeitforschungsinstitut hat sich der Professor für Erziehungswissenschaften unter anderem des Phänomens der Angstlust angenommen. Fazit: Weil die Risikofreude, die Bereitschaft zum Wagnis im Arbeitsleben unserer Dienstleistungsgesellschaft kaum noch gefordert wird, werden Grenzerlebnisse zu letzteren Abenteuern.
Während früher Gaukler und Artisten ohne Netz und doppelten Boden die Zuschauer faszinierten, reicht heute der Lustgewinn per Identifikation nicht mehr aus. Liegt die Ursache in der Sucht nach Spaß, nach dem Rausch, nach dem Kick? Ist es Todessehnsucht oder Lebenshunger?

aus: *NOZ* vom 30. März 1992

Auch **Tierquälereien** vermitteln manchen (jugendlichen) Personen einen entsprechenden Kick (dazu *Stupperich* in Kriminalistik 2007, 512); solche Verhaltensweisen, die mit Gefühllosigkeit zu tun haben, bilden oft eine Vorstufe zur Gewalt gegen Menschen (zu solchen Aktionen der Hooligans vgl. Rdn. 29b zu § 28).

Bei allen diesen Aktivitäten spielt **„mit zunehmender Habitualisierung“** (Gewöhnung: *Düchting* 1994, 412) für manche Jugendliche auch der Wunsch **nach einer immer neuen Steigerung der Erlebnisintensität** eine Rolle. Nicht selten geht es allerdings nur um **riskante Mutproben**, die wiederum mit Gruppendruckphänomenen (Rdn. 24) zu tun haben können. **Übermut** spielt auch eine Rolle oder der Drang zur **Selbstdarstellung im Internet**.

**Die Gefahr brutaler Computerspiele**

**Studien: Mediengewalt größtes Risiko für Jugendkriminalität**

aus: *NOZ* vom 15. Mai 2008

*bb) Computer als Freizeitpartner: Gewaltspiele*

Nicht zuletzt gewinnt der Computer im Rahmen der aktiven Freizeitbeschäftigung an Bedeutung (dazu auch Rdn. 14 zu § 14 und Graphik). 8

aus: *DER SPIEGEL* 12/2009, 56

*Vor dem Computer sitzen nach einer Umfrage des Medienpädagogischen Forschungsverbundes Südwest (803 Befragte), den DER SPIEGEL (42/1999, 290) zitiert, regelmäßig 63 % der Jungen und 33 % der Mädchen. Vor diesem Hintergrund stellt DER SPIEGEL (aaO) die berechtigte Frage: ob „die allumfassende Digitalisierung neue Superhirne oder* ***verhaltensgestörte Cyberzombies*** *hervorbringt". Die Zahl der computersüchtigen „Netzjunkies" wird von der Interdisziplinären Suchtforschungsgruppe der Berliner Charité (ISFB) auf rund 1,5 Millionen geschätzt; viele von diesen sind kaum noch sozialfähig (zit. nach DER SPIEGEL 1/2008, 269).*

**9** Vor allem **Computer-Gewaltspiele** (**„Killerspiele"** wie „Counterstrike") können negative Wirkungen auslösen: Nachahmungs-, Gewöhnungs- und Verstärkereffekte (vgl. Rdn. 20ff zu § 14 und unten Rdn. 18). Solche negativen Wirkungen können primär von den sog. **Ego-Shootern** ausgehen (dazu Rdn. 35 zu § 14), bei denen der Spieler per Mausklick am Bildschirm die Rolle eines aggressiven Spielers einnimmt und die simulierten Handlungen aus dessen Perspektive erlebt. Mögliche Folgen des häufigen Spielens ... sind Abstumpfung und Empathieverlust" (*Liesching* 2003, 2). Problematisch sind ferner die sog. **Duell-Fighter-Spiele** (Prügelspiele), bei denen „der Spieler kämpferische Situationen (Karate, Boxen, Kämpfen mit Baseballschlägern) überstehen muß"; insoweit sind aus kriminologischer Sicht negative Einflüsse aus der „permanenten Veranschaulichung eines einseitig an Gewalt orientierten Konfliktlösungsmodells" zu erwarten (*Liesching* aaO, 3). Beispiele:

*(1) Bei dem PC-Spiel* ***„Autobahnraser – World Challenge"*** *z. B. gelten weder die Straßenverkehrsordnung noch andere Gesetze, um ans Ziel zu gelangen. Auffahren, ausbremsen, abdrängen – nur wer ein volles Risiko eingeht, wird mit Bonuspunkten belohnt.* ***„Häng auch die Polizei ab"****, heißt es in der Beschreibung des Spiels, das das Fahrverhalten junger Menschen auch auf den Straßen beeinflussen dürfte.*

*(2) Bei dem Videospiel* ***„Manhunt"*** *schlüpft der Spieler in die Rolle eines psychisch kranken Ex-Knackies, der alles wahllos niedermetzelt, was ihnen in den Weg kommt. Erinnert an „Amokläufe" (zu diesen Rdn. 38 zu § 11).*

Gefährdungspotentiale weisen darüber hinaus auch **Kriegsstrategiespiele** (auf der Basis von Kriegssimulationen) auf, sofern „Kriegshandlungen verherrlicht oder verharmlost werden" und Kinder und Jugendliche „für die mit Krieg einhergehenden maßlosen Schrecken und das Leid von Kriegsopfern desensibilisiert werden" (*Liesching* aaO; vgl. auch Rdn. 51 zu § 14). Von solchen kämpferisch-aggressiven Spielinhalten fühlen sich vor allem Jungen angesprochen.

*(3) Beim Computerrollenspiel* ***„World of Warcraft"*** *verbinden sich mehrere Teilnehmer über das Internet, um gemeinsam in der virtuellen Welt gewalttätig zu werden bzw. Kriege zu führen.*

Mit der **Frage, warum** Computerspiele bei Kindern und Jugendlichen so beliebt sind, haben sich der Familientherapeut *Bergmann* und der Hirnforscher *Hüther* (2009, 127 ff) näher beschäftigt. Nach ihrer Studie „bieten die Computerspiele den Kindern etwas, was ihnen im realen Leben offensichtlich fehlt", nämlich z. B. 9a

- die Möglichkeit eigene, selbständige Entscheidungen treffen zu können;
- aufregende Abenteuer und Bedrohungen zu erleben, die man überwinden kann;
- Leistungen zu erreichen, auf die man stolz ist.

*Rehbein* et al. (2010, 8) betonen insoweit die verhaltensverstärkende Wirkung von Belohnungen, die der Spieler durch erfolgreiche Spielhandlungen erreichen kann.

*cc) Glücksspiele*

Suchtgefahren bestehen insbesondere bei Glücksspielen. Um ein Glücksspiel handelt es sich nach dem Glückspielstaatsvertrag (von 2007) dann, „wenn im Rahmen eines Spiels für den Erwerb einer Gewinnchance ein Entgelt verlangt wird und die Entscheidung über den Gewinn ganz oder überwiegend vom Zufall abhängt" (§ 3 Abs. 1 GlüStV). Der „Zufall rückt das Glücksspiel als subjektiv erlebtes Risiko in die unmittelbare Nähe von Abenteuern" (*Feltes* 2011, 12). 10

*Am häufigsten wird in Spielhallen an (200 000: Focus 10/2010) Automaten gespielt (Schmid 1994, 21). In Spielcasinos blühen hingegen Roulette und Black Jack (Meyer/Bachmann 2000, 10/11). Ein besonderer Reiz geht von **illegalen Glücksspielen** aus (Meyer/Bachmann 2000, 19): auch von Glücksspielen im **Internet**, insbesondere von Sportwetten mit festen Gewinnquoten (**Oddset-Wetten**). Im Übrigen sind in Deutschland nicht-staatliche Glücksspiele (vgl. Laila Mintas: Glücksspiele im Internet, Berlin 2009) nach der Rspr. des EuGH nicht mehr verboten (NOZ vom 11. Sept. 2010).*

Der Umsatz allein für Spielautomaten mit Gewinnmöglichkeit wird auf über acht Milliarden geschätzt (*Meyer* 2010, 120/122). Die Einnahmen pro Geldspielgerät werden von *Meyer* (aaO) mit rund 1800 Euro in Monat angegeben. Als Motive für ihr Spiel nennen 60,5 % der Spieler, daß sie ihr Geld zurückgewinnen wollten (*Feltes* 2011, 19). Zwischen 150 000 und 350 000 der Nutzer zeigen ein „pathologisches Glücksspielverhalten" (zur **Spielsucht** vgl. *Feltes* 2011, 18 ff, *Kühne* in BewHi 1991 Nr. 1 S. 58 ff, *Knecht* in Kriminalstatistik 10/92 S. 661 ff und Zeitungsausriß unten). Migranten sind besonders betroffen (*Münchner Institut für Therapieforschung* (zit. nach DER SPIEGEL 35/2012, 40). Die Zahl der **Glücksspielsüchtigen** wird auf über 100 000 geschätzt BZgA, zit. nach NOZ vom 16. Okt. 2008).

Die Eröffnung einer Spielhalle löst oft **Begleitkriminalität** aus (vor allem Beschaffungskriminalität) und wirkt sich in der Regel auf das

**Sicherheitsgefühl** der im Umkreis wohnenden Bevölkerung negativ aus (*Feltes* 2011, 5). Spielhallen werden auch mit **Geldwäsche** in Verbindung gebracht (*Feltes* 2011, 28).

*dd) Internet-Sucht*

**10a** Der Drogen und Suchtbericht 2011 der *Bundesregierung* (Süddeutsche Zeitung vom 23. Mai 2012, 6) geht von 560000 „internetabhängigen" Menschen zwischen 14 und 64 Jahren aus (vgl. Zeitungsausriß). Als „süchtig" gilt nach dem bekannten Psychiater Werner *Platz* ein Patient, der seit sechs Monaten jeden Tag über fünf Stunden im Netz ist. Als Gründe für die Sucht gibt er an: Stress in der Schule, Eheprobleme, Arbeitslosigkeit (zit. nach SZ vom 14. März 2003).

**Internetsucht: Männer besonders gefährdet**

**560 000 Deutsche gelten als abhängig**

aus: *NOZ* vom 10. Okt. 2012, 1

*b) Passives Freizeitverhalten*

**11** Zu den passiven (antriebsarmen) Freizeitbeschäftigungen rechnen solche Verhaltensweisen, die keine oder kaum Eigenaktivitäten erfordern (*Opaschowski* 1995, 103). Beispiele:

*aa) Herumlungern, Fernsehen*

**12** Zu diesen gehören z.B. das **Faulenzen** (sofern es nicht zu Erholungszwecken dient) bzw. das **Herumlungern** auf Straßen und Plätzen, das **Radiohören, Videogucken** oder **Fernsehen** (vgl. dazu Rdn. 14–16 und 20ff zu § 14).

*Nach einer englischen Self-report-Studie begehen Jugendliche, die auf der Straße „herumhängen" vier Mal häufiger schwere Straftaten als andere (zit. nach Killias Lb. 2002, 656/910): vgl. aber Karikatur.*

*bb) Drogenkonsum*

**13** Zum passiven Freizeitverhalten (z.T. als Fluchtreaktion auf Probleme: vgl. Rdn. 7 zu § 7) ist ferner der **Konsum legaler (etwa Alkohol) und illegaler Drogen (Haschisch, Heroin, Kokain)** zu zählen, die nicht nur ein individuelles Freizeiterlebnis erlauben, sondern auch zur kollektiven Aufputschung bzw. Lustverstärkung eingesetzt werden (z.B. Bier beim Oktoberfest oder Ecstasy bei Techno-Partys, die bis in einen 48 Stunden dauernden Tanzmarathon ausarten können). Ein exzessiver Rauschmittelumgang kann sich letztlich sogar zu einem freizeitbeherrschenden Verhalten entwickeln. Zur Strafbarkeit solcher Formen der Freizeitbeschäftigung vgl. Rdn. 33ff zu § 27.

## II. Kriminalität als Freizeitbeschäftigung?

Auffällig ist, daß es bis jetzt nur relativ wenige empirische Arbeiten gibt, die sich aus kriminologischer Sicht mit der Freizeitfrage befaßt haben (vgl. oben Rdn. 2). Dabei drängt sich die Untersuchung der Beziehung zwischen Freizeit und Kriminalität (über die Drogendelinquenz hinaus) geradezu auf. Insoweit kann man zwischen der Kriminalität, die **für** die Freizeit verübt wird (etwa Diebstahl begehrter Freizeitartikel) und solcher, die **in** der Freizeit stattfindet, differenzieren. 14

*In den Schülerbefragungen, die Boers/Reinecke/Motzke/Wittenberg (2002, 145ff) 2001 in Münster durchgeführt haben, hat sich insoweit gezeigt, daß „ein auf die* ***eigene Kreativität fixierter*** *“ (eher intrinsischer)* ***Freizeitstil*** *(mit den Aktivitäten „malen“ und „musizieren“) nicht kriminalitätsfördernd wirkt, während ein gruppenorientierter (eher extrinsischer)* ***Freizeitstil*** *mit den Tätigkeiten „auf Partys gehen“, „abhängen“ und „Freunde treffen“ hingegen erhebliche Bedeutung besitzt. Das gilt vor allem dann, wenn ein* ***hedonistisch geprägter Lebensstil,*** *der den Sinn des Lebens auf Spaß und Lust reduziert (vgl. Rdn. 8 vor § 10), gepflegt wird (vgl. dazu auch Rdn. 18b zu § 8).*

Im Vordergrund dieses Kapitels steht dabei die Erlebniskriminalität, die auch einen wichtigen Ansatzpunkt für Präventionsmaßnahmen eröffnet (zu diesen vgl. unten Rdn. 34ff).

### 1. Erlebniskriminalität

*Berger/Opaschowski* stellten (schon 1980, 209) die Frage, ob auch Kriminalität „vielleicht eine Form der Freizeitgestaltung ist“: *Nickolai/Sperle* (1993, 162) sprechen von „Erlebniskriminalität“. 15

#### *a) Gewaltstraftaten*

Gewalt kann, wie man weiß, vor allem das **Selbstwertgefühl steigern** (z.B. von Punkern und Skins: zu diesen vgl. Rdn. 23ff zu § 28): man ist (wieder) wer! Nicht untypisch ist deshalb manche **Anlaßlosigkeit** von Jugendgewalt. So sind vielen Bürgern z.B. auch sog. Fans, die z.B. auf dem Wege zu Bundesligaspielen die Züge verwüsten und (oft schon am frühen Nachmittag) angetrunken, in Horden brüllend durch die Straßen ziehen, zu einem vandalistischen Schrecken geworden (zu den Hooligans vgl. 29ff zu § 28). 16

#### *b) Diebstahlstouren*

**„Klauen macht Spaß“**, Klauen schafft Kick und Geld für die Freizeit: „Ohne Moos nix los!“. *Walter* (1995, 71) weist dazu darauf hin, daß auch Diebstahlstouren eine Art Freizeitbeschäftigung mit Spannung und Abenteuerleben darstellen (vgl. Rdn. 7). Jedenfalls würden „in der Freizeit viele Gelegenheiten und Kontakte entstehen, die strafrechtliche Auf- 17 fälligkeiten begünstigen“ können (aaO). Der Ladendiebstahl gilt vor (allem bei Schülern) nicht selten als Mutprobe.

*c) Computerkriminalität („multimediale Kriminalität“)*

18 Andere mißbrauchen in ihrer Freizeit die Möglichkeiten, die der Computer (vgl. Rdn. 8) inzwischen eröffnet. Sie dringen z.B. (als **„Hacker“ bzw. „Cracker“**) in fremde Computersysteme ein, um Firmen ausspionieren zu können und sogar zu erpressen (*Jaeger* 1998, 50). Zu den häufigsten Computerdelikten, die in der Freizeit verübt werden, gehört das **Raubkopieren** (vgl. dazu das *Bayerische Staatsministerium der Justiz* 1998, 6). Straftaten werden ferner im Internet realisiert (vgl. dazu Rdn. 58ff zu § 14).

*d) „Sprayen“*

19 Zu dem gemeinschädlichen (illegalen) Verhalten in der Freizeit rechnet darüber hinaus das Besprühen (Sprayen) fremden Eigentums (Häuser, Züge usw.) mit **Graffiti** (vom ital. Sgraffiare = kratzen). Einstiegsalter 12 bis 14 Jahre (ebbt ab 20 wieder ab). Gesprüht werden persönliche Signalspuren **(„Tags“; „Pieces“)** in der Hoffnung, daß diese möglichst viele Menschen sehen und möglichst lange sichtbar bleiben. Die rasche Entfernung wirkt deshalb auf die Täter entmutigend. Graffiti fördern bei Dritten den Eindruck der Verwahrlosung (vgl. Rdn. 33 zu § 15). Sprayer schließen sich auch in Gruppen (Crews) zusammen, in denen sie Anerkennung erreichen. „Sicherheitsposten“ melden über Handy Gefahr. Dieses Verhalten (Motive: Nervenkitzel, Geltungsdrang) kann sogar zur Abhängigkeit (von der entsprechenden Adrenalinausschüttung) führen (*van Treeck*: Graffiti-Lexikon, Berlin 1998, 10).

Der jährliche **Schaden** wird vom Bundesinnenminister (seinerzeit *Schily*) auf 200 Millionen Euro geschätzt (zit. nach *DIE WELT* vom 13. April 2005, 2).

Mit dem Ziel der Normverdeutlichung ist das Graffiti-Sprayen seit dem 1. Sept. 2005 mit **Strafe** bedroht (vgl. §§ 303 und 304 StGB, jeweils Abs. 2), aber nur dann, „wenn das Erscheinungsbild einer fremden Sache nicht nur unerheblich und nicht nur vorübergehend unbefugt verändert wird“ (vgl. *Hillenkamp* in FS für Schwind 2006, 927ff; *Krüger* in Sackmann et al.: Grafitti kontrovers, 2008, 50ff). Die Staatsanwaltschaft reagiert bei (geständigen) Sprayern meist mit **Diversion** bzw. mit der Auferlegung der Teilnahme an sozialen Trainingskursen (vgl. Rdn. 29 zu § 3). **Zivilrechtliche Ansprüche** der Opfer (§ 823 BGB) verjähren erst in 30 Jahren.

**2. Kriminelle Infektionen und Verstärkungen**

20 Bei allen diesen Verhaltensweisen spielt nicht zuletzt die **kriminelle Ansteckung** (Infektion) eine Rolle.

*Übersicht 31:* Jugend-Gruppen der Gleichaltrigen (peer-groups) 21

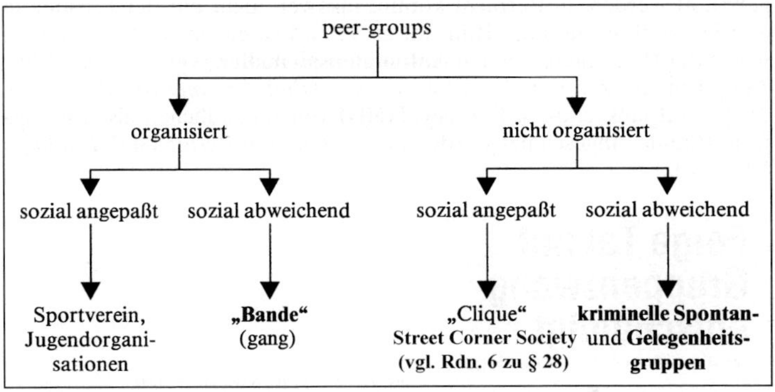


*a) Einflüsse der peer-group*

Im Vordergrund stehen insoweit die Einflüsse der sog. peer-groups, 22
also die Einflüsse der gleichaltrigen Freunde und „Kumpel“, die im Rahmen der Ablösungsprozesse vom Elternhaus mit zunehmenden Alter an Einfluß gewinnen (vgl. Rdn. 6 Vor § 10): „Miterzieher“, „zweite Familie“ (*Back*, Lb. 2007, 266). Diese können i.S. eines unterstützenden Netzwerkes **positiv** sein (Halt vermitteln: vgl. Rdn. 17 zu § 6) oder im Rahmen von kriminellen Aktivitäten („Abziehen“, Wohnungs- und Autoaufbrüche usw.) auch **negativ**. Im letzteren Falle kann die peer-group (vgl. Übersicht 31), in der viele Jugendliche Status- und Familienersatz **(Anerkennung und Geborgenheit) suchen** (vgl. oben Rdn. 44 zu § 10), „Wir-Gefühle“ **(Identität und Selbstwertgefühl) entwickeln** und ihren **Erlebnishunger** stillen. Dabei darf man nicht übersehen, daß sich in der Gruppe auch Einstellungen und Wertvorstellungen prägen bzw. „gleichartige Motivationsstrukturen“ ausbilden (*Schumacher* 1980, 1881): etwa sozialabweichendes Verhalten auslösen oder verstärken, und zwar aufgrund von Gruppendruckphänomenen (vgl. Rdn. 24).

*b) Disco-Sozialisation*

Gruppeneinflüsse beginnen und verstärken sich inbesondere auch 23
dort, wo Jugendliche ihre Freizeit verbringen: etwa in der **Disco**. „Damit gewinnt die Discoszene eine nicht unbedeutende Rolle als Sozialisationsinstanz“ (*Malchau* 1990, 69; zur Theorie der differenziellen Assoziation vgl. Rdn. 21 ff zu § 6). „Hier prägen Jugendliche und Heranwachsende – Heranwachsende und Jugendliche“ (*Malchau* aaO, 70).

*Disco-Erfahrungen sollen immerhin 90 % aller „peers“ inzwischen besitzen, 50 % werden zu den häufigeren Disco-Besuchern gerechnet (Malchau aaO).*

Da das Publikum bunt gemischt ist, können auch **kriminelle Kontakte** geknüpft werden; in Betracht kommt insoweit nicht nur der Einstieg in den Drogenkonsum (vgl. Rdn. 1ff zu § 27). Die gleichen Möglichkeiten wie in der Disco bieten sich in **Automatenspielhallen** (vgl. *Swoboda* 1990, 380), Einkaufszentren, Gaststätten usw. (*Butz/Bronner/Reinders* 1998, 352): Treffpunkte, die (als **Szene-Treffs**) von Jugendlichen als störungsfreie Räume eingeschätzt werden (vgl. *Schumann/Berlitz/Guth/Kaulitzki* 1987, 94).

**Feige Tat mit Gruppenzwang entschuldigt**

Sechs Skinheads vor Gericht

aus: *WAZ* vom 10. November 2000

*c) Gruppendruckphänomene (Gruppenzwang)*

24 Wie sich die „Macht des sozialen Drucks" bereits bei erwachsenen und sozial angepaßten Menschen auswirken kann, hat bereits *Ash* (1955, 31ff) in seinen bekannten Experimenten gezeigt.

*Schumacher* (1980, 1881) weist auf entsprechende Reaktionsweisen bei sportlichen Veranstaltungen hin: „So kann z.B. (schreibt er) ein einzelner in einer Gruppe von Fußballanhängern zu Reaktionen gebracht werden, bis hin zur Teilnahme an körperlichen Ausschreitungen, die ihm selber **persönlichkeitsfremd** sind und die er, nachdem er die Gruppensituation (Sportplatz) verlassen hat, auch nicht mehr verstehen kann."

Dabei sind es vor allem drei bevorzugte Richtungen, in denen sich **Gruppendruckkräfte** auswirken können: anfällig sind vor allem **junge** Menschen (vgl. *Schumacher* aaO; *Möller/Kühnel/Matuscheck* 1998, 354f und *Branger/Liechti* 1998, 74f):

- **Konformitätsdruck** = Gleichschaltung von Stimmungen und Emotionen. Affektive Regungen wie Haß, Wut, aber auch (unkritische) Begeisterung teilen sich u.U. momentan den Mitgliedern der ganzen Gruppe mit (emotionale Ansteckung und Verhaltensangleichung): „Wir-Gefühl" – gemeinsame Identität erleben. Auch andere Funktionen, wie Wahrnehmen, Denken usw. unterliegen der koordinierenden Kraft der Gruppe. Diese Konformität von Fühlen und Denken (mitmachen, dazu gehören) führt häufig zum Aufbau gleichartiger Motivationsstrukturen;
- **Verstärkerwirkung der Gruppe** = Drang zum Aktionismus, oft auch zu kriminellem Handeln, zu **Brutalitäten** („man will nicht blöd vor den anderen dastehen": dazu den Zeitungsausriß oben); gegenseitige Unterstützungen bei Normüberschreitungen;
- **größere Bereitschaft zum Risiko** = Zerstreuung von moralischen Bedenken und Abnahme der individuellen Verantwortlichkeit (Risi-

koschubphänomene); diese wird (im Rahmen von **Neutralisierungstechniken**: vgl. Rdn. 27 zu § 19) anonymisiert und an die Gruppe abgetreten („das war eine Entscheidung der Gruppe"): Die Gruppe wirkt hier als **„Gewaltbeschleuniger**, wie Benzin bei einer Brandstiftung" (*Nisse* in MFDP 2000, 6).

*(1) Dementsprechend haben Schumann/Prein/Seus (1999, 306) in einer Längsschnittuntersuchung (Rdn. 41 zu § 8) beobachten können, daß „Cliquenzugehörigkeit deutlich das Risiko, Gewalt und Eigentumsdelikte zu verüben, erhöht" (S. 306). Sie „ermöglicht, Männlichkeit betonende Szenarios zu erleben; Konkurrenz, Mutproben, Konfrontation in delinquenten Situationen, verbale Gewalt, Alkoholkonsum fungieren als Männlichkeitsbeweis mit allen riskanten Folgen" (S. 308).*

*(2) Als „Gruppenmitglied gewinnt auch der Schwache, Ängstliche und Unterprivilegierte die Möglichkeit, den Starken und Statushohen in gewisser Weise überlegen entgegenzutreten. So sind (heißt es weiter bei Streng in JURA 1995, 189) auch massive Provokationen der normkonformen Bürger und sogar der staatlichen Instanzen durchführbar".*

Auf der anderen Seite kann die Gleichaltrigengruppe auch positive Einflüsse ausüben: z. B. (bei Nestflüchtern) Geborgenheit vermitteln und bei (Leistungsversagern) verloren gegangenes Selbstwertgefühl aufbauen.

## III. Freizeitbeschäftigung als Prognosekriterium?

Bei *Göppinger* (Lb. 1997, 283) wird die Meinung vertreten, daß sich das Freizeitverhalten als Kriterium auch im Rahmen der **Früherkennung krimineller Gefährdung** eignet, also als Prognosekriterium. Was gibt die empirische Forschung für diese Annahme her? 25

### 1. Sekundäranalyse bis 1974

Der Stand der empirischen Forschung bis Anfang der 70er Jahre (zum „Freizeitbereich") wird von *Villmow* und *Kaiser* (1974, 37 ff und 120 ff) in einer Sekundäranalyse referiert, die auch z. T. die ausländische Forschung erfaßt. Danach unterscheidet sich das Freizeitverhalten registrierter jugendlicher männlicher Straftäter (für Mädchen fehlen grundsätzlich entsprechende Hinweise) von dem der sozial Unauffälligen u. a. wie folgt (1974, 37; ähnlich *Stephan* 1983, 76): 26

- *erstens: Delinquente Jungen verbringen ihre Freizeit überwiegend außerhalb der Familie („Nestflüchter"); **meistens mit Gleichaltrigen zusammen**;*
- *zweitens: Delinquente Jungen haben eine stärkere Abneigung gegenüber mittelklassenspezifisch **organisierter** Freizeitgestaltung. Sie sind viel seltener aktive Mitglieder von Sportvereinen, Jugendclubs oder anderen Gruppen und Verbänden;*

- *drittens: Jugendliche Delinquente beschränken sich häufiger als nichtkriminelle Jungen auf sog.* ***negative Freizeitbeschäftigungen*** *wie Moped- und Autofahren, häufigen Kinobesuch, Lesen von „leichter“ Literatur, häufige Anwesenheit in Lokalen und Spielhallen, Neigung zu „Cliquen“ usw.;*
- *viertens:* ***Lose personelle Kontakte*** *kommen bei Rechtsbrechern häufiger vor, ebenso* ***früher einsetzende sexuelle Aktivitäten****.*

**2. Spätere Untersuchungen**

**27** Die Ergebnisse der Sekundäranalyse werden im Trend z.B. durch die empirischen Arbeiten, die *Wüstendörfer/Toman/Lösel* (1976, 133ff), *Göppinger* (1983) und *Lux* (1993, 15) vorgelegt haben (zu den Methodenproblemen: *Lösel* 1983), bestätigt.

**28** Je häufiger Jugendliche straffällig werden

- desto seltener sind sie Mitglieder in einem (Sport-)Verein oder gehen einem Hobby nach (**Abneigung gegen organisierte Freizeitbeschäftigung**, also gegen eine solche, die mit sozialer Kontrolle verbunden ist);
- desto häufiger halten sie sich in der Disco auf oder verbringen ihre Freizeit mit bloßem (planlosem) „Herumhängen“ auf der Straße **(Neigung zu negativer Freizeitbeschäftigung)**.

**29** Daß jugendliche Straftäter ihre Freizeit häufiger als (Nichtdelinquente) **auf der Straße** verbringen, ergibt sich ferner aus einer Studie, die *Butz* et al. (1998, 352) vorgelegt haben. Kriminelle Jugendliche kommen abends auch **später nach Hause** (*Riley* 1997, 343). Die Ausweitung der Freizeit auf Kosten der Arbeits- und Schlafzeit hatte schon *Göppinger* (1983, 91/92) feststellen können. Daß delinquente Jugendliche signifikant **mehr kriminelle Personen** als nichtkriminelle Jugendliche **kennen**, wird z.B. von *Junger-Tas* (1988, 56/57) referiert (vgl. dazu auch Rdn. 21 zu § 6). Manche Gewalttaten haben mit bloßer **Langeweile** der Gruppe zu tun (*Opaschowski* 1997, 223).

**30** *Eine Befragung des BAT-Freizeitforschungsinstituts (vgl. Opaschowski 1997, 224) von Jugendlichen zwischen 14 und 19 Jahren hat dazu ergeben, daß mehr als 20 % auf* ***Langeweile am Wochenende*** *mit* ***„Aggressivität und Wut“*** *reagieren. Die Bandbreite reicht vom* ***Vandalismus*** *bis zum* ***Quälen von Opfern****.*

**31** Vor diesem Hintergrund (zusammenfassender Überblick bei *Goldberg* 2003) dürfte auch der Art der Freizeitbeschäftigung indizielle Bedeutung im Sinne der Annahme von *Göppinger* (vgl. Rdn. 25) zukommen. Im Einzelfall ist jedoch zu beachten, daß eine **trennscharfe** Differenzierung **nicht möglich** erscheint, weil es viele Ausnahmen gibt. Das gilt allerdings auch für andere Prognosekriterien.

## IV. Freizeit und präventive Kriminalpolitik

Nach dem Ergebnis der bisher referierten empirischen Forschung unterscheiden sich (registrierte) Straftäter und sozial unauffällige Menschen deutlich in ihrem Freizeitverhalten. Man muß sich allerdings davor hüten, Ursache und Wirkung durcheinander zu bringen. Die Ursache der „Nestflucht" kann z.B. auch an den emotional ungünstigen Familienverhältnissen mancher Jugendlicher liegen (insbesondere in Multiproblem-Familien). Die kriminelle Karriere ist dann mitunter vorprogrammiert. Vor diesem Hintergrund stellt sich die Frage, **ob** man das Freizeitverhalten von Jugendlichen positiv (d.h. i.S. sozialer Anpassung) beeinflussen kann und wenn ja: **wie?** 32

### 1. Freizeitwünsche als Ausgangspunkt

Mit der Frage des „ob" haben sich *Wüstendörfer, Toman* und *Lösel* (schon 1976, 133) beschäftigt, die davon ausgehen, daß ein „Verhaltenstraining ... langfristig wenig erfolgversprechend erscheint, ... wenn sozial auffällige Jugendliche wesentlich andere Werte und Normen haben als ‚normale' Jugendliche". Um dieses Problem in den Griff zu bekommen, haben die Autoren ihre Probanden nicht nur nach den häufigsten, sondern auch nach den (von den Probanden) „erwünschten" Freizeitaktivitäten befragt, und zwar deshalb, weil sie vermuteten, daß diese „unmittelbar erstrebenswerte Ziele beinhalten" (1976, 134). Nach ihrer Zielhypothese wurde erwartet, „daß dissoziale Jugendliche andere erwünschte Freizeitaktivitäten haben als sozial unauffällige Jugendliche" (1976, 138). Diese Vermutung hat sich jedoch nicht bestätigt, so daß man (danach) davon ausgehen kann, daß **die Freizeitwünsche sozial auffälliger und sozial nicht auffälliger Jugendlicher weitgehend übereinstimmen**. Ähnliche Ergebnisse haben auch vergleichbare (vor allem in den USA) durchgeführte Untersuchungen erbracht (*Wüstendörfer/Toman/Lösel* aaO m.w.H.). Das bedeutet, daß der Versuch, durch Hilfe bei der Freizeitgestaltung auf den Sozialisationsprozeß **Einfluß zu nehmen, nicht von vornherein zum Scheitern verurteilt sein dürfte**, obgleich man auch insoweit die Erwartungen nicht zu hoch schrauben darf, weil der delinquente Junge (!) gegen (mittelklassenspezifisch) organisierte Freizeitgestaltung offenbar eine stärkere Abneigung hegt (vgl. oben Rdn. 28). Gleichwohl ist jeder Versuch, zumindest Angebote zur Freizeitgestaltung zu machen, akzeptabel, schon um entsprechende Erfahrungen sammeln zu können. 33

### 2. Möglichkeiten der Vorbeugung

Die Untersuchung von *Wüstendörfer, Toman* und *Lösel* (Rdn. 27) hat ferner gezeigt, daß sich „mit zunehmendem Ausmaß an abweichendem Verhalten die Diskrepanz zwischen erwünschten und tatsächlichen Freizeitaktivitäten vergrößert". Daraus „läßt sich doch folgern (heißt es bei *Berger/Opaschowski* 1980, 210), daß wir Jugendlichen helfen können, offiziell unauffällig zu bleiben, indem wir sie darin unterstützen, ihre 34 gewünschten Freizeitziele zu tatsächlichem Freizeitverhalten umzusetzen", und zwar im Rahmen von Anregungen zu **sinnvoller Freizeitbeschäftigung**.

35 Entsprechende Angebote (der Jugendarbeit und Jugendsozialarbeit) erwartet der Gesetzgeber (§ 11 Abs. 2 KJHG = SGB VIII) „von Verbänden, Gruppen und Initiativen der Jugend, von anderen Trägern der Jugendarbeit und den Trägern der öffentlichen Jugendhilfe". Zu den Schwerpunkten der Jugendarbeit sollen nach § 11 Abs. 3 KJHG u.a. gehören:

- Jugendarbeit in Sport, Spiel und Geselligkeit,
- Arbeitswelt-, Schul- und familienbezogene Jugendarbeit,
- Kinder- und Jugenderholung sowie
- Jugendberatung

(vgl. dazu auch die Rdn. 51f zu § 18).

*a) Verbesserung der Infrastruktur*

36 Zu den Voraussetzungen sinnvoller Freizeitgestaltung gehört zunächst die Verbesserung der Wohnumwelt, insbesondere der Infrastruktur (etwa die Einrichtung von **Jugendzentren und Spielplätzen**), die (nicht nur) in „modernen" Hochhausvierteln als besonders notwendig gilt (vgl. Rdn. 4ff und 11 zu § 16).

37 In der Realität bereitet allerdings Sorgen, daß solche Einrichtungen zur Zeit (im Rahmen von kommunalen Sparprogrammen) **nicht neu aufgebaut, sondern eher abgebaut werden**. Das gilt auch für die sog. **„offene Jugendarbeit"** (vgl. § 11 Abs. 2 KJHG): „Offen" ist Jugendarbeit immer dann, wenn jeder Jugendliche völlig unverbindlich teilnehmen kann (vgl. dazu *Nagl* 2000, 101). Im Vordergrund steht, daß der Jugendliche Angebote zeitlich begrenzt („solange er Lust hat") wahrnehmen darf. Zu den Zielgruppen der offenen Jugendarbeit gehören vor allem Jugendliche aus Randgruppen (*Nagl* 2000, 113), zu denen auch (potentielle) Straftäter zählen.

**Freizeitangebote statt Gewalt durch Langeweile**

**Jugendliche stießen mit ihren Wünschen auf offene Ohren**

aus: *NOZ* vom 12. Februar 1999

*b) Kommunikative Animation*

38 Sinnvoll wäre z.B. ein Investitionsprogramm von Bund und Ländern zugunsten von Freizeitangeboten, ein Ausschöpfen der Möglichkeiten, die die Pädagogik zur Freizeitgestaltung beitragen kann: sog. Animation **(animative Freizeitpädagogik)**. Das kann auch im Rahmen von **„social sponsoring"** geschehen (vgl. Rdn. 24 zu § 7 zum CAP-Projekt = Finanzierung solcher Aktivitäten durch Geschäftsleute, Banken und Versicherungen „vor Ort", d.h. solche, die in dem betreffenden Stadtteil arbeiten).

Das Ziel der Animation sollte darin gesehen werden (*Berger/Opaschowski* 1980, 215), „die Veränderung der physischen Umwelt und Kommunikation und Identifikation der Bewohner (zu) bewirken". Das Wort „Animation" ist der französischen Sprache entnommen und bedeutet so viel wie „anregen", „beleben", „beseelen" (vgl. *Berger/Opaschowski* 1980, 213).

*Der Begriff ist inzwischen weiten Bevölkerungsschichten deshalb bekannt, weil die Urlauber (insbesondere im Ausland) heutzutage überall* ***„Animateure"*** *vorfinden, die sie zur Freizeitgestaltung anregen sollen. Die Animationsbewegung versucht darüber hinaus, „die Menschen von ihrer Passivität und Isolierung zu lösen, sie für ihre Probleme zu sensibilisieren, zum Selbstausdruck zu ermutigen und sie zum kulturellen Schaffen und gemeinsamen Erleben in Gruppen zu inspirieren" (Berger/Opaschowski 1980, 214).*

**Konkret ist gemeint**, daß Sozialarbeiter (bzw. Gemeinwesenarbeiter) als Animateure Spiele und Feste organisieren, Gespräche initiieren oder Experimente durchführen, also zur Kontaktpflege auffordern und zeigen, wie man seine Freizeit so einrichten kann, daß sie (auch ohne Straffälligkeit) „Spaß" machen kann (vgl. dazu *Berger/Opaschowski* 1980, 209ff; *Lösel* 1983, 78f). Im Rahmen der Animation sind nicht zuletzt auch die **Freizeitangebote der Sportvereine** („Öffnung der Sportvereine") zu sehen, die (deshalb aus kriminalpolitischer Sicht) die besondere Förderung durch staatliche Stellen verdienen.

*c) Öffnung der Vereine*

Mit der Forderung nach „Öffnung der Vereine" ist gemeint, daß sich z.B. Sportvereine auch um solche Jugendliche kümmern sollten, die sich für organisierte Freizeitgestaltung nicht interessieren (vgl. oben Rdn. 28). 39

*Deren Zahl ist immer noch relativ groß. Nach den Ergebnissen der Shell-Jugendstudie 2002 (zit. nach NOZ vom 18. Jan. 2003) betreiben lediglich 31 % der befragten Jugendlichen zwischen 12 und 25 Jahren aktiven Vereinssport.*

Das heißt: über die regulären Angebote der Vereine hinaus sind weitere **Initiativen für „schwierige" Jugendliche** (bzw. Randgruppen) gefragt, die diese (wie z.B. ein offenes Fußballturnier) im Rahmen un verbindlicher Freizeitgestaltung ansprechen können: vgl. dazu z.B. das **Projekt „Auszeit" der Sportjugend Hessen (***Curth* et al. 1998, 122ff). Aber stimmt die (plausible) Annahme überhaupt, daß Sportvereine die soziale Entwicklung junger Menschen generell positiv beeinflussen können.

*Generell: durch aktiven (!) Sport können soziale Fähigkeiten eingeübt werden wie Selbstbeherrschung, Frustrationstoleranz (verlieren können), Durchhaltevermögen (nicht aufgeben), Kommunikationsfähigkeit, Teamfähigkeit (Kameradschaft) sowie Fairness und Disziplin (sich an Regeln gewöhnen). Außerdem kann auch das Selbstwertgefühl gestärkt werden. Gleichwohl darf man nicht alle Sportarten „über einen Kamm scheren" (vgl. Kasten).*

40 **Wirkt (organisierter) Sport gewaltpräventiv** bzw. immunisiert Sport im Verein gegen Delinquenz? Eine nach Sportarten differenzierte Betrachtung ergibt dazu (vgl. die Sekundäranalyse von *Goldberg* 2003, 110 ff und *Goldberg* in FS für Schwind 2006, 880 ff) das folgende Bild:

- Pbn., die häufig Kraft- oder Kampfsportarten ausüben oder Fußball spielen, fallen eher überproportional oft durch Straftaten auf (*Kruissink* 1988, 77 ff, zit. nach *Goldberg* aaO); durch solche Sportarten kann jedenfalls auch kriminelles Verhalten gefördert werden (*Pilz* 1995, 180 ff), wenn z. B. von Trainern absichtliche Regelverstöße von den Spielern erwartet werden (sog. „faire Fouls"): vor allem im Fußball (zur WM 06 vgl. Rdn. 30a zu § 28), aber auch z. B. im Rennsport (Formel 1);
- andererseits gibt es Hinweise dafür, daß die Mitgliedschaft in einem Sportverein auch protektiv wirken kann (*Brettschneider/Kleine* 2001, 355; ähnlich *Brinkhoff*: Sport und Sozialisation im Jugendalter, Weinheim 1998, 320); relevant dürfte insoweit immer das Klima im Verein sein und das Verantwortungsgefühl des Trainers bzw. der Vereinsführung;
- Anhänger von Sportarten wie Basketball, Tischtennis oder Schwimmen sind hingegen in krimineller Hinsicht grundsätzlich unauffällig; das gilt auch für solche Probanden, die sich in anderen Vereinen (etwa Musik, Kultur- oder Wandervereinen) engagieren (*Agnew/Petersen*: Leisure and Delinquency, in: Social Problems 1989, 343; *Lux* 1993, 15/30).

*d) Lernpsychologische Ansätze*

41 Ein „konzeptionelles Gegenstück zur animativen Didaktik besteht in strukturierten lernpsychologischen Maßnahmen, die dem verhaltenstherapeutischen Bereich zuzuordnen sind" (*Lösel* 1983, 79): Konzepte des Lernens durch Bekräftigung (vgl. § 6 Rdn. 29).

*aa) Contracting und Modellernen*

42 Zum Beispiel kann man mit Jugendlichen, die in einem offenen Heim verkehren, verabreden **(„contracting")**, daß diese für Hilfeleistungen bzw. für sozial erwünschte Freizeitaktivitäten belohnt werden, während auf sozial unerwünschte Aktivitäten vorher vereinbarte Konsequenzen folgen. In diesem Rahmen spielt auch das Modellernen (§ 6 Rdn. 45), die **Imitation**, eine Rolle: Die delinquenz-gefährdeten Jugendlichen sollen mit Hilfe von Modellpersonen, Videofilmen, Rollenspielen lernen, soziale Problemsituationen angemessener zu bewältigen, und in die Lage versetzt werden, differenziertere Handlungskompetenzen zu entwickeln: z. B. auch im Rahmen der Erlebnispädagogik.

*bb) Erlebnispädagogik*

Die Erlebnispädagogik („Reisepädagogik") setzt auf **Erfahrungslernen.** 43
Ihre **Angebote** (mit Abenteuercharakter) reichen von Segeltörns, Kanuwandern bzw. Wildwasserfahrten, Zeltlagern, Hochgebirgswandern, Skifahren und Radtouren bis zu Jeep-Touren in der Wüste oder sog. **„City-Bo(u)nd"-Projekten** (bounding = soziale Bindung herstellen: vgl. Rdn. 18 zu § 6). Im Rahmen von City-Bound-Projekten soll verhaltensgestörten (primär männlichen) jungen Menschen bzw. jugendlichen Straftätern bzw. „Crash-kids, Kindernutten, Jung-Junkies" (SPIEGEL 6/2004, 87) etwa die Möglichkeit eingeräumt werden, eine Polizeistreife im Dienst zu begleiten (vgl. *Heckmair* in: *Bedacht* et al. 1992, 188), um z.B. die Rolle der Polizei besser kennenzulernen bzw. Vorurteile abzubauen.

Die **Rechtsgrundlage** für solche „finalen Rettungskonzepte" (*Klawe/* 44
*Bräuer* 1997, 159) bilden für das Jugendamt die §§ 27, 29, 34, 35 KJHG (= SGB VIII), und für den Strafrichter primär der § 10 Abs. 1 Satz 3 Nr. 6 JGG. Insoweit wird das Erfahrungslernen im Rahmen von Gruppenaktivitäten (mit 5 bis 30 Teilnehmern im Alter zwischen 14 und 18 Jahren) angeboten oder als Individuelle Sozialpädagogische Einzelbetreuung (ISE: dazu *Fandrey* 1999, 97).

*„Dutzende Vereine verdienen an dem Geschäft, die Jugendämter zahlen meist zwischen 100 und 200 Euro pro Tag, pro Kopf" (SPIEGEL 6/2004, 87). „Hamburg zahlt durchschnittlich pro Kind und Tag 132 EURO für Auslandsprojekte – plus Reisekosten. Ein Tag in einem vergleichbaren Heim in der Elbstadt kostet indes 121 EURO (FOCUS 8/2004, 37).*

Derartige Aktivitäten, die „geeignet und notwendig" sein müssen (§ 27 Abs. 1 SGB VIII), gelangen allerdings mitunter negativ in die **Schlagzeilen der Medien** (vgl. Zeitungsausriß unten), **wenn etwa „kriminelle Kinder mit teuren Urlaubsreisen (im In- oder Ausland) belohnt" werden** (*Heckner* 1999, 12). Als bloße Vergnügungsreise konzipierte (Reise-)Pädagogik **(„Pädagogik unter Palmen")** ist aber nicht gemeint (vgl. dazu *Heckner* aaO, 14 ff).

STRAFTÄTER

**Risiko am Rio Coco**

Die Bundesregierung will die umstrittene Erlebnispädagogik im Ausland schärfer reglementieren – jugendliche Kriminelle belasten die diplomatischen Beziehungen zu anderen Staaten.

aus: *DER SPIEGEL* 6/2004, 87

Die Anhänger der Erlebnispädagogik (vgl. dazu die Autoren in *Hom-* 45
*feldt* 1995) erhoffen sich von ihrem Konzept (das **Grenzerfahrungen** vermitteln soll) vielmehr **einen positiven Beitrag zur Persönlichkeitsentwicklung** der betreuten Probanden, nämlich

- die Erhöhung der Beziehungs- bzw. **Teamfähigkeit** (wenn Jugendliche z.B. als Teil einer Schiffsbesatzung mitfahren) oder
- die Entwicklung von **Verantwortungsgefühl** (wenn z.B. einer vom anderen beim Abseilen von Felsen bei Klettertouren abhängig ist) und **Rücksichtnahme** sowie
- die Entwicklung von **Phantasie, Aktivität und Kreativität**; darüber hinaus soll die Erlebnispädagogik gefährdeten Crash-kids auch den **Nervenkitzel** verschaffen, „den sie sonst nur mit Hilfe von Drogen oder bei Fahrten mit gestohlenen Autos spüren“ (*SPIEGEL* 36/1996, 143).

**46** Generell wird auch die Herausbildung von **Selbstvertrauen** (bzw. Selbstwertgefühl) sowie **Frustrationstoleranz** und damit ein positiver Einfluß auf die Selbsteinschätzung erwartet (*Fandrey* 1999, 98). Ob das gelingt bzw. ob dem Rückfall effektiv vorgebeugt werden kann, ist allerdings umstritten (krit. insoweit z.B. *Sonnen* in DER SPIEGEL 6/2004, 88; Überblick über die Effizienzforschung bei *Rehm* 1999, 153ff; zur Geschichte der Erlebnispädagogik vgl. *Fischer-Ziegenspreck* 2000, 221ff).

*Die Liste der Straftaten, die die Erlebnisreisenden im Ausland verüben, reichen vom Diebstahl, Drogenkonsum, Prostitution bis zu Schlägereien und Tötungsdelikten. Nach der Änderung des KJHG ab 1. Januar 2005 sollen „intensivpädagogische Maßnahmen für schwierige Jugendliche zur absoluten Ausnahme werden“ (Bundessozialministerin Schmidt, zit. nach FOCUS 8/2004, 37; vgl. auch Zeitungsausriß).*

### 3. Freizeitgestaltung und Rückfallverhütung

**47** Anregungen zur Freizeitgestaltung erfolgen auch im **Rahmen des Resozialisierungsvollzuges** (§§ 2ff StVollzG). So soll der Gefangene nach § 67 StVollzG in seiner Freizeit die „Gelegenheit erhalten, am Unterricht einschließlich Sport, an Fernunterricht, Lehrgängen und sonstigen Veranstaltungen der Weiterbildung, an Freizeitgruppen, Gruppengesprächen sowie an Sportveranstaltungen teilzunehmen und eine Bücherei zu benutzen“ (Beispiele dazu bei *Koepsel* 1999, Rdn. 1ff zu § 67 sowie *Walkenhorst* in: DVJJ-Journal 3/2000, 265ff). Seit Einführung des Fernsehens auf der Zelle (1999) durch das 3. StVollzÄndG (vom 26. August 1998) werden allerdings alle Angebote, soweit es sie überhaupt gibt, spürbar weniger wahrgenommen (zu der Art der konsumierten TV-Filme vgl. Rdn. 35 zu § 14).

## § 14 (Massen-)Medien und Kriminalität

**Literatur:** **Aufenanger,** St.: Neue Medien – Neue Pädagogik. Ein Lese- und Arbeitsbuch zur Medienerziehung in Kindergarten und Grundschule, Bonn 1991; **AJS**: Cybermobbing, Köln 2010; **BMI** (Hrsg.): Kriminalität in den Medien, Mönchengladbach 2000; **Bundesprüfstelle**: Wegweiser Jugendmedienschutz, 1. Auflage 2005; **BPJM**: Thema Wegweiser Jugendmedienschutz 2009; **Brenneisen**, H./**Staack**, D.: Die virtuelle Streife in der Welt der Social Media, in: Kriminalistik: 11/2012, S. 627–631; **DFK**: Internet-Devianz, Berlin 2006; **Dölling,** D./**Gössel,** K.H./**Waltos,** St. (Hrsg.): Kriminalberichterstattung in der Tagespresse, Heidelberg 1998; **Dreyer**, St./**Hajok**, D.:

Jugendschutzprogramme – Aktueller Forschungsstand zur Nutzung und Akzeptanz bei Eltern, in: JMS-Report, Februar 1/2012, S. 2–5; **Eicke,** U./**Eicke,** W.: Medienkinder, München 1994; **Feltes,** T.: Stigmatisierung durch Kriminalberichterstattung? in: Kriminalistik 1980, S. 451–456; **Feshbach,** S.: The Stimulating versus Cathartic Effects of a Vicarious Aggressive Activity, in: Journal of Abnormal and Social Psychology 1961, S. 381–385; **Förster,** M./**Schenk,** J.: Der Einfluß massenmedialer Verbrechensdarstellungen auf Verbrechensfurcht und Einstellung zu Straftätern, in: MschrKrim 1984, S. 90–103; **Friedrich**, H.-P.: Vorratsdatenspeicherung: Schutz der Grundrechte durch Bruch des Europarechts?, in Recht und Politik 4/2012, S. 206; **Geerds,** F.: Berichterstattung über Strafsachen, in: FS für *Oehler,* Köln 1986, S. 423–446; **Glogauer,** W.: Kriminalisierung von Kindern und Jugendlichen durch Medien, 2. Aufl., Baden-Baden 1991; **Glogauer,** W.: Videofilmkonsum der Kinder und Jugendlichen, Bad Heilbronn 1988; **Groebl,** J./**Gleich,** U.: Gewaltprofil des deutschen Fernsehprogramms, Opladen 1993; **Groebl,** J.: Die Rolle der Gewaltdarstellung in den Medien, in: Magazin der Polizei Juli/Aug. 1994, S. 4–9; **Hauptmann,** W.: Medien und Kriminalität, in: *Baltl,* H. (Hrsg.): Kriminalität und Massenmedien, Graz 1981; **Hestermann,** Th.: Fernsehgewalt und Einschaltqueote, Baden-Baden 2010; **Höhler,** G.: Ein Klima von erlaubter Gewalt. Brutalität im Fernsehen baut Aggressionshemmungen bei Kindern und Jugendlichen ab, in: Deutsche Zeitung vom 23. September 1977, S. 9; **Hönge,** F.: Gewaltdarstellungen in Medien – eine europäische Dimension, in: JMS-Report 1996, S. 1–4; **Höynck,** Th./**Mößle,** Th./**Kleinmann,** M./**Pfeiffer,** C./**Rehbein,** F.: Jugendmedienschutz bei gewalthaltigen Computerspielen. Eine Analyse der USK-Alterseinstufungen, Hannover 2007; **Katzer,** C.: Cyberbullying und sexuelle Viktimisierung von Kindern und Jugendlichen in Chatrooms, in: forum kriminalprävention 3/2008, S. 26–33; **Kepplinger,** H. M./**Dahlem,** S.: Medieninhalte und Gewaltanwendung, in: *Schwind,* H.-D./ *Baumann,* J.: Ursachen, Prävention und Kontrolle von Gewalt, Berlin 1990, Bd. III, S. 383–396; **Kepplinger,** M./ **Giesselmann,** T.: Die Wirkung von Gewaltdarstellungen in der aktuellen Fernsehberichterstattung, in: Medienpsychologie 1993, S. 160–189; **Kunczik,** M.: Gewalt im Fernsehen. Die Analyse der potentiell kriminogenen Effekte, Wien 1975; **Kunczik,** M.: Wirkungen von Gewaltdarstellungen. Zum aktuellen Stand der Diskussion, in: *Friedrichsen,* M./*Vowe,* G. (Hrsg.): Gewaltdarstellungen in Medien, Opladen 1995, S. 125–144; **Kunczik**, M./**Zipfel**, A.: Medien und Gewalt. Befunde der Forschung 2004–2009. Bericht für das Bundesministerium für Familie, Senioren, Frauen and Jugend, Berlin 2010; **Lamnek,** S.: Kriminalitätsberichterstattung in den Massenmedien, in: MschrKrim 1990, S. 163–176; **Lauton,** A.: Gewalt auf Video, in: Kriminalistik 1984, S. 573–578; **Liesching,** M.: Das ist doch (k)ein Kinderspiel. Wo lauern Gefahren beim Spielen im Netz?, *WEISSER RING,* Mainz 2003; **Liesching,** M.: Glücks- und Gewinnspielrecht. Grundlagen und Besonderheiten des Jugendschutzes, in: JMS 3/2013, S. 3–5; **Linhart,** P.: 40 Jahre FSK – Wie gut ist der Jugendschutz bei ihr aufgehoben? in: Film & Fakten 11/1990, S. 63ff; **Lippert,** F./**Sürmann,** H.: Wirtschaftskriminalität und Internet, in: Kriminalistik 4/2007, S. 231–235; **Lorch,** St.: Ermittlungen im Internet, in: Kriminalistik 2001, S. 328–333; **Löschper,** G.: Gewalt und Medien, in: KrimJ 4/1998, S. 242–261; **Lukesch,** H.: Jugendmedienstudie, Regensburg 1990; **Märkert,** W./ **Kettig,** A./**Jansen,** K.: Internet-Krimi, in: der Kriminalist 11/98, S. 457–460; **Karliczek,** K.-M.: „Intensivtäter", im Spannungsfeld zwischen Politik und Medien, in *Bindel-Kögel,* G./*Karliczek,* K.-M.: Jugendliche Mehrfach- und „Intensivtäter", Berlin 2009, S. 89–119; **Linssen,** R./**Albrechts,** N.: Lokale Presse und Öffentlichkeitsarbeit – Gestaltungsspielräume für die Polizei, in: Die Polizei 8/2008, S. 221–227; **Linz,** St./**Falk,** F.: Jugendschutz im Internet – Der erweiterte Tätigkeitsbereich von FSK und USK, in JMS-Report 1/2012 S. 6–7; **Medienpädagogischer Forschungsverbund Südwest** (Hrsg.): JIM-Studie, Stuttgart 2010; **Meier**, B.-D.: Sicherheit im Internet, in: MschrKrim 3/2012, S. 184–204; **Meyn,** H.: Massenmedien in der Bundesrepublik, Berlin 1985; **Mößle,** Th./ **Kleinmann,** M./**Rehbein,** F.: Bildschirmmedien im Alltag von Kindern und Jugendlichen, Baden-Baden, 2007; **Mößle**, Th.: „dick, dumm, abhängig, gewalttätig?", Baden-Baden, (KFN) 2012; **Mohr,** I.: Jugendschutz im Fernsehen, in: JMS-Report 2/1998, S. 1–8; **Müller,** R./ **Zimmermann,** M.: Mediengewalt und Gewaltbereitschaft, in: Kriminalistik 1992, S. 227–246; **Näger,** S.: Kreative Medienerziehung im Kindergarten, Freiburg 1992, **Nolden,** D./**Stefen,** R.: Jugendmedienschutz – Institutionen im Überblick, in: JMS-Report – Juni 3/1996, S. 1–3; **Pfeiffer,** C./**Windzio,** M./**Kleimann,** M.: Media Use and its Impacts on Crime Perception, in: European Journal of Criminology 2005, (3), S. 260–285; **Prittwitz,** C.: Kriminalpolitik in der Mediengesellschaft, in FS für R. Hamm, Berlin 2008; **Raithel,** J.: Medien, Familie und Gewalt im Jugendalter, in: MschrKrim 2003, S. 287–298; **Rau,** D./**Wulf,** R.: Zulässigkeit identifizierender Kriminalberichterstattung, in: Kriminalistik 8–9/2010, S. 467–472; **Reuband,** K.-H.: Die Polizeipressestelle als Vermittlungsinstanz zwischen Kriminalitätsgeschehen und Kriminalitätsberichterstattung, in: KrimJ 10/1978, S. 174–186; **Reuband,** K.-H.: Kriminalität als Thema ostdeutscher Massenmedien vor und nach der Wende, in: KrimJ 2000, Heft 1, S. 43–45; **Risch/Volkmer:** Tatort Internet, Ein Bericht über die BKA-Herbsttagung, in Kriminalistik 2008, S. 86ff; **Schäfer,** A.: Polizeiliche Pressearbeit und ihr Umgang mit der Kriminalstatistik, in: MschrKrim 2002, S. 55–67; **Scheungrab,** M.: Filmkonsum und Delinquenz, Regensburg 1993; **Schneider,** H.-J.: Massenmedien und Kriminalität, in: *Schneider,* H.-J. (Hrsg.): Die Psychologie des 20. Jahrhunderts, Bd. 14, Auswirkungen auf die Kriminologie, Zürich 1981, S. 631–682; **Schwind,** H.-D./**Baumann,** J./**Schneider,** U./**Winter,** M.: Endgutachten der (Anti-)Gewaltkommission der Bundesregierung, in: *Schwind,* H.-D./ *Baumann,* J.: Ursachen, Prävention und Kontrolle von Gewalt, Bd. I, Berlin 1990; **Schwind,** H.-D./**Fetchenhauer,** D./**Ahl-**

**born,** W./**Weiß,** R.: Kriminalitätsphänomene im Langzeitvergleich am Beispiel einer deutschen Großstadt (Bochum) 1975/1986/1998, Wiesbaden 2001; **Schwinge,** E.: Machtmißbrauch der Massenmedien, Tübingen 1989; **Seifert,** S.: Die Freiwillige Selbstkontrolle der Filmwirtschaft (FSK), in: JMS-Report 6/2011, S. 2–4; **Sensburg,** P. A.: Verkehrsdatensicherung, in: Kriminalistik 6/2013, S. 393–395; **Sessar,** K.: Über einen (vergeblichen) Versuch, mit den Medien über kriminologische Erkenntnisse ins Gespräch zu kommen, in: KrimJ 1996, S. 281–284; **Sessar,** K.: Kriminalitätseinstellungen: Von der Furcht zur Angst?, in: FS für *Schneider,* H.-J., Berlin 1998, S. 399–414; **Siller,** H.: Computerkriminalität, in: Kriminalistik 11/2011, S. 712–715; **Smaus,** G.: Funktion der Berichterstattung über die Kriminalität in den Massenmedien, in: KrimJ 1978, S. 187–201; **Soiné,** M.: Fahndung via Internet, in: NStZ 1997, S. 166–169 und S. 321–325; **Stein-Hilbers,** M.: Kriminalität im Fernsehen, Stuttgart 1977; **Stock,** J.: International Cybercrime, in: *Marks,* E./*Steffen,* W. (Hrsg.) Neue Medienwelten – Herausforderungen für die Kriminalprävention, Bad Godesberg 2013, S. 331–338; **Streng,** F.: Kriminalität und Publicity, in: Kriminalistik 1977, S. 499–500; **Taschler-Polacek,** H./**Lukesch,** H.: Viktimisierungsangst als Folge des Fernsehkonsums? in: Publizistik 1990, S. 443–453; **Theunert,** H.: Gewalt in den Medien – Gewalt in der Realität, 2. Aufl., München 1996; **Vogelsang,** W.: Jugendliche Video-Cliquen, Opladen 1991; **Walter,** M.: Über Kriminalität als Gegenstand öffentlicher Debatten, in: MschrKrim 1998, S. 433–440; **Walter,** M.: Mediale Kriminalitätsdarstellungen und die Diskussion um eine Verschärfung des Jugendkriminalrechts, in: AWPsozA 1/2007, S. 26–35; **Walter,** M.: Die mediale Ausbeutung von Tätern und Opfern, in: *Friedrich-Ebert-Stiftung* (Hrsg.): Im Zweifel gegen das Opfer, Berlin 2001, S. 73–78; **Walter,** M.: Über Medien als Kriminalpolitiker, in: Bd. 31 der Schriftenreihe des Instituts für Konfliktforschung, Berlin 2009, S. 27–42; **Weyl,** B.: Chancen freiwilliger Selbstkontrolle. In: *Erbring,* L./*Ruß-Mohl,* St./*Seewald,* B. (Hrsg.): Medien ohne Moral, Berlin 1988, S. 150 ff; **Wiedemann,** P.: Tatwerkzeug INTERNET, in: Kriminalistik 4/2000, S. 229–239.

## Gliederung



1 Die Themen, die mit Kriminalität zu tun haben, nehmen in den (Massen-)Medien deshalb so breiten Raum ein, weil alles, was mit diesem Phänomen zusammenhängt, die Kunden der Medien, die Konsumenten, mehr oder weniger fasziniert, zumindest aber interessiert. Aus dieser Wechselbeziehung zwischen Angebot und Nachfrage resultiert andererseits aber

auch (wie z. B. *Schneider* 1981, 632 vermutet), daß „das **‚Bild in unseren Köpfen‘ über Kriminalität von den Massenmedien**“ bestimmt wird.

Unter der **Sammelbezeichnung „Massenmedien“** sind dabei Presse, Rundfunk, Bücher, CD's, Internet, Computerspiele, Film- und Fernsehbeiträge (einschließlich der Video-Kassetten bzw. DVD [Digital Versatile Disc]) zu verstehen (zu gewaltverherrlichenden Spielen vgl. Rdn. 9 zu § 13). Vgl. dazu den Zeitungsausriß.

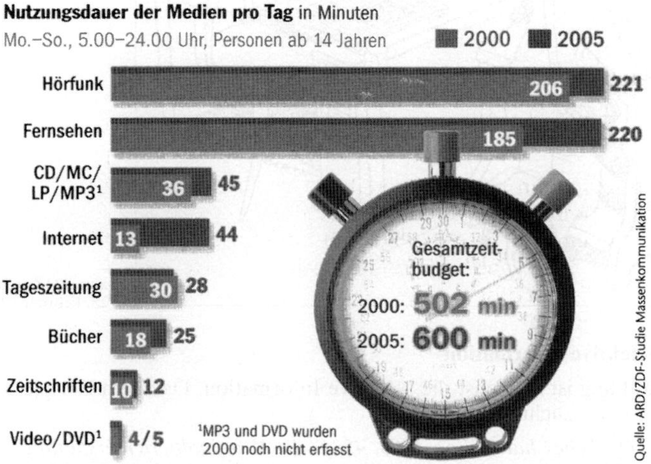


aus: *FOCUS* 42/2005, 230

## I. Zur Darstellungsweise der Kriminalität in den (Massen-)Medien

Kriminalität (insbesondere Gewaltkriminalität) besitzt seit jeher hohen **2**
Unterhaltungswert: schon in der Bibel (Kain und Abel), in der Sage (Ermordung Siegfrieds) oder im Märchen (Hänsel und Gretel). Es kann daher nicht überraschen, daß auch die modernen Massenmedien (nicht nur die sog. Regenbogenpresse) im Wettbewerb um Einschaltquoten und Auflagenhöhen sensationsorientiert über Straftaten (bzw. entsprechende Prozesse) berichten. **„Bad news“ sind für die (meisten) Medien „good news“**, weil sie die Aufmerksamkeit ihrer Konsumenten steigern (vgl. die Karikatur unten). Insoweit ist „Kriminalität über die Medien ständig präsent. Die Präsenz hat erlebbare Formen: Bild und Ton ... Die Kriminalität gehört (damit) zum **‚Ambiente der modernen Gesellschaft‘**“ *(Marxen* in Jura 2000, 297). „Je spektakulärer das Ereignis erscheint, je schwerwiegender es ist, desto größer ist die Chance aufgegriffen und zum Thema der Berichterstattung zu werden“ *(Reuband* 2000, 51); **„als spektakulär gelten Gewaltdelikte** ..., Delikte mit großem Schaden sowie Delikte, die in gehäufter Weise auftreten“ *(Reuband* 2000, 52).

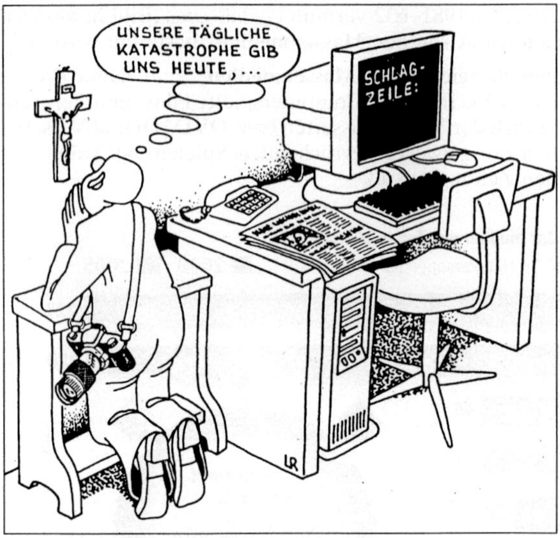


aus: *NOZ* vom 28. Februar 1998

### 1. Selektive Information

3 Auffällig ist zunächst die selektive Information. Dazu ein Beispiel aus einer Untersuchung von *Feltes.*

*(1) Feltes hat (schon 1980, 453f) die Kriminalberichterstattung von fünf* ***Frankfurter Zeitungen*** *beobachtet (vgl. auch Lamnek* 1990, 163ff: zwei Zeitungen; *Ionescu in Dölling u.a. 1998, 45ff.: drei Zeitungen; Reuband 2000, 43ff: drei Dresdner Zeitungen) und dabei festgestellt, daß sich „zwischen 10 und 20 Kriminalberichte pro Tag in jeder Zeitung finden, ... (wobei) die Gewaltkriminalität überwiegt ... Straftaten gegen das Leben, Raubdelikte und Geiselnahmen sind* ***deutlich überhöht****, und zwar um bis zu dem 300fachen gegenüber der offiziellen Kriminalstatistik" (zu dieser vgl. Rdn. 14ff und 26 zu § 2). Der Anteil der Kriminalberichterstattung in den Fernsehnachrichten, die sich auf das Inland beziehen (ARD, ZDF, RTL, Sat 1) schwankt zwischen 2,5 und 8,2 % (Hestermann 2010, 108).*

Die selektive Berichterstattung der Presse hat offensichtlich aber auch damit zu tun, daß die **Polizeipressestelle** im (schriftlichen) Pressebericht bereits **selektiert**; das ist auch von *Reuband* (1978, 174ff; 2000, 51) und *Schäfer* (2002, 55ff) beobachtet worden: die Polizei informiert die Presse eher über Gewaltdelikte als über andere Straftaten (dazu *Linssen/Albrecht* 2008, 221ff).

*(2) Bei Lamnek (1990, 164) kann man nachlesen, daß „Gewaltdelikte in der polizeilichen Presseerklärung das 6-fache, in den Pressemeldungen das 8-fache und auf der Titelseite das 11-fache ihres regis-*

*trierten Auftretens ausmachen"; ähnlich Walter (in KrimPäd 43/2004, 29): der Anteil der Gewaltkriminalität, der „um die 3 % kreist, macht in der medialen Berichterstattung 50 % und mehr aus".*

*(3) Karliczek hat (2009, 195) an Hand der „Berliner Zeitung" (Jahrgänge 2000–2008) festgestellt, daß die Berichterstattung zu den Stichworten „Intensivstraftäter" und „Mehrfachstraftäter" um über das Zwanzigfache zugenommen hat (vgl. dazu Rdn. 23a zu § 3).*

aus: *NOZ* vom 8. Januar 2000

Das Ausmaß der Berichterstattung ist im Übrigen **„unabhängig"** von der **Kriminalitätsentwicklung** (*Reuband* schon 1978, 174).

## 2. Sensationsorientierte Berichterstattung

**Kritisiert werden** die (Massen-)Medien in Bezug auf ihre Kriminalitätsberichterstattung meist auch deshalb, 4

– *erstens:* weil über die Kriminalitätsentwicklung dramatisiert und **verzerrt** informiert wird: Fixierung auf Sexual- und Gewalttaten **(Sex- und Crime)**, insbesondere auf (oft untypische Einzelfälle) von Mord- und

Totschlagsverbrechen (*Förster/Schenk* 1984, 91): Effekthascherei (moralische Panik, Jagd nach „Quote" und Auflagenhöhe: Verkaufsinteressen): **„Diktatur der Einschaltquote";**

- *zweitens:* weil „über allem der **Zug des Sensationellen** steht" (*Jung* 1985, 295; *Lamnek* 1990, 163ff; siehe auch die Karikatur auf vorhergehender Seite: tägliche Katastrophenmeldung): einseitige Auswahl besonders dramatischer (Einzel-) Fälle, also **Fallskandalisierung** (*Förster/Schenk* aaO) bzw. **„Emotionalisierung"** (*Walter* 2009, 32); zu den Extremen gehören die sog. **Reality-Shows** (dazu *Mohr* 1998, 1);
- *drittens:* weil die ausführliche Berichterstattung für viele Täter **Belohnungscharakter** besitzt; der Status als „negativer Held sichert Aufmerksamkeit" (Medienexperte Jo *Groebel* in FOCUS Nr. 28 vom 11. Juli 1994, S. 124): vgl. Rdn. 11a;
- *viertens:* weil es zu **Verdachtsberichterstattungen** kommt (dazu *Rau/Wulf* 2010, 467), die (trotz der Warnung des BVerfG E 35/202, 232) zu **Vorverurteilungen** (Emotionsjournalismus) führen (*Feltes* 1980, 451), z.T. im Zuge von abgesprochenen Kampagnen (**„Rudeljournalismus"** bzw. „Enthüllungsjournalismus": *Walter* 2009, 31);
- *fünftens:* **Skandalisierung vorgeblicher Strafbarkeitslücken** (Beispiele bei *Neubacher* ZStW 4/2006, 864ff) mit „passenden" Überschriften (*Walter* 2009, 35);
- *sechstens:* an **komplexeren Zusammenhängen** sind manche Medien nicht interessiert (dazu *Prittwitz* 2008).

*Geerds* (1986, 430) spricht von einer „bis zum Rufmord gehenden Perversion der Kriminalberichterstattung". Das gilt auch für Gerichtsverfahren: „immer müssen die ausgewählten Prozesse ‚spektakulär' sein" (*Schild* 1983, 91). Bemängelt wird ferner, daß „die komplexe Realität ... auf den einfachen Nenner ‚Gut' oder ‚Böse' gebracht wird" (*Jung* 1985, 295). Außerdem „vermitteln Aufklärung einer Straftat und Ermittlung des Rechtsbrechers die beste Rechtfertigung, **im intimen persönlichen Leben des Täters und des Opfers nach Herzenslust herumzuwühlen** und alle menschlichen Schwächen und Laster vor dem Leser-, Zuhörer- oder Zuschauerkreis auszubreiten". Es „geht hier nicht mehr um soziale und persönliche Hintergründe, die zur Straftat geführt haben, sondern um das genüßliche Verbreiten menschlicher Unmoral unter einem bloßen Vorwand" (*Schneider* 1980, 10). Dabei scheinen „sozial höher gestellte Täter einen höheren ‚Nachrichtenwert' bzw. Marktwert zu haben als andere **(„marketable news")**. Millionäre, Ärzte, Parlamentarier, Rechtsanwälte, Schauspieler und ähnliche Personen reizen offensichtlich in Verbindung mit Straftaten eher zur Berichterstattung als sog. Alltagspersonen" (*Feltes* 1980, 453). Dazu aber zwei einschränkende Entscheidungen:

*(1) Ende der neunziger Jahre hat das **BVerfG** (NJW 1998, 1381) entschieden, daß Zeitungen und Zeitschriften verpflichtet sind, **Gegendarstellungen auf der Titelseite** zu veröffentlichen, wenn sie dort Artikel abgedruckt haben, die das Persönlichkeitsrecht beeinträchtigen.*

*(2) Ende Juni 2004 hat der (Straßburger)* ***Europäische Gerichtshof für Menschenrechte*** *(anders als noch 1999 das BVerfG = BVerfGE 101, 361/388 ff) entschieden, daß Berichte über das* ***Privatleben*** *Prominenter und Personen der Zeitgeschichte künftig nur dann erlaubt seien, wenn sie (erstens) mit den Amtsgeschäften zu tun hätten bzw. Personen bei der Wahrnehmung öffentlicher Aufgaben zeigen und (zweitens) für die öffentliche Debatte ein „allgemeines Interesse" bestehe. An diesem Maßstab gemessen wurde die Veröffentlichung von Fotos der Prinzessin Caroline von Monaco beim Skiurlaub, beim Reiten und beim Tennisspielen für unzulässig erklärt* ***(sog. Caroline-Urteil)****: vgl. SPIEGEL 35/2004, 141; FOCUS 37/2004, 157.*

Ob der Straftäter „als der grundlegend Andere, der Außenseiter, Gegner, gar als der Feind des normalen Bürgers erscheint" (*Jung* 1985, 295), ist umstritten. Nach der Beobachtung von *Schild* (1983, 91) jedenfalls „haben die Massenmedien ein durchaus ‚verständnisvolles' Bild des Straftäters verbreitet". Andere hingegen beklagen gerade „die einseitige, öffentliche, tatentschuldigende Diskussion und die gleichzeitige Verdrängung der Opferschicksale" (*Zimmermann* 1984, 205). **5**

Über die **Erwartungen von Journalisten an Kriminologen** vgl. *Walter* 1998, 433 ff; und umgekehrt: *Sessar* in KrimJ 1996, S. 281–284. Zum politischen Einfluß **türkischer Medien** auf Migranten Rdn. 15h zu § 24.

## II. Wirkungen der Kriminalitätsdarstellung in den Bildmedien

**6** Die Bildmedien übernehmen immer mehr die Rolle, die früher den Schulen, den Kirchen und den Familien oblag, nämlich Einfluß auf die Werte, Zielsetzungen und Verhaltensweisen der Gesellschaft zu nehmen (Sondergutachten USA von *Schneider* in: *Schwind/Baumann* et al., Bd. I, 1990, 82). **„Hauptinstrument der Bewußtseinsindustrie" ist das Fernsehen** (*Hacker* in: *Schwind/Baumann* et al. aaO).

### 1. Wirkungschancen allgemein

**7** Die Menschen in der Bundesrepublik widmen den Medien, neben Schlafen und Arbeiten, die meiste Zeit in ihrem Leben, nämlich durchschnittlich mehr als 6,5 Stunden täglich; obenan steht das Fernsehen (vgl. unten auch Rdn. 13 ff).

Die Medien erlangen dadurch eine erhebliche Wirkungschance. Diese bezieht sich vor allem (vgl. dazu die Sekundäranalyse der Anti-Gewaltkommission der Bundesregierung: *Schwind/Baumann* et al. aaO) auf die

- ***Erzeugung von Klischees und Feindbildern*** *(„die" Ausländer, „die" Alternativen, „die" Wirtschaftsbosse, „die" Polizei usw.),* **7a**
- ***Skandalisierung von Normverstößen****, wenn dadurch Betroffenheit und Entrüstung ausgelöst werden können, insbesondere dann, wenn es um Persönlichkeiten des öffentlichen Lebens geht (z. B. um einen Minister*

*oder sogar den Bundespräsidenten): stigmatisierende Berichterstattung (dazu Hestermann 2009, 193);*

8 – ***Förderung sozialer Desintegration*** *(geringere Teilnahme am Gemeinschaftsleben): sozialer Rückzug,*

9 – ***Vermittlung negativer Weltbilder*** *(es wird primär über Katastrophen und Skandale berichtet): Sichtverengung,*

10 – ***Auslösung von Nachahmungs-, Gewöhnungs- und Verstärkereffekten*** *bei Gewalttätern (so auch Glogauer 1988 und 1991; vgl. ferner Streng 1977, 499 m. w. N.); zum Trittbrettfahrer vgl. Zeitungsausriß;*

## Plötzlich im Rampenlicht

### Auch Medien verantwortlich für Trittbrettfahrer

**Frankfurt/Main** (ap). Fünf Tage lang war der Erpressungsfall Deutsche Bahn in allen Medien – und ständig stieg die Zahl der Trittbrettfahrer. Bahnvorstandschef Johannes Ludewig berichtete nach der Festnahme der Erpresser, allein am Montag habe es 18 Nachahmungstaten gegeben. Christian Pfeiffer, Leiter des kriminologischen Instituts in Hannover, sieht eine wesentliche Ursache für die zunehmende Zahl der Trittbrettfahrer vor allem auch in dem „Riesenzirkus", der in den Medien um Firmenerpressung gemacht werde.

Laut Pfeiffer gibt es nur zwei Gründe für ein Unternehmen, der Öffentlichkeit von der Erpressung zu berichten: „Wenn die Allgemeinheit gefährdet ist und zum Beispiel vor dem Verzehr von Senf der Marke X gewarnt werden muß oder wenn es ein Phantombild des Täters gibt, und die Bevölkerung um Mithilfe gebeten werden muß."

aus: *HAZ* vom 24. Dezember 1998

11 – ***Aktualisierung von Kriminalitätsfurcht*** *(dazu auch Förster/Schenk 1984, 91; Taschler et al. 1990, 443, sowie Rdn. 12 ff zu § 20; krit. Löschper 1998, 247 f): überproportional häufige bzw. überzogene Meldungen (Rdn. 3 und 4) führen zu furchtrelevanter* ***Überschätzung von Kriminalitätsphänomenen****. So wurde z. B. die Zahl der Tötungsdelikte (von Bochumer Befragten) mit von den Befragten vermuteten 10 % um das 250fache überschätzt: richtig waren seinerzeit 0,04 % (vgl. Schwind/Fetchenhauer, Ahlborn/Weiß 2001, 254; vgl. auch PSB 2006, 59). Ungerechtfertigte Dramatisierungen wiederum führen oft zu unnötigem (politischem) Handlungsdruck (dazu Scheerer, S.: Der* ***politisch-publizistische Verstärkerkreislauf****, 1978, 223), nämlich zu „wechselseitigem Aufschaukeln von dramatischer Berichterstattung und plakativen politischen Reaktionen" (Streng in Vormbaum: Kritik des Feindstrafrechts, Berlin 2009, 195).*

11a – ***Druck auf den Gesetzgeber****, sich „der Sache anzunehmen": Medienöffentlichkeit kann Politiker in* ***„Zugzwang"*** *setzen (vgl. Walter 2001, 77 und 2007, 26 ff sowie Rdn. 14 zu § 20).*

11b – ***Unterstützung der Anliegen von Gewalttätern bzw. Terroristen****, denen manche Medien eine* ***Plattform*** *zur Verbreitung ihres Gedankengutes* *eröffnen: „Der von den Terroristen erstrebte Masseneffekt wird erst von den Medien erzielt, ... (nämlich) in der Bevölkerung Angst und Unsicherheit zu verbreiten“ (Walter 2007, 26);*

- ***vorsätzliche Anstiftung zu Straftaten:*** *„wenn Journalisten etwa Rechtsradikale zum Hitlergruß oder zum Schreien von Naziparolen veranlassen, um dann derartige Bild- und Tonaufnahmen zu verkaufen“ (Walter 2009, 31);* **11c**
- ***die gezielte (politische) Parteinahme*** *(„mediale Kriminalpolitik“: Hestermann 2009, 193) durch manche Medienvertreter (oft die* ***„Meinungsmacher“****): so polarisieren (nach Befunden von Kepplinger/Giesselmann 1993, 160ff) z.B. „einseitige Filmberichte über* ***gewaltsame Demonstrationen,*** *die die eine Seite als Aggressor und die andere Seite als Opfer von Aggressionen präsentieren, die Sichtweisen derer, die sich mit den Opfern identifizieren. Sie führen zu einer Idealisierung des eigenen Lagers und zu einer Stigmatisierung der gegnerischen Seite“. Sessar (1996, 282) spricht sogar von* ***„Strategien interessengeleiteter Meinungssteuerung“****.* **11d**

***Beispiel:*** *Für die eine Seite besteht die Polizei nur aus gewalttätigen „Bullen“, für die andere bestehen Demonstranten nur aus (arbeitsscheuen) Chaoten (vgl. dazu Rdn. 27 zu § 19). Der Medienvertreter kann die Emotionen selektiv zugunsten der einen oder anderen Seite anheizen: selektive Berichterstattung.*

Grundsätzlich sind allerdings alle Wirkungen (bzw. Wirkungschancen) **12** mehr oder weniger im Schrifttum **umstritten.** Darauf stützt sich auch eine **Stellungnahme des Deutschen Presserates** vom 14. November 1990, in der jeder von den (Massen-)Medien ausgehende Negativeinfluß als bloße Spekulation abgetan wird (**These von der Wirkungslosigkeit medialer Einflüsse**; vgl. dazu Rdn. 12 zu § 6): die Medienvertreter (Deutscher Journalistenverband, IG Medien, Bundesverband Deutscher Zeitungsverleger usw.: fühlen sich jedenfalls zu Unrecht an den Pranger gestellt. Wirklich zu Unrecht? (vgl. dazu Rdn. 37).

*Hat ihre Betroffenheit mit* ***Alibi-Untersuchungen*** *zu tun, nämlich „mit dem Ziel nachzuweisen, daß Fernsehgewalt ... keinen prägenden Einfluß auf gefährdete junge Menschen“ ausübt (so Kreuzer in UJ 2/1999, 57)?*

Da es bei der Auseinandersetzung primär um die Wirkungen von Gewaltdarstellungen im (kommerziellen) Fernsehen (auf Jugendliche und Kinder) geht, sollen insoweit Stimmen aus der Literatur vorgestellt werden (Rdn. 20ff). In Bezug auf die **Werbung** (dazu *Schneider* 1981, 646 m.w.N.) wurden Einflüsse des Fernsehens auf den Betrachter von den Medienvertretern auffälligerweise **nicht dementiert:** Was für die Werbung gilt (sie beeinflußt), gilt nicht für die Darstellung von Gewalt auf dem Bildschirm? *Löschper* (1998, 258) hebt insoweit hervor, „daß Massenmedien **‚nicht nicht wirken‘** können“.

**2. Bildmedien-Gewalt (und ihre Wirkung auf Jugendliche und Kinder)**

13 Die Untersuchungen zum Thema „Gewalt" beziehen sich primär auf die Einflüsse, die man insoweit dem **Fernsehen** (Krimiserien, Spielfilme usw.) dem Videokonsum (*Vogelsang* 1991, *Glogauer* 1991), und Computer und Gewaltvideos (dazu Rdn. 8 zu § 13) zutraut.

14 Wegen (vermuteter) Einflüsse auf die kindliche Sozialisation werden die Medien **„als dritter Elternteil"** diskutiert (*Schneider* 1981, 631) **bzw. als Kindermädchen**.

FREIZEIT

**TV als Kindermädchen**

aus: *DER SPIEGEL* Nr. 22 1997, 196

15 Daß man den Medien eine so große Bedeutung zuschreibt, hat mit der Erfahrung zu tun, daß nicht nur die Erwachsenen, sondern vor allem die Kinder (und zwar bereits ab drei Jahren) nicht unerhebliche Zeit mit dem Betrachten von gewaltorientierten Fernsehfilmen verbringen (**Reizüberflutung**):

16 – *so wurde nach einer Studie der Gesellschaft für Konsumforschung festgestellt, daß 3 bis 6jährige Kinder täglich im Schnitt 73 Minuten fern sehen, 6 bis 13jährige rund 100 Minuten und die über 14jährigen Jugendlichen etwa 111 Minuten (zit. nach Psychologie heute 1996, 57; vgl. auch Rdn. 5a zu § 13). Dazu wurde von Lukesch ermittelt (1990, 122), daß mit zunehmendem Alter das Interesse für Horror, Grusel- und Sexfilme zunimmt.*

17 – *nach einer KFN-Untersuchung (zit. nach SPIEGEL 12/2009, 54), die sich auf 44 610 Neuntklässler des ganzen Bundesgebietes bezieht, verbringen 15jährige im Schnitt jeden Tag etwa 140 Minuten mit Computerspielen; sie schwänzen die Schule und schmeißen die Lehre (vgl. dazu den Zeitungsausriß).*

18 – *am Samstagabend um 22 Uhr sehen in Deutschland immer noch durchschnittlich 1,7 Millionen Kinder im Alter von drei bis 13 Jahren fern und sahen nach Erhebungen z. B. primär folgende Filme: „Sudden Death" (RTL), „Deadly Revenge" (ProSieben) oder „Tödliche Gedanken" (SAT 1): so die SFB Jugendschutzbeauftragte Mohr in der Zeitschrift „Media Perspektiven" (zit. nach NOZ vom 27. Mai 1999, 16).*

19 Dementsprechend trug schon die SPIEGEL-Geschichte vom 12. Dezember 1977 (Nr. 51) den Titel: **„Fernsehgewalt: Leidtragende sind die Kinder."** Sieben Jahre später lautete die Titelgeschichte im Rahmen der sog. „Video-Welle" im selben Wochenmagazin: **„Blutrausch im Kinderzimmer – Horror-Video"** (*SPIEGEL* Nr. 11/1984), und 1999 hieß die Überschrift **„Krieg den Kino-Killern"** (*SPIEGEL* 27/1999, 168).

*a) Medien-Wirkungstheorien*

Die entsprechenden Forschungsarbeiten (vor allem psychologische Laborexperimente: Methodenkritik bei *Schneider* 1981, 647ff) haben zur Herausbildung primär folgender Theorien geführt, die nur kurz (daher vereinfacht) vorgestellt werden können: nämlich der **20**

- *„Katharsistheorie" (Theorie der Abreaktion),*
- *„Stimulationstheorie" (Lern- und Leitbildtheorie),*
- *„Habitualisierungstheorie" (Gewöhnungs- bzw. Abstumpfungstheorie), sowie zur Anwendung der*
- *„Anomietheorie" (vgl. zu dieser: Rdn. 6 zu § 7).*

*aa) Die „Katharsistheorie"*

Nach der Katharsis- (= Reinigungs-)Theorie (*Feshbach* 1961, 381ff) führt die Betrachtung von Gewaltdarstellungen zu einer (subjektiv empfundenen) Spannungsreduktion: zu einem Abbau der eigenen Aggressionen des Zuschauers (Ventilfunktion des Fernsehens; Mediengewalt entstaut vorhandene Aggressionen bzw. übt zumindest aggressionsmindernden Einfluß aus). Der Zuschauer reagiert also im Rahmen der Betrachtung von Gewaltdarstellungen seine eigenen Spannungen (Aggressionen) ab **(„Dampf ablassen")**: aggressionsreduzierende Wirkung (*Kunczik* 1975, 137). **21**

*Die Bezeichnung „Katharsis", so wie sie im Rahmen dieser Theorie benutzt wird, lehnt sich an den entsprechenden Begriff an, den Aristoteles zur Beschreibung der Wirkung der Tragödie verwandt hat: „die Jammer und Schaudern hervorruft und hierdurch eine Reinigung (Kátharsis) von derartigen Erregungszuständen bewirkt" (**Aristoteles:** Über die Dichtkunst, übersetzt von Fuhrmann, M.: Aristoteles: Poetik, München 1976).* **22**

Die Grundidee dieses von dem Amerikaner *Feshbach* 1961 vertretenen Erklärungs-Ansatzes besteht dementsprechend „in der Auffassung, daß eine Bereitschaft zur **Aggression auf dem Niveau der Phantasie ‚ausgelebt'** werden könne, d.h., die über den Identifikationsmechanismus ablaufende innere Teilnahme an einem lediglich vorgeführten aggressiven Akt (wie er z.B. durch einen Film gegeben wird) führe zu einer Reduktion aggressiver Handlungsimpulse" (*Kelmer/Stein* 1975, 52). Diese Theorie gilt jedoch heute als **wissenschaftlich überholt** (vgl. z.B. *Schneider* 1981, 636; *Schwind/Winter* in: NStZ 1990, 105ff; *Groebel/Gleich* 1993, 22; *Scheungrab* 1993; *Kunczik* 1995, 128; *Theunert* 1996, 31; *Löschper* 1998, 249; *Hörnle* in FS für Schwind 2006, 341; *Mößle* et al. 2007, 33).

*bb) Die „Stimulationstheorie"*

Nach der Stimulationstheorie (Lern- und Leitbildtheorie), die im Vordergrund der Erklärungsversuche steht (vgl. die Zusammenfassung bei *Schwind/Baumann* et al. 1990 I, 83), werden Aggressionen erlernt (vgl. dazu Rdn. 42 zu § 6) und nachgeahmt: **Imitationslernen** (Lernen aus **23** gewalttätigen Medieninhalten; vgl. dazu auch Rdn. 38a zu § 11 und den Zeitungsausriß).

**Geiselnehmer überfiel Bank nach Vorbild aus einem Belmondo-Film**

**Als Frau verkleidet mit Beute geflohen**

aus: *WAZ* vom 4. August 1992

24 Daß die empirische Bedeutung des „Beobachtungslernens" (observational learning) etwa durch zahlreiche Tierexperimente belegt werden kann, hebt auch *Kunczik* (schon 1975, 384) hervor. So sind z.B. Katzen durchaus in der Lage, „durch Beobachtung einer trainierten Katze, die einen Hebel drückt, um Futter zu erhalten, wesentlich schneller diese Handlung selbst auszuführen, als dies durch operantes Konditionieren möglich wäre" (*Kunczik* aaO; zum operanten Konditionieren vgl. Rdn. 29ff zu § 6). Die Vertreter der Stimulationstheorie (z.B. *Bandura:* vgl. unten) können aber auch auf Experimente mit Versuchspersonen verweisen. Der „Tenor dieser Untersuchungen läßt sich mit einer einfachen Formel ausdrücken: Aggressionshaltige Filme liefern neue Verhaltensmodelle, welche quasi durch unmittelbare Assimilierung angenommen werden" (*Kelmer/Stein* 1975, 31). Dazu gibt es eine ganze Reihe von Hinweisen verschiedener Autoren, über die *Kunczik* (schon 1975, 282f) ausführlich berichtet.

25 *(1) Als Ausgangsbeleg für die Relevanz der Stimulationstheorie wird dazu in der Literatur ein* ***Laborexperiment*** *häufig zitiert, das der Stanford-Psychologe* ***Bandura*** *mit Mitarbeitern durchgeführt hat (zit. nach Kelmer/Stein 1975, 31ff): 96 Kinder im Alter zwischen 35 und 69 Monaten (also rund 3 bis 6 Jahre alt) konnten einen Erwachsenen bei der Ausführung aggressiver Handlungen beobachten. Einer ersten Untergruppe der Kinder führte man das aggressive Verhalten des Erwachsenen „in natura" vor, eine zweite Gruppe sah einen entsprechenden Film, eine dritte Gruppe ebenfalls einen Film, aber der Erwachsene war durch eine Trickfilmfigur ersetzt worden. Das aggressive Verhalten, das den Kindern vorgeführt wurde, bestand darin, daß der Erwachsene bzw. die Trickfigur (eine Comic-Katze) schimpfend („Schlag ihn nieder", „Hau ihm auf die Nase") auf einen aufblasbaren Clown namens* ***„Bobo"*** *einschlug (mit der Hand und einem Hammer). Einer vierten Gruppe der Probanden wurde gar nichts gezeigt: Sie sollte die Kontrollfunktion erfüllen. Anschließend wurden die Kinder dadurch „frustriert", daß man ihnen zunächst attraktive Spielzeuge überließ, die ihnen aber dann mit dem Hinweis, daß sie eigentlich nur für andere Kinder bestimmt seien, wieder abgenommen wurden. Nunmehr durfte jedes Kind (unauffällig beobachtet) zwanzig Minuten lang*

*in einem Raum spielen, in dem sich unter anderem Spielzeug auch die Gummipuppe Bobo befand.*

Ergebnis: Die Probanden der Kontrollgruppe (denen nichts gezeigt worden war) ließen Bobo in Frieden, während die Kinder der drei anderen Gruppen kreischend auf die Laborpuppe einschlugen. Für *Theunert* (1996, 27) ist dieses Experiment allerdings wegen des „experimentellen Arrangements unter Laborbedingungen" nicht repräsentativ für die alltägliche Fernsehrezeption von Kindern. Zur Kritik an der Untersuchung vgl. ausführlich schon *Kelmer/Stein* 1975, 34ff, für die „sich die Frage ergibt, ob die Kinder in den Experimenten von *Bandura* ... tatsächlich aggressives Verhalten imitiert oder nicht lediglich interessantes, neues Spielverhalten nachgeahmt haben". Kritisch zu den Folgerungen aus diesen Versuchen z.B. auch *Friedrichsen/Jenzowski* 1995 und *Löschper* 1998, 249ff. 26

*(2) Den Zusammenhang zwischen Medienkonsum (vor allem Videospielen) und Gewaltdelinquenz hat Raithel (2003) untersucht. Befragt wurden 436 Schülerinnen und Schüler im Alter zwischen 15 und 18 Jahren. Ergebnisse: Körperverletzungen* ***(ohne Waffen)*** *können auf die intensive Nutzung von bestimmten* ***Computerspielen*** *zurückgeführt werden (ego-shooter und Kampfsportspiele). Bei Körperverletzungen* ***mit Waffe*** *spielt eher der Konsum aggressionsbetonter* ***Filme*** *eine Rolle.* 27

### *cc) Die „Habitualisierungstheorie"*

Nach der „Habitualisierungstheorie" (Gewöhnungs- bzw. Abstumpfungstheorie) ist „eine Abstumpfung der emotionalen Sensitivität der Rezipienten durch Gewaltdarstellungen im Fernsehen" zu befürchten (*Kunczik* 1975, 132, 134): Danach soll durch die gewohnheitsmäßige Gewaltbetrachtung im Fernsehen erstens die Bereitschaft, selbst aggressives Verhalten zu zeigen und zweitens die Gleichgültigkeit gegenüber Aggressionsopfern steigen: „Abnahme der Sensibilität gegenüber Gewalt" (*Laubenthal*, Fallsammlung 2006, 54; *Mößle* et al. 2007, 36) bzw. Empathieverlust. 28

Als Beispiel bringt *Kunczik* (1975, 131) einen Befund von *Himmelweit, Oppenheimer* und *Vince,* die (schon 1958) festgestellt haben, daß „Wildwestfilme bereits bei 7jährigen Kindern keine Furchtreaktionen mehr hervorrufen" (so auch *Schneider* 1981, 641). Gleichzeitig gibt *Kunczik* (1975, 133) jedoch zu bedenken, daß „mangelnde Sensitivität gegenüber im Fernsehen gezeigter **fiktiver Gewalt** keinesfalls gleichbedeutend ist mit mangelnder Sensitivität gegenüber realer Gewalt". 29

Insoweit stellt sich die Frage, ob der Hildesheimer Medienforscher *Heinrichs* recht hat, wenn er feststellt (in: Bild der Wissenschaft, April 1975, 91), „daß Aggressionsdarstellungen im Fernsehen für unsere Kinder **Konfliktlösungsmodelle** sind". Bestärkt sie also das Fernsehen darin, in die Kriminalität (bzw. die Gewalt) auszuweichen? 30

### *dd) Die differenzierende Betrachtungsweise (als übergreifender Erklärungsansatz)*

**31** Danach läßt sich als bisheriges Ergebnis festhalten, daß die Untersuchungsergebnisse zu der Frage, ob sich Gewaltdarstellungen auf dem Bildschirm eher **aggressionssteigernd oder eher aggressionshemmend** auswirken, grundsätzlich **widersprüchlich** erscheinen.

**32** Gleichwohl fällt auf, daß die Vertreter der unterschiedlichen Erklärungsansätze immerhin darin übereinstimmen, daß die Ausgangsfrage in schichtspezifischer Hinsicht nach einer differenzierteren Antwort verlangt. Jedenfalls scheinen Kinder und Jugendliche, die aus der **Unterschicht** stammen, durch Gewaltdarstellungen im Fernsehen (wegen anderer Deutungsmuster) **eher gefährdet** zu sein als Kinder und Jugendliche, die in Mittelschichtsfamilien aufwachsen dürfen. Kinder aus bildungsferneren Schichten sitzen jedenfalls häufiger vor dem Bildschirm und spielen häufiger mit dem Computer als andere.

*Solche Unterschiede haben sich z. B. in einer 2003 in Bayern und Niedersachsen durchgeführten Schülerbefragung (standardisierter Fragebogen, n = 1491) gezeigt.* ***Hauptschüler*** *verbringen (an Schultagen)* ***347 Minuten*** *vor dem Bildschirm bzw. mit Computerspielen (PC- und Videospielen),* ***Realschüler 283 Minuten*** *und* ***Gymnasiasten*** *„nur“* ***205 Minuten****. Nach einer zweiten KFN-Studie (2005: n = 5529 Schüler vierter Klassen aus verschiedenen Städten) verbringen Kinder, deren beide Eltern* ***Ausländer*** *sind, noch wesentlich mehr Zeit mit PC- und Videospielen als Kinder mit deutschen Eltern.*

**33** Deshalb stellte sich für *Höhler* (aaO; dazu auch *Jung/Müller-Dietz* 1981, 183f und *Glogauer* 1991, 109) bereits 1977 der Wissensstand wie folgt dar: „Eine Zunahme der Gewaltakte infolge gewalttätiger Fernsehfilme verzeichnen die Forscher für jene Jugendlichen, die aus **einem soziokulturellen Milieu mit geringer Aggressionshemmung** kommen. Ein gewalttätiger Fernsehheld ist für diese Kinder nachahmenswert, wenn er, gleichviel mit welchen moralischen Mitteln, sein Ziel erreicht“.

**34** Dieser Einschätzung entsprechen die Befunde einer neueren **Sekundäranalyse**, die *Kunczik/Zipfel* (2010, 13/473) wie folgt zusammengefaßt haben:

*„Violente Mediendarstellungen stellen nur einen Faktor in einem komplexen Geflecht von Ursachen für die Entstehung von Gewalt dar. Gut abgesichert ist der Befund, demzufolge das soziale Umfeld einen ganz zentralen Einflußfaktor darstellt. ... Als stärker gefährdet gelten Kinder, die in Familien mit einem hohen bzw. unkontrollierten Medien(gewalt)-konsum aufwachsen und in Familie, der Schule und/oder ihrer Peergroup auch in der Realität viel Gewalt erleben ... bzw. Entfremdungs- und Ausgrenzungserfahrungen machen“.*

*c) Zusammenfassung*

Faßt man die bisherigen Ausführungen zusammen, ergibt sich zu der Frage, ob die Nutzung gewalthaltiger Medieninhalte (im Fernsehen, auf Videos bzw. in Videospielen oder Computern) **aggressionssteigernd** oder aggressionshemmend wirkt, das folgende Bild: 35

- Es gibt grundsätzlich nur solche empirischen Studien, die für eine hohe Wahrscheinlichkeit der Richtigkeit der ersten Vermutung sprechen; *Mößle* (2012, 259) „eindeutiges Bild",
  - *Eine Zunahme der Gewaltakte infolge gewalttätiger Medieninhalte tritt offenbar insbesondere bei Kindern und Jugendlichen auf, die aus bildungsferneren Schichten stammen,*
  - *und zwar insbesondere bei solchen, die aus **gewaltbetontem Milieu** (vgl. Rdn. 46 zu § 10) bzw. aus einem soziokulturellen Milieu mit geringer Aggressionshemmung kommen (**vorhandene kriminogene Disposition**). Bei diesen scheint die Fernsehgewalt verstärkend und bestätigend in Bezug auf ihre eigene Umwelterfahrung zu wirken (**Verstärkerhypothese:** so auch Eicke/Eicke 1994, 193). Nach Hodel (in: BKA 1986, 195) „offenbart sich die rohe Gewalt (aber erst) bei psychologischen Zusatzbelastungen, in sozialen Konflikten und Streit"; auf die Bedeutung **zusätzlicher intervenierender Variablen** machen auch Löschper 1998, 250 und Krebs 1994, 352ff aufmerksam.*

So weist *Neubacher* (2006, zit. bei Lit. vor § 1) darauf hin, daß die Auswirkungen des Medienkonsums davon abhängen, 36

- „was gezeigt wird,
- wie viel gezeigt wird,
- wie es gezeigt wird,
- wer es sich anschaut, wie lange und in welcher Situation".

Insgesamt betrachtet darf man nicht übersehen, daß die Frage, wie sich die Kriminalitätsdarstellung in den (Massen-)Medien (insbesondere im Fernsehen und im Videobereich) auswirkt – durch die Kommunikationsforschung bzw. durch die Massenmedienforschung – bisher nicht zuverlässig („lupenrein") aufgeklärt werden konnte. Hat der **Deutsche Presserat** mit seiner Stellungnahme vom 14. November 1990 (vgl. oben Rdn. 12) also recht? 37

Nur bedingt, denn er **übersieht, daß in der Kriminologie monokausale Zusammenhänge grundsätzlich generell nicht nachweisbar sind**, weil sozial abweichendes Verhalten meist mit Vernetzungen verschiedener Einflußfaktoren zu tun hat (dazu Rdn. 3 vor § 4). Dazu heißt es deutlich z.B. bei P. *Schneider* wie folgt: **„Eine Gesellschaft, die auf einen wissenschaftlichen Beweis wartet, daß (hier) ... ein Zusammenhang besteht, kann man nur auf den Mond schießen"** (DVJJ 1993, 273). Man kann also nur Wahrscheinlichkeiten abschätzen. 38-42

### III. Medienverantwortung und Kriminalpolitik

43 Der Deutsche Presserat bringt in seiner Stellungnahme vom 14. November 1990 (vgl. oben Rdn. 12) zum Ausdruck, daß kein Handlungsbedarf, der auf eine Veränderung der Fernsehdarstellung abzielt, bestehe, und zwar deshalb nicht, weil negative Einflüsse (insbesondere des Fernsehens) mit völliger Sicherheit (bisher) nicht nachweisbar sind.

*Wenn dieser Standpunkt zutreffen würde, dürften auch keine Stoffe als umweltbelastend verboten werden, deren Schädlichkeit nur wahrscheinlich erscheint: auch das Verbot weiche Drogen zu dealen, würde entfallen. Die Beispiele zeigen, daß ein Handlungsbedarf (zum Schutz der Bevölkerung) immer schon dann bejaht werden muß, wenn ein* ***hohes Maß an Wahrscheinlichkeit*** *dafür besteht, daß Gefahr oder Schaden droht.*

Die Beweislast für die soziale Unschädlichkeit ihrer Programme tragen daher die Medien, die im eigenen Interesse entsprechende Forschungsprogramme fördern sollten.

*Dazu schreibt Kreuzer (in UJ 2/1999, 57): „Manche Massenmedien finanzieren psychologische* **Alibi-Untersuchungen** *mit dem Ziel nachzuweisen, daß Fernsehgewalt – gegen alle wissenschaftliche und Alltags-Erfahrung – keinen prägenden Einfluß auf gefährdete junge Menschen ausübe. Besser angelegt wären diese Gelder für Studien, die Möglichkeiten aufzeigen, solche Gewalt zu neutralisieren oder unterhaltsam Gewalt vorzubeugen“.*

44 Über der Diskussion der negativen Auswirkungen der Kriminalitätsdarstellung durch die (Massen-)Medien sollte man im Übrigen nicht vergessen, daß diese auch positive Einflüsse ausüben (können), die vor allem im Rahmen der präventiven Verbrechensbekämpfung Bedeutung besitzen.

#### 1. Medienaufgaben aus kriminalpolitischer Sicht

45 Zu diesem Verantwortungsbereich kann man aus kriminalpolitischer Sicht insbesondere zählen (vgl. *Zimmermann* 1984, 20ff):

- *die* ***Vermittlung von Realitäten;***
- *die* ***Vermittlung von Hintergrundwissen;***
- *die* ***Nutzung der Ratgeberfunktion****: z.B. in Erziehungsfragen (z.B. Rdn. 73 zu § 10);*
- *die* ***Parteinahme für Recht und Gesetz****.*

46 Daß den (Massen-)Medien auch im gesellschaftlichen Kriminalisierungsprozeß (z.B. Drogenmißbrauch) und Entkriminalisierungsprozeß (z.B. Entschärfung des § 218 StGB) Verantwortung zufällt, wird im Schrifttum immer wieder betont (vgl. z.B. *Schneider* 1981, 633). Man kann den (Massen-)Medien aber grundsätzlich nicht absprechen, daß sie sich auch entsprechend bemühen. Jedenfalls wären ohne das Werben für ein liberales Strafrechtsverständnis und für den **Resozialisierungsgedan-**

**ken** weder die Strafrechtsreform noch die Strafvollzugsreform in der Bevölkerung allgemein akzeptiert worden (vgl. *Schild* 1983, 91 und die Umfrageergebnisse z.B. bei *Kury* 1980).

Kritisiert wird, **47**

- *daß die (Massen-)Medien zu wenig auf die „Alltagskriminalität" eingehen und durch die Art ihrer Berichterstattung unrealistische Kriminalitätsbilder zeichnen (vgl. z.B. Abele/Stein-Hilbers 1978, 166, 172; Stein-Hilbers 1977; vgl. auch oben Rdn. 1ff);*
- *daß die Ratgeberfunktion mißbraucht werde: die Sendung „Aktenzeichen XY – ungelöst" als „Musterbeispiel der ideologischen und ökonomischen Ausbeutung der Kriminalität" (Smaus 1978, 197);*
- *daß die (Massen-)Medien bei der Berichterstattung über die Probleme von Randgruppen (zumindest mitunter) die generalpräventive Aufgabe der Parteinahme, für Recht und Ordnung einzutreten, vernachlässigen. Andere stört hingegen gerade, daß die „Massenmedien eine statusquoerhaltende" und „machtlegitimierende Funktion" ausüben (Smaus 1978, 178).*

### 2. Medienkontrolle

*a) Grundsatz der Pressefreiheit (Art. 5 Abs. 1 und 3 GG)*

Trotz der Gefahren, die möglicherweise von der Kriminalitätsdarstellung in den Medien ausgehen, hat sich der Gesetzgeber grundsätzlich **48**

*– orientiert an Art. 5 Abs. 1 GG, nach dem eine Zensur nicht stattfindet; Ausnahme entsprechend dem Gesetzesvorbehalt in Art. 5 Abs. 2 GG: die Pressefreiheit wird durch die* ***Jugendschutzgesetze*** *und das* ***Strafrecht*** *begrenzt –* **49**

jeder Einflußnahme enthalten, und zwar in der Erwartung, daß die medienrechtlichen Mechanismen der Selbststeuerung funktionieren.

**Mit Strafe bedrohte Medieninhalte** sind z.B. solche, die zu Rassenhass aufstacheln, volksverhetzend sind, zu schweren Straftaten anleiten, unmenschliche Gewalttätigkeit verherrlichen oder verharmlosen oder pornographisch bzw. gewalt-, tier- oder kinderpornographisch sind **(§§ 86, 130, 130a, 131, 184, 184a oder 184b StGB)**.

*b) Einschränkungen der Pressefreiheit (Art. 5 Abs. 2 GG)*

Nach dem Schulmassaker von Erfurt (vgl. Rdn. 38a zu § 11) haben Bund und Länder den Jugendmedienschutz in zwei Gesetzen (beide in Kraft seit 1.4.2003) neu geregelt, nämlich (vgl. *Liesching* 2003 und 2013). **50**

- in einem Bundesgesetz: d.h. in einem **Jugendschutzgesetz (JuSchG)** vom 23. Juli 2002 i.d.F. vom 24. Juni 2008 (BGBl. 2008 I, 1075), in dem das Gesetz zum Schutz der Jugend in der Öffentlichkeit (JÖSchG) und das Gesetz über die Verbreitung jugendgefährdender Schriften (GjSM) zusammengefaßt wurden, und

– in einem Länderstaatsvertrag: d.h. in einem **Jugendmedienschutz-Staatsvertrag (JMStV) der Länder**, der eine einheitliche Rechtsgrundlage für den Jugendschutz in den elektronischen Medien (Internet, Fernsehen, Rundfunk) schafft.

*c) Institutionen der Medienkontrolle*

**51** Ausgeübt wird die Medienkontrolle durch insbesondere:

– den **Deutschen Presserat** (vgl. zu diesem auch Rdn. 12), der auf jugendschutzrelevante bzw. mit Strafe bedrohte Darstellungen (vgl. oben Rdn. 49) von Gewalt und Brutalitäten in den **Printmedien** mit einer „Mißbilligung" oder **Rüge** (mit einer Selbstverpflichtung der Verlage zum Abdrucken) reagieren kann; Maßstab ist ein „Pressekodex";

– die Bundesprüfstelle für jugendgefährdende Medien (**BPjM**), die aus Gründen des Jugendschutzes (§ 18 Abs. 1 S. 1 JuSchG: „Eignung zur Jugendgefährdung") **Printmedien** (z.B. Bücher, Zeitschriften, Werbeplakate), **Tonträger** (z.B. CDs, Lps, MCs), **Filme** (z.B. DVDs, Videofilme), **Computerspiele** und **Konsolenspiele**) in eine Liste eintragen kann, die bekannt gemacht wird (sog. **Indizierung**, veröffentlicht im Bundesanzeiger). Indizierte Medien dürfen Kindern und Jugendlichen nicht zugänglich gemacht werden und dürfen nicht beworben, nicht an Kiosken oder im Versandhandel verkauft und auch nicht im Rundfunk oder Fernsehen ausgestrahlt werden. Nach einer Indizierung erübrigt sich daher eine Altersfreigabe. Bei Verstößen: **Geldbuße**;

– die Freiwillige Selbstkontrolle der Filmwirtschaft (**FSK**), die darüber entscheidet, ob **Kinofilme, Filme auf DVD, Videokassetten**, die geeignet sind, „das körperliche, geistige oder seelische Wohl von Kindern und Jugendlichen zu beeinträchtigen" (BT-Drucks. 14/9013, 22) für bestimmte Altersgruppen gesperrt werden müssen: „Freigegeben ab sechs Jahren ... 12 Jahren ... 16 Jahren" oder „Keine **Jugendfreigabe**". Verstöße können mit einer **Geldbuße** belegt werden. Zum **Internet** vgl. *Linz/Falk* 2012, 6f; *Bachmann/Brecheis/Hajok* im JMS-Report 3/2012, 5.

– die Unterhaltungssoftware Selbstkontrolle (**USK**), die für eine **Alterskennzeichnung von Computer- und Konsolespielen** zuständig ist. Bei Verstößen: **Geldbuße**.

**52** Für private Rundfunk- und Fernsehanstalten sind die **15 Landesmedienanstalten** zuständig; diese überprüfen Spielfilme vor ihrer Ausstrahlung daraufhin, ob die geplante Plazierung den jeweiligen Altersangaben der FSK entspricht (vgl. dazu die **Jugendschutzrichtlinien** vom 8./9. März 2005, die das JMStV konkretisieren; abgedruckt im JMS 5/2005, 61 ff). Indizierte Filme dürfen nicht nur im privaten Fernsehen überhaupt nicht ausgestrahlt werden, Filme mit Altersfreigabe „ab 18 Jahren" erst im Nachtprogramm (23–6 Uhr). Öffentlich-rechtliche Sender (ARD, ZDF, 3Sat, Phönix und Arte) sind hingegen selbst für die Wahrung der Jugendschutzbelange zuständig; diese Aufgabe nehmen die **Rundfunkräte** wahr.

Zur Medienkontrolle vgl. *Bermes* 1991; *Liesching* 2003 und 2013; *Monssen-Engberding* sowie 2005; *Faber:* Jugendschutz im Internet, 2005; *Seifert* in JMS-Report 6/2011, 2 ff.

„Kanns mir mal erklärn, wie unser Kleiner neuerdings auf so'n Stuß kommt?"

aus: *Stuttgarter Zeitung* vom 3. Dezember 1992

### 3. „Jugendschutz beginnt im Wohnzimmer"

Aus kriminalpolitischer Sicht dürfte es letztlich nach wie vor notwendig sein, die **Eltern** auf ihre erzieherische Verantwortung zu verweisen (vgl. Karikatur oben). Denn „Jugendschutz beginnt im Wohnzimmer" (*Lauton* schon 1984, 576). 53

*Glogauer (1991, 139) hat noch Anfang der neunziger Jahre des letzten Jahrhunderts festgestellt, daß viele Eltern gar nicht wissen, welche* ***(Video-)Filme*** *ihre Kinder (z. T. in der Clique) konsumieren und wie oft das der Fall ist. Inzwischen geht es um die Frage, wie* ***Eltern die Internetnutzung ihrer Kinder*** *adäquat kontrollieren können. Nach einer Forsa-Befragung Ende 2011 bekundeten 94 % der Eltern Interesse an entsprechenden* ***Filterprogrammen****, die auf den PCs, die von Kindern und Jugendlichen genutzt werden, installiert werden können. 94 % der Eltern gaben an, dass* ***Gewaltdarstellungen, Pornographie und extremistische Inhalte*** *Internetangebote sind, vor denen Jugendschutzsoftware „auf jeden Fall schützen" sollte (ausführlich Dreyer/Hajok 2012, 2 ff).*

Darüber hinaus haben die **Schulen** „die Möglichkeit, in der Erziehungskunde und Medienschulung auf Kinder und Jugendliche und über Elternbeiräte und Schulpflegschaften auf die Eltern einzuwirken (vgl. Rdn. 42 zu § 11). Warum sollte nicht im Rahmen einer **Elternbeiratssitzung** ein Horrorfilm gezeigt und besprochen werden, um ‚Problembewußtsein' zu erzeugen"? (*Lauton* 1984, 578). 54

## IV. Zukunftsperspektiven (aus europäischer Sicht)

Offen bleibt, wie sich die Vereinigung Europas (vgl. dazu § 31) auf die Medienkontrolle auswirken wird; die EU hat bisher grundsätzlich nur Richtlinien zur Verfügung gestellt. 55

### 1. Zur Konvention des Europarats

56 Immerhin hat der Europarat jedoch eine **Konvention** verabschiedet, die u. a. das Ausstrahlen pornographischer oder gewaltverherrlichender Beiträge verbietet (*Gottberg* in JMS-Report 1994, 1; vgl. auch die **EG-Richtlinie** 97/36). *Gottberg* (aaO) weist jedoch zugleich darauf hin, daß „die **Vorstellungen** in Europa über das, was z. B. als pornographisch oder gewaltverherrlichend zu bezeichnen ist, **meilenweit auseinandergehen**."

57 *Gottberg* (aaO) hält im Übrigen „den Glauben, die einzelnen Mitgliedstaaten (der EU) ... könnten (im Alleingang) ... wirklich über den in ihrem Bereich praktizierten Jugendschutz selbst bestimmen, für **anachronistisch**. Die ausgestrahlten Programme der Fernsehsender machen an Ländergrenzen nicht halt und werden sich daher **jeder Kontrolle durch deutsche Behörden entziehen**". Die Vorschriften zum Jugendschutz und der entsprechenden Kontrolle müßten daher **europaweit vereinheitlicht** werden (*Hönge* 1996, 1 ff). Aber noch nicht einmal das garantiert „einen einigermaßen gewaltfreien Bildschirm" (*Gottberg* aaO).

**Kriminelle im Internet auf dem Vormarsch**

**So viele Netz-Delikte wie noch nie – Gesamtzahl aller Straftaten sinkt unter sechs Millionen**

aus: *NOZ* vom 21. Mai 2011, 2

### 2. Das INTERNET als neues Problemfeld: Cyber Crime

58 Beim INTERNET handelt es sich um den weltweiten Zusammenschluß voneinander unabhängiger Computernetze. In diesem **World Wide Web** verfügen inzwischen 330 Millionen Menschen (davon 40 Millionen in Deutschland) über einen Internet-Zugang (*PSB* 2001, 196); In Deutschland nutzen 72 % aller Privatpersonen ab 14 Jahren das Internet (*Stiller* 2012, 712). Zur **Internetsucht** vgl. Rdn. 10a zu § 13.

*Der „Grundstein wurde 1970 gelegt, als die Computer der Universität Stanford (San Franzisko), der University of California (Los Angeles und Santa Barbara) und der University of Utah (Salt Lake City) miteinander verbunden wurden" (Wiedemann 2000, 229). Etwa zeitgleich vernetzte das amerikanische Militär seine Computer, um zu gewährleisten, daß im Kriegsfall trotz Ausfalls einzelner Knoten über andere weiter kommuniziert werden könnte (Wiedemann aaO). Inzwischen „umspannt die Erde ein riesiges Netz aus Glasfaser und Kupferkabeln, aus Funkstrecken und Satellitenverbindungen" (Boyther in DIE WELT vom 7. 4. 2007).*

Aus kriminalpolitischer Sicht ist diese Entwicklung deshalb relevant, weil das INTERNET als Medium für die Begehung unterschiedlicher krimineller Handlungen benutzt wird (*PSB* 2001, 197; *Risch/Volkmer* 2008, 86 ff) und die jährlichen Wachstumsraten immens sind.

Zur **Kriminalität im INTERNET** (Online-Kriminalität) gehören z. B. (Überblick bei B.-D. Meier 2012, 184 ff) zunehmend Sex- und Gewaltdarstellungen (etwa Pornos mit Kindern, Tier-Sex, Foltermethoden, Anleitungen zum Bombenbasteln und Enthauptungsszenen usw.). Auch Pädophile und „Perverse" finden ihre Opfer zunehmend im INTERNET; aber auch Betrügereien (§ 263): z. B. Betrug beim Onlinebanking: Produkt- und Markenpiraterie (*Lippert/Sürmann* 2007, 232) oder Phishing (gebildet aus Password und Fishing): Abfischen (Ausspionieren) von Passwörtern z. B. von Pin Codes oder Kreditkontennummern. Schließlich gehört auch das „Scamming" hierher, der Betrug durch vorgetäuschte Heiratsabsichten in Internet -Partnerschaftsportalen (*Heubrock/Böttcher* in Kriminalistik 2/ 2011, 75 ff). Seit 2004 wird die Internetkriminalität in der PKS gesondert ausgewiesen: „**Tatmittel Internet**". **58a**

Darüber hinaus stellen Angriffe auf die Sicherheit, Zuverlässigkeit und Integrität von Daten Straftaten dar: etwa das Ausspähen von Daten (§ 202a StGB), die Datenveränderung (§ 303a) bzw. die Computersabotage (§ 303b).

Unter dem **Cyber-Mobbing** (Cyber-Bullying) werden Mobbingattakken vor allem **58b**
- im Internet (E-Mails, Videos auf Portalen) oder
- per Handy (z. B. durch SMS) verstanden.

Gemeint ist die Verbreitung von Gerüchten, Beleidigungen, übler Nachrede, Bloßstellungen, Hänseleien, Ausgrenzungen, massiven Bedrohungen bis hin (*Katzer* 2008, 26 ff) zu pornographischen Fotomontagen. Mitunter schließen sich Täter (meist Jugendliche) sogar in „Hassclubs" zusammen, um ein Opfer in einer „digitalen Hetzjagd" fertig zu machen.

Die meisten virtuellen Mobbing-Attacken (etwa über den Internetriesen „Google") richten sich gegen andere Kinder und Jugendliche, aber auch Erwachsene (z. B. Lehrkräfte) können Opfer von Cyber-Mobbing werden (dazu *AJS* Köln 2010).

Zum Unterschied zum direkten Mobbing (dazu Rdn. 25 zu § 11) finden die Demütigungen und Schikanen in einer größeren Öffentlichkeit statt und sind faktisch schwer aus dem Netz zu entfernen (Beschwerdestelle www.jugendschutz.net).

Die Betroffenen entwickeln oft heftige körperliche Reaktionen: Kopf- und Bauchschmerzen, Übelkeit, Appetitlosigkeit, Schlafstörungen, Albträume bis hin zu Selbstmordgedanken (dazu Rdn. 29 f zu § 20). Den Tätern fehlt nicht selten das Unrechtsbewußtsein: „Das war doch nur Spaß".

*Die Täter arbeiten immer professioneller und arbeitsteilig zusammen (zur O. K. vgl. § 29): „Einer entwickelt Virensoftware, der nächste nutzt sie, der Dritte kauft die Daten und mißbraucht sie" (BKA-Präsident* **58c**

*Ziercke, zit. nach Süddet.Ztg. vom l. Juli 2011, 27). Zur Cybercrime-Convention des Europarats vom 23.11.2001 vgl. Stiller 2012, 714. Zum Cyber-Mobbing vgl. Kasten oben.*

Die Durchsetzung des staatlichen Strafanspruchs ist schwierig (*PSB* 2001, 201). Ein bestimmter Tätertyp läßt sich nicht feststellen (*PSB* 2001, 199). Schließlich verbreitet auch das Terrornetzwerk **Al Qaida** (vgl. Rdn. 35 zu § 30) seine Haßtiraden und Drohungen z. B. nach dem Terrorangriff in Mombasa. Dort heißt es (zit. nach DIE WELT vom 7. Dez. 2002):

*„Dies ist eine Warnung an alle Feinde Allahs und ihre jüdischen, arabischen und ausländischen Helfer, eine Warnung an die Amerikaner im Jemen, auf der Halbinsel des Propheten Mohammed, in Afrika und Asien. Wenn ihr unser Land nicht verlaßt, werden wir euch schlachten".*

**59** Unsicherheiten über die **Verantwortlichkeiten für die INTERNET-Angebote** hat das Teledienstgesetz (§ 5 TDG) vom 22. Juli 1997 (BGBl. I Nr. 52, 1870) grundsätzlich beseitigt. Wer eigene Inhalte bereitstellt, ist voll verantwortlich. Wer fremde Inhalte bereithält, den trifft eine Mitverantwortung dann, wenn ihm der Inhalt bekannt ist und es ihm technisch möglich und zumutbar ist, ein **kriminelles Angebot zu sperren**.

*a) Anlaßunabhängige Ermittlungen*

**60** Die Ermittlungen können **anlaßabhängig** (z. B. aufgrund von Hinweisen aus der Bevölkerung) durchgeführt werden, wobei das Anzeige- und Meldeverhalten der Internetbesitzer zunimmt (*Lorch* 2001, 328), oder **anlaßunabhängig**.

Anlaßunabhängig arbeiten im BKA und in den LKAs auch sog. **„Cyber-Cops"**, die **verdachtsunabhängig im Datennetz** fahnden.

*Das Sachgebiets-Referat **(OA 34-2/SO 43: Cyber Crime Unit)** für **anlaßunabhängige** (weltweite) Recherchen in Datennetzen (ZaRD) im **Bundeskriminalamt** wurde inzwischen (auf Beschluß der IMK vom 19./20. Nov. 1998) auf der Grundlage des BKA-Gesetzes (§ 2 Abs. 1 und 2 Nr. 1 sowie § 7 Abs. 2) eingerichtet. Auch die dortigen Suchmaschinen und Software-Tools konzentrieren sich insbesondere auf (Kinder-)Pornographie, Extremismus und Terrorismus (Überblick bei Lorch 2001, 328ff). Auf der „Datenautobahn" wird ferner z. B. nach betrügerischen Lockangeboten zur Geldanlage, Anleitungen zum Drogenanbau, Geldwäscheaktivitäten oder illegal kopierter Software gefahndet. Die Beweissicherung erfolgt im Rahmen des § 163 StPO. In Belgien, den Niederlanden, in Schweden, in Rußland und in den USA bestehen bereits ähnliche Stellen. Die Zusammenarbeit wird über die Interpol-Arbeitsgruppe „European Working Party on Information, Technology Crime" organisiert und forciert.*

Zur Rechtmäßigkeit hoheitlicher Recherchen im Internet bzw. in sozialen Netzwerken wie Facebook, Twitter, MySpace oder StudiVZ vgl. *Brenneisen/Staack* 2012, S. 627 ff.

**So viele rechtsextreme Web-Sites wie nie**

Das Internet wird für Radikale wichtigstes Propagandainstrument – Ruf nach „Cyber-Cops"

aus: *DIE WELT* vom 15. August 2009, 4

*b) Überwachungs- und Kontrollbereiche*

Überwacht und kontrolliert werden (sollen) **Homepages** mit „Links" 61
(„Verknüpfungen" mit weiteren Informationen: etwa solchen **rechtsextremistischer Art**), Telespiele (elektronische Spielprogramme) „Videos-on-demand" (Filme, die auf Abruf auf dem Bildschirmgerät des Nutzers erscheinen) und INTERNET-Texte, die auf Anforderung dem Nutzer elektronisch zugänglich gemacht werden können (vgl. dazu *von Heyl*: Teledienste und Mediendienste nach Teledienstegesetz und Mediendienste Staatsvertrag, in: Jugend und Medien Schutz-Report 3/98, 1–4).

*(1) Inzwischen werden auch **kameraüberwachte Räume** ins* 62
*INTERNET eingestellt: etwa von (jungen) Frauen, die sich rund um die Uhr bei (intimen) Tätigkeiten beobachten lassen. In den USA kann man auch **(Sexual-)Straftäter in Haftanstalten betrachten** (vgl. Zeitungsausriß). Den Anfang machte (im Juli 2000) „America's toughest Sheriff" (Joe Arpaio) in seiner Arizona-Haftanstalt. Auf der offiziellen Homepage wird die Ankunft der Straftäter übertragen, die Aufnahmeprozedur (Fingerabdrücke, Photographieren), Durchsuchung und Gang in die Zelle. Arpaio hofft, daß die **Prangersituation** Abschreckungseffekte auslösen kann (Walter, M. in: MschrKrim 1997, 212f).*

In Deutschland ist der Präventionspranger (etwa als virtuelle Anprangerung im Internet) grundsätzlich nicht erlaubt (*Baur/Burkhardt/Kinzig* in JZ 3/2011, 139).

**Freier stehen am Pranger**

**Chicago stellt im Kampf gegen Prostitution Fotos ins Internet**

aus: *Saarbrücker Zeitung* vom 26. Juni 2005, S. 1

*(2) Die Deutsche Polizeigewerkschaft (DPolG) fordert auch für* 63
*Deutschland eine Art **„Internet-Pranger für Triebtäter"**. Danach sollen „der Name, ein Foto, Wohnort, Straße und die Hausnummer des Gewaltverbrechrs auf der Homepage der Polizei für jeden einsehbar sein" (zit. nach NOZ vom 9. Aug. 2010).*

*c) Problem der Vorratsdatenspeicherung*

Gespeichert werden nur die Verbindungsdaten, also **keine Inhalte**, 64
Man kann daher nur feststellen, wer mit wem telefoniert hat, aber nicht, worüber gesprochen wurde. Nach der 2006 mit deutscher Zustimmung verabschiedeten EU-**Richtlinie** zur Vorratsdatenspeicherung (2006/24/

EG) dürfen Verbindungsdaten (mailen, surfen, telefonieren) für einen Zeitraum zwischen mindestens sechs Monaten und höchstens zwei Jahren aufbewahrt werden.

Die derzeitige Bundesjustizministerin *(Leutheusser-Schnarrenberger)* will hingegen, daß nur Daten von Personen gespeichert werden dürfen, **gegen die bereits (konkret) ermittelt wird**. Das entsprechende Gesetz hat das **BVerfG** aber am 2. März 2010 (als mit Art. 10 GG nicht vereinbar) für verfassungswidrig erklärt (zit. nach WAZ vom 3. März 2010).

Der damalige Bundesinnenminister *(de Maiziere)* wies darauf hin, daß auf diese Weise eine **Schutzlücke** entstanden sei: manche schwere Straftaten (z. B. der Heroinschmuggel und sonstige O. K., Terrordelikte, aber auch sexueller Mißbrauch) könnten nicht mehr aufgeklärt werden (zit. nach SPIEGEL 10/2010, 32).

Da das BMJ gleichwohl keinen (verfassungsgemäßen) Gesetzesentwurf vorlegte, wurde Deutschland von der EU-Kommission im Juni 2011 an den Auftrag erinnert (WAZ vom 4. Juli 2011, 1). Im März 2012 setzte **Brüssel** eine Frist bis zum 22. April 2012 für die Umsetzung der europäischen Richtlinie und **drohte** mit Klage vor dem Europäischen Gerichtshof (SZ vom 23. März 2012, 7), die dann am 31. Mai 2012 auch eingereicht wurde (NOZ vom 1. Juni 2012, 2). Ausführlich *Sensburg* 2013, 393 ff.

**Grundrechte vor Gericht**

**EU-Richter prüfen Klagen gegen Vorratsdatenspeicherung**

aus: *Süddeutsche Zeitung* vom 9. Juli 2013, 6

*d) Cyber-Abwehr-Zentren in Bonn und Den Haag*

65 Am 16. Juni 2011 hat die Bundesregierung auf die zunehmende Bedrohung durch **Hackerangriffe** mit der Gründung eines **„Nationalen Cyber-Abwehrzentrums“** reagiert (Sitz Bonn). Ähnlich wie im „Nationalen Terrorismus-Abwehrzentrum“ (vgl. Rdn. 46 zu § 30) arbeiten zum Zwecke des Informationsaustausches z. B. Verfassungsschutz, BND, Bundeswehr, BKA, Zoll und andere staatlichen Institutionen zusammen (FAZ vom 17.6.2011, 1),

66 Anfang Januar 2013 wurde auch ein neues **europäisches** Zentrum zur Bekämpfung von Cyberkriminalität eröffnet, und zwar bei EUROPOL in Den Haag (vgl. Zeitungsausriß): als „eine Art Servicebetrieb für Ermittler, Richter, Staatsanwälte in den Mitgliedstaaten“. Zur internationalen Cybercrime (vgl. *Stock* 2013, 331 ff).

**Kampf der Cyberkriminalität**

**EU baut Zentrum gegen Straftaten im Internet auf**

aus: *NOZ* vom 29. März 2012, 4

VIERTER TEIL

# Wohnumwelt und Kriminalität

Auf der Suche nach den Ursachen kriminellen Verhaltens ist auch überprüft worden, ob bzw. inwieweit Zusammenhänge zwischen Wohnumwelt und Kriminalität existieren. Die Geschichte der entsprechenden Forschung (Rdn. 6ff zu § 15) reicht über 150 Jahre zurück. Der Wissenschaftszweig, der sich mit dem Thema „Raumstruktur und Kriminalität" befaßt, ist der der Kriminalgeographie (bzw. Kriminalökologie). Diese Forschungsrichtung, die auch der Sozialgeographie verwandt ist, hat z.B. aufzeigen können, daß die unterschiedliche Kriminalitätsverteilung in den Städten auch mit der unterschiedlichen Sozialstruktur und Sozialkontrolle in den verschiedenen Stadtteilen zu tun haben dürfte (Rdn. 28ff zu § 15). 1

*Daß die Wohnumwelt auch aus kriminal- bzw. sozialpolitischer Sicht an Bedeutung gewinnen wird, zeigen Prognosen über die Bevölkerungsentwicklung in den Städten bis zum Jahre **2075**. Nach UN-Schätzungen werden bis zu diesem Zeitpunkt mehr als zwei Drittel (z. Zt. die Hälfte) der Weltbevölkerung, in (Groß-)Städten leben. Experten (zit. nach Focus 47/2005, 77) erwarten ein „**Urban Age**".* 2

**Weltweit gibt es immer mehr Städter**

**Zahl der Megacitys wird vor allem in Afrika und Asien noch zunehmen**

aus: *NOZ* vom 26. Nov. 2011, 3

Die mit dieser Entwicklung verbundenen Wachstumsprobleme werden inzwischen international diskutiert. So setzte die ***Städte-Weltkonferenz Urban 21***, die im Juni 2000 (am Rande der EXPO) in Hannover durchgeführt wurde, den auf den UN-Konferenzen in **Rio de Janeiro (1992)** und (als „Habitat II") in **Istanbul (1996)** begonnenen Dialog zur nachhaltigen Stadtentwicklung fort (**Habitat** = Agentur der Vereinten Nationen für menschliche Siedlungen). Zu deutschen Initiativen vgl. Rdn. 13b zu § 16; aber auch Rdn. 11 zu § 16.

**Sind die Städte der Zukunft noch planbar?**

aus: *DIE WELT* vom 4. Juli 2007

*Verdichtungsräume machen schon heute vielerorts Sorgen: z.B. in Tokyo (27 Millionen Einwohner) sowie in Bombay (umbenannt in Mumbai) und Shanghai (jeweils 19 Millionen Einwohner). **Zu den Problemen gehören**: Transport- und Verkehrsprobleme sowie soziale Kontraste bzw. Armut, Arbeitslosigkeit, Drogen, Gewalt, **Ghettoisierung von ethnischen Minderheiten** in Wohntürmen bzw. Slums und Organisiertes Verbrechen. Mit der Zukunft der Mega-Cities beschäftigen sich z. B. Burdett/Sudjic: „The endless City" 2008, Schwind: 2084: Ein Blick zurück in die Zukunft, in FS für Kreuzer 2008, 685ff sowie Rdn. 6 § 22.*

3 Vor diesem Hintergrund hat sich im Rahmen der Bemühungen, die sich die Verstärkung des Opferschutzes zum Ziel gesetzt haben, auch die sog. „kriminalitätsabwehrende Architektur" etabliert (Rdn. 14ff zu § 16), die sich zur Aufgabe macht, „durch Veränderung der objektiven Baustruktur, nämlich der Hausformen, ihrer Anordnung zueinander und des Städtebaus, Kriminalität im Vorfeld abblocken zu können" (*Rolinski,* K.: Wohnhausarchitektur und Kriminalität, Wiesbaden 1980, 15).

## § 15 Raumstruktur und Kriminalität (Kriminalgeographie)

**Literatur:** **Albrecht,** G.: Kriminalgeographie, in: *Kaiser,* G./*Kerner,* H.-J./*Sack,* F./*Schellhoss,* H. (Hrsg.): Kleines Kriminologisches Wörterbuch, 2. Aufl., Heidelberg 1985, S. 194–203 (3. Aufl. 1993, S. 226–236); **Belina,** B.: „Kriminalität" und „Raum" – zur Kritik der Kriminalgeographie und zur Produktion des Raumes, in: KrimJ, Heft 2/2000, S. 129–147; **Bruggeman,** B.: Implementation of crime analysis in Belgium, in: *Van der Heyden,* T./*Kolthoff,* E. (Hrsg.): Crime analysis – a tool for crime control, *Zutphen* 1993/171, S. 85–93; **Burgess,** E. W.: The Urban Community, Chicago 1926; **Dreher,** G.: Das Modell New York in der Kriminalitätsbekämpfung – Sollen wir von New York lernen?, in: Magazin für die Polizei, Dezember 1997, S. 4–8 und 31–39; **Dreher,** G./**Feltes,** Th. (Hrsg.): Das Modell New York: Kriminalprävention durch ‚Zero Tolerance'? Empirische Polizeiforschung Bd. 12, Holzkirchen /Obb. 1997; **Feltes,** Th.: Das „Zero-Toleranz-Konzept", in: Kriminalistik 2001, S. 85–89; **Finger,** Th.: Die offenen Szenen der Städte, Berlin 2006; **Frehsee,** D.: Strukturbedingungen urbaner Kriminalität, Göttingen 1978; **Frevel,** B.: Community Policing – Zwischen Integrationsziel und Segregationswirkung, Stadtsoziologische Aspekte kommunalisierter Sicherheitsstrategien, in: Die Kriminalprävention 3/2001, S. 97–103; **Füllgrabe,** U.: Welche Maßnahmen verhindern Kriminalität? Die Strategie der „Nulltoleranz" und andere Präventionsmaßnahmen auf dem Prüfstand, in MFDP 3/98, S. 14–17; **Füllgrabe,** U.: Die „Broken-Windows-Theorie", in: Kriminalistik 6/2000, S. 383–386; **Guerry,** A. M.: Essai sur la statistique morale de la France, Paris 1833; **Hartwig,** M.-A.: Geographische Informationssysteme (GIS), in: Kriminalistik 6/01, S. 435–439; **Hassemer,** W.: „Zero tolerance" – Ein neues Strafkonzept?, in FS für *Kaiser,* Berlin 1998, S. 793–814; **Helldörfer,** H.: Nürnberg – Kriminalgeographie einer Großstadt. Ein Überblick, in: *Akademie zur Raumforschung und Landesplanung* (Hrsg.): Stadt und Stadtraum, Forschungs- und Sitzungsberichte 97, Hannover 1974, S. 151–169; **Hellmer,** J.: Kriminalitätsatlas der Bundesrepublik Deutschland und West-Berlins, Wiesbaden 1972; **Hellmer,** J.: Kriminalgeographie und Verbrechensbekämpfung, in: der kriminalist 1974, S. 99–103 und 160–164; **Hermann,** D./**Laue,** Chr.: Kommunale Kriminalprävention, in: Der Bürger im Staat H. 1/2003, S. 70–76; **Herold,** H.: Kriminalgeographie – Ermittlung und Untersuchung der Beziehungen zwischen Raum und Kriminalität, in: *Schäfer,* H. (Hrsg.): Grundlagen der Kriminalistik, Bd. 4, Hamburg 1968, S. 201–243; **Herold,** H.: Kriminalgeographie, in: Die Polizei 1969, S. 81–87; **Herold,** H.: Neue Wege kriminalpolizeilicher Verbrechensbekämpfung, in: *Göppinger,* H./*Witter,* H. (Hrsg.): Kriminologische Gegenwartsfragen, Bd. 9, Stuttgart 1970, S. 208–234; **Herold,** H.: Die Bedeutung der Kriminalgeographie für die polizeiliche Praxis, in: Kriminalistik 1977, S. 289–296; **Herold,** H.: Die Nutzung von Polizeidaten für präventive Zwecke, in: Bäumler (Hrsg.): Polizei und Datenschutz, Neuwied 1999, S. 329–347; **Hess,** H.: Polizeistrategie und Kriminalität – das umstrittene Beispiel New York, in: *Herrkind,* M./*Scheere* (Hrsg.): Die Polizei als Organisation mit Gewaltlizenz, Münster 2003, S. 49–129; **Jäger,** J.: Die kriminologische Regionalanalyse, Schriftenreihe der PFA 4/1976, Münster, S.63–69; **Kelling,** G.: Neue Wege polizeilicher Kontrolle in der USA, in: der Kriminalist 10/2001, S. 397–399; **Killias,** M.: Reduktion der Kriminalität durch „Unschädlichmachung" von Vielfachtätern – ein statistischer Trugschluß, in: BewHi 4/1999, S. 426–432; **Krainz,** S.: Kriminalitätsatlas der Stadt Graz, Graz 2000; **Kube,** E.: Städtebau als Aspekt kommunaler Kriminalprävention, in: FS für *Kaiser,* G., Berlin 1998, S. 847–858; **Kury,** H./**Obergfell-Fuchs,** J./**Würger,** M.: Zur Regionalverteilung der Kriminalität in Deutschland, in: Kriminalistik 1995, S. 769–778; **Langer,** P.: Kriminalität als Indikator sozialgeographischer Raumstrukturen, Neuwied 1983; **Laue,** Chr.: Anmerkungen zu Broken Windows, in: MschrKrim 4/1999, S. 277–290; **Lee-Sammons,** L./**Stock,** J.: Das Konzept des „Community Policing" in den USA, in: Kriminalistik 1993, S. 157–162; **Lewkowicz,** M. et al.: Sozialatlas '79, Saarbrücken 1979; **Neuhöfer, M.:** Überforderte Nachbarschaften, in: Aus Politik und Zeitgeschichte B/49/98, S. 35–45; **Okon,** G./**Weinrich,** R.: Das geographische Informationssystem GLADIS, in: Kriminalistik 2000, S. 122–127; **Opp,** K.-D.: Zur Erklärung delinquenten Verhaltens von Kindern und Jugendlichen. Eine ökologische Analyse der Kinder- und Jugenddelinquenz in Köln und eine Kritik des kriminalökologischen Ansatzes, München 1968; **Plate,** M./**Schwinges,** U./**Weiß,** R.: Strukturen der Kriminalität in Solingen, Wiesbaden 1985;**Quetelet,** A.: zit. nach *Christiansen,* K. O.: Kriminologie (Grundlagen), in: *Sieverts,* R./ *Schneider,* H. J. (Hrsg.): Handwörterbuch der Kriminologie, Bd. 2, 2. Aufl., Berlin 1977, S. 192; **Schnupp,** G.: Generelles Bettelei-, Niederlassungs- und Alkoholverbot unzulässig, in: Deutsche Polizei 9/99, S. 20–22; **Schwind,** H.-D./**Ahlborn,** W./**Weiß,** R.: Empirische Kriminalgeographie (Kriminalitätsatlas Bochum), Wiesbaden 1978; **Schwind,** H.-D.: Kriminalgeographie, in: *Schneider,* H. J. (Hrsg.): Die Psychologie des 20. Jahrhunderts, Bd. 14, Auswirkungen auf die Kriminologie, Zürich 1981, S. 248–261; **Schwind,** H-D./**Ahlborn,** W./**Weiß,** R: Dunkelfeldforschung in Bochum 1986/87, eine Replikationsstudie. Wiesbaden 1989; **Schwind,** H.-D./**Fetchenhauer,** D./ **Ahlborn,** W./**Weiß,** R.: Kriminalitätsphänomene im Langzeitvergleich 1975/1986/1998 am Beispiel einer deutschen Großstadt (Bochum), Wiesbaden 2001; **Shaw,** C. R.: Delinquency Areas, Chicago 1929; **Shaw,** C. R./**McKay,** H. D.: Juvenile Delinquency and Urban Areas. A Study of Rates of Delinquency Relation to Differential Characteristics of Local Communities in American Cities, Chicago 1942, 2. Aufl., London 1969; **Sherman,** L.W. u.a.: Preventing Crime: What works, what doesn't. A Report to the United States Congress University of Maryland, College Park 1997; **Sieverts,** R.: Kriminologische Forschung als Landschafts-Teilaufgabe der deutschen Hochschulen, in: MschrKrim 1935, S. 1–10; **Skogan,** W.G.: Disorder and Decline – Crime and the Spiral of Decay in American Neighbourhoods, Berkeley 1990; **Steffen,** W.: Bürgernahe und gemeinwesenorientierte Polizeiarbeit in Deutschland, in: *Berg,* M./*Kapsch,* St./*Streng,* F.: Strafrecht in den Vereinigten Staaten und Deutschland, Heidelberg 2006, S. 117–128; **Walter,** J.: Die Indikatorfunktion sozialökologischer Faktoren bei Dunkelfeld-Kriminalität und polizeilich registrierter Delinquenz, Freiburg 1982; **Walter,** M.: J.Q. Wilsons „broken windows" – Theorie als Grundlage konzeptioneller Änderungen im Jugendkriminalrecht? in: FS für *Böhm,* A., Berlin 1999, S. 751–764; **Wetzels,** P./**Pfeiffer,** C.: Regionale Unterschiede der Kriminalitätsbelastung in Westdeutschland. Zur Kontroverse um ein Nord-Süd-Gefälle der Kriminalität, in: MschrKrim 1996, S. 386–405; **Wilson,** J. Q.: Thinking about Crime, New York 1985; **Wilson,** J.Q./**Kelling,** G.L.: The Police and Neighborhood Safety: Broken Windows, in: The Atlantic Monthly, März-Ausgabe 1982, S. 29–39/deutsche Übersetzung, in: KrimJ 2/96, S. 121–137.

## Gliederung



Schon 1935 hat z.B. Rudolf *Sieverts* in einem Aufsatz über „Kriminologische Forschung als Landschafts-Teilaufgabe der deutschen Hochschulen" die Entwicklung der kriminalgeographischen Forschung an den Universitäten gefordert und in diesem Zusammenhang auf amerikanische 1

Vorbilder hingewiesen. Solche Untersuchungen werden nicht zuletzt vor dem Hintergrund wegfallender Grenzen (ab 1994) im EU-Raum (dazu Rdn. 1ff zu § 31) auch für die Kriminalpolitik in Europa bedeutsam: vgl. dazu bereits die Dokumentation des *Innenministeriums von Baden-Württemberg:* Der neue kriminalgeographische Raum Europa (Stuttgart 1991).

## I. Begriff und Aufgaben der Kriminalgeographie

2 Über Begriff und Aufgaben der Kriminalgeographie besteht allerdings Uneinigkeit; zumindest werden die Schwerpunkte unterschiedlich gesehen.

### 1. Begriffsbestimmung

3 Deshalb wird der Begriff der „Kriminalgeographie" auch verschieden bestimmt. So wird die Kriminalgeographie z. T. mehr als **Kriminalitätsverteilungslehre** (thematische Kartographie) betrachtet (z.B. von *Mergen,* Lb. 1978, 208 oder *Hellmer* 1972 und 1974), z.T. mehr als (weiterer) **Ansatz zur Ursachenforschung** (so z.B. *Opp* 1968; *Schwind/Ahlborn/Weiß* 1978). *Hartwig* (2001, 435) unterscheidet dementsprechend zwischen kriminalistischer und kriminologischer Kriminalgeographie.

4 Nach *Herold* (1977, 290) ist „die Kriminalgeographie ... die Wissenschaft von den Beziehungen, die zwischen der spezifischen Struktur eines Raumes und der in ihm örtlich und zeitlich anfallenden Kriminalität bestehen" **(kriminalistische Kriminalgeographie)**. Als Raum wird bezeichnet (*Herold* 1968, 201 ff), „was sich auf einer Fläche typisch erhebt, was sie beschreibbar macht (z.B. Acker, Wald, Häusergruppe, Fabrikgebäude usw.)".

5 Weitergehend versteht *Schwind* (1981, 249) unter „Kriminalgeographie denjenigen Zweig der kriminologisch-kriminalistischen Forschung, der kriminelles Verhalten in seiner raumzeitlichen Verteilung erfaßt und durch spezifische raumzeitliche Verbreitungs- und Verknüpfungsmuster demographischer, wirtschaftlicher, sozialer, psychischer und kultureller Einflußgrößen zu erklären versucht, und zwar mit dem Ziel der (primär vorbeugenden) Verbrechensbekämpfung" **(kriminalistische plus kriminologische Kriminalgeographie)**. Auch nach dieser Definition „kann der Raum allerdings nur zu solchen Delikten oder Deliktsarten in Beziehung gesetzt werden, die durch räumliche Faktoren ausgelöst und geprägt werden" (*Herold* 1968, 201 ff): etwa **Straßenkriminalität (street crime)**.

Zur „Straßenkriminalität" rechnen vor allem: Handtaschenraub, Taschendiebstahl, Messerstechereien bzw. Körperverletzung, bewaffnete Überfälle, das „Abziehen" anderer und (offene) Rauschgiftgeschäfte.

### 2. Geschichte der Kriminalgeographie

6 Als „Väter" der Kriminalgeographie (*Schwind* 1981, 249) kommen der Franzose **Guerry** de Champneuf (1802–1866) und der Belgier **Quetelet**

(1796–1874) in Betracht (Rdn. 31 zu § 4), wobei die „Physique sociale" (1835; 2. Aufl. 1869) *Quetelets* auf Anregung *Guerrys* entstanden sein soll (*Albrecht* 1985). Diese (wie auch die ihnen nachfolgenden Arbeiten) beschränken sich jedoch grundsätzlich noch darauf, unterschiedliche Kriminalitätsraten auf Karten sichtbar zu machen; sie geben sich also (meist) mit der kartographischen Darstellung der Kriminalitätsverteilung zufrieden (Kriminalkartographie).

*Quetelet und Guerry (vgl. zu diesen auch Rdn. 31 zu § 4 und Rdn. 27 zu § 12) haben jedoch u.a. noch zwei weitere originelle Gedanken entwickelt. Zum einen gehen sie davon aus, daß die Kriminalstatistik in ihrem Umfang eine konstante Größe ist* ***(Budgetgedanke)****. Zum anderen haben sie ein* ***Nord-Südgefälle der Kriminalität*** *feststellen können: d.h. im Norden des Landes kamen mehr Straftaten vor als im Süden (so auch Hellmer 1974 für die Bunderespublik Deutschland). Solche Ergebnisse wurden allerdings als wenig repräsentativ kritisiert, weil sich die Daten nur auf das Hellfeld bezogen und insoweit auch mit einem unterschiedlichen Kontrollverhalten der Strafverfolgungsbehörden zu tun haben konnten. Inzwischen hat sich (für das wiedervereinigte Deutschland) jedoch gezeigt, daß das Nord-Süd-Gefälle auch im Dunkelfeld nachweisbar ist: danach gibt es dieses Phänomen also tatsächlich. Die Verfasser der entsprechenden Studie (vgl. Kury et al. 1995, 769f) führen diese merkwürdige Erscheinung z.B. auf unterschiedliche Lebensbedingungen zurück (In den nördlichen Bundesländern sieht die Beschäftigungs- und Einkommensituation schlechter aus als in den südlichen; insbesondere ist die Zahl der Sozialhilfeempfänger und der Arbeitslosen im Norden viel höher als im Süden (zur Armut vgl. Rdn. 21ff zu § 12). Nach einer Untersuchung des KFN (Baier/Pfeiffer/Rabold 2009, 328) ist das Phänomen z.T. auch auf Unterschiede in der Anzeigebereitschaft zurückzuführen.*

Eine Zäsur stellen die Untersuchungen von *Burgess* (1926) und später **7**
von *Shaw* (1929) in Chicago sowie von *Shaw* und *McKay* (1942) in verschiedenen USA-Städten dar (zum ökologischen Ansatz der Chicago-Schule vgl. Rdn. 15ff zu § 7). Diese Arbeiten sind nicht nur in England, Frankreich und Jugoslawien auf besonderes Interesse gestoßen (vgl. dazu den Überblick bei *Schwind/Ahlborn/Weiß* 1978, 9f und bei *Walter* 1982, 40ff), sondern auch in Belgien (dazu *Bruggeman* 1993, 88) und in Deutschland.

Zu den Arbeiten, die nach 1945 in der Bundesrepublik veröffentlicht wurden (Überblick bis 1945 bei *Schwind/Ahlborn/Weiß* aaO), gehören z.B. die Untersuchungen von *Opp* (1968), *Herold* (1968ff), *Hellmer* (1972), *Helldörfer* (1974), *Wiebe* (1977), *Kranz* (1978), *Schwind/Ahlborn/Weiß* (1978, 1989 und 2001), *Frehsee* (1978), *Lewkowicz et al.* (1979), *Behder* (1979), *Langer* (1983), *Plate/Schwinges/Weiß* (1985) und *Krainz* (2000); vgl. auch die KRA unter § 18 Rdn. 35.

**Opp** hat die räumliche Verteilung der Kinder- und Jugendkriminalität **8**
im Kölner Stadtgebiet untersucht; **Hellmer** veröffentlichte einen „Kriminalitätsatlas der Bundesrepublik Deutschland und West-Berlins", in dem die Kriminalitätsverteilung anhand der Häufigkeitsziffer bis auf die

Ebene der Regierungsbezirke dargestellt wird; **Frehsees** Arbeit bezieht sich auf jugendliche und heranwachsende Straftäter aus einer Stadtteilgruppe in Kiel; **Wiebes** „Analyse stellt den Versuch dar, mit Hilfe verschiedener statistischer Angaben und Techniken die räumliche Verteilung von Straftaten in einer Großstadt zu untersuchen" (1977, 212). Die „Kriminologische Regionalanalyse" von **Krainz** (vgl. zu dieser auch *Jäger* 1976, 63 ff) hatte zum Ziel, „durch kriminalgeographische Mittel die Notwendigkeit einer Organisationsform im Kreisgebiet Mayen-Koblenz zu veranschaulichen" (1978, 4); **Lewkowicz** et al. „hatten den Auftrag, die methodischen Grundlagen und die Datenlage für eine umfassende Bestandsaufnahme der sozialen Einrichtungen und Dienste im Saarland zunächst beispielhaft im Gebiet Malstatt-Rußhütte-Burbach zu untersuchen" (1979); **Behder** hat „die Saison-(Urlaubs-)Kriminalität in Schleswig-Holstein 1972/73" überprüft (1979), **Langer** hat sich mit dem Thema „Kriminalität als Indikator sozialgeographischer Raumstrukturen" beschäftigt (1983) und **Plate** et al. „ging es darum, bauliche bzw. infrastrukturelle Maßnahmen auf ihre Auswirkungen auf Kriminalität hin zu untersuchen" (1985, 24).

**9** Besondere Aufmerksamkeit haben die Arbeiten von **Herold** in der Fachwelt gefunden, weil sie zu praktisch verwertbaren Resultaten geführt haben. *Herold* hat sich in mehreren Aufsätzen (1968, 1969, 1970) mit der „Ermittlung und Untersuchung der Beziehungen zwischen Raum und Kriminalität" befaßt, und zwar (als Polizeipräsident) am Beispiel von Nürnberg. Sein dortiger Nachfolger **Helldörfer** hat die Untersuchungen fortführen können (1974). Beide Arbeiten dienten und dienen dem Ziel, den Einsatz der Nürnberger Polizei effektiver zu machen. Sie beziehen sich dementsprechend – im Gegensatz zu der primär kriminologisch orientierten Arbeit von *Opp* – nur auf kriminalistische Daten. Das Ziel der in diesem Sinne verstandenen Kriminalgeographie ist darin zu sehen, „die effektive örtliche und zeitliche Belastung eines Raumes durch raumbezogene Delikte und Tatverdächtigen-Wohnsitze sowie die Mobilität des Tatverdächtigen zwischen verschiedenen Räumen statistisch zu erfassen und kartographisch darzustellen" (*Helldörfer* 1974, 152). Berücksichtigt wurden insoweit nur die „raumbezogenen" präventablen Straftaten; als solche wurden Taten verstanden, „die sich an öffentlich zugängigen Orten ereignen" („Straßenkriminalität") und deshalb durch vorbeugenden Polizeieinsatz bekämpft werden können.

**10** Die Methodik und die Ergebnisse der Untersuchungen von *Schwind/Ahlborn/Weiß* (1978, 1989, 2001), die auch die heutigen **Regionalanalysen** (vgl. Rdn. 35 zu § 18) der kommunalen Kriminalprävention beeinflussen konnten, werden im Rahmen des folgenden Abschnitts referiert.

## II. Praxisrelevanz der Kriminalgeographie

**11** Trotz weitverbreiteter Skepsis gegenüber den Resultaten der kriminalgeographischen Forschung (konstruktiv z. B. G. *Albrecht* 1981, 292 ff) darf festgestellt werden:

- *erstens: daß die Kriminalgeographie, was die Kriminalitätsverteilung anbelangt, unbestreitbare Relevanz für die Praxis besitzt (vgl. Rdn. 12a); jedenfalls dürfte es heute kaum noch einen Polizeipräsidenten geben, der die Kriminalitätsverteilung nicht (zumindest) auf (Gitter-) Karten (inzwischen EDV-unterstützt) einzeichnen läßt;*
- *zweitens: daß die Ergebnisse, die die kriminologische Ursachenfrage betreffen, dann nicht problematisch erscheinen, wenn man die **Gefahr des sog. ökologischen Fehlschlusses** vermeidet. Damit bezeichnet man „den irrtümlichen Schluß von Eigenschaften ..., die bei Gebietseinheiten beobachtet werden, auf das Verhalten von Individuen in diesen Gebietseinheiten" (Scheuch in: König, R.: Handbuch der empirischen Sozialforschung 1973, 210): Schluß von der Kollektivebene auf eine singuläre Individualebene. Der ökologische Fehlschluß (dazu auch Rdn. 2ff zu § 17) produziert also (die Realität verzerrende) Scheinkorrelationen (zu diesen Rdn. 48 zu § 9).*

***Beispiel:*** *Eine Frau, die in einem Prostituiertenviertel („Rotlichtviertel") zu Hause ist, muß selbst keine Dirne sein.*

### 1. Resultate kriminalistischer Untersuchungen

Die Ergebnisse der kriminalistischen Untersuchungen betreffen primär die Verteilung der Kriminalität im Hellfeld und im Dunkelfeld, die Täter- bzw. die Tatverdächtigen-Mobilität sowie die Beziehungen, die zwischen Kriminalität und Kriminalitätsangebot festgestellt wurden (krit. zu diesem „Kontrollansatz" *Belinda* 2000, 144). **12**

*a) Verteilung der Kriminalität im Hellfeld („Crime mapping")*

Daß sich die Kriminalitätsverteilung gut mit Kopfnadeln auf einer Stecktafel bzw. Papierkarte (Stadtplan) darstellen läßt, weiß längst jeder Kriminalist: Massierungen (vor allem der **Straßenkriminalität** und der Einbrüche) zeigen sich (wie schon *Shaw* und *McKay* aufzeigen konnten: Rdn. 16ff zu § 7) regelmäßig an den Ausfallstraßen und in den Zentren der Städte. **12a**

*aa) Kartographische Darstellungsmöglichkeiten (wichtig für die Lagebeurteilung)*

Inzwischen kommen allerdings neue Visualisierungsprogramme zum Einsatz (Überblick bei *Hartwig* 2001, 435ff), die „als schneller gemachte, in ihrer Auskunftsleistung gesteigerte Karteien fungieren" (*Herold* 1999, 332). Zu diesen gehören z.B. das

- MapInfo-Programm,
- das Programm Regio-Graph,
- GLADIS (Geographisches Lage-, Analyse-, Darstellungs- und Informationssystem) und
- das Lagebild VISTA (Visuelles Informationssystem sicherheitstaktischer Auswertungen).

Allen gemeinsam ist das Bestreben, Daten aus polizeilichen Datenbanken und Kartenmaterial „via GIS-Software“ (*Hartwig* aaO, 436) zu **verknüpfen**, und zwar auch derart, daß „Auskünfte über die Wirkung erfolgter örtlicher Kriminalitätsbekämpfung erlangt werden (zum Beispiel **Verdrängungs-/Verlagerungseffekte**)“: *Hartwig* aaO, 438; *Herold* 1999; 335.

Mit dem **MapInfo-Programm** (das z.B. von den Polizeipräsidien in Düsseldorf und Köln benutzt wird) werden die Kopfnadeln als Symbole per Computer auf Karten markiert (vgl. Übersicht 32). Die bisher bei den Lagedienststellen manuell ergänzten Steckkarten werden nunmehr also elektronisch geführt.

*Übersicht 32:*
Ausschnitt aus einer „MapInfo“-Karte des Polizeipräsidiums Düsseldorf (Straßennamen verändert)

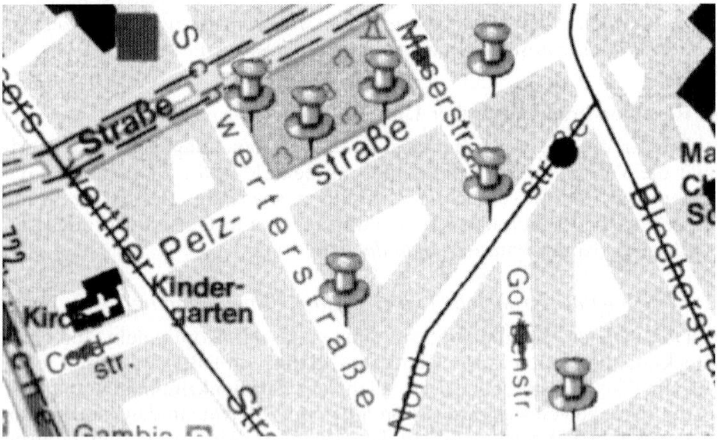


Die Polizeipräsidenten z.B. von Bochum, Dortmund und Essen arbeiten hingegen mit der **Regio-Graph-Software**. Damit werden die Kriminalitätszahlen für die verschiedenen geographischen Gebietseinteilungen (z.B. für die Stadt insgesamt oder für die Polizeibezirke) mit Farbschattierungen bzw. mit Schraffuren deutlich gemacht (vgl. dazu *Schwind/Fetchenhauer* et al. 2001, 79). Die genauen Tatortadressen sind dabei allerdings nicht erkennbar.

Das Polizeipräsidium München setzt (seit Januar 1999) das geographische **Informationssystem GLADIS** ein (vgl. *Okon/Weinrich* 2000, 122ff), das die Möglichkeiten der beiden anderen Programme miteinander **verbindet** und weitere Abrufmöglichkeiten eröffnet. Mit GLADIS kann man nicht nur die geographische Verteilung aller Delikte und speziellen Straftaten (etwa der Raubtaten in den letzten 24 Stunden) abfragen, sondern auch tatbezogene (genaue Tatzeit, Schaden, Versuch) und täterbezogene Daten (Täterbeschreibung, Begehungsweise, verwendete Tatmittel usw.). Darüber hinaus verarbeitet das Programm **auch Fremddaten** wie soziodemographische Informationen bis hinunter in den geographischen Kleinraumbereich. Entsprechende Karten werden „auf Knopfdruck" auf DIN A 3-Bögen ausgedruckt: „menügesteuerte Abfrage" (vgl. *Okon/Weinrich* aaO 126; vgl. auch Rdn. 39 zu § 18).

Das **Lagebild VISTA** baut auf den computerunterstützten Verteilungskarten für die Stadt Dreieich im Landkreis Offenbach auf. Auch im Rahmen dieses Programmes können Kriminalitätsdaten mit Infrastruktur- und demographischen Informationen in Beziehung gesetzt werden (vgl. *Arndt,* W.: VISTA, Lagebild Hauptbahnhof Frankfurt am Main, o.J.). VISTA wurde **für Standard-PC's konzipiert** und ist deshalb in der Anschaffung wesentlich preiswerter als GLADIS (*Arndt,* Schreiben an den Verf. vom 30.5.2001). Das Programm wird ferner in der Stadt Landau/Pfalz praktiziert (*Arndt,* Schreiben vom 29.4.2001).

*In diesen Rahmen gehört (in London) auch das **„Geoprofiling"** (vgl. Zeitungsausriß), das darin besteht, daß die Tatorte (von Serienstraftätern) sortiert werden, um **„Ankerpunkte"** zu finden. Dabei geht man davon aus, daß der Straftäter um seinen Wohn- oder Arbeitsplatz eine **„Pufferzone"** legt, und zwar wegen des Risikos dort noch erkannt zu werden. Auf der anderen Seite wird sein „Jagdgebiet" durch einen 30-Km-Umkreis (vgl. Rdn. 20) begrenzt.*

**Suche nach dem Ankerpunkt**

**Wie Geoprofiling hilft, den Wohnort von Serientätern einzukreisen**

aus: *FOCUS* 15/2005, 81

*bb) Organisatorische Konsequenzen (in Bezug auf den Streifendienst)*

Schon vor diesen Fortschritten der kartographischen Darstellungs- **12b**
weise wurden aus kriminalgeographischen Ansätzen auch organisatorische Konsequenzen gezogen: hierzulande bereits in den 60er Jahren in Nürnberg durch den (schon oben erwähnten) damaligen Polizeipräsidenten Horst *Herold,* der später zum BKA-Chef aufrückte.

Wie bei den von *Shaw* und *McKay* untersuchten amerikanischen Städ- **13**
ten (vgl. Rdn. 16ff zu § 7) hatte sich auch in Nürnberg eine deutliche Massierung der Kriminalität in der Stadtmitte gezeigt (*Herold* 1968, 201f), während die Außenzonen kaum Belastungen aufwiesen. Die **Kriminalitätsdichte der Innenstadt** war durchschnittlich **60mal so hoch** wie die in den Randgebieten von Nürnberg (Gravitationstheorie: **Sogwirkung der City**): so auch für Hamburg *Nommel* (in: Kriminalistik 2002, 549ff). Aufgrund dieser Beobachtungen hat *Herold* (für Nürnberg) entschieden

(*Herold* 1968): Rückkehr zum ausschließlichen Fußstreifendienst in der Kernzone (City), Beibehaltung des kombinierten Fahr- und Fußstreifendienstes in der Mittelzone und Einführung bloßer Fahrstreifen („Männer ohne Beine") in der kriminell weniger gefährdeten Außenzone der Stadt. Eine solche Umorganisation des polizeilichen Einsatzes kommt jedoch nur dann in Betracht, wenn eine Stadt (wie Chicago und Nürnberg) auch dem Zonenmodell (dazu Rdn. 20 zu § 7) in Bezug auf die Kriminalitätsbelastung entspricht. Das ist jedoch nicht immer der Fall. So hat sich die **Zonentheorie** z.B. nach den Bochumer kriminalgeographischen Beobachtungen nicht bestätigen lassen (*Schwind* et al. 1978, 76; *Schwind* et al. 1989 und 2001). Bochum besitzt nämlich mehrere Unterzentren, und zwar grundsätzlich dort, wo sich die Mittelpunkte der früher selbständigen Kommunen befinden, die eingemeindet worden sind **(Mehrkerntheorie)**.

14 Die Erklärung ist durchaus plausibel: Chicago und Nürnberg haben sich primär in noch unbebautes Umland vergrößert und konnten deshalb organischer wachsen (Zonentheorie), während Bochum verschiedene Gemeinden eines riesigen, sehr verflochtenen Industriegebietes geschluckt hat, die sich um einige Kohlebergwerke gruppiert haben und bereits feste, z. T. noch heute bestehende Mittelpunkte besaßen bzw. besitzen, in denen sich auch die Kriminalität konzentriert. Diese Konzentration ergibt sich nicht nur in Bezug auf die absolute Zahl der dort verübten Delikte, sondern auch dann, wenn man die Häufigkeitszahl (Zahl der Straftaten bezogen auf 100000 Einwohner) oder die Kriminalitätsdichte (Zahl der Straftaten bezogen auf Fläche in ha) berechnet (so schon *Schwind/Ahlborn/Weiß* 1978 aaO).

*cc) Täter- (bzw. Tatverdächtigen-)Mobilität*
*(relevant für die Fahndung bzw. für die Polizeigrenzen)*

15 Die (angelsächsische) Kriminalgeographie unterscheidet zwischen **„attracting areas"** (Tatorte, die als solche dem Täter, „weil da was zu holen ist", attraktiv erscheinen; vgl. dazu auch Rdn. 32 zu § 16) und **„breeding areas"** (solche, in denen die Täter zu Hause sind: wo sie wohnen). Im Rahmen der Fahndung sind beide „areas" wichtig; die Bewegungen des Täters zum Tatort und zurück in die breeding area werden im Schrifttum unter der Bezeichnung **„Tätermobilität"** zusammengefaßt. Richtiger müßte es „Tatverdächtigen-Mobilität" heißen, weil sich die bisher vorliegenden Untersuchungen immer nur auf tatverdächtige (also noch nicht verurteilte) Personen beziehen.

16 Die Bochumer Untersuchungen (von *Schwind/Ahlborn/Weiß* aaO; vgl. auch Rdn. 54 zu § 2) haben zur Tätermobilität folgende Informationen beitragen können, die für die polizeiliche Fahndung Bedeutung besitzen dürften:

17 – *erstens: Die in der City wohnenden Straftäter begehen ihre Straftaten* ***vorwiegend in der City,*** *während auf die im übrigen Stadtgebiet wohnenden Täter die City eine fast gleich starke Anziehungskraft ausübt;*

- *zweitens: Abgesehen von der Magnetkraft der City ist die Tätermobilität in der Stadt und von dieser* ***nach draußen gering:*** *rund 78 % aller Tatverdächtigen, denen eine der (in diesen Untersuchungen erfaßten) Straftaten zur Last gelegt wurde, hatten ihren Wohnsitz in Bochum (vgl. Übersicht 33);* **18**
- *drittens: Der Strom der auswärtigen Täter nach Bochum hinein* ***deckt sich weitgehend mit den Pendlerströmen,*** *die nach Bochum hinein zu beobachten sind, eine Erfahrung, die schon Herold (1970) für Nürnberg gemacht hat.* **19**

*Übersicht 33:*
*Die Wohnsitze der in einem Stadtgebiet registrierten (4548) Tatverdächtigen (am Beispiel von Bochum 1998)*

**20**

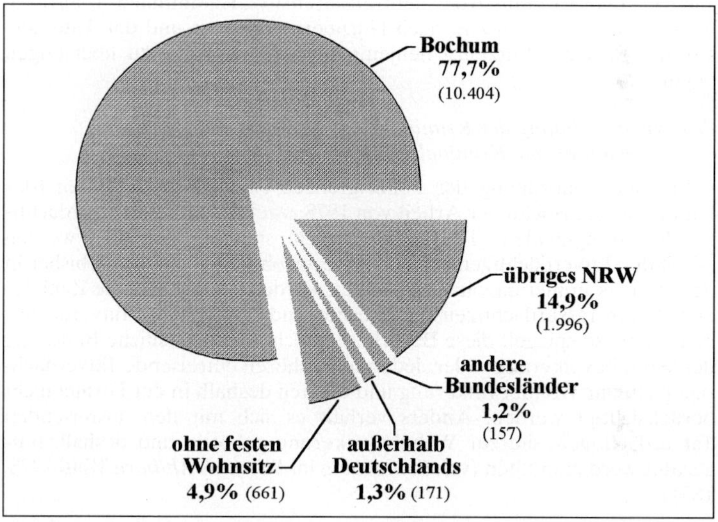


aus: *Schwind/Fetchenhauer/Ahlborn/Weiß* 2001, 96; ähnliche Resultate bei *PSB* 2001, 461

Interessant ist insoweit, daß der Zustrom in Nürnberg primär aus dem **30-km-Umkreis** erfolgte (Bochum: 20-km-Umkreis); in diesem Raum wohnten 81,2 % aller Nürnberger Tatverdächtigen, in der weiteren Zone bis 100 km nur weitere 5,1 %. Den höchsten Dichtewert ermittelte *Herold* (1968) im Umkreis von 10 km; die Zustromintensität sank alle 10 km auf jeweils fast die Hälfte ab. Bemerkenswert ist, daß die 30-km-Zäsur mit der Linie übereinstimmt, die von der Raumsoziologie als die äußerste Grenze der wirtschaftlich zusammengehörigen Städteregion Nürnberg-Fürth-Erlangen festgestellt wurde. Die **Identität dieser Grenzlinien** (die sich für den Bochumer Raum auch in den Bochumer Untersuchungen gezeigt hat) läßt die Vermutung aufkommen, daß die **wirtschaftliche Orientierung der** **21**

**Menschen eines bestimmten Gebietes auch die Zonen der kriminellen Tatorte ihrer straffälligen Mitbürger mitbestimmt.**

22 *Herold* (1970), der diese Vermutung als Tatsache nimmt (er spricht von „kriminalgeographisch zusammengehöriger Landschaft"), zog aus ihr die Schlußfolgerung, daß die **Grenzen der Stadtpolizei** von Nürnberg zu eng gezogen seien. In diesen Zuständigkeitsbereich müßten die **Wohnsitze** der Täter (Tatverdächtigen) mit eingeschlossen sein, die ihre Delikte in Nürnberg verüben.

23 Nur „eine **einheitliche Regionalpolizei**, die die Masse des Täterzustroms zuständigkeitshalber erfaßt, wäre in der Lage, die Kriminalität bis zu ihren Ausgangspunkten" zu verfolgen (aaO). Die Grenzlinie für den Einsatz dieser Regionalpolizei soll jeweils dort liegen, wo sich Täterzustrom und Täterausstrom neutralisieren (= „Kammlinien"), also da, wo der Tätereinstrom z.B. nach Nürnberg gering ist und der Täterausstrom z.B. nach Würzburg denjenigen nach Nürnberg zu übersteigen beginnt.

*dd) Neuberechnung der Kriminalitätsbelastungszahl (relevant für die Kriminalstatistik)*

24 Bei der Neuordnung der Polizeigrenzen ist auch zu beachten (das hat bereits die Bochumer Arbeit von 1978 gezeigt), daß die Tatverdächtigen-Belastungszahlen (TVBZ) noch nicht sinnvoll berechnet werden (Zahl der Tatverdächtigen pro 100000 Einwohner). Denn wenn bisher in der Statistik immer davon ausgegangen worden ist, daß sich die Zahl der ermittelten Tatverdächtigen aus örtlichen und einreisenden Tatverdächtigen ergibt, so spiegelt diese Berechnung nicht die tatsächliche Belastung der Wohnbevölkerung wider. Jedenfalls gehören einreisende Tatverdächtige nicht zur Wohnbevölkerung und dürften deshalb in der Formel nicht berücksichtigt werden. Anders verhält es sich mit den ausreisenden Tatverdächtigen, die zur Wohnbevölkerung gehören und deshalb mitgezählt werden müßten (vgl. *Stüllenberg* in: *Schwind/Ahlborn/Weiß* 1978, 185f).

*b) Untersuchungen zum Dunkelfeld (relevant für die Lagebeurteilung)*

25 Das Dunkelfeld aufzuhellen hat z.B. schon die erste (der drei) Bochumer kriminalgeographischen Arbeiten (*Schwind/Ahlborn/Weiß* 1978, 186ff) versucht. Dabei hat sich gezeigt, daß die Dunkelzifferrelation (zum Begriff vgl. Rdn. 36 zu § 2) in den einzelnen Stadtteilen Bochums sehr differiert (so auch *Plate* et al. 1985, 133 a). Die Hellfeldzahlen (registrierte Kriminalität) sind danach für die Gesamtkriminalität (Hellfeld plus Dunkelfeld) nicht repräsentativ (vgl. Rdn. 71ff zu § 2). Aus der **Dunkelfeldverteilung lassen sich jedoch erst z.B. Schlüsse darauf ziehen, ob die Polizeireviere geographisch richtig verteilt sind.**

## 2. Resultate kriminologischer Untersuchungen

Die Kriminalitätsverteilung gehört auch zu den Forschungsergebnissen, die aus kriminologischer Sicht für die Praxis Bedeutung besitzen: jedenfalls dann, wenn man mit *Opp* (1968, 18) darauf hofft, daß „hohe Delinquenzziffern in einem Stadtgebiet etwa Behörden zum Einsatz besonders vieler Sozialarbeiter veranlassen könnten" (so auch die Zielrichtung von *Lewkowicz* et al. 1979). 26

Die Beziehungen, die zwischen Baustruktur und Kriminalität bestehen (oder auch nicht), sind darüber hinaus für die Stadtplanung relevant, die in prognostischer Hinsicht auch am „Filtering-down- Prozeß" (dazu Rdn. 30) interessiert sein sollte sowie (wichtig für beabsichtigte Neubaugebiete) an den Zusammenhängen zwischen Kriminalität und Kriminalitätsangebot. 27

*Übersicht 33:* 28
Schematische Darstellung über die räumlich erfaßbaren Zusammenhänge zwischen Alter der Bevölkerung, Baustruktur, Ausländeranteil, Sozialstruktur und höherem Tatverdächtigenanteil eines Gebietes (Tatverdächtigen-Wohnsitze)

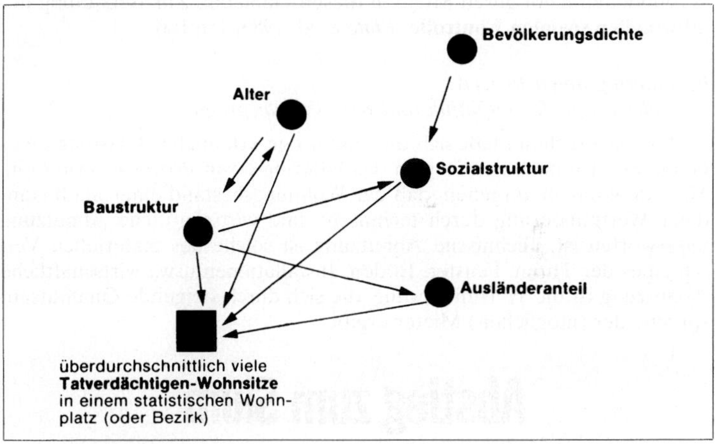


Quelle: *Schwind/Ahlborn/Weiß* 1978, S. 376

*a) Sozialräume und Kriminalität (relevant für Sozial- und Baupolitik)*

Schon die ersten Bochumer Untersuchungen (*Schwind/Ahlborn/Weiß* 1978) bestätigten im Ergebnis eine Tendenz, die sich in den Arbeiten von *Opp* (1968) und *Wiebe* (1977) sowie in den Studien der Amerikaner gezeigt hat: Überproportional viele Tatverdächtige wohnen in solchen Gebieten, in denen die **Sozialstruktur** ungünstig ist; die **Baustruktur** spielt **nur mittelbar** eine Rolle. Die Ergebnisse der Bochumer Untersu- 29 chungen jedenfalls zeigen (vgl. Übersicht 33), daß nicht primär die schlechte Baustruktur als Indikator für soziale Problemgebiete und damit auch für kriminelle Aktivitäten in Betracht kommt, sondern daß offenbar die Sozialstruktur den bestimmenden Faktor darstellt (vgl. auch *Langer* 1983, 178).

*Zur **Sozialstruktur in Großsiedlungen** liegt seit 1998 z. B. eine Untersuchung des Bonner Forschungsinstitutes empirica vor (zit. nach Neuhöfer 1998, 35), die feststellt, daß sich insbesondere in den **Siedlungen des sozialen Wohnungsbaus** Mieter konzentrieren, die in vielfältiger Weise gesellschaftlich benachteiligt sind: Arbeitslose, Sozialhilfeempfänger, Alleinerziehende, Ausländer, Menschen mit Suchtproblemen oder psychischen Erkrankungen. Als Folge dieser Art der **Belegung** konnte empirica wachsende soziale Spannungen zwischen einzelnen Bewohnergruppen feststellen bis hin zu aggressivem Verhalten; flankiert von Vandalismus und Kleinkriminalität (vgl. dazu Rdn. 13b zu § 16).*

Die Sozialstruktur kann freilich über die Baustruktur beeinflußt werden. Der Grund für den hohen korrelativen Zusammenhang zwischen schlechtem Altbaubestand und einkommensschwächeren Bevölkerungsgruppen dürfte in dem niedrigeren Wohnkomfort liegen und der damit verbundenen niedrigeren Miete in diesen Gebieten. Zur Bedeutung der **informellen sozialen Kontrolle**: *Plate* et al. 1985, 156/166.

*b) Filtering-down-Prozeß*
*(relevant für Sozialpolitik und Kriminalitätsprognose)*

**30** Dementsprechend läßt sich die zukünftige kriminelle Belastung eines Gebietes auch nach den Regeln des Filtering-down-Prozesses ermitteln. Man kann davon ausgehen, daß der Wohnungsbestand einer Stadt ständiger Wertminderung durch technische und wirtschaftliche Abnutzung unterworfen ist. Technische Abnutzung ist solche des materiellen Verschleißes der Türen, Fenster, Böden, Installationen usw.; wirtschaftliche Abnutzung ist die Wertminderung, die sich durch steigende Qualitätsansprüche der (möglichen) Mieter ergibt.

**Abstieg zum Slum**

Drogen, Dreck und Gewalt: Im einstigen Berliner Arbeiterviertel Wedding wächst eine bedrohte Generation heran. Nach dem deutschen Mittelstand zieht auch der türkische fort.

aus: *DER SPIEGEL* 48/1998, S. 26

Der Filtering-down-Prozeß besteht nun darin, daß die im Zeitverlauf sinkende Qualität des Wohnungsbestandes eines Gebietes die anspruchsvolleren Mieter (d. h. Mieter gehobener Einkommensklassen) veranlaßt, in andere Ortsteile zu ziehen, in denen Wohnungen höherer Qualität zu finden sind. Das dürfte auch für die in Plattenbauweise erstellten Hochhausviertel **(„Plattenbauwüsten")** in den neuen Bundesländern gelten: zu Nachbesserungen vgl. z.B. Rdn. 11 zu § 16. Zurück bleiben in den Wohnungen minderer Qualität (und geringerer Miete) die unteren Einkommensschichten, die Stadtforscher abwertend als **„A-Bevölkerung"** bezeichnen: Arme, Arbeitslose, Ausländer.

*c) Suburbanisierung*

Während beim filtering-down-Prozeß Besserverdienende ausziehen, **31** vollzieht sich bei der Suburbanisierung das Gegenteil: Stadtteilsanierungen führen zur Verdrängung von Mietern unterer Einkommensschichten und zum Zuzug der Besserverdienenden: z.B. in München, Berlin, Hamburg, Frankfurt/M, London oder Paris (*Spars* in DER SPIEGEL 47/2012, 85).

## III. Zum Null-Toleranz-Ansatz der New Yorker Polizei

Nach Medienberichten (vgl. Zeitungsausriß unten) ist es in New York **32** aufgrund einer neuen Polizeistrategie gelungen, seit 1993 die zunehmende Verwahrlosung (der City) zu stoppen und die Kriminalitätszahlen (auch in heruntergekommenen Stadtteilen) drastisch zu senken. Politiker aus aller Welt kamen und staunten.

### 1. Entstehungsgeschichte des Ansatzes

Der Ansatz hat sich aus Versuchen des amerikanischen Psychologen **32a** P.G. *Zimbardo* entwickelt.

*a) Experimente Zimbardos in den 60er Jahren*

*Zimbardo* waren schon in den 60er Jahren die „Vandalisierungs- **32b** verläufe an abgestellten Autos" (*Streng,* Erlanger Universitätsreden Nr. 57/1999, 5) in New York aufgefallen, Phänomene, die er auf experimentellem Wege zu untersuchen begann.

> *Dafür „stellte er einen älteren Personenkraftwagen mit abmontierten Kennzeichen und geöffneter Motorhaube am Straßenrand nahe dem Bronx Campus der New York Universität ab. Die andauernde Beobachtung der weiteren Vorgänge ergab, daß innerhalb von 10 Minuten die ersten Auto-Ausschlachter am Werk waren. Im Verlaufe eines Tages wurde das Fahrzeug restlos um alle sinnvoll verwertbaren Bestandteile erleichtert. Und wiederum einige Stunden später begann die sinnlose Verwüstung des Wracks" (Streng aaO unter Hinweis auf P.G. Zimbardo: A field experiment in auto shaping, in: Vandalism, hrsg. von C. Ward, London 1973, 85ff).*

Diese erste Untersuchung hatte (für ihn) deutlich gemacht, daß **Vorbeschädigungen** eines Tatobjekts Diebstahl und weitere Vandalismen nach sich ziehen. Das gilt jedoch grundsätzlich **nur dann**, wenn auch das soziale Umfeld Schäden aufweist: also in verwahrlosten Teilen der Stadt.

## In New York sank die Kriminalitätsrate

**New Yorker erleben ein völlig neues Stadtgefühl. U-Bahnen sind sauber, Spaziergänger im Central Park fühlen sich sicher. Politiker aus aller Welt kommen und staunen.**

New Yorks Bürgermeister Rudolph („Rudy") Giuliani läßt niemanden im Zweifel, wem der Erfolg zu verdanken ist: ihm natürlich. Giuliani dürfte im Herbst triumphal wiedergewählt werden.

Giuliani hat die Empfehlungen von Kriminologen in die Tat umgesetzt und Polizeibeamte wieder auf Fußstreife geschickt. Sie sollen „ihre" Viertel und ihre Pappenheimer kennen. Schmierer, Trinker, Randalierer, Prostituierte werden verscheucht.

Kriminologen sprechen von der „Zurückeroberung des öffentlichen Raums". Zuallererst ging die New Yorker Polizei-Behörde (NYPD) gegen Schwarzfahrer in den U-Bahnen vor. Jeder siebte Schwarzfahrer, zeigte sich, trug eine Waffe bei sich. Die Zahl der Überfälle in New Yorks U-Bahnen ist seit 1990 um 80% zurückgegangen.

Schon Giulianis schwarzer Vorgänger Dinkins heuerte zusätzliche Polizisten an. Die Regierung Clinton stellte Geld für 4000 weitere Beamte zur Verfügung. Giuliani verfügte strengere Einstellungsvoraussetzungen für Jung-Beamte und bessere Schulung, einschließlich Sensibilitätstraining. Korruption wurde erbarmungslos verfolgt und bestraft.

Aus New York:
WAZ-Korrespondent
**Uwe Knüpfer**

aus: *WAZ* vom 11. September 1997

Insoweit hat jedenfalls ein weiteres Experiment aufzeigen können, daß die Effekte kaum zu beobachten sind, wenn das soziale Umfeld **keine** (erheblichen) Schäden aufweist.

*Dafür stellte Zimbardo „ein entsprechend vorgeschädigtes Auto nahe dem Stanford Campus in Palo Alto ab und harrte der Dinge, die sich ereignen würden. Insoweit geschah (im Gegensatz zum ersten Versuch) eine Woche lang überhaupt nichts – wenn man davon absieht, daß ein besorgter Passant fürsorglicherweise die offen stehende Motorhaube schloß" (nach Streng aaO).*

Ausführlich zu diesen Experimenten vgl. auch *Laue* 1999, 280ff.

### *b) Transformation zur „broken-window"-Theorie (1982)*

**33** Die „kriminalpolitische Transformation dieser Befunde" (*Streng* aaO, 6) zur „broken-window"-Theorie wurde dann 1982/1985 durch die Harvard-Wissenschaftler *Wilson* und *Kelling* (*Wilson/Kelling* 1982, 29; deutsche Fassung 1996, 121) vollzogen (vgl. auch Rdn. 15 zu § 7). Die Grundgedanken dieser an *Zimbardos* Beobachtungen orientierten Theorie **(„broken-windows" als bildhafte Symbole für heruntergekommene Teile der Stadt)** hat z.B. *Hess* (in: KrimJ 1996, 184) wie folgt zusammengefaßt (vgl. *Hess* 2003, 69; ähnlich *Dreher* 1997, 6):

*„Wenn eine Scheibe nicht schnell repariert wird, sind in dem betroffenen Haus bald alle Scheiben zerbrochen. Wenn in einer Straße oder in einem Stadtteil nichts unternommen wird gegen Verfall und Unordnung, Vandalismus, Graffiti, aggressives Betteln, herumliegenden Müll, öffentliches Urinieren, dröhnende Musik, Prostitution, Penner, die ihren Rausch ausschlafen, Junkies, die sich Spritzen setzen, und dergleichen, wird das zum Zeichen dafür, daß sich niemand um diese Straße oder diesen Stadtteil kümmert, daß er außer Kontrolle geraten ist."*

Bald „wird die Irritation durch die **Unordnung** (heißt es weiter bei *Hess* aaO) zur Angst vor Kriminalität“ (vgl. zu dieser Rdn. 1ff zu § 20) mit der Folge auch zusammenbrechender informeller sozialer Kontrolle:

Die sichtbaren Zeichen solcher Unordnung **(Signs of incivilities)** kann man mit *Skogan* (1990, 4; vgl. auch *Laue* 1999, 284f und Rdn. 7 zu § 15) einteilen in:

- **Social disorder,** die sich auf unordentliches Verhalten im sozialen Umfeld bezieht: herumlungernde Gruppen verschiedener ethnischer Herkunft, aggressive Bettelei, Straßenprostitution, offene Drogenszene, Betrunkene, Gewalt auf den Straßen, sexuelle Belästigung usw. und **33a**
- **physical disorder** die sichtbare (physische) Zeichen von Vernachlässigung und Verfall umfaßt: verfallende bzw. ausgebrannte Gebäude, kaputte Straßenbeleuchtung, überfüllte Abfalleimer bzw. herumliegender Müll, Autowracks, zerstörte Straßenlaternen Grafitti – Schmierereien usw. **33b**

*Streng* (aaO, 17) spricht von **„Zonen mit Aufforderungscharakter zu Normbrüchen“** (vgl. auch Rdn. 15 zu § 7) locken („wie die Ratten der Müll“) Straftäter an, die wiederum die **Kriminalitätsfurcht** der Bürger (vgl. zu dieser Rdn. 18 zu § 20) verstärken: so etwa der Gedanke dieser Doktrin (vgl. dazu *Wilson/Kelling* 1982, 34ff), die wahrscheinlich auch durch die Chicago-Schule von *Shaw* und *McKay* (Stichworte: soziale Desorganisation und delinquency areas, Rdn. 15ff zu § 7) inspiriert worden ist. Häßliche Baulücken prägen das Stadtbild wie manche Zahnlücke ein (faules) Gebiß. **33c**

*Daß z.B. ein enger Zusammenhang zwischen dem Grad der Verwahrlosung eines Gebietes und dem (objektiven) Risiko besteht, Opfer einer Raubtat zu werden, hat in den USA an Hand von Befragungen der Bevölkerung (1977–83) Skogan (1990, 51ff) beobachten können.*

Um einer solchen Entwicklung gegenzusteuern, müsse man (so fassen *Dreher/Kunz* 1998, 384 den Gedankengang weiter zusammen) „die devianten Verhaltensweisen unprofitabel erscheinen lassen“. Dies könne in erster Linie durch eine **Erhöhung der Entdeckungswahrscheinlichkeit** erreicht werden, zum anderen durch die **Wiederherstellung sozialer Kontrolle**.

*Dabei werden unter „sozialer Kontrolle“ nicht zuletzt das* ***community policing*** *(vgl. Rdn. 41) und die Verstärkung der informellen Kontrolle durch die Bürger bzw. der Nachbarschaft (neighborhood) verstanden: Prävention statt Repression (Kelling 2001, 398): kommunale Kriminalprävention (vgl. Rdn. 1ff zu § 18).*

*Wilson* und *Kelling* haben ihre Gedanken, die auch auf der ökonomischen Theorie aufbauen (vgl. Rdn. 19a zu § 6), schon 1982 in einem Aufsatz mit dem Titel „Broken windows. The Police and Neighborhood Safety“ publiziert, der inzwischen „zur meist zitierten kriminologischen Literatur“ in den USA gezählt wird (*Hess* aaO, 184).

### 2. Die New Yorker Frühinterventions-Strategie

34 Acht Jahre später **(1990)** wurde in New York (7,3 Mill. Einwohner) William („Billy“) *Bratton* (bis dahin Polizeipräsident in Boston) zum Transit-Police-Commissioner (für die New Yorker U-Bahn) ernannt und **1994** zum Polizeipräsidenten (Police-Commissioner) des New Yorker Police Department (NYPD) bestellt.

#### *a) Inhalt und Grenzen*

34a *Bratton* (der *Wilson* und *Kelling* aus seiner Heimatstadt Boston her kannte) entwickelte (massiv unterstützt durch den New Yorker Bürgermeister Rudolph *Guiliani*) aus dem repressiven Teil des broken-window-Ansatzes eine neue Polizeistrategie, die sich nicht nur auf die Parole **„Wehret den Anfängen“** reduziert. Der Kern des Programms besteht vielmehr darin, verwahrloste (öffentliche) Räume **„zurückzuerobern“** bzw. Delinquenz zu vertreiben („großes Aufräumen“), und zwar kompromisslos mit einer rigorosen **Null-Toleranz (zero tolerance)**-Strategie („kein Erbarmen“; hohe Strafhärte). Das gilt auch gegenüber den Tätern von Bagatellkriminalität bzw. kleinsten Ordnungsverstößen (krit. z.B. *Hassemer* 1998, 798ff): also etwa gegenüber Bettlern, Süchtigen, Graffiti-Sprayern, Dealern, Betrunkenen oder anderen herumlungernden Gruppen, Randalierern, Vandalen, Prostituierten oder solchen Personen, die in der Öffentlichkeit urinieren, „Eckenpinklern“ (also gemeinlästigen Verhaltensweisen: vgl. *Dreher* 1997, 31). Der Erfolg dieses Abschreckungsmodells, das auf **permanenten Verfolgungsdruck** setzt, war auffällig bzw. spektakulär. Die (registrierte) schwere Kriminalität (der Indexdelikte: vgl. Rdn. 8 zu § 1) hat sich von 1993 bis 1995 fast halbiert: von 430 000 auf 234 000 solcher Straftaten (vgl. *Dreher* 1997,4 und *Gramckow* in Dreher/Feltes 1997, 65). *Bratton*, der **1996** durch Howard *Safir* ersetzt worden ist, wurde in New York als „Volksheld“ gefeiert, weil er nach Einschätzung der Bevölkerung in dieser Metropole für mehr Sicherheit gesorgt hat.

*Dazu schreibt z.B. Darnstädt im SPIEGEL (28/1997, 49): „Vor einer Fahrt mit der U-Bahn braucht sich kein New Yorker mehr zu fürchten. In Brooklyn-Nord, einst No-go-area auch für die Polizei, stehen Nachbarn auf der Straße und halten einen Schwatz. ‚Ein Wunder‘ kommentiert die New Yorker Times“.*

35 Mit dem sich fortsetzenden Rückgang der Kriminalitätszahlen hatte New York 1996 das Niveau der 70er Jahre wieder erreicht und 1997 den Stand von 1968 (*Dreher* aaO, 5 und 37). Die Methoden, die zu diesen Resultaten geführt haben, lösten jedoch auch in den USA nicht nur Zustimmung aus (*Dreher* 1997, 33; *Sherman* 1997, zit. nach *Füllgrabe* 1998, 14ff) Die große Masse der Bevölkerung von New York scheint allerdings mit den polizeilichen Maßnahmen grundsätzlich einverstanden zu sein: wahrscheinlich, weil die Schmerzgrenze, die die **Lebensqualität** naturgemäß setzt, zuvor deutlich überschritten wurde (vgl. dazu z.B. den Film „Ein Mann sieht rot“ mit Charles *Bronson*) und daher jede

Form der Abhilfe von der Mehrheit der Bürger begrüßt wird. Zu den Aktivitäten, die jedoch auch in den USA Kritik ausgelöst haben **(„police out of control“)**, gehören z. B.:

- ***rabiate Vertreibungsmethoden*** *(„Rollkommandos“):* ***Übergriffe,*** *die in Deutschland (soweit sie dem Grundsatz der Verhältnismäßigkeit widersprechen) wahrscheinlich Polizeiskandale auslösen würden;*
- ***massive Strafverfolgung****, die der SPIEGEL (29/1997, 126) in einer Überschrift so beschreibt: „Verfolgen, verhaften, einsperren“; Beispiel: Schwarzfahrer, die z. B. in der U-Bahn gefaßt werden, müssen bzw. mußten damit rechnen, bis zu fünf Tage in Polizeigewahrsam genommen zu werden (Dreher 1997, 31) und dadurch ihre Arbeitsstelle zu verlieren (Füllgrabe 1998, 14);*
- ***rigide Management-Methoden*** *zur Leistungskontrolle, die hierzulande die Personalräte sofort auf den Plan rufen würden: Leitende Polizeibeamte der Stadtbezirke (Precinct Commanders), die keine Erfolge vorweisen können, werden (entsprechend dem „hire and fire“-Prinzip) entlassen („gefeuert“); der Korpsgeist der Polizei ( die „corporate identity“) geht auf diese Weise wahrscheinlich verloren.*

Dazu paßt, daß das „angebotsorientierte“ Community Policing (vgl. dazu Rdn. 41), das die Polizisten in erster Linie als Problemlöser für die Stadt sah, über Bord geworfen“ wurde (*Dreher* 1997, 33). **35a**

*b) Zur Übertragbarkeit des Modells*

Auf der anderen Seite gibt es auch Maßnahmen, die auf unser Land übertragbar erscheinen bzw. bereits praktiziert werden. Beispiele: **36**

- *Sorge dafür zu tragen, daß die* ***öffentlichen Straßen und Plätze ordentlich und sauber aussehen*** *und ihre Benutzung kein Sicherheitsrisiko darstellt, weil „sonst auch die Achtung vor dem Recht schwindet“ (Hassemer 1998, 802);*
- ***Verstärkung der Polizeipräsenz (durch Fußstreifen) auf den Straßen****, um der Verbrechensfurcht entgegenzuwirken und Signale zu setzen, und zwar im Sinne der Wiederherstellung verlorengegangener Ordnung;*
- ***niedrige Einschreitschwelle bei Störungen*** *(auch von der IMK gefordert: vgl. Deutsche Polizei 3/98, 16); dementsprechend* ***erkennungsdienstliche Behandlung (Abnehmen von Fingerabdrücken: „Klavierspielen“) schon bei bloßen Belästigungen und Ordnungswidrigkeiten****, in der Erwartung über die Datenzentrale i.S. eines Schleppnetzfangs auch Verbrechen besser aufdecken zu können; das ist allerdings nur dann möglich, wenn man die Trennung vollzugspolizeilicher und ordnungsbehördlicher Aufgaben (die* ***Doppelzuständigkeit*** *der Polizei und der Ordnungsbehörde: wie z. B. in Bremen und NRW) überwindet, also die öffentliche Ordnung als Schutzzweck wieder Eingang in alle Landespolizeigesetze findet;*
- ***situative Kriminalprävention:*** *wo immer sich ein Sicherheitsrisiko eröffnet, „sofort da sein, eingrenzen, nicht erst, wenn's passiert ist,*

*nach Tätern suchen“ (Darnstädt im SPIEGEL 28/1997, 51): Gemeint ist die **Brennpunktorientierung** (vgl. dazu auch Rdn. 13a zu § 16)**: verdeckte Aktionen z. B. an einschlägigen Drogentreffpunkten**, an denen Beamte in Zivil (Rdn. 38 zu § 29) nicht nur als Kunden, sondern auch als Händler aktiv werden, um die Dealer und ihre Hintermänner zu fassen;*

- ***Spezialprogramme:** nicht nur Kriminalprävention in der Schule (Dreher 1997, 7 und Rdn. 40ff zu § 11), sondern auch Anti-Graffiti-Aktionen (sofortige Säuberung) in der U-Bahn, „beer- and piss-patrols“, Bekämpfung der Straßenprostitution; im Rahmen der Operation Sound Trap werden auch überlaute Motorräder und Autos mit überlauter Musik eingezogen (Dreher 1997, 31; Hess 2003, 73);*
- ***enge Zusammenarbeit mit der Justiz** mit dem Zweck der konsequenten Verfolgung von Einstiegsdelikten (etwa der einfachen Körperverletzung) sowie der Beschleunigung aller Verfahren: **die Strafe soll der Tat auf dem Fuß folgen** (Dreher 1997, 33): z. B. Hooligans oder Skins gegenüber (vgl. Rdn. 29 zu § 28);*
- ***bessere Ausrüstung:** Steuerung der polizeilichen Arbeit mit dem Computer-System (EDV-gestützter tagesaktueller Lagedarstellung), Laptop im Auto, genügend Polizeihubschrauber, schußsichere Westen als Grundausstattung und **personelle Aufstockung der Polizei** bzw. Erhöhung der Kontrolldichte (für die in Deutschland derzeit offenbar das Geld fehlt) sowie nicht zuletzt die*
- ***Dezentralisierung** der Kommandostrukturen: Verlagerung von Verantwortlichkeiten bis auf die Revierebene, verbunden mit Compstat Meetings, nämlich wöchentlichen Besprechungen der Verantwortlichen im Polizeipräsidium zu den Themen: lokale Entwicklungstendenzen, Brennpunkte und Gegenstrategien (Hess 2003, 67ff).*
- ***Evaluierung (Erfolgskontrolle) polizeilicher Maßnahmen:** ergebnisorientierte Polizeiarbeit (policing for results).*

*c) New Yorker „Erfolge“?*

37 Inzwischen nimmt die Zahl der Stimmen immer mehr zu, die die New Yorker „Erfolge“ eher mit Skepsis betrachten. Insoweit werden vor allem folgende Einflußfaktoren erwähnt:

- *die erreichte höhere Sicherheit in New York habe mit **Verdrängungseffekten** zu tun (zu solchen vgl. Rdn. 20 zu § 16; krit. Füllgrabe 2000, 384 nach Hess 2003, 81 hat es solche jedoch nicht gegeben);*
- *der Hauptgrund der New Yorker „Erfolgsstory“ sei darin zu sehen, daß Bratton (zwischen 1993 und 1996) aus einem verlotterten (desolaten), bestechlichen Polizeiapparat durch hartes Durchgreifen und organisatorische Maßnahmen eine disziplinierte, weitgehend korruptionsresistente und **hochmotivierte Polizeitruppe formte** (Legge in Feltes 1997, 107);*
- *der Erfolg habe nicht zuletzt mit dem **langjährigen Wegsperren von Wiederderholungstätern** zu tun (**„selective incapacitation“**-Kon-*

*zept): Streng aaO, 10; krit. zur* ***selective incapacitation:*** *Killias 1999, 426ff und Hess 2003, 86. So wird das Absinken der kriminellen Belastung auch mit dem* ***„three strikes and you are out"-Konzept*** *in Verbindung gebracht. Nach diesem Konzept, das inzwischen von der Hälfte aller US-Bundesstaaten angewandt wird (SPIEGEL 25/2007, 112), muß jeder Rechtsbrecher spätestens ab der dritten schwereren Straftat damit rechnen, für 25 Jahre oder sogar lebenslänglich in einer Strafanstalt zu verschwinden (vgl. dazu Grasberger, U.: „Three Strikes and You are Out", in: ZStW (110) 1998, 796ff; Albrecht, H.-J. in FS für Böhm 1999, 769). Die Folgen solcher Konzepte: inzwischen sitzt jeder 150. Amerikaner (Hz. 760) im Gefängnis ein; zum Vergleich: in Deutschland ist es „nur" jeder 1500. Einwohner des Landes (Hz. 90). Quelle: International Centre for Prison Studies (zit. nach Focus 35/2009, 120).*

Schließlich wird auch darauf verwiesen (vgl. wiederum *Streng* aaO), daß **38** sich in den USA die **Altersstruktur** in den letzten Jahren verändert hat (*Feltes* 2001, 86; *Hess* 2003, 82) und die **Arbeitslosigkeit** abnimmt (*Hess* aaO, 83): es gibt weniger jüngere Menschen, die arbeitslos bzw. chancenlos sind. Vor diesem Hintergrund kann es kaum überraschen, daß die (registrierte) Kriminalität auch in anderen amerikanischen (Groß-)Städten rückläufig war (*Walter* 1999, 759): z.B. in Seattle um 48,2 %, in Los Angeles um 41,5 % und in Bosten um 36,5 %, in der gesamten USA um 32,5 % (*Kury* in Gedenkschrift für Wetzlar, Karlsruhe 2004, 58).

Der also nur relative New Yorker Erfolg (crime crash) ändert jedoch **39** nichts an dem richtigen Ansatz der broken-window-Theorie und des energischen Durchgreifens. Zumindest wird der **Bevölkerung** „das Gefühl vermittelt, daß das System noch funktioniert, daß sich Gewalt nicht auszahlt" (*Füllgrabe* 2000, 385). Das haben auch deutsche Städte erkannt: z.B. Stuttgart oder Frankfurt am Main. Frankfurt hat eine spezielle kommunale Ordnungssatzung **(Gefahrenabwehr-VO)** erlassen (zu den Grenzen: *Schnupp* 1999, 20ff; *Finger* 2006), die zum Ziel hat, die dortige Innenstadt sicherer bzw. nicht zuletzt auch belästigungsfrei zu machen (im Volksmund: **„Säufer- und Pennersatzung"**).

*Dazu passen die (plausiblen) Ergebnisse einer Studie aus Bochum (Schwind/Fetchenhauer et al. 2001, 273ff), nach der ‚Signs of incivility' wie offene Drogenszene, Herumlungern verschiedener Gruppen, Graffiti und Müll (auch im eigenen Wohngebiet) Unsicherheitsgefühle und Viktimisierungserwartung der Bewohner verstärken.*

In diesem Zusammenhang kann auch eine weitere Aktivität erwähnt **40** werden, die plausibel und nachahmenswert ist. In Frankfurt werden im Rahmen einer Beschäftigungsinitiative für „Arbeit vor Sozialhilfe" sog. **Präventionshelfer** eingesetzt. Das sind Personen (ab 21 Jahre) **aus dem Kreis der Sozialhilfeempfänger**, die jeweils für ein Jahr (nach einwöchiger Schulung) die Aufgabe wahrnehmen sollen, (im Fußstreifendienst) in der Fußgängerzone, in Parks und in Grünanlagen für Sauberkeit und Ordnung zu sorgen (in Düsseldorf vgl. Rdn. 55 zu § 18): in spezieller Uniform und ausgerüstet mit **Handy**.

Zu den entsprechenden Pflichten gehören vor allem:

- daß wilde Müllberge, beschädigte Verkehrs- und Straßenschilder und andere Sachbeschädigungen an das Ordnungsamt gemeldet werden;
- daß die Polizei über beobachtete mutmaßliche kriminelle Aktivitäten (etwa über Drogengeschäfte, Hütchenspielen oder aggressive Betteleien) informiert wird;
- daß z. B. Fixerbestecke aufgesammelt und entsorgt werden.

**41** Übrigens: Inzwischen geht der Urheber der Null-Tolerance-Strategie *(Bratton)* selbst auf Distanz; er hat die Eskalation des Programms offenbar nicht gewollt und „schaut mit Grauen auf die Mutation seines Werkes" *(SPIEGEL* 27/2000, 80). Bereits 1997 mußte die New Yorker Polizei 27 Millionen Dollar Schadensersatz für unrechtsmäßige Polizeimaßnahmen leisten (*Feltes* 2001, 85). 2001 erklärte sich die Stadt New York bereit, weitere 50 Millionen US-Dollar an mehr als 50 000 Personen zu zahlen, die in den Jahren 1996 und 1997 nach Verhaftungen unrechtmäßig durchsucht worden waren (*Feltes* aaO).

*Seit 2002 fungiert Bratton als Polizeichef von Los Angeles: „Wir müssen die Stadt zurückerobern. Block für Block" (zit. nach Süddeutsche Zeitung vom 5. Juni 2004, 3).*

In New York nimmt die Zahl der Verbrechen inzwischen wieder zu (Focus 36/2012, 66).

## IV. Das Kontrastprogramm: Community Policing

**41a** Aus den USA stammt auch ein Kontrastprogramm (Perspektivwechsel) zur Null-Toleranz-Strategie (vgl. Kasten oben), das in Deutschland an Boden gewinnt: das Community (oriented) Policing, also die gemeindebezogene Polizeiarbeit. Unter dieser ist eine Polizeistrategie zu verstehen, die versucht, die Bürger an der (Wieder-)Herstellung der Sicherheit in ihrem sozialen Raum (Wohnquartier oder Stadtviertel) zu beteiligen: „Zusammenarbeit mit den wesentlichen gesellschaftlichen Gruppierungen (*Hermann/Laue* 2003, 71; dazu auch § 18 Kommunale Kriminalprävention).

Beim Community Policing geht es um den Ausbau der Polizei zu einem „bürgerorientierten Service", also um **Kundenorientierung** (als polizeiliche Aufgabe), und zwar durch „die Einbeziehung der Bürgerinteressen in die polizeiliche Planung": problemorientierte Zusammenarbeit („problem-oriented policing"), die sich auch auf „unterschwellige Belästigungen wie Unordnung auf der Straße und Lärm" beziehen kann (*Hermann/Laue* 2003, 71). Nach *Steffen* (2006, 119) handelt es sich um „einen Paradigmawechsel der deutschen Kriminalpolitik", also um einen Kurswechsel: die Bürger sollen als Partner behandelt werden und nicht mehr als „polizeiliches Gegenüber" (*Steffen* aaO).

*Stichworte dazu: „Bürgernähe", „Kundenorientierung", „Problemlösungsorientierung", "proaktives statt reaktives Vorgehen". Einzelmaßnahmen (dazu Steffen in forum kriminalprävention 1/2002, 13):*

- *Einsatz von Präventionsbeamten,*
- *Steigerung der sichtbaren Präsenz, der Polizei,*
- *Beseitigung der öffentlichen Unordnung durch konsequentes niederschwelliges Einschreiten,*
- *Einrichtung von Bürgertelefonen,*
- *Kooperation mit anderen Behörden und privaten Initiativen und*
- *aktive Einbindung der Bürger in Präventionsmaßnahmen.*

*Übersicht 34:* Unterschiede polizeistrategischer Ansätze **42**

| **Community Policing (gemeindebezogene Zusammenarbeit)** | **Null-Toleranz-Strategie (zu dieser: § 15 Rdn. 34ff)** |
|---|---|
| 1. Erhöhung subjektiver Sicherheit (Sicherheitsgefühl: vgl. § 20 Rdn. 21) | 1. Erhöhung objektiver Sicherheit (Kriminalitätsbekämpfung) |
| 2. Verstärkung der Akzeptanz der polizeilichen Arbeit im Quartier: Revierschutzmann, Streifentätigkeit, Hausbesuche | 2. Verstärkung des Respekts der Bevölkerung vor Polizei und Justiz |
| 3. Enge Zusammenarbeit mit den Bürgern und Behörden bei der Problemlösung | 3. Polizeiliche Problembeseitigung (auch ohne Bürgerbeteiligung) |
| 4. Verbesserung der sozialen Kommunikations-Kompetenz der Polizeibeamten: Ausbildung | 4. Verbesserung der Einsatzkompetenz der Polizeibeamten: Crash-Training („festnehmen statt zuhören") |
| 5. Vorgesetzte fördern Kreativität und Innovation | 5. Vorgesetzte fördern Gehorsam und Gleichförmigkeit |

Quellen: *Legge* I.: Deutschland ist nicht Amerika – die Sicht der Wissenschaft, in: BKA: Community Policing, Wiesbaden 1997, S. 109 (ergänzt); vgl. auch *Kolbe* in APuZ 46/2005, 9.

Amerikanische Begleitforschung zum „community policing" (vgl. *Skogan* 1990, 119ff; *Lee-Sammons/Stock* 1999, 197ff) hat gezeigt, daß dort, wo dieses neue Konzept eingesetzt wurde, zumindest die **Kriminalitätsfurcht** der Bevölkerung (zu dieser Rdn. 12ff zu § 20) erkennbar abnahm: das erscheint auch plausibel (Überblick bei *Skogan* in Schneider Hb 2009, 481ff; kritisch *Frevel* 2001, 103). **43**

## § 16 Wohnhausarchitektur und Kriminalität

**Literatur:** **Bennett,** T./**Wright,** R.: Offenders-Perception of Targets, in: Research Bulletin (Home Office), London 1983 (Nr. 15), S. 18–20; **Boers,** K.: Polizeiliche Videoüberwachung in Bielefeld, in: Münsterische Juristische Vorträge Nr. 12, Münster 2004; **Bornewasser,** M./**Schulz,** F.: Videoüberwachung, in forum kriminalprävention 3/2006, S. 3–6; **Bundeskriminalamt:** Städtebau und Kriminalität, Wiesbaden 1979 (Sonderband der BKA-Forschungsreihe); **Döhne,** H.-J./**Walter,** K.:

Aufgabe und Chance einer neuen Stadtentwicklungspolitik. Ziele und Konzepte des Bund-Länder-Programms – die soziale Stadt, in: BBaubl. 5/99, S. 24–29; **Christiane,** F.: Wir Kinder vom Bahnhof Zoo, 23. Aufl., Hamburg 1981; **Dörmann,** U./**Kube,** E.: Städtebau und Prävention, in: *Schwind,* H.-D./*Berckhauer,* F./*Steinhilper,* G. (Hrsg.): Präventive Kriminalpolitik, Heidelberg 1980, S. 443–455; **Eifler,** St./**Brandt,** D.: Videoüberwachung in Deutschland, in: MschrKrim 3/2005, S. 157–173; **Feltes,** Th.: Wirksamkeit technischer Einbruchsprävention bei Wohn- und Geschäftsobjekten (DFK), Bonn 2004a; **Feltes,** Th.: Einbruchsprävention aus Tätersicht, in: forum kriminalprävention 3/2004b, S. 3–9; **Flade,** A./**Institut Wohnen und Umwelt:** Jugendkriminalität in Neubausiedlungen. Eine empirische Untersuchung, Weinheim 1984; **Frehsee,** D.: Das „Kriminalitätsproblem“ im Hochhausquartier, in: BewHi 28/1981, S. 319–326; **Friedrichs,** J.: Mensch und bauliche Umwelt aus der Sicht des Soziologen, in: *Bundeskriminalamt* (Hrsg.): Städtebau und Kriminalität, Wiesbaden 1979, S. 27–33; **Gras,** M. L.: Kriminalprävention durch Videoüberwachung, Mainz 2003; **Grymer,** H.: Strukturelle Gewalt. Städtische Umwelt und Jugenddelinquenz, in: KrimJ 1981, S. 4–31; **Herlyn,** I./**Herlyn,** U.: Zur Soziologie des Wohnens. Überblick über einige Forschungsergebnisse, in: BewHi 1981, S. 279–292; **Jasch,** M./**Hefendehl,** R.: Kriminalgeographie und Furcht in ostdeutschen Städten, in: MschrKrim 2001, S. 67–81; **Kaiser,** G.: Lösungsvorschläge aus der Sicht der Kriminologie, in: *Bundeskriminalamt* (Hrsg.): Städtebau und Kriminalität, Wiesbaden 1979, S. 225–232; **Kammerer,** D.: Bilder der Überwachung, Frankfurt/M, 2008; **Kube,** E.: Städtebau, Wohnhausarchitektur und Kriminalität, Heidelberg 1982; **Kube,** E.: Systematische Kriminalprävention, 2. Aufl., Wiesbaden 1987; **Kube,** E.: Städtebau als Aspekt kommunaler Kriminalprävention, in: FS für Kaiser, Berlin 1998, S. 847–858; **Lösel,** F.: Entwicklungsbezogene und technische Kriminalprävention: Konzeptuelle Grundlagen und Ergebnisse, in *Schöch,* R./*Jehle,* J.-M. (Hrsg.): Angewandte Kriminologie zwischen Freiheit und Sicherheit, Mönchengladnach 2004, S. 175–203; **Lorenzer,** A.: Städtebau: Funktionalismus und Sozialmontage? Zur sozialpsychologischen Funktion der Architektur, in: *Berndt,* H. v./*Lorenzer,* A./*Horn,* K.: Architektur als Ideologie, Frankfurt 1969; **Mayhew,** H.: Defensible Space: The Current Status of a Crime Prevention Theory, in: The Howard Journal, Vol. 17/1979, S. 150–159; **Müller,** H. E.: Zur Kriminologie der Videoüberwachung, in: MschrKrim 2002, S. 33–46; **Neuhöfer,** M.: Überforderte Nachbarschaften, in: Aus Politik und Zeitgeschichte B/49/98, S. 35–45; **Newman,** O.: Defensible Space. Crime Prevention through Urban Design, New York 1972; **Newman,** O.: Design Guidelines for Creating Defensible Space, Washington 1976; **Newman,** O.: Crime Prevention through Town-Planning and Architecture, in: *Bundeskriminalamt* (Hrsg.): Städtebau und Kriminalität, Wiesbaden 1979, S. 103–134; **Niedersächsisches Innenministerium** (*Schubert, H./Schnittger, A.*): Sicheres Wohnquartier – Gute Nachbarschaft, 2. Auflage, Hannover 2003; **Orwell,** G.: Ninteen Eighty-Four, Zürich 1950 (deutsche Übersetzung Stuttgart, 1964); **Pachmann,** C. W.: Wenn die Polizei vom Straftäter nicht lernen will . . . von wem sonst? in: Kriminalistik 1984, S. 341–346; **Plate,** M./**Schwinges,** U./**Weiß,** R.: Strukturen der Kriminalität in Solingen, Wiesbaden 1985; **Quambusch,** E.: Wirkungsvolle Vidoüberwachung, in: Kriminalistik 3/2005, S. 156–160; **Rehm,** J./**Servay,** W./**Irle,** M.: Wie sucht der Täter „seine“ Bank aus? Ergebnisse und praktische Folgerungen einer Täterbefragung, in: Kriminalistik 1986, S. 581–584; **Rolinski,** K.: Wohnhausarchitektur und Kriminalität, Wiesbaden 1980; **Rubenstein,** H./**Murray,** C./**Motoyama,** T.: The Link between Crime and the Built Environment. The Current State of Knowledge, Bd. 1, Washington 1980; **Schäfer,** H.: Polizeiliche Probleme in Neubau- und Sanierungsgebieten, in: *Bundeskriminalamt* (Hrsg.): Städtebau und Kriminalität, Wiesbaden 1979, S. 53–102; **Schneider,** H.-J.: Kriminalität, Architektur und Städtebau, in: Psychologie des 20. Jahrhunderts, Bd. 2, Weinheim 1983, S. 3–17; **Schröder,** D.: Videoüberwachung in Großbritannien und den USA, in: Bücking, H.-J.: Polizeiliche Videoüberwachung öffentlicher Räume, Berlin 2007, S. 41–52; **Schwind,** H.- D./**Steinhilper,** G.: Kann Täterwissen zur Kriminalitätsvorbeugung genutzt werden? in: Kriminalistik 1984, S. 317–319; **Stolle,** P./**Hefendehl,** R.: Gefährliche Orte oder gefährliche Kameras. Die Videoüberwachung im öffentlichen Raum, in: KrimJ 2002, S. 257–272; **Strotzka,** H.: Wohnbedingungen und psychische Störungen, in: *Bundeskriminalamt* (Hrsg.): Städtebau und Kriminalität, Wiesbaden 1979, S. 35–40; **Villmow,** B./**Kaiser,** G.: Empirisch gesicherte Erkenntnisse über Ursachen der Kriminalität. Eine problemorientierte Sekundäranalyse, in: *Der Regierende Bürgermeister von Berlin* (Hrsg.): Verhütung und Bekämpfung der Kriminalität, Berlin 1974, Anhang S. 1–143; **Van der Voordt,** Th./**van Wegen,** H.: The Delft Checklist on Safe Neighbourhoods, in: Journal of Architectural and Planing Research 1993, S. 341–356; **Wehrheim,** J.: Kontrolle durch Abgrenzung – Gated Communities in den USA, in KrimJ 2/2000, S. 108–128; **Welsh,** B. C./**Farrington,** D. P.: Effects of closed-circuit television on crime, in: Annals of the American Academy of Political and Social Science, 2003, S. 110–135; **Westphal,** E.: Der moderne Städtebau und sein Einfluß auf die Kinder- und Jugendkriminalität, in: Die Neue Polizei 1978, S. 114 ff; **Wolkenstein,** A./**Krumm,** J.: Intelligente Videoüberwachung aus ethischer Perspektive, in: forum kriminalprävention 3/2011, S. 24–30.

**Gliederung**



1 In den letzten Jahrzehnten ist (über den kriminalgeographischen Ansatz – § 15 – hinaus) auch das Interesse an evtl. Beziehungen zwischen Wohnhausarchitektur und kriminellem Verhalten gewachsen. So weist bereits *Mühlich* darauf hin, daß „aufgrund der vorliegenden Untersuchungen davon auszugehen ist, daß . . . der gesamte **Prozeß der Sozialisation des Kindes**, also der Einübung in die Erwartungen, Werte und Normen der Erwachsenengesellschaft, **durch die Wohnbedingungen mitbestimmt wird**" (1978, 98 ff – zit. nach *Dörmann/Kube* 1980, 448; vgl. auch *Herlyn/Herlyn* 1981, 279 ff).

**Sind Hochhäuser Hochburgen der Kriminalität?**

aus: *FR* vom 20. Februar 1980

## I. Hochhausarchitektur und Kriminalität

2 Während sich die älteren Untersuchungen, die zum Problem „Wohngegend und Wohnungszustand" durchgeführt wurden, eher auf sozial und baulich heruntergekommene Viertel (**Slumviertel**) bezogen (vgl. *Villmow/Kaiser* 1974, 91 und Photo hinter Rdn. 25 zu § 7), zeigen Erfahrungen aus den 70er Jahren (vgl. *BKA* 1979), daß auch der „**Hochhausbau** kinderfeindlich ist" (so schon *Strotzka* 1979, 38) oder doch zumindest sein kann und insoweit möglicherweise kriminalitätsfördernde Wirkung ausübt. Das gilt auch für die in „sozialistischer Plattenbauweise" (in der früheren DDR) hochgezogenen Wohnsilos (Wohnviertel).

**In dieser Siedlung werden Kinder zu Verbrechern**

In Osterholz-Tenever bei Bremen ist jeder zweite Jugendliche schon straffällig geworden. Schuld daran soll die Architektur sein, die Tatorte schon vorprogrammiert

aus: *Quick* Nr. 11 vom 8. März 1979

### 1. Tatsachen und Vermutungen

3 bis 4 Daß in den Betonsilobauten der Trabantenstädte („Schlafstädte"), die in den 60er Jahren von der Stadtplanung unter dem primären Gesichtspunkt der preiswerten Wohnraumbedarfsdeckung (dazu *Kube* 1982, 3) überall favorisiert wurden, grundsätzlich überproportional viele Straftäter (bzw. Tatverdächtige) wohnen, ist durch verschiedene Untersuchungen inzwischen belegt (vgl. dazu die Übersicht bei *Flade* 1984, 29ff).

5 Im Hinblick auf die Art der Straftaten fällt die Häufigkeit der Aggressionsdelikte auf, insbesondere die Zahl der vandalistischen Akte.

6 Diese Erscheinung wird u. a. mit folgenden Ursachen in Verbindung gebracht (vgl. dazu auch Rdn. 37 zu § 18):

- ***erstens:*** *mit der hohen* ***Belegungsdichte****, die „Effekte auf Jugendkriminalität und Krankheitshäufigkeit" auslösen können (so schon Friedrichs in: BKA 1979, 30):* ***„Overcrowding-Effekte"*** *(dazu oben Rdn. 55 zu § 6). So sollen etwa Jugendliche, die kein Zimmer besitzen, in das sie sich zurückziehen können, oft an psychischer Überbelastung leiden, der sie durch Aushäusigkeit zu entgehen versuchen mit der Folge, daß sie sich (der elterlichen Kontrolle entzogen) evtl. „jugendlichen Banden anschließen" (Friedrichs aaO);*
- ***zweitens:*** *mit dem* ***hohen Anteil*** *der* ***Jugendlichen*** *an der Wohnbevölkerung (dazu Flade 1984, 36);*
- ***drittens:*** *mit der* ***Sozialstruktur*** *der Hochhausbewohner (vgl. Kaiser 1979, 226; Herlyn/Herlyn 1981, 279ff; Flade 1984, 36/91:* ***zuviel benachteiligte (kinderreiche)*** *Familien bzw. Ausländergruppen werden konzentriert angesiedelt;*
- ***viertens:*** *mit dem Umstand, daß die anonyme Betonsilobauweise der modernen Hochhäuser den* ***Kommunikationszerfall*** *der Menschen offenbar begünstigen kann;*
- ***fünftens:*** *mit der hohen* ***Fluktuation*** *in solchen Gebieten, eine Erscheinung, die schon von Shaw und McKay als sozial destabilisierend beobachtet wurde (vgl. Rdn. 23 zu § 7);*
- ***sechstens:*** *mit der* ***mangelhaften sozialen (informellen) Kontrolle*** *in den (meisten) Hochhäusern (Kube 1982, 10 m. w. N.);*
- ***siebtens:*** *mit* ***erhöhter Anzeigebereitschaft*** *der Opfer, die u. a. auf den „schlechten Ruf" (vgl. dazu den ökologischen Fehlschluß: Rdn. 11 zu § 15) der Hochhauskinder zurückgeführt wird (vgl. dazu Frehsee 1981, 321f, und Flade 1984, 91) und*
- ***achtens:*** *„mit der* ***unpersönlichen, monofunktional gestalteten städtischen Umwelt****, (in der) es den Bewohnern an Orientierungs- und Identifikationsmöglichkeiten" mangelt (Kube 1982, 10); es fehlen vor allen infrastrukturelle Einrichtungen und Verfügungsräume, insbesondere für Jugendliche (Flade 1984, 91). Vgl. dazu auch das STERN-Buch* ***„Christiane F. – Wir Kinder vom Bahnhof Zoo"****, 1981.*

**2. Aggression durch Frustration**

Nach den Ergebnissen der bisherigen Forschung darf man vermuten, daß die Aggressionskriminalität, die bei Hochhauskindern gehäuft beobachtet wurde, vor allem mit Enttäuschungen („Frustrationen") zu tun haben dürfte (vgl. dazu die Frustrations-Aggressions-Hypothese Rdn. 46ff zu § 6). 7

Denn „eine Welt, in der die Phantasie keine Entsprechung mehr findet, wird unvermeidlicherweise als kalt, böse und feindlich, als unheimlich" betrachtet (*Lorenzer* 1969, 71f). Der Jugendliche, der hier wohnen muß, sagt sich etwa: „Das, was ich hier an sozialen und räumlichen Lebensbedingungen vorfinde, ist **nicht meine Welt**; das sind keine Verhältnisse, in denen ich gerne lebe und mich wohl fühle. Ich lehne diese Welt, in der ich leben muß, ab, und ich zeige es euch. Und wenn das, was ihr mir da vorlebt und wo ihr lebt, auch meine Zukunft sein soll, dann vielen Dank" (*Grymer* 1981, 28). 8

aus: *NOZ* vom 15. Januar 1991

9 Um keine Mißverständnisse aufkommen zu lassen, ist allerdings deutlich zu machen, daß „Kriminalität durch städtebauliche und architektonische Maßnahmen allein weder verursacht, noch in der Entstehung verhindert wird. Auszugehen ist vielmehr von komplexen **Wechselbeziehungen** zu einer Vielzahl anderer, überwiegend sozialer Faktoren. Insoweit darf man jedoch nicht übersehen, daß „das Kind, das in einem Hochhaus aufwächst, ... grundsätzlich anderen Sozialisationsbedingungen ausgesetzt (ist) als das in einem Einfamilienhaus auf dem Lande wohnende Kind" (*Kube* 1982, 8); zur Bandenbildung in Großstädten vgl. § 28 Rdn. 33 ff.

## II. Möglichkeiten der Primär- und Sekundärprävention

10 Im Hinblick auf die Präventionsmöglichkeiten kann man zwischen primärer (Ursachenbeseitigung), sekundärer (Abschreckung der Täter und Opferschutz) Prävention wie folgt unterscheiden (vgl. dazu § 1 Rdn. 41):

### 1. Primäre Prävention

11 Die primäre Prävention besteht in dem Versuch, „vor allem kriminogenen Sozialisationsbedingungen für Kinder und Jugendliche entgegenzuwirken" (*Dörmann/Kube* 1980, 443); etwa durch

- *eine (neue)* ***Baupolitik****, die sich an dem Grundsatz orientiert, daß* ***„Wohnen Spaß machen muß"****: Weg von der Betonsilobauweise zugunsten baulicher Arrangements, die die Begegnung der Bewohner begünstigen und die Kommunikation erleichtern (vgl. Herlyn/Herlyn 1981, 281); zu den Möglichkeiten der Gemeindeentwicklungsplanung und Bauleitplanung vgl. schon Dörmann/Kube 1980, 450 f;*
- ***Ausstattung*** *von Neubauvierteln* ***mit sozialen Infrastruktureinrichtungen:*** *z. B. Schaffung von „Erlebniszonen" (bereits Kube 1982, 10), Abenteuerspielplätzen und Jugendzentren (multifunktionalen Freizeitheimen – vgl. Kube in: BKA 1979, 235; Flade 1984, 93);*
- ***Rückbaumaßnahmen*** *bzw.* ***Nachbesserungen:*** *Die Stadt Hoyerswerda (in Sachsen) hat dafür (für ihre Plattenbau-Neustadt) einen internationalen städtebaulichen Ideenwettbewerb durchgeführt, dessen positive Resultate verblüffen (Broschüre erhältlich bei der Stadt 02962 Hoyerswerda, Postfach 12 64).*

**Total abgerissen** (im Rahmen etwa des Förderprogramms „Stadtumbau Ost") werden Hochhäuser in Plattenbauweise zur Zeit (wegen Leerstandes) nicht nur in Magdeburg und Schwedt an der Oder, sondern auch anderswo wie in Stendal: vgl. auch Zeitungsausriß unten; damit werden auch gewachsene Nachbarschaften zerstört. Inzwischen stehen eine Million Wohnungen leer: auch solche, die nach der „Wende" aufwendig saniert bzw. renoviert wurden (W. *Kil* in DIE ZEIT vom 29. 9. 2005, 69).

WOHNUNGSBAU

**„Nüscht als Bruchbuden"**

**In Ostdeutschland stehen eine Million Wohnungen leer. Plattenbauviertel verkommen zu Ghettos, Vandalen zerstören verwaiste Altbauten. Jetzt wollen Kommunale Gesellschaften zehntausende Wohnungen abreißen.**

aus: *DER SPIEGEL* vom 1. Mai 2000, S. 74

Die Gründe des Leerstandes: Umzug in sanierte Altstadtgebiete bzw. neue Einfamilienhaussiedlungen und massenhafte Flucht vor der Arbeitslosigkeit in den Westen, die **Abwanderung** summiert sich von 1990–2004 auf rund 1,5 Millionen Menschen. Die entsprechenden Undercrowding-Effekte scheinen auch in zunehmenden Viktimisierungsängsten der zurückgebliebenen (ärmeren) Bewohner der Plattenbausiedlungen zu bestehen (vgl. dazu *Jasch/Hefendehl* 2001, 67 ff).

*Eibl-Eibesfeldt* (1994, 5) weist in diesem Zusammenhang auch auf die **11a**
**Bedeutung von Plätzen** als „potentielle Bühnen der Begegnung" hin. Er schreibt dazu u.a.:

*„Bei der **Platzgestaltung** wird nun viel gesündigt. Wir leben mittlerweile geradezu unter einer Tyrannis sich progressiv glaubender Künstler, die seit DaDa meinen, Provokation an allen Orten sei die einzige Aufgabe der Kunst und die zu diesem Zwecke sehr oft ausgesprochen Häßliches produzieren ... Häßliches löst (jedoch), wie schon das Wort treffend beschreibt, Haßgefühle aus und verdirbt die Menschen. An Plätzen sollen Menschen gerne verweilen und zur Ruhe kommen können: Blumen, ein wenig Grün, lauschige Plätzchen mit Bänken, ein schöner Brunnen, kurz, eine ästhetisch ansprechend einladende Umgebung führt Menschen zueinander. Diese prosoziale Einstimmung trägt zur Humanisierung der zwischenmenschlichen Beziehungen bei." (Unveröff. MS 1994: „Gedanken zur Humanisierung der Großgesellschaft").*

## 2. Sekundäre Prävention

Die sekundäre Prävention setzt sich „die Verringerung von tatbegün- **12**
stigenden oder tatauslösenden Gelegenheiten" (*Dörmann/Kube* 1980, 444) durch Hilfe, Beratung und Betreuung zum Ziel, und zwar

- *über die Instanzen der formellen sozialen Kontrolle (etwa durch Verstärkung der sozialen Dienste im Hochhausviertel oder durch den Kontaktbereichsbeamten);*
- *über die Instanzen der informellen (natürlichen) sozialen Kontrolle (etwa durch Verstärkung des nachbarschaftlichen Zusammengehörigkeitsgefühls: z. B. durch wiederkehrende Straßen- und Hausfeste).*

Zur sekundären Prävention gehört ferner die Verbesserung der Sicherheitstechnik: etwa „durch **Beleuchtung**, Sperren, Pförtnerlogen, Alarmeinrichtungen und Streifengänge“ (*Kaiser* 1979, 231) sowie der Versuch, die Wohnumwelt so zu verändern, daß der potentielle Täter die Tat unterläßt:

*Insoweit ist auch für Deutschland das niederländische Projekt* ***„Police Label Safe Housing“*** *nicht ohne Interesse. In diesem Rahmen wird von der Polizei dann ein Zertifikat für den Wohnungs- oder Hausbesitzer erteilt, wenn das Objekt bestimmte Präventionsvoraussetzungen erfüllt, die in einem Manual aufgeführt werden (z. B. Bushaltestelle, Straßenbeleuchtung, Spielplatz oder Vorgarten: (vgl. Kube 1998, 851). Wer eine bestimmte Punktzahl erreicht, bekommt ein „Label“. Dieses Konzept „dient nicht zuletzt der Verbesserung der* ***Kommunikation*** *zwischen Polizei und Baugesellschaften, Wohnungsvermietern, Planern und Architekten, (sondern) erbringt … dem Rezipienten auch einen* ***Marktvorteil*** *beim Verkauf … oder bei der Vermietung“ (Kube aaO), weil die Sicherheit auch zu den Verkaufs- bzw. Vermietungsargumenten gehört (vgl. auch Rdn. 24).*

### III. Spezielle Programme

**13** In den **USA** ziehen sich bereits viele Menschen in die sog. **gated communities** zurück.

#### 1. Gated Communities (in den USA)

**13a** Unter „Gated communities“ werden Wohngebiete verstanden, die die (privilegierten) Bewohner durch Tore, Mauern bzw. sogar Starkstromzäune und Wächter abschirmen. In „den USA gehören solche privaten, ummauerten Wohnviertel und sogar vollständig umzäunte Städte bereits zur Normalität … Insgesamt existieren bereits über 20 000 solcher Gated Communities mit über neun Millionen EinwohnerInnen *(Wehrheim* 2000, 109); nach *Kube* (1998, 848) sind es vier Millionen; nach SPIEGEL-Recherchen (44/2004, 142) bis zu 30 Millionen.

*Inzwischen sind solche auch in Deutschland entstanden, z. B. in Berlin („Wohnanlage Tiergarten Dreieck“ oder das „Sony Center“ am Potsdamer Platz oder eine mit Schlagbaum abgeriegelte Straße im Berliner Stadtteil Prenzlauer Berg). Sicherheit und Separation: Wohlhabende Berliner verschanzen sich in* ***modernen Festungen****. Zutritt für Fremde verboten.*

Extrembeispiele für solche Abschottungstendenzen (Segregationsprogramme): „Luftüberwachung mit Hubschraubern, Bewegungsmelder, automatische Zugangskontrollsysteme, elektronisch gesicherte Zäune, **Videoüberwachung** mit Nachtsichteinrichtungen, regelmäßiges Photographieren aller Nummernschilder von Fahrzeugen, die eine Anlage anfahren …“ (*Wehrheim* 117 f). **„Forting up“** heißt das Phänomen („Festungsmentalität“), das vor allem mit Kriminalitätsfurcht zu tun hat (vgl. Rdn. 29 zu § 20): So kann es kaum überraschen, daß (auch) in

Deutschland die **Sicherheitsindustrie zur Zeit boomt** (ausführlich dazu Rdn. 29d zu § 20).

GHETTOS

**Leben als Angstpartie**

Bewachte Wohnanlagen mit Aufpassern, Schlagbäumen und Videokontrolle sind ein blühendes Geschäft – jetzt auch in Europa. Als Gegenmodell zu Slums und Armenvierteln prägen „Gated Communities" die Ballungsräume der Zukunft.

aus: *DER SPIEGEL* 44/2004, 140

### 2. Zum Bund-Länder-Programm: „Die soziale Stadt"

Im Rahmen der weltweiten Bestrebungen (vgl. dazu Rdn. 2 vor § 15), **13b** die Lebensverhältnisse in solchen städtischen Quartieren zu verbessern, in denen sich vor allem soziale Probleme häufen (vgl. dazu Rdn. 28 zu § 15), hat 1999 das Bundesministerium für Verkehr, Bau- und Wohnungswesen (BMVBW) zusammen mit den Bundesländern (ergänzend zur Städtebauförderung) das Programm „Stadtteile mit besonderem Entwicklungsbedarf – die soziale Stadt" aufgelegt. Das Programm, das vor allem auch der Sicherheit in der Stadt dienen soll, baut auf (auch, wenn das grundsätzlich nicht erwähnt wird),

- auf dem Konzept des Chicago-Area-Projektes: delinquency areas (vgl. Rdn. 24 zu § 7),
- auf der broken-window-Theorie (vgl. Rdn. 33 zu § 15)
- auf dem defensible-space-Ansatz (vgl. unten Rdn. 14) und
- auf den Erfahrungen mit dem filtering-down-Prozeß (vgl. Rdn. 30 zu § 15).

Überlappungen der Zielsetzung ergeben sich zu den Aufgaben der Institutionalisierten Kommunalen Kriminalprävention bzw. zur DVS (vgl. Rdn. 81 zu § 18) und zum DFK (vgl. Rdn. 85 zu § 18). Die Fördermittel werden primär zur Verbesserung der „Lebenssituation der betroffenen Menschen in benachteiligten Stadtquartieren" eingesetzt (*Döhne/Walter* 1999, 25).

**Hilfen für verwahrloste Stadtteile**

Neues Programm von Bund, Ländern und Gemeinden

aus: *FOCUS* 4/2001, 135

### 3. Video-Überwachung des öffentlichen Raumes

Inzwischen wird (nach englischem Vorbild z.B. in London: vgl. *Campbell* in: der kriminalist 12/2000, 482–488) in Deutschland (auf polizeigesetzlicher und strafprozzessualer Grundlage: *BVerfwG* 6 C 9 11, abgedr. in Kriminalistik 4/2012, 230) ferner erprobt, ob sich die **Sicherheit bzw. das Sicherheitsgefühl** der Bürger (der Großstädte) in den Cities durch (verdachtsunabhängige) Video-Überwachung (situative Kriminalprävention) erhöhen läßt. **13c**

*(1) Entsprechende empirische Untersuchungen aus* ***England*** *ergeben insoweit ein ambivalentes Bild. Plausibel erscheint das Ergebnis, daß eine Videoüberwachung des öffentlichen Raumes eher zur* ***Beruhigung ängstlicher*** *(als anderer) Bürger beitragen kann. So berichtet die Polizei von Birmingham über Anrufe von Bürgern, die ihre Routen in die Stadt hinein so planen, daß sie sich ständig im Überwachungsbereich der Videokameras aufhalten können. Sicherer fühlen sich auch die Passagiere der Londoner U-Bahn, eine Einschätzung, die z. B. zu einer Zunahme der Fahrkarteneinkünfte geführt haben soll (Überblick bei Gras 2003, 30ff). Die öffentliche* ***Akzeptanz*** *solcher Videoüberwachung liegt in England bei 90 %; inzwischen wurden rund 500 000 Videokameras auf englischen Straßen und Plätzen installiert (nach Boers 2004, 54; Schröder 2007, 41ff).*

*(2) Eine (Meta-)Analyse, die sich auf 19 Evaluationsstudien (wiederum aus England) bezieht (Welsh/Farrington 2003), hat ergeben, daß sich die Kriminalität in Arealen mit Videoüberwachung (englisch: Closed Circuit Television =* ***CCTV****), soweit* ***Stadtzentren und U-Bahnen*** *erfaßt werden, kaum meßbar vermindert: schon gar nicht, wenn es um die Verhinderung von Gewalt geht. Auf der anderen Seite führte die Videoüberwachung von* ***Parkhäusern****, verbunden mit anderen Maßnahmen (verbesserter Beleuchtung, Hinweistafeln oder Sicherheitspersonal), zu einer Verringerung von Straftaten um 44 %, wobei es sich primär um Diebstähle von und aus dem Kfz handelte (Überblick bei Lösel 2004).*

*(3) Eine im Februar 2005 veröffentlichte Evaluations-Studie des Home Office („Assenting the impact of CCTV"), die 13 CCTV-Projekte in Großbritannien berücksichtigt, ist zu folgenden Resultaten gelangt (zit. nach BKA Infopool Prävention, Newsletter 01/2005, 10):*

- *zu einer Kriminalitätsreduktion kam es nur in wenigen Zielgebieten;*
- *impulsive Kriminalität (z. B.* ***alkoholbezogene*** *Straftaten) wurden grundsätzlich weniger verhindert als z. B. Kfz-Diebstahl;*
- ***Personen, denen die Videoüberwachung bekannt war, fürchteten sich grundsätzlich eher als andere, Opfer zu werden.***

**Überall Kameras, aber kein Überwachungsstaat?**

**Videoüberwachung zielt in London jetzt auch auf Parksünder**

Wer beim Falschparken ins Visier der Objektive gerät, bekommt als Beweismittel ein Standbild und gleich dazu den Strafzettel zugeschickt. Und das kann teuer werden

Seit der Aufrüstung mit CCTV Mitte der 90er Jahre decken mehr als 150 000 staatliche und private Kameras fast jeden Winkel der britischen Hauptstadt ab. In einigen Straßen hängen die Geräte alle 15 Meter. Im Schnitt wird jeder Londoner in der U-Bahn, im Supermarkt oder an sonstigen öffentlichen Plätzen 300-mal am Tag gefilmt.

aus: *NOZ*
vom 9. August 2006

*(4) Bornewasser/Schulz (2006, 3ff) haben 2001 bis 2004 in Erkner (Brandenburg) die Wirksamkeit der Videoüberwachung des S-Bahnhofsplatzes und eines Park & Ride-Platzes untersucht. Resultat: drastische Abnahme der Kriminalität bis zu 50 % bzw. 60 %: vor allem Fahr-*

*raddiebstähle und Sachbeschädigungen. Verdrängungseffekte wurden nicht festgestellt.*

*(5) Nicht zuletzt ergibt sich die Effizienz der Videoüberwachung aus folgenden Beispielen: durch Videoüberwachung konnten im Juli 2006 Attentäter, die* ***Kofferbomben*** *in zwei Kölnern Regionalzügen abgestellt hatten, überführt werden (Rdn. 65 zu § 30); dokumentiert werden konnten auch immer wieder die Angriffe in öffentlichen Verkehrsmitteln (etwa der der Münchner-U-Bahntäter: Rdn. 24b zu § 3) und das Vorgehen eines Täters, der 2012 im Bonner Hbf eine* ***Bombentasche*** *abgelegt hatte (Rdn. 66 zu § 30).*

*a) Hot spots*

In Einkaufszentren, an Tankstellen, in Banken, Kaufhäusern, öffentlichen Verkehrsmitteln zur Verkehrsüberwachung oder auf Flughäfen gibt es die entsprechenden Anlagen auch hierzulande schon länger (zu privater und kommunaler Überwachung krit. BVerfG, zit. nach SZ vom 22. 3. 2000). Polizeilich werden auch Straßen (vor allem Fußgängerzonen) und Plätze bereits überwacht. So kann z. B. in **Dresden** die Polizei das Treiben in den Einkaufsstraßen der Fußgängerzone hinter dem Hbf. auf Monitoren verfolgen, in **Leipzig** das Areal rund um den Hbf. und einen Randale-Schwerpunkt im Süden der Stadt, in **Hamburg** die Reeperbahn und der Hansaplatz im Stadtteil St. Georg (NOZ vom 5. 4. 07). Entsprechende Überwachungen sind ferner aus **Bielefeld, Frankfurt/M, Halle** und **Regensburg** bekannt (*Boers* 2004, 41). Als weitere Kriminalitätsbrennpunkte (**„hot spots"**) kommen für eine Videoüberwachung in Frage: z. B. dunkle Unterführungen, Straßenbahnen (vgl. Zeitungsausriß oben) und vergleichbare **„Angstzonen"**. Aber auch (totale) Überwachung kann ihrerseits Ängste auslösen (zum „hot spot-profiling" vgl. Rdn. 27b zu § 1). **13d**

***„Big Brother is watching you"****, wie George* ***Orwell*** *in seinem fiktiven Roman „1984" (1950/1964 erschienen) prognostiziert hat? Wird Orwell's Vision von einem totalen Überwachungsstaat im neuen Jahrhundert zu einer Realität? So wird z. B. von Gössner (in seinem Buch „Big Brother & Co. – der moderne Überwachungsstaat in der Informationsgesellschaft", Hamburg 2000) gefragt. Auch Frevel hält „die Ver-BigBrotherung des gesamten öffentlichen und halböffentlichen Raumes (für) bedenklich" (in: Die Kriminalprävention 3/2001, 99). Campell hingegen (aaO, 188) denkt eher an den „freundlichen Onkel, der ein Auge offen hält, um die Menschen zu beschützen". Stolle/Hefendehl (2002, 268) stellen insoweit die Frage, ob bestimmte soziale Gruppen „in überproportionalem Maße überwacht" werden (zum* ***Labeling Approach*** *vgl. Rdn. 2ff zu § 8). Wäre das falsch? Das Schreckensszenario des Übergangs vom strafenden zum überwachenden Staat hatte 1976 bereits Michel Foucault (1926–1984) in seinem Werk „Überwachen und Strafen" entwickelt.*

Voraussetzung für den Einsatz der Video-Technik ist eine entsprechende Grundlage in den Polizeigesetzen (etwa § 15a PolG NW) der jeweiligen Bundesländer (dazu *Gras* 2003). Polizeipraktiker befürchten allerdings **Verdrängungseffekte** (displacement) in andere Stadtteile (vgl. dazu *Müller* 2002, 35 (anders Kammerer 2008), Datenschützer graut es (vor einer flächendeckenden Videoüberwachung) generell (Entschließung der Datenschutzbeauftragten von Bund und Ländern, zit. nach NOZ vom 16. März 2000). Im Übrigen werden **Zweifel an der Effizienz** der Videoüberwachung geäußert (vgl. *Boers* 2004). Um die Effizienz zu erhöhen wurde **„intelligente Videoüberwachung"** entwickelt (bekannt unter der Bezeichnung **„SmartCCTV"**), die eine Vorauswahl solcher relevanter Sachverhalte trifft, die für den Beobachter im „operatung room" Bedeutung besitzen (ausführlicher *Wolkenstein/Krumm* 2011, 24ff); vgl. auch Rdn. 13g.

**Empirische Informationen aus Deutschland** dazu:

*(1) Quambusch (2005, 158ff) berichtet über ein Bielefelder Überwachungsprojekt, in dessen Rahmen sich die Straftaten (mit Ausnahme von Körperverletzungen) auf dem Überwachungsgelände um* ***47,0 % reduziert*** *haben sollen.* ***Verdrängungsbewegungen konnten nicht festgestellt*** *werden (anders Kammerer 2008). 60 % der befragten Bürger gaben an, ihr Sicherheitsgefühl habe sich verbessert (generell?), 45,5 % sprachen sich für die Ausweitung der Video-Überwachung aus.*

*(2) Eifler/Brandt haben 2003 (2005, 157ff) 27 Experten aus dem Handlungsfeld der Polizei- und Gefahrenabwehrbehörden aus 27 Städten (primär telefonisch) zu Videoüberwachungsmaßnahmen befragt. Ergebnisse: „Alle befragten Experten gaben an, daß es zu einer* ***Steigerung des subjektiven Sicherheitsgefühls*** *in den Städten kam. Weitere Schlußfolgerungen hinsichtlich einer stärkeren Frequentierung oder einer Vermeidung der Orte können nicht belegt werden. In zahlreichen Fällen kann eine* ***territoriale Verdrängung*** *beobachtet werden. Insbesondere die* ***BTM-Szene*** *verlagerte sich in den Städten" (Eifler/Brandt aaO, 170).*

*(3) Wenn auch nach einer EMNID-Umfrage (zit. nach NOZ vom 4.8.2005)* ***59 % der Befragten keine Bedenken*** *gegen die Videoüberwachung öffentlicher Bereiche erhoben, dann könnte dieses Ergebnis (auch) mit* ***Londoner terroristischen Anschlägen*** *vom 7. Juli 2005 (vgl. Rdn. 56 zu § 30) zu tun gehabt haben. Die Londoner (raschen) Fahndungserfolge werden nämlich primär auf Videoüberwachung der Bahn- und Busstationen zurückgeführt (vgl. NOZ vom 15. Juli 2005).*

Die Frage, ob durch Videoüberwachung **„die Rückeroberung des urbanen öffentlichen Raums"** unterstützt werden kann, die auch das Ziel der Null-Toleranz-Strategie der New Yorker Polizei ist (vgl. Rdn. 34 zu § 15), kann danach bisher noch nicht zuverlässig beantwortet werden. Nur die Vertreibung von **„disorderly people"** (Stichwort: Alkohol- und Drogenszene) scheint zu gelingen (dazu *Boers* 2004, 10). **Krit**. zur bisherigen Effizienzmessung auch *Müller* 2002, 44/45; *Stolle/Hefendehl* 2002, 252ff und *Eifler/Brandt* 2005, 179. **Krit**. überhaupt zur Videoüberwachung des innerstädtischen Raumes (**„prinzipiell diskriminierend“**): *Stapel* in KrimJ 1/2009, 46ff.

Neuere Entwicklung: Seit 1.1.2011 ist jede heimliche Videokontrolle (z.B. **von Beschäftigten am Arbeitsplatz: Spähangriff)** gesetzlich grundsätzlich verboten (vgl. Zeitungsausriß). Eine offene Überwachung öffentlicher Betriebsteile **(etwa des Kassenraums)** bleibt hingegen erlaubt (vgl. Zeitungsausriß).

**Späh-Angriff per Video verboten**

aus: *NOZ* vom 26. August 2010, S. 1

*b) Gesichtserkennung*

Technische Probleme bestehen nicht. Inzwischen wurde sogar eine **13e**
Gesichtserkennungs-Software entwickelt (etwa vom Hersteller **Visionics** aus New Jersey, USA), mit deren Hilfe Personen, nach denen gefahndet wird, an ihren Gesichtern selbst aus großen Menschenmassen heraus erkannt werden können. Der **„Face Finder“** (Gesichtsfinder) vergleicht die gefilmten Gesichter mit den gespeicherten Bildern einer Datenbank. Ein solches Überwachungssystem (i.S. einer Rasterfahndung: zu dieser vgl. Rdn. 37 zu § 29) ist z.B. im Londoner Stadtteil Newham etabliert worden: 36 Kameras durchmustern den Vergnügungspark Ybor City nach gesuchten Straftätern.

In Deutschland werden Modellprojekte z.B. durch die Firma **Bosch** durchgeführt: zur Gesichtserkennung (im Auftrag des BKA) im Mainzer Hauptbahnhof (vgl. Zeitungsausriß); zur Identifizierung mittels Iriserkennung im Frankfurter Flughafen (im Auftrag des BMI); beide 2006. Die Trefferquote hat sich allerdings als gering erwiesen.

Gesichtserkennungssysteme werden (ebenfalls von Bosch) auch in **Spielbanken** eingesetzt, um spielsüchtigen Spielern den Zutritt zur Spielbank zu verwehren (*C. Hampe* von der Firma Bosch-Sicherheitssysteme, Schreiben vom 14. November 2006). Schließlich: Seit Okt. 2006 wird kein **deutscher Reisepaß** mehr ausgegeben, in dem nicht ein Gesichtsbild in digitaler Form gespeichert ist (vgl. Rdn. 44 zu § 30).

**Aktuell** (2013) arbeiten Universitäten und die Industrie an Systemen **14**
zur dreidimensionalen Gesichtserkennung. Die 3-D-Systeme sollen Erkennungsschwächen der zweidimensionalen Gesichtserkennung z.B. bei Drehung bzw. Neigung des Kopfes ausgleichen können.

## IV. Der „defensible-space“-Ansatz von Newman

Zu den bekanntesten Ansätzen, die Sicherheitsziele verfolgen, gehört **14a**
die „defensible-space-Theorie“ (Raumverteidungstheorie) des amerikanischen (New Yorker) Architektursoziologen Oscar **Newman**.

*Newman* veröffentlichte 1976 ein Buch mit dem Ziel, „Architekten, **15**
Stadtplanern, Baugesellschaften und Community Groups zu zeigen, wie sie sich dem Problem der Sicherheit in Wohngebieten schon im Anfangs-

stadium des Entwurfs und der Planung zuwenden können" (1976, 20). Seine grundlegenden Gedanken dazu hatte *Newman* schon 1972 in seiner Arbeit über **„Defensible Space. Crime Prevention through Urban Design"** vorgelegt. Den Ausgangspunkt seiner Überlegungen bildeten Beobachtungen, die er in New York gemacht hatte. Um den knappen und deshalb teuren Wohngrund besser nutzen zu können, wurden dort nach dem Kriege (wie fast überall auf der Welt) turmartige „Wohnsilos" hochgezogen, die sich nicht an den sozialpsychologischen Bedürfnissen der Bewohner orientierten und deshalb schon bald von innen zerstört wurden: nämlich von den Bewohnern selbst, ihren Besuchern und Freunden. Häufiger als bei uns zu beobachten ist, gingen in solchen amerikanischen Hochhäusern Briefkästen und Beleuchtungskörper zu Bruch, wurden Treppenaufgänge und Fahrstühle mit Parolen usw. beschmiert, Fenster zerbrochen und Türen zerkratzt (zur Relevanz von Vorbeschädigungen Rdn. 32b zu § 15). Die Riesenbetonklötze machten deshalb nach diesen vandalistischen Eingriffen nach kurzer Zeit bereits den **Eindruck von Slums**. Da *Newman* das Problem aus der Sicht des Architekten zu interessieren begann, überprüfte er die Kriminalitätsbelastung der Stockwerke (Opfersituationen pro Wohnung) in Mehrfamilienhäusern und Hochhäusern; untersucht wurden von ihm insgesamt 150000 Wohneinheiten (einer New Yorker Baugesellschaft), in denen 528000 Menschen wohnten. Die **Ergebnisse** zeigten eine deutliche Mehrbelastung der Hochhäuser (Häuser mit mehr als fünf Stockwerken) gegenüber den Mehrfamilienhäusern bis zu drei Stockwerken. Nach *Newmans* (1972, 27) Erfahrung „steigt die Kriminalitätsrate nahezu proportional zur Gebäudehöhe", soll aber auch abhängig sein von der jeweiligen Sozialstruktur der Bewohner (vgl. auch oben Rdn. 5 und Übersicht 34).

*Übersicht 34:*
Kriminalitätshäufigkeit in Abhängigkeit von Gebäudehöhe und Sozialstruktur der Bewohner

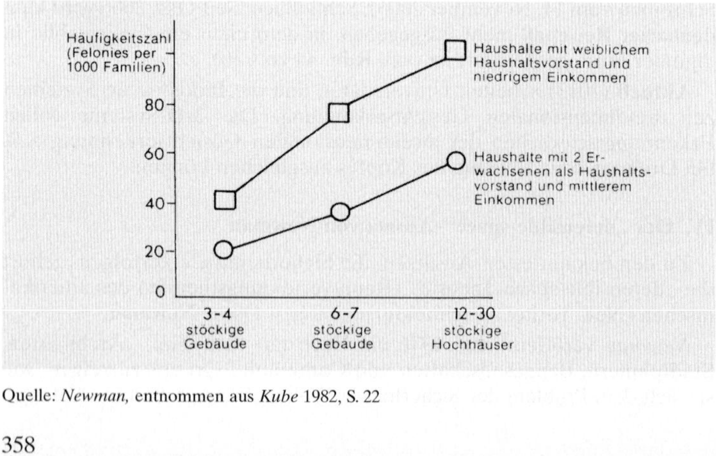


Quelle: *Newman*, entnommen aus *Kube* 1982, S. 22

In den Hochhäusern sind nach *Newmans* Feststellungen in krimineller Hinsicht (= in Bezug auf Viktimisierung) besonders prädestinierte Tatorte: die Eingangshalle, die Treppenhäuser, die Fahrstühle und die Korridore. In diesen Gemeinschaftsbereichen ereigneten sich (1969) insgesamt 3786 (registrierte) Delikte, von denen 3165 (84 %) auf Raubüberfälle entfielen, die wiederum zur Hälfte im Fahrstuhl (!) verübt worden sein sollen. **16**

Die Wohnanlagen mit hoher Kriminalitäts- und Vandalismusbelastung waren durch folgende bauliche Besonderheiten gekennzeichnet: viele Stockwerke, fehlende Überschaubarkeit der Gemeinschaftsbereiche im Inneren des Gebäudes sowie der Zugangswege zum Haus (für die sich die Hausbewohner auch nicht verantwortlich fühlten) sowie fehlende Kommunikation unter den Bewohnern des Hauses, die grundsätzlich anonym nebeneinander herlebten (jeder, der in Deutschland in so einem „Wohnsilo“ wohnt oder wohnte, kennt die Situation auch aus eigener Erfahrung). **17**

Die Wohnanlagen mit geringer Kriminalität waren kleiner, ihre Gemeinschaftsanlagen überschaubarer und die Kommunikation bzw. die **soziale Kontrolle** (dazu Rdn. 44 zu § 1 und Rdn. 43 zu § 6) (dazu Zeitungsausriß) unter den Hausbewohnern rege. Diese konnten auch Mitbewohner von Fremden, die das Haus betraten, unterscheiden, was in den großen Wohnanlagen nicht der Fall war. **18**

### 1. Kriminalitätsabwehrende Architektur

Vor diesem Hintergrund schlug *Newman* (aaO) vor, daß von Bauherren und Architekten künftig **„verteidigungsfähige Räume“ („defensible space“)** geplant werden sollten (situationsbezogene Kriminalprävention); *Newman* empfahl also die Entwicklung einer kriminalitätsabwehrenden Architektur, die er sich u. a. im einzelnen wie folgt vorstellt: **19**

- ***erstens:*** *Verzicht auf den Hochhausbau zugunsten niedrigerer Mehrfamilienhäuser mit nur sechs bis neun Wohnungen pro Hauseingang und Fahrstuhl;*
- ***zweitens:*** *Planung kurzer Korridore mit nur zwei bis vier Wohnungstüren;*
- ***drittens:*** *Eingrenzung der Grundstücke durch Zäune, Hecken, Büsche, Steinstufen usw. (auch für Hochhäuser empfohlen);*
- ***viertens:*** *Schaffung von Gemeinschaftseinrichtungen, die die „territoriale“ Haltung der Hausbewohner verstärken: etwa Spielplätze, Sitzbänke für die Alten, Trockenplätze usw.;*
- ***fünftens:*** *Überwachung unübersichtlicher Stellen (etwa der Tiefgaragen) durch (Fernseh-)Monitore bzw. Beleuchtung;*
- ***sechstens:*** *visuelle Überwachung von außen (durch die Straßenpassanten): z. B. gute Einsehbarkeit der Hauseingänge, die nur 30 Meter von der öffentlichen Straße entfernt liegen sollten;*
- ***siebtens:*** *Einführung symbolischer Barrieren zur Unterscheidung von öffentlichem und privatem Raum: etwa durch eine unterschiedliche Pflasterung des Gehwegs bzw. der Zugangswege zum Wohnblock (vgl. dazu auch Schneider 1983, 13).*

20 *Newman* geht davon aus, daß eine Wohnanlage, die geschlossen (bzw. verschlossen) und überwacht wirkt (und auch überwacht wird), den (potentiellen) Straftäter wegen des höheren Mißerfolgsrisikos abschreckt und deshalb zu den Möglichkeiten der präventiven Verbrechensbekämpfung gehört; allerdings löst diese Art der Prävention **Verdrängungseffekte** (Kriminalitätsverschiebungen) aus: der Straftäter sucht sich ein anderes (weniger gesichertes) Objekt aus. *Kube* befürchtet (in FS für Schwind 2006, 1012) darüber hinaus, „daß Nachbarschaften entstehen, die sich nach außen abkapseln und eine **Feindbildhaltung** bewirken.

21 bis 23 Die Frage, ob tatsächlich ein Zusammenhang zwischen Baustruktur und Kriminalität besteht, wird allerdings auch in den Vereinigten Staaten nicht einheitlich beantwortet: So haben die Untersuchungen von *Molumby* (zit. nach *Rolinski* 1980, 199) die Resultate von *Newman* bestätigt, während bei *Pyle* (zit. nach *Rolinski* aaO) die Mehrfamilienhäuser mehr belastet waren als die Hochhäuser. *Pyle* führt dieses Ergebnis allerdings auf „demographische Faktoren" zurück, etwa auf den Umstand, daß die von ihm untersuchten Hochhäuser nur mit Familien ohne Kinder belegt werden durften (zur Kritik am defensible-space-Ansatz vgl. *Rubenstein* et al. 1980 sowie *Kube* 1982, 59 m. w. N. und *Kube* 1986, 49ff).

### 2. Konsequenzen für die Praxis

24 Die Überlegungen *Newmans* haben (trotz aller Kritik) in den neunziger Jahren auch die Praxis erreicht. So hat die *Landeshauptstadt Düsseldorf* (1995) einen **städtebaulichen Ideenwettbewerb** für den „Südwestlich Rather Kreuzweg" ausgeschrieben, in dem es u.a. heißt (vgl. dazu auch Rdn. 44 zu § 18):

> *„**In der Planung sollen kriminalitätsvorbeugende Aspekte berücksichtigt werden**, soweit sie mit städtebaulichen Mitteln beeinflußbar sind. Notwendige Wegebeziehungen sollen klar strukturiert und übersichtlich gestaltet werden ohne Nischen, Winkel und enge Durchgänge. Das gilt besonders für die Wege zur Haustür .... Die Tiefgaragen sollen nicht zu groß, übersichtlich, hell (möglichst Tageslicht), mit leicht auffindbaren Notausgängen . . .gestaltet werden. Öffentliche Bereiche sollen von nichtöffentlichen Bereichen optisch klar unterscheidbar und möglichst baulich getrennt werden (Gebäude/Mauern/begrünte Zäune). Die Forderungen nach Übersichtlichkeit und Einsehbarkeit von den Wohnungen gelten insbesondere für die Kinderspielflächen.....“*

Solche Maßnahmen des „Designing Out Crime"-Konzepts werden durch das **Bundesbaugesetz** (§ 1 Abs. 5 Nr. 1) unterstützt, in dem es heißt, daß bei der Aufstellung der **Bauleitpläne** auch Sicherheitsfragen zu berücksichtigen sind.

25 Planungsaktivitäten, die an *Newman* anknüpfen, gibt es darüber hinaus eine ganze Reihe. Insoweit sollen nur drei auf dem exemplarischen Wege erwähnt werden:

- **Hessen** vergibt ein **Gütesiegel** „als sichtbares Zeichen für beispielhaftes Bauen" (Stand 2011); insoweit werden u. a. folgende Maßnahmen überprüft: Vermeidung nicht einsehbarer und nicht ausgeleuchteter Außenbereiche, einbruchshemmende Fester und Türen, Videotechnik als Zutrittskontrolle und Nachbarschaftsinitiativen. Infos beim *Hess.LKA*: Tel 611-83-0.
- **Düsseldorf** orientiert sich an einem **Planungsleitfaden** „für eine Stadt ohne Angsträume" *(NRW-Ministerium für Stadtentwicklung 1994)* und 27
- **Freiburg** an den **„Zehn Leitlinien** für die Planung und Entwicklung eines neuen Stadtteils" (1996: *Kube* 1998, 847). 28

## V. Kriminaltopographie aus Tätersicht

Der „defensible-space"-Ansatz baute zunächst (soweit ersichtlich) nur auf den Erfahrungen der Polizei auf, die diese aus schon bearbeiteten Fällen gewinnt. Man geht also „unausgesprochen davon aus, daß der Täter das Mißerfolgsrisiko (bzw. Entdeckungsrisiko) für seine Tat in etwa so einschätzt wie die Polizei selbst" (*Schwind/Steinhilper* 1984, 317). Diese Annahme muß freilich nicht stimmen; jedenfalls ist von Dritten nicht verläßlich nachzuvollziehen, welche Umstände den Täter bei seiner Objektwahl (z. B. bei einem Einbruch) bestimmen und welche ihn dazu bewegen, ein bestimmtes Objekt (Gebäude) nicht anzugreifen (aufzubrechen). 29

Diese Frage ist Anfang der 80er Jahre Gegenstand einer Untersuchung geworden, die *Bennett* und *Wright* (1983, 18ff) in England durchgeführt haben. Die Autoren weisen zunächst darauf hin, daß Verbrechensvorbeugung bisher entweder weitgehend auf Spekulationen beruht (etwa auf dem Gedanken, daß Straftäter es vermeiden, „defensible space" zu betreten) oder auf gesundem Menschenverstand (etwa, daß Sicherheitsschlösser das Eigentum schützen). Unberücksichtigt bleibt, wie der Täter seine Erfolgsaussichten selbst einschätzt; es fehlt sozusagen die **„Kundenbefragung"**, die in der Wirtschaft zu den Selbstverständlichkeiten gehört (*Schwind/Steinhilper* 1984, 317). 30

*Um diese Lücke schließen zu helfen, haben Bennett und Wright folgendes* ***Experiment*** *durchgeführt (Zusammenfassung nach Schwind/Steinhilper aaO): Sie nahmen 36 Häuser auf Video auf und führten den Film 40 Straftätern vor, die eine Jugend- oder Freiheitsstrafe wegen* ***Einbruchs*** *verbüßten. Gefilmt worden war von einem Kraftfahr-zeug aus, das im Schritttempo so nahe wie möglich am Gehsteig entlangfuhr. Dem Betrachter sollte auf diese Weise die Sicht gewährt werden, die er haben würde, wenn er selbst durch die Straße ginge. Der Film zeigte Häuser, die ganz oder teilweise freistanden, und Reihenhäuser. Die Probanden sollten nun angeben (Methode der* ***Täterbefragung****), welche Häuser sie für einen Einbruch auswählen würden, wenn sie selbst eine solche Straftat planen würden. Sie wurden ermutigt, „laut zu denken", also ihre Überlegungen bei der Objektwahl auszusprechen.* 31

32 Im einzelnen wird danach im Rahmen einer Kosten-Nutzen-Analyse (dazu Rdn. 19a zu § 6) die Tatortauswahl u. a. durch folgende Besonderheiten bestimmt:

- ***erstens:*** *Deckungsmöglichkeiten, Sichtmöglichkeiten der Nachbarn, Entfernung der Straße vom Tatort, Anwesenheit der Bewohner (meist durch parkende Autos oder Licht im Haus zu erkennen) sowie evtl.* ***Fluchtmöglichkeiten*** *(mehrere Hausausgänge oder „Hinterausgang"?);*
- ***zweitens:*** *ob der Tatort lohnende Beute verspricht* ***(Beuteerwartung)****, wird danach beurteilt, in welchem baulichen Zustand sich ein Gebäude befindet, wie gepflegt die Gartenanlagen sind usw.; ärmlich wirkende, Häuser erschienen z. B. nur 7,5 % der Befragten als Tatort eines Einbruchs interessant; 84,2 % interessierten sich für große, freistehende Villen;*
- ***drittens:*** *die Art der* ***Sicherung des Beuteobjekts*** *spielt bei „Plantätern" (Profis) aus Tätersicht offenbar eine eher untergeordnete Rolle; anders bei „Spontantätern" (Gelegenheitstätern). Beide Gruppen lassen sich vor allem von Videokameras und Hunden im Objekt abschrecken (LKA Bayern).*

Deutsche Forschungsergebnisse bestätigen diese Resultate und können ergänzend Folgendes u. a. beitragen:

*(1) Nach Untersuchungen von Plate et al. spielen insbesondere* ***„geringe Einsehbarkeit und relativ gute Möglichkeiten zur Flucht"*** *eine Rolle (1985, 175; vgl. dazu auch Bundeskriminalamt:Symposium Täterwissen, Wiesbaden 1986).*

*(2) Rehm, Servay und Irle (1986, 581) haben 1985 insgesamt 259* ***wegen Raubüberfällen auf Geldinstitute rechtskräftig Verurteilte*** *zu den Kriterien der Objektauswahl* ***befragt****. Ergebnisse:* ***„Amateure"*** *wählten die überfallene Bank vor allem nach vorhandenen Fluchtmöglichkeiten, z. B. Anschluß an Schnellstraßen, richtige Lage sowie der Größe der Bank aus. Inneneinrichtungen und damit auch spezifische Sicherheitseinrichtungen in der derzeitigen Form spielten keine Rolle. Bei den* ***„Profis"*** *waren hingegen entscheidende Kriterien der Objektauswahl die Versteckmöglichkeiten in der Nähe der Bank (Rehm/Servay/Irle aaO): vgl. dazu auch die* ***Routine Activity Theory*** *(§ 8 Rdn. 18c).*

*(3) Nach einer vom DFK veranlaßten Befragung von* ***Einbrechern****, die Feltes durchgeführt hat, spielt auch eine Rolle, ob der Täter davon ausgehen kann, „daß Nachbarn und Passanten, obwohl sie die Tat wahrnehmen, diese* ***selbst bei verursachtem Lärm einfach ignorieren****" (2004a, 17). Wenn die Alarmsirene heult, fühlt sich nach allgemeiner Erfahrung allerdings kaum noch jemand angesprochen (zum Non-helping-bystander-Effekt vgl. auch Rdn. 20a zu § 19). Auch die Täter berichten darüber, daß „da sowieso keiner kommt" (Feltes 2004b, 7). Und: Starke sichtbare Sicherheitseinrichtungen (vor allem Alarmanlagen) signalisieren dem Einbrecher lohnende Beute (Feltes aaO).*

Der Gedanke, die Sicht des Täters (Vorerfahrung, Denkweise usw.) im Rahmen der Verbrechensbekämpfung nutzbar zu machen, ist freilich nicht neu. So wurde z.B. schon 1809 der Galeerensträfling Eugène François *Vidoque* durch Joseph *Fouché,* den Polizeiminister Napoleons I., zum Leiter der Pariser Polizeitruppe ernannt. Die von *Vidoque* daraufhin gegründete **„sûreté"** (Sicherheit) hat als erste Kriminalpolizei der Welt größte Erfolge verbucht (*Schwind/Steinhilper* 1984, 318). Als Kripochef von Paris gelang *Vidoque* in einem einzigen Jahr zusammen mit zwölf ehemaligen Häftlingen, die er in die Polizei eingestellt hatte, die Verhaftung von 812 Mördern, Räubern usw. (*Pachmann* 1984, 344). 33

*Übrigens: An den **„Street-View"-Programmen** (von Google) dürften nicht zuletzt die Einbrecher interessiert sein.* 34

## § 17 Kriminologische Aspekte der Wohnungslosigkeit (Obdachlosigkeit und Nichtseßhaftigkeit)

**Literatur:** **Adick,** C.: Straßenkinder und Kinderarbeit, 2. Aufl., Frankfurt 1998; **Albrecht,** G.: Obdachlose als Objekte von Stigmatisierungsprozessen, in: *Brusten,* M./*Hohmeier,* J. (Hrsg.): Stigmatisierung I, Zur Produktion gesellschaftlicher Randgruppen, Neuwied, Darmstadt 1975; **Angele,** G.: Obdachlosigkeit in der Kleinstadt, in: *Chassé,* K. A.: Wohnhaft: Armut und Obdachlosigkeit; Analysen – Modelle – Perspektiven, München 1988, S. 71–109; **BAG**: Statistikbericht 1997, 1998, Bielefeld 2000; **BAG Wohnungslosenhilfe:** Erläuterungen zur Schätzung der Obdachlosenzahlen durch die Bundesarbeitsgemeinschaft für Wohnungslosenhilfe e.V., Bielefeld 1993; **Becker,** R.: Wohnungspolitik aus feministischer Sicht, in: Gefährdetenhilfe 4/1993, S. 131–135; **Birk,** A.: Die Arbeit der Gleichstellungsbeauftragten zum Thema Wohnraum- und Stadtplanung, in: Gefährdetenhilfe 4/1993, S. 139–142; **Bundesbauministerium:** Dauerhafte Wohnungsversorgung von Obdachlosen, in: EXWOST Bonn, Juni 1993; **Bura,** J.: Obdachlosigkeit in der Bundesrepublik: Ursachen und Entwicklung. Ein Beitrag zur Theorienbildung, München 1979; **Chassé,** K. A./**Preußer,** N./**Wittich,** W.: Wohnhaft: Armut und Obdachlosigkeit; Analysen – Modelle – Perspektiven, München 1988; **Christiansen,** U.: Obdachlos weil arm, Gießen (1973), 2000; **Coates,** G.: A Street is not a Home, New York 1990: **Cremer-Schäfer,** H.: Entlassenenhilfe: Gegen Obdachlosigkeit und für den Alltag, in: Neue Kriminalpolitik 4/1992, S. 40–41; **Dahmer, H.:** Parias und lebende Mahnmale. Die Kaste der Penner, Berber und Stadtstreicher, in: „Kölner Bankexpress" Nr. 2, Mai 1994; **Deutscher Städtetag**: Sicherung der Wohnungsversorgung in Wohnungsnotfällen und Verbesserung in sozialen Brennpunkten, Köln 1987; **Dietz,** B.: Soziologie der Armut, Frankfurt 1997; **Dupont,** S.: Frauen in besonderen sozialen Schwierigkeiten in Hannover – wo finden sie Hilfe? in: Gefährdetenhilfe 2/1993, S. 144f; **Ehmann,** E.: Obdachlosigkeit. Ein Leitfaden für die Kommunen ..., Dresden 1997; **Erichsen,** H.-U./**Biermann,** C. H.: Obdachlosigkeit als gefahrenrechtliches Problem, in: Jura 1998, 371–382; **Fachausschuß Frauen in der BAG:** Wohnungsnot – Die Bedeutung für die Frauen – Eine Darstellung der Situation, in: Gefährdetenhilfe 2/1993, S. 67–69; **Finger,** Th.: Die offenen Szenen der Städte, Berlin 2006; **Giesbrecht,** A.: Wohnungslos – Arbeitslos – Mittellos: Lebensläufe und aktuelle Situationen Nichtseßhafter, Opladen 1987; **Göppinger,** H.: Kriminologie, 4. Aufl., München 1980; **Götz,** V.: Allgemeines Polizei- und Ordnungsrecht, 11. Aufl., Göttingen 1993; **Gronau,** D./**Jagota,** A.: Ich bin Stadtstreicherin. Über das Leben obdachloser Frauen, Frankfurt/M. 1994; **Grunewald,** E.: Leben in der Obdachlosensiedlung: Die Zwerchallee in Mainz, Mainz 1993; **Heins,** R.: Obdachlosenreport – Warum immer mehr Menschen ins soziale Elend abrutschen, Düsseldorf 1993; **Höfelein,** H./**Kernleiter,** H.: Wohnprojekte der Caritas, in: *Jahrbuch der deutschen Caritas* 1993, S. 247–251; **Huerkamp,** in: *Kellner,* R./*Wittich,* W.: Wohnen tut Not – Obdachlosigkeit in der Diskussion, München 1987; **Iben,** G.: Randgruppen der Gesellschaft. Untersuchungen über Sozialstatus und Erziehungsverhalten obdachloser Familien, 3. Aufl., München 1974; **Jogschiess,** P.: Die Lebenswelt von Straßenkindern in Deutschland ... in: *Adick,* C.: Straßenkinder und Kinderarbeit, Frankfurt/M 1997; **Kahn,** M./**Zuleeg,** S.: Hilfe für alleinstehende Wohnungslose (Nichtseßhafte), Materialien zur Diskussion der Hilfspraxis und Orientierung nach § 72 BSHG, Frankfurt/M. 1990; **Keifenheim,** B.: Filmprojekt über Kinderbanden in Berlin, nicht veröffentlichter Recherchenzwischenbericht, Berlin 1993; **Kellinghaus,** C.: Wohnungslos und psychisch krank, Münster 2000; **Kerner,** H.-J. (Hrsg.): Kriminologie-Lexikon,

4. Aufl., Heidelberg 1999; **Klose,** R.: Obdachlose Frauen und Mädchen aus kriminologischer Sicht, in: Magazin für die Polizei, 26. Jg., Nr. 229, Mai 1995, S. 4–11; **Kluge,** K.-F.: Wir wollen hier raus! Obdachlose Jugendliche Teil II, München 1980; **Koch,** F./**Hart,** P./**Tristan,** P.: Landessozialbericht (NRW) Bd. 2: Wohnungsnot und Obdachlosigkeit, Ministerium für Arbeit, Gesundheit und Soziales (Hrsg.), 2. Aufl., Bönen 1993; **Könen,** W.: Wohnungsnot und Obdachlosigkeit im Sozialstaat, Frankfurt, New York 1990; **König,** C.: Machbarkeitsstudie zur statistischen Erfassung von Wohnungslosigkeit, Wiesbaden 1998; **Kürzinger,** J.: Asozialität und Kriminalität, Diss.jur., Tübingen 1970; **Pape,** M.: Obdachlosigkeit in Ost- und Westdeutschland im Vergleich, dargestellt am Beispiel der Städte Nordhausen und Northeim, Potsdam 1996; **Permien,** H./**Zink,** G.: Endstation Bahnhof. Straßenkarrieren aus der Sicht von Jugendlichen, München 1998; **Powser,** K.: Frauen auf der Straße, ohne Erscheinungsort, 1989; **Ruhstrat,** E.-U. (im Auftrag des Bau- und Familienministeriums): Wohnungsnotfälle, Bonn 1994; **Schmid,** C.: Die Randgruppe der Stadtstreicher, Wien 1990; **Specht-Kittler,** T.: Die Schätzung der Zahl der Wohnungslosen in Deutschland 1994–1999, in: Wohnungslos 2000, S. 93–130; **Specht-Kittler,** T.: Die Gewalt nimmt zu – Abhängigkeit und Gewalterfahrungen wohnungsloser Menschen, in: Gefährdetenhilfe 1/1994, S. 32 ff; **Vascovics,** L. A.; Segregierte Armut, Randgruppenbildung in Notunterkünften, Frankfurt/M., New York 1976; **Wagner,** H.: Kommentar zum Polizeigesetz von Nordrhein-Westfalen und zum Musterentwurf eines einheitlichen Polizeigesetzes des Bundes und der Länder, Neuwied 1987; **Warren,** A./**Altmann,** A.: Ausreißer, Stricher und verwahrloste Kinder, Aids-Hilfe Düsseldorf e.V., Düsseldorf 1993; **Wendt,** R.: Tätigkeitsbericht 1992 der Nichtseßhaftenberatungsstelle des Diakonischen Werkes des Evgl. Stadtkirchenverbandes Essen, Essen 1993; **Werth,** B.: Alte und neue Armut in der Bundesrepublik Deutschland, Berlin 1991; **Wolf,** J.: Das Recht des Lebens auf der Straße, Dortmund 1999.

**Gliederung**



1 In den neunziger Jahren des letzten Jahrhunderts rückte auch die Wohnungslosigkeit in den Vordergrund der sozialen Probleme, die kriminologische Bedeutung besitzen: Zunehmend sind (außer erwachsenen Einzelpersonen beiderlei Geschlechts) auch Familien mit Kindern betroffen, deren Sozialisationsbedingungen (z. T. mit entsprechenden Folgen) oft extrem ungünstig sind. So hat bereits *Iben* (1974, 26) Anfang der siebziger Jahre feststellen können, daß Kinder aus obdachlosen Familien häufiger als andere zu den „Schulversagern" gehören: bis zu 80 % mußten schon seinerzeit eine Sonderschule besuchen; bei *Kluge* (1974, 467) waren es etwas über 40 %.

2 Machen Obdachlosigkeit bzw. Nichtseßhaftigkeit auch anfällig für Kriminalität oder anderes sozial abweichendes Verhalten? Und werden solche **Randgruppen** häufiger als andere Opfer von Straftaten? In der kriminologischen Literatur (selbst in den Lehrbüchern) werden solche Fragen bisher (wenn überhaupt) grundsätzlich nur am Rande erwähnt: etwa im Zusammenhang mit Bedrohtheitsgefühlen, die in der Bevölkerung vor dem Hintergrund relativ hoher Kriminalitätszahlen ausgeprägt sind (vgl. dazu § 20 Rdn. 12 ff).

## I. Begriffsbestimmungen und Zahlen

### 1. Obdachlose und Nichtseßhafte

„Obdachlos“ im Sinne des Polizei- und Ordnungsrechts ist, wer **unfrei- 3
willig** keine oder keine menschenwürdige Bleibe hat (Laube, Baumhaus, Erdloch, Container, Wohnwagen) oder in einer polizeirechtlich (bzw. ordnungsrechtlich) zugewiesenen Unterkunft lebt (*Wagner* 1987 § 6 Rdn. 36; *Götz,* 1993 Rdn. 102; *Ruhstrat* 1994, 5), die den Anforderungen an menschenwürdiges Wohnen nicht entspricht (*Erichsen* 1998, 371). Zu den „Obdachlosen“ zählen danach nicht die „Nichtseßhaften“, nämlich solche Personen, die **„freiwillig“** obdachlos auf der Straße leben **(„Platte machen“)**: „Penner“, „Wermutbrüder“, mittellose Wanderer bzw. Land- und Stadtstreicher („Tippelbrüder“), die ihre Habseligkeiten in einer Plastiktüte unter dem Arm tragen oder in Einkaufswagen (aus dem Supermarkt) transportieren, betteln („Haste mal 'ne Mark?“: „Euro“) und primär in den Innenstädten herumlungern bzw. in „U-Bahnschächten, auf Parkbänken, in Müllcontainern oder unter Brücken“ die Nächte verbringen (*Heins* 1993, 15): **oft Pendler „zwischen Psychiatrie und Straße“**. Die Nichtseßhaften selbst nennen sich **„Berber“** (im Amtsdeutsch: „Durchwanderer“).

*Die praktische Bedeutung der Unterscheidung zwischen Obdachlosen und Nichtseßhaften (Oberbegriff: Wohnungslose, Übersicht 35) liegt darin, daß die Unterbringung der Obdachlosen zu den Pflichtaufgaben der Kommunen gehört (vgl. für NRW: § 14ff OBG), während das in Bezug auf die Nichtseßhaften nicht der Fall ist (vgl. unten Rdn. 27).*

*Übersicht 35:* Menschen ohne Wohnung

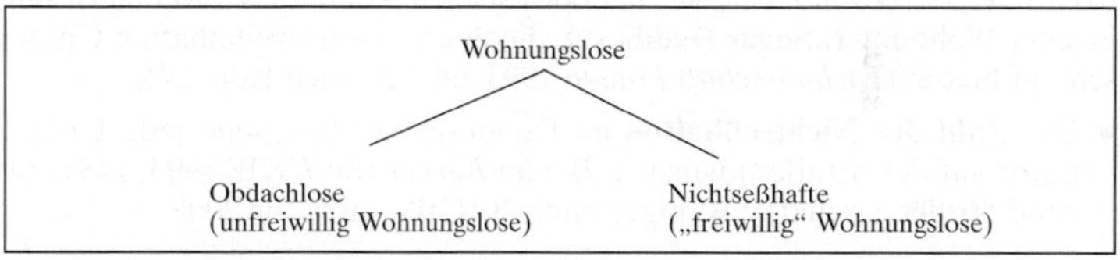


Die Vermischung beider Gruppen verfälscht das Bild. Gleichwohl wer- 4
den in manchen Medien, mitunter selbst in Verlautbarungen von befaßten Verbänden (z.T. auch im Schrifttum), die Unterschiede wenig beachtet, mit der Folge, daß der Interessierte nicht beurteilen kann, worauf sich die entsprechenden Zahlenangaben beziehen.

Generell kann man nur davon ausgehen, daß 5

- statistisch erfaßte (registrierte) Zahlenangaben (soweit solche flächendeckend überhaupt vorliegen) **nur die Gruppe der (melderechtlich erfaßten) Obdachlosen** betreffen, weil die Gruppe der Nichtseßhaften statistisch überhaupt nicht erfaßt wird (dazu *Giesbrecht* 1987, 25);

– bei (bloßen) Schätzungen Vorsicht angezeigt ist, weil man mitunter nicht weiß, ob sich diese nur auf die Obdachlosen oder lediglich auf die Nichtseßhaften oder auf beide Gruppen beziehen; außerdem ist oft unklar, ob das Hellfeld (die registrierte Obdachlosigkeit) gemeint ist oder das Dunkelfeld oder beide Felder zusammen.

Schließlich geht aus entsprechenden Angaben oft nicht hervor, ob die **Aussiedler** (in den Aussiedlerunterkünften) hinzugezählt wurden oder nicht.

### 2. Zum Umfang der Wohnungslosigkeit

6 Die *Bundesarbeitsgemeinschaft Wohnungslosenhilfe* (BAGW) weist (Info 2010: *Jordan*) darauf hin, daß es noch immer **keine** offizielle **„bundeseinheitliche Wohnungsnotfall-Berichterstattung“** gibt: auch nicht in Bezug auf Obdachlose; eine solche existiert bis heute (2013) nur in einzelnen Bundesländern (z. B. in Nordrhein-Westfalen). Sichtet man gleichwohl die vorliegenden (Teil-)Informationen bzw. Schätzungsangaben, so zeigt sich das folgende Bild:

7 • Für das Bundesgebiet schätzt die *BAGW* (aaO) die Zahl der Wohnungslosen **(ohne Aussiedler)** für 2010 auf 248000; darunter 64000 Frauen und 24000 Kinder (vgl. dazu Rdn. 16). Im Ruhrgebiet führten Hilfsangebote und preiswerte Wohnungen zu einer Reduzierung der Wohnungslosenzahlen: seit 1975 um 80 % (WAZ vom 10. Mai 2012, 1). Der Trend dürfte sich vor dem Hintergrund der neuen Zuwanderungswellen aber wieder umkehren (vgl. Rdn. 2, zu § 24).

8 Der Anteil der Frauen wird von der *BAGW* aaO auf rund 26 % geschätzt; weitere Frauen sind „verdeckt wohnungslos“, d. h. sie wohnen in Firmenautos, in der Putzkammer der Firma oder suchen Kontakte zu Männern mit eigener Wohnung **(„Sugar Daddies“)**, die ihnen einen zweifelhaften Unterschlupf bieten (*Fachausschuß Frauen* 1993, 68; vgl. auch Rdn. 24).

9 • Die **Zahl der Nichtseßhaften** im Bundesgebiet (= „ohne jede Unterkunft auf der Straße“) wurde z. B. von *Kerner* (in: *KKW* 1993, 148) auf rund **50 000** geschätzt; weniger nach *BAGW* (aaO) für 2008.

## II. Ursachen (und Anlässe) der Wohnungslosigkeit

10 Die primäre Ursache für die Wohnungslosigkeit hat zunächst mit fehlendem Wohnraum zu tun. Dafür gibt es vor allem drei Gründe:

– *erstens:* daß Wohnraum fehlt, hat primär mit der Veränderung unserer Gesellschaft zu tun; nicht zuletzt mit dem **Single-Boom**: jeder Single beansprucht heute eine eigene Wohnung. 1970 gab es in den alten Bundesländern 5,5 Millionen Einzelhaushalte; 1999 waren es (einschließlich der Neuen Bundesländer) bereits 13,5 Millionen *(Statist. Bundesamt* zit. nach NOZ vom 24. März 2000).

- *zweitens:* seit 1990 hat die **Zuwanderung** nach Deutschland aus den ehemaligen Ostblockstaaten und aus Dritte-Welt-Ländern dramatisch zugenommen (vgl. Rdn. 1ff zu § 24).
- *drittens:* sind die **Ausgaben für den sozialen Wohnungsbau** zwischen 1993 und 2004 erheblich reduziert worden.

Diese Entwicklung wird nicht nur anhalten, sondern vermutlich noch weiter verstärkt werden, und zwar wiederum aus zwei Gründen: **10a**

- *erstens:* ist mit **Sogeffekten** aus den anderen EU-Staaten (nach Wegfall der Kontrollen an den Binnengrenzen; vgl. dazu Rdn. 13 zu § 31) zu rechnen, weil in Deutschland grundsätzlich die höchste Sozialhilfe ausbezahlt wird.
- *zweitens:* nehmen die **sozialen Probleme**, die zur Wohnungslosigkeit führen, nicht ab, sondern (langfristig betrachtet) eher zu.

Eine **allgemein anerkannte Theorie** zur Obdachlosigkeit **gibt es bisher** **11** allerdings noch **nicht** (*Giesbrecht*, schon 1987, 19), aber verschiedene Erklärungsansätze, die sich beziehen auf

- **materielle Verelendung:** Verarmung (vgl. *Christiansen* 2000);
- **soziale Ausgrenzung** der betroffenen Menschen (die als „nicht mietfähig" gelten) sowie
- **räumliche Segregationsprogramme:** Vertreibung z.B. infolge von Sanierungsvorhaben.

Insoweit ist jedoch zwischen der (unfreiwilligen) Obdachlosigkeit und der („freiwilligen") Nichtseßhaftigkeit zu differenzieren.

## 1. Obdachlosigkeit

Obdachlosigkeit hat primär zunächst mit **finanziellen Problemen** zu **12** tun; die Wohnungsmiete kann vor allem aus zwei Gründen nicht mehr bezahlt werden,

- *erstens:* weil z.B. der (existenzsichernde) Hauptverdiener arbeitslos (dazu § 12) wird oder ausfällt (Tod, Scheidung, Krankheit) oder weil hohe Ratenzahlungen (oder Kredite) den Haushalt belasten (dazu *Romaus* 1990, 70, zit. nach *Koch* et al. 1993, 68) und
- *zweitens:* weil die unteren Einkommensgruppen die steigenden Mieten (und Mietnebenkosten!) nicht (mehr) verkraften (zur Armut vgl. Rdn. 21ff zu § 12) und deshalb die Wohnung aufgeben müssen (*Chassé et al.* 1988, 55; *Könen* 1990, 90); auch die Aufhebung der Mietpreisbindung für Sozialwohnungen hat die finanzielle Situation entsprechend verschärft (*Birk* 1993, 139).

So wird Obdachlosigkeit als Erscheinungsform einer durch Arbeitslo- **13** sigkeit und Sozialabbau hervorgerufenen Armut definiert (vgl. *Giesbrecht* 1987, 17). Nicht wenige Menschen haben auch nicht gelernt, mit Geld umzugehen: Sie erliegen den **Versuchungen des bargeldlosen Zahlungsverkehrs bzw. den Verlockungen der Versandhäuser** bzw. den Möglichkeiten der **Ratenzahlung**. Daß primär die schlechte finanzielle Situation zum Wohnraumverlust führt, zeigt die Statistik zu den Gründen des Wohnungsverlustes (nach *Koch* et al. 1993, 46, 51, und *Ruhstrat* 1994, 8):

- in 70–80 % der Fälle führen **Räumungsklagen** wegen Mietschulden (§ 554 BGB) in die Obdachlosigkeit;
- nur in ca. 15% aller Fälle liegen der Kündigung **Eigenbedarfs-Anmeldungen** (§ 564 b Abs. 2 Nr. 2 BGB) durch die Vermieter zugrunde und lediglich
- in ca. 10 % der Fälle hat die **Unbewohnbarkeit der Wohnung** (infolge von Bränden, Umbauten oder Abriß des Gebäudes) eine Rolle gespielt.

**14** Kündigungen wegen vertragswidrigen Gebrauchs (§ 553 BGB) oder unzumutbaren Verhaltens (§ 554 a BGB) haben hingegen geringe Bedeutung (*Klose* 1995, 5). Kaum zahlenmäßig fallen auch die **Strafgefangenen** ins Gewicht, die ihre Wohnung infolge der Inhaftierung verlieren und es **nach der Inhaftierung** schwer haben, eine neue zu finden (dazu *Cremer-Schäfer* 1992, 40). In Niedersachsen helfen spezielle **Anlaufstellen für Straffällige** auch bei der Wohnungssuche.

### 2. Nichtseßhaftigkeit

**15** Bei Nichtseßhaften kommen in der Regel (i.S. von Verstärkereffekten) noch weitere persönliche Probleme **(psychische Belastungen)** hinzu oder bilden die bestimmenden (Beweg-)Gründe, auf die Straße zu gehen. Dazu gehören z.B.:

- persönliche Schicksalsschläge (etwa Scheidung), die aus der Bahn werfen, und zwar oft bei fehlendem Freundeskreis, der Halt bieten kann (*Giesbrecht* 1987, 23; zur Halttheorie vgl. § 6 Rdn. 17 ff);
- fehlende Chancen auf dem Arbeitsmarkt mangels Ausbildung oder aufgrund Arbeitsunlust (*Giesbrecht* 1987, 21 m.w.H.);
- Mißhandlungen durch den Partner (*Klose* 1995, 6);
- psychische Krankheiten (*Giesbrecht* aaO, 20; *Schmid* 1990, 8; *Kellinghaus* 2000): etwa Wahnvorstellungen bzw. Psychosen, die oft durch Alkohol- und Drogenabhängigkeit (vor allem bei chronisch Mehrbelasteten) noch verstärkt werden;
- Körperbehinderungen verschiedener Art (*Wendt* 1993, 41).

Ältere Erklärungsansätze gehen von einem genetisch bedingten (angeborenen) oder pathologischen „Wandertrieb“ bei den Nichtseßhaften aus (vgl. *Schmid* 1980, 8).

## III. Altersspezifische Erscheinungsformen

**16** In den USA sind zwei typische Erscheinungsformen von obdachlosen Frauen beobachtet worden (*Coates* 1990, 60): die mittellose junge Mutter unter 35 Jahren mit kleinen Kindern und die „alte Frau“, die völlig verarmt ist; aus Deutschland liegen (soweit bekannt ist) bisher keine veröffentlichten entsprechenden Beobachtungen vor.

Zu den Nichtseßhaften gehören auch **Straßenkinder** („Off-Road-Kids"), die es nicht nur in Rio gibt, sondern auch hierzulande. Mit „Straßenkindern sind minderjährige Personen gemeint, die sich ohne Erlaubnis (ihrer Eltern bzw. des Vormundes bzw. der Heimleitung) **für einen nicht absehbaren Zeitraum auf der Straße herumtreiben und dort auch die Nächte verbringen**. Ihre Zahl wird von der Stiftung „Off-Road-Kids" auf **1500 bis 2500** (Focus 2/2007, 14), vom *Kinderschutzbund* (zit. nach NOZ vom 10. März 2000) auf mindestens 4000, von *terre des hommes* auf bis zu 7000 (zit. nach Focus 24/2007, 38) geschätzt. 17

Solche abgängigen Minderjährigen, die in der Regel 11 bis 16 Jahre alt sind (also im Pubertätsalter stehen), fallen vor allem dadurch auf, daß sie
- ihre Verbindungen zur Familie (oder zur Heimerziehung) immer wieder für kurze Zeit **(„Ausreißer")** oder für längere Zeit **(„Trebegänger")** gekappt haben, d.h. „Nestflüchter", häufig auch Schulschwänzer sind;
- in einer Clique (die den Lebensmittelpunkt bildet) mit Bier, Hunden und Joints: vor allem in Fußgängerzonen, Einkaufspassagen oder im Bahnhofsbereich herumlungern und Passanten „anschnorren";
- mangels Körperpflege (die als „uncool" gilt) mehr oder weniger (mit Folgen: Krätze, Läuse, Flöhe, Tuberkulose, Zahnverfall, Hepatitis) verdrecken;
- Essen oder Geld erbetteln bzw. Straftaten verüben (stehlen, hehlen, dealen) oder sich prostituieren („anschaffen gehen"), um ihren Lebensunterhalt bzw. ihren Drogenkonsum zu bestreiten.

Als Ursachen für die Nestflucht werden (von *Heins* 1993, 82/83) u.a. genannt:
- zu großer häuslicher **Erwartungsdruck**;
- **Gewalttätigkeit** der Eltern;
- sexueller **Mißbrauch** der Kinder oder
- **Abenteuerlust**: man will den „spießigen" Eltern entfliehen und in der Welt was erleben.

In Betracht kommen darüber hinaus aber auch
- **mangelnde Zuwendung** (fehlendes „Verständnis", vermißte Geborgenheit bzw. Liebesentzug) oder auch **alkoholische Probleme der Eltern**;
- **Scheidung der Eltern**;
- **Leistungsprobleme in der Schule**;
- **„Nullbock"-Mentalität** sowie
- **„Rausschmiß" zu Hause**.

Die Straße bildet den Fluchtort, um den Schwierigkeiten zu entkommen (vgl. dazu *Permien/Zink* 1998). Auffällig viele Straßenkinder (es sollen über 3000 sein) suchen ihre Zuflucht in Berlin. Das hat nicht nur mit der Anonymität der Hauptstadt und ihrer Szene zu tun, sondern auch mit den guten Unterschlupfmöglichkeiten: vor allem in verlassenen Wohnhäusern oder Fabriken im Ostteil der Stadt. Internet-Infos auch über den Berliner Straßenkinderverein „Off-Road-Kids e.V." (www.offroad-kids.de).

## IV. Sozial abweichendes Verhalten von Wohnungslosen

18 Soweit sich das kriminologische Schrifttum mit den Problemen der Wohnungslosen bisher befaßt hat, beziehen sich die entsprechenden Informationen primär auf die Gruppe der nichtseßhaften Personen.

### 1. Nichtseßhafte

19 In Bezug auf diese Gruppierung gelangte schon *Göppinger* (Lb. 1980, 548) aufgrund einer Sekundäranalyse (in der die Literatur bis 1980 verarbeitet wurde) zu dem Ergebnis, „daß die Regelkriminalität der umherziehenden Nichtseßhaften im ganzen gesehen sehr zahlreich, aber qualitativ bisher verhältnismäßig geringfügig zu sein scheint, wobei die außergewöhnlich hohe Rückfallkriminalität auffällt", die auch mit Überlebensstrategie zu tun haben dürfte.

20 An der Spitze der Straftaten stehen Vermögensdelikte (*Göppinger* aaO). Dementsprechend wird von *Heins* (1993, 78) ein Proband mit folgendem Satz zitiert: **„Die Kaufhäuser sind doch voll damit, wenn ich eine neue Jacke brauche, hole ich mir einfach eine."** Gestohlen werden allerdings primär Nahrungsmittel, alkoholische Getränke und Hygieneartikel. Diebstähle werden auch im Rahmen von Beschaffungskriminalität (vgl. dazu § 27 Rdn. 20) oft verübt, um an Drogen heranzukommen (*Gronau/Jagota* 1994, 100). Zu **Schlägereien** kommt es, wenn es um die besten „Bettelplätze" (zum „Sitzung machen") oder um geschützte Schlafstellen geht oder dann, wenn Obdachlose in Übernachtungsstellen auf engstem Raum (mit bis zu acht Personen) in einem Raum übernachten und die Enge Aggressionen auslöst (*Koch* et al. 1993, 94). Anzeigen wegen **Hausfriedensbruchs** werden erstattet, wenn z. B. Nichtseßhafte in Kellern oder Hauseingängen übernachten. Schließlich spielt bei Frauen und Mädchen auch die **Prostitution** eine Rolle: Sie gehen auf den Strich, um „die Kasse aufzubessern" oder „an Stoff heranzukommen" (*Powser* 1989, 44). Jungen betätigen sich häufig als „Stricher" (*Warren/Altmann* 1993, 2). Gewohnheitsbettelei und Konflikte mit der Polizei bzw. den Ordnungsbehörden gehören schon immer zum Bild (vgl. *Göppinger* aaO, 546f). **Aggressive Bettelei**, vor allem durch Straßenkinder (vgl. Rdn. 16), Drogenabhängige und (junge) Ausländer, erlebt die Bevölkerung zunehmend vor allem in der **Fußgängerzone**. Beförderungserschleichungen **(Schwarzfahrten)** werden auch in hoher Zahl registriert. Auffällig (aber erklärlich) ist auch das häufige **Urinieren in der Öffentlichkeit**.

21 Der unter den Nichtseßhaften weit verbreitete Alkoholismus (70–80 % sind alkoholabhängig; vgl. auch Rdn. 19 zu § 26) führt (wie man nicht nur bei *Göppinger*, Lb. aaO, 548 nachlesen kann) „zu allgemeiner Abstumpfung und körperlichem Verfall, der bis zur Pflegebedürftigkeit (reicht) und sich sozial in starker Verwahrlosung äußert" (zur Frage der Schuldfähigkeit: *Grunewald* 1993, 140).

## 2. Obdachlose

Auch Obdachlosen, die in Notunterkünften bzw. Übergangshäusern 22
untergebracht sind, wird (zumindest) von Teilen der Bevölkerung oft sozial abweichendes Verhalten zugeschrieben (*Angele* 1988, 85): „Aus dem Wohnen in einer Obdachlosensiedlung wird (heißt es bei *Albrecht* 1975, 84) auf vermeintliche Charakterfehler, wie Kriminalität geschlossen.“ *Iben* (1974, 47) teilt dazu die Beobachtung mit, daß Kinder aus Obdachlosen- oder Notunterkünften auch bei ihren Mitschülern in schlechtem Ansehen stehen und deshalb mitunter versuchen, „durch **kompensatorische Delikte** (z.B. Ladendiebstahl mit anschließendem Verschenken der Beute) Anerkennung zu finden“.

Die Stigmatisierung (zum labeling approach vgl. § 8 Rdn. 2ff) hat mit 23
der räumlichen Ausgrenzung (der **„residentialen Segregation“**) zu tun (dazu *Könen* 1990, 116), die zu „Apathie, Resignation“ und schließlich auch zur „Delinquenz“ (*Kerner* 1991, 223) bis zur Aggression führen kann (*Iben* 1974, 137; *Vascovics* 1976, 44). Als Adresse eine Not- oder Übergangsunterkunft angeben zu müssen, hat für die Betroffenen häufig zur Folge, daß sie bei der Arbeits- und Wohnungssuche diskriminiert und abgelehnt werden (*Klose* 1995, 7). Zum **ökologischen Fehlschluß** vgl. § 15 Rdn. 11.

Auf der anderen Seite fallen manche Obdachlose tatsächlich durch (häufige) Straftaten auf. So wird z.B. von *Keifenheim* (1993, 4) über den Zusammenschluß von obdachlosen Jugendlichen (in Berlin) zu Jugendbanden berichtet, die rauben, einbrechen und Ausländer überfallen: **„Alles, was nicht zur Wir-Gruppe gehört, kann platt gemacht werden“** (zit. nach *Keifenheim* aaO; zu Jugendbanden vgl. auch § 28). So kann es kaum überraschen, daß nicht zuletzt „den Beamten im Polizeipräsidium die Namen vieler Bewohner der Unterkunftsgebiete ein Begriff“ sind (*Grunewald* 1993, 139).

In den 70er Jahren haben sog. **Hausbesetzungen** durch obdachlose Studenten die Aufmerksamkeit der Öffentlichkeit auf die Probleme der Wohnungslosen gelenkt (vgl. dazu *Bura* 1979, 38/39).

**Obdachloser ausgeraubt: Es waren drei Teenies**

Jugendstrafe auf Bewährung und Dauerarrest

aus: *WAZ* vom 27. Januar 2001

## V. Wohnungslose als Opfer

Unter den Wohnungslosen sind es vor allem die Nichtseßhaften, die 24
auch als Opfer von Straftaten häufiger auffällig sind. Sie werden z.B. durch Passanten **beleidigt** (*Dietz* 1997, 50 „Schmarotzer“); das gilt vor

allem für nichtseßhafte Frauen. „Geh doch auf den Strich!“ (*Powser* 1989, 41). Hinzu kommt die Angst, nachts in den Obdachlosenasylen oder auf der Parkbank während des Schlafens **bestohlen** zu werden (*Gronau/Jagota* 1994, 27). Obdachlose Frauen, die der Prostitution nachgehen, werden von den Freiern auch häufig **geschlagen, ohne deshalb eine Anzeige zu erstatten** (*Heins* 1993, 69); nichtseßhafte Opfer **scheuen sich aber auch sonst Anzeige zu erstatten** (*Specht-Kittler* 1994, 34). Um sich vor Übergriffen der nichtseßhaften Männer zu schützen, sind schließlich viele Frauen dazu gezwungen, in Abhängigkeitsverhältnissen und Zwangspartnerschaften mit nichtobdachlosen Männern zu leben (vgl. Rdn. 8), die ihnen zwar Schutz, Verpflegung und einen Schlafplatz bieten, als Gegenleistung aber die bedingungslose Unterordnung und **sexuelle Gefügigkeit** fordern (*Becker* 1993, 133; *Dupont* 1993, 144; *Gronau/Jagota* 1994, 9): vgl. auch oben Rdn. 8. Zu **Mehrfachopfern** vgl. *Schneider*, H. J. in up 2010, 381 ff.

**Ein Mord, so brutal wie ein Horrorfilm**

Vier Jugendliche treten Obdachlosen zu Tode

aus: *WAZ* vom 8. Dez. 1999

25 Schließlich weist nicht nur *Heins* (1993, 135) darauf hin, daß „Obdachlose“ (gemeint sind wahrscheinlich die Nichtseßhaften) von **Rechtsradikalen** („Pennerklatschen“) attackiert werden (zu diesen Rdn. 26 ff zu § 28); aber nicht nur von solchen: vgl. dazu oben den Zeitungsausriß, der sich auf einen 48jährigen Stadtstreicher bezieht, der von 16 bis 19jährigen umgebracht wurde, die ihn an sich nur ‚abziehen‘ wollten. Als sie nichts fanden, trampelten sie auf ihrem Opfer herum, bis er tot war (Opfer mit reduziertem Widerstand: vgl. Rdn. 12 zu § 19). Einer der Täter soll gesagt haben: **„Ist doch egal, ist doch nur ein Penner“** (WAZ aaO); zu Neutralisierungstechniken (Beruhigung des Gewissens, vgl. Rdn. 27 zu § 19).

## VI. Präventive und repressive Maßnahmen

### 1. Strafrechtliche und polizeirechtliche Reaktionen

26 Obdachlose, die nach geltendem Strafrecht abgeurteilt werden, erscheinen nicht gesondert in der Statistik. Landstreicherei (Stadtstreicherei) und Bettelei sind als spezifische Verhaltensweisen seit dem 1. Januar 1975 (bis dahin wurden sie nach § 361 Nr. 3 bzw. 4 StGB a. F. als Übertretung geahndet) nicht mehr mit Strafe bedroht (zur Entkriminalisierung vgl. § 1 Rdn. 6). Die repressiven Maßnahmen beschränken sich daher inzwischen auf die Anwendung polizeirechtlicher Vorschriften (Landespolizeigesetze oder Ortssatzungen): nämlich auf aufenthaltsbeendende Maßnahmen, etwa auf **Platzverweise** bzw. **Betretungsverbote**

und **Aufenthaltsverbote** bzw. sog. **„Säuberungsaktionen"** (Vertreibungsmaßnahmen: *Wolf* 1999), die allerdings meist nur Verdrängungseffekte auslösen (vgl. z.B. Rdn. 37 zu § 15). In Frankreich ist **Stinkgas** (der Marke „Malodore") eingesetzt worden, dessen übler Geruch sich wochenlang hält (vgl. Zeitungsausriß. Zum Thema „Obdachlosigkeit als gefahrenabwehrrechtliches Problem" vgl. *Erichsen/Biermann* 1998, 371 ff; *Finger* 2006 sowie Rdn. 39 und 40 zu § 15.

**Stinkgas gegen Obdachlose**

**Skandal um französischen Bürgermeister**

*NOZ* vom 27. Aug. 2007

### 2. Hilfsangebote

Die Hilfsangebote für Wohnungslose, die von Kommunen und freien Trägern (z.B. dem **Caritasverband** der Katholischen Kirche oder dem **Diakonischen Werk** der Evangelischen Kirche oder der Bahnhofsmission) ausgehen, umfassen stationäre und ambulante Maßnahmen. Dabei werden in vielen Kommunen die sozial-, wohnungs- und ordnungspolitischen Aktivitäten (nach einem Vorschlag des Deutschen Städtetages aus dem Jahr 1987) in **„Zentralen Fachstellen"** (ressortübergreifend) zusammengefaßt, also **gebündelt**. 27

Von manchen der Hilfsangebote wird von den Berechtigten allerdings aus Unkenntnis (*Könen* 1990, 85) oder Scham (*Birk* 1993, 139) oder weil „Schwellenängste" bestehen (*Kahn/Zuleeg* 1990, 27) kein Gebrauch gemacht. 28

Praktiker fordern vor allem den Ausbau **niederschwelliger Angebote**: Angebote wie Kaffeetrinken, duschen, aufwärmen, waschen, Kleider tauschen, ausruhen; postuliert werden ferner: **überdachte Schlafplätze** oder Garagen mit Fenstern und Türen, um dem Erfrierungstod während der kalten Jahreszeit vorbeugen zu können. Außerdem wird eine Strukturveränderung der Beratungsstellen von einer **Komm-Struktur** zu einer **Geh-Struktur (aufsuchender Sozialarbeit)** für sinnvoll gehalten.

## § 18 Kommunale Kriminalprävention als (neue) gesamtgesellschaftliche Aufgabe

**Literatur:** **Ammer,** A.: Kriminalität in Landau, Holzkirchen/Obb. 1990; **Baier,** R./**Feltes,** T. (Hrsg.): Kommunale Kriminalprävention, in: Kriminalistik 11/1994, S. 693–697; **Bannenberg,** B./**Coester,** M./**Marks,** E. (Hrsg.): Kommunale Kriminalprävention (9. DPT 2004), Mönchengladbach 2005; **Baurmann,** M.: Kriminalitätsopfer – vom Staat vergessen?, in: kriminalist, S. 394–398; **BKA** (Hrsg.): Das Opfer und die Kriminalitätsbekämpfung – BKA Arbeitstagung 1995, Wiesbaden 1996; **Brand,** Th./**Fuhrmann,** A./**Walter,** M.: Aktuelle Bestandsaufnahme von Projekten zur Kriminalprävention, in: forum kriminalprävention 1/2003, S. 3–4; **DFK:** Impulse für das Kommunale Präventionsmanagement, Bonn 2005; **Dölling,** D./**Feltes,** Th.: Gemeinschaftliche statt kommunale Kriminalprävention: Ein neuer Weg?, in: Die Kriminalprävention 1/2004, S. 12 ff; **Dölling,**

D./**Feltes,** T./**Heinz,** W./**Kury,** H. (Hrsg.): Kommunale Kriminalprävention – Analysen und Perspektiven. Ergebnisse der Begleitforschung zu den Pilotprojekten in Baden-Württemberg, Holzkirchen/Obb. 2003; **Dreher,** G./**Feltes,** Th.: Notrufe und Funkstreifeneinsätze bei der Polizei, Empirische Polizeiforschung Bd. 10, Holzkirchen/Obb., 1996; **Dreher,** G.: Kommunale Kriminalprävention: Anliegen, Grundgedanken und Ertrag bisheriger Bemühungen, in: Die Polizei, H. 7/1996, S. 173–183; **Driller,** U.: Praxisbericht über das Präventionsprogramm Polizei/Sozialarbeiter (PPS) Hannover, in: Bewährungshilfe 1989, S. 244–255; **Egg,** R./**Sohn,** W.: Informationsmanagement für Kriminalprävention, in: FS für J. *Jäger,* Schriftenreihe der PFA 2/2003, S. 55–85; **Farrington,** D. P./**Welsh,** B. C.: Improved Street Lighting, in: Welsh, B. C./Farrington, D. P. (Hrsg.): Prevention Crime, Dordrecht/Berlin 2005, S. 209–224); **Feltes,** T. (Hrsg.): Community Policing (Empirische Polizeiforschung Bd. 5), Holzkirchen 1993; **Feltes,** T. (Hrsg.): Kommunale Kriminalprävention – Modelle und Erfahrungen, Villingen-Schwenningen 1994 (mit Beiträgen von **Ammer, Feltes, Finkel** und **Gramckow**); **Feltes,** T./**Gramckow,** H.: Bürgernahe Polizei und kommunale Kriminalprävention. Reizworte oder demokratische Notwendigkeiten? in: Neue Kriminalpolitik 8/1994, S. 16–20; **Finger,** Th.: Die offenen Szenen der Städte, Berlin 2006; **Frehsee,** D.: Politische Funktionen kommunaler Kriminalprävention, in: FS für *Kaiser,* Berlin 1998, S. 739–763; **Füllgrabe,** U.: Der Sherman-Report, in: Kriminalistik 3/2000, S. 181–186; **Görgens,** B.: Kriminalprävention in und mit den Kommunen, in: BewHi 2/2000, S. 169–180; **Graham,** J./**Bennett,** T.: Strategien der Kriminalprävention in Europa und Nordamerika, Bonn 1997; **Habschick,** K.: Untersuchung zur Akzeptanz polizeilicher Präventionsarbeit in Schulen, in: Der Kriminalist 1994, S. 363–369; **Hasenpusch,** B.: Der interministerielle Arbeitskreis „Präventive Kriminalpolitik", in: *Schwind,* H.-D./*Steinhilper,* G. (Hrsg.): Modelle zur Kriminalitätsvorbeugung und Resozialisierung, Heidelberg 1982, S. 35–44; **Heinz,** W.: Kriminalprävention auf kommunaler Ebene, in: *Jehle,* J.-M. (Hrsg.): Kriminalprävention und Strafjustiz, in: KuP Band 17 (1996), S. 55–119 und DVJJ-Journal 1/1997, S. 61–68 und S. 155–162; **Heinz,** W.: Kommunale Kriminalprävention aus wissenschaftlicher Sicht, in BewHi 4/2004, S. 363–381; **Hermann,** D.: Zur Wirkung von Kommunaler Kriminalprävention – Eine Evaluation des ‚Heidelberger Modells', in: Trauma und Gewalt 3/2008, S. 220–233; **Hermann,** D./**Laue,** Chr.: Kommunale Kriminalprävention, in: Der Bürger im Staat 1/2003, S. 70–76; **Herrmann,** H./**Jasch,** M./**Rütz,** E.-M.: Kriminologische Regionalanalyse der Hansestadt Rostock, 1. Bericht, Rostock 2000; **Hunsicker,** E.: Vereine zur Förderung der Kriminalprävention, in: Kriminalistik 1996, S. 499–501; **Hunsicker,** E.: Kriminologische Regionalanalysen in der Stadt Osnabrück, in: forum kriminalprävention 1/2006, S. 9–11; **Jäger,** J.: Der Rat für Kriminalitätsverhütung in Schleswig-Holstein, in: Bewährungshilfe 1995, S. 398–408; **Jäger,** J.: Die kriminologische Regionalanalyse, Schriftenreihe der PFA, Münster 4/1976, S. 63–69; **Jäger,** J.: Kriminalpräventive Räte. Das schleswig-holsteinische Modell, in: *Jehle,* J.-M. (Hrsg.): Kriminalprävention und Strafjustiz, in: KuP Band 17 (1996), S. 121–132; **Jasch,** M.: Kommunale Kriminalprävention in der Krise, in MschrKrim H. 6/2003, S. 411–420; **Jensen,** L. R.: Präventionsmodelle im In- und Ausland – am Beispiel Dänemarks, in: *LKA Baden-Württemberg*: Neue Wege in der Kriminalitätsbekämpfung, Stuttgart 1993, S. 83ff; **Kant,** M./**Pütter,** N./**Hohmeyer,** C.: Kommunale Kriminalprävention in Deutschland. Eine quantitative Annäherung, in: *Liebl,* K./*Ohlemacher,* H. (Hrsg.): Empirische Polizeiforschung, Herbolzheim 2000; **Kaselofsky,** K.: Aktivitäten des „Arbeitskreises Vorbeugung und Sicherheit" in Düsseldorf, Dezernat für Jugend, Gesundheit, Soziales u. Sport der Landeshauptstadt Düsseldorf (Stand Februar 1995), Düsseldorf 1995; **Koch,** K.-F. (Hrsg.): Kriminalitätslagebild auf der Basis von kriminologischen Regionalanalysen, Wiesbaden 1992, S. 181–235; **Koetzsche,** H.: Projekte der Kriminalitätsverhütung in Deutschland, Belgien, Dänemark, Frankreich, Großbritannien, Niederlande, Dokumentationsreihe des Rates für Kriminalitätsverhütung in Schleswig-Holstein, Bd. 4, Kiel 1994; **Kronawitter,** G. (Hrsg.): Das Manifest der Oberbürgermeister: Rettet unsere Städte jetzt!, Düsseldorf 1994; **Kube,** E.: Kriminalitätsvorbeugung – eine auch kommunale Aufgabe, in: Archiv für Kommunalwissenschaften, 2/1993, S. 331–343; **Kube,** E./**Schneider,** H./**Stock,** J. (Hrsg.): Vereint gegen Kriminalität, Wege der kommunalen Kriminalprävention in Deutschland, Lübeck 1996; **Kury,** H. (Hrsg.): Konzepte kommunaler Kriminalprävention, Sammelband der „Erfurter Tagung", Freiburg/Br. 1997; **Landespräventionsrat NRW**: Kommunale Kriminalprävention. Ein Leitfaden zur Planung, Durchführung und Evaluation kriminalpräventiver Projekte, Düsseldorf 2004; **LKA Baden-Württemberg:** Kommunale Kriminalprävention, Stuttgart 1996; **Legge,** I./**Bathsteen,** M.: Kriminologische Regionalanalyse Hamburg, Band I, Hamburg 1994, und Band II, Hamburg 1996; **Loewe,** W.-U.: Der Rat für Kriminalitätsverhütung in Schleswig-Holstein, Bd. 1, Kiel 1993; **Leonhardt,** W.: Unsichere Städte? – Was macht Städte sicherer, in: der Städtetag 2/2007, S. 5–7; **Leonhardt,** W.: Sicherheits- und Ordnungspartnerschaften. Zusammenarbeit mit privaten Sicherheitsdiensten, in: forum kriminalprävention 2/2003, S. 10–12; **Leonhardt,** W.: Kommunale Möglichkeiten der Kriminalprävention, in: Guggemos, P./Thielen, A. (Hrsg.): Bürgermeister Handbuch, Augsburg 2004, S. 1–25; **Leonhardt,** W.: Kommunaler Ordnungsdienst. Vernetzung von Prävention und Repression, in: forum kriminalprävention 4/2004a, S. 12–14; **Luff,** J./**Bathsteen,**M.: Kriminologische Regionalanalyse Beispiel Rosenheim, München 1998; **Moritz,** K.: Kriminalprävention als kommunale Aufgabe des eigenen Wirkungskreises, Hamburg 2001; **Oevermann,** M./**Rolfes,** M./**Hunsicker,** E. et al.: Kriminologische Regionalanalyse Osnabrück 2007/08, Osnabrück 2008; **Ostendorf,** H.: Chancen und Risiken von Kriminalprävention, in: ZRP 4/2001, S. 151–154; **Papendorf,** K./**Neth,** A.: Kriminologische Regionalanalyse, Lübeck 1991; **Reichertz,** J./**Misterek,** W.: Subjektives Sicherheitsgefühl und Kriminalitätsbelastung. Eine repräsentative Bevölkerungsbefragung in Hamm/Westfalen, Essen, 1995; **Rolfes,** M.: Kriminologische Regionalanalyse, Osnabrück 2002/03, Osnabrück 2003; **Rössner,** D./**Bannenberg,** B.: Empirisch gesicherte Erkenntnisse über kriminalpräventive Wirkungsforschung 2002; **Rolfes**, M./**Wilhelm**, J.L.: Gemeinsam für mehr Lebensqualität in Wilhelmshaven: Systematische Beratungsansätze in der Präventionsarbeit, in: forum kriminalprävention 1/2013, S. 22–31; **Rüther,** W.: Kriminologische Regionalanalyse Bonn 1998/99, 2. Aufl., Bonn März 2000; **Schneider,** A.: Kontaktbereicherung contra „Schwarze-Sheriffs", in: Kriminalistik 1995, S. 580–584; **Schwarzenegger,** C./**Müller,** J. (Hrsg.): Erstes Zürcher Präventionsforum: Kommunale Kriminalprävention, Crime Mapping, Einbruchskriminalität, Zürich 2008; **Schwind,** H.-D.: The Chicago-Area-Projekt, in: *Schwind,* H.-D./*Ahlborn,* W./*Weiß,* R.: Empirische Kriminalgeographie. Kriminalitätsatlas Bochum, Wiesbaden 1978, S. 361–367; **Schwind,** H.-D./**Berckhauer,** F./**Steinhilper,** G. (Hrsg.): Präventive Kriminalpolitik, Heidelberg 1980 (mit Beiträgen von **Hasenpusch, Jensen, Kühlhorn** und **Schwind**); **Skogan,** W.: Disorder and Decline – Crime and the Spiral of Decay in American Neighbourhoods, Berkeley 1990; **Skogan,** W.: The Police and the Public in England and Wales, London 1990; **Stadt Aalen**: Offizielle Bürgerbefragung 2002, Aalen 2002; **Stock,** J.: Kriminalprävention in Deutschland. In: forum kriminalprävention 1/2001, S. 12–14 and 1/2002, S. 2–4; **Steffen,** W. : Kommunale Kriminalprävention in Deutschland – Eine Erfolgsstory, in: forum kriminalprävention 4/2004, S. 18–21; **Tekles,** H.: Jugendhilfeplan der Stadt Passau: Teil I Sozialraumanalyse, Unterhaching im Oktober 1998; **Trenczek,** Th./**Pfeiffer,** H. (Hrsg.): Kommunale Kriminalitätsprävention, Bonn 1996; **Vahlenkamp,** W.: Kriminalitätsvorbeugung auf kommunaler Ebene, Wiesbaden 1989; **Volkmann,** H.-R./**Jäger,** J.: Evaluation kriminalpräventiver Projekte, Münster (PFA) 2000; **Wälther,** H./**Pannenbäcker,** F./**Rosenkranz,** M.: Kriminologische Regionalanalyse, Essen 1996; **Walter,** M.: Kriminalpräventive Projekte: soziale Bedeutung und Problematik der Erfolgsbeurteilung, in: BewHi 2/2004, S. 115–129; **Wannisch,** H.: Das kriminalpolizeiliche Vorbeugungsprogramm des Bundes und der Länder, in: *PFA* (Hrsg.): Kriminalprävention, Münster 1995, S. 123–149; **Wegel**, M./**Bubenitschek**, G.: Kommanale (Kriminal-)Prävention – Eine Gratwanderung zwischen Labeling und notwendigem Erziehungsangebot, in: Kriminalistik 3/2013, S. 177–184; **Weinberger,** R.: Deutscher Rat für Verbrechensverhütung – Projekt einer bundesdeutschen Einrichtung, in: Die Polizei 12/1977, S. 388–392.

## Gliederung

aus: *Schutz vor Kriminalität* Nr. 3/1994, S. 5

1 In einem dramatischen Appell, der am 24. März 1994 (in der Nr. 13 der Zeitschrift STERN auf den S. 40 ff) veröffentlicht wurde (ausführlicher *Kronawitter* 1994), verwiesen die Stadtoberhäupter von Berlin, Dresden, Düsseldorf, Frankfurt/M., Hamburg, Köln und Stuttgart bereits auf zunehmende soziale Probleme (zu denen auch die in § 17 besprochene Obdachlosigkeit zählt), die mit steigenden Kriminalitätszahlen verknüpft sind. Der nachstehend (im Auszug) abgedruckte Appell spricht für sich. Darin heißt es:

2 „In vielen Metropolen der Welt sind Horrorvisionen Wirklichkeit geworden. So weit darf es in unseren Großstädten nicht kommen. Das lassen wir nicht zu!

> **WIR WOLLEN NICHT:**
> daß Slums aus Wellblech, Holz und Karton in den Außenbereichen entstehen, daß sich Arme-Leute-Siedlungen wie ein Gürtel um unsere Innenstädte legen und die Villenviertel der begüterten abgeriegelt und von der Privatpolizei streng bewacht werden, daß pflegebedürftige Alte, Schwerbehinderte und Schwerkranke einsam und allein in ihren Zimmern vergebens auf Hilfe warten.

> **WIR WOLLEN NICHT:**
> daß Arbeitslose immer mehr ins soziale Abseits gedrängt werden und das Bild in den Fußgängerzonen immer stärker durch Obdachlose, Bettler und Stadtstreicher geprägt wird, daß sich internationale Verbrecherbanden in unseren großen Städten einnisten, daß die Beschaffungskriminalität der Drogenabhängigen ständig zunimmt und die Angst der Bürger vor Raub und Einbruch weiter steigt, daß auf den Straßen und Plätzen Extremisten ihre Konflikte gewaltsam austragen.

> **WIR MACHEN UNS NICHTS VOR:**
> Eine gewaltige Kraftanstrengung von Gesellschaft und Politik, Land und Bund ist nötig, um diesen schleichenden Trend zu immer unbefriedigenderen Verhältnissen in unseren Großstädten zu stoppen und wieder umzukehren. Das Motto »Rettet die Städte jetzt« ist aktueller denn je!“

## I. Prävention als gesamtgesellschaftliche Aufgabe

Vor diesem Hintergrund setzt sich (zumindest in den größeren Städten) die Erkenntnis immer mehr durch, daß auch die Eindämmung der Kriminalität und Kriminalitätsfurcht eine **gesamtgesellschaftliche Aufgabe** ist (*Leonhardt* 2007, 6) ist zu den kommunalen (lokalen) Problemen gehört, deren Lösung man sich (mehr als bisher) selbst zuwenden muß (kommunaler Handlungsbedarf). 3

### 1. Kriminalität als kommunales Problem

Daß die (registrierte) Kriminalität (im Langzeitvergleich) in der Bundesrepublik insgesamt ansteigt bzw. auf hohem Niveau stagniert, zeigt die PKS auf (dazu Rdn 18 zu § 2; zur Entwicklung der Jugendkriminalität vgl. Rdn. 20 zu § 3; zur Ausländerkriminalität vgl. Rdn. 1ff zu § 23 und § 24). 4

*a) PKS: Objektive Sicherheitslage*

Betrachtet man die Polizeiliche Kriminalstatistik darüber hinaus mit der kriminalgeographischen Brille (zur Kriminalgeographie vgl. §§ 15 und 16), so fällt weiterhin auf, daß sich vor allem (Gewalt-)Straftaten weit überproportional häufig, (und zwar nicht zuletzt wegen des dort größeren Kriminalitätsangebotes) in den Städten ereignen und insoweit wiederum in den Großstädten: dazu Pks 2012, 139 für 2011 (zum **Stadt-Land-Gefälle** vgl. Rdn. 22 zu § 2). 5/6

*b) Bedrohtheitsgefühle (subjektive Sicherheitslage)*

**Ausgeprägter als die Kriminalitätszahlen** (der registrierten Straftaten) **erwarten lassen**, sind die Bedrohtheitsgefühle, die nicht nur mit Hell- und Dunkelfeld der Kriminalität zu tun haben, sondern auch mit Ordnungsstörungen und Verwahrlosungen (*Leonhardt* 2007, 5). Insoweit haben sich auch **regionale und stadtteilspezifische** Unterschiede gezeigt (vgl. die Hinweise in *Trenczek/Pfeiffer* 1996, 133f; dazu Rdn. 12 zu § 20). 7

**Verharmlosen** sollte man solche Phänomene jedenfalls nicht. Denn Verbrechensfurcht „führt zum Rückzug aus dem Gemeinschaftsleben, zur Schwächung der informellen Kontrolle. Sie hat vor allem einen **Verlust an Lebensqualität** zur Folge" (*Schneider* in Jura 1996, 583; *Heinz* 1997, 61; ausführliche Rdn. 15 zu § 20; *Leonhardt* 2007, 5). 8

### 2. Institutionalisierte kommunale Kriminalprävention

Um die Probleme in den Griff zu bekommen, setzen immer mehr Kommunen auf das Instrument der (institutionalisierten) kommunalen Kriminalprävention. 9

*Bei diesem Ansatz* ***(Definition)*** *„handelt es sich um Bemühungen der Gemeinde- oder Stadtbewohner sowie kommunaler Einrichtungen* *und Polizei, auf lokaler Ebene Kriminalität und Kriminalitätsfurcht zu senken“ (Hermann/Laue 2003, 72).*

Bei dieser Beschreibung darf man jedoch nicht übersehen, daß die Vorbeugung (als gemeindebezogene Kriminalprävention) auch bisher schon z.B. zu den Aufgaben der Jugend- und Sozialämter gehörte (vgl. dazu schon die Beiträge in *Schwind/Berckhauer/Steinhilper* 1980 und *Heinz* 1996, 69).

10 **Was ist nun neu** an dem Gedanken der (institutionalisierten) „kommunalen Kriminalprävention“?

- neu ist die Einsicht, daß (ursachenorientierte) Kriminalprävention mehr ist als ein Nebenprodukt z.B. der Sozialpolitik;
- neu ist der Gedanke der ressortübergreifenden Zusammenarbeit,
- neu ist die Institutionalisierung solcher Aktivitäten (die auf Kontinuität angelegt ist),
- neu ist die (ehrenamtliche) Beteiligung der Bürger an der Vorbeugung und
- neu ist das Fundament einer Kriminologischen Regionalanalyse.

Dabei geht es um

- die **(Straßen-)Kriminalität als Untersuchungsgegenstand** und
- die **Prävention als Planungsgegenstand**.

11 In diesem Rahmen werden primär (orientiert an der Idee, gemeinschaftlich für ein lebenswertes Umfeld zu sorgen: *Feltes* 2004, 12) folgende Ziele verfolgt (vgl. *Heinz* 1996, 68 und 1997, 66):

- die Reduzierung des objektiven Viktimisierungsrisikos, also des Risikos, selbst Opfer zu werden,
- die Beeinflussung der Bedingungen, die Bedrohtheitsgefühle auslösen,
- aber auch die Verbesserung der sozialen Entwicklungsbedingungen für die Jugend der Stadt: z.B. durch sinnvolle Freizeitangebote.

Soweit es um potentielle Täter, Zeugen und Opfer geht, „liegt die Zielsetzung etwa in der ... Verbesserung der Verteidigungsfähigkeit (oder) ... etwa in der **Ermunterung zur Zivilcourage**“ (*Walter* 2004, 119). Warum helfen sich Menschen (insbesondere in Großstadtkommunen nicht mehr? (vgl. die **Karikatur unten** und den Kasten bei Rdn. 20a zu § 19).

### *a) Ressortübergreifender Ansatz*

12 Gemeint ist die Realisierung verzahnter Zusammenarbeit: Gefordert ist die (konzeptionelle) Zusammenarbeit **(Vernetzung)** aller Ressorts und Institutionen, die zur Prävention etwas beitragen können, also die **Bündelung** aller Kräfte in einem behördenübergreifenden **(„Beschleunigungs“-) Gremium** (*Kaselofsky* 1995, 3). Kriminalität läßt sich effektiv nicht nur von einem Ressort aus wirksam eindämmen (so schon *Schwind* in: Schwind/Berckhauer et al. 1980, 546f; zu USA-Erfahrungen vgl. *Gramckow* in: *Feltes* 1994, 29). Gefragt sind insoweit z.B. auf Landes-

Titelabbildung aus: *Schwind et al.*, Alle gaffen – keiner hilft. 1998 (vgl. Rdn. 20a zu § 19)

ebene Innen-/Justiz-/Kultus- und Sozialminister und **auf örtlicher Ebene:** Polizei, Ordnungsamt, Justiz, Anwaltschaft, Jugendamt, Stadtplanung, Schulverwaltungsamt, Kirchen, Sozialamt, Drogenberatung, Ausländerbehörde, Erziehungsberatung, Kinderschutzbund, WEISSER RING, Kindertagesstätten, Sportvereine, Seniorenbeirat, freie Wohlfahrtsverbände, Bewährungshilfen, private Sicherheitsdienste, Parteien, Einzelhandel, Gewerkschaften und Industrie sowie last not least die Medien, ohne deren Unterstützung man nicht auskommen kann (vgl. Übersicht 37).

*Mitunter erinnert die bisherige Zusammenarbeit (auch) in diesem Bereich allerdings noch immer eher an die mangelnde Kooperation, die man z. B. oft bei Straßenarbeiten beobachten kann, wenn Arbeiter verschiedener städtischer Institutionen eine Straße innerhalb kurzer Zeit mehrmals aufreißen. In der (präventiven) Kriminalpolitik will man sich ein entsprechendes Verhalten nicht (mehr) leisten.* 13

*b) Institutionalisierung*

Während sich auf Landesebene inzwischen „Räte für Verbrechensverhütung" etabliert haben, sind auf kommunaler Ebene zwei Grund-Organisationsformen entstanden: nämlich (ebenfalls) **„Räte"** (die die ressortübergreifende Zusammenarbeit innerhalb der kommunalen 14

Behörden organisieren) oder privatrechtlich organisierte (Präventions-) **Vereine** (wie z.B. in Osnabrück) oder „Runde Tische" (dazu *Hunsicker* in FS für Schwind 2006, 945 ff) oder „Gesprächskreise" oder aber auch (wegen der Sozialraumnähe) Stadtteilkonferenzen (wie z.B. in Erfurt oder Bremerhaven). Manche der „Räte" arbeiten mit **Lenkungsgruppen auf Verwaltungsebene** (Polizei, Jugendamt, Sozialamt, Schulamt usw.: vgl. auch Rdn. 11) zusammen. Die Grundidee aller Modelle besteht darin, ein örtliches Gremium zu schaffen, in dem sich alle diejenigen treffen, die mit Prävention zu tun haben (bzw. entsprechendes Interesse bekunden). Inzwischen soll es in der Bundesrepublik rund 2000 solcher Institutionen geben (*Steffen* in FS Schwind 2006, 1141). Den Vorsitz (die „Federführung") hat meist (zumindest zunächst) der ranghöchste Gemeindevertreter (das Stadtoberhaupt) übernommen: **„Kriminalprävention ist Bürgermeisterpflicht"** (so *Baier/Feltes* 1994, 696): gemeint ist die enge Anbindung an den Stadtrat bzw. an die Verwaltung der Stadt („kurzer Dienstweg"): vgl. dazu Übersicht 37.

**15** *Übersicht 37:*
Neues Organigramm des kommunalen Präventionsmanagements in Wilhelmshaven (*Rolfes/Wilhelm* 2013, 22)

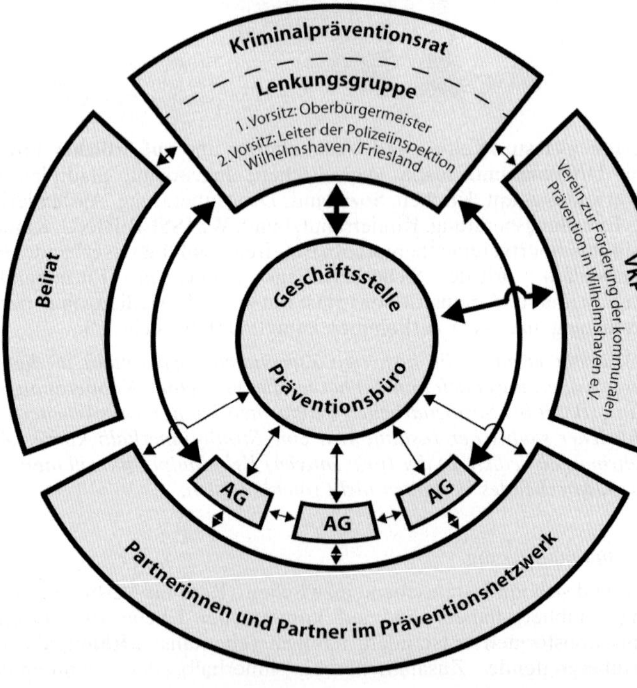

*c) Bürgerbeteiligung*

Neu an dem Gedanken der Konzeption der kommunalen Kriminalprävention ist vor allem die (ehrenamtliche!) Beteiligung der Bürger, Verbände, Geschäftsleute usw. (vgl. oben Rdn. 11): „Koordinierung aller Aktivitäten, auch unter Beteiligung der Bürgerinnen und Bürger" (*Leonhardt* 2004, 4; *Fuhrmann, A.*: in forum kriminalprävention 3/2012, 26 ff). In einem Runderlaß (krit. zu solchen Erlassen von oben: *Dreher* 1996, 175) der Landesregierung von Nordrhein-Westfalen (Federführung beim Innenminister) vom 18. August 1993 (MBl.NW 1993, S. 1512 ff) heißt es dazu (sog. **„Vorbeugungserlaß"**): **16**

*„Kriminalitätsvorbeugung ist eine Aufgabe von Staat* ***und*** *Gesellschaft. Die innere Sicherheit kann nur verbessert werden, wenn* ***alle*** *Politikbereiche, Sozialinstanzen und gesellschaftlichen Kräfte ihre Bemühungen um die Kriminalitätsvorbeugung verstärken und dabei intensiver als bisher zusammenarbeiten."* **17**

## II. Europäische Vorbilder

Die Erkenntnis, daß es aus kriminalpolitischer Sicht vernünftig ist, die Prävention zu verstärken, hat (nach amerikanischen Modellen: vgl. z. B. Rdn. 24 zu § 7) zunächst in Skandinavien (Dänemark/Schweden) und später in Frankreich, Belgien und den Niederlanden (zunächst) nur auf **Landesebene** (durch spezielle nationale Programme initiiert) zur Etablierung spezieller Institutionen geführt (zusammenfassender Überblick bei *Koetzsche* 1994, 36 ff und *Graham/Bennett* 1997). **18 bis 22**

In allen diesen Ländern haben sich (mehr oder weniger) durch die Landesebene (mit Geld oder durch Anregungen) unterstützt auch örtliche Aktivitäten entwickelt: z. B. in Zürich (*Schwarzenegger/Müller*, Zürich 2008. Einige Dutzend europäischer Städte mit kommunalpräventiven Projekten haben sich (zum Informationsaustausch) im **„European Forum on Urban Safety"** zusammengeschlossen (*Dreher* 1996, 176). In **Frankreich** wurde sogar ein eigenes **Ministerbüro für städtische Angelegenheiten** geschaffen, das sich nicht zuletzt mit Präventionsaufgaben befaßt (vgl. *Koetzsche* 1994, 39 f). Zur Geschichte des Community policing vgl. *Hermann/Laue* 2003, 70. **23**

## III. Institutionalisierte (kommunale) Kriminalprävention in Deutschland

Die Geschichte der Institutionalisierten Kriminalprävention in Deutschland beginnt ab Anfang der 70er Jahre. **24**

Nach ersten Ansätzen zu ressortübergreifender Zusammenarbeit 1972 in Berlin (vgl. *Hasenpusch* 1982, 39) und in Nordrhein-Westfalen 1978 (vgl. *Hasenpusch* aaO) **entstand (1978) in Niedersachsen der erste deutsche interministerielle Arbeitskreis „Präventive Kriminalpolitik"**, der die Aufgabe hatte, „in einer Bestandsaufnahme die verschiedenen krimi- **25** nalpolitisch bedeutsamen Maßnahmen und Vorgaben der Landesregierung zusammenzufassen und in einem ressortübergreifenden Programm zueinander in Beziehung zu setzen" (*Hasenpusch* aaO, 40). Diesem Arbeitskreis gehörten Vertreter des Innenministeriums, des Finanzministeriums, des Sozialministeriums, des Kultusministeriums, des Wissenschaftsministeriums und des (federführenden) Justizministeriums an (vgl. oben Übersicht 37). Der Bericht, der im Rahmen dieser Zusammenarbeit erarbeitet wurde, konnte allerdings nie veröffentlicht werden, weil einige Landesminister (insbesondere der Kultusminister unterstützt von Teilen der Presse) befürchteten, der Justizminister (*Schwind*) könnte in ihre Ressorts mit **„hineinregieren"**. So wurde eine relativ frühe Chance aufgrund von Ressortegoismen vertan. Zur weiteren Entwicklung in Niedersachsen „zwischen 1978 und 2005" vgl. *Marks* in FS für Schwind 2006, 1045ff.

**26 bis 27** Der Gedanke der ressortübergreifenden Zusammenarbeit in der Verbrechensbekämpfung blieb jedoch in der Diskussion. So haben sich Anfang der 90er Jahre entsprechende Gremien erneut auf Landesebene etabliert: nämlich (zunächst) in Schleswig-Holstein (1990), Hessen (1992), NRW (1993), Mecklenburg-Vorpommern (1994) und zum zweiten Mal in Niedersachsen (1996): Überblick bei *Jäger* 1995, 398ff; *Heinz* in Kury 1997, 50ff.

### IV. Vorbehalte und Kritik

**28** Gegen die Institutionalisierte Kommunale Kriminalprävention (IKoK) werden aber auch Vorbehalte geltend gemacht. Darüber hinaus richten sich kritische Stimmen gegen den „output".

#### 1. Vorbehalte

**29** Vertreter der kommunalen Spitzenverbände (dazu *Moritz* 2001) führen ins Feld, daß die Prävention gar keine kommunale Aufgabe sei, sondern eine solche des Staates; das ergäbe sich aus dem **staatlichen Gewaltmonopol** (vgl. zu diesem den Kasten unten). Insoweit wird allerdings nicht berücksichtigt, daß das **KJHG** vom 26.6.1990 zu kommunaler Jugendhilfe verpflichtet und damit auch zu der entsprechenden Kriminalprävention.

#### 2. Kritik

**30** Kritisiert wird, daß die Konzeption der IKoK nicht umgesetzt werde und die Ergebnisse zweifelhaft seien; die Kritik bezieht sich auf die Resultate von Städtebefragungen (Überblick bei *Steffen* 2004, 19ff). So habe sich gezeigt,

**31** – daß vielerorts eine **Bürgerbeteiligung** gar nicht stattfände; die Bürger wären nur als Probanden gefragt (*Steffen* aaO);

- daß statt klarer Konzepte ein „**Sammelsurium** von Aktivitäten" zu beobachten sei (*Frehsee* 1998, 741; *Jasch* 2003, 413f); *Neubacher* 2006 (zit. vor § 1): oft „aktionistisch";
- daß durch die Jedermannsbeteiligung an den präventiven Planungen den **„gesunden Volksmeinungen"** (etwa zur Ausländerkriminalität) „deutlich mehr Relevanz eingeräumt wird" (*Walter* 2004, 117);
- daß „sich wichtige **Institutionen und soziale Gruppen zurückhalten**" (*Bannenberg* in FS für Schwind 2006, 777);
- daß **nicht ressortübergreifend** gearbeitet werde, daß das finanzielle Fundament fehle und **Wirkungsevaluationen** (dazu Rdn. 38 zu § 18) gar nicht angestrebt würden (*Brand/Fuhrmann/Walter* 2003, 4) bzw. fehlen (*Walter* 2004, 121; *Steffen* in FS für Schwind 2006, 1146);
- daß es sich bei den Initiativen der kommunalen Kriminalprävention nicht selten um eine bloße **„Umetikettierung"** ehedem sozial-kultur- oder bildungspolitischer Angebote handelte (*DFK* 2005, 20).

Jedenfalls entstehe nicht selten der Eindruck (so *Stock* 2002), daß in den Gremien mehr Konzepte, Papiere und Diskussionen produziert würden als wirksame Taten. Von *Jasch* (2003, 419) wird sogar die Meinung vertreten, daß in den meisten Kommunen gar keine großen Lücken aufgerissen würden, wenn die Präventionsgremien ihre Arbeit einstellen würden. Die Kritik muß man ernst nehmen, sie fällt aber zu pauschal aus (pauschale Abqualifizierung). Wenn in manchen Kommunen (noch) nicht funktioniert, was angestrebt wird, dann ist das eher als Anreiz zu nehmen, es künftig besser zu machen. Über positive Wirkungen von Kommunaler Kriminalprävention **(„Heidelberger Modell")** berichtet *Hermann* (2008, 220ff). 32

Unter dem **Gewaltmonopol des Staates** „versteht man die alleinige Legitimität des Staates, physische Gewalt im Rahmen des geltenden Rechts auszuüben und anzudrohen, soweit das Recht nicht den einzelnen Bürger ausnahmsweise dazu legitimiert" (*Polizeilexikon* 1995, 238): wie z.B. im Rahmen des § 127 Abs. 1 StPO („Jedermannsrecht") zur vorläufigen Festnahme oder des Notwehrrechts (§ 32 StGB). Aus dem Gewaltmonopol (bzw. Strafverfolgungsmonopol) resultiert auch das **Legalitätsprinzip** (§§ 152 Abs. 2), wonach Staatsanwaltschaft bzw. Polizei (§ 163 Abs. 1 Satz 1 StPO), die Träger des staatlichen Gewaltmonopols, bei (Anfangs-)Verdacht einer Straftat von Amts wegen einzuschreiten haben (§ 160 Abs. 1 StPO). **Ausnahmeregelungen** enthalten die §§ 153ff StPO, nach denen die Justiz aus Zweckmäßigkeitserwägungen (**Opportunitätsprinzip**) von einer Strafverfolgung absehen kann. Nichtverfolgungs-Ermächtigungen gelten ferner bei Privatklagedelikten (§§ 374f StPO), im JGG (§§ 45, 47), im BtMG (§ 31a), im OWiG (§ 47) und in Bezug auf sämtliche Kronzeugenregelungen (vgl. Rdn. 20 zu § 30). Zum „faktischen Opportitätsprinzip" in der polizeilichen Praxis vgl. *Feltes* u.a. in MschrKrim 4/2007, 298ff. 33

### V. Kommunale Kriminalprävention als (neuer) Planungsgegenstand

34 Eine (einheitliche) tragfähige Grundkonzeption der Institutionalisierten Kommunalen Kriminalprävention, „die als Muster für die Gründung entsprechender kriminalpräventiver Räte dienen könnte“ (*Ammer* in: *Feltes* 1994, 24), gibt es allerdings nicht. Solche **Patentrezepte** kann es aber auch schon deshalb nicht geben, weil „**jede Kommune ihre eigenen Probleme hat**, die sich zwar mit denen anderer Kommunen vergleichen, aber nicht gleichermaßen lösen lassen“ (*Baier/Feltes* 1994, 695; *Dreher* 1996, 174).

*Zutreffend heißt es dazu bei Rolfes/Wilhelm 2013, 22: „Präventionsarbeit muß als vielschichtiges und dadurch auch widersprüchliches und konfliktreiches Feld mit multiplen Potenzialen verstanden werden. In jeder Kommune gilt es deswegen, paßgenaue Orientierungshilfen und Ansatzpunkte zu erarbeiten“.*

#### 1. Kriminologische Regionalanalysen („KRA“)

35 Deshalb sollte am Anfang aller Aktivitäten ein kriminologisch angereichertes Kriminalitäts-**Lagebild** stehen (eine **„Marktanalyse im Bereich Sicherheit“**), zu dem (außer der sorgfältigen Erfassung der bereits vorhandenen Präventionsangebote) auch die stadtteil- oder wohnquartier- oder deliktsbezogene Ursachenforschung gehört (vgl. dazu *Leonardt* 2007, 6; *Jäger* 1976, 63ff; *Schwind* et al. 1978; *Legge* 1994; *Jäger* in FS für Schwind 2006, 718 und Rdn. 15 zu § 7 und Rdn. 10ff zu § 15).

*Entsprechende Regionalanalysen sind z.B. in* ***Schleswig-Holstein*** *(Lübeck) von Papendorf/Neth 1991 durchgeführt worden; in* ***Baden-Württemberg*** *(Calw, Freiburg/Br., Ravensburg) von Feltes 1995, Heinz 1996 u. a. und Dölling* u.a. 2003 (vgl. Rdn. 38); in ***Niedersachsen*** *in Delmenhorst von Allhusen-Siemer und Schütte (alle in Koch 1992) sowie Oevermann/Schmidt/Nienaber in Osnabrück (seit 1997: 8. Fortschreibung 2003 von Rolfes; vgl. auch Hunsicker 2006, 9ff); in* ***Nordrhein-Westfalen*** *(Hamm) von Reichertz/Misterek (1995), Wälther/Pannenbäcker/Rosenkranz (1996) in Essen, Rüther (2000) in Bonn und in Aalen von der Stadt Aalen; in* ***Bayern*** *von Luff/Bathsteen (1998) in Rosenheim und von Tekles in Passau (1998), in* ***Hamburg*** *(1994/1996) von Legge und in* ***Rheinland-Pfalz*** *von Ammer (1990) in Landau; in* ***Mecklenburg-Vorpommern*** *für Rostock von Herrmann/Jasch/Rütz (2000).*

36 In diesem Rahmen sind etwa • (schriftliche oder telefonische) **Befragungsaktionen** (auch von Experten: *Schwarzenegger/Müller* 2008, 36) sinnvoll und üblich: **etwa zur** (stadtteilbezogen: *Legge/Bathsteen* 1994, 96) **Kriminalitätsfurcht**, zur Opfersituation (zur Dunkelfeldforschung vgl. Rdn. 33ff zu § 2; zum Anzeigeverhalten Rdn. 4ff zu § 20) sowie zur Zufriedenheit mit der Wohnsituation, mit den Freizeitangeboten sowie mit der Arbeit der Polizei usw. (Musterfragebogen bei *Dölling* u.a. 2003, 281ff). Die Erhebungen, zu denen auch • **Dokumentenanalysen** (Akten

analysen) gehören, sollten sich (nach *Ammer* in: *Feltes* 1994, 12f) primär auf etwa folgende Informationen beziehen:

- **Soziodemographische Basisdaten** (z.B. Alters- und Geschlechtsstruktur, Wanderungsverhalten, Einelternfamilien, kinderreiche Familien, Ausländer- und Aussiedleranteil bzw. Anteil anderer sozialer Randgruppen usw.); spielt auch der filtering-down-Prozeß (dazu Rdn. 30 zu § 15) eine Rolle?
- **Kommunale Sozialdaten** (z.B. Zahl der Sozialhilfeempfänger, Arbeitslosenquote; Problemfamilien usw.); Erfassung **„sozialer Milieus“** (Rdn. 19 zu § 9);
- **Infrastrukturdaten** (z.B. Kindergartenversorgung, Einrichtungen der Jugend- und Altenhilfe, Freizeitangebote für Jugendliche und Kinder, Integrationsangebote für Zuwanderer aus dem Ausland, Art und Zustand der Wohnungen, Beleuchtung der Straßen, Lage der Bushaltestellen usw.);
- **ein tatgelegenheitsspezifisches Sozialprofil:** Auswertung der PKS (Verteilung der Straftaten auf Stadtteile und Wohnquartiere sowie Tätermobilitäten: vgl. dazu § 15), der Notrufe und der Funkstreifeneinsätze (dazu *Dreher/Feltes* 1996) sowie des Kriminalitätsangebotes, der Pendlerströme von außen (einschließlich der Touristen, die nicht zur Wohnbevölkerung zählen) usw.

Als relevante Variablen für **Zusammenhänge mit erhöhtem Delikts-** 37
**vorkommen** (sozialer Desintegration: Rdn. 15 zu § 7) werden vor allem (vgl. auch *Kube* in FS für Kaiser 1998, 854 und *Tekles* 1998) genannt:

- hoher Anteil strukturell unvollständiger (broken-home) Familien (Alleinerziehende);
- hohe Arbeitslosenquote bzw. hohe Sozialhilfedichte;
- hoher Anteil (nicht integrierter) Ausländer (multikulturelle Zusammenballungen);
- hoher Anteil männlicher Minderjähriger;
- unterdurchschnittliche soziale Interaktionen und geringe informelle soziale Kontrolle im Wohnviertel;
- große Baudichte (Hochhäuser) bzw. Ballung von Tatgelegenheiten (Kriminalitätsangebot);
- hohe Bevölkerungsmobilität: häufige Zu- und Abwanderungen;
- geringe Wahlbeteiligung.

Anhaltspunkte für die inhaltliche Gestaltung einer **Projektkonzeption** 37a
werden vom *Landespräventionsrat Niedersachsen* mit den „**Beccaria-Standards** zur Qualitätssicherung kriminalpräventiver Projekte“ (www.beccaria.de) zur Verfügung gestellt.

## 2. Wissenschaftliche Begleitung

Gesichert werden sollte in allen Stadien kommunaler Kriminalpräven- 38
tion nicht zuletzt auch die wissenschaftliche Begleitung (Beratung und Evaluation) aller Maßnahmen, wie das z.B. bei drei Pilotprojekten zur

Kommunalen Kriminalprävention in Baden-Württemberg (finanziell unterstützt vom dortigen Innenministerium) der Fall ist: in Calw, Freiburg/Br. und Ravensburg/Weingarten; dort arbeiten (in einer gemeinsamen **„Forschungsgruppe Kommunale Kriminalprävention in Baden-Württemberg“**) Kriminologen der Universitäten Heidelberg (*Dölling* und *Hermann*), Freiburg (*Kury* und *Obergfell-Fuchs*) und Konstanz (*Heinz* und *Spieß*) sowie der Fachhochschule für Polizei Villingen-Schwenningen (*Feltes* vor seinem Wechsel nach Bochum) mit (vgl. dazu *Dölling* u.a. 2003).

Die „Crux“ besteht freilich darin, daß sich Präventionserfolge schwer nachweisen lassen (krit. *Walter* 2004, 122). Welche Möglichkeiten (trotz aller Skepsis) die **Wirkungsevaluation** (= was wirkt?) und die **Effizienzanalyse** (= Kosten-Nutzen-Analyse) eröffnen, haben *Volkmann* und *Jäger* (2000, 13ff) zusammengestellt (vgl. dazu auch z.B. *Finkel* in: *Feltes* 1994, 59 mit Beispielen).

Daß die Prävention **bei der Polizei in geringem Ansehen** steht, hat nach *Steffen* (in FS für Schwind 2006, 1152) damit zu tun, daß sie sich „für die Dienststelle in Hinblick auf Personalzuweisung nicht lohnt. Denn: „**Prävention hat keine Tagebuch-Nummer**; präventive Tätigkeiten werden in der Regel nicht erfaßt und gezählt“. *Steffen* (aaO) schlägt deshalb vor, das zu ändern.

### 3. Wahl der örtlichen Arbeitsfelder

39 Schließlich müssen (z.B. von der Lenkungsgruppe, vgl. Rdn. 12) konkrete Arbeitsfelder gesucht werden: raumbezogen so dicht wie möglich „vor Ort“ (etwa Stadtteilarbeit), deliktsbezogen (etwa Fahrraddiebstahl) oder themenbezogen (etwa der Ausbau der Suchtberatung oder die Gewaltprävention in der Schule: dazu auch Rdn. 41ff zu § 11).

*Zur Anfertigung* ***computerunterstützter Verteilungskarten*** *(vgl. auch Rdn. 12a zu §15).*

40 Wo besteht Handlungsbedarf?

- dort wo sich **soziale Probleme** bis hin zur Kriminalität häufen (vgl. dazu Rdn. 24 und 27 zu § 7) und Rdn. 26a zu § 8;
- dort, wo es **Angsträume** gibt; Angsträume sind Orte (auch Plätze), die aufgrund ihrer Baustruktur, Lage und Nutzung von der Bevölkerung gefürchtet und gemieden werden (*Kaldun* in forum kriminalprävention 1/2001, 22): etwa verwahrloste Gegenden, dunkle Parks, Bahnhofsbereiche und Ghettos **(„no-go-areas“** = rechtsfreie Räume).

Wichtig ist immer die **Brennpunktorientierung** (zu den amerikanischen *„delinquency areas“:* „sozialkranken“ Gebieten vgl. Rdn. 27 zu § 7; zum Chicago Area Projekt vgl. Rdn. 24 zu § 7). Schließlich ist darauf zu achten, daß bei den Bürgern (die an der Mitarbeit interessiert sind) „Verantwortungsbewußtsein geweckt und in Engagement umgesetzt werden muß. Dazu sind konkrete **Tätigkeitsangebote** zu machen (vgl. dazu Rdn.

46ff), um ‚Aktionspartizipation' im Sinne von tätiger Teilnahme an Projekten, Modellen u. ä." möglich zu machen (*Feltes* 1994, 7); Vorschläge zu **situationsbezogenen** Maßnahmen hat *Koetzsche* (in Kube u.a. 1996, 54ff) zusammengestellt. Zur **Planung und Durchführung** institutionalisierter kommunaler Kriminalprävention vgl. die Hinweise bei *LKA Baden-Württemberg* 1996, 31ff; zur Konzeption und Umsetzung kriminalpräventiver Projekte vgl. den **Leitfaden** des *Landespräventionsrates* NRW 2004.

*a) Aktivitäten in Zusammenarbeit mit den Bürgern*

Insoweit ist es sinnvoll, Arbeitsgruppen zu bilden, die sich (etwa auch 41 im Rahmen von Veranstaltungen der Volkshochschulen) mit sicherheitsrelevanten Themen befassen. In **Lübeck** (Überblick bei *Pohl-Laukamp* in: *Trenczek/Pfeiffer* 1996, 75ff) oder z.B. in Düsseldorf (*Leonhardt* 2004 und 2007) haben sich z.B. folgende Arbeitsgruppen gebildet: Stadtteilarbeit, Suchtprävention, Jugenddelinquenz, Gewalt gegen Ausländer und Minderheiten, technische Prävention, Gewalt in der Familie, Ladendiebstahl, Gewalt gegen Frauen und Mädchen, neue Wohnformen, Graffiti, Opferschutz, Prävention in Schulen, Sport und Sicherheit, Integration (vgl. *Loewe* 1993, 24f).

*Bürger und Bürgerinnen können in **Auftakt- (bzw. Gründungs-) Veranstaltungen** für eine Mitarbeit in solchen Arbeitsgruppen interessiert werden (dazu aus **Osnabrück**: Hunsicker 1996, 499ff; ders. 2006, 9ff); der „Präventionsverein" in Osnabrück versteht sich übrigens als **„Förderverein"**, also als solcher, der Geld sammelt und in erfolgversprechende Präventionsvorhaben investiert (Hunsicker aaO.) Ähnliche Fördervereine existieren z.B. in Kiel und in Frankfurt (Hunsicker aaO).* 42

*b) Steuerungsinstrumente auf städtischer Ebene*

Wenn sich die Kriminalität in bestimmten Stadtteilen oder in speziel- 43 len Siedlungsgebieten (etwa in **Wohnsilos bzw. Mietskasernen:** dazu Rdn. 4 zu § 16) häuft, muß die Stadt überlegen, ob Bauweise und Infrastruktur stimmen: Gibt es in ausreichendem Maße Geschäfte, Gaststätten, Dienstleistungen, Jugendzentren, Kindergärten, Schulen, Ärzte usw.? Gibt es genügend Wohnraum für kinderreiche Familien?

Stimmt die Bewohnerstruktur? „Nicht jedes Wohngebäude oder -quartier ist unbegrenzt fähig zur Aufnahme von **Problemfamilien**. Eine sozial friedliche Situation kann durch Überfrequenz von Problemgruppen in sozialen Unfrieden gestürzt und im nachhinein nur noch durch hohen sozialen und finanziellen Einsatz geheilt werden" (so der *Rat für Kriminalitätsverhütung in Schleswig-Holstein*, Papier der AG 6 vom Juli 1995). Der Ghettobildung, die oft zu den Problemfeldern des sozialen Wohnungsbaus gehört, kann durch eine • **Veränderung der Belegungspolitik** entgegengewirkt werden, die mitunter die Entstehung sozialer Spannungsgefüge begünstigt; Stichwort: hoher Ausländer- und Aussiedleranteil.

44 Ferner sollte daran gedacht werden, „den Bau weiterer Wohnsilos nicht mehr zuzulassen bzw. bei größeren Wohneinheiten die Geschoßzahl stark zu begrenzen“ (*Vahlenkamp* 1989, 26 und zum defensible space-Ansatz Rdn. 14 ff zu § 16); auch die Schließung von Baulücken auf Kosten von Spiel- und Erholungsraum ist nicht unproblematisch; das gilt in gleicher Weise für starre • **Nutzungsvorgaben:** „Spielen nur von 15–18 Uhr erlaubt“.

*Entsprechende kriminalitätsvorbeugende Aspekte sind erstmalig 1975 von der Stadt Düsseldorf in einem* ***städtebaulichen Ideenwettbewerb*** *berücksichtigt worden (vgl. Rdn. 24 zu § 16):*

45 Das rechtliche Steuerungsinstrument bildet die **Bauleitplanung** (Flächennutzungsplanung und Bebauungsplanung), die sich in einem städtebaulichen Planungsrahmen bewegt (vgl. § 1 Abs. 5 Baugesetzbuch), der bisher (zumindest in Deutschland) noch grundsätzlich keine kriminalpräventiven Leitaspekte verfolgt (*Vahlenkamp* 1989, 21 ff; *Kube* in Kury: Gesellschaftliche Umwälzungen, Freiburg/Br. 1992, 93–98; *ders.* in FS für Schwind 2006, 1017 ff).

46 Auch die • **Revitalisierung** (Belebung des Straßenraumes) **der Innenstädte** (Einkaufszentren) gehört zu den Zielen, die angestrebt werden sollten: die gesunde Mischung von Geschäften und Wohnen (vgl. dazu auch Rdn. 13b zu § 16).

Kontraproduktiv wirken ständig **steigende Mieten**, die kleinere Läden aus der City vertreiben (zur **Platzgestaltung** Rdn. 11a zu § 16) bzw. zur Schließung ihres Geschäftsbetriebes zwingen. Die Folge sind oft **Leerstände** (erkennbar an mit Packpapier zugekleisterten Schaufenstern („**schwarze Zähne** im Gebiß der Stadt“). Zu dieser Entwicklung trägt allerdings auch die **Verkaufsflächenexplosion „auf der grünen Wiese“** mit bei: Supermärkte vor den Toren der Stadt (vgl. Zeitungsausriß).

Händler klagen über Verödung der Innenstadt

aus: *WAZ* vom 15. Februar 2001

*c) Weitere Anregungen*

47 Im Übrigen kommen (differenziert nach Lebensbereichen) zahlreiche weitere kurz- und mittelfristig angelegte Strategien der kommunalen Kriminalprävention in Betracht (vgl. z. B. die „Zehn Präventionsarten“ bei *Ostendorf* 2001, 153).

Insoweit kann man solche unterscheiden,
- die **anlaßbezogen** (also spezifisch) sind:
  etwa deliktsbezogen (Fahrraddiebstahl, Gewalt)

und situativ von solchen,
- die eher der **Klimaverbesserung** (etwa im Stadtteil) dienen (unspezifisch sind), also dem Wohlfühlen der Bevölkerung mit (positiven) Auswirkungen für die **informelle Kontrolle**.

Beispiele für entsprechende Einzelaktivitäten, differenziert nach verschiedenen Lebensbereichen: **48**

- **Hilfen für Eltern und Familien** **49**
  - Ausbau der **Erziehungsberatung:** z.B. die Einrichtung von Beratungsstellen für Eltern, deren Kinder straffällig werden;
  - Vermittlung von **„Patenomas"** bzw. **„Leihopas"** in (kinderreiche) Familien, wie das z.B. in Heidelberg seit 1991 geschieht und inzwischen (getragen von Caritas, Diakonie und städtischen Initiatoren) in zahlreichen Kommunen: z.B. als **„Großelterndienst"** in Berlin, Osnabrück und Hannover;
  - Kartei für verläßliche **Babysitter**;
  - Rentner als **Aufsichten von Kinderspielplätzen**;
  - **Taschengeldempfehlungen** für Eltern usw.

- **Prävention in der Schule** (vgl. dazu auch Rdn. 41 ff zu § 11) **50**

- **Jugendhilfe und Freizeitgestaltung** **51**
  - **Einrichtung eines Jugendtelefons:** „Die Nummer gegen den Kummer" (vgl. dazu auch Rdn. 79 zu § 10);
  - **Nachmittagsbetreuung für „Schlüsselkinder"**;
  - **Stadtteilsangebote zur Freizeitgestaltung** für sozial gefährdete Jugendliche und Kinder: etwa nach dem Vorbild des „Children at Risk"-Programms (dazu *Feltes* in BewHi 4/95, 382) oder des CAP-Projekts (dazu Rdn. 24 zu § 7) in den Vereinigten Staaten: niederschwellige Angebote, d.h. solche, die nicht von einer Vereinsmitgliedschaft abhängig sind;
  - **erlebnisbezogene Programme** für alle interessierten Jugendlichen (wie Mountainbiking, Segeltouren, Kletterwochenende); Bau von Aktiv- und Abenteuerspielplätzen (vgl. dazu auch Rdn. 43 zu § 13);
  - Einrichtung von zusätzlichen (dezentralen) **Jugendtreffs** (z.B. durch das Rote Kreuz);
  - Zusammenarbeit von **Jugendzentren und Sportvereinen**;
  - Ferienangebote für Kinder aus sozial benachteiligten Familien (**„Ferienpaß"**);
  - **Park- und Spielplatzaufsichten:** in Essen werden im Rahmen eines Sonderprogramms **„Arbeit statt Sozialhilfe"** (vgl. zu diesem Ansatz auch Rdn. 40 zu § 15) Sozialhilfeempfänger mit Aufsichtsaufgaben auf Kinderspielplätzen betraut (vgl. dazu *Görgens* 2000, 1972).

- **Berufliche Hilfen** **52**
  - **Konkrete Berufsberatung** durch ortsansässige Firmen;
  - **Lehrstellenbörsen**;

53 • **Nachbarschaftshilfen**
- Die Etablierung von **Nachbarschaftshilfen** (Kinderkrippen, Tauschringen, Urlaubsprävention usw.); Straßenfeste stärken mitunter die Bereitschaft zur informellen Kontrolle; das gilt auch für **„Neighbourhood Watch-Programme"** (*Skogan* 1990); Aufbau von **Disco-Abholdiensten** (*Kube* 1996, 768);
- **Wohnungstausch:** ältere Menschen tauschen ihre größeren familiengeeigneten Altbauwohnungen in kleine Appartements um;

54 • **Randgruppenbetreuung**
- Hilfe für Obdachlose: (vgl. Rdn. 27ff zu § 17);

55 • **Polizei als „Freund und Helfer" und Ordnungsdienst**
- **Erhöhte Polizeipräsenz** (Fuß- und Fahrradstreifen: dazu Rdn. 13 zu § 15 und Rdn. 24 zu § 20) auf den Straßen, insbesondere in der City; nicht nur in Lübeck hat sich gezeigt, daß das Sicherheitsgefühl auch von **wahrgenommener Streifenhäufigkeit** abhängt (*Papendorf/Neth* in: Trenczek/Pfeiffer 1996, 116);
- **Verstärkte Polizeikontrollen** (bis zu Razzien) etwa im Hauptbahnhof, in Vergnügungsstätten und Spielhallen; **gemeinsame** Fußstreifen von Polizei und Ordnungsbehörden.
- **Offensiver Ausbau der Kriminalpolizeilichen Beratungsstellen** (zur mobilen Beratung) bzw. entsprechende „Aktionstage", Aufbau von Polizeikiosken (zur Information über Präventionsmöglichkeiten), sicherheitstechnische Beratung des Bauherrn vor Baubeginn eines Hauses; Selbstbehauptungskurse für Frauen (wie z.B. in NRW seit 1993); vgl. auch Rdn. 64.
- **Hausbesuche der Polizei** („Tür-zu-Tür-Besuche") nach amerikanischem Vorbild: vgl. dazu *Füllgrabe* 2000, 183;
- Etablierung von **Notrufsäulen**; evtl. gesponsert durch ortsansässige Geschäftsleute, die dafür (wie bei Parkbänken) ein Werbeschild anbringen dürfen;
- Verbesserung der **Zusammenarbeit von Sozialarbeitern** und Polizei;
- **Verbringungsgewahrsam:** Wegschaffen von Störern, z.B. solchen aus der Fußgängerzone an den Stadtrand (dazu *Finger* 2006, 108ff);
- **Freiwillige Ordnungs-(und Streifen)dienste:** in Düsseldorf ein „Ordnungs- und Servicedienst" in Hessen ein „Freiwilliger Polizeidienst Hessen"; in Bayern eine „Bayerische Sicherheitswacht", in Sachsen eine „Sächsische Sicherheitswacht", in Baden-Württemberg ein „Freiwilliger Polizeidienst in Baden-Württemberg". Zur Zusammenarbeit mit den **privaten Sicherheitsdiensten** (§ 20, 29h) vgl. *Leonhardt* 2003, 10 und 2004a).
- Programme zur **Schulwegsicherung** (vgl. Rdn. 47 zu § 11);
- **Vertreibungsaktionen:** In Delmenhorst hat der dortige Präventionsrat die Beschallung des Bahnhofs mit klassischer Musik durchgesetzt um mit dieser Kulisse die „Penner" u.a. zu vertreiben. Anderwärts geht man weniger rücksichtsvoll um (vgl. Zeitungsausriß unten).

**SCHALL** GEGEN JUNGE MENSCHEN

## Krach um schrille Töne

**In Europa gibt es vermehrt Geräte, die Jugendliche aus Einkaufspassagen und von Plätzen vertreiben sollen – EU-Parlamentarier fordern ein Verbot der „Mosquito-Boxen"**

aus: *WAZ* vom 17. April 2008, 2

- **Öffentlichkeitsarbeit** 56
  - **Öffentlichkeitsarbeit** mit Hilfe der Medien mit dem Ziel, für den Präventionsgedanken breite Unterstützung in der Bevölkerung aufzubauen (dazu *Dreher* 1996, 177).
  - Als sinnvoll kommt auch eine feste Anlaufstelle der Stadt mit dem Angebot in Betracht, ehrenamtliche Mitarbeit zu vermitteln: **„Wir vermitteln Ehrenamtliche"**.
  - Negativ auf das Sicherheitsgefühl scheint sich die **Verminderung der Straßenbeleuchtung** auszuwirken (vgl. Rdn. 24 zu § 20); unter diesen Umständen wird auch Opfern (z.B. von Überfällen) seltener von dritter Seite geholfen (vgl. dazu *Schwind/Zwenger/Gietl,* in: Kriminalistik 1991, 233 ff und *Farrington/Welsh* 2006, 209 ff).

Die **kriminalpräventiven Wirkungen**, die von speziellen Präventions- 57
modellen ausgehen können, werden im amerikanischen **Sherman-Report** und im **„Düsseldorfer Gutachten"** (im Auftrag des Kriminalpräventiven Rates der Landeshauptstadt Düsseldorf) näher beschrieben (vgl. Kasten).

Der (1998 vorgelegte) **Sherman-Report** bezieht sich auf die Effizi- 58
enz (von 500) US-amerikanischen Präventionsprogrammen, die vom US-Department of Justice finanziert werden. Insoweit ging eine Forschungsgruppe unter Leitung von Lawrence *Sherman* von der Frage aus: **„Was wirkt, was wirkt nicht**, was ist noch nicht untersucht worden?" *Meier* (Lb. 2003, 280 f) hebt aus den Resultaten z.B. hervor, daß es sich als wirksam erweist, wenn auf der schulischen Ebene klare Verhaltensmaßregeln aufgestellt werden und positives Verhalten belohnt wird. Im Sherman-Bericht noch nicht erwähnte weitere 61 (evaluierte) „Präventionsmodelle aus aller Welt" (Evaluation = Wirkungsforschung) wurden im **Düsseldorfer Gutachten** (Düsseldorf 2002) zu den „Empirisch gesicherten Erkenntnissen über kriminalpräventive Wirkungen" (verfaßt von *Rössner/Bannenberg 2002*) ausgewertet; in diesem Gutachten wird auch der Sherman-Bericht mit seinen Ergebnissen im Überblick vorgestellt (vgl. dazu ferner *Füllgrabe* 2000, 181 ff; *Cornel*, H./*Nickolai*, W. (Hrsg.): **What Works?** Neue Ansätze der Straffälligenhilfe auf dem Prüfstand, Freiburg/Br. 2004); *Entorf*, H.: Wirkung und Effizienz von Strafrecht: **„Was geht?"** – bei jungen Gewalttätern, Mannheim 2008, 16.

59 Nicht nur Mecklenburg-Vorpommern und Sachsen-Anhalt verleihen inzwischen ● auch **Landespräventionspreise**. Der erste **Bundespräventionspreis** wurde am 5. Mai 1997 auf dem 3. deutschen Präventionstag (in Bonn) für ein Nachbarschaftsprojekt nach Mannheim vergeben.

## VI. Präventionsaktivitäten auf Bundesebene

60 Seit etwa Mitte der neunziger Jahre bahnen sich neue Entwicklungen an, die an dem Gedanken einer bundesweiten Vernetzung der Präventions-Aktivitäten orientiert sind und den Ausbau vorantreiben sollen. Zu diesen gehören vor allem:

### 1. Die DVS

61 Die DVS, die „Deutsche Stiftung für Kriminalprävention und Straffälligenhilfe" (*Kerner/Mutz/Marks/Schwind*) wurde 1993 in Bonn als Stiftung des bürgerlichen Rechts gegründet. Nach ihrer Satzung gehört zu den Zwecken der Stiftung insbesondere die Verbesserung der vorbeugenden Verbrechensbekämpfung (ausführlich *E. Marks* in BewH 2009, H 3, S. 268ff).

**Präventionstag fordert: Zu Moral erziehen**

Bre. WIESBADEN Der Tübinger Strafrechts-Professor Hans-Jürgen Kerner hat beim 12. Deutschen Präventionstag in Wiesbaden eine „Erziehung zur Moral" gefordert. Erwachsene müssten ein gutes Vorbild abgeben, so Kerner zu Beginn des größten europäischen Kongresses zum Thema Kriminalitäts- und Gewaltprävention.

aus: *Wiesbadener Tageblatt* vom 19. Juni 2007 (vgl. dazu Rdn. 67 zu § 10)

### 2. DPT – Deutsche Präventionstage

62 Die „Deutschen Präventionstage" führt im Auftrag der DVS (Trägergesellschaft) eine „DPT-Deutsche Präventionstag GmbH" durch, die mit diesem Namen auch im Handelsregister des Amtsgerichts Köln eingetragen ist. Alleiniger Gesellschafter ist die DVS. Geschäftsführer ist Erich *Marks*, Leiterin der Geschäftsstelle der Deutschen Präventionstage ist Karla *Schmitz*, 30169 Hannover, Waterlooplatz 5A (Tel: 0511-2354949; Fax 0511-2354950).

*Die DPT sollen primär drei Aufgaben erfüllen: Kontakte erleichtern, als Ideenbörse wirken und die Öffentlichkeit auf Möglichkeiten der Kriminalprävention aufmerksam machen. Die meist (rund 2000 Teilnehmer) stammen aus der Polizei, der Justiz, der Verwaltung und außerstaatlichen Organisationen. Veranstaltungspartner sind z. B. das Bundesfamilienministerium, das Deutsche Jugendinstitut, der Deutsche Jugendgerichtstag, das KFN und der WEISSE RING.*

Der erste Deutsche Präventionstag, der 1995 (von *Jäger*/PFA, *Pohl-Laukamp*/Lübeck und *Marks*/DVS) organisiert worden war, fand in Lübeck statt, der 18. DPT im April 2013 in Bielefeld, und zwar unter dem Motto **„Mehr Prävention – weniger Opfer“**. Auf den DPT wird auch jeweils ein Deutscher Förderpreis Kriminalprävention (Städtepreis) ausgelobt. Der DPT formuliert ferner Empfehlungen wie z.B. **„Erziehung zur Moral“** (vgl. Zeitungsausriß oben). 63

**Kritisch** zum Präventionstag bzw. zur Kommunalen Kriminalprävention: *Frehsee* (in DVJJ-Journal 1/2000, 65ff), der **net widening Effekte** beobachtet hat, also die Ausweitung der Kontrolle über die Bürger.

*Übersicht 38*: 64
Gremienstruktur Polizeiliche Kriminalprävention
der Länder und des Bundes (vgl. Rdn. 65)

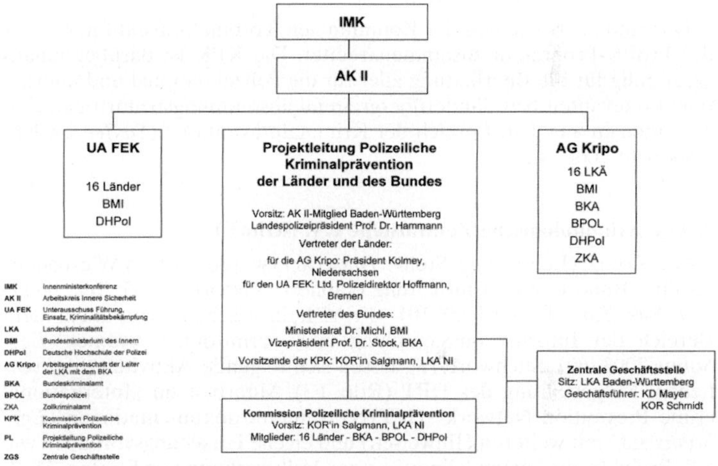


aus: *Zentrale Geschäftsstelle Polizeiliche Kriminalprävention der Länder und des Bundes*, Jahresbericht 2012. Tel. 0711-54012 062.

## 3. ProPK

Bereits 1964 startete das Bayerische Landeskriminalamt eine monatliche Presse-Aushang- und Handzettelaktion unter der Bezeichnung **„Kriminalpolizeiliches Vorbeugungsprogramm“**. Die anderen Landeskriminalämter schlossen sich dieser Initiative bis 1967 an (*BMI/BMJ* 2001, 464). 65

Die heutige Gremienstruktur ergibt sich aus der Übersicht 38. Die Kommission „Polizeiliche Kriminalprävention der Länder und des Bundes“ **(KPK)** ist zuständig für die Bearbeitung aller für die Polizei national und international relevanten bzw. länderübergreifend abstimmungsbedürftigen Fragestellungen aus dem Bereich der Kriminalprävention. Zu ihren Hauptaufgaben gehört es, im Rahmen des von den Ländern und dem Bund gemeinsam getragenen „Programms Polizeiliche Kriminalprävention der Länder und des Bundes“ **(ProPK) Öffentlichkeitsarbeit** mit dem **Ziel der Kriminalitätsvorbeugung** durchzuführen. Für diese Öffentlichkeitsarbeit werden (kostenlos abrufbare) Themenbroschüren (z.B. „So schützen Sie Ihr Kind vor Drogen“, „Schlauer gegen Klauer“, „Vorsicht Kartentricks“, „Sicher wohnen – Einbruchschutz“), Merkblätter (z.B. zum Schutz vor Stalking, Rdn. 42 zu § 20) oder Videofilme (Medienpaket „Abseits?!“) zur Verfügung gestellt. Tel.-Nr. 07 11/54 01-20 62.

Verteilt werden zur Zeit Broschüren, Faltblätter und Plakate, die sich z.B. mit folgenden Themen befassen (vgl. BMI/BMJ aaO):

- So schützen Sie Ihr Kind;
- So schützen Sie Ihr Kind vor Drogen;
- So schützen Sie sich im Alter.

Das sind auch Themen der Kommunalen Kriminalprävention, mit der das ProPK-Programm zusammenarbeitet. Die KPK ist darüber hinaus „zuständig für die Bearbeitung aller für die Polizei national und international relevanten bzw. länderübergreifend abstimmungsbedürftigen Fragestellungen aus dem Bereich der Kriminalprävention“ (*Steffen* im Jahresbericht 2002, 4).

### 4. Die Kriminologische Zentralstelle e.V. (KrimZ)

**66** Die KrimZ (Leiter: *Egg*; Stellv.: *Dessecker*) wurde 1981 (in Wiesbaden) als eine Bund-Länder-Einrichtung etabliert (Viktoriastr. 35; Tel.: 06 11-1 57 58-0; Fax: 06 11-1 57 58-10), die sich inzwischen „vor allem dem Bereich der Informationssammlung und -vermittlung“ widmet (*Egg/Sohns* 2003, 60). Stichwortartig lassen sich folgende Aktivitäten hervorheben: Mitgestaltung des DPT (Rdn. 63), Mitarbeit im „International crime Prevention Network“ (ICPIN), Literaturdokumentationen (*Egg/Sohns* aaO mit weiteren Hinweisen) und eigene Forschungsvorhaben wie z.B. Projekte zur Sexualdelinquenz, zur Vollstreckung von Strafen, Maßregelvollzug, Untersuchungshaft, Sozialtherapie (vgl. *Tätigkeitsbericht 2008*, Wiesbaden 2009).

### 5. Das DFK

**67** Die Gründung einer Stifung „Deutschen Forums für Kriminalprävention“ hat die Ständige Konferenz der Innenminister und -senatoren (IMK) auf ihren Sitzungen am 21. November 1997 und 20. November 1998 beschlossen. Nach Vorarbeiten einer Aufbaugruppe (*Ziercke u.a.*) nahm das DFK 2001 seine Arbeit auf (Stiftungsurkunde vom 29. 6. 2001; Satzung i.d.F. vom 2. Juni 2008). Die Geschäftsstelle des DFK befindet sich in Bonn im Gebäude des Bundesjustizministeriums. Geschäftsführer: *Seitz*; Mitarbeiter: *Kahl*, Tel. Nr. 02 28–9 96 81-31 90). Die Zwecke der gemeinnützigen Stiftung des Bürgerlichen Rechts, deren Organe das

Kuratorium (Vors. BMI), und der Vorstand (Vors. *Egg*) sind, besteht in der Förderung von Präventionsprojekten sowie in der Unterstützung einschlägiger Forschung und im nationalen und internationalen Erfahrungsaustausch. Seit 2008 gehört (auf Vorschlag von *Schwind*) auch die **Evaluation** von Präventionsprojekten zu den Aufgaben des DFK (*DFK-Jahresbericht* 2009, 4/5). Gedacht ist das DFK als „Dach" für die Landespräventionsräte.

*Das Stiftungsvermögen beträgt rund 2,8 Millionen Euro. Zum Vergleich: die Bundesumweltstiftung (in Osnabrück) verfügt über ein Stiftungsvermögen von über eine Milliarde Euro durch Zinsen und Zustiftungen; inzwischen hat sich diese Summe sogar auf 1,6 Milliarden Euro erhöht.*

Das DFK gibt seit 2001 die Fachzeitschrift **„forum kriminalprävention"** heraus. Tel. 02 28/2 80 44-40 (Chefredakteur: Wolfgang *Kahl*).

### 6. Das EUCPN

Das DFK arbeitet auch im EUCPN mit (dem „European Crime Prevention Network"), einer Einrichtung mit Sekretariat im belgischen Innenministerium in Brüssel, die durch Beschluß des Rates der EU vom 28. Mai 2001 auf Vorschlag der Fachminister (Innen/Justiz) etabliert worden ist (veröff. im Amtsblatt der EG vom 8. 6. 2001) und von der EU finanziert wird. Das Ziel besteht darin, bewährte Strategien und Methoden der Kriminalprävention europaweit auszutauschen und weiterzuentwickeln. Das Netz setzt sich aus jeweils drei nationalen Kontaktstellen der EU-Mitgliedstaaten zusammen. Deutschland wird vom BMJ und BMI sowie vom DFK vertreten. (*Korff* im BMI, Referat ÖS/1) Bisher wird in halbjährlichen Arbeitstreffen, spezieller Arbeitsgruppen und im ständigen Informationsaustausch zusammengearbeitet. Inhaltliche Schwerpunkte des Netzes sind: Jugendkriminalität, Kriminalität in den Städten und Drogenkriminalität. Die **„European News"** im „forum kriminalprävention" des DFK informieren über Neuigkeiten aus dem Netzwerk. Ausführlicher *Sagant*, V./*Marks*, E. in forum kriminalprävention 1/ 2009, 42 ff und *Kahl*, W. in derselben Quelle, 1/2012, 3 f. 68

### 7. Das EZK

Das „Europäische Zentrum für Kriminalprävention" (*Wittkämper/ Kohl*) will die Kriminalprävention in Deutschland und Europa in Wissenschaft und Praxis fördern (Geschäftsstelle: 02 51-6 39 17). Seine Arbeitsfelder sind: Forschung/Koordination/Service, Aus- und Weiterbildung (in einer geplanten „Europäischen Akademie für Kriminalprävention"). Seit 1997 gibt das EZK die Fachzeitschrift **„Die Kriminalprävention"** heraus (2009 eingestellt). 69

**8. Die IMA**

70 Beim Bund besteht eine „Interministerielle Arbeitsgruppe Kriminalprävention“ (IMA), in der alle Bundesressorts vertreten sind (Leitung: *Blath*/BMJ), die einen Beitrag zur Kriminalprävention leisten können. Etwa ein- bis zweimal im Jahr finden Treffen statt, an denen Vertreter der von den jeweiligen Themen betroffenen Ministerien teilnehmen. Bei diesen Treffen werden Informationen ausgetauscht, Einzelfragen erörtert und Strategien, die z. B. das DFK betreffen, entwickelt. Die Einladenden waren bisher im Wechsel BMJ, BMI und das BMFSFJ. Die IMA ist auch auf den Deutschen Präventionstagen mit einem Informationsstand vertreten, der vom BMJ betreut wird.

**9. Deutscher Förderpreis Kriminalprävention**

70a Die „**Stiftung Kriminalprävention**“ (*Stüllenberg*), zu deren Kooperationspartnern die Deutsche Hochschule der Polizei (in Münster), der DPT, der Deutsche Städtetag und das DFK (in Berlin) gehören, vergibt jedes Jahr in Münster (beraten von einer prominenten Jury), einen „Förderpreis (50 000 Euro) Kriminalprävention“, der auch geteilt werden kann (Tel.: 0 25 01/44 47 14).

**10. „Landesinstitut für Präventives Handeln“**

70b Ein solches Institut hat das Saarland 2009 errichtet (Ltg. *Dörr*, Tel.-Nr. 06 81-5 01-38 40). Ziel ist die Beratung von Präventionsinstitutionen und die Förderung von Kooperationen.

**VII. Datenbanken**

71 Informationen über Präventionsprojekte und ihre erzielten oder angenommenen Wirkungen enthalten

72 – der **Infopool Prävention des BKA:** Kriminalprävention in Deutschland. Bund-Länder-Projektsammlung (im Internet) und

73 – das **Präventionsinformationssystem (PrävIS) des DFK** (vgl. Rdn. 67); ebenfalls abrufbar aus dem Internet.

FÜNFTER TEIL

# Das Opfer im Mitverursachungsprozeß der Straftat

Als eine Bedingung der Kriminalitätsentstehung kommt schließlich auch das Opferverhalten in Frage. Opferabhängig sind z.B. solche Delikte, die das Opfer selbst provoziert hat oder deren Art und Weise der Durchführung durch das Opferverhalten (mit-)bestimmt wurde. 1

***Beispiele:*** *(1) Der Pantoffelheld, der nach jahrelang ertragener Erniedrigung plötzlich (zurück-)schlägt. (2) Die betrogene Ehefrau, die ihren Mann umbringt. (3) Das Opfer der Vergewaltigung, das durch Schreien den Täter in Panik versetzt und diesen dadurch (aus Furcht vor Entdeckung) zum Töten veranlaßt.* 2

## § 19 Die Lehre vom Opferverhalten (Viktimologie)

**Literatur:** **Amelang,** M./**Schahn,** J./**Kohlmann,** D.: Techniken der Neutralisierung … in: MschrKrim 1988, S. 178ff; **Amelunxen,** C.: Das Opfer der Straftat, Hamburg 1970; **Clerici,** C./**Killas,** M.: Sind wir alle gleich vor dem Risiko eines Gewaltdeliktes? in: Crimiscope Heft 2, 1999, S. 1–7; **Daniels,** D.: Die Opfer des Betrugs, Diss., Freiburg 1980; **Darley,** J. M./**Latané,** B: Bystander Intervention in Emergencies, in: Journal of Personality and Social Psychology 1968, Nr. 4, S. 377–383; **Deusinger,** I.: Der Einbrecher, Göttingen 1993; **Eder-Rieder,** M. A.: Der Opferschutz. Schutz und Hilfe für Opfer einer Straftat in Österreich, Wien 1998; **Egg,** R. (Hrsg.): Tötungsdelikte – mediale Wahrnehmung, kriminologische Erkenntnisse, juristische Aufarbeitung, Wiesbaden 2002 (KuP Bd. 36); **Ehrlich,** C.: Betrüger und ihre Opfer, Hamburg 1967; **Elsner,** E./**Steffen,** W.: Vergewaltigung und sexuelle Nötigung in Bayern, München 2005; **Elz,** J.: Legalbewährung und kriminelle Karrieren von Sexualstraftätern, KUP Bd. 33, Wiesbaden 2001; **Elz,** J.: Sexuell deviante Jugendliche und Heranwachsende, Wiesbaden 2003 (KuP Bd. 41); **Fiedler,** J./**Hoppe,** R. u.a.: Anhaltewesen und Anhaltergefahren unter besonderer Berücksichtigung des „Kurztrampens", Wiesbaden 1989; **Hanisch:** Vergewaltigung in der Ehe, Bochum 1988; **Helmken,** D.: Vergewaltigung in der Ehe, Heidelberg 1979; **Hentig,** H. v.: The criminal and his victim, New Haven 1948; **Hentig,** H. v.: Das Verbrechen, Bd. 3, Berlin 1962; **Hillenkamp,** T.: Vorsatztat und Opferverhalten, Göttingen 1981; **KFG:** Vergewaltigung und sexuelle Nötigung in Bayern, München 2005; **Kirchhoff,** G. F./**Sessar,** K. (Hrsg.): Das Verbrechensopfer, Bochum 1979; **Kollischon,** H.: Massenkriminalität, in: *Kube,* E./*Störzer,* H. U./*Timm,* K. J. (Hrsg.): Kriminalistik. Handbuch für Praxis und Wissenschaft, Bd. 2, Stuttgart 1994, S. 359–379; **Kurth,** K. F.: Das Mitverschulden des Opfers beim Betrug, 1984; **Kiefl,** W./**Lamnek,** S.: Soziologie des Opfers – Theorie, Methoden und Empirie der Viktimologie, München 1986; **Landespräventionsrat (LPR) NRW** (Hrsg.): Alter – ein Risiko? Ältere Menschen als Opfer von häuslicher und institutioneller Gewalt, Münster 2005; **Laubenthal,** K.: Sexualstraftaten, Berlin 2000; **Lenz,** E.: Der Betrogene, Hamburg, 1961; **Michaelis-Arntzen,** E.: Die Vergewaltigung aus kriminologischer, viktimologischer und aussagepsychologischer Sicht, 2. Aufl., München 1994; **Olbing,** H./**Bachmann,** K. D./**Gross,** R.: Kindesmißhandlung, Köln 1989; **Ostendorf,** H.: Massenkriminalität: Massenhafte Begehung – massenhafte Bedrohung – Kriminalität der Masse, in: BewHi 2/1993, S. 162–175; **Paasch,** F. R.: Grundprobleme der Viktimologie, Diss. jur., Münster 1965; **Pagel,** F.: Vom Winkel-Chiffre zum Karo (Gaunersprache), in: Magazin für die Polizei Nov.-Heft 1996, S. 11–15; **Rössner,** D.: Gewaltbegriff und Opferperspektive bei der Vergewaltigung, in: FS für *Leferenz* 1983, S. 527ff; **Schall,** H./**Schirrmacher,** G.: Gewalt gegen Frauen und Möglichkeiten staatlicher Intervention, Stuttgart 1995; **Schall,** H./**Schirrmacher,** G.: Neue Perspektiven einer Intervention bei Gewalt gegen Frauen, in: FPR 11/1995, S. 284–289; **Schneider,** H. J.: Viktimologie – Wissenschaft vom Verbrechensopfer, Tübingen 1975; **Schneider,** H. J. (Hrsg.): Das Verbrechensopfer in der Strafrechtspflege, Berlin 1982; **Schneider,** H. J.: Situative Aspekte delinquenter Handlungen und der Prozeß des Opferwerdens, in: *Lösel,* F. (Hrsg.): Kriminalpsychologie, Weinheim 1983, S. 74–84; **Schneider,** H. J.: Sexualdelinquenz im Jugendalter und Beurteilung sowie Behandlung jugendlicher Sexualdelinquenten, in FS für *Jesionek,* Graz 2002, S. 165–187; **Schneider,** H. J.: Neue Erkenntnisse der kriminologischen Verbrechensopferforschung – ihre Auswirkungen auf die Opferpolitik, in: JR 9/2010, S. 375–385; **Schönfelder,** T.: Die Rolle des Mädchens bei Sexualdelikten, Stuttgart 1968; **Schüler-Springorum,** H.: Über Victimologie, in: Festschrift für *Honig,* Göttingen 1970; **Schwarzenegger,** C./**Thalmann,** U./**Zanolini,** V.: Mediation im Strafrecht: Erfahrungen im Kanton Zürich, 2006; **Schwind,** H.-D./**Zwenger,** G./ **Gietl,** S.: Der (non-helping)bystander-Effekt. Wie kommt es zu unterlassener Hilfeleistung? in: Kriminalistik 1991, S. 233–242; **Sielaff,** W.: Kriminalitätsopfer – Situation, Problematik, Hilfe. Erfahrungen aus der Opferarbeit im WEISSEN RING, in: Kriminalistik 4/2010, S. 212–217; **Sterbling,** A.: Kriminalitätsfurcht. Vergleiche, Entwicklungen und Erklärungen auf der Grundlage von Bevölkerungsbefragungen, in: Kriminalistik 2/2009, S. 72–79; **Stumpf,** T.W.: Opferschutz bei Kindesmißhandlungen, Neuwied 1995; **Sykes,** G. M./**Matza,** D.: **Techniques of Neutralization**: A Theoriy of Delinquency, in: ASR 1957, S. 664–670; Techniken der Neutralisierung: Eine Theorie der Delinquenz, in: *Sack,* F./*König,* R. (Hrsg.): Kriminalsoziologie, 2. Aufl., Frankfurt/M. 1974, S. 360–371; **Trube-Becker,** E.: Gewalt gegen das Kind. Vernachlässigung, Mißhandlung, sexueller Mißbrauch und Tötung von Kindern, Heidelberg 1982; **Trube-Becker,** E.: Mißbrauchte Kinder, Heidelberg 1992; **Volbert,** R.: Tötungsdelikte im Rahmen von Bereicherungstaten, München 1992; **von Danwitz,** K.-St.: Die justitielle Verarbeitung von Verstößen gegen § 323c StGB, Münster 2002; **Weis,** K.: Viktimologie: Wissenschaft oder Perspektive? in: *Kirchhoff,* G. F./*Sessar,* K. (Hrsg.): Das Verbrechensopfer, Bochum 1979, S. 15–37; **Weis,** K.: Die Vergewaltigung und ihre Opfer, Stuttgart 1982; **Werfel,** F.: Nicht der Mörder, der Ermordete ist schuldig, München 1920; **Zipf,** H.: Die Bedeutung der Viktimologie für die Strafrechtspflege, in: MschrKrim 1970, S. 1–13. **Vgl. auch Lit. bei Rdn. 23 und vor § 20.**

**Gliederung**



**1 bis 2** Während im 18. Jahrhundert das kriminelle Verhalten (die **Straftat**) im Mittelpunkt des (aufkeimenden) kriminologischen Interesses stand und Ende des 19. Jahrhunderts daneben die **Täterpersönlichkeit** in den Vordergrund rückte (vgl. *von Liszt*: Rdn. 42 zu § 4), hat sich die Lehre vom **Opferverhalten** (Viktimologie) erst in den letzten fünf Jahrzehnten des letzten Jahrhunderts (als besonderer Zweig der Kriminologie) etabliert. *Amelunxen* (1970, 18) spricht deshalb vom **„Dreiklang von Tat, Täter und Opfer“**, der mit diesem Stadium erreicht worden ist.

## I. Begriff und Aufgaben der Viktimologie

### 1. Opferdefinitionen

Der Begriff der „Viktimologie" (als Subdisziplin der Kriminologie) wird von dem lat. Wort „victima" (das Opfer) hergeleitet. Der Begriff des Opfers wird im Schrifttum allerdings unterschiedlich definiert: **3**

- *Nach **Paasch** (1965, 4 f) ist Opfer „diejenige natürliche oder juristische Person, die in einem von der Rechtsordnung geschützten Rechtsgut verletzt wird";*
- *Für das **Landeskriminalamt Niedersachsen** (Zentralstelle Prävention) ist Opfer im Sinne des polizeilichen Opferschutzes, „wer unmittelbar oder mittelbar durch strafrechtliche oder sonstige polizeilich relevante Ereignisse in seinem seelischen Wohlbefinden, seiner körperlichen Unversehrtheit, materiell/oder sozial beeinträchtigt wurde und Unterstützung und Hilfe benötigt, um die Folgen der Tat zu bewältigen und zu verarbeiten".*
- Nach ***Art. 1 (lit a) des Rahmenbeschlusses des Rates der EU** vom 15. März 2001 (vgl. Rdn. 43 zu § 20) ist „Opfer eine **natürliche** Person, die einen Schaden, insbesondere eine Beeinträchtigung ihrer körperlichen oder geistigen Unversehrtheit, seelisches Leid oder einen wirtschaftlichen Verlust als direkte Folge von Handlungen oder Unterlassungen erlitten hat, die einen Verstoß gegen das Strafrecht eines Mitgliedstaates darstellen". **Juristische** Personen werden in dieser Definition nicht erwähnt, weil es der EU nur um den einzelnen Menschen als Opfer geht.*

*Kaiser* (Lb. 1993, 314) hält hingegen die Herausbildung eines (besonderen) Opferbegriffes für „wissenschaftlich wenig fruchtbar", und zwar mit der Begründung, daß z.B. Wirtschafts- und Betriebskriminalität sowie Ladendiebstahl durch eine „sich verflüchtigende Opfereigenschaft gekennzeichnet" seien und deshalb durch eine Definition kaum erfaßt werden könnten. Dem hält zutreffend *Schneider* (1982, 12) entgegen, daß die Viktimologie „ohne einen irgendwie definierten Opferbegriff nicht zu arbeiten vermag". Hinzufügen darf man, daß eine Begriffsbestimmung auch aus didaktischen Gründen nützlich sein dürfte. **4**

### 2. Geschichte der Viktimologie

Die Rolle des Opfers ist schon von *Feuerbach* (1828) in seiner „aktenmäßigen Darstellung merkwürdiger Verbrechen" berücksichtigt worden (Rdn. 26 zu § 4). Mit der Relevanz des Opferverhaltens haben sich aber auch z.B. bereits *Ferri* (Rdn. 37 f zu § 4) befaßt sowie die Teilnehmer zweier früher internationaler Kongresse: 1835 in Paris und 1900 in Brüssel (vgl. *Nagel* in: *Kirchhoff/Sessar* 1979, 62). Eine viktimologische Forschung hat sich jedoch erst nach dem Zweiten Weltkrieg entwickelt. **5**

Wer die Viktimologie (den Begriff) „erfunden" hat, ist allerdings streitig. Nach *Nagel* (aaO) war es der Jerusalemer Rechtsanwalt Beniamin **Mendelsohn**, der bis 1951 in Rumänien lebte und dort (in Bukarest) **6** am 29. März 1947 den Ausdruck „Viktimologie“ in einem Vortrag vor der Rumänischen Gesellschaft für Psychiatrie offenbar benutzt (bzw. geprägt) hat (so auch *Schneider* 1987, 752). Etwa zur gleichen Zeit soll Fredric **Wertham** eine Opferwissenschaft gefordert haben (*Schneider* 1982, 10). Nachweislich erstmalig hat nach *Schneider* (1975, 21) jedoch Hans **von Hentig** den Begriff der „Viktimologie“ benutzt, und zwar bereits am 4. September 1934 in der Kölner Zeitung. Sicher ist ferner, daß *von Hentig* 1948 ein grundlegendes Werk über „The criminal and his victim“ (in den USA) veröffentlicht hat. Sicher ist auch, daß sich die Viktimologie inzwischen (wenn auch von manchen kritisch betrachtet) „in der ganzen Welt als wissenschaftlicher Renner“ herausstellen konnte (*Nagel* aaO).

7 Diese Entwicklung wird dokumentiert durch eine Flut einschlägiger Schriften (*Schüler-Springorum* schon 1970) , die seither vorgelegt wurden, sowie durch ein **„Internationales Symposium über Viktimologie“** (vgl. dazu *Schneider* Lb. 1987, 753), das bisher (2010) bereits 13mal stattfand: das erste 1973 in Israel (Jerusalem). Ausrichter ist immer die (auf Initiative des Münsteraner Kriminologen *Schneider*) 1979 gegründete **„World Society of Victimology“** (WSV). Die WSV fördert primär die Viktimologie als Wissenschaft, während sich die **International Organisation for Victim Assistance** (seit 2005) für die praktische Opferhilfe zuständig fühlt. Erste **Opferbefragungen**, die für beide Vereinigungen relevant sind, begannen (in Deutschland) Anfang der siebziger Jahre des letzten Jahrhunderts (vgl. Rdn. 54 zu § 2).

8 Auch staatliche und internationale Institutionen haben (in den 80er Jahren) die Opferperspektive entdeckt. So hat der Ministerrat des **Europarats** (vgl. Rdn. 2ff zu § 31) die „Europäische Konvention über die Entschädigung für Opfer von Gewalttaten“ (1983) verabschiedet sowie „Empfehlungen zur Rechtsstellung des Opfers im Strafrecht und Strafverfahren“ (1985). Zwei Jahre später (1987) folgten die „Empfehlungen des Ministerrates zu Opferhilfs- und Behandlungsprogrammen und zur Verhütung des Opferwerdens“. Und die **Vereinten Nationen** haben sich in einer „Declaration of Basic Principles of Justice for Victims of Crime and Abuse of Power“ (1986) auf den Opferschutz verständigt (alles zit. nach *Eder-Rieder* 1998, 12; ausführlicher auch *Schneider,* H. J. 2010, 376).

Erste **Gesetze zur Entschädigung von Verbrechensopfern** haben nach Neuseeland (1963) England, Einzelstaaten der USA sowie verschiedene Provinzen Kanadas und Australiens erlassen. In Österreich folgte 1972 ein „Bundesgesetz über die Gewährung von Hilfeleistungen an Opfer von Verbrechen“. Für die Bundesrepublik (mit West-Berlin) trat am 12. Mai 1976 das „Gesetz über die Entschädigung für Opfer von Gewalttaten“ (OEG) in Kraft und 1986 das **Opferschutzgesetz** (OSG). Weitere Gesetzgebung bei Rdn. 39 bis 41 b zu § 20.

9 Am 1. Juni 1977 nahm in der Bundesrepublik der **„WEISSE RING“** (gegr. am 24. Sept. 1976) seine Arbeit auf, ein „gemeinnütziger Verein zur Unterstützung von Kriminalitätsopfern und zur Verhütung von Straftaten e. V“ (Tel. Nr. 116 006) mit bundesweit über 420 Außenstellen

sowie ca. 3000 ehrenamtlichen Mitarbeitern (Präs. Roswitha *Müller-Piepenkötter*) und (2012) etwa 53 000 Mitgliedern (*Witt* in Kriminalistik 10/2012, 605). Als Alternative zum WEISSEN RING wurde am 10. März 1984 der Verein **„Opferhilfe – Hilfe für Opfer von Straftaten e. V."** gegründet. Darüber hinaus sind **staatliche Opferfonds** (in Stiftungsform) etabliert worden: etwa in Niedersachsen (2001) als „Stiftung Opferhilfe Niedersachsen" mit Sitz im MJ in Hannover (Nds. Rpfl. 2001, 452 ff), in Baden-Württemberg (2001) und Rheinland-Pfalz (2002). Im Vordergrund der Arbeit aller dieser Institutionen steht die Hilfe für Opfer von Gewalt- und Sexualstraftaten. Demgegenüber „schließt die von der Haftpflichtversicherungswirtschaft getragene ‚**Verkehrsopferhilfe** e. V.' Lükken im Kraftfahrzeugsversicherungs- und -haftpflichtrecht" (*Rössner/Wulf:* Opferbezogene Strafrechtspflege, 1984, S. 21). Zum Opferschutz in **Österreich** vgl. *Eder-Rieder* 1998, 15 ff.

### 3. Aufgaben der Viktimologie

Die Aufgaben, die sich Viktimologen gestellt haben, sind vielfältig. Insbesondere sollen im Rahmen viktimologischer Forschung untersucht werden (vgl. dazu auch Rdn. 18a zu § 8): **10**

- *erstens: die verschiedenen **Opferdispositionen**: dazu unten Rdn. 11 ff;*
- *zweitens: die **Rolle des Opfers bei der Verbrechensentstehung** (vor allem die Beziehung zwischen Täter und Opfer bei bestimmten Einzeldelikten): dazu unten Rdn. 17 ff und Rdn. 18a zu § 8;*
- *drittens: die **Neutralisierungstechniken** (Tatrechtfertigungen), die Täter opferbezogen zur eigenen Rechtfertigung ihrer Straftat (vor sich selbst) verwenden: dazu unten Rdn. 27 ff;*
- *viertens: das **Anzeigeverhalten des Opfers**: dazu Rdn. 4 ff zu § 20;*
- *fünftens: die **Beziehungen zwischen Opferfurcht und Opferwerden**: dazu Rdn. 24a zu § 20;*
- *sechstens: die **Berücksichtigung des Opferverhaltens bei der Strafzumessung** im Rahmen der Urteilsfindung: vgl. Rdn. 32 zu § 20;*
- *siebtens: die **Verbesserung der Stellung des Opfers im Strafprozeß** (Rdn. 37–42 zu § 20);*
- *achtens: die **Möglichkeiten der Verminderung des Viktimisierungsrisikos**: dazu z. B. Rdn. 13 zu § 15 und Rdn. 14 zu § 16;*
- *neuntens: die **Möglichkeiten der Schadenswiedergutmachung***;
- *zehntens: die **Folgewirkungen einer Viktimisierung**: Kriminalitätsfurcht (Rdn. 12 zu § 20) und Strafbedürfnisse als Ausdruck von Selbststabilisierungsversuchen (Rdn. 35c zu § 20);*
- *elftens: **Opferhilfs- und Behandlungsprogramme:*** zu ***Coping-(Bewältigungs-)Strategien** vgl. Rdn. 29f zu § 20.*

Zu **opferorientierten Kriminalitätstheorien** vgl. Rdn. 18a zu § 8.

## II. Opferdispositionen (Opfertypologien)

11 Einige Viktimologen haben Opfertypologien entwickelt, die auf der Erfahrung der unterschiedlichen Opferdispositionen aufbauen. Diese hat z.B. *Nagel* (in: *Kirchhoff/Sessar* 1979, 67) wie folgt beschrieben: „Es scheint offenkundig zu sein, daß, wie die schwächsten Tiere am leichtesten von ihresgleichen angegriffen werden, auch schwache Individuen am leichtesten zu Opfern von Angriffen werden. So sind Kinder und ältere Menschen physisch schwach wegen ihres Alters, oder es gibt Leute, die wegen ihres Geschlechts schwächer sind oder es zumindest scheinen, und wieder andere sind wegen ihrer begrenzten intellektuellen Fähigkeiten anfälliger, Opfer zu werden."

### 1. Die phänomenologische Typenbildung von v. Hentig

12 Die wohl bekannteste (und älteste) Opfertypologie stammt von **Hans von Hentig**, der nach mehr phänomenologischen Gesichtspunkten zwischen folgenden Opfergruppen differenziert hat (vgl. *v. Hentig* 1962, 439ff, und Beispiele bei *Amelunxen* 1970, 38):

- Opfer aufgrund besonderer ***räumlich-zeitlicher Situation****: Heiratsschwindel blüht z.B. in mondänen Kurorten; die Wochenenden sind opferträchtiger als die Werktage;*
- *Opfer aufgrund* ***familiärer Stellung****: Kindestötung, Kindesmißhandlung, Inzest, Eltern- und Gattenmord;*
- *Opfer aufgrund* ***beruflicher Stellung****: Mehr als andere sind z.B. opferanfällig: Taxifahrer oder Prostituierte;*
- *Opfer aufgrund* ***Gewinn- und Lebensgier****: Erstere lassen sich z.B. von einem Betrüger leicht überreden, Geld zu geben, um ungewöhnliche Gewinne einstreichen zu können; zu den letzteren gehört etwa der alternde Mann mit sexueller Torschlußpanik, der sich von jungen Mädchen ausnehmen läßt; (unerfahrene) Bürger, die vom schnellen Geld träumen und z.B. auf (Anlage-)Betrüger hereinfallen (dazu z.B. den Zeitungsausriß bei Rdn. 43 zu § 21);*
- *Opfer aus* ***Leichtgläubigkeit****: solche, die z.B. auf (überteuerte) Angebote auf Kaffeefahrten hereinfallen (dazu Rdn. 42 zu § 2);*
- *Opfer aufgrund* ***eigenen aggressiven Verhaltens****: der Haustyrann (dazu BGH NStZ 2004, 142), das „männliche Ekel", der „Weibsteufel", die in ihrer Familie Widerstände auslösen;*
- *Opfer aufgrund* ***rassischer, völkischer oder religiöser Minderheitensituation*** *(vgl. die Sündenbockhypothese Rdn. 41 zu § 6): Gefährdet sind (bzw. waren) z.B. Zigeuner (Roma und Sinti), Juden, Schwarze, Ketzer und Hexen;*
- *Opfer mit* ***reduziertem Widerstand****: z.B. die Frauen, die nach dem Krieg auf falsche „Grußbesteller" (angebliche Kameraden von Häftlingen oder Verschollenen) hereinfielen;*
- *Opfer aufgrund* ***besonderer biologischer Konstitution****: insbesondere wehrlose Menschen wie Kinder, Greise (dazu LPR NRW 2005), Schwachsinnige, Betrunkene oder Gebrechliche.*

Öffentliche Aufmerksamkeit haben insoweit Berichte über **Viktimisierungen in totalen Institutionen erregt**: etwa in (Alten-)Heimen (Vernachlässigungen), in (katholisch-) kirchlichen Einrichtungen (sexueller Mißbrauch) oder auch im Strafvollzug (Quälereien durch Mitgefangene). **12a**

*So hat eine Befragung des KFN in Justizvollzugsanstalten der Bundesländer Niedersachsen, Bremen, Brandenburg, Sachsen und Thüringen ergeben, daß sich jeder vierte Gefangene als Opfer körperlicher und/oder sexueller Gewalt einstuft. Mehr als die Hälfte der Befragten klagte über psychische Gewalt: durch Verunglimpfungen, Beschimpfungen und Mobbing (Bieneck/Pfeiffer 2012, 30ff; vgl. auch Rdn. 53b zu § 2).*

**Jeder vierte Häftling Opfer von Gewalt**

**Studie ermittelt Brutalität im Strafvollzug – Busemann: Werte nicht hinnehmbar**

aus: *NOZ* vom 17. Aug. 2012, 1

Darüber hinaus gibt es natürlich in (oder neben) allen Einteilungen auch die **Zufallsopfer** (d.h. solche, die austauschbar sind): etwa den unbeteiligten Reisenden, der bei der Flugzeugentführung zu den Opfern gehört, oder die zufällig Anwesenden bei Sprengstoffanschlägen (vgl. Rdn. 38 zu § 30) oder die zufälligen Geiseln bei Banküberfällen (vgl. z.B. auch Rdn. 19 zu § 13). **13**

Schließlich: Die Häufigkeit der Viktimisierung kann auch mit dem **Lebensstil** zu tun haben (vgl. dazu Rdn. 18b zu § 8). Wer sich z.B. viel (wie etwa eher jüngere als ältere Personen) nachts auf Straßen und Plätzen aufhält, wird eher (als das bei anderen der Fall ist, die zu Hause bleiben), Opfer von Gewaltstraftaten bzw. **Straßenkriminalität** (vgl. Rdn. 5 zu § 15): vor allem von Körperverletzungen und Raubtaten (vgl. *Clerici/Killias* 1999, 1ff). **14**

### 2. Zur Bedeutung der Opfertypologien

Über den wissenschaftlichen und praktischen Wert solcher Opfertypologien kann man sicherlich streiten. So wird z.B. kritisch vermerkt, daß die Einteilungen (zumindest zum Teil) „an der Vermengung gegensätzlicher Klassifikationssystematiken leiden" (*Hillenkamp* 1981, 226), keine „weiterführenden Erkenntnisse" bringen (*Kaiser,* Lb. 1996, 537) und „für die kriminologische Forschung nicht verwendbar" erscheinen (*Schneider* 1975, 57). *Hillenkamp* (aaO) gibt jedoch zu Recht zu bedenken, daß „in einer so jungen Wissenschaft wie der Viktimologie auch mit Schwächen beladene, intuitiv phänomenologische Typologien zu einer Systematisierung von Daten und zur Formulierung entscheidender Fragestellungen beitragen können". Bei aller Kritik darf man ferner nicht übersehen, daß eine Typologie dabei hilft, die Vielfalt des Opferverhaltens ins Blickfeld zu rücken, das nicht zuletzt auch im Rahmen der Strafzumessung (§ 46 StGB) Bedeutung besitzt. **15**

### 3. Das Opfer in der Gaunersprache

16 Interessant ist in diesem Zusammenhang vielleicht auch, daß z.B. die Gaunersprache „über bildkräftige Ausdrücke zur Kennzeichnung geeigneter Opfer verfügt“ (*Amelunxen* 1970, 37). Der landfahrende Kleinkriminelle (oder **Hausierer**) kennzeichnet die Haustüren (aber auch Mauern und Bänke usw.) der von ihm aufgesuchten Häuser mit unterschiedlichen **„Zinken“**, um nachkommende „Kollegen“ über die viktimologische Situation aufzuklären (vgl. dazu *Pagel* 1996ff und Übersicht 39).

*Übersicht 39:* Gaunerzinken

aus: *FOCUS* 24/2004, 170

## III. Zur Viktimologie der Einzeldelikte

17 Die Versuche zur Aufhellung der Täter-Opfer-Beziehung befassen sich primär mit bestimmten Delikten, nämlich mit den Tötungsverbrechen, der Kindesmißhandlung, den Sexualstraftaten und mit dem Betrug.

### 1. Tötungsverbrechen

18 *Werfels* Annahme (1920), daß „nicht der Mörder“, sondern „der Ermordete schuldig“ sei (Rollenumkehrung), ist bewußt überzeichnet, um das Problembewußtsein zu schärfen. Der Hinweis macht jedenfalls deutlich, daß es sich beim Mord, wie bei den Tötungsverbrechen und den

meisten Gewaltdelikten überhaupt, um ein **„Beziehungsdelikt"** handelt, also um eine Straftat, bei der sich Täter und Opfer nicht zum ersten Mal sehen. So kannten sich die Tatbeteiligten nach einer Arbeit von *Blühm* (1958) in 66 % aller Tötungsstraftaten schon vor der Straftat; bei *Krause* (1966) waren es 73 %, bei *Rasch* (1975) über 78 % und bei *Sessar* (1975) sogar 87 % (alle zit. nach *Sessar* in: *Kirchhoff/Sessar* 1979, 306; vgl. auch Rdn. 8a zu § 2). Seinem Aufsatz „über die verschiedenen Aussichten, Opfer einer gewaltsamen Tötung zu werden", stellt *Sessar* (aaO) folgendes Beispiel voran, das aus einer

***Zeitungsnotiz** aus der FR vom 14. März 1974 stammt. Dort hieß es wie folgt: „Heute feierten sie ihre Goldene, und die Nachbarn kamen, um zu gratulieren, und die Jubelbraut sagte: ‚Es war net immer leicht …', und der Herr Wenzel aus dem dritten Stock sagte: ‚Awwer Ihr habt dorschgehalte!', und das weißhaarige Fräulein Engelbrecht fragte: ‚Haben Sie nie an Scheidung gedacht in all den Jahren?', und die Jubelbraut sagte: ‚Naa! An Scheidung nie! Dadefier öfters an Mord!'."*

Zu Tötungsdelikten aus kriminologischer Sicht *Egg* 2002; zur Intimpartner-Tötung vgl. *Marneros* et al. in MschrKrim 2008, 241 ff; Zur Entwicklung der Tötungsdelikte in Deutschland: *Laue*, in Forens. Psychiatr. Psychol. Kriminol. 2/2008, S. 76–84).

## 2. Kindesmißhandlung

Kindesmißhandlung (vgl. auch Rdn. 45 zu § 6) hat oft damit zu tun, **19**
daß die Eltern – abgespannt durch Berufstätigkeit – die Nerven verlieren (*Schneider* 1975, 63 ff). Die Erscheinung der „Rabenmutter", also der Mutter, die ihre Kinder aus „reiner Böswilligkeit" quält, ist hingegen relativ selten (*Schneider* aaO). Zu Kindesmißhandlungen kommt es vielmehr eher dann, wenn das Kind „schwierig" ist – sich etwa im „Trotzalter" befindet (vgl. zum Trotzalter Rdn. 25 ff zu § 10). Am häufigsten sind deshalb Kinder in den ersten drei Lebensjahren betroffen (*Trube-Becker* 1982, 17 m. w. N.).

Da solche Mißhandlungen (§ 225 StGB) weniger auffallen, wird vermutet, „daß bei Gewalttaten gegen das Kind die Dunkelziffer besonders groß ist" (*Trube-Becker* aaO). Ins Hellfeld (das die Kriminalstatistik erfaßt) gelangen pro Jahr in der Bundesrepublik lediglich zwischen 3000 und 4000 Fälle der Kindesmißhandlung. Daß es sicher mehr sind, hat nach *Schneider* (aaO) auch damit zu tun, daß unsere Gesellschaft „gegenüber Kindesmißhandlung eine erstaunliche Langmut, Gelassenheit, ja Indifferenz" zeigt. Dazu folgendes:

***Beispiel:** Der Kinderschutzbund machte am Mittwoch, 31. August* **20**
*1983, (16 Uhr) in Hamburg (Oberaltenallee) folgendes Experiment (abgedruckt in HÖR ZU vom 24. September 1983, S. 30 f): Aus der Wohnung eines Mehrfamilienhauses (in der Nähe einer belebten U-Bahnstation) wurden von einem Tonbandgerät im Erdgeschoß bei geöffnetem Fenster das Gebrüll eines wütenden Mannes, klatschende Geräu-*

*sche von Schlägen und herzzereißende Schreie eines Kindes abgespielt. 989 Passanten sind innerhalb einer Stunde vorbeigegangen und müssen die Schreie gehört haben. Nur vier sind empört zur nahe gelegenen Polizeiwache gelaufen und haben den Vorfall gemeldet, drei haben an der Haustür geklingelt: sieben von 989; 982 Menschen sind weitergegangen: Erscheinung des **„non-helping-bystander“**.*

**20a** Unter dem **„non-helping-bystander-Effekt“** ist das zunächst merkwürdige Phänomen zu verstehen, daß die Anwesenheit anderer Personen (Zuschauer) am Tatort die individuelle Hilfsbereitschaft der Zuschauer (Bystander) nicht etwa erhöht, sondern hemmt.

Den Ausgangspunkt der entsprechenden Forschung bildete ein Fall aus New York, der von den Medien i.S. von Betroffenheit kommentiert wurde. Am 13. März 1964 befand sich die 28jährige Catherine **(„Kitty“) Genovese** im Stadtteil Queens um etwa 3 Uhr nachts auf dem Heimweg zu ihrem Appartement, als sie in einem Hinterhof überfallen wurde. Der Täter brauchte länger als 30 Minuten, um sein laut um Hilfe rufendes und sich heftig wehrendes Opfer nach drei Attacken schließlich zu erwürgen. Das Besondere an diesem Tötungsverbrechen bestand darin, daß keiner der insgesamt 38 Nachbarn, die durch die Schreie aufmerksam wurden und das Geschehen hinter den Gardinen ihrer Fenster beobachtet hatten, der jungen Frau zu Hilfe kam. Auch die Polizei wurde nicht (etwa telefonisch) verständigt. Warum war das so?

Wenn nicht geholfen wird (z.B. in öffentlichen Verkehrsmitteln), so hat die Forschung inzwischen ergeben (vgl. *Schwind et al.* 1998), hat das vor allem mit **„Verantwortungsdiffusion“** zu tun, die dadurch entsteht, daß sich der potentielle Helfer durch die Anwesenheit anderer Zuschauer (Bystander) weniger verantwortlich fühlt. Er weist die Verantwortung von sich („warum gerade ich?“) und beruhigt also das eigene Gewissen, indem er sich sagt, daß die anderen Beoachter der Notlage ja auch eingreifen könnten: „soziale Erleichterung“. Außerdem wird durch die erlebte Passivität der anderen Zuschauer, nämlich durch deren scheinbare Gleichgültigkeit („Nichtstun steckt an“), oft die Ernsthaftigkeit der Notsituation herunterspielt; sog. **pluralistische Ignoranz.**

Zu den weiteren **„situativen“** und **„personenbezogenen“** Einflußfaktoren vgl. *Schwind et al.* aaO. Unterlassene Hilfeleistung ist nach **§ 323c StGB** mit Strafe bedroht. Übrigens: Bystandern werden auch **Heilbehandlungskosten** bzw. Sachschäden, die mit ihrer Nothilfe zu tun haben, („kraft Gesetzes“) ersetzt (§§ 2, Abs. 2 Nr. 13a und 13c SGB VII).

**Lit.** dazu: z.B. *Darley/Latané* 1968; *Schwind/Zwenger/Gietl* 1991, 233ff; *Schwind/Roitsch/Gretenkordt/Gielen:* Alle gaffen – keiner hilft, Heidelberg 1998; *v. Danwitz* 2002; *Schwind,* E.-C.: Gesellschaft der Wegseher, in: Die Kriminalprävention 4/2004, 127ff.

Nach den (psychiatrischen) Untersuchungen, die *Steale* und *Pollock* durchgeführt haben (1978, 209), „ist es in der Mehrzahl der Fälle nur ein Elternteil, von dem die eigentliche Mißhandlung des Kleinkindes ausgeht. Allerdings trägt der Partner fast immer zu diesem Verhalten bei, indem er es entweder offen akzeptiert oder auf eine subtilere Weise bewußt oder unbewußt unterstützt" (z.B. *Schneider* 1975, 63ff, *Olbing* u.a. 1989, *Trube-Becker* 1992; *Stumpf* 1995). 21

### 3. Sexueller Mißbrauch von (Minderjährigen)

Auch bei dieser Straftat handelt es sich wiederum um ein **Beziehungsdelikt**. So hat z.B. *Schüler-Springorum* (schon 1970, 204) darauf verwiesen, daß „ein wichtiges Stück Victimologie dank Presse, Rundfunk und Fernsehen inzwischen Allgemeingut geworden ist: daß nämlich die Realität des sexuellen Mißbrauchs von Minderjährigen (§ 176 StGB), namentlich die der Kinderschändung, vom überkommenen Klischee der ahnungslosen Opfer von Dunkelmännern, Lustgreisen und unheimlichen Fremden in einigen Punkten wesentlich abweicht" (vgl. auch Rdn. 35 zu § 3). *Schönfelder* hat (bereits 1968, 19) festgestellt, daß die Täter nur in 18 % der Fälle (untersucht wurden Sexualstraftaten an 188 Mädchen mit Altersschwerpunkt zwischen 6 und 16 Jahren) dem minderjährigen Opfer unbekannt waren; in 25 % der Fälle wurden als Täter sogar der Vater oder Stiefvater des Opfers ermittelt. Zum sexuellen Mißbrauch: aus **soziologischer Sicht** *Endres/Scholl* (in NStZ 1994, 466ff); aus **kriminologischer Sicht** *Wetzels* (Opladen 1997, *Stekl* 2001 und *Elz* 2001). Zur sexuellen Kindesmißhandlung in der **katholischen Kirche** vgl. *Schneider* 2010, 380ff. Zur „Strafenpraxis bei Sexualdelikten in **Österreich**" vgl. *Grafl*, Wien 2009. 22

### 4. Vergewaltigung

Die Vergewaltigung (§ 177 StGB) gilt als „das für die Verknüpfung der Täter-Opfer-Beziehung klassische Delikt" (*Weis* 1979, 26). 23

Ein Beispiel „bildet das Trampen junger Mädchen und Frauen, die sich dadurch einem erhöhten Risiko aussetzen, vergewaltigt zu werden (vgl. dazu *Fiedler/Hoppe* u.a. 1989). Der Täter kann sich sein Opfer auswählen. Er kann rational und mit Bedacht einen für die Vergewaltigung besonders geeigneten Tatort und zuweilen sogar eine besonders günstige Tatzeit aussuchen. Er kann das Opfer leicht sozial isolieren und seinen Widerstand besonders in den Fällen brechen, in denen die Anhalterin alleine trampt" (*Schneider* 1982, 15; vgl. auch *Fiedler* J. et al.: Anhalterwesen und Anhaltergefahren, Wiesbaden 1989).

Die Frage, die insoweit häufig gestellt wird, ist die, ob sich eine Frau in einer Vergewaltigungssituation zur Wehr setzen soll oder nicht. Wiederum *Schneider* (1983, 83; bestätigt durch *Burgheim/Friese* in Kriminalistik 8–9/2008, 486ff) dazu:

*„Befindet sie sich in einer Notzuchtsituation, so sollte sie wenigstens durch ein unmißverständliches ‚Nein' Klarheit schaffen. Empirisch-viktimologische Untersuchungen haben ergeben, daß potentielle Opfer in etwa einem Drittel der Fälle durch Widerstandleisten in einer Notzuchtsituation ihre Vergewaltigung verhindern konnten ... Bei einer Befragung von Notzuchttätern stellte sich heraus, daß sich immerhin 30 % allein durch einen klaren, unmißverständlichen Widerspruch des Opfers hätten abschrecken lassen. Es wird allerdings auch empfohlen, daß das Opfer in der Notzuchtsituation teilweise nachgeben soll, um Zeit zu gewinnen und dem Täter sicher und unverletzt zu entkommen. Das Opfer soll den Täter wie ein menschliches Wesen und nicht wie einen ‚tollen Hund' behandeln. Es soll ihn durch lange Gespräche ablenken, und es soll sich unattraktiv, unweiblich und vulgär benehmen, um den Täter abzuschrecken. Ob solche Methoden der Selbstverteidigung erfolgreich sind, vermag die Viktimologie derzeit noch nicht mit einigermaßen großer Sicherheit zu sagen. Das Opfer darf jedenfalls – wenn möglich – keine Furcht zeigen."*

Man darf aber auch nicht übersehen, daß das Opfer, das sich nicht wehrt, später erfahrungsgemäß der Situation ausgesetzt wird, daß ihm das Gericht die Vergewaltigung bzw. den Versuch dazu nicht glaubt (zur sekundären Viktimisierung vgl. Rdn. 27 zu § 11) und den Täter freispricht. Zum Thema „Die Vergewaltigung und ihre Opfer" vgl. *Weis* 1982 und *KFG* 2005; zur „Vergewaltigung in der Ehe" vgl. *Michaelis-Arntzen* 1994; zur Vergewaltigung und zur sexuellen Nötigung in Bayern vgl. *Elsner/Steffen* 2005; zu Ergebnissen psychologischer Forschung zur Vergewaltigung vgl. *Sczesny/Krauel* in MschrKrim 1996, 338ff. Zu Sexualstraftaten insgesamt *Laubenthal* 2000. Zur Behandlung (jugendlicher) Sexualdelinquenten vgl. *Schneider* 2002; zu gefährlichen Sexualstraftätern und ihren Karriereverläufen vgl. *Elz* (Wiesbaden 2011/KuP Bd. 61); zu rückfallgefährdeten Sexualstraftätern in Hessen" vgl. *Koch-Arzberger et al.* in: Hess.LKA Bd. 3, Wiesbaden 2011.

*Die **Meldebereitschaft ist bei Sexualstraftaten** relativ gering; das **Dunkelfeld** (vgl. Rdn. 34 zu § 2) also groß. Derzeit ist davon auszugehen, daß nur „in etwa 10 bis 15 % der Fälle Meldung gemacht wird." (Bullens/Egg in BewHi 2/2003, 277).*

Zu Exhibitionisten vgl. den gleichnamigen Titel von *Elz/Jehle/Kröber* (Wiesbaden 2004/KuP Bd. 43).

## 5. Betrugsdelikte

**24** Daß der Vielfalt der Spielarten des Betruges eine Vielfalt der Typen von Betrugsopfern entspricht, kann kaum überraschen: „Man halte nur einmal die Opfer einer schwindelhaften Baufirma, eines Bettelbetrügers, eines unredlichen Abzahlungskäufers, eines Versicherungsbetrügers, eines Heiratsschwindlers und eines Zechprellers nebeneinander" (*Schüler-Springorum* 1970, 204). Wie leichtgläubig manche Betrugsopfer sind (vgl. auch oben Rdn. 12), zeigt im Übrigen folgendes von *Ehrlich* (1967, 365) gebrachtes

***Beispiel:*** *„In einer New Yorker Zeitung erschien eines Tages folgen-* 25
*des Inserat: ‚Bringt mir einen Dollar! Smith, 47. Straße Nr. 7.' Am folgenden Tage stand an der gleichen Stelle ein doppelt so großes Inserat mit den Worten: ‚Ihr könnt mir den Dollar noch bis morgen bringen! Smith, 47. Straße Nr. 7.' Am dritten Tag erschien ein Inserat, dreimal so groß wie das erste: ‚Wenn Ihr den Dollar nicht bis heute 4 Uhr nachmittags in meinem Büro abgeliefert habt, ist es zu spät! Smith, 47. Straße Nr. 7.'"*

*Schwindel? – Ausnahmsweise nicht! – Es handelte sich lediglich um eine harmlose Wette. Sie ist aber für uns sehr lehrreich.*

*Smith hatte nämlich mit seinem Freund gewettet, daß die Dummheit der Menschen so groß sei, daß mindestens 100 Menschen auf ein Inserat, das absolut nichts verspreche, sondern nur Geld fordere, auch prompt solches zahlen werden. Smith gewann die Wette. Nicht nur 100, sondern sogar 1600 Menschen lieferten auf das Inserat hin je einen Dollar im Büro des Herrn Smith ab. 1600 Menschen hatten, ohne Aussicht auf irgendwelche Gegenleistung, je einen Dollar geopfert!*

In Deutschland hat das jemand nachgeahmt (vgl. Zeitungsausriß).

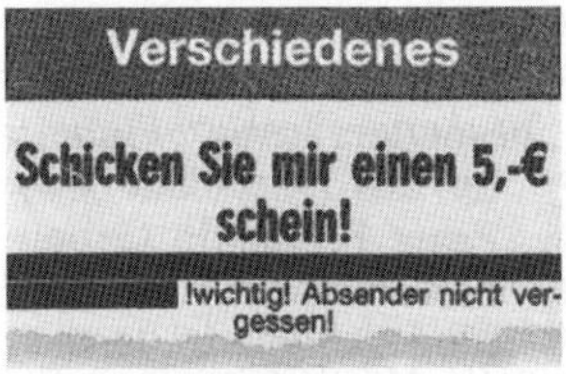


Anzeige im „Hamburger Abendblatt"

aus: *SPIEGEL* 36/2009 S. 154

(Zur Viktimologie des Betrugs *Daniels* 1980, *Lenz* 1961, *Ehrlich* 1967; zum „Mitverschulden des Opfers beim Betrug": *Kurth* 1984; zu „Betrug und Opfermitverantwortung" sowie zur „Kriminologie des Betrugs": *Ellmer* 1986.)

**6. Massenstraftaten**

Wenn die Verkehrsbetriebe auf die Kontrolle ihrer Fahrgäste verzich- 26
ten, dürfen sie nicht überrascht sein, wenn ihr Vertrauen auch mißbraucht wird. Und wenn die Geschäfte auf Selbstbedienung umstellen, sollten sie sich nicht wundern, wenn auch Straftäter zugreifen. Wie risikolos das tatsächlich geschieht, zeigt ein Experiment (vgl. § 2 Rdn. 41). In diesem Zusammenhang ist ferner die auch zum Diebstahl verleitende Verkaufswerbung mit Slogans wie **„Greifen Sie zu"**, **„Jetzt mitnehmen – später zahlen"** zu erwähnen oder die verkaufsfördernde Plazierung der Waren (vgl. dazu *Brusten/Hoppe* 1986, 56). Offene Fenster oder verglaste Außentüren reizen zum Einbruch (*Deusinger* 1993). Zum **Ladendiebstahl** vgl. *Schmitz*: Der Ladendiebstahl, Neuried 2000, zum **(Graffiti)**-Vandalismus (Rdn. 19 zu § 13) vgl. *Kühl* in FS Weber 2004, 413ff sowie

*Neubacher* in ZStW 4/2006, 871ff; zum **Schwarzfahren** vgl. *Hubmayr,* Schwarzfahren, Wien 2000, zum **„Sozialleistungsbetrug"** vgl. *Ihm/Stupperich* in Kriminalistik 2007, 667 und *PSB* 2006, 208f; zu „Autokratzereien" vgl. Rdn. 35 zu § 3. Zur Massenkriminalität allgemein vgl. *Ostendorf* 1993, 162ff, *Kollischon* 1994, 359ff und *Streng:* Massenkriminalität – Befunde der Kriminologie, in: ZJJ 2008, 148ff.

## IV. Opferorientierte Neutralisierungstechniken zur Täterrechtfertigung

27 Opferbezogen sind ferner die Neutralisierungstechniken, mit denen der Täter **seine Tat vor sich selbst und vor anderen zu rechtfertigen** sucht (Neutralisierungstheorie). Diese „Techniken der Neutralisation" werden (nach *Sykes* und *Matza* 1957, 667ff; 1974) wie delinquentes Verhalten **erlernt** (zu den lerntheoretischen Ansätzen vgl. Rdn. 20ff zu § 6). Insoweit sind u.a. folgende Argumentationsmuster beobachtet worden (vgl. dazu auch *Amelang/Schahn/Kohlmann* 1988, 178ff und *Walter* in FS für Schwind 2006, 1158ff):

- ***erstens:*** *Der Täter* ***lehnt die eigene Verantwortung ab****, d.h. er macht sich nicht selbst, sondern andere (bzw. soziale Umstände) für sein Handeln verantwortlich: etwa lieblose Eltern, schlechte soziale Entwicklungsbedingungen („unglückliche Jugend");*
- ***zweitens:*** *Der Täter entschuldigt seine Tat damit (Verharmlosung), daß ja niemand zu Schaden gekommen sei, weil z.B. die* ***Versicherung*** *alles bezahlt;*
- ***drittens:*** *Der Täter redet sich ein,* ***Vergeltung zu üben,*** *Rächer zu sein; das Opfer ist schuld, es „verdient" seine Viktimisierung. Terroristen, die die Gesellschaftsordnung durch kriminelle Akte bekämpfen, pflegen so zu argumentieren;* ***Rächermentalität*** *entwickeln oft auch Rechtsextremisten, die sich als Vollstrecker in einem* ***Kampf gegen Überfremdung*** *verstehen und auf diese Weise ihr Gewissen neutralisieren (beruhigen), wenn sie Ausländer attackieren;*
- ***viertens:*** *Der Täter macht sich ein sein Verhalten vermeintlich* ***rechtfertigendes Feindbild*** *vom Opfer. So wird dem Opfer ein schlechter Ruf nachgesagt (etwa Prostitution, Alkohol- und Drogenkonsum) oder das Opfer wird als wertlos betrachtet (als „Bulle" oder „Chaot" oder als „Untermensch" aus der Sicht des NS-Staates): Dehumanisierung des Opfers;*
- ***fünftens: „Verdammung der Verdammenden:*** *der Spieß wird umgedreht, z.B. Bezeichnung der Polizei als korrupt, Hinweise auf Verfehlungen der Mächtigen und Kontrolleure" (so Walter: Jugendkriminalität 1995 und Rdn. 31 zu § 23);*
- ***sechstens:*** *Der Täter sieht das Opfer* ***„entpersonalisiert";*** *anonyme Personenmehrheiten oder juristische Personen, die er schädigt, sind für ihn keine Opfer („Die Kaufhäuser machen sowieso genug Gewinn" oder „Das ist bereits im Preis mit einkalkuliert".) Dieser Tendenz, heißt es bei Schneider (1982, 16), „versuchen nordamerika-*

*nische Hotelketten z. B. durch Vorbeugungstechniken entgegenzuwirken. Man findet in den Zimmern beispielsweise folgenden Hinweis: ‚**Wenn nach Ihrer Abreise Handtücher fehlen, wird das Zimmermädchen dafür verantwortlich gemacht!**‘ Das große Unternehmen wird als Familienbetrieb deklariert. Das potentielle Verbrechensopfer wird ‚personalisiert‘. ‚Ehrliche‘ Menschen würden niemals einen Freund oder Nachbarn bestehlen oder betrügen.“*

## § 20 Viktimologie in der Praxis von Polizei und Justiz

**Literatur:** **Amelunxen,** C.: Das Opfer der Straftat. Ein Beitrag zur Viktimologie, Hamburg 1970; **Arzt,** G.: Der Ruf nach Recht und Ordnung. Ursachen und Folgen der Kriminalitätsfurcht in den USA und in Deutschland, Tübingen 1976; **Bach,** St.: Die Zusammenarbeit von privaten Sicherheitsunternehmen, Polizei und Ordnungsbehörden, Holzkirchen/Obb. 2008; **Baier**, D./**Kemme**, St./**Hanslmaier**, M./**Doering**, B. et al.: Kriminalitätsfurcht, Strafbedürfnisse und wahrgenommene Kriminalitätsentwicklung, Hannover 2011 (KFN); **Barton**, St.: Strafrechtspflege und Kriminalpolitik in der viktimären Gesellschaft, in: *Barton,* St/*Kölbel,* R. (Hrsg.): Ambivalenzen der Opferzuwendung des Strafrechts, Baden-Baden 2012, S. 111–137; **Baurmann,** M.: Kriminalitätsopfer – vom Staat vergessen?!, in: der Kriminalist 2000, S. 394–398; **Baurmann,** M. C./**Schädler,** W.: Das Opfer nach der Straftat – seine Erwartungen und Perspektiven, Wiesbaden 1991; **Baurmann,** M./**Schädler,** W.: Opferbedürfnisse und Opfererwartungen, in: BKA (Hrsg.): Das Opfer und die Kriminalitätsbekämpfung, Wiesbaden 1996; **Bemmann,** G.: Täter-Opfer-Ausgleich im Strafrecht, in: JR 6/2003, 226–231; **Beste,** H.: Neue Sicherheit für die Stadt, in: Neue Kriminalpolitik 1/2000, S. 17–21; **Bilsky,** W./**Wetzels,** P./**Mecklenburg,** E./**Pfeiffer,** C.: Kriminalitätsfurcht und kriminelle Viktimisierung im Leben älterer Menschen in den alten und neuen Bundesländern, in: KFN-Forschungsberichte, Hannover 1993; **Bilsky,** W./**Wetzels,** P./**Meckenlenburg,** E./**Pfeiffer,** C.: Subjektive Wahrnehmung von Kriminalität und Opfererfahrung, in: *Kaiser,* G./*Jehle,* J.-M. (Hrsg.): Kriminologische Opfererfahrung, Teilband II, Heidelberg 1995, S. 73–106; **Blinkert,** B.: Unsicherheitsbefindlichkeit als „sozialer Tatbestand“, in MschrKrim 2/2010, S. 106–125; **Böttcher,** R.: Das Recht des Opfers auf Erhalt von Informationen im deutschen Strafprozeß, in: FS für *Miklau*, Innsbruck 2007, S. 67–89; **Boers,** K.: Kriminalitätsfurcht, in: MschrKrim 1993, S. 65–82; **Boers,** K.: Kriminalität und Kriminalitätsfurcht im sozialen Umbruch, in: Neue Kriminalpolitik 2/1994, S. 27–31; **Bosold,** C.: Polizeiliche Übergriffe, Baden-Baden 2006; **Bott**, K./**Koch-Arzberger**, C.: Der Faktor Furcht: Auswirkungen der islamistischen Terrorgefahr, in: MschrKrim 2/2012, S. 132–141; **Coester,** M./**Kerner,** H.-J.: Die Bürgerbefragung in Aalen 2002, in: forum kriminalprävention 3/2003, S. 38–39; **Deegener,** G.: Psychische Folgeschäden nach Wohnungseinbruch, Mainz 1996; **Dölling,** D. u. a: Täter-Opfer-Ausgleich, Bad Godesberg 1998; **Dölling,** D./**Hartmann,** A./**Traulsen,** M.: Legalbewährung nach Täter-Opfer-Ausgleich im Jugendstrafrecht, in: MschrKrim H 3/2002, S. 185–193; **Dölling,** D.: Zur Legalbewährung nach Täter-Opfer-Ausgleich im Erwachsenenstrafrecht, in: FS für Stöckel, Berlin 2010, S. 349–360; **Dörmann,** U.: Wie sicher fühlen sich die Deutschen?, Wiesbaden 1996; **Dörmann,** U./**Remmers,** H.: Sicherheitsgefühle und Kriminalitätsbewertung, Neuwied 2000; **Dolata**, U.: Corporate Culture der Polizei zwischen „Code of Ethics“ und Compliance, in: Kriminalistik 3/2011 S. 139–144; **Eder-Rieder,** M. A.: Der Schutz des Verbrechensopfers in Österreich, in: ZStW 1997, S. 701–724; **Eikens**, A./**Hartmann**, A.: Täter-Opfer-Ausgleich in Deutschland, Berlin 2011; **Feltes,** Th.: Legitime und illegitime Gewaltanwendung durch die Polizei, in: *Heitmeyer,* W./*Schröttle,* M. (Hrsg.): Gewalt-Beschreibung, Analysen, Prävention, Bonn 2006, S. 539–556; **Feltes**, Th.: Polizeiliche Verfolgungsfahrten und der Jagdinstinkt, in: Polizei und Wissenschaft 2/2011, S. 15–23; **Feltes**, Th.: Polizeiliches Fehlverhalten und Disziplinarverfahren – ein ungeliebtes Thema, in: Die Polizei 10/2012, S. 285–292 und 11/2012, S. 306–314; **Fetchenhauer,** D.: „Hinter jedem Baum ein Mörder?“, Bochum 1999; **Forschungsgruppe** „Kommunale Kriminalprävention in Baden-Württemberg“: Viktimisierungen, Kriminalitätsfurcht und Bewertung der Polizei in Deutschland, in: MschrKrim 1998, S. 67–82; **Gefeller,** I./**Trudewind,** C.: Bedrohtheitsgefühl: Erfassung, Verteilung und Beziehungen zu ökologischen Variablen und Persönlichkeitsvariablen, in: *Schwind,* H.-D./*Ahlborn,* W./*Weiß,* R. (Hrsg.): Empirische Kriminalgeographie (Kriminalitätsatlas), BKA-Forschungsreihe, Bd. 8, Wiesbaden 1978, S. 309–337; **Gelhausen**, R./**Weiner**, B.: Opferentschädigungsgesetz – Kommentar, 5. Aufl. München 2010; **Görgen**, Th.: Zum Stand der internationalen viktimologischen Forschung, in: *Barton,* St./*Kölbel,* R.(Hrsg.) Ambivalenzen der Opferzuwendung des Strafrechts, Baden-Baden 2012, S. 89–109; **Görgen,** Th./**Herbst,** S./**Kotlenga,** S./**Nägele,** B./**Rabold,** S.: Kriminalitäts- und Gewalterfahrungen im Leben älterer Menschen, Berlin (BMI) 2009; **Göschl,** A./**Milanés,** A.: Sicherheit durch Wachsamkeit?, in: KrimJ 1997, S. 275–291; **Greenberg,** M. S./**Ruback,** R. B.: After the Crime, Victim Decision Making, New York 1992; **Hale,** C.: Fear of Crime, in: International Review of Victimology 1996, S. 79–137; **Hartmann,** A.: Mediation und Verfahrensgarantien, in: *Barton,* St. (Hrsg.): Beziehungsgewalt und Verfahren, Baden-Baden 2004, S. 77–90; **Heinz,** W./**Spiess,** G.: Kriminalitätsfurcht – Befunde aus neueren Repräsentativbefragungen, in: *Jehle,* J.-M.: Raum und Kriminalität, Mönchengladbach 2001, S. 147–191; **Henig/Maxfield**.: Reducing Fear of Crime, 1978; **Herbst,** S.: Untersuchungen zum Viktimisierungs-Furcht-Paradoxon, Baden-Baden 2011; **Hering,** R.-D./ **Rössner,** D. (Hrsg.): Täter-Opfer-Ausgleich im allgemeinen Strafrecht, Bonn 1993; **Herrnkind,** M.: Möglichkeiten and Grenzen polizeilicher Binnenkontrolle, in: *Herrnkind,* M./*Scheerer,* S. (Hrsg.): Die Polizei als Organisation mit Gewaltlizenz, Münster 2003, S. 131–155; **Hirtenlehner,** H.: Kriminalitätsfurcht – Ergebnis unzureichender Coping-Ressourcen? MschrKrim 2006, S. 1–23; **Hirtenlehner**, H./**Hummelsheim**, D.: Schützt soziale Sicherheit vor Kriminalitätsfurcht? in: MschrKrim 3/2011, S. 178–198; **Isensee,** J.: Das Grundrecht auf Sicherheit. Zu den Schutzpflichten des freiheitlichen Verfassungsstaates, 1983; **Jasch,** M./**Hefendehl,** R.: Kriminalgeographie und Furcht in ostdeutschen Städten, in: MschrKrim 2001, S. 67–81; **Kerner,** H.-J.: Kriminalitätseinschätzung und innere Sicherheit, Wiesbaden 1980, S. 111ff; **Kerner,** H.-J.: Verbrechensfurcht und Viktimisierung, in: *Haesler,* W. T. (Hrsg.): Viktimologie, Diesenhofen 1986, S. 131–159; **Kerner,** H.-J.: Opferrechte/ Opferpflichten, 6. Aufl., Mainz 1999; **Keudel,** A.: Die Effizienz des Täter/Opfer-Ausgleichs. Eine empirische Untersuchung von Täter/Opfer-Ausgleichsfällen aus Schleswig-Holstein, Mainz 2000; **Kilchling,** M.: Opferinteressen und Strafverfolgung, Freiburg 1995; **Killias,** M.: Diskriminierendes Anzeigeverhalten von Opfern gegenüber Ausländern? in: MschrKrim 1988, S. 156–165; **Killias,** M.: „Wiedergutmachung" – Bedürfnisse des Opfers oder blaue Blume? in: *Eser,* A./*Kaiser,* G./ *Madlener,* K. (Hrsg.): Neue Wege der Wiedergutmachung im Strafrecht, 1990; **Krahn,** H./**Kennedy,** L. W.: Producing Personal Safety: Parallel Production, Police, Fear and Crime, Edmonton 1985; **Kräupl,** G./**Ludwig,** H.: Wahrnehmung von Kriminalität und Sanktionen im Kontext gesellschaftlicher Transformation, Freiburg i.Br. 2000; **Kunz,** K. L.: Die Verbrechensfurcht als Gegenstand der Kriminologie und als Faktor der Kriminalpolitik, in: MschrKrim 1983, S. 162–174; **Kunz**, E./**Zellner**, G./**Gelhausen**, R./**Weiner**, B.: Opferentschädigungsgesetz – Kommentar, 5. Aufl. München 2010; **Kury,** H./**Lichtblau,** A./**Neumaier,** A./**Obergfell-Fuchs,** J.: Kriminalitätsfurcht, in: Schweizerische Zeitschrift für Kriminologie 1/05, S. 3–19; **Kury,** H./**Obergfell-Fuchs,** J.: Kriminalitätsfurcht und Alter, in: MschrKrim 1998, S. 198–217; **Kury,** H./**Obergfell-Fuchs,** J.: Kriminalitätsfurcht in Deutschland, in: Kriminalistik 1998, S. 26–36; **Kury,** H./**Dörmann,** U./**Richter,** H./**Würger,** M.: Opfererfahrungen und Meinungen zur Inneren Sicherheit, Wiesbaden 1992; **Kürzinger,** J.: Private Strafanzeigen und polizeiliche Reaktion, Berlin 1978; **Lazarus,** R. S.: Stress und Stressbewältigung – ein Paradigma, in: Filipp (Hrsg.): Kritische Lebensereignisse, München 1981, S. 198–232; **Löschnig-Gspandl,** M.: Die Wiedergutmachung im österreichischen Strafrecht, Wien 1996; **Lüdemann,** C.: Kriminalitätsfurcht im urbanen Raum, in: KZfSS 58/2006, S. 285–306; **Ludwig,** H./ **Kräupl,** G.: Viktimisierung, Sanktionen und Strafverfolgung, Mönchengladbach 2005; **Mayhew,** P.: Measuring the Effects of Crime in Victimization Surveys, in: *Bilky,* W./*Pfeiffer,* C./*Wetzels,* P.: Fear of Crime and Criminal Victimization, Stuttgart 1993; **Mirrless-Black** C./**Budd** T.: Policing and the Public, London 1997; **Naplava,** Th.: Kriminalitätsfurcht und registrierte Kriminalität, in: MschrKrim 1/2008, S. 56–73; **Naplava**, Th./**Kania**, H.: Kriminalitätsfurcht im gesellschaftlichen Kontext, Teil 2: Mediennutzung und Kriminalitätsfurcht, in: Kriminalistik 1/2012, S. 22–26; **Neubacher**, F./ **Seher**, G.: Das Gesetz zur Strafbarkeit beharrlicher Nachstellungen (§ 238 StGB), in: JZ 21/2007, S. 1029–1036; **Oberwittler,** D.: Die Entwicklang von Kriminalität und Kriminalitätsfurcht in Deutschland – Konsequenzen für die Kriminalprävention, in: Deutsche Zeitschrift für Kommunalwissenschaften 2003, S. 31–52; **Oevermann,** M./**Rolfes,** M./**Hunsicker,** E./**Wellmann,** W./**Zimmerer,** W./**Voges,** E.: Kriminologische Regionalanalyse Osnabrück, 2007/08, Osnabrück 2008; **Olschok,** H.: in Die Kriminalpolizei 3/06, S. 103ff; **Ostendorf,** H.: Der Mißbrauch von Opfern zum Zwecke der Strafverschärfung, in: Praxis der Rechtspsychologie 18 (Oktober 2008), S. 82–96; **Pitschas,** R.: Polizei und Sicherheitsgewerbe, Wiesbaden 2000; **Plate,** M./**Schwinges,** U./**Weiß,** R.: Strukturen der Kriminalität in Solingen, Wiesbaden 1985; **Puschke,** J.: Online-Strafanzeigen aus kriminologischer Sicht, in: MschrKrim 2005, S. 380–390; **Reuband,** K.-H.: Determinanten der Anzeigebereitschaft unter Opfern von Eigentumskriminalität, in: MschrKrim 1981, S. 212–223; **Reuband,** K.-H.: Viktimisierung und Anzeigebereitschaft, in: Kriminalistik 1999, S. 513–519; **Reuband,** K.-H.: „Der Standardindikator" zur Messung der Kriminalitätsfurcht – in „skandalöser Weise" unspezifisch und in der Praxis dennoch brauchbar? in: MschrKrim 2000, S. 185–195; **Rölle,** D./**Flade,** A.: Theorien und Modelle zur Erklärung von Unsicherheitsgefühlen im öffentlichen Raum, in: Kriminalistik 12/2004, S. 774–780 **Rössner,** D.: Gerechtigkeit für Gewaltopfer durch Kriminalstrafe?, in: BewHi 1/94, S. 18–25; **Rössner,** D./**Bannenberg,** B./**Kerner,** H.-J./**Weitekamp,** E.: Mediation und Täter-Opfer-Ausgleich bei Gewaltstraftaten in Paarbeziehungen, Baden-Baden 1999; **Rosellen,** R.: Private Verbrechenskontrolle – eine empirische Untersuchung zur Anzeigeerstattung, in: *Forschungsgruppe Kriminologie* (Hrsg.): Empirische Kriminologie, Freiburg 1980, S. 93–112; **Schneider,** H. J.: Viktimologie. Wissenschaft vom Verbrechensopfer,

Tübingen 1975; **Schwarzenegger,** C.: Die Einstellung der Bevölkerung zur Kriminalität und Verbrechenskontrolle, Freiburg 1992; **Schwind,** H.-D.: Schafft Kriminalität Arbeitsplätze im Sicherheitsgewerbe? in: *Stober*, R.: Der Beitrag des Bewachungsgewerbes zur Sicherheit bei Großveranstaltungen, Köln 2007, S. 37–50; **Schwind,** H.-D.: Zur Mauer des Schweigens, in: Kriminalistik 1996, S. 161–167; **Schwind,** H.-D.: Zum Ansehen der Polizei in der Bevölkerung und seiner kriminalpolitischen Relevanz, in FS für H.-L. *Schreiber* zum 70. Geburtstag, Heidelberg 2003, S. 461–469; **Schwind,** H.-D./**Ahlborn,** W./**Eger,** H. J. et al.: Dunkelfeldforschung in Göttingen 1973/74, BKA-Forschungsreihe, Bd. 2, Wiesbaden 1975; **Schwind,** H.-D./**Ahlborn,** W./**Weiß,** R. (Hrsg.): Empirische Kriminalgeographie, Wiesbaden 1978; **Schwind,** H.-D./**Ahlborn,** W./**Weiß,** R.: Dunkelfeldforschung in Bochum – Eine Replikationsstudie, Wiesbaden 1989; **Schwind,** H.-D./**Fetchenhauer,** D./**Ahlborn,** W./**Weiß,** R. et al.: Kriminalitätsphänomene im Langzeitvergleich am Beispiel einer Großstadt (Bochum) 1975/86/98, Wiesbaden 2001; **Schwind,** J.-V.: Zum Ansehen der Polizei und seiner Bedeutung für die polizeiliche Arbeit, in: Die Kriminalprävention 1/2007, S. 23–31; **Sessar,** K.: Wiedergutmachung oder Strafen?, Pfaffenweiler 1992; **Sessar,** K.: Die Angst des Bürgers vor Verbrechen – was steckt eigentlich dahinter? in: *Janssen,* H./*Peters,* F.: Kriminologie für Soziale Arbeit, Münster 1997, S. 118–137; **Sessar,** K.: Kriminalitätseinstellungen: von der Furcht zur Angst, in: FS für Schneider 1998, S. 399–415; **Sessar,** K./**Stangl,** W./**van Swaaningen,** R. (Hrsg.): Großstadtängste – Anxious Cities, Münster 2008; **Skogan,** W.: Fear of Crime and Neighborhood Change, Illinois 1985; **Skogan,** W.: Public Reactions to Crime: A comparative analysis, Illinois 1986; **Skogan,** W.: The Police in England and Wales, London 1990; **Skogan, W.:** Reporting Crimes to the Police, in: Journal of Research in Crime and Delinquency 1994/21, 133–137; **Stadt Aalen**: Offizielle Bürgerbefragung 2002 zur Sicherheits- und Kriminalitätslage in Aalen, Aalen 2003; **Stephan,** E.: Die Stuttgarter Opferbefragung, BKA–Forschungsreihe, Bd. 3, Wiesbaden 1976; **Sterbling,** A./**Burgheim,** J.: Internationaler Terrorismus und EU-Erweiterung: Auswirkungen auf die subjektive Sicherheit, in: Kriminalistik 3/2006, S. 160–166; **Streng,** F.: Bewältigungsstrategien der Opfer von Gewalttätigkeiten, in: Österreichische Juristenzeitung vom 11. März 1994, S. 145–154; **Täubner,** S.: Entsteht Einsicht im Täter-Opfer-Ausgleich?, in: MschrKrim 4/2008, S. 281–293; **Trampe,** E.: Verbrechensopfer: Schutz, Beratung, Stuttgart 1992; **Traphan,** E.: Angst im Polizeialltag, in Deutsche Polizei: 4/2005, S. 6–10; **Trenczek,** Th.: Mediation im Strafrecht, in: Zeitschrift für Konfliktmanagement 3/2003, S. 105–109; **Van Dijk,** J. M./**Mayheur,** P./**Killias,** M.: Experiences of Crime across the World, Key Findings of the 1989 International Crime Survey, 2. Aufl. Deventer 1991; **Villmow,** B./**Plemper,** B.: Praxis der Opferentschädigung, Pfaffenweiler 1989; **Voss,** M.: Anzeigemotive, Verfahrenserwartungen und die Bereitschaft von Geschädigten zur informellen Konfliktregelung, in: MschrKrim 1989, S. 34–51; **Voß,** H.-G.: Professioneller Umgang der Polizei mit Opfern und Zeugen. Eine Evaluationsstudie, Neuwied 2001; **Vrij,** A./**Winkel,** F. W.: Characteristics of the built environment and fear of crime, in: Deviant Behavior: An Interdisciplinary Journal, 1991, S. 203–215; **Walter,** M.: Das Sicherheitsgewerbe im Konzept gesamtgesellschaftlicher Kriminalprävention, in: *Stober,* R./*Olschok,* H.: Handbuch des Sicherheitsgewerberechts, München 2004; **Walter,** M.: Mediation im strafrechtlichen Bereich: der Täter-Opfer-Ausgleich, in: *Henssler,* M./*Koch,* L.: Mediation in der Anwaltspraxis, 2. Aufl. 2004; **Walter,** B.: Private Sicherheitsdienste ... in: Magazin der Polizei 288/2000, S. 4–6; **Walter,** M.: Über subjektive Kriminalität, in: FS für *Schneider,* H.-J., Berlin 1998, S. 119–135; **Walter,** M.: Kriminalität, Kriminalpolitik und Täter-Opfer-Ausgleich, in: StV, H. 3/1998, S. 83–84; **Warr,** M.: Fear of Victimization: Why are women and the elderly more afraid? in: Social Science Quarterly 1984, S. 681–702; **Weiner,** B.: Opfer- und Verletztenrechte, in: Neue Polizei H.4/2006, S. 1 ff; **Weiner,** B./**Haas,** U.: Opferrechte bei Stalking, Gewalt und Sexualverbrechen, München 2009; **Weigend**, Th.: „Die Strafe für das Opfer"? – Zar Renaissance des Genugtuungsgedankens im Straf- und Strafverfahrensrecht, RW Heft 1/2010. S. 39–57 **Wetzels,** P. u.a.: Persönliches Sicherheitsgefühl ... (KFN) Hannover 1993; **Winkel,** F. W.: Fear of Crime and Criminal Victimization, in: Brit. J. Criminol. Vol. 38, No. 3, 1998, S. 473–485; **Zipf,** H.: Die Bedeutung der Viktimologie für die Strafrechtspflege, in: MschrKrim 1970, S. 1–13.

## Gliederung

1 Wer die Arbeit von Polizei und Justiz unter viktimologischen Gesichtspunkten überprüft, stellt bald fest, daß die praktische Relevanz der Lehre vom Opferverhalten größer ist, als man allgemein annimmt.

## I. Viktimologie in der Praxis der Polizei

2 Schon die Polizeiliche Kriminalstatistik (PKS) ist, was den Umfang der registrierten Kriminalität anbelangt, vom Verhalten des Opfers abhängig. Denn in der PKS (vgl. zur PKS: Rdn. 4 zu § 2) werden nur solche Delikte gezählt, die angezeigt werden oder – was selten geschieht (vgl. Rdn. 34 zu § 2) – auf andere Weise den Strafverfolgungsbehörden bekannt werden. Zeigt ein Opfer eine Straftat nicht an, wird das Delikt in der PKS grundsätzlich nicht registriert **(„Selektionsmacht des Opfers“)**. Wird daher in einem Jahr weniger angezeigt als im Vorjahr, sinken die Zahlen der PKS (vgl. Rdn. 71 zu § 2).

### 1. Motivanalysen des Anzeigeverhaltens

3 Das Steigen oder Sinken der PKS-Zahlen hat also nicht unbedingt mit steigenden oder fallenden Kriminalitätszahlen zu tun, sondern vor allem mit dem Anzeigeverhalten des Opfers. Dessen Anzeigebereitschaft entscheidet damit maßgeblich über den Umfang des sog. Dunkelfeldes, das durch die Dunkelziffer bestimmt wird (zur Dunkelziffer vgl. Rdn. 34 zu § 2).

*a) Motive der Anzeige bzw. Nichtanzeige* **4**

*aa) Gründe der Nichtanzeige* **5**

Aus viktimologischer Sicht interessiert vor allem die Frage, **weshalb** Straftaten von Opfern **nicht** angezeigt werden. Die entsprechende Auskunft geben z.B. eine Göttinger (1973/74) und drei Bochumer Motivanalysen des Anzeigeverhaltens (**Bochum I–III**: vgl. Rdn. 54 zu § 2), die mit gleicher Methodik durchgeführt wurden und deshalb (in Grenzen) vergleichbar erscheinen. In allen vier Untersuchungen wurden die Probanden erstens ersucht, z.B. alle Diebstahlsdelikte anzugeben, die an ihnen in den letzten 12 Monaten verübt worden waren. Zweitens wurde erfragt, welche (sie angezeigt und welche) sie nicht angezeigt hatten. Drittens wurden die Opfer von Diebstahlsdelikten, die diese nicht angezeigt hatten, gebeten, die Bestimmungsgründe für die Unterlassung der Strafanzeige aus einer vorgegebenen Motivliste (mit 16 Beweggründen) herauszusuchen (ausführlich *Schwind/Fetchenhauer/Ahlborn/Weiß* 2001, 205ff). **6**

Die Übersicht 40 führt die entsprechenden Ergebnisse auf, und zwar wiederum demonstriert am Beispiel des Diebstahls als dem meistverübten Delikt (vgl. Rdn. 23 zu § 2). Alle drei Grundauswertungen der verhaltensbestimmenden Motive bzw. Motivkomplexe, die dazu führen, daß eine Straftat nicht angezeigt wird, zeigen eine gute Übereinstimmung in den Probandenantworten. Dabei steht die **Geringfügigkeit des erlittenen Schadens mit rund der Hälfte aller Nennungen im Vordergrund** der Motive für die Nichtanzeige der Straftat. Faßt man die Motive 2, 3 und 4 zu dem Motivkomplex „Ineffektivität der Strafverfolgungsbehörden" zusammen, ergeben sich Werte zwischen 20 und 30 % mit leicht steigender Tendenz. Die „Abneigung gegen Behörden" (Bündelung der Motive 12, 15 und 16) als Motiv für die unterlassene Anzeige ist hingegen eher gering. Ähnliche Ergebnisse hatten bereits die Göttinger Untersuchungen (*Schwind/Ahlborn/Eger* 1975) sowie die Untersuchungen von *Plate* et al. in Solingen (1985, 101a) und *Reuband* (1999, 513ff) erbracht. **7**

*Nicht untersucht worden ist bisher die Frage, wie oft eine Anzeige unterbleibt, weil dem Anzeigeerstatter auf der Wache erhebliche* ***Wartezeiten zugemutet*** *werden; manche Anzeigeerstatter verzichten dann offenbar entnervt auf eine Anzeige. Das Ansehen der Polizei leidet aber auch dann, wenn der Anzeigeerstatter den Eindruck gewinnt, man wolle ihn* ***„abwimmeln"*** *(evtl. strafbar nach § 258a StGB). Das kann dann nicht geschehen, wenn der Anzeigeerstatter eine (Strafanzeige im Internet)* ***Online-Anzeige*** *(formlose: § 158 StPO) erstattet, die die Polizei z.B. in NRW in ihrem Internet-Portal vorsieht (dazu Puschke 2005, 380ff und Ottens in Kriminalistik 7/2011, 460). Vorteile für den Anzeigeerstatter: schnell und bequem, aber Gefahr der Unüberlegtheit. Nachteile für die Polizei: erhöhtes Anzeigenaufkommen.* **7a**

*Übersicht 40:*
Gründe der **Nicht**anzeige beim Diebstahl
(am Beispiel von Bochum)

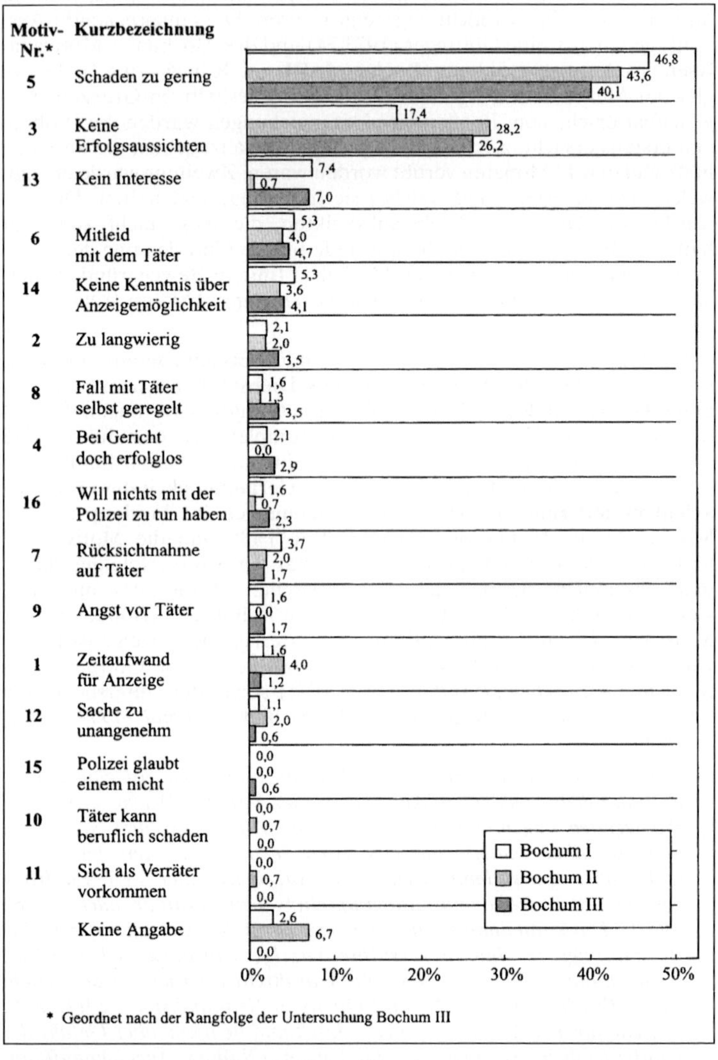


aus: *Schwind/Fetchenhauer/Ahlborn/Weiß* 2001, 206

*bb) Gründe der Anzeige*

Anders als die Motive der Nichtanzeige wurden die Gründe der Anzeige im Rahmen der kriminologischen Forschung zunächst nur selten erhoben. Das Phänomen dürfte primär damit zu tun haben, daß die Anzeige lange als Normalfall eingestuft wurde, der nicht weiter erklärungsbedürftig erschien. Da jedoch diese Annahme vor dem Hintergrund der hohen Dunkelfeldzahlen (vgl. Rdn. 54 zu § 2) nicht zutreffend ist (vgl. Rdn. 66a zu § 2), beschäftigen sich die Untersuchungen zunehmend auch mit der Frage der Gründe der Anzeige: vgl. z.B. *Killias* (1990), *Sessar* (1992), *Wetzels et al.* (1993), *Kilchling* (1995) und *Schwind/ Fetchenhauer/Ahlborn/Weiß* (2001, 201 ff). **8**

**Trendresultate:** Als wichtigste Gründe, die zur Anzeige führen, werden genannt:
- die Anzeige dient der Erlangung einer Versicherungssumme;
- die Anzeige soll dabei helfen, ein gestohlenes Gut wiederzuerlangen;
- die Anzeige soll zur Bestrafung des Täters führen.

Die ersten beiden Motive spielen eher bei Eigentumsdelikten eine Rolle (vgl. Übersicht 41), das dritte eher bei Gewaltstraftaten *(Schwind/ Fetchenhauer/Ahlborn/Weiß* aaO, 203). Daß die Versicherungsbedingungen bei Eigentumsdelikten relevant sind, aber bei Gewaltstraftaten grundsätzlich nicht (vgl. z.B. *Sessar* 1992, 176; *Wetzels* et al. 1993; *Kilchling* 1995, 221; *Schwind/Fetchenhauer/Ahlborn/Weiß* 2001, 187 f), hat damit zu tun, daß man sich zwar gegen Diebstahl und Einbruch versichern lassen kann, aber nicht z.B. gegen Vergewaltigung oder Körperverletzung.

*Übersicht 41:*
Gründe für die Anzeige eines erlittenen Diebstahls
(Bochum 1986 und 1998)

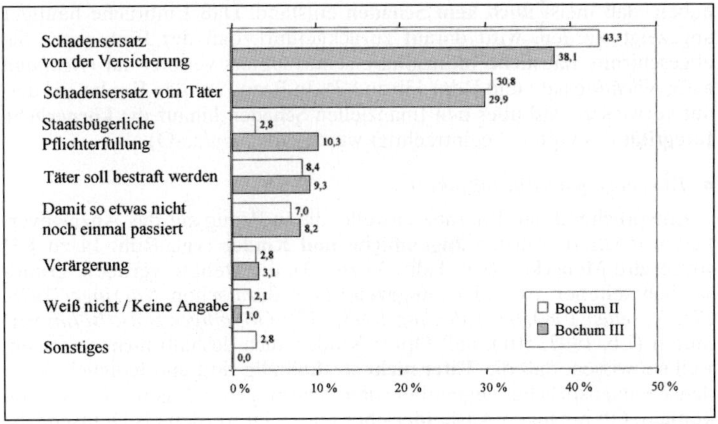


aus: *Schwind/Fetchenhauer/Ahlborn/Weiß* 2001, 202

*b) Einflüsse auf das Anzeigeverhalten*

9 Ob eine Straftat angezeigt wird oder nicht, hängt außer von den **Versicherungsbedingungen** auch ab z.B. von:

- **Art und Schwere der Straftat** bzw. **Höhe des Schadens** (vgl. Übersicht 42),
- **Merkmalen des Täters,**
- **Merkmalen des Opfers,**
- **der Täter-Opfer-Beziehung**, von den
- **Einflüssen Dritter** und vor allem
- von sich verändernder **sozialer Toleranz** (dazu Rdn. 28 zu § 2).

Das Resultat, daß Diebstahlsdelikte primär nur deshalb angezeigt werden, um Schadensersatz durch eine Versicherung zu erlangen, wirkt sich, wie z.B. *Kaiser* (Lb. 1996, 355) betont, auch auf die Motivation der Polizei, die sich oft als der **„Büttel der Versicherung"** fühle, negativ aus.

- *Deliktspezifische Einflußfaktoren*

9a Insoweit fällt zunächst auf (erscheint jedoch durchaus plausibel), daß „schwere" Straftaten eher angezeigt werden als das bei leichten der Fall ist. Beispiele:

- Versuchte Delikte werden seltener angezeigt als solche, die zur Vollendung bzw. Beendigung gelangt sind (so schon *Stephan* 1976, 196; *Mayhew* 1993, 142);
- Raubdelikte werden häufiger (in etwa 50–60 % aller Fälle) angezeigt als Körperverletzungen (ca. 20–30 %): *PSB* 2006, 71;
- Plausibel ist auch, daß Körperverletzungen umso häufiger angezeigt werden, je stärker das Opfer verletzt worden ist *(Greenberg/Ruback* 1992, 113) bzw. je schwerer die Viktimisierung erlebt worden ist (*Schwind/Fetchenhauer* et al. 2001, 190/192).

9b Daß versuchte Straftaten seltener angezeigt werden, dürfte damit zu tun haben, daß meist **noch kein Schaden** entstand. Daß Einbrüche häufiger angezeigt werden, wird darauf zurückgeführt, daß der Einbrecher die abgeschirmte **häusliche Intimsphäre** seines Opfers verletzt hat (*Reuband* aaO; *Kilchling* aaO und Rdn. 53b zu § 2). In Bezug auf den Raub wird darauf verwiesen, daß über den finanziellen Schaden hinaus die **körperliche Integrität** des Opfers beeinträchtigt wurde (*Reuband* aaO).

- *Täterbezogene Einflußfaktoren*

9c Entsprechend der Toleranzschwelle, die in Bezug auf das Anzeigeverhalten existiert, werden **Jugendliche und Kinder** (vgl. Rdn. 14 zu § 3) sowie **alte Menschen** (vgl. Rdn. 35 zu § 3), die Delikte verüben, grundsätzlich seltener als andere **angezeigt** (vgl. dazu schon *Kürzinger* 1978, 37f; *Rosellen* 1980, 94; *Kilchling* 1995, 217). *Göppinger/Bock/Böhm* vermuten (Lb. 1997, 501), daß Opfer Kinder auch deshalb nicht anzeigen, weil sie wissen, daß die **Täter nicht strafmündig** sind und lediglich Schadensersatzansprüche gegenüber den Eltern geltend gemacht werden können. Ob hingegen **Ausländer** eher angezeigt werden als Deutsche, ist strittig (vgl. Rdn. 29 zu § 23).

*Übersicht 42:* **9d**
Anzahl der Diebstahlsdelikte (ohne Warenhausdiebstahl) in Abhängigkeit vom Wert der entwendeten Sachen

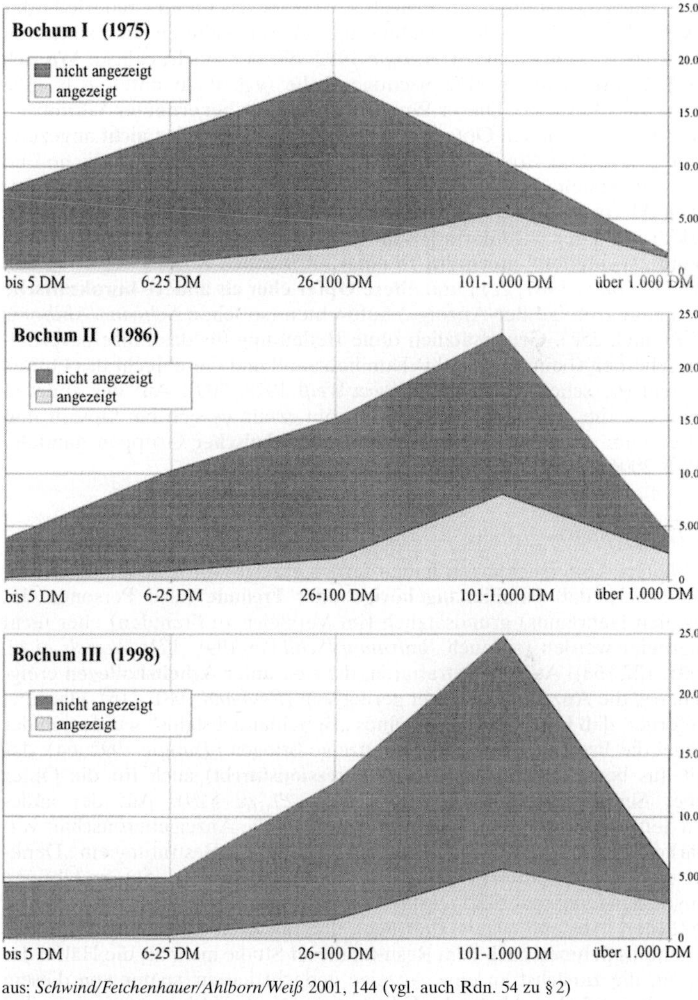


aus: *Schwind/Fetchenhauer/Ahlborn/Weiß* 2001, 144 (vgl. auch Rdn. 54 zu § 2)

Die Verschiebungen der Wertspitzen dürften mit Preissteigerungen zu tun haben bzw. mit einer Veränderung der Einschätzung des „geringen Schadens". Der Wert einer DM ist zwischen 1975 und 1999 um etwa die Hälfte gesunken (vgl. *Statist. Jahrbuch*, Wiesbaden 1999, 649).

• Opferbezogene Einflußfaktoren

9e Straftaten werden meist durch das Opfer selbst angezeigt. Anzeigen durch Dritte (etwa Zeugen) sind vergleichweise selten (*Reuband* 1981, 213). Auch das ist durchaus plausibel, weil nur das Opfer (materiell oder psychisch) der Geschädigte ist. So spielt z.B. (im Rahmen einer stärkeren Deliktsbetroffenheit: dazu *Trampe* 1992, 63) der ausdrückliche **Wunsch nach Täterbestrafung** eine wichtige Rolle (vgl. dazu unten Rdn. 35a sowie *Voss* 1989, 39). Dieser Wunsch scheint sich bei **erneuter Viktimisierung** auch bei solchen Opfern zu verstärken, die **zunächst nicht** angezeigt haben (so schon *Rosellen* 1980, 102). Auffällig ist, daß Jugendliche und ältere Personen, die Opfer wurden, seltener **anzeigen** als Personen mittleren Alters (*Schwind/Ahlborn/Weiß* 1989, 256; *Kilchling* 1995, 217). Die Erklärung dafür wird darin gesehen, daß **Jugendliche eher (weil sie niemand „verpfeifen" möchten) zu einer informellen Konfliktregelung** neigen (*Reuband* 1981, 221) und **ältere Opfer eher als andere bürokratische Vorgänge** (infolge der Anzeige) befürchten (so schon *Schwind/Ahlborn/Weiß* aaO, 257). Grundsätzlich ohne Bedeutung für das Anzeigeverhalten scheinen (beim Diebstahl) Familienstand und Geschlecht des Opfers zu sein (so schon *Schwind/Ahlborn/Weiß* 1978, 209). Auf der anderen Seite „ist die Anzeigequote dann erhöht, wenn es sich bei Opfern und Tätern um Angehörige **unterschiedlicher ethnischer** Gruppen handelt" (*PSB* 2006, 73; vgl. oben Rdn. 29 zu § 23).

• *Täter-Opfer-Beziehung*

9f Weitere Untersuchungen haben ferner gezeigt (vgl. z.B. *Kiefl/Lamnek* 1986, 233), daß **Familienangehörige oder Freunde** (also Personen des sozialen Nahraums) grundsätzlich (im Vergleich zu Fremden) eher nicht angezeigt werden (so auch *Baurmann/Schädler* 1991, 171; *Wetzels* et al. 1995, 122/168). Auch bei Straftaten, die sich unter **Arbeitskollegen** ereignen, soll die Anzeigequote eher gering sein (*Reuband* 1981, 216). Plausibel ist ferner, daß Freier, die Opfer eines „Beischlafdiebstahls" wurden, in der Regel die Prostituierte nicht zur Anzeige bringen (*Trampe* 1992, 64); das gilt aus begreiflichen Gründen **(Repressionsfurcht)** auch für die Opfer einer Schutzgelderpressung (dazu Rdn 29 zu § 29). Auf der anderen Seite kann auch die **„Wut" auf den Täter** die Anzeigebereitschaft verstärken (*Kilchling* 1995, 216): diesem soll durch die Bestrafung ein „Denkzettel" verpaßt werden (*Trampe* 1992, 63 und unten Rdn. 35c). Im Übrigen ist von *Kilchling* (aaO, 211) festgestellt worden, daß der Ärger offenbar im zeitlichen Abstand wieder verfliegt und anderen Erwägungen weicht. Jedenfalls nehmen nach dem Resultat dieser Studie mehr als die Hälfte der Opfer, die zunächst an eine Anzeige gedacht hatten, später von diesem Vorhaben **wieder Abstand** (*Kilchling* aaO). Erklärbar ist ferner, daß bekannte Täter eher als unbekannte Täter angezeigt werden. *Kürzinger* (1996, 120) führt das darauf zurück, daß Anzeigeerstatter häufig davon ausgehen, „daß bei nicht bekannten Tätern, die Strafanzeigen nicht zu einer Täterermittlung führt und daher im Ergebnis erfolglos bleibt."

• *Einflüsse Dritter auf das Anzeigeverhalten*

Schließlich können Bezugspersonen (Freunde und Verwandte) das Anzeigeverhalten beeinflussen: nämlich zu- oder abraten (*Skogan* 1984, 128; *Greenberg/Ruback* 1992, 178). Auch Vorerfahrungen mit Polizeibeamten können relevant sein. **10**

*c) Vergessenskurve*

Daß viele Straftaten wieder vergessen werden **(Erinnerungsverluste)**, und zwar insbesondere diejenigen, die nicht angezeigt wurden, zeigt **10a**

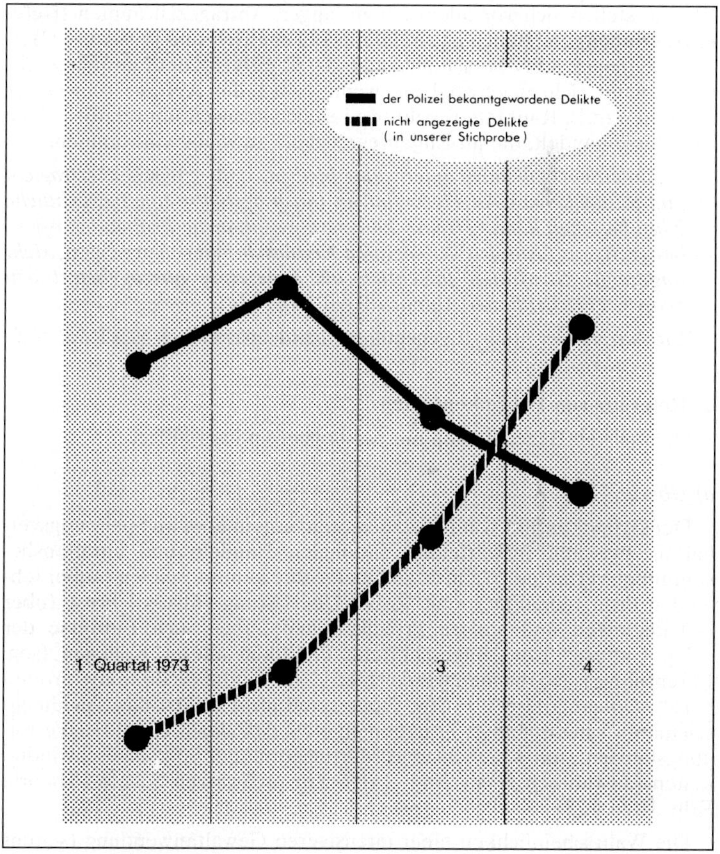


Quelle: *Schwind/Ahlborn/Eger* et al. 1975, S. 175

*Übersicht 43:* Verteilung der offiziell registrierten und der erinnerten (nicht angezeigten) Delikte (am Beispiel Göttingen)

die Übersicht 43. Für die Dunkelfeldforschung heißt das, daß dem Opfer Zeit zum Erinnern eingeräumt werden muß. Und: je kürzer der Zeitraum ist (evtl. festgemacht an **„Ankerreizen“**: z. B. „seit Weihnachten“), der im Rahmen eines Forschungsprojektes abgefragt wird, desto genauer ist die Information durch die Opfer. In der Regel werden die Ergebnisse der Dunkelfeldforschung eher zu niedrig als überhöht sein. Gegen eine solche Annahme könnte allerdings der sog. **Telescoping-Effekt** sprechen: Danach werden „Ereignisse aus früheren Jahren von den Befragten fälschlich in den Befragungszeitraum verschoben und die Dunkelfeldergebnisse dadurch überhöht“ (*Dörmann* 1988, 404). Solche Effekte stellen sich vor allem bei zu langen Abfragezeiträumen **(Referenzperioden)** ein: üblich ist ein Jahr, problematisch sind fünf Jahre (*Wetzels/Pfeiffer,* in: KFN-Forschungsreihe Nr. 52/1996, 3); der Fünfjahreszeitraum bietet sich gleichwohl an, wenn es um die Abfrage schwererer Straftaten (z. B. Raubtaten) geht, weil es sich insoweit um relativ seltene Ereignisse handelt, die im Einjahreszeitraum zu wenig vorkommen.

*Außerdem soll nicht unerwähnt bleiben, daß „zwischen erfragtem und tatsächlichem Anzeigeverhalten (auch deshalb) eine beträchtliche Kluft bestehen kann“ (Heinz 2001, 66), weil manche Probanden offenbar (z. B. aus Gründen der* ***sozialen Erwünschtheit****)* dazu neigen, ***nicht angezeigte Straftaten fälschlich als angezeigte auszugeben*** *(dazu Schwind/Fetchenhauer/Ahlborn/Weiß 2001, 114).*

Zur Anzeigebereitschaft **gegenüber Nichtdeutschen** vgl. § 23 Rdn. 29 ff.

### 2. Relevanz von Polizeikontakten

11 Die meisten Begegnungen mit der Polizei sind gewaltfrei.

#### *a) Übergriffe*

Der Grundkonflikt von Polizeibeamten besteht aber im Spannungsverhältnis zwischen (erwartetem) rationalen Handeln und emotionsbestimmtem Verhalten. Wenn es zu Übergriffen kommt, spielen (außer fehlender Professionalität) eine Rolle: Überlastung (Stress), Frust (über Beleidigungen und andere Provokationen), aber auch Einflüsse der „Cop Culture“ bzw. eingeschliffene Praktiken älterer Kollegen (sog. Bärenführer): „so machen wir das hier – This is how we do things around here“ (*Dolata* 2011, 139). Eine Rolle spielt nicht zuletzt das „Sichhochschaukeln“ angespannter Situationen: etwa das „Jagdfieber“ bei Verfolgungsfahrten „mit Blaulicht und Martinshorn“ bei Spitzengeschwindigkeiten (ausführlich *Feltes* 2011, 15 ff). Zur „schwarzen Schafe“-Theorie Rdn. 31 zu § 23).

Die Wahrscheinlichkeit einer intensiveren Gewaltanwendung (seitens der Polizei) steigt (nach der „Authority Maintenance“-Theorie von *Alpert* und *Dunham* 2004) dann, „wenn die Autorität des Polizeibeamten in Gefahr ist oder er/sie dieses Gefühl hat“ (*Feltes* et al. in MschrKrim 4/2007, 285 ff).

Die Wahrscheinlichkei daß Polizeibeamte wegen einer Straftat verurteilt (bzw. diszipliniert) werden, ist allerdings eher gering. Das gilt nicht nur für die Fälle der Körperverletzung im Amt (*Feltes* 2006, 543; *ders.* 2012, 285 ff). Dieses auffällige Ergebnis ist nicht nur darauf zurückzuführen, daß sich die Unschuld der Beschuldigten herausstellt (was oft der Fall ist), sondern auch auf die **„Mauer des Schweigens"** der Kollegen, die nicht als Belastungszeugen auftreten wollen (*Feltes*, aaO, *Schwind* 1996, 161 ff). Dabei führt der Korpsgeist mitunter an die Grenze zur Strafvereitelung (§§ 258/258a StGB).

Um gegenzusteuern fordert *Feltes* (2012, 309) ein Auswahlverfahren der Polizei, in dem nicht nur Wert auf körperliche **Fitness** und **intellektuelle Leistungen** gelegt wird, sondern auch auf den **Charakter** des Bewerbers. Dementsprechend sollte in der Ausbildung die Fähigkeit und Bereitschaft „Fehlverhalten im Kollegenkreis weder zu dulden, noch zu unterstützen" gefördert werden; das könne z. B. in Rollenspielen gelingen. *Dolata* befürwortet (2011, 139) eine **„Compliance"**-Überwachung nach dem Vorbild in Betrieben, (dazu Rdn. 37 zu § 21): etwa im Rahmen einer Innenrevision (ebenso *Feltes* 2011, 139). Zu Übergriffen vgl. auch *Herrnkind* (2003, 131) und *Besold* (2006). Zu Disziplinarverfahren bei polizeilichem Fehlverhalten und zu Alternativen vgl. *Feltes* 2012, 285 ff und 309 ff.

*b) Umgangsformen*

Die Auswertung der Bochum I-Studie (*Schwind/Ahlborn/Weiss et al.* 1978, 259 f) hatte ergeben, daß (Diebstahls-)Opfer meist nicht noch einmal anzeigen (bestätigt durch *Plate et al.* 1985, 103).

*Schwind/Fetchenhauer et al.* (2001, 205) sind zu dem Ergebnis gelangt, daß Viktimisierte mit Anzeigeerfahrung unter bestimmten Voraussetzungen sogar häufiger als andere anzeigen, nämlich dann, wenn sie bei der Anzeigeerstattung **höflich** und **hilfsbereit** behandelt wurden und sich der aufnehmende Beamte **Zeit** für sie genommen hat.

*So hat sich (in der Bochum III-Untersuchung: Rdn 54 zu § 2) die Hypothese bestätigt: „Je zufriedener ein Opfer bei seiner Anzeige mit der Polizei ist, desto größer ist auch die künftige Anzeigebereitschaft" (Schwind/Fetchenhauer et al. 2001, 205); so im Ergebnis auch Kilchling 1995, 214 f; vgl. ferner Kury/Dörmann et al. 1992).*

Unter diesen Umständen werden sogar mangelnde Erfolge bei der Täterermittlung von den Anzeigeerstattern verziehen, wenn diese (zumindest) das Gefühl haben, die Polizei habe jedenfalls alles versucht (**Engagement** gezeigt), um die Tat aufzuklären *(Schwind/Fetchenhauer et al.* aaO, 326).

*Nach einer vom Institut für Psychologie der TU Darmstadt durchgeführten Opferbefragung sehen die Wünsche und Erwartungen an Polizeibeamte aus Opfersicht (zit. nach Steffen DPT 2013, 91) wie folgt aus: Schnelle Reaktion, gute Umgangsformen, Kontinuität (gleich bleibende Ansprechpartner und Vernehmungsbeamte), angemessene Gesprächsituation, Akzeptanz, Information, Rücksicht.*

Davon abgesehen gilt es in der Sozialpsychologie als erwiesen, daß **schlechte Erfahrungen** (bei Kontakten) die Einstellung (zur Polizei) auch erheblich verschlechtern (können). Das ist etwa dann der Fall, wenn der potentielle Anzeigeerstatter von Beamten **„abgewimmelt“** wurde (so *Kürzinger* schon 1978, 117; *Skogan* 1990, 16 und oben Rdn. 7b) bzw. in kränkender Weise auf dem Polizeirevier (sog. **sekundäre Viktimisierung**; vgl. dazu Rdn. 27 zu § 11) verletzt worden ist (so *Baurmann/Schädler* 1996, 213; *Baurmann* 2000, 397).

*Die **Umgangsformen und das Engagement**, die der Anzeigeerstatter auf dem Polizeirevier erlebt, wirken sich nicht zuletzt auch **positiv oder negativ** auf das **Ansehen der Polizei** aus (dazu Schwind J.-V. 2007, 23ff). Das Ansehen ist **(noch)** relativ gut. Im Rahmen einer bundesweiten EMNID-Umfrage (zit. nach FOCUS 18/2002, S. 71) vergaben die (insgesamt 7000) Befragten Schulnoten, die zwischen 2,3 (Bayern) und 2,9 (Berlin) lagen. Zum **guten Ruf** der Polizei vgl. auch Dörmann/Remmers 2000, 16/23, Schwind/Fetchenhauer et al. 2001, 285ff. Zum „schlechten Ruf“ tragen **Übergriffe** bei: zu solchen vgl. oben.*

Zur **„Kundenorientierung“ als „polizeilicher Aufgabe“** vgl. *Kirchoff* in BKA 1996, 48; *Baurmann* 2000, 397. Zum professionellen **Umgang der Polizei mit Opfern** vgl. *Voß* 2003; zur zunehmenden Gewalt gegen Polizeibeamte vgl. Rdn. 28a zu § 2.

### 3. Kriminalitätsfurcht (Bedrohtheitsgefühl)

**12** Zu den Interessengebieten der viktimologischen Forschung gehört auch das Bedrohtheitsgefühl. Soweit sich dieses auf Straftaten bezieht, sprechen wir von (personaler) Kriminalitätsfurcht.

*Im Gegensatz zur **objektiven Sicherheit**, die durch das Hellfeld der Kriminalität bestimmt wird, ist mit Kriminalitätsfurcht, die sich naturgemäß (was oft übersehen wird) auch auf das Dunkelfeld bezieht (vgl. § 2), (Abgrenzung zur Angst vgl. unten Kasten) die **subjektive Sicherheit** gemeint. Die subjektive Sicherheit ist das „Ergebnis individueller Wahrnehmungs- und Bewertungsprozesse“ (Rölle/Flade 2004, 775); das Bedrohtheitsgefühl ist deshalb bis hin zu Phobien (Angststörungen) **personenabhängig unterschiedlich stark ausgeprägt**.*

Die (personale) Kriminalitätsfurcht (Kriminalität als Stressor) hat inzwischen (vor allem als **Großstadtproblem**) ein alarmierendes Ausmaß erreicht.

*So antworteten im November 1995 auf die Frage des ZDF-Politbarometers (zit. nach Sessar 1997) „Fühlen Sie sich durch die Kriminalität bei uns bedroht?“ 63 % der Ostdeutschen gegenüber 50,4 % der Westdeutschen mit „ja“. Nach einer FORSA-Umfrage (zit. nach NOZ vom 20.5.03) waren es (bezogen auf das ganze Bundesgebiet) insgesamt 55 %.*

Wenn nach Bedrohtheitsgefühlen, die Kriminalität auslösen kann, gefragt wird, sind sowohl Furcht als auch Ängste eingeschlossen (zum Unterschied: vgl. Kasten). Beide Gefühlsregungen gehören (wie Freude, Trauer, Wut und Ekel) zu den sog. **primären** Reaktionen, die zu den angeborenen Reaktionsmechanismen zählen.

*Angst und Furcht sind (positiv betrachtet) „gesunde" Reaktionen: erstens* ***Warnsignale*** *(Schutzmechanismen), die vor Gefahren warnen und* ***Vorsicht auslösen****, bzw. die Sinne schärfen, sowie zweitens treibende Kräfte, die auch motivieren, schöpferische Kräfte wecken und zu* ***Höchstleistungen*** *führen können (z. B. in einer Prüfung).*
*Sie können aber auch (negativ betrachtet) für erstens* ***Konzentrationsschwächen bis zu Denkblockaden*** *verantwortlich sein und sich zweitens zu* ***Krankheitsbildern bis zu Depressionen*** *verdichten, die der Behandlung bedürfen: also belastend wirken.*

*Angst kann schließlich auch* ***Lustgefühle*** *auslösen „wie am Beispiel der Achterbahn deutlich zu erkennen ist" (Angstexperte Bandelow im Focus-Interview 14/2011, 88). Zum Nervenkitzel (Thrill) vgl. auch Rdn. 7 zu § 13.*

Zum Unterschied zwischen **„Angst" und „Furcht":** Bei „Angst" handelt es sich „eher um Gefühle chronischen Unbehagens angesichts diffuser Bedrohungen" (*Margraf* im SPIEGEL 41/2010, 170), also um Gefühle die **keinem konkreten Ereignis zuordbar sind**. Beispiele: Zukunftsängste wie sie vom Terrorismus oder der Weltwirtschaftskrise ausgehen. Von „Furcht" spricht man hingegen dann, wenn sich das Bedrohtheitsgefühl (isolierbar) „auf ein reales und konkretes Objekt oder Ereignis richtet" (*Margraf* aaO), also individuell zuordbar ist". Bedrohtheitsgefühle, die sich auf konkret drohende Straftaten beziehen (z. B. gewalttätiger Ehemann), dürften in der Regel „Furcht" sein. Die Übergänge zwischen Angst und Furcht sind jedoch **fließend**. Die Begriffe werden daher **auch synonym** verwendet wie z. B. in diesem Lehrbuch.

*a) Polizeiliche (bzw. kriminalpolitische) Relevanz*

Daß die Kriminalitätsfurcht für die Polizei Bedeutung besitzt, ergibt **13**
sich aus dem staatlichen **Gewaltmonopol** (vgl. zu diesem Rdn. 33 zu § 18), dem die **Gegenverpflichtung** entspricht, dem Bürger ein Leben ohne Angst vor tatsächlicher oder vermeintlicher Bedrohung (auch solcher durch Straftaten) möglich zu machen. Von daher gehört es zu den staatlichen Aufgaben, dafür zu sorgen, „daß die Bürger nicht nur tatsächlich abends sicher auf der Straße gehen können, **sondern auch glauben, daß sie es können"** (*Kerner* 1986, 155). *Isensee* bejaht insoweit ein generelles **„Grundrecht auf Sicherheit"** (1983, 34 ff); ein Recht auf Sicherheit wird insbesondere aus Art. 5 Abs. 1 S. 1 EMRK abgeleitet (*Pitschas* in: Neues

Polizeirecht 2002, 227). *Burgi* (in FS für Isensee 2007, 655ff) bejaht auch ein **Grundrecht auf Opferschutz**.

14 **Relevant** ist Kriminalitätsfurcht primär aus folgenden Gründen:

- *erstens, weil sie unerwünschte Entwicklungen wie **Selbst- und Prangerjustiz** begünstigen kann (z.B. **Blutrache** zur „Wiederherstellung der Familienehre": dazu Rdn. 15f zu § 24 und Rdn. 14 zu § 29); das sind Phänomene, die das staatliche Gewaltmonopol unzulässig durchbrechen und dadurch den inneren Frieden gefährden; das (potentielle) Opfer nimmt seinen Schutz selbst in die Hand, weil es den Strafverfolgungsbehörden (insbesondere der Polizei) den erwünschten Schutz nicht mehr zutraut;*
- *zweitens, weil sich Menschen in Fluchtburgen zurückziehen (**forting up** Rdn. 13a zu § 16) oder zu Haus bleiben (**leere Straßen**);*
- *drittens, weil solche Vertrauensverluste nicht nur das **Ansehen der Polizei** tangieren, sondern auch die **Bereitschaft der Bevölkerung zur Mitarbeit** an der Kriminalitätsvorbeugung und -aufklärung erheblich verringern;*
- *viertens, weil Bedrohtheitsgefühle zu **unterlassener Hilfeleistung** führen können, nämlich dann, wenn ein potentieller Helfer die Hilfeleistung (z.B. eines von Skins attackierten Passanten) aus Angst, selbst etwas „abzubekommen", unterläßt (vgl. Rdnr 20a zu § 19);*
- *fünftens, weil Bedrohtheitsgefühle auch **Indikator für Sicherheitslagen** sein können, die dem Gesetzgeber bzw. dem Kriminalpolitiker oder den Strafverfolgungsbehörden noch gar nicht oder nicht hinreichend bekannt sind: etwa eine hohe Viktimisierungserwartung (Erwartung, selbst Opfer zu werden) infolge (auch) von Dunkelfeldstraftaten (dazu § 2 Rdn. 33ff);*
- *sechstens, weil Bedrohtheitsgefühle das **Wahlverhalten verändern** können: man wählt eher solche Parteien, die mehr Sicherheit versprechen;*
- *siebtens, weil sich Kriminalitätsfurcht als **Standortnachteil** für Industrie und Tourismus erweist;*
- *achtens, weil Bedrohtheitsgefühle der Bevölkerung (berechtigte oder auch objektiv unberechtigte) **kriminalpolitische Forderungen** auslösen können, z.B. nach Verschärfung des (Jugend-)Strafrechts oder des Strafvollzugs: (dazu Boers 1993, 65ff; Ostendorf 2008, 82). Die **Punitivität**, unter der man die Einstellung zu Sanktionen versteht, in Form des Rufes nach härteren Strafen, ist weit verbreitet: 87,5 % der (befragten) Bundesbürger sagen, Verbrechen sollten härter bestraft werden (zit. nach Ostendorf 2008, 83; vgl. auch unten Rdn. 22).*

15 Folgt man der Ansicht, daß das staatliche Gewaltmonopol nicht zur Disposition gestellt werden darf (so z.B. die deutsche Anti-Gewaltkommission: *Schwind/Baumann* et al. 1990, 49ff) und das Bedrohtheitsgefühl

ein Faktor der **Lebensqualität** ist (so auch der AK II am 15. Okt. 1998 in den „Leitlinien Polizeiliche Kriminalprävention"), dem im sozialen Rechtsstaat besondere Bedeutung zukommt, so muß der Kriminalpolitiker, der verantwortlich handelt, überlegen, wie man die Kriminalitätsfurcht und ihre beschriebenen Folgen zurückdrängen bzw. in das kriminalpolitische Lagebild einbauen kann: Zumindest sollte das Ziel darin bestehen, **unbegründetes (bzw. überzogenes) Bedrohtheitsgefühl** den tatsächlichen Verhältnissen anzunähern und begründetes Bedrohtheitsgefühl durch überzeugende und erfolgreiche Kriminalitätseindämmung bzw. durch erhöhte Polizeipräsenz (vgl. dazu Rdn. 24a) zu reduzieren (zu entsprechender kriminalpolitischer Planung vgl. schon *Dölling* 1986, 38ff).

*b) Ursachen bzw. Einflußfaktoren*

Kriminalitätsfurcht bzw. Bedrohtheitsgefühle haben allerdings **keineswegs nur mit eigenen Opfererfahrungen zu tun** (vgl. *Schwarzenegger* 1992, 87ff). Eine Rolle spielen darüber hinaus auch z. B. 16

- die **Opfererfahrung, die Verwandte, Freunde oder Bekannte (mit Hell- oder Dunkelfeldkriminalität) gemacht haben** (indirekte Opfererfahrungen): vermittelte Erfahrung („Wissen vom Hörensagen") mit (z. B.) Einbruchsdelikten oder **Straßenkriminalität** wie Körperverletzungen, Raubüberfällen (zu denen auch der Handtaschenraub zählt), Fahrrad- oder Taschendiebstahl;
- **soziale Desorganisation der Nachbarschaft** (vgl. § 7 Rdn. 15) bzw. **incivilities** (*Hermann* in Trauma und Gewalt 2008, 229; zur Def. vgl. Rdn. 33 zu § 15);
- das **selbst erlebte Straßenbild** mit seinen „signs of incivilities" (so z.B. *Dölling/Hermann* in FS für Schwind 2006, 816f), nämlich **bestimmten Verhaltensweisen** (etwa aggressiver Bettelei bzw. Anpöbeleien in der Fußgängerzone, erkennbarem Drogenhandel, Trunkenheit), **bestimmten sozialen Bevölkerungsgruppen** (Pennern, Junkies, „Bordsteinschwalben" bzw. Prostituierten, herumlungernden Gruppen verschiedener ethnischer Herkunft), **bestimmten Verschmutzungen** (Graffiti und Müll) und **Gestank** (z. B. Hundedreck oder Erbrochenem); ausgeprägt ist die Furcht oft bei **Dunkelheit** und an einsamen Orten (etwa im dunklen Wald) oder auf menschenleeren, schlecht beleuchteten Straßen (dazu *Wauer* in forum kriminalprävention 4/2006, 8);
- **Medienberichte** über Kriminalität bzw. Gewalttaten (Hiobsbotschaften);
- **Existenzängste und Zukunftssorgen:** *in einer FORSA-Umfrage (zit. nach SPIEGEL 7/2012, 49) antworteten auf die Frage „Was sind Ihrer Meinung nach in Deutschland zurzeit die drei größten Probleme" 71,0 % der Befragten: Arbeitslosigkeit, 7,7 % Kriminalität, unzureichende Altersversorgung (7,6 %), Staatsverschuldung 6,0 %, Ausländer in Deutschland 5,2 %, Terrorismus 0,8 %* (*Sessar* 1998, 401ff; unter Rdn. 29c). 17

– **Vor den Folgen der EU-Erweiterung** fürchten sich 84 % der Deutschen (vgl. Rdn. 47 zu § 31), **vor dem Islam** 56 % (Rdn. 15j zu § 24) und **vor terroristischen Anschlägen** 54 % (SPIEGEL 13/2004, 2 und *Bott/Koch-Arzberger* 2012, 132 ff.

*c) Komponenten des Bedrohtheitsgefühls*

**17a** Aber was ist unter Kriminalitätsfurcht i. S. von Bedrohtheitsgefühl überhaupt zu verstehen? Kann man diese messen und insoweit zu einer rational orientierten Grundlage kriminalpolitischer Entscheidungen machen?

*Die entsprechende Forschung datiert zurück in die 60er Jahre, als in den USA die sog.* ***Katzenbach-Kommission*** *(ab 1966) Forschungsaufträge zum Thema ‚Kriminalitätsfurcht' vergab (Boers 1991, 18/24). Boers (1993, 66) bezeichnet diesen Zeitpunkt als die „Geburtsstunde der wissenschaftlichen Auseinandersetzung mit der Kriminalitätsfurcht". Die Berichte dieser Kommission (der amerikanischen ‚President's Commission on Law Enforcement and Administration of Justice') wurden in den sog. ‚National Crime Surveys' (NCS) veröffentlicht (vgl. auch Rdn. 53 zu § 2).*

**17b** Faßt man das Bedrohtheitsgefühl – ähnlich wie die soziale Einstellung – als **Konstrukt** auf, nämlich als „Konglomerat verschiedener Gedanken und Gefühle", so kommen drei Komponenten in Frage (vgl. Übersicht 44), aus denen sich dieses zusammensetzt: eine **kognitive**, eine **affektive** und eine **konative Komponente** (so erstmalig *Gefeller/Trudewind* 1978, 311; von da ab weitgehend vom Schriftum übernommen: *Herbst* 2011, 24). Überblick über das englischsprachige Schrifttum bei *Hale* 1996, 79 ff.

**18** Bedrohtheitsgefühle lassen sich also anhand der drei erwähnten Komponenten messen (zu definitorischen Problemen vgl. *Bilsky* 1996, 357 ff):

*Die* ***kognitive (verstandesbezogene)*** *Komponente des Bedrohtheitsgefühls kann durch die* ***Einschätzung der Kriminalitätsentwicklung*** *(gefühlte Sicherheit) sowie durch die Einschätzung der persönlichen Kriminalitätsbedrohung erfaßt werden: etwa durch die Erwartung, in einem bestimmten Zeitraum selbst Opfer einer (bestimmten) Straftat zu werden (sog.* ***Viktimisierungserwartung****). Der Proband gibt also z. B. an, für wie wahrscheinlich er es hält, innerhalb eines bestimmten Zeitraums (etwa innerhalb von zwei Jahren) angepöbelt, bestohlen, geschlagen oder beraubt zu werden.*

Die **affektive (gefühlsbezogene bzw. emotionale)** Komponente kommt „am ehesten in einer globalen Aussage über das allgemeine **Gefühl der Sicherheit bzw. Unsicherheit,** die man in seiner alltäglichen Umwelt erlebt, zum Ausdruck" (*Gefeller/Trudewind* aaO). Zu der affektiven Komponente des Bedrohtheitsgefühls wird darüber hinaus auch die **Viktimisierungsfurcht** gerechnet, d. h. die Besorgnis darüber, selbst Opfer eines (bestimmten) Delikts zu werden.

Die **konative (verhaltensbezogene bzw. behaviorale)** Komponente zeigt sich darin, daß sich eine Person aufgrund ihrer Einschätzung der Kriminalitätsentwicklung sowie ihrer persönlichen Unsicherheitsgefühle bzw. Viktimisierungserwartung (oder Viktimisierungsfurcht) gedrängt fühlt, bestimmte Abwehr- und Vermeidungsmaßnahmen (Vorkehrungen) zu ergreifen, um sich vor kriminellen Atacken zu schützen. Diese (individuellen) Schutzmaßnahmen lassen sich wiederum unterteilen in

- ***Abwehrmaßnahmen*** *(eher aktiv): Anschaffen eines Wachhundes, einer Schußwaffe, Einbau von Sicherheitsschlössern, z.B. aufgrund der Beratung durch die Kriminalpolizeiliche Beratungsstelle) usw. (vgl. dazu die Reaktionen im Rahmen der Kommunalen Kriminalprävention: § 18) und in*

- ***Vermeidungsverhalten*** *(eher passiv):Vermeiden, mit Fremden zu sprechen, Meiden bestimmter (als besonders gefährlich angesehener) Gegenden („Angsträume“:* ***„no go areas“****); Taxifahrt statt (nachts) zu Fuß zu gehen (Frauensammeltaxis); bei Dunkelheit zu Hause bleiben, keine öffentlichen Verkehrsmittel benutzen usw. Man versucht, der Gefahr buchstäblich „aus dem Wege zu gehen“.*

*Naplava* weist (2008, 56) zutreffend auf die **Raum- und Deliktsabhängigkeit** für die Ausprägung der Komponenten der Kriminalitätsfurcht hin.

*Übersicht 44: Komponenten der Kriminalitätsfurcht* **19**

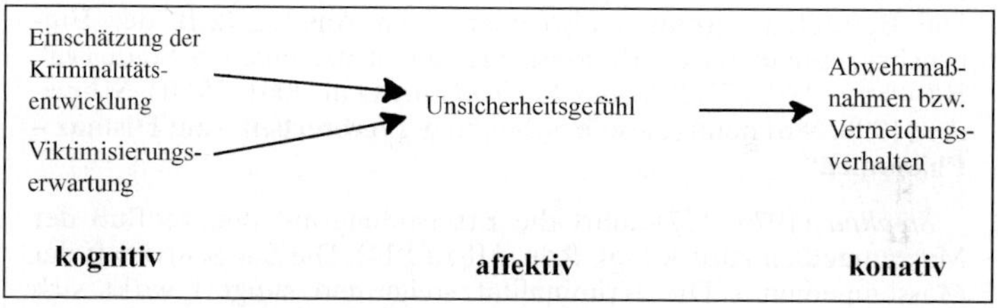


*d) Ergebnisse empirischer Untersuchungen*

Die bisherige Forschung bezieht sich oft nur auf eine dieser drei Kom- **20**
ponenten, die (Bochumer) Sichtweise des Konstrukts wurde jedoch inzwischen „vielfach“ übernommen (so z.B. *Heinz/Spiess* 2001, 156; *Baier et al.* 2011, 46). Die dritte Komponente hängt (naturgemäß) eng mit den ersten beiden zusammen (vgl. Übersicht 44).

*aa) Zur kognitiven Komponente*

Die kognitive (verstandesbezogene) Kompenente wird mit Hilfe der **21**
Kriminalitätseinschätzung und der Viktimisierungserwartung gemessen (vgl. oben).

22 • Zur **Kriminalitätseinschätzung** hat *Kerner* (schon 1980, 87) die Meinung vertreten, daß der „Kriminalitätsanstieg zum kollektiven Alltagswissen gehört" (dazu auch *Walter* 1998, 130), Befragungen geben ihm recht:

*(1) Nach einer (KFN-)Studie von Windzio et al.* ***(2007)*** *ist es so, daß die „überwiegende Mehrheit der (insgesamt 2388) Befragten einen* ***zum Teil gravierenden Anstieg****" der Kriminalität vermutete. Auffällig ist, daß diese Einschätzung „einen bedeutsamen Einfluß auf das* ***Bedürfnis nach härteren Strafen*** *hat", wobei beide Phänomene mit der Abhängigkeit von Informationen der Massenmedien über die Kriminalitätsentwicklung zu tun haben sollen.*

*(2) Nach einer weiteren (KFN-)Studie von Baier et al. (****2011****) waren 2010 46,6 % (der befragten ca. 10000 Personen) der Meinung, daß Kriminalität generell „viel häufiger vorkommen" würde; für die* ***Jugendkriminalität*** *nahmen das sogar* ***48,9 %*** *an (Baier et al. 2011, 34). 83,3 % hielten die von Gerichten verhängten* ***Strafen für zu gering*** *(Baier et al. 2011, 57). Für die Todesstrafe sprachen sich 23,5 % der Befragten aus (Baier et al. 2011, 61).* Zur ***Überschätzung*** *bzw. zur kollektiven Fehleinschätzung vgl. Rdn. 11 zu § 14.*

Im Übrigen hat sich gezeigt, daß die Befragten „einen desto geringer ausgeprägten Kriminalitätsanstieg angeben, je enger der Kreis um ihre unmittelbare Umgebung gezogen wird" (*Kerner* 1980, 92): Die Befragten vermuten also eher einen Anstieg (z.B. der Einbruchskriminalität) im Bundesgebiet als in der eigenen Stadt (vgl. *Bilsky* u.a. 1995, 77; *Schwind/Fetchenhauer* et al. 2001, 251 ff). *Schneider* (1996, 586) nennt diese Erscheinung **„Verbrechen – auf Distanz – Phänomen"**.

*Stephan* (1976, 127) führt die Erscheinung auf den Einfluß der Massenmedien zurück (vgl. Rdn. 2ff zu § 14). Die Suggestivkraft der Massenmedien („Die Kriminalität steigt und steigt") wirkt sich danach eher auf die Einschätzung der Kriminalitätsentwicklung im ganzen Bundesgebiet aus; sie verblaßt, wenn es um eigene Erfahrungen geht, etwa im Wohnviertel, in dem sich grundsätzlich nach der eigenen Erfahrung der Befragten relativ wenig Delikte ereignen (so auch *Bilsky/Mecklenburg* et al. 1993, 6).

23 • Die **Viktimisierungserwartung** ist nicht mit der **Viktimisierungsfurcht** zu verwechseln, die zur affektiven Komponente gehört. Geht z.B. ein Hooligan keiner Schlägerei aus dem Wege, hat er zwar eine gewisse Viktimisierungserwartung, aber nur geringe Viktimisierungsfurcht; das gilt z.B. für **Hooligans** (vgl. Rdn. 29 zu § 28): sie suchen geradezu die Randale.

***Beispiele aus der Forschung:***

*(1) Innerhalb der nächsten 12 Monate Opfer eines Raubes zu werden, vermuteten (1997) 16,4 % der Befragten in Dresden, 21,6 % der Befragten in Erfurt und 38,1 % der Befragten in Frankfurt/M (Obergfell-Fuchs 2000, 101).*

*(2) Nach einer Untersuchung, die sich (1999) auf Bochum bezieht, waren es 22,4 % (Schwind/Fetchenhauer et al. 2001, 355).*

*(3) Für Schwetzingen werden (von Dölling/Hermann in FS für Schwind 2006, 809) folgende Resultate berichtet. Von den 1700 Befragten, die einen Fragebogen zurückgesandt hatten (Gesamtstichprobe 5000) hielten folgende Viktimisierungen „in den nächsten zwölf Monaten" für „ziemlich" oder „sehr wahrscheinlich": eine Anpöbelei = 26 %; einen Einbruch = 23 %; einen Raub = 8 %; eine Vergewaltigung oder einen sexuellen Angriff = 5 %.*

*(4) Personen, die häufig* ***Kriminalmagazine*** *(Kriminalreport, Doku -Soaps u. ä.) sehen, schätzen ihr Opferrisiko höher als andere ein (Naplava/Kania 2012, 22).*

*bb) Zur affektiven Komponente (Unsicherheitsgefühl)*

- Die Ausprägung des Sicherheitsgefühl kann z. B. auf einer vierstufigen Ratingskala (vgl. Rdn. 24 zu § 9), die von „sehr sicher" bis zu „sehr unsicher" reicht, durch folgende Frage erfaßt werden: 24

Wie sicher fühlen Sie sich allein, **nachts** (bei Dunkelheit) **außerhalb Ihrer Wohnung** (*Kury* 2004, 8: „5 Gehminuten") **in Ihrer Wohngegend?** (Standardfrage). Zu den Ergebnissen (in Großstädten) vgl. Übersicht 45. Zählt man die Kategorien „sehr unsicher" und „unsicher" zusammen, ergeben sich folgende vergleichbaren Werte: Bochum II = **48,7 %**; Bochum III = **48,3 %**; Osnabrück = **32,6 %**; Jena = **42,0 %**. Jeder Zweite bzw. jeder Dritte fühlt sich danach mehr oder weniger unsicher.

**Krit.** *Bilsky* u.a. 1995, 74. „Zu pauschal gefragt"; krit. auch *Kury/Obergfell-Fuchs* 1998, 211: „suggeriert ... Bild überfallartiger Gewaltdelikte" (nachts, allein, draußen); krit. *Georgen* et al. 2009, 18 „weil Kriminalität in der Frage überhaupt nicht erwähnt wird". *Warr* (1984, 686) fordert vor diesem Hintergrund eine deliktdifferenzierende Kriminalitätsfurchtskala; zustimmend *Reuband* 2000, 185 ff. Überblick zu den Kritiken bei *Herbst* 2011, 20 ff.

Auffällig ist ferner, daß die Kriminalitätsfurcht vor allem ein **Großstadtproblem** ist (vgl. dazu *Sessar* u. a. 2008 und Rdn. 5 zu § 18).

24a *Übersicht 45:*
**Unsicherheitsgefühle** in **Städten** (Standardfrage): Prozentsatz von „**sehr** unsicher“ abends (bei **Dunkelheit**) (allein) im eigenen Wohngebiet

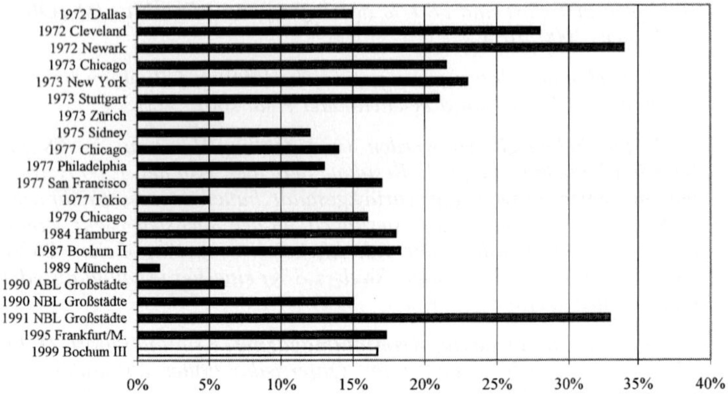


aus: *Boers* 1993, 69 (nach den Quellen: *Stephan* 1976, S. 88; *Garofalo* 1977; *Clinard* 1978, S. 24; *Ishii* 1979, S. 139; *Skogan* und *Maxfield* 1981, S. 22; *Lavrakas* 1984, Tab. 1; *Maxfield* 1984, S. 10; *Schwind* et al. 1989, S. 133; *Lamnek* 1991, S. 641; *Kury* et al. 1992); ergänzt um Frankfurt/M. (zit. nach FR vom 22. Dezember 1995); *Schwind/Fetchenhauer/Ahlborn/Weiß* 2001, 248 für **Bochum (400 000 Einwohner): 16,7 %**; *Kury/Lichtblau//Neumaier/Obergfell-Fuchs* (2005) für **Freiburg/Br. (190 000): 6,4 %**; *Ludwig/Kräupl* 2005, 50 für **Jena (2001/02): 9,5 %**. *Sterbling* 2009, 72 für Hoyerswerda (60 000) **5,5 %**; *Oevermann* et al. 2008, 92 für **Osnabrück (160 000): 5,2 %**.

***Differenzierte Resultate:*** *Unsicher fühlen sich nach den Bochumer Untersuchungen (Schwind/Ahlborn/Weiß 1978, 1989 und Schwind/Fetchenhauer/Ahlborn/Weiß 2001, 263) besonders sensible Bevölkerungsgruppen, insbesondere Frauen (ebenso Wetzels u.a. 1995, 52 ff; Bilsky 1996, 364 ff; Sessar in FS für Kury 2006, 278), aber auch die älteren Jahrgänge (über 60 Jahre) beider Geschlechter (so auch Coester/Kerner 2003, 38 für Aalen). Ist das plausibel? Vgl. Kasten unten.*

*Sicherer fühlen sich im Übrigen (z.B. wiederum nach Bochumer Resultaten aaO 2001, 269) Personen mit höherem Bildungsstand sowie Ledige. Und: Je höher die* ***wahrgenommene Polizeipräsenz*** *ist, desto höher ist auch das subjektive Sicherheitsgefühl der Probanden (vgl. auch Rdn. 68 zu § 18). Diese Beobachtung deckt sich wiederum mit den Resultaten amerikanischer Studien (vgl. z.B. Wycoff/Skogan: Community Policing in Madison, Washington D.C. und Papendorf/Neth, in: Trenczek/Pfeiffer: Kommunale Kriminalprävention, 1996, 116). Bahn (zit. nach Henig/Maxfield 1978, 343) schlug deshalb (wohl nicht ernst gemeint) vor,* ***große rothaarige Polizisten*** *bevorzugt einzusetzen: die größere Sichtbarkeit würde das Gefühl der* ***„omnipresent protection“*** *vergrößern; vielleicht könnte man auch an eine etwas auffälligere Uniform denken; jedenfalls nicht an die Abschaffung der* ***berittenen Polizei*** *(Reiterstaffel), sondern eher an deren Verstärkung.*

Als **Kriminalitätsfurcht-Paradoxon** wird das Phänomen eingeordnet, daß Frauen und alte Menschen beiderlei Geschlechts sich zwar mehr als andere fürchten, aber im allgemeinen gar nicht häufiger, sondern eher seltener Opfer von Straftaten werden (vgl. z.B. *Bilsky/Wetzels/Mecklenburg/Pfeiffer* 1993, 22; krit. *Görgen* et al. 2009, 18). So paradox ist diese Erscheinung allerdings nicht: denn diese furchtsamen Bevölkerungsgruppen zeigen mehr Vermeidungsverhalten, d.h. sie begeben sich seltener in viktimogene Situationen (bleiben z.B. bei Dunkelheit zu Hause) und werden deshalb auch seltener attackiert (im Ergebnis so auch *Boers* 1991, 75ff und *Kury/Obergfell-Fuchs* 1998, 29f; *Herbst* 2011, 27). *Sessar* (1998, 408) nimmt im Übrigen (wie *Herbst* 2011, 29) an, daß Frauen auch in anderen „Bereichen vor Lebensrisiken mehr Angst haben als Männer, also nicht nur bei der Frage der Opferwerdung" **(Verletzbarkeitsthese = Vulnerabilitätshypothese)**. **Andere („Power-Control-Theorie")** gehen davon aus, daß der Unterschied mit der Erziehung zu tun haben könnte: Jungen werden dazu erzogen, furchtlos zu sein, Mädchen dazu, Risiken eher aus dem Wege zu gehen. Nach *Fetchenhauer* (in FS für Schwind 2006, 855) haben die Unterschiede mit der jahrhundertelangen Evolutionsgeschichte zu tun: **evolutionstheoretische Erklärung**. 24b

Daß sich **jüngere Frauen** oft weniger als die älteren fürchten, führt *Reuband* (1992, 347ff) darauf zurück, daß viele der jüngeren Frauen inzwischen ein anderes Rollenverständnis besitzen: sie sind selbstbewußter bzw. emanzipierter und deshalb vielleicht weniger als die älteren Jahrgänge Gefühlen der Hilfslosigkeit (bzw. Wehrlosigkeit) ausgeliefert.

Bei den **Männern** sollen vor allem auch **Gewöhnungsprozesse** Bedeutung besitzen: man gewöhnt sich an die alltägliche Gewalt (nicht nur in den Vereinigten Staaten: *Reuband* aaO) oder verdrängt die Gefahr und hat auf diese Weise weniger Angst. Daß die Angst (vor Gewalt) auch bei vielen **Schulkindern** heute ausgeprägt ist, zeigt eine Untersuchung, die in Bochum durchgeführt wurde (vgl. Rdn. 26 zu § 11).

Daß manche Städte inzwischen wegen der Finanzprobleme **Straßenbeleuchtung** teilweise abschalten, wirkt sich auf das Sicherheitsgefühl (von rund 20 % bis 30 % der Bevölkerung) negativ aus (vgl. *Dörmann/Remmers* 2000, 32; *Killias* Lb. 2002, 926). So auch die Ergebnisse von Befragungen z.B. in **Lübeck, Freiburg, Calw** (vgl. Rdn. 38 zu § 18), **Aalen** (*Coester/Kerner* 2003, 39) und **Bochum** (*Schwind/Fetchenhauer* et al. 2001, 277) sowie die Resultate von *Hale* (1996, 81) und *Vrij/Winkel* (1991, 210f). Wie die Beleuchtung aussehen soll, regelt die **europäische Norm** DIN EN 13201 (zit. nach WAZ vom 3. Dez. 2010). 25

25a **Freiwillige Polizeidienste** können unbescholtene Bürger leisten, die die Polizei ehrenamtlich unterstützen möchten, und zwar im Sinne eines niederschwelligen Angebots sichtbarer Polizei auf der Straße: **Polizeipräsenz**. Solche Modelle gibt es z.B. in Bayern und Sachsen („Sicherheitswacht"), in Brandenburg („Sicherheitspartner") und in Hessen („Hessischer Freiwilliger Polizeidienst"). Das Hessische Freiwilligen-Polizeidienstgesetz (HFPG) stammt vom 13. Juni 2000 und hat sich bisher grundsätzlich bewährt. Die Bevölkerung akzeptiert das Modell, die Teilnehmer sind sogar hoch zufrieden, die Vollzugspolizei wird partiell entlastet (so das Evaluationsergebnis von *Kreuzer*, A./ *Schneider*, H.: Freiwilliger Polizeidienst in Hessen. 2002; vgl. auch *Groß*, H./*Kreuzer*, A. in Kriminalistik 10/2008, 554–558). Freiwillige Polizeidienste sparen grundsätzlich Kosten, sind deshalb aber auch schlechter ausgebildet und insoweit umstritten. Ihre Aufgaben werden durch Art. 33 Abs. IV GG begrenzt: **keine (alleinige) Wahrnehmung hoheitlicher Aufgaben.** Ausführlich dazu *Fikentscher*, G: Polizeilicher Streifendienst mit Hoheitsbefugnissen, Baden-Baden 2006. Ablehnend: *Pütter*, N./*Kant*, M: Ehrenamtliche Polizeihelferinnen, Polizeidienste, Sicherheitswachten und Sicherheitspartner, in Bürger & Polizei/Cilip 66, 16–30.

*cc) Zur konativen Komponente (Abwehr- und Vermeidungsverhalten)*

26 Daß Unsicherheitsgefühl und Viktimisierungsfurcht bzw. -erwartung Abwehr- und Vermeidungsverhalten auslösen können, kann durch zahlreiche Untersuchungen belegt werden (z.B. *Becker/Boers/Kurz* in *Kube* u.a. 1996, 96). Dabei hat sich die Anzahl der ergriffenen Maßnahmen als abhängig von Alter, Sozialstatus, Bildungsstand und Familienstand der Probanden erwiesen: Mehr Schutzmaßnahmen ergreifen Probanden mit höherem Bildungsstand, Probanden mit höherem Sozialstatus, verheiratete Probanden (vgl. schon *Gefeller/Trudewind* 1978, 309ff) sowie ältere Menschen (*Bilsky* et al. 1995, 79) und solche mit (einschlägiger) Opfererfahrung (*Schwind/Fetchenhauer/Ahlborn/Weiß* 2001, 270ff). Beispiele für

**Bürger bewaffnen sich**

**Legal und illegal: Mit Pistolen, Revolvern und Gewehren rüsten die Deutschen privat gegen ständig zunehmende Gewaltkriminalität**

aus: *FOCUS* (Nr. 12) vom 21. März 1994, S. 72

27 • ***Abwehr-(bzw. Schutz-)verhalten:*** *Nach dem amerikanischen Figgie-Report on Fear of Crime besaßen (1983) 52 % der Befragten ein Gewehr; 51 % hatten Sicherheitsschlösser an den Haustüren anbringen lassen und 15 % eine Alarmanlage installiert. Nach Bochumer*

*Untersuchungen (Schwind et al. 2001, 258) haben 7,1 % der Befragten eine Alarmanlage, 33,3 % Tür- und Fenstersicherungen einbauen lassen und 16,1 % gaben an, „Waffen" zu besitzen, zu denen aber auch Tränengas und Elektroschocker gezählt wurden. Nach österreichischen Befragungen (zit. nach Protector 10/2009, 34) setzen 52 % auf nachbarschaftliche Unterstützung bzw. auf gegenseitiges Aufpassen, 38 % auf das Vortäuschen von Anwesenheit. Manche Bürger reagieren auch mit dem Beitritt zu den freiwilligen Polizeidiensten (vgl. oben Rdn. 25a).*

Im Zusammenhang mit dem Abwehrverhalten ist allerdings auch die 28
Frage gestellt worden, ob der Ausbau der Kriminalitätsvorbeugung durch Schutz- und Sicherungsmaßnahmen (die sich eher wohlhabende Bürger leisten können) zu einer Verlagerung der Kriminalität auf die sozial Schwächeren führt: X bricht nicht mehr in die hochgesicherte Villa des reichen Y ein, sondern in den wenig gesicherten Kleinbungalow des Arbeiters Z **(These vom bloßen Verdrängungseffekt)**.

- ***Vermeidungsverhalten**: Nach einer kanadischen Untersuchung (Krahn/Kennedy 1985, 6) haben 20 % der Befragten (n = 11061 Haushalte aus 23 Städten) ihre **abendlichen „activities" eingeschränkt;** sie bleiben lieber zu Hause. Manche Menschen ziehen in ein weniger gefährliches Wohnviertel um (Killias* 2002, 925 m.w.H.). *Fast vier Millionen US-Amerikaner haben sich bereits in **„Gated Communities"** zurückgezogen (Kube 1998, 848 sowie Rdn. 13a zu § 16), nämlich in abgeschottete (umzäunte und bewachte) Wohngebiete. Die Bochumer Untersuchungen(Schwind/Fetchenhauer/Ahlborn/Weiß 2001) haben (bezogen auf das Jahr 1998) ergeben, daß besonders viele Probanden angaben, herumstehenden Jugendlichen (45,5 %) bzw. herumstehenden Ausländern (38,21 %) aus dem Weg zu gehen; 20,9 % bleiben (bei Dunkelheit) lieber zu Hause.* 29

**Angst vor Verbrechen: Senioren schließen sich ein**

aus: *FOCUS*
vom 30. Mai 1994, S. 74

Setzt man (wie in Bochum) das Vermeidungsverhalten in Beziehung 29a
zur affektiven Komponente, so ergeben sich folgende Zusammenhänge:

- *Je sicherer Probanden sich nachts auf der Straße fühlen, desto weniger individuelle Vermeidungsmaßnahmen werden ergriffen und umgekehrt.*
- *Ebenso ergreifen Probanden, die seltener daran denken (befürchten), Opfer eines Raubes oder einer Körperverletzung zu werden, weniger individuelle Vermeidungsmaßnahmen.*

Diese Ergebnisse erscheinen plausibel: **Wer sich unsicher fühlt und mit Straftaten rechnet, zeigt Vermeidungsverhalten** (vgl. dazu die Kripo-Tips im Zeitungsausriß bei Rdn. 14 zu § 19); wer nicht befürchtet, Opfer zu werden, hat aus seiner Sicht auch keinen Anlaß, Vermeidungsverhalten zu zeigen. Zu neueren Repräsentativbefragungen vgl. *Heinz/Spiess* 2001, 161 ff. Die bloß **vorgestellte** Möglichkeit, das Risiko durch Vermeidungs- oder Schutzverhalten **verringern zu können**, vermindert übrigens bereits die Kriminalitätsfurcht (*Killias* Lb 2002, 915).

*e) Steigt die Kriminalitätsfurcht?*

**29b** Eine KFN-Untersuchung (*Baier et al.* 2011, 145) ist zu dem Ergebnis gelangt, daß sich „auch unter Kontrolle wichtiger demographischer Faktoren signifikante Rückgänge der Kriminalitätsfurcht ergeben. „Allerdings ist insoweit zwischen Unsicherheitsgefühl und Viktimisierungserwartung zu differenzieren (dazu *Sessar* in FS für Kury 2006, 266 ff).

*aa) Unsicherheitsgefühle*

**29c** Im Langzeitvergleich fällt dazu auf, daß die Verbreitung dieses Gefühls bis Mitte der 70er Jahre leicht anstieg, bis Anfang der 80er Jahre wieder leicht abnahm, um sich dann in den 90er Jahren (auf relativ hohem Niveau) zu stabilisieren *(Reuband* 1995, 42 f; *Boers/Kurz* 1997, 198; *Kury/Obergfell-Fuchs* in Dölling u. a. 2003, 237).

*(1) Auch nach den Ergebnissen der Bochumer Untersuchungen (Bochum III: Schwind/Fetchenhauer/Ahlborn/Weiß 2001, 250) hat das Unsicherheitsgefühl („nachts außerhalb der Wohnung im eigenen Wohngebiet" = unsicher/sehr unsicher) im Vergleich der Jahre 1987 (**48,7 %**) und 1999 (**48,3 %**) zumindest* **nicht zugenommen**.

*(2) Nach den Untersuchungen, die von Oberwittler (2004, 38 ff) referiert werden, **nehmen** die Unsicherheitsgefühle in ganz Deutschland sogar **ab:** so auch Statistisches Bundesamt (2008, 305) sowie Sterbling/Burgheim 2006, 165 und Sterbling 2009, 72 für Hoyerswerda und Görlitz).*

*(3) Daß die Unsicherheitsgefühle abnehmen, zeigen ferner Befragungen, die Ludwig/Kräupl (2005, 49) in Jena durchgeführt haben. „Sehr unsicher" fühlten sich dort 1991/92 **20,4 %** der Probanden, 1995/96 waren es bereits deutlich weniger **(11,0)** und 2001/02 nur noch **9,5 %**.*

*(4) Diese Tendenz hat sich auch bei Dittmann (2005) gezeigt: leichte Abnahme von 34 % (1996) auf 33 % (2002); in **Italien** hat sich der Anteil der unsicheren Personen hingegen von 1996 bis 2002 von 32 % auf 42 % erhöht, in **Frankreich** von 29 % auf 34 % und in **England** von 31 % auf 43 % (vgl. auch Blinkert* 2010, 108).

Die Stagnation bzw. Abnahme der Zahlen (nur in den ostdeutschen **Plattenbausiedlungen mit Leerständen** nehmen sie zu: *Jasch-Hefendehl* 2001, 67 ff) überrascht, weil die (registrierten) Kriminalitätsraten (vgl. § 2 Rdn. 19 für das Bundesgebiet) – auch die der Gewaltkriminalität (vgl. Rdn. 28 zu § 2) – im Langzeitvergleich zunehmen: allerdings in den letzten Jahren stagnieren (vgl. Rdn. 17 zu § 2). Das Unsicherheitsgefühl dürfte danach nicht maßgeblich durch die PKS-Zahlenentwicklung beeinflußt werden. Inzwischen spielen offenbar auch generelle Verunsicherungen wie die Angst vor **Arbeitslosigkeit und Altersarmut** eine größere Rolle spielen (vgl. die Graphik bei Rdn. 17) bzw. Kriminalitätsfurcht verstärken (*Windzio et al.* 2007, 10; *Blinkert* 2010, 107).

*(5) So ergab eine am 15.4.2004 veröffentliche repräsentative Umfrage des Sozialwissenschaftlichen Instituts der Bundeswehr (zit. nach NOZ vom 16.4.2004), daß 59 % der Befragten die* ***ungenügende Absicherung im Alter*** *als Bedrohung empfinden; 57 % fühlen sich durch den Terrorismus bedroht und 54 % durch eine ungenügende finanzielle Absicherung im Falle von* ***Arbeitslosigkeit****.*

*(6) Diese Ergebnisse werden durch eine Bielefelder Langzeitstudie (Heitmeyer/Hüpping in Süddeutsche Zeitung vom 21./22. Okt. 2006) bestätigt. Danach ist der Anteil der Befragten, die befürchten, daß sich ihre eigene wirtschaftliche Situtation in den kommenden Jahren verschlechtern wird, von 24 % (2002) auf 38 % (2005) gestiegen. Der Anteil derer, die große Angst vor Arbeitslosigkeit äußern, ist von 21 % auf 29 % gestiegen.*

*(7) Nach* ***Eurobarometer-Umfragen*** *(zit. nach Dölling/Hermann in FS für Schwind 2006, 808) betrug der prozentuale Anteil der Personen, die sich nachts, draußen und alleine etwas oder sehr unsicher fühlen, in Westdeutschland 1996/34 %, 2000/33 % und 2006/32 %; für die neuen Bundesländer werden die Werte mit 60 %, 45 % und 36 % angegeben.*

**Bereits Viktimisierte** (vor allem solche sexueller Aggressionen) erwarten eher als andere, (erneut) Opfer werden zu können (*Schwind/Fetchenhauer* et al. 2001, 270; ebenso *Killias* Lb. 2001, 904). Sie neigen auch **eher zu Abwehr- und Vermeidungsmaßnahmen**, ein Verhalten, „das sich durchaus als Wirkung eines Lernprozesses begreifen läßt" (*Killias* aaO, 908): **aus Schaden wird man klug!** Die Kriminalitätsfurcht hat insofern durchaus auch positive Folgen. *Dölling/Hermann* gelangen (in FS für Schwind 2006, 813) allerdings (generell) zu einem anderen Resultat: danach unterscheiden sich „Opfer und Nichtopfer kaum in der Kriminalitätsfurcht". Dieses Ergebnis wird auch von *Boers* (1991, 344ff) bestätigt, und zwar nicht nur in Bezug auf die Kriminalitätsfurcht, sondern auch bzgl. des Vermeideverhaltens. Plausibel ist das allerdings nicht.

*bb) Viktimisierungserwartungen*

Die Erwartung, selbst Opfer einer Straftat zu werden, hat in den 80er Jahren bis **zur Mitte der 90er Jahre stark zugenommen,** von da ab wieder abgenommen (*Dörmann/Remmers* 2000, 58; *Pfeiffer/Wetzels* in FS für Schwind 2006, 1097). **29d**

29e **Haben auch Polizeibeamte Angst?** Nach einem **Klischee**, das die Medien verstärken, sind „wahre Polizeibeamte und Polizeibeamtinnen von den Haar- bis zu den Fußspitzen zupackend, entscheidungsfreudig, sie haben **Nerven wie Drahtseile**, bewältigen Krisen und helfen anderen bei der Krisenbewältigung“ (*Traphan* 2005, 6). Dementsprechend ist „Angst im Polizeialltag“ in Polizeikreisen eher ein **Tabuthema**. Anonyme Befragungen zeigen jedoch (vgl. z. B. *Traphan* aao), daß auch Polizeibeamte Angst haben, etwa vor einem Einsatz mit Krawallen (z. B. in Gorleben oder jeweils am 1. Mai in Kreuzberg: dazu Rdn. 20 zu § 28), vor innerdienstlichem **Mobbing** (Angstklima) oder vor (individueller) Überforderung bzw. psychischen Belastungen in Extremsituationen: z.B. bei schweren Verkehrsunfällen, Überbringen von Todesnachrichten, Suizid. Hilfe leisten kann insbesondere der **Polizeipsychologische Dienst**. Der **Dienstherr** muß aufgrund seiner Fürsorgepflicht darauf achten, daß das Betriebsklima nicht durch **Stress** (dazu Rdn. 32 zu § 23) aufgrund genereller Überforderung leidet und dadurch Ängste verstärkt werden (vgl. *Deutsche Polizei* 4/2005: **„Forderungen an den Dienstherrn“**). Im Extremfall besteht sogar Selbstmordgefahr (vgl. *Hestermann,* T.: Tabuthema Suizid: wenn Polizisten verzweifeln, in: Deutsche Polizei 4/2006, 6–14). Eine **Lit.-Übersicht** geben *Klemisch/Kepplinger/Muthny* (in Polizei und Wissenschaft 1/2005, 27 ff) zur Thematik: „Belastungen, Belastungsbewältigung und psychische Störungen von Polizeibeamten“.

*f) Coping-Strategien*

29f Die Ausprägungen von Unsicherheitsgefühlen und Viktimisierungserwartungen sowie von **Vermeidungsverhalten bei bereits Viktimisierten** hängt jeweils von dem Erfolg der gewählten Coping (Bewältigungs-)Strategie ab.

Coping-Strategien sind solche, die sich auf die Art und Weise beziehen, wie ein Opfer (psychisch) mit dem **Viktimisierungsstreß** (etwa mit einer **Vergewaltigung**, einer **Raubtat**, einer **Körperverletzung**, einer **Geiselnahme**, einer **Entführung**, einer **Folterung**, einem **Terroranschlag**, einem **Einbruch**) fertig wird bzw. wie es diesen verarbeitete (psychisches Trauma): Verarbeitung traumatischer Erlebnisse (grundlegend zur Streßbewältigung: *Lazarus* 1981, 198 ff). Ein Trauma ist eine Wunde, eine Verletzung der Seele. Empirische Untersuchungen (z. B. *Winkel* 1998, 478; *Schwind/Fetchenhauer et al.* 2001, 270; *Naplava/Kania* 2012, 24) zeigen zunächst, daß eine Opferwerdung die Viktimisierungserwartung (die Erwartung, **erneut Opfer zu werden**) erhöht, was auch plausibel erscheint. Sie neigen auch eher zu Abwehr- und Vermeidungsmaßnahmen, ein Verhaltens, das „sich durchaus als Wirkung eines Lernprozesses begreifen läßt“ (*Killias* Lb. 2001, 904); **aus Schaden wird man klug**! Allerdings sehen schon einmal viktimisierte Opfer dem evtl. neuen Ereignis oft gefaßter (als Nichtopfer), also weniger. Dabei hängt die Ausprägung des Unsicherheitsgefühls (vgl. z.B. *Bilsky/Wetzels* et al. 1995, 103) von der **Art der erlittenen Straftat** (Sexualstraftat, Körperverletzung, Raub, aber auch Einbruch) sowie von der **subjektiven Verarbeitung der erlebten Viktimisierung** ab. Insoweit spielt auch eine Rolle, ob bzw. wie der **Täter bestraft** worden ist (dazu Rdn. 35c unten sowie *Hörnle* in JZ 2006, 955). Zu den drei zentralen Symptomgruppen mißlungener Verarbeitung werden von der **Weltgesundheitsorganisation** (WHO) als posttraumatische Belastungsstörungen (PTBS) gerechnet:

- **intrusives Wiedererleben**: etwa in Tag- und nächtlichen *Albträumen,*
- **ausgeprägtes Vermeidungsverhalten** und
- **Hypersensibilität**: z.B. Unfähigkeit zur Entspannung, Schreckhaftigkeit und Übererregbarkeit,
- **chronische Schmerzen**

(zit. nach *Neubacher* in Bd. 48 der Kölner Kriminalwissenschaftlichen Schriften 2006, 24).

Aus kriminalpolitischer Sicht ergibt sich daraus die Forderung, (vor allem) Opfer (schwerer Straftaten) nach ihrer Viktimisierung (professionell) zu betreuen, um ihnen bei der Bewältigung der Viktimisierung behilflich zu sein. Der WEISSE RING hilft u.a. mit einer Beratungsstelle für eine psychotraumatologische Erstberatung (EBS).

### 3. Sicherheitsgewerbe boomt

Vor dem Hintergrund der (verbreiteten) Viktimisierungserwartung **29g**
kann es kaum überraschen, daß auch das private Sicherheitsdienstleistungsgewerbe (kurz: Sicherheitsgewerbe) und der private Sicherheitsmarkt Konjunktur haben. Auch nach eigenem Selbstverständnis hat sich das Sicherheitsgewerbe **„vom Nachtwächter zum Allround-Sicherheitsdienstleister"** entwickelt (*Olschok* 1999, 3): in privaten Uniformen auf Flughäfen, Bahnhöfen, öffentlichen Verkehrsmitteln, Einkaufspassagen usw. Zu den Betätigungsfeldern und zu den Arbeitsbedingungen vgl. *Bach* 2008, 35 bzw. 49ff; *Walter* in MschrKrim 1998, 438).

In wissenschaftlicher Hinsicht wird das Sicherheitsgewerbe durch das **FORSI** unterstützt, die Forschungsstelle Sicherheitsgewerbe (jetzt in Berlin), die auch zusammen mit dem **BDSW** (Präsident: *Waschulewski*) die „Sicherheitsgewerberechtstage" organisiert.

*Der Umsatz hat sich 2010 auf **10,6 Milliarden EURO erhöht (171 000 Beschäftigte:** DSD 4/2011, 35).*

Diese Entwicklung hat aber nicht nur mit Kriminalitätsfurcht zu tun (*Schwind* 2007, 37ff), sondern auch z.B. mit der steigenden Zahl von **Fremdvergaben** durch staatliche Stellen an Anbieter des privaten Sicherheitsgewerbes. Die Tendenz setzt sich fort (so die Beraterfirma *Lünendonk* in FAZ vom 10. Dez. 2011, 18) Stichwort: **„Rückzug des Staates auf die sog. Kerngeschäfte"** (dazu *Walter* in GA 2005, 490ff).

Mit der Polizei hat der BDWS in verschiedenen Bundesländern **Kooperationsverträge** abgeschlossen (*Olschok* in DSD 3/2010, 57): erstmals am 17. Juni 1999 in Frankfurt/M: eine Form der „**Police-Private-Partnership**" (PPP). Positives Beispiel: Die Zusammenarbeit bei der FIFA **WM 2006** (dazu Rdn. 30b zu § 28).

**29i** **In der EU sind weit über eine Million Mitarbeiter tätig** (*Hanning* in DSD 3/2007, 10). Europaorientiert ist deshalb auch die jährliche **Fachmesse SECURITY**, an der (im Jahr 2008 in Essen) rund 1.100 Aussteller aus mehr als 50 Ländern teilnahmen (*Waschulewski* in DSD 4/2008, 18).

## II. Viktimologie in Recht und Praxis der Justiz

**30** Im Rahmen des Strafprozesses werden Opferrechte in dreifacher Hinsicht berücksichtigt (vgl. *Hilf* in FS für Schwind 2006, 59; vgl. auch die Übersicht bei *Weiner* 2006, 1 ff):

- durch die Einräumung von Mitwirkungsrechten (**„Participation"**): z.B. § 69 StPO;
- durch die Einräumung von Schutzrechten (**Protection**): z.B. § 68a StPO und
- durch die Regelung der Wiedergutmachung der Tatfolgen (**Restoration**): z.B. im Rahmen des Täter/Opfer-Ausgleichs (Rdn. 35).

### 1. Rechtsstellung des Opfers im Strafprozeß

**30a** Das Opfer, das mit dem Anzeigeerstatter in der Regel identisch ist, setzt mit seiner Anzeige zunächst einmal den Polizei- und Justizapparat in Bewegung (oben Rdn. 2f). Es spielt aber auch im Strafprozeß selbst eine wichtige Rolle, vor allem dann, wenn keine weiteren Zeugen zur Hand sind. So hängt nicht selten allein von der Zeugenqualität des Opfers (des **„Opferzeugen"**) das Urteil des Tatrichters ab. Jedenfalls stellt das Opfer ein recht **bedeutsames Beweismittel** dar.

**31** Das Opfer ist deshalb auch im Verfahrensrecht berücksichtigt worden. Seinem **Persönlichkeitsschutz** dienen § 69 StPO (Recht auf zusammenhängende Sachdarstellung), § 68a StPO (Unzulässigkeit von Fragen über entehrende Tatsachen und Vorstrafen, soweit nicht unerläßlich) sowie § 172 Nrn. 2 und 3 GVG (Möglichkeit des Ausschlusses der Öffentlichkeit, sofern private Geheimnisse oder private Umstände aus dem persönlichen Lebensbereich des Opfers zur Erörterung anstehen). Darüber hinaus kann das Gericht nach § 61 Nr. 2 StPO beim Verletzten oder seinen Angehörigen von einer **Vereidigung absehen**; dahinter steckt allerdings die wenig opferfreundliche Überlegung, daß das Opfer gegenüber dem Täter voreingenommen sein könnte (*Amelunxen* 1970, 52). *Amelunxen* (aaO, 53) stellt dagegen völlig richtig heraus, daß es keinen Erfahrungssatz gibt, „daß jedes Opfer dem Täter feindlich gesinnt und seine Aussage damit wertlos sei".

Bei den sog. **absoluten Antragsdelikten** (z. B. Hausfriedensbruch, Beleidigung, Familiendiebstahl; Überblick bei *Kerner* 1992, 19) hat es das Opfer sogar ganz in der Hand, durch Stellung bzw. Rücknahme des Strafantrags über die Verfolgung selbst zu entscheiden; ferner kann das Opfer bestimmte Delikte (wie Sachbeschädigung, Verletzung des Briefgeheimnisses) ohne vorherige Einschaltung der Staatsanwaltschaft im Wege der sog. **Privatklage** (§ 374 Abs. 1 StPO) direkt vor Gericht verfolgen. Überblick über „Opferrechte und Opferpflichten" bei *Kerner* 1999 *Weiner* 2006. 32

Schließlich kann das Opfer auch **Wiedergutmachungsansprüche** geltend machen (§ 403 StPO); dazu unten Rdn. 37 (OEG).

Zur Bedeutung der Kriminologie (Viktimologie) für den **Strafverteidiger** im Rahmen des Schuldspruchs und des Rechtsfolgenausspruchs vgl. ausführlich *Neuhaus* in FS für Schwind 2006, 355 ff.

Zum Opferschutz in **Österreich** vgl. *Eder-Rieder* 1997, 701 ff und *Hilf* in FS für Schwind 2006, 57 ff.

## 2. Opferorientierungen im materiellen Strafrecht

Das Opferverhalten wird auch im materiellen Strafrecht beachtet (dazu *Hörnle* in JZ 2006, 950 ff). Der Hinweis, daß sich das Strafgesetz um die Täter-Opfer-Beziehung gar nicht kümmere (*Amelunxen* 1970, 49), ist jedenfalls falsch. Schon ein flüchtiger Blick in unser StGB zeigt, daß zahlreiche Tatbestände **Beziehungsdelikte** normieren, die naturgemäß ein entsprechendes Opfer bedingen; das ist z. B. bei Tötungsdelikten (vgl. Rdn. 18 zu § 19) sowie bei verschiedenen Formen der Vermögensdelikte der Fall (Betrug, Unterschlagung, Erpressung) und vielen Sexualstraftaten (z. B. Unzucht mit Abhängigen bzw. mit Kindern, Blutschande, Kuppelei). 33

Aber auch ausdrücklich stellt das Gesetz mitunter auf das Opferverhalten ab. So ist die vom Gesetz angedrohte Strafe beim Totschlag dann **milder,** wenn der Täter vom Opfer zum Zorn gereizt und „hierdurch auf der Stelle zur Tat hingerissen" wurde (§ 213 StGB). Das „ausdrückliche und ernstliche Verlangen des Getöteten zur Tötung" führt zur geringeren Bestrafung des Täters (§ 216 StGB). 34

Bei wechselseitiger Beleidigung (§ 199 StGB) räumt das Strafrecht dem Richter die **Möglichkeit der Kompensation** (der Aufrechnung der Straftaten gegeneinander) ein, weil in solchen Fällen beide Beteiligte gleichermaßen Täter und Opfer sein können. Der Verletzte gilt bei der Körperverletzung dann nicht als Opfer, wenn er in die Tat einwilligt und diese nicht gegen „die guten Sitten" verstößt (§ 228 StGB); der Einwilligende hat sich in solchen Fällen – wie es Hans *von Hentig* formuliert hat (zit. nach *Zipf* 1970, 3) – „selbst von der Opferliste gestrichen": etwa ein Boxer beim Boxkampf. Schließlich darf man in diesem Zusammenhang noch auf den § 60 hinweisen: Nach dieser Vorschrift kann der Richter **von Strafe absehen**, wenn die Folgen der Tat den Täter selbst so schwer treffen, daß die Verhängung einer Strafe „offensichtlich verfehlt" wäre. Das ist dann der Fall, wenn der Täter durch seine Tat selbst zum Opfer wurde: Wenn etwa bei einem Verkehrsunfall, den er selbst verschuldet hat, seine Familie umkam. Schließlich gibt es gesetzliche Vorschriften, die die Opferentschädigung regeln, zu der die Auflage der **Wiedergutmachung des Schadens** gehört (§§ 15 Abs. 1 Nr. 1, 23 Abs. 1 JGG, siehe auch §§ 403 ff StPO; zum OEG vgl. unten Rdn. 37).

### 3. Täter/Opfer-Ausgleich (TOA)

35 Der TOA ist eine Form der **Mediation**, die seit Mitte der 80er Jahre „zu den kriminalpolitischen Themen gehört" (*Hartmann* 2004, 77). Im Rahmen des TOA soll die Bestrafung des Täters durch eine (außerstrafrechtliche) **„Versöhnung"** aufgrund von Ausgleichsgesprächen (Inhalt: Tatfolgenausgleich) mit dem Opfer ersetzt werden, um den Rechtsfrieden wiederherzustellen **(friedensstiftende Funktion)**. Den Täter lockt insoweit die Aussicht, von Strafe ganz oder teilweise verschont zu werden, für das Opfer besteht der Anreiz, dann evtl. vom Täter entschädigt (*Bemmann* 2003, 227) bzw. nicht weiter bedroht zu werden (*Bannenberg/Rössner:* Kriminalität in Deutschland 2005, 99).

#### *a) Voraussetzungen*

Zu den **Voraussetzungen des TOA** gehört zunächst die Bereitschaft von Täter und Opfer ergebnisoffen (i.d.R. auf Initiative des Staatsanwalts), am TOA teilzunehmen; (vor allem) das Opfer soll den Ausgleich „innerlich akzeptieren" (*BGH* StV 2002, 651; *BGH* NStZ 2006, 275) und der Täter muß (jedenfalls bei Gewaltdelikten und bei Delikten gegen die sexuelle Selbstbestimmung) regelmäßig ein Geständnis ablegen (*BGH* NStZ 2004, 382 mit Anm. von *Dölling/Hartmann*).

#### *b) Praxis*

35a Der TOA wurde zunächst im **Jugendstrafrecht** verankert (1. JGGÄndG vom 30. Aug. 1990: BGBl. I, 1853) und 1994 in das allgemeine Strafrecht übernommen **(§ 46a StGB)**. Im Jugendstrafrecht (vgl. Rdn. 29 zu § 3) kann der Jugendrichter dem Verurteilten als Weisung auferlegen, sich um einen TOA zu bemühen (§ 10 Abs. 1 S. 3 Nr.7 JGG). Um dem TOA einen breiteren Anwendungsbereich zu verschaffen, wurde 1999 eine Hinwirkungspflicht der Justiz im Hinblick auf den TOA eingeführt **(§§ 155a, 155b StPO)**. Danach sollen die Staatsanwaltschaft bzw. das Gericht jeweils die Möglichkeit eines **(freiwilligen)** Ausgleichs prüfen und ggf. auf einen solchen selbst hinwirken oder eine Ausgleichsstelle einschalten (§ 136 Abs. 1 Satz 4 StPO).

*Entsprechende* ***(unparteiische) Konfliktlösungsstellen*** *haben freie Träger, aber auch Gerichtshilfe und Jugendgerichtshilfe etabliert bzw. Soziale Dienste der Justiz (dazu Kerner et al. 2005, 4), die (im Vorver-*

*fahren) von der Staatsanwaltschaft ausgewählt werden oder (im Zwischen- oder Hauptverfahren) von den Gerichten. Die „Mediatoren" sind in der Regel Sozialarbeiter oder Sozialpädagogen. Inzwischen arbeiten etwa 400 solcher Ausgleichsstellen in Deutschland, die sich jährlich mit etwa 25 000 Fällen befassen (Trenczek 2003, 104). Im* ***Vergleich*** *zu den rund 550 000 Anklagen pro Jahr sind das (allerdings noch) relativ wenig.*

Nach der (bundesweiten) **TOA-Statistik** (die seit 1993 von *Kerner, Eikens* und *Hartmann* im Auftrag des BMJ geführt wird: zuletzt 2011) handelt es sich bei den TOA-Fällen primär (2009: 46,6 %) um Straftaten gegen die körperliche Unversehrtheit, und zwar (2003) „zur Hälfte um Partnerschaftskonflikte und andere Fälle innerfamiliärer/häuslicher Gewalt" (*Trenczek* 2003, 105; vgl. auch *Rössner/Bannenberg* 1999 zur Schlichtung von **Paarbeziehungen**).

Der **Schwerpunkt der TOA** liegt also „nicht auf der Regelung materieller Schäden, sondern im persönlich-zwischenmenschlichen Bereich". Die häufigsten Leistungen 2009 (*Kerner/Eikens/Hartmann* 2011, 43): Entschuldigung (49,6 %), Schadensersatz (14,4 %), Schmerzensgeld (7,4 %) und Arbeitsleistung für das Opfer (6,1 %).

Gelingt die Versöhnung (also der Ausgleich), stellt die Staatsanwaltschaft das Verfahren in rund 80 % aller Fälle ein (*Bannenberg/Rössner* aaO 2005, 99 *Kerner/Eikens/Hartmann* aaO, 48); in den übrigen Fällen **kann das Gericht auch von Strafe absehen oder die Strafe mildern**: §§ 46 Abs. 2, 46a, 49 StGB.

*c) Kritik an der Effizienz*

Die Justiz steht dieser Ergänzung des Sanktionensystems (vor allem **35b**
bei Gewalt- und Sexualstraftaten: *BGH* NJW 2003, 1468) allerdings eher **kritisch** gegenüber. Denn „der TOA muß ... in den Augen vieler Strafjuristen als Vehikel erscheinen, den Täter der gerechten Strafe zu entziehen" (*Trenczek* 2003, 107). Außerdem wird die Effizienz des TOA bestritten.

So hat z.B. *Streng* (1994, 147) beobachten können, daß sich die Versöhnungs-(und Wiedergutmachungs-)Erwartung grundsätzlich als **Trugschluß** entpuppt. Dementsprechend weist *Killias* (1990, 234) darauf hin, „daß der Täter-Opfer-Ausgleich nicht die Medizin zu sein scheint, als die sie viele sehen mögen".

In einigen Studien hat sich nämlich gezeigt, „daß bei Deliktsopfern das Interesse an und die Bereitschaft zu einer Kommunikation mit dem Täter unter Vorzeichen eines Täter-Opfer-Ausgleichs in spezifischer Weise **begrenzt** ist" (*Streng* aaO; so auch z.B. *Maguire/Corbett* 1987, zit. nach *Killias* 1990, 235; a.A. *Trenczek* 2003, 105 ff).

Insoweit sollte man jedoch zwischen den Opfern von Eigentumsdelikten und Opfern von Straftaten gegen die Person unterscheiden. Wie schon oben erwähnt wurde (Rdn. 6) bezwecken nämlich die **Opfer von Vermögensdelikten** im Falle einer Anzeige in erster Linie, ihre Entschädigungsinteressen (z.B. gegenüber einer Versicherung) durchzusetzen (vgl. § 67 VVG und § 116 SGB X). Demgegenüber geht es **Gewaltopfern** offenbar primär um die **Bestrafung des Täters** (Genugtuungsfunktion der Strafe) und die Prävention seines Rückfalls (so auch *Streng* aaO; *Schädler* in ZRP 1990, 150ff; *Sessar* 1992, 176; *Rössner* 1994, 18; *Kilchling* 1995, 221/224; *Baurmann* 2000, 396).

**35c** Deshalb wird „der Ausgang des Strafverfahrens gegen den Täter vielfach deshalb als unbefriedigend eingestuft, weil dem (Gewalt-)Opfer die Strafe als zu niedrig erscheint" (*Streng* aaO). Dabei „fällt der Bestrafungswunsch um so deutlicher aus, je ‚persönlicher' die Tat angesichts der spezifischen Vorgeschichte vom Opfer aufgefaßt wird" (*Streng* aaO, 149). Die **Bestrafung dient dann der „Selbststabilisierung" des (Gewalt-) Opfers** (*Streng* aaO, 148). *Weigend* spricht (in: Rechtswissenschaft 1/2010, 54) von **„Genugtuungsinteresse des Opfers an der Strafrechtspflege"**. Insoweit kommt es seiner Erwartung nach „kaum entgegen, wenn die Behörde (nur) mit dem Angebot von ‚Vermittlungsgesprächen' reagiert" (*Killias* aaO, 239 verweist dazu auf *Voss* 1989, 34ff).

**36** *Lösel/Bliesener* (Aggression und Gewalt unter Jugendlichen, 2000) erwarten vom Täter/Opfer-Ausgleich zumindest deshalb **keine nachhaltigen Wirkungen**, weil TOA an der Einstellung der Täter grundsätzlich nichts ändern würde. Gibt es auch **positive Resultate**?

Tendentiell eher positive Ergebnisse werden z.B. im Periodischen Sicherheitsbericht (*PSB* 2001, 392) sowie von *Busse* (Rückfalluntersuchungen zum Täter-Opfer-Ausgleich 2001), von *Dölling/Hartmann/Traulsen* (2002), von *Bannenberg/Rössner* (2005, 97/98) und *Dölling* (2010, 359) referiert.

**36a** Gleichwohl weist z.B. *Walter* (2004, 646) zutreffend darauf hin, daß „noch erhebliche Forschungsdefizite bestehen" (so auch *Dölling* 2002, 185). Man darf im Übrigen nicht die **„Verfahrenszufriedenheit"** (die offenbar bei den Verfahrensbeteiligten hoch ist: *Trenczek* 2003, 105) mit der Legalbewährung verwechseln. *Täubner* 2008, 281 hebt aufgrund einer empirischen Studie die Bedeutung des **Einsichtswillens** bei adoleszenten Gewaltstraftätern hervor.

**36b** Zum TOA **grundlegend**: die Beiträge von *Blau* in JURA 1987, 25ff; *Dölling/Rössner* in: Hering/Rössner 1993; *Dölling* u.a. 1998; *Rössner/Bannenberg* in GS für *Meurer* 2002, 157ff; *Trenczek* 2003, 105ff; *Walter* 2004, 605ff; **BGH-Rechtsprechung** zu § 46a: *Hartmann* 2004, 83ff; zur Kritik an dem TOA vgl. *Bemmann* 2003, 226ff; insbesondere zu **verfassungsrechtlichen Bedenken** gegen den TOA (Art. 3 GG; Art. 6 Abs. 2 EMRK) sowie zur **Datenschutzproblematik**: *Walter* 2004, 633. Zur „Strafmediation in der **Schweiz**" vgl. *Schwarzenegger* 2006.

### III. „Kaskade von Opferschutzgesetzen“

Im Zuge der „Renaissance des Verbrechensopfers“ (*Weigend* 2010, 39ff) hat sich in den letzten 30 Jahren ein „Klimawandel in Richtung auf mehr Sensibilität für die Belange des Opfers entwickelt“ (*Steffen* DPT 2013, 57), der sich in einer „Kaskade von Opfergesetzen“ (*Barton* 2012, 130) dokumentiert. Nach *Weigend* (2010, 55) ist jedoch kein klares Konzept zu erkennen. **36c**

#### 1. Opferentschädigungsgesetz (OEG) von 1976

Am 16. Mai 1976 ist das „Gesetz über die **Entschädigung für Opfer von Gewalttaten**“ vom 11. Mai 1976 (BGBl. I, 1181) in Kraft getreten und danach mehrfach modifiziert bzw. ergänzt worden. (z.B. BGBl, 2009 I, 1580). **37**

Die Bundesrepublik ist mit dem OEG ausländischen Vorbildern gefolgt (vgl. dazu *Viano* 1979, 87). Entschädigt wird nach § 1 Abs. 1 OEG, „wer im Geltungsbereich dieses Gesetzes oder auf einem deutschen Schiff oder Luftfahrzeug infolge eines vorsätzlichen, rechtswidrigen, tätlichen Angriffs gegen seine oder eine andere Person oder durch dessen rechtmäßige Abwehr eine gesundheitliche Schädigung erlitten hat“. Zu Ausgleichsleistungen bei Gewalttaten vgl. § 3a OEG (dazu *Kunz/Zellner/Gelhausen/Weiner* 2010). Es geht vor allem um vorsätzliche Körperverletzungen und Tötungsdelikte, Vergewaltigungen und sexuellen Mißbrauch. Dem tätlichen Angriff stehen nach Absatz 2 gleich: „die vorsätzliche Beibringung von Gift und die wenigstens fahrlässige Herbeiführung einer Gefahr für Leib und Leben eines anderen durch ein mit gemeingefährlichen Mitteln begangenes Verbrechen“. Die Versorgung der Opfer und ihrer Hinterbliebenen erfolgt auf Antrag in entsprechender Anwendung der Vorschriften des Bundesversorgungsgesetzes (BVG). Antragsberechtigt sind in bestimmten Fällen (wenn der Heimatstaat entsprechend deutsche Opfer entschädigt: Prinzip der „Gegenseitigkeit“) inzwischen auch Ausländer (§§ 1 und 2 OEG n.F.).

*2011 wurden 20 435 Anträge (nach dem OEG) gestellt, von denen allerdings nur 7 579 (37,09 %) anerkannt wurden (Schiemann, WEISSER RING 2009).*

Zuständig für die Bearbeitung der (schriftlichen, aber formlosen) Anträge sind jeweils die Versorgungsämter der Bundesländer. **Leistungen nach dem OEG** sind insbesondere:

- ärztliche und zahnärztliche Behandlungen (auch im Krankenhaus),
- Maßnahmen der Rehabilitation,
- laufende Renten an Geschädigte bei schwerwiegenden dauernden Gesundheitsschäden; bei Tod auch an Hinterbliebene (Witwen, Witwer, Waisen, Eltern).

### 2. Opferschutzgesetz (OSG) von 1986

38 Am 1. April 1987 ist ein zweites Gesetz zur Verbesserung der Opferstellung in Kraft getreten: das „Erste Gesetz zur **Verbesserung der Stellung des Verletzten im Strafverfahren**" vom 18. Dezember 1986 (BGBl. I, 2496). Es handelt sich um ein sog. **Artikelgesetz**, also um ein Gesetz, das mehrere Gesetze zugleich verändert. Sein Ziel ist es „dem Opfer eine verfahrensrechtliche gesicherte Rechtsposition ... zu verschaffen" (*Böttcher* 2006, 72). Einzelne Regelungen:

- *Der **Schutz vor Fragen aus dem persönlichen Lebensbereich** wird verbessert und auf Ausnahmefälle beschränkt (§ 68a StPO);*
- *Der **Angeklagte kann aus dem Sitzungssaal entfernt werden**, wenn bei einer Vernehmung des Zeugen in Gegenwart des Angeklagten für den Zeugen eine schwerwiegende gesundheitliche Belastung zu befürchten ist (§ 247 Satz 2 StPO);*
- *Die Möglichkeit, in der Hauptverhandlung die **Öffentlichkeit auszuschließen**, wenn Umstände aus dem persönlichen Lebensbereich erörtert werden, wird erweitert (§ 171 b GVG);*
- *Allen Verletzten sind auf ihren Antrag wesentliche Verfahrensergebnisse mitzuteilen. Ihr **Recht auf Einsicht in die Verfahrensakten** (durch einen Rechtsanwalt) wird gesetzlich geregelt (§ 406e StPO);*
- ***Opfer schwerer Straftaten**, etwa von Vergewaltigungen, Geiselnahmen, schweren Körperverletzungen und versuchten Tötungsdelikten, können sich **als Nebenkläger** aktiv am Verfahren gegen den Täter (Beschuldigten) beteiligen (§ 395 StPO);* dazu ausführlich *Barton* in FS für Schwind 2006, 211 ff;
- *Die **Wiedergutmachung** des durch die Straftat erlittenen Schadens zugunsten des Opfers wird verbessert durch **Vorrang der Ersatzansprüche des Opfers** vor staatlichen Ansprüchen auf Geldstrafe und Gerichtskosten (§ 459a Abs. 1 StPO).*

### 3. Zeugenschutzgesetz (ZSchG) von 1998

39 Am 1. Dezember 1998 ist darüberhinaus das Zeugenschutzgesetz (ebenfalls ein Artikelgesetz) vom 30. April 1998 in Kraft getreten (BGBl. I, 820). Dieses sieht u.a. folgende Ergänzungen bzw. Veränderungen der Vorschriften der Strafprozeßordnung vor:

- *die Aufzeichnung der Vernehmung von **unter 16jährigen Zeugen** auf Bild- und Tonträger, die in das Verfahren eingeführt werden dürfen (§§ 58a, 168e/§ 247a StPO: dazu Kretschmer in JR 2006, 453 ff);*
- ***Beiordnung** eines anwaltlichen Beistandes, wenn ersichtlich ist, daß das zur Wahrnehmung der schutzwürdigen Interessen des Zeugen erforderlich ist (§ 68b n.F.).*

Überblick bei *Frehsee/Horn:* Zeugenbedrohung und Zeugenschutz in Deutschland und den USA, Berlin 2001; *WEISSER RING:* Schutz vor Opferzeugen im Strafverfahren, Mainz 2002.

### 4. Das Opferanspruchssicherungsgesetz (OASG) von 1998

Das OASG vom 4.3.1998 (BGBl. I, 2491), das am 20.7.1998 in Kraft getreten ist, räumt dem Opfer ein Pfandrecht am Erlös des Täters (seines Honorars) aus medialer **Vermarktung der Tat** (seiner „Story“) ein. **39a**

### 5. Das Gewaltschutzgesetz (GewSchG) von 2002

Am 1. Jan. 2002 trat das Gewaltschutzgesetz in Kraft, das „Gesetz zur Verbesserung des zivilrechtlichen Schutzes bei Gewalttaten und Nachstellungen sowie zur Erleichterung der Überlassung der Ehewohnung bei Trennung“. **40**

Nach diesem Gesetz können Täter von Partnergewalt (zu dieser vgl. *Rössner/Bannenberg* u.a. 1999) – unabhängig davon, ob sie verheiratet sind oder nicht – durch richterliche **Schutz-Anordnung** aus der gemeinsamen Wohnung (mit Rückkehrverbot) verwiesen werden (zeitlich befristetes) Hausverbot bzw. Wohnungsverweis: Abnahme des Hausschlüssels): **„Wer schlägt, muß gehen“**, eine alte Forderung der Frauenbewegung (vgl. dazu Rdn 46a zu § 10).

Außerdem können Annäherungs- und Kontaktverbote ausgesprochen werden, indem z.B. eine **Bannmeile um die Arbeitsstätte** des Opfers der innerfamiliären Gewalt gelegt wird. Der Schutz bezieht sich primär auf mißhandelte Frauen, gilt aber auch für durch ihre Intimpartner mißhandelte Männer.

Mit erfaßt werden durch das Gesetz auch **Stalking-Phänomene** (vgl. Kasten unten: Rdn. 42) wie der **Telefonterror**.

### 6. Opferrechtsreformgesetz (OpferRRG) von 2004

Am 1. Sept. 2004 ist ein OpferRRG in Kraft getreten (BGBl. 2004 I, 1354), das sich am **EU-Rahmenbeschluß** vom 25. März 2001 über die Stellung des Opfers im Strafverfahren orientiert und insoweit u. a. regelt, **41**

- daß ein **Opferanwalt** auf Staatskosten (z.B. bei Tötungsdelikten: § 397a Abs. 1 StPO) auch den **Hinterbliebenen** zusteht,
- daß Opfern (z.B. bei Sexual- und anderen Gewaltdelikten) ein Recht auf **Zeugenbegleitung** bis in die Hauptverhandlung (z.B. durch den WEISSEN RING), eingeräumt wird;
- daß **Schmerzensgeldansprüche** des Opfers im Strafverfahren (Adhäsionsverfahren) gegen den Täter grundsätzlich mitentschieden werden müssen und
- daß **Videoaufzeichnungen von Zeugenvernehmungen** nur mit Zustimmung des Zeugen herausgegeben werden dürfen;
- daß dem Opfer auf Antrag mitzuteilen ist, wann der verurteilte **Täter aus der Strafhaft** entlassen wird oder **erstmalig Hafturlaub oder Vollzugslockerungen** gewährt werden (§ 406 d Abs. 2 StPO).

42 **Stalking-Phänomene**

Unter Stalking werden Verhaltensmuster (Nachstellungen) verstanden, mit denen eine Person (ein „Stalker“) einen anderen Menschen massiv und wiederholt verfolgt, belästigt, belagert oder bedroht. Der Begriff stammt aus der englischen Sprache und bedeutet „anschleichen“, „anpirschen“. Dementsprechend legt sich auch der Stalker **„auf die Lauer“**, um sein Opfer vor der Wohnung oder am Arbeitsplatz abpassen und (einen von diesem nicht gewollten) Kontakt aufnehmen zu können. Eine Annäherung kann aber auch schriftlich per SMS oder E-Mail erfolgen. Der (systematische) **Psychoterror** äußert sich darüber hinaus z.B. im (nächtlichen) **Telefonterror**, in der Aufgabe von Bestellungen im Namen und auf Kosten des Opfers oder in Sachbeschädigungen (Beschmieren von Haus oder Auto des Opfers) oder in Beschimpfungen im Internet (Cyberstalking: Rdn. 58 zu § 14). **Motivation** für solche Attacken sind meist Rachegefühle., verschmähte Liebe, Machtdemonstrationen oder psychische Störungen, z.B. in Form von Beziehungswahn beim **Verfolgen von Prominenten** (dazu *Löbmann* in MschrKrim 2002, 27). Täter sind zu rund 80 % Männer, Opfer zu 90 % Frauen (*Neubacher/Seher* 2007, 1029): häufig ehemalige Lebenspartner oder mitunter auch (weibliche) Persönlichkeiten, die aus dem öffentlichen Leben bekannt sind.

*Kreuzer hat (2002/2003) Studentinnen in Gießen wie folgt befragt: „Hat Sie schon mal jemand anhaltend verfolgt, kontrolliert, belästigt, so daß Sie sich nachhaltig bedrängt, in ihrer Freiheit eingeengt und verängstigt gefühlt haben (z. B. durch nächtliche Telefonate, Hinterherlaufen, Ausspähen von Treffpunkten u.ä. sog. Stalking)?“ 30 % der 20 bis 24jährigen Befragten bejahten die Frage (in: FS für Raiser, 2005, 545/556). In der PKS (2008, 34 für 2007) wurden – 179 449 solcher Fälle gezählt.*

**Gesundheitliche Folgen** bei den Opfern: Angstgefühle, die Magen-Darm-Erkrankungen, Herz-Kreislauf-Störungen, Kopfschmerzen oder Schlafprobleme auslösen. Auch Selbstmordgedanken können sich einstellen. **Rechtliche Konsequenzen für den Täter:** Näherungsverbot nach dem Gewaltschutzgesetz (Rdn. 40) und Strafbarkeit (bis zu drei Jahre Freiheitsstrafe oder Geldstrafe) nach **§ 238 StGB** (Nachstellung), eine Vorschrift, die seit 31. März 2007 in Kraft ist. Außerdem wurde in der **StPO (§ 112a)** der Haftgrund der Wiederholungsgefahr dahingehend ergänzt, daß in schwerwiegenden Fällen auch gegen gefährliche Stalking-Täter die Untersuchungshaft angeordnet werden kann. **Ausführlich zum Stalking**: *Greuel/Petermann*: Gewalt und Stalking, in: Greuel/Petermann (Hrsg.): Macht – Fantasie – Gewalt?, Lengerich 2005, 64 ff; *Voß/Wondrak*: Stalking in Deutschland, Mainz 2006; *Kinzig* in ZRP 8/2006, 255 ff; *Endress,* J. et al. in MschrKrim 1/2007, 1 ff; *Weiner/Haas:* Opferrechte bei Stalking, München 2009.

### 7. Das (zweite) Justizmodernisierungsgesetz (2006)

Dieses (Artikel-)Gesetz hat für den Opferschutz u. a. folgende Neuerungen gebracht: 42a

- das **Adhäsionsverfahren** (§ 403 ff StPO) ist auch gegen Heranwachsende möglich, wenn für diese Jugendstrafrecht zur Anwendung kommt (§ 105 JGG);
- die **Wiedergutmachung** durch den Täter soll **Vorrang** vor der Vollstreckung von Geldstrafen haben;
- durch eine Ausweitung des § 48 JGG wird auch dem jugendlichen Opfer zugestanden, daß **Erziehungsberechtigte** und gesetzliche Vertreter in der ansonsten nicht öffentlichen Hauptverhandlung im Jugendverfahren anwesend sein dürfen.

### 8. Das (zweite) Opferrechtsreformgesetz (2009)

Am 1. Oktober 2009 ist das 2. Opferrechtsreformgesetz (2. ORRG) in Kraft getreten. Darin wird z. B. die Beiordnung eines **Opferanwalts auf Staatskosten** (§ 397a Abs. 1 StPO) auf die **Fälle der schweren Körperverletzung, Raub und Erpressung ausgeweitet**, wenn die Tatfolgen besonders schwer sind. Ferner wird der Anspruch auf anwaltlichen Beistand auch auf polizeiliche Vernehmungen geregelt (§ 406 f StPO). Schließlich soll in gravierenden Fällen der Zeugenbedrohung der Zeuge auf die Angabe seines Wohnortes verzichten dürfen (§§ 68, 200 StPO). 42b

### 9. EU-Richtlinie zum Opferschutz (2012)

Am 15. November 2012 trat die EU-Richtlinie „über Mindeststandards zu Rechten, Unterstützung und Schutz von Opfern von Straftaten" in Kraft, die die EU-Mitgliedstaaten bis November 2015 umzusetzen haben (zit. nach WEISSER RING 2/2013, 10). Danach sollen z. B. „Opfer von Terrorismus, organisierter Kriminalität Menschenhandel oder aber auch Opfer von Sexualdelikten und häuslicher Gewalt besondere Beachtung finden" (Art. 22). 42c

### 10. StORMG (2013)

Am 14.3.2013 hat der Deutsche Bundestag den Entwurf eines Gesetzes zur Stärkung der Rechte von **Opfern sexuellen Mißbrauchs** (StORMG) beschlossen (zit. nach Steffen DPT 2013, 93). 42d

## IV. Europäische Opferschutz-Initiative

Nach dem **Beschluß (des Europäischen Rates) von Tampere** (vgl. Rdn. 28 zu § 31) vom 15./16. Oktober 1999 (insbesondere Punkt 32), sollen Mindeststandards für den Schutz der Opfer von Verbrechen (insbesondere hinsichtlich deren Zugangs zum Recht und ihrer Schadenersatzansprüche, einschließlich der Prozeßkosten) ausgearbeitet werden. 43

Diesem Postulat entspricht ein **Rahmenbeschluß des Rates** vom 15. März 2001 „über die Stellung des Opfers im Strafverfahren" (ABl. 2001, L 82), der auch in der **Richtlinie 2004/80/EG des Rates** vom 29. April 2004 berücksichtigt wird (vgl. *Böttcher* 2006, 67 ff; *Weiner* 2006, 1 ff).

In Art. 4 Abs. 1 Satz 2 zählt der Rahmenbeschluß die Informationen auf, die dem Opfer von den Strafverfolgungsbehörden zur Verfügung gestellt werden müssen. Dazu gehören (vgl. *Böttcher* 2006, 68 f) z. B.:

- die Information über die Formalitäten einer **Anzeigeerstattung**,
- die Information über die Anforderungen für einen **Entschädigungsanspruch**,
- die Information über den **Ausgang des gerichtlichen Verfahrens** und nicht zuletzt
- die Information über **Dienste und Organisationen**, an die **sich das Opfer wenden kann, wenn es Hilfe braucht**.

Dementsprechend gibt es inzwischen in (fast) allen europäischen Staaten Opferhilfeorganisationen, deren Organisation, Finanzen (staatlich oder nicht staatlich oder beides) und Leistungen allerdings sehr unterschiedlich geregelt sind. Der WEISSE RING (der in Deutschland und Österreich tätig ist) nimmt keine staatliche Unterstützung in Anspruch.

Die meisten der Opferhilfe-Institutionen sind Mitglied im **„European Forum for Victims Services"** (EFVS). Das EFVS gibt jährlich ein „Directory of Services for Victims of Crime in Europe" heraus, einen Überblick über Opferinitiativen in den verschiedenen Staaten der EU.

SECHSTER TEIL

# „Neue“ Kriminalitätsarten

Zu den kriminalpolitischen Herausforderungen unserer Zeit gehören neben der (im Hellfeld) zunehmenden **Gewaltkriminalität** (vgl. Rdn. 26ff zu § 2) und der steigenden Zahl der **Massendelikte** (vor allem des Diebstahls) insbesondere zwei Kriminalitätsarten, die wegen ihrer hohen Sozialschädlichkeit in den letzten Jahren mehr und mehr in den Blickpunkt der Öffentlichkeit gerückt sind: **Wirtschafts- und Umweltkriminalität**, die ungeheure Schäden (materieller bzw. gesundheitlicher Art) verursachen (können). Beide Arten sozialschädlichen Verhaltens (die z.T. miteinander zu tun haben) hat es zwar auch schon früher gegeben, sie sind jedoch erst in den letzten 40 Jahren als vorrangiges kriminalpolitisches Problem erkannt (und strafbewehrt) worden: nicht zuletzt unter dem Druck der Öffentlichkeit.

## § 21 Wirtschaftskriminalität

**Literatur:** **Achenbach,** H.: Die Rolle des Strafgesetzes bei der sozialen Kontrolle der Wirtschaftsdevianz, in: Osnabrücker Rechtswissenschaftliche Abhandlungen, Bd. 1: Recht und Wirtschaft, Köln 1985, S. 147–168; **Achenbach,** H.: Die wirtschaftsstrafrechtliche Reformbewegung im Rückblick, in: FS für Klaus Tiedemann, Düsseldorf 2008, S. 47–60; **Achenbach,** H.: Das Zweite Gesetz zur Bekämpfung der Wirtschaftskriminalität, in: NJW 1986, S. 1835–1841; **Achenbach,** H.: Zur aktuellen Lage des Wirtschaftsstrafrechts in Deutschland, in: GA 10/2004, S. 559–574; **Achenbach,** H.: Zur Entwicklung des Wirtschaftsstrafrechts in Deutschland seit dem späten 19. Jahrhundert, in: Jura 5/2007, S. 342–348; **Achenbach,** H./**Ransiek,** A. (Hrsg.): Handbuch Wirtschaftsstrafrecht, Heidelberg, 3. Aufl. 2011; **Altenhain,** K./**Hagemeier,** I./**Haimerl,**, M./**Stammen,** K.-H.: Die Praxis der Absprachen in Wirtschaftsstrafverfahren, Baden-Baden 2007; **Backes,** O./ **Lindemann,** M.: Staatlich organisierte Anonymität als Ermittlungsmethode bei Korruptions- und Wirtschaftsdelikten, Heidelberg 2006; **Bannenberg,** B.: Korruption in Deutschland und ihre strafrechtliche Kontrolle, Neuwied 2002; **Bannenberg,** B.: Möglichkeiten der strafrechtlichen Verfolgung von Wirtschaftsstraftaten und Korruption, in: *Gutsche,* G./*Thiel,* K. (Hrsg.): Gesellschaft und Kriminalität im Wandel, Bad Godesberg 2001, S. 113–137; **Beier,** G. M.: EU-Osterweiterung fördert Wirtschaftskriminalität, in: WIK-Zeitschrift für die Sicherheit in der Wirtschaft, 9/2003, S. 17–19; **Bock,** D.: Criminal Compliance, Baden-Baden 2011; **Boers,** K.: Wirtschaftskriminologie. Vom Versuch, mit einem blinden Fleck umzugehen, in: MschrKrim 2001, S. 335–356; **Bora,** A./**Liebl,** K./**Risch,** H.: Polizeiliche Bearbeitung von Insolvenzdelikten, Wiesbaden 1992; **Bottke,** W.: Das Wirtschaftsstrafrecht in der Bundesrepublik Deutschland – Lösungen und Defizite, in: wistra 1991, S. 1ff; **Breland,** M.: Präventive Kriminalitätsbekämpfung, Diss. jur., Gießen 1974; **Bussmann,** K.-D./**Salvenmoser,** St: Internationale Studie zur Wirtschaftskriminalität, in: NStZ 2006, S. 203–209; **Bussmann,** K.: Sozialisation in Unternehmen durch Compliance, in Festschrift für *Achenbach* 2011, S. 57–82; **Cleff,** Th./**Naderer,** G./**Volkert,** J.: Motive der Wirtschaftskriminalität. Ergebnisse einer quantitativen und qualitativen Studie, in: MschrKrim 1/2011, S. 4–16; **Dannecker,** G.: Die Entwicklung des Wirtschaftsstrafrechts in der Bundesrepublik Deutschland, in: *Wabnitz,* H.-B./*Janovsky,* R. (Hrsg.): Handbuch des Wirtschafts- und Steuerrechts, München 2000, S. 1–50; **Eder-Rieder,** M.: Einführung in das Wirtschaftsstrafrecht, 2. Aufl. Wien/Graz 2011; **Egli,** H.: Grundformen der Wirtschaftskriminalität, Heidelberg 1985; **Haft,** F.: Das Zweite Gesetz zur Bekämpfung der Wirtschaftskriminalität (2. WiKG), Teil 1, in NStZ 1986, S. 481 ff und Teil 2, in NStZ 1987, S. 6–10; **Hefendehl,** R.: Das Wirtschaftsstrafrecht zwischen kriminalpolitischen Erwartungen und dogmatischen Erfordernissen, in: JZ 2004, S. 18 ff; **Hefendehl,** R.: Neutralisierungstechniken bis in die Unternehmensspitze. Eine Fallstudie am Fall Ackermann, in: MschrKrim 2005, S. 444 ff; **Heinz,** W.: Wirtschaftskriminalität, in: *Kaiser,* G./*Kerner,* H.-J./*Sack,* F./*Schellhoss,* H. (Hrsg.): Kleines Kriminologisches Wörterbuch, 3. Aufl., Heidelberg 1993, S. 589–595; **Heinz,** W.: Wirtschaftskriminalität, in: Handbuch der Wirtschaftsethik, Bd. 4, Gütersloh 1999; **Hetzer,** W.: Wirtschaft und Kriminalität, in: Kriminalistik 9/1999, S. 570–578; **Hettinger,** M.: Von der Gleichheit vor dem Gesetz zur Ungleichheit vor Gericht?, in: Festschrift für Eberhard *Müller,* 2008, S. 261–282; **Hettinger,** M.: Die Absprache im Strafverfahren als rechtsstaatliches Problem, in: JZ 6/2011, S. 292–2301; **Horoszowski,** P.: Economic Special-Opportunity Conduct and Crime, Lexington/Mass. 1980; **Huber,** R.: Möglichkeiten der Beschleunigung von Wirtschaftsstrafverfahren, in: NStZ 1996, S. 530–533; **Kaiser,** G.: Wirtschaftskriminalität und ihre Bekämpfung, in: *Kaiser,* G./*Schöch,* H.: Kriminologie – Jugendstrafrecht – Strafvollzug, 4. Aufl., München 1994, S. 148–157; **Knecht,** Th.: Das Persönlichkeitsprofil des Wirtschaftskriminellen – aus psychiatrischer Sicht, in: Kriminalistik 3/2006, S. 201–206; **Kölbel,** R.: Wirtschaftskriminalität und unternehmensinterne Strafrechtsdurchsetzung, in: MschrKrim 1/2008, S. 22–37; **Kramer,** B.: Ermittlungen bei Wirtschaftsdelikten, Stuttgart 1987; **Kube,** E.: Prävention von Wirtschaftskriminalität. Möglichkeiten und Grenzen, 2. Aufl., Wiesbaden 1985; **Kube,** E.: Wirtschaftskriminalität, in: FS für *Rolinski,* Baden-Baden 2002, S. 392–400; **Kubica,** J.: Wirtschaftskriminalität, in: *Kube,* E./*Störzer,* H. U./*Timm,* K. J. (Hrsg.): Kriminalistik. Handbuch für Praxis und Wissenschaft, Bd. 2, Stuttgart 1994, S. 445–499; **Liebl,** K.: Bekämpfung der Wirtschaftskriminalität, in: MschrKrim 1/2004c, S. 1–21; **Liebl,** K.: Die bundesweite Erfassung von Wirtschaftsstraftaten nach einheitlichen Gesichtspunkten. Ergebnisse und Analysen für die Jahre 1974 bis 1981, Freiburg 1984; **Lippert,** F./ **Knorre,** U.: Wirtschaftskriminalität und Finanzwesen, in: Kriminalistik 4/2007, S. 222–230; **Lippert,** F./**Sürmann,** H.: Wirtschaftskriminalität und Internet, in: Kriminalistik 5/2007, S. 231–235; **Opp,** K.-D.: Soziologie der Wirtschaftskriminalität, München 1975; **Poerting,** P.: Bekämpfung der Wirtschaftskriminalität in den USA, in: Kriminalistik 1981, S. 111–116; **PriceWaterHouseCoopers pwc (Bussmann)** Kriminalität im öffentlichen Sektor 2010 – Auf der Spur von Korruption & Co., Halle 2010a; Wirtschaftskriminalität 2007, Frankfurt/M./Halle (*Bussmann*), 2007/2010/2011; **Schick,** P. J.: Strafprozessuale Aspekte der Wirtschaftskriminalität, in: Studiengesellschaft für Wirtschaft und Recht 2008, S. 33–49; **Schneider,** H.: Wirtschaftskriminalität, Wirtschaftsstrafrecht und Wirtschaftskriminologie, in: *Kempf*/E./*Lüderssen,* K./*Volk,* K.: Die Handlungsfreiheit des Unternehmers, Berlin 2010, S. 61–79; **Schneider,** H.: Das Leipziger Verlaufsmodell wirtschaftskriminellen Verhaltens, in: NStZ 2007, H.10, S. 555–562; **Schneider,** H./**John** D.: Der Wirtschaftsstraftäter in seinen sozialen Bezügen, in: *Bannenberg* B./Jörg-Martin *Jehle*: Wirtschaftskriminalität, Mönchengladbach 2010b, S. 159–169; **Scherp,** D.: Geldwäschebekämpfung in Deutschland, in: forum kriminalprävention 4/2002, S. 18–19; **Schwind,** H.-D./**Gehrich,** W.-D./**Berckhauer,** F./**Ahlborn,** W.: Bekämpfung der Wirtschaftskriminalität – erläutert am Beispiel von Niedersachsen, in: JR 1980, S. 228–233; **Sutherland,** E. H.: White-Collar-Criminality, in: American Sociological Review, Vol. 5, 1940, S. 1–12; **Sutherland,** E. H.: White-Collar-Crime, New York 1949; **Theile,** H.: Strafrechtliche Hypertrophie und ihre Folgen. Das Beispiel der verfahrenserledigenden Urteilsabsprache in Wirtschaftsstrafverfahren, in: MschrKrim 2/2010, S. 147–163; **Tiedemann,** H.: Die Bekämpfung der Wirtschaftskriminalität durch den Gesetzgeber, in: JZ 1986, S. 865–874; **Többens,** H.W.: Die Bekämpfung der Wirtschaftskriminalität durch die Troika der §§ 9, 130 und 30 des Gesetzes über Ordnungswidrigkeiten, in: NStZ 1999, S. 1–8; **Többens,** H.W.: Wirtschaftsstrafrecht, Ein Studienbuch, München 2006; **Volk,** K.: Strafrecht und Wirtschaftskriminalität, in: JZ 1982, S. 85–92; **Wassermann,** R.: Kritische Überlegungen zur Bekämpfung der Wirtschaftskriminalität, in: Kriminalistik 1984, S. 20–42; **Weigend,** Th.: Eine Prozeßordnung für abgesprochene Urteile?, in: NStZ 1999, S. 57–63; **Ziercke,** J.: „Wirtschaftskriminalität und Globalisierung – die Polizei vor neuen Herausforderungen", in: der kriminalist 1/2009, S. 10–18; **Zimmerli,** E.: Wirtschaftskriminalität – Tat, Täter, Opfer, in: Kriminalistik 1986, S. 542–563; **Zybon,** A.: Wirtschaftskriminalität als gesamtwirtschaftliches Problem, München 1972.

**Gliederung**



1 Nach dem strafrechtlichen Verbrechensbegriff (§ 1 Rdn. 2) ist unter **Wirtschaftskriminalität** (Abgrenzungen bei Rdn. 17) das sozial schädliche Verhalten im Wirtschaftsleben zu verstehen, soweit dieses mit Strafe bedroht ist. Dementsprechend definiert *Többens* (1999, 1) das **Wirtschaftsstrafrecht** als „Sammelbegriff für sämtliche Vorschriften, die die im Bereich der Wirtschaft liegenden Tatbestände entweder als **Straftaten im engeren Sinne** mit Freiheitsstrafe oder Geldstrafe (Kriminalstrafe) oder als **Ordnungswidrigkeiten** (als „nicht-kriminelle“ Handlungen) mit Geldbuße (Ordnungsstrafe der **Verwaltung**) ahnden“ (vgl. auch § 1 Rdn. 5).

*Nach Heinz (1999, 674) „gehen Experten davon aus, daß der gesamte Bereich des Wirtschaftsstrafrechts* ***in mehr als 200 Bundesgesetzen*** *enthalten ist“.*

Solche Normen (Überblick bei *Többen* 2006; für Österreich: *Eder-Rieder* 2011, 59 ff) finden sich nicht nur im

- Strafgesetzbuch, sondern auch in vielen anderen Gesetzen und Verordnungen, z.B. im
- Handelsgesetzbuch (§§ 331 ff HGB), im
- Aktiengesetz (§§ 399 ff AktG), im
- GmbH-Gesetz (§§ 82 ff GmbHG), in der
- Abgabenordnung (§§ 369 ff AO) und in der
- Gefahrstoffverordnung (§§ 45 ff GefStoffV).

2 Auf alle diese Bereiche kann sich auch die **wirtschaftskriminologische Forschung** beziehen. Daß diese bisher in der Bundesrepublik nicht sehr weit fortgeschritten ist (grundlegend *Boers* 2001, 335 ff), wird u.a. zurückgeführt:

3 – *erstens: auf mangelnde Kooperation von seiten der Wirtschaft* ***(Abschottung)****, die Imageverluste („Reputationsschäden") befürchtet (Ziercke 2009, 11). Das heißt: „Die betroffenen Unternehmen entziehen sich verständlicherweise allen Nachforschungen, die zur Aufhellung des Dunkelfeldes angestellt werden" (Schneider aaO): „geringe Antwortbereitschaft" (Boers 2001, 337; dazu auch Rdn. 29 zu § 29);*

4 – *zweitens: auf die Tatsache, daß die hierfür erforderlichen Forschungen zur Abschätzung des Dunkelfeldes mit den derzeit verfügbaren* ***Methoden*** *(Täter- und Opferbefragung) kaum durchführbar sind (Heinz 1993, 591).*

Schließlich handelt es sich bei der Wirtschaftskriminalität vorwiegend um **Verbandsdelinquenz**, also um Ordnungswidrigkeiten (§ 30 OWiG), also die im Rahmen der Geschäfte von Unternehmen und Betrieben (betroffen ist vor allem die GmbH: *PSB* 2006, 131) verübt wurden: zur evtl. Einführung einer **„Verbandsstrafe"** vgl. z.B. M. *Böse* in FS für G. Jakobs, Köln 2007, 15; *Ebner* in Kriminalistik 7/2008, 432.

**Wirtschaftskriminalität verursacht Milliardenschäden**

**Riesige Dunkelziffer – Zunahme auch aus sozialen Gründen**

aus: *NOZ* vom 5. Juli 2006

## I. Schäden und Schadensschätzungen

5 Über den Umfang der Schäden, die durch wirtschaftskriminelles Verhalten entstehen, liegen zahlreiche Hinweise vor. Diese beziehen sich z.T. auf das Hellfeld (registrierte Kriminalität), z.T. aber auch auf Hellfeld und Dunkelfeld (nicht bekannt gewordene Kriminalität: Rdn. 33ff zu § 2) der Wirtschaftsdelikte zusammen.

### 1. Direkt-Schäden durch Wirtschaftskriminalität (Hellfeld)

6 Die Schadenshöhe (Geldwert = Verkehrswert bzw. Wertminderung des Vermögens) stieg **im Hellfeld** von 1,4 Milliarden DM (1974: alte Bundesländer) auf (2011: ganzes Bundesgebiet) **4,66** (*Ziercke*, zit. nach NOZ vom 8. Sept. 2011, 2) **Milliarden Euro**. Nach einer Befragung von *PricewaterhouseCoopers* (2007) deutscher Unternehmen soll der Schaden (hochgerechnet) bei etwa **sechs Milliarden** Euro (im Jahr) liegen.

*Auffällig: Während der Anteil der Wirtschaftskriminalität an allen PKS-Straftaten bei nur rund ein Prozent liegt (2011: 79 515 Delikte), verursacht diese rund* ***50 %*** *aller (materiellen) Schäden (Lippert/Knorre 2007, 223); „Wirtschaftskriminalität ist (danach) kein quantitatives, sondern ein* ***qualitatives*** *Problem" (so auch PSB 2006, 149).*

*Heinz* (1993, 591) weist allerdings zu Recht darauf hin, daß die Frage, „ob diese Entwicklung auf einem realen Kriminalitätsanstieg beruht oder nur auf geänderten Anzeige- und Verfolgungsstrategien, ebenso offen bleiben muß wie die Antwort auf die Frage nach der Entwicklung der tatsächlichen Wirtschaftskriminalität".

**2. Schadens-Schätzungen zur tatsächlichen Wirtschaftskriminalität**

Die Schätzungen zu den materiellen Schäden, die aus Straftaten im **Hell- und Dunkelfeld zusammen** entstehen, schwanken zwischen 10 Milliarden DM = 5 Milliarden Euro (so *Bähr* 1969, 15ff; *Kaiser* 1994, 151) und 55 Milliarden DM = 27,5 Milliarden Euro (so *Zybon* schon für 1972, 32). 7

Als Schätzungsgrundlage diente *Zybon* das Bruttoinlandprodukt (BIP), das er (ohne nähere Begründung) durch 10 teilte. Verwendet man diese Berechnung für das Jahr 2007 (BIP 2,4 Billionen Euro: *Statist. BA*, im Internet), gelangt man zu einem Betrag von rund **230 Milliarden Euro** Schaden durch wirtschaftskriminelles Verhalten. 8

*Hanning* (zit. nach Kriminalistik 1/2009, 4 und 6) geht davon aus, daß 80 % der Wirtschaftsstraftaten im Dunkelfeld bleiben. Bei 4,1 Milliarden Schaden im Hellfeld (Bundeslagebild Wirtschaftskriminalität des BKA 2013 für 2011), ginge es danach um einen Gesamtschaden von rund 20 Milliarden Euro. Viel zu gering geschätzt! 9

Bei allen diesen Schätzungen handelt es sich im Übrigen wegen der Unsicherheit der Schätzungsgrundlagen (*Heinz* 1983, 132; *PSB* 2006, 146) um reine **Blindschätzungen**, also um nicht viel mehr als um Spekulation (vgl. auch Rdn. 41). Das gilt auch für die Schadensschätzungen zu den einzelnen Wirtschaftsbereichen. Zur **Schwarzarbeit** vgl. Kasten. 10

11

Der Umsatz der **Schwarzarbeit** wird von der Universität Linz (Volkswirtschaftler Friedrich *Schneider*) auf **350 bis 355 Milliarden EURO** (2009) geschätzt (2003: 370). Für 2012 wird (infolge der abnehmenden Arbeitslosigkeit) eine Abnahme erwartet (*Schneider*, zit. nach NOZ vom 25. Jan. 2012, 7).

*Zu dem rückläufigen Trend* ***beigetragen hat*** *aber auch, daß die Zahl der Fahnder erhöht, ihre Durchgriffsmöglichkeiten verbessert und das Strafmaß verschärft wurden. Eine Rolle spielt nicht zuletzt das „Gesetz zur Intensivierung der Bekämpfung der Schwarzarbeit und illegalen Beschäftigung" vom 23.7.2004 (BGBl. I, 1842). Schon 2004 hatte das Bundesfinanzministerium die Schwarzarbeitsbekämpfung des Zolls und der Bundesagentur für Arbeit zu einer Finanzkontrolle Schwarzarbeit" (****FKS****) zusammengelegt.*

### 3. Schäden durch Ansteckungs- bzw. Sogwirkung und Begleitkriminalität

12 Darüber hinaus kann Wirtschaftskriminalität auch Begleit- und Folgeschäden verursachen **(Kettenreaktionen)**, z. B. dann, wenn „Mitbewerber aufgrund des Wettbewerbsdrucks gezwungen sind, wirtschaftsdelinquentes Verhalten ihrer Konkurrenten nachzuahmen, um konkurrenzfähig zu bleiben“ (*Kaiser* Lb. 1982, 133). Man spricht insoweit von der „Sogwirkung“ illegaler Verhaltensweisen auf Konkurrenten am Markt: **„Wirtschaftskriminelle Praktiken sind ansteckend wie eine Epidemie“** (*Mergen* Lb. 1978, 304), etwa die Beschäftigung illegaler Migranten bzw. Leiharbeiter oder Abrechnungsbetrügereien von Ärzten (ausführlich zu letzterem: *Steinhilper* in FS für Schwind 2006, 163 ff).

Zur **Begleitkriminalität** sind z. B. zu rechnen: Urkundenfälschung, **Korruption** (vgl. *Bannenberg* 2002, *pwc* 2010a und Rdn. 34a zu § 29) usw. In die Korruption sind vor allem solche Personen verwickelt, „die behördliche Genehmigungen ausstellen, öffentliche Aufträge erteilen oder Fördermittel vergeben“ (*Northoff* Hb. 2007 6.3.2 Rdn. 36).

## II. Begriffsbestimmungen und Abgrenzungen

13 Daß die Schätzungen zu den Schäden so unterschiedlich ausfallen, hat vor allem auch damit zu tun, daß **unterschiedliche Definitionen der Wirtschaftskriminalität** zugrunde gelegt werden (vgl. Ausgangspunkt dazu bei Rdn. 1). Das heißt: Welche Schäden solche Schäden durch Wirtschaftskriminalität sein sollen, hängt zunächst von der Begriffsbestimmung ab, also davon, welche Delikte zur Wirtschaftskriminalität gezählt werden sollen.

### 1. Die klassische Definition Sutherlands

14 Die klassische Definition stammt von dem Soziologen Edwin H. *Sutherland*. Dieser hat am 27. Dezember 1939 als Präsident der American Sociological Association die 34. Jahrestagung dieser Gesellschaft eröffnet und bei dieser Gelegenheit den Begriff der **„white-collar-criminality“** („Weiße-Kragen-Kriminalität“) als Terminus in die wissenschaftliche Diskussion eingeführt (*Poerting* 1983, 9). Diese „white-collar-criminality“ (meist mit der Bezeichnung „Wirtschaftskriminalität“ synonym gebraucht, obwohl die Begriffe nicht ganz deckungsgleich sind) beschreibt er „as a crime committed by a person of respectability and high social status on the course of his occupation“ (1940/1949).

15 Als Kriterien der „Weiße-Kragen-Kriminalität“ werden also bezeichnet:
- eine Straftat,
- die von einer ehrbaren Person
- mit hohem sozialen Ansehen verübt wird, und zwar
- im Rahmen ihrer beruflichen Tätigkeit.

Mit dieser Begriffsbestimmung wollte *Sutherland* insbesondere das verbreitete Vorurteil abbauen, daß kriminelles Verhalten allein in den Unterschichten der Bevölkerung (der „Blue-Collar-Worker") vorkommt (sozialkritischer Ansatz); die Grundlage bildeten empirische Arbeiten, die von dem Autor in den 70 größten Industrie- und Handelsgesellschaften der USA durchgeführt wurden (vgl. dazu *Schneider* 1981, 360, der die **Geschichte der Wirtschaftskriminalität** beschreibt). Inzwischen spricht man in der angelsächsischen Literatur an Stelle von „white-collar-crime" allerdings eher von **„occupational crime"** (Berufsstraftaten), weil solche Delikte auch von untergeordneten Firmen, Mitarbeitern (Bankangestellten, Computer-Fachleuten) verübt werden können (*Kaiser/Schöch* 1994, 149). 16

Heute versteht die herrschende Meinung in der deutschen wirtschaftskriminologischen Literatur unter Wirtschaftskriminalität im weitesten Sinne die Gesamtheit der Straftaten (und Ordnungswidrigkeiten: dazu *Achenbach* 2006 in FS für Schwind, 185), die **(insoweit ist die Definition in Rdn. 1 zu ergänzen)** bei wirtschaftlicher Betätigung unter Mißbrauch des im Wirtschaftsleben nötigen **Vertrauens** (dazu auch *Dannecker* 2000, Rdn. 9) begangen werden und über eine individuelle Schädigung hinaus Belange der Allgemeinheit berühren (so schon *Schwind/Gehrich* et al. 1980, 230; zu weiteren Definitionsversuchen: *Berckhauer* 1977, 21ff; *Bottke* 1991, 1ff; *Heinz* 1993, 589f; *Achenbach* 2007, 342): „Cluster-Modell"). Zu den unerläßlichen Kriterien der Wirtschaftskriminalität gehören danach 17

- erstens, daß ein **wirtschaftlicher Bezug** des mit Strafe bedrohten Verhaltens besteht,
- zweitens, daß dieses Verhalten in **Ausübung des Berufes** erfolgt und
- drittens (allerdings umstritten), daß **Vertrauen mißbraucht** wird.

Charakteristisch sind ferner: die **Kollektivität und Anonymität des Opfers** sowie die geringe **Sichtbarkeit des Rechtsbrechers** (*Kaiser/Schöch* 2001, 142).

Das entsprechende Deliktsspektrum ist breit. In Betracht kommt eine **bunte Palette von Straftaten**, die von der Steuerhinterziehung über Konkursdelikte bis zu Waffenschieberei, Zollstraftaten, Produktpiraterie, Industriespionage, Wettbewerbsdelikte, Falschbilanzierung, Korruption und Betrugsdelikten z.N. von Sozialversicherungsträgern und Veruntreuen von Arbeitsentgelt (§ 266a StGB) reicht. Es handelt sich also um keine homogene Gruppe von Straftaten (vgl. auch *PSB* 2001, 132).

Zum **organisierten Wirtschaftsverbrechen** bzw. zur Überschneidung von Organisierter Kriminalität und Wirtschaftskriminalität vgl. § 29 Rdn. 22ff.

### 2. Der Straftatenkatalog in § 74c Abs. 1 GVG

Die Praxis kann mit *Sutherlands* (uferloser bzw. wenig trennscharfer) Definition allerdings wenig anfangen. Für diese kommt es darauf an, „diejenigen Delikte erfassen zu können, zu deren Beurteilung Spezialkenntnisse auf dem Gebiet des Wirtschaftslebens notwendig sind" 18

(*Schwind/Gehrich* et al. aaO). Denn die Praxis will für die Bearbeitung solcher Fälle Spezialisten einsetzen können.

Insoweit hat der Gesetzgeber den Staatsanwaltschaften und Gerichten zwar keine eigene (Legal-)Definition, aber in § 74c Abs. 1 GVG eine **pragmatische (strafprozessual-kriminaltaktisch orientierte) Einzelfallklausel** in Form eines Straftatenkatalogs zur Verfügung gestellt, die zugleich den Ausgangspunkt für entsprechende organisatorische Maßnahmen zur besseren Bekämpfung der Wirtschaftskriminalität bildet. Die meisten der dort erwähnten Straftatbestände sind spezifische „Wirtschaftsdelikte" (z.B. Vergehen nach dem Gesetz gegen den unlauteren Wettbewerb, Vergehen nach den Gesetzen über das Bank-, Depot-, Börsen- und Kreditwesen, Subventionsbetrug, Kreditbetrug usw.). Bei ihnen wird **unwiderleglich vermutet**, daß zur Beurteilung einschlägiger Straftaten Spezialkenntnisse gehören. Hinzu kommen einige allgemeine Straftatbestände (wie Untreue und Betrug), die nur dann zur Wirtschaftskriminalität zählen (Generalklausel), wenn „zur Beurteilung des Falles **besondere Kenntnisse** des Wirtschaftslebens erforderlich sind" (§ 74c Abs. 1 Nr. 6 GVG).

Als weiterer Anknüpfungspunkt für organisatorische Maßnahmen (vgl. dazu unten Rdn. 31ff) ist außer der **Art** der Straftaten noch deren **Gewicht** von Bedeutung. Insoweit werden in der Praxis das Ausmaß der Rechtsverletzung und die Auswirkungen der Straftat (insbesondere die **Höhe des Schadens**) berücksichtigt. Abstrakte Regeln, die darüber hinaus reichen, dürften sich kaum aufstellen lassen; maßgebend sind daher immer die Umstände des Einzelfalls.

### III. Befunde zum Sozialprofil der Täter

19 Über die Entstehungszusammenhänge der Wirtschaftskriminalität ist noch wenig bekannt. Die gängigen Kriminalitätstheorien (**Anomietheorie**: Rdn. 6ff zu § 7; **lernpsychologische Ansätze** bzw. Nachahmung: Rdn. 20ff zu § 6) können allenfalls Teilbereiche erklären; das gilt auch für den **Labeling approach** (zu diesem Rdn. 2 zu § 8). Eher kommen

- *die **Theorie der differentiellen Gelegenheiten** (vgl. Rdn. 30 zu § 7) und*
- *die **Theorie der Rationalen Wahl** (Rdn. 19a zu § 6) in Betracht*
- *oder der **psychoanalytische Ansatz:** moralisch zurückgebliebenes Über-ich (Rdn. 3 zu § 6) oder*
- *der **Routine activity approach** (Rdn. 8c zu § 8): „absence of a capable guardian";*
- *oder auch der Einsatz von **Neutralisierungstechniken** (vgl. Rdn. 27 zu § 19). „Ich hole mir nur das, was mir zusteht" (Northoff Hb. 2007, 6.3.2 Rdn. 42; Hefendehl 2005, 444f zum „Beispiel Ackermann").*

*H. Schneider* (2007, 555) versucht diese Bausteine in seinem **„Leipziger** (dreistufigen) **Verlaufsmodell wirtschaftskriminellen Verhaltens**" einleuchtend zu verbinden. Danach spielen auch Frustrationen etwa in

Folge von Kränkungen und Zurücksetzunen eine Rolle; Kosten-Nutzen-Erwägungen betonen vor allem *Cleff/Wederer/Volkert* (2011, 5).

Eine spezifische „Theorie der Wirtschaftsdelinquenz" gibt es bisher aber (noch) nicht (*Heinz* 1993, 592; 1999, 691; *Boers* 2001, 346; H. *Schneider* 2010, 79): „Verallgemeinerungsfähige Befunde liegen im wesentlichen nur zum Sozialprofil" (der Täter bzw. Beschuldigten) vor (*Heinz* aaO); allerdings ist wegen der deliktspezifischen Unterschiede Vorsicht geboten.

Insoweit handelt es sich bei den Wirtschaftskriminellen im Gegensatz **20**
zu den Tätern der klassischen Kriminalität „meist um Personen, welche in die Gesellschaft voll integriert sind" (*Kaiser,* Lb. 1982, 131):

> *„Der sonst unauffällige (Wirtschaftsstraf-)Täter kann jedenfalls nicht an seinem äußeren Erscheinungsbild identifiziert werden. Er hat keine unsanierten Zähne, keine ungepflegte Garderobe und keine Tätowierungen auf dem Handrücken und fällt morgens nicht durch Alkoholgeruch auf. Er hat (hingegen) Zugang zu legitimen Erwerbsmöglichkeiten und verfügt deshalb auch über die jeweiligen Accessoires seines Berufsstandes, z.B. Garderobe, Uhr, Haarschnitt, Fahrzeug und Visitenkarte" (H. Schneider 2007, 558). Im Übrigen sind Wirtschaftsstraftäter oft „latecomer to crime" (so H. Schneider aaO, 557).*

**Kriminelle sitzen oft in Chefetagen**

22 Prozent aller Wirtschaftsdelikte werden laut einer Studie von Top-Managern begangen

aus: *WAZ* vom 14. Mai 2008, 1

Aktenuntersuchungen, deren Resultate vor dem Hintergrund des **21**
extrem hohen Dunkelfeldes jedoch problematisch erscheinen, haben folgende demographische Daten von Wirtschaftsstraftätern ergeben:

- *ganz* ***überwiegend männlich:*** *87 % (PricewaterhouseCoopers 2007, 5);*
- *Täter-(Tatverdächtigen-)Alter: bei der ersten registrierten Straftat* ***überwiegend um 40 Jahre*** *(Egli 1985, 40ff: „mittleren Alters", Zimmerli 1986, 559: „10 bis 20 Jahre älter als gewöhnliche Straftäter"*; „latecomer to crime": H. *Schneider/John* 2010b, 161 f);
- *Familienstand:* ***meist verheiratet*** *(H. Schneider/John* 2010b, aaO);
- ***Ausbildung: gut*** *(31 % Hochschul- oder FH-Abschluß; weitere 32 % Abitur oder berufsbildenden Abschluß): PricewaterhouseCoopers* 2007, 39 grundsätzlich;
- *Schichtzugehörigkeit: Der überwiegende Teil stammt* ***aus einer bürgerlich mittleren und oberen Mittelschicht****;*

- ***Eigenschaften:*** *aufstiegsorientiert (karriereorientiert), skrupellos, erhöht risikobereit, durchsetzungsstark (Knecht* 2006, 2003; *Bussmann/Salvenmoser* 2006, 206;
- ***Betriebszugehörigkeit:*** *im Durchschnitt seit etwa 10 Jahren im betroffenen Unternehmen und seit etwa 7 Jahren in derselben Position (Bussmann/Salvenmoser* aaO);
- ***Vorstrafenbelastung:*** *(bei H. Schneider/John 2010, 161: 24 %)*;
- *nach den Untersuchungen von Zimmerli (aaO) waren 55 % der erfaßten Täter* ***zum Tatzeitpunkt überschuldet****.*

22 Danach ergibt sich aus dem Sozialprofil (erstens), daß „Wirtschaftsdelinquente **nicht dem sozialen Stereotyp des Kriminellen entsprechen**" (*Kaiser,* Lb. 1982, 131), (zweitens), daß Wirtschaftsdelinquente grundsätzlich nicht – wie oft vermutet wird – aus der gesellschaftlichen Oberschicht (der Schicht der „feinen Leute") stammen, sondern **eher aus den Mittelschichten** (Aufsteiger?) und (drittens), daß (insgesamt gesehen) „nur die **These der unterschiedlichen Zugangschancen** ... belegt wird" (*Heinz* 1993, 593): danach handelt es sich primär um **„special-opportunity crimes"** charakterlich labiler Mitarbeiter auch aus dem Kreis des Topmanagements (*Bussmann/Salvenmoser* aaO; *Horoszowski* 1980), und zwar (das erscheint zumindest plausibel) **im Rahmen der gerade erwähnten Kosten-Nutzen-Abwägungen**.

23 Wirtschaftsstraftäter scheinen sich darüber hinaus (viertens) von den Tätern der klassischen Kriminalität in ihren **Wertvorstellungen** zu unterscheiden. So hat schon *Sutherland* feststellen können (*H.J. Schneider* 1981, 361), daß „sie sich **selbst als Ehrenmänner**, nicht als Kriminelle beurteilen, während die Berufsdiebe ehrlich zugeben, Diebe zu sein". Bei den weltweiten Spekulationsgeschäften, die zum **Zusammenbruch des Weltfinanzsystems** geführt haben, dürfte auch „die Auflösung traditioneller Moral- und Kulturbestände" (*Karstedt*, zit. nach H. *Schneider* 2010, 64) eine Rolle gespielt haben.

**Aber:** Bei der Betrachtung des Wirtschaftsstraftäters darf man nicht übersehen, daß es zahlenmäßig häufiger (als „jene Haie, deren egozentrisches Gewinnstreben sich über die Schranken des Rechts gewissen- und rücksichtslos hinwegsetzt") die **„kleinen Fische"** sind, die sich als Angeklagte vor den mit Wirtschaftsstrafsachen befaßten Gerichten wiederfinden (*Wassermann* 1984, 24): „Menschen etwa, die sich finanziell übernommen hatten, dem Finanzamt Umsätze und Einkünfte verschwiegen, Kreditunterlagen frisierten, als ihnen das Wasser bis zum Halse stand" (*Wassermann* aaO): **„Krisentäter"** (*H. Schneider/John* 2010b, 165).

### IV. Bekämpfung der Wirtschaftskriminalität

24 Eines der Hauptprobleme der Bekämpfung der Wirtschaftskriminalität wird darin gesehen, daß „sich der Wirtschaftskriminelle geschickt die Schwächen der Wirtschaftsordnung aussucht" (H.J. *Schneider* 1981, 371).

Als Beschuldigter kann er sich oft die besten Anwälte leisten, die die Möglichkeiten der Verteidigung, die unser Rechtsstaat (in der StPO) anbietet, voll ausschöpfen können. **25/26**

**1. Realisierte Kriminalpolitik**

Zur Intensivierung der Verfolgung sozialschädlichen Verhaltens im Wirtschaftsleben werden von Legislative bzw. Exekutive primär folgende Wege benutzt: (erstens) der Weg der materiell-rechtlichen Reform (z.B. um Gesetzeslücken zu schließen oder Gesetzesvorschriften der Realität anzupassen: vgl. dazu *Tiedemann* 1986, 865ff; ferner § 1 Rdn. 10) und (zweitens) der Weg der Konzentration der Strafverfolgung durch organisatorische Maßnahmen im Bereich der Strafverfolgungsbehörden (zur Geschichte des Wirtschaftsstrafrechtes vgl. *Heinz* 1999, 671 ff und *Achenbach* 2007, 342ff); für **Österreich:** *Schick* 2008, 33ff. **27**

*a) Materiell-rechtliche Reformen*

Nicht zuletzt unter dem Eindruck der strafrechtlichen **Verhandlungen des 49. Deutschen Juristentages**, die sich auf nichtkriminalisiertes sozialschädliches Wirtschaftsverhalten bezogen (Verh. d. 49. DJT, Teile C und M 1972), wurde 1972 von Bundesjustizminister Gerhard *Jahn* eine (interdisziplinär zusammengesetzte) **„Sachverständigenkommission zur Bekämpfung der Wirtschaftskriminalität – Reform des Wirtschaftsstrafrechts“** einberufen, die in den Folgejahren zahlreiche Verbesserungsvorschläge zum Wirtschaftsstrafrecht vorgelegt hat (zur Geschichte: *Achenbach* in FS für Tiedemann 2008, 47ff). **28**

Am 29. Juli 1976 wurde das **Erste Gesetz zur Bekämpfung der Wirtschaftskriminalität** (BGBl I, 2034) verabschiedet, das u.a. im Vorfeld des Betruges die neuen Straftatbestände des Subventions- und Kreditbetruges (§§ 264, 265b) sowie des „Prospekt“- bzw. Kapitalanlagebetrugs (§ 264a) in das StGB eingefügt sowie das Konkursstrafrecht (§§ 283ff) und den Wuchertatbestand (§ 302a) neu gefaßt hat (vgl. dazu *Jung* 1979, 9ff; *Tiedemann* 1976). **29**

Das **Zweite Gesetz zur Bekämpfung der Wirtschaftskriminalität** (2. WiKG) vom 15. Mai 1986 (BGBl I, 721), das am 1. August 1986 in Kraft getreten ist, knüpft an das 1. WiKG an (zum Gesetzgebungsverfahren vgl. *Achenbach* 1986, 1835ff). Die wesentlichen Schwerpunkte des 2. WiKG bilden die neugeschaffenen Tatbestände zur **Computerkriminalität** (dazu *Schmölzer* in FS für Göppinger 1990, 237ff) und zum bargeldlosen Zahlungsverkehr mittels Scheckkarten und Kreditkarten. Daneben regelt das Gesetz u.a. aber auch den strafrechtlichen Schutz von Kapitalanlegern und das Vorenthalten und Veruntreuen von Arbeitsentgelt neu und weitet die Strafnormen des UWG auf progressive Kundenwerbung und Betriebsspionage aus (ausführlich zu den neuen Regelungen *Achenbach* aaO; *Haft* 1986, 481ff sowie 1987, 6ff). Zum Thema **„Umweltkriminalität als Wirtschaftskriminalität“** (z.B. Luftverunreinigung und Abfalltourismus). **30**

30a Materiell strafrechtliche Neuregelungen erfolgten **ferner** (dazu *Achenbach* 2007, 346 ff) durch das

- ***Gesetz zur Bekämpfung der Korruption*** *(KorrBG) vom 13.8.1997;*
- *das Gesetz zur Intensivierung der Bekämpfung der* ***Schwarzarbeit*** *und damit zusammenhängender Steuerhinterziehung vom 23. 7. 2004 (BGBl. I, 1842);*
- *das Gesetz zur Bekämpfung des* ***illegalen Rauschgifthandels*** *und anderer Erscheinungformen der Organisierten Kriminalität (zum OrgKG: Rdn. 36 zu § 29) vom 15. 7. 1992 (BGBl. I, 1302).*

30b Erheblich beeinflußt bzw. überlagert wird das deutsche Wirtschaftsstrafrecht inzwischen durch das im EGV bzw. EUV verankerte **Europarecht** (vgl. Rdn. 62 und 63 zu § 31). So haben im Rahmen der „dritten Säule" (vgl. Rdn. 22 zu § 31) die Mitgliedstaaten der EU „mehrere Übereinkommen getroffen oder Beschlüsse gefaßt, in denen sie sich im Interesse einer **verstärkten Kontrolle des Betruges**, der **Bestechung** und der **Geldwäsche** und von Mißbräuchen im bargeldlosen Zahlungsverkehr zu weitgehenden Anpassungen des Strafrechts verpflichten" (*Achenbach* 2004, 566 mit Beispielen). Im Rahmen der „ersten Säule" (aaO) wird das Rechtsinstrument der **EU-Richtlinie** eingesetzt, die „gemäß Art. 249 III EGV für die Mitgliedstaaten hinsichtlich des Ziels verbindlich ist, jedoch den innerstaatlichen Stellen die Wahl der Form und der Mittel überläßt" (*Achenbach* aaO, 567). Hierher gehört z.B. „die Schaffung der zuvor lange umstrittenen Strafnorm gegen verbotene **Insidergeschäfte** im Handel mit Wertpapieren gem. §§ 38, 14 WpHG, die unmittelbar auf der Insiderhandels RiL 89/592 EWG beruht" (*Achenbach* aaO, 568; *Achenbach* 2007, 347 ff).

*b) Spezialisierung und Konzentration der Strafverfolgungsbehörden*

31 Die durchgeführten Maßnahmen organisatorischer Natur sollen der Spezialisierung und Konzentrierung der Strafverfolgung dienen mit dem Ziel der Effektivitätssteigerung bei der Aufklärung von Wirtschaftsdelikten (zum Verfahren *Kramer* 1987). Insoweit sind zu erwähnen: Der Aufbau von Wirtschaftsstrafkammern bei den Landgerichten und (korrespondierend) von Schwerpunktstaatsanwaltschaften sowie von speziellen Komissariaten bei der Polizei. Hinzu kommen Reformen im administrativen Bereich wie die Entwicklung eines **Zentralregisters für unlautere Gewerbetreibende** oder einer **zentralen Steuerstraftäterkartei** (seit 1976).

*aa) Wirtschaftsstrafkammern*

32 Durch § 74c Abs. 3 GVG werden die Landesregierungen ermächtigt, „zur sachdienlichen Förderung oder schnelleren Erledigung der Verfahren" die Zuständigkeit für solche Strafkammersachen, die zur Wirtschaftskriminalität gezählt werden (vgl. oben Rdn. 18), bei einzelnen Landgerichten zu konzentrieren; das gilt auch für die entsprechenden Berufungen gegen Urteile des Schöffengerichts.

Zuständig für die Bearbeitung von Wirtschaftsstrafsachen sind auf der Ebene der Landgerichte spezielle Wirtschaftsstrafkammern (dazu *Kramer* 1987, 30), die mit drei Berufsrichtern (und zwei Schöffen) besetzt sind, die sich wirtschaftswissenschaftliche Kenntnisse aneignen sollen (z.B. im Rahmen der Veranstaltungen der **Deutschen Richterakademie in Trier**). 33

*bb) Schwerpunktstaatsanwaltschaften*

Während die ersten Wirtschaftsstrafkammern erst Anfang der 70er Jahre entstanden (zunächst im Land Hessen), reicht die Geschichte der entsprechenden Konzentration bei den Staatsanwaltschaften einige Jahre weiter zurück. Sog. Schwerpunktstaatsanwaltschaften sind 1968 zuerst in Nordrhein-Westfalen eingerichtet und mit Dezernenten besetzt worden, die (praktisch) ausschließlich mit der Verfolgung von Wirtschaftsdelikten („Zentralstellensachen“) befaßt sind (vgl. *Berckhauer* 1977, 89; *Kramer* 1987, 14; *Kubica* 1994, 448). Diese fachkundigen Dezernenten werden häufig noch durch sog. **Wirtschaftsreferenten** unterstützt, die keine Juristen sind, aber Wirtschaftswissenschaften studiert haben (etwa Diplom-Kaufleute sind) bzw. einschlägige Erfahrung aus einer entsprechenden praktischen Tätigkeit vorweisen können. 34

*cc) Polizeiliche Spezialdienststellen*

Auch bei der Polizei gibt es (bereits seit den 50er Jahren) Spezialdienststellen zur Bekämpfung der Wirtschaftskriminalität. Die befaßten Beamten (der Länder und des BKA) „werden in nach bundeseinheitlichen Rahmenrichtlinien durchgeführten **Speziallehrgängen** für Wirtschaftskriminalität ausgebildet, die insgesamt 16–18 Wochen dauern“ (*Kubica* 1994, 449). Sie werden im Dienst unterstützt durch sog. **Wirtschaftsprüfdienste**, die den Wirtschaftsreferenten auf der Ebene der Staatsanwaltschaften entsprechen (*Kubica* 1994, 450). Zu einer neuen Konzeption der Vorverlagerung des polizeilichen Handelns vgl. *Kube* (2002, 399). 34a

*c) Präventionsansätze der Wirtschaft*

Daß auch die Wirtschaft im kriminalpolitischen Sinne zu denken versteht, zeigen die Präventionsansätze, die im Rahmen der **Selbstkontrolle** aufgebaut wurden: 35

In der *pwc-Studie* (2011, 69) werden im Rahmen des Risikosmanagements u.a. genannt: **Personal- und Aufgabenwechsel** (Personalrotation), **interne Kontrollen**, **Hinweisgebersysteme** (Hotlines: Denuntiation?) **Training zur Betrugsbekämpfung und Compliance-Programme.** 36

*Unter Compliance (der Begriff stammt aus der angelsächsischen Rechtsterminologie) wird die Pflicht aller Mitarbeiter des Unternehmens verstanden, geltende Gesetze und betriebsinterne Richtlinien einzuhalten. Die entsprechende Überwachungsaufgabe haben bereits viele*

*Firmen speziellen Compliance-Beauftragten übertragen. Ins Visier werden von diesen nicht nur Diebstahlsdelikte genommen, sondern vor allem Korruption und Bestechung, kartellrechtswidrige Absprachen, Industriespionage, Geldwäsche, Insiderhandel usw. (pwc 2011, 45). Kritiker heben „zu viel bürokratische Kontrolle, Unruhe und hohe Kosten hervor" (pwc aaO, 40). Weitere Hinweise bei Bussmann/Salvenmoser 2006, 208; Bussmann 2011 57 ff sowie Bock 2011 und Schmidt in Kriminalistik 2/2013, 134 ff). Kölbel (2008, 22 ff) äußert sich zur „unternehmensinternen Strafrechtsdurchsetzung".*

*Schneider/John* (2010b, 168) empfehlen Aufklärung und unmittelbare Sanktionierung von Verstößen und die **Einrichtung von Hotlines** mit Beratungsangeboten (sog. „Help Desks"). Täter „mit einem wirtschaftskriminologischen Belastungssyndrom sollten im Rahmen eines personalen Risikomanangements (‚Gate keeping') bereits bei der Einstellung identifiziert werden". Mit „Blick auf die Vorstrafenbelastung (sei) die **Vorlage des polizeilichen Führungszeugnisses** sinvoll". Außerdem würden sich **„Sensibilisierungsmaßnahmen von Führungskräften** anbieten durch die erreicht wird, daß vermehrt auf Mitarbeiter in feststellbaren ernsthaften Lebenskrisen geachtet wird".

**37** Die Palette der außerbetrieblichen Einrichtungen reicht von Verbraucherschutzorganisationen bis zu Wirtschaftsauskunfteien und Kreditschutzorganisationen (wie z. B. **Schufa** = Schutzgemeinschaft für allgemeine Kreditsicherung u. a. mit Sitz in Wiesbaden).

**38** Hinzu kommen Stellen für Ermittlungstätigkeit und Öffentlichkeitsarbeit (*Berckhauer* 1985, 315), und zwar auf Länderebene (wie die Arbeitsgemeinschaft für Sicherheit in der Wirtschaft e. V. in München) oder auf Bundesebene (wie die Arbeitsgemeinschaft für Sicherheit in der Wirtschaft/ASW in Bonn).

**38** Insbesondere mit Fragen der Wirtschaftskriminalität befassen sich darüberhinaus z. B.:

- *Schutzverbände der Wirtschaft wie der „Schutzverband gegen Wirtschaftskriminalität e.V." (Sitz Frankfurt/M. und Hamburg)*;
- *die „Stiftung Warentest" (Sitz Berlin) und*
- *Wirtschaftsauskunfteien (z. B. „Schimmelpfeng" GmbH).*

### 2. Statistische Hinweise

**39** Die PKS ist in bezug auf die Registrierung von Wirtschaftsdelikten **äußerst unvollständig** bzw. verzerrt **(Kontrolldelikte)** und daher wenig ergiebig: so werden solche Wirtschaftsstraftaten, die ohne Beteiligung der Polizei von den Schwerpunktstaatsanwaltschaften oder von den Finanzbehörden unmittelbar verfolgt wurden, nicht gezählt (dazu *PSB* 2006, 135).

Mit dieser Einschränkung versehen dürften gleichwohl (über die Schadensschätzung hinaus: oben Rdn. 5 ff) folgende PKS-Hinweise interessant sein:

- *zum Umfang wirtschaftskriminellen Verhaltens,*
- *zur Zahl der Opfer,*
- *zur Dauer der Verfahren und*
- *zur Art der Erledigung der Wirtschaftsstrafsachen durch die Strafverfolgungsbehörden.*

*a) Hell- und Dunkelfeld der Wirtschaftskriminalität*

Als Wirtschaftskriminalität werden (seit 1984) vom BKA (vgl. z.B. *PKS* 2012, 17) insbesondere gezählt **40**

- *„die Gesamtheit der in § 74c Abs. 1 Nr. 1–6 GVG aufgeführten Straftaten" (jedoch ohne Computerbetrug) und*
- *„Delikte , die im Rahmen tatsächlicher oder vorgetäuschter wirtschaftlicher Betätigung begangen wurden und über eine Schädigung von Einzelnen hinaus das Wirtschaftsleben beeinträchtigen oder die Allgemeinheit schädigen können und/oder deren Aufklärung besondere kaufmännische Kenntnisse erfordert".*

Die *PKS* (2013 Internet für **2012**) ergibt insoweit das folgende Bild (vgl. auch oben Rdn. 7 und Rdn. 19 zu § 2):

- *registriert wurden 2012 im Bundesgebiet (einschl. neue Bundesländer) insgesamt 81 793 solcher Fälle (2006 = 95 887; 1992 = 37 295),*
- *von denen 89,3 % aufgeklärt werden konnten.*

Über das **Dunkelfeld** (vgl. auch oben Rdn. 6) **ist wenig bekannt** (*Schneider* 1981, 363; *Heinz* 1993, 591 und 1999, 672/681; *PSB* 2006, 134); vermutet wird nur, daß es extrem groß ist (*Schneider* aaO u. H. auf *Reckless*; *PSB* 2001, 134; vgl. auch Rdn. 3). *Kerner* (zit. nach *Kube* 2002, 396) geht von einer Dunkelzifferrelation (zu dieser Rdn. 36 zu § 2) von **1 zu 10** aus, *Ziercke* von einem Dunkelfeld von 80 % (in Kriminalistik 1/2009, 6). Die hohe Dunkelziffer hat vor allem mit einer geringen Anzeigebereitschaft zu tun. **41**

*Um die Bereitschaft zur Anzeige zu erhöhen, hat Niedersachsen ein „Business Keeper Monitoring System" **(BKMS)** eingeführt (zuständig LKA Niedersachsen Dez. 37). Anzeigeerstatter bzw. Hinweisgeber können ihre Beobachtungen **anonym** auf der homepage des LKA melden.*

*b) Deliktsarten und Zahl der Geschädigten*

Nach der PKS ist (im Hellfeld) der **Betrug** das häufigste Delikt im Bereich der Wirtschaftskriminalität (*PKS* 2012, 251 für **2011**; ebenso PKS Internet 2013 (für **2012**). Mit weitem Abstand folgen: **Insolvenzkriminalität** (dazu *Bora* u.a. 1992) und Wirtschaftskriminalität im **Anlage- und Finanzierungsbereich**. Zu den verschiedenen Erscheinungsformen vgl. *PSB* 2001, 139ff. **42**

*Eine weltweite Telefonumfrage der Prüfungs- und Beratungsgesellschaft Pricewaterhouse/Coopers (Wirtschaftskriminalität 2007, 5), die sich auf eine Zufallsstichprobe aus Deutschland bezieht, zeichnet (für Hell- und Dunkelfeld zusammen), was die Reihenfolge anbetrifft, ein etwas anderes Bild: An der Spitze stehen mit weitem Vorsprung die* ***Unterschlagungen****, gefolgt von* ***Produktionspiraterie/Industriespionage*** *(zu 60 % chinesische Täter beteiligt),* ***Korruption****,* ***Geldwäsche****,* ***Falschbilanzierung*** *und* ***Cybercrime*** *(wirtschaftskriminelle Handlungen mittels Informationstechnologie). Zwei Drittel aller Straftaten werden intern geregelt = nicht angezeigt (Pricewaterhouse/Coopers 2007, 11).*

43 Als verfahrenstypisches Merkmal im Bereich der (schweren) Wirtschaftskriminalität wird von *Liebl* (1984, 160ff; so auch *PSB* 2006, 159) die **hohe Zahl der Einzelfälle** bezeichnet, die **hohe Zahl der durch Wirtschaftskriminalität geschädigten Personen pro Verfahren**, die verhältnismäßig geringe Zahl der Beschuldigten (**kleiner Täterkreis**) und der insgesamt **hohe Vermögensschaden** der herbeigeführt worden ist. Das gilt z.B. auch für den **Kapitalanlagebetrug** bzw. Prospektbetrug: § 264a StGB (vgl. Zeitungsausriß).

**Wenn die Traumrendite lockt**

**Anlagebetrüger haben derzeit Hochkonjunktur - Schaden von 871 Millionen**

Von Doris Trapmann

**Stuttgart, 10. 2.** Keine Rendite scheint zu utopisch, keine Geschichte zu abstrus, keine Masche zu abgedroschen: Anlagebetrüger finden immer wieder Opfer, die ihnen Geld anvertrauen.

Die Maschen sind so alt, aber wirkungsvoll: Per Anzeige oder per Telefon kommen sich Anleger und Berater näher. Es werden Hochglanz-Broschüren verteilt und Traumrenditen zwischen 50 und 100 Prozent im Jahr versprochen.

Mit Slogans wie „Sie haben das Geld, wir die Erfahrung" werben die Betrüger um das Vermögen ihrer Opfer. „Nach dem Deal ist es dann umgekehrt", warnen Fahnder schon seit Jahren. Mit offenbar mäßigem Erfolg. „Es gibt immer welche, die glauben, schlauer zu sein als andere", sagt LKA-Sprecher Horst Haug.

aus: *NOZ* vom 11. Februar 2000

*c) Dauer der Verfahren*

44 In bezug auf die Verfahrensdauer hat schon die **BWE**-Untersuchung von *Liebl* ergeben, „daß die Dauer des Ermittlungsverfahrens über den gesamten Erfassungszeitraum hinweg im wesentlichen konstant geblieben ist (staatsanwaltschaftliche Ermittlungsdauer 430 Tage, Gesamtermittlungsdauer 590 Tage)" (*Liebl* 1984, XXXIV). Die Verfahrensdauer die oft auch mit der **Kompliziertheit** der Materie zu tun hat, hat sich inzwischen (auch durch Prozeßabsprachen: vgl. unten) verkürzt.

*Im Kontext der* ***Weltfinanzmarktkrise*** *(ab 2007) weist insoweit Ziercke darauf hin (2009, 14), daß strafrechtlich relevante Sachverhalte überhaupt oft schwer erkennbar sind. Weiter heißt es (aaO): „Es geht um die Abgrenzung zwischen ‚normalen' und nicht mehr vertretbaren Risikogeschäften, bei Marktmanipulationen zwischen erlaubter Spekulation und strafbarer Manipulation, und damit einhergehend um die Frage, ob ein ausreichendes Risikomanagement vorhanden war. Das alles zu untersuchen braucht Zeit (vgl. auch Rdn. 10 zu § 1).*

Die von *Liebl* (aaO) durchgeführten Analysen haben ferner gezeigt, 45
„daß einen entscheidenden Einfluß auf die Ermittlungsdauer die Variablen ‚Zahl der Beschuldigten', ‚Zahl der Einzelfälle' und ‚Gesamtschaden' ausübten: Verfahren mit mehr als einem Beschuldigten, über zehn Einzelfälle und einem Schaden von über 338000 DM (rd. 180000 EURO) beanspruchten eine überdurchschnittlich hohe Ermittlungsdauer (ca. 2½ Jahre)".

*d) Art der Erledigung*

Während die Untersuchung von *Liebl* (1984) nur die staatsanwalt- 46
schaftliche Seite betrachtet, finden sich bei *Berckhauer* bzw. bei *Gläser* (1981) auch Hinweise über den Verfahrensausgang nach Anklageerhebung.

*Liebl* hatte schon festgestellt (1984, XXXIX), daß „bei den Schwerpunktstaatsanwaltschaften der größte Teil der Verfahren nach **§ 170 Abs. 2 StPO eingestellt** wurde, und zwar in 38,5 % der Fälle; vgl. dazu auch *Meinberg* 1985 und *Savelsberg* 1987, 200: daran hat sich bisher nichts geändert (*Bannenberg* 2001, 130; *Broers* 2001, 337; *Bussmann/Salvenmoser* 2006, 209 und *PSB* 2006, 131 sowie Rdn. 29 zu § 29); dementsprechend wies *Liebl* (2004, 13) zwanzig Jahre später (aufgrund neuer Recherchen) noch einmal darauf hin, daß Wirtschaftstraftäter „mit **signifikant niedrigeren Strafen** zu rechnen haben als normale" Täter.

*e) Abschreckende Rechtsfolgen?*

Vor diesem Hintergrund stellt sich die Frage durch welche Rechtsfol- 46a
gen Wirtschaftsstraftäter abgeschreckt werden können. Schon nach der Untersuchung von *Breland* (Präventive Verbrechensbekämpfung 1974) bewirken insoweit **Geldstrafen** grundsätzlich wenig. Abschreckungswirkungen gehen eher von **Freiheitsstrafen** aus, die verbüßt werden müssen. Das gilt auch für die **Abschöpfung** der aus den Straftaten erlangten Vermögenswerte (§§ 73ff StGB) und vor allem für eine drohende **Betriebsschließung** (PSB 2006, 156); *Lippert/Knorre* 2007, 229) bzw. für **Berufsverbote** (etwa nach §§ 35, 39 GewO oder § 15 GaststättenG).

**Schuld und Sühne**

Die Gier lebt weiter: Weltweit verteilen die Banken Milliarden an Boni, obwohl sie gigantische Verluste erwirtschaften und auf die Hilfe des Staates angewiesen sind. Dabei war es gerade dieses System der Selbstbedienung, das die Finanzkrise mitverursacht hat.

aus: *DER SPIEGEL* Nr. 8/2009, S. 61

Inzwischen kommt im Rahmen der derzeitigen (2009/10) weltweiten Finanzkrise (vgl. Zeitungsausriß oben) auch noch die mediale (nicht justitielle: § 171b GVG) öffentliche Bloßstellung (das **Shaming**) z. B. von leitenden Bankern hinzu, die das Geld ihrer Kundschaft „verzockt" haben und sich dieses Versagen unverfroren auch noch selbst mit millionenschweren Erfolgsprämien („boni") belohnt haben (vgl. SPIEGEL-Titelseite vom 16. 2. 2009, Die Schamlosen). Zum amerikanischen Vorbild für so einen Pranger vgl. Rdn. 19a zu § 6 und Rdn. 62 zu § 14).

**3. Absprachen („deal")**

47 Mit „Absprache" (Verständigung) ist eine Verfahrensweise gemeint, die es dem Gericht und der Staatsanwaltschaft einerseits sowie dem Beschuldigten und seinem Verteidiger andererseits ermöglicht, sich über ein einvernehmlichen Abschluß des Verfahrens zu einigen,

- *sei es gemäß § 153a StPO (nach Erfüllung von Auflagen) auf eine Einstellung des Verfahrens ohne Urteil: Schlupfloch aus dem strengen Legalitätsprinzip;*
- *sei es auf eine Urteilsabsprache im Sinne des § 257c StPO" (Hettinger* 2011, 292).

*a) Einstellung nach § 153a StPO*

Solche Absprachen haben vor allem in „Prominentenprozessen", wenn gegen Zahlung einer Geldauflage eingestellt wurde für öffentliche Empörung gesorgt. Können sich „Reiche" bzw. „Prominente" loskaufen (**„Klassenjustiz"**)? Bleibt die Gerechtigkeit auf der Strecke mit negativen Folgen für die Generalprävention? Dieses Porblem gilt auch für die Urteilsabsprache, die in Betracht kommt, wenn das Angebot des § 153a (wie im Fall Wulff) abgelehnt wird.

*b) Urteilsabsprachen i. S. von § 257c StPO*

Auch diese Erledigungspraxis besteht darin, daß nach angelsächsischem Vorbild („plea bargainung" oder besser „sanction bargainung"), Staatsanwalt, Verteidiger und Gericht den Ausgang des Verfahrens „aushandeln". (Kritik: **„Kuhhandel"**, vgl. Karikatur). Wie ist das möglich? Immerhin werden wichtige Prozeßprinzipien beiseite geschoben (*Theile* 2010, 147): z. B. die Grundsätze der Öffentlichkeit und Mündlichkeit, die Aufklärungspflicht, das Gebot der schuldangemessenen Strafe und nicht zuletzt das Gleichheitsgebot. Das sanction bargaining ist mit der Interessenlage zu erklären. Die (überlastete) Justiz hat wegen begrenzter personeller Ressourcen ein Interesse daran, daß das Verfahren abgekürzt wird (durch ein hinreichend konkretes **Geständnis**), die Verteidigung an einer Reduzierung des zu erwartenden Strafmaßes. Dementsprechend kann die Absprache z. B. dahin gehen: Mandant gesteht gegen Zusicherung einer geringeren Strafe **(Strafzumessungsabsprachen)**. Vor diesem Hintergrund kann es kaum überraschen, wenn *Weigend* (1999, 57) von einem **„Siegeszug der Absprachepraxis"** spricht.

Es lebe der Kuhhandel! tz-Zeichnung: Haitzinger

aus: *Münchner tz* vom 27./28. Jan. 2007

Der **BGH** hatte dazu jedoch Direktiven entwickelt (insbesondere BGHSt 43, 195 und BGHSt 50, 40 = Gr. Senat), nach dem ein solcher „deal" nur zulässig sein soll, wenn insbesondere (dazu *Hettinger* aaO und 2008, 274 ff.) **47a**

- der Angeklagte nicht unter **Druck** gesetzt wird (§ 136a StPO): „entweder Du legst ein Geständnis ab oder Du mußt mit einer höheren Strafe rechnen";
- die Absprache in die **Hauptverhandlung** eingebracht und protokolliert wird, um eine Verletzung des Öffentlichkeitsprinzips (§ 169 GVG) zu vermeiden;
- keine verbindliche **Strafzusage** gemacht wird, wobei die Verabredung einer Strafgrenze („bis zu zwei Jahre") noch toleriert wird.

Inzwischen wurde auch das **Bundesverfassungsgericht** befaßt, weil die Vorwürfe des Systemsbruchs und der Klassenjustiz, eine solche Befassung unausweichlich gemacht haben. Zur **„Kapitulation vor der Prozeßflut"** vgl *Böttcher* in FS für Miklau 2008, 99 ff; für **Österreich** vgl. *Schick* in FS für Miklau 2008, 453 ff.

**Das Gesetz muss auch für Richter gelten**

Es soll Schluss sein mit illegalen Absprachen im Hinterzimmer: Das Verfassungsgericht billigt zwar den Deal im Strafprozess, mahnt aber dazu, die bestehenden Regeln tatsächlich einzuhalten. Juristen bezweifeln allerdings, ob das gelingt

aus: *Süddeutsche Zeitung* vom 20. März 2013, 5

Das **Bundesverfassungsgericht** hat in seinem Grundsatzurteil am 19. März 2013 (Az. 2 BvR 2628/10, zit. nach Süddeutsche Zeitung vom 20. März 2013, 1) diesen „Deal“ im Strafprozeß zwar gebilligt und den **§ 257c StPO** für **verfassungsgemäß** erklärt, aber von den Gerichten verlangt, sich strikt ans Gesetz (also an die Vorschrift des § 253c) zu halten. Das ist zwar eigentlich selbstverständlich, **gleichwohl kritisiert** das BVerfG, daß nicht jede Verständigung protokuliert (sondern informell erfolgt) und jedes Geständnis eines Angeklagten auf seine Richtigkeit überprüft werde. *Janisch* faßt (in der SZ aaO, 5) die Ausführungen des BVerfG dahingehend zusammen: „Die Richter, Staatsanwälte und Verteidiger sollen sich künftig bitteschön ans Gesetz halten“ (vgl. auch Zeitungsausriß oben). Künftig soll die Verletzung der Vorschrift genügen, um ein Urteil in der nächsten Instanz zu kippen.

*Prantl schreibt in derselben Ausgabe der SZ, daß „sich die Dealerei nach dem grundsätzlichen Ja des Verfassungsgerichts ausweiten wird. Die Karlsruher Weisung, die Deal-Regeln einzuhalten, wird daran* ***nicht viel ändern****. Ein Verstoß, so heißt es, soll zur Aufhebung des gedealten Urteils führen. Das setzt freilich voraus, daß ein Prozeßbeteiligter Revision einlegt“. Das ist kaum zu erwarten mit dem Resultat, daß* ***es bleibt wie es ist****. Wie es ist, beschreibt Prantl auch, und zwar u. a. wie folgt: „Im postmodernen Verfahren wird gefeilscht, gekungelt und gepokert. Geständnis und Deal werden von Richter, Staatsanwalt, Verteidiger und Angeklagtem ausgetüftelt, die Strafe wird nicht nach festgestellter, sondern nach ausgehandelter Schuld bemessen“. Plausibel erscheint der* ***alternative Vorschlag*** *von Prantl, der als Justizpolitiker einen Ruf besitzt, „die Staatsanwaltschaft im Vorfeld den Deal bewerkstelligen zu lassen“ und dann dem Gericht nur die Kontrolle des Deals zu überlassen.*

## § 22 Umweltkriminalität

**Literatur:** **Albrecht,** H.-J.: Probleme der Implementierung des Umweltstrafrechts, in: MschrKrim 1983, S. 278–294; **Albrecht,** H.-J./**Heine,** G./**Meinberg,** V.: Umweltschutz durch Strafrecht? in: ZStW 96/1984, S. 943–998; **Bottke,** W.: Das zukünftige Umweltschutzstrafrecht, in: JuS 1980, S. 539–541; **Bundesminister des Innern:** Umweltpolitik – Bilanz und Perspektiven, Stuttgart 1985; **Bundesminister für Umwelt:** Umweltpolitik, Bonn 1987; **Hellmich**, N.: Kooperation statt Konfrontation als Alternative bei der Bekämpfung der Umweltkriminalität, Plädoyer für eine Selbstanzeigeregelung im Umweltstrafrecht, Marburg, 2008; **Herrmann,** I.: Umweltpolizei, in: Der Kriminalist 1985, S. 214–216; **Kaiser,** G.: Wirkungsforschung zum Umweltstrafrecht, in: *Hof,* H./*Lübbe-Wolff,* G. (Hrsg.): Wirkungsforschung zum Recht, Baden-Baden 1999, S. 183–194; **Kitschenberg,** J.: Der Umweltschutz als Aufgabe der Polizei, in: Kriminalistik 1984, S. 5–8; **Krahnefeld,** L.: Die abfallrechtlichen Entsorgungspflichten, in: Natur und Recht 1996/H. 6, S. 269–275,; **Kube,** E./**Seitz,** N.: Zur „Rentabilität“ von Umweltdelikten oder: Viel passiert, wenig geschieht, in: DRiZ 1987, S. 41–50; **Kühne,** H.-H./**Görgen,** H.: Die polizeiliche Bearbeitung von Umweltdelikten, Wiesbaden 1991; **Leidig,** G.: Ökologische Aspekte einer Kooperation von Ökologie, Ökonomie und Rechtswissenschaft, Frankfurt/M. 1984; **Lutz,** H.: Umweltdelikte, in: *Kube,* E./*Störzer,* H.-U./*Timm,* K. J. (Hrsg.) Bd. 1 Stuttgart 1992; **Meurer,** D.: Umweltschutz durch Umweltstrafrecht? in: NJW 1988, S. 2065–2071; **Möhrenschlager,** M: Revision des Umwelt-Strafrechts – Das zweite Gesetz zur Bekämpfung der Umweltkriminalität, in: NStZ 1994, S. 513–519; **Der Rat der Sachverständigen für Umweltfragen:** Umweltgutachten Berlin 2000; **Rehbinder,** E.: Grundfragen des Umweltrechts, in: ZRP 1970, S. 250–256; **Rengeling,** H.-W.: Umweltschutz durch Vergabe oder Nichtvergabe öffentlicher Aufträge, in: FS für *Lukes,* 1989, S. 169–182; **Rügemer,** W.: Novellierung des Umweltstrafrechts: ineffektiv – demagogisch – folgenlos, in: Deutsche Polizei 9/1994, S. 6–10; **Rüther,** W.: Ursachen für den Anstieg polizeilich festgestellter Umweltschutzdelikte, Berlin 1986; **Rüther,** W. et al.: Die behördliche Praxis bei der Entdeckung und Definition von Umweltstrafsachen, Bonn 1991; **Sack,** H.-J.: Das Gesetz zur Bekämpfung der Umweltkriminalität, in: NJW 1980, S. 1424–1430; **Sander,** H.-P.: Umweltstraf- und Ordnungswidrigkeitenrecht, Berlin 1981; **Schall,** H.: Die Relevanz der Arbeitsplätze im strafrechtlichen Umweltschutz, in: Osnabrükker Rechtswissenschaftliche Abhandlungen, Bd. 1, 1985, S. 1–17; **Schall,** H.: Umweltschutz durch Strafrecht: Anspruch und Wirklichkeit, in: NJW 1990, S. 1263–1273; **Schall,** H.: Möglichkeiten und Grenzen eines verbesserten Umweltschutzes durch das Strafrecht, in: wistra 1992, H. 1, S. 1–10; **Schall,** H.: Systematische Übersicht der Rechtsprechung zum Umweltstrafrecht, zuletzt in NStZ 2005, 33–37 und 97–128; 2006, S. 161–167 und 263–265 und 292–300; 2007, S. 33–64 sowie 2008, S. 97–103 und 129–137; **Schall,** H.: Zur Strafbarkeit von Amtsträgern in Umweltverwaltungsbehörden – BGHSt 38, 325, in: JuS 1993, S. 719–724; **Schall,** H./**Schreibauer,** M.: Gegenwärtige und zukünftige Sanktionen bei Umweltdelikten, in: Natur und Recht 1996, S. 440–450; **Schall,** H.: Probleme der Zurechnung von Umweltdelikten in Betrieben, in: *Schünemann,* B. (Hrsg.): Deutsche Wiedervereinigung Bd. III, Unternehmenskriminalität, Köln 1996, S. 99–128; **Schwind,** H.-D.: 2084 – Bericht aus der Zukunft, Eine Gedankenskizze aus kriminologischer Sicht, in: FS für Kreuzer, Frankfurt/M 2008, S. 685–706; **Schwind,** H.-D.:/**Steinhilper,** G. (Hrsg.): Umweltschutz und Umweltkriminalität, Heidelberg 1986; **Seier,** J.: Probleme des Umweltstrafrechts, in: JA 1985, S. 23–30; **Triffterer,** O.: Die Rolle des Strafrechts beim Umweltschutz in der Bundesrepublik Deutschland, in: ZStW 1979, S. 309–348; **Triffterer,** O.: Umweltstrafrecht, Baden-Baden 1980; **Vierhaus,** H.-P.: Die Reform des Umweltstrafrechts durch das 2. Gesetz zur Bekämpfung der Umweltkriminalität, in: ZRP 1992, S. 161 ff; **Waechter,** K.: Umweltschutz als Staatsziel, in: Natur und Recht 1996/H. 7, S. 321–327; **Wittkämper,** G. W./**Wulff-Nienhuser,** M.: Umweltkriminalität – heute und morgen, Wiesbaden 1987.

## Gliederung



In Begleitung der seit Ende des letzten Jahrhunderts aufstrebenden (ökonomisch, nicht ökologisch kalkulierenden) Industrie entstand ein Problem, das jahrzehntelang nicht erkannt bzw. von interessierten Kreisen heruntergespielt worden ist: das Problem der Umweltverschmutzung (und Umweltzerstörung). Erst Mitte der 70er Jahre machten ökologisch orientierte Bürger- bzw. Naturschutzvereine sowie politische Gruppierungen auf die sich anbahnende Katastrophe aufmerksam, allerdings ohne zunächst (von der Mehrheit der Bevölkerung) ernstgenommen zu werden. Inzwischen hat sich jedoch vor dem Hintergrund von **Giftmüllskandalen** bzw. **Öko-Unfällen** ein Meinungsumschwung vollzogen, der mit der Erkenntnis zu tun haben dürfte, daß die Gefahr viel größer ist als man ursprünglich glaubte (vgl. dazu die Bürgerbefragung bei *Wittkämper/* 1

*Wulff-Nienhuser* 1987, 29ff). Nach einer EMNID-Umfrage (die das *Bundesumweltministerium* in seiner Halbzeitbilanz 2001 zitiert) halten inzwischen 94 % der Bevölkerung den Umweltschutz für „wichtig" oder „eher wichtig".

aus: *FAZ* vom 12. Oktober 1993

***Allerdings:** „hohes verbales Umweltbewußtsein und tatsächliches Alltagshandeln gegenüber der Umwelt decken sich nicht" (Kaiser 1999, 186 und Rdn. 13 zu § 9). Man denke nur an die Müllberge, die bei Großveranstaltungen regelmäßig entstehen.*

## I. Ausmaß und Ursachen der Umweltverschmutzung

2 Die Umweltverschmutzung, die auch nach Ansicht der Fachleute heute die Volksgesundheit gefährdet und das ökologische Gleichgewicht der Natur stört (bzw. zerstört), ist überall beobachtet worden: in der **Luft,** im **Boden** und in den **Gewässern** (vgl. z.B. das Umweltgutachten des *Rates der Sachverständigen für Umweltfragen,* Berlin 2000).

3 Die Schäden, die auf Umweltverschmutzung zurückgeführt werden, reichen vom **Fischsterben, Waldsterben** (Waldzustandsbericht 2004) und **„Gebäudesterben"** bis zur **Beeinträchtigung der Gesundheit des Menschen:** von der Atemnot bei den Kindern (bzw. Allergien) bis zur Vergiftung der Muttermilch.

### 1. Luftverunreinigung

4 Die größte Umweltkatastrophe (ein **GAU** = größter anzunehmender Unfall), die die Welt seit dem Störfall im Kernkraftwerk Harrisburg/ USA (1979) erlebt hat, war das **Reaktorunglück am 26.April 1986 im Dorf Tschernobyl (im Norden der heutigen Ukraine)**: über weite Teile Europas zogen Wolken mit radioaktiv geladenem Staub, der weite

Gebiete verseuchte (vgl. Zeitungsausriß unten). 10000 bis 100000 Menschen starben an Krebs (NOZ vom 26. April 2011, 2). Bis 2015 soll die Reaktorruine durch einen neuen 2900 schweren Betonmantel überzogen werden (NOZ aaO).

Der nächste GAU ereignete sich am 11. März **2011** in einen Atomkraftwerk (AKW) in **Fukushima/Japan**. Tausende flüchteten, 2300 starben (vgl. Zeitungsaunriß). In der internationalen Bewertungsskala (Ines) wurde Fukushima (wie zuvor auch schon Tschernobyl) auf der **höchsten Gefahrenstufe, nämlich 7,** eingeordnet: „schwerste Auswirkungen auf Mensch und Umwelt" (WAZ vom 3. April 2011). Was bedeutet 7?

***Wirkung auf den Menschen**: Die Gammastrahlung zertrümmert das Erbgut und stört die Bildung von Blutzellen. Jod 131 lagert sich in der Schilddrüse ab und kann dort Krebs auslösen. Caesium 137 gelangt über die Nahrung in Muskel- und Nervenzellen und kann auch dort zu*

*Übersicht 46:* Tschernobyl-Schadensradius

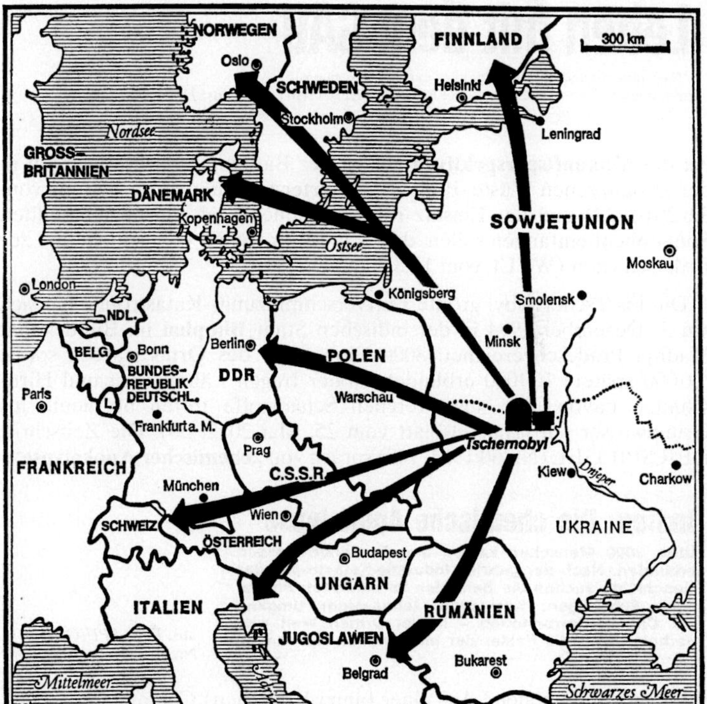


aus: *FAZ* vom 2. Mai 1986

*Krebs führen. Bei Ungeborenen kann es zu Mißbildungen kommen (SPIEGEL 13/2011. 123).*

5 Vor dem Hintergrund eines breiten gesellschaftlichen Konsenses hat der Bundestag daraufhin mit breiter Mehrheit am 30. Juni 2011 (13. Novelle zum AtomG) die (schrittweise) **Abschaltung** alter deutscher Kernkraftwerke (AKW) bis zum 31. Dez. 2022 beschlossen (**„Energiewende“**). Die entstehende Versorgungslücke soll durch fossile Brennstoffe (Kohle und Gas) und durch **erneuerbare Energien** geschlossen werden: vor allem durch Windenergien, Solarthermie, Photovoltaik, biogene Brennstoffe und Gezeitenkraftwerke (vgl. das EEG = Erneuerbare Energien-Gesetz von 2004). Inzwischen deutet sich eine **Versorgungslücke** an, und zwar bei drastisch steigenden Strompreisen (Handelsblatt vom 23.5.2012, 1 ff: „Strompreislüge“). Weltweit sind noch 436 Kernkraftwerke in Betrieb /SPIEGEL 10/2012, 115).

JAPAN ● SPERRZONE

**Leben mit dem GAU**

Nach dem Atomunglück in Fukushima mussten Tausende aus ihren Häusern fliehen. Um den Reaktor ist seither Niemandsland.

aus: *DER SPIEGEL* 15/2011, S. 80

6 Zu den **Zukunftsperspektiven** gehört der Bau von Solarkraftwerken in der afrikanischen Wüste: Projekt **„Desertec“** (Süddeutsche Zeitung vom 8.6.2010, 23) und der Einsatz riesiger Sonnensegel, die über Satelliten Sonnenlicht einfangen sollen, dieses in Mikrowellen verwandeln und zur Erde schicken (WELT vom 15.8.2009).

7 Die bis Tschernobyl größte Luftverschmutzungs-Katastrophe hat sich am 3. Dezember 1984 in der indischen Stadt **Bhophal** im Bundesstaat Madhja Pradesch ereignet: 8000 Einwohner des Ortes starben sofort (20000 später) 100000 erblindeten oder tragen Lähmungen und Hirnschäden davon. Die ausgetretenen Schadstoffe treten bis heute ins Grundwasser ein (Handelsblatt vom 25. Mai 2012, 30). Die Zeitschrift DER SPIEGEL (Nr. 50/1984, 108) sprach von **„chemischer Apokalypse“.**

**Indien: Die chemische Apokalypse**

**Über 3000 Menschen kamen um, Tausende werden erblinden. Nach der größten Industrie-Katastrophe der Geschichte suchen die Behörden im indischen Bhopal nach Schuldigen: Korruption, fahrlässiger Umgang mit Chemie-Horrorstoffen – in der Dritten Welt wiederholen sich die Fehler der industriellen Revolution.**

aus: *DER SPIEGEL* Nr. 50/1984, S. 108

Was war geschehen? Aus einer (amerikanischen) Chemiefabrik, einer Tochterfirma des Chemiegiganten Union Carbide, war eine Wolke von ca. 40 Tonnen hochtoxischer Gifte entwichen, die sich in kürzester Zeit über 65 qkm eng besiedeltes Land ausbreiten konnte (DER SPIEGEL aaO). Die Wiederholung solcher Katastrophen (in Indien oder in anderen Ländern) wird nicht ausgeschlossen, obgleich man einräumen muß, daß die Sicherheitsvorkehrungen anderwärts besser zu sein scheinen, als das in Indien der Fall war.

Abgesehen von den räumlich begrenzten Katastrophen macht die **Weltklimaveränderung** Sorgen, die auf weltweite Umweltverschmutzung zurückgeführt wird (vgl. Kasten unten). Gewaltige Mengen an Schmutzstoffen verpesten die Luft. Zu diesen gehören vor allem **Kohlendioxid** ($CO_2$), das primär in Kraftwerken erzeugt wird, Schwefeldioxide (primär aus Kraft- und Fernheizwerken), Monoxide (primär aus dem Auspuff der Autos), Stickoxide (gemeinsamer Ausstoß aus Kraft- und Fernheizwerken und Automobilen) sowie das extrem gesundheitsschädliche Supergift Dioxin, das z. B. auch aus Schornsteinen der Müllverbrennungsanlagen entweicht. 8

**Klimakatastrophe?** 9

Im März 1985 entdeckten englische Wissenschaftler ein großes Loch im Ozonschild über der Antarktis, das sich inzwischen von Jahr zu Jahr verändert (zum Stand 2012 vgl. Zeitungsausriß unten).

Die **Ozonschicht**, die die gesamte Erde in einer Entfernung von ca. 50 km umschließt, fängt einen großen Teil der ultravioletten Strahlung aus dem Weltall ab, die in der ursprünglichen Konzentration für Menschen, Tiere und Pflanzen schädlich ist.

Daß ein Loch im Ozonschild entstanden ist, wird auf Treibgase (**Fluorchlorkohlenwasserstoffe** = FCKW) u.a. aus den Spraydosen zurückgeführt, die die Ozonschicht angreifen und zerstören. Die Folge ist, daß es den UV-Strahlen gelingt, bis zum Erdboden vorzudringen. Gleichzeitig wird der Gaskreislauf des Naturhaushalts durch Einsatz fossiler Brennstoffe verändert: zu diesen gehören Kohle, Gas und Öl, bei deren Verbrennung **Kohlendioxid** ($Co_2$) freigesetzt wird. Seit „anno 1800" sind nach einer Meldung des SPIEGEL (11. Aug. 1986, 124) „rund 180 Milliarden Tonnen $CO_2$ beim Verheizen fossiler Brennstoffe in die Luft gepustet worden; bis hinauf in die Stratosphäre herrscht inzwischen – so der SPIEGEL – dicke Luft". Diese „dicke Luft" bildet einen Gasschleier, der die ultravioletten Sonnenstrahlen ungehindert durchläßt, aber die von der Erde reflektierten langwelligen Wärmestrahlen zurückhält. Die Folge ist ein **Treibhauseffekt,** von dem Wissenschaftler befürchten (vgl. auch *Schwind* 2008, 685 ff), daß er zu einer Klimakatastrophe führen könnte: Abschmelzen der Eiskappen der Erdpole, Ansteigen des Meeresspiegels, Überschwemmungen, Ausdehnung der Wüsten bzw. Dürrezonen, Verminderung der Anbauflächen (die zu Hungersnöten in aller Welt führen könnte). Noch gefährlicher (für den Ozonschild der Erde) als das FCKW soll das **„Lachgas"** sein (Distickstoffoxid), das aus Viehhaltung und Ackerbau (Stickstoffdünger) resultiert (Nobelpreisträger *Crutzen* in SPIEGEL 36/2009, 103).

9a Der **„UN-Klimagipfel" von Kyoto**, an dem sich im Dezember 1997 insgesamt 160 Länder beteiligt haben, wollte (nach Vorbereitungstreffen in **Rio** 1992 und **Berlin** 1995) gegensteuern bzw. Abhilfe schaffen. Möglich war aber nur ein Minimalkonsens. Immerhin wurde vereinbart, in den Industrieländern den Ausstoß der sechs schädlichsten Treibhausgase bis zum Jahre 2012 um 5,2 % gegenüber dem Bezugsjahr 1990 zu verringern (zum gescheiterten Nachfolgeabkommen vgl. unten Rdn. 56).

**Polareis schmilzt so stark wie nie**

**Klimaforscher sind besorgt über den drastischen Rückgang in diesem Sommer. Die Arktis erwärmt sich schneller als jede andere Region – mit weltweiten Folgen**

aus: *Süddeutsche Zeitung vom 29. Aug. 2012, S. 1*

## 2. Bodenverseuchung

10 Die Abgasschwaden der Industriebetriebe (und Automobile) haben inzwischen auch zur großflächigen Vergiftung des Bodens geführt, eine Erscheinung, die punktuell durch die Ablagerung von Industriegiften (etwa von Arsen, Dioxin, Cadmium oder Cyanid) noch verstärkt worden ist.

*Das Gift Arsen, das im Mittelalter die Familie der* ***Borgias*** *bekanntlich in Italien benutzt hat, um unliebsame Verwandtschaft aus dem Wege zu räumen, soll sich bereits in allen Böden des Bundesgebiets nachweisen lassen.*

11 Mit der Wiedervereinigung sind spezielle Altdeponien ins Blickfeld gerückt: die Bodenverschmutzung durch die (bis in die neunziger Jahre hinein) auf (ost-)deutschem Boden stationierten (GUS-)Truppen.

**Die schlimmste Ölpest der Geschichte**

**666 400 Tonnen Öl im Golf von Mexiko**

aus: *NOZ* vom 4. August 2010, S. 1

## 3. Gewässerverunreinigung

12 Rascher und zuverlässiger als Luft- und Bodenverschmutzung läßt sich die Verseuchung der Flüsse durch Schadstoffe (also der Oberflächengewässer) feststellen: Die Fische sterben, ein allen sichtbares Zeichen. Zu den Schadstoffen, die die (chemische) Industrie in die Flüsse über die Abwässer einleitet oder ins Grundwasser fließen läßt, gehören (neben anderem umweltgefährdendem Industriemüll) z.B. Ammonium, Blei, Cadmium und Arsen (dazu *Lutz* 1994, 421). Damit geriet auch die Trinkwasserversorgung, die z.T. aus den Flüssen gespeist wird, in Gefahr, z.B. auch durch die bei einem Brand der Schweizer Chemie-Firma **Sandoz** (am 31. Oktober 1986) verursachten Einleitungen giftiger Stoffe in den Rhein.

Zusätzliche Probleme bringt die Verschmutzung der Meere: durch **Ölverklappungen** (z. B. in der Nordsee), durch **Schiffskatastrophen** (Sinken von Ölgroßtankern) und durch eine **explodierte Bohrinsel**: 13 14

*Am 20. April 2010 explodierte die **Bohrinsel „Deepwater Horizon"** der britischen BP im Golf von Mexiko, ging unter und hinterließ in 1600 Meter Tiefe eine Ölfontaine aus der bis zur Abdichtung des Lecks Anfang August 2010 insgesamt 666 400 Tonnen Rohöl in den Golf gelangen (vgl. Zeitungsausriß oben). Strände von vier Bundesstaaten wurden auf mehrere hundert Kilometer verschmutzt (NOZ vom 23. April 2011, 2.*

## II. Staatliche Reaktionen auf die ökologische Herausforderung

Der **Begriff des „Umweltschutzes"** kann definiert werden als „die Summe aller Maßnahmen, die zur Vorsorge vor Schädigungen oder zur Beseitigung bereits eingetretener Schäden an unserer natürlichen Umwelt mit deren Hauptfaktoren bzw. Medien Luft, Boden, Wasser, Pflanzen und Tiere erforderlich sind" (*Triffterer* 1979, 312 u. H. auf *Rehbinder* 1970, 250). 15 bis 17

### 1. Umweltschutzpolitik seit Anfang der 70er Jahre

Abwehrgesetze zugunsten des Umweltschutzes wurden bereits in den 50er und 60er Jahren verabschiedet (zur **Vorgeschichte**: *Leidig* 1990, 24 ff). 18

Eine regere Gesetzgebungstätigkeit beginnt aber erst Anfang der 70er Jahre, nachdem die damalige Bundesregierung in einem **Umweltprogramm vom 29. September 1971** (vgl. BT-Drucks. VI/2710, 6), dem alle im Deutschen Bundestag vertretenen Parteien und der Bundesrat zugestimmt haben, einen **„gesetzlichen Nachholbedarf"** festgestellt hat; dieser sollte u. a. mit Hilfe folgender Gesetze aufgeholt werden: durch 19

- *das Benzinbleigesetz von 1971,*
- *das Abfallbeseitigungsgesetz von 1972,*

Durch Erlaß vom 28. Dezember 1971 (abgedruckt im *Rat der Sachverständigen* 1978, 582 f) wurde darüber hinaus „zur periodischen Begutachtung der Umweltsituation und der Umweltbedingungen in der Bundesrepublik Deutschland und zur Erleichterung der Urteilsbildung ... ein **Rat von Sachverständigen für Umweltfragen** gebildet", und zwar (zunächst) beim Bundesminister des Innern, dann beim Bundesumweltminister. 20

### 2. Die kriminalrechtliche (StGB-)Lösung als Zäsur

Durch das 18. Strafrechtsänderungsgesetz (StrÄndG) vom 28. März 1980 – (Erstes) **Gesetz zur Bekämpfung der Umweltkriminalität**: UKG – (BGBl I, 373) sind die bis dahin in den erwähnten Nebengesetzen verstreuten Umweltstrafvorschriften (soweit die Verstöße, die als besonders schwer eingestuft wurden) zusammengefaßt und als §§ 324 ff in einen selbständigen Abschnitt **„Straftaten gegen die Umwelt" in das StGB** ein- 21 gestellt worden. Weniger bedeutsame Vorschriften (wie z.B. § 148 GewO, §§ 63 ff BSeuchG, § 74 Tierseuchengesetz, § 7 DDT-Gesetz, §§ 51 ff LMBG, §§ 40, 42 SprengG und § 24 PflanzenSchG) sind hingegen in den Nebengesetzen verblieben.

22 Durch diese **„Standortverschiebung" ins StGB**, die einen vorläufigen Abschluß der Neuordnung der Materie darstellt, wollte der Gesetzgeber (verbunden mit höherer Strafandrohung)

- *den* ***sozialschädlichen Charakter*** *des umweltschädigenden Verhaltens stärker als bisher* ***ins Bewußtsein*** *der Öffentlichkeit rücken und damit*
- *eine* ***Verstärkung der generalpräventiven Wirkung*** *der Umweltschutznormen erreichen (vgl. BT-Drucks VIII/2382: sog. RegE).*

23 bis 29 Durch das 31. StrÄndG (zugleich das **2. Gesetz zur Bekämpfung der Umweltkriminalität**) vom 27. Juni 1994 (BGBl. I, 1440 ff) – in Kraft seit 1. November 1994 – sind die §§ 324 ff StGB z.T. neu gefaßt bzw. ergänzt worden (vgl. *Möhrenschlager* 1994, 513 ff). Außerdem sind neue Vorschriften eingefügt worden. Schließlich ist die Strafdrohung für „besonders schwere Fälle" auf **zehn Jahre** erhöht worden (§ 330). Zur Rechtsprechung vgl. die Übersichten von *Schall* (zuletzt 2008, 97 ff und 129 ff).

### III. Umweltkriminalität und (Grenzen der) Kriminalpolitik

30 Die Zahlen, die über den Umfang der Umweltkriminalität in der Polizeilichen Kriminalstatistik aufgeführt werden, dürften nur die „Spitze des Eisberges" zeigen. Die Herausforderung an die Kriminalpolitik darf daher keinesfalls unterschätzt werden. **Aktuelle Prioritäten**: die Bewältigung der Umweltprobleme in den neuen Bundesländern, die Verbesserung der Zusammenarbeit mit den Ländern Mittel- und Osteuropas, die Harmonisierung der Umweltgesetzgebung in der Europäischen Union, die Lösung globaler Umweltprobleme (Belastungen der Erdatmosphäre und der Weltmeere).

#### 1. Registrierte Umweltkriminalität und Dunkelfeld

31 Die Polizeiliche Kriminalstatistik (PKS) zeigt, daß die Zahl der registrierten Umweltdelikte bis Mitte der 90er Jahre ansteigt und von da ab (i.S. einer Trendwende) wieder abnimmt (vgl. Übersicht 47 am Ende des Kapitels).

a) Als **Ursachen für diese Zunahme** kommen (im Langzeitvergleich) in Frage:

- *erstens: die* ***Kriminalisierung*** *von (zuvor straflosen) umweltverschmutzenden Verhaltensweisen (zur Neukriminalisierung vgl. § 1 Rdn. 7);*
- *zweitens: ein* ***gestiegenes Umweltbewußtsein gekoppelt mit größerer Anzeigebereitschaft****; Lutz (1994, 428) spricht von „sensibilisierter Öffentlichkeit";*

– *drittens: eine Verstärkung der **Strafverfolgung** (Kontrolldelikt: Rdn. 19 zu § 2); in diesem Rahmen werden offenbar häufiger als früher auch „viele weniger gewichtige Fälle erfaßt" (PSB 2001, 194)*;

Im Übrigen „wird allgemein hinsichtlich der Umweltkriminalität von einem **(extrem) großen Dunkelfeld** ausgegangen (*PSB* 2001, 181).

b) **Als Ursachen für die Abnahme** mancher Delikte kommen nach 32
*Schall* (in FS für Schwind 2006, 395 ff) primär in Betracht

– ein **verändertes polizeiliches Kontrollverhalten,** das damit zu tun haben könnte, daß sich die Polizei wieder mehr ihren anderen Aufgaben widmet;
– ein **verändertes Anzeigeverhalten der Bevölkerung,** das darauf zurückgeführt wird, daß die Menschen heute andere Probleme (etwa Wirtschaftskrise, Arbeitslosigkeit, Terrorismus) umtreiben als der Umweltschutz;
– ein entsprechendes **Nachlassen der Berichterstattung** der Medien, für die wieder andere Themen im Vordergrund stehen: die Anzahl der Artikel mit Umweltbezug nimmt seit 1997 deutlich ab;
– eine Reduzierung der die Statistik dominierenden Abfallkriminalität (§ 326 StGB) dadurch, daß Abfall mehr **legal entsorgt** werden kann: Durch die Einführung des ‚gelben Sackes' ist der einzelne Bürger weniger als bisher in der Versuchung, seinen Müll in der freien Natur zu entsorgen.

c) Auf der anderen Seite geben die statistischen Zahlen zur umweltge- 33
fährdenden Abfallbeseitigung (§ 326 StGB) und zur Gewässerverunreinigung (§ 324 StGB) nicht viel her, weil die Umweltverwaltungsbehörden (Regierungspräsidien, Wasserämter, Gewerbeaufsichtsämter usw.) viele Beschwerden über Umweltbeeinträchtigungen, die an ihre Adresse gelangen, an die Strafverfolgungsbehörden zur Auslösung des Ermittlungsverfahrens oft nicht weiterreichen (*Rüther* 1991, 139 ff/177 ff), und zwar deshalb nicht, weil sie „an einer dichten Strafverfolgung wenig interessiert sind: diese Vermutung wird auch durch Expertenbefragungen unterstützt" (vgl. schon *Kühne/Görgen* 1991).

Die Erfüllung ihrer spezifischen Verwaltungsaufgaben ist eher durch verhandlungsorientiertes denn durch repressives Handeln geprägt (*Meurer* 1988, 2069; *Vierhaus* 1992, 161 f). Eine Beibehaltung dieser Praxis hat der Gesetzgeber dadurch ermöglicht, daß er in seinen Vorschriften durch die Verwendung **unbestimmter Rechtsbegriffe** der Verwaltung weitgehende Interpretationsspielräume eingeräumt hat, z.B. durch folgende Begriffe: „Verunreinigungen eines Gewässers" (§ 324 StGB), „Veränderungen der Luft, die geeignet sind, die Gesundheit zu schädigen" (§ 325), „Abfälle" (§ 326), „nachhaltige Schädigung des Pflanzen- und Tierbestandes" (§ 330). Zur Kritik an der **„verwaltungsrechtlichen Akzessorietät"** der Regelungen bzw. in Bezug auf das verfassungsrechtliche Bestimmtheitsgebot vgl. *Heinz* 1981, 254; *Albrecht* 1983, 278 ff; *Otto* 1984, 400 ff; *Meurer* 1988, 2068 ff; *Schall* 1992, 5; *PSB* 2001, 179 und *Schall* in FS für Küper 2007, 505 ff sowie *Hellmich* 2008, 29/97.

### 2. Möglichkeiten und Grenzen der Kriminalpolitik

34 Die bisherigen Erfahrungen zeigen, daß wirksamer Umweltschutz nur dann stattfindet, wenn der Staat ihn erzwingt. Ob die Standortverschiebung der Umweltstrafvorschriften ins StGB (vgl. oben Rdn. 21ff) das Anzeigeverhalten der Privatpersonen bzw. von Umweltverwaltungsbehörden (dazu *Schall* 1993, 719ff) verändert und damit dazu beitragen kann, das Dunkelfeld zu verringern, ist noch unklar (vgl. Rdn. 39). Skepsis ist angebracht. (vgl. *Kaiser* 1999, 184ff). Als Instrumente der Umweltpolitik werden benutzt:

#### *a) Erhöhung des Mißerfolgsrisikos*

35 Skepsis ist auch in Bezug auf die Abschreckungswirkung der Strafvorschriften geboten, solange die entsprechenden Kontrolleinrichtungen fehlen oder personell zu schwach besetzt sind **(Vollzugsdefizite)**: dazu *Kühne/Görgen* 1991; *Schall* 1990, 1992 und 1996 sowie *PSB* 2001, 194. Jedenfalls spricht nach der überwiegenden Meinung im Schrifttum viel für die These, daß es nicht nur darauf ankommt, welche Sanktion angedroht ist, sondern vor allem darauf, wie groß die Wahrscheinlichkeit ist, gefaßt, verurteilt und der Sanktion (rasch) unterworfen zu werden (Mißerfolgsrisiko): vgl. auch Übersicht 47.

36 *Übersicht 47:* Instrumente der Umweltpolitik

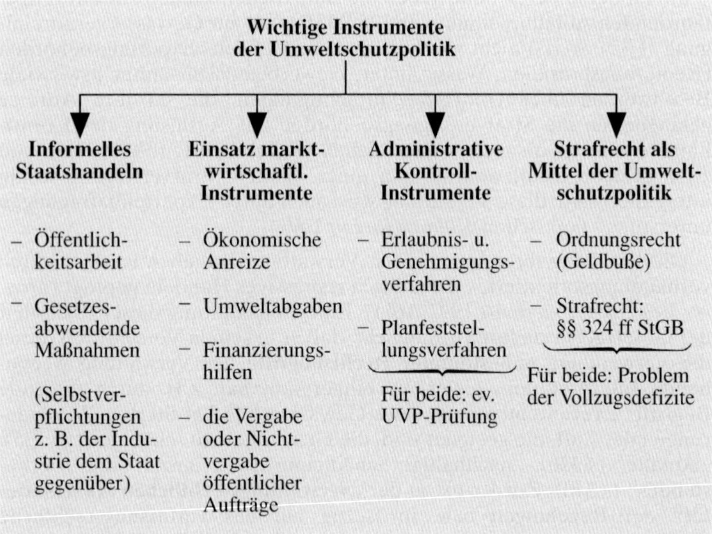

*aa) Entdeckungswahrscheinlichkeit*

Das Mißerfolgsrisiko des potentiellen Umweltstraftäters (die Entdeckungswahrscheinlichkeit) ist noch immer gering (vgl. schon *Kube/Seitz* 1987, 43). Zur Effektivierung der Umweltstrafverfolgung vgl. *Hellmich* 2008, 145 ff. 37

*bb) Sanktionswahrscheinlichkeit*

Ohne diese Verstärkung wird vermutlich auch die **Sanktionswahrscheinlichkeit**, die wie die Entdeckungswahrscheinlichkeit abschrecken soll (*Hellmich* 2008, 323), Freiheitsstrafen sind selten (1999: 2,5 %) und werden meist (1999: zu 82,4 %) noch zur Bewährung ausgesetzt. In der Regel werden Geldstrafen verhängt (1999: 97,5 % der Verurteilungen). 38

Das **Gros der Verfahren wird jedoch eingestellt**, und zwar nach § 170 Abs. 2 bzw. nach § **153, § 153a StPO** (*PSB* 2001, 191), deren Anwendungsbereich auf die mittlere Kriminalität erweitert worden ist (Zur Erledigungspraxis vgl. ausführlicher *Schall* in FS für Schwind 2006, 408 ff); vgl. ferner Rdn. 5 zu § 8 und Rdn. 46 zu § 21).

Schließlich muß auch bedacht werden, daß eine Geldstrafe gegenüber dem Mitarbeiter einer Firma **oft durch die Firma beglichen wird**, ein Verhalten, das nach BGHSt 37, 226 nicht (mehr) den Tatbestand der Strafvereitelung nach § 258 Abs. 2 StGB erfüllt (vgl. auch *Schall* 1996, 444).

**Mit Psychologie dem Müll zu Leibe rücken?**

**Experten plädieren für Belohnung statt Bestrafung**

aus: *NOZ* vom 13. April 1991

Der Einsatz des Strafrechts (vgl. dazu *Albrecht/Heine/Meinberg* 1984, 943 ff) darf aber auch im Umweltschutz nur die **ultima ratio** staatlicher Sozialkontrolle darstellen (so auch *Hellmich* 2008). Zu Recht weist deshalb *Horn* (1983, 362) darauf hin, daß „lebendige **‚soziale Kontrolle' (und Psychologie**: vgl. Zeitungsausriß oben) tausendmal wirksamer als jeder Strafanspruch ist": Es dürfte auch zutreffen, daß „die Bürger gegenüber Angriffen auf die Umwelt gewiß nicht wegen des Strafrechts sensibel geworden sind" (*Horn* aaO). Gleichwohl hat das Strafrecht darüber hinaus eine wichtige Aufgabe zu erfüllen: Die Abschreckung des „harten Kerns" (durch Strafdrohung und Strafe), der sein Gewissen hinter Eigeninteressen zurückstellt und „ebenso eiskalt kalkuliert wie der Schwarzfahrer in der Straßenbahn: **Wie hoch ist der Preis und wie groß das Risiko des Erwischtwerdens?"** (*Horn* aaO; vgl. auch Rdn. 19a zu § 6). Als **„Ei des Kolumbus"** wird insoweit der Vorschlag diskutiert, bei erheblichen Umwelt-Straftaten das Unternehmen unter die Leitung und Aufsicht eines Kurators zu stellen, nämlich unter die Leitung und Aufsicht einer 39 vom Staat bestimmten Person oder Institution: **„Unternehmenskuratel“** (*Schall* 1996, 449). Eine solche Sanktion würde nach *Schall* (aaO) „den großen Vorteil haben, daß sie den Bestand des Unternehmens selbst gewährleistet und die Anteilseigner schont, das eigentliche Management aber ... empfindlich trifft“. Als „weitere Sanktionsmöglichkeit bei betrieblicher Umweltkriminalität wird nach dem Vorbild anderer europäischer Länder eine **öffentliche Bekanntmachung der Verurteilung** vorgeschlagen“ (*Schall* 1996, 450), also eine Art **Pranger** (zum Pranger vgl. Rdn. 62 zu § 14).

**40** Besorgniserregend erscheint die Tendenz zur **Organisierten Wirtschaftskriminalität** auch im Umweltbereich. Die entsprechenden Aktivitäten beziehen sich z. B. auf folgende Bereiche (vgl. auch Rdn. 22 zu § 29):

- Nuklearkriminalität: Beseitigung radioaktiver Betriebsabfälle,
- Sonderabfallbeseitigung: falsches Deklarieren,
- Mülltourismus bzw. illegale Beseitigung von Giftmüll durch Export in die Länder Osteuropas oder solche der Dritten Welt.

*cc) Rentabilitätsfragen*

**41** Aber selbst dann, wenn es gelingen sollte, die Entdeckungswahrscheinlichkeit zu vergrößern (etwa durch den Aufbau einer bundesweiten Umweltpolizei) und die Sanktionswahrscheinlichkeit zu erhöhen (etwa auch durch die weitere Spezialisierung in der Justiz) bleibt doch die **Strafmaßfrage** übrig, die zur Problematik der **„Rentabilität“ von Umweltdelikten** hinführt (dazu *Kube* in: Acta Universitatis Lodziensis 1988, 173 ff): Jedenfalls solange sich die Rechtsprechung nicht zu härterer Sanktionierung von Umweltdelikten entschließt, bleibt folgendes Beispiel für die Rentabilität informativ, das man bei *Sprittula* nachlesen kann (der kriminalist 1984, 279):

> *Ein Kapitän, der auf hoher See seine Öltanks säubert und die Schadstoffe ins Meer verklappt, muß (falls er überhaupt entdeckt wird) mit einer Geldstrafe von rund 3 000 DM (rd. 1 500 EURO) rechnen; das ordnungsgemäße Reinigen der Tanks (in einer Tankreinigungsanlage an Land) würde ihn hingegen 30 000 DM (rd. 15 000 EURO) kosten (weitere Beispiele in der MiStra Nr. 52).*

Die Rechnung geht auf: „Potentielle Geldstrafen dürften bei der Kosten/Nutzen-Analyse der Unternehmen (vgl. dazu den **rational choice-Ansatz**: Rdn. 19a zu § 6) bereits in Ansatz gebracht sein“ (wird von *Meurer* vermutet: 1988, 2070).

*b) Eingrenzung des Verwaltungsrechts*

**42** Typisch für das neue Umweltstrafrecht ist die enge Verzahnung von straf- und verwaltungsrechtlichen Vorschriften. *Eisenberg* (Lb. 1985, 627) spricht von „institutionalisierter Abhängigkeit des Umweltstrafrechts ... von verwaltungsrechtlichen Normen und Entscheidungen“. *Kaiser* 1999, 187: **„Selbstentmachtung des Strafgesetzgebers“**.

Danach wird den Verwaltungsbehörden „weitgehend die Entscheidung darüber überlassen, welche Maßnahmen zum Schutz der Umwelt erforderlich und für den Betroffenen zumutbar sind" (*Meurer* 1988, 2069). *Meurer* (aaO, 2070) schlägt daher vor,

- dem Umweltstrafrecht durch weitere **Grenzwertfestlegungen** größeres Gewicht zu verleihen und
- eine gesetzliche Neuregelung zu schaffen, die es erlaubt, die **Amtsträger in Umweltverwaltungsbehörden für ein Fehlverhalten in Bezug auf Umweltschädigungen verstärkt zur Verantwortung zu ziehen** (so auch *Kaiser* Lb. 1993, 815); zur Strafbarkeit solcher Amtsträger vgl. *Schall* schon 1993a, 719ff.

*c) Einsatz marktwirtschaftlicher Instrumente*

Die **Umweltverschmutzung darf sich nicht lohnen**; sie darf (unter dem Strich) nicht rentabel sein. Umgekehrt: „Investitionen in den Umweltschutz sollten letztendlich kostengünstiger sein als Abgaben an den Staat" (*Meurer* 1988, 2071). Wenn man von diesen Grundsätzen ausgeht, bietet sich der Einsatz marktwirtschaftlicher Instrumente an. „Dahinter steht der Gedanke, den Unternehmer vor die Wahl zu stellen, entweder Maßnahmen gegen die Umweltverschmutzung durchzuführen oder **finanzielle Nachteile** in Kauf zu nehmen" (*Meurer* aaO): nämlich Sonderabgaben, ein Weg, der mit der AbwasserabgabenVO bereits beschritten wurde. Mehr verspricht allerdings eine Politik, die umweltfreundliches Verhalten (z.B. durch **steuerliche Anreize**) belohnt (vgl. auch den Zeitungsausriß). **43**

Der Kriminalpolitiker steht im Übrigen vor dem Dilemma, daß seine Bestrebungen, die Umweltkriminalität zu begrenzen, die Industrie durch entsprechende Auflagen in ihrer **internationalen Wettbewerbsfähigkeit** beeinträchtigen und insoweit auch Arbeitsplätze gefährden können (vgl. oben Rdn. 9a). **44**

Auf der anderen Seite kann der Umweltschutz auch Arbeitsplätze schaffen. **45**

*So bieten mehr als **10000 Unternehmen** in Deutschland Produkte und Dienstleistungen im Bereich Umweltschutz an. **Umweltschutzgüter im Wert von 20 Milliarden Euro** werden jährlich aus Deutschland exportiert (SPIEGEL 16/2001, 31): nicht zuletzt in der „Windbranche". Die Zahl der Beschäftigten im Umweltschutz ist (Stand 2002) auf zwei Millionen gestiegen; das sind 3,8 % aller Arbeitnehmer (Deutsches Institut für Wirtschaftsforschung, zit. nach NOZ vom 17. April 2004; SZ vom 16. 1. 2009).*

**3. Zur Umweltschutzpolitik seit den 80er Jahren**

Schon am 8. März 1996 bestätigte der Sachverständigenrat für Umweltfragen in seinem Jahresgutachten, **46 bis 47**

*„daß die Umweltpolitik der letzten 25 Jahre die Bundesrepublik in den Kreis der umweltpolitisch fortschrittlichen Staaten geführt (habe). Damit korrespondiere eine führende Rolle als Exporteur von Umwelttechnik (zit. nach DIE WELT vom 9. März 1996).*

Einzelne Aktivitäten auf dem exemplarischen Wege:

48 – **Großfeuerungsanlagen-Verordnung**, die am 1. Juli 1983 in Kraft trat;

49 – **Einführung des schadstoffarmen Autos**, gefördert durch Vorteile bei der KfZ-Steuer und die Einführung von Schadstoffgrenzwerten für Autoabgase: vgl. dazu das Kraftfahrzeugsteueränderungsgesetz (KraftStÄndG) vom 18. April 1997 (BGBl. I, 809);

49a – die **FCKW-Halon-Verbotsverordnung** vom 6. Mai 1991 (BGBl. I, 1090 ff);

50 – **Ausstieg aus der Kernenergie** (vgl. oben Rdn. 6); danach sollen die letzten Atomkraftwerke 2031 vom Netz gehen;

51 – Anhebung der Energiesteuer (**„ökologische Steuerreform“**) mit dem Ziel, Lenkungseffekte vom Straßenverkehr hin zum Schienenverkehr auszulösen (ab 1.4.1999 in Kraft);

52 – Förderprogramme für erneuerbare Energien (Wind, Wasser, Sonne, Biomasse): **Erneuerbare-Energien-Gesetz** (EEG) vom 29. März 2000.

– ein **„Erstes Klimaschutzpaket“** (2007) mit dessen Hilfe es gelingen soll, bis 2020 die Kohlendioxid-Emissionen (gegenüber dem Basisjahr 1990) in Deutschland um 40 % zu senken; zu den geplanten Maßnahmen gehört die Verdopplung des Ökostroms (erneuerbare Energien), die Verpflichtung für Hausbauer (ab 2009) Ökoheizungen einzubauen u.ä.; vom Deutschen Bundestag am 6. Juni 2008 verabschiedet;

– ein **„zweites Klimaschutzpaket“** (2008) mit weiteren Maßnahmen zum Energiesparen, einer Erhöhung der LKW-Steuer für alte **„Autobahnstinker“**, die Umstellung der Kfz-Steuer vom Hubraum auf den Abgasausstoß u. ä. (vgl. Zeitungsausriß).

**Viele osteuropäische Lkw verpesten die Luft**

Immer mehr Trucks aus dem Osten. Die Hälfte fährt ohne Filter. Umweltschützer: Berlin trägt Mitschuld

aus: *WAZ* vom 23.6.2011, 1

53 Schon am 23. September 1994 hatte auch der Bundesrat der (nicht zuletzt) von der (Anti-)Gewaltkommission der Bundesregierung (vgl. *Schwind/Baumann* 1990, Ursachen, Prävention und Kontrolle von Gewalt, Berlin 1990, I, 206) vorgeschlagenen **Aufnahme des Umweltschutzes als Staatsziel ins GG** zugestimmt (vgl. dazu *Waechter* 1996, 321 ff). Seit dem 15. November 1994 lautet der entsprechende **Art. 20a** GG wie folgt: „Der Staat schützt auch in Verantwortung für die künftigen Generationen die natürlichen Lebensgrundlagen im Rahmen der verfassungsmäßigen Ordnung durch die Gesetzgebung und nach Maßgabe von Gesetz und Recht durch die vollziehende Gewalt und die Rechtsprechung“.

*Die EG-Staaten hatten bereits in der „Einheitlichen Europäischen* 54
*Akte“ (vgl. dazu auch Rdn. 3 zu § 31) vom 16. Januar 1986 (ABl der EG Nr. C 36/144 vom 17. Februar 1986) die Umweltpolitik zu einer gemeinsamen Aufgabe erklärt (Art. 130r).*

KLIMA

**Sirenen des Weltgewissens**

Keine Uno-Institution beherrscht die Schlagzeilen zurzeit so wie der Weltklimarat, keine ist so umstritten. Kritiker nennen den Rat politisch einseitig, seine Berichte alarmistisch. Seine Verteidiger behaupten das Gegenteil. Am Freitag veröffentlicht der Rat seinen dritten Bericht.

aus: *DER SPIEGEL* vom 18/2007, 81

## IV. Die Weltklimaberichte des IPCC

Nach Berichten in den Jahren 1990, 1995 und 2001 hat der Unoklima- 55
beirat der Vereinten Nationen (*IPCC* = Intergovernmental Panel on Climate Change) 2007 einen **vierten Weltklimabericht** vorgelegt, und zwar im zeitlichen Abstand in drei Teilen:

- der **erste Teil** wurde am 2. Februar 2007 veröffentlicht: darin kann man nachlesen, daß die Fachleute aus 130 Ländern bis zum Jahre 2100 mit einem Anstieg des Meeresspiegels um bis zu 59 Zentimeter rechnen: über 20 Megastädte wie Shanghai, New York und London wären von Überflutungen bedroht; etwa 200 Millionen Menschen müßten womöglich umgesiedelt werden (*IPPC*, zit. nach DER SPIEGEL 8/2007, 28);
- der **zweite Teil** wurde am 6. April 2007 bekannt: vor allem die ärmsten Länder der Erde sind danach von Hunger, Stürmen und Überschwemmungen betroffen: eine Milliarde Menschen seien von akuter Wasserknappheit bedroht (*IPPC*, zit. nach DIE WELT vom 7. April 2007). Für Europa erwarten die Forscher eine Zunahme der Hitzetoten. Im Alpenraum würde die Gefahr plötzlicher Fluten steigen, weil das Eis in den Bergen schmilzt (*IPPC*, zit. nach Süddeutscher Zeitung vom 7. April 2007, 1);
- der **dritte Teil** wurde am 4. Mai 2007 publiziert: der *IPPC*-Bericht (zit. nach NOZ vom 4. Mai 2007) nennt als mögliche Gegenmaßnahmen den Ausbau der erneuerbaren Energien, den Erhalt der Urwälder und die Atomkraft als klimaneutrale Energiequelle.

Vor dem Hintergrund neuer US-Studien hält es das Potsdamer Institut für Klimafolgenforschung (PIK, *Schellnhuber*) für möglich, daß der **Meeresspiegel** noch in diesem Jahrhundert sogar **um einen Meter** ansteigt.

## V. Kyoto-Nachfolgeabkommen?

Die **12. UN-Klimakonferenz,** die vom 3. bis zum 14. Dez. **2007** auf Bali 56
tagte (17 000 Experten aus 187 Staaten nahmen teil) hatte empfohlen,

(das 2012 auslaufende (oben Rdn. 9a) Kyoto-Protokoll (einziges völkerrechtlich verbindliche Klimaabkommen) durch ein Nachfolgeabkommen zu ersetzen.

57 Das ist erst 2012 auf der 19. UN-Klimakonferenz (COP 18) in Doha (im arabischen Wüstenstaat Katar) geschehen, aber ohne Weiterentwicklung des (Kyoto-Protokolls). Immerhin wurde auf der 15. UN-Klimakonferenz (2009 in Kopenhagen) politisch anerkannt, daß die maximale Grenze der Erderwärmung bis 2050 bei **zwei Grad** (gegenüber dem vorindustriellen Niveau) legen muß: Einsparziele wurden jedoch nicht beschlossen. Auf der 16. UN-Klimakonferenz (2010 in Cancun/Mexiko) wurde vereinbart, den Entwicklungsländern die Anpassung an die Folgen des Klimawechsels zu erleichtern: 100 Milliarden Dollar ab 2020 jährlich zur Verfügung zu stellen, und zwar aus einem **„Green Climate Fonds"** für den es „viele Möglichkeiten" gäbe. Auf der 17.UN-Klimakonferenz blieben die großen **Blockierer**: USA, China, Indien, Brasilien und Südafrika; die „Durban Plattform" (die Konferenz fand in Durban/Südafrika statt) verschob alle Probleme in die Zukunft. Die 18. UN-Klimakonferenz (im Juni 2012) in Rio (Brasilien) propagierte in ihrem Abschlußbericht („Rio plus 20" = 20 Jahre nach der ersten UN-Klimakonferenz) das Prinzip einer umweltverträglichen Wirtschaft (**„Green Economy"**). Auf konkrete Verpflichtungen hat man sich aber wiederum nicht einigen können. Immerhin wurde in Doha im Dez. 2012 das auslaufende **Kyoto-Protokoll verlängert**.

Der $CO_2$-Ausstoß hat sich von 1990 (22,7 Milliarden Tonnen) auf 33,9 Milliarden Tonnen (2011) erhöht (DER SPIEGEL 48/2012, 33).

58

*Übersicht 48:* Bekannt gewordene Umweltschutzdelikte: Fallentwicklung (Hellfeld)

| Straftaten gegen die Umwelt | 1981* | 1986 | 1990 | 1991** | 1996 | 2001 | 2009 | 2010 | 2011 |
|---|---|---|---|---|---|---|---|---|---|
| registrierte Fälle **insgesamt** | **5 844** | **14 853** | **21 412** | **23 817** | **39 641** | **30 950** | **14 474** | **13 716** | **13 342** |
| davon u. a.: | | | | | | | | | |
| – Verunreinigung eines Gewässers (§ 324 StGB) | 4 531 | 9 294 | 10 073 | 9 991 | 6 878 | 4 984 | 3 119 | 3 001 | 2 912 |
| – Luftverunreinigung (§ 325 StGB) | 163 | 338 | 457 | 458 | 364 | 303 | 201 | 204 | 256 |
| – Lärmverursachung (§ 325a StGB) | 27 | 35 | 66 | 57 | 79 | 46 | 18 | 25 | 24 |
| – unerlaubter Umgang mit gefährlichen Abfällen (§ 326 StGB) | 656 | 3 682 | 9 009 | 11 622 | 28 840 | 22 178 | 9 099 | 8 620 | 8 369 |
| – unerlaubtes Betreiben von Anlagen (§ 327 StGB) | 282 | 1 161 | 1 555 | 1 503 | 1 448 | 975 | 534 | 495 | 469 |
| – unerlaubter Umgang mit radioaktiven (§ 328 StGB) | 1 | – | 3 | – | 105 | 142 | 124 | 108 | 113 |
| – Gefährdung schutzbedürftiger Gebiete (§ 329 StGB) | 17 | 56 | 53 | 55 | 63 | 52 | 29 | 21 | 36 |
| – schwere Gefährdung durch Freisetzung von Giften (§ 330 a StGB) | 25 | 54 | 40 | 53 | 71 | 76 | 56 | 63 | 47 |

* Die Vergleichbarkeit zu den Vorjahren ist durch die zum 1.7.1980 in Kraft getretenen Änderungen (vgl. Rdn. 21) eingeschränkt.
** Ab 1991 einschl. neuer Bundesländer.

Quelle: *PKS* 1981–2012 (für 2011)

SIEBTER TEIL

# Neue Tätergruppen (Zuwandererkriminalität)

> Mit **„Zuwanderung“** sind alle Formen der Migration gemeint, auch solche, die nur vorübergehender Art sind; mit **„Einwanderung“** wird hingegen die Migration mit dem Ziel einer dauerhaften Niederlassung bezeichnet. „Zuwanderung“ ist also der Überbegriff, „Einwanderung“ eine Teilmenge der Zuwanderung.

Die deutsche Kriminalpolitik mußte sich in den letzten Jahrzehnten 1
nicht nur auf neue Kriminalitätsformen (vgl. §§ 21, 22) im Inland einstellen, sondern auch auf neue Tätergruppen aus dem Ausland: auf Zuwanderer aus nahezu allen Ländern der Welt, die z. T. überproportional häufig auch als Tatverdächtige registriert werden (vgl. Übersicht 53 bei Rdn. 2 zu § 23) und inzwischen in beträchtlicher Zahl (auch) im Strafvollzug einsitzen (vgl. Rdn. 39a zu § 23).

Zu den Zuwanderern zählen vor allem:

- die Nachkommen der (ab Mitte der fünfziger Jahre) primär (1955–1960) aus den mediterranen Ländern **angeworbenen Arbeitskräfte (§ 23)** sowie solche,
- die (verstärkt in den neunziger Jahren) als (Wirtschafts-)Flüchtlinge bzw. Asylbewerber **von selbst** kamen (**§ 24**).

Beide Gruppen (die primär das Wohlstandsgefälle antreibt) werden in 2
der *PKS* als **„Nichtdeutsche“** (NDH: Personen nichtdeutscher Herkunft) erfaßt; solche sind (nach der *PKS* 2012, 21 für **2011**) „Personen ausländischer Staatsangehörigkeit, Staatenlose und Personen, bei denen die Staatsangehörigkeit ungeklärt ist“ (vgl. Übersicht 49).

*Übersicht 49:* Migrantengruppen

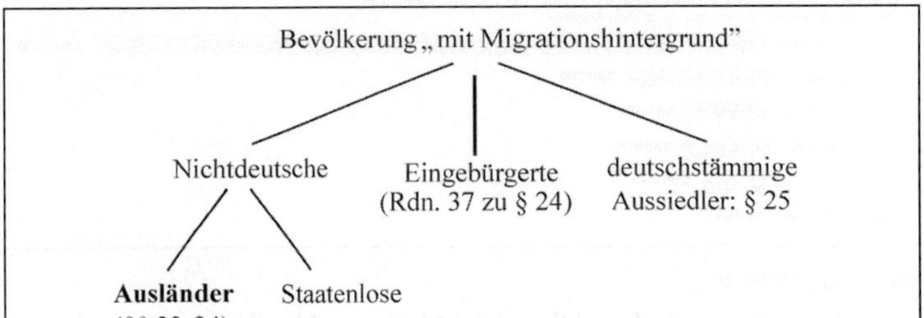

3 Der Anteil der Einwohner mit ausländischer Staatsangehörigkeit an der Gesamtbevölkerung beträgt 7,7 %: der Anteil der **Einwohner mit Migrationshintergrund** macht **18,9 %** aus (*Mikrozensus* 2011, veröff. 2013; zit. nach NOZ vom 1. Juli 2013, 40).

*Nach der Definition des Statist.BA (Bevölkerung mit Migrationshintergrund 2010, 6) sind „**Personen mit Migrationshintergrund**: alle zugewanderten Ausländer und ihre Nachkommen mit zumindest einem zugewanderten oder als Ausländer in Deutschland geborenen Elternteil“.*

Insgesamt leben in Deutschland rund 16 Millionen Menschen mit ausländischen Wurzeln (*Borstel* in DIE WELT vom 31. Jan. 2012, 9). Bei Kindern und Jugendlichen hat bereits jeder Dritte einen Migrationshintergrund (*Borstel* aaO und Zeitungsausriß). In Stuttgart und Frankfurt/M liegt der Anteil der Bevölkerung mit Migrationshintergrund bereits bei rund 40 % (*Bade* in Academia 6/2007, 347).

**Fast jedes zweite Großstadtkind lebt in einer Migrationsfamilie**

dpa **WIESBADEN.** Fast die Hälfte aller Großstadtkinder in Deutschland lebt in Familien mit Migrationshintergrund. In den 14 größten Städten der Republik haben rund 46 Prozent der Kinder und Jugendlichen mindestens einen Elternteil mit ausländischen Wurzeln. Das berichtete das Statistische Bundesamt in Wiesbaden gestern auf der Basis der Haushaltsbefragung Mikrozensus für das Jahr 2010.

In ganz Deutschland wächst danach fast jedes dritte Kind (31 Prozent) in einer Zuwandererfamilie auf – etwas mehr (plus 2 Prozentpunkte) als vor fünf Jahren, dem ersten Jahr dieser Statistik. Gut 46 Prozent der Minderjährigen in Großstädten mit mehr als einer halben Million Einwohnern werden in Familien mit ausländischen Wurzeln groß. Dazu gehören 14 Metropolen von Berlin über Frankfurt und Bremen bis Nürnberg.

aus: *NOZ* vom 21. Sept. 2011, 2

4 Die **größte Zuwanderungsgruppe** bilden (konzentriert in den Großstädten) zusammen mit ihren Nachkommen die zugewanderten **Türken**, deren Zahl auf rund 2,6 Millionen geschätzt wird (vgl. oben Übersicht 49). Diese bilden mit *63 %* (*BMAF* 2009, 341) auch etwa die Hälfte der in Deutschland lebenden Muslime (vgl. Übersicht 50).

*Übersicht 50:* Muslime in Deutschland

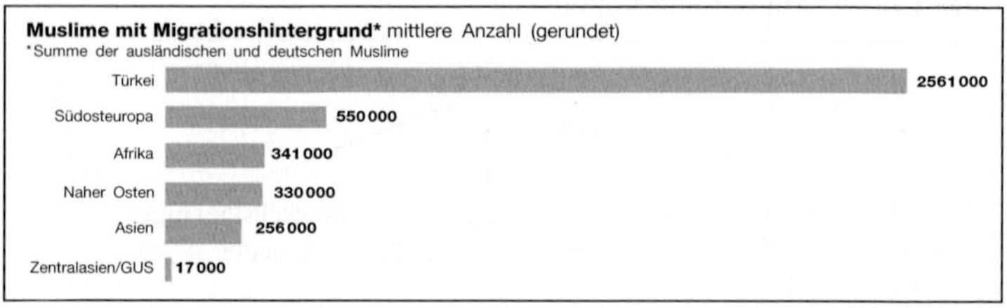


aus: *Focus* 27/2009, 10

Addiert leben **zwischen 3,8 und 4,3 Millionen Muslime** in Deutschland; 98 % wohnen in den alten Bundesländern und in Berlin (*BAMF* „Muslimisches Leben in Deutschland“, 2009, 27).

Die Zuwanderer in andere europäische Staaten kommen z. T. aus anderen Ländern. So stammen die größten Zuwanderergruppen in **Frankreich** aus Nordafrika, in **Großbritannien** sind es Migranten vornehmlich aus der Karibik, aus Pakistan oder Indien, in **Holland** Surinamesen: Menschen aus kolonialen Gebieten. 5

## § 23 Zur Kriminalität der „Gastarbeiter" und ihrer Nachkommen

**Literatur:** **BAMF:** Muslimisches Leben in Deutschland, 2009; **Ehringfeld,** K.: Eltern-Kind-Konflikte in Ausländerfamilien, Berlin 1997; **Fuchs,** M./**Lamnek,** S./**Wiederer,** R.: Querschläger. Jugendliche zwischen rechter Ideologie und Gewalt, Opladen 2003; **Gebauer,** M.: Untersuchungshaft – „Verlegenheitslösung" für nichtdeutsche Straftäter, in: Kriminalpäd. Praxis 34/1993, 20–26; **Geißler,** R./**Marissen,** N.: Kriminalität und Kriminalisierung junger Ausländer, in: KZfSS 1990, S. 506 ff; **Grafl,** C.: Sind ausländische Jugendliche krimineller als inländische? in: *Bundesministerium für Justiz:* Straftaten ausländischer Jugendlicher und junger Erwachsener, Wien 2005, S. 9–31; **Hamburger,** F./**Seus,** L./**Wolter,** O.: Zur Delinquenz ausländischer Jugendlicher, Wiesbaden 1981; **Heuer,** H.-J.: Fremdenfeindliche Einstellungen und polizeiliches Handeln, in: Kriminalistik 6/98, S. 401–410; **Hoffmann,** L./**Even,** H.: Soziologie der Ausländerfeindlichkeit, Weinheim 1984; **Jaschke,** H.-G.: Öffentliche Sicherheit im Kulturkonflikt. Zur Entwicklung der städtischen Schutzpolizei in der multikulturellen Gesellschaft, Frankfurt/M. 1997; **Killias,** M.: Diskriminierendes Verhalten von Opfern gegenüber Ausländern? in: Mschr-Krim 1988, S. 156–165; **Klocke,** G. Beamtenbeleidigung – Gründe für die Nichtreaktion, in: Kriminalistik 2/2005, S. 103–105; **König,** K.: Tschador, Ehre und Kulturkonflikt, Veränderungsprozesse türkischer Frauen und Mädchen durch die Emigration und ihre soziokulturellen Folgen, Frankfurt/M. 1990; **Mansel,** J.: Die unterschiedliche Selektion von jungen Deutschen, Türken und Italienern auf dem Weg vom polizeilichen Tatverdächtigen zum Gerichtsverurteilten, in: MschrKrim 1986, S. 309–325; **Mansel,** J./**Albrecht,** G.: Die Ethnie des Täters als ein Prädikat für das Anzeigeverhalten von Opfern und Zeugen. Die private Strafanzeige als Form der Konfliktregelung, in: Soziale Welt 3/2003; **Mansel,** J./**Suchanek,** J./**Albrecht,** G.: Anzeigeverhalten und die Ethnie des vermeintlichen Täters – Befunde einer Pilotstudie, in: KrimJ H. 4/2001, S. 288–300; **Mletzko,** M./**Weins,** C.: Polizei- und Fremdenfeindlichkeit, in: MschrKrim 1999, S. 77–93; **Northoff,** R.: „Intergration" von Minderheiten, in: *Kube,* E./*Schneider,* H./*Stock,* J. (Hrsg.): Vereint gegen Kriminalität – Wege der kommunalen Kriminalprävention, Lübeck 1996, S. 261–291; **Pfeiffer,** C.: Das Problem der sog. Ausländerkriminalität, Hannover 1995 (KFN-Forschungsbericht Nr. 42); **Pfeiffer,** C./**Kleimann,** M./**Petersen,** S./**Schott,** T.: Probleme der Kriminalität bei Migranten und integrationspolitische Konsequenzen (KFN), Hannover 2004; **Pfeiffer,** C./**Delzer,** I./**Enzmann,** D./**Wetzels,** P.: Ausgrenzung, Gewalt und Kriminalität im Leben jüngerer Menschen, Hannover (KFN) 1998; **Pfeiffer,** C./**Wetzels,** P.: Junge Türken als Täter und als Opfer von Gewalt, in: FAZ vom 13. März 2000, S. 14; **Pick,** A.: Reduktion des Tatvorwurfs bei nichtdeutschen Beschuldigten, in: Kriminalistik 1994, S. 617–622; **Rebmann,** M.: Ausländerkriminalität in der Bundesrepublik Deutschland, Freiburg (Max-Planck-Institut) 1998; **Reichertz,** J.: Zur Definitionsmacht der Polizei, in: Kriminalistik 1994, S. 611 ff; **Reichertz,** J./**Schröer,** N.: Beschuldigtennationalität und polizeiliche Ermittlungspraxis, in: KZfSS 4/1993, S. 755–771; **Schüler-Springorum,** H.: Ausländerkriminalität – Ursachen, Umfang und Entwicklung, in: NStZ 1983, S. 529 ff; **Schwind,** H.-D.: Nichtdeutsche Straftäter – eine kriminalpolitische Herausforderung, die bis zum Strafvollzug reicht, in: FS für *Böhm,* A., Berlin 1999, S. 323–361; **Schwind,** H.-D.: Gedanken zur Ausländerfeindlichkeit, in: FS für *Miyazawa,* 1995; **Schwind,** H.-D.: Zur „Mauer des Schweigens", in: Kriminalistik 1996, S. 161–167; **Schwind,** H.-D./**Fetchenhauer,** D./**Ahlborn,** W./**Weiß,** R.: Kriminalitätsphänomene im Langzeitvergleich (1975/1986/1998) – am Beispiel einer Großstadt (Bochum), Wiesbaden 2001; **Sessar,** K.: Kriminalität von und an Ausländern, in: *Bauhofer,* S./*Queloz,* N. (Hrsg.): Ausländer, Kriminalität und Strafrechtspflege, Chur 1993b; **Steffen,** W.: Streitfall „Ausländerkriminalität", Ergebnisse einer Analyse der von 1983 bis 1994 in Bayern polizeilich registrierten Kriminalität ausländischer und deutscher Tatverdächtiger, in: BewHi 2/1995, S. 133–154; **Stock,** J./**Klein,** L.: Hat die Polizei ein Ausländerproblem? in: MschrKrim 1994, S. 286–296; **Streng,** F.: Die Öffnung der Grenzen und die Grenzen des Strafrechts, in: JZ 1993, S. 109–119; **Traulsen,** M.: Delinquenz und soziale Benachteiligung der Ausländerinnen, in: MschrKrim 1990, S. 256–265; **Villmow,** B.: Ausländer als Täter und Opfer, in: MschrKrim (Sonderheft) 1999, S. 22–29; **Villmow,** B.: Kriminalität der jungen Ausländer: Ausmaß und Struktur des abweichenden Verhaltens und gesellschaftliche Reaktion, in: *Kerner,* H.-J./*Göppinger,* H./*Streng,* F. (Hrsg.): FS für *Leferenz,* Heidelberg 1983, S. 323–343; **Villmow,** B.: Ausländer in der strafrechtlichen Sozialkontrolle, in: BewHi 2/1995, S. 155–169; **Wahl,** K.: Fremdenfeindlichkeit und Rechtsextremismus, in: KrimJ 1995, S. 52–67; **Walter,** J.: Auch wenn Kassandra selten gehört wird, in: DVJJ-Journal 3/1993, S. 245–539; **Walter,** M.: Kriminalität junger Ausländer – Forschungsgrund und offene Fragen, in: BewHi 1987, S. 60–82; **Walter,** M./**Pitsela,** R.: Ausländerkriminalität in der statistischen (Re-)Konstruktion, in: KrimPäd 34/1993, S. 6–19.

**Gliederung**



1 Die Diskussion der (Kriminalitäts-)Probleme, die mit dem Aufenthalt von Nichtdeutschen (zur Definition vgl. Rdn. 2 vor § 23) hierzulande zu tun haben, leidet nicht selten darunter, daß zu wenig differenziert wird: etwa zwischen den angeworbenen „Gastarbeitern" und ihren Nachkommen einerseits und den nicht gewollten Zuwanderern, die im Rahmen des Wohlstandsgefälles zu uns kommen (dazu §§ 24, 25). Schließlich fällt die Verteidigung ideologischer Positionen auf, die bis zur **Realitätsblindheit** reicht, die sich offenbar an dem Motto Christian *Morgensterns* orientiert, **„daß nicht sein kann, was nicht sein darf":** nämlich kriminelles Verhalten der Zuwanderer.

**Werden Ausländer eher kriminell?**

aus: *NOZ*
vom 1. Feb. 1994
(dazu auch *Grafl* 2005, 9 ff)

## I. Differenzierungen und Probleme

2 Nach der *PKS* wurden 2011 (2012, 122/126) für das Bundesgebiet insgesamt **über 427 000 nichtdeutsche Tatverdächtige (NDTV)** ermittelt (vgl. Übersicht 51: das sind 20,8 % aller 2 112 843 Tatverdächtigen (TV) dieses Berichtsjahres; bei bestimmten Straftatengruppen liegt der Prozentsatz noch höher:

- bei der qualifizierten Körperverletzung: 23,9 %;
- beim schweren Diebstahl: 28,4 %;
- beim Raub: 29,5 %;
- bei der Vergewaltigung: 28,2 %.
- Urkundenfälschung: 35,7 %.
- Rauschgifthandel: 26,9 %.

*Übersicht 51:*
Entwicklung der Tatverdächtigenanteile Nichtdeutscher seit 1993
**Bereich**: Bundesgebiet insgesamt

| Jahr | Straftaten insgesamt | | | Straftaten insgesamt, jedoch ohne Straft. geg. AufenthaltsG, AsylverfahrensG und FreizügigkeitsG/EU (ab 2005 Schl. 890 000) | | |
|---|---|---|---|---|---|---|
| | Tatverdächtige insgesamt (100 %) | Nichtdeutsche absolut | Nichtdeutsche in % | Tatverdächtige insgesamt (100 %) | Nichtdeutsche absolut | Nichtdeutsche in % |
| 1993 | 2 051 775 | 689 920 | 33,6 | 1 849 520 | 492 919 | 26,7 |
| 1994 | 2 037 729 | 612 988 | 30,1 | 1 848 087 | 430 075 | 23,3 |
| 1995 | 2 118 104 | 603 496 | 28,5 | 1 929 344 | 422 846 | 21,9 |
| 1996 | 2 213 293 | 625 585 | 28,3 | 2 019 186 | 440 904 | 21,8 |
| 1997 | 2 273 560 | 633 480 | 27,9 | 2 081 304 | 452 503 | 21,7 |
| 1998 | 2 319 895 | 628 477 | 27,1 | 2 122 307 | 441 694 | 20,8 |
| 1999 | 2 263 140 | 601 221 | 26,6 | 2 073 194 | 422 871 | 20,4 |
| 2000 | 2 286 372 | 589 109 | 25,8 | 2 106 900 | 421 517 | 20,0 |
| 2001 | 2 280 611 | 568 384 | 24,9 | 2 107 284 | 405 929 | 19,3 |
| 2002 | 2 326 149 | 566 918 | 24,4 | 2 163 629 | 415 526 | 19,2 |
| 2003 | 2 355 161 | 553 750 | 23,5 | 2 212 424 | 421 372 | 19,0 |
| 2004 | 2 384 268 | 546 985 | 22,9 | 2 267 920 | 438 775 | 19,3 |
| 2005*) | 2 313 136 | 519 573 | 22,5 | 2 238 550 | 448 544 | 20,0 |
| 2006 | 2 283 127 | 503 037 | 22,0 | 2 204 819 | 427 911 | 19,4 |
| 2007 | 2 294 883 | 490 278 | 21,4 | 2 225 139 | 423 288 | 19,0 |
| 2008 | 2 255 693 | 471 067 | 20,9 | 2 196 728 | 414 347 | 18,9 |
| 2009 | 2 187 217 | 462 378 | 21,1 | 2 113 703 | 410 518 | 19,2 |
| 2010 | 2 152 803 | 471 812 | 21,9 | 2 098 601 | 419 232 | 20,0 |
| 2011 | 2 112 843 | 484 529 | 22,9 | 2 054 232 | 427 259 | 20,8 |

*) bis 2004: manuell berechnet. Aus erfassungstechnischen Gründen (echte Tatverdächtigenzählung auf Bundesebene) fehlten in der Aufstellung „ohne Straftaten gegen AufenthaltsG, AsylverfahrensG und FreizügigkeitsG/EU" auch die Tatverdächtigen, denen neben Verstößen gegen das AusländerG und AsylverfahrensG gleichzeitig auch andere Delikte, wie z. B. Diebstahl, zur Last gelegt werden. Daher sind/waren die Werte zu niedrig.

aus: *PKS* 2012, 122 für **2011**)

## 1. Staatsangehörigkeiten der TV

3 Betrachtet man das Bild der **PKS ab der Wiedervereinigung** unseres Landes (1989/90) speziell für die alten Bundesländer (in denen auch heute – 2013 – noch über 90 % aller Nichtdeutschen, die in Deutschland leben, wohnen), dann zeigt sich, daß vor allem Türken, Personen aus den jugoslawischen Nachfolgestaaten, Araber und Polen häufig als Tatverdächtige registriert worden sind (vgl. auch Rdn. 2 zu § 24).

## 2. Probleme der Vergleichbarkeit (Verzerrungsfaktoren)

4 Berücksichtigt man, daß der Anteil der Nichtdeutschen an der Wohnbevölkerung insgesamt (2006) rund **acht Prozent** betrug (Schweiz 18 %!), erscheint die **Ausländerkriminalität (mit rund 21,0 %)** überproportional hoch. Insoweit ist es im Interesse der Vergleichbarkeit geboten,

- ***erstens**: bei der Zahl der NDTV die **ausländerspezifischen Straftaten** (illegale Einreise, Verstoß gegen Auflagen der Aufenthaltserlaubnis usw.), also Straftaten (Kontrolldelikte: Rdn. 19 zu § 2), die speziell an den Ausländerstatus anknüpfen (AufenthG; AsylVfG), nicht außer acht zu lassen (vgl. Übersicht 53);*

5 – *zweitens: ist dieser Prozentsatz jedoch andererseits* ***zu niedrig angesetzt,*** *und zwar deshalb, weil aus erfassungstechnischen Gründen in dieser Zahl die Tatverdächtigen fehlen, denen* ***neben*** *ausländerspezifischen* ***auch andere*** *Delikte wie Diebstahl, Raub oder Rauschgifthandel zur Last gelegt werden.*

6 Diese danach bereinigten Zahlen zur Kriminalitätsbelastung der Deutschen und Ausländer sind jedoch auch dann noch nicht ohne weiteres vergleichbar, und zwar aus folgenden drei weiteren Gründen:

7 – ***drittens****: weil zu der nichtdeutschen Wohnbevölkerung nicht die (nicht meldepflichtigen) ausländischen Touristen bzw. Grenzpendler und Durchreisenden (1994: über 13 Mill.: so Northoff 1996, 264), die Stationierungsstreitkräfte (deren Zahl durch Abzüge abnimmt) oder solche Personen gezählt werden, die sich illegal (ohne Aufenthaltserlaubnis) im Bundesgebiet aufhalten („Dunkelfeld der Bevölkerungsstatistik"); diese werden aber alle in der PKS mitgezählt, wenn sie strafrechtlich in Erscheinung treten;*

8 – ***viertens****: weil die Ausländer in der Bundesrepublik überwiegend in großstädtischen Ballungszentren leben (Städten mit mehr als 100 000 Einwohnern), in denen auch die deutsche Vergleichsbevölkerung höher (als auf dem Lande oder in Kleinstädten) kriminalitätsbelastet ist. Die Landbevölkerung nivelliert daher mehr bei den Deutschen, weniger bei den Ausländern die Durchschnittswerte;*

9 – ***fünftens****: weil bei den Nichtdeutschen die (erfahrungsgemäß) besonders kriminalitätsbelasteten Alters- und Geschlechtsgruppen wesentlich stärker vertreten sind als in der deutschen Vergleichsbevölkerung (demographische Unterschiede); Nichtdeutsche sind auch in größerem Umfange, als das bei Deutschen der Fall ist, den Unterschichten zuzurechnen (vgl. Villmow 1999, 23; Rebmann 1998, 175 ff und unter Rdn. 27).*

10 Wegen „drittens" (Überhöhung der KBZ) weist die PKS seit einigen Jahren **keine TVBZ** und die StVSt keine Verurteiltenziffern mehr in Bezug auf Nichtdeutsche aus.

Ausgeklinkt wurden aus der (politischen) Diskussion (vorerst) die **eingebürgerten Ausländer**, die auch nicht unerheblich straffällig werden.

### 3. Kriminalitätsrelevante Problemgruppen

11 Um die Vergleichbarkeit herzustellen, müßte in der PKS ferner nach dem kulturellen Hintergrund und nach sozialen Kriterien differenziert werden. Auch die Ursache der Zuwanderung ist durchaus relevant; jedenfalls bilden „die" **Ausländer keine homogene Gruppe** (vgl. dazu Übersicht 49 bei Rdn. 2 von § 23). Im Anschluß an *Walter*, M. (1993, 350: hier erweitert) lassen sich insoweit folgende zehn Subgruppen unterscheiden:

– *erstens:* ***langjährige „Gastarbeiter"****: das sind solche, die (seit 1955 für Deutschland angeworben) in Deutschland viele Jahre gearbeitet und*

*auch (nachdem das vorgesehene **Rotationsprinzip,** das eine Rückkehr nach zwei bis drei Jahren vorsah, nicht akzeptiert wurde) sozial „Fuß gefaßt" haben: sog. **Erste Generation**;*
- *zweitens: **„deutsche" Ausländer:** das sind solche, die (hauptsächlich) in Deutschland (als **„Zweite" und „Dritte" Generation**) aufgewachsen sind und auch deutsch sprechen;*
- *drittens: **„ausländische" Deutsche**: das sind solche, die als deutschstämmige Aussiedler (die nach Art. 116 GG als Deutsche gelten) aus Osteuropa, Kasachstan, Kirgisien, Sibirien usw. zugewandert sind (zu diesen § 25) und die sozialen Bedingungen, oft auch die Sprache, weniger kennen;*
- *viertens: **eingebürgerte Ausländer** (vgl. unter Rdn. 37 zu § 24);*
- *fünftens: **Ausländer aus den EG (EU-)Staaten** mit (vollen) Freizügigkeitsrechten;*
- *sechstens: **Krisenflüchtlinge** (Arbeitslose) aus Griechenland, Spanien und solche aus (Bürger-)Kriegsgebieten (z.B. Afghanistan, Syrien und Irak);*
- *siebtens: **Flüchtlinge/Asylbewerber**: das sind solche (der ersten Generation), die aus politischen (Bürgerkrieg im Heimatland: z.B. im ehem. Jugoslawien) oder aus wirtschaftl. Gründen („Wirtschaftsflüchtlinge") zugereist sind: die Motive sind oft kaum voneinander zu trennen;*
- *achtens: **„Touristen"** (Einbrecher- und Raubtäterbanden) aus den (z.T. der EU beigetretenen) osteuropäischen Staaten;*
- *neuntens: **„extremistische" (politisch motivierte) nichtdeutsche** Gewalttäter, die ihre (Bürger-)Kriege (im Heimatland) auf deutschem Boden austragen (Gewalt **unter** Ausländern, aber auch gegen Deutsche);*
- *zehntens: **„Täter"** (aus dem Dunstkreis) **der Organisierten (nicht politisch motivierten) Kriminalität**: zur O.K. § 29.*

Aus kriminalpolitischer Sicht **Sorgen machen von diesen (außer der O.K.) bisher vor allem fünf Gruppen**: 12

- die **„Zweite" und „Dritte" Generation** (Kinder und Enkel der **ab Mitte der 50er Jahre** aus den **Mittelmeerländern** angeworbenen „Gastarbeiter"), deren Integration in Deutschland zum Teil nicht gelang: dazu Rdn. 12 ff zu § 24.
- die seit **Ende der 80er Jahre** zuwanderten **Asylbewerber** (Art. 16 GG) bzw. Wirtschaftsflüchtlinge: aus **Osteuropa und Dritte-Welt-Ländern** (§ 24 Rdn. 1 ff), aber auch Roma aus Mazedonien, Rumänien und Serbien (vgl. Rdn. 77 zu § 3 ff);
- die **politisch aktiven ausländischen Extremistengruppen: Araber, Iraner, Tamilen, Iraker, Türken, Kurden** usw.: dazu § 24 Rdn. 16 ff;
- die **Kinder** der in den letzten Jahren zugewanderten **Aussiedler** (vgl. dazu § 25);
- die „**Touristen**" bzw. Grenzpendler, die (für bis zu drei Monate) einreisen, um mit Straftaten (Drogendelikte, Einbrüche) oder Prostitution „schnelles Geld" zu machen.

13 Hinzu kommt noch eine **Mischgruppe** aus Nichtdeutschen, die sich **illegal** in Deutschland aufhalten: illegal Zugereiste oder abgelehnte Asylbewerber, die untergetaucht sind (vgl. dazu Rdn. 21 zu § 24): allein in Hamburg sollen bereits 1996 knapp 10 000 abgelehnte Asylbewerber im Untergrund gelebt haben (*Villmow* 1999, 24).

*Die Illegalen (solche **ohne legalen Aufenthaltsstatus**, vgl. § 4 AufenthG) gehören wie die nichtdeutschen Touristen, Durchreisenden, Grenzpendler und Stationierungsstreitkräfte zu den **melderechtlich nicht erfaßten Personen** (vgl. die Rdn. 28 zu § 24).*

#### 4. Junge Tatverdächtige

14 Nach der *PKS* (*PKS* 2012, 81 ff für **2011**) betrug der Nichtdeutschenanteil 2011 (bezogen auf das ganze Bundesgebiet):

- bei den tatverdächtigen **Jugendlichen** (14 bis unter 18 Jahren): **18,5 %** (ausländischer Bevölkerungsanteil nur **9,3 %**),
- bei den tatverdächtigen **Heranwachsenden** (18 bis unter 21 Jahren): **20,6 %** (ausländischer Bevölkerungsanteil **19,8 %**).

15 bis 17 Auffällig ist auch die Entwicklung der TV-Zahlen bei den **jungerwachsenen Nichtdeutschen** (21 bis unter 25 Jahren): 2011 = **23,6 %** (**15,5 %** Bevölkerungsanteil).

### II. Bisherige Erklärungsversuche

18 Als Erklärung für dieses Phänomen werden im Schrifttum außer der (schon unter Rdn. 11 ff zu § 7 vorgestellten)

- Kulturkonfliktstheorie insbesondere noch die
- Theorie der sozialstrukturellen Benachteiligung angeboten sowie der
- Labeling-Ansatz.

#### 1. Zur Kulturkonfliktstheorie

19 *Schneider*, der die Kulturkonfliktstheorie vertritt (Lb. 1987, 306; krit. z. B. *Walter* 1987, 60 ff), verweist auf Innenkonflikte (vgl. Rdn. 14 zu § 7). Auf den Ausländerkindern laste ein sich widersprechender Sozialisationsdruck: „Unter Führung der Eltern, insbesondere des Vaters, folgt die Familie traditionellen Sitten und Bräuchen des Heimatlandes (vgl. dazu auch Rdn. 15 f zu § 24). Die gesellschaftlichen Erwartungshaltungen, denen die Kinder in Schule, Gleichaltrigengruppe, Massenmedien begegnen, stehen diesen Leitbildern entgegen. Die Einstellungen der Eltern kommen mit denen ihrer Kinder in Konflikt.

20 *a) Binnenkonflikte*

21 bis 22 Vor allem den türkischen Jugendlichen und Kindern fällt die Identifikation mit den Eltern oft schwer. **Divergierende Wertesysteme**, denen Eltern und Kinder anhängen (Stichworte: Familienehre, Gehorsam, Stel-

lung der Frau, religiöse Regeln), erschweren das Miteinander der Generationen (ausführlicher aus türkischer Sicht: *Toprak* in KuP Bd. 54/2008, 153ff).

**Migrationsbedingte Erziehungsprobleme** belasten vor allem das Verhältnis der Eltern zu ihren weiblichen Kindern (vgl. auch *Traulsen* 1990, 256ff und Rdn. 15f zu § 24). So wird den Mädchen der Discobesuch untersagt, Freundschaften mit dem anderen Geschlecht werden verboten, ein Heiratskandidat (evtl. ein dem Mädchen unbekannter Mann aus der Türkei) ausgesucht (ausführlich zur Situation der Türkinnen: *König* 1990). **23**

*b) Außenkonflikte*

Die „Zweite" und „Dritte" Generation muß erleben, daß die Deutschen den Eltern nicht selten mit Respektlosigkeit begegnen (diese z.B. duzen oder anschnauzen) oder sie bei Behörden, beim Einkaufen oder bei der Wohnungssuche diskriminierend behandeln. Die Achtung gegenüber dem Familienoberhaupt, das in der türkischen Familie noch eine beherrschende Rolle einnimmt, geht auch dann leicht verloren, wenn der Vater arbeitslos wird, also den Lebensunterhalt für die Familie nicht mehr leistet (zu den Folgen der Arbeitslosigkeit vgl. auch Rdn. 11ff zu § 12). Die ganze **Andersartigkeit der Eltern**, zu denen oft auch deren Sprachprobleme gehören, wird z.T. als Belastung empfunden (vgl. dazu *Ehringfeld* 1997). Die Folgen sind nicht selten Entfremdungserscheinungen zwischen Eltern und Kindern, die wiederum zu Verhaltensunsicherheiten führen bis zur Haltlosigkeit, die kriminalitätsanfällig machen kann (§ 6 Rdn. 16ff). **24 bis 26**

### 2. Zur Theorie der sozialstrukturellen Benachteiligung

Die Vertreter der Theorie der sozialstrukturellen Benachteiligung (oder „Theorie der geringeren Zukunftschancen") verweisen auf die sozialen Benachteiligungen der Ausländer als Ursache ihrer kriminellen Entgleisung (vgl. etwa *Eisenberg*, Lb. 1985, 709; *Schüler-Springorum* 1983, 533f; *Heßler* 1985, 116ff): ghettoähnliche Wohnsituationen, Schlechterstellung hinsichtlich der Schul- und Berufsausbildung, höhere Arbeitslosenquote **(sozialkultureller Streß)** usw. (vgl. Rdn. 15d und 15e zu § 24). **27**

Die Vertreter dieses Ansatzes sind der Meinung, daß diese Einflußfaktoren **potenziert** bei der „Zweiten" und „Dritten" Generation der Ausländer wirksam werden. Ihre Kriminalität wäre damit primär auf ihre soziale Lage zurückzuführen. Dementsprechend stellt sich die Frage, ob das sozial abweichende Verhalten, das bei Nichtdeutschen auffällt, letztlich **(nicht ethnisch bzw. national bedingt, sondern) schichtbedingt ist** (so auch *Northoff* 1996, 266, *Villmow* 1995, 156, *Rebmann* 1998, 175ff, *Mansel* 2001, 288 und *Böhmer*, Integrationsbeauftragte der Bundesregierung (zit. nach NOZ vom 13. Jan. 2012, 2). Denn (bildungsferne) soziale Unterschichten sind nach den bisherigen kriminologischen Erkenntnissen generell (auch bei den Deutschen) in der (registrierten) Kriminalität stärker (als andere soziale Schichten) vertreten (*Villmow* aaO).

*Die **höhere Gewaltbereitschaft** in manchen Zuwanderergruppen (vor allem der Türken) führt Wetzels (in Schwind/Steffen/Hermann 2009, 116f) aber auch „auf andere Vorstellungen von Männlichkeit" zurück. Solche Männlichkeitskonzepte „enthalten **gewaltlegitimierende Männlichkeitsnormen**, die zentral Vorstellungen von Ehre und Respekt bzw. deren Verteidigung enthalten". Auch der **Kreislauf der Gewalt** (vgl. Rdn. 45a zu § 6) spielt eine Rolle.*

Wenig untersucht worden ist bisher die Frage, ob **Rechtsgefühl und Rechtsbewußtsein** (zu diesen vgl. Rdn. 3 vor § 10) etwa national bzw. kulturell unterschiedlich ausgeprägt sind.

*Bierbrauer weist dazu (in FS Schwind 2006, 28) darauf hin, daß „in der islamischen und hinduistischen Tradition das Recht nie eine vergleichbare gesellschaftsordnende Funktion hatte wie bei uns... Neben dem Recht haben auch andere Normquellen wie **Religion und Tradition** die Funktion, individuelles und kollektives Verhalten zu regeln"*

Zu den sozialen Problemen der Zuwanderer vgl. Rdn. 12 zu § 24.

***Vorurteile gegen Fremde bekämpfte schon der Frankfurter Arzt Heinrich Hoffmann in seinem „Struwwelpeter" (1845). Die Buben, die einen Mohren verspotteten, weil er schwarz wie Tinte sei, schwärzte er kräftig an: „Bis über'n Kopf ins Tintenfaß / Tunkt sie der große Nikolas". Die traurige Pointe: Trotzdem trotten und spotten sie, selber schwarz, hinter dem Schwarzen her.***

aus: *FAZ* vom 28. Januar 1986

### 3. Zum Etikettierungsansatz

28 Eine dritte Gruppe sieht die Ursache der Ausländerkriminalität in der Stigmatisierung, Ablehnung und Etikettierung der Zuwanderer durch die deutsche Majoritätsgruppe (**Labeling-Ansatz**: vgl. zu diesem Rdn. 2ff zu § 8). Die Anhänger dieses Ansatzes gehen davon aus, daß zumindest ein Teil der erhöhten registrierten Kriminalität der Migranten **mit evtl. anderen Aufklärungsbedingungen** zu tun haben könnte. Das heißt z.B., daß es möglich erscheint, **daß Ausländer von Deutschen eher angezeigt** werden als Deutsche (kleineres Dunkelfeld?). Gegen diese Annahme sprechen aber z.B. die Befunde von *Killias* 1988, 156 sowie *Schwind/Fetchenhauer/Ahlborn/Weiß* 2001, 200ff und 367ff.

*a) Anzeigerisiko*

Die bisher „erarbeiteten Ergebnisse“ zu diesem Fragenkomplex werden von *Villmow* (aaO) allerdings zutreffend als „widersprüchlich“ bezeichnet (so *Villmow* schon 1995, 158; *Streng* 1993, 110). 29

Insoweit heißt es bei *Walter* (1993, 349): „Das Risiko (selbst) eines Ausländerkindes, angezeigt zu werden, dürfte erheblich über dem eines deutschen Kindes liegen. Die **Toleranz bei Fehlverhaltensweisen** ist nicht die gleiche“ (so auch *C. Pfeiffer*, in DIE WELT vom 1.3.2005, 4). Auch *Villmow* vermutet, „daß die soziale Kontrolle gegenüber den Nichtdeutschen verstärkt ausgeübt wird und die Anzeigebereitschaft gegenüber diesen Personen erhöht ist“ (*Villmow* 1983, 329; so auch *Walter/Pitsela* 1993, 12 und *Mansel/Albrecht* 2003). 29a

*Reichertz,* der ebenfalls von einer Dramatisierungsneigung der Deutschen ausgeht (1994, 612), gibt jedoch zu bedenken, daß ein solches Verhalten wieder durch eine **verminderte Bereitschaft zur Anzeigeaufnahme durch die Polizei „nach unten korrigiert“** werden könnte (so auch *Northoff* 1996, 265). Nach *Schneider* (Lb. 1993, 71) sollte man schließlich auch nicht übersehen, daß „sich etwa ein Drittel der Ausländerkriminalität, insbesondere ihre Gewaltkriminalität, **gegen die eigenen Landsleute richtet“** (dazu *Pfeiffer/Delzer* in FS für Böhm 1999, 706). Insoweit dürfte die deutsche Bevölkerung (eher) mangels Interesses wenig geneigt sein, eine Anzeige zu erstatten (*Schneider* aaO). 30

Schließlich wird es für möglich gehalten, daß „**Alltagstheorien und Vorurteile der Polizeibeamten** gegenüber (jungen) Ausländern insbesondere beim Streifendienst und bei der Intensität polizeilicher Ermittlungen gegenüber Tatverdächtigen eine Rolle spielen könnten“ (*Villmow* 1983, 332; vgl. dazu auch *Jaschke* 1997). Ein solcher **„selektiver Übereifer der Polizei“** wird hingegen z.B. von *Pick* (1994, 617) als realitätsfremd bestritten. Auf der anderen Seite berichteten die Medien 1994 über ausländerfeindliche **Übergriffe** (vgl. dazu Rdn. 11 zu § 20) durch Hamburger und Berliner (uniformierte) Polizeibeamte, die z.T. vom Dienst suspendiert und in einigen (allerdings sehr wenigen) Fällen verurteilt wurden (vgl. dazu *Stock/Klein* 1994, 286ff; *Schwind* 1996, 161ff; amnesty international 1995 und *Heuer* 1998). Einzelfälle **(„Schwarze-Schafe-Theorie“)** oder mehr? Die Tätigkeit der Polizei haben insoweit wissenschaftlich z.B. schon Anfang der 80er Jahre *Hamburger, Seus* und *Wolter* (1981) sowie *Bielefeld, Kreissl* und *Münster* (1982) untersucht; beide Autorengruppen befragten ausländische Jugendliche nach ihren Erfahrungen, die sie mit der Polizei gemacht haben. 31

***Hamburger*** *et al. sind im Ergebnis „geneigt, eine höhere Kontrolle ausländischer Jugendlicher … und eine im Kern stigmatisierende Behandlung (durch die Polizei) zu unterstellen“ (1981, 147).* ***Bielefeld*** *et al. hielten zwar fest, daß die Polizei sich aus der Sicht der Ausländer etwa in der Hälfte aller Fälle durchaus korrekt verhält, sich im Übrigen aber ein Bild zeigt, „das gekennzeichnet ist durch massiven Einsatz* *körperlicher Gewalt, diskriminierendes Verhalten und überzogene Verwendung polizeilicher Mittel" (1982, 168).*

32 Diese Ergebnisse können jedoch nur mit Vorbehalt akzeptiert werden, „weil nur eine Seite der Befragten zu Wort kam und somit noch ein weites Feld für Forschungen vorliegt" (so *Villmow* schon 1983, 333). Die andere Seite (nämlich Polizeibeamte) haben *Bornewasser* und *Eckert* in einer Workshop-Untersuchung befragt (vgl. Rdn. 18 zu § 9), mit z.T. ganz anderen Resultaten: Die Polizeibeamten werden durch ausländische Mitbürger, die tatverdächtig erscheinen, nicht selten durch **Beleidigungen** provoziert bzw. gereizt (zur Nichtreaktion *Klocke* 2005, 103), etwa mit der verbalen Attacke, **„Nazischweine"** bzw. **„Faschisten"** zu sein.

*Insoweit scheinen auch die Resultate, die Mletzko/Weins (1999, 77 ff) vorgelegt haben, plausibel: danach sind Polizeibeamte „die im Umgang mit ausländischen Straftatverdächtigen **zusätzliche Belastungen wahrnehmen**, deutlich häufiger fremdenfeindlich eingestellt, als ihre Kollegen", bei denen das nicht der Fall ist (Literaturüberblick zur Problematik „Polizei und Fremdenfeindlichkeit" ebenfalls bei Mletzko/Weins aaO).*

**Denken Polizeibeamte besonders oft rechts?**

Experten sagen, natürlich seien Polizeibeamte im Schnitt konservativer. Aber dies habe mit der schon beruflichen Nähe zu „Recht und Ordnung" zu tun und zu dem, was sie „täglich im Einsatz in Neukölln, der Dortmunder Nordstadt oder mit libanesischen Familienclans in Essen erleben".

aus: *WAZ* vom 4. August 2012

Man darf auch nicht (mehr) unterdrücken, daß es Ausländer gibt, die wissen, daß man Deutsche mit dem Vorwurf, „ausländerfeindlich" eingestellt zu sein, **einschüchtern** kann.

*Dazu heißt es bei Kummer (in WamS v. 6.4.03, 14) zu einem Beispiel aus der Schule: „Dann erhebt der Vater einen Vorwurf, der häufig wie eine **Keule** gegen Polizisten, Lehrer und Behördenangestellte verwendet wird: ‚Die Lehrer wollen meinen Sohn fertig machen, **weil er Ausländer ist**'. Also **Ausländerfeindlichkeit**".*

Solche Realitäten bleiben manchem Wissenschaftler (im Gegensatz zu dem Praktiker) oft unbekannt und damit verschlossen **(unterschiedliche Wahrnehmungssysteme)**. Zur Einstellung ausländischer Bewerber in den Polizeidienst vgl. *Maguer* (in MschrKrim 4/2002, 309 ff) und zu deren Akzeptanz bei deutschen Polizeibeamten nach einer Einstellung vgl. *Blom* (in Polizei & Wissenschaft 1/2005, 16 ff: grundsätzlich keine Probleme).

*b) Verurteilungsrisiko*

33 *Mansel* (1986, 309; ähnlich *Geißler-Marissen* 1990, 586 ff) vermutete früher, „daß gegen die jungen Ausländer eher und häufiger bei Bagatelldelikten Ermittlungen bei der Polizei eingeleitet werden, jedoch diese Strafverfahren **wegen des Bagatellcharakters der zugrunde liegenden Tat**

**durch die Staatsanwalt eingestellt** werden". Deshalb sei das **Verurteilungsrisiko der Nichtdeutschen geringer** als das der Deutschen.

*Von dieser Annahme ist Mansel allerdings aufgrund einer eigenen Pilotstudie (2001, 294) wieder abgerückt: „Die Hypothese, daß gegenüber ausländischen Tätern auch bei Bagatelldelikten häufiger nicht auf die Erstattung einer Anzeige verzichtet wird, kann anhand der vorliegenden Pilotstudie* ***nicht bestätigt*** *werden" (Mansel aaO, 295).* **34**

*Auch nach den Ergebnissen der Untersuchungen von Dittmann/Wernitnig (MschrKrim 2003, 195ff) am Beispiel des Einbruchsdiebstahls spielt die Staatsangehörigkeit für den Verfahrensausgang* ***keine Rolle****.* **35**

Soweit es Differenzen zwischen den Zahlen der Tatverdächtigen und Verurteilten gibt, weisen Polizei- und Justizpraktiker darauf hin, daß **36**

- manche Verfahrenseinstellung mit **Beweisnot**, etwa mit **geringerer Geständnisbereitschaft, geringerer Kooperationsbereitschaft** („dicht machen") bei nichtdeutschen Zeugen (wenn man Angst hat oder sich untereinander außergerichtlich verständigt) und dementsprechend erfolgreicher **Verdunkelung** sowie mit **Problemen bei der Personenidentifizierung** (erschwerte Wiedererkennung des Täters) oder einfach mit **Sprachbarrieren** (Dolmetscherproblem: *Pick* 1994, 619) erklärt werden muß (dazu *Reichertz* 1994, 613; *Reichertz/Schröer* 1993, 755ff und 1994, 308ff); außerdem spielt offenbar eine Rolle, daß
- Verfahren deshalb nicht zu Ende geführt werden können, weil die Beschuldigten einfach mit unbestimmtem Ziel verschwinden **(„untertauchen")** oder Verfahren **im Falle der Ausweisung** von Ausländern häufig (nach § 154b StPO) eingestellt werden; dazu *Pick* aaO. Schließlich treten noch
- **Vollstreckungsverzichte** im Hinblick auf Ausreise oder Ausweisung (§§ 455a Abs. 1, 456a StPO) hinzu.

Schließlich darf man, wenn man die TV-Zahlen mit denen der Verurteilten vergleicht, nicht übersehen, daß zahlreiche Verfahren mit der **Diversion** (zu dieser Rdn. 29a zu § 3) durch den Staatsanwalt enden, also bei Gericht gar nicht ankommen. **37**

#### 4. Zusammenfassung und Kommentierung

a) Plausibel erscheint, daß die höhere Kriminalitätsbelastung der Ausländer (Nichtdeutschen) in der PKS auf **mehrere Faktoren** zurückgeführt werden muß: vor allem auf eine **Bevölkerungsstruktur**, „die auch bei Deutschen besonders kriminalitätsbelastet ist" (*Northoff* 1996, 265; *Villmow* 1999, 23), nämlich (vgl. auch Rdn. 20ff) auf **38**

- **altersspezifische Unterschiede (**unter den Zuwanderern befinden sich anteilsmäßig mehr jüngere Menschen als unter Deutschen),
- **schichtbedingte Unterschiede** (vgl. Rdn. 20 zu § 9) zur deutschen Vergleichsbevölkerung,

- **geschlechtsspezifische Unterschiede** (der Anteil der Männer ist bei den Nichtdeutschen größer als bei den Deutschen),
- **erziehungsbedingte Unterschiede**,
- **wohnortbedingte** (also regionale) **Unterschiede:** Ausländer wohnen primär in den Ballungsgebieten **(Ghettoproblematik**: vgl. Rdn. 15a zu § 24), also in **Großstädten** wie Berlin, Hamburg, Frankfurt (vgl. Rdn. 15 zu § 24), selten „auf dem Lande“: zum Stadt-Land-Gefälle vgl. § 2 Rdn. 21.

Hinzu kommen:

- **sozialstrukturelle Benachteiligungen** der Nichtdeutschen (dazu Rdn. 13 zu § 24);
- **Kulturkonflikte** in der ausländischen Familie, z. B. in Form von Generationskonflikten, und möglicherweise auch
- **Selektionsprozesse:** evtl. anderes Anzeigeverhalten der deutschen Majoritätsgruppe gegenüber Ausländern.

Wenig untersucht worden sind bisher (religiös) **fundamentalistische Einflüsse** (vgl. dazu Rdn. 15g zu § 24).

39 b) Gleichwohl muß vor Mißverständnissen gewarnt werden: **Die teilweise Erklärbarkeit der Phänomene beseitigt sie (grundsätzlich) nicht**; sie zu unterschätzen, wäre ein schwerer kriminalpolitischer Fehler, der schon in anderen Ländern (mit entsprechenden Folgen) gemacht worden ist: z. B. in den **USA, Frankreich** (muslimische Ghettos in Vorstädten: vgl. auch Rdn. 15a zu § 24), **England**. Ein Ausländer ist eben nicht immer (wie *Sessar* 1993b, 205 meint) „nur jemand mit einem anderen **Paß**“ (vgl. dazu Rdn. 35 zu § 24). Mehr spricht dafür, daß Ausländer mit kulturellen und vor allem sozialen Problemen zu tun haben, die ein sozial angepaßtes Verhalten erschweren (ebenso z. B. *Steffen* 1995, 153; *Pfeiffer* 1995, 13).

## § 24 Importierte Kriminalität in den 90er Jahren: Eskalation der Gewalt

**Literatur:** **Anger,** Th.: Was bedeutet und wie wichtig ist der „Schulfrieden“? Zur Lösung religiöser Konflikte in der Schule, in: KritV 1/2005, S. 52–66; **Ates**, S.: Der Multikulti-Irrtum, wie wir in Deutschland bisher zusammen leben können, Berlin 2004; **ATIAD e. V.**: Türkisch-Deutsches Handbuch für Gründer und Unternehmer, Düsseldorf 2011; **Bade,** K. J.: Die Festung Europa und die illegale Migration, in: *Bade,* K. J. (Hrsg.): Integration und Illegalität in Deutschland, Osnabrück 2001, S. 65–75; **Bade,** K. J. et al. (Hrsg.): Migrationsreport Frankfurt/M 2000, 2002 und 2004; **Bade,** K. J.: Nachholende Integrationspolitik, in ZAR 7/2005, S. 217–222; **Baier,** D./**Pfeiffer,** Chr./**Rabold,** S./**Simonson,** J./**Kappes,** C.: Kinder und Jugendliche in Deutschland: Gewalterfahrungen, Integration, Medienkonsum, Hannover (KFN) 2010; **Baier,** D./**Pfeiffer,** C.: Gewalttätigkeit bei deutschen und nichtdeutschen Jugendlichen – Befunde der Schülerbefragung 2005 und Folgerungen für die Prävention, Hannover 2007 (KFN); **Baier,** D./**Pfeiffer,** C./**Simonson,** J./**Rabold,** S.: Jugendliche in Deutschland als Opfer und Täter von Gewalt, Hannover 2009; **BAMF (Bundesamt für Migration und Flüchtlinge = BAMF:** Muslimisches Leben in Deutschland, 2009; **BAMF**: Konzept für einen bundesweiten Integrationskurs , Nürnberg Stand Dez. 2008; **Berlin-Institut** für Bevölkerung und Entwicklung: Ungenutzte Potentiale. Zur Lage der Integration in Deutschland, Berlin 2009; **Bierbrauer,** G.: Legitimität und Verfahrensgerechtigkeit in ethnopluralen Gesellschaften, in: *Oswald,* M./*Steinvorth,* U. (Hrsg.): Die offene Gesellschaft und ihre Fremden, Bern 1998, S. 175–189; **Böhlo**, B./**Dolk**, K. : Dublin II-Verordnung – Anwendungspraxis in Deutschland, in: Krit. Justiz 3/2011, S. 272–280; **Boers,** K./**Walburg,** C./**Reinecker,** J.: Jugendkriminalität –

keine Zunahme im Dunkelfeld, kaum Unterschiede zwischen Einheimischen und Migranten, in: MschrKrim 2006, S. 63–87; **Bonfadelli,** H./**Moser**, H. (Hrsg.): Medien und Migration. Europa als multikultureller Raum? Wiesbaden 2007; **Brüß,** J.: Zwischen Gewaltbereitschaft und Systemvertrauen. Eine Analyse zu aggressivem und antisozialem Verhalten zwischen deutschen, türkischen und Aussiedlerjugendlichen, in: Psychologie in Erziehung und Unterricht 51/2004, S. 201–212; **Buschkowsky**, H.: Neukölln ist überall, Berlin 2012; **Ceylan,** R.: Die Prediger des Islam. Imame – wer sie sind und was sie wirklich wollen, Freiburg 2010; **Dienstbühl**, D.: Gewalt im Namen der „Ehre" in: Kriminalistik 3/2012, S. 147–151; **Enzmann,** D./**Brettfeld,** K./**Wetzels,** P.: Männlichkeitsnormen und die Kultur der Ehre, in: *Oberwittler,* D./*Karstedt,* S. (Hrsg.): Soziologie der Kriminalität, Wiesbaden 2004, S. 240–263; **Feindt-Riggers,** N./**Steinbach,** U.: Islamische Organisationen in Deutschland. Eine aktuelle Bestandsaufnahme und Analyse, Hamburg 1997; **Frisch,** P.: Ausländischer Extremismus und Terrorismus in der Bundesrepublik Deutschland, in: MFDP April 1995, S. 32–36; **Fuchs,** M./**Lamnek,** S./**Luedtke,** J./**Baur,** N.: Ausländische Schüler und Gewalt an Schulen, Wiesbaden 2005; **Fuchs,** M./**Lamnek,** S./**Wiederer,** R.: Querschläger. Jugendliche zwischen rechter Ideologie und Gewalt, Opladen 2003; **Goldberg,** B.: Freizeit und Kriminalität bei Achtklässlern mit und ohne Migrationshintergrund, in FS für *Schwind,* Heidelberg 2006, S. 861–892; **Halm**, D./**Liakova**, M.: Integrationsverweigerer? Sozialintegration bei jugendlichen Migranten, in: IMIS-Beiträge 41/2012, Osnabrück; **Heisig**, K.: Das Ende der Geduld, Freiburg/Br. 2010; **Heitmeyer/Müller/Schröder:** Verlockender Fundamentalismus. Türkische Jugendliche in Deutschland, 1997, S. 183 ff; **Hoppmann**, G.: Die Kultur der Ehre – Der „Ehrenmord" an Gülsüm Semin, in Kriminalistik 2/2011, S. 95–102; **Huntington,** S. P.: Clash of Civilization, 1996: übersetzt von *Fliesbach,* H. (Die Neugestaltung der Weltpolitik im 21. Jahrhundert, München 1998); **Huster,** E.-U.: Migration – von der absoluten zur relativen Armut? in: *Hanesch,* W. (Hrsg.): Sozialpolitische Strategien gegen Armut? Wiesbaden 1995, S. 455–466; **Kaya,** H.: Die Bedeutung des Ehrbegriffs im türkischen Kulturkreis, in: der kriminalist 10/2001, S. 411–413; **Kühne,** H.-H.: Kriminalitätsimport, in: FS für *Kaiser,* G., Berlin 1998, S. 609–622; **v. Loeffelholz,** H./**Tränhardt,** D.: Kosten der Nichtintegration ausländischer Zuwanderer (Rheinisch Westfälisches Institut für Wirtschaftsforschung e.V. Essen), Düsseldorf 1996; **Luff,** J.: Ausländer als Opfer von Straftaten, in: Kriminalistik 1996, S. 463–307; **Maas,** U./**Mehlem,** U.: Qualitätsanforderungen für die Sprachförderungen im Rahmen der Integration von Zuwanderern, Osnabrück 2003 (IMIS-Institut); **Mayer,** S./**Fuhrer,** U./**Uslucan,** H. H.: **Intra**- und intergenerationale Weitergabe von psysischer Gewalt in Familien türkischer und deutscher Herkunft, in: *Seiffge-Krenke* (Hrsg.): Aggressionsentwicklung zwischen Normalität und Pathologie, Göttingen 2005; **Minthe,** E. (Hrsg.): Illegale Migration und Schleusungskriminalität, Wiesbaden 2002; **Müller,** J.: Jugendkonflikte und Gewalt mit ethnisch-kulturellem Hintergrund, in: *Heitmeyser,* W./*Anhut,* R. (Hrsg.): Bedrohte Stadtgesellschaft. Soziale Desintegrationsprozesse und ethnisch-kulturelle Konfliktkonstellationen, Weinheim 2000; **Naplava,** T.: Delinquenz bei einheimischen und immigrierten Jugendlichen im Vergleich, Freiburg 2002 (MPI); **Nauck,** B.: Familienbeziehungen und Sozialintegration von Migranten, in IMIS-Beiträge 23/2004, S. 83–104; **Neubert,** S./**Roth,** H.-J./**Yildiz,** E.: Multikulturalismus – ein umstrittenes Konzept, in: *Neubert* et al. (Hrsg.): Multikulturalität in der Diskussion, Opladen 2002, S. 9–32; **Nds.MI**: Islamismus – Herausforderung für die Demokratie, Hannover 2010; **Pfeiffer,** C./**Kleimann,** M./**Petersen,** S./**Schott,** T.: Migration und Kriminalität. Ein Gutachten für den Zuwanderungsrat der Bundesregierung, Hannover 2005; **Pfeiffer,** C./**Wetzels,** P.: Junge Türken als Täter und als Opfer, in: FAZ vom 13. März 2000, S. 14; **Quaritsch,** H.: Einwanderungsland Bundesrepublik Deutschland, München 1981; **Rabold,** S./**Baier,** D./**Pfeiffer,** C.: Jugendgewalt und Jugenddelinquenz in Hannover, Aktuelle Befunde und Entwicklungen seit 1998, Hannover 2008; **Rebmann,** M.: Ausländerkriminalität in der Bundesrepublik Deutschland, Freiburg/Br. 1998; **Renner,** G.: Das Zuwanderungsgesetz – Ende des deutschen Ausländerrechts?, in: IMIS-Beiträge Heft 27/2005, S. 9–24; **Rosenke,** M.: Die rechtlichen Probleme im Zusammenhang mit der weiblichen Genitalverstümmelung, 2000; **Saad,** F.: Der große Bruder von Neukölln. Ich war einer von ihnen – vom Gang-Mitglied zum Streetworker, Freiburg 2010; **Sadr,** A.: Islamismus, in: Kriminalistik 1/2010, S. 547–557; **Salentin,** K.: Ziehen sich Migranten in „ethnische Kolonien" zurück?, in: *Bade,* K. J./*Bommes,* M./*Münz,* R. (Hrsg.) : Migrationsreport 2004, Frankfurt/M 2005, S. 97–116; **Sarrazin,** Th.: Deutschland schafft sich ab. Wie wir unser Land aufs Spiel setzen, 6. Aufl. München 2010; **Schoeps,** J./**Jasper,** W./**Vogt,** B: Jüdische Zuwanderer aus der GUS, in: *Schoeps u. a.* (Hrsg.): Ein neues Judentum in Deutschland? Fremd- und Eigenbilder der russisch-jüdischen Einwanderer, Potsdam 1999, S. 13–139; **Sauer**, M.: Partizipation und Engagement türkeistämmiger Migrantinnen und Migranten in Nordrhein-Westfalen (Stiftung Zentrum für Türkeistudien und Integrationsforschung) Essen 2012; **Schwind,** H.-D.: Wie lösen wir die Ausländerfrage? in: Kriminalistik 1983, S. 303–325 und S. 358 ff; **Schwind,** H.-D.: Sind wir ein Volk von Ausländerfeinden? in: FAZ vom 24. Juni 1993 (Nr. 143), S. 8; **Schwind,** H.-D.: Gedanken zur Ausländerfeindlichkeit, in: FS für *Miyazawa* 1995; **Schwind,** H.-D.: Kriminalität und ihre sozialen Einflußfaktoren bei Zuwanderern, in: Die neue Polizei, H. 4/2003, S. 23–27; **Schwind,** H.-D.: Nichtdeutsche Straftäter – eine kriminalpolitische Herausforderung, in FS für A. *Böhm,* Berlin 1999, S. 323–361; **Schwind,** H.-D.: Wer das Tor zu weit öffnet, fördert Haß, Gewalt und Rechtsextremismus, in: forum kriminalprävention H. 2/2002, S. 7–9; **Schwind,** H.-D.: Integrationsprobleme und Integrationspolitik in Deutschland – Hat Thilo Sarrazin recht? in; FS für W. *Heinz* 2012, S. 239–61; **Schwind**, H.-D.: Türken in Deutschland, in: FS für Kühne, 2013; **Seeger**, M.: Systemische Bekämpfung irregulärer Migration im Rahmen der nationalen und internationalen Sicherheitsstruktur, in Kriminalistik 3/2011. S. 150–154; **Steffen,** W.: Streitfall „Ausländerkriminalität", Ergebnisse einer Analyse der von 1983 bis 1994 in Bayern polizeilich registrierten Kriminalität ausländischer und deutscher Tatverdächtiger, in: BewHi 2/1995, S. 133–154; **Steinbrenner,** C.: Zur Verurteilungspraxis deutscher Gerichte auf dem Gebiet der Schleuserkriminalität, KUP Bd. 48, Wiesbaden 2005; **Toprak,** A.: Bedingungen elterlicher Gewaltanwendung in türkischen Familien, in: Dessecker, A./Egg, R. (Hrsg.): Gewalt im privaten Raum: aktuelle Formen und Handlungsmöglichkeiten (KUP Bd. 54) S. 153–165, Wiesbaden 2008; **Traulsen,** M.: Gefährlich oder gefährdet? Zur Kriminalität der Asylbewerber, in: Kriminalistik 1990, S. 415–419; **von Gostomski,** B.: Gewalt als Reaktion auf Anerkennungsdefizite? in: KZfSS 2001, S. 399–415; **Witte,** G.: Die kommunale Sicht zu Migration, Integration und Prävention, 8. Deutscher Präventionstag 2003; **Wittkämper,** G.: Migration und ihre Wirkungen auf die gesellschaftliche Entwicklung und das Kriminalitätsaufkommen, in: BKA (Hrsg.): Moderne Sicherheitsstrategien gegen das Verbrechen, Wiesbaden 1999, S. 71–90; **Wollny,** H.: Illegale Migration und Schleusungskriminalität, in: Die neue Polizei H. 4/2003, S. 3–7. **Vgl. auch die Lit.-Übersicht bei § 23.**

## Gliederung

Mit der Öffnung der Grenzen im Osten (vgl. Rdn. 41 zu § 31) erfolgten 1
weiterer Zuwanderungswellen, mit denen auch zusätzliche Kriminalitätsprobleme importiert wurden. Zu der **„hausgemachten"** Kriminalität der Nachkommen der „Gastarbeiter" kamen weitere Probleme **„importierter (bzw. mitgebrachter) Kriminalität"** hinzu.

## I. Neue Zuwanderungswellen und ihre sozialen Folgen

Allein zwischen 1991 und 2011 wanderten weitere rund 19,0 Millionen 2
Menschen nach Deutschland (aus fast allen Teilen der Welt) ein, im glei- bis
chen Zeitraum verließen aber auch 14,4 Millionen Menschen das Bun- 10
desgebiet wieder, darunter 11,7 Millionen Ausländer (*BAMF* 2013, 114) Hauptherkunftsländer der Zuwanderer waren (*BAMF* 2013, 117 und Zeitungsausriß unten):

- **Armutsflüchtlinge**: primär aus neuen EU-Beitrittsländern (Rumänien, Bulgarien);
- **Bürgerkriegsflüchtlinge**: z. B. vom Balkan oder (derzeit) aus Syrien;
- **„Jobmigranten"**: gut ausgebildete (junge) Zuwanderer aus den Euro-Krisenländern Griechenland, Spanien, aber auch Polen;
- **„Kontingientflüchtlinge"**: Primär russisch-jüdische Migranten;
- **illegale Migranten** (solche ohne Aufenthaltstitel: § 4 Abs. 1 AufenthaltsG), vor allem solche, die illegal (sogar über das Mittelmeer) in die EU eingeschleust wurden. Zur Schleuserkriminalität vgl. *Minthe* 2002; *Wollny* 2004, 3 ff; *Steinbrenner* 2005, *Stock* in Hb Schneider 2009, 103; *Seeger* 2011, 150 ff).

Die größte Zuwanderergruppe, die der **(deutschstämmigen) Spätaussiedler** wird in einem eigenständigen Kapitel (§ 25) behandelt.

**Höchste Zuwanderung seit 20 Jahren**

Starke Zuwächse aus EU-Krisenländern

**Düsseldorf/Berlin.** Die Schuldenkrise in Europa und die EU-Ost-Erweiterung machen Deutschland als Zuwanderungsland so attraktiv wie lange nicht. 2012 zogen nach Angaben des Statistischen Bundesamtes 1,08 Millionen Menschen zu – so viele wie zuletzt 1995. Unter dem Strich kamen 396 000 Menschen mehr als im gleichen Zeitraum Deutschland verließen. Auch dies ist der höchste Wert seit 17 Jahren.

Die meisten Menschen kamen aus Polen (176 000), Rumänien (116 000) und Bulgarien (59 000). Besonders starke Zuwächse von jeweils mehr als 40 Prozent gab es aus den EU-Krisenländern Spanien, Griechenland, Portugal und Italien.

aus: *WAZ* vom 8. März 2013, 1

### 1. Eskalation der Gewalt

Vor dem Hintergrund der anhaltenden Zuwanderung und zunehmen- 11
der sozialer Probleme – verbunden mit Kulturkonflikten – eskaliert die Gewalt, die (jugendlichen) Migranten zur Last gelegt werden muß. Insoweit „ergaben verschiedene Jugendstudien ... weitestgehend ein konsistentes Bild, nach dem nichtdeutsche Jugendliche, insbesondere südeuro-

päischer Herkunft **gewalttätiger sind als deutsche Jugendliche**" (*Baier/ Pfeiffer* 2007, 7; *Naplava* 2002; *Oberwittler* 2003; *von Gostomski* 2003; *Fuchs* 2005; a. A. *Boers* et al. 2006).

Eine Schülerbefragung des KFN, die **2005** durchgeführt wurde, hat das Ergebnis einer Schülerbefragung aus dem Jahre 1997 grundsätzlich bestätigt (*Baier/Pfeiffer* aaO, 13 ff). Die Studie aus dem Jahre 2005 hat (auf die männlichen Befragten bezogen) vor allem gezeigt, daß sich unter den **Vielfachtätern** (vgl. Rdn. 23a zu § 3) am häufigsten Türken, Jugoslawen und Polen befinden (vgl. die Übersicht 55). Gewalt gilt als zuverlässiger Indikator für Desintegration (*Heitmeyer* in Deutsche Jugend 3/1992, 109).

*Dazu heißt es selbst aus türkischer Sicht (Toprak 2008, 153): „Aktuelle Untersuchungen belegen deutlich, daß insbesondere die* ***jungen Männer aus dem türkischen Kulturkreis*** *im Bereich der Gewaltdelikte häufiger auffallen als ihre deutschen Altersgenossen. Auch der Anteil der Gefangenen mit einem türkischen Paß in Jugendvollzugsanstalten ist überproportional hoch" (zum Kreislauf der Gewalt vgl. Rdn. 45a zu § 6).*

*Übersicht 55:*
Gewalttäter 2012 nach ethnischer Herkunft (N = 6 988): Zahl der Delikte

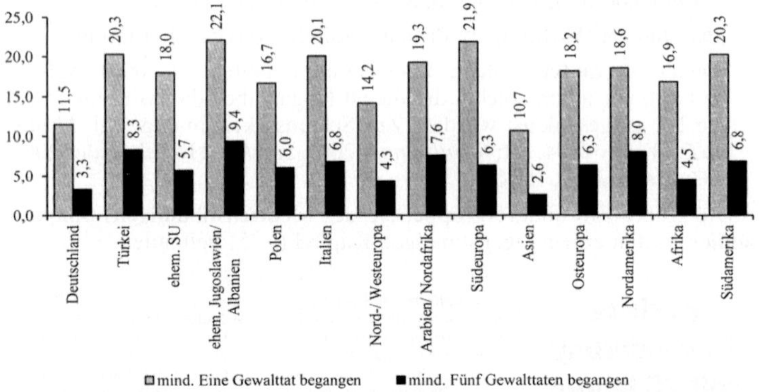


Quelle: KFN/Hannover *(Baier)* 2013).

### 2. Eskalation anderer sozialer Probleme bei Zuwanderern

12 Gewalt entsteht **ebensowenig wie der Blitz aus heiterem Himmel**. Gewalt hat Vorgeschichten bzw. hat mit Lebensumständen zu tun, zu denen im Hinblick auf Nichtdeutsche zählen (vgl. *Schwind* 2003, 27 ff):

- Ghettoprobleme,
- Erziehungsprobleme,
- Schulprobleme,
- geringere Ausbildungschancen,
- Arbeitslosigkeit/Sozialhilfe,
- kulturelle Andersartigkeiten,

– religiöse Einflüsse und
– Außenkonflikte: Ablehnung (Ausländerfeindlichkeit).

Die **Kombination solcher Startnachteile** läßt naturgemäß „eine Mischung entstehen, die eine überdurchschnittliche Kriminalität hervorbringt" (*Pfeiffer/Pfeiffer* 1994, 15): das gilt vor allem für Gewaltphänomene (vgl. dazu den Kasten unten). 13

*Hinzu kommt, daß sich* ***unter den (Neu-) Zuwanderern*** *(anders als bei den Gastarbeitern, die in den 60er und 70er Jahren ins Land geholt wurden)* ***offensichtlich bereits überproportional viele Rechtsbrecher*** *befinden.* 14

15

Die **seit dem Jahre 2000** veröffentlichen Resultate der Forschung führen die **Gewaltprobleme** von Zuwanderern insbesondere auf folgende **Einflußfaktoren** zurück:

– Aufwachsen in sozialen Brennpunkten großer Städte (*Oberwittler* 2003; *Müller* 2000, 284; vgl. dazu auch **Rdn. 15a**);
– gewaltorientierte Erziehungsstile in der Herkunftsfamilie (*Mayer/Fuhrer/Uslucan* 2005; *Willmers* et al. 2002; vgl. dazu auch **Rdn. 15b** sowie Rdn. 45a zu § 6);
– partnerschaftliche Gewaltphänomene bei den Eltern (*Wetzels* et al. 2001; *Willmers* 2002; vgl. dazu auch Rdn. 15b zu § 6);
– soziale Probleme **(„Benachteiligungen")**, die bis in die Arbeitslosigkeit führen (*v. Gostomski* 2003; *Heinz* in RdJB 4/2008, 359; vgl. dazu auch die **Rdn. 15c bis 15e**); Bildungsprobleme haben oft allerdings nicht mit sozialer Benachteilung zu tun, sondern eher mit **Bildungsunwilligkeit** z.B. von Schülern, die deshalb nur untere Schulabschlüsse erreichen;
– Reaktion auf Vorurteile der Mehrheitsgesellschaft (*Brüß* 2004; vgl. dazu auch **Rdn. 15e**);
– andere gewaltlegitimierende Männlichkeitsnormen: das Faustrecht wird als probates Mittel der Konfliktlösung (insbesondere bei Ehrverletzungen) betrachtet (*Enzmann* et al. 2004; vgl. dazu auch **Rdn. 15f**);
– andere Medienkonsumgewohnheiten (*Goldberg* 2006; vgl. dazu auch **Rdn. 15h**);
– Einbindung in gewaltbereite Cliquen (*Oberwittler* 2003; *Müller* 2000, 284; vgl. dazu auch Rdn. 31 zu § 28);
– islamistisch-fundamentalistische Einflüsse werden hingegen meist ausgeklammert (vgl. dazu **Rdn. 15g**).

*a) Ghettoprobleme*

80 % der Ausländer, die sich in Deutschland aufhalten, leben in Städten mit mehr als 100 000 Einwohnern (vgl. dazu Rdn. 3 vor § 23). Sie ziehen dort oft in bestimmte Stadtteile bzw. Wohngebiete mit billigen Mieten (vgl. dazu den **filtering down-Prozeß** bei Rdn. 30 zu § 15) und bilden ethnisch mehr oder weniger abgeschottete Ghettos („ethnische Kolo- 15a

nien"). Abkapselung von der Mehrheitsgesellschaft. Segregation statt Integration i. S. selbst gewählter Isolation in „ethnischen Ghettos" bzw. „sozial abgehängten" Stadtteilen (*Bannenberg* in FS für Schwind 2006. 785).

***Duisburg-Bruchhausen*** *war der erste Stadtteil in Nordrhein-Westfalen, in dem mehr Ausländer als Deutsche leben (Kläsgen in SZ vom 24.10.04). In* ***Duisburg-Marxloh*** *(mit Riesenmoschee) und in* ***Hamburg-Wilhelmsburg*** *beträgt der Ausländeranteil über 30 %, in Berlins westlichen Innenstadtbezirken (bzw. in* **Soldinger Kreuz in Berlin** *bzw. im* **Neuköllner Rollenbergviertel***) bis zu 70 % (Luft in FAZ vom 30.10.2001, 10). Der* **Berliner Stadtteil Kreuzberg***, in dem die größte türkische Gemeinde außerhalb der Türkei zu Hause ist wird im Volksmund* ***„Klein Istanbul"*** *genannt. In manchen dieser Stadtteile ist das staatliche Gewaltmonopol (zumindest bei* **Dunkelheit**) bereits faktisch außer Kraft gesetzt: ***no-go-areas*** *(rechtsfreie Räume: vgl. auch Rdn. 30 zu § 15; Städte mit hohem Migrantenanteil vgl. Rdn. 6 zu § 23).*

Die Entwicklung wird durch **„Kettenmigration" noch verstärkt, nämlich durch das Nachholen von Verwandten und Bekannten:** geregelt in Art. 63 Nr. 3a EGV i.V. mit der EU-Richtlinie 2003/86 EG (Kap. II) betr. das Recht auf Familienzusammenführung.

*Auch die* ***„Heiratsmigration"*** *spielt eine nicht zu unterschätzende Rolle: „75 Prozent aller Türken und Marokkaner heiraten jemanden aus dem Dorf oder der Region, aus der die Eltern stammen" und holen den Partner nach Deutschland (****„Importbräute"****). Hinzu kommen* ***gefälschte Vaterschaften*** *(Scheffer in DIE WELT vom 17. Nov. 2004 und Klein in SZ vom 20./21. Nov. 2004; vgl. dazu auch Necla Kelek: Die fremde Braut, Köln 2005).*

Schließlich gehen (illegal) Zugewanderte mit Deutschen auch **Scheinehen** ein, um (**erstens**) ein befristetes Aufenthaltsrecht zu erlangen bzw. nicht abgeschoben zu werden, (**zweitens**) von den sozialen Sicherungssystemen zu profitieren und (**drittens**) die eigenen Kinder nach Deutschland nachholen zu können, die dann wiederum meist von der Sozialhilfe leben. Das Angebot einer Scheinehe (mit einem deutschen Partner, der meist auch von der Sozialhilfe lebt), wird als weiteres „Dienstleistungsangebot" oft auch im Zusammenhang mit der Einschleusung in die Bundesrepublik Deutschland gemacht (*Tillmann/Jaeschke* in: KOMPASS 2/2007, 38 ff).

*b) Erziehungsprobleme*

**15b** Die (nichtdeutschen) Kinder und Jugendlichen, die in einer solchen Umgebung unter speziellen ethnisch-kulturellen Bedingungen (auch **mit anderer Sprache**) aufwachsen müssen, haben naturgemäß Schwierigkeiten mit der Anpassung an die Aufnahmegesellschaft. Diese werden oft noch durch den (in türkischen Familien) verbreiteten **autoritären Erziehungsstil**, aus dem sich nicht selten Gewaltbereitschaft entwickelt (vgl. *Toprak* 2008, 153 ff und Rdn. 46 zu § 10), verstärkt; zu Mißhandlungen in ausländischen Familien vgl. *Pfeiffer* et al. 2005, 66 ff und Rdn. 45a zu § 6.

Das Verhältnis türkischer Mädchen zu ihren Eltern wird nicht selten auch durch kulturell bedingte Verbote belastet: z.B. das Verbot, eine Disco zu besuchen (zu Binnenkonflikten vgl. Rdn. 22 zu § 23), ein Kinoverbot oder das Verbot, am Schwimmunterricht teilzunehmen, weil man dabei zuviel vom (weiblichen) Körper sieht. Außerehelicher Geschlechtsverkehr ist völlig tabu **(Schamkultur)**.

*Solche Probleme sind allerdings nicht so stark ausgeprägt wie bisher angenommen wurde. Nach der BAMF-Studie (2009) wollen nur sieben Prozent der Befragten, ihre Töchter nicht am Schwimmunterricht teilnehmen lassen, lediglich vier Prozent wollen ihre Mädchen vom Sexualkundeunterricht fernhalten.*

*c) Schulprobleme*

Da in Ausländerfamilien zu Haus oft nicht deutsch gesprochen wird, **15c**
wurden bei Schulanfängern erhebliche **Sprachdefizite** festgestellt (**„morgens Deutschland – abends Türkei“**: Rdn. 14 zu § 7), die eine erfolgreiche Schulkarriere erschweren (*Maas/Mehlem* 2003; vgl. auch Zeitungsausriß unten und Rdn. 17 zu § 25).

*Nach Untersuchungen von Naucke (2004, 95) geben Migranten-Eltern und -Kinder mehrheitlich an, daß sie miteinander in der Herkunftssprache kommunizieren (z. B. in über 80 % der türkischen Familien). Unter sich sprechen die Jugendlichen allerdings (so Naucke aaO) eher deutsch.*

**Ghetto in der Schule**

**In Schulen mit hohem Ausländeranteil spricht kaum ein Kind korrekt Deutsch – Politiker streiten um eine Quote**

aus: *FOCUS* 37, 2003, 54

An 50 Schulen in Berlin waren schon 2003 **mehr als 70 %** der Kinder nichtdeutscher Herkunft (FOCUS 37/2003, 54).

*(1) Die* ***Eberhard-Klein-Schule in Berlin-Kreuzberg*** *war die erste deutsche Schule, in der überhaupt kein Schüler mehr deutscher Herkunft war (BILD vom 10. Juni 2005, 6: bestätigt in einem Telefongespräch am 14. Okt. 2005 mit dem Schulleiter Böttich).*

*(2) Im April 2006 schlug die* ***Berlin-Neuköllner Rütli-Schule*** *Alarm mit der Anregung, die eigene Schule zu schließen, weil Disziplinlosigkeit und Gewaltphänomene eine erfolgreiche Wissensvermittlung unmöglich machten (Schwind in FS für Böttcher 2007, 411 ff; SPIEGEL 14/2006, 23 und Rdn. 36 zu § 11). Zur realistischen Istbeschreibung Heisig: Das Ende der Geduld, 2010 und Buschkowsky,* 2012. Näheres bei Rdn. 36 zu § 11.

Insgesamt betrachtet, besuchen 1,2 Millionen Jugendliche mit ausländischem Paß allgemeinbildende oder berufliche Schulen. Ihr Anteil an der Gesamtzahl der Schüler beträgt derzeit 9,3 %. Die Kinder illegal zugewanderter Eltern gehen oft gar nicht zur Schule (*IMIS*-Beiträge 2004, 69).

*Zu den sprachlichen Defiziten hat eine Detailauswertung der **PISA-Studie** (zu dieser Rdn. 51 zu § 11) des Max-Planck-Instituts für Bildungsforschung ergeben, daß bereits ein relativ geringer Anteil ausländischer Schüler das Bildungsniveau einer ganzen Schulklasse erheblich beeinträchtigen kann. Schon bei einem **Migrantenanteil von 20 Prozent** komme es zu einer „sprunghaften Reduktion der mittleren Leistungen", die bis zu einem Anteil von 40 % weiter zunehmen kann (zit. nach Süddeutsche Zeitung vom 6. März 2003) und auch das Gesamtleistungsniveau der Klasse verschlechtert.*

Die schwachen Schulerfolge bestimmter Migrantengruppen (Türken, Araber) haben nicht zuletzt damit zu tun, daß die Eltern nicht helfen können und oft auch kein berufliches Vorbild sind.

*d) Geringere Ausbildungschancen*

**15d** Ohne hinreichende deutsche Sprachkenntnisse ist es besonders schwer, eine Lehrstelle zu bekommen: **versperrter Zugang zum Arbeitsmarkt**. So ist es auch zu erklären, daß weit überproportional viele der jungen Ausländer (z.T. selbstverschuldet) über keine abgeschlossene Berufsausbildung verfügen. Der Mangel an Fachkräften durch den **demographischen Wandel** (vgl. Rdn. 35 zu § 3) könnte für junge Zuwanderer neue Chancen auf dem Ausbildungsmarkt eröffnen. In diesem Zusammenhang soll jedoch nicht unerwähnt bleiben, daß sich nach den Beobachtungen des (türkischstämmigen) Migrationsforscher *Toprak* (zit. nach WAZ vom 10. Nov. 2010) „viele Töchter für eine Ehe und gegen eine Ausbildung entscheiden".

*e) Arbeitslosigkeit/Sozialtransfers*

**15e** Deshalb kann nicht überraschen, daß (wegen sprachlicher Defizite und mangelnder Qualifizierung: so das *Gelsenkirchener Institut Arbeit und Technik,* zit. nach WAZ vom 26.8.2003) weit mehr Ausländer als Deutsche arbeitslos sind (vgl. Übersicht 56). In Berlin ist sogar jeder dritte

*Übersicht 56:*

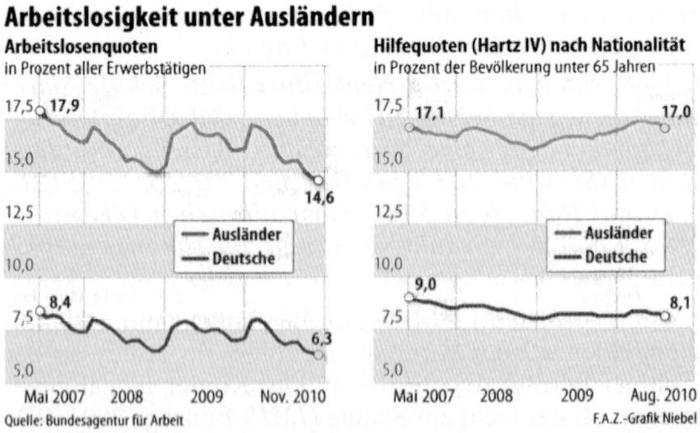


aus: *FAZ* vom 9. Dezember 2010, 13

Migrant erwerbslos, mehr als 40 % sind von Sozialtransfers abhängig (Studie des *DIW Berlin*, zit. nach DER MONAT Sept./Okt. 08, 5).

Insoweit darf man jedoch nicht übersehen, daß 75 % aller Migranten Arbeit haben bzw. jeder zwölfte Arbeitnehmer in Deuschland ein Migrant ist (*Tenbrock* in DIE ZEIT vom 28. Sept. 2006, 28).

FAMILIEN

**Ehe oder Tod**

Tausende Mädchen werden jedes Jahr in Deutschland mit Gewalt zur Heirat gezwungen. Jetzt fordern Politiker mehr Schutz für die Opfer.

aus: *DER SPIEGEL* 45/2003, S. 48

**Türkei: 1190 Tote durch Ehrenmorde und Blutrache**

**Ankara AFP**

Durch „Ehrenmorde" und Blutrache sind in der Türkei in den Jahren 2000 bis 2005 insgesamt 1190 Menschen getötet worden.

aus: *NOZ* vom 4. März 2006 (in Deutschland in den letzten 10 Jahren 48 Fälle: *Kreuzer* in FS für Böttcher 2007, 307)

*f) Kulturbedingte Andersartigkeiten*

Soziale Probleme und **Wertekonflikte** (vgl. auch Rdn. 12 zu § 7) kön- **15f**
nen auch mit religiösen Bindungen bzw. kulturbedingten Andersartigkeiten zu tun haben bzw. mit archaisch-islamischen Familienstrukturen (zur Opferanfälligkeit vgl. Rd. 18c zu § 8). Sie reichen vom **leicht verletzten Ehrgefühl** (vgl. *Kaya* 2001, 411) bzw. fehlendem „Respekt" und sensiblerem Schamgefühl über eine **machohafte Einstellung zu Frauen** bis zur **Blutrache** und zu **„Ehrenmorden"** zu denen es in Europa nicht nur noch in der Türkei (vgl. oben den Zeitungsausriß oben) sondern auch in Albanien und im Kosovo kommt (*Hoppmann* 2011, 95 ff). In diesen Zusammenhang gehört auch die **Genitalverstümmelung („Beschneidung")** die bei Einwanderern aus afrikanischen Staaten praktiziert wird (dazu *Rosenke* 2000). Bei der Beschneidung werden Teile der Klitoris entfernt, in manchen Ländern auch die Schamlippen. Nicht akzeptabel erscheint vielen Deutschen ferner die in türkischen (muslimischen) Familien noch immer verbreitete Tradition, Jungfräulichkeitstests durchzuführen und **Mädchen zur Heirat zu zwingen**, und zwar mit einem Kandidaten, den die Eltern aussuchen (seit 2010 mit Strafe bedroht: eigenständiger § 237 StGB). Die Dunkelziffer ist hoch: vgl. Zeitungsausriß. Dazu:

**Hohe Dunkelziffer bei Zwangsheirat**

**Familienministerin stellt Studie vor – Mehr als 30 Prozent in Deutschland geboren**

aus: *NOZ* vom 10. 11. 2011, 2

*(1) In einer Untersuchung des Bundesfamilienministeriums aus dem Jahre 2004 (zit. nach DIE ZEIT vom 24. Nov. 2005, 18) wurden 150 türkische Frauen befragt. Jede Zweite gab an, ihr Ehepartner sei von den Eltern ausgesucht worden. Jede Vierte kannte den Partner vor der Ehe nicht und zwölf der 150 Frauen fühlten sich zur Ehe gezwungen.*

*(2) Oft geht es „um arrangierte Ehen mit einem* ***Cousin der Türkei****", den die Mädchen heiraten sollen, weil „die beiden von klein auf einander versprochen" wurden. Zu den* ***Gesundheitsrisiken****, die mit solchen* ***Inzest****-Verbindungen einhergehen, vgl. den SPIEGEL 36/2009, 52). Wenn behinderte Kinder zur Welt kommen, wird das auf das „schlechte Blut" der Mutter zurückgeführt (SPIEGEL aaO).*

Junge Frauen, die sich der Wahl ihrer Eltern zu entziehen versuchen, müssen mit (weil die Eltern fürchten sonst ihr „Gesicht zu verlieren") psychischen (Ausgrenzung) oder körperlichen Konsequenzen (Körperverletzungen bis hin zum Tod) rechnen; die Brüder sind oft die Vollstrekker **(„Diktatur der Großfamilie")**. Das gilt auch, wenn das Sexualleben bei Eltern oder Verwandten Anstoß erregt oder eine Frau sich scheiden läßt oder im Falle vorehelichen Geschlechtsverkehrs, wenn das andere erfahren (!). In allen diesen Fällen eskaliert die Gewalt, weil die **Familienehre** (aus der Sicht des Clans) verletzt wurde (ausführlich *Dienstbühl* 2012, 147 ff). „Geöffnete" Frauen haben wenig Ehechancen. Auffällig ist, daß die Gewaltanwendungen in der Migration zunehmen (vgl. z. B. Seyran *Ates*: Wo gehören wir hin? Zwei türkische Mädchen erzählen, 1983).

**Varianten der Verhüllung**

**1** I Die oft blaue **Burka** verbirgt Körper und Gesicht. Getragen wird sie vor allem in Afghanistan und Pakistan.

**2** I Mit dem **Nikab** („Maske") verhüllen sich viele Muslimas der Golfregion.

**3** I Der **Tschador**, im Iran üblich, lässt das Gesicht frei, ähnlich wie der auch in Arabien verbreitete Hidschab.

aus: *Focus* 37/2010, 29

Gewöhnungsbedürftig für Deutsche sind auch **Moscheen** (vgl. Rdn. 15j) bzw. die **Muezzin-Rufe** (die bisher eher vom Urlaub bekannt waren) oder auch das **Schächten** von Tieren (Schlachten von warmblütigen Tieren ohne vorherige Betäubung aus religiösen Motiven), das das BVerfG (NJW 2002, 663), obgleich es gegen das Tierschutzgesetz verstößt (§ 18 i.V.m. § 4a), zugunsten der Zuwanderer erlaubt (vgl. dazu auch unten Rdn. 40b).

*Gerichtliche Auseinandersetzungen hat es um das **Tragen des Kopftuches** gegeben. Das BVerwG (NJW 2002, 3344) hat eine solche Tracht für Lehrerinnen im Schulunterricht verboten, weil eine solche religiös orientierte Verhüllung dem religiösen Neutralitätsgebot widerspreche. Das BVerfG (NJW 2003, 3111) hat hingegen (wegen „der staatlichen Pflicht zu weltanschaulich-religiöser Neutralität") anders entschieden. Ein Verbot bedürfe einer speziellen landesgesetzlichen Grundlage. Eine solche hat z.B. der Landtag von NRW am 31. Mai 2006 beschlossen (FAZ vom 1. 6. 06). Zur Frage, ob das Kopftuchtragen zu einer „Störung des Schulfriedens" führt, vgl. Anger 2005, 52ff.*

Entsprechende Verbotsgesetze wurden inzwischen z.B. in Bayern, Hessen, dem Saarland, Niedersachsen (mit Einzelfallprüfung), Nordrhein-Westfalen und in Baden-Württemberg (bestätigt durch das *BVerwG*) erlassen. Hauptargumente für die Verbote: das Kopftuch stehe für den islamischen Gottesstaat und sei ein politisches Symbol für Unterdrückung der Frauen in islamischen Gesellschaften. Das dürfte vor allem für die **Burka** Vollverschleierung (**Burka and Nigab**) gelten (vgl. Graphik oben), deren Tragen in der Öffentlichkeit seit 2011 in Frankreich und Belgien mit Geldbußen geahndet wird (vgl. Zeitungsausriß unten).

*Die islamische Grundlage für das Kopftuchtragen ist im **Koran** zu suchen. In der Sure 33 Vers. 59 heißt es: „O Prophet! Sprich zu Deinen Gattinnen und Töchtern und zu den Frauen der Gläubigen, sie sollen sich (wenn sie ausgehen) etwas von ihrem Gewand (über den Kopf) herunterziehen".*

**Keine Burka mehr im Supermarkt**

**Ab heute Vollschleier-Verbot in Frankreich**

aus: *NOZ* vom 11. April 2011, S. 3

### 3. Treibende Kräfte

*a) Islamische fundamentalistische Einflüsse*

Extremistische Einflüsse gehen von islamistisch orientierten Personen- **15g**
gruppen aus (vgl. dazu Rdn. 49 zu § 30), die Anhänger zu rekrutieren versuchen; aber auch manche (militanten) **Koranschulen** wirken in diesem

Sinne den Integrationsversuchen des deutschen Staates entgegen bzw. hintertreiben diese (vgl. dazu auch unten Rdn. 19).

*(1) In den über 2200 moslemischen Gebetshäusern (vgl. Rdn. 26 zu § 23) treten manche Imame auch als sog.* ***„Haßprediger"*** *(Feindbildprediger) auf. Kostprobe (zit. nach DER SPIEGEL 13/2004, 32): „Der Dschihad ist hart für die Ungläubigen, weil unsere Religion uns befohlen hat, ihre Hälse durchzuschneiden". Außerdem sind Video-Kassetten und CDs mit „aufrührerischen Ansprachen" im Umlauf (SPIEGEL aaO). Vgl. auch den Zeitungsausriß.*

IMAME

**Die Scharfmacher**

Junge Prediger fordern die etablierten Moscheegemeinden heraus. Sie sind radikal, sprechen Deutsch und treffen den Ton der muslimischen Jugend.

aus: *DER SPIEGEL* 8/2012, 48

So ist erklärbar, daß sich ein beträchtlicher Teil junger Türken der **Integration** in Deutschland **verweigert** und Antigefühle entwickelt.

*(2) Baier/Pfeiffer et al. (2010) sind insoweit zu dem Ergebnis gelangt, daß türkische Jugendliche „umso schlechter integriert sind, je mehr sie religiös gebunden sind … Sie fühlen sich nur zu 14,5 % als Deutsche, obwohl sie zu 88,5 % in Deutschland geboren sind … Die zunehmende Bindung an die Religion gehe (auch) mit einem Anstieg der Gewalt einher". Heitmeyer/Müller/Schröder (1997, 183 ff) sprechen dementsprechend von einer* ***„religiös fundierten Gewaltbereitschaft"****.*

*(3) Auf dieser Basis werden junge (deutsche) Moslems offenbar auch für den Krieg gegen die (amerikanischen) Truppen (im Irak: Rdn. 55 zu § 30) angeworben (Leyendecker in SZ vom 10. März 2005, 2 und Rdn. 41a zu § 30) (vgl. auch Rdn. 41a zu § 30).*

Das Problem ist, daß die meisten Imame,

*die übrigens ihr Gehalt vom türkischen Amt für Religionsangelegenheiten (****Diyanet****) erhalten und als Staatsbeamte dem türkischen Staat verpflichtet sind, derzeit im Rahmen eines* ***Rotationsverfahrens*** *(meist nur für vier Jahre) nach Deutschland geschickt und bezahlt werden. Ihr Deutschlandbild ist oft verzerrt und sie sprechen in der Regel nicht deutsch; deshalb wird auf türkisch gepredigt (dazu Ceylan 2010).*

***Um das zu verändern****, werden seit 2003 an der Universität Erlangen-Nürnberg Islamische Religionslehrer ausgebildet, die Universität Osnabrück bietet seit 2007 das Fach* ***Islamische Religionspädagogik*** *an und* *die Universität Frankfurt/Gießen den Studiengang „Islamische Studien". An der Universität Tübingen wurde am 16. Jan. 2012 das bundesweit erste Zentrum für Islamische Theologie eröffnet; im selben Jahr zog die Universität Osnabrück nach (vgl. dazu den Zeitungsausriß). Allerdings: an der Ruhr-Universität Bochum drängen in die Vorlesungen der Islamwissenschaften und der Orientalistik angeblich die* ***Salafisten*** *(zit. nach WAZ vom 1. Febr. 2013; vgl. auch Rdn. 67 zu § 30).*

**Islamische Theologie hält Einzug in deutsche Unis**

aus: *NOZ* vom 17. Jan. 2012, 1

Der Berliner Abgeordnete Özcan *Mutlu* (Grüne) prophezeit, daß die zahlreichen Neubauten von Moscheen (vgl. Rdn. 26 zu § 23) zur **„Stabilisierung einer islamischen Parallelgesellschaft"** mißbraucht werden (zit. nach FOCUS 28/2004, 55.

*Übersicht 57: Medienkonsum nach Herkunft*

| Durchschnittlicher Zeitaufwand (Minuten) | Türkei | Italien | Vietnam | Sri Lanka |
|---|---|---|---|---|
| Radiohören in deutscher Sprache | 46,1 | 73,9 | 41,5 | 35,5 |
| Radiohören in Migrantensprache | 21,6 | 19,6 | 9,4 | 92,4 |
| Fernsehen in deutscher Sprache | 93,9 | 108,8 | 98,8 | 106,1 |
| Fernsehen in Migrantensprache | 105,2 | 71,1 | 29 | 74,6 |
| Printmedien in deutscher Sprache | 35,2 | 49,8 | 43 | 29,4 |
| Printmedien in Migrantensprache | 42,9 | 30,1 | 37,9 | 56,7 |
| **N** | **806** | **761** | **806** | **874** |

aus: *Saltentin* 2004, 107; die Zahlen beruhen auf einer empirischen Erhebung zum „Zusammenleben in Deutschland", die im Sommer 2001 von der Universität Bielefeld durchgeführt wurde.

*b) Medieneinflüsse*

Gefördert, aber auch gestört werden können Integrationsprozesse auch durch gezielte Einflußnahmen fremdsprachiger Medien, von denen es inzwischen zahlreiche gibt, weil sie ein „Stück Heimat" vermitteln: Zeitungen, Rundfunk- und Fernsehprogramme. **15h**

*Die „TV-Satellitenschüsseln hängen (in Berlin) an nahezu, jedem Balkon und stehen auf Türkenempfang" (Tenfelde in NOZ vom 10.5.2008).*

Türken können hierzulande mehrere türkische Zeitungen lesen: etwa **Hürriyet** = Freiheit; **Türkiye** = Türkei oder das islamistisch-fundamentalistisch orientierte Blatt Anadoluda **Vakit**. An (türkischsprachigen) Fernsehprogrammen stehen z.B. zur Auswahl: **TRT-INT**, **ATV-Int**, **Euro-D** oder **Show-TV**.

*Die meistgelesene türkischsprachige Tageszeitung in Deutschland ist Hürriyet mit Redaktionssitz im hessischen Neu-Isenburg. Verkaufte Auflage in Deutschland: 53 000; die Zahl der Leser ist aber viel größer. So gaben 38 % der befragten Türkischstämmigen an einer Umfrage des Bundespresseamtes (2001) an, diese Zeitung zu lesen (Özdemir in DIE ZEIT vom 9. Juni 2005, 12). Die Linie des Blattes wird in Istanbul bestimmt; in der Türkei ist Hürriyet das auflagenstärkste Blatt (Özdemir aaO). Özdemir weist auch darauf hin, daß „die Deutschlandausgabe (dieser Zeitung)* ***Stimmung gegen kritische Deutschtürken*** *macht". Bonstein betont (in der Süddeutschen Zeitung vom 8. August 2003, 15), daß „das Deutschlandbild (das Hürriyet zeichnet) überwiegend negativ ist – Türken in Deutschland erscheinen als Benachteiligte, die Türkei als glorifizierte Heimat".*

**Islamistische Propaganda: Medienwächter machtlos**

Deutsche Medienwächter können die Ausstrahlung **extremistischer oder rassistischer Beiträge** durch ausländische Satellitenkanäle nicht verhindern. „Meist fallen Sender aus dem Nahen Osten auf, gegen die wir nichts unternehmen können", klagte Norbert Schneider, Direktor der nordrhein-westfälischen Landesanstalt für Medien (LfM), auf einer Fachtagung.

Das gilt vor allem für den von der Hisbollah dominierten Propagandasender al-Manar („Der Leuchtturm") im Libanon. Dessen Programm ist in Deutschland problemlos mit einer größeren Satellitenschüssel zu empfangen.

aus: *FOCUS* 18/2007, 183

Für alle Migranten aus arabischen Staaten ist der Satellitensender **Ipra** interessant, der zur saudisch finanzierten ART-Gruppe zählt. ART steht für Arab Radio and Television. Auf diesem Sender „warnen (z. B) Religionsgelehrte vom Golf in traditionellem Gewand vor den Höllenqualen, die schlechte Muslime im Jenseits erwarten" (*Gerlach* in DIE ZEIT vom 21. Juli 2005, 39).

Auf diese Einflüsse führen Schulpraktiker auch zurück, daß die **sprachliche Kompetenz von türkischen Schulanfängern nicht besser wird, sondern zurückgeht** (vgl. dazu oben Rdn. 15c): die Kinder sehen zu Hause z. B. nicht das deutsche, sondern die Programme des türkischen Fernsehens! Oder beide: **„mediale Parallelgesellschaft"** (dazu *Becker* in Bonfadelli/Moser 2007, 45).

### 4. Ausländerfeindlichkeit oder (und) Bedrohtheitsgefühle?

**15i** Konflikte (vgl. auch Rdn. 24 zu § 23) resultieren aus **Ablehnungen** durch die deutsche Mehrheitsgesellschaft, die z. T. auch mit **Ausländerfeindlichkeit** zu tun haben kann bzw. auch mit der Übernahme von Vorurteilen der Eltern. Zu angeborener Fremdenangst vgl. *Tsiakalos* 1983.

*a) Bedrohtheitsgefühle*

15j Plausibler (zumindest für Deutschland) erscheint allerdings die Vermutung, daß man die Ausländerfeindlichkeit (zumindest zum Teil) mit **Bedrohtheitsgefühlen** verwechselt (dazu *Schwind* 1993, 1995 und 2002), die mit **der großen Zahl der Zuwanderer** zu tun haben dürften (dazu Rdn. 3 zu § 23) und den entsprechenden Konsequenzen: etwa **Unterbringungsproblemen** (Ghetto-Quartiere) bzw. dem **veränderten Straßenbild**.

**Mehrheit der Deutschen sieht Islam als Bedrohung an**

**Muslime: Schlimmste Befürchtungen bestätigt**

Quelle: „Religionsmonitor", der Bertelsmann-Stiftung zit. nach NOZ vom 29. April 2013, 2

So wächst vor allem die **Angst vor dem Islam** und damit auch die abnehmende Bereitschaft, Toleranz gegenüber dem muslimischen Glauben zu üben (vgl. Zeitungsausriß).

*(1) Nach einer Studie, die im Auftrag der Friedrich-Ebert-Stiftung durchgeführt wurde (zit. nach DIE ZEIT vom 8. Mai 2008, 20), glauben 39,1 % der Deutschen, die Bundesrepublik Deutschland sei „durch die vielen Ausländer in gefährlichem Maß* ***überfremdet****", weitere 28,5 % stimmen dieser Aussage in Teilen zu. 43,8 % der Ostdeutschen und 35,2 % der Westdeutschen sind der Meinung, „Ausländer kommen nur hierher, um den Sozialstaat auszunutzen".*

*(2) Eine Umfrage des Allensbacher Instituts für Demoskopie (zit. nach NOZ vom 18. Mai 2006) ergab dazu, daß 56 % der Deutschen der Meinung sind, daß zwischen Christentum und Islam ein* ***„Kampf der Kulturen"*** *im Gange ist; 58 % befürchten zunehmende Spannungen mit der muslimischen Bevölkerung in Deutschland und 56 % der Befragten sprachen sich dafür aus, den Bau von Moscheen in Deutschland zu verbieten.*

*(3) Im Rahmen einer Befragung von Schülern der neunten Klassen aller Schularten (N = 20.604) haben sich u. a. folgende Resultate gezeigt (Baier/Pfeiffer et al. 2009, 113 ff):*

- *45,4 % aller Schüler vertraten die Auffassung, daß „die in Deutschland lebenden Ausländer* ***keine Bereicherung*** *für die Kultur in Deutschland sind";*
- *39,2 % der Befragten waren der Meinung, daß* ***„die meisten Ausländer kriminell sind"****.*

Bedrohtheitsgefühle der Deutschen haben aber auch mit der **Konkurrenz auf dem Arbeitsmarkt**, der **Gefährdung des sozialen Netzes** (vgl. Übersicht 61), mit Kriminalitätszahlen und terroristischen Aktionen (dazu Rdn. 32 zu § 30) zu tun. Ängste können nicht zuletzt auch andere Verhaltensweisen auslösen, etwa mit Sprüchen (junger Migranten) wie **„Deutschland gehört bald uns, bald seid ihr hier die Ausländer"** (zit.

nach WAZ vom 28. April 2010, 22). Ein weiteres Zitat: „Im Jahre 2100 wird es in Deutschland 35 Millionen Türken geben ... Das was Sultan *Süleyman* 1529 mit der Belagerung Wiens begonnen hat, werden wir in Deutschland **mit unseren kräftigen Männern und gesunden Frauen verwirklichen** (so der Hamburger Touristikunternehmer *Öger* in „Hürrivet“, zit. nach Focus 42/2009, 24).

*Dazu paßt, daß an manchen Schulen eine offensichtliche* ***Deutschenfeindlichkeit*** *zunimmt (vgl. Zeitungsausriß): „Dort, wo muslimische Kinder die Mehrheit bilden, haben in Berlin andersgläubige Klassenkameraden keinen Platz mehr“ (Focus 41/2010, 62). Sie spucken diesen ins Essen, beschimpfen, schlagen und erpressen diese (Focus aaO). Deshalb kann es kaum überraschen, daß sich 38 % der deutschen Jugendlichen keinen türkischen Nachbarn wünschen (KFN-Studie, zit. nach NOZ vom 13. Oktober 2010, 1).*

**Lehrer beklagen „Deutschenfeindlichkeit“**

Hilferuf: An Berliner Schulen herrsche umgekehrte Diskriminierung

aus: *WAZ* vom 7. Okt. 2010

Ängste lösen nicht zuletzt **Moscheebauten** aus (vgl. Zeitungsausriss unten), von denen es Anfang der 80er Jahre knapp 700 in Deutschland gab (DIE WELT vom 13. Mai 2009, 1), aber 2008 bereits rund 2600 (*Islamarchiv*, zit. nach NOZ vom 24.10.2008, 3): Die **höchste** Moschee (mit 55 Meter hohen Minaretten) wurde in Köln-Ehrenfeld (an der Inneren Kanalstraße) errichtet (FAZ vom 3. Febr. 2011, 5) und die **größte** Moschee in Duisburg-Marxloh (im osmanischen Stil) mit einem 34 Meter hohen Minarett (Merkez-Moschee): sie kann 1 500 Gläubige fassen. Geplant ist der Bau von etwa 200 weiteren Moscheen, die den **Islam sichtbar machen** und allmählich das Stadtbild verändern (SPIEGEL 41/2008, 174).

*In der* ***Schweiz*** *hat sich die Bevölkerung am 29. Nov. 2009 mit mehr als 57 % in einer Volksabstimmung* ***gegen den Bau von Minaretten*** *und den täglich mehrmaligen Ruf des Vorbeters (Muezzin) ausgesprochen (NOZ vom 30. Nov. 2009, 4). Eine Meinungs-Umfrage in Deutschland ergab eine entsprechende Ablehnungsquote von 44 % (zit. nach DER SPIEGEL 50/2009, 116).*

Unruhe lösen aber auch folgende Medienmeldungen wie die aus:

**Evangelische Kirche wird zur Moschee**

**Kritik an neuer Nutzung von Hamburger Gotteshaus**

aus: *NOZ* vom 6. Feb. 2013, 5

*Die Vermutungen, daß alle diese Phänomene Ängste auslösen, wird z. B. auch durch eine Untersuchung bestätigt, die Fuchs/Lamnek/Wiederer 2003 vorgelegt haben. Es handelt sich um eine* ***Befragung von 5042 Schülerinnen und Schülern****, die in Bayern an 40 Real- und 126 Berufsschulen sowie an 68 Gymnasien unterrichtet wurden (S. 297).*

*Von diesen stimmten **17,3 %** der Annahme zu, daß „die in Deutschland lebenden Ausländer eine Belastung für das soziale Netz darstellen"; **23,1 %** gingen davon aus, daß „Ausländer Probleme auf dem Wohnungsmarkt bringen"; **26,1 %** befürchteten, daß „Ausländer Deutschen den Arbeitsplatz wegnehmen"; **36,4 %** gaben an, daß „Ausländer mehr Straftaten als Deutsche begehen" (S. 98). Die Autoren werten diese Antworten als **„(pseudo-)rationale Fremdenfeindlichkeit"** (aaO) und räumen ein (S. 298), daß auch im Sinne sozialer Erwünschtheit geantwortet worden sein könnte mit der Folge, daß die Prozentzahlen noch höher hätten ausfallen können (vgl. auch Zeitungsausriß).*

*58 % der Deutschen waren (2010) nach einer Studie der SPD nahen Friedrich Ebert-Stiftung dafür, daß die Religionsausübung für Muslime in der Bundesrepublik „erheblich eingeschränkt" werden sollte (zit. nach DER SPIEGEL 3/2010, 29). Dem symbolischen Hassbrief folgt inzwischen die physische Gewalt: **Brandanschläge z. B. auf Berliner Moscheen**. Dazu heißt es z. B.: „Falls wir den Gebetsruf hören, werden wir den Krieg beginnen und euch alle verbrennen" (zit. nach DER SPIEGEL aa0, 28).*

Wenig erforscht ist die Ausländerfeindlichkeit unter Migranten: z.B. Türken **gegenüber Rußlanddeutschen** oder Islamisten **gegenüber Juden** (dazu SPIEGEL 28/2010, 26).

*b) Tabuisierungen*

In diesem Zusammenhang darf man schließlich die Frage nicht ausklammern, ob das Ablehnungsverhalten auch auf die **Tabuisierung der Probleme**, die es mit Ausländern gibt, zurückgeführt werden muß. **15k**

***Ist also die Bevölkerung durch die ständig wiederholten moralischen Imperative zum Umgang mit Fremden überfordert?** Wie wirkt sich das aus, wenn man ständig hört: „Es gibt keine Unterschiede, und wenn es sie gibt, dann freuen wir uns daran. Wir profitieren von der Kultur der Fremden, wir lernen von ihrer Lebenskunst. Wir sollen uns in der U-Bahn neben die Schwarzen setzen, Asylbewerber ins Haus einladen, wir sollen uns einfühlen in die fremde Kultur, wir dürfen nicht unsere eigenen Maßstäbe auf sie übertragen, wir müssen uns unserer Privilegien bewußt sein, wir müssen uns schämen, daß wir auf Kosten der Dritten Welt leben" (G. Brockhaus in KrimJ 1994, 4).*

Die Medien schweigen sich insoweit grundsätzlich aus. Und wer sich als Einzelperson über die noch immer eher (vgl. unten Rdn. 59a) liberale Zuwanderungspolitik kritisch äußert, weil sie ihm wegen der Folgen Sorgen bereitet, muß damit rechnen, selbst als Ausländerfeind am **Pranger** zu stehen (*Schwind* 2002; vgl. auch Rdn. 8 zu § 2). Sog. **Political Correctness** verbietet es, sich in solcher Weise zu äußern. Erst Thilo *Sarrazin* (2010) hat das Tabu gebrochen (Rdn. 69 unten).

*Was versteht man unter diesem Begriff? Noelle-Neumann hat es (in FAZ vom 16.10.1996, 5) so formuliert: „Was man öffentlich sagen, was man tun muß bzw. was man öffentlich nicht sagen, nicht tun darf, wenn man nicht* ***moralisch verurteilt*** *werden will".*

## II. Neue Tätergruppen und Gewaltphänomene

16 Seit Ende der 80er Jahre wanderten neue Problemgruppen ein (vgl. dazu auch Rdn. 10 zu § 23):

### 1. Extremismus und islamischer Terrorismus

17 a) Besondere Sorgen machen Deutschen die kurzfristig einreisenden Straftäter aus den Ländern des ehemaligen Ostblocks (**Kriminalitätstouristen**: Rdn. 29) sowie die kriminellen Aktivitäten politisch motivierter **extremistischer Ausländerorganisationen**, die in Deutschland **Nebenkriegsschauplätze** eröffnen (Besetzungsaktionen, Anschläge usw.); insoweit traten in den letzten Jahren hierzulande besonders hervor: „palästinensische, islamische, kurdische, iranische, türkische, jugoslawische, tamilische und irische Extremistengruppen orthodox-kommunistischer, maoistischer (Neue Linke) und sozialrevolutionärer, rechtsextremistischer und nationalistischer wie islamischer Prägung" (*Prinz* 1990, 658; *Frisch* 1995, 32 ff). 2010 verübten diese Gruppen in Deutschland Gewaltstraftaten (BMI-Verfassungsschutzbericht 2011, 49).

b) Eine Rolle spielen vor allem auch **religiöse Motivationen: insbesondere Beweggründe islamischer Fundamentalisten**.

18 Der **Begriff** „islamischer Fundamentalismus" wird oft mit dem des **Islamismus** synonym verwendet (*Sadr* 2010, 548). Islamisten beabsichtigen, bestehende (weltliche) Ordnungen durch eine auf dem Koran und **Scharia** (zu diesen Rdn. 59 zu § 30) orientierte islamische Ordnung zu ersetzen, und zwar auch gewaltsam (*sächs. Verfassungsschutzbericht* 2009, 51).

19 *Nach dem Verfassungsschutzbericht (2010, 207) ist das Personenpotential der 2010 im Bundesgebiet aktiven islamistischen Organisationen auf 37 470 angestiegen. Mitgliederstärkste Gruppierung blieb die türkische Organisation* ***„Islamische Gemeinschaft Milli Görüs e. V."*** *(IGMG): 31 000 Mitglieder, die die* ***Scharia*** *(vgl. Kasten unten) als Grundlage für Staat und Gesellschaft (auch für Nichtmuslime) einführen will (Nds. MI 2009, 56). Die zweitstärkste Gruppierung bildet die im arabischen Raum verankerte (1938 in Ägypten gegründete panslawistisch orientierte)* ***„Muslimbruderschaft"*** *(MB) mit 1 300 Mitgliedern (Verfassungsschutzbericht 2011, 283). In den muslimischen Verbänden insgesamt sind jedoch nach Angaben der Bundesregierung (zit. nach NOZ vom 5. März 2007)* ***nur rund 15 %*** *der 3,2 Millionen Moslems in Deutschland organisiert (dazu Rdn. 68).*

19a Im „türkischen Islamismus steht nach wie vor die mitgliederstärkste islamistische Organisation in Deutschland, die **Islamische Gemeinschaft Milli Görüs („Nationale Sicht")** im Vordergrund, die alles tun will, damit „die hier lebenden Muslime ihre islamische Identität nicht vergessen" (*Verfassungsschutzbericht* 2008, 252).

Besondere Sorgen bereiten den Behörden bzw. der IMK (zit. nach 21
WAZ vom 23. Juni 2011) **militante Salafisten** (zu diesen *Logwinow* in Kriminalistik 7/2011, 472ff), die ihre Lebensführung „ausschließlich an den Prinzipien des Koran, des Propheten Muhammed und an den vermeintlichen Vorstellungen der ersten Muslime und der islamischen Frühzeit ausrichten“ (*Verfassungsschutzbericht* 2010, 205 und 2011, 252; **ausführlicher bei Rdn. 68 zu § 30**).

## 2. Zur Kriminalität der Asylbewerber (bzw. Wirtschaftsflüchtlinge)

Die größte Gruppe unter den nichtdeutschen Tatverdächtigen stellen 22
(nach den legalen Arbeitnehmern und Illegalen) inzwischen die Asylbewerber (Asyl griech. = Schutz, Obdach) dar (vgl. Übersicht 58), die zum größten Teil aus dem Kreis der Wirtschaftsflüchtlinge stammen (**Anerkennungsquote** des Bundesamtes für die Anerkennung ausländischer Flüchtlinge: grundsätzlich zwischen 1 und 3 %.

*Viele der abgelehnten Asylbewerber tauchen in die* ***Illegalität*** *ab und leben dort von Schwarzarbeit oder „härterer Kriminalität“ (so die Antwort des BMI auf eine parlamentarische Anfrage im Juli 1992 – zit. nach FOCUS 22/1993, 19). Die größte Gruppe unter den Asylbewerbern stammte (2011) aus Serbien (Anerkennungsquote: null), aus Afghanistan (Anerkennungsquote 40 %) und aus Syrien (96 %). Das BAMF geht für 2012 von einem „gleichbleibend hohem Niveau“ aus (zit. nach NOZ vom 28. Jan. 2013, 7).*

**Mehr Asylbewerber**

**Zuwachs in Deutschland um 73 Prozent**

aus: *NOZ* vom 17. Mai 2013, 2

**Was ist die „Scharia“?** Die Scharia ist ein Leitfaden nach dem gläu- 23
bige Muslime ihr Verhalten in verschiedensten Lebenssituationen ausrichten können. Sie umfaßt moralische Vorschriften (auch göttliches Gebet) ebenso wie rechtliche Bestimmungen (zum Strafrecht/Familienrecht/Erbrecht) und kultische Pflichten (A.C. *Hoffmann* in Focus 52/2012, 43). Aber sie ist „kein islamisches Gesetzbuch, wie etwa das BGB, sondern nur eine Deutung des Korantextes“ (*Thiée* 2005, 196), und zwar durch muslimische Rechtsgelehrte, die sich am Koran und der Sunna“ orientieren. Bei der **Sunna** handelt es sich um die überlieferten Taten und Aussprüche des Propheten *Mohammed* (zu diesem Rdn. 59 zu § 30), die allerdings widersprüchlich sind. Berüchtigt sind die Hudud, die islamischen Körperstrafen der Scharia; dazu gehören z.B. die Amputation von Gliedmaßen bei Diebstahl und die Steinigung primär von Frauen bei Untreue. Die Scharia verlangt, den Islam weltweit zu verbreiten, notfalls durch den Dschihad.

24 *Übersicht 58:*
**Asylbewerber** in Deutschland ab 1975 nach der Statistik des Bundesamtes für Migration und Flüchtlinge

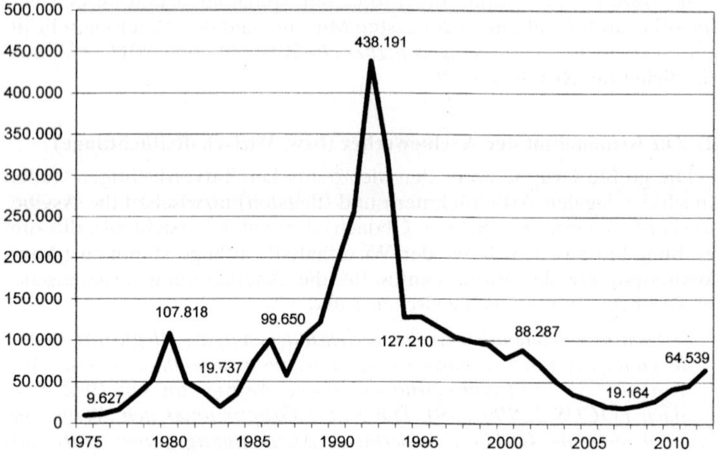


Anmerkungen: bis 1994 Erst- und Folgeanträge; ab 1995 nur Erstanträge. Nach einem Tiefstand im Jahr 2007 (19 164 Erstanträge) steigen die Zahlen wieder leicht an. Von Januar bis April **2013** wurden 26 792 Erstanträge auf Asyl gestellt.

Quelle: *Bundesamt für Migration und Flüchtlinge:* Aktuelle Zahlen zu Asyl, Ausgabe April 2013 (abzurufen auf der Website www.bamf.de); aktualisiert von Frau Prof. Dr. B. *Goldberg*

25 2011 wurden 21 768 **Straftaten** Asylbewerbern zur Last gelegt: das sind 4,5 % aller Delikte der nichtdeutschen TV; vor allem Ladendiebstahl und Einbrüche (*PKS* 2012, 133 für **2011**).

26 bis 27 Daß die Zahl der tatverdächtigen Asylbewerber ab 1994 wieder abnimmt, dürfte mit den etwas abnehmenden Asylbewerberzahlen insgesamt zu tun haben (vgl. Übersicht 58); insoweit wirkt sich offenbar auch die **Asylrechtsänderung** vom 1. Juli 1993 aus (zum sog. Asylkompromiß vgl. unten Rdn. 42).

### 3. Zur Kriminalität der Illegalen („irreguläre" Migranten)

28 Die Zahl der illegal (d.h. ohne legale Aufenthaltserlaubnis) in Deutschland lebenden Personen wird auf 500 000 bis zu einer Million geschätzt (*Seeger* 2011, 151). In den Mitgliedstaaten der EU sollen es 4,5 bis 8 Millionen sein und „jedes Jahr kommen 350 000 bis 500 000 Menschen dazu" (*Seeger* aaO). Solche „Postmodernen Vogelfreien" *(Studie der katholischen Kirchen über Illegale*, zit. nach NOZ vom 27. Jan. 2000), die eingeschleust wurden (Rdn. 2) oder als abgelehnte (ausreisepflichtige) Asylbewerber im Untergrund leben, bestreiten ihren Unterhalt offenbar zu einem beträchtlichen Teil als Schwarzarbeiter (auf dem Bau

oder in privaten Haushalten als Haushaltshilfen oder Putz- oder Pflegekräfte) oder über andere (mit Strafe bedrohte) Aktivitäten. **Zur illegalen Einwanderung aus Afrika** („Boat People") vgl. Rdn. 80 zu § 31.

## 4. Osteuropäische Banden bzw. O.K.

Ab 1993 berichten die Medien zunehmend ferner über gewaltorien- 29
tierte Aktivitäten vermögenskrimineller Einbrecher- und Raubtäterbanden aus Serbien, Albanien, dem Libanon und Rumänien, die **Tageseinbrüche** sowie sog. **„Blitzüberfälle"** (z.B. von Juweliergeschäften) durchführen: d.h. solche, die nur wenige Minuten andauern. Auffällig ist die Brutalität bzw. gefühllose Rücksichtslosigkeit gegenüber den Opfern. Außerdem ziehen **organisierte Diebes- und Bettlerbanden** von (Groß-)stadt zu (Groß-)stadt (vgl. auch Zeitungsausriß).

Zu bulgarischen Frauenbanden vgl. Rdn. 50 zu § 3.

KRIMINALITÄT

**„Rein, plündern, raus"**

Bestens organisierte Banden aus Osteuropa fallen derzeit über ganze Landstriche her und klauen auf Bestellung. Die Polizei ist nahezu machtlos.

aus: *DER SPIEGEL* 41/2002, S. 82

## III. Grundkonzepte der (bisherigen) deutschen Ausländerpolitik

Alle Parteien, die im Bund Verantwortung tragen oder getragen 31
haben, orientierten sich in der Ausländerpolitik an folgenden drei Leitlinien (*Schwind* 1983, 303ff, 358ff; *Bade* 1994, 18ff; *BMI* 1997, 5ff):

- **Integration** der rechtmäßig und auf Dauer in Deutschland lebenden Ausländer, insbesondere der angeworbenen ausländischen Arbeitnehmer und ihrer Familien;
- **Begrenzung** des weiteren Zuzugs aus Staaten außerhalb der Europäischen Union und des Europäischen Wirtschaftsraumes;
- **Unterstützung freiwilliger Rückkehr** und aufenthaltsbegrenzende Maßnahmen.

Mit dem Begriff der **Akkulturation** „bezeichnet man den Prozeß der 32
gegenseitigen Beeinflussung von Gruppen" (*Bierbrauer* in FS für Schwind 2006. 24), also (auf Deutschland bezogen) die „gedankliche und kulturelle Annäherung an die Deutsche Gesellschaft" (Politische Bildung mit jungen Muslimen Nr. 1/15. Aug. 2007, 3). Insoweit werden (in der Literatur: *Bierbrauer* aaO; *Steffen* in 14. DPT 2009, 42) vier Muster unterschieden: mit

- **Integration** ist „die Annäherung der Lebensbedingungen von Menschen mit Migrationshintergrund an die der Einheimischen im Sinne gleicher Chancen und gleicher Teilhabe" zu verstehen (Berlin-Institut 2009, 6). In Zeiten von Billigflügen und Satelliten-TV sinkt allerdings der Anpassungsdruck (Süddeutsche Zeitung vom 17. Okt. 2008, 38).
- **Assimilation** ist die völlige Anpassung an die Mehrheitskultur bei gleichzeitiger Aufgabe der Herkunftskultur: sicherster Weg zu gesellschaftlicher Teilhabe.
- **Separation** ist die einseitige Aufrechterhaltung der Herkunftskultur und die Vermeidung von Kontakten mit der Mehrheitskultur.
- **Marginalisation** wird definiert als der Verlust der Herkunftskultur bei gleichzeitiger Isolation von der Mehrheitskultur.

**33** Das **Zuwanderungsgesetz** vom 5. August 2004 (vgl. Rdn. 59) hat sich für die Integrationsaufgabe entschieden. Aber ist ein solches Ziel ohne (deutsche) Leitkultur zu erreichen? (zu dieser Rdn. 71). Bundestagspräsident (*Lammert* in DIE ZEIT vom 20. Okt. 2005, 6): „Ohne **Leitkultur im Sinne allgemein akzeptierter Orientierungen und Überzeugungen** .... lassen sich die Lösungen für unsere komplexen Probleme nicht konsensfähig machen."

### 1. Integrationspolitik

**34** Wenn man von der Begriffsbestimmung von *Quaritsch* (1981) ausgeht, ist Integration erreicht „bei **Zufriedenheit** mit der eigenen Situation – aber nicht nur bei den Zuwanderern, sondern **auch bei den Eingesessenen**". Integration ist dementsprechend ein **„zweiseitiger Prozeß,** der Anstrengungen von Seiten des Zuwanderers und der aufnehmenden Gesellschaft erfordert" (*Witte* 2003).

*Insoweit ist nicht nur die Integration von 250 000* ***Hugenotten*** *geglückt, die auf der Flucht vor Verfolgung in Frankreich nach dem 30jährigen Krieg (1648) als gesuchte Handwerker (1685 aufgrund des Edikts von Potsdam durch den Großen Kurfürsten) in Preußen Aufnahme fanden, sondern auch die Integration der (etwa 1 Million)* ***Polen und Masuren*** *(„Ruhrpolen"), die Anfang letztes Jahrhunderts nach Deutschland einwanderten, um im Bergbau oder in der Metallverarbeitung tätig zu sein. Wer ein Telefonbuch von Gelsenkirchen oder Duisburg aufschlägt, kann die damalige Migration vor allem an zahlreichen polnischen Namen erkennen. Lieblingsverein der Zuwanderer in den „Ruhrpott" (die wegen des ähnlichen kulturellen Hintergrundes* ***assimiliert*** *werden konnten) war übrigens der Fußballverein* ***Schalke 04****.*

Diese Zufriedenheit kann durch **Verteilungskämpfe** (um Wohnung, Arbeit, Ausbildungsplätze usw.) so erheblich gestört werden, daß Ausländerfeindlichkeit aufkommt bzw. Bedrohtheitsgefühle entstehen (dazu *Schwind* 1993, 8 und 1995 und oben Rdn. 15j): übrigens nicht nur in Deutschland, sondern auch in anderen Staaten in ähnlicher Lage (z.B. in den USA, England, Frankreich, Schweiz, Dänemark und Portugal).

*Übersicht 59:*

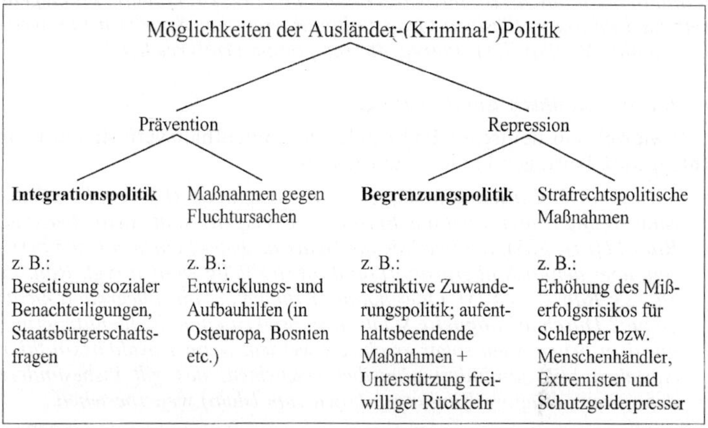


*a) Integration durch Beseitigung sozialer Mängellagen*

Integration bedeutet daher zunächst „soziale Teilhabe" (*Strobl/Kühnel* 2000, 46ff) bzw. die Beseitigung von sozialen Mängellagen (vgl. oben Rdn. 13 und Rdn. 27 zu § 23). Zahlreiche Programme der Länder, der Bundesagentur für Arbeit, der Freien Wohlfahrtsverbände usw., die dieses Ziel haben, gehen bereits in die richtige Richtung: ihre **Kapazitäten sind jedoch** für die zu bewältigende Aufgabe (vgl. dazu oben Rdn. 13) zu gering (zu **Integrationslotsen** aus derselben Ethnie vgl. IMIS-Beiträge 28/2006, 59ff). Was geschieht, wenn man zu wenig tut, kann man auch an den Entwicklungen z.B. in **Frankreich** und **England** ablesen (vgl. Rdn. 39 zu § 23). **34a**

*(1) So kam es im November 2005 in zahlreichen (arabisch bevölkerten) Ghetto-Vorstädten der Großstädte (Paris, Orleans, Marseille, Dijon) mit mehrheitlich ausländischer Bevölkerung (vor allem aus Nordafrika) zu **Straßenschlachten** arbeitsloser no-future-kids mit der Polizei. Ganze Fabrikkomplexe gingen in Flammen auf und hunderte Autos und Busse. Die französische Regierung reagierte mit **Ausgangssperren** (vgl. auch Rdn. 44 zu § 28).*

*(2) Im August 2011 kam es auch in **England** zu Krawallen, Plünderungen und Zerstörungswut: durch Jugendliche aus den riesigen Sozialwohnungsblöcken der von Zuwanderern bewohnten Vorstadtghettos. Die NOZ titelte: **„London ist ein Kriegsgebiet"** (10. Aug. 2011, 1). In den Folgetagen setzen sich die Ausschreitungen auch in anderen Städten (Wolverhampton/Tottenham/Liverpol/Birmingham/Bristol und Manchester) fort. Der britische Premierminister (David Cameron) wünschte sich Bill Bratton (zu diesem und seiner Null-Toleranz-Strategie vgl. Rdn. 34 zu § 15) zum Berater (FAZ vom 16. Aug.2011, 8).* **34b**

34c *(3) Kann das auch in Deutschland geschehen? Der Gewaltforscher Hurrelmann meint dazu (zit. nach WAZ vom 11. Aug. 2011), daß „im Gegensatz zu London in hiesigen Großstadtquartieren jede Spur von Verzweiflung fehlt". Verläuft hierzulande die Integration erfolgreicher?*

*b) Integration durch Einbürgerung?*

35 Inwieweit ein deutscher Paß (außer zur Aufenthaltsverfestigung) zur Integration beitragen kann, ist umstritten:

*Daß ein* ***Paß allein*** *allerdings für die Integration (i.S. von Eingliederung) wenig bringt, zeigt das Beispiel der (jungen) Spät-Aussiedler (vgl. Rdn. 12ff zu § 25), die (weil sie als Deutsche gelten) einen solchen besitzen, aber dennoch überproportional oft straffällig werden (vgl. Rdn. 17 zu §23; Rdn. 8 zu §25). Oder hat die Kriminalität mit Integration nichts zu tun? Durch die* ***doppelte*** *Staatsangehörigkeit kann die Identifizierung mit dem neuen Staat sogar erschwert werden, wenn Loyalitätskonflikte entstehen, die zumindest plausibel erscheinen; das gilt insbesondere dann, wenn religiöse Bindungen (etwa zum Islam) weiterbestehen.*

36 Im Übrigen entspricht die Behauptung, daß in Deutschland bis 1999 zu wenig eingebürgert worden sei, nicht den Tatsachen.

*Erheblich erleichtert wurde die Einbürgerung bereits durch das* **„Gesetz zur Neuregelung des Ausländerrechts"** *vom 6. Juli 1990 (BGBl I, 1354ff), und zwar dadurch, daß die Ermesseneinbürgerung (grundsätzlich) durch eine* ***Anspruchseinbürgerung*** *ersetzt worden ist: Ermessensspielräume (der Verwaltung) sind Rechtsansprüchen gewichen (§§85ff).*

*Statistik: 1994 wurden rd. 61 000, im Jahre 2000 rd. 187 000, 2007 rd. 113 000 und 2010 rd. 102 000 Ausländer eingebürgert (Stat. Bundesamt).*

37 Die **Voraussetzungen für eine Einbürgerung** sind wie folgt festgelegt worden (dazu *BAMF* 2012, 175):
- Der Bewerber muß über genügende deutsche **Sprachkenntnisse** verfügen,
- er darf grundsätzlich **nicht vorbestraft** sein: als Vorstrafe gilt eine Verurteilung zu mehr als 90 Tagessätzen,
- er muß mit Erfolg einen **Einbürgerungskurs,** in dem staatsbürgerliches Grundwissen vermittelt wird, absolviert und (ab 1. Sept. 2008) einen speziellen **Einbürgerungstest** bestanden (mit Fragen aus Politik, Geschichte und Gesellschaft) haben, und es dürfen
- **keine Bedenken des Verfassungsschutzes,** der im Rahmen einer Regelanfrage eingeschaltet wird, bestehen; z.B. die Mitgliedschaft in einer extremen Vereinigung steht einer Einbürgerung grundsätzlich entgegen.

38 Nach § 4 StAG kann die Staatsangehörigkeit auch durch Geburt in Deutschland erworben werden **(ius soli)**; das Kind muß aber bei Erreichen der Volljährigkeit grundsätzlich zwischen der deutschen und der weiteren Staatsangehörigkeit **wählen** (§ 29 StAG). Wählt es die deutsche, muß es die andere aufgeben (§ 10 Abs. 1 Nr. 4 StAG). Nach den Feststellungen des *Bundesamtes für Migration und Flüchtlinge* zeigt sich bisher (WAZ vom 20. Febr. und 9. Mai 2013) eine **„klare Tendenz"** (aus Grün-

den der Aufenthaltssicherheit) für die **deutsche** Staatsangehörigkeit. Weniger als zwei Prozent entschieden sich anders.

*c) Integrationsverweigerer*

Nicht wenige Muslime wollen sich gar nicht integrieren lassen (vgl. 38a
Zeitungsausriß) Deshalb sind türkischstämmige Migranten am schlechtesten integriert (*Berlin-Institut* 2009, 36; BAMF 2009, 345). *Halm/Liakova* (2012, 73) sprechen sogar von einer **„downward assimilation"** mit der eine „Annäherung an die sozialen Unterschichten oder an Subkulturen" (gemeint ist) anstatt an den gesellschaftlichen Mainstream".

**Ein Viertel der jungen Muslime gegen Integration**

**CSU-Politiker warnt vor mehr Fanatismus**

löh **OSNABRÜCK.** Ein Viertel der jungen nichtdeutschen Muslime ist nicht bereit, sich in Deutschland zu integrieren, und „tendenziell gewaltbereit". Das geht laut Bundesinnenministerium (BMI) aus der Studie „Lebenswelten junger Muslime in Deutschland" hervor.

aus: *NOZ vom 1. 3. 2012*

*d) Zur Utopie der multikulturellen Gesellschaft*

Manche Politiker (primär aus dem linksliberalen Lager) setzen auch 39
auf die Realisierung einer toleranten *multikulturellen Gesellschaft*: **„Je bunter, desto besser!"** (*Neubert/Roth/Yildiz* 2002, 20) i.S. einer **„Multikulti-Stadtteilromantik"**. Eine solche Form der friedlichen Koexistenz funktioniert jedoch unter den Bedingungen von Arbeitslosigkeit und Wohnungsproblemen (zumindest bisher) **auf der ganzen Welt (grundsätzlich) nicht**. **Multikulti ist gescheitert** (Ales 2007, *Buschkowsky* 2012).

Daß die Integration bzw. Assimilation bei den **Hugenotten** (im 17. 40
Jhrdt.) und den **(Ruhr-)Polen** (im 20. Jhrdt: vgl. Rdn. 34) gelang, hat vor allem damit zu tun, daß der **kulturelle Hintergrund stimmte und keine Arbeitsprobleme** bestanden. Bei **Muslimen**, der größten nichtchristlichen Religionsgemeinschaft in Deutschland, ist das anders: anderer (religiöser) Kulturkreis. Ihre Zahl wird vom *BAMF* (2009) auf bis zu 4,3 Millionen geschätzt, von denen etwa die Hälfte (45 %) die deutsche Staatsangehörigkeit besitzt, rund 50 % der Muslime stammt aus der Türkei (vgl. Graphik).

*e) (Islamische) Parallelgesellschaften*

Anders als bei den Hugenotten und (Ruhr-)Polen, die sich als Christen 40a
in die christlichen Gemeinden des Aufnahmelandes relativ gut einfügen

konnten (gleicher religiöser Hintergrund), besteht bei der (massenhaften) Migration von Muslimen „als Reaktion auf die gescheiterte Integration" die Gefahr, daß sie sich in geschlossene (kulturelle bzw. islamische) Parallelgesellschaften zurückziehen mit „einer von den Normen der Mehrheitsgesellschaft abweichenden Erziehung und Sozialisation ... auf einer islamistisch ideologischen Basis" (Gnadbach in NdsMI 2010, 39): zu einer eigenen Kiezsprache vgl. *Göttert* in DIE WELT vom 24. Febr. 2012, 23). Folge dieser Entwicklung sind **Ghettos** in deutschen Großstädten: z. B. in Berlin-Neukölln oder in Duisburg-Marxloh. Der frühere deutsche Bundespräsident (*Rau*) hat sie **„Inseln außerhalb des gesellschaftlichen Grundkonsenses"** genannt (zit. Nach DER SPIEGEL 52/2002, 27). Man bleibt unter sich. Auch *Bierbrauer* (1998, 182) weist auf „die Gefahr einer Mosaikgesellschaft hin, in der sich Menschen stärker mit ihren eigenen Subgrupnen identifizieren als mit übergeordneten Werten oder Institutionen der Gesamtgesellschaft".

**40b** Aus dieser Entwicklung resultieren

- die **Gründung eigener Parteien:** z. B. in Bremen die „Bremische Türk Partei" (BTP) oder in Niedersachsen die „Muslimische Demokratische Union" (MDU),
- die Forderung, **„türkisch, nicht deutsch** (müsse) die Erstsprache von Kindern türkischer Eltern" sein (so der türkische MP *Erdogan*) bei einem öffentlichen Auftritt in Düsseldorf (SPIEGEL 10/2011, 30),
- die Einführung gesetzlicher Feiertage für Muslime (Zemtralrat Muslime, zit. nach FAZ vom 28.3.2013, 1),
- eine **„Schattenjustiz"**, ausgeübt von islamischen Schlichtern bzw. Imamen, („Richter ohne Gesetz": *Wagner* im SPIEGEL 35/2011, 58), die an der deutschen Justiz vorbei („Paralleljustiz") auch strafrechtliche Sachverhalte regeln und damit das staatliche Gewaltmonopol unterlaufen (vgl. Zeitungsausriß, oben und unten).

ISLAM

**Allahs Richter**

Ihre Gerichtssäle sind Moscheen, und ihr Gesetz ist die Scharia:
Islamische Friedensrichter unterlaufen
den Rechtsstaat. Die Justiz weiß sich nicht zu wehren.

aus: *DER SPIEGEL* 35/2011, 57

### 2. Begrenzungspolitik

**41** Der frühere Bundespräsident (*Herzog*) hat am 21. September 1995 in Friedland vor einer **„das Boot-ist-voll-Mentalität"** gewarnt, dabei jedoch übersehen, daß zumindest die **Grenzen der Integrationsfähigkeit schon längst überschritten** wurden: Das hat z. B. auch der frühere Bundesinnenminister (Otto *Schily*) erkannt (*SPIEGEL* 48/1998, 22 und unten Rdn. 59a).

*Eibl-Eibesfeld hat die entsprechende Überlegung wie folgt formuliert: „Wer an der Erhaltung des inneren Friedens interessiert ist, sollte die wirtschaftliche und assimilatorische Kraft eines Landes in seiner Immigrationspolitik in Rechnung stellen“ (in: INITIAL 2/1992, 13).*

Wenn man also ohne Schaden für das Gemeinwesen nur so viele Zuwanderer aufnehmen darf wie integriert werden können (so auch *Huntington* 1996 in der oben erwähnten Streitschrift **„Der Kampf der Kulturen“**) dann stellt sich die Frage, wie auch die Begrenzungspolitik effektiviert werden kann. Insoweit kommen in Frage: die

- eindeutigen Begrenzung der (weiteren) Zuwanderung von Asylbewerbern bzw. oft beruflich unqualifizierten Wirtschaftsflüchtlingen, die
- Unterbindung (vorgetäuschter) Familienzusammenführung,
- Senkung des Nachzugsalters,
- Unterbindung (vorgetäuschter) Familienzusammenführung,
- Bekämpfung der illegalen Zuwanderung, sowie
- aufenthaltsbeendende Maßnahmen.

*a) Begrenzung der legalen Zuwanderung*

Die Begrenzung der Zuwanderung von Wirtschaftsflüchtlingen (die als Asylbewerber auftreten) soll durch folgende Maßnahmen erreicht werden: **42**

- Das **Asylbewerberleistungsgesetz** vom 26. 5. 1997 (BGBl. I 1130) sieht vor, Sozialleistungen an Asylbewerber möglichst nicht in Geld, sondern in Naturalien, hilfsweise in Wertgutscheinen auszuhändigen, die (so in Berlin) in Sachleistungsmagazinen eingelöst werden können.
- Der **Asylkompromiß** ist am 6. Dez. 1992 zwischen der Regierungskoalition in Bonn (CDU/CSU) und der damaligen SPD-Opposition geschlossen worden (Gesetz vom 28. Juni 1993 – BGBl. I, 1002). Ins Grundgesetz wurde ein neuer Abs. 2 zu Art. 16a aufgenommen, der durch Ausführungsregelungen ergänzt worden ist. Verfassungsrechtliche Bedenken sind vom Bundesverfassungsgericht ausgeräumt worden.

***Art. 16a Abs. 1 GG*** *regelt in Abs. 1, daß „politisch Verfolgte Asyl genießen“* ***(„großes“ Asyl)****. In den folgenden Absätzen werden von diesem Grundsatz Ausnahmen formuliert. Danach kann sich (****Abs. 2****)* ***nicht*** *auf das Asylrecht berufen* ***(Eckpfeiler des Asylkompromisses)****:* **43**

- *„wer ...“: Drittstaatenregelung,*
- *„wer ...“: Prinzip der sicheren Herkunftsländer und sog. Flughafenregelung.*

Auf **europäischer Ebene** entspricht diesem Abs. 2 des Art. 16a GG die **„Dublin II-Verordnung“** (vom 18. Febr. 2003; EG 343/2013) nach der

Asylsuchende in andere EU-Staaten abgeschoben werden dürfen (sog. Dublin Überstellungen), ohne daß zuvor ein Asylverfahren durchgeführt wurde, nämlich dann wenn die Drittstaatenregelung greift. Flüchtlinge haben zwar einen Anspruch auf die Durchführung eines solchen Verfahrens, aber nicht in irgendeinem EU-Staat (sozusagen nach freier Auswahl), sondern nur in dem Staat, „in welchem sie die EU erstmals betreten haben" (*Böhlo/Dolk* 2011, 273). Zu neuen Entscheidungen vgl. Zeitungsausriß.

**EU-Staaten stimmen für gemeinsames Asylsystem**

**Malmström: Historischer Schritt**

epd **BRÜSSEL.** Die 27 Regierungen der EU haben dem geplanten gemeinsamen europäischen Asylsystem zugestimmt.

Die neuen Regeln sollen dafür sorgen, dass Asylbewerber künftig überall in Europa dieselben Schutzstandards vorfinden. Es geht dabei um die Länge der Asylverfahren, die finanzielle Unterstützung für die Migranten oder die Chance auf Anerkennung. „Das gemeinsame Asylsystem in Betrieb zu nehmen ist ein historischer Schritt", sagte die EU-Innenkommissarin Cecilia Malmström. Entscheidungen über Asylanträge fielen künftig „fairer, schneller und besser" aus. Zu den Neuerungen gehört, dass Asylbewerber sich europaweit nach neun Monaten eine Arbeit suchen dürfen.

aus: *NOZ* vom 28. März 2013, 4

*b) Unterbindung vorgetäuschter Familienzusammenführung*

**44** Immer mehr Flüchtlinge versuchen, mit gefälschten (oder abgelaufenen) Papieren zu angeblichen Verwandten nach Deutschland zu reisen. Solche Personen sollen sich künftig einem Gentest unterziehen, der aufgrund von Speichelproben durchgeführt werden kann.

*c) Bekämpfung der illegalen Zuwanderung*

**45** Zur Bekämpfung der illegalen Zuwanderung (illegalen Einreise) ist

- die Ausstattung der **Bundespolizei** (BPol, die 2005 aus dem BGS hervorging) mit moderner **Grenzüberwachungstechnik** (Radar- und Wärmebildgeräte) sowie Streifenbooten und Hubschraubern (BMI 1997, 62) verbessert worden. Ferner ist durch
- die Bundespolizei zu **verdachtsunabhängigen Identitätskontrollen** (solche ohne konkreten Anlaß) in bestimmten Zügen und Bahnhöfen mit dem Ziel der **„Verhinderung der unerlaubten Einreise"** ermächtigt worden.

- Schließlich können **Mehrfachidentitäten** bei illegaler Zuwanderung (vgl. auch oben Rdn. 44), Asylmißbrauch, aber auch Sozialbetrug (durch Asylbewerber) mit Hilfe von **Fingerabdruckkarteien** aufgedeckt werden: mit AFIS (dem Automatischen Fingerabdruck-Identifizierungssystem).

### 3. Rückkehrpolitik

Die **offizielle Rückkehrpolitik** sieht die **freiwillige** Rückkehr vor (dazu unten Rdn. 54) und die **unfreiwillige** Rückkehr durch aufenthaltsbeendende Maßnahmen nach dem AufenthG (vgl. Rdn. 59). **46**

*a) Aufenthaltsbeendende Maßnahmen*

Zu den aufenthaltsbeendenden Maßnahmen gehören die **Rückführung und die Abschiebung**. **47**

- Spezielle **Rückführungsabkommen** wurden z. B. mit Rumänien (1992), Polen (1993), Bulgarien (1994), der BR (Rest-)Jugoslawien (1996 und 2002), Algerien (1997) sowie 2010 mit dem Kossovo abgeschlossen: **48**
- *Unter einer* **Abschiebung** (§ 58 AufenthG) versteht man die zwangsweise Durchführung einer Ausreisepflicht, wenn der Ausreisepflichtige nicht freiwillig ausreist (§ 50 AufenthG). Eine Abschiebung erfolgt nicht, wenn Abschiebungsverbote oder Duldungsgründe bestehen, insbesondere wenn dem Ausländer in dem Herkunftsstaat politische Verfolgung droht (vgl. §§ 59, 60 AufenthG) bzw. wenn sich aus der Genfer Konvention (vom 4. Nov. 1950) zum Schutz der Menschenrechte und Grundfreiheiten (BGBl. 1952 II, 685) ergibt, daß eine Abschiebung unzulässig ist. Wer abgeschoben wird, muß lediglich mit einer fünfjährigen **Wiedereinreisesperre** rechnen. **49**

*Die erneute Einreise mit geänderter Identität soll mit Hilfe des „Internationalen Personenfeststellungsverfahrens" (**PFV**) verhindert werden. Nicht zuletzt: Abschiebungen bzw. Ausweisungen von (selbst schwerwiegend) straffällig gewordenen **Türken** (mit Wiedereinreiseverbot) kommen aufgrund des zwischen der EU und der Türkei geschlossenen Assoziationsabkommens nicht in Frage: **Ausweisungsschutz** (vgl. dazu BVerwGE 181, 315). Auf der anderen Seite hat der EUGH am 22. Mai 2012 (Az.: C-348/09) entschieden, daß Deutschland einen verurteilten Sexualstraftäter ins EU-Ausland (**Italien**) abschieben darf, wenn dieser nach Strafverbüßung immer noch als rückfallgefährdet gilt (SZ vom 23. Mai 2012, 7).* **50 bis 52**

Der MdB *Bosbach* forderte im Hinblick auf die Salafisten (Rdn. 68 zu § 30) eine Gesetzesänderung (des § 54 AufenthG) zur **Ausweisung** von gewaltbereiten religiösen Fanafikern (zit. nach NOZ vom 14. Mai 2013, 4).

*b) Reduzierung von Bleiberechten*

53 Die Gewährung von Aufenthaltsrechten sollte (das gilt auch für die **„Härtefallkommission“:** § 23a AufenthG, die per Gnadenakt ein **Bleiberecht** einräumen darf) auf extreme Ausnahmefälle beschränkt werden: etwa, wenn im Herkunftsland die Folter droht und eine Abschiebung deshalb nicht in Betracht kommt. Sie darf die (notwendige) Begrenzungspolitik jedenfalls nicht durchlöchern bzw. unterlaufen. Das gilt auch für entsprechende Kirchenaktionen **(„Kirchenasyl“)** die als Beihilfe zum Verstoß gegen das Ausländerrecht rechtswidrig sind (vgl. z.B. *BGH* NStZ 2002, 604) und bis zum „Wanderkirchenasyl“ reichen: wechselnde Unterbringung in verschiedenen Kirchen bzw. Gemeinden, um die Strafverfolgungsbehörden zu narren (vgl. dazu *Grefen,* J.: Kirchenasyl im Rechtsstaat, Berlin 2001).

**Polizei räumt „Kirchenasyl“**

SCHWALMTAL, 23. Mai (KNA). Die Polizei hat am Freitag im niederrheinischen Schwalmtal das sogenannte Kirchenasyl für drei Kurden geräumt.

aus: *FAZ* vom 24. Mai 2003

*c) Anreize zur freiwilligen Rückkehr*

54 Anreize (finanzieller Art) zur freiwilligen Rückkehr wurden bereits durch das am 1. Dez. 1983 in Kraft getretene Gesetz zur **Förderung der Rückkehrbereitschaft von Ausländern** (BGBl. 1983 I, 1377) geschaffen. Im Jahr 2011 wurde die freiwillige Rückkehr von 6319 Personen gefördert (*BAMF* 2013, 117). **Beispiel für Mißbrauch:** Nach Aufhebung des Visumzwanges für serbische und mazedonische Staatsbürger kommen diese über die Grenze und beantragen „Rückkehrhilfe“; als „mittellose Rückkehrer und Weiterwanderer“ haben sie Anspruch auf die Beförderungskosten, 200 Euro Reisebeihilfen und 400 Euro Starthilfe pro Person (vgl. auch Zeitungsausriß).

Seit Monaten strömen **Asylbetrüger vom Balkan** massenhaft nach Deutschland. Sie sollen nur eines: die Rückkehrprämie vom Staat.

aus: *Focus* vom 25. Okt. 2010, 55

**4. Zuwanderung aus demographischen Gründen?**

55 Vor dem Hintergrund der Rückkehrpolitik überrascht zunächst, daß zugleich (noch immer) diskutiert wird, ob Deutschland eine Zuwanderung aus demographischen Gründen benötigt.

*a) Fachkräftemangel?*

Das Problem besteht (nicht nur) in Deutschland darin, daß die Geburtenzahl bei steigender Lebenserwartung abnimmt („**Bevölkerungsimplosion**": vgl. dazu die Graphik bei Rdn. 34 zu § 3). 2012 starben in Deutschland 880 000 Menschen, nur 680 000 wurden im selben Zeitraum geboren *(Statist. Bundesamt,* zit. nach *NOZ* vom 15. Jan. 2013, 1): eine **„demographische Lücke" von ca. 200 000 Menschen**. Die „ägyptisch anmutende Bevölkerungspyramide wird dadurch ein Pilz" *(Schmid* 2000, 8): Inzwischen wird die entsprechende Bevölkerungslücke jedoch durch eine Lawine weiterer „Armutsflüchtlinge" (potentielle Sozialhilfeempfänger) aus den osteuropäischen Beitrittsländern und durch **„Jobmigranten"** (vgl. Rdn. 7) vor allem aus den südeuropäischen EU-Staaten wieder ausgeglichen. Der Zugang der Jobmigranten vermindert die Sorgen der Industrie, daß ein Fachkräftemangel eintreten und den Standort Deutschland gefährden könnte. Zur Entspannung trägt auch die Einführung einer neuen „Blue Card" mit bei (WAZ vom 31. Juli 2012). Im Übrigen ist unklar, ob z. B. im Jahr 2040 nicht weniger Erwerbspersonen ausreichen würden. **56**

*b) Einwanderung in die sozialen Systeme?*

Auf der anderen Seite beunruhigt die Einwanderung ins soziale Netz. Nach den Informationen des Deutschen Städtetages (*Witte* 2005 und *BA für Arbeit* vom 23. Nov. 2010) stagniert seit 1973 die Zahl derjenigen Ausländer in Deutschland , die in Sozialversicherungssysteme einzahlen, während sich seitdem die Zahl der Ausländer mehr als verdoppelt hat (vgl. Graphik, die fortzuschreiben ist). **56a**

*Übersicht 61:* **56b**
Zuzug in die sozialen Sicherungssysteme

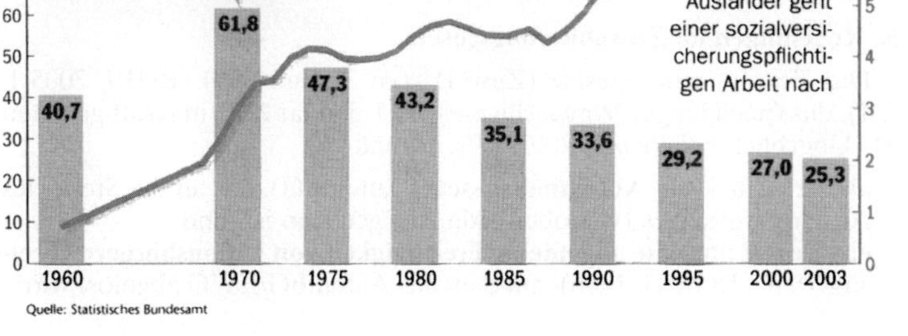


aus: *FOCUS* 50/2004, S. 22

*Hartz IV-Empfänger sind z. B. 26 % der hier lebenden Türken; bei den Ukrainern sind es 32 %, bei den Nigerianern 34 %, bei den Irakern 65 % und bei den Libanesen rund 90 % (Statist.BA).*

**56c** Die Bundesagentur für Arbeit (Nürnberg) teilte anläßlich der sechsten Islamkonferenz bzw. Integrationsgipfel (Rdn. 66) mit, daß jeder dritte Arbeitslose ausländische Wurzeln habe. Unter den Hartz-IV-Empfängern (erwerbsfähige Leistungsberechtigte) liege ihr Anteil sogar bei 57 Prozent" (NOZ vom 29. Mai 2013, 2).

**56d** Auf der anderen Seite haben 700 000 Unternehmer eine Zuwanderungsgeschichte. So der Vorsitzende des Verbandes Türkischer Unternehmer (Recep *Keskin*) auf dem Sechsten Integrationsgipfel, zit. nach NOZ vom 29. Mai 2013, 2. Zu diesen zählen nicht nur Dönerbudenbesitzer und Obst- und Gemüsehändler, sondern vor allem auch Unternehmer in der Reinigungsbranche, in den Pflegediensten und. in der Gastronomie (*NRW-Landesregierung*, zit. nach WAZ vom 6. Juni 2011).

*c) Inlandsreserven*

**57** Bei der Diskussion des Zuwanderungsgesetzes (vgl. unten Rdn. 59) wurde im Übrigen oft übersehen, daß eine **Quotenzuwanderung** (die es bisher nur für Aussiedler gibt: vgl. Rdn. 23 zu § 25) das vom Grundgesetz (in Art. 16a) garantierte Asylrecht nicht beseitigt, sondern darüber hinaus **noch zusätzlich Zuwanderungsquoten** draufsattelt: es würde also eine neue (zusätzliche) Schleuse für Zuwanderungswillige eröffnet mit allen sozialen Folgen, die sich daraus ergeben.

Demographische Lücken könnten (zumindest z. T.) auch durch eine Aktivierung von Inlandsreserven gefüllt werden, etwa

- durch eine **Steigerung der Frauenbeschäftigung** durch Vereinbarkeit der **drei K** (Kinder, Küche, Karriere) bzw. Verbesserung der Betreuungsangebote für Kinder (so auch *Bade/Münz* 2002, 21), und
- durch eine **Verlängerung der Lebensarbeitszeit** (vgl. dazu Rdn. 1 zu § 13); ein „höheres Rentenalter": wird politisch diskutiert;

**58** Der beste Weg dürfte allerdings in einer **bevölkerungsrelevanten Familienpolitik** bestehen: vgl. dazu **Rdn. 70 zu § 10**.

### 5. Regelungen im Zuwanderungsgesetz

**59** Das Zuwanderungsgesetz (ZuwG) vom 30. Juli 2004 (BGBl. 2005 I, 721), das (nach langer Vorgeschichte) am 1. Januar **2005** in Kraft getreten ist (Überblick bei *Renner* 2005, 9 ff), enthält

- als Kernstück ein **Aufenthaltsgesetz** (AufenthG), das an die Stelle des Ausländergesetzes (vgl. oben Rdn. 36) getreten ist, und
- ein **Gesetz über die allgemeine Freizügigkeit von Unionsbürgern** (FreizügG/EU: BGBl. I, 1986), mit dem das AufenthG/EWG abgelöst wird.

*a) Positive Aspekte (aus kriminalpolitischer Sicht)*

Positiv ist zu bewerten, daß sich die Anzahl der Aufenthaltsrechte auf zwei reduziert hat: auf **60**

- die **Aufenthaltserlaubnis** (§ 7 AufenthG), die nur noch befristet erteilt wird und an einen bestimmten Zweck gebunden ist: etwa zur Ausbildung oder aus humanitären Gründen (§§ 16, 19, 25 AufenthG);
- die **Niederlassungserlaubnis** (§ 9 AufenthG), die (unter bestimmten Voraussetzungen) unbefristet und ohne Auflage erteilt wird; diese gilt zugleich als Arbeitserlaubnis.

Ein wesentlicher Teil des AufenthG befaßt sich mit der Integration bzw. **Integrationskursen** für rechtmäßig mit Aufenthaltserlaubnis im Bundesgebiet lebende Ausländer (§ 43 AufenthG): **Sprachkurse** (900 Unterrichtsstunden) sowie **Orientierungskurse** (45 Unterrichtsstunden) zur Vermittlung von Kenntnissen über die Rechtsordnung (vgl. Leitkultur: oben Rdn. 71), die Werte, die Kultur, die Politik und die Geschichte Deutschlands (§ 45 AufenthG).

Solche Kurse (Kostenbeteiligung **ein Euro** pro Unterrichtsstunde) des BAMF (Sitz Nürnberg), die mit einem (relativ leichten) Abschlußtest enden, bieten insbesondere an: die Volkshochschulen (VHS), das Goethe-Institut und Sprachschulen.

Positiv fällt ferner auf, **61**

- daß der **Anwerbestopp** für Nicht-EU-Staaten (vom 23. Nov. 1973) grundsätzlich (bis auf die Zuwanderung von „Hochqualifizierten“: z.B. Wissenschaftler mit besonderen Fachkenntnissen u.ä.) beibehalten wurde (§§ 18 Abs. 1, 19 AufenthG),
- daß der Rechtsschutz gegen Abschiebungsanordnungen grundsätzlich auf **eine Instanz** verkürzt wurde (§ 78 AsylVfG),
- daß vor der Entscheidung über eine Einbürgerung eine **Regelanfrage** zu Erkenntnissen über verfassungsfeindliche Aktivitäten erfolgt (§ 11 Abs. 1 Nr. 2 AufenthG) und
- Ausländer verpflichtet sind (§ 12a Abs. 2 AufenthG) im Einbürgerungsverfahren **Vorstrafen aus dem Ausland** zu offenbaren. Schließlich fällt aus der Sicherheitsperspektive noch auf,
- daß die Innenminister der Länder (§ 58a AufenthG) eine Abschiebungsanordnung (**ohne** vorhergehende Ausweisung) erlassen können „aufgrund einer auf Tatsachen gestützen Prognose zur Abwehr einer besonderen Gefahr für die Sicherheit der Bundesrepublik Deutschland oder einer **terroristischen Gefahr**“.

§ 75 Nr. 4 AufenthG sieht **Begleitforschung** vor; einen „Zuwanderungsrat“ gibt es nicht mehr.

*b) Negative Aspekte (aus kriminalpolitischer Sicht)*

62 Bedenklich erscheinen (außer der **Kompliziertheit** der Regelungen mit ausgefeilten Schutzrechten, die Schlupflöcher öffnen),

- daß die Asylgründe (im Sinne von Begrenzungspolitik) nicht eingeschränkt, sondern sogar noch auf geschlechtsspezifische und nichtstaatliche Verfolgungen (definiert in § 60 Abs. 1 Satz 3 AufenthG) ausgedehnt wurden (§ 23a Abs. 2 AufenthG),
- daß die **Aufenthaltsgründe** nicht restriktiver formuliert worden sind,
- daß das **Nachzugsalter** (im Rahmen der Familienzusammenführung) nicht auf das Schuleintrittsjahr (6 Jahre) herabgesetzt wurde (vgl. § 32 Abs. 3 AufenthG): in diesem Alter lernen Kinder besser deutsch als mit den (beibehaltenen) 16 Jahren (so auch *Bade/Münz* 2002, 18),
- daß die Integrationskurse (§ 43 AufenthG) nicht auch für alle schon im Inland lebenden Nichtdeutschen (i. S. **nachholender Integration:** (*Bade,* zuletzt in ZAR 7/2005, 217 ff) eingesetzt werden und
- daß ausreisepflichtige Ausländer, die nicht ausgereist sind, (unter bestimmten Voraussetzungen) mit einem **Bleiberecht** (bzw. gesichertem Aufenthaltsstatus) belohnt werden (Süddeutsche Zeigung vom 18./19. 11. 06);
- daß zurückgeschobenen oder abgeschobenen Ausländern, die **erneut** ins Bundesgebiet einreisen, **keine strafrechtlichen Sanktionen** drohen (vgl. dazu §§ 11, 15, 58 AufenthG).

*c) EU-Gemeinschaftsrecht*

63 Das Einreise- und Aufenthaltsrecht wird nicht zuletzt jedoch durch EU-Richtlinien beeinflußt. Insoweit sind zu nennen (vgl. dazu *Renner* 2006, 22 ff):

- die Familienzusammenführungs-Richtlinie vom 22. 9. 2003;
- die Daueraufenthalts-Richtlinie vom 25. 11. 2003 und
- die Qualifikations-Richtlinie vom 29. 4. 2004.

Nach *Renner* 2006, 24 „beschreibt das ZuwG nur eine Zwischenstation auf dem Wege des deutschen Ausländerrechts **zu einem einheitlichen europäischen Migrationsrecht**". Mit anderen Worten: es steht zu erwarten, daß Deutschland seine Interessen an der Zuwanderungspolitik nicht durchsetzen kann. Wir sind bald auch insoweit „nicht mehr Herr im eigenen (deutschen) Haus" (vgl. auch Rdn. 32 zu § 31).

*d) Reform des Zuwanderungsgesetzes*

64 Der Bundestag hat am 15. Juni 2007 u. a. folgende Veränderungen zum Zuwanderungsgesetz beschlossen (zit. nach NOZ vom 15. Juni 2007), die **am 1. Sept. 2007** in Kraft traten:

- Beschränkung des Ehegattennachzugs aus Nicht-EU-Staaten (z.B. Türkei) durch ein **Mindestalter** von 18 Jahren zum **Schutz vor Zwangsehen**;
- die Forderung des Nachweises einfacher deutscher **Sprachkenntnisse** des nachziehenden Ehegatten, um seine **Integrationsfähigkeit** zu stärken;
- die Schaffung eines vorübergehenden Aufenthaltsrechts für **Opfer des Menschenhandels**.

## IV. Die Probleme laufen aus dem Ruder

Mit dem Zuwanderungsgesetz allein lassen sich die sozialen Probleme, **65**
die im Gefolge der Zuwanderungen (insbesondere aus muslimischen Staaten) eintraten, nicht mehr lösen. Die entsprechende „political correctness" (vgl. oben Rdn. 15k) ist als Strategie gescheitert. Das hatte aber auch die Bundesregierung zum Handeln bestimmt.

**Nationaler Plan zur Integration**

**Mehr Migranten sollen in den öffentlichen Dienst**

**Berlin** – Der Integrationsgipfel im Kanzleramt hat einen „Nationalen Aktionsplan" zur bessern Eingliederung von Migranten in die deutsche Gesellschaft beschlossen. Bund, Länder und kommunale Verbände verpflichten sich darin, weitere Anstrengungen in der Integrationspolitik zu unternehmen, etwa bei den Themen Sprache, Bildung und Ausbildung

aus: *Süddeutsche Zeitung* vom 1. Febr. 2012, 1

### 1. Islamkonferenzen („Integrationsgipfel")

So kam es am **27. Sept. 2006** zur Einberufung einer **(ersten)** Islamkonfe- **66**
renz (IK), an der Vertreter der muslimischen Verbände unter dem Vorsitz des BMI *(Schäuble)* und muslimische Einzelpersönlichkeiten teilnahmen.

Am vierten (2010) und fünften (2011) Integrationsgipfel beteiligten **67**
sich auch Vertreter der Parteien, der Wirtschaft, der Medien, der Gewerkschaften und der Polizei (NOZ vom 3. Nov. 2010, 2). Verabschiedet wurde u.a. ein „Nationaler Integrationsplan (vgl. Ausriß oben).

Kritik: Das Gremium ist mit rund 100 Teilnehmern viel zu groß. Die teilnehmenden muslimischen Verbände (vgl. Übersicht 62) repräsentieren nur 15-20 % der in Deutschland lebenden Muslime. Die Islamwissenschaftlerin Necla *Kelek* führt an, daß diese überdies aus der Türkei gesteuert würden (in Focus 19/2013, 18); vgl. auch DER SPIEGEL 19/ 2013, 36 („*Ersatzkanzler in Ankara*").

Der sechste Integrationsgipfel wurde am 28. Mai 2013 durchgeführt, und zwar u.a. zu dem Thema „Eingliederung der Migranten in den deutschen Arbeitsmarkt". Dem Zentralrat der Muslime lag an der **Einführung eines eigenen Straftatbestandes „Islamfeindlichkeit"** (NOZ vom 8. Mai 2013).

68 *Übersicht 62:* Muslimische Verbände in Deutschland

In Deutschland leben etwa **3,3 Millionen** Muslime.
Davon sind bis zu 20 Prozent in Verbänden organisiert.

Quelle: REMID 2005

Zusammenschluss großer Verbände unter dem neuen Dachverband
**Koordinierungsrat der Muslime (KRM)**

| VERBÄNDE | Islamrat für die BRD | Türkisch-Islamische Union der Anstalt für Religion (Ditib) | Verband der Islamischen Kulturzentren (VIKZ) | Zentralrat der Muslime in Deutschland (ZMD) |
|---|---|---|---|---|
| MITGLIEDER (geschätzt) | 136 000 | 118 000 | 20 000 | 12 000 |
| VORSITZ | Ali Kizilkaya | Sadi Arslan | Mehmet Yilmaz | Ayyub Axel Köhler |

aus: *DER SPIEGEL* 19/2007, 34 (dazu auch oben Rdn. 19)

**2. Sarrazins Thesen**

69 Am 3. Sept. 2010 führte der damals amtierende Bundespräsident *(Christian Wulff)* in einer Rede zum 20. Jahrestag der deutschen Wiedervereinigung aus, daß **„der Islam inzwischen auch zu Deutschland gehöre“**.

70 a) Diese Behauptung stieß in der deutschen Bevölkerung auf große Ablehnung. Sein Nachfolger (**Joachim Gauck** ab 2012) hat sich von dieser Formulierung abgesetzt indem er betonte? „Ich hätte einfach gesagt: **Die Muslime, die hier leben, gehören zu Deutschland“** (zit. nach NOZ vom 1. Juni 2012, 1).

*In einer aktuellen Studie des Instituts Allenbach stimmen dieser These aber auch nur 47 % der Befragten zu, Wulffs These nur 22 % (zit. nach NOZ vom 7. Jan. 2013, 3).*

*Holthaus* spricht in der NOZ (aaO) davon, daß Islamphobie in Deutschland gesellschaftsfähig geworden sei, jedenfalls „auch im politischen Milieu der Linken und der Mitte zugenommen hat“.

*Wulff* und *Gauck* konnte eigentlich nicht entgangen sein, daß zuvor Thesen des früheren Berliner Finanzsenators (**Thilo Sarrazin**) auf „riesige Zustimmung“ gestoßen waren (SPIEGEL 51/2010, 41). *Sarrazin* stellte in seinem Bestseller „Deutschland schafft sich ab“ (auf S. 264f) nämlich u.a. folgende Thesen auf:

- Muslime sind „überdurchschnittlich von staatlichen Sozialleistungen abhängig“ (vgl. dazu Rdn. 56a);
- muslimische Migranten sind „enorm“ fruchtbar (vgl. dazu Rdn. 56);
- keine Gruppe betont in der Öffentlichkeit so sehr ihre Andersartigkeit durch die Kleidung ihrer Frauen (vgl. Rdnr. 15f und 70);
- muslimische Migranten verüben „überdurchschnittlich häufig Straftaten, von der ‚einfachen‘ Gewaltkriminalität auf der Straße bis hin zur Teilnahme an terroristischen Aktivitäten“.

b) Hat *Sarrazin* recht? Mit seinen Ausführungen zu den Migrations- 71
problemen grundsätzlich ja (ausführlich *Schwind* in FS für Heinz 2012, 239–261). Die türkischstämmige Soziologin Necla *Kelek* bedauerte dementsprechend, daß *Sarrazin* an den Pranger gestellt und sein Anliegen „zerredet" wurde. Für die Zeitschrift Focus (2/2011, 59) war er „gesellschaftspolitisch der Mann des Jahres". Auch *Gauck* hat Sarrazin attestiert, „Mut bewiesen zuhaben" (zit. nach WAZ vom 2. Juni 2012). Der Neuköllner Bezirksbürgermeister (*Buschkowsky*) stellte (nach Focus 33/2011, 37) fest: „Er hat das Ventil aufgemacht".

aus: *FOCUS* 18/2012, 36

### 3. Kreuzers Konsequenzen

*Kreuzer* schlägt (in Gießener Allgemeinen vom 15.9.2010, 5) u. a. vor: 72
parteiübergreifende Defizite der Integration vorbehaltslos zu benennen „statt sie nach vereintlicher politischer Korrektheit zu verschweigen".

- Integrationswillige stützen, Integrationsunwillige in die Pflicht nehmen: fördern und fordern;
- „Sprachkompetenzen so früh wie möglich, also vor allem im Kindergarten und in der Vorschulzeit vermitteln. Verweigerungen sollten „konsequent zu Kürzungen bei Kindergeld und Sozialhilfe führen."
- Insbesondere „ist durch Schulsozialarbeit, Jugendämter und notfalls Polizei Schulverweigerung aufzuklären und gegenüber den Verantwortlichen zu sanktionieren";
- „Islamunterricht in Schulen und Moscheen muß unter deutsche Aufsicht gestellt werden.
- Lehrer und Imame sind hierzulande an Universitäten auszubilden nicht zu importieren. ... Wir müssen erfahren können, was in Moscheen gelehrt und gepredigt wird."

73 Der **Begriff der „Leitkultur"**, der auf den Politikwissenschaftler Basam *Tibi* zurückgeführt wird, einen in Syrien geborenen Moslem deutscher Staatsangehörigkeit, steht „als Sammelbezeichnung für ein Mindestmaß an Grundüberzeugungen und Orientierungen, die jede Gesellschaft braucht, um sich über sich selbst zu verständigen: politische Integration" (so Bundestagspräsident *Lammert* in der FR vom 25.11.2005). Den Gegensatz bildet die „Multikultur".

Unter **deutscher Leitkultur** ist zunächst die **deutsche Sprache** als „Ausdruck geistiger Heimat" (Angela *Merkel* am 1. Mai 2008 in Aachen) zu verstehen: auch auf dem Schulhof (so die Integrationsbeauftragte der Bundesregierung, zit. nach SZ vom 28.6.06, S. 5). Mit Leitkultur (zum Begriff der „Kultur" vgl. Rdn. 11 zu § 7) ist vor allem aber die **deutsche Kultur- und Rechtsordnung** gemeint: insbesondere Grundgesetz („Verfassungspatriotismus") und Strafrecht. Daraus ergeben sich z.B. folgende Leitorientierungen:

- Erlernen der **deutsche Sprache** als sichtbares Zeichen für die Zugehörigkeit zu Deutschland (so der *Nationale Integrationsplan* 2007, 12ff);
- Frauen sind in Deutschland **gleichberechtigt**: bedingungsloser Gehorsam dem Mann (bzw. Vater) gegenüber kann nicht akzeptiert werden;
- für Selbstjustiz (**„Ehrenmorde", Blutrache**; Extrembeispiel bei Rdn. 14 zu § 29) kann es keinen „kulturellen Rabatt" geben; das gilt ebenso für **Zwangsbeschneidungen** und **Zwangsheiraten**; andere „Traditionen" gelten hier nicht;
- das **Apostasie-Verbot** (Verbot des Glaubenswechsels) paßt genausowenig zu unserer Kultur (dazu Rdn. 51 zu § 30); „es gibt Religionsfreiheit, aber Religion ist nicht das Gesetz" (*Künast* im SPIEGEL 22/2006, 48);
- den Schulunterricht zu boykottieren, weil im **Sportunterricht** leichte Sportkleidung getragen wird, gehört auch nicht zu den Rechten von Migranten: der Erziehungsauftrag des Staates geht dem Grundsatz der Religionsfreiheit vor (so z.B. das *VG Düsseldorf* Az. 18k 301/08);
- **Kopftuch**, erst recht **Tschador und Burka** (Totalverschleierung bzw. die Vollkörperschleier), passen ebenfalls nicht zur deutschen Leitkultur; sie signalisieren geradezu die Ablehnung von Integration.

Oder steuert Deutschland (bzw. Europa) auf eine **muslimische Leitkultur** zu? Dazu *Schwind* in FS für Kreuzer 2008, 685ff. Zur Problematik der doppelten Staatsangehörigkeit vgl. Rdn. 35.

Als zwei muslimische Bundestagsabgeordnete (zur Förderung der Integration) ihre Glaubensschwestern zum Ablegen der Kopftücher aufforderten (zit. nach NOZ vom 16. Okt. 2006), sind sie zu Opfern von **Morddrohungen** und **Schmähbriefen** geworden. Das zeigt, daß manche Zuwanderer noch nicht die Bedeutung von Meinungsfreiheit, die in Deutschland herrscht, verstanden haben. Dazu vor allem *Ayaan Hirsi Ali*: **Ich klage an**, Plädoyer für die Befreiung der muslimischen Frauen, München 2006 und *Seyran Ates:* Der Multi-kulti-Irrtum, Berlin 2007.

# § 25 Zur Kriminalität der (deutschstämmigen) Aussiedler

**Literatur:** **Baaden,** A.: Konzepte und Modelle zur Integration von Aussiedlern, Berlin 1997; **Bade,** K. J.: Aussiedler – Rückwanderer über Generationen hinweg, in: *Bade,* K. J. (Hrsg.): Ausländer – Aussiedler – Asyl: eine Bestandsaufnahme, München 1994; **Bals,** N./**Bannenberg,** B.: Jugendliche Spätaussiedler in sozialen Brennpunkten, in: ZJJ 2/2007, S. 180–190; **BAMF:** Migrationsbereicht 2011, Berlin 2013; **Bannenberg,** B./**Bals,** N./**Hilgartner,** C.: Integration von jugendlichen Spätaussiedlern, Universität Bielefeld (Mschr.), März 2006; **Bodenberg,** W.: Die besondere Lebenssituation von jungen Aussiedlerinnen und Aussiedlern in: DVJJ-Journal 1/1999, S. 73–74; **Bundesamt für Migration und Flüchtlinge** (Hrsg.): Kriminalität von Aussiedlern. Eine Bestandsaufnahme (Working Paper 12) 2008; **DBH** (Hrsg.): Spätaussiedler, Interkulturelle Kompetenz für die Straffälligenhilfe und den Justizvollzugsdienst, Mönchengladbach 2003; **DBH-Bildungswerk**: Spätaussiedler, interkulturelle Kompetenz für die Straffälligenhilfe und den Justizvollzugsdienst, Mönchengladbach 2003; **Delfs,** S.: Heimatvertriebene, Aussiedler, Spätaussiedler, in: Aus Politik und Zeitschichte Bd 48/1993, S. 3–11; **Dietz,** B.: Jugendliche Aussiedler in Deutschland. Chancen und Risiken der Integration, in: *Bade,* K.J./*Oltmer,* J. (Hrsg.), Aussiedler: Deutsche Einwanderer aus Osteuropa, Osnabrück 1999, S. 153–176; **Dietz,** B./**Hilkes,** P.: Integriert oder isoliert? Zur Situation rußlanddeutscher Aussiedler in der Bundesrepublik Deutschland, München 1994; **Dietz,** B./**Roll,** H.: Jugendliche Aussiedler – Portrait einer Zuwanderergeneration, Frankfurt, 1998; **Dolde,** G.: Spätaussiedler – „Rußlanddeutsche" – ein Integrationsproblem, in ZfStrVo 3/02, S. 146–151; **Eisfeld,** A.: Zwischen Bleiben und Gehen: Die Deutschen in den Nachfolgestaaten der Sowjetunion, in: Aus Politik und Zeitgeschichte B 48/1993, S. 44–52; **Gluba,** A./**Schaser,** P..: Registrierte Kriminalität von Aussiedlern in zwei niedersächsischen Großstädten, Hannover 2003; **Groß,** U.: Die sozialpädagogische Gruppenarbeit für aussiedlerdeutsche Jugendliche und junge Erwachsene in Balingen, in: DVJJ-Journal 4/1998 S. 380–382; **Grübl,** G./**Walter,** J.: „Russlanddeutsche" im Jugendstrafvollzug, in: BewHi 4/1999, S. 361–374; **Grundies,** V.: Kriminalitätsbelastung junger Aussiedler, in: MschrKrim 2000, Heft 4; **Heuer,** K.-H./**Ortland,** G.: Aussiedler – Ein ganz neues Phänomen. Integrationsversuche mit Phänomenen eines Teufelskreises in: Kriminalistik 1995, S. 711–714; **Heuer,** K.-H./**Ortland,** G.: Russische Aussiedler in Osnabrück. Probleme und Perspektiven, in: DVJJ-Journal 1/1996, S. 54–59; **Hosser,** D./**Taefi,** A.: Die subkulturelle Einbindung von Aussiedlern im Jugendstrafvollzug, in: MschrKrim 2/2008, S. 131–143; **Hunsicker,** E.: Zur Kriminalität der Spätaussiedler, in: Kriminalistik 1999, S. 520–524; **Ingenhorst,** H.: Die Rußlanddeutschen. Aussiedler zwischen Tradition und Moderne, Frankfurt/M. 1997; **Institut für Entwicklungsplanung und Strukturforschung Hannover** (IES): Aussiedlerzuzug im Landkreis Osnabrück – Umfang, Trends und Wirkungen, Hannover 1995; **Jeschawitz,** I.: Aussiedler/Spätaussiedler: Ein sperriges Thema differenziert betrachtet, in: DVJJ, Baden-Württemberg, Heidelberg 1998, S. 9–21; **Kleespieß,** S.: Kriminalität von Spätaussiedlern: Erscheinungsformen, Ursachen, Prävention, Frankfurt/M 2006; **Kleespieß,** S.: Kriminalität von Spätaussiedlern, Frankfurt/M. 2006; **Koller,** B.: Aussiedler in Deutschland – Aspekte ihrer sozialen und beruflichen Eingliederung, in: Aus Politik und Zeitgeschichte B 48 1993, S. 12–22; **Krevert,** P./**Kohl,** A./**Wittkamper,** G. W.: Prävention von Ausländerkriminalität, Institut für Politikwissenschaft, Münster 1998; **Landespräventionsrat NRW**: Integration jugendlicher Spätaussiedler (Bliesener, Th./Eilers, S.) April 2006; **Luff,** J.: Aktuelle Tendenzen der Aussiedlerkriminalität, in: die neue Polizei H. 4/2003, S. 15–18; **Luff,** J: Kriminalität von Aussiedlern, München 2000; **Luff,** J.: „Aussiedlerkriminalität" – Fakten und Mythen, in: Kriminalistik 2001, S. 29–33; **Meissner,** B./**Neubauer,** H./**Eisfeld,** A. (Hrsg.): Die Rußlanddeutschen – Gestern und heute, Köln 1992; **Nawratil,** H.: Vertreibungsverbrechen an Deutschen, München 1982; **Nawratil,** H.: Die deutschen Nachkriegsverluste unter Vertriebenen, Gefangenen und Verschleppten, München 1987; **Pfeiffer,** C.: Steigt die Jugendkriminalität?, in: DVJJ-Journal 3/1996, S. 215–220: **Pfeiffer,** C./**Brettfeld,** K./**Delzer,** I.: Kriminalität in Niedersachsen – Eine Analyse auf der Basis der Polizeilichen Kriminalstatistik 1988–1995, KFN Forschungsberichte Nr. 56 (1996); **Pfeiffer,** C./**Wetzels,** P.: Zur Struktur und Entwicklung der Jugendgewalt in Deutschland, in: Aus Politik und Zeitgeschichte B. 26, 1999, S. 2–22; **Rautenberg,** H.-W.: Deutsche und Deutschstämmige in Polen, in: Aus Politik und Zeitgeschichte B 50/1988, S. 23ff; **Reich,** K./**Weitekamp,** E./**Kerner,** H.-J.: Jugendliche Aussiedler, in: BewHi 4/1999, S. 335–359; **Rilinger,** L.: Deutsche aus Rußland, in: Die Politische Meinung Nr. 344/Juli 98, S. 48–52; **Schmitt-Rodermund,** E./**Silbereisen,** R. K.: Trends im Problemverhalten unter jungen Aussiedlern während der Akkulturation – Kohortendifferenzen oder intraindividuelle Entwicklung? unveröff. MS 2000; **Schönhuth,** M.: Remigration von Spätaussiedlern: ethnowissenschaftliche Annäherungen an ein neues Forschungsfeld, in: IMIS-Beiträge 33/2008,

S. 61–83; **Strasser,** H./**Zdun,** S.: Gewalt ist (k)eine Antwort! Zur Bedeutung der Ehre für abweichendes Verhalten russlanddeutscher Jugendlicher, in: Soziale Probleme 16/2005, S. 5–24; **Strobl,** R./**Kühnel,** W.: Dazugehörig und ausgegrenzt. Analysen zu Integrationschancen junger Aussiedler, Weinheim 2000; **Walter,** M.: Die Situation junger Aussiedler, in: Neue Kriminalpolitik 1998, S. 5–9; **Wenzel,** H.-J..: Aussiedlerintegration als kommunalpolitische Aufgabe. Aktivitäten und Maßnahmen am Beispiel des Landkreises Osnabrück, in: **Bade,** K. J./**Oltmer,** J. (Hrsg.): Zuwanderung und Integration in Niedersachsen seit dem Zweiten Weltkrieg, Osnabrück 2002; **Wetzels,** P. et al.: Jugend und Gewalt, Baden-Baden 2001; **Winter,** O.: Integrationsprobleme von Aussiedlern, Studienreihe Osnabrücker Land, Bd. 6 Soziales, Osnabrück 1995.

**Gliederung**



**1** Seit 1988 sind (außer Asylbewerbern bzw. Wirtschaftsflüchtlingen) verstärkt auch sog. Aussiedler in die Bundesrepublik eingereist: in diesen Jahren über drei Millionen (vgl. Übersicht 63 unten). Diese gelten, soweit sie „deutsche Volkszugehörige" sind, i.S. des Art. 116 GG als **(Status-) Deutsche: Abstammungsprinzip** (vgl. § 7 und § 40a StAG). Das „Recht zur Aufnahme leitet sich ab aus dem Kriegsfolgenschicksal dieser Deutschstämmigen, die die Last des verlorenen Krieges in weitaus höherem Maße zu tragen hatten als die in Deutschland lebenden" (*Dolde* 2002, 147).

*Den „Status" der deutschen Volkszugehörigkeit kann nach § 6 Bundesvertriebenengesetz (dazu Rdn. 22) erhalten, „wer sich in seiner Heimat zum deutschen Volkstum bekannt hat, sofern dieses Bekenntnis durch bestimmte Merkmale wie Abstammung, Sprache, Erziehung und Kultur bestätigt wird".*

**1a** Sie werden daher in den deutschen Kriminalstatistiken (dazu Rdn. 2 ff zu § 2) grundsätzlich weder den Ausländern (vgl. §§ 23 und 24) zugerechnet, noch grundsätzlich gesondert geführt. Ausnahmen z. B. Niedersachsen (seit 1998: vgl. *Hunsicker* 1999, 522 ff), Bayern (seit 1996: *Luff* 2003, 15), NRW (2004: SZ vom 14. Febr. 2004: 2005 aber wieder gestrichen) und Hamburg (DER SPIEGEL 41/2005, 67): dort werden TV auch nach ihrem Geburtsort erfaßt.

*Übersicht 63:* 1b
In Deutschland eingetroffene **(Spät-)Aussiedler** von 1950 bis 2011

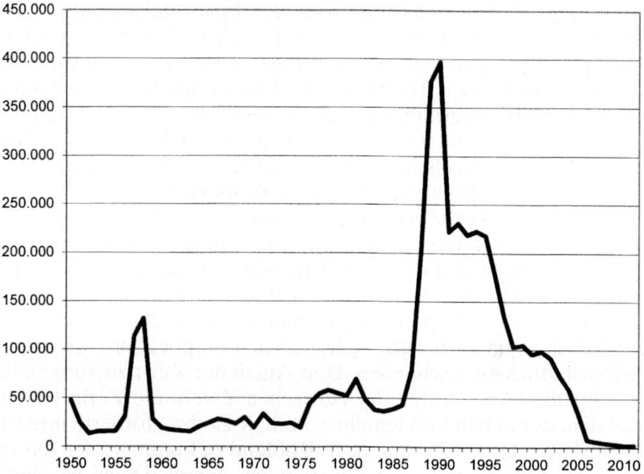


Anmerkungen: Im Jahr **2011** kamen nur noch 2 148 Aussiedler nach Deutschland. Seit 1950 wurden insgesamt 4 507 641 Aussiedler gezählt.

*Quelle:* Aussiedlerstatistik des Bundesverwaltungsamtes (abzurufen unter http://www.bva.bund.de); aktualisiert von Prof. Dr. B. Goldberg

## I. Zu den Aussiedlern und ihrer Geschichte

### 1. Wer ist „Aussiedler"?

„Aussiedler" ist, wer 2

> *„**nach Abschluß der allgemeinen Vertreibungsmaßnahmen** ... die (ehemals) unter fremder Verwaltung stehenden deutschen Ostgebiete, Danzig, Estland, Lettland, Litauen, die (ehemalige) Sowjetunion, Polen, die Tschechoslowakei, Ungarn, Rumänien, Bulgarien, Jugoslawien, Albanien oder China verlassen hat oder verläßt, es sei denn, daß er, ohne aus diesen Gebieten vertrieben und bis zum 31. März 1952 dorthin zurückgekehrt zu sein, nach dem 8. Mai 1945 einen Wohnsitz in diesen Gebieten begründet hat" (§ 1 Abs. 2 Ziff. 3 des Bundesvertriebenengesetzes, vgl. Rdn. 22).*

Aussiedler, die **seit dem 31. Dezember 1992** aus den Aussiedlungsgebieten zuwandern, bezeichnet das Bundesvertriebenengesetz (vgl. Rdn. 22) als **„Spätaussiedler"**. Der größte Teil (vgl. Schaubild auf der nächsten Seite) dieser Spätaussiedler kommt **seit den 90er Jahren** aus den asiatischen Republiken der Gemeinschaft Unabhängiger Staaten (GUS), insbesondere (zu etwa 50 %) aus Kasachstan: „Rußlanddeutsche", die die (einheimische) deutsche Bevölkerung **in sozialpsychologischer** Hinsicht (auch wegen der Sprachprobleme) oft **als Ausländer wahrnimmt.** 3

## 2. Zur Geschichte der Rußlanddeutschen

4 Die Rußlanddeutschen sind im 18. und 19. Jahrhundert primär aus Württemberg, Baden, Schwaben, aus der Pfalz, dem Elsaß und dem Rheinland, aber auch aus Westpreußen, Danzig und Schlesien nach Rußland eingewandert (vgl. dazu die Beiträge in *Meissner/Neubauer/Eisfeld* 1992). Die erste Kolonie (Dorf) wurde 1764 in den Steppengebieten an der unteren **Wolga** gegründet (Stadt Saratow); bevorzugte Siedlungsgebiete waren später: die (Gebiete der heutigen) **Ukraine**, die **Schwarzmeergebiete** (einschließlich der Halbinsel Krim), **Bessarabien** und (an der Westgrenze des russischen Reiches) **Wolhynien** (Übersicht 64). Die Ursache dieser Völkerbewegung hat (einerseits) in den Hoffnungen der (bäuerlichen) Zuwanderer auf eine Verbesserung ihrer Lebensgrundlagen (Landknappheit und wirtschaftliche Not in ihren Herkunftsgebieten) bestanden sowie (andererseits) in dem Interesse des russischen Staates, vor allem den (eroberten) menschenleeren Schwarzmeerraum und die brachliegenden (unwirtlichen) südrussischen Steppen zu besiedeln bzw. landwirtschaftlich zu erschließen. Den Anlaß der Zuwanderung bildeten zwei „Einladungsmanifeste" der russischen Zaren: die **Zarin Katharina II.** (aus dem deutschen Fürstenhause Anhalt-Zerbst) forderte ihre früheren Landsleute schon 1763 auf, nach Rußland zu kommen; der **Zar Alexander I.** rund 40 Jahre später (1804) noch einmal. Dabei wurden den Zuwanderern Sonderrechte (wie Selbstverwaltung, Steuerbefreiung bis zu 30 Jahren und die Befreiung vom Militärdienst, Religionsfreiheit) versprochen (vgl. auch *Dolde* 2002, 146).

5 1874 ist die allgemeine Wehrpflicht unter Zar **Alexander II.** gleichwohl auch auf die Deutschen in Rußland ausgedehnt worden. Im Ersten Weltkrieg wurden die deutschen Zeitungen verboten und die deutschen Schulen geschlossen. Die meisten der an der Westgrenze des russischen Reiches lebenden Wolhynien-Deutschen wurden in den Osten Rußlands zwangsumgesiedelt. 1924 erfuhr die Selbstverwaltung der Wolgadeutschen jedoch im Zuge der sowjetischen Nationalitätenpolitik eine Aufwertung: ihr Gebiet wurde (kurz nach dem Tode von *Lenin*) zu einer „Autonomen Sozialistischen Sowjetrepublik der Wolgadeutschen" erklärt (mit der Hauptstadt Poktowsk), in der deutsche Schulen und Zeitungen wieder erlaubt waren, die deutsche Sprache wieder Amtssprache wurde und deutsche Verlage und Theater erlaubt wurden. Ab 1928 begann (unter *Stalin*) dann die Zwangskollektivierung (die entschädigungslose Enteignung der Bauern), die bis 1931 auch etwa 95 % aller deutschen Bauernhöfe erfaßte. Die deutschen Kirchen wurden zu „Kulturhäusern" umfunktioniert, die deutsche Unterrichtssprache in den Schulen (ab 1937) durch ukrainisch oder durch die russische Sprache ersetzt.

6 Nach dem Beginn des Zweiten Weltkrieges (1939) verdächtigte man die Deutschen (kollektiv) der Illoyalität (Kollaboration mit NS-Deutschland) gegenüber der Sowjetunion (Staatsfeinde, Verräter) und vertrieb sie deshalb aufgrund eines Dekretes „Über die Übersiedlung der Deutschen" (vgl. Zeitungsausriß) des Politbüros vom 28. August 1941 (primär die Wol-

*Übersicht 64:*

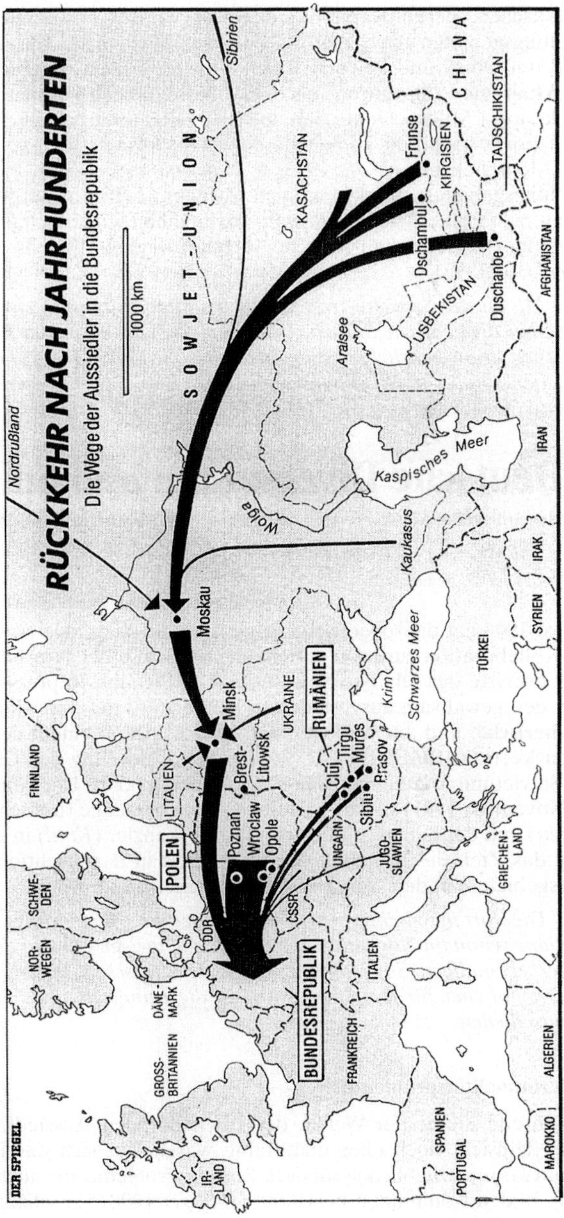


Quelle: *DER SPIEGEL*

gadeutschen, deren Republik aufgelöst wurde) aus ihren westlichen Siedlungsgebieten nach Zentralasien, vor allem nach **Kasachstan** (Gegend um Omsk und Petropavlosk), aber auch nach **Kirgisien** (Frunze), die **Altairegion** (Slavgorod) bis in den Norden nach **Sibirien** hinein. Von den knapp 1 Million Deutschen, die (in 344 Güterzügen: *Jeschawitz* 1998, 13) deportiert wurden, kamen auf den Transporten etwa eine Viertel Million Menschen um (*Delfs* 1993, 5; *Nawratil* 1987, 73ff). In den neuen Siedlungsgebieten, in denen auch Zwangsarbeit (in Bergwerken und Munitionsfabriken) zu leisten war, wurde ihnen schließlich noch die Verwendung der deutschen Sprache verboten (ausführlich zur Geschichte: *Ingenhorst* 1997).

*Mit diesem Sprachverbot hat auch zu tun, daß nur noch wenige Aussiedler die deutsche Sprache beherrschen: selbst 80 % der Erwachsenen haben insoweit erhebliche Probleme (Koller 1993, 14), bei den Jugendlichen sind es noch weitaus mehr (vgl. Rdn. 29): für diese ist deutsch eine „Großelternsprache" (Dietz in DBH 2003, 16).*

**„Deutsche Diversanten und Spione"**

**Verhängnisvoller Sowjet-Erlass jährt sich am 28. August zum 60. Mal**

aus: *NOZ* vom 25. August 2001

7 Erst 1964 hat die sowjetische Regierung die pauschale Anschuldigung der Kollaboration zurückgenommen (*Dietz* aaO, 12). Am 14. November 1989 erklärte der Oberste Sowjet der UdSSR „die Repressalien gegenüber den gewaltsam ausgesiedelten Völkern für **gesetzeswidrig** und **verbrecherisch**", und am 9. November 1990 wurde in einem deutsch-russischen Vertrag (BGBl 1991 II, 703ff) die „Förderung der Deutschen in der Sowjetunion" zu einem der Vertragsziele erklärt. Ein Jahr später (am 21. November 1991) verlautbarten dann der damalige russische Präsident (*Jelzin*) und der damalige deutsche Bundeskanzler (*Kohl*) in einer Erklärung das Ziel, die Republik der Deutschen in den traditionellen Siedlungsgebieten an der Wolga wieder entstehen zu lassen.

*Die dort inzwischen siedelnden Russen haben allerdings gegen diese Pläne schon im November 1989 Protest eingelegt. Die auf den Gebieten der ehemaligen Sowjetunion lebenden Deutschen haben sich jedoch ohnehin eher für die Aussiedlung in die Bundesrepublik Deutschland entschieden.*

## II. Kriminalitätsprobleme?

8 Während die ersten Wellen der zuwandernden Aussiedler in krimineller Hinsicht noch eher unauffällig waren, hat sich das Bild in den letzten Jahren erheblich verändert. Soziale Probleme, die auch „die Stimmung in den Kommunen belasten" (*Rilinger* 1998, 51) scheinen sich vor

allem dort zu ergeben, wo Aussiedler in großer Zahl unterkommen und unter Bedingungen hoher Arbeitslosigkeit leben müssen (Hinweise z.B. im *DER SPIEGEL* 10/1996, 24; *Bals/Bannenberg* 2007, 185). So meldete *FOCUS* (10/1996, 34) schon vor zehn Jahren entsprechende Diebstahlssteigerungsraten „in niedersächsischen Landkreisen mit starkem Aussiedlerzustrom ... seit 1990 um beispiellose 134 %“. Die Basis dieser Angaben bildete eine Untersuchung des KFN in Hannover (vgl. *Pfeiffer/Brettfeld/Delzer* 1996, 39ff).

*Luff (2000, 187 und 2001, 31) ist (für Bayern) hingegen zu dem Ergebnis gelangt, daß Aussiedler „Tatverdächtigenbelastungszahlen aufweisen, die* ***sich etwa auf der Ebene der Deutschen bewegen****“. Der „Mythos vom außergewöhnlich gewalttätigen Spätaussiedler“ konnte (danach) empirisch nicht verifiziert werden (aaO, 32). Auffällig ist aber nach den bayerischen Untersuchungen die* ***Zunahme der Mehrfachtäter bzw. Mehrfachtäter*** *bzw. Intensivtäter unter den (Spät-)Aussiedlern (so auch Wetzels et al. 2001, 205 sowie Gluba/Schaser 2003; Klespies 2006). Und (aaO, 32):* ***„Je kürzer nach der Einreise ein Tatverdächtiger mit seiner ersten Straftat auffällt, um so wahrscheinlicher werden für die Folgezeit mehrfache Kontakte mit den Strafverfolgungsbehörden“****.*

**Ist die Situation also besorgniserregend?** So z.B. *Grundig* 2000. Auch 9
*Luff* (2003, 16) weist inzwischen auf „die nachhaltige Steigerung (der Kriminalitätszahlen) bei den 25–29jährigen“ hin und auf eine **Zunahme der Rohheitsdelikte** (die jungen Aussiedlern in Bayern zur Last gelegt werden): „von 1997 bis 2002 um 105,2 %“.

*Auch das Bundesamt für Migration weist (2008, 45) im Rahmen einer Sekundäranalyse darauf hin, daß „das abweichende Verhalten jugendlicher männlicher Aussiedler durch* ***schwerere Deliktsformen*** *gekennzeichnet ist ...“: Raub, schwere Körperverletzung, Drogenkriminalität. Das gilt für das Hellfeld.*

*Dietz* (in DBH 2003, 27) gibt darüberhinaus zu bedenken, daß eine Reihe von Straftaten, in denen Täter und Opfer Aussiedler sind, **nicht angezeigt** werden, und zwar „aus den verschiedendsten Gründen: wegen des bereits in den Herkunftsländern erfahrenen problematischen Umgangs mit der **Polizei** (und) aus Furcht davor, als Aussiedler aufzufallen“. Mit dem Dunkelfeld werden von *Luff* (2003, 17) auch die **Bedrohtheitsgefühle der einheimischen** Bevölkerung in Verbindung gebracht. Diese haben allerdings nicht zuletzt mit (nicht strafbarem, aber) als lästig empfundenem Verhalten zu tun: vor allem mit Auffälligkeiten auf dem bevorzugten **Freizeitort „Straße“: „nicht geräuscharmen Diskussionen ... in fremder Sprache ... begleitet von einer kreisenden Wodkaflasche“** (*Luff* aaO).

Auch *Schmitt-Rodermund* (in DBH 2003, 81) schreibt dazu: „Junge Aussiedler halten sich häufig in Gruppen und an öffentlichen Orten auf, was sie generell auffällig macht“.

*Nach Bannenberg/Bals/Hilgartner (2006, 1/5) gehören zu den (von Deutschen) wahrgenommen störenden Verhaltensweisen: der Aufenthalt auf öffentlichen Plätzen mit lauter Unterhaltung und lauter Musik, exzessivem Alkoholkonsum in der Öffentlichkeit, Hinterlassen von Müll, Bedrohungen und Beschimpfungen von Passanten, Vandalismus und Diebstahlsserien in Supermärkten sowie illegalen Autorennen oder Autorasereien.*

*Strobl/Kühnel* (2000) raten aufgrund ihrer Forschungsarbeiten hingegen zu einer **Entdramatisierung**. Daß die Polizei die Probleme anders einstuft
als manche Wissenschaftler, führt *Luff* (aaO) darauf zurück, daß Polizeibeamte **„mehr problembehaftete Kontakte mit Aussiedlern** haben, als das in den Zahlen der PKS zum Ausdruck kommt".

### 1. Phänomene

*a) Arten der zur Last gelegten Straftaten*

**10** Zu den Gemeinden mit besonders hohem Aussiedleranteil gehört der Vorort Belm bei Osnabrück (Niedersachsen). In Osnabrück häufen sich vor allem **Diebstahlsdelikte**, die (jungen) Aussiedlern zur Last gelegt werden (vgl. dazu *Hunsicker* 1999, 520ff; *Krevert/Kohl/Wittkämper* 1998, 30ff).

*Gestohlen werden (vor allem auch im Rahmen von Beschaffungskriminalität) in den Kaufhäusern Osnabrücks: CD's, Walkmen, hochwertige Bekleidungsstücke (etwa Marken-Sportschuhe). Die Ware landet meist in den Ausländerwohnheimen.*

**11** Auffällig sind aber auch die schon erwähnten **Rohheitsdelikte**, also solche, die mit Gewaltanwendung zu tun haben.

*Insbesondere Körperverletzungen „werden häufig **ohne jegliche Überlegung** ausgeübt ... öfter als erwartet nach dem Motto „Ein Mann redet nicht, ein Mann handelt" (Bielder in DBH 2003, 144).*

Gewaltanwendung „kann in einem Umfeld, in dem sich Jugendliche ohnmächtig ausgegrenzt oder abgelehnt fühlen, **identitäts- und sinnstiftend sein" (***Dietz* in DBH 2003, 30). So kommt es z.B. im Rahmen von **„Machtkämpfen"** („Revierkämpfen") zu Körperverletzungen und Bedrohungen in Jugendzentren, Freizeitheimen oder Diskotheken (vgl. z.B. *Luff* 2000, 146), insbesondere zwischen Aussiedlern und Türken (Massenschlägereien), die von der örtlichen Polizei zu einem beträchtlichen Teil auf **‚Sozialneid'** zurückgeführt werden. Nach *Luff* (2000, 145) könnte im Anschluß an *Heitmeyer* et al. (in Ztschr. für Sozialisationsforschung 2/95, S. 949) für die potentielle Gewaltbereitschaft die Verunsicherung der Jugendlichen relevant sein **(„Verunsicherung-Gewalt-Hypothese")**, aber auch überhöhtes **„Selbstwertgefühl"** sowie nicht zuletzt auch **„großes Geltungsbedürfnis"**.

Die größte Gruppe bilden die **BtmG-Straftäter** (dazu Rdn. 28a zu § 2); so sollen junge (Spät-)Aussiedler 2 bis 4 mal häufiger als Deutsche von harten Drogen abhängig sein (*Czycholl* in DBH 2003, 160; *Gluba* in Kriminalistik 2006, 107; vgl. auch Rdn. 4 vor § 26).

*b) Verhältnis zur Polizei*

Die Polizei beklagt den **„geringen Respekt“.** Es bestehe für jeden Polizeibeamten sogar die Gefahr, beim Einschreiten gegen die (meist mit Messern bewaffneten) Jugendlichen selbst angegriffen zu werden: das gilt vor allem für die oft in Gruppen auftretenden Drogenstraftäter (vgl. dazu auch Rdn. 28 zu § 2). Die „Respektlosigkeit“ wird von jüngeren Aussiedlern mit „der wenig strengen“ Haltung der Polizeibeamten begründet; in den GUS-Staaten hatten sie die Polizei ganz anders kennengelernt. **12**

Auch von *Ostendorf* (in FS für Schwind 2006, 383) wird betont, daß „insbesondere junge Straffällige aus fremden Kultur- und Rechtskreisen .... unsere Strafen als zu milde, ja teilweise als lächerlich beurteilen“. **13**

*c) (Spät-)Aussiedler im Strafvollzug*

Inzwischen sitzen bereits zahlreiche junge (Spät-)Aussiedler (vor allem solche aus den GUS-Staaten) im Jugendstrafvollzug ein. Ihre Zahl wird (bei einem Bevölkerungsanteil dieser Altersgruppe von 4 %: *Schmitt-Rodermund/Siebereisen* 2000, 2) im Schnitt der Belegung der Jugendstrafanstalten auf rund **10 % der Anstaltsinsassen** geschätzt *(Pfeiffer/Dworschak* 1999, 185ff sowie Rdn. 39a zu § 23): in manchen JVAen liegt der Anteil auch schon wesentlich höher (z. B. in den JVAen Hameln und Herford). **14**

*Im Vordergrund der Straftaten stehen **Betäubungsmitteldelikte** und **Sexualstraftaten** (Walter in DBH 2003, 87/88). Zur Bewährung entlassene Gefangene werden rasch wieder rückfällig (Walter aaO); das gilt vor allem für solche, die nach § 35 BtmG (vgl. Rdn. 35 zu § 27) eine Therapieeinrichtung aufsuchen sollten (Walter aaO).*

Die Mehrheit (über 60 % in den Jugendstrafanstalten Baden-Württembergs) stammt aus Kasachstan (Walter aaO). Über die Auffälligkeiten heißt es z. B. bei *Grübl/Walter* (1999, 360) am Beispiel der JVA Adelsheim (Baden-Württemberg):

*GUS-Deutsche fallen in den Anstalten durch ihre **hohe Gewaltbereitschaft** und durch eine **hohe Zahl von Verstößen** gegen Anstaltsregeln auf (Grübl/Walter 1999, 373). Von ihren Mitgefangenen **kapseln sie sich ab**, auch auf dem gemeinsamen Hofgang: „An die Russen kommst Du nicht ran“ (so ein Insasse, zit. bei Grübl/Walter 1999, 336; vgl. auch Walter 1998, 5ff). Vom Personal werden die (Spät-)Aussiedler „als eine sehr homogene Gruppe mit hohem internen Zusammenhalt erlebt“ (Grübl/Walter 1999, 362): „Bildung einer russischen Kolonie intra muros“ (Walter in DBH 2003, 96). Der Sprecher der Jugendstraf-* **15** *anstalt Hameln (Blum): „Daß Beamte von hinten überfallen und zusammengeschlagen werden, diese Qualität der Gewalt hat es bei uns früher nicht gegeben“ (zit. nach HAZ vom 29. 4. 03, S. 3). Zu den Ursachen solcher Verhaltensweisen heißt es bei Dolde (2002, 149): „Da an die Existenz eines allgemein verbindlichen Werte- und Normensystems nicht geglaubt wird, bestimmt der* ***‚Boss‘*** *der jeweiligen Gruppe, was Realität ist und welche Rolle die Einzelnen zu spielen haben“:* ***„Brigadedenken“***.

Bei *Pawlik-Mierzwa/Otto* (in DBH 2003, 122) kann man ergänzend nachlesen:

*„In einem im November 2000 in einer Justizvollzugsanstalt sichergestellten Papier, das sich mittlerweile auch in anderen Gefängnissen aufgefunden hat, werden russisch sprechende Gefangene aufgefordert, sich zu verbinden und Kontakte* ***(„Straßen“)*** *nach außen sowie zwischen den Anstalten auf- und auszubauen. Mitgefangenen bzw. Angehörigen werden* ***Schutzgelder*** *abverlangt, die in einen gemeinsamen Topf* ***(„Abschtschjak“)*** *zu zahlen sind“. Neuankömmlinge, „die z. B. wegen Zusammenarbeit mit den Strafverfolgungsbehörden in Ungnade gefallen sind, werden durch das Repressionsssystem psychisch und physisch gemaßregelt. Dazu gehören* ***Demütigungen, Nötigungen, Erpressung, Körperverletzungen, Aufforderungen zum Suizid“***.

Nach den Untersuchungen von *Hosser/Taefi* (2008/136) in verschiedenen Jugend(straf)anstalten konnten über 60 % der Aussiedler einer Subkultur zugerechnet werden; bei den gebürtigen Deutschen waren es hingegen nur 5 %.

**16** Vollzugspraktiker äußern darüber hinaus (zumindest intern) wie auch Polizeiexperten die (begründete) Vermutung, daß (Spät-)Aussiedler, die seit Mitte der 90er Jahre zuziehen (z. T. dort schon verabredet) im Rahmen der Ausführungsebene der russischen Mafia (vor allem im Drogenhandel) eingesetzt werden (vgl. *Krevert/Kohl/Wittkämper* 1998, 10; *Schmitt-Rodermund/Siebereisen* 2000, 2; *Laubenthal* in FS für Schwind 2006, 602; vgl. dazu auch Rdn. 21a zu § 29).

AUSSIEDLER

**Ehrenwerte Gesellschaft**

**Eine russische Mafia kontrolliert deutsche Jugendgefängnisse mit Gewalt, Erpressung und Unterdrückung**

**Das Scharmützel** in der schwäbischen Jugendstrafanstalt Niederschönenfeld dauerte etwa 20 Minuten. Im täglichen Kampf um die Vorherrschaft im Knast stürzten sich jüngst drei Dutzend Russlanddeutsche beim Hofgang auf die 20 albanischen Mitgefangenen. Diese wussten sich mit zuvor geklautem Besteck zu wehren. So floss bei dem Gefecht an diesem Tag viel Blut, und es endete im Patt.

In Deutschlands Jugendgefängnissen haben Russlanddeutsche eine Besorgnis erregende Subkultur aus Angst, Gewalt und Unterdrückung etabliert. „Die Situation“, konstatiert Heinz-Dieter Hessler vom Bund der hessischen Strafvollzugsbediensteten, „ist das Schlimmste, was wir je erlebt haben“. Albaner, Türken, Serben oder Kroaten seien „kein Thema“. „Aber die Russen bekommen wir nicht in den Griff.“

aus: *FOCUS* vom 29. Jan. 2001, S. 52

## 2. Zu den Ursachen

Zu den Ursachen des Abgleitens vieler (junger männlicher) Spätaussiedler in kriminelles Verhalten heißt es bei *Pfeiffer/Delzer* (1999, 10) u. a. wie folgt: „Junge Migranten sind offenbar eine Zeitlang bereit, Eingliederungsprobleme hinzunehmen. Wenn sich diese sozialen Nachteile jedoch dauerhaft verfestigen, sinkt ihre Bindung an die Normen der Aufnahmegesellschaft … Je länger sie soziale Ungerechtigkeit erfahren, umso größer wird die Wahrscheinlichkeit, daß sie aus dieser Situation heraus Gewaltdelikte begehen". **17**

*(1) Differenzierend gelangen* ***Schmitt-Rodermund/Silbereisen*** *(2000, 13) im Rahmen einer Untersuchung, die sich auf 220 jugendliche Aussiedler bezieht (wie Luff: vgl. oben Rdn. 8), zu dem Ergebnis, daß sich die meisten jungen Aussiedler „recht problemlos in Deutschland zurechtfinden, und, abgesehen vielleicht von einigen Schwierigkeiten zu Beginn, gut angepaßt sind". Das gelte jedoch nicht für Probanden, die „mit außergewöhnlichen Problemen der Eingewöhnung zu kämpfen" haben: sog.* ***„Risikobelastete"****. Das sind solche mit Sprach- und Schulproblemen, Peerablehnung und (entsprechender) depressiver Verstimmung, die auch durch Familienstreitigkeiten verstärkt werden kann. Zu dieser Gruppe werden von den Autoren etwa 25 % der (Spät-)-Aussiedler gerechnet.*

*(2)* ***Strobl/Kühnel*** *(2000) befragten insgesamt 1196 (im Schnitt 17 Jahre alte) Schülerinnen und Schüler, die verschiedene Schulen (nämlich 59) verschiedener Schultypen besuchten und Aussiedler waren. Über 90 % stammten aus Kasachstan, Kirgistan oder Rußland. Resultate:*

- *fast 62 % haben am Ausreiseentschluß ihrer Familie nicht mitgewirkt;*
- *gleichwohl reisten rund 45 % „mit Freude und großen Erwartungen" aus; ca. 99 % können sich auch eine Rückkehr in ihr Herkunftsland auf Dauer nicht vorstellen;*
- *über 50 % werden* ***in Klassen unterrichtet, in denen der Aussiedleranteil die 50 %-Marke*** *übersteigt;*
- *fast 40 % der Befragten gaben an, daß ihr* ***Freundeskreis nur aus Aussiedlern besteht****: „abgeschotteten Cliquen" (so auch Wenzel 2002, 195);*
- *über 50 % wünschen sich Diskotheken, die nur für Aussiedler zugänglich sind;*
- *rund 50 % sprechen mit ihren Eltern „häufig" oder „nur" russisch;* ***knapp 40 % unterhalten sich auch im Freundeskreis nur in russischer Sprache****.*

*Schließlich machten die Aussiedler signifikant häufiger als die Probanden der deutschen Vergleichsgruppe* ***„bei Behörden, Jugendzentren und in der Nachbarschaft negative Erfahrungen"*** *(Strobl/Kühnel 2000, 102).*

*(3) Bals/Bannenberg (2007, 184 ff) führten in Stadtteilen mit hohem (50 bis 80 %) Aussiedleranteil über 80 qualitative Interviews mit Vertretern von Polizei, Bewährungshilfe, Justiz, Schulen usw. durch mit u. a. folgenden Resultaten:*

- *jugendliche Spätaussiedler sind quantitativ vor allem in Bezug auf Gewalt- und Eigentumskriminalität höher belastet als Deutsche; auffällig soll die* ***brutalere Vorgehensweise*** *sein,*
- *zu den Ursachen dieses Verhaltens werden gezählt: Hoffnungs- und Perspektivlosigkeit, andere kulturelle Vorstellungen über Gewaltanwendung, „Kumulation von hohen Ausländeranteilen mit Armut und* ***sozialer Problemlage****“, Gewalterfahrungen in der Familie.*

*a) Spezielle Einflußfaktoren*

**17a** Sieht man die weitere Literatur durch, so werden (primär) folgende Einflußfaktoren genannt, die sich (vor allem, wenn es zu einer Kumulation von Benachteiligungserfahrungen kommt: dazu *Strobl/Kühnel* 2000, 34ff) kriminalitätsfördernd auswirken (können) bzw. evtl. die Gewaltbereitschaft verstärken:

- **Enttäuschte Erwartungen:** insbesondere bei den älteren Aussiedlern, die nach Schicksalen in den GUS-Staaten (Deportation, Zwangsarbeit, Diskriminierung, Verdrängungsdruck: vgl. oben Rdn. 6) auf eine emotionale „Fluchtburg“ in Deutschland (auf eine „Rückkehr in die Heimat“) gehofft haben (vgl. *Koller* 1993, 17), aber auch hier z.T. wieder auf Ablehnung stoßen (vgl. dazu *Koller* aaO, 16): die Menschen fühlen sich nicht an- und aufgenommen in der für sie neuen Gesellschaft (zu Kulturkonflikten vgl. Rdn. 20ff zu § 23 sowie *Koller* aaO, 15). Solche Enttäuschung überträgt sich leicht auf die Gefühle der Kinder, die sich z.T. (auch aus Heimweh) in ihre Herkunftsländer zurücksehnen; aber nur 1,2 % wollen die Bundesrepublik wieder verlassen (*Dietz* in DBH 2003, 22).
- **Soziokultureller Streß:** Viele der jugendlichen Aussiedler, die z.T. sogar gegen ihren Willen mit der Familie mitziehen mußten (**„Mitgenommene“**: *Groß* 1998, 380), finden sich in der Kultur der Aufnahmegesellschaft nicht zurecht (vgl. Rdn. 27 zu § 23); sie flüchten deshalb oft in ein **überzogenes Ehrgefühl,** auf dessen Verletzung sie mit Aggression reagieren (*Strasser/Zdun* 2005);
- **Erziehungsprobleme:** die Jugendlichen entgleiten zunehmend der traditionellen Großfamilie, aber auch ihren Eltern (vgl. auch *Koller* aaO): die informelle soziale Kontrolle geht an die Straße verloren. Dabei bringen sie z.T. auch Gewalterfahrungen aus dem Elternhaus mit (*Bodenberg* 1999, 74) zum Kreislauf der Gewalt (vgl. Rdn. 46 zu § 10). Die Schulen sind relativ hilflos. In der Berufsschule „stehen die Lehrer mit dem Rücken zur Tür, um notfalls flüchten zu können“ (*Heuer/Ortland* 1995, 713);
- **Identifikationsprobleme:** diese haben bereits mit **Sprachbarrieren** zu tun. In den meisten Familien wird fast nur russisch gesprochen (vgl. Rdn. 6). Die „mangelnden Sprachkenntnisse verunsichern nicht nur subjektiv, sondern haben häufig objektive Ausgrenzungs- und Selektionsprozesse zur Folge“ *(Reich/Weitekampf/Kerner* 1999, 246): Ableh-

nung durch Einheimische. Die Jugendlichen entwickeln vor diesem Hintergrund oft ein alternatives Wir-Gefühl: „Wir sind Russen" (*Heuer/Ortland* aaO, 712); ihre Handy-„Melody ist (mitunter) die einstige Sowjet-Hymne" (FOCUS 10/2004, 140).

- **Stigmatisierungen** als „Russen" sogar durch andere Ausländer (dazu *Bodenberg* 1999, 73). Junge Aussiedler klagen immer wieder: „In Rußland waren wir die Deutschen, hier sind wir die Russen" (*Behr* in: *FAZ* vom 20. April 1999, 4).
- **Ghettoisierung:** die Unterbringung erfolgt oft in geschlossenen Hochhausgebieten bzw. „Wohninseln" (**„Russenvierteln"**: *Krevert/Kohl/Wittkämper* 1998, 12: vgl. auch Rdn. 15a zu § 24);
- **Freizeitprobleme:** es fehlt an Einrichtungen zur Freizeitgestaltung bzw. Treffpunkten; nicht nur deshalb kommt es auch anderwärts zu einem stark „in-group"-bezogenen (Freizeit-) Verhalten (*Groß* 1998, 380): „Jugendliche AussiedlerInnen schließen sich fast ausnahmslos in eigenen Gruppen und Cliquen zusammen" (*Bodenberg* 1999, 73). *Dünkel* spricht insoweit (in FS für Schwind 2006, 561) von **„gewaltbereiter subkultureller Orientierung"**. Kontaktversuche deutscher Jugendlicher zu „ihren" Mädchen werden mit Prügeln „bestraft" (*Bodenberg* aaO);
- **Drogenabhängigkeit** ist allerdings (als Fluchtreaktion) nur zum Teil eine Folge von in Deutschland entwickeltem Frust; nicht wenige Jugendliche sind nämlich bereits in den GUS-Staaten (etwa in Tadschikistan oder Kasachstan) süchtig gewesen (**„importierte Kriminalität"**); überproportional viele Straftäter werden auch (vor allem von Aussiedlern aus Kasachstan: *Luff* 2000, 140) unter Alkoholeinfluß verübt;
- **fehlende Zukunftsperspektiven:** auch von den nicht mehr schulpflichtigen Aussiedlern sind etwa 35 % arbeitslos; und: Junge Leute „suchen ... vergeblich nach Ausbildungsplätzen", nicht zuletzt, „weil Sprachprobleme alle Ausbildungsbemühungen bis zur Unmöglichkeit erschweren" (*Heuer/Ortland* 1995, 711; *Bals/Bannenberg* 2007, 184).

*b) Anpassungsprozesse?*

Nehmen die Probleme im Laufe der Aufenthaltszeiten in der Aufnahmegesellschaft grundsätzlich zu oder ab? Auch zu dieser Frage liegen inzwischen Forschungsergebnisse vor. **17b**

*So haben die schon oben erwähnten Untersuchungen (mit Meßpunkten) von Schmitt-Rodermund u. a. (in DBH 2003, 79) gezeigt, „daß mit längerer in Deutschland verbrachter* ***Zeit*** *auch die Problembelastung abnimmt, (und zwar) in Richtung auf weniger Schulprobleme und weniger depressive Verstimmungen". Die Befunde weisen jedenfalls eine „Veränderung in Richtung auf eine bessere Befindlichkeit" auf (zur Akkulturation vgl. Rdn. 32 zu § 24). Der Alkoholkonsum nahm allerdings zu (Schmitt-Rodermund aaO, 80).*

### 3. Zur Intervention und Kontrolle

**18** Schon 1994 hat das Institut für Migrationsforschung und interkulturelle Studien (IMIS) der Universität Osnabrück ermittelt, daß die Akzeptanz der Spätaussiedler in der Bevölkerung nachgelassen hat, und zwar „geschockt durch den massiven Zuzug und verunsichert durch das teilweise abnorme Verhalten der Zuwanderer" (*Heuer/Ortland* 1995, 712; zu ähnlichen Resultaten, die sich auf den Bund beziehen, vgl. *Koller* 1993, 17). Allerdings hat sich (inzwischen) auch eine Menge getan:

- betroffene Gemeinden haben spezielle **Aussiedlerbeauftragte** eingesetzt und für die Jugend- und Kinderbetreuung **Sozialarbeiter** bestellt;
- die Bürger vieler Gemeinden, in denen zahlreiche Aussiedler wohnen, haben **Begegnungsstätten** mit Angeboten für Aussiedler etabliert: Beratung und Hilfen (Sprachkurse, Hausaufgabenbetreuung, sinnvolle Freizeitbeschäftigung (z.B. Heranführung an Vereinsangebote usw.);
- die **Volkshochschulen** bieten Ausbildungs- und Berufsorientierung bzw. Bewerbungstrainings für junge Aussiedler an usw.

(Vgl. zu solchen Aktivitäten z.B. *Baaden* 1997; *Krevert/Kohl/Wittkämper* 1998, 53ff; *Groß* 1998, 380; *Hunsicker* 1999, 522ff; *Wenzel* 2002, 178ff; *Bieler* in DBH 2003, 137ff und *Bannenberg* in FS für Schwind 2006, 784; *Landespräventionsrat NRW* 2006, 10ff; zu den finanziellen Folgen für die Kommunen, die auch in der Zahlung von Sozialhilfe bestehen, vgl. *Wenzel* 2002, 168ff; zu den gesetzlichen Rahmenbedingungen vgl. Vorauflage an gleicher Stelle).

ACHTER TEIL

# Drogenkriminalität

Zu den **Drogen** zählen nicht nur die Betäubungsmittel i.S. des BtMG (Rdn. 2f zu § 27): etwa die **illegalen Rauschgifte** (Cannabis, Heroin und Kokain), sondern auch die **legalen Suchtstoffe** bzw. psychoaktiven Substanzen z.B. Nikotin, Kaffee, bestimmte Medikamente und Alkohol: (§ 26). Die legalen („kulturüblichen") Drogen werden von der Bevölkerung allerdings meist nicht als „Drogen" eingestuft. Zum gesetzlichen Rauchverbot vgl. den Zeitungsausriß. 1

Kriminalitätsrelevant sind die illegalen Rauschgifte und der Alkohol, wenn sie im Übermaß konsumiert werden und zu **vorübergehenden Vergiftungserscheinungen** oder bei fortgesetztem Mißbrauch zu psychischer Abhängigkeit **(Süchtigkeit)** bis einschließlich zur körperlichen Abhängigkeit **(Sucht)** führen. 2

Maßgebliche Kriterien für die **Sucht** (addiction) sind nach einer schon klassischen Definition der Weltgesundheitsorganisation „das Verlangen, eine Droge ständig weiter zu nehmen, das Verlangen, die Dosis zu steigern, die psychische und physische **Abhängigkeit** von der Droge und die Gefährdung des Individuums und der Gesellschaft durch diese dauernde Einnahme" (zit. nach *Jähnig* in: *Szewczyk,* Der Alkoholiker, Jena 1979, 35). Die gleichzeitige Abhängigkeit von mehreren Suchtmitteln nennt man **Polytoxikomanie**. 3

Nach den Ergebnissen des *Sucht- und Drogenberichtes der Bundesregierung* (Süddeutsche Zeitung vom 18. Mai 2011 und 23. Mai 2012) und der DHS (Suchtbericht 2013) 4

- sind allerdings Alkohol und Nikotin bei immer mehr Jugendlichen zwischen 12 und 17 Jahren verpönt,
- rückläufig ist auch der Konsum von harten Drogen wie Heroin: der Konsum solcher Stoffe gilt (anders als früher) als „uncool" und als „Loser-Droge", und zwar assoziiert „mit schäbigem Bahnhofsmilieu, Prostitution und Beschaffungskriminalität";
- auf der anderen Seite ist die Zahl der erstauffälligen Konsumenten von Amphetaminen (insbesondere (Crystal Meth) bzw. Designerdrogen gestiegen.

## § 26 Alkohol und Kriminalität

**Literatur:** **Albrecht,** J.: Alkohol und Kriminalität, in: BewHi 1985, S. 345–357; **Akkermann,** G./**Matakas,** F.: Zur Behandlung von Alkoholkranken in der hausärztlichen Praxis, in: *Berger,* H./*Legnaro,* A./*Reuband,* K.-H. (Hrsg.): Alkoholkonsum und Alkoholabhängigkeit, Stuttgart 1980, S. 110–123; **Antons,** K.: Situation und Motivation des Trinkers, in: *Berger,* H./*Legnaro,* A./*Reuband,* K.-H. (Hrsg.): Alkoholkonsum und Alkoholabhängigkeit, Stuttgart 1980, S. 72–83; **Behrends,** K.: Über den Stellenwert von Selbsthilfegruppen und Abstinenzverbänden bei der Behandlung von Alkoholkranken, in: *Berger,* H./*Legnaro,* A./*Reuband,* K.-H. (Hrsg.): Alkoholkonsum und Alkoholabhängigkeit, Stuttgart 1980, S. 159–170; **Berger,** H./**Legnaro,** A./**Reuband,** K.-H. (Hrsg.): Jugend und Alkohol. Trinkmuster, Suchtentwicklung und Therapie, Stuttgart 1980; **Boers,** K./**Kurz,** P.: Schule, Familie, Einstellungen, Lebensstile, delinquentes und abweichendes Verhalten. Erste Ergebnisse der Münsteraner Schulbefragung, Münster 2000; **Deutsche Hauptstelle gegen die Suchtgefahren** (DHS): Jahrbuch Sucht 1991 bis 2009, Geesthacht, zuletzt 2009; **Egg,** R./**Geisler,** C.: Alkohol, Strafrecht und Kriminalität, Wiesbaden 2000; **Egg,** R.: Alkohol und Straffälligkeit, in: BewHi 3/96, S. 198–207; **Gerlach,** D.: Suchtmittelmißbrauch und Verkehrstüchtigkeit, in: *Deutsche Hauptstelle gegen die Suchtgefahren* (Hrsg.): Sucht und Delinquenz, Hamm 1983, S. 55–70; **Hallermann,** W./**Steigleder,** E.: Alkohol und Strafrecht, in: MschrKrim 1968, S. 104–115; **Hettinger,** M.: Die „actio libera in causa": eine unendliche Geschichte?, in FS für Geerds, Lübeck 1995; **Hippel,** v. E.: Zur Bekämpfung des Alkoholmißbrauchs, in: ZRP 1999, S. 132–135; **Jehle,** J.-M./**Kirchner,** M.: Wiederverurteilung von Alkoholtätern im Straßenverkehr, in: Blutalkohol 2002, S. 188–196; **Kaiser,** G.: Gewalt im Straßenverkehr, FS für *Salger,* Köln 1995, S. 55–73; **Kerner,** H.-J.: Alkohol, Alkoholismus, in: *Kaiser,* G./*Kerner,* H.-J./*Sack,* F./*Schellhoss,* H. (Hrsg.): Kleines Kriminologisches Wörterbuch, 2. Aufl., Heidelberg 1985, S. 5–9; **Kerner,** H.-J.: Alkohol und Kriminalität. Zur Bedeutung von Alkoholkonsum bei einzelnen Straftaten und bei der Ausprägung krimineller Karrieren, in: *Forensia-Jahrbuch,* Bd. 3, Heidelberg 1992, S. 107–124; **Küfner,** H.: Alkoholismus im Überblick, in: BewHi 3/96, S. 178–197; **Manecke,** K.: Ständiger Alkoholmißbrauch und alkoholische Beeinflussung zur Zeit der Straftat, in: NJ 1967, S. 587–591; **Massinger,** Th.: Die Überprüfung der Alkoholabgabe an Minderjährige durch Testkäufe, in: forum kriminalprävention 1/2013, S. 48–51; **Matakas,** F./**Spahn,** M.: Stationäre Therapie von Alkoholikern, in: *Berger,* H./*Legnaro,* A./*Reuband,* K.-H. (Hrsg.): Alkoholkonsum und Alkoholabhängigkeit, Stuttgart 1980, S. 135–146; **Peters,** K./**Steigleder,** E.: Alkohol und Kriminalität, in: Öff. Gesundh.-Wesen 37/1975, SH 4, S. 195–200; **Schöch,** H.: Kriminologische und sanktionsrechtliche Aspekte der Alkoholdelinquenz im Verkehr, in: NStZ 1991, S. 11–17; **Steigleder,** E.: Alkohol im Straßenverkehr, in: Öff. Gesundh.-Wesen 37/1975, S. 182–186; **Steinglass,** P.: Family Therapy with Alcoholics, in: *Kaufman* E./*Kaufmann* P. (Hrsg.): Family Therapy of Drug and Alcohol Abuse, New York 1981; **Szewczyk,** H.: Der Alkoholiker. Alkoholmißbrauch und Alkoholkriminalität, Jena 1979; **Warkentin,** H./**Osterhaus,** E.: Untersuchungen über Gewalttäter unter Alkoholeinfluß und deren Belastung mit Vorstrafen und Vorgängen ähnlicher Deliktsarten, in: Kriminalistik 1969, S. 417–420; **Wolter,** H.-J./**Fuhrmann,** B.: Alkoholbedingte Delinquenz Jugendlicher und Heranwachsender in Hamburg, in: Der Kriminalist 1978, S. 528–532.

**Gliederung**



1 *Lombroso* (vgl. Rdn. 13ff zu § 4) hat schon 1902 formuliert: „Der Alkohol ist in der Ätiologie des Verbrechens sogar so mächtig, daß er sie fast vollständig in Anspruch nimmt." (1902, 78 – zit. nach *Mergen* Lb. 1978, 195). Wenn diese Behauptung auch übertrieben erscheint, muß man doch einräumen, daß der **Alkohol als mitgestaltender Faktor der tatauslösenden Situation** eine nicht unbedeutende Rolle spielt.

## I. Entwicklung und Umfang des Alkoholverbrauchs

Daß der Alkoholkonsum in der Bundesrepublik hoch ist, geht aus dem „Jahrbuch Sucht 2013" der *DHS* hervor (vgl. Zeitungsausriß): 2

### 137 Liter Alkohol im Jahr 3

**Berlin** – Eine Badewanne voll alkoholischer Getränke hat jeder Mensch in Deutschland 2011 im Schnitt konsumiert: 136,9 Liter Bier, Wein, Schaumwein oder Spirituosen nennt das Jahrbuch Sucht 2013, das die Deutsche Hauptstelle für Suchtfragen (DHS) am Mittwoch präsentierte. Umgerechnet trank damit jeder Bürger rund 9,6 Liter reinen Alkohols – genauso viel wie im Vorjahr. Damit liegt Deutschland im Europavergleich auf Platz 13 von 34. Experten warnten davor, den Alkoholkonsum zu verharmlosen. DPA

aus: *Süddeutsche Zeitung* vom 4. April 2013, 8

Dementsprechend schrieben *Wolter* und *Fuhrmann* (schon 1978, 529): „Alkohol gehört heute offensichtlich zunehmend schon zum Lebensrhythmus jüngerer Menschen, die ihre Freizeit nicht sinnvoll auszufüllen vermögen. Gerade für die jungen Jahrgänge ist Trinken und Mittrinken eine Frage des **gruppenabhängigen Sozialprestiges** geworden" (vgl. dazu Rdn. 23ff zu § 13). 4

*Dazu hat eine* ***Schülerbefragung aus Münster*** *(Boers/Kurz 2000) ergeben (Stichproben aus den 9. und 11. Jahrgangsstufen von Sonder-, Haupt-, Real- und Berufsschulen sowie Gymnasien), daß* ***31 %*** *aller Schüler (N = 3800 bei hoher Rücklaufquote) einräumten,* ***mindestens ein Mal im Monat betrunken*** *gewesen zu sein, einmal in der Woche noch 20 % und mehrmals pro Woche immerhin noch 4 %. Tendentiell ähnlich lauten die Resultate des 1998/99 in England und Wales durchgeführten „Youth Lifestyle Survey" (zit. nach PSB 2001, 208).*

Daß unter diesen Umständen die Zahl der „Alkoholkranken" (Alkoholiker) ständig ansteigt, kann nicht überraschen: Ihre Zahl wird auf 600000 (*Kaiser*, Lb. 1980, 367) bis auf über eine Million geschätzt. *Schneider* (Lb. 1987, 461) geht von **1 % der Bevölkerung** aus. 5

# Mehr Koma-Saufen unter Jugendlichen

**Bei Kindern bis 15 Jahre geht der Alkoholmissbrauch dagegen zurück**

aus: *NOZ* vom 14. Dez. 2011, 25; unter Bezug auf Zahlen des Statist. Bundesamt

*Neuer Trend bei Jugendlichen i.S. einer Modeerscheinung: das* ***Komatrinken*** *(„Binge Drinking"), und zwar primär durch Trinken von* ***„Alcopops"****; dabei handelt es sich um Fruchtsaftgetränke, die mit Alkohol vermischt sind; eine Flasche, die nur 1 bis 2 Euro kostet, enthält* ***5–6 % Alkohol****, ein Anteil der der Alkoholmenge von einem Bier* *oder zwei Schnäpsen entspricht (vgl. Drogenbericht der Bundesregierung, zit. nach DIE WELT vom 23. April 2004). Das Komatrinken wird durch das* ***Flatrate-Trinken*** *auf der Party in Discos begünstigt: Am Eingang wird eine „Saufpauschale" (z. B. 20 Euro) erhoben, für die man dann so viel trinken kann, wie man mag. Nicht nur in Kneipen kommt es zum* ***(Tequila) Wetttrinken****. Das „Komasaufen" gehört* ***auch weiterhin*** *zu den größten Suchtproblemen (Drogen- und Suchtbericht der Bundesregierung, zit. nach WAZ vom 5. Mai 2009, 1, vgl. auch Zeitungsausriß oben).*

6 Wer aber gilt als **alkoholkrank**? Alkoholkranke (Alkoholiker) sind nach einer von der Weltgesundheitsorganisation (WHO) ausgearbeiteten Definition „exzessive Trinker, deren Abhängigkeit vom Alkohol einen solchen Grad erreicht hat, daß deutliche geistige Störungen auftreten oder die geistige oder körperliche Gesundheit beeinträchtigt ist und die (mit-) menschlichen Beziehungen sowie das reibungslose soziale und ökonomische Verhalten leiden, oder daß doch die Anfangssymptome einer solchen Entwicklung erkennbar sind" (zit. nach *Kerner* 1985, 6).

***Eckey*** *(Rechtsmedizin 1990, 170) weist in diesem Zusammenhang darauf hin, daß die Alkoholverträglichkeit auch von* ***genetischen Faktoren*** *beeinflußt wird, die nicht zuletzt ethnisch bedingt seien;* ***Japaner*** *z. B. wären alkoholempfindlicher als Deutsche und würden deshalb den Alkohol möglichst meiden, was Geschäftspartnern aus Europa oft unerklärlich erscheint. Was für die Japaner gilt, gilt offenbar auch für* ***Chinesen*** *(vgl. Zeitungsausriß): geerbte Unverträglichkeit; es mangelt am Enzym ADH (Alkoholdehydrogenase), das der Leber dabei hilft, das Zellgift Alkohol abzubauen.*

## Chinesen am schnellsten betrunken

**Hongkong, 22. 8. (AFP)** Die Chinesen werden nach einer Studie von allen Völkern der Welt am schnellsten betrunken. Dies meldete die Nachrichtenagentur Xinhua am Dienstag unter Berufung auf eine Studie des Genetischen Instituts der Chinesischen Akademie der Wissenschaften. Demnach vertragen die Chinesen weniger Alkohol, weil es ihnen an einem Äthanol-Dehydrogenasen-Enzym mangele, das die Fähigkeit habe, Alkohol im Körper umzuwandeln. Bei den verschiedenen Volksstämmen in China wurde jedoch eine unterschiedliche Widerstandskraft gegen Alkohol festgestellt. Vor allem die Han-Chinesen vertragen wenig Alkohol, während die Kaukasier „hundertprozentig trinkfest" sind.

aus: *NOZ* vom 23. August 1995

7 Die **Schäden**, die **der Volkswirtschaft** durch den Alkoholmißbrauch direkt und indirekt entstehen, werden von Fachleuten auf rund **140 Milliarden DM (70 Milliarden Euro) pro Jahr** geschätzt (*Schütz* in: Ärztezeitung April 2000). Zu diesen Kosten gehören z. B.: Kosten der Entziehungskuren sowie für die ärztliche Behandlung der Trinker, für alkohol-

bedingte Arbeits- und Verkehrsunfälle samt Folgen und vorzeitigen Renten usw. (vgl. die Übersicht 67):

*Übersicht 67:*

**WER DIE ZECHE ZAHLT**

*Der Suff schadet Gesundheit und Wirtschaft – und fördert Kriminalität. Sozioökonomische Daten zu Alkoholfolgen pro Jahr*

| | |
|---|---|
| Todesfälle 42 000 | Fehltage eines typischen Alkoholkranken im Job 28 |
| volkswirtschaftliche Schäden in Euro ca. 20 Mrd. | Körperverletzungen unter Alkoholeinfluss 96 000 |
| Arbeitsunfähigkeitsfälle 850 000 | Vergewaltigungen und sexuelle Nötigungen 6000 |
| Rehabilitationsmaßnahmen 40 000 | Totschlagsdelikte 800 |
| Krankenhausaufenthalte 570 000 | akute Alkoholvergiftungen 8000 |

Quelle: Deutsche Hauptstelle gegen die Suchtgefahren

aus: *FOCUS* 30/2003, S. 125

## II. Trinksituationen und Trinkmotivationen

Beim Alkohol handelt es sich um eine in unsere Gesellschaft inte- 8
grierte Rauschdroge mit entsprechend sozial akzeptierten Trinksituationen: **Rohstoff für gute Stimmung** vor allem unter Jugendlichen.

### 1. Trinksituationen

Die Trinksituation wird z. B. bestimmt durch 9

- *den „Ort des Trinkens und der damit verbundenen*
- *sozialen Situation,*
- *die jeweiligen Gefühle, die vor und in der Trinksituation vorhanden sind,*
- *sowie den aus den unterschiedlichen Lernerfahrungen mit Alkohol stammenden Erwartungen über die Wirkung des Alkohols,*
- *die wiederum bei unterschiedlichen Konsumentengruppen (seltene, starke Konsumenten, Problemtrinker usw.) unterschiedlich sind,*
- *und schließlich durch die Normen über das Trinkverhalten, die auf gesamtgesellschaftlichem wie subkulturellem Niveau unterschiedlich sein können“ (Antons aaO, 72 f).*

Daß sich „in einem solchen komplexen Gefüge nahezu keine allge- 10
meingültigen Aussagen treffen“ lassen, versteht sich von selbst (*Antons* aaO, 73).

### 2. Trinkmotivationen

11 Ähnlich verhält es sich mit den Motivationen zum Trinken bzw. **Übermaßtrinken**. Getrunken wird jedenfalls nicht nur, weil Trinken Genuß ist und „Spaß" macht, sondern z. B. auch deshalb,

- *um kein „Spielverderber" zu sein oder Sozialprestige aufs Spiel setzen zu müssen (Gruppendruck in der peer-group – Rdn. 24 zu § 13 –, am Arbeitsplatz, unter Fußballfans oder beim „Bund" usw.) oder*
- *aus einer (flüchtigen) Verstimmung heraus (Freundin „geht fremd") oder*
- *um momentane Angstzustände zu verdrängen (Angst vor der Prüfung),*
- ***um sich Mut zu machen für beabsichtigte Schlägereien** (z. B. bei Hooligans, vgl. Rdn. 29 a zu § 28).*
- *aus Verzweiflung über die soziale Lage, die man nicht verkraftet (Arbeitslosigkeit, Scheidung: vgl. oben Rdn. 7 zu § 7) oder*
- *weil das Trinken „dazugehört" (beim Schützenfest oder Staatsempfang) oder*
- *ganz einfach aus **Langeweile** (um die Zeit „totzuschlagen").*

12 Der Katalog läßt sich (fast beliebig) verlängern.

## III. Wirkungen (bzw. Folgen) des Alkoholmißbrauchs

13 Alkoholmißbrauch „besteht in einem die Grenzen individueller Bekömmlichkeit überschreitenden oder (und) die sozialen Regeln verletzenden Übermaßtrinken" (*Kerner* 1985, 6).

14 Der Alkoholgenuß in Form des **Übermaßtrinkens** (vor allem das „All-inclusive-Saufen") bewirkt vor allem

- **körperliche Schäden** (wie Erkrankungen der Leber, der Bauchspeicheldrüse, des Magens, des Herzmuskels und des Nervensystems), aber auch
- **psychische Störungen** (wie Gedächtnisstörungen, Depressionen, Beeinträchtigung der Distanz- und Kritikfähigkeit).

15 Und: **74 000 Menschen sterben** jährlich an übermäßigem Alkoholkonsum (*DHS* 2013 und Zeitungsausriß oben bei Rdn. 7).

### 1. Kriminalitätsrelevante psychische Folgen

16 Übermäßiger Alkoholgenuß löst zunächst (erkennbare) **Beeinträchtigungen des äußeren Erscheinungsbildes** aus. Darüber hinaus können sich aber **auch Veränderungen im psychischen Bereich einstellen,** die *Peters/Steigleder* (schon 1975, 198) wie folgt beschrieben:

17 *„Es ist eine anerkannte Erfahrungstatsache, daß durch die Alkoholwirkung eine Veränderung der Persönlichkeit im weitesten Sinne eintritt, wobei insbesondere verschiedene Bewußtseinsqualitäten eine Änderung erfahren. Dazu gehören die Einschränkung oder der* ***Verlust***

***der Kritikfähigkeit**, die **erhöhte Wagnisbereitschaft** als Folge gesteigerten Antriebs und die daraus resultierende **Verminderung der rational planenden Vorausschau**. Die **Einschränkung des Realitätsbezuges,** die häufig mit einer Distanzveränderung im normativen Bereich und darüber hinaus gerade bei den Aggressionsdelikten vielfach auch des mitmenschlichen Bereiches einhergeht, führt zur Freisetzung von Handlungsenergien, die ohne Alkoholeinwirkung der Kontrolle der kritischen Besinnung ... unterliegen.“*

Man wird insoweit feststellen können, daß „mit zunehmender Alkoho- **18**
lisierung tiefere Persönlichkeitsschichten freigelegt werden, so daß in den meisten Fällen das Handeln letztlich von der Primärpersönlichkeit bestimmt wird“ (*Warkentin/Osterhaus* 1969, 417).

### 2. Desozialisierungen als Folgeerscheinung

Meist „verfallen die an Alkoholismus Erkrankten in passive parasitäre **19**
Asozialität. Sie werden **Landstreicher, Bettler, Vagabunden“** *(Mergen,* Lb. 1978, 196). Bekannt sind sie auch als **Stadtstreicher**, die die Zentralpunkte unserer Städte belagern und dort trinken und betteln (vgl. auch Rdn. 3 zu § 17). Nach *Schneider* (Lb. 1987, 461) sollen etwa ein Drittel der „Penner“ Alkoholiker sein.

Die **Phänomene des sozialen Abstiegs**, zu dem der chronische Alko- **20**
holmißbrauch (also der **Alkoholismus**) in der Regel führt, werden im Schrifttum häufig unter der Überschrift „Desozialisierung der Persönlichkeit“ zusammengefaßt.

*Manecke* (1967, 590) weist dazu darauf hin, daß „die im Prozeß der **21**
Erziehung und Selbsterziehung entwickelten sittlichen Hemmungen abgebaut werden ... Der **Alkohol führt häufig zur Lockerung, ja zur völligen Lösung der sozialen Bindungen**. Ehen werden zerrüttet und gelöst, Bindungen ... zum Betrieb abgebrochen. Der Trinker verschärft seine Probleme, er greift häufiger zum Alkohol und isoliert sich immer mehr. Der Alkoholmißbrauch und die damit einhergehenden Erscheinungen, insbesondere Arbeitsbummelei und Arbeitsscheu, führen zu einer chronischen Geldknappheit“ und damit zu der zentralen Frage: Wie kann ich an alkoholische Getränke herankommen bzw. wie ist das Geld dafür zu erlangen?

## IV. Straftaten unter Alkoholeinfluß

Nach den Begriffsbestimmungen der *PKS* 2012, 13 (für 2011) „liegt ein **22**
Alkoholeinfluß vor, wenn dadurch die Urteilskraft des Tatverdächtigen während der Tatausführung beeinträchtigt war. Maßgeblich ist ein offensichtlicher oder nach den Ermittlungen wahrscheinlicher Alkoholeinfuß“. Insoweit muß man auf objektivierbare Fakten wie die Messung der Blutalkoholwerte (Alkoholmenge im Blut in Promille) zurückgreifen. Zur **actio libera in causa**: vgl. *Hettinger* 1995, 623 ff und *BGH* NJW 1997, 183. Zum **Vollrausch** *Duttge* in FS für Geppert, Berlin 2011, 63 ff.

### 1. Hauptgruppen der alkoholbeeinflußten Kriminalität

23 Die Beziehungen, die zwischen Alkohol und Kriminalität bestehen, lassen sich (in Anlehnung an *Kerner* 1985, 6f; vgl. auch *Egg* in DHS 2009, 130) in folgende fünf Gruppen einordnen:

24 – *erstens:* ***Alkoholismus als in sich kriminalisiertes Verhalten*** *(das Trinken an sich wird bestraft: wie in einigen arabischen Staaten und in Mexiko die Trunkenheit in der Öffentlichkeit);*

25 – *zweitens:* ***straffälliges Verhalten chronischer Alkoholiker*** *(Affektdelikte, z. B. Eifersuchtsmord; Aggressionen gegen Personen oder Sachen; Entgleisungen im Sexualbereich wie Exhibitionismus oder Unzucht mit Kindern);*

26 – *drittens:* ***Alkoholismus bei chronisch Straffälligen*** *(häufig bei Rückfalltätern):*

27 – *viertens:* ***schuldunfähige Rechtsbrecher*** *(etwa bei Alkoholintoleranz: z. B. infolge von Hirnschädigung: § 20 StGB);*

28 – *fünftens:* ***Alkohol als mitgestaltender Faktor*** *in den übrigen Fällen (Alltagskriminalität): vgl. Übersicht 68.*

29 *Übersicht 68:*
Aufgeklärte Fälle, verübt unter „Alkoholeinfluß"
Bereich: Bundesgebiet insgesamt

| Schlüssel | Straftaten(gruppen) | aufgekl. Fälle insgesamt 2010 | darunter: aufgeklärte Fälle verübt unter Alkoholeinfluß | | |
|---|---|---|---|---|---|
| | | | 2011 | in % | 2010 in % |
| 621 000 | Widerstand gegen die Staatsgewalt | 22 376 | 17 155 | 66,1 | 65,9 |
| 674 500 | Zerstörung wichtiger Arbeitsmittel | 230 | 143 | 62,2 | 59,4 |
| **892 000** | **Gewaltkriminalität** | **148 266** | **47 165** | **31,8** | **32,0** |
| 020 000 | – Totschlag und Tötung auf Verlangen | 1 399 | 583 | 41,7 | 40,0 |
| 221 000 | – Körperverletzung mit tödlichem Ausgang | 65 | 21 | 32,3 | 32,6 |
| 222 000 | – Gefährliche und schwere Körperverletzung | 114 496 | 40 253 | 35,2 | 35,5 |
| 214 100 | – Beraubung von Taxifahrern | 105 | 27 | 25,7 | 29,6 |
| 111 000 | – Vergewaltigung und sexuelle Nötigung §§ 177 Abs. 2, 3 und 4, 178 StGB | 6 218 | 1 696 | 27,3 | 27,3 |
| 011 000 | – Mord i.Z.m. Raubdelikten | 56 | 12 | 21,4 | 10,2 |

aus: *PKS* 2012, 86 (für **2011**)

### 2. Erklärungsmodelle

30 Für die Beziehungen zwischen Alkohol und Kriminalität bieten sich mit *Kaiser* (Lb. 1988, 558) und *Kerner* (1992, 115; *Egg* in DHS 2009, 131) u. a. folgende Erklärungsansätze an:

*a) Alkohol als Enthemmungsfaktor*

Danach verliert vor allem der (Gewalt-)Täter unter Alkoholeinfluß 31
die Selbstkontrolle und Kritikfähigkeit, während Aggressions- bzw. Wagnisbereitschaft zunehmen (vgl. oben Rdn. 17): fördernde Voraussetzungen für verbale und tätliche Auffälligkeiten.

*b) Parallel verlaufende Symptome sozialer Fehlanpassung*

Danach lassen sich Alkohol und Kriminalität auf gemeinsame Ursachen zurückführen, die in der Kindheit z.B. mit Erziehungsproblemen beginnen; wie bei den Beziehungen zwischen „Arbeitslosigkeit und Kriminalität" (vgl. Rdn. 37 zu § 12) handelt es sich also um parallel verlaufende Symptome derselben sozialen Fehlanpassung.

*c) Modell der gegenseitigen Bedingungen*

Nach diesem Modell (das *Kerner* 1992, 120 vorzieht) hängen Alkoholkonsum und Kriminalität wechselseitig zusammen; sie schaukeln sich (im Verbund mit anderen sozialen Problemen) hoch. Etwa so: starkes Trinken führt zur Arbeitslosigkeit und von da aus in die Delinquenz. Oder umgekehrt: Kriminalität (Haft mit ihren Folgeproblemen) führt zu einer Flucht aus sozialen Konflikten in den Alkoholkonsum und in die Arbeitslosigkeit (Rdn. 3ff zu § 17).

### 3. Alkohol im Straßenverkehr

Die meisten alkoholbedingten Straftaten ereignen sich allerdings (mit 32
weitem Abstand vor allen anderen Delikten) im **Straßenverkehr**. Im Jahre 2012 wurden über 16 000 Alkoholunfälle mit Personenschaden registriert, bei denen 400 Personen ums Leben kamen. Für Fahranfänger unter 21 Jahren gilt künftig ein absolutes Fahrverbot (vgl. Zeitungsausriß).

**0,0 Promille für alle Fahranfänger**

**Gesetz beschlossen**

Werden Fahranfänger mit Alkohol im Blut erwischt, drohen ihnen mindestens 125 Euro Bußgeld und zwei Punkte in der Flensburger Verkehrssünderkartei. Ihre Probezeit verlängert sich von zwei auf vier Jahre.

aus: *NOZ* vom 26. Mai 2007

*Nach einem Bericht des Familienministeriums (zit. nach Egg, 1996,* 32a
*201) ist zu vermuten, daß nur jede zweihundertste bis dreihundertste Alkoholfahrt entdeckt wird* ***(Dunkelzifferrelation 1 zu 200 bis 300!).***

Zu kriminologischen und sanktionsrechtlichen Aspekten der Alkoholdelinquenz im Verkehr: vgl. *Schöch* 1991, 11 ff; zur Gewalt im Straßenverkehr: *Kaiser* 1995, 55ff; *Schöch* in Egg/Geisler 2000, 111ff; zu Drogen im Straßenverkehr Rdn. 62 zu § 27.

## V. Bekämpfungskonzepte

33 Bei der Rolle, die der Alkohol in unserer Gesellschaft spielt, ist ein striktes **Alkoholverbot** (wie zur Zeit z. B. in Schweden oder in der islamischen Republik Iran) **nicht zu erreichen**; es bestände im Übrigen – wie das amerikanische Beispiel der Prohibition deutlich zeigt (vgl. Rdn. 17 zu § 29) – die Gefahr, daß Schmuggel und Schwarzmarkt eine entstandene Lücke rasch wieder schließen.

### 1. Vorbeugungsmodelle

34 Von dieser Realität gehen auch die Vorbeugungsmodelle aus (vgl. dazu *Schneider,* Lb. 1987, 467 und *Egg* in DHS 2009, 133):

*a) Das Modell der eingeschränkten Verteilung*

35 So hat sich der Gesetzgeber dafür entschieden, nur bestimmte Bereiche mit Sanktionen zu steuern, nämlich

– *(erstens) den **Bereich des Straßenverkehrs**: durch Vorschriften (wie die §§ 315 c, 316 StGB) und durch polizeiliche Überwachung der Einhaltung dieser Vorschriften; **die Verschärfung von Strafgesetzen wirkt aber grundsätzlich nur so lange abschreckend, wie die Medien darüber berichten** (vgl. Albrecht 1985, 347);*

– *(zweitens) den **Bereich des Jugendschutzes**: nach dem Jugendschutzgesetz vom 1. April 2003 (vgl. auch Rdn. 51 zu § 14) ist Minderjährigen unter 16 Jahren der Aufenthalt in **Gaststätten** oder öffentlichen **Spielhallen** verboten, es sei denn sie werden von einer personensorgeberechtigten oder erziehungsbeauftragten Person begleitet.*

Eine Ordnungswidrigkeit (§ 28 Abs. 1 Nr. 10 i. V. mit § 9 JuSchG) liegt vor, wenn der Einzelhandel (Supermärkte, Tankstellen, Kiosk-Verkaufsstellen usw.) alkoholische Getränke an Minderjährige abgibt, die nach ihrem äußeren Erscheinungsbild jünger als 16 Jahre wirken und das auch sind. Als erstes Bundesland führte Niedersachsen zur Kontrolle sog. **Alkoholtestkäufe** ein (ausführlich zu den Wirkungen *Massinger* 2013, 48 ff).

Beim Modell der eingeschränkten Verteilung wird also die **Erhältlichkeit des Alkohols erschwert**: die Steuern auf alkoholische Getränke werden erhöht (Steuer- und Preispolitik: z. B. Sektsteuer), der Verkauf wird auf bestimmte Zeiten und Orte beschränkt (vgl. Zeitungsausriß); die Abgabe von Alkohol an Jugendliche wird untersagt, die Alkoholreklamen (vgl. z. B. den Werbespruch **„Durst wird durch Bier erst schön"**) verboten.

*Für die **Alkoholwerbung** und Sponsoring wurden 2012 auf über eine Milliarde Euro investiert (DHS* 2013).

ALKOHOLKONSUM

**Nüchtern und friedlich**

Die Stadt Göttingen registrierte im vergangenen Jahr als Folge eines lokal begrenzten Alkoholverbots 70 Prozent weniger Gewaltdelikte. Das Verbot gilt seit Mai an Wochenenden auf der als Partymeile bekannten Nikolaistraße. 2011 hatte es noch 26 Gewaltdelikte in dieser Gegend gegeben, alle wurden von Alkoholisierten verübt. 2012 registrierte die Polizei nur noch acht solcher Taten. Im November hatte das Niedersächsische Oberverwaltungsgericht das Göttinger Alkoholverbot bestätigt, weil dieser Innenstadtbereich ein Wohngebiet sei und die Anwohner damit ein Recht auf Nachtruhe hätten. Verwaltungsrichter in Baden-Württemberg und Thüringen hatten ähnliche Alkoholverbote in Freiburg und Erfurt gekippt. Göttingen hat das Verbot nun um ein Jahr verlängert.

aus: *DER SPIEGEL* 2/2013, 12

*b) Das Informationsmodell*

Darüber hinaus kann auch vor den schädlichen **Wirkungen des Alkoholmißbrauchs gewarnt werden**: z.B. in den Medien oder im Schulunterricht oder auf den Bier-, Wein- und Schnapsflaschen selbst. Allerdings darf man insoweit nicht übersehen, daß „gerade Jugendliche durch derartige Aufklärungsaktionen auch neugierig gemacht und zum Probierkonsum ermuntert werden könnten“ (*Egg* 1996, 206). Da es sich beim Alkohol im übrigen um eine weitgehend **gesellschaftlich akzeptierte Rauschdroge** handelt (vgl. Rdn. 4 und 8), schlägt *Egg* (aaO) vor, „statt den Alkohol gegenüber Kindern und Jugendlichen pauschal zu verurteilen (zu besprechen), wie man mit alkoholischen Getränken maßvoll und verantwortlich umgehen kann“. **36**

## 2. Therapiemaßnahmen

Zu denken ist natürlich auch an eine Therapie bei Alkoholabhängigen. **37** Wenn sich jemand bereits an übermäßiges Trinken gewöhnt hat bzw. süchtig geworden ist, ist die Prognose grundsätzlich schlecht (so schon *Göppinger*, Lb. 1980, 228). Die Zahl der therapeutischen Dauererfolge, die insoweit bisher erzielt werden konnten, ist jedenfalls nur gering (*Göppinger* aaO). Behandlungen können ambulant oder stationär durchgeführt werden, in staatlichen Einrichtungen oder in solchen der freien Verbände oder beim Hausarzt.

Entsprechende **Therapieweisungen** sieht nicht nur das Jugendstrafrecht (vgl. § 10 Abs. 2 JGG) vor, sondern auch das allgemeine Strafrecht (§ 56c Abs. 3 StGB).

§ 64 StGB regelt für den Fall der Straftat (unter bestimmten Voraussetzungen) die Unterbringung in einer **Entziehungsanstalt** (dazu *Athen* in: MschrKrim 1989, 63ff; zur Therapie selbst: *Küfner* 1996, 189ff).

Mehr Heilung wird den Bemühungen der freien Verbände zugetraut: **38** speziell den **Selbsthilfegruppen** (vgl. dazu z.B. schon *Behrends* 1980, 159ff), etwa dem **Blauen Kreuz,** dem **Guttemplerorden**, insbesondere der amerikanischen Selbsthilfeorganisation „Alcoholics Anonymous“ (A.A.; 1935 in den USA gegründet), die in der Bundesrepublik unter dem Namen **„Anonyme Alkoholiker“** Hilfe anbietet.

Aus der Vielzahl der Therapieprogramme sollen hier nur zwei Beispiele kurz erwähnt werden (vgl. *Schneider,* Lb. 1987, 468):

*a) Die Aversionstherapie*

**39** Diese bewirkt, daß dem Alkoholiker durch Verbindung von Alkohol mit Schmerz und Übelkeit der Alkohol verleidet wird (er soll wegkonditioniert werden: vgl. auch § 6 Rdn. 34ff). Beispiele:

- *der Alkoholiker bekommt während des Trinkvorgangs Elektroschocks oder immer schon dann, wenn er zum Glas greift (wird kaum noch angewendet);*
- *der Alkoholiker bekommt während des Trinkvorgangs (oder vorher) Medikamente (z.B. Antabus), die jeweils Kopfschmerzen oder Erbrechen hervorrufen (= Vergällungskur, die sich am operanten Konditionieren orientiert).*

*b) Die Familien- und Gruppentherapie*

**40** Bei der Familientherapie wird die ganze Familie des Alkoholikers in die Behandlung miteinbezogen (*Steinglass* 1981), bei der Gruppentherapie wird der Alkoholiker zusammen mit Leidensgenossen behandelt. Bei den Anonymen Alkoholikern spielt dabei die mitmenschliche Hilfsbereitschaft eine große Rolle.

## § 27 Rauschgift und Kriminalität

**Literatur:** **Adams,** M: Heroin an Süchtige, in: ZRP 1997, S. 52–64; **Altenkirch,** H.: Schnüffelsucht und Schnüfflerneuropathie, Berlin 1982; **Amendt,** G./**Stiehler,** U.: Sucht – Profit – Sucht. Politische Ökonomie des Drogenhandels, Frankfurt a.M. 1972; **Andres,** G.: Die Balkanroute, in: Kriminalistik 1998, S. 326–330; **Bathsteen,** M./**Legge,** I.: Substitutionsprogramme mit Methadon, in: Kriminalistik 2001, S. 236–241; **Becker,** B.-M./**Schimkus,** M.-H.: Das Drogenproblem im Spannungsfeld zwischen Strafanspruch und Rehabilitation, in: BewHi 1982, S. 252–261; **BKA:** Bundeslagebild Rauschgift 2004, Wiesbaden, 2005; **Bleibtreu,** E.: Drogenproblematik in der Bundesrepublik, in: Der Kriminalist 1992, S. 214–221; **Bock,** M.: Abgründe der Drogenpolitik. Ein Beitrag zur Interdisziplinarität des Nichtwissens, in: FS für Kaiser, G., Berlin 1998, S. 699–715; **Bundeskriminalamt** (Hrsg.): Symposium: Vorbeugung des Mißbrauchs illegaler Drogen, Wiesbaden 1991; **Burghard,** W.: Ein Recht auf Rausch, in: Kriminalistik 1992, S. 203; **Cassardt,** G.: Zur Feststellung der nicht geringen Menge im Betäubungsmittelrecht, in: NStZ 1995, S. 257–262; **Coignerai-Weber,** C./**Hege,** H.: Drogenabhängigkeit und Straffälligkeit, in: MschrKrim 1981, S. 133–148; **Collins,** L.: Hollands halbgares Drogenexperiment, in: Rheinischer Merkur vom 28. Mai 1999, S. 6; **Desseker,** A.: Suchtbehandlung als strafrechtliche Sanktion, Wiesbaden 1996 (KuP Bd. 19); **DHS:** Jahrbuch Sucht 2003 bis 2012; **DHS:** Synthetische Drogen, Hamm 2013; **Dölling,** D. (Hrsg.): Drogenprävention und Polizei – Eine Untersuchung zur Beteiligung der Polizei an der Prävention des Drogenmißbrauchs, Wiesbaden 1996; **Dünkel,** F.: Probleme und Entwicklungstendenzen staatlicher Drogenkontrolle und -politik im internationalen Vergleich, in: Soziale Arbeit 1983, S. 569–580; **Egg,** R. (Hrsg.): Drogentherapie und Strafe, Wiesbaden 1988 (KUP Bd. 3); **Egg,** R.: Drogentherapie im Rahmen der Zurückstellung der Strafvollstreckung gem. § 35 BtMG, in: *Egg,* R. (Hrsg.): Brennpunkte der Rechtspsychologie, Bonn 1991; **Egg,** R. (Hrsg.): Drogenmißbrauch und Delinquenz, Wiesbaden 1999; **Erhardt,** E.: Drogenabhängigkeit und Beschaffungskriminalität. Praxisorientierte Auswertung einer kriminologischen Untersuchung. Bundeskriminalamt Wiesbaden 1991; **Frerichs,** P.: Die Drogensituation in Frankfurt am Main und die Lösungsansätze, in: der Kriminalist 7-8/99, S. 295–298; **Gülzow,** H.: Drogenmißbrauch und Betäubungsmittelgesetz, Heidelberg 1978; **Haas,** E.: Selbstheilung durch Drogen? Frankfurt/M. 1974; **Hartwig,** K.-H./

**Pies,** I.: Rationale Drogenpolitik in der Demokratie, Tübingen 1995; **Hauptmann,** W.: Drogenpolitik ohne Strafrecht?, Wien 2000; **Hauptmann,** W: Jugend und Sucht, Innsbruck 2003; **Hauptmann,** W./**Hübner,** E.: Soziale Kosten des Drogenmißbrauchs, Graz 2008; **Hebler,** S.: Drogenfreigabe, in: Magazin der Polizei 1994 (Nr. 218), S. 4–10; **Heckmann,** W.: Suchtprophylaxe und Kriminalprävention, in: *Schwind,* H.-D./*Berckhauer,* F./*Steinhilper,* G. (Hrsg.): Präventive Kriminalpolitik, Heidelberg 1980, S. 317–346; **Hellebrand,** J.: Wende im Methadon-Glaubenskrieg? in: NStZ 1992, S. 13–18; **Hillenkamp,** Th./**Tag,** B. (Hrsg.): Intramurale Medizin, Berlin 2005; **Hoffmann,** K./**Kreuzer,** A./**Suleck,** T.: Spritzenvergabe im Strafvollzug, Baden-Baden 2002; **Hoffmann,** K.-D.: Kokain-„Schnee" aus den Anden, in: Kriminalistik 1998, S. 702–705; **Holyst,** B./**Kube,** E.: Deutsche Drogenpolitik – wohin? in: Kriminalistik 1992, S. 666–673; **Hunsicker,** E.: Der Staat und sein Drogendilemma. Das Osnabrücker Modell zur Minimierung der Drogenkriminalität, in: Kriminalistik 1996, S. 711–719; **Hurrelmann,** K.: Die Ecstasy-Welle, in: MFDP Oktober 1995, S. 4–10; **Jaeger,** W./**Sominka,** V.: Drogenkonsumräume – Der richtige Weg?, in: der kriminalist 2001, S. 119–122; **Jehle,** J.-M.: Drogentherapie in freien Einrichtungen. Eine Alternative zum Maßregelvollzug, in: *Haller/Jehle* (Hrsg.): Drogen – Sucht – Kriminalität, Mönchengladbach 2009, S. 263–279; **Jehle,** J.-M.: Drogentherapie im strafrechtlichen Rahmen – die Zurückstellungslösung der §§ 35, 38 Betäubungsmittelgesetz, in: *Kröber,* H.-L./*Dölling,* D. et al.; Handbuch der Forensischen Psychiatrie, Bd. 1, 2007, S. 349–378; **Keup,** W.: Kokainmißbrauch in der Bundesrepublik Deutschland, Wiesbaden 1990; **Kielholz,** P./**Ladewig,** D.: Die Drogenabhängigkeit des modernen Menschen, München 1972; **Killias,** M.: Dichtung und Wahrheit zur schweizerischen Drogenpolitik, in: Kriminalistik 5/99, S. 311–312; **Knauß,** I./**Erhardt,** E.: Freigabe von Drogen – Pro und Contra, Wiesbaden 1993; **Koch,** M.G.: Dichtung und Wahrheit zur Schweizerischen Drogenpolitik, in: Kriminalistik 1999, S. 543–545; **Körner,** H.: Trotz lauter Bäumen den Wald sehen, in: Kriminalistik 1991, S. 779–780; **Kreuzer,** A. et al.: Drogenabhängigkeit und Kontrolle, Kriminologische Untersuchung über Phänomenologie des Heroinkonsums und polizeiliche Drogenkontrolle, Wiesbaden 1981; **Kreuzer,** A.: Kriminelle Karrieren der Süchtigen, in: *Deutsche Kriminologische Gesellschaft* (Hrsg.): Kriminologische Probleme des Alkohol- und Drogenmißbrauchs, Heidelberg 1982, S. 43–58; **Kreuzer,** A.: Delinquenz und Therapie aus kriminologischer Sicht, in: *Deutsche Hauptstelle gegen die Suchtgefahren* (Hrsg.): Sucht und Delinquenz, Hamm 1983, S. 96–108; **Kreuzer,** A./**Wille,** R.: Drogen-Kriminologie und Therapie, Heidelberg 1988; **Kreuzer,** A.: Endstation Sucht? – Wege aus der Sucht? Bonn 1990, S. 276–297; **Kreuzer,** A./**Römer-Kleef,** R./**Schneider,** H.: Beschaffungskriminalität Drogenabhängiger, Wiesbaden 1991; **Kreuzer,** A.: Zeugnisverweigerungsrecht für Drogenberater, in: FS für *Schüler-Springorum,* Köln 1993, S. 527–540; **Kreuzer,** A.: Die Haschisch-Entscheidung des BVerfG, in: NJW 1994, S. 2400–2402; **Kreuzer,** A.: Ist das Zeugnisverweigerungsrecht von Drogenberatern brüchig? in: Sucht 41 (4) 1995, S. 293–297; **Kreuzer,** A.: Den Teufel mit Beelzebub austreiben? Zur staatlich geförderten Heroinabgabe an Rauschgiftsüchtige, in: FAZ vom 2. September 1999, S. 11; **Kühne,** H.-H.: Motivationsverläufe bei Rauschmittelgeschädigten, in: *Müller-Dietz,* H. (Hrsg.): Kriminaltherapie heute, Berlin 1974, S. 51–113; **Kühne,** H.-H.: Kein Ende der Methadon-Debatte, in: NJW 1992, S. 1547–1548; **Kurze,** M.: Strafrechtspraxis und Drogentherapie, Wiesbaden 1993 (2. Aufl. 1994); **Kurze,** M.: Erfahrungen mit strafjustiziell bedingten Therapieüberleitungen, in: *Uchtenhagen,* A./*Zieglgänzberger,* W. (Hrsg.): Suchtmedien München 2000, S. 386–393; **Leineweber,** H./**Erhardt,** E.: Zur Kokainsituation in Deutschland, in: Kriminalistik 1991, S. 79–82; **Lange,** K.-G.: Süchtiges Verhalten, Freiburg 1974; **Marx,** H.: Methadon-Praxis in Europa, Weinheim 1991; **Mellenthin,** K.: Rauschgift, in: *Kube,* E./*Störzer,* H. U./*Timm,* K. J. (Hrsg.): Kriminalistik-Handbuch, Bd. 2, Stuttgart 1994, S. 382–404; **Meyer,** J. (Hrsg.): Betäubungsmittelstrafrecht in Westeuropa, Freiburg 1987; **Mischkowitz,** R./**Möller,** M./**Hartung,** M: Gefährdungen durch Drogen, Wiesbaden 1996; **Müller,** R.: Drogenkriminalität, in: Kriminalistik 1991, S. 47–49; **Nestler,** C.: Betäubungsmittelstrafrecht, München 1998; **Nickels,** C.: Drogen- und Suchtbericht der Drogenbeauftragten der Bundesregierung Bonn, Stand 1. März 1999; **Oberarzbacher,** H./**Dornauer,** K.: Das Strafbegehren der Suchtgesellschaft, Innsbruck 1999; **Parow,** E. et al.: Über die Schwierigkeit, erwachsen zu werden, Frankfurt/M. 1976; **Preusse,** M.: Fixerräume, in: MschrKrim 1999, S. 235–247; **Rausch,** C.: Ecstasy und Jugendkultur, in: DVJJ-Journal 3–4/1995, S. 327–333; **Rautenberg,** M.: Zusammenhänge zwischen Devianzbereitschaft, kriminellem Verhalten und Drogenmißbrauch, Baden-Baden 1998; **Schmidt,** P./**Scheer,** W./**Bergham,** G.: Cannabiskonsum und Fahrtüchtigkeit, in: Kriminalistik 1995, S. 241–246; **Schreiber,** L. H.: Heroin – (k)eine gefährliche Substanz? in: Kriminalistik 1995, S. 534–536; **Stock,** J./**Kreuzer,** A.: Drogen und Polizei. Eine kriminologische Untersuchung polizeilicher Rechtsanwendung, Bonn 1996; **Stöver,** H.: Methadon – Eine kritische Durchsicht aktueller Literatur zur Substitutionsbehandlung, in: KrimJ 2/1992, S. 116–132; **Thomasius,** R. (Hrsg): Ecstasy, Stuttgart 2000; **Ullmann,** R.: Drogenkonsumräume – Ausweg oder Irrweg?, in: Kriminalistik 2000, S. 578–583; **Wagner,** W.: Die Balkanroute – Die Hauptschlagader des Heroinschmuggels, in: Der Kriminalist 1/1992, S. 1–9; **Wagner,** H.-J.: Betäubungsmittelstrafrecht, Baden-Baden 1996; **Wetzels,** P. et al.: Jugend und Gewalt, Baden-Baden, 2001; **Zentrum für interdisziplinäre Suchtforschung** der Universität Hamburg (Hrsg.): Das bundesdeutsche Modellprojekt zur heroingestützten Behandlung Opiatabhängiger, 2006; **Ziegler,** H.: Jahrbuch zur Frage der Suchtgefahren 1985.

**Gliederung**



**1** Zu den Drogen bzw. Rauschmitteln (zur **Sucht** vgl. Rdn. 2 vor § 26) gehören neben dem Alkohol (§ 26) auch die Betäubungsmittel (BtM): ihre Aufzählung ist in den Anlagen I–III zu § 1 Abs. 1 des Betäubungsmittelgesetzes vom 28. Juni 1981 (BGBl. I, 681 ff/1187 ff) enthalten. Sie lassen sich (mit *Mellenthin* 1994, 386) untergliedern in:

- die Naturprodukte Marihuana und Haschisch,
- die halbsynthetischen Rauschgifte LSD, Kokain und Heroin sowie
- die (voll-)synthetischen Drogen (die im Labor aus chemischen Grundstoffen hergestellt werden).

Haschisch konnte sich Ende der 60er Jahre im Rahmen der Studentenrevolte in Deutschland etablieren (vgl. Rdn. 6 zu § 30), LSD setzte sich Anfang der siebziger Jahre in der Rauschgiftszene durch; 1973/74 kamen zunächst Heroin und dann 1979/80 Kokain hinzu; ab Mitte der 80er Jahre drängen die synthetischen Drogen auf den Markt (dazu *Mellenthin* aaO, 382). Zu den letzteren rechnen auch solche (legalen) Stoffe, die man (relativ) frei auf dem Markt einkaufen kann, wie etwa:

- Weckamine (Preludin, Pervitin, Captagon),
- Barbiturate (Schlafmittel),
- Sedativa (Beruhigungsmittel): Valium, Librium sowie
- aromatische Stoffe, die „geschnüffelt“ werden, etwa Äther, Benzin oder Klebstoff (z. B. Pattex): vgl. dazu *Altenkirch* 1982.

Schon nach dem **ersten „Drogen-Weltbericht“**, den am 26. Juni 1997 eine Unterorganisation der Vereinten Nationen (UNDCP) veröffentlicht hat, machte der Anteil des Handels mit Rauschgiften **etwa acht Prozent des gesamten Welthandels** aus. **Danach werden im Rauschgifthandel weltweit etwa 400 Milliarden Dollar umgesetzt (**zit. nach FAZ vom 27. Juni 1997, 1).

## I. Arten der (illegalen) Betäubungsmittel

Heroin und Kokain gelten als sog. **„harte“** Drogen, Marihuana und Haschisch als **„weiche“** Drogen. 2

### 1. Natürliche Rauschgifte

Kurzinformationen zu: 3

*a) Marihuana und Haschisch (Cannabis-Produkte)*

- **Szenebezeichnung** für Marihuana: „Gras“; für Haschisch: „Dope“, „Shit“;
- die Basis ist **Hanf (Cannabis)**, der in Kalifornien, in Kolumbien, in Zentralafrika, in der Türkei, im Iran, in Pakistan, **Afghanistan**, in Indien und in Thailand angebaut wird; Marihuana wird aus den Blüten gewonnen, Haschisch aus dem Harz der Hanfpflanze; seit einigen Jahren gewinnt der Cannabis-Anbau **auch in Deutschland** an Bedeutung, und zwar als **Indoor-Anbau** in Großplantagen (= 100 bis 999 Pflanzen) und in Form von Profi-Plantagen ab 1000 Pflanzen (*Stempel* in DHS 2009, 120; SPIEGEL 23/2010, 40).
- die Herkunftsländer kann man oft an der **Haschischfarbe** erkennen: z.B. Libanon (rot), Afghanistan (schwarz), Pakistan (braun), Türkei (grün);
- **Einnahmeformen:** Rauchen (meist mit Tabak vermischt) in „Joints“ = Zigaretten („kiffen“) bzw. in Haschpfeifen („Chillums“) oder Verbrennen und einatmen („sniffeln“); aber auch orale Aufnahme (z.B. über Kekse);
- **Wirkung: „halluzinogen“**, d.h. positive Grundstimmung („Laberdroge“) i.S. von Fröhlichkeit, Glücksgefühl (ähnlich wie beim Alkohol), gesteigerter Kommunikationsfähigkeit verbunden mit Entspannung, Enthemmung, Neigung zur Selbstüberschätzung und er höhter Sensibilität (aber auch Angst bis zur Panik, Übelkeit, Herzrasen) bis schließlich bei Dauerkonsum zu Intoxikations- (Vergiftungs-) Psychosen, Angstzuständen oder Depressionen; manche „consumer“ werden nur müde; möglich sind ferner Erkrankungen der Atemwege wie Lungenkrebs oder chronische Bronchitis (vgl. auch unten Rdn. 57c);
- **Preise:** Der Grammpreis von Marihuana und Haschisch wird (je nach Qualität und Herkunft) mit 6–10 Euro angegeben (Auskunft *2. Fachkommissariat Polizei Osnabrück, Jan. 2013*). Kilo-Preis: etwa 2500 Euro (*BKA* 2005, 46).

*b) Heroin*

- **Szenebezeichnung:** „H" („Äetsch"); „Weißes";
- ein Opiat, das aus dem sog. **Schlafmohn** (Papaver somniferum) hergestellt wird, der in der Türkei, im Libanon und im Iran, **Afghanistan** (dazu Rdn. 25d zu § 29), in Pakistan (**goldener Halbmond**) sowie im sog. **goldenen Dreieck** (Burma, Thailand, Laos) wächst;
- seit Ende 1991 wird darüber hinaus eine dunkelbraune, morphinhaltige Flüssigkeit (aus ausgekochten Mohnkapseln bzw. Mohnpflanzenteilen) aus Polen importiert, die als **„Polnische Suppe"** oder „Polnisches Heroin" bezeichnet wird (*DHS* 1993, 110); 1992 wurden einige Todesfälle mit dieser Droge in Verbindung gebracht (*DHS* aaO);
- **Einnahmeformen:** intravenöses Injizieren („fixen"), aber auch „schnupfen" und („vom Blech") rauchen (anstecken und „sniffeln");
- **Wirkungen: „euphorisierend"**; „sofortiges Glücksgefühl, das etwa dem orgasmischen Höhepunkt bei dem Geschlechtsakt gleichkommt: sog. ‚Kick'" (*Schreiber* 1995, 534); wohliges Harmoniegefühl, Vergessen von Problemen, bis es nach drei bis vier Stunden zu Entzugserscheinungen kommt mit Herzjagen, Krämpfen, Muskelzittern, Erbrechen und Kopfschmerzen usw.; Heroin gilt bei Jüngeren als **„Teufelsdroge"**, weill sie zu Sucht und sozialem Abstieg führt (*Egg* zit. nach SZ vom 25. Mai 2011, 7).
- **Preise:** der Durchschnittspreis für ein Gramm Heroin liegt bei (fallender Tendenz) 25–35 Euro (2. FK Polizei Osnabrück, Jan. 2013).

*c) Kokain („weißes Gold")*

- **Szenebezeichnung:** „Koks", „Schnee" „Coke", „Crack";
- wird unter Verwendung chemischer Substanzen aus den Blättern des **Koka-Strauchs** (die alle 40 bis 60 Tage geerntet werden können) gewonnen, der an den tropischen Osthängen der Anden in Peru und Bolivien gedeiht, aber auch in Ecuador und Kolumbien;
- **Einnahmeformen:** bisher meist geschnupft (über die Nase eingesogen); zunehmend aber auch intravenös injiziert (Umfrage von *Keup* 1990), selten als **„crack"** (chemisch behandeltes Kokain mit blitzschneller Wirkung) geraucht (*Wagner* 1996, 20);
- **Wirkungen: aufputschend**; Omnipotenzgefühle („Ich bin der Größte, mir kann keiner"): Appetit- und Müdigkeitsverlust, Euphorie, Rededrang, sexuelle Stimulation („Sexdroge"); dem rund eine Stunde dauernden Rausch folgt meist der Kater, der bis zum Verfolgungswahn reichen kann.
- **Preise:** Ein Gramm Kokain kostet („Preisverfall") nur noch 50 Euro (*Götz*, EBDD, zit. nach DIE WELT vom 8. August 2007, 4); in Osnabrück (2009) rund 40 Euro (2. FK aaO).

**Nachfrage nach Kokain sinkt – mehr synthetische Drogen**

WIEN – Die weltweite Nachfrage nach Kokain, Opiaten oder Cannabis stagniert oder schrumpft, während die Produktion und der Konsum von synthetischen Drogen steigt – insbesondere in Entwicklungs- und Schwellenländern. Zu diesem Schluss kommt der Weltdrogenbericht 2009, den das Büro der Vereinten Nationen für die Drogen- und Verbrechensbekämpfung (UNODC) gestern in Wien und Washington veröffentlicht hat.

aus: *DIE WELT* vom 25. Juni 2009, 28

## 2. Synthetische Drogen

Unter dem Sammelbegriff „Synthetische Drogen" fallen (so *DHS 2013, 2)* „alle Substanzen, die ohne einen natürlichen Ausgangsstoff rein chemisch hergestellt werden. Aufgrund ihrer unterschiedlichen Wirkweisen werden sie in drei Stoffgruppen unterteilt:

*a) Psychostimulatien*

Hierher gehört das **Amphetamin**, das stark aufputschend wirkt und in emphorische Stimmung versetzt. In Fliegerschokolade gemischt sollte der Stoff Bomberpiloten im Zweiten Weltkrieg Angstgefühle nehmen und die Konzentrationsfähigkeit steigern. Heute ist Amphetamin unter dem Szenenamen „Speed" meist in Pulverform zu erhalten und kostet pro Gramm zwischen 10 und 20 Euro (2. FK aaO). Aggresivität und Gewalttätigkeit, Verfolgungswahn und Suicid sind als zerstörerische Folgen regelmäßiger Einnahme von **Crystal Meth** (Ice) beobachtet worden (DHS 2010).

*b) Entaktogene*

Dazu gehört **Ecstasy** (Buchstabierweise der englischen Kurzformel XTC), das in Tablettenform mit verschiedenen Prägemotiven (wie „Adam", „Eve", „Yellow Sunshine", „Smile", „Love" usw.) angeboten und eingenommen wird. Wirkungen: Hemmungen nehmen zugunsten von euphorischen und zärtlichen Glücksgefühlen („Glückslawine") ab, sexuell wird angeregt, der Rededrang nimmt ab, Müdigkeit wird überdeckt. Die Pillen kosten zwischen 4 und 10 Euro (2. FK aaO).

*c) Halluzinogene*

Bekanntestes dieser Stoffgruppe, die Sinneswahrnehmungen verändert, ist das **LSD**. Typisch sind Situationsverkennungen, Überschätzung der eigenen Fähigkeiten, Verwirrtheitszustände bis zu Angsterlebnissen **(„Horrortrips")** und Panikreaktionen („Sprung aus dem Fenster"). Der Preis für einen „trip" liegt seit Jahren zwischen 3 und 10 Euro.

Inzwischen häufen sich auch Meldungen über den Konsum von biogenen **Drogen** (Tollkirsche, Stechapfel, Engelstrompete, Schwarzes Bilsenkraut und Fliegenpilz), deren Einnahme ebenfalls zu halluzinogenen 5

Wirkungen führt, aber nicht selten (vgl. Zeitungsausriß unten) aufgrund von Herzbeschwerden auf der Intensivstation endet. In der Party-Szene heißen entsprechende Tabletten etwa „Trance", „Cloud 9" oder „Pulse". Die Gefährlichkeit „der Kopf tollmachenden Kräuter" ist übrigens schon in früheren Jahrhunderten erkannt worden (z. B. *Hauptmann* 2000, 13).

RAUSCHGIFT

**„Viele glauben, sie könnten fliegen"**

Immer mehr Kinder und Jugendliche experimentieren mit biogenen Drogen. Häufig enden die Selbstversuche im Krankenhaus, manchmal tödlich. Die meisten Biodrogen sind legal – und allerorten zu ernten.

aus: *DER SPIEGEL* 35/2000, 108

### II. Zahl der Drogenabhängigen

6 Sichere Zahlen über den Kreis der Drogenabhängigen fehlen bisher, weil die **Drogenabhängigkeit nicht meldepflichtig** ist und daher in amtlichen Statistiken (etwa der Gesundheitsämter) nicht erscheint. Es gibt nur Schätzungen aufgrund von Umfragen z. B. Cannabis-Konsum.

7 *(1) So haben z. B. Wetzels et al. (2001, 226) ermittelt, daß „in München etwa 8 % der männlichen Jugendlichen (14–18 Jahre) regelmäßig Nutzer von **Cannabis**-Produkten sind".*

*(2) Nach einer Studie der Bundeszentrale für gesundheitliche Aufklärung (zit. nach DHS 2008, 98) ist der **Cannabis-Konsum** aber wieder **rückläufig**: 2004 gaben noch 14 % der 14–17jährigen an, „in den letzten zwölf Monaten Cannabis konsumiert zu haben, 2006 waren es noch 8 %; bei den 18–19jährigen sank der Anteil im gleichen Zeitraum von 18 auf 14 %.*

8 Neben den Umfrageergebnissen werden als Schätzungsgrundlagen ferner verwendet: die Zahl der (**2001**: 1835; **2010**: 1237) **Drogentoten** (meist Überdosis Heroin oder des künstlichen Opioids „Fentanyl"), der Anteil an Suchtkranken an den Aufnahmen in öffentliche psychiatrische Krankenhäuser sowie Daten über Drogensicherstellungen durch die Strafverfolgungsbehörden (die Polizei).

9 Die Gewichtsmengen über Drogensicherstellungen sind allerdings (ebenso wie die Zahl der polizeilichen Ermittlungsverfahren) wenig aussagekräftig, weil „hier das **Dunkelfeld** naturgemäß unberücksichtigt bleibt" (*Kreuzer* 1982, 44). Die **entdeckten Mengen sollen nur etwa 10 %** der gesamten auf dem Markt befindlichen Drogenmengen ausmachen (*Kaiser,* Lb. 1988, 555); wahrscheinlich sind es lediglich 5 % (vgl. auch *Bleibtreu* 1992, 215).

## III. Ursachen und Folgen

Daß der Drogenkonsum in den 60er Jahren überall in den westlichen Industriestaaten zunahm, hat nicht zuletzt mit den gesellschaftlichen Protestbewegungen zu tun, die als Studentenrevolte (vgl. Rdn. 1) und Hippiebewegung bekannt wurden (dazu auch Rdn. 6 zu § 30). Zu diesem Zeitpunkt diente der Konsum illegaler Drogen **als Statussymbol und als Abgrenzungsmerkmal**: Ablehnung konventioneller Normen und gesellschaftlicher Ziele bzw. Rebellion beim Einstieg ins Erwachsenenalter. Später kamen weitere Motive hinzu (vgl. Übersichten 69 und 70). **10**

### 1. Erklärungsansätze

Demtentsprechend wird in der Literatur für die Erklärung des Rauschmittelmißbrauchs, der zur Drogenabhängigkeit führt, die ganze Bandbreite der Theorien vertreten, die auch zur Ursachenerklärung im Rahmen der Kriminalitätstheorien (vgl. §§ 5ff) Bedeutung besitzen: **11**

Angefangen beim

- ***psychoanalytischen*** *Erklärungsmodell (z.B. Haas 1974; vgl. auch Rdn. 5ff zu § 6) über den*
- ***lerntheoretischen*** *Ansatz (z.B. Lange 1974; vgl. auch Rdn. 20ff zu § 6) bis zu den*
- ***soziologischen*** *(z.B. Amendt/Stiehler 1972; vgl. § 7) und*
- ***sozialpsychologischen*** *Theorien (z.B. Parow 1976; vgl. § 7).*

Gleichwohl gibt es im Drogenbereich keinen ernsthaften Schulenstreit um das „wahre Ursachenmodell", vielmehr wird ein multifaktorieller Ansatz, den *Kielholz* und *Ladewig* (1972, 23ff) in Form einer **„Trias des Ursachenmodells"** eingebracht haben, allgemein als brauchbarer Einstieg akzeptiert (*Heckmann* 1980, 320 und Übersicht 69). Danach „tragen zur Entstehung der Drogenabhängigkeit sowohl die Persönlichkeit des Konsumenten als auch die Charakteristika der Droge als auch die gesellschaftlichen Faktoren bei" (ausführlich schon *Heckmann* 1980, 320ff). Nach *Müller* (1991, 49) sollen darüber hinaus auch Bedeutung besitzen: die **Verführung durch andere**, **Langeweile** und **Neugier** sowie einfach **Frust** über Lebenserwartungen, die nicht erfüllt werden können bzw. **Perspektivlosigkeit** (so auch die Bundesregierung in BT-Drucks. 12/3956 vom 9.12.91). Im Vordergrund dürfte jedoch die **Flucht vor Problemen** stehen (vgl. auch die Anomietheorie Rdn. 6ff zu § 7), für deren Lösung die Bewältigungsstrategien fehlen bzw. nicht erlernt wurden. **12**

*Dementsprechend heißt es bei Kreuzer (1999, 11): „Sucht kann durch persönliche* ***Eigenschaften*** *und* ***Lebenskrisen*** *entstehen, ebenso durch* ***Prägungen*** *in Gruppen, Milieus, Freizeitwelten und deren Lebensstile". Der Fixer oder Junkie ist insoweit vor allem „abhängig von einer Subkultur: der* ***Drogenszene****". Seine „frühe Entwicklung ist überwiegend ungünstig: zerrüttete Familie, Erziehungsprobleme, oftmals Gewalterleben, Schul- und Ausbildungsschwierigkeiten, keine beruflich-finanzielle Selb-* **13** *ständigkeit". Deshalb: „Bezieht sich* ***Therapie*** *bei ihm allein auf die Sucht, greift sie viel zu kurz." Auch Substitution (vgl. Rdn. 49) „kommt deswegen allenfalls in Betracht, wenn sie eingebettet ist in eine umfassende Sozialtherapie oder Ersatz-Sozialisation".*

*Übersicht 69:* Ursachen der Drogenabhängigkeit

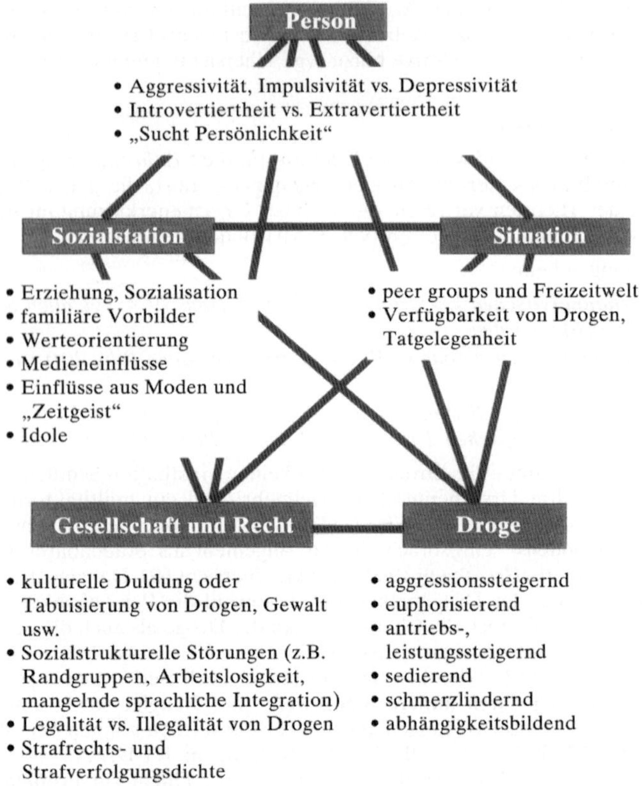


aus: *Kreuzer* A. in Kröber et al., Hb der forensischen Psychiatrie Bd. 4, Heidelberg 2009, S. 502

### 2. Zur „Schrittmachertheorie"

14 Zu den „Dauerthemen der drogenpolitischen Diskussion" (*Kreuzer* 1981, 171) gehört die „Schrittmachertheorie" („Stepping-Stone-Theorie"), nach der der Verbraucher von Haschisch und anderen „weichen" Drogen **(„Einstiegsdrogen")** später auf härtere Drogen umsteigt (*Kreuzer* aaO m.w.H.): **„Haschisch-Heroin-Automatik"**. Ob allerdings eine

solche kausale Beziehung zwischen „weichem" (z.B. Haschisch) und „hartem" (z.B. Heroin) Drogenverbrauch tatsächlich besteht, ist **umstritten** (eine solche Automatik verneint z.B. *Quensel* 1980, 9).

Mit der Behauptung, daß solche gar nicht bestünden, fordert die deutsche „legalize pot"-Bewegung die Entkriminalisierung des Umgangs und Konsums von Haschisch (so auch z.B. *Nestler* 1998 Rdn. 226 zu § 11 BtMG; krit. z.B. *Burghard* 1992, 203; *Bleibtreu* 1992, 219). Ihre Anhänger nehmen immer mehr zu (vgl. dazu auch Rdn. 57); schon 1974 wurde die **Deutsche Cannabis-Gesellschaft** gegründet, die sich für die Freigabe von Haschisch einsetzt (*Hebler* 1994, 4). Später entstand die **Initiative Haschisch legal** (InHaLe). Die zweite Kammer des Landgerichts Lübeck hat sogar die Meinung vertreten (die das BVerfG allerdings nicht geteilt hat: vgl. unten Rdn. 37), daß die Bestrafung des Umgangs mit Haschisch deshalb grundgesetzwidrig sei, weil „der Rausch wie Essen und Trinken und Sex zu den fundamentalen Bedürfnissen des Menschen gehörten". Dabei wird jedoch übersehen, daß die meisten Heroinkonsumenten bei Befragungen angeben, daß ihre Drogenkarriere immerhin mit Haschisch oder Marihuana begonnen hat (*Kreuzer* aaO). **15**

*Dazu hat Kovar (zit. nach Bock 1998, 702) ermittelt, „daß über 90 % der Heroinabhängigen vorher Cannabis konsumiert haben, aber nur ca. 5 % der Cannabis-Konsumenten später Heroin nahmen"; zu ähnlichen Resultaten ist das Max-Planck-Institut für Psychiatrie in München gelangt (Focus 29/2006, 11).*

Insoweit spricht einiges für die Annahme, daß durch die Gewöhnung an weiche Drogen zumindest die **Schwellenangst** (die „Berührungsängste") in Bezug auf die harten Drogen vermindert und deren Erwerb **(„Griffnähe")** deshalb erleichtert wird, weil der Konsument inzwischen weiß, wo er diese bekommt. **Jedenfalls vertreiben die Dealer von Haschisch nicht selten auch Heroin** (weitere Argumente bei *Holyst/Kube* 1992, 672). Als „Schrittmacherdrogen" kommen im Übrigen auch Nikotin und Alkohol, also legale Drogen, in Frage: jedenfalls hat *Kreuzer* (1990, 280) belegt, „daß zeitlich der Mißbrauch legaler Drogen Erfahrungen mit illegalen Drogen vorausgeht, und zwar geschlechtergleich". Nach neueren Untersuchungen besteht sogar die Vermutung, daß **Nikotin und Alkohol** die eigentlichen Wegbereiter für den Konsum harter Drogen sind (*Kube/Erhardt* 1991, 173; *Erhardt* 1991, 11f). *Kube/Erhardt* (1991, 24) schlagen daher vor, auch solche legalen Mittel, die suchtbildend wirken können, in Präventionskonzepte (etwa Aufklärungsmaßnahmen) miteinzubeziehen.

### 3. Desozialisierungen/AIDS-Gefahr

Wie bei der Alkoholabhängigkeit (vgl. Rdn. 19ff zu § 26) führt auch die Drogenabhängigkeit oft zu sozialem Abstieg bis zur Verwahrlosung. Zu weiteren Folgen und Begleiterscheinungen vgl. *Mischkowitz* u.a. 1996. Inzwischen kommt noch die **AIDS**-Gefährdung der Süchtigen hinzu, eine Immunmangelkrankheit, die zum Tode führt. Die Anstek- **16** kungsquelle bilden vor allem gemeinsam benutzte Nadeln beim „Spritzen" (Blut-Blut-Kontakt).

## IV. Rauschgiftkriminalität

17 Der Rauschmittelmißbrauch ist nach den Vorschriften des Betäubungsmittelgesetzes mit Strafe bedroht (§§ 29–32 BtMG). Nach § 29 wird u.a. bestraft, wer Betäubungsmittel ohne Erlaubnis des Bundesgesundheitsamtes anbaut, mit ihnen Handel treibt, sie, ohne Handel zu treiben, einführt, ausführt, veräußert, abgibt, sonst in den Verkehr bringt, erwirbt oder sich in sonstiger Weise verschafft oder sie besitzt. Wer dabei als Mitglied einer Bande, die sich zur fortgesetzten Begehung solcher Straftaten verbunden hat, handelt, wird nach § 30 BtMG mit Freiheitsstrafe nicht unter zwei Jahren bestraft, Tateinheit kann mit den Straftaten des Diebstahls, der Urkundenfälschung usw. in Betracht kommen.

Zum Zusammenhang zwischen Drogenmißbrauch und Delinquenz vgl. z.B. die Resultate der Sekundäranalyse von *Rautenberg* (1998): (signifikante Korrelation) und *Kreuzer et al.*:

> *Von 217 Probanden, die Kreuzer et al. (1991, 317) befragt haben, verliefen Drogen- und kriminelle Karrieren in 53 % aller Fälle parallel, in 27 % aller Fälle verstärkte die Drogenkarriere eine beginnende kriminelle Karriere und in 19 % der Fälle folgte die Drogenkarriere einer schon bestehenden kriminellen Karriere. Nur in 0,5 % aller Fälle wurde eine Drogenkarriere ohne vorangehende und ohne begleitende Delinquenzkarriere ermittelt.*

18 *Übersicht 70:*
Versorgungs- und Folgestraftaten bei Drogenabhängigkeit

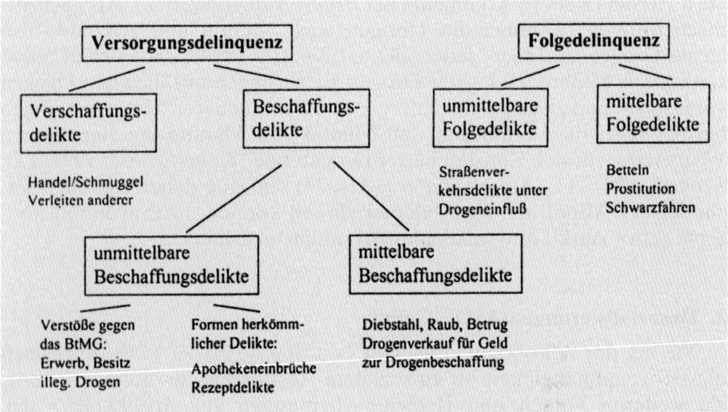


aus: *Kreuzer/Thamm* in: Kreuzer, A. (Hrsg.): Handbuch des Betäubungsmittelstrafrechts, München 1998, S. 185

## 1. Einteilung der Rauschgiftkriminalität

Unterschieden werden „direkte und indirekte Beschaffungskriminalität“, „Folgekriminalität“, „Kleinhandel“ und „Erwerb zum Eigenbedarf“ (vgl. z.B. *Erhardt* 1991 und Übersicht 70). **19**

Zur **„direkten Beschaffungskriminalität“** werden solche Delikte gerechnet, die begangen werden, um Drogen zu erlangen: Apothekeneinbrüche, Rezeptfälschungen usw.; zur **„indirekten Beschaffungskriminalität“** werden solche (strafbaren) Handlungen gezählt, die verübt werden, um Zahlungsmittel für den Erwerb von Drogen in die Hand zu bekommen: etwa Ladendiebstahl, Einbruch und Raub (vgl. *Kreuzer* 1990, 282) oder unterhalb der Strafbarkeitsgrenze die nur gemeinlästige Prostitution oder Bettelei (krit. *Kreuzer* 1989, 16). Nach Schätzungen des Rauschgiftkommissariats Frankfurt/M. **verübt jeder Fixer pro Tag fünf Straftaten** verschiedenster Art (zit. nach *Eisenberg* 1985, 586). **20**

*Bei einem **Hehlerkurs von 1:10** muß er täglich eine Beute im Wert von rund 1000 Euro zusammen bekommen, um die 100 Euro (Kerner in: KKW 1993, 97: 100–250 Euro), die er für den Ankauf des benötigten Heroins tagtäglich braucht (Kreuzer 1995, 306), zu erhalten. Schon Anfang der neunziger Jahre wurde nach Berechnungen Kreuzers (Kreuzer et al. 1991, 347f) **jeder fünfte Raub** und **jeder dritte Einbruch** von einem Drogenabhängigen verübt.* **21**

Unter der **„Folgekriminalität“** werden solche Delikte verstanden, die unter dem Einfluß von Drogen erfolgen: Gewalttaten, Sexualdelikte und Verkehrsdelikte (dazu z.B. *Schmidt/Scheer/Berghaus* 1995, 241ff). **22 bis 23**

## 2. Wege der illegalen Einfuhr und organisierter Import: vgl. dazu Rdn. 25e zu § 29 **24**

## 3. Registrierte Rauschgiftkriminalität und Dunkelfeld

Die PKS-Häufigkeitszahl stieg von 26 (1970) über 101 (1980) und 165 (1990) auf 289 im Jahr 2011 (236 478 Fälle) an (*PKS* 2012, 240 für 2011); vgl. auch Übersicht 71). *Kreuzer* wies dazu (schon 1982, 44) aber zutreffend darauf hin, **daß die PKS „wegen des großen Dunkelfeldes** (bei Drogenstraftaten) bzw. der besonderen Abhängigkeit der Strafverfolgung von den polizeilichen Kapazitäten und Strategien **wenig aussagekräftig** ist“ (so auch *Kerner* 1985, 349). **25 bis 28**

29 bis 30 *Übersicht 71:* Entwicklung der Rauschgiftdelikte (1987–2011)

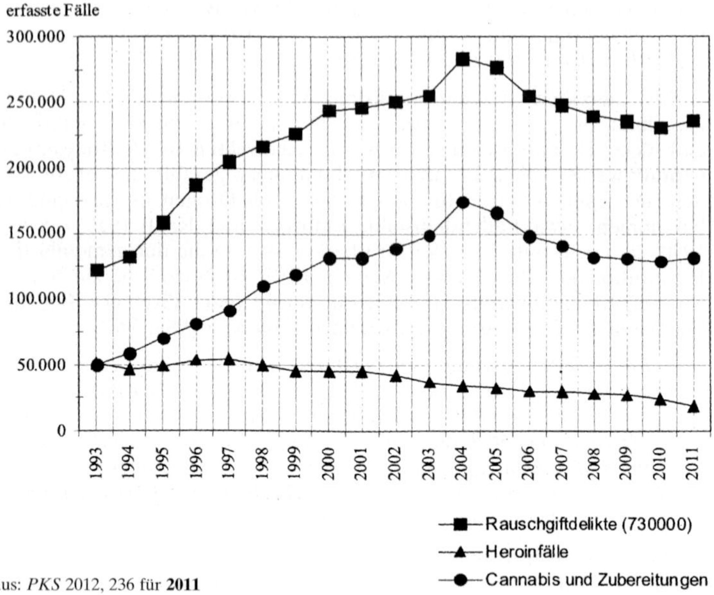


aus: *PKS* 2012, 236 für **2011**

## V. Kontrollstrategien und Hilfen

**31** Bekämpft wird die Rauschgiftkriminalität

- ***repressiv gegenüber den Anbietern:*** *mit den Mitteln der Strafverfolgung (nach dem Betäubungsmittelgesetz) sowie*
- ***präventiv gegenüber den (potentiellen) Nachfragern:*** *z.B. durch Aufklärungskampagnen (über die Medien), in denen vor dem Drogenkonsum gewarnt wird, Jugendhilfe-Maßnahmen (vgl. § 35a KJHG) oder auch durch „Drogenerziehung"* ***(Immunisierungsversuche)*** *in der Schule. Dazwischen arbeitet mit dem Ziel der*
- ***Rückfallverhütung in Bezug auf die bereits Abhängigen*** *die Drogenhilfe mit ihren therapeutischen Angeboten.*

**32** Die repressiven Maßnahmen richten sich primär gegen die Händler (die **„Dealer"**), die präventiven Konzepte sollen gefährdete Jugendliche erreichen (um der Ansteckungsgefahr entgegenzuwirken) und die Drogenhilfe will bereits Drogenabhängige von ihrer Drogensucht zu heilen versuchen. Dabei sind Polizei und Rechtspflegeorgane (nicht zuletzt im gesetzlichen Auftrag) bemüht, ebenfalls therapeutisch zu denken und tätig zu werden: die Gerichte z.B. im Rahmen der **Strafaussetzung zur Bewährung** (vgl. § 56c StGB). Daß die **beste Prävention in einer intak-**

**ten Familie** (dazu oben § 10) aufgebaut werden kann (so *Kreuzer* schon 1982, 57), bedarf keiner weiteren Hinweise (vgl. auch den Zeitungsausriß).

> **„Stark“ werden Kinder zuerst im Elternhaus**
>
> **Gegen Suchtgefahren kann zu Hause viel getan werden**
>
> Suchtprävention muß vor allem aber auch zu Hause stattfinden. Eltern, die das halbe Wochenende vor dem Fernseher verbringen, gerne rauchen und bei jeder Kleinigkeit sofort zur Tablette greifen, brauchen sich nicht zu wundern, wenn Kinder diese Verhaltensweisen annehmen. Deshalb ist es wichtig, ihnen einen vernünftigen Umgang mit Konsum- und Genußmitteln, Fernsehen und Medikamenten vorzuleben.
>
> Wichtig ist auch, dem Kind zuzuhören, wenn es zum Beispiel aus dem Kindergarten erzählen will. Trifft es auf ein offenes Ohr, fühlt es sich ernst genommen. Ein gesundes Selbstbewußtsein ist es, das Jugendlichen entscheidend hilft, Suchtgefahren abzuwehren. Denn ein starker Charakter wird sich seltener zu der obligatorischen Cliquen-Zigarette drängen lassen, flüchtet nicht in die Scheinwelt von Ecstasy und Co.

aus: *NOZ* vom 12. September 1998

**1. Gesetzgebung: das BtMG**

**33** Die steigende Zahl der Drogenabhängigen in der Bundesrepublik hat Ende der 70er Jahre zu verschiedenen kriminalpolitischen Initiativen geführt, die sich einerseits eine Besserung der Situation von höheren Strafdrohungen, andererseits mehr vom Einsatz therapeutischer Mittel versprachen (zur Geschichte *Stock* in Hoebin: Focus Europa ... Münster 2001, 149 ff).

**33a** Das BtM-Gesetz vom 28. 7. 1981 (i.d.F. vom 1. 3. 1994: ausführlicher dazu *Wagner* 1996), spiegelt diese unterschiedlichen Interessen deutlich wider:

- *einerseits wurden die Strafbestimmungen (insbesondere bei der schweren Rauschgiftkriminalität) erheblich verschärft;*
- *andererseits wurde der **Grundsatz „Therapie statt Strafe“** verankert (vgl. dazu Kurze 1994).*

Als drittes Ziel gilt inzwischen die **„harm reduction“** für nicht erfolgreich behandelte Drogenanhängige: z. B. die Methadonsubstitution (Rdn. 49) und die Heroin-Abgabe an Schwerstabhängige (Rdn. 58).

*a) Änderung der Strafbestimmungen*

**34** So ist der **Strafrahmen** für Drogenhandel auf fünf Jahre Freiheitsstrafe **erhöht** worden (§ 29 Abs. 1 BtMG): Für schwerwiegende Fälle des Rauschgifthandels (etwa Weitergabe an Jugendliche) hat der Gesetzgeber den Strafrahmen von zehn auf 15 Jahre heraufgesetzt (§ 29 Abs. 3 BtMG i. V. mit § 38 Abs. 2 StGB). Zur Kronzeugenregelung vgl. Rdn. 20 zu § 30.

*b) Grundsatz „Therapie statt Strafe"*

35 Auf der anderen Seite orientiert sich das Betäubungsmittel-Gesetz an dem Grundsatz „Therapie statt Strafe", d.h. es räumt der Therapie gegenüber der Strafe eine Vorrangstellung ein. Besser: „Therapie, veranlaßt durch strafrechtliche Maßnahmen" (ausführlicher Überblick bei *Jehle* 2007, 349ff und 2009, 263ff). So wird u.a. die **Zurückstellung einer Strafvollstreckung** erlaubt, wenn sich der Verurteilte freiwillig (oder ‚gut beraten') einer (auch ambulanten) Therapiemaßnahme unterzieht: § 35 Abs. 1 BtMG (§ 38 für Jugendstrafen). Nach § 37 Abs. 1 kann bei Drogenabhängigen sogar von der Erhebung der Anklage (vorläufig) abgesehen werden, „wenn der Beschuldigte nachweist, daß er sich wegen seiner Abhängigkeit seit mindestens drei Monaten der in § 35 Abs. 1 bezeichneten Behandlung unterzieht, und seine Resozialisierung zu erwarten ist".

*c) Kritikpunkte*

36 Das Problem der Neuregelung besteht allerdings noch immer darin, daß

- *einerseits „vor dem verbreiteten Vertrauen auf die Macht verschärfter Strafdrohungen als solcher" gewarnt werden muß (Kerner schon 1985, 347) und*
- *andererseits eine „mangelnde Motivation der Suchtkranken zur Therapie" (Ziegler bereits 1985, 98f) zu beklagen ist bzw. die fehlende Freiwilligkeit (Jehle 2007, 349).*

*d) Mißverstandenes Signal des BVerfG*

37 Für öffentliches Aufsehen hat eine Entscheidung des Bundesverfassungsgerichtes (BVerfG) vom 28. April 1994 (BVerfGE 90, 145ff = NJW 1994, 1577) gesorgt, nach der das Gericht die Länder bzw. deren Justizminister (unter Hinweis auf den Verhältnismäßigkeits-Grundsatz und das Übermaßverbot) auffordert, **„Probierer und Gelegenheitskonsumenten von Haschisch und Marihuana in kleinen Mengen nur noch ausnahmsweise und nach einheitlichen Regeln zu verfolgen": „prozessuale Lösung".**

Der Hintergrund dieser Aufforderung ist (erstens) darin zu sehen, daß „kleine Mengen" (als Maßeinheit) in den einzelnen Bundesländern nicht (übrigens noch immer nicht!) einheitlich definiert werden, und (zweitens) darin, daß Verfahren in den vom BVerfG angesprochenen Fällen auch bis dahin grundsätzlich schon eingestellt wurden, und zwar nach **§ 31 a BtMG**. Nach dieser Vorschrift kann von Strafe abgesehen werden, wenn

- *die Schuld des Täters gering ist,*
- *kein öffentliches Interesse an der Strafverfolgung besteht, und*
- *der Täter das Betäubungsmittel nur zum Eigenverbrauch in geringer Menge verwendet.*

**Haschisch auf dem Pausenhof**

**Aufregung bei Lehrern und Politikern nach Karlsruher Urteil**

aus: *FOCUS* Nr. 18 vom 2. Mai 1994, S. 30

Gleichwohl ist die Entscheidung des BVerfG (zunächst) dahingehend mißverstanden worden, daß der Eigenkonsum von weichen Drogen erlaubt sei: **„Freibrief"** für den Eigenkonsum von Haschisch und Marihuana; diese Interpretation ist jedoch falsch (zur „geringen Menge" bei den verschiedenen Betäubungsmitteln vgl. *Cassardt* 1995, 257 ff). Die **Strafbarkeit des Umgangs mit Cannabis-Produkten hat das BVerfG gar nicht aufheben wollen**. Eine Trennung der Rauschgiftszene in „illegale" Händler und „legale" Konsumenten würde auch die Ermittlungsbehörden vor kaum lösbare Aufgaben stellen (dazu *Hebler* 1994, 6). Das BVerfG wollte nur auf eine **einheitliche Rechtspraxis** hinwirken (dazu *Kreuzer* 1994, 2400 ff), an der es immer noch fehlt *(Kreuzer* 2000, 309). **37a**

*Gegenwärtig liegt die Freigrenze in den meisten Bundesländern bei sechs Gramm, NRW und Rheinland-Pfalz zwischenzeitlich bei zehn Gramm und in Berlin bei 15 Gramm. Niedersachsen strebt eine bundeseinheitliche Regelung an (Innenminister Pistorius in NOZ vom 21. Mai 2013, 1).*

Erreicht wurde, daß die „**Probierbereitschaft** der Jugendlichen für Cannabis noch einmal spürbar gestiegen ist" (Experten-Recherche des *SPIEGEL* 44/2000, 150).

### 2. Polizeiliche Möglichkeiten

Die polizeilichen Möglichkeiten reichen von präventiven Aktivitäten (umfangreiche Bestandsaufnahme bei *Dölling* 1996) über die Zollkontrolle an den Flughäfen bzw. an den Grenzübergängen bis zur Rasterfahndung (vgl. dazu vor allem das **„Gesetz zur Bekämpfung des illegalen Rauschgifthandels und anderer Erscheinungsformen der Organisierten Kriminalität"** vom 15. Juli 1992: Rdn. 35 ff zu § 29). **38**

*a) Repression*

Insoweit richten sich die „polizeilichen Aktivitäten vor allem **39**

- ***überregional** gegen das **Angebot** von Betäubungsmitteln (also den Kreis der Hersteller und Großhändler) sowie im*
- ***lokalen** Bereich gegen die **Nachfrage** (den Kreis der Kleinhändler und Konsumenten)*

mit dem Ziel, den illegalen Verkehr mit Betäubungsmitteln möglichst vollständig zu verhindern".

Um diese Aufgabe wahrnehmen zu können,

- *werden die **mobilen Einsatzkommandos** (MEK: vgl. Rdn. 14 zu § 30) schwerpunktmäßig (mit Beobachtungsaufgaben) auch im Bereich der Drogenkriminalität eingesetzt,*

– *arbeiten in den Fachkommissariaten der* ***Kripo*** *auf der Ebene der Kriminalinspektionen/Polizeidirektionen ausgebildete Sachbearbeiter für Drogenkriminalität.*

40 Im einzelnen kommen „**polizeiliche Präsenz** – besonders in Uniform – und polizeiliche Aktivitäten an bekannten Treffpunkten und Handelsplätzen der Drogenszene in Betracht (vgl. § 15 Rdn. 36); ferner **Razzien und Lokalschließungen** usw." (*Heckmann* 1980, 328f) sowie der **Einsatz von V-Leuten** (krit. dazu z.B. *Kreuzer* 1983, 105). Die **Vergabe von Brechmitteln** an vermeintliche Straßendealer zur Entdeckung verschluckter „Bubbles" hat der *EGMR* (mit 10 zu 7 Stimmen!) mit Urteil vom 11. Juli 2006 (NJW 2006, 3117) als Verstoß gegen das **Folterverbot** (Art. 3 GG) gewertet (dazu *Pollähne/Kemper* in KrimJ 3/2007, 185ff; *Lück* in KritJ 2/2008, 198ff).

*b) Prävention*

41 Eine größere Chance, (auch) im Sinne von Sucht- und Kriminalitätsprophylaxe wirken zu können, haben (nach *Heckmann* bereits 1980, 328) allerdings solche Beamte der Polizei, „die beispielsweise darauf orientiert sind, neu zur Szene stoßende Jugendliche auf die Ungesetzlichkeit ihres Tuns hinzuweisen und ... Drogenabhängige, die hilfsbedürftig sind, auf entsprechende Einrichtungen aufmerksam zu machen". Zur Drogenprävention durch polizeiliche Maßnahmen gehören auch die z.B. in Baden-Württemberg eingeführten (von der Polizei organisierten) **„Anti-Drogen-Discos"**, die *Kube/Ehrhardt* (1991, 25) wie folgt beschreiben:

> *„Den Besuchern der Disco-Veranstaltungen wird die Gefährlichkeit einzelner Rauschgifte in Dia-Kurzreferaten und in Gesprächsrunden von dafür besonders geeigneten Polizeibeamten verdeutlicht. In Rollenspielen und Diskussionen mit den Beamten werden Verführungs-, Einstiegs- und Verstrickungssituationen im Zusammenhang mit Rauschgift dargestellt. An einem Informationsstand stehen erfahrene Kriminalbeamte für Einzelgespräche zur Verfügung. In einem Quiz mit attraktiven Preisen kann neu erworbenes Wissen unter Beweis gestellt werden."*

Solche Anti-Drogen-Discos gibt es z.B. auch in Nordrhein-Westfalen (krit. *Scheerer/Vogt,* Drogen und Drogenpolitik, Frankfurt/M. 1989, 33).

### 3. „Drogenerziehung" in der Schule

42 Darüber, daß die „Drogenerziehung in der Grundschule" ansetzen muß (*Kreuzer* 1991, 37ff) und auch in den weiterführenden Schulen sowie insbesondere in der Sonderschule nicht vernachlässigt werden darf, dürfte weitgehende Einigkeit in Praxis und Schrifttum bestehen. Die Ziele sind jedoch unverkennbar umstritten: Ein Teil der Autoren glaubt, „Liberalität" bezüglich aller Drogen fordern zu müssen, andere – die eher an der Frage der Schädlichkeit orientiert sind – sind restriktiver. *Heckmann* (aaO) führt in diesem Zusammenhang auch den Nachteil an, „daß nicht jeder Lehrer ein Ideal an Vorbild bezüglich Drogenkonsum und Problem-

bewältigung ist, daß nicht jeder Lehrer die richtige bzw. wünschbare Einstellung zum Problem hat, daß nicht jeder Lehrer sich die notwendigen Kenntnisse angeeignet hat oder auch nur bereit ist, dies zu tun".

Deshalb könnte es sinnvoll sein, die „Drogenerziehung" z.B. der 43
**„Schulsozialarbeit"** zuzuordnen oder primär als Ansprechpartner für Eltern und Lehrer (ausgebildete) **Beratungslehrer** für alle Schulen ab Klasse 5 im Bereich der Sekundarstufe zu bestellen. Das ist z.T. auch der Fall.

Bei schulischen Aufklärungskampagnen ist allerdings auch zu beachten, daß durch die Information bei Jugendlichen und Kindern erst die Neugier geweckt werden kann, Drogen selbst zu probieren: **Bumerang-Effekt** (*Kaiser*, Lb. 1988, 566).

**Schulen spielen große Rolle bei Vermeidung von Rauschgiftmissbrauch**

aus: *FAZ* vom 20. September 1999

### 4. Angebote der Drogenhilfe

Die Angebote der Drogenhilfe mit über 5000 **stationären** Therapie- 44
plätzen für Drogenabhängige (vgl. Jahresberichte der *DHS*) und weiteren teilstationären Angeboten in Tageskliniken für Suchtkranke reichen von der

- **Beratung**, über die
- **Betreuung** (Hilfe zum Überleben mit dem Angebot von Übernachtungseinrichtungen, Essensvergabe, Duschen, medizinischer Versorgung, Aufenthaltsräumen usw.) und
- **Therapie** (Entwöhnung: körperlicher Entzug der Droge und begleitende psychische Betreuung: dazu oben Rdn. 13) bis zur
- **Nachsorge** (Integration in familiäre, berufliche und soziale Umfelder: z.B. durch Freizeitprojekte, betreutes Wohnen, Begleitung zu Behörden, Gespräche usw.).

Therapeutische Angebote gehen auch von **Selbsthilfegruppen** (etwa 45
Synanon, Release oder Dytop) sowie von speziellen **Beratungsstellen für Suchtkranke** aus (*DHS* 2013).

**„Niedrigschwellige" Einrichtungen** (solche mit geringen Zugangsbar- 47
rieren) – Teestuben, Kontaktläden, Notunterkünfte usw. – werden meist in unmittelbarer Nähe von Drogentreffpunkten geführt (vgl. auch mit Beispielen aus Frankfurt/M.: *Frerichs* 1999, 295).

**Streetworker** gehen auf die Drogenabhängigen zu; die **„Leidensdruck-** 48
**Theorie"**, aber die Annahme, „daß ein suchtkranker Mensch erst völlig

am Ende sein muß, bevor er zur Veränderung motiviert ist, läßt sich (unter dem Vorzeichen etwaiger Aidsgefährdungen) nicht mehr halten" (so bereits *DHS* 1993, 131).

Für die **Entgiftung** bzw. für den qualifizierten Entzug stehen bundesweit 7500 Plätze in über 300 spezialisierten Einrichtungen (meist Krankenhäusern) zur Verfügung (*DHS* 2013).

**ERSATZDROGEN**

**Üble Nebenwirkungen**

**Knapp 70000 Heroinsüchtige erhalten Stoff vom Staat. Die Ware landet oft bei Dealern – oder dient als Einstiegsdroge**

aus: *FOCUS* 18/2008, 45

49 Umstritten (wenn auch abnehmend) sind im Rahmen der Drogentherapie noch immer die sog. **Methadon-Programme** (mit denen man Heroinsüchtige „von der Nadel zu bekommen versucht"), weil dabei nur eine Droge durch eine andere Droge ersetzt wird (zu dieser **Substitutionstherapie** vgl. *Kreuzer/Wille* 1988). Denn Methadon ist eine (synthetisch hergestellte) Substanz (von der Firma Hoechst wird sie seit 1965 auch in Form von „L-Polamidon" vertrieben) mit morphinähnlichen Wirkungen: der Hunger nach Heroin wird verdrängt. Kritiker argumentieren jedoch, man treibe **„den Teufel mit dem Beelzebub aus"**; auch Methadon ruft Abhängigkeit hervor (ausführlich *Marx* 1991): führt also in eine „Sackgasse"? *Kühne* (1992, 1548): „Die Methadonvergabe ... kann zutreffend nur als teilweise Drogenfreigabe beschrieben werden". **Probleme:** z.B. Umstieg auf Heroin während der Substitution, Abzweigung von „take-home-dosages" für den illegalen Markt, Beikonsum und Konsequenzen für Regelverstöße.

50 Von den Befürwortern der Methadon-Programme wird hingegen betont, daß

- **Selbstbesinnung** und Entscheidungsfähigkeit (contra Droge) gefördert werden und insoweit die Therapiefähigkeit gestärkt wird (ebenfalls die **gesundheitliche Stabilisierung**, die **berufliche Rehabilitation** und die **soziale Integration**), während
- die **AIDS-Ansteckungsgefahr**, die beim „Fixen" (Spritzen) groß ist, durch die Einnahme von Tabletten (Methadon) **entfällt,**
- **Beschaffungskriminalität und Beschaffungsprostitution zurückgedrängt** werden und
- der **illegale Rauschgifthandel ausgetrocknet** wird (dazu auch *BGH* NJW 1991, 2359, mit einer Anm. von *Hellebrand* 1992, 13f).

51 bis 52 Ob allerdings die Drogenabhängigkeit selbst beseitigt werden kann, ist noch weitgehend ungeklärt; nach bisherigen Kenntnissen ist das eher nicht der Fall, d.h. die **Rückfallquote blieb hoch**. Die Anhänger der traditionellen Drogentherapie schwören daher (nach wie vor) auf den sog.

**„Königsweg“** der Behandlung: erst Entgiftung, dann Therapie (vgl. oben). Gleichwohl laufen **Methadon-Programme** (seit 1987) mit z. T. langen Wartelisten (dazu *Marx* schon 1991, 107 ff) inzwischen „fast überall in Deutschland“ *(Kreuzer* 2000, 305). Trotz aller Bedenken: „Praktikabilität und Nutzen werden in Begleitforschungen durchweg positiv beurteilt“ *(Kreuzer* aaO).

Die Drogenproblematik spielt nicht zuletzt im Strafvollzug eine **53**
(zunehmend größere) Rolle. Geschätzt wird, daß **etwa jeder dritte Straf- bis**
**gefangene** von harten Drogen (Kokain, Heroin) abhängig ist (*Pape/Bött- **55**
*ger* 1996, 265 f) und (trotz aller Kontrollmechanismen der Anstalten) von außen (etwa im Rahmen von **Vollzugslockerungen**) versorgt wird: für NRW vgl. Zeitungsausriß. Damit steigen auch die Risiken einer **AIDS**-Infektion (*Pape/Böttger* aaO); entsprechende Blutuntersuchungen werden inzwischen in fast allen Bundesländern durchgeführt, um vor (vermeidbarer) Ansteckung warnen zu können.

**Jeder zweite Häftling ist drogenabhängig**

Der Anteil der süchtigen Gefangenen in NRW steigt. In den Haftanstalten blüht der Rauschgifthandel

aus: *WAZ* vom 3. April 2013, 1

### VI. Zur aktuellen Diskussion

Welcher Weg in der Drogenpolitik richtig ist und welcher falsch, ist **56**
jedoch nach wie vor (mehr oder weniger) heftig umstritten. Die **damalige Bundesregierung** (rot/grün) ist auf eine **drogenakzeptierende Politik** eingeschwenkt. Das bisherige **„Drei-Säulen-Modell“** (Prävention, Repression und Therapie) wurde um eine **vierte Säule** erweitert: die **Überlebenshilfe**, die sich die Verringerung gesundheitlicher Schäden zum Ziel gesetzt hat (*Bock* Lb. 2007, 327).

#### 1. Legalisierung von Cannabis-Produkten?

Für die **Freigabe von „weichen“ Drogen** (Marihuana und Haschisch) **57**
berufen sich die Befürworter (vgl. Rdn. 15) auf angebliche Erfolge der niederländischen Drogenpolitik. Dort hatte das Parlament 1976 auf Empfehlung der sog. *Bahn*-Kommission zwischen zwei Drogengruppen differenziert, die auch nach einer Gesetzesänderung vom 13.7.2002 (Staatsblad 520) noch existent sind:

- den Drogen der Liste 1 (Heroin, Kokain, LSD) mit einem inakzeptablen Risiko (**harte** Drogen) und
- den Drogen der Liste 2 (Marihuana und Haschisch, also Cannabis-Produkten), die als weniger gefährlich eingeschätzt werden (**weiche** Drogen).

Drogen der Liste 2 wurden bis zu einem Besitz von 30 Gramm legalisiert. Erlaubt wurde grundsätzlich auch der Handel mit weichen Drogen, eine Entscheidung, die in den Niederlanden zum Aufbau eines dichten Netzwerkes von (rund 750) staatlich konzessionierten sog. **„Coffeeshops"** geführt hat, in denen Personen ab 16 Jahren Cannabis-Produkte erwerben können.

*Zu den Folgen dieser Politik schreibt z. B. der US-Drogenforscher Larry Collins (1999, 6): „Holland ist heute (nach Meinung maßgeblicher Zoll- und Polizeibeamter in Großbritannien, Frankreich und Belgien) die ‚Drogenhochburg von Westeuropa', und zwar nicht nur für die ‚weichen' Drogen …, sondern (auch) für harte Drogen wie Heroin, Kokain und neuerdings Ecstasy". Diese Einschätzung wird durch Untersuchungen des* ***Amsterdamer Trimbo-Instituts*** *untermauert. Bei diesem Institut handelt es sich immerhin um das offizielle Beraterorgan des Haager Gesundheitsministeriums (zit. nach NOZ vom 13. März 2000).*

Um den Drogentourismus zu stoppen, **sperrte** die Stadt Maastricht 2005 alle Coffeeshops **für alle Nicht-Niederländer**. Im Dezember 2010 billigte der EuGH die Ausgrenzung (vgl. Zeitungsausriß).

**Drogentouristen sind wieder willkommen**

Die Niederlande schaffen ihren „Hasch-Pass" wieder ab, der den Verkauf von weichen Drogen an Ausländer verhindern sollte. Offenbar bringen diese einfach zu viel Geld mit

aus: *WAZ* vom 26. Nov. 2012

Seit 1. Jan 2013 gilt das Maastrichter Vorbild aufgrund eines Coffeeshop-Gesetzes für die Niederlande insgesamt (NOZ vom 30. Mai 2011, 25). Vgl. aber den zweiten Zeitungsausriß.

**Coffeeshop-Verbot für Ausländer**

**Europäischer Gerichtshof: Maastricht verstößt nicht gegen Europarecht**

aus: *NOZ* vom 17. Dezember 2010, 23

Wegen der **„Sogeffekte“** einer „Entkriminalisierung von Cannabis-Umgang“ hat z.B. schon *Kreuzer* (2000, 309) gegen eine Liberalisierung Bedenken. *Hauptmann* geht davon aus (2000, 3ff), daß staatliche Toleranz gegenüber dem Drogenkonsum bzw. „ein notorisches Verfolgungsdefizit“ (2003, 35) einen solchen Verbrauch im Bewußtsein jugendlicher Personen „mehr und mehr zu etwas Normalem und Alltäglichen“ werden lasse, und zwar deshalb, weil dann die **„Normverdeutlichung unzureichend“** sei; die Folge bestehe oft in einer **Zunahme der „Experimentierbereitschaft“** (2000, 5). **57a**

*Bertel* und *Schwaighofer*, die die Gefahren herunterspielen (vgl. dazu Rdn. 49 zu § 2), übersehen vielleicht, daß **neue Züchtungen** den Wirkstoff der Cannabispflanzen (THC) **mehr als verfünffacht** haben (*Kastilan* in DIE WELT vom 10. Juli 2004, 8; so auch die FOCUS-Recherchen in FOCUS 41/2004, 57). Cannabis ist deshalb keine bloße Einstiegsdroge, **„sondern selbst eine gefährliche Substanz“**: so der Leiter der Hamburger Drogenambulanz *Thomasius* (zit. nach FOCUS aaO) und die Drogenbeauftragte des Bundesregierung (zit. nach DIE WELT vom 23. April 2004). **57b**

*Der Umgang mit Cannabisprodukten bleibt daher nach der* ***Rechtsprechung des BVerfG*** *(2 BvL 8/02, zit. nach Süddeutsche Zeitung vom 10. Juli 2004) in Deutschland auch weiterhin mit Strafe bedroht (vgl. auch den Zeitungsausriß unten).*

Gleichwohl wird von *Bertel* (in Oberarzbacher/Dornauer 1999, 13) die Meinung vertreten, daß „man mit Strafen nur erreichen kann, daß der **Preis der Drogen auf dem Schwarzmarkt** steigt, und daß sich das organisierte Verbrechen des Geschäftes annimmt“. *Schwaighofer* stellt ergänzend dazu fest (ebenfalls in Oberarzbacher/Dornauer 1999, 26ff), daß die Strafbarkeit schon deshalb nicht einzusehen sei, weil „die Droge nicht gefährlicher ist als andere Rauschmittel, die legal frei erhältlich sind“. Als Beispiele werden Alkohol und Medikamente genannt (aaO; so auch *Paul* in MschrKrim 2005, 273).

*Eine solche Begründung erscheint allerdings nicht überzeugend. Weil das Alkoholtrinken mit seinen schädlichen Folgen (vgl. Rdn. 13ff zu § 26) legal ist soll auch der ebenfalls gesundheitsschädliche Cannabis-Konsum nicht mehr bestraft werden. Müßte man nicht eher (umgekehrt) z.B. die Alkoholwerbung (vgl. dazu Rdn. 35 zu § 26) verbieten? Nach den Ergebnissen neuerer wissenschaftlicher Forschung (über die der SPIEGEL 33/2002, 134 berichtet) gehören zu den Folgen bei regelmäßigem Kiffen (****„Gewohnheitskiffer“****) z.B. Gedächtnisausfall, Konzentrationsprobleme und* ***„langfristige Hirnschäden“*** *(vgl. auch Rdn. 3 und Hauptmann* 2003, 30). *Forscher aus Australien und den USA sind insoweit zu dem Resultat gelangt: „Je länger und massiver der Cannabiskonsum, desto größer die Gefahr, lebenslang eine* ***Matschbirne*** *davonzutragen“ (SPIEGEL aaO; vgl. auch Horn* in DHS 2009, 101). **57c**

**Umgang mit Cannabis bleibt strafbar**

ker. **Karlsruhe** – Der Umgang mit Cannabisprodukten bleibt weit gehend mit Strafe bedroht. Das Bundesverfassungsgericht bestätigte seine „Haschisch-Entscheidung" von 1994 und verwarf die auf eine Entkriminalisierung zielende Vorlage des Amtsrichters Andreas Müller aus Bernau (Brandenburg). Karlsruhe blieb dabei, dass der Konsum von Haschisch und Marihuana mit „nicht unbeträchtlichen Gefahren und Risiken" verbunden sei. Die Annahme über Risiken wie mögliche Störungen der Persönlichkeitsentwicklung von Jugendlichen werde durch neue Studien nicht erschüttert. Keiner der zitierten Sachverständigen habe behauptet, Cannabis sei ungefährlich. Dass er nicht zu Todesfällen führe, sei von jeher unbestritten. Im Übrigen sei es Sache des Gesetzgebers, wie er Risiken des Konsums bekämpfe. Er könne sich nach derzeitigem Diskussionsstand sowohl für strafrechtliche Verbote als auch Freigabe entscheiden.

aus: *Süddeutsche Zeitung* vom 10./11. Juli 2004

57d Daß die entsprechende **Aufklärung versagt**, kann man daran erkennen, daß rund 30 % der befragten 15- bis 24jährigen Deutschen eine Legalisierung des Haschischkonsums befürworten (*Europäische Beobachungsstelle für Drogen und Drogensucht = EBDD*, zit. nach NOZ vom 27. Juni 2008, 4).

### 2. Staatliche Heroin-Abgabe an „Schwerstabhängige"?

58 Zumindest „die **Entkriminalisierung harter Drogen** dürfte in Deutschland wenig Chancen besitzen, weil niemand weiß, wo sie hinführt": so DER SPIEGEL (34/1992, 103) noch Anfang der neunziger Jahre. Inzwischen hat sich der Wind auch hierzulande gedreht: zumindest partiell.

So sah bereits ein Gesetzentwurf des Bundesrates (vgl. BT-Drucks. 13/205 vom 12.1.1995), und zwar im Rahmen von Modellversuchen, die staatlich kontrollierte Abgabe von Heroin an Schwerstabhängige durch Ärzte vor (für diesen Weg: *Adams* 1997, 52 ff; *Schwaighofer* in Oberarzbacher/Dornauer 1999, 27). Zur Begründung (des von der damaligen Bundesregierung abgelehnten Entwurfs) wurde u.a. auf Erfahrungen verwiesen, die in der Schweiz gemacht worden sein sollen (dazu *Killias/Rabasa* in DVJJ-Journal 1/1997 S. 52–55).

59 *In der Schweiz hat die seit 1994 praktizierte Verschreibung von Heroin (an „schwerstabhängige") Personen, die langdauernd drogenabhängig „mit deutlichen ungünstigen Nebenerscheinungen (Delinquenz, Verwahrlosung usw.)" sind, zu einem* ***massiven Rückgang der Beschaffungskriminalität*** *geführt: „Bei schweren Delikten (wie Einbruch, Straßenraub, Drogenhandel usw.) teils um mehr als 90 %" (Killias 1999, 311; ders. Lb. 2002, 514).* ***Ist das ein Erfolg?*** *Oder hat die Abnahme der Beschaffungskriminalität vor allem damit zu tun, daß die Drogen (wie im Methadon-Fall: vgl. Rdn. 51) nun nichts mehr kosten, also der* ***Beschaffungsdruck fehlt****? (so Koch 1999, 544).*

*Haben schließlich die Kritiker der Schweizer Drogenpolitik recht, die auf die* ***bedenkliche Botschaft*** *hinweisen (vgl. z. B. Fritzen in FAZ vom 22. Febr. 1997, 1; Hauptmann in: Kriminalistik 1999, 519; Bock 1998,*

*705), Rauschgift sei an sich unbedenklich („Enttabuisierung" von Heroin), soweit die Abgabe in kontrollierter Weise erfolgt? Vgl. dazu auch Rdn. 18 zu § 31.*

Um zu objektiven Informationen zu gelangen, begann **2002 auch in** 59a
**Deutschland ein Modellprojekt**, das sich auf eine kontrollierte Abgabe von **Diamorphin** (= halbsynthetisch, also künstlich hergestelltes Heroin) an langjährig opiatabhängige Patientengruppen bezog („Heroin auf Rezept"), und zwar in folgenden sieben Städten: Hamburg, Hannover, Bonn, Köln, Frankfurt/M, Karlsruhe und München (dazu *Kreuzer* 2000, 306f). Dieses „Modellprojekt zur heroingestützten Behandlung Opiatabhängiger", in dessen Rahmen rund 500 Schwerstabhängige betreut wurden (SPIEGEL 12/2009, 28) lief **2007** aus. Seine Erfolge sind umstritten. Gleichwohl hat sich der Deutsche Bundestag vom 28. Mai 2009 auf eine bundesweite Einführung des Programms mit Mehrheit entschieden (vgl. Zeitungsausriß).

> **Künstliches Heroin auf Rezept**
>
> dpa **BERLIN.** Schwerstabhängige erhalten künftig künstliches Heroin auf Rezept. Nach jahrelangem Streit beschloss der Bundestag gestern in freier Abstimmung mehrheitlich einen von der SPD initiierten Antrag.
>
> Das sogenannte Diamorphin sollen Menschen unter bestimmten Voraussetzungen in speziellen Einrichtungen unter staatlicher Aufsicht bekommen.

aus: *NOZ* vom 29.5.09

Das Ziel der Befürworter des Programms ist es, daß Diamorphin als 59b
verschreibungsfähiges Betäubungsmittel eingestuft und damit eine **Behandlung auf Kassenkosten** möglich wird. Die für den Steuerzahler entstehenden Kosten sind enorm: die Zahl der Opiatabhängigen wird auf 3000 bis 5000 (*Bätzing*, SPD) bis 140 000 (*Eichhorn*, CDU) geschätzt (zit. nach SZ vom 24. März 2009, 6).

Die Kosten für die Heroinabgabe werden mit **pro Kopf und Jahr auf 20 000 Euro** geschätzt (zit. nach FOCUS-Recherchen 14/2006, 54).

*Der volkswirtschaftliche Gesamtschaden, der durch den Drogenmißbrauch entsteht, beträgt (auf der Grundlage einer Untersuchung von Hauptmann/Hübner 2008 in Österreich) allerdings (in Deutschland) wahrscheinlich **zwischen 100 und 200 Milliarden Euro im Jahr**.*

Die **„Piratenpartei"** forderte auf ihrem Programmparteitag die **Legali-** 59c
**sierung aller Drogen** mit dem Argument, das „Genuss und Rausch Bestandteil unserer Gesellschaft seien und „grundlegende" soziale Funktionen" erfüllten (zit. nach WAZ vom 5. Dez. 2011, 1).

### 3. Drogenkonsumräume (Fixerstuben)

60 Die „kontrollierte Heroinabgabe fällt in den Bereich der **‚Überlebenshilfe'**, die bei der Drogenbekämpfung inzwischen (vgl. oben Rdn. 5) als eigenständige Maßnahmengruppe neben Prävention, Therapie und Repression anerkannt ist" (*Bock* Lb. 2007, 327). Zu diesen Überlebenshilfen werden auch die „Fixerstuben" gezählt. Unter Fixerstuben „werden Räumlichkeiten (verstanden), in denen intravenös applizierende Drogenkonsumenten innerhalb eines bestimmten Zeitraumes von in der Regel bis zu 30 Minuten mitgebrachtes Rauschgift konsumieren dürfen" (*Preusse* 1999, 234). Dafür werden den Besuchern sterile Spritzbestecke zur Verfügung gestellt (*Preusse* 1999, 235). Auf diese Weise sollen die Abhängigen vor einer Ansteckung mit Krankheiten (wie AIDS oder Hepatitis) geschützt werden, deren Erreger durch die gemeinsame Nutzung von Nadeln übertragen werden können. Solche Fixerstuben bzw. Drogenkonsumräume dürfen ab 1.4.2000 nach dem 3. Betäubungsmittel-Änderungsgesetz (BGBl. I, 302) eingerichtet werden, wenn die Voraussetzungen (Mindeststandard) für eine Erlaubnis vorliegen, die in einer Rechtsverordnung der jeweiligen Landesregierung festgelegt werden (§ 10a BtMG i.V.m. § 29 Abs. 1 Nr. 11 BtMG).

Der **Internationale Suchtstoffkontrollrat** (INCB) der UNO **lehnt Fixerstuben** allerdings **ab** (vgl. Zeitungsausriß), weil (so heißt es im INCB-Jahresbericht 2002) „angesichts solcher Konsumräume ein Drogenanbauverbot in den Entwicklungsländern schwer zu vermitteln" sei (zit. nach NOZ vom 26. Febr. 2003). 2008 hat der INCB seine Forderung nach Schließung der Drogenkonsumräume wiederholt (zit. nach FAZ vom 5. März 2008, 9).

**UNO: Fixerstuben müssen weg**

**Suchtrat kritisiert Deutschland**

aus: *NOZ*
vom 26. Februar 2003

### 4. Doppelstrategie

61 Eher bietet sich ein Mittelweg an, wie er derzeit bereits praktiziert wird: Kontrollstrategien, Aufklärungskampagnen sowie Immunisierungversuche und Hilfen (vgl. Rdn. 31). Zu dieser **Doppelstrategie** am Beispiel einer Großstadt **(„Osnabrücker Modell")**: vgl. *Hunsicker* 1996, 711 ff und in Kriminalistik 1997, 234 ff; zustimmend *Hauptmann* 2000, 105). Zu niederschwelligen und hochschwelligen Hilfsangeboten in Frankfurt vgl. *Frerichs* 1999, 295 ff (zu den Zwängen der Drogenpolitik vgl. *Bock* 1998, 708 ff).

**Jeder zehnte Autofahrer unter Drogeneinfluss**

Kontrollaktion der Polizei. Testverfahren immer zuverlässiger

aus: *WAZ* vom 8. Sept. 2012, 1

**5. Autofahrer unter Drogeneinfluß**

Kontrollaktionen der Polizei in NRW haben z. B. 2012 gezeigt (zit. nach WAZ vom 8. Dez. 2012, 1), daß die Zahl der Autofahrer, die Cannabis, Kokain oder andere illegale Substanzen nehmen, offenbar hoch ist: womöglich sei der Drogen- und Medikamentenmißbrauch im Straßenverkehr sogar ein schwerwiegenderes Problem als Alkohol. Die GdP weist darauf hin (WAZ aaO), daß viele Drogenkonsumenten am Steuer unentdeckt bleiben und fordert, die entdeckten „zugedröhnten" Verkehrsteilnehmer sofort nach der Kontrolle aus dem Verkehr ziehen zu dürfen. Zu Zusammenhängen vgl. Übersicht 71. **62**

Zum **EU-Drogenaktionsplan 2009–2012** vgl. *Wittke* in Kriminalistik 8–9/2009, 451. **64**

*Übersicht 71:*

**65**

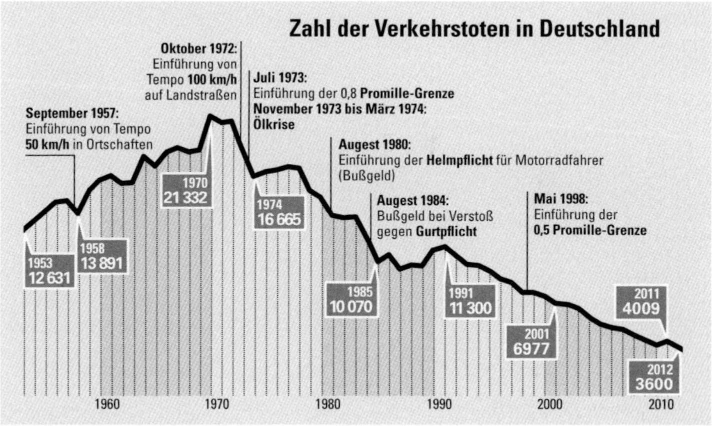


aus: *WAZ* vom 11. Juli 2013

NEUNTER TEIL

# Tätergemeinschaften

Zu den Herausforderungen der Kriminalpolitik (zu dieser § 1 Rdn. 31 ff) unserer Zeit gehören nicht nur neue Kriminalitätsbereiche (wie z. B. die Wirtschafts- und Umweltkriminalität), sondern auch verschiedene Formen der Gruppenkriminalität, nämlich 1

- die **(Jugend-)Banden** (§ 28),
- das **(berufsmäßige) Organisierte Verbrechen** (§ 29) und
- der **Terrorismus** (§ 30).

Diese Tätergemeinschaften unterscheiden sich voneinander nicht nur in gradueller Hinsicht (Ausprägung der Organisationsstrukturen und interner Normen), sondern bereits dadurch, daß der Terrorismus die bestehende Ordnung zerstören will, während das organisierte Verbrechen an ihrer Erhaltung schon deshalb interessiert ist, weil sie ihm ein einträgliches Auskommen sichert. Die (Jugend-) Bande (englisch: „gang") hat in der Regel keine entsprechenden Anliegen. 2

Im Unterschied zu bloß **„situativ bestimmten Tätergemeinschaften"** (Vandalen, Krawallern, z. T. auch Protestlern und „Fans"), die sich mehr oder weniger zufällig etwa als **Gelegenheits- und Spontangruppen** (dazu schon *Engel* in: ZblJugR 1967, 351) im Rahmen einer bestimmten Ausnahmesituation (z. B. Jazz-Festival oder Sportveranstaltung) zusammenfinden, „sind Banden eher auf Dauer angelegt, stärker strukturiert" und mehr auf Deliktsbegehung bezogen (*Eisenberg,* Lb., 1990, § 57 Rdn. 6). Das Organisierte Verbrechen (die Organisierte Kriminalität) wiederum unterscheidet sich von der Bande insbesondere dadurch, daß (erstens) nicht mehr der Täter, sondern der Kunde die Tat bestimmt (Kriminalität „auf Bestellung"), daß (zweitens) die persönlichen Beziehungen hier grundsätzlich keine Rolle mehr spielen (*Kaiser,* Lb., 1990, 215), daß (drittens) Hierarchie und Arbeitsteilung weit mehr als bei der Bande ausgeprägt sind und daß (viertens) der Täterkreis (meist) nicht mehr überschaubar ist (vgl. *Eisenberg* Lb. 1990, § 57, Rdn. 6; vgl. ausführlicher Rdn. 5 zu § 29). 3

Schließlich: Als eine Form der Organisierten Kriminalität kann man auch die sog. **Staatskriminalität („Kriminalität der Mächtigen")** einordnen mit folgenden Untergruppen: 4

- **Makrokriminalität:** Kriminalität staatlicher Institutionen (Staatsorgane, Militär, Polizei, Geheimdienst) in Form von Genozid, Kriegsverbrechen oder Menschenrechtsverletzungen (z. B. **Folter**);
- **Regierungskriminalität (governmental crime):** Kriminalität von Regierungsmitgliedern (oder Angehörigen der Exekutive) zur Vergrößerung/Erhaltung politischer oder wirtschaftlicher Macht (**Korruption**, Wahlfälschung, Stimmenkauf).

Zur **Makrokriminalität:** *Jäger,* H.: Makrokriminalität, Frankfurt/M. 1989; *Neubacher*, in Bd. 48 der Kölner kriminalwiss. Schriften 2006,

20–23; *Kaiser*. Zur Typologie der **Kriminalität der „Mächtigen"** vgl. *Neubacher* in MschrKrim 2002, 294 ff; zur **„DDR-Justiz vor Gericht"** vgl. *Seebode* in: FS für *Lenckner*, München 1998, 585–617; zur **Regierungs- und Vereinigungskriminalität** in der früheren DDR vgl. z. B. *Hillgärtner* in: der kriminalist 1995, 447 sowie *Jankowiak* in: Neue Kriminalpolitik 2/ 2000, 12; zur **Delinquenz von Kollegien in öffentlicher Verwaltung und Wirtschaft** vgl. *Franke* in: FS für *Blau* 1985, 227 ff. Zur Definition der **„politischen Kriminalität"** vgl. *Laubenthal* in GS für Blumenwitz 2008, 625 ff.

## § 28 (Jugend-)Banden

**Literatur:** **Adelsberger,** F.: Kriminalität von Rockern im Land Brandenburg, in: Kriminalistik 10/2012, S. 569–576; **Bader,** J.: Outlaw Motorcycle Clubs, Überlegungen zum Thema Hell's Angels, Bandidos und Konsorten und zugleich eine kleine Milieukunde, in: Kriminalistik 4/2011, S. 227–234; **Bals,** G.: Halbstarke unter sich, Köln, Berlin 1962; **Bechtner,** R.: Punker- und Popperkriminalität in Berlin, in: Der Kriminalist 1981, S. 320–323; **Bernsmann,** K./**Hirsch,** H. J./**Kohlmann,** G. u.a.: Fremdenfeindliche Straftaten, Berlin 1997; **Beulke,** W.: Vermögenskriminalität Jugendlicher und Heranwachsender, Göttingen 1974; **Bloch,** H./**Niederhoffer,** A.: The Gang, New York 1958; **BMI** (Hrsg.): Kriminalität in den Medien, Mönchengladbach 2000; **Böttger,** A.: Die Gewalt der Hooligans, KFN-Forschungsbericht Nr. 71, Hannover 1998; **Böttger,** A.: Die Gewalt der Hooligans – eine Folge moderner gesellschaftlicher Entwicklungsprozesse, in: *Rössner,* D./ *Jehle,* J.-M.: Kriminalität, Prävention und Kontrolle, Heidelberg 1999, S. 327–342; **Brake,** M.: Soziologie der jugendlichen Subkulturen, Frankfurt/M. 1981; **Cabanis,** D.: Kollektivdelinquenz – Junge Gruppentäter, in: StV 1982, S. 315–318; **Cloward,** R. A./**Ohlin,** E.: Delinquency and opportunity, New York 1960; **Danwitz,** von P.: Verwenden von Feuerwerkskörpern in Fußballstadien, in: Kriminalistik 8–9/2012, S. 543–545; **Ebert,** R./**Thronicker,** W.: Punker – Popper, Neue Subkultur in unserer Gesellschaft, in: Der Kriminalist 1981, S. 324–328; **Farin,** K./**Seidel-Pielen,** E.: Krieg in den Städten, Berlin 1991; **Feltes,** Th.: Fußballgewalt als mißlungene Kommunikation. Lösungsansätze abseits von Repression, in: np 4/2010, S. 405–421; **Feltes,** Th./**Schwinkendorf,** A.: Fußball und Gewalt aus der Sicht der Fans, in: Kriminalistik 2/2013, S. 75–80; **Franz,** O.: Ausgehverbot für Jugendliche („Juvenile Curfew") in den USA, Baden-Baden 2000; **Freiberg,** K./**Thomas,** B. G.: Das Mafia-Syndrom, Hilde 1992; **Gehrmann,** T.: Fußballrandale – Hooligans in Deutschland, 2. Aufl., Essen 1990; **Glogauer,** W.: Kriminalisierung von Kindern und Jugendlichen durch Medien, Baden-Baden 1991; **Hartmann,** A.: Delinquenz in der Gruppe, in: Hb. der Forensischen Psychiatrie Bd. 4 2009, S. 209–235; **Heitmeyer,** W./**Müller,** J: Fremdenfeindliche Gewalt junger Menschen, Bonn 1995; **Hembus,** J.: Western-Geschichte 1540 bis 1894, München 1979; **Hestermann,** Th.: „Würdet ihr uns lieben, gäbe es uns gar nicht", Skinheads in Deutschland, in: Vorgänge 1989, S. 75–89; **His,** R.: Das Strafrecht des deutschen Mittelalters, Bd. 1, Weimar 1920; **Hoberg,** L.: Ringvereine – Einst und Jetzt, in: BKA (Hrsg.): Bekämpfung von Diebstahl, Einbruch, Raub, Wiesbaden 1958; **Kaiser,** G.: Randalierende Jugend, Heidelberg 1959; **Krausz,** R.: Punks: Normal, ganz normal? in: Vorgänge, Sept. 1989, S. 68 ff; **Kreuzer,** A.: Rocker – Gruppen – Kriminalität, in: MschrKrim 1970, S. 337–361; **Kreuzer,** A.: Rocker – als Gegenstand kriminologischen Bemühens, in: MschrKrim (55) 1972, S. 148–155; **Krevert,** P: Organisierte Kriminalität in Rußland...., in: der kriminalist 3/97, S. 106–113; **Küther,** C.: Räuber und Gauner in Deutschland. Das organisierte Bandenwesen im 18. und im frühen 19. Jahrhundert, Göttingen 1976; **Leder,** H.-C.: Frauen- und Mädchenkriminalität, 2. Aufl., Heidelberg 1988; **Logvinow,** M.: Rechts motivierte Gewalt: Erklärungsansätze und empirische Befunde, in: forum kriminalprävention 4/2012, S. 14–22; **Lösel,** F./ **Bliesener,** Th.: Hooliganismus in Deutschland: Verbreitung, Ursachen und Prävention, in: MschrKrim 3/2006, S. 229–245; **Maase,** K.: Vergebliche Kriminalisierung. Zum Platz der Halbstarken in der Geschichte des Alltags, in: KrimJ 3/1991, S. 289–303; **Middendorf,** W.: Jugendliche Banden, in: BKA (Hrsg.): Bekämpfung von Diebstahl, Einbruch, Raub, Wiesbaden 1988, S. 153–162; **Middendorf,** W.: Jugendkriminalität, Ratingen 1956; **Niedersächsisches Innenministerium:** Skinheads in Niedersachsen – Fakten und Hintergründe, in: DVJJ-Journal I/1994, S. 49–55; **Peters,** H.: Devianz und soziale Kontrolle, München 1989; **Pilz,** G. A.: Neue Entwicklungen in der Ultra- und Fanszene, in: Kriminalistik 6/2012, S. 339–358; **Pilz,** G. A.: Hooligans – Europameister der Gewalt, in: Psychologie heute 1992, S. 36–39; **Pilz,** G.: Vom Kuttenfan und Hooligan zum Ultra und Hooltra, in: Deutsche Polizei 11/2005, S. 6–12;**Rasch,** W.: Gruppennotzuchtsdelikte Jugendlicher und Heranwachsender, in *Glese,* H. (Hrsg.): Zur Strafrechtsreform, Stuttgart 1968, S. 65–112; **Rosenhaft,** E.: Die Wilden Cliquen, in: Deutscher Werkbund e. V., Stuttgart 1986; **Rühmkorf,** E.: Wer unten ist, der fällt auch tief, 5. Aufl., Weinheim und Basel 1986; **Schäfers,** H. C.: Einführung in die Gruppensoziologie, München 1980; **Scharf,** W.: Hooligans und Fernsehen, in JMS-Report 5/03, S. 2–4; **Schild,** W.: Der strafrechtsdogmatische Begriff der Bande, in: GA 1982, S. 55–84; **Schwind,** H.-D./**Baumann,** J. et al. (Hrsg.): Ursachen, Prävention und Kontrolle von Gewalt, Bd. I–III, Berlin 1990; **Shaw,** C. R./**Mc Kay,** H.: Juvenile Delinquency and Urban Areas, Chicago 1942; **Simon,** T.: Rocker in der Bundesrepublik, Weinheim 1989; **Smolinsky,** R.: Fußball und Gewalt – Die Hooligans, Sandhausen 1991; **Specht,** W.: Jugendliche Banden und Präventionsprogramme in den USA, in: Neue Praxis 1984, S. 124–139; **Staub,** S.: Ursachen und Erscheinungsformen bei der Bildung jugendlicher Banden, Züricher Beiträge zur Rechtswissenschaft, Heft 252, Zürich 1965; **Steinmetz,** H.: SIMSEKLER. Zur Entstehung und Entwicklung ausländischer Jugendbanden, Berlin 1987; **Stock,** M./**Mühlberg,** P.: Die Szene von innen – Punks, Teds, Heavy Metals, Skins, Grufties, Berlin 1990; **Sulzbacher,** K.: Rechts-Rock-Botschaften von Haß und Gewalt, in: MJS 1/2001, 58–60; **Trasher,** F. N.: The Gang. A Study of 1313 Gangs in Chicago, Chicago 1927, 3. Aufl. 1968; **v. Trotha,** T.: Bande, Gruppe, Gang, in: KKW, 3. Aufl., Heidelberg 1993, S. 53–59; **Wahl,** K.: Fremdenfeindlichkeit und Rechtsextremismus, in: KrimJ 1995, Heft 1, S. 52–67; **Whyte,** W. F.: Street Corner Society, 2. Aufl., Chicago 1955; **Wilfert,** O.: Jugend-„Gangs“, Wien 1959; **Willems,** H.: Gewaltentwicklung, Gewaltstrukturen, Gewaltursachen: Sozialstrukturstelle und biographische Merkmale fremdenfeindlicher Gewalttäter (Teil 1), in: Magazin der Polizei 1994, S. 36–41; **Wolf,** H. E.: Rockerterror – Ideologie und Realität, in: MschrKrim (55) 1972, S. 130–148; **Yablonsky,** L.: The violent gang, USA 1961.

## Gliederung



Die Geschichte der Banden reicht in Europa zumindest bis ins frühe Mittelalter zurück; jedenfalls lassen sich gewisse Ähnlichkeiten zu mittelalterlichen Räuber- und Gaunerbanden feststellen, die allerdings grundsätzlich aus Erwachsenen bestanden (vgl. *Küther* 1976). Von einer Bande sprach man damals aber oft erst dann, wenn die Tätergemeinschaft aus mindestens sechs Personen bestand (heute: mindestens drei: vgl. Rdn. 5). **1**

2 Nach der friesischen „Handfeste von Kennemerland“ aus dem **13. Jahrhundert** (1292) waren z. B. (um den Begriff „Bande“ zu erfüllen) erforderlich: ein „Anführer und fünf Folger“ (*His* 1920, 118). Im **16. und 17. Jahrhundert** kam es zu vermehrter Bandenbildung im Rahmen großer Kriege: Bauernkriege (1524–1525), Dreißigjähriger Krieg (1618–1648); Mitglieder wurden vor allem entlassene Landsknechte oder von Grund und Boden vertriebene Bauern; später kamen gescheiterte Existenzen aus den revolutionären Bewegungen **des 18. Jahrhunderts** hinzu (französische Revolution).

*In Süddeutschland haben sich zahlreiche Räuberbanden auch aus Wildererbünden entwickelt, deren Anführer später glorifiziert wurden (Räuber-Romantik) wie z. B. der Mathias Klostermeyer in Bayern (der* ***„bayerische Hiasl“****), der 1738 in der Nähe von Augsburg das Licht der Welt erblickt hat; der* ***„schwarze Veri“*** *in Schwaben oder Johannes Bückler (der* ***„Schinderhannes“****), der zwischen Mosel und Rhein sein Unwesen trieb und 1801 – er ist nur 23 Jahre geworden – mit der nach Doktor Guillotin benannten schmerzlosen Hinrichtungsmaschine Bekanntschaft gemacht hat; die meisten Räuber vor ihm wurden gehenkt (Näheres z. B. in Boencke/Sarkowicz: Die deutschen Räuberbanden, 3 Bände, Frankfurt/M. 1991).*

3 Ende des **19. Jahrhunderts** wurden die Gang-Phänomene auch in den USA, und zwar im „Wilden Westen“, als Banditentum (dazu *Hembus* 1979) sowie im Rahmen der Verstädterung und Industrialisierung (nunmehr als spezielles Großstadtproblem) beobachtet bzw. zum Gegenstand der Forschung gemacht (vgl. Rdn. 33ff); Anfang des **20. Jahrhunderts** geschah das auch in London (dazu *Middendorf* 1956, 59). Das übrige Europa hat sich der Erklärung der Bandenerscheinung verstärkt wissenschaftlich erst nach dem Zweiten Weltkrieg zugewandt (vgl. *v. Trotha* 1993, 54). Das dürfte damit zu tun haben, daß solche Gesellungsformen bis dahin, wenn man von den **„Ringvereinen“** (Zuhältervereinen und Vorbestraftenvereinen der 20er Jahre: dazu *Hoberg* 1958; *Freiberg/Thomas* 1992, 75ff; *Daschner* in Kriminalistik 1996, 175/182 sowie *Hartmann/von Lampe* in Global Crime 2008, 108ff) und den **„Wilden Cliquen“** der Weimarer Zeit einmal absieht, bei uns in diesem Jahrhundert zunächst keine besondere Rolle gespielt haben. Diese Situation hat sich seit Beginn der **60er Jahre** (nicht nur in Bezug auf gewaltorientierte Banden) geändert (dazu *Eisenberg,* Lb. 1990, 917).

## I. Die Bande als Untersuchungsgegenstand

4 Wenn man heute von kriminellen Banden spricht, sind primär nur die Gemeinschaften **jüngerer** Rechtsbrecher gemeint, und zwar deshalb, weil „sich empirische Anhaltspunkte über Banden überwiegend bezüglich jüngerer Altersgruppen ... finden“ (*Eisenberg,* Lb., 1990, § 57 Rdn. 6). Das wiederum ist darauf zurückzuführen, daß gemeinschaftliche Straftaten **vor allem von Jugendlichen und Heranwachsenden** verübt werden („Jugendbanden“).

### 1. Begriffsbestimmung

Nach der Rechtsprechung des **BGH (Gr. Senat**, Beschluß vom 22.3.2001, NStZ 2001, 421; krit. *Dessecker* NStZ 2009, 184) „setzt der **Begriff der Bande** den 5

- Zusammenschluß von **mindestens drei Personen** voraus,
- die sich mit dem Willen verbunden haben („Bandenabrede“: *BGH* in kriminalist 2006, 176), künftig **für eine gewisse Dauer**
- **mehrere selbständige, im Einzelnen noch ungewisse Straftaten** des im Gesetz genannten Deliktstyps zu begehen“.

Ein ‚gefestigter Bandenwille‘ oder ein ‚Tätigwerden in einem übergeordneten Bandeninteresse‘ ist nicht erforderlich. Die Bande unterscheidet sich danach von der **Mittäterschaft** durch das Element der auf eine gewisse Dauer angelegten Verbindung mehrerer Personen zu zukünftiger gemeinsamer Deliktsbegehung.

*Die Tatbegehung im Rahmen einer Bande führt bei verschiedenen Straftatbeständen (des StGB) zu einer Verschärfung der Strafe: etwa* 5a

- *beim **Bandendiebstahl** (§§ 244 Abs. 1 Nr. 2);*
- *beim **Bandenraub** (§§ 250 Abs. 1 Nr. 2);*
- *bei der **Bandenhehlerei** (§ 263 Abs. 3 Nr. 1);*
- *beim **Bandenbetrug** (§ 263 Abs. 3 Nr. 1) oder*
- *beim **bandenmäßigen Handel mit Betäubungsmitteln** (§ 30 Abs. 1 Nr. 1 BtMG).*

Keine Bande ist daher die eher passive „Eckenstehergemeinschaft“, die wenig oder gar nicht straffällig wird: zur **„Street Corner Society“** schon *Whyte* 1955, der dieses Phänomen Ende der dreißiger Jahre in den USA untersucht hat. Die „Eckenstehergemeinschaft“ setzt sich (im Gegensatz zur „peer-group“, also der Gleichaltrigengruppe) aus jungen Menschen **verschiedenen** Alters zusammen: „man kennt sich von frühauf“, weil man in der gleichen Nachbarschaft wohnt (vgl. dazu die Graphik bei Rdn. 22 zu § 13). 6

### 2. Verbreitung der Banden

Eine offizielle (bundes- oder landesweite) Statistik über das Bandenwesen wird in Deutschland bisher nicht geführt: auch die *PKS* enthält keine entsprechenden Hinweise. Informationen stellen jedoch die Polizeipräsidien der Großstädte zur Verfügung. Über zunehmende kriminelle Aktivitäten, die von Banden verübt werden, wird vor allem aus Berlin, München, Frankfurt und Hamburg berichtet. 7

In empirischen Arbeiten (vgl. auch Rdn. 22 zu § 3) wird der Prozentsatz der in der Gruppe verübten Jugendstraftaten **mit ca. 40 %** (*Schild* 1982, 56) **bis 80 %** (*Beulke* 1974, 120) angegeben; in den USA reichen die Prozentsätze sogar bis zu 90 % (*v. Trotha* 1993, 55). Da Bandenkriminalität aber „sozial **sichtbarer ist als Individualdelinquenz**“ (*Schneider,* Lb. 1987, 633) und „führende Bandenmitglieder überwiegend strafrechtlich vorbelastet 8 und den zuständigen Kontrollbehörden insofern bekannt sind“ (*Eisenberg*, Lb. 1990, § 57 Rdn. 6), wird sie wahrscheinlich auch eher als die Kriminalität von Einzelstraftätern entdeckt.

Man kann im Übrigen feststellen (dazu auch *Schneider* aaO), daß die Bandenkriminalität eine **typische Großstadterscheinung** ist (vgl. dazu unten Rdn. 35ff).

## II. Zusammensetzung und Rollenverteilung

### 1. Größe und Zusammensetzung der Bande

9 Die Mitgliederzahl der Jugendbande schwankt im Durchschnitt zwischen drei und fünf Mitgliedern, die meist zwischen zehn und 21 Jahre alt sind (vgl. *v. Trotha* 1993, 54) und aus allen sozialen Schichten stammen, allerdings primär aus den Unterschichten (*Schneider,* Lb. 1987, 633). Es gibt aber auch Kinderbanden und solche, die nur aus delinquenten Mittel- bzw. Oberschichtsangehörigen bestehen. Die Altersgrenzen sind aber weder nach oben noch nach unten geschlossen. Mit etwa 24 Jahren wachsen die Bandenmitglieder jedoch aus der Bande im allgemeinen wieder heraus, d.h., sie beenden diesen Lebensabschnitt (vgl. für Skinheads: *Eisenberg/Hueck* in: MschrKrim 1990, 64), wobei wissenschaftlich kaum abgeklärt ist, wie der weitere Lebensweg aussieht.

### 2. Rollenverteilung

10 a) In rollenspezifischer Hinsicht kann man in der Bande grundsätzlich folgende Positionen erkennen: **Kernmitglieder** (dazu gehören der Bandenführer und sein Stellvertreter), **reguläre Mitglieder, Mitläufer** (bandenexterne Personen) bzw. **Randmitglieder**. Das Führungsteam wird mitunter kraft „Satzung“ gewählt und kann auf gleichem Wege auch wieder abgewählt werden. Verschiedene Banden benennen ihr Führungsteam nach militärischen (Hauptmann, Leutnant) oder – wie die Rocker – nach politischen Vorbildern: Präsident, Vizepräsident, Cashier (Finanzchef); der „Secretary“ ist für organisatorische Aufgaben zuständig (dazu *Simon* 1989, 141), der „Road Captain“ für Wochenendtrips (*Simon* aaO., 142).

11 b) Die Mitglieder sind grundsätzlich Jungen; **Mädchen** sind, sofern sie überhaupt beteiligt sind, meist nur als Mitläufer geduldet: häufig als Lockvogel oder auch als Freundinnen der männlichen Mitglieder der Bande bzw. des Bandenchefs (dazu schon *Staub* 1965, 187). Als Sexualobjekt müssen sie (z.B. bei den Rockern) jederzeit verfügbar sein (*Simon* 1989, 248).

Mädchen in „gangs“ sind im Schnitt 17 Jahre alt und stammen in der Regel aus gutbürgerlichem Haus; nur die Skingirls sollen primär aus der Unterschicht stammen (*Brake* 1981, 150). Als „vollwertige Mitglieder werden Mädchen in Jungengangs grundsätzlich nur akzeptiert, wenn sie männliche Rollen übernehmen, dann allerdings auch an führender

Stelle“ (*Göppinger* Lb. 1980, 561). Gleichbehandlung erfahren Mädchen nur bei den Punks; deshalb sind sie in der Punkszene häufiger als z.B. unter Rockern und Skinheads anzutreffen. Reine Mädchenbanden sind selten (*Leder* 1988, 28; *Cabanis* 1982, 316). Nur die Berliner „Dark Ladies“ und die Kasseler Gruppe „Diana“ (beides Rockergruppen) haben sich über mehrere Jahre hin halten können (*Simon* 1989). Eine rein weibliche Bande („Ghettosisters“) gab es auch in Berlin-Kreuzberg (*Farin/Seidel-Pielen* 1991, 148). Inzwischen berichten die Medien über weitere **Mädchen-Gangs**, die „keine Gnade im Umgang mit ihren Opfern kennen“ (Zeitungsausriß). In Ausländerbanden kommen Mädchen kaum vor: sie passen nicht ins traditionelle Frauenbild, z.B. der Türken (anders Rdn. 50 zu § 3).

KRIMINALITÄT

**Von der Rolle**

Immer mehr Mädchen-Gangs treiben auf Deutschlands Straßen ihr Unwesen. Die Täterinnen gehen mitunter brutaler vor als ihre männlichen Kollegen.

Die Gangs überfallen Passanten in der U-Bahn, klauen Elektrogeräte in den Kaufhäusern, erpressen Geld von Mitschülern. Wenn sie auf Raubzug gehen, sind sie häufig schwer bewaffnet: mit Klappmessern, Schlagstöcken und manchmal sogar mit Pistolen.

aus: *DER SPIEGEL* 25/2003, S. 64

c) Schon von *Trasher* (1927), der sich in den zwanziger Jahren sieben 12
Jahre lang mit den (1313) „gangs“ von Chicago befaßt hat, wurden als Eigenschaften des „natürlichen **Bandenführers**“ genannt: Unerschrokkenheit, Mut, Kaltblütigkeit in gefährlichen Situationen, Organisationstalent, Entscheidungsfreudigkeit. Das dürfte auch heute noch gelten. Prestige (Ansehen) verleihen darüber hinaus auch körperliche Kraft, Intelligenz und vor allem Heim- und Gefängniserfahrung (vgl. auch Rdn. 14). Das Alter spielt grundsätzlich keine Rolle: mitunter führen die Jüngsten die Bande (*Middendorf* 1956, 47). Der Bandenführer herrscht meist aber nur solange, wie er sich den Wünschen der Bandenmitglieder anpassen kann (so bereits *Trasher* 1927, 357).

## III. Bandeninterne Interaktionen und Normensysteme

### 1. Bandeninterne Interaktionen

Nicht jede Tätergemeinschaft akzeptiert einen Anführer (z.B. nicht 13
die Punks). In jeder Gruppe aber kommt es zu Interaktionen, nämlich zu Aktionen und Reaktionen, die auf die anderen Gruppenmitglieder abgestimmt sind: was ein Mitglied der Gruppe tut, beeinflußt auch die Handlungsweisen der anderen und umgekehrt (Gruppendynamik). Insoweit wirken sich spezielle Gruppendruck-Phänomene aus (zu diesen § 13 Rdn. 24), die manche Handlungsweisen etwas verständlicher (nicht entschuldbarer) machen (vgl. z.B. Rdn. 28f in Bezug auf die Skins).

### 2. Bandeninterne Normensysteme

14 Das bandeninterne Normensystem (das über die Jahre natürlich auch einen kontinuierlichen Wandel erfährt) besteht aus der Gesamtheit aller Vorschriften, die für die Binnenstruktur der Bande Bedeutung besitzen: Regeln (z. T. auch in schriftlicher Form: Satzung), Mittel der Statuserlangung und Abgrenzung und schließlich der Katalog der bandeninternen Sanktionen. Beispiele:

- **Regeln:** etwa bei den Rockern die Festlegung von Aufnahmekriterien bzw. Unterwerfungsritualen für neue Mitglieder (z. B. Mutprobe, Probezeit, Diebstahl einer Trophäe, Bandenschwur), Wahlverfahren, die Häufigkeit der Sitzungen, die Höhe der Mitgliedsbeiträge usw. (*Simon* 1989, 140); Punks lehnen hingegen solche Regeln ab;
- **Mittel der Statuserlangung in der Gruppe:** Cleverness bzw. Raffinesse bei der Durchführung der Straftaten, Austricksen von Autoritäten, aber auch an den Tag gelegte **Brutalität** (vgl. dazu Rdn. 28); erworbene Narben erhöhen das Ansehen ebenso wie ein Aufenthalt im Gefängnis (so schon *Middendorf* 1956, 63);
- **Abgrenzung nach außen:** spezieller Bandenname, Spitzname für Bandenmitglieder, Uniformierung (Haartracht, Abzeichen), eigene Bandensprache (etwa Geheimcode), Tätowierungen (zu diesen *Kretschmer* in FS für Schwind 2006, 580; *Bammann/Stöver*: Tätowierungen im Strafvollzug, Oldenburg 2006), Feindbilder, Schlupfwinkel und Bewaffnung;
- **bandeninterne Sanktionen:** diese reichen von einfachen Verweisen bis zum Ausschluß, im Extremfall auch bis zur Tötung; Art und Höhe der Strafe werden dabei entsprechend der Bedeutung der verletzten Norm für die Gruppeninteressen bemessen (dazu ausführlich *Holzknecht* 1976, 65 f).

15 Darüber hinaus gilt ein **Ehrenkodex**, nach dem man untereinander ehrlich sein soll und einen Kameraden niemals der Polizei verrät oder ausliefert; daraus ergibt sich bereits auch das typische Feindbild fast aller Banden: die Polizei.

## IV. Erscheinungsformen und Delikte

16 Nach ihrer vorrangigen Zielsetzung kann man zwischen primär **vermögenskriminellen** (etwa diebstahlsorientierten) und eher gewalttätigen **(konfliktorientierten)** Tätergemeinschaften differenzieren; hinzu kommen als spezielle Erscheinung: Ausländerbanden **(ethnische Banden)** und solche, die sich auf die Verteilung von Drogen spezialisiert haben **(Drogenbanden)**.

### 1. Vermögenskriminelle Banden

17 Zu den vermögenskriminellen Banden rechnen solche Tätergemeinschaften, die sich einen vermögensrechtlichen Vorteil verschaffen wollen, wobei teilweise Gewalt angewendet wird. Die Straftaten bestehen im

Übrigen aus einfachen Diebstählen (z.B. Ladendiebstählen, Taschendiebstählen), Diebstahlsdelikten unter erschwerenden Umständen (z.B. Villeneinbrüche, z.T. auch Kfz-Diebstähle) oder Raubtaten (mildeste Form: der Handtaschenraub): dazu *Middendorf* 1988, 153ff.

Im Vordergrund stand und steht die „Begehrlichkeitskriminalität“ (vgl. *Beulke* 1974, 37), die durch Werbung und Fernsehen bzw. Werbung im Fernsehen angeregt wird: **„Ohne Moos nichts los“**. Oft geht es um die Beschaffung von Mitteln für (gemeinsame) Freizeitvergnügungen. Die Bandenmitglieder stammen nach den Feststellungen *Beulkes* aus allen sozialen Schichten; die unteren Schichten sind allerdings überrepräsentiert (so *Beulke* schon 1974, 131; vgl. dazu auch § 9 Rdn. 20): dementsprechend ist der Anteil der Lehrabbrecher und Arbeitslosen (bei denen das Langeweile-Problem noch hinzukommt) ebenfalls hoch. 18

Auf der anderen Seite gibt es inzwischen auch Banden bzw. Tätergemeinschaften mit Mitgliedern, bei denen diese Defizite nicht vorliegen: **„Schickimicki“-Jugendbanden** („Möchtegernelite“), die sich in deutschen Großstädten (wie Frankfurt/M. und München) etabliert haben. Gemeint sind „Ganoven aus gutem Haus“ (aus dem wohlhabenden Bürgertum) mit eigenem Auto, für die die Bandenaktivität nicht wegen des materiellen Gewinns Interesse besitzt, sondern wegen des damit verbundenen **„Nervenkitzels“**, der die Langeweile vertreibt (zu den US-Vorbildern vgl. *Schneider*, Lb. 1987, 634): es wird gestohlen oder überfallen **„aus Spaß“** bzw. wegen des Kicks (zum Kick Rdn. 7 zu § 13). 19

Schließlich: Bei vielen Bandenaktivitäten spielt der **Alkohol** eine enthemmende Rolle (dazu Rdn. 16ff zu §26); das gilt insbesondere für die gewaltorientierten Tätergemeinschaften).

### 2. Gewaltorientierte Tätergemeinschaften

In der Öffentlichkeit erregen die gewaltorientierten Banden meist mehr Aufmerksamkeit als die Banden, deren Hauptaktivität auf dem Vermögenssektor liegt. Hierher rechnen z.B. Autonome, Rocker, Punks, Skin-heads, Hooligans und (andere) „street-gangs“, die inzwischen insbesondere Großstädte wie Frankfurt/M., Hamburg, Berlin, Köln, Dresden und Leipzig terrorisieren (vgl. auch Rdn. 28 zu § 2). 20

*__„Autonome“__ nennen sich solche Personen, die sich als „Radikalopposition zur bürgerlich-kapitalistischen Industriegesellschaft“ (Hartmann 2009, 215) verstehen. Typisch sind __Antieinstellungen__: „antikapitalistisch“, „antifaschistisch“, „antipatriarchalisch“ sowie die Forderung nach herrschaftsfreien Räumen („Autonomie“) (Verfassungsschutzbericht 2010, 135). Sie orientieren sich deshalb auch nicht an den Postulaten staatlicher Normen (Anarchisten): z.B. jeweils am __1. Mai in Berlin-Kreuzberg__ oder im Rahmen der Demonstrationen am 3. Juni 2007 in Rostock, die sich gegen das Gipfeltreffen der wichtigsten Industriestaaten der Welt (sog. __G[group]-8 Staaten__) im nahegelegenen Heiligendamm richteten. Hierarchische Strukturen werden abgelehnt. Als Mini-*

*malkonsens verbindet die Gruppen eine Gegnerschaft zu Polizei und Staatsgewalt (Hartmann aaO).*

***Links motivierte „Feuerchaoten"** verbrennen seit 2005 „fast jede Nacht" in Frankfurt/M., Hamburg und Berlin, Mülltonnen, Kinderwagen und vor allem Autos teurer Marken. In Berlin wurden allein 2011 insgesamt über 600 Nobelkarossen zerstört. Die **„Hassbrenner"** wollen mit ihren Aktionen z. B. „die Kriegsindustrie lahmlegen", gegen den Kapitalismus („Schweinesystem") und gegen Globalisierung sowie gegen die Energiepolitik protestieren (dazu FOCUS 42/2011, 64 ff).*

*a) Rocker*

**21** Rockergruppen wurden in der Bundesrepublik (Ursprungsland sind die USA) erstmals **Anfang der 60er Jahre** beobachtet, und zwar zunächst in Hamburg, der späteren Hauptstadt der deutschen Rockerbewegung (grundlegend *Kreuzer* 1970, 337 ff und 1972, 148 ff, kritisch zu *Kreuzer: Wolf* 1972, 130 ff). Vorbilder waren motorradfahrende Draufgänger, wie sie in den amerikanischen Filmen „The Wild One" (mit Marlon *Brando* in der Hauptrolle) oder „Easy Rider" gezeigt wurden (*Simon* 1989, 85). Aus dem Filmtitel „Rock around the clock" bezog die Rockerbewegung, die 1948 in Kalifornien von US-Bomberpiloten gegründet wurde, ihren Namen. **Vorläufer in Deutschland waren die sog. Halbstarken der 50er Jahre**, (vgl. den Film „Die Halbstarken" mit Horst *Buchholz* 1952), die auch schon Krawall machen konnten (*Kaiser* 1959; *Maase* 1991, 189 ff); in den 20er Jahren waren die „Wilden Cliquen" (vgl. oben Rdn. 3) aktiv (*Rosenhaft* 1986).

**21a** Mitglieder der Rocker sind grundsätzlich (unpolitische) 18- bis 25jährige männliche Jugendliche (Mädchen werden allenfalls als „Cliquenkuh" akzeptiert) mit gemeinsamer Vorliebe für das schnelle **(risikoreiche) Motorradfahren** (Harley, Suzuki, Yamaha), das die **Aura von Freiheit und Abenteuer** (Highway-Romantik) vermittelt (bevorzugte Fahrzeugmarke: Harley Davidson, USA). Das Anliegen der Rocker, als **harte Männer** zu gelten (*Simon* 1989, 166), unterstreicht die Bewaffnung: Messer, Totschläger, Schlagringe, Fahrrad- und Hundeketten. Ihrem Draufgängerbild analog wurde früher (bis in **die 80er Jahre hinein**, danach grundsätzlich nicht mehr) insbesondere Gewalt gegenüber jenen verübt, die ihrem Männlichkeitsideal widersprachen: Homosexuelle („Schwule ticken"), später Popper und Punks. Charakteristisch ist die Form, in der Gewaltdelikte durchgeführt wurden: sie ist nach herkömmlichen Maßstäben eher feige. Rocker griffen (primär in den 60er und 70er Jahren) nur in zahlenmäßiger Überlegenheit an, so daß die Opfer meist keine Chance besaßen. Auf diese Weise kam es mitunter **auch zur Gruppennotzucht** (zu dieser: *Rasch* 1968). Bekannt wurden vor allem jedoch Vandalismen. Erste Ausschreitungen dieser Art ereigneten sich (Mitte der 60er Jahre) bei den Konzerten der „Beatles" und „Rolling Stones" (*Simon* 1989, 121). Bei allen Aktivitäten war meist wiederum der Alkohol mit im Spiel (*Kreuzer* 1970, 355).

Rocker kann man schon an ihrem **„outfit“** erkennen: lange Haare 22
(inzwischen wieder „out“), zur Schau gestellte Ungepflegtheit, großflächige Tätowierungen, (dunkle) Lederwesten (Bomberjacken) oder Jeans-Bekleidung, Stiefel, Orden und Embleme der Gewalt: NS-Runen, Wehrmachtsstahlhelme, Symbole aus dem (damaligen) kommunistischen Machtbereich usw.

Die bekanntesten Rockergruppen in Deutschland sind die **„Hell's Angels“** (vgl. Kasten), die **Bandidos** (größter deutscher Motorradclub = MC) und die **Outlaws**. Die Abkürzung „MC“ befindet sich als „Path“ (Aufnäher) auf dem Rücken der „Kutte“, einer ärmellosen Weste mit der Rocker ihre Zugehörigkeit zu einem bestimmten Club signalisiert.

**Zu den Hell's Angels:** Seit Anfang Dezember 1999 taucht diese kri- 22a
minelle Gruppe, die sich einen **geflügelten Totenkopf als Hauptsymbol** gewählt hat, wieder im Rahmen von Großrazzien der Polizei und Abteilungen der Justiz in den Schlagzeilen auf. Zur Last gelegt werden ihnen vor allem Waffen- und Rauschgiftgeschäfte, Raubüberfälle, Schutzgelderpressungen, Menschenhandel bzw. illegale Prostitution und Zuhälterei, und zwar oft abgeschirmt durch gewaltorientierte Wachdienste etwa in der Türsteherszene: „Die Tür ist die Macht“. Typisch ist die Freude am martialischen Auftritt. Zu den Aufnahmeritualen und zu den Regeln der Club-Subkultur vgl. *Bader* 2011, 227 ff.

Seit 2009 häufen sich (vor allem in Berlin, Rheinland-Pfalz, Hessen, NRW, Schleswig-Holstein) auch Konfrontationen zwischen den **Hell's Angels** mit ihren Hauptkonkurrenten, den **Bandidos**. Bei diesen Auseinandersetzungen geht es vor allem um **„Gebietsansprüche“**: etwa um die Vorherrschaft im Drogen- und Rotlichtmilieu (dazu SPIEGEL 31/2009, 43; Focus 26/2010, 40; *Adelsberger* 2012, 569 ff; *Cnotka/Dumke* in WAZ vom 26. Febr. 2013), also um die Realisierung von wirtschaftlichen Interessen.

Die Zahl der Hell's Angels wird (bezogen auf ganz Deutschland) auf rund 1000 geschätzt (*von Lucius* in FAZ vom 16. Dez. 2008, 9); diese sind in regionalen Clubs organisiert, die eng vernetzt sind („man kennt sich, man trifft sich“); mangels Zulauf werden inzwischen auch Mitglieder mit Migrationshintergrund rekrutiert (WAZ vom 8. März 2013; SPIEGEL 10/2013, 44). 2010 hat sich der eigenständische Verein **„Hells Angels Nomass Türkye“** gebildet, der durch „hohe kriminelle Energie“ auffällig ist (SPIEGEL 8/2010, 27).

**Polizei fordert schärfere Gesetze gegen Rocker**

„Beschuldigte sollen Herkunft ihres Geldes nachweisen“

aus: *WAZ* vom 23. Mai 2013

*b) Punker*

23 Das Phänomen der Punker („Punks“) – einer Variante der „Hippies“ – hat seinen Ursprung in England; der Name leitet sich von dem englischen Wort „punk“ ab; übersetzt: Schund, Dreck, Mist, Abfall, Slang für Rowdy. Denn Punks **wollen durch ihr bewußt häßliches Aussehen auffallen:** durch bunt eingefärbte Haare, Irokesenschnitt, grelle Schminke, durch die Backe gezogene Sicherheitsnadeln usw., ein Aufzug, der durch (weiße) Ratten, die manche Punks mit sich führen, noch unterstrichen wird. In der Bundesrepublik tauchten diese Erscheinungsbilder (eher als Spontangruppen) erstmals **Mitte der 70er Jahre** auf (dazu *Peters* 1989, 77). Punks sind in der Regel jünger als Rocker (13 bis 18 Jahre alt) und verzichten bewußt auf jede Hierarchie und Führung, und zwar zugunsten von Anarchie und Chaos, die gern propagiert werden. Der Anteil der Mädchen wird auf 10 % geschätzt. Im Gegensatz zu den Rockern stammen die Punks aus allen gesellschaftlichen Schichten, also nicht wie die Rocker primär aus der Unterschicht. Ihre Schulausbildung ist durchschnittlich, teilweise besser; die Familienverhältnisse sind in der Regel geordnet bzw. intakt (*Bechtner* 1981, 322), werden aber als „spießig“ empfunden, wie jede traditionelle Wertorientierung der Leistungsgesellschaft (Disziplin, Pünktlichkeit, Fleiß), die wie Karrieredenken abgelehnt werden: **Null-Bock-Haltung** (*Ebert/Throniker* 1981, 324), Verweigerung, Rebellion gegen die bürgerlichen Normen. Da ist es nur folgerichtig, daß vor allem wiederum die **Polizei als Symbol der ordnenden Staatsmacht** verhaßt ist; man reist zu Demonstrationen, um dort Widerstand (gegen wen oder was auch immer) leisten zu können (vgl. *Krausz* 1989, 74). Politisch werden die Punks links eingeordnet; jedenfalls sympathisieren sie (zumindest z. T.) mit der linken Hausbesetzerszene und mit Autonomen (dazu z. B. die Beobachtungen des *SPIEGEL* Nr. 48/1990, 156).

**„Haste mal ’ne Million?“**

**Sie schreien „No Future“, tragen grüne Irokesenhaare und spucken auf Partys gern mit Bier: Die Punks sind zurückgekehrt. Knapp 20 Jahre nach der Revolte der „Sex Pistols“ und „Clash“ sind Ratten und Rasierklingen wieder modern, eine wütende junge Generation spielt erneut zum Kampf gegen die Gesellschaft auf.**

aus: *DER SPIEGEL* Nr. 14 vom 4. April 1994, S. 216

24 Weitere Straftaten, die von Punks aus ihrer Antihaltung heraus häufig verübt werden: Sachbeschädigungen, Hausfriedensbruch, Körperverletzungen (Schlägereien). Höhepunkte erreichte die Punkergewalt bei den **Chaostagen 1995** („Hannover in Schutt und Asche legen“) **in Hannover** (vgl. unten Zeitungsausriß).

Unter den arbeitslosen Punks ist auch das sog. **„Abziehen“** weit verbreitet (eine jugendtypisch bagatellisierende Umschreibung für Raub), bei dem man vor allem Betrunkene verprügelt und ihnen dann das Geld wegnimmt (vgl. auch *Krausz* 1989, 72). Als bevorzugte Waffen werden im Schrifttum (*Ebert/Throniker* 1981, 324) genannt: Ketten, Messer,

# Straßenschlacht in Hannover

## Polizei nahm 130 Punker fest

**Hannover, 4. 8. (dpa/hab) Rund 400 randalierende Punker haben der Polizei in Hannover am Freitag zum Auftakt der sogenannten Chaostage eine mehrstündige Straßenschlacht geliefert.**

Dabei wurden nach Polizeiangaben 23 Beamte verletzt; vier von ihnen sind dienstunfähig. Bis zum Abend nahm die Polizei rund 130 Punker fest. Weitere 250 wurden vorsorglich in Gewahrsam genommen.

Die aus der ganzen Bundesrepublik zu den „Chaostagen" an diesem Wochenende angereisten Punker hatten am Freitag Barrikaden in der Nähe der ehemaligen Sprengelfabrik in der Nordstadt errichtet. Die Konfrontation eskalierte, als bei Personalienfeststellungen Flaschen, Bierdosen und Steine flogen. Die Polizei sprach daraufhin ein Aufenthaltsverbot für auswärtige Punker aus. Unter einem Hagel von Pflastersteinen und Flaschen räumte die Polizei eine „Punkerburg".

aus: *NOZ* vom 5. August 1995

Hockey- und Baseballschläger. Vorübergehend ebbte auch die Punk-Bewegung wieder ab; in den neunziger Jahren war jedoch (zumindest in England) ein Comeback zu beobachten – angeheizt durch Newcomer-Bands mit **Songs wie „Kill Somebody"**, in dem die Exekution des damaligen britischen Premierministers gefordert wurde (*DER SPIEGEL* Nr. 14 vom 4. April 1994, S. 218).

Im Übrigen gibt es auch „Punks", die sich mit den beschriebenen Zie- **25**
len und Aktivitäten nicht identifizieren, sondern nur die Aufmachung übernehmen, weil man auf diese Weise (die sonst nicht zu erreichende Aufmerksamkeit) provoziert: **„Modepunks"** (*Stock/Mühlberg* 1990, 236).

*c) Skinheads*

Auch dieser Begriff stammt aus der englischen Sprache: er bedeutet so **26**
viel wie „Kahlkopf" (Hautkopf); denn die Skinheads („Skins") tragen Glatze bzw. sehr kurzes Haar. Ursprungsland dieser Erscheinung ist England. Die ersten Glatzköpfe traten dort 1968 im Londoner East-End auf, einem traditionellen Arbeiterbezirk (*Hestermann* 1989, 78). Sie sind zu verstehen als Protestbewegung gegen die Auflösung der dortigen Wohn- und Arbeitsstrukturen: nämlich als Protest gegen Arbeitslosigkeit sowie die Vertreibung der Arbeiter aus ihren angestammten Arbeitergegenden: durch Sanierungsprojekte zugunsten junger Mittelklassefamilien. Hinzu kam der erhebliche **Zuzug von Ausländern**, die man als Eindringlinge empfand (dazu *Stock/Mühlberg* 1990, 12f).

**Ende der siebziger Jahre** (des letzten Jahrhunderts) gelangte die Skinhead-Bewegung über Angehörige der hier stationierten britischen Streitkräfte nach Deutschland. Das Durchschnittsalter der Skins liegt bei

15–20 Jahren, das Einstiegsalter liegt oft darunter. Der Anteil von jungen Männern beträgt nahezu 90 Prozent (*Nieders. Innenmin.* 2009, 110).

26a Schon im Elternhaus (oft **Multiproblemfamilien**) hat es meist Erziehungsprobleme gegeben bzw. es hat den Eltern (oft Schichtarbeiter) die Zeit für die Erziehung gefehlt. Typisch ist wiederum (wie bei den Rockern) die grundsätzlich unterentwickelte Schulbildung; anders als die Rocker rekrutieren sich die Skinheads aber (auch in Deutschland) vornehmlich aus dem Heer der Arbeitslosen und Ungelernten: **Verliererfiguren**, die ihrem meist (beschädigtem) Selbstwertgefühl aufhelfen möchten (zu Arbeitslosigkeit und Kriminalität vgl. § 12 Rdn. 5 ff). Weibliche Mitglieder werden „Glatzenbräute“ genannt.

**Skinhead-Musik als Einstiegsdroge**

**Radikalisierung im rechtsextremistischen Milieu / Kieler Verfassungsschutzbericht**

aus: *FAZ* vom 11. April 1997

Aufgeputscht bzw. **„psychologisch bewaffnet“** mit „identitätsstiftender Funktion zur Vermittlung von Feindbildern“ und „Lockmittel für Jugendliche und junge Erwachsene“ (*Verfassungsschutzbericht* 2010, 60/101) werden die Skins durch szenetypische **Skin-Bands** (Musikgruppen) und **Skinhead-Fanzines (Fan-Magazine)**, die über die Skinhead-Musikszene informieren, insbesondere über Bands, Tonträger und Konzerte. Die politische Einstellung vieler Fanzines wird durch die verfolgten Feindbilder deutlich: „Farbige, Juden, **Asylbewerber, Ausländer**“ (insbesondere solche, die nicht aus Europa stammen) und sog. „Undeutsche“, wie Prostituierte, Homosexuelle, aber auch geistig und körperlich Behinderte zählen zu den erklärten Gegnern“ (*Nieders. Innenmin.* 1994, 51). *Schneider* (Lb 2001, 70 ff) spricht von **Haßverbrechen („Hate Crimes“)**: vgl. zu diesen auch Rdn. 18d zu § 8.

26b Zu Aufheizungen scheinen auch die **Medien** ihren Beitrag zu leisten.

*So hat z. B. eine Aktenanalyse, die Neubacher (in BMI 2000, 208 f) zu fremdenfeindlichen Brandanschlägen durchgeführt hat, gezeigt, „daß Medienmeldungen über fremdenfeindliche Straftaten häufig (überhaupt* ***erst) den Anlaß für den Tatentschluß gaben****“. Diese „Meldungen (heißt es aaO weiter) werden in der Clique aufgenommen und sind dort Gegenstand von Diskussionen über Ausländer und Ausländerpolitik. Am Ende steht dann der Entschluß, gleichfalls ein Zeichen setzen zu wollen“. Darüber hinaus tragen vor allem Skinbands zur* ***Eskalation bzw. zur Identitätsstiftung*** *bei. Solche Bands, von denen es in Deutschland knapp 100 gibt (Sulzbacher 2001, 59; vgl. auch Verfassungsschutzbericht 2010), sind z. B. „Kraft durch Froide“, „Kraftschlag“, „Nordmacht“, „Zillertaler Türkenjäger“, „Oithanasie“, „Macht und Ehre“, „Stoppelterror“, „White Aryan Rebels“, „Stahlgewitter“,*

*„Die faschistischen Vier", „Braunau", „Sturmtrupp", „Endless Pride", „Landser" oder „Endsieg".* ***Textprobe von „Endsieg":***

Siehst Du einen Türken
in einer Straßenbahn,
schaut er Dich irgendwie
provozierend an,
dann stehst Du einfach auf
und haust ihm eine rein,
Du ziehst Dein Messer
und stichst siebzehnmal hinein.

aus:
*DER SPIEGEL* vom 30. November 1992, S. 24

Gegen die drei Musiker der (inzwischen aufgelösten) Skinhead-Band **„Landser"** hat das *Kammergericht Berlin* am 22.12.2003 (zit. nach JMS-Report 1/2004, 9) wegen Volksverhetzung, Verbreitung von rechtsextremer Propaganda und **Bildung einer kriminellen Vereinigung** Freiheitsstrafen verhängt: bestätigt durch *BGH* 3 StR 233/04 vom 10. März 2005.

Die **Neonazi-Band „Tonstörung"** ruft zum Judenmord auf: **26c**

*Wetzt die langen Messer auf dem Bürgerstein,*
*laßt die Messer flutschen in den Judenleib,*
*Blut muß fließen knüppelhageldick.*
*Und wir scheißen auf die Freiheit dieser Judenrepublik.*
*In der Synagoge hängt ein schwarzes Schwein.*
*In die Parlamente schmeißt die Handgranaten rein.*

aus: *Sulzbacher*, 2001, 58

Die Welle ebbt nicht ab. So heißt es im (2009) Text der Band **„Rebellion":**

*„Verräterpack und Parasiten, es werden immer mehr. Erhebt euch nun zum Widerstand wie einst das weltgrößte Heer. Häng sie auf! ... das blutsaugende Pack!"*

aus: JMS-Report 4/2009, 9.

Der *Verfassungsschutzbericht* 2010, 105 erwähnt einen Text der Musikgruppe **„Braunau"**, in dem es (auf CD: „Unsere Lösung heißt Gewalt") wie folgt heißt: **26d**

*„Man sieht sie überall im Land, ein Mischlingskind an jeder Hand. Sie präsentieren die häßlichen Kröten, mit denen sie unsere Rasse töten ... man müßte ihnen in die Fresse rotzen. Sie rücksichtslos zusammenschlagen und sie samt ihrer Brut aus Deutschland jagen".*

27 Die **Kleidung der Skins** besteht in der Regel aus festen (hochgekrempelten) Arbeiterhosen, Hosenträgern, gestreiften Hemden und schweren Werftarbeiterstiefeln (bevorzugt der Firma „Doc. Martens“) oder Kampfstiefeln, ein Aufzug, der an die Herkunft aus der „Arbeiterklasse“ erinnern soll. Hinzu kommen Tätowierungen und die typische Bomberjacke (*Stock/Mühlberg* 1990, 11f) sowie **faschistische Symbole** wie das **Keltenkreuz** (als Zeichen des gemeinsamen kulturellen Erbes der „nordischen Rasse“). Kennzeichen einer verfassungswidrigen Organisation sind nach §§ 86, 86a StGB verboten. Im *Verfassungsschutzbericht* 2010, 60 heißt es dazu allerdings, daß inzwischen „die Zugehörigkeit zur Szene äußerlich nur noch selten zu erkennen ist“. Das „klassische“ **Szene Outfit** gilt „als veraltet“.

27a Durch die Angst Außenstehender vor der Gruppe **ist man plötzlich „wer“** und hat das Gefühl, soziale Anerkennung zu finden (*Stock/Mühlberg* 1990, 16). Spontan angezettelte Prügeleien machen das Leben „interessant“ (*Stock/Mühlberg* aaO). Das Feindbild der Skins wird primär durch den **Ausländerhaß** bestimmt, weil man Ausländer für die eigene Misere verantwortlich macht (*Stock/Mühlberg* 1990, 12); dementsprechend werden vor allem Ausländer (in Berlin insbesondere Türken) attackiert.

*Typisch in den **alten Bundesländern** ist das **„Türken klatschen“**: das grundlose Verprügeln von Zufallsopfern, d.h. von Ausländern, die den Skins bei ihren Streifzügen über den Weg laufen (vgl. Rdn. 32). Zu den besonderen Gewaltformen gehört das **„Bordstein-bashing“**, bei dem man den Kopf des Opfers mit dem Fuß gegen den Bordstein tritt.*

Herbeigesehnt werden großangelegte Randale und Straßenkämpfe; wenn Schaufenster zu Bruch gehen, kommt es auch zu Plünderungen der Auslagen und Geschäfte. Besonders brutales Vorgehen der Skins wurde von den Medien aus den **neuen Bundesländern** gemeldet.

**Randale unter dem Beifall der Anwohner**

**Rostocker feuerten Chaoten an und beschimpften Polizisten**

aus: *NOZ* vom 25. August 1992

28 1992/93 kam es zu zahlreichen Angriffen der Skins bzw. Rechtsradikalen (mit Molotow-Cocktails und Steinen) auf Ausländer-Wohnunterkünfte; die schwersten Ausschreitungen haben sich am 18. September 1991 in **Hoyerswerda**, am 2. Oktober 1991 im niederrheinischen **Hünxe**, am 22./26. August 1992 in **Rostock-Lichtenhagen**, am 23. November 1992 in **Mölln** und am 29. Mai 1993 in **Solingen** ereignet. In den ersten drei Fällen wurden Asylbewerber attackiert, im vierten und fünften Fall Türken; in allen fünf Fällen hat es Schwerverletzte bzw. Todesopfer (darunter Kinder) gegeben.

*Die Angriffe (mit Molotowcocktails, Steinen und Feuerwerkskörpern) auf die „Zentrale Anlaufstelle für Asylbewerber" (ZASt) in Rostock-Lichtenhagen („Sonnenblumenhaus") am 24. Aug. 1992, in dem sich Sinti und Roma sowie Vietnamesen aufhielten, haben vier Tage gedauert.*

*Die (vier) Solinger Täter (im Alter von 18 bis 25 Jahren), deren Brandstiftung zum Tod von fünf türkischen Frauen geführt hat, wurden am 13. Oktober 1995 zu **Freiheitsstrafen zwischen zehn und 15 Jahren verurteilt**. Einer der Verurteilten war Mitglied der Oi-Skins (zu diesen Rdn. 28 b).*

Am 12. Mai 1994 (am Himmelfahrtstag) jagte eine Horde von angetrunkenen Glatzköpfen, die ausländerfeindliche Parolen brüllten, zehn schwarzafrikanische Asylbewerber quer durch die City von **Magdeburg**. Auch diese Täter haben erhebliche Freiheitsstrafen erhalten.

Der „Skin-Boom" in den Neuen Bundesländern (es gab dort Skins **28a** allerdings auch schon zu DDR-Zeiten) hat primär mit spezifischen gesellschaftlichen Problemen zu tun (wie **Arbeitslosigkeit, Perspektivlosigkeit, Orientierungslosigkeit, Unfähigkeit zur Freizeitgestaltung,** die bis zur „Wende" die FDJ organisiert hat), aber auch mit dem (zunächst) relativ geringen Risiko gefaßt und verurteilt zu werden. Vor diesem Hintergrund geraten die Ausländer (insbesondere die Asylbewerber) in eine **Sündenbock-Situation** (dazu Rdn. 40 zu § 6). **Gruppendruckphänomene** (Rdn. 22 zu § 13), aber auch **alkoholische Einflüsse** (§ 26) könnten die auffällige **Brutalität** der Ausschreitungen erklären. Der **Beifall** bestimmter Bevölkerungskreise (vgl. oben Zeitungsausriß), der auch mit Bedrohtheitsgefühlen und Fremdenangst **(Xenophobie)** zu tun hat, dürfte im übrigen (i. S. einer „Sauerstoff-Zufuhr") bestätigend wirken und die Gewalttäter zur Wiederholung von Gewalttaten ermuntern (**„Vollstreckermentalität"**). Das gilt auch für kursierende **Hetzgedichte** (vgl. Zeitungsausriß unten).

In einem Hetzgedicht, das republikweit kursiert(e), bündelte der anonyme Verfasser in wenigen Zeilen die dumpfen Ängste und Vorurteile nicht weniger Deutscher:

Herr Asylbetrüger, na, wie geht's?
Oh ganz gut, bring' Deutschen Aids.
Komm' direkt aus Übersee,
Hab' Rauschgift mit, so weiß wie Schnee,
verteil' im Sommer wie im Winter
sehr viel davon an deutsche Kinder.
Muß nicht zur Arbeit, denn zum Glück
schafft deutsches Arschloch in Fabrik.
Hab' Kabelfernsehen, lieg' im Bett,
werd' langsam wieder dick und fett.

aus: *DER SPIEGEL*
vom 30. November 1992, S. 20

**Volksverhetzung** (§ 130 Abs. 4 StGB)? vgl. dazu OLG Frankfurt NJW 1975, 143/144 sowie OLG Frankfurt vom 15.8.2000 und einen Besprechungsaufsatz von *Kargl* in Jura 3/2001, 176 ff.

Schließlich wird von Skins angegeben, man habe **„einfach Bock** gehabt, einen aufzumischen". Das (Zufalls-) Opfer hätte „halt Pech gehabt" (so Jugendliche in einem Prozeß in Vechta, zit. nach *NOZ* vom 26. Oktober 1995).

**28b** Die Skinheads darf man jedoch nicht alle ‚in einen Topf' werfen: innerhalb ihrer Szene sind vier Richtungen unterschiedlicher Gefährlichkeit erkennbar:

- die **„Redskins"** (rote Glatzen), die „antifaschistischen Skins", die dem **linken Spektrum** zuzurechnen sind;
- die **„Oi-Skins"**, bei denen nicht die politische Agitation im Vordergrund steht, sondern der **Spaß**. Der Begriff geht vermutlich auf die englische Übersetzung des Namens der nationalsozialistischen Freizeitorganisation „Kraft durch Freude" (Strength through **Joy**) zurück; gleichwohl bezeichnen sich die „Oi-Skins" als „Patrioten" und lassen eine stark reservierte Haltung gegenüber Ausländern erkennen;
- die **„Fascho-Skins"**, die **„rechtsextremistisch"** und ausländerfeindlich eingestellt sind, aber keine geschlossene Ideologie besitzen (*Verfassungsschutzbericht* 2001) und
- die **Sharp Skins:** „Sharp" gebildet aus den englischen Anfangsbuchstaben für „Skins gegen rassistische Vorurteile".

**28c** Organisatorische Strukturen fehlen in der Skinheadszene „fast völlig" (*Verfassungsschutzbericht* 1998, 26). Allerdings ist es „den international aktiven Skinhead-Bewegungen **‚Blood & Honour'** und **‚Hammerskins'** (mit rassistischen Weltbildern) gelungen, ihren Einfluß in der strukturlosen deutschen Szene auszubauen" (*Verfassungsschutzbericht* aaO).

*Blood & Honour (Blut und Ehre), eine Gruppe die seit 1995 (in England seit 1987) auch in Deutschland tätig war, wurde am 14.9.2000 vom Bundesminister des Inneren verboten (bestätigt durch BVerwG mit Urteil vom 13. Juni 2001). Die seit 1991 in Deutschland aktiven Hammerskins haben nach Zahl und Auffälligkeiten hingegen nur geringe Bedeutung (Verfassungsschutz Hamburg).*

**28d** Die **Fascho-Skins** (oder auch White-Power-Skins) bilden die weitaus größte Gruppe; in „kaum wahrnehmbarer Minderheit bleiben dagegen die (nicht-extremistischen) Oi-Skins ... und (linke) **Red-Skins**" (*Verfassungsschutzbericht* 1993, 95). Das ist nicht gerade erstaunlich, weil diese Skin-Gruppen nach dem Selbstverständnis der Skins eigentlich gar keine sein dürften.

**28e** Zu diesem Selbstverständnis gehören eine eher **diffuse nationale Gesinnung,** Gewaltbereitschaft und vor allem (wie schon mehrfach betont) Ausländerfeindlichkeit. Angezweifelt wird hingegen (nicht nur) von *Frehsee* (1993, 266) „ein politisches Bewußtsein, eine feste Orientierung oder gar eine ideologische Festlegung". Bei *Frehsee* (aaO) heißt es dann weiter:

*„Der Anschluß an eine rechts- oder linksorientierte gewaltbereite Gesellungsgruppe scheint vielfach beliebig und von den zufälligen Zugängen abhängig zu sein. Bisweilen haben Jugendliche, wenn sie sich in einer Gruppe nicht halten können, woanders aber Anschluß finden, keine Schwierigkeit damit, ins gegnerische „politische" Lager zu wechseln. Charakteristisch ist also die Gewaltbereitschaft, nicht aber die rechtsextremistische Orientierung im politischen Sinn (...)."*

Eine *BKA*-Studie (zit. nach DER SPIEGEL 47/2010, 140) hat vor allem auch persönliche Motive ermittelt: „Streben nach Anerkennung, Ehre oder auch persönliche Lustbefriedigung". Politische Motive seien eher zweitrangig (vgl. unten den Zeitungsausriß). Die rechte Ideologie ist auch nach *Logvinow* (2012, 15) lediglich ein **„politisches Mäntelchen"**, den die Straftäter sich umhängen, um die gemeinsame Gewaltkriminaltät zu legitimieren".

**„Wat ich dich immer schon mal fragen wollte: Diese Nazis, dieser Hitler, wat waren dat eigentlich für Typen, wat wollten die eigentlich?"**

aus: unbekannt

Jedenfalls wird man davon ausgehen dürfen, daß **nicht alle Skins rechtsextremistisch eingestellt sind**: „die systematische Einbindung von Skinheads in rechtsextremistische Organisationen stellt auch weiterhin eine Ausnahme dar" (*Verfassungsschutzbericht* 1998, 27). Die Skinheads sind **auch nicht die einzigen Ausländerfeinde**. Welche das sonst noch sind, hat z. B. *Willems* untersucht (*Willems* 1994, 40). **28f**

**Neue Tendenzen:** Nach Erkenntnissen des Thüringer LKA (zit. nach C. P. *Müller* in der FAZ vom 24. 8. 2005, 3) **„passen sich Skins** bzw. Rechtsextremisten (inzwischen) **an**", schon im outfit. Sie „tragen keine Bomber- **28g**

jacken mehr und Springerstiefel“. Sind es Jugendliche, „finden ihre Skinheadkonzerte am Samstag statt, denn am Montag ist wieder Schule“. Auf dortige Wirkung angelegt, ist das von deutschen Rechtsextremisten initiierte **„Programm Schulhof“**. „Durch die bundesweite kostenlose Verteilung von CDs mit rechtsextremistischen Inhalten an Schülerinnen and Schüler beabsichtigen sie, nicht szeneangehörige Jugendliche an diese Musik heranzuführen und ihr Interesse für rechtsextremistische Themen zu wecken“ (*Verfassungsschutzbericht* 2004). Nach den Feststellungen (über die *Müller* aaO berichtet), „neigt bereits bis zu einem Drittel der Jugendlichen an den Schulen zum Rechtsextremismus“.

*d) Hooligans*

29 Im Mittelpunkt des öffentlichen Interesses (bzw. der Berichterstattung der Medien) stehen neben den Skinheads, die randalierenden **„erlebnisorientierten“ Fußball (engl. soccer)-Fans**, die sich (wiederum nach englischem Vorbild) selbst Hooligans (Hools) nennen.

*Diesen Namen (Houligan oder Houlihan) trug eine irisch-stämmige Arbeiterfamilie, in der viele Raufbolde (= „Rowdies“) Ende des 19. Jahrhunderts London (meist betrunken) unsicher machten (Smolinsky 1991).*

Der harte Kern dieser (vornehmlich) 16–25jährigen Jugendlichen bzw. Jungerwachsenen wurde bereits Anfang der neunziger Jahre auf 2000 geschätzt (*DFB* in: WAZ vom 16. Februar 1991).

Die „Zentrale Informationsstelle Sporteinsätze“ (ZIS, LZPD Düsseldorf) unterscheidet (ZIS 2010, 5, zit. nach *Feltes* 2010, 406): **A-Fans** (friedliche „Kuttenträger“: wegen ihrer wappenbestickten Westen), **B-Fans** (gewaltgeneigte Jugendliche) und gewaltsuchende **C-Fans**, die bis zu den **Ultras** reichen, die die Atmosphäre im Stadion anheizen wollen: durch große Fahnen, durch den Einsatz pyrotechnischer Materialien (Bengalos), Konfetti und Lärminstrumente (dazu *Pilz* 2005, 8) um eine „südländische Atmosphäre“ zu erzeugen (*Feltes* aaO).

*Häufig werden Bengalos (mit Flammentemperaturen bis zu 2500 Grad: v. Danwitz 2012, 544) „auf den Stehplätzen im Sichtschutz übergroßer Transparente und Fahnen gezündet, die teilweise den ganzen Fanblock überspannen“ (Schumacher in WAZ vom 19. Nov. 2012).*

Die gefährlichste Gruppe, die Fußball nur zum Anlaß nimmt, um Gewaltstraftaten zu verüben, nennt der bekannte Fanforscher *Pilz* (2005, 6; 2012, 339) **„Hooltras“**. Hinzu kommen noch beträchtliche Mitläuferscharen, die von Spiel zu Spiel mehr oder weniger regelmäßig erscheinen (Fallbeispiele bei *Gehrmann* 1990).

*Mädchen (= „Hooligirls“) sind grundsätzlich nicht auszumachen: Man sieht sie nur selten in der Kluft mit Schal und Fanclub-Aufnähern.*

29a Die typische Herkunftsfamilie der „Hools“ gehört eher der Mittelschicht, selten der Oberschicht an. Man geht in der Woche perfekt angepaßt (*Scharf* 2003, 3) zur Arbeit, trägt werktags Krawatte; jedenfalls ist die Zahl der Arbeitslosen unter den Hooligans (zumindest der westlichen Bundesländer) äußerst gering: Den **Kern** bilden Lehrlinge, Angestellte, aber auch Abiturienten und Studenten, die aus dem Alltag ausbrechen möchten, in dem die **„Berufstätigkeit als sinnleer erlebt wird"** (*Böttger* 1998, 14). Ein solches „Doppelleben" wird allerdings von *Lösel/Bliesener* (2006, 229ff) bestritten. *Pilz* (2005, 7) spricht hingegen von zwei Identitäten: **bürgerlicher Alltagsidentität** einerseits und **subkultureller Hooliganidentität**. Man will sich („in der Regel begleitet von einem intensiven **Alkoholkonsum**": *Böttger* 1998, 9; 2000, 331) nach dem **Arbeitsfrust einer Woche abreagieren**, aber auch etwas darstellen.

*„Kaum ein Fußballrabauke, der nicht zu Hause ein dickes Album mit Presseausschnitten hätte.* ***Motto: „Ich war dabei"****. Für die jüngeren zumindest ist die anschließende Zeitungsmeldung so wichtig wie die Aktion selbst" (Farin/Seidel-Pielen 1991, 96). „Mancher tapeziert gar mit Presseberichten sein Zimmer. Vor allem lechzt er nach den mit empörten Kommentaren unterlegten* ***TV-Bildern****, um sie auf seinem Videorecorder festzuhalten" (Scharf 2003, 4). Das „Bildmedium* ***belohnt*** *die Hooligans für ihre Gewalttaten. Das bestätigen viele Hooligans ... Häufig hat bereits die* ***bloße Anwesenheit des Fernsehens*** *Gewalt zur Folge" (Scharf 2003, 3 und Rdn. 35d).*

Der Nervenkitzel (der **Adrenalin-Kick durch Gewalt**) ist reizvoll: „Vor **29b**
allem unter Großstadtkids, die in den urbanen Wüsten immer weniger Möglichkeiten vorfinden, sich auszutoben, kurzzeitig auszubrechen aus dem weitgehend genormten Alltagstrott ... ist Hooligan sein zu einer Modeerscheinung geworden ... „Hooligans gehen nicht ins Stadion, um das Spiel anzusehen, sondern wegen der Atmosphäre und der Möglichkeit, ihre Bedürfnisse nach Spannung, Abenteuer und Risiko zu befriedigen" (*Farin/Seidel-Pielen* aaO, 95f). Das Fußballspiel „selbst, das Ergebnis des Spiels ist für sie nebensächlich (anders *Lösel/Bliesener* 2006, 229). Besonders attraktiv ist die Gewalt in der **Dritten Halbzeit"** (*Pilz* 1992, 5f).

*Böttger hat (1999, 328ff) zehn jugendliche Hools mit Hilfe des „narrativen Interviews" (Hervorlockung sog. Stegreif-Erzählungen: vgl. dazu auch Rdn. 30a zu §8) mit z.B. folgenden Resultaten befragt:* ***Hauptmotive*** *der Probanden waren der „Spaß an der körperlichen Selbstbehauptung ... – entscheidend verstärkt durch gruppendynamische Prozesse – ... verbunden mit einer Feier, wenn gesiegt wurde, oder einem ‚Absaufen' ..., wenn man verloren hatte".* ***Polizeieinsätze*** *werden als "Störung des eigenen Vorhabens erlebt .... In einigen Situationen hatten Polizeieinsätze sogar zur Folge, daß sich die gegnerischen Fangruppen kurzzeitig miteinander solidarisierten, um gemeinsam gegen die Polizei vorzugehen".*

Prügeleien sind eine Art Hobby, Cowboy- und Indianerspiel auf einem anderen Niveau (*Pilz* aaO): **Event-Charakter** (*Feltes* 2010, 409). Zu den Fußballereignissen reisen sie (oft versehen mit Zahnschutz und Mobiltelefon) in Kleingruppen an oder zusammen mit befreundeten Gruppen, die sie zum Teil aber auch (wie die A-Fans) erst vor Ort treffen; **eine Hierarchie gibt es nicht**.

*Gleichwohl geben sie sich Namen i.S. einer* ***„kollektiven Identität"*** *(Gehrmann 1990, 99) wie „Gelsen-Hools" oder „Super-Destroyers", die ein Gefühl der Zusammengehörigkeit i.S. von* ***Wir-Gefühl*** *aufbauen und verstärken (zum Gruppendruck vgl. Rdn. 24 zu § 13).*

**29c** Bandenkriterien (i.S. verfestigter Gruppenstruktur: dazu Rdn. 4f) erfüllt allenfalls der harte Kern dieser Tätergemeinschaft, die während der Woche die Prügeleien im Umfeld der Stadien herbeisehnt – auch zum Beweis der eigenen Männlichkeit und Stärke: „den eigenen Schweinehund überwinden" (*Farin/Seidel-Pielen* aaO, 97) im **wöchentlichen Abenteuerurlaub** („geile Weekend-Fights": *Scharf* 2003, 2), den die Hools als Gelegenheit zur Gewaltanwendung verstehen. Deshalb kann man solche (C-)„Fans" auch nur im Ausnahmefall erfolgreich in **Fan-Projekte** einbinden (zu diesen *Löffelholz* et al. 1994). Denn sie wollen sich gar nicht friedlich verhalten, sondern (nach festen Regeln) prügeln: „sich selbst physisch bestätigen" (*Böttger* 1998, 11). Schon auf der Hinfahrt werden deshalb bei Auswärtsspielen z.B. **Amphetamine** eingenommen, „um sich fit zu halten" (Polizei-Einsatzleiter Volker *Lange*, zit. nach Focus 47/2012, 78).

**30** Gegner sind die ebenfalls gewaltbereiten Fans der rivalisierenden Mannschaft des Spiels oder mit diesen befreundete Hooligans (*Böttger* aaO, 3). Die Tatorte werden „in der Regel schon vor dem Spiel festgelegt" (*Böttger* aaO), z.B. auf INTERNET-Seiten, die nur mit einem Paßwort zugänglich sind. Kurzfristig geht das auch übers Handy. Vor dem Spiel sammelt man sich oft in bestimmten Kneipen der Cities. Gekämpft wird solange „bis die Siegergruppe feststeht – meist dadurch, daß sich die Gegner zurückziehen" (*Böttger* aaO). Die Polizei wird meist nur dann angegriffen, wenn sie sich (vgl. oben) „einmischt" (*Böttger* aaO). Dazu weist *Pilz* (2012, 339) darauf hin, daß „die Anwesenheit von **Polizei**, besonders von BFE's (Beweissicherungs- und Festnahmeeinheiten) vor allem auf Hooligans bedrohend wirkt und sie aggressiv macht". Ausführlich zur **„Interaktion zwischen Polizei und Fans"** *Feltes* 2010, 414ff).

**30a** Aufgrund der negativen Erfahrungen bei der Fußballweltmeisterschaft in Frankreich ist im Frühjahr 2000 im Vorfeld der Fußballeuropameisterschaft (10. Juni – 2. Juli) das Paßgesetz verändert worden. Nach (dem am 1. Mai 2000 geänderten) **§ 7 Abs. 2 PassG** sind nunmehr außer Meldeauflagen auch **zeitlich und räumlich befristete Paßbeschränkungen** (etwa für die Zeit einer Fußballeuropameisterschaft im Ausland) strafbewehrt worden (Ausreiseverbote). Voraussetzung der Paßbeschränkung: „Der Betroffene muß als gewaltbereiter Hooligan bekannt sein und in jüngerer Zeit, d.h. innerhalb der letzten 12 Monate im Zusammenhang mit Gewalttaten oder als Teilnehmer an gewaltsamen Ausschreitungen aufgefallen sein" (Gesetzesbegründung, Drucks. 14/2726 Deutscher Bundestag, 14. Wahlperiode; vgl. auch BGBl. I, 626ff). Zur WM 2006 vgl. Kasten.

Die **Fußballweltmeisterschaft 2006** in Deutschland verlief weitgehend störungsfrei (vgl. Zeitungsausriß oben). Das Motto „Die Welt zu Gast bei Freunden" konnte grundsätzlich eingelöst werden. Daß es so kam, hatte mit einem **„Nationalen Sicherheitskonzept FIFA WM 06"** (IMK-Papier vom 25. Mai 05) zu tun, das sich auf B- und C-Fans bezog (Rdn. 29). 30b

Die **Einzelaktivitäten** reichten vom „Ticketing" über „Gefährderansprachen" (dazu *Meyn* in Kriminalistik 12/2008, 672). Meldeauflagen, Stadionverbote, polizeiliche Begleitung, Trennung der Fan-Blöcke, Videoüberwachungen bis zum Einsatz von Konfliktmanagern, Einreiseverboten für gewaltbereite Fußballanhänger und Ingewahrsamnahmen sowie beschleunigte Strafverfahren (§§ 419 ff StPO): Strafe folgt „auf dem Fuße" (Staatsanwalt vor Ort).

Außer 250 000 Polizeikräften (Deutsche Polizei 8/2006, 2) waren noch rund 20 000 Beschäftigte des privaten Sicherheitsdienstes (vor allem für Eingangskontrollen) im Einsatz (DSD 1–2/2007, 25; vgl. auch Rdn. 29h zu § 20).

**Nach der WM 2006** droht die Gewalt die Gewalt in den Fußballstadien völlig außer Kontrolle zu geraten. Nach den Zahlen der ZIS, die an das NRW-Innenministerium angegliedert ist, kam es in der Saison 2011/2012 zu 8 143 Strafverfahren – „Bundesliga-Negativrekord: Die Polizei registrierte für ihre Einsätze 1,9 Millionen Arbeitsstunden (Focus 47/2012, 76).

Die Deutsche Fußball-Liga (DFL) hat daraufhin am 12. Dez. 2012 mit der Mehrheit der 36 Profi-Klubs (der 1. und 2. Liga) ein Anti-Gewalt-Konzept **„Sicheres Stadionerlebnis"** verabschiedet mit u. a. folgendem Inhalt: Ausweitung der polizeilichen Videoüberwachung im Stadion; Verstärkung der Besucherkontrollen an den Stadioneingängen: nicht mitgenommen werden dürfen Waffen und pyrotechnische Gegenstände sowie Gegenstände, mit denen Zuschauer ihre Identität verbergen können; spezielle Schulungen für die Ordnungsdienstkräfte; Ticketbegrenzung für Auswärtsfans. Keine Mehrheit haben z. B. gefunden: die Abschaffung der Stehplätze, Ganzkörperkontrollen und der Einsatz der Polizei in den Fanblöcken (NOZ vom 14. 12. 12, 16), krit. zum DFL-Papier: *Feltes* in NK 1/2013, 48 ff.

*Zur Akzeptanz solcher Maßnahmen haben Feltes/Schwinkendorf (2013, 75 ff) in einer nicht repräsentativen online-Umfrage über 1000 überwiegend jugendliche bzw. junge Zuschauer von Hansa Rostock bis 30 Jahre (im August 2012 in Mecklenburg-Vorpommern) mit u. a. folgenden Ergebnissen befragt: 78 % der Befragten waren der Auffassung, daß Alkohol im Stadion erlaubt sein sollte. Für 57 % gehörten auch*

*Pyrotechnik bzw. Feuerwerk zu einem Fußballspiel dazu. Andererseits sollte gewalttätigen Fans der Zutritt zum Stadion für längere Zeit verboten werden (61 %). 52,2 % votierten auch für harte Strafen gegenüber Randalierern durch die Justiz.*

### 3. Ethnische Banden

31 Ethnisch verschieden zusammengesetzte Banden der zweiten und dritten Ausländergeneration (*Freyer* 1990, 145; *Steinmetz* 1987) haben sich seit Ende der 80er Jahre (nach den USA und England: dazu ausführlich *Eckert* in: *Schwind/Baumann* et al., Bd. III, 1990, 10ff) auch in deutschen Großstädten organisiert. Insoweit kann man zwischen politisch orientierten Tätergemeinschaften und vermögenskriminellen Banden bzw. Streetgangs differenzieren: beide setzen Gewalt ein.

#### *a) Politisch motivierte Gruppen*

32 Solche sind 1989 in **Berlin** als Selbstverteidigungsgruppen **(„Antifa-Gruppen")** entstanden, als verschiedene Zeitungen zum 100. Geburtstag Adolf *Hitlers* (am 20. April 1989) Angriffe auf Ausländer (insbesondere ausländische Schüler) ankündigten. Obwohl sich die Meldung als „Ente" erwies, blieben die Gruppen bestehen, um sich nunmehr **auch offensiv** gegen tatsächliche oder vermeintliche Neonazis, denen man Ausländerfeindlichkeit vorwirft, zu wenden. Typisch ist das **„Fascho klatschen"**, das dem „Türken-Klatschen" der Skinheads (oben Rdn. 27a) entspricht: man versucht z.B. dabei, den Opfern (meist Skins) auch nationalsozialistische Abzeichen von der Jacke zu reißen. Inzwischen ist ferner die **Polizei** in das Feindbild geraten, die z.T. mit Rechtsradikalen gleichgesetzt wird, weil (z.B. in West-Berlin) Polizeibeamte als Mitglieder rechter Parteien ausgemacht wurden. Man will sich wehren: gegen **Ausländerfeindlichkeit**, soziale Benachteiligungen, schlechte Zukunftsperspektiven, also gegen ungünstige Lebensumstände, die durch die Wiedervereinigung und weitere Zuwanderungen eher noch ungünstiger wurden und werden. Die Waffen dieser Gruppen sind oft gefährlicher als die der Rocker, Skinheads und Punks: nämlich Gas- und Signalpistolen, Äxte, Molotowcocktails und asiatische Kampfgeräte wie Sicheln und Wurfsterne (so auch *DER SPIEGEL* aaO); die Hierarchie soll stärker als bei den deutschen Straßenbanden ausgeprägt sein (*Prinz* schon 1990, 661).

#### *b) Streetgangs*

32a Daneben haben sich schon in den frühen 80er Jahren nach amerikanischem Vorbild sog. Streetgangs gebildet, in denen „gelegentlich auch arbeitslose ausländische Jugendliche den Ton angeben" (*Eckert* in: *Schwind/Baumann* et al., Bd. III, 1990). Solche Gruppen nennen sich u.a. wie folgt: „Troopers", „Destroyers", „Mods", **„Warriors"**. Ihr Kultfilm ist vor allem „The Warriors" (*Eckert* aaO), ein Film, in dem gezeigt wird, wie man als Subkultur einen ganzen Stadtteil mit Terror regiert. Nach diesem Vorbild versuchen auch die Streetgangs, ihr „Revier" zu beherrschen: durch Terror bzw. Gewalt und vermögenskriminelle Straftaten.

*Zu den ethnisch unvermischten Gruppen, die die Straße zu beherrschen versuchen („Das ist unsere Straße": SPIEGEL 12/2003, 54), gehören bzw. gehörten z. B. in* ***Berlin*** *die Spandauer* ***„Kurdish Boys"****, die* ***„Black Panther"*** *oder die* ***„Arabic Boys"****, deren Kiez um das nördliche Ende der Neuköllner Sonnenallee liegt.*

Mit entsprechenden Banden hat auch **Frankfurt/M.** zu tun.

Als Tatorte werden nicht etwa irgendwelche Vororte genannt, sondern **32b**
der „Innenstadtbereich (Fußgängerzone Zeil, Hauptwache, Konstablerwache)" (*Bauer* 1993, 49). Dort werden auch Drogen verteilt: ausländische Jugendliche beteiligen sich (als Hilfs-Dealer) im Auftrag von professionellen **Dealerbanden** (des organisierten Verbrechens): solche (jugendlichen) **„Front-Dealer"** (vor allem Schwarzafrikaner aus Sierra Leone und Guinea: „Koksneger", deren Asylantrag abgelehnt wurde) gibt es z. B. auch in **Hamburg**: etwa am Hauptbahnhof. Auf diese Weise können sie auch in **Bandenkriege** geraten, in denen Mitkonkurrenten mit brutaler Gewalt aus dem Markt gedrängt werden.

Auffällig ist schließlich, daß sich (arbeitslose) Jugendliche mit Migrationshindergrund (Türken, Albaner, Mazedonier, Afghaner usw.) immer häufiger (z. B. in Hamburg) im Internet zu Massenschlägereien verabreden: „als Deutscher fühlt sich keiner" (vgl. Zeitungsausriß).

FREIZEIT

**Eine Frage der Ehre**

**In Hamburg verabreden sich rivalisierende Jugendgangs per Internet zu Massenprügeleien.**

aus: *DER SPIEGEL* 29/2006, 38

### V. Zu den Ursachen der Bandenkriminalität

Die wissenschaftliche Erforschung der Banden begann in den Verei- **33**
nigten Staaten, und zwar überwiegend durch (Kriminal-)Soziologen; dementsprechend sind diese Ansätze auch vornehmlich soziologisch orientiert (vgl. dazu § 7).

Sie beziehen sich **primär auf Jungen** bzw. junge Männer, die in (ameri- **34**
kanischen) **großstädtischen Ballungsgebieten und Elendsvierteln** zu Hause sind. Daß sich die Theorien nur mit Jungen befassen, hat damit zu tun, daß Mädchengangs praktisch nicht existieren: auch bei uns nicht (vgl. oben).

Im Vordergrund der Erklärungsansätze werden von der Wissenschaft **35**
u. a. (vereinfacht dargestellt) folgende Theorien angeboten (vgl. dazu *Schneider*, Lb. 1987, 637; *v. Trotha* 1993, 57):

35a – erstens: eine **soziopathische Theorie** (*Yablonsky* 1962, 216ff), nach der sich vor allem solche Jugendliche zur Bande hingezogen fühlen (Suche nach emotionaler Heimat), die Persönlichkeitsdefizite aufweisen (dazu *Bals* schon 1962, 78ff), die wiederum durch Sozialisationsmängel in desorganisierten Slum-Gebieten der Großstadt produziert werden (zur Desorganisation vgl. Rdn. 15 zu § 7); typisch sind: Mangel an Bindungsfähigkeit, fehlendes Anpassungsvermögen, fehlende Frustrationstoleranz, begrenztes Schuldgefühl, fehlende Mitleidsfähigkeit (Empathie) und vor allem Minderwertigkeitskomplexe. Diese Defizite führen in der Regel zu sozialer Untüchtigkeit **(social disability)**, die (berufliche) Karrieren versperrt. Von der Bande erwarten die Jugendlichen, die sich ihr anschließen, einen Ausgleich für ihr beschädigtes Selbstbewußtsein (Selbstwertgefühl), Nervenkitzel, Romantik, Anerkennung und vor allem Geborgenheit, die sie zu Hause (in der Familie) nicht finden (dazu *Middendorf* 1956, 41ff; *Staub* 1965, 63ff);

35b – zweitens: eine **anthropologische Theorie** (*Bloch/Niederhoffer* 1958), nach der in der Industriegesellschaft unserer Zeit **zu wenig Freiraum für die Entwicklung der Jugendlichen** aus der Ungebundenheit der Kindheit in das Erwachsenenleben hinein zur Verfügung gestellt wird. Die gesellschaftlichen Rahmenbedingungen stimmen nicht mehr: „Entfremdete und sinnentleerte Arbeitsverhältnisse" führen zu Frust; die Leistungsgesellschaft „be- oder verhindert ein befriedigendes und friedliches Miteinander"; „Bewegungsfeindliche, erlebnis- und kontaktarme Wohngebiete sowie unattraktive oder fehlende Freizeitangebote (ver)führen zum **„Rumhängen"** (vgl. dazu § 13) und verstärken das Bedürfnis nach **„action"**, Spannung und Abenteuer" (alles *Pilz* 1992, 38). Auch Erlebnishunger und Identitätssuche führen Jugendliche in die Arme der Bande;

35c – drittens: eine **Chancenstruktur-Theorie** (*Cloward* und *Ohlin* 1960), die auf den Subkulturtheorien (insbesondere auf der Theorie der differentiellen Kontakte), auf der Anomietheorie sowie auf dem ökologischen Ansatz der Chicago-Schule (*Shaw* und *McKay* 1942) aufgebaut ist (zu diesen Theorien: § 7). Danach bestehen Chancendefizite in bezug auf die gesellschaftlichen Möglichkeiten für Jugendliche, die aus der Unterschicht stammen **(objektive Chancenlosigkeit)**: soziale Zielblockierung und Statusfrustration (z. B. für **zugewanderte Ausländer** und ihre Nachkommen). So gesehen eröffnet die (vermögenskriminelle) Bande den Weg, am wirtschaftlichen Erfolg beteiligt zu werden (**mühelose Erlangung von Geldmitteln** für die Freizeitgestaltung), um zugleich in der Gruppe der „Leidensgenossen" Kameradschaft und Anerkennung zu finden. Die Verlockung, sich einer „gang" anzuschließen (Ansteckungsgefahr), ist in großstädtischen Ballungsräumen mit subkultureller Bevölkerung relativ groß.

35d Inzwischen hat sich allerdings die Meinung durchsetzen können (dazu Rdn. 3 vor § 4), daß die Bandenentstehung mit **„Motivbündeln"** zu tun hat, also nicht aufgrund nur einer einzigen Theorie erklärt werden kann.

Generell geht es um die **Zukunftsperspektiven**, die eine Gesellschaft ihrer Jugend einräumt, und um die **Erziehungsmöglichkeiten**, die in dieser Gesellschaft realisiert werden können. Dabei spielen auch die Medien und deren Angebot öffentlicher Aufmerksamkeit, das dem Geltungsstreben mancher Bandenmitglieder entspricht, eine Rolle (vgl. *Glogauer* 1991, 136). Nach *Miller* üben **„Medienberichte eine ähnliche Wirkung auf Bandenmitglieder aus wie Theaterkritik auf Schauspieler oder Sportberichte auf Berufsfußballer“** (zit. nach *Schneider* Lb. aaO, 644; vgl. dazu Rdn. 29a): zum Belohnungscharakter vgl. auch § 14 Rdn. 4.

Das **Fehlen von speziellen Mädchengangs** bzw. der geringe Anteil weiblicher Bandenmitglieder (Rdn. 11) hat nach *Rühmkorf* (1986, 70f) damit zu tun, daß Mädchen von Haus aus (meist von Männern) mehr kontrolliert und (von der Mutter) mehr auf ihre weibliche Rolle (Hilfe im Haus; Anpassung) fixiert werden (vgl. auch Rdn. 48 zu § 3), zu der die Mitgliedschaft in einer Bande nicht paßt, insbesondere nicht zu manchen gewaltorientierten Banden mit spezifischem Männlichkeitsideal (vgl. *Wilfert* schon 1959, 19). **36**

## VI. Strategien zur Eindämmung der Bandenkriminalität

Die Strategien der Bandenbekämpfung bzw. der Eindämmung der Gewalt, die durch junge (Einzel-)Täter (oder Tätergemeinschaften) verübt wird, beziehen sich auf primärpräventive und sekundärpräventive (repressive) Maßnahmen (vgl. dazu Rdn. 40 zu § 1). Dabei kann man im primärpräventiven Bereich zwischen generellen Aktivitäten und speziellen Programmen differenzieren. **37**

### 1. Präventionsprogramme

*a) Generelle Aktivitäten*

Allgemeine Präventionsprogramme sind bisher eher in den Vereinigten Staaten entwickelt worden als in Deutschland (eine Übersicht findet sich z.B. schon bei *Specht* 1984, 124ff): Im Vordergrund stehen dort **Streetworker-Konzepte**. Streetworker (bzw. gang-worker) sind Sozialarbeiter, die sich nicht nur um einzelne Bandenmitglieder kümmern, sondern um die gang insgesamt. Die Grundlage bildet die Annahme *Trashers*, daß sich für entsprechende Jugendhilfemaßnahmen zwei Wege anbieten: „Der einzelne Jugendliche muß entweder vollkommen dem Einfluß seiner gang entzogen oder die gang selbst muß resozialisiert werden“ (*Specht* 1984, 128). Da der erste Weg meist versperrt ist, bleibt nur der zweite. Der gang-worker versucht, „durch sozialpädagogisch inszenierte Alternativen zum bisherigen Verhaltensrepertoire die bislang negativ stigmatisierte Gruppe ... etwa in einen sozial anerkannten Jugendclub zu transformieren“ **(Transformationsmodell)**; die Erfolgsaussichten dieser Modelle werden (auch in den USA) unterschiedlich bewertet (vgl. *Specht* 1984, 128). **38**

39 In Deutschland hat man spezielle Präventionskommissariate geschaffen, die sich mit polizeilicher Jugendarbeit befassen bzw. Vorbeugungsgruppen (AG's), die versuchen, Kontakte zu einzelnen Mitgliedern von Jugendbanden zu knüpfen, und zwar mit dem Ziel

- deren Interesse auf Freizeitprogramme zu lenken (vgl. § 13);
- als Ansprechpartner für jugendtypische Probleme zur Verfügung zu stehen und
- in Bezug auf drohende Gewaltakte deeskalierend tätig zu werden.

*b) Spezielle Programme*

40 Spezielle Programme sind auf die Betreuung z.B. folgender Täter (oder Tätergemeinschaften) ausgerichtet: auf die

- Hooligans und andere gewalttätige Sport-„Fans" sowie auf
- Intensivtäter (zu diesen Rdn. 23a zu § 3) und
- rechtsextrem (ausländerfeindlich) oder linksextrem motivierte (junge) Gewalttäter.

Hinzu kommen noch spezielle Programme für „Straßenkinder": off road-kids (zu diesen § 17 Rdn. 16).

**2. Strafverfolgungsaktivitäten**

41 Auch im repressiven Bereich ist im Rahmen der Bandenbekämpfung (über die Bekämpfung vermögenskrimineller Banden hinaus) eine Spezialisierung (in bezug auf gewaltorientierte Tätergemeinschaften) erfolgt. Auf dem exemplarischen Wege können insoweit erwähnt werden:

*a) Generelle Aktivitäten*

42 Dazu zählen z.B. spezielle Ermittlungsgruppen „Junge Gewalttäter" bzw. wiederum Fachkommissariate, die sich vor allem um gruppenspezifische Gewaltkriminalität kümmern und deshalb in der Regel (ebenfalls) über die Jugendszene gut informiert sind: auch mit Hilfe von täter- und deliktspezifischen Dateien (z.B. in München). In Stuttgart wurde im Herbst 1997 für den Stadtteil Hallschlag zwischen der Stadt Stuttgart, der Polizei und der Staatsanwaltschaft vereinbart, eine ‚Hitparade' der jeweiligen 20 Wortführer (von Jugendbanden) aufzustellen und diese **‚Top Twenty'** dann schnell und konsequent zu verfolgen – angefangen von Falschparken über Ruhestörungen, aggressives Betteln und öffentliches Urinieren bis hin zu Straftaten. In Zusammenarbeit auch mit den Ordnungsbehörden und Sozialämtern könnten auf diese Weise die Rädelsführer identifiziert und einer ‚umgehenden Ahndung' zugeführt werden" (vgl. *Pflieger,* K. in Band 49 der BKA-Forschungsreihe 1999, 207).

*b) DAREX*

43 Im Rahmen der **Bekämpfung der „Gewalt gegen Ausländer" und neonazistischer Aktivitäten hat die Abteilung Staatsschutz des Bundeskrimi-**

**nalamtes in Meckenheim eine Datenbank rechtsextremistischer Tonträger und Druckschriften (DAREX)** eingerichtet, auf die im Bedarfsfall zurückgegriffen werden kann (dazu *Sulzbacher* 2001, 60).

*c) Ausgehverbote/„Ausgangssperre"*

In den **USA** (vgl. dazu *Franz* 2000) und inzwischen auch in **Warschau** 44
(FAZ vom 4. Mai 1998, 13) und **Frankreich** setzt man (ein Zeichen von Hilflosigkeit?) inzwischen auf **Ausgehverbote**. Solche Programme werden seit Mai 1996 (etwa ab 22 Uhr für Teenager unter 17 Jahren) z.B. bereits in Chicago und Dallas durchgeführt (*Kube* 1996, 769) sowie 2011 in Philadelphia (vgl. Zeitungsausriß und auch Rdn. 35 zu § 26) für Kinder unter 13 Jahren ab 23 Uhr im Département Essonne südlich von Paris („Le Figaro", zit. nach NOZ vom 11.7.09, 1).

**Nachtruhe gegen Gewalt**

**Philadelphia verbannt Jugendliche ab 21 Uhr aus der Stadtmitte**

Von Christian Wernicke

**Washington** – Sie treten plötzlich aus der Dunkelheit hervor, sie kreisen ihre Opfer ein – und sie schlagen zu: Jugendliche, die sich per Email und Twitter spontan absprechen und als so genannte Flash Mobs zusammenrotten, um Passanten in der Innenstadt von Philadelphia auszurauben.

Nicht im Rathaus, sondern während des Gottesdienstes seiner Baptistengemeinde im überwiegend von Afro-Amerikanern bewohnten West Philadelphia verkündete Mayor Nutter seine drakonische Maßnahme. „Dieser Wahnsinn muss aufhören," schimpfte der schwarzer Bürgermeister, „und wenn Ihr Euch wie Idioten benehmen wollt – haut ab! Raus aus dieser Stadt, wir wollen Euch hier nicht mehr!" Dann nahm er die Eltern der randalierenden Kinder ins Gebet, die sich nicht um ihren Nachwuchs kümmerten.

aus: *Süddeutsche Zeitung* vom 16. Aug. 2011, 10

## § 29 Organisiertes Verbrechen

**Literatur:** **Abadinsky,** H.: Organized Crime, 3. Aufl., Chicago 1990; **Bannenberg,** B.: Gesamtgesellschaftliche Strategien gegen Korruption, in: *Möllers/van Ooyen,* Jahrbuch öffentliche Sicherheit 2002/2003, Frankfurt/M 2004, S. 361–381; **Breucker,** M./**Engberding,** R.: Die Kronzeugenregelung, Stuttgart 1999; **Bruns,** M.: Das Dunkelfeld der organisierten Kriminalität, in: Kriminalistik 1996, S. 697–704; **Bundeskriminalamt** (Hrsg.): Organisierte Kriminalität in einem Europa durchlässiger Grenzen, Wiesbaden 1991; **Burghard,** W./**Herold,** H./**Hamacher,** H.-W. et al.: Kriminalistik-Lexikon, Heidelberg 1984 (3. Aufl. 1996); **Dietz,** G.: Mythos der Mafia im Spiegel intermedialer Präsenz, Göttingen 2007; **Dittrich,** J.: Der „Große Lauschangriff" – diesseits und jenseits der Verfassung, in: NStZ 1998, S. 336–338; **Eser,** A.: Neue Wege der Gewinnabschöpfung im Kampf gegen die organisierte Kriminalität? in: KrimPäd 1994/Heft 35, S. 7–17; **Fätkinhäuer,** H. J.: Schutzgelderpressung, in: Kriminalistik 1994, S. 263–266; **Falcone,** G./**Padovani,** M: Inside Mafia, München 1992; **Flormann,** W.: Die Russen-Mafia auf dem Wege nach Westen? in: Der Kriminalist 9/1994, S. 411–416; **Flormann,** W.: Heimliche Unterwanderung. Organisierte Kriminalität – Herausforderung für Staat und Gesellschaft, Lübeck 1995; **Freiberg,** K./**Thamm,** B. G.: Das Mafia-Syndrom, Hilden (Rhld) 1992; **Gürow,** A.: Organisierte Kriminalität in der UdSSR, in: BKA-Vortragsreihe, Bd. 36 (Organisierte Kriminalität in einem Europa durchlässiger Grenzen), Wiesbaden 1991, S. 131–146; **Hahn,** D.: Die Bekämpfung der Rauschgiftkriminalität durch die Zollverwaltung, in: Politische Studien (zur) Politik und Zeitgeschichte, November/Dezember 1992, S. 78 ff; **Harnischmacher,** R.: Yakuza – Charakteristika der „japanischen Mafia", in: Kriminalistik 1/2004, S. 24–31; **Harnischmacher,** R.: Weltweit auf „leisen Sohlen": Chinas Triaden, in: Die Kriminalpolizei 1/2008, S. 24–28; **Harnischmacher,** R./**Kelly,** R.: Die Oberwelt und die Unterwelt, in: info-Polizeiforum 2001, S. 33–51; **Hassemer,** W.: Stellungnahme zum OrgKG, in: KrimJ 1992,

S. 64–80; **Hauptmann,** W.: Die Bekämpfung der Organisierten Kriminalität, in: Kriminalistik 1996, S. 690–696; **Heinz,** W.: Menschenhandel und Menschenschmuggel, in: GS für Theo Vogler, Heidelberg 2004; **Hess,** H.: Mafia. Zentrale Herrschaft und lokale Gegenmacht, Tübingen 1970; **Hetzer,** W.: Geldwäsche und Terrorismusfinanzierung, in: Kriminalistik 8/9/2008, S. 468–475; **Hetzer,** W.: Mafia-Markt-Mandat, in: der kriminalist 6/01, S. 256–261; **Hetzer,** W.: Organisierte Kriminalität und Geldwäsche. Die Rolle des Bundeskriminalamtes bei der Bekämpfung dieser Phänomene, in: Kriminalistik 2001, S. 154–162; **Hilger,** H.: Neues Strafverfahrensrecht durch das OrgKG, 1. Teil, in: NStZ 1992, S. 457–463; **Holyst,** B.: Die Gefährdung der früheren Ostblockstaaten durch organisierte Kriminalität, in: MFDP 1997, S. 37–40; **Hunsicker,** E.: Präventive Gewinnabschöpfung in Theorie und Praxis, Frankfurt/M, 2. Aufl. 2008; **Hunsicker,** E.: Präventive Gewinnabschöpfung, in: Kriminalistik 2013, S. 396–400; **Kargl,** W.: Probleme des Tatbestands der Geldwäsche (§ 261 StGB), in: Neue Justiz 2/01, S. 57–63; **Keidel,** L.: Menschenhandel als Phänomen Organisierter Kriminalität, in: Kriminalistik 1998, S. 321–325; **Keller,** C.: Präventive Wohnraumüberwachung, in: der kriminalist 4/2001, S. 165–172; **Kerner,** H.-J.: Professionelles und organisiertes Verbrechen, Wiesbaden 1973; **Kerner,** H.-J.: Organisiertes Verbrechen, in: KKW, 3. Aufl., Heidelberg 1993, S. 377–381; **Kilchling,** M.: Die Praxis der Gewinnabschöpfung in Europa, in: MPI, forschung aktuell, Freiburg 2001; **Kinzig,** J.: Organisierte Kriminalität in Deutschland. Ergebnisse einer normativ-empirischen Untersuchung, in: Jb. Öffentliche Sicherheit 2004/2005, Frankfurt 2005; **König,** J.: Das Verbrechensbekämpfungsgesetz – die strafprozeßrechtlich relevanten Änderungen, in: Kriminalistik 1995, S. 471–478: **Krevert,** P.: Schutzgelderpressung, Lübeck 1997; **Krüßmann,** Th.: Der nationale Strafprozeß vor der Herausforderung durch transnationale organisierte Kriminalität, Baden-Baden 2008; **Kube,** E.: Möglichkeiten und Chancen präventiver Maßnahmen zur Bekämpfung der organisierten Kriminalität, in: Die Polizei 1993, S. 241–264; **Kube,** E.: Korruption – hinnehmen oder handeln? in: Verwaltungsarchiv 1994, S. 432–449; **Küster,** D.: Organisierte Kriminalität: Mit den Augen des Praktikers gesehen, in: Kriminalistik 1990, S. 626–628; **Lampe v.,** K. von: Organized Crime. Begriff und Theorie organisierter Kriminalität in den USA, Frankfurt 1999; **Lammich,** S.: Organisierte Kriminalität in Rußland, in: Kriminalistik 12/1997, S.783–788; **Lammich,** S.: Organisierte Kriminalität und Korruption in Rußland, in: der kriminalist 1998, S. 98–103; **Laschkul,** W.: Rußland im Kampf gegen organisierte Kriminalität, Magazin für die Polizei, Oktober 1996, S. 36–37; **LKA NRW:** Verdachtsschöpfung und Sachbearbeitung bei Fällen des Menschenhandels, Neuß 2004; **Mayerhofer,** C./**Jehle,** J.-M. (Hrsg.): Organisierte Kriminalität, Heidelberg 1996; **Meertens,** C.: Das Gesetz gegen die organisierte Kriminalität, eine unerträgliche Geschichte, in: ZRP 1992, S. 205–208; **Meyer,** J.: Organisierte Kriminalität: Erscheinungsformen, Präventions- und Bekämpfungsstrategien, in: FS für *Kaiser,* G., Berlin 1998, S. 633–656; **Möhrenschlager,** M.: Das OrgKG – eine Übersicht nach amtlichen Materialien, in: wistra vom 12. Oktober 1992 (H. 8), S. 281 ff; **Möller,** D.: Piraten von heute: Produkt- und Markenfälscher, in: forum kriminalprävention 4/2002, S. 20–24; **Müller,** P.: Die Mafia in der Politik, München 1990; **Nachreiner,** W.: Geldwäsche – Ein Delikt im kriminalistischen „Versuchsstadium“, in: Kriminalistik 1995, S. 407–410; **Nehm,** K.: Föderalismus als Hemmnis für eine effektive Strafverfolgung der Organisierten Kriminalität, in: NStZ 1996, S. 513–519; **Neubacher,** F.: Mario Puzos „Der Pate“ – Spiegel- oder Zerrbild der Mafia?, in *Walter,* M. et al. (Hrsg.): Alltagsvorstellungen von Kriminalität, Köln 2004, S. 157–180; **Niggl,** P.: Die vietnamesische Zigaretten-Mafia – Ein Staat im Staate, in: Kriminalistik 1994, S. 205–208; **Niggl,** P.: „Russen-Mafia“ in Berlin, in: Kriminalistik 10/1995, S. 637–644; **Nishihara,** H.: Die japanische Jakuza, in: MFDP März 1997, S. 4–7; **Ohlemacher,** Th./**Mecklenburg,** E.: Und dennoch Demokraten? Gastwirte und ihr Wissen um Korruption und Schutzgelderpressungen, in: FS für Bartsch, Baden-Baden 1996, S. 111–136; **Paoli,** L.: Die italientische Mafia, in: MschrKrim 1999, S. 425–440; **President's Commission on Organized Crime** (Hrsg.): Report to the President and the Attorney General. The Impact: Organized Crime Today, Washington D. C. 1986; **Paulus,** M.: Das Rotlichtmilieu. Parallelgesellschaften im Griff der Organisierten Kriminalität (O.K.), in: Kriminalistik 2/2012, S. 106–112; **Risch,** H. Europa und die innere Sicherheit, in: Kriminalität 1997, S. 82–85; **Roth,** J./**Frey,** M.: Die Verbrecherholding – Das vereinte Europa im Griff der Mafia, München 1991; **Schaupensteiner,** W.: Bekämpfung von Korruptionsdelinquenz, in: Kriminalistik 1994, S. 514–524; **Scherp,** D.: Geldwäschebekämpfung in Deutschland, in forum kriminalprävention 4/2002, S. 18–19; **Schmidbauer,** W.: Menschenhandel und polizeiliche Bekämpfungsansätze, in Kriminalistik 10/2005, S. 548–553; **Schneider,** H.-J.: Das organisierte Verbrechen, in: Jura 1984, S. 169–183; **Schneider,** H.-J.: Neuere kriminologische Forschungen zum organisierten Verbrechen, in: FS für W. *Stree* und J. *Wessels,* Heidelberg 1993; **Schroeter,** A.: Gesetze gegen die Geldwäsche, in: Sparkasse 7/1992, S. 198 ff; **Schuster,** L./**Seitzer,** H.: Organisierte Kriminalität – eine Herausforderung für den Rechtsstaat? in: KrimPäd 1994/H. 35, S. 7–17; **Schwind,** H.-D./**Baumann,** J. et al. (Hrsg.): Ursachen, Prävention und Kontrolle von Gewalt, Bd. I–IV, Berlin 1990; **Schwind,** H.-D./**Steinhilper,** G./**Kube,** E. (Hrsg.): Organisierte Kriminalität, Heidelberg 1987; **Schwind,** H.-D.: Das organisierte Verbrechen als (unterschätzte) kriminalpolitische Herausforderung, in: FS für *Remmers,* Köln 1995, S. 629–652; **Sieber,** U. (Hrsg.): Internationale Organisierte Kriminalität – Herausforderungen und Lösungen für ein Europa offener Grenzen, Köln 1997; **Sieber,** U./**Bögel,** M.: Logistik der Organisierten Kriminalität (LOOK), BKA-Forschungsreihe Bd. 28, Wiesbaden 1993; **Siebrecht,** M.: Rasterfahndung, Berlin 1997; **Sielaff,** W.: Organisierte Kriminalität, in: *Kube,* E./*Störzer,* H.-U./*Timm,* K.-J.: Kriminalistik-Handbuch für Praxis und Wissenschaft, Bd. 2, Stuttgart 1994, S. 501–527; **Steinke,** W.: Das organisierte Verbrechen, in: Kriminalistik 1982, S. 78–100; **Sterling,** C.: Die Mafia, Bern 1990; **Stümper,** A.: 150 Milliarden Mark jährlicher Schaden. Das organisierte Verbrechen in der Bundesrepublik Deutschland, in: Kriminalistik 1985, S. 8–17; **Stümper,** A.: Kriminelle Gefahren aus dem Osten, in: Kriminalistik 3/1998, S. 191–194; **Suendorf,** U.: Geldwäsche. Eine kriminologische Untersuchung, Neuwied 2001; **Thamm,** B./**Freiberg,** K.: Mafia global, Hilden 1998; **Ullmann,** R.: Organisationsaspekte der OK-Bekämpfung, in: Kriminalistik 1996, S. 328–332; **Vahle,** J.: Ein Koloß auf tönernen Füßen. Anmerkungen zur (Neu-)Regelung des sogenannten Großen Lauschangriffs, in: Kriminalistik 1998, S. 378–381; **Vahlenkamp,** W./**Knauß,** I.: Korruption – hinnehmen oder handeln? Wiesbaden 1995; **Weitemeier,** I.: Organisierte Kriminalität in Rußland, in: Kriminalistik 1999, S. 651–656; **Werner,** A.: Organisierte Kriminalität: Fiktion oder Realität? in: Kriminalistik 1982, S. 131–136; **Weschke,** E./**Heine-Heiß,** K.: Organisierte Kriminalität als Netzstrukturkriminalität, Berlin 1990; **Weschke,** E.: „Netzstruktur – Kriminalität". Eine spezifische Form des Intensivtäterverhaltens, in: Kriminalistik 1986, S. 297–317; **Wittkämper,** W./**Krevert,** P./**Kohl,** A.: Europa und die innere Sicherheit, Wiesbaden 1996.

## Gliederung

1 Das Organisierte Verbrechen bzw. die Organisierte Kriminalität („organized crime“) macht auch in der Bundesrepublik immer wieder Schlagzeilen. Gleichwohl war selbst unter Fachleuten lange umstritten (ein Streit der in der polizeilichen Praxis Ende der 60er Jahre begann), ob es in Deutschland diese Form des Verbrechens gibt oder nicht (zu Vorläufer-Phänomenen vgl. Rdn. 2 zu § 27; zu Übergangsformen vgl. Rdn. 6). Die Beantwortung dieser Frage hängt zunächst davon ab, was man unter „Organisiertem Verbrechen“ versteht.

## I. Begriff und Wesen des Organisierten Verbrechens

2 Das Phänomen des „Organisierten Verbrechens“ begrifflich in einer Definition zu erfassen, ist deshalb so schwer, weil die Erscheinungsformen so vielfältig sind. Auf der anderen Seite **ist organisierte Kriminalität auch kein eigener „Straftatbestand“** (*Hetzer* 2001, 162). In Betracht kommt jedoch der § 129 StGB **(Mitgliedschaft in einer kriminellen Vereinigung)**.

Zur Abgrenzung zur Bande und Mittäterschaft vgl. Rdn. 5 zu § 28.

### 1. Definitionsprobleme

3 **1992** hat sich der **Deutsche Bundestag** (in der **Begründung zum OrgKG** vom 15. Juli 1992: BT-Drucks. 12/989, 24) auf folgende (handlungsorientierte) **Praxisdefinition**, die auch für die StA (RiStBV Anlage E Nr. 2) verbindlich ist, (in Klammern gesetzt: zwischenzeitliche Erweiterung der Definition durch die Praxis des LKA NRW) verständigen können:

„Unter Organisierter Kriminalität ist eine von (Macht- und) Gewinnstreben bestimmte planmäßige Begehung von Straftaten (die einzeln oder in ihrer Gesamtheit von erheblicher Bedeutung sind) durch mehrere Beteiligte zu verstehen, die auf längere und unbestimmte Dauer arbeitsteilig

- unter Verwendung gewerblicher oder geschäftsähnlicher Strukturen oder
- unter Anwendung von Gewalt oder anderer zur Einschüchterung geeigneter Mittel oder
- unter dem Bemühen, auf Politik, Medien, öffentliche Verwaltung, Justiz oder Wirtschaft Einfluß zu nehmen,

zusammenwirken“ (ähnlich 1990 eine Bund-Länder-Arbeitsgruppe Justiz/Polizei, abgedr. als Anlage E zu den RiStBV in *Kleinknecht/Meyer-Goßner,* 42. Aufl., Nr. 2.1, S. 1789; krit. *Nehm* 1996, 515; krit. auch *Hefendehl* 2005, 157, aber ohne Alternative).

3a Es fragt sich jedoch, **ob diese Definition** so klar gefaßt ist, daß sie insbesondere für den Bereich **strafprozessualer Eingriffsregelungen hinreichend** ist. So weist z. B. *Boll* (1992, 66/68) darauf hin, daß „es die Verfassung dem Gesetzgeber zur Pflicht macht, Eingriffsmaßnahmen, die zur Bekämpfung der O.K. geboten erscheinen, von hinreichend bestimmten, den Eingriff rechtfertigenden Tatbestandsvoraussetzungen abhängig zu machen"; ebenso *Sieber/Bögel* (1993), die jedoch zugleich darauf hinweisen, daß Definitionen dabei helfen, polizeiliche oder staatsanwaltschaftliche **Zuständigkeiten zu begründen**.

Die einschlägige Literatur (vgl. z.B. *Kaiser,* Lb. 1993, 235; *Schuster/Seitzer* 1994, 8; *Sielaff* 1994, 503) zieht es vor, die O.K. anhand einer (vor allem logistikbezogenen: *Sieber/Bögel* 1993) **Indikatorenliste** zu beschreiben (vgl. dazu auch die Übersicht bei *Wittkämper/Krevert/Kohl* 1996, 52ff und *Flormann* in: MFDP 295/2000, 15ff), die folgende Merkmale aufweist (krit. *Kinzig* 2005, 339: „mangelnde Trennschärfe"): 4

(1) den **auf Dauer** angelegten Zusammenschluß einer kriminellen Personenmehrheit (von Berufsverbrechern) als gewinnorientierter solidarischer Interessengemeinschaft (der Terrorismus gehört deshalb nicht hierher);

(2) einen Zusammenschluß, der über die Lebenszeit einzelner Mitglieder hinausreicht (wie bei einer Firma) und der (auch) den Wechsel in der Führung überdauert **(Kontinuität)**;

(3) eine Organisationsstruktur, die durch **straffen Führungsstil**, Disziplin der Mitglieder (Respekt, Verschwiegenheit, absoluter Gehorsam, interne Sanktionen), aber auch durch Sorge für deren Sicherheit gekennzeichnet ist: Fluchtunterstützung, hohe Kautionsangebote, Auftreten von Entlastungszeugen, Versorgung der Angehörigen, Wiederaufnahme nach der Haftentlassung;

(4) **längeres planmäßiges und arbeitsteiliges (mehrstufiges) Vorgehen** (gemeint sind Rollenverteilung und Vertriebsnetze); dabei erfolgt die Auswahl der Straftäter mit speziellem „know how" aus einem besonderen **„Straftäterpool"** (vgl. unten Rdn. 31), einem Reservoir ausführender Rechtsbrecher;

(5) **Betreiben von illegalen Geschäften** mit Gütern (etwa Waffen, Rauschgift, Kunstgegenständen) oder Dienstleistungen (etwa Glücksspiel, Prostitution) sowie Verknüpfung solcher Aktivitäten mit legalen Geschäften: Einkaufen in logistisch interessante (und gewinnträchtige) Branchen: etwa Speditions- und Reiseunternehmen, Im- und Exportfirmen aller Art, Banken, Gaststätten und Hotelbetriebe;

(6) **Nutzung von „Connections"**, nämlich persönlichen und geschäftlichen Verbindungen (Zweckbündnissen);

(7) **konspiratives Täterverhalten** (Tarnnamen, Gegenobservation);

(8) **ständiger Wechsel logistischer Mittel** (Kurierfahrzeuge, Tarnfirmen usw.);

(9) **flexible Verbrechenstechnologie und Vielfalt in der Wahl der Verbrechensmethoden**, wobei Gewalt gegen Personen (etwa Terror) zurücktritt zugunsten von Druckausübung jeglicher Art (auch

Schutzgelderpressung) oder aktiver **Bestechung:** „Der Schmiergeldstrom ist das Fahrwasser der O.K." (*Schaupensteiner* 1994, 517); vgl. dazu auch die Strafaktenanalysen von *Bannenberg* 2004, 361 ff;

(10) **Geldwäschehandlungen**;

(11) bewußte **Ausnutzung der Infrastruktur** wie Funkverkehr, Telefon und länderübergreifender Transportmöglichkeiten;

(12) **Internationalität und Mobilität**;

(13) **Zeugenbeeinträchtigungen**, die „von ‚wortlosen' Telefonanrufen und verbalen Einschüchterungen über Sachbeschädigungen, Warnschüsse aus dem Hinterhalt bis hin zum brutalen Zusammenschlagen und Töten von Zeugen reichen" (*Sielaff* 1994, 514);

(14) Bereitstellung **bester bzw. teuerster Anwälte**;

(15) Beibringung **(gefälschten) Entlastungsmaterials**;

(16) **Betreuung während der Haft**.

5 Kommt das Ziel, wirtschaftliche oder politische Machtpositionen zu erringen, hinzu (17), spricht man generell von **Mafia** (*Falcone/Padovani* 1992, 34). Die Mafia unterscheidet sich also von sonstiger organisierter Kriminalität dadurch, daß sie, um den entsprechenden Einfluß zu sichern, bestrebt ist, öffentliche Institutionen (Legislative und Exekutive) sowie Medien und Wirtschaftsunternehmen mit eigenen Leuten zu **unterwandern**.

*Eine breitere Öffentlichkeit begann sich für das Phänomen „Mafia" vor dem Hintergrund eines (1972 mit Marlon Brando)* ***verfilmten Romans*** *zu interessieren, der im Original 1969 erschien und seit 2001 erneut in deutscher Übersetzung vorliegt: Film-Trilogie* ***Der Pate*** *(von Mario Puzo); vgl. dazu Neubacher 2004, 157 ff. Zum* ***Mythos*** *der Mafia vgl. Dietz 2007.*

Und noch ein Merkmal (18) gibt es, das auch für andere (Männer-) Geheimbünde typisch ist: die **totale Abschottung** nach außen (Schweigegebot gegenüber Strafverfolgungsbehörden), und z. T. auch innerhalb der Organisation selbst: „ein Geheimbund ist wie ein mehrgeschossiges Gebäude, in dem die Bewohner des einen Stockwerks nicht wissen, wo die Treppe zum nächsthöheren ist – bis auf einen Großen Bruder auf der jeweiligen Etage, der jeder von ihnen sein kann, den aber keiner kennt" (*Bökemeier* in: GEO, Nr. 2, 1989, 102). *Schneider* (1984, 170) spricht von einer **„Isolierschicht"** (zwischen Kommando- und Ausführungsebene), „die von Personen gebildet wird, die legale Berufe ausüben, lediglich Befehle ... weitergeben und im Falle ihrer Vernehmung durch Strafverfolgungsbehörden von nichts wissen".

## 2. Kein monolithisches Verbrecherkartell

6 Ein weit verbreitetes Mißverständnis, das immer wieder transportiert wird, besteht in der (fälschlichen) Annahme, bei der „Mafia" (bzw. bei

der O.K.) würde es sich um eine einzige große Geheimgesellschaft handeln oder zumindest um ein monolithisches Verbrecherkartell; jedenfalls „suggeriert (der Begriff) die Vorstellung von einer großen Organisation" (*Hess* 1970, VI). Dementsprechend wird von dem Etikett des Organisierten Verbrechens oft zu rasch Gebrauch gemacht. Nach *Kerner* (aaO) zeichnet sich jedenfalls in Europa **eher „ein grenzüberschreitendes informelles Netz gegenseitiger Bekanntschaften** von sog. Vollzeitkriminellen ab, die in Kleinstgruppen arbeiten". Auch *Sielaff* (1994, 506) geht davon aus, daß zumindest in Deutschland „eher horizontale Personengeflechte und Netzwerke existieren ... **(Beziehungsgeflechte)**". *Weschke* (1986, 257ff) bzw. *Weschke/Heine-Heiß* (1990, 38) sprechen von **„Netzstrukturkriminalität"** (Network Crime): „man kennt sich untereinander", verfügt über Kontaktstellen (nämlich bestimmte Lokale und Anwälte bzw. Steuerberater), versorgt sich mit Informationen und unterstützt sich im Einzelfall, aber auch im Rahmen gemeinsamer krimineller Aktionen (vgl. dazu auch *von Lampe* in Kriminalistik 2001/465ff).

### 3. Umsätze und Schadensschätzungen

a) Die Umsätze und Gewinne des Organisierten Verbrechens kann man kaum schätzen. Nach *Thamm/Freiberg* (1998, 19) soll der globale Umsatz nach offiziellen Schätzungen „zwischen 700 Milliarden und einer Billion Dollar", also (umgerechnet) zwischen rund **500–1000 Milliarden Euro** liegen. 7

b) Aber solche Schadensschätzungen sind problematisch, weil das Dunkelfeld der O.K. (bisher) kaum abschätzbar ist; es gibt jedenfalls keine festen Schätzungsgrundlagen, so daß es sich bei den bisherigen Hinweisen eher um reine **Blindschätzungen** handeln dürfte (dazu Rdn. 37 zu § 2).

## II. Geschichte des Organisierten Verbrechens

### 1. Italienische Wurzeln

Die Wurzeln des Organisierten Verbrechens liegen (vgl. Rdn. 1ff zu § 28) nicht nur im mittelalterlichen Bandenwesen, sondern auch in den Organisationen der sizilianischen **Mafia** bzw. ihren drei regionalen Abarten: der neapolitanischen **Camorra**, der **N'drangheta**, (d.h. „Bruderschaft") in Kalabrien und der **„Sacra Corona Unita"** („Vereinte Heilige Krone") in Apulien. 8

#### *a) Die sizilianische „Mafia"*

Die Bezeichnung **Mafia** taucht erstmals 1865 in der offiziellen italienischen Amtssprache auf; die Herkunft des Wortes ist allerdings ebenso ungewiß wie die Geschichte dieser Erscheinung (vgl. *Hess* 1970, 2f): im Dialekt Palermos bedeutet Mafia soviel wie Selbstbewußtsein. Mögli- 9

aus: *FAZ* vom 29. November 1993

cherweise wurde die Mafia schon im 13. Jahrhundert in Sizilien gegründet (vgl. *Schneider* 1984, 170), und zwar als eine Art von **Selbsthilfeorganisation**, die insbesondere im Interesse der ländlichen (Agrar-)Bevölkerung Schutz- und Vermittlerfunktion ausübte (*Hess* aaO, 16; *Schneider*, Lb. 1988, 54).

Der Grund für ihre Entstehung wird im Zerfall der eigenen sozialen Herrschaftsordnung gesehen, die durch (wechselnde) Fremdherrschaften abgelöst wurde: Sizilien war ein ständig kolonial beherrschtes Gebiet, das wegen der Entfernung des (jeweiligen) zentralen staatlichen Herrschaftsapparates (in bezug auf die Aufrechterhaltung von Sicherheit und Ordnung) nicht effektiv regiert werden konnte. Das resultierende **Machtvakuum** wurde durch Lokalmatadoren (die Mafiosi) besetzt, die sich durchaus als Ehrenmänner empfanden („ehrenwerte Gesellschaft" mit eigenem „Ehrenkodex") und oft das Ansehen „charismatischer" Führer besaßen (*Hess* aaO, 9).

*Zu den Initionszeremonien vgl. Paoli 1999, 427: „Der wichtigste Moment der Initiation oder Aufnahme ist der Treueschwur. Das neue Mitglied verbrennt in seiner Hand ein Heiligenbild, auf das es vorher eigenes Blut träufelte. Es geht um einen* ***Pakt auf Lebenszeit*** *... So wie man nie aufhört, Priester zu sein, hört man nie auf, Mafioso zu sein ... Nicht von ungefähr nennen die Mafiosi ihre Gruppen ‚Familien' und ihre familienübergreifende Organisation* ***‚La cosa nostra'*** *(unsere Interessen)".*

Die Aktivitäten dieser Männer, die quasi als **„Staatsersatz"** dienten, bezogen sich zunächst primär auf die Aufrechterhaltung der Ordnung, aber auch auf die Vertreibung von Wettbewerbern vom Gemüse- und Viehmarkt. Später kamen (für die eigene Bedarfsdeckung) Diebstahl,

(Straßen-)Raubtaten, Geldwucher sowie auch Tributleistungen für Sicherheitsgarantien hinzu (*Hess* aaO, 10).

Die Gemeinschaft (das Umfeld einer „Familie"), die der Mafioso „beschützt(e)", ist die **„Cosca"**; die bestellten Vollstrecker seines Willens sind die **„banditi"**!

Die **Mittel der Durchsetzung** der Mafia-Anliegen reichten bereits frühzeitig von der (Schutzgeld-)Erpressung und Bestechung bis zur offenen Gewalt. Vor der Verfolgung schützte und schützt die **Omerta**: das „Gesetz des Schweigens".

Mittelpunkt der Mafia-Aktivitäten ist noch heute die Hauptstadt Siziliens: **Palermo**. Der mutigste „Mafia-Jäger" der 80er Jahre, der sizilianische Richter Giovanni *Falcone*, wurde am 23. Mai 1992 bei Palermo ermordet, vermutlich weil er (1986/87) maßgeblich einen Massenprozeß in Gang gesetzt hat, in dem (in Palermo) 474 Mafia-Mitglieder wegen Mordes und Rauschgifthandels zu hohen Freiheitsstrafen verurteilt wurden; aus seiner Feder stammt das Buch **„Inside Mafia"** (München 1992), in dem *Falcone/Padovani* die Mordtechniken und die Bewaffnung der heutigen Mafiosi beschreiben: Kalaschnikow, Bazooka, Granatwerfer, ferngesteuerte Sprengsätze. Bevorzugt wird jedoch eher die lupara bianca, das saubere und einfache Verschwinden des Opfers, ohne Blut, ohne Lärm: etwa durch Erwürgen, wobei das Opfer anschließend im Säurebottich (Salzsäure) innerhalb von 24 Stunden aufgelöst wird; dieselbe Wirkung geht nach belgischen Versuchen von starken Rohrlösern aus: „die Fettlöser und Eiweißzersetzer machen Gelee aus dem Fleisch, Kalklöser lassen die Knochen schmelzen" (M. *Evers* im SPIEGEL Nr. 50/1998, 234). Weiteres Schrifttum zur Mafia: *Müller* 1990; *Sterling* 1990; *Paoli* 1999, 425 ff. Im April 2000 wurden die Mörder *Falcones* und ihre Helfershelfer zu „lebenslänglich" verurteilt (*NOZ* vom 10. April 2000). Am 10. April 2006 konnte eine Spezialeinheit der Staatspolizei auch den langjährigen Chef der sizilianischen Cosa Nostra (Bernardo *Provenzana*) verhaften (Süddeutsche Zeitung vom 13./14. April 2006, 10).

*b) Die „Camorra" in* ***Neapel***

Zu den Wurzeln der Organisierten Kriminalität wird auch die Camorra (Blusenträger, Proletariat) gerechnet, deren Entstehung auf das Jahr 1820 zurückdatiert wird. Damals schlossen sich neapolitanische Strafgefangene in diesem Bund der Verbrecher (im Gegensatz zu den Mafia-Ursprüngen) zusammen, um sich gemeinsam besser gegen die Brutalität der Gefängnisaufseher zur Wehr setzen zu können; später (etwa ab 1830) bildeten entlassene Straftäter die sog. Straßen-Camorra (*Freiberg/Thamm* 1992, 39), die ähnliche Mittel wie die Mafia einsetzt. **10**

Typisch sind z.B. die Beseitigung von Widerstand durch Mord, die **„Vendetta"** (Blutrache), politische Einflußnahme durch Drohungen oder Gewalt oder Wahlmanipulationen, aber auch wiederum die **„Omerta"**, die Schweigepflicht gegenüber den Strafverfolgungsbehör- **11** den. Wer in die Organisation aufgenommen worden ist, dem bietet sie soziale Sicherheit: festes Gehalt, bei Prozessen die besten Verteidiger und bei Verurteilungen „Pensionszahlungen" an die Familie.

12 Der Kern der Camorra (den etwa 100 Clans bilden) besteht aus rund 5000 „hauptamtlichen" Mitarbeitern bzw. Rechtsbrechern, die vor allem mit dem Eintreiben von **„Schutzgeldern"** (in Sizilien: **„pizzu"**) befaßt sind: Kleinere (seßhafte) Händler mußten schon Anfang der neunziger Jahre monatlich durchschnittlich etwa 400 DM (umgerechnet rd. 200 Euro) zahlen, ambulante („fliegende") Händler 200 DM (rd. 100 Euro). Daneben finanziert sich die Organisation, die in Neapel und der umliegenden Region Kampanien ansässig ist, z. B. aus Kfz-Diebstählen, illegalem Rauschdrogenhandel, Zigarettenschmuggel sowie aus der Organisation verbotener Wetten und Glücksspiele und aus der Prostitution.

13 *Im Gegensatz zur sizilianischen Mafia, die vertikal (hierarchisch) aufgebaut ist, verfügt die Camorra in Neapel über eine **horizontale Struktur**: Jeder Stadtteil hat seinen eigenen Boss. Jeder Boss seine eigene Bande (Familie). Diese Familien liefern sich **seit den 70er Jahren** (mit einer Unterbrechung in den 90er Jahren) **blutige Bandenkriege bzw. Rachefeldzüge.***

**Blutspur führt nach Kalabrien**

**Sechsfacher Mord in Duisburg das Werk von Mafia-Killern – „Das war ein Abschlachten"**

aus: *NOZ* vom 16. August 2007

*c) Die N'drangheta in Kalabrien*

14 bis 15 Die nahezu ausnahmslos miteinander verwandten Mitglieder der N'drangheta („Bruderschaft" einer società Onorata), die große Teile des **weltweiten Kokainhandels** kontrollieren, sind in Kalabrien ansässig.

*Am 15. August 2007 hat ein Killer-Kommando aus dem dortigen Bergdorf San Luca im Rahmen einer Familienfehde zwischen den Clans Nirta-Strangio und Pelle-Vottari in Deutschland (Duisburg) Rache (Vendetta) geübt. Opfer waren sechs Italiener, die mit halbautomatischen Waffen des Typs Beretta 93 (Kaliber 9 mm) beim Verlassen eines Lokals durchsiebt wurden. Es ging um eine alte **Familienfehde** bzw. um Reviere bzw. um die **Vorherrschaft** im Drogengeschäft (vgl. den Zeitungsausriß bei Rdn. 21c). Die Haupttäter wurden gefaßt und 2009 bzw. 2011 zu einer lebenslanger Freiheitsstrafe verurteilt.*

16 **2. Organisierte Kriminalität in Amerika**

*a) Die US-amerikanische Mafia (Al Capone)*

17 Die amerikanische Mafia ist schon im 19. Jahrhundert mit den Einwanderern aus Sizilien in die USA importiert worden, hat dort jedoch ihre

Aktivitäten zunächst auf die eigene italienische Volksgruppe in den **„Little Italies"** (abgeschotteten Wohngebieten) beschränkt. Erst das totale Alkoholverbot von 1919 (die Prohibition bis 1933) hat die Chance eröffnet, den Machtbereich weiter auszudehnen. Den Mafiosi gelang es in kurzer Zeit, mit illegaler Branntweinherstellung und Alkoholschmuggel bzw. Schwarzmarktgeschäften außergewöhnlichen Profit zu machen (*Kerner* 1985, 321).

Zur Gangstermetropole wurde **Chicago**, eine US-Großstadt am Michi- **18**
gan-See, in der auch der bekannteste Mafia-Vertreter der 20er Jahre (1899–1947) gelebt hat: **Al(phonse) Capone**. Dieser Mann kontrollierte mit seiner Organisation nicht nur große Teile des illegalen Alkoholmarktes, sondern auch Spielhöllen und Prostitution. Geschäftsinhaber, die nicht bereit waren, die (nach dem italienischen Vorbild) geforderten „Schutzgelder" zu zahlen, wurden brutal zusammengeschlagen, ihre Läden verwüstet. Die sizilianischen bzw. neapolitanischen Methoden der Erpressung und Bestechung bzw. der politischen Korrumpierung wurden verfeinert.

Als *Al Capone* 1931 wegen Steuerhinterziehung (andere Straftaten hat man ihm nicht nachweisen können) zu 11 Jahren Freiheitsstrafe verurteilt wurde (von denen er 8 Jahre im Strafvollzug absaß), schlossen sich die verschiedenen Mafiagruppen, die sich in den 20er Jahren in blutigen Bandenkriegen bekämpft hatten, (nach sizilianischem Vorbild) zur US-Cosa Nostra (vgl. oben Rdn. 9) zusammen. Zur neueren Entwicklung vgl. *v. Lampe* 1999, *Harnischmacher/Kelly* 2001, 37 ff und *Schneider* Lb. 2001, 323 ff.

*b) Organisierte Kriminalität in Südamerika*

Die Mafia hat sich auch in südamerikanischen Staaten festsetzen kön- **19**
nen: z.B. in **Rio de Janeiro** und in **Sao Paulo** (vgl. Zeitungsausriß). Gewalttätige Jugendbanden (an der Leine der Mafia) tyrannisieren (von den favelas aus: Rdn. 25 zu § 7) die Bevölkerung beider Städte. Darüber hinaus kontrolliert die Mafia den Drogenhandel und ist verantwortlich für Entführungen und Schutzgelderpressungen. Das gilt auch für zahlreiche Raubüberfälle. Brutstätten der Mafia sind (wie in den USA bzw. Italien) aber auch wiederum die Strafanstalten des Landes, in denen Gefangene auf engem Raum zusammengepfercht werden.

> LATEINAMERIKA
>
> **Schattenreich der Banden**
>
> Zwischen São Paulo und Caracas, Mexico City und Medellín werden die Metropolen des Kontinents von Gewaltausbrüchen erschüttert. Wo der Staat kapituliert, herrschen Mafiabosse.

aus: *DER SPIEGEL* 21/2006, 120

### 3. Organisierte Kriminalität in Osteuropa und Asien

20 Organisierte Kriminalität gibt es auch in anderen Teilen der Welt, etwa im asiatischen Raum: in den GUS-Staaten (als „rote" oder „Russen"-Mafia), in Japan (Yakuza) und China (Triaden).

#### *a) GUS: „Russen"-Mafia*

21a Mit dem Begriff der „Russen"-Mafia werden organisierte Verbrecherbanden bezeichnet, die aus Russen, aber auch aus Aserbaidschanern, Georgiern, Kaukasiern, Ukrainern, Tschetschenen oder anderen ethnischen Gruppierungen bestehen (vgl. *Flormann* 1994, 411). Diese sollen sich nach italienischem Mafia-Vorbild organisiert haben.

*Dabei „bildet praktisch jede ethnische Gruppe (Tataren, Aserbaidschaner, Ukrainer usw.) ein eigenes kriminelles Syndikat" (Holyst 1997, 39; Flormann 1994, 412).*

Erste Anzeichen für Organisierte Kriminalität i.S. von mafia-(ähnlichen) Aktivitäten haben sich in der UdSSR bereits in der Ära von *Chruschtschow* entwickelt und dann von der Liberalisierung der Wirtschaft unter *Gorbatschow* profitiert (vgl. dazu *Stümper* 1998, 191 ff). Gemeint ist die Korruption der Partei- und Wirtschaftsfunktionäre, die im Rahmen einer Schattenwirtschaft und eines florierenden Schwarzmarktes blühte.

Die meisten dieser Verbrecherorganisationen sollen ihr Unwesen in den südlichen Regionen der früheren UdSSR treiben – aber auch in Leningrad (**Sankt Petersburg**), Jekaterinenburg und vor allem in **Moskau** – in denen offenbar auch die führenden Köpfe sitzen *(Weitemeier* 1999, 652; *Schneider* Hb. 2007, 696 unter Hinweis auf *Finkenauer* 2005).

Russische O.K.-Gruppierungen sind „spezialisiert auf Geldwäsche, Betrug, Wirtschaftsstraftaten, Menschenhandel, Kfz-Verschiebung, Waffenhandel, Schmuggel geschützter Tierarten, verbotene Chemikalien und giftigen Abfall, Prostitution und Erpressung" *(Weitemeier* 1999, 653).

*Bei den zunehmenden Tötungsdelikten soll es sich auch um Auftragsmorde handeln (Stümper 1995, 193) oder um Mordtaten, die mit* ***Konkurrenzkämpfen rivalisierender organisierter Gruppen*** *zu tun haben (Niggl 1995, 638).*

Nach den Informationen von *Weitemeier* (1999, 654; so auch *Schneider* 2007 Hb, 696) „sollen sich 40 Prozent der privaten und 60 % der staatlichen Unternehmen in Rußland unter der Kontrolle der O.K. befinden. Die Zahl der russischen Banken, die im Dienste der Organisierten Kriminellen stehen, wird mit 50 Prozent bis 85 Prozent beziffert".

Dementsprechend waren *Roth/Frey* (schon 1991) aufgrund ihrer Recherchen zu folgendem Resultat gelangt:

*„**Die Mafia ist das einzige Unternehmen, das in der zerfallenden Sowjetunion perfekt funktioniert.** Etwa 500 Banden und 200 Syndikate haben das Riesenreich unter sich aufgeteilt; die am besten organisierten beherrschen die Städte. Die Luft ist dort mitunter so bleihaltig,*

*daß man die finsteren Winkel Siziliens zu Zeiten der brutalsten Mafiakriege geradezu als Erholungsgebiete bezeichnen könnte".*

Journalistische Übertreibung? Auch bei *Flormann* (1994, 411) kann man nachlesen, daß „nach Expertenaussagen das heutige Moskau mit seinen Verbrecherbanden an die Zustände des Amerika der 20er Jahre erinnert". *Lammich* berichtet sogar (1997, 784) über von der O.K. **„bestellte Gesetze"** (zu denen „die Mehrheit der von der Duma verabschiedeten Gesetze gehören soll": aaO).

Der frühere russische Präsident und derzeitige Ministerpräsident *Putin* hatte schon am 8. Juli 2000 vor den Abgeordneten beider Kammern des Parlaments, dem Kabinett sowie Spitzenvertretern von Kirche und Justiz erklärt, daß „die **größten Hindernisse für Wirtschaftsreformen** hohe Steuern, die Willkür der Bürokraten und der **Anstieg der Kriminalität** sind" (zit. nach *Osnabrücker Sonntagsblatt* vom 9. Juli 2000). *Putin* hat also die Relevanz der Kriminalität als **Standortnachteil** auch für die wirtschaftliche Entwicklung zumindest erkannt.

*Auffällig ist (erstens), daß die Medien (z.B. Phoenix-TV vom 11.3.04: „Kreml, Knast und Korruption") über eine **korrupte Polizei und Justiz** sowie über **Folterungen** in Haftzellen berichten und (zweitens), daß an die Schaltstellen der Macht zahlreiche Geheimdienstleute **(Silowiki)**, frühere Kollegen Putins, gerückt sind (so die Politologin Lilija Schewzowa, seit 1995 leitende Mitarbeiterin des Moskauer Carnegie-Zentrums, in einem WELT-Interview vom 13.3.04, 7).*

Zur derzeitigen Situation in Rußland vgl. Zeitungsauriß unten. Zu Verbindungen der Russen-Mafia zu deutschen (Spät-)Aussiedlern vgl. Rdn. 16 zu § 25. Zu allgemeinen Expansionsstrategien vgl. *Krüßmann* 2008, 26; zum Einfluß in deutschen Jagendstrafanstalten vgl. Rdn. 15 zu § 25.

**„Kriminalität bedroht Rußlands Sicherheit"**

MOSKAU, 15. Mai (dpa). Nach Ansicht des russischen Generalstaatsanwalts Wladimir Ustinow hat sich die organisierte Kriminalität in Rußland in der Polizei, den Geheimdiensten sowie der gesamten Beamtenschaft eingenistet. Sie sei zu einer Bedrohung der nationalen Sicherheit geworden, sagte Ustinow am Montag in Moskau. Leider werde der Kampf gegen Korruption, Amtsmißbrauch und Unterschlagung bislang nicht wirklich, sondern nur auf dem Papier geführt. „Welchen Lebensbereich man auch nimmt, überall sind die kriminellen Banden am Werk", sagte der Generalstaatsanwalt. Führer von Mafiabanden hätten von korrupten Justiz wenig zu befürchten. Vergangene Woche hatte Präsident Putin in seiner Rede zur Lage der Nation mangelnde Erfolge bei der Korruptionsbekämpfung zugegeben. Vergangenen Freitag waren zahlreiche ranghohe Beamte aus Geheimdienst, Polizei, Zoll und Justiz wegen Korruption entlassen worden.

aus: *FAZ* vom 16. Mai 2006

Zur **Ausbreitung** der russischen O.K. innerhalb Deutschlands heißt es bei *Krüßmann* (2008, 23ff) u.a. wie folgt:

*Nach den BKA-OK-Lagebildern (zu diesen Rdn. 32a) ist „die russische organisierte Kriminalität überwiegend in den Bereichen **Gewalt- und Schleuserkriminalität, Menschenhandel, Zigarettenschmuggel** sowie **Geldwäsche** aktiv" ... (Im Brennpunkt Berlin) „ist die russische* *organisierte Kriminalität für die Belieferung des vietnamesischen Straßenhandels zuständig", (aber auch für Formen) des* ***„Inkassos für andere kriminelle Gruppierungen"****. Das Bundesamt für Verfassungsschutz (zit. nach FAZ vom 11. Mai 2010, 16) warnt vor einer „systematischen Ausspähung der deutschen Wirtschaft".*

Besondere Sorgen machen den deutschen Polizeibehörden die **„Diebe im Gesetz"** (russisch: Wory w Zakone), eine europaweit operierende russische Bande, die sich in einer eigenen Knastsprache unterhält und durch Schutzgelderpressungen, Raub, Waffen und Drogenhandel sowie durch den Weiterverkauf von Falschgeld und Zigarettenschmuggel auffällig ist: „wenn es um die Grausamkeit und die Gefährlichkeit geht, spielen die **Diebe im Gesetz** in der Champions League" stellt der Kölner Oberstaatsanwalt *Gülles* fest (zit. nach FOCUS 22/2008, 41), (vgl. Zeitungsausriß).

*Die Geschichte dieser russischen Mafia-Bruderschaft beginnt in den Arbeitslagern des Sowjetdiktators Stalin. In diesen schlossen sich skrupellose Kriminelle zusammen um besser Druck auf die Aufsichtsbeamten ausüben zu können. Die Verbindung überdauerte den Zusammenbruch der Sowjetunion und konnte sich über die Nachfolgestaaten ausbreiten (vgl. dazu Savelsberg/Thorban in: Kriminalistik 12/2011, 796ff).*

*b) China: Triaden*

**21b** „Triaden" (triads) mit dem Emblem des Dreiecks als Symbol für Himmel, Erde und Mensch (die Basiskräfte des chinesischen Kosmos, die die Welt im Gleichgewicht halten) sind chinesische Geheimbünde, die (ähnlich der Mafia in Sizilien) zunächst als Schutzorganisationen armer Bauern und sonstiger Unterprivilegierter für soziale Gerechtigkeit gegen Willkür und Korruption kämpften. Die Anfänge reichen bis in die Zeit der Han-Dynastie (206 v. Chr. bis 220 n. Chr.) zurück. Ab dem 17. Jhrdt. wurde die Verjagung der Mandschu-Kaiser, die man als Eindringlinge empfand, und die Wiedereinsetzung der Ming-Dynastie zum erklärten Ziel (credo: „Haßt alle Fremden und schadet ihrer Gesellschaft"); im 19. Jhrdt. kam noch die Absicht hinzu, auch die europäischen „Langnasen" bzw. die „weißen Teufel" (Franzosen und Briten), die die Chinesen in den sog. Opium-Kriegen (1839–42 und 1856–60) besiegt hatten, zu vertreiben. Erst im 20. Jhrdt. verkamen diese (ursprünglich sozial revolutionären) Bünde, die nach der Abdankung des letzten Mandschu-Kaisers (1911) und den folgenden Bürgerkriegen orientierungslos wurden, zu Räuber- und Piratenbanden, die zuletzt in Hongkong Fuß fassen konnten: von dort aus treiben vor allem folgende Triaden ihr Unwesen (Schutzgelderpressung, illegales Glücksspiel, Prostitution, Drogenhandel usw.): die Triade „Sun Yee On" (30 000 Mitglieder), die Triade „Wo Sing Wo" (25 000) und die **„14 K"** (20 000 Mitglieder); letztere benannt nach einer alten Adresse in Kanton (Po-Wah-Straße 14). Die „14 K" (K für Gold und Stärke) kontrollierte (zumindest bis 1997) die Schlafmohnanbaugebiete des südostasiatischen „Goldenen Dreiecks" und war massiv in den Heroinabsatz außerhalb Asiens eingestiegen (*Freiberg/Thamm* 1992, 10–19).

Nachdem Hongkong am 1. Juli 1997 (als „Special Administrative Region") an China zurückgefallen ist mit der Folge, daß die Gesetze verschärft wurden, wurde den Triaden dort der Boden „zu heiß": sie verlassen die ehemalige britische Kronkolonie (auch) in Richtung Europa (*Harnischmacher* 2008, 26).

CHINA

**Tyrannen des Nordens**

**Erpressung, Folter, Menschenhandel: Im Reich der Mitte treiben wieder kriminelle Triaden ihr Unwesen. Nicht selten stecken hohe politische Funktionäre mit den streng hierarchischen Geheimbünden unter einer Decke.**

aus: *DER SPIEGEL* vom 24. September 2001 (Nr. 39), S. 196

Stützpunkte im Ausland werden **„Drachenstädte"** genannt. In den USA soll die „14 K" (von der Basis der China-Towns her) den Heroinhandel in New York dominieren, in West-Europa den entsprechenden Drogenabsatz in Manchester und London-Soho und mit Abstrichen auch in der Amsterdamer China-Town (*Freiberg/Thamm* aaO).

Von China und Hongkong aus sollen über europäische Brückenköpfe in einem einzigen Jahr 10000 illegale Einwanderer aus Hongkong, Macao und vom europäischen Festland nach Deutschland gelangt sein (*Harnischmacher* 2008, 27). Und in München sollen „so die Schätzungen der Polizei, rund 95 % der chinesischen Restaurants abkassiert werden": Schutzgelderpressung (*Harnischmacher* aaO).

*c) Japan: Yakuza („Spieler")*

Die Geschichte der „Yakuza" reicht bis ins 17. Jhrdt. (in die frühe Zeit **21c**
der Tokugawa-Herrschaft) zurück. Damals begann nach einer kriegerischen Periode eine lange Friedenszeit, die die Samurai (Ritter) arbeitslos machte (wie etwa zeitgleich in Europa die Söldner des 30jährigen Krieges). In beiden Fällen begannen die Kriegsleute, die sonst nichts gelernt hatten, mit Rauben und Plündern ihren Lebensunterhalt zu bestreiten. Die gefährdeten Dörfer und Städte stellten daraufhin eine Bürgerwehr auf, aus der die Yakuza entstand, die sich zunächst ein Robin *Hood*-Image verschaffte, das allerdings im 18. Jhrdt. wieder verblaßte, als sich die Organisation mit korrupten lokalen Bürokraten verband, um das einfache Volk auszubeuten. Besondere Erfolge erreichte die Yakuza zunächst als Besitzer von Spielhöllen; mit Spielkarten (des Kartenspiels „Hanafuda") hat auch der Name Yakuza zu tun: der acht (Ya), der neun (ku) und der drei (za): dem schlechtmöglichsten Blatt dieses Spiels, mit dem man verliert (zur Schau gestelltes Verlierer-Image).

In organisatorischer Hinsicht erinnert diese Tätergemeinschaft an die sizilianische Mafia: straffe Hierarchie, an deren Spitze ein „Familienoberhaupt" (ein **oyabun**) steht (vgl. dazu *Harnischmacher* 2004, 24ff). Heute rechnen zu den großen Yakuza-Syndikaten vor allem die „Sumiyoshi-

Rengo“ und die „Inagawa-Kai“ (beide in Tokyo). Zu ihren traditionellen Betätigungsfeldern gehören (außer politischen Aktivitäten auf der Basis einer eher konservativen Grundhaltung) neben dem Glücksspiel der Mädchenhandel, die Prostitution, der Waffenhandel und (als Haupteinnahmequelle) der Handel mit dem Aufputschmittel (vgl. Rdn. 4 zu § 27) **Amphetamin (shabu:** 1,2 Milliarden Dollar Umsatz im Jahr), das die japanische Regierung im Zweiten Weltkrieg (wegen ihrer stimulierenden und schlafverhindernden Wirkung) als „Fliegerdroge“ (etwa für Kamikaze-Flieger) benutzt hat. Inzwischen umfaßt der Einflußbereich der Yakuza fast alle Länder Südostasiens; sie ist auch z. B. (mit Querverbindungen zu den Triaden) in Hongkong vertreten. In West-Europa (etwa in Deutschland) sind immerhin **Brückenköpfe** beobachtet worden (ausführlich *Freiberg/Thamm* 1992, 37; *Harnischmacher* 2008; zum wachsenden politischen Einfluß der Yakuza und zur Abwehr-Gesetzgebung in Japan vgl. *Nishihara* 1997, 4 ff und *Schneider* Lb. 2001, 325).

POLIZEI-STUDIE

**Mafia erobert Deutschland**

Die italienische Mafia ist in Deutschland auf dem Vormarsch. Das geht aus einem vertraulichen Bericht des Bundeskriminalamts (BKA) mit Stand November 2008 hervor. Demnach wurden seit 1997 in der Bundesrepublik insgesamt 77 gesuchte Mafiosi der Verbrecherorganisation 'Ndrangheta festgenommen und der Justiz überstellt.

In dem rund 280 Seiten starken Dossier (VS – Nur für den Dienstgebrauch) heißt es, die 'Ndrangheta habe in Deutschland seit den 80er-Jahren „fest verwurzelte Strukturen aufgebaut“. Bundesweit existierten zahlreiche Stützpunkte, „die als Basis für kriminelle Handlungen dienen“. Deutschland stelle einen Rückzugs- und Aktionsraum für „Führungspersönlichkeiten einzelner Clans oder auch Killer der Mafia“ dar.

aus: *FOCUS* 11/2009, 11

22 **III. Organisierte Kriminalität in der Bundesrepublik Deutschland**

Nach Feststellungen von EUROPOL (Rdn. 51 zu § 31) treiben inzwischen **rund 3600 organisierte Verbrecherbanden in Europa** ihr Unwesen (Studie, zit. nach NOZ vom 20. März 2013, 3). Als Schwerpunkte des grenzüberschreitenden Verbrechens nennt das Gutachten von EUROPOL (aaO) den Drogenhandel, die Produktfälschung, den Menschenhandel, die Geldwäsche und die Steuerhinterziehung.

Daß es auch in der Bundesrepublik Deutschland „Organisierte Kriminalität“ gibt, kann man heute – anders als noch in den 70er Jahren (vgl. *Steinke* 1982, 98) – nicht mehr als bloße Spekulation abtun. So stellte der (damalige) Präsident des Bundeskriminalamtes (*Zachert*) schon auf der BKA-Herbsttagung im November 1990 eindeutig fest: **„Organisierte Kriminalität ist ein Faktum“** (zit. nach *Freiberg/Thamm* 1992, 123).

*Zehn Jahre früher (am 4. Juni 1980) hatte die Prognose des damaligen niedersächsischen Justizministers (Schwind), nach der „wir in 10 bis 20 Jahren handfeste Mafiaprobleme haben werden“, im dortigen Landtag noch Kopfschütteln ausgelöst (vgl. Schwind 1995, 630).*

Dementsprechend „stellt sich bei der Organisierten Kriminalität längst nicht mehr die Frage, ob sie vorhanden ist, sondern allenfalls, **wie stark sie verbreitet ist**" (*Küster* 1990, 626).

**Europol deckt größten Fußball-Wettskandal auf**

**380 Spiele manipuliert, auch Qualifikationen für WM und EM**

aus: *WAZ* vom 5. Febr. 2013, 1

## 1. Einzelne Erscheinungsformen

Jedenfalls gibt es „eine ganze Reihe von Straftaten (vgl. Übersicht 72), bei denen es einfach offenkundig ist, daß hier nicht nur Einzeltäter am Werk sein können, sondern daß systematisch auf längere Zeit geplant und arbeitsteilig, weiträumig unter Ausnutzung moderner Infrastrukturen und weitgehend konspirativ gehandelt wird" (so *Stümper* schon 1985, 10). Dazu zählen **(aktuell)** z. B. auch Formen der **Seepiraterie** (etwa vor Somalia Rdn. 29c), die Sonderabfallverschiebung **(„Mülltourismus")** sowie der organisierte **Wettskandal** im Rahmen des internationalen Fußballs (dazu FAZ vom 5. Febr. 2013, 1 und Zeitungsausriß oben). **23**

*Übersicht 72:* Formen der Organisierten Kriminalität

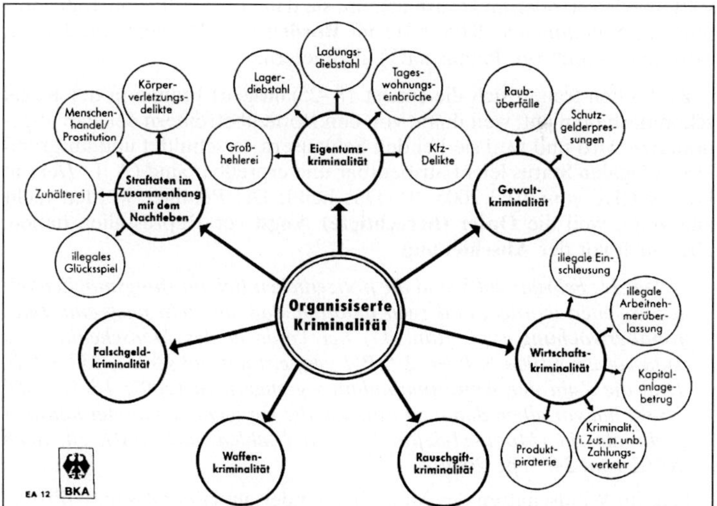


aus: *Peters,* B.: Die Absahner, Hamburg 1990, S. 34

*a) Menschenhandel und Zwangsprostitution*

**24** Menschenhandel kann zu zwei Zwecken erfolgen: zur Ausbeutung der menschlichen Arbeitskraft und zur sexuellen Ausbeutung **(primär Frauenhandel)**.

*Nach einer UNICEF-Studie (zit. nach NOZ vom 23. Juli 2002) werden jährlich rund 120 000 Frauen und Kinder aus Ost- und Südosteuropa in die (Alt-)EU-Staaten verkauft.*

Der Tatbestand des Menschenhandels (§§ 180b, 181 StGB) wird erfüllt, wenn eine Person unter Zwang, durch arglistige Täuschung oder zum Zwecke der Ausbeutung zur **Prostitution** bestimmt oder zur Ausübung sexueller Handlungen genötigt wird.

*Die Opfer kamen bis Anfang der 80er Jahre vor allem aus Südamerika* ***(Kolumbien)****, ab Mitte der 80er Jahre auch aus Asien* ***(Thailand, Philippinen)*** *und Afrika* ***(Ghana und frz. Überseekolonien)****, Ende der 80er Jahre insbesondere aus* ***Brasilien****, zu Beginn der 90er Jahre überwiegend aus* ***Mittel- und Osteuropa****, inzwischen (seit 2002) vor allem aus den Neu-EU-Staaten Tschechische Republik und Polen (Heinz 2004, 131) sowie Bulgarien und Rumänien (Schmidbauer 2005, 548; Paulus 2012, 106) und aus den Nachfolgestaaten der SU).*

Die Menschenhändler (Deutsche, Türken und Osteuropäer: *Heinz* 2004, 127) werben ihre Opfer „marktorientiert" an, und zwar „offen" über Zeitungsinserate oder Mundpropaganda oder „verschleiert" mit dem Versprechen eines guten Arbeitsplatzes in der EU (etwa im Gaststättengewerbe oder im Haushalt), um sie dann (mit Hilfe von Todesdrohungen: *Schmidbauer* 2005, 551) im **Bordell** bzw. Rotlichtviertel (zum „Rotlichtmilieu" vgl. Paulus aaO) abzuliefern.

Zu fliehen trauen sich die (meist 18–25jährigen) Frauen in der Regel schon deshalb nicht, weil ihnen von den Bordellbetreibern der Paß abgenommen wird und weil sie bei den Schleusern verschuldet und aufgrund ihres illegalen Status leicht ausbeutbar und erpreßbar sind (A. L. *Herz* in DIE WELT vom 10.3.2005, 9). Das heißt: Die Peiniger werden nicht angezeigt, weil die **Opfer (berechtigte) Angst** vor Repressalien haben, aber auch vor der **Abschiebung**.

*Seit 11. Februar 2005 sind die polizeilichen Bekämpfungsmöglichkeiten erweitert worden, und zwar dadurch, daß nunmehr auch eine* ***Telefonüberwachung*** *(vgl. Rdn. 43) bei Verdacht des Menschenhandels zulässig ist: § 100a S. 1 Nr. 2 StPO verweist auf die §§ 232, 233 StGB. Daß die Zahl der Abhörmaßnahmen gestiegen ist (2007: 4 806; 2008: 5 348) hat vor allem damit zu tun, daß die Verdächtigen immer häufiger mehr als ein (Mobil-)Telefon besitzen (Zahlen nach BMJ, zit. nach NOZ vom 24. Sept. 2009).*

Daß im Windschatten des Menschenhandels und der (Zwangs-)Prostitution auch andere Formen des Organisierten Verbrechens gedeihen, kann kaum überraschen: nicht zuletzt sind es Rauschgiftdelikte.

*b) Illegaler Rauschgifthandel*

Organisiert und in großem Umfange illegal eingeführt werden alle Arten von Drogen. **25**

*aa) Amphetamine*

Hauptherkunftsländer sind die Niederlande und Polen. **25a**

*bb) Cannabisprodukte*

Marihuana und Haschisch kommen in ganzen Containerladungen aus dem Nahen und Mittleren Osten sowie aus einzelnen Regionen Afrikas (so schon *Holyst/Kube* 1992, 666). **25b**

*cc) Harte Drogen*

Ebenfalls über Rauschgiftverteilerringe blüht der Handel mit harten Drogen. **25c**

**Afghanistan** ist (wieder) größter Opium- (bzw. **Heroin**-)Lieferant der Welt. Mit einem geschätzten Wert von 2,4 Milliarden Dollar macht der Mohnhandel 60 % der Wirtschaft des Landes aus (*Perry* in DIE ZEIT vom 30. Juni 2005, 11) und versorgt die **Welt mit rund 90 %** des insgesamt verbrauchten (Roh-)Opiums (UNODC-Bericht, zit. nach NOZ vom 3. Sept. 2009), aus dessen Erlösen die radikal-islamischen **Taliban** ihren Aufstand (dazu Rdn. 36 zu § 30) finanzieren (*Wittke* in Kriminalistik 8/9/2008, 453). Hauptanbaugebiete liegen in der Region **Kundus**, dem früheren Einsatzgebiet deutscher Soldaten **(Bundeswehr)**, die dort im Rahmen der NATO-geführten Schutztruppe ISAF (dazu Rdn. 40 zu § 30) stationiert waren (dazu *Reinke-Nobbe* in FOCUS 23/2004, 51). **25d**

Der Transport erfolgt über die sog. **Balkanroute** (Türkei) und über die sog. **Seidenroute** (Polen) nach Deutschland bzw. in die EU (vgl. Grafik unten). Ergänzt wird der Kreis der (organisierten) Großimporteure durch Einzelreisende aus den Nahoststaaten, die sich z. B. beim **„Onkel aus Anatolien"** (vor allem Ausländer der Zweiten Generation: *Mellenthin* 1994, 393) Heroin in kleineren Mengen beschaffen und (im Auto) in ihre neue Wahlheimat (Deutschland) mitnehmen: sog. **Ameisenhandel**. **25e**

Kokain gelangt (per Luft) **aus Kolumbien** und den niederländischen Antillen nach Europa und wird dort vom niederländischen Flughafen **Schiphol** aus (z. B. durch „Kügelchenschlucker") verteilt. **25f**

Inzwischen werden (nach SPIEGEL-Recherchen 45/2004, 150) jährlich allein über den Amsterdamer Flughafen Schiphol mindestens 20 000 Kilogramm Kokain in den EU-Raum verbracht. Das Mißerfolgsrisiko ist für die Täter gering. Schmuggeln sie unter 3 Kilogramm(!) droht ihnen in den Niederlanden keine Sanktion, sie werden lediglich wieder heimgeschickt. **25g**

*„Drei Kilo sind das Hundertfache der Menge, für die man in Singapur an den Galgen kommt" (so Wiedemann im SPIEGEL aaO).*

*c) Kfz-Diebstahl auf Bestellung und Container-Diebstahl*

**26 bis 28** Diese Aktivitäten gehen von kriminellen Gemeinschaften (mit 15 bis 200 Mitgliedern „häufig gleicher landsmannschaftlicher Zugehörigkeit", *Sieber* in: *Mayerhofer/Jehle* 1996, 200) aus, deren Ziel es ist, in der Bundesrepublik oder im europäischen Ausland hochwertige Kraftfahrzeuge stehlen zu lassen und auf folgenden drei Transportwegen auf entsprechenden Absatzmärkten unterzubringen:

- auf der **Polen-Route**, die vor allem russische O.K.-Organisationen benutzen: gestohlen wird primär im Rhein-Main-Gebiet, verschoben wird über Berlin, Frankfurt/Oder durch Polen (Wilna) und Minsk (Weiß-Rußland) in die GUS-Staaten bis nach China;
- auf der **Schweden-Route** (Vorteil: keinerlei Fahrzeugkontrollen; Nachteil: hohe Fährkosten) für gestohlene Spitzenmodelle über Schweden (Malmö) nach Danzig und Memel; von da aus über die Polen-Route mit gleichen Zielorten;
- auf der **Balkan-Route**, die vor allem ex-jugoslawische, türkische und libanesische Autoschieber bevorzugen: gestohlen wird im süddeutschen Raum, verschoben über die Tschechische Republik in die Länder des Vorderen Orients.

*d) Schutzgelderpressungen*

**29** Daß auch die von Camorra und Mafia bekannte Schutzgelderpressung (bzw. das **„Zwangsinkasso"**) Einzug in die Bundesrepublik hält, zeigen Beispiele, die von *Steinke* (1982, 100), *Sielaff* (1983, 420), *Freiberg/Thamm* (1992, 117) und *Krevert* (1997) beschrieben werden. Bei den Schätzungen, die sich auf die **Verbreitung** der Schutzgelderpressung (bzw. Spendengelderpressung) beziehen, dürfte es sich jedoch wiederum eher um Blindschätzungen zum Dunkelfeld handeln. Auffällig ist die Höhe der Schätzwerte: sie reicht (in bezug auf ausländische Gaststätten) von 50 bis 80 %, d. h. **50 bis 80 % der ausländischen Gastronomen** (insbesondere Italiener, Jugoslawen und Chinesen) würden danach Schutzgeld bezahlen (vgl. dazu auch oben Rdn. 21b). Empirisch läßt sich die Frage wahrscheinlich wenig aufhellen, weil die Befragten **aus Angst** nicht mit der Wahrheit herausrücken wollen.

*Eine entsprechende **„Geschäftsleute-Erhebung"** haben z. B. Gabriel/Mecklenburg/Ohlemacher durchgeführt. Telefonisch bzw. auf postalischem Weg wurden über 8000 deutsche und ausländische Gastronomen nach **Schutzgelderpressungen** und Korruption befragt. Die Ausschöpfungsquote war allerdings (wie zu erwarten) mit 21 % bzw. 13 % eher gering; die Ergebnisse, die sich auf diese beziehen, haben auch nichts gebracht (Ohlemacher 1998, 46). Nach einer entsprechenden **Restaurant-Befragung** von Achermann (1999) in Luzern (Schweiz) hatten 1 % der Befragten von entsprechenden Versuchen zumindest gehört, aber angeblich weder bezahlt, noch Vergeltungsmaßnahmen erlitten (zit. nach Killias Lb. 2002, 145).*

*e) Sexuelle Ausbeutung von Kindern*

Schließlich betätigt sich die O.K. zunehmend in den gewinnbringenden Bereichen der Kinderpornographie, der Kinderprostitution und des Sex-Tourismus (etwa nach Thailand oder den Philippinen). Als Hintergrund ist (nach *Schneider* Lb. 2001, 320) die gesellschaftliche Entwicklung zu sehen, „die alle traditionellen sexuellen Tabus (z.B. vor- und außerehelicher Geschlechtsverkehr, Homosexualität, Prostitution) abzubauen trachtet (vgl. dazu auch Rdn. 7 vor § 10). **29a**

*f) Produkt- und Markenpiraterie*

Diese besteht darin, daß (ausländische) Firmen unter Einsparung eigener Forschungs- und Entwicklungskosten Waren „abkupfern". Nachgemacht werden (z.B. in China oder in der Türkei) Textilien, Gürtel bzw. Lederwaren mit entsprechenden Emblemen, aber auch Parfums, Spirituosen oder Spielwaren. Ohne schlechtes Gewissen kaufen viele Urlauber solche Plagiate, die nicht zuletzt auch über die Grenzen in die EU eingeführt werden. Auf Initiative des Deutschen Industrie- und Handelstages hat sich daraufhin der „Aktionskreis Deutsche Wirtschaft gegen Produkt- und Markenpiraterie" (in Berlin, Breite Straße 29) etabliert. **29b**

*g) See-Piraterie*

Auch die See-Piraterie (Seeräuberei) gehört grundsätzlich zum Organisierten Verbrechen. Bei Seeräubern denkt man z.B. an Klaus *Störtebeker*, der (zusammen mit 70 seiner Gesellen) 1401 auf dem Hamburger Grasbrook hingerichtet wurde. Lange Zeit schien diese Form kriminellen Verhaltens nur noch für Hollywood-Filme interessant zu sein. Aber seit 2005 häufen sich wieder Überfälle auf Handelsschiffe, und auch vor allem im Golf von Aden (vor den Küsten Somalias) und im Indischen Ozean (SPIEGEL 25/2011, 60). **29c**

### 2. Anzeichen (auch) für Stützpunktbildungen „mafiöser" Bünde?

Daß es Organisierte Kriminalität bei uns gibt, ist (vgl. oben Rdn. 22) kaum noch umstritten. Zweifelhaft könnte hingegen noch sein, ob auch die Geheimbünde (Mafia, Camorra, Cosa Nostra, Triaden, Yakuza usw.) in Deutschland Fuß gefaßt haben. **30**

*a) 1982: Erste O.K.-Aktivitäten*

Schon 1982 wies die Leiterin der Abteilung 13 der StA beim LG Frankfurt, Adelheid *Werner*, darauf hin (1982, 133), daß es „Anzeichen dafür gäbe, daß organisierte Kriminalität aus anderen Ländern, die für sich in Anspruch nehmen können, in Jahrhunderten gewachsen zu sein, in die Bundesrepublik Deutschland übergreift, hier feste Stützpunkte bildet und sich ihre Angriffsziele und Opfer aussucht". Frau *Werner* belegte ihre Behauptungen u.a. mit Camorra-Beispielen. „Wir sind (schrieb sie **31**

u. a.) in Frankfurt einer Reihe von Straftätern habhaft geworden, die gerade im Begriff standen, nach getaner Arbeit – einer Serie von Raubüberfällen – nach Italien zurückzukehren.“ Auch in anderen Fällen lag die Gesamtplanung nicht in Deutschland, sondern im Ausland. In Deutschland saß jedoch der **Straftäterpool** (vgl. oben Rdn. 4), der je nach Bedarf durch Befehle von jenseits der Grenze zur Durchführung von Straftaten eingesetzt wurde. Frau *Werner* sah (aaO) „die Gefahr, daß derartige Stützpunkte häufiger gebildet werden, weil das ‚Aktionsfeld‘ lohnende Objekte bietet und weil ein **nicht integrierter Ausländeranteil** in der Bundesrepublik Deutschland die für das Entstehen von Stützpunkten erforderliche Subkultur darstellt.“

*b) Ab 1992: Etablierte Unterzentralen?*

**32** Über Beispiele für Geheimbund-Aktivitäten wird nicht nur durch die Medien berichtet, sondern auch aus Insider-Quellen.

*So hat z. B. ein in Bayern gefaßtes Mitglied der N'drangheta (Basile), ein* ***„Auftragskiller“*** *der Clanspitze (des Carelli-Clans: Clanführer Santo Carelli), über die Strukturen seiner Organisation informiert und darüber, daß Deutschland nicht nur als* ***Ruhe- bzw. Rückzugsraum*** *sondern von Stützpunkten aus auch als* ***Aktionsraum*** *genutzt wird, für Schutzgelderpressung (bei Landsleuten), Drogen- und Dokumentenhandel, Raubüberfälle und Geldwäsche (so OK-Chef Geißdörfer/LKA Bayern, zit. nach SPIEGEL 7/1999; ebenso der römische Mafiastaatsanwalt Ledonne in dem FOCUS-Interview 14/1999, 75).*

Daß nicht mehr Informationen über konkrete Sachverhalte vorliegen, dürfte u. a. damit zu tun haben, daß die **soziale Sichtbarkeit der O. K. eingeschränkt** ist: Die Akteure arbeiten weitgehend unauffällig und die Deliktsbereiche sind so ausgewählt worden, daß die (meist betrogenen) Opfer oft eine Anzeige scheuen, weil sie sich evtl. selbst strafbar gemacht haben könnten. Beispiele: Rauschgifthandel, Waffenschieberei, verbotenes Glücksspiel, organisierte Prostitution und Pornographiehandel. Nicht selten unterbleibt die Anzeige auch einfach deshalb, weil dem Opfer Repressalien angedroht werden: wie z. B. bei der Schutzgelderpressung.

### 3. „Lagebild OK“ des BKA

**32a** Das Dunkelfeld stellt daher auch für das **Lagebild OK**, das das BKA **seit 1991** (zur Methodik vgl. *Meywirth* 1999, 447 ff) erstellt, ein Problem dar. Die Auswertung stützt sich lediglich auf Erkenntnisse aus abgeschlossenen und anhängigen polizeilichen Ermittlungsverfahren; es handelt sich also nur um eine **Analyse des (aufgeklärten) Hellfeldes der OK-Kriminalität** (krit. dazu *Ullmann* 1996, 698 ff). Insoweit „sind die vom OK-Lagebild des Bundeskriminalamtes in Umlauf gesetzten Zahlen nur naive Näherungen, welche die Realität nicht abbilden“ (*Hetzer* 2001, 259).

*Deshalb werden die Lagebilder auch (nicht nur von den Medien) oft fehlinterpretiert: z. B. vom SPIEGEL (vom 18. Mai 1998, 56), wenn es dort (nur auf die Hellfeldzahlen bezogen) u. a. heißt: „Die Zahlen, soviel ist sicher, geben zu hysterischen Szenarien keinen Anlaß".*

Diese Lagebilder werden in Zusammenarbeit mit den Landeskriminalämtern, der Grenzschutzdirektion Koblenz und dem Zollkriminalamt Köln erstellt. *Hetzer* (aaO) schlägt vor, „die Aussagekraft durch eine systematische Einbeziehung von Justizerkenntnissen" zu verbessern.

## 4. Prognosen

1989/90 hat das *BKA* eine Expertenbefragung durchgeführt (*BKA* 1990), in deren Rahmen 26 Wissenschaftler und leitende Kriminalbeamte danach befragt wurden, wie sich die O.K. künftig vor dem Hintergrund der Vereinigung der europäischen Staaten (vgl. § 31) entwickeln würde. Dabei schälten sich u. a. folgende Prognosen heraus: **33**

- der **Anteil** der Organisierten Kriminalität am Kriminalitätsaufkommen würde weiter ansteigen;
- die massenhafte **Zuwanderung** von Aus- und Übersiedlern (*Schneider* 1993, 162: „und von Asylbewerbern"), insbesondere in die Ballungsgebiete, würde zu Slum- und Ghettobildungen führen, aus denen die O.K. erfahrungsgemäß ihre Mitarbeiter für die Ausführungsebene (nicht für die Kommandoebene) rekrutiert;
- sich häufende wirtschaftliche und politische **Skandale** würden die Unterwanderung aller gesellschaftlichen Bereiche weiter erleichtern.

Diese Prognosen sind durch eine weitere Expertenbefragung, die Ende 1994/Anfang 1995 (in den Bereichen Polizei, Justiz, Politik, Verwaltung, Wirtschaft, Wissenschaft und Medien) von *Wittkämper/Krevert/Kohl* (1996) durchgeführt wurde, grundsätzlich bestätigt bzw. wiederholt worden (vgl. dazu *Risch* 1997, 82 ff). Das dürfte auch heute noch gelten. **33a**

Seriös vorhersehbar dürfte schließlich auch sein, daß die **Einschüchterungsversuche** der O.K. (vor dem Hintergrund der Erfahrungen in neuen EU-Beitrittsstaaten: Rdn. 47 zu § 31) gegenüber Mitarbeitern der Strafverfolgungsbehörden zunehmen werden. So kann man auch hierzulande beobachten, daß es O.K. immer wieder versucht, Polizeibeamte und ihre Familien durch **Drohanrufe** und entsprechende Briefe unter Druck zu setzen und mit gesteuerten Presseveröffentlichungen sowie falschen Beschuldigungen zu verunsichern (vgl. dazu auch *Schneider,* Lb. 1993, 152). Diese Phänomene sollte man auch bedenken, wenn Polizeibeamte (anonym) beschuldigt bzw. bei ihren Vorgesetzten angeschwärzt werden. Deshalb ist Vorsicht geboten, wenn es um sog. **Polizeiskandale** geht (vgl. § 20, 10b und § 23 Rdn. 31). **33b**

### IV. Bekämpfungskonzepte zur O.K.-Eindämmung

34 Bekämpft wird die O.K. primär im Rahmen einer **Doppelstrategie,** nämlich durch

- die **Verfolgung krimineller Aktivitäten** einerseits und durch
- den **konfiskatorischen Zugriff auf Verbrechensgewinne** (Verbrechen sollen sich „nicht lohnen").

Schon am 1. Juli 1986 haben das Bundeskriminalamt und die Landeskriminalämter die **„Arbeitsdatei PIOS Organisierte Kriminalität" (APOK)**
eingerichtet, in der alle Erkenntnisse, die sich auf O.K. beziehen, gespeichert und abrufbar gemacht werden: ein Informations- und Kommunikationsinstrument der **O.K.-Dienststellen** von Bund und Ländern. Solche Spezialeinheiten wurden inzwischen nicht nur beim BKA, sondern auch in den Landeskriminalämtern und in verschiedenen Großstädten aufgebaut (zum sog. Hamburger Modell vgl. *Sielaff* 1994, 518).

Dabei liegt die **originäre Zuständigkeit** (nach § 5 Abs. 2 Nr. 1 des BKA-Gesetzes) für die repressive Bekämpfung des international organisierten Waffen-, Sprengstoff- und Betäubungsmittelhandels sowie für die international organisierte Falschgeldherstellung und -verbreitung beim Bundeskriminalamt (krit. *Hetzer* 2001, 154ff). Nach *Sielaff* (1994, 517) „wird das BKA zunehmend auch auf Ersuchen der Länder deliktsübergreifend tätig": sog. **Auftragszuständigkeit** gem. § 5 Abs. 3 des BKA-Gesetzes.

Als „Pendant" zu den O.K.-Dienststellen der Polizei arbeiten **entsprechende Spezialdezernate der Staatsanwaltschaften**, die es nicht nur vereinzelt (z.B. in Hamburg) auch gibt.

*Darüber hinaus wurden z.B. in Baden-Württemberg (seit 1.5.1995) und in Niedersachsen (seit 1.3.1996)* ***Zentrale Stellen beim Generalstaatsanwalt eingerichtet****, „die die Zusammenarbeit der Staatsanwaltschaften eines Landes koordinieren, den Kontakt zu den mit der OK-Verfolgung befaßten Dienststellen auf Bundes- und Länderebene halten und zentrale Ansprechpartner für das Ausland sind" (Nehm 1996, 513). In Niedersachsen wurde diese Zentrale Stelle „Organisierte Kriminalität und Korruption" beim Generalstaatsanwalt in Celle angesiedelt (Nehm aaO).*

Eine solche Zusammenarbeit ist auch Gegenstand der (1990 erlassenen) „**Gemeinsamen Richtlinien** der Justizminister/-senatoren und der Innenminister/-senatoren der Länder über die Zusammenarbeit von Staatsanwaltschaft und Polizei bei der Verfolgung der Organisierten Kriminalität" (Anlage E der Richtlinien für das Strafverfahren und das Bußgeldverfahren: RiStBV).

### 1. Gesetzliche Strategien

Der Gesetzgeber hat die Probleme lange verdrängt bzw. herunter gespielt (zur Geschichte *Caesar* in: ZRP 1991, 241 ff), dann aber folgende Gesetze erlassen: (Überblick bei *Gropp* in *Mayerhofer/Jehle* 1996, 262 ff) z.B.: 35

- das **OrgKG** (Gesetz zur Bekämpfung des illegalen Rauschgifthandels und anderer Erscheinungsformen der Organisierten Kriminalität) vom 15. Juli **1992** (BGBl. I, 1302 ff);
- das **Geldwäschegesetz** (Gesetz über das Aufspüren von Gewinnen aus schweren Straftaten) vom 25. Oktober **1993** (BGBl. I, 1770 ff)
- das **Verbrechensbekämpfungsgesetz** (Gesetz zur Änderung des Strafgesetzbuches, der Strafprozeßordnung und anderer Gesetze) vom 28. Oktober **1994** (BGBl. I, 3186);
- das **„Gesetz zur Bekämpfung der Korruption"** vom 13. August **1997** (BGBl. I, 2038) und
- das **„Gesetz zur Verbesserung der Bekämpfung der Organisierten Kriminalität"** (OKVBG): in Kraft getreten am 9. Mai **1998** (BGBl. I, 845).

*a) Zum OrgKG (1992)*

Nicht nur Polizeivertreter halten dieses Gesetz (ein typisches Kompromißprodukt), für verunglückt. „Statt einer brandgefährlichen Entwicklung Paroli zu bieten und mafiosem Tun ernsthaft an den Kragen zu gehen" (so Ralf *Krüger*, früherer bad.-württ. LKA-Präsident, 1992, 594), wird der Bürger an **„Radio Eriwan"** erinnert: „Im Prinzip ja, aber". Worum geht es? Das OrgKG verschärft das Strafrecht auf der Rechtsfolgenseite und ergänzt die Strafprozeßordnung um klare Regeln für den Einsatz heikler Ermittlungsmethoden (dazu *Hilger* 1992, 457 ff), die die Fahnder bislang im eher rechtsfreien Raum praktizierten: z.B. beim **Abgleich von Daten** und bei der **Rasterfahndung** (§ 98 a StPO und nach landesgesetzliche Regelungen). 36

*Bei der **Rasterfahnung** handelt es sich um eine computergestützte, planmäßige, systematisierte Fahnung, die sich auf eine gesuchte Teilmenge von Personen bezieht: etwa auf evtl. **Drogenkuriere**, die regelmäßig eine Fluglinie benutzen. Inzwischen hat die Rasterfahndung weitere Bedeutung im Rahmen der Fahndung nach den Hintermännern (Beteiligten) des Anschlages vom **21. September 2001** auf das World Trade Center in New York (vgl. dazu Rdn. 37, 41 und 43 zu § 30) erlangt. Gefahndet wird mit Hilfe von **Suchkriterien (Rastern**: vgl. zu den Täterprofilen Rdn. 27c zu § 1 und Rd. 42 zu § 30). Ausführlich zur Rasterfahndung vgl. Rogall in GS für Schlüchter (2002).* 37

und beim **Einsatz verdeckter Ermittler** („Undercover agents").

***Verdeckte Ermittler** (sind nach der Legaldefinition in § 110a Abs. 2 Satz 1 StPO) sind „**Beamte** des Polizeidienstes, die unter einer ihnen verliehenen, auf Dauer angelegten, veränderten Identität (Legende) ermitteln". „Sie dürfen unter der Legende am Rechtsverkehr teilnehmen" (2. Satz). Zweck: Infiltration krimineller Institutionen. Zum* 38

*Unterschied: **V-Leute** (Vertrauenspersonen) sind Privatpersonen, die – ohne einer Strafverfolgungsbehörde anzugehören – bereit sind, diese bei der Strafverfolgung vertraulich zu unterstützen. Für den Einsatz von V-Personen hat der Gesetzgeber hingegen keinen Regelungsbedarf gesehen; von Duttge (JZ 11/1996, 556) wird das kritisiert. Vgl. zum Thema auch Geisler: Verdeckte Ermittler und V-Personen im Strafverfahren, Wiesbaden 2001, in: KuP Bd. 31. ; Keller/Wolf: Verdeckte personale Ermittlungen aus kriminalistischer und rechtlicher Sicht, in: Kriminalistik 5/2013, 349.*

**39** Die Anwendung dieser Methoden wird allerdings durch eine Reihe von **Eingriffsschranken, Subsidiaritätsklauseln und Verwertbarkeitsregeln so begrenzt, daß sich die Frage der Praktikabilität der neuen Vorschriften zwangsläufig aufdrängt**.

*2007 hat der BGH (Az. 3 StR 104/07) ein Urteil aufgehoben, weil es auf einem Geständnis beruhte, das dem Täter ein verdeckter Ermittler, der dessen Vertrauen gewann, entlockt hat. Der Täter hatte sich zuvor der Polizei gegenüber auf sein Schweigerecht berufen. Der Mörder eines 15jährigen Mädchens durfte nunmehr einen Freispruch erwarten (zit. nach FAZ vom 27. 7. 07, 4; vgl. auch den Zeitungsausriß).*

**Erschlichene Aussage unverwertbar**

**Bundesgerichtshof schränkt Einsatz verdeckter Ermittler ein**

aus: *FAZ* vom 27. Juli 2007, Seite 4

Auf Unverständnis stößt nicht nur in Praktikerkreisen auch (vgl. etwa *Koriath* in: Kriminalistik 1992, 601), daß es dem verdeckten Ermittler verwehrt bleiben soll, zur Bestätigung seiner Legende **milieubedingte Straftaten** zu verüben (sog. **„Keuschheitsprobe“**): denn ein verdeckter Ermittler, der nicht „mitmacht“, wird leichter enttarnt und muß erfahrungsgemäß Repressalien erdulden.

**40** Das OrgKG (vgl. dazu die Übersicht bei *Meyer* 1998, 636ff; *Helgerth/Weber* in FS für Böttcher 2007, 489ff) enthält darüber hinaus neue materiell-rechtliche Vorschriften, die sich auf die Geldwäsche (§ 261) und auf den Zugriff auf das Vermögen beziehen, also auf die **Gewinnabschöpfung** (vgl. dazu unten Rdn. 48 und den kriminalökonomischen Ansatz bei Rdn. 19 a zu § 6): nämlich die Schaffung eines Rechtsinstituts des **„Erweiterten Verfalls“** (§ 73d StGB): akzeptabel auch für das BVerfG (in JR 2004, 511).

*b) Zum Geldwäschegesetz (1993)*

**41** Dieses Gesetz (das den **§ 261 StGB** ergänzt) sollte durch die Einführung von Identifizierungs-, Aufzeichnungs- und Anzeigepflichten (insbesondere für Kreditinstitute und Versicherungen) die Vorschriften einer entsprechenden **EG-Richtlinie** zur „Verhinderung der Nutzung des Finanzsystems zur Geldwäsche“ (vom 10. Juni 1991) in das deutsche Recht umsetzen. Eine EU-Richtlinie „zur Verhinderung der Nutzung des Finanzsystems zum Zwecke der Geldwäsche und der **Terrorismusfinanzierung**“ (vom 26. Okt. 2005) ist durch das **Geldwäschebekämpfungsergänzungsgesetz** (GwBekErgG-E), das am 31. Aug. 2008 in Kraft trat, berücksichtigt worden.

*Von „Geldwäsche“ spricht man dann, wenn es dem Organisierten Verbrechen (etwa Groß-Dealern) gelingt, „die riesigen Gewinne, die ganz überwiegend als Bargeld anfallen, so in den legalen Wirtschaftskreislauf einzuschleusen, daß die Herkunft aus den illegalen Rauschgiftgeschäften nicht mehr erkennbar oder nicht mehr nachweisbar ist“ (Schroeter 1992, 327).*

In rund 50 % der Anzeigen führen die Ermittlungen zu Vermögen, das aus Betrugsfällen, Rauschgiftkriminalität, Prostitution und Steuerhinterziehung stammt. Die OECD schätzt, daß in Deutschland jährlich 50 Milliarden Euro **„schmutziges Geld“** gewaschen wird (*Seher* in WAZ vom 30. Okt. 2012, 1).

Zu den Problemen vgl. *Findeisen:* Geldwäschebekämpfung im Zeitalter des Electronic Banking, in: Kriminalistik 1998, 107 ff; *Hetzer* 2001 a, 154 ff; *Suendorf* 2001; *Kargl* 2001, 57; *Scherp* 2002, 18 ff und *Hetzer* 2008, 468 ff. **42**

*c) Das Verbrechensbekämpfungsgesetz (1994)*

Das Verbrechensbekämpfungsgesetz vom 28. 10. 1994 (BGBl. I, 3186 ff) trat etwa 13 Monate nach dem Geldwäschegesetz in Kraft, nämlich am 1. Dez. 1995. **Das Gesetz bessert nach** (guter Überblick bei *König* 1995, 471 ff): der erweiterte Verfall wird auf zusätzliche Tatbestände erstreckt; der Katalog im Geldwäschetatbestand wurde ebenfalls erweitert. In dem Katalog der **Telefonüberwachung** (vgl. §§ 110a und b StPO) erscheinen die neu geschaffenen Straftatbestände des Einschleusens von Ausländern, insbesondere wenn das gewerbs- und bandenmäßig geschieht (§§ 92 a und b AuslG), und des Verleitens zur mißbräuchlichen Asylantragstellung. **43**

Der **Bundesnachrichtendienst** (BND) erhielt die Befugnis, seine Erkenntnisse aus der telefonischen Überwachung von (nicht leitungsgebundenen) Auslandsgesprächen an die Strafverfolgungsbehörden (Polizei und Justiz) weiterzugeben, allerdings begrenzt auf bestimmte Bereiche der Schwerstkriminalität: wie etwa Drogen und Waffenhandel (vgl. dazu z. B. *Arndt* in NJW 1995, 169 ff und *Jahn* in DRiZ 1995, 154 ff). Eine Befugnis, selbst Straftaten zu verhindern oder zu verfolgen, hat der BND nach der Rechtsprechung des Bundesverfassungsgerichts vom 14. Juli 1999 (NJW 2000, 55) bisher allerdings nicht (vgl. aber Rdn. 44 zu § 30).

*d) Zum Gesetz zur Bekämpfung der Korruption (1997)*

Durch dieses Gesetz wurde die Regelung der Amtsträgerbestechung in den §§ 331–334 StGB verschärft; neue Vorschriften gegen Bestechung in **43a** der Privatwirtschaft wurden eingeführt (§§ 298, 299 StGB). In § 298 wurden wettbewerbsbeschränkende Absprachen bei Ausschreibungen (sog. Submissionsbetrug), in § 299 Bestechung und Bestechlichkeit im geschäftlichen Verkehr mit Strafe bedroht. Auf europäischer Ebene werden die Regelungen durch das EU-Bestechungsgesetz (BGBl. 1998 II, 2340) ergänzt (Überblick bei *Bannenberg* in Hb. Schneider 2009, 359).

*e) Zum Gesetz zur Verbesserung der OK-Bekämpfung (1998)*

**43b** Dieses Gesetz enthält

- ein Steuermodell, das den **Zugriff auf Gewinne** erlaubt, die mit den Methoden des Strafrechts nicht abgeschöpft werden können (vgl. dazu *Meyer* 1998, 648 ff);
- die Regelung der **akustischen Wohnraumüberwachung** (Großer **Lauschangriff**) als strafprozessuale Ermittlungsmaßnahme; das *BVerfG* (NJW 2004, 999 ff) hatte grundsätzlich (in Bezug auf Art. 13 Abs. 3 GG) keine Bedenken, schränkte die Anwendbarkeit aber ein und verlangte ein neues Gesetz. Dieses Gesetz (vom 24. 6. 2005) ist am 1. 7. 2005 in Kraft getreten: ausführlich zur Entwicklung und krit. zu den Regelungen (mit eigenen Reformvorschlägen) *Krey* (in FS für Schwind 2006, 725 ff): zur optischen Wohnraumüberwachung vgl. auch Rdn. 46a zu § 30.

*f) Zum Gesetz zur Neuregelung der Teleüberwachung usw. vom 21. 12. 2007*

**43c** Auf diesem Gesetz bzw. auf den §§ 100g Abs. 2 Satz 2, 100h StPO beruht die Befugnis zur **Funkzellenüberwachung** in bestimmten Fällen. Mit dieser verdeckten Maßnahme kann festgestellt werden, wo sich ein TV, dessen Mobiltelefon eingeschaltet war, zu einem bestimmten Zeitpunkt befunden hat (näher *Rauschenberger* in Kriminalistik H 5/2009, 273 ff).

*g) Rahmenbeschluß des Europ. Rates*

**43d** Vom 4. Okt. 2008 (2008/841/JI) zur Bekämpfung der OK; Ziel: Erleichterung der Zusammenarbeit in Strafsachen.

### 2. Reformvorschläge

*a) Präventive Ansätze*

**44** Der Kriminalpolitiker, der sich die Aufgabe stellt, die Organisierte Kriminalität einzudämmen, sollte zunächst versuchen, sich in die Denkstrukturen der Täter hineinzuversetzen. Diese werden z. B. durch folgende Orientierungslinien bestimmt: Erzielung hoher Gewinne durch

- Befriedigung der Bedürfnisse der Bevölkerung nach illegalen Waren (z. B. Drogen) und Diensten (z. B. Schwarzarbeit);
- Unterwanderung von Politik und Verwaltungsbehörden: Herabsetzung des eigenen Mißerfolgsrisikos durch Bestechung von Polizei und Justiz;
- Rekrutierung von Unterprivilegierten für die Ausführungsebene.

Beispiele zur möglichen Vorbeugung:

*aa) Drogenfreigabe?*

Da die O.K. von der Umgehung von Verboten lebt, soll z.B. mit der völligen oder teilweisen Drogenfreigabe (also der Legalisierung von Haschisch; evtl. auch von Heroin, Kokain usw.), die manche befürworten, der illegale Markt ausgetrocknet und damit auch die Beschaffungskriminalität (vgl. § 27, Rdn. 18) eingedämmt werden. Theoretisch wirkt ein solches Konzept zunächst interessant, praktisch könnte es jedoch (wie das beim Alkohol schon der Fall ist: vgl. Rdn. 5 zu § 26) zur weiteren Verbreitung der Drogenabhängigkeit führen (Hemmschwellen sinken) und ist deshalb äußerst umstritten (vgl. dazu auch Rdn. 57 zu § 27). Das gilt auch für die sog. Methadon-Programme (§ 27 Rdn. 50). **45**

*bb) Immunisierung gegenüber Verführungsstrategien?*

Da die mafiosen Verbrechen nur dort gedeihen, „wo die lokalen Behörden, die Gemeindeverwaltungen, die Polizei, die Ankläger und Richter bestochen sind" (*Schneider* 1984, 174), dürfte die Immunisierung der Mitarbeiter des öffentlichen Dienstes gegenüber Verführungsstrategien aller Art präventiv wirken (Stabilisierung von Werthaltungen: *Kube* 1991, 71). Hierher gehört auch die bessere Kontrolle des öffentlichen Dienstes. Sachsen setzt auf **Personalrotation**. Die Abschaffung des Beamtenstatus, die manche fordern, ist deshalb eher bedenklich: jedenfalls dann, wenn man davon ausgeht, daß Beamte weniger als andere **bestechlich** sind. Weniger bestechlich macht auch eine entsprechende Alimentierung: insbesondere die **Polizei** muß gut bezahlt werden. Zum Thema insgesamt *Vahlenkamp/Knauß* 1995; *Kube* 1994, 432ff. **46**

*cc) Integrations- und Begrenzungspolitik*

Wer die Organisierte Kriminalität präventiv eindämmen will, muß aber auch daran denken, daß sie für ihre Ausführungsebene Vollstrecker benötigt, die sie nicht zuletzt aus den Reihen derjenigen rekrutiert, die sich in einer sozial problematischen Lage befinden; dazu gehören nicht zuletzt zugewanderte Ausländer: insbesondere Asylbewerber ohne Asylgrund, also Wirtschaftsflüchtlinge; das gilt auch für (Spät-)Aussiedler. Vorbeugende Kriminalpolitik besteht insoweit in entschiedener Integrations- und eindeutiger Begrenzungspolitik (vgl. dazu Rdn. 41 zu § 24). **47**

*dd) Vermögensabschöpfung*

Am besten kann man das Organisierte Verbrechen jedoch dadurch bekämpfen, daß man ihm seine Gewinne wegnimmt: ihm also die finanziellen Ressourcen zu entziehen versucht (Vermögensabschöpfung: Zugriff auf Verbrechensgewinne). Dahinter steckt die generalpräventive Überlegung, daß **„sich Straftaten nicht lohnen dürfen"** (BT-Drucks. 12/731, 4). **48**

Zur (**repressiven**) Vermögensabschöpfung vgl. *Podolsky/Brenner* Stuttgart, 4. Aufl. 2010; zur „**Präventiven** Gewinnabschöpfung“ vgl. *Hunsikker*, 2013, 396ff und *Hunsicker* Entscheidungssammlung in Volltexten, 2. Aufl. München 2009.

*ee) Abschaffung der Steuerparadiese*

**49** Steuerparadiese sind solche Staaten, die am Bankgeheimnis mit anonymer (extrem niedriger) Zinsbesteuerung festhalten und dadurch insbesondere Gelder aus Schwarzgeldgeschäften (zum Zwecke der Geldwäsche) bzw. Steuerhinterziehung ins Land locken. Zu solchen Steueroasen werden u. a. gezählt: die britischen Virgin-Islands und die Caymaninseln sowie Antigua (in der Karibik), die Cookinseln und Samoa (im Südpazifik), die Seychellen (im Indischen Ozean) sowie das zu Malaysia gehörende Labuan, Hongkong, Singapur, Panama und nicht zuletzt das EU-Mitglied Zypern (Übersicht im SPIEGEL 15/2013, 20).

**50** *Im April 2013 tauchte eine Liste mit vertraulichen Informationen aus zehn Steuerparadiesen auf, in der 130 000 Personen aus mehr als 170 Ländern aufgelistet werden, die ihre großen Privatvermögen vor dem Fiskus in Steuerparadiesen versteckt haben. Darunter befinden sich auch deutsche Steuerflüchtlinge (NOZ vom 5. April 2013, 1; vgl. Zeitungsausriß).*

Nach Schätzungen der EU-Kommission gehen den EU-Staaten jedes Jahr eine Billion Euro durch solche Praktiken verloren (zit. nach DER SPIEGEL 21/2013, 67). Reaktion: Die EU will das „Bankgeheimnis endgültig kippen: Barroso (NOZ vom 22. Mai 2013, 2).

**Geheime Geschäfte in Steueroasen enttarnt**

**Vertrauliche Dokumente zeigen, wo das Geld der Superreichen verschwindet**

aus: *NOZ* vom 5. April 2013, 1

*ff) Grenzkontrollen: Verlegung ins Inland*

**51** Schließlich macht der Wegfall der Grenzen im Bereich der EU nicht nur Freude (vgl. Rdn. 13 zu § 31). Stichwort: „Freie Fahrt für Kriminelle?“ (auch für solche aus dem Bereich der O. K.: Waffenhandel, Drogenimport, Kfz-Diebstahl usw.). Deshalb wird z. B. von *Hahn* (1992, 78) festgestellt: „Die Durchlässigkeit der Außengrenzen macht eine **Verschärfung der Kontrollen im Inland** unabdingbar.“ Gemeint ist die Verlegung von bisherigen Grenzkontrollen ins Inland, die Einräumung von Anhalte- und Durchsuchungsrechten (*Hahn* aaO, 79): ein **Sicherheitsschleier** (vgl. Rdn. 14 und 19 zu § 31).

*b) Repressive Ansätze*

Zur Eindämmung der O.K. kommen jedoch naturgemäß (kurzfristig gesehen) eher repressive Maßnahmen in Betracht, also vor allem polizeiliche Bekämpfungsmaßnahmen. Diese werden im politischen Raum im Rahmen des **Spannungsverhältnisses** diskutiert, das **zwischen Ordnungs- und Sicherheitsinteressen** einerseits und **Freiheitsanliegen** andererseits in der Regel besteht: Konkret geht es bei jeder Eingriffsbefugnis (die das Mißerfolgsrisiko des Täters, also sein Risiko, gefaßt und verurteilt zu werden) erhöhen soll, um die Frage, ob Polizeimaßnahmen geeignet sein könnten, Freiheits- und Persönlichkeitsrechte zu verletzen, und wenn ja, **ob man das in Kauf nehmen will oder nicht**. *Hauptmann* (1996, 690) plädiert dafür, sich zukünftig im Zweifel eher für die Sicherheitsinteressen der Bevölkerung zu entscheiden. 52

Die repressive Bekämpfung der O.K. ist vor allem deshalb so schwierig (vgl. auch oben Rdn. 5), weil 53

- die O.K. versucht, **unsichtbar** zu bleiben (vgl. Rdn. 32): die Opfer zeigen (aus Angst vor Repressalien bis zur Todesfurcht oder weil sie sich selbst strafbar gemacht haben) nicht an (zu den Phänomenen bei der Schutzgelderpressung vgl. *Fätkinhäuer* 1994); **„nur schlecht organisierte O.K. ist sichtbare O.K."** (*Schuster/Seitzer* 1994, 9);
- einzelne Mitglieder (im Falle ihrer Festnahme) mühelos ersetzt werden können; die abgeschlagenen **„Köpfe der Hydra"** wachsen also (vergleichbar dem Mirakel in der Heraklessage) sofort wieder nach;
- sich die Führungsebene **abschottet** (vgl. Rdn. 5 oben), so daß den Strafverfolgungsbehörden allenfalls Mitarbeiter der Ausführungsebene ins Netz gehen;
- aussagewillige (Belastungs-)**Zeugen (bzw. Opfer) mundtot** gemacht bzw. aus dem Wege geräumt werden und
- weil sich die Täter der besten Strafverteidiger bedienen (Geld spielt dabei kaum eine Rolle), die die **Schwächen unserer Prozeßordnung** mitunter bedenkenlos ausspielen und erreichen, daß solche Täter nur selten überführt werden können.

## § 30 Terrorismus

**Literatur:** **Albert,** H.: „Al Qaida" eine transnationale Terrororganisation im Wandel, in: Deutsche Polizei 5/2005, S. 26–30; **Backes,** U./**Jesse,** E.: Politischer Extremismus in Deutschland, Bonn 1993; **Baldus,** M.: Freiheit und Sicherheit nach dem 11. September 2001 – Versuch einer Zwischenbilanz, in: KritV 2006, S. 364–374; **Bierbrauer,** G.: Einige Anmerkungen zu den Ursachen des Internationalen Islamischen Terrorismus, in: Politische Studien, Heft 386/2002, S. 61–64; **Boeden,** G.: Aktueller Überblick über Verbindungen europäischer Terrorgruppen/Vorschläge für eine gemeinsame Kriminalpolitik auf dem Gebiet der Terrorbekämpfung, in: *Knoche,* M. (Hrsg.): Wege zur europäischen Rechtsgemeinschaft, Koblenz 1987, S. 90–98; **Böllinger,** I.: Die Entwicklung zu terroristischen Handlungen als Psychosozialer Prozeß, in: KrimJ 2002, S. 116–123; **de Boor,** W.: Terrorismus: Der „Wahn" der Gesunden, in: *Schwind,* H.-D. (Hrsg.): Ursachen des Terrorismus, Berlin 1978, S. 122–153; **Dahs,** H.: Das „Anti-Terroristen-Gesetz" – eine Niederlage des

Rechtsstaats, in: NJW 1976, S. 2145–2151; **Dittmann,** V.: Gibt es eine typische Terroristen-Psyche? in: Schweizerische Zeitschrift für Kriminologie (SZK), Heft 1/2002, S. 18–24; **Eckert,** R.: Deprivation, Kultur oder Konflikt?, Entstehungsbedingungen von Terrorismus, in: Leviathan Heft 1/2005, S. 124–133; **Eckert,** R.: Die Eskalation unregulierter Konflikte – Möglichkeiten und Grenzen der Prognose von Terrorismus, in: *Kemmesies* (Hrsg.): Terrorismus und Extremismus – der Zukunft auf der Spur, München 2006; **Fetscher,** I.: Terrorismus und Reaktion, Köln/Frankfurt/M. 1977; **Fetscher,** I.: Ausweg aus einer Verzweiflung – über die gesellschaftlich-politischen Ursachen des Terrorismus, in: Das Parlament Nr. 3 vom 21. Januar 1978, S. 8; **Frisch,** P.: Ausländischer Extremismus und Terrorismus in der Bundesrepublik Deutschland, in: MFDP April 1995, S. 32–36; **Funk,** A.: Krieg als Terrorismusbekämpfung? in: KrimJ 2002, S. 132–142; **Garstka,** H.: Terrorismusbekämpfung und Datenschutz – Zwei Themen im Konflikt, in: Neue Justiz H. 10/2002, S. 524–526; **Hättich,** M.: Radikale Kritik an der Demokratie, in: *Geißler,* H. (Hrsg.): Der Weg in die Gewalt, München 1978, S. 190–200; **Hermann,** R.: Ibn Ladins Familie besorgt um ihren Ruf, in: FAZ vom 28. August 1998, S. 5; **Hess,** H.: Spielarten des Terrorismus, in: KrimJ 2002, S. 84–88; **Hetzer,** W.: Internationaler Terrorismus: Krieg oder Kriminalität?, in: Kriminalistik 2006, S. 428–437; **Hirschmann,** H./**Gerhard,** P. (Hrsg.): Terrorismus als weltweites Phänomen, Berlin 2000 (Bundesakademie für Sicherheitspolitik); **Jäger,** H./**Schmidtchen,** G./**Süllwold,** L.: Lebenslaufanalysen, Opladen 1981; **Janssen,** H.: Sind „die Terroristen“ politisch motivierte Straftäter oder Terroristen? in: Kriminalistik 1984, S. 17–19; **Kahl,** W.: Zehn Jahre Terrorismus in der Bundesrepublik, in: *Bundesministerium der Verteidigung* (Hrsg.): Informationen für die Truppe 3/1978, S. 56–94; **Kamp,** K.-H.: Nuklearterrorismus – Fakten und Fiktionen, in: *Hirschmann,* K./*Gerhard,* P. (Hrsg.): Terrorismus als weltweites Phänomen, Berlin 2000, S. 191–198; **Kinzig,** J.: Not kennt kein Gebot?. Die strafrechtlichen Konsequenzen von Folterhandlungen an Tatverdächtigen durch Polizeibeamte mit präventiver Zielsetzung, in ZStW 2003/H. 4. S. 791–814; **Klink,** M.: Innere Sicherheit – Nationale und internationale Strategien zur polizeilichen Bekämpfung des Terrorismus, in: *Frank,* H./ *Hirschmann,* K.: Die weltweite Gefahr, Terrorismus als weltweite Herausforderung, Berlin 2002, S. 359–380; **Körper,** F.R.: Ein neues Sicherheitskonzept: Das erste und zweite Anti-Terror-Paket im Überblick, in: Die neue Polizei, 1/2002, S. 20–23; **Laqueur,** W.: Terrorismus, Kronsberg 1977; **Meves,** C.: Psychologische Voraussetzungen des Terrorismus, in: *Schwind,* H.-D. (Hrsg.): Ursachen des Terrorismus, Berlin 1978, S. 69–78; **Middendorff,** W.: Die Persönlichkeit des Terroristen. Insbesondere die Frau als Terroristin, in: Kriminalistik 1976, S. 289–296 und S. 357–363; **Middendorff,** W.: Politische Kriminalität am Beispiel des Terrorismus, in: *Schneider,* H. J. (Hrsg.): Die Psychologie des 20. Jahrhunderts, Bd. 14, Auswirkungen auf die Kriminologie, Zürich 1981, S. 402–418; **Mletzko,** M.: Der Gewalt abgeschworen? Eine Analyse über Zustand und Absichten der RAF, in: Kriminalistik 1992, S. 346–350; **Mletzko,** M.: Die „AIZ – Ein neuer Exot in der Szene“, in: Kriminalistik 1996, S. 323–327; **Mühlhoff,** U./**Mertens,** St.: Das Kronzeugengesetz im Urteil der Praxis, Baden-Baden 1999; **Mushoff,** T.: Die Renaissance der Kronzeugenregelung, in: KritV 4/2007, S. 366–383; **Nds.MI**: Islamische Herausforderung für die Demokratie, Hannover 2010; **Neubacher,** F.: Der Internationale Strafgerichtshof in Den Haag – Ein Plädoyer für kriminologische Einmischung, in: Neue Kriminalpolitik 4/2005, S. 122–126; **Neubacher,** F.: Kriminologie und internationale Strafgerichtsbarkeit, in: *Neubacher,* F./*Klein,* A. (Hrsg.): Vom Recht der Macht zur Macht des Rechts, Berlin 2006, S. 17–44; **Neubacher**, F.: Terrorismus – Was haben „Rote Armee Fraktion“ und „Jihadisten“ gemeinsam? in: JURA 10/2010, S. 744–749; **Neuneck,** G.: Terrorismus und Massenvernichtungswaffen: eine neue Symbiose?, in: *Hirschmann,* K./*Gerhard,* P. (Hrsg.): Terrorismus als weltweites Phänomen, Berlin 2000, S. 129–178; **Nishihara,** H.: Die kriminalwissenschaftlichen Probleme der Fälle der AUM-Sekte in Japan, in: FS für H.-J. Schneider, Berlin 1998; **Peters,** B.: RAF Terrorismus in Deutschland, Stuttgart 1991; **Prittwitz,** C.: Krieg als Strafe – Strafrecht als Krieg – Wird nach dem „11. September“ nichts mehr sein wie es war?, in FS für *Lüderssen,* Baden-Baden, 2002, S. 499–514; **Rabert,** B.: Terrorismus in Deutschland, Bonn 1991; **Rauschenberger,** F.: Bildung krimineller Vereinigungen, in: Kriminalistik 2001, S. 772–774; **Rogall,** K.: Rasterfahndung in Zeiten des Terrorismus, in GS für Schlüchter 2002, S. 611–645; **Rupprecht,** R.: Lebenslaufanalysen von Terroristen, in: Kriminalistik 1982, S. 298–302; **Sadr,** A.: Islamismus – Hintergründe, Entstehungsbedingungen, Grundzüge, in: Kriminalistik 10/2011, S. 547–557; **Satzger**, H.: Internationales und Europäisches Strafrecht, 4. Aufl., Baden-Baden 2010; **Scheerer,** S.: Die Zukunft des Terrorismus, Lüneburg, 2002a; **Scheerer,** S.: Nachteil und Nutzen kritischer Kriminologie in Zeiten des Terrorismus, in: KrimJ H. 1/2002, S. 25–40; **Schlüchter,** E. Erweiterte Kronzeugenregelung, in: ZRP 1997, S. 65–78; **Schmidtchen,** G.: Bewaffnete Heilslehren, in: *Geißler,* H. (Hrsg.): Der Weg in die Gewalt, München 1978, S. 39–51; **Scholzen,** R.: Die Deutsche Anti-Terror-Politik, in: Kriminalistik 2000, S. 179–724; **Schulte,** J. M.: Der Inhalt der Sicherheitspakete, in: Neue Kriminalpolitik 1/2002, S. 4–5; **Schwind,** H.-D. (Hrsg.): Ursachen des Terrorismus, Berlin 1978; **Thiée:** Muslimisches Recht, in 2/2005, S. 187–202; **Tophoven,** R.: Fundamentalistisch begründeter Terrorismus: Osama bin Laden als neuer Typ des Terroristen, in: *Hirschmann,* K./*Gerhard,* P. (Hrsg.): Terrorismus als weltweites Phänomen, Berlin 2000, S. 181–190; **Tophoven,** R.: Neue terroristische Strukturen: Osama bin Laden und die ‚Al-Quaida‘, in: *Frank,* H./*Hirschmann,* K.: Die weltweite Gefahr, Terrorismus als internationale Herausforderung, Berlin 2002, S. 245–262; **Waldmann,** P.: Islamistischer Terrorismus. Ideologie, Organisation und Unterstützungspotential, in Kriminalistik 12/2004, S. 740–745; **Walter,** M./**Neubacher,** F.: Die Suche nach strafrechtlichen Antworten auf den internationalen Terrorismus, in: KrimJ 2002 (H. 2.), S. 98–108; **Wassermann,** R. (Hrsg.): Terrorismus contra Rechtsstaat, Darmstadt/Neuwied 1976; **Winterfeld,** A. v.: Terrorismus – „Reform" ohne Ende? in: ZRP 1977, S. 265–269; **Wördemann,** F.: Terrorismus – Motive, Täter, Strategien, München 1977; **Wright,** L.: Der Tod wird euch finden, München 2007.

**Gliederung**



Der Terrorismus ist keine bloße Erscheinung der Neuzeit; er ist auch nicht nur auf die Bundesrepublik Deutschland begrenzt. Terroristische Anschläge auf Personen hat es vielmehr zu allen Zeiten und wahrscheinlich in allen Teilen der Erde gegeben. Der **Begriff „Terrorismus"** ist allerdings erst in der französischen Revolution entstanden, die ein Schreckensregime hervorbrachte, das in den Jahren 1793–1794 „Konterrevolutionäre" beseitigte bzw. einzuschüchtern versuchte: das „régime de la terreur". **1**

*Das StGB verwendet den Begriff Terror (von lat. Furcht, Schrecken) z. B. in § 129a StGB, der die Bildung oder Beteiligung an einer „terroristischen Vereinigung" mit Freiheitsstrafe zwischen einem und zehn Jahren bedroht" (vgl. auch § 129b; unten Rdn. 42).*

Mitunter richtet sich die Gewalt auch nur gegen Sachen; *Middendorff* (1976, 290) nennt insoweit z.B. auch die englischen Suffragetten zu Beginn des Jahrhunderts (1912), die sich noch mit der Zerstörung von Schaufensterscheiben in der vornehmen Einkaufsgegend um den Piccadilly-Circus zufriedengegeben haben. Allerdings kann man darüber streiten, ob diese Aktion bereits terroristisch genannt werden kann. Denn darüber, welche konkreten Aktivitäten in dieser Weise qualifiziert werden müssen, besteht (naturgemäß) Uneinigkeit. So hängt die Antwort nicht zuletzt vom politischen Standpunkt des Beurteilers ab: ein „Terrorist" kann der Unterdrücker des einen, aber der Befreier des anderen sein (*Janssen* 1984, 17). Sind z.B. die militanten **Palästinenser** Terroristen (wie die **Israelis** sie einordnen) oder Freiheitskämpfer (so die Einschätzung arabischer Staaten), die die israelische Besatzung abschütteln möchten? **Wie ist es mit den Kämpfern der Kurdischen PKK?**

*Auffällig ist, daß auch eine Umwertung stattfinden kann: „So erklärt sich, daß* ***aus erfolgreichen Terroristen****, wenn sie ihr Ziel erreicht haben,* ***erfolgreiche Staatsmänner*** *und sogar Friedens-Nobelpreisträger werden können" (Scheerer 2002, 40; Hess 2002, 85).*

**Wer ist Terrorist und wer ein Freiheitskämpfer?**

**UNO-Gipfel uneins über Begriffe in Abschlusserklärung**

aus: *NOZ*
vom 16. Sept. 2005

### I. Definition und Formen des Terrorismus

2 In der Literatur wird zwischen verschiedenen Formen des Terrorismus differenziert (vgl. auch *Scheerer* 2002, 24ff); insoweit geht es vor allem um folgende Gruppen:

3 – *erste Gruppe: (Staats-)Terrorismus (Terrorismus von oben), „der* ***zur Verteidigung etablierter Ordnungen*** *ausgeübt wird: entweder von den staatlichen Apparaten oder Regierungen selbst (wie in der NS-Zeit und wie heute noch in zahlreichen Diktaturen, die nicht mit dem Konsens der Bevölkerung rechnen können) oder* ***von privaten oder halbstaatlichen Gruppen*** *(wie früher von den Todesschwadronen in Brasilien oder von dem Ku-Klux-Klan in den USA: Hobe 1979, 7),*

4 – *zweite Gruppe: (revoltierender) Terrorismus (Terrorismus von unten),* ***der etablierte Ordnungen angreift: separatistische und autonome*** *(auch ethnisch-nationalistische)* ***Bewegungen*** *(wie die militanten Flügel der* **ETA** *in Spanien oder die* **IRA** *in Nordirland, sowie* ***sozialrevolutionäre Aufstandsbewegungen,*** *die sich* ***gegen diktatorische Regime*** *erheben (wie die Guerilla in einigen südamerikanischen Staaten) oder* ***gegen demokratisch-parlamentarische Systeme*** *(wie zeitweise in Japan, Italien und als* **RAF** *in der Bundesrepublik Deutschland), sowie als Sondergruppe, in der sich Merkmale der ersten und zweiten Gruppe mischen; eine*

– *dritte Gruppe:* ***religiös motivierter Terrorismus****, etwa der* ***AUM*** *Sekte (in Japan) oder des weltweiten islamistischen Terrorismus* ***(al Qaida)****: transnationaler Terrorismus.*

5 Dieses Kapitel beschäftigt sich mit der zweiten und dritten Gruppe, die beide zum Ziel haben, durch Terroranschläge zu demoralisieren. Das unmittelbare Ziel des Terrorismus ist also nicht der (militärische) „Sieg",

„sondern die **Verbreitung von Schrecken und Furcht**" mit dem Ziel „die Sympathie oder gar Solidarität von Bevölkerungsgruppen zu gewinnen" (Ermattungsstrategie). Insoweit setzen Terroristen dann allerdings meist auch darauf, daß der Gegner den Rückzug antritt (*Eckert* 2006, 71).

*Waldmann* (2002, 11) definiert Terrorismus insoweit, als „planmäßig vorbereitete, schockierende Gewaltanschläge gegen eine politische Ordnung aus dem Untergrund, die allgemeine Unsicherheit und Schrecken, daneben aber auch Sympathie und Unterstützungsbereitschaft erzeugen sollen".

Der *Rat der Innen- und Justizminister der EU* hat sich im Dezember 2001 auf dem Wege eines Rahmenbeschlusses (ABl. EG Nr. L 164, S. 3) darauf verständigt, als terroristisch solche Straftaten einzustufen, die mit dem Ziel verübt werden,
- die Bevölkerung auf schwerwiegende Weise einzuschüchtern oder
- öffentliche Stellen oder eine internationale Organisation rechtswidrig zu einem Tun oder Unterlassen zu zwingen oder
- die politischen, verfassungsrechtlichen, wirtschaftlichen oder sozialen Grundstrukturen eines Landes ernsthaft zu destabilisieren oder zu zerstören.

## II. In Deutschland: Die RAF

Weitgehende Einigkeit besteht im Schrifttum darüber, daß der Terroris- 6
mus in der Bundesrepublik aus der **Studentenrevolte** der 60er Jahre hervorging (vgl. z.B. *Middendorff* 1981, 407; *Backes/Jesse* 1993, 197). Vor allem Mitglieder des „Sozialistischen Deutschen Studentenbundes" (SDS), die sich seit 1966 (während der Periode der Bonner Großen Koalition) als Kern einer „Außerparlamentarischen Opposition" **(APO)** verstanden (vgl. *Kahl* 1978, 59), versuchten mit Hilfe provokatorischer Protestaktionen politische und gesellschaftliche Reformen zu erzwingen, die primär auf die Veränderung des bestehenden Regierungs- und Gesellschaftssystems abzielten (zu den Gründen vgl. ausführlich *Fetscher* 1977, 11 ff). Die Demonstrationen richteten sich aber auch gegen den **Vietnamkrieg** der Vereinigten Staaten, gegen den **„Konsumterror"** und gegen einen bestimmten **Presseverlag** (Springer). Insbesondere durch den Widerstand gegen den Vietnam-Krieg konnte die APO ihre Basis über die studentischen Anhänger hinaus in die Kreise der nichtstudentischen Jugend verbreitern. Zulauf aus den studentischen Kreisen bekam die Bewegung nicht zuletzt deshalb, weil sie sich auch für **Hochschulreformen** stark machte (zu den Ursachen des T. vgl. ausführlich: *Laqueur* 1977, *Hättich* 1978, *Schwind* 1978, *Fetscher* 1978, *Rupprecht* 1982 und *Rabert* 1991).

### 1. Entwicklung und Anschläge

Begonnen hatte die Studentenrevolte (**„Protestkultur"**) Anfang der 7
60er Jahre in **Berkeley** (San Francisco), einer bekannten Universität Kaliforniens. Sie hatte sich wie später ihre deutschen Ableger auch gegen den Vietnam-Krieg und gegen den „Konsumterror" des fortgeschrittenen

Kapitalismus gewandt, gegen den vor allem Herbert **Marcuse**, ein deutscher Emigrant mit Professur in San Diego, lehrte und anschrieb.

8 Nachdem Vertreter der APO die Gewalt als ein anderes Mittel der Demonstration herausgestellt hatten, kam es am 2. Juni 1967 zu tätlichen Ausschreitungen der Anhänger und Gegner des Schahregimes anläßlich eines Besuchs des **Schahs von Persien** in Berlin. Beim Einsatz der Polizei wurde der Student Benno *Ohnesorg* von dem Polizisten Karl-Heinz *Kurras* erschossen mit der Folge, daß sich die Studentenbewegung in Teilen nunmehr **radikalisiert** hat.

*Am **21. Mai 2009** wurde durch das „heute-Journal" des ZDF ein spektakulärer Fund der Stasi-Unterlagenbehörde (Birthler-Behörde) bekannt: **Kurras war SED-Mitglied und (bezahlter) Spitzel des Staatssicherheitsdienstes der DDR**. Der SPIEGEL (vom 25.5.2009, 44) stellte die Frage: „Hat die Stasi Kurras möglicherweise einen Mord eingeflüstert, um die Bundesrepublik in Aufruhr zu versetzen?". Jedenfalls haben die „68er" mit der „Enthüllung über Kurras einen wichtigen Baustein ihrer Begründung für die Rebellion verloren" (SPIEGEL aaO, 45).*

Zehn Monate später folgten am 2. April 1968 in Berlin Kaufhausbrandstiftungen, die erheblichen Schaden anrichteten. Als mutmaßliche Brandstifter konnte die Polizei vier Personen festnehmen, unter denen sich die damals 27jährige Germanistikstudentin **Gudrun Ensslin,** eine Pfarrerstochter aus Schwaben, befand, sowie deren Bekannter **Andreas Baader**, der sich für einen freien Journalisten ausgab. Beide wurden später von dem Berliner Rechtsanwalt **Horst Mahler** verteidigt; die publizistische Hilfe leistete vor und während des Prozesses **Ulrike Meinhof**, eine Kolumnistin der Hamburger (Studenten-)Zeitschrift „Konkret". In der Hauptverhandlung, die am 14. Oktober 1968 vor dem Landgericht Frankfurt begann, beriefen sich die Angeklagten zur Rechtfertigung ihres Verhaltens auf den „Völkermord der USA in Vietnam", gegen den sie hätten Widerstand leisten müssen (*Middendorff* 1981, 407). Außerdem sahen sie ihre Aufgabe darin, die bestehende Gesellschaftsordnung bzw. den Kapitalismus radikal umzustürzen (*Middendorff* aaO).

9 Anfang 1971 wurde die linksterroristische sog. **Baader-Meinhof-Bande** („Konzept Stadtguerilla") bekannt, die sich später den Namen **„Rote-Armee-Fraktion" (RAF)** zugelegt hat (ausführlich zur RAF: *Peters* 1991).

*Mit der Bezeichnung **„Rote Armee"** sollte gezeigt werden, daß sich die Gruppenmitglieder „als Kommunisten in der Tradition Lenins verstanden". Der Zusatz **Fraktion** wurde gewählt, „um klar zu machen, daß die Gruppe der bewaffnete Arm einer noch nicht existierenden machtvollen kommunistischen Partei sei (DER SPIEGEL 40/2007, 75). Ihr **Logo** wurde ein Sowjetstern mit einer Heckler & Koch-Maschienenpistole.*

10 Zu den spektakulärsten Aktivitäten dieser Gruppe gehört der **Überfall auf die Deutsche Botschaft in Stockholm** am 24. April 1975, der für die Terroristen erfolglos endete, weil ihre Forderung auf Austausch von Gei-

seln gegen in der Bundesrepublik einsitzende Gesinnungsgenossen von der Bundesregierung nicht erfüllt worden ist. Ebenfalls Anfang der 70er Jahre war als zweite terroristische Gruppe die **„Bewegung des 2. Juni"** entstanden (Datum des Todes von Benno *Ohnesorg*), auf deren Konto nicht nur zahlreiche Raubtaten gingen, sondern auch die **Ermordung des Präsidenten des Berliner Kammergerichts (von Drenkmann)** am 10. November 1974 und die **Entführung des Berliner CDU-Politikers Peter Lorenz** am 27. Februar 1975. Im März 1975 machten als dritte terroristische Gruppe die **„Revolutionären Zellen" (RZ)** durch terroristische Anschläge Schlagzeilen.

Zur Ermordung des Generalbundesanwalts Siegfried **Buback** (am 7. April 1977) bekannte sich ein „Kommando Ulrike *Meinhof* – Rote- Armee-Fraktion". Knapp vier Monate später (am 30. Juli 1977) wurde der **Vorstandsvorsitzende der Dresdner Bank (Jürgen Ponto**) getötet und am 5. September 1977 der Präsident des Bundesverbandes der Deutschen Arbeitgeberverbände (Hanns-Martin **Schleyer**), der zuvor entführt worden war. **11**

Es folgten die RAF-Morde (Motiv: „Kampf gegen das System") an Ernst **Zimmermann** (Chef der Motoren- und Turbinen-Union = MTU) am 1. Februar 1985, an Karl-Heinz **Beckurts** (einem Siemens-Direktor) und seinem Fahrer Eckhard **Groppler** am 9. Juli 1986, an dem Ministerialdirektor im Auswärtigen Amt, Gerold **von Braunmühl** am 10. Oktober 1986, an dem Chef der Deutschen Bank (Alfred **Herrhausen**) am 30. November 1989 und (Täterschaft der RAF inzwischen zweifelhaft geworden) an dem Vorstandsvorsitzenden der Berliner Treuhandanstalt, Detlev Karsten **Rohwedder** am 1. April 1991. Hinzu kommen Mordanschläge auf den Westberliner Vorsitzenden Richter des Asylsenats am Bundesverwaltungsgericht, Günter **Korbmacher** (am 1. September 1987), auf den Bonner Finanzstaatssekretär **Tietmayer** (am 20. September 1988) und auf den Staatssekretär im Bundesinnenministerium Hans **Neusel** (am 27. Juli 1990). Dieser letzten Tat bezichtigte sich ein „Kommando José Manuel *Sevillano*", das sich nach einem Terroristen benannte, der nach 177 Tagen Hungerstreik im Mai 1990 in spanischer Haft gestorben war. Der Mordanschlag auf *Neusel* erfolgte wie in den Fällen *Beckurts* und *Herrhausen* durch eine Sprengfalle: die Bombe wurde automatisch gezündet, als der Wagen eine Lichtschranke passierte. Als Täter kam eine dritte Terroristengeneration in Betracht; Altgenossen aus der zweiten Terroristengeneration konnten 1990/91 auf früherem DDR-Territorium gefaßt werden, wo ihnen der Staatssicherheitsdienst Unterschlupf gewährt hatte (vgl. *Peters* 1991, 299 ff). **Ab 1994 blieben terroristische Aktionen der RAF** aus (*Verfassungsschutzbericht* 1994, 26 und 1996); solche wurden jedoch durch die Ableger AIZ **(Antiimperialistische Zellen)** und **RZ** (Revolutionäre Zellen) verübt. **12**

## 2. Internationale Aktivitäten

Für die schon seit Ende 1972 zunehmenden Tendenzen einer Internationalisierung des Terrorismus gibt es Hinweise (vgl. dazu ausführlicher *Schwind* 1978, 37 ff, und *Boeden* 1987, 90). So ist „im Januar 1985 eine in **13** deutscher und französischer Sprache gehaltene gemeinsame Grundsatzerklärung der ‚RAF' und der französischen ‚Action Directe' verbreitet worden, in der Zielvorstellungen über den Aufbau einer ‚westeuropäischen Guerilla' dargelegt werden" (*Boeden* aaO). Die übergreifende **„Strategie des antiimperialistischen Kampfes"** hatte sich schon am 5. September 1972 während der Olympischen Spiele in München gezeigt, als Teile der israelischen Olympiamannschaft umgebracht wurden. Einen ersten Höhepunkt der Beteiligung deutscher Terroristen an den Aktionen ausländischer Gruppen bildete die im Juni 1976 durchgeführte **Entführung eines Air-Busses der Air-France nach Entebbe in Uganda**. Die zwei deutschen Terroristen, die zur Entführergruppe gehörten, kamen bei der Befreiung der 103 jüdischen Passagiere durch die israelischen Streitkräfte in der Nacht zum 4. Juli 1976 ums Leben. Daß derartige Luftpiraterie nicht mehr den Erfolg garantiert, hat auch die **Entführung des Lufthansa-Flugzeugs „Landshut"** (am 13. Oktober 1977) durch Terroristen **nach Mogadischu in Somalia** deutlich gezeigt. Die Entführer wollten ihre 86 Geiseln (Fluggäste) gegen 11 deutsche und zwei türkische Terroristen, die in Deutschland bzw. in der Türkei inhaftiert waren, austauschen. Das Unternehmen hatte jedoch wiederum keinen Erfolg. Denn ähnlich der israelischen Aktion in Entebbe gelang es nunmehr der deutschen Antiterrorbrigade des Bundesgrenzschutzes (**GSG 9** unter Otl. *Wegener*, dem „Helden von Mogadischu"), wenige Minuten nach Mitternacht am 18. Oktober 1977 alle 86 Geiseln aus der Hand der Terroristen (drei von diesen verloren dabei ihr Leben) zu befreien.

**14** *Die **GSG 9** (intern: die „Neuner") die Bundespolizei (vgl. Rdn. 30c zu § 1) ist heute in der Nähe von Bonn (St. Augustin) stationiert und vor allem zuständig für Spezialeinsätze gegen Terroristen. Bis 2009 kam es zu 1 600 Zugriffen. Etabliert wurde die GSG 9 nach einem Attentat eines palästinensischen Terrorkommandos, das 1972 auf israelische Sportler im olympischen Dorf in München verübt wurde. Die damals noch 11 Bundesländer bauten in den Folgejahren darüber hinaus **Spezialeinsatzkommandos (SEK)** auf, deren Aufgaben ebenfalls in der Bekämpfung des Terrorismus, aber auch besonders schwerer Formen der Gewaltkriminalität bestehen z. B. Geiselnahmen/Entführungen (dazu Scholzen: SEK-Spezialkommandos der deutschen Polizei, Stuttgart 2000). Von den **Mobilen Einsatzkommandos (MEK)** unterscheiden sich die SEK dadurch, daß sie für ein „geschlossenes Vorgehen" (Anwendung unmittelbaren Zwangs gegenüber Gewalttätern: auch z. B. im Rahmen der Räumung besetzter Häuser) eingesetzt werden, während die MEK's primär einen Erkundungsauftrag erfüllen: Beobachtung von Aufenthaltsorten, Treffpunkten und Schlupfwinkeln von Gewalttätern und Drogen-Dealern (vgl. Rdn. 39 zu § 27 sowie S. 210 bzw. 295 im Kriminalistik-Lexikon 3. Aufl. 1996).*

**15** In den Morgenstunden desselben Tages wurde bekannt, daß die (seit 1972 einsitzenden) Häftlinge **Baader und Ensslin sowie der zu ihrem Kreis zählende Raspe in der JVA Stammheim Selbstmord** verübt hatten. Ihre Hoffnung auf Befreiung war durch die erfolglose Aktion in Mogadischu offensichtlich zerstört worden. Die einzige Überlebende des palästinensischen Kommandos in Mogadischu, die entkommene *Andrawes Souhaila* (Deckname: Soraya *Ansari*) wurde im Dezember 1995 von Norwegen an Deutschland ausgeliefert *(NOZ* vom 11. Oktober 1995). Ulrike *Meinhof* hatte sich bereits in der Nacht vom 8. auf den 9. Mai 1976 in ihrer Stammheimer Zelle erhängt.

*Für die Jahre 1977–82 übernahm für das RAF-Kommando die „Generalbevollmächtigte" Baaders* ***Brigitte Mohnhaupt*** *(„zweite" RAF-Generation), die vom OLG Stuttgart als „Rädelsführerin" der RAF 1985 eine lebenslange Freiheitsstrafe erhielt, die „Verantwortung".* **15a**

### 3. Das Ende der RAF

Nach 1977 folgten die in Rdn. 11f beschriebenen (weiteren) Mordanschläge in Deutschland. Aus der RAF-Sicht sind jedoch auch diese erfolglos geblieben. Daß ihre Politik der Gewalt gescheitert war, ging maßgeblichen Vertretern aus der Kommandoebene auch offenbar auf. Man begann umzudenken. So heißt es in einem Grundsatzpapier (vom 10. April 1992), das diese Entwicklung abschließt: „Wir haben uns entschieden, daß wir von uns aus die Eskalation zurücknehmen". **16**

Mit der politischen Neuorientierung waren jedoch viele der inhaftierten RAF-Mitglieder (sog. Hardliner) nicht einverstanden. So kam es zu Spaltungstendenzen (dazu die Vorauflagen), die schließlich zur Auflösung der RAF führten (vgl. Zeitungsausriß). **17**

**Nach 30 Morden: RAF löst sich auf**

Achtseitiges Schreiben - „Ende des Projekts"

**BONN (dpa/rtr) Die terroristische Rote Armee Fraktion (RAF), die für mindestens 30 Morde verantwortlich ist, hat sich offenbar aufgelöst.**

Die Bundesanwaltschaft bestätigte, daß ein entsprechendes achtseitiges Schreiben bei einer Nachrichtenagentur eingegangen ist. Ob das Schreiben authentisch ist, wird nun vom Bundeskriminalamt geprüft. In Sicherheitskreisen hieß es aber, man halte es für echt.

Der Brief beginnt mit den Worten: „Vor fast 28 Jahren, am 14. Mai 1970, entstand in einer Befreiungsaktion die RAF. Heute beenden wir dieses Projekt. Die Stadtguerilla in Form der RAF ist nun Geschichte."

In dem Brief räumen die Urheber ein, Fehler gemacht und eine Niederlage erlitten zu haben. Die bewaffneten Aktionen der RAF hätten letztlich keine Unterstützung mehr in der Gesellschaft gefunden.

Die Terror-Gruppe war unter dem Namen „Baader-Meinhof-Bande" bekannt geworden. Zu den Opfern der RAF gehörten Arbeitgeberpräsident Schleyer, Generalbundesanwalt Buback sowie die Bankiers Ponto und Herrhausen.

**Symbol für den Kampf** gegen die RAF: Fahndungsplakate hingen in ganz Deutschland.

aus: *WAZ* vom 21. April 1998

18 Eine lebenslange Freiheitsstrafe erhielt 1985 auch **Birgit Hogefeld**, die als letzte der inhaftierten RAF-Terroristen **2011** nach 18 Jahren im Strafvollzug (vorzeitig auf Bewährung) aus der Haft entlassen wurde (NOZ vom 11. Juni 2011, 4).

### 4. Anti-Terrormaßnahmen

19 Die RAF hat sich zwar aufgelöst, die Anti-Terrormaßnahmen der 70er und 80er Jahre haben jedoch zum größten Teil auch heute noch ihre Bedeutung.

#### *a) Die Anti-Terror-Gesetze*

20 Die Entwicklung (die schließlich in ein präventiv konzipiertes „Aussteigerprogramm" einmünden sollte) begann mit einem „Gesetz zur Ergänzung des ersten Gesetzes zur Reform des Strafverfahrensrechts" vom 20. Dezember 1974 (BGBl. I, 3686), das den Verteidigerausschluß für die Fälle neu regelte, in denen der Verteidiger in „dringendem Tatverdacht steht, an Straftaten seines Mandanten selbst beteiligt zu sein oder die Begehung neuer Delikte zu fördern". Es folgte das sog. Antiterroristen-Gesetz vom 18. August 1976 (BGBl. I, 2181), das in einem neuen **§ 129 a StGB** die **„Bildung terroristischer Vereinigungen"** (2003 wieder entschärft) mit Strafe bedroht (vgl. z. B. *Dahs* 1976, 214 ff; *Rudolphi* 1979, 1 ff; *v. Winterfeld* 1977, 265 ff). Zehn Jahre später wurde diese Regelung durch das Gesetz zur Bekämpfung des Terrorismus vom 19. Dez. 1986 (BGBl. I, 2566) wesentlich erweitert und verschärft. 2001 kam ein **§ 129b** hinzu: **Ausweitung auf ausländische terroristische Vereinigungen**. Durch das Artikelgesetz vom 9. Juni 1989 (BGBl I, 1059) wurde schließlich die **Kronzeugenregelung** eingeführt (krit. *Schlüchter* 1997, 65 ff), deren Anwendung der Bundesanwaltschaft den Aufbruch des harten Kerns der RAF ermöglichen sollte.

> *Als **Kronzeuge** wird ein Zeuge bezeichnet, der als Teilnehmer an der verhandelten Tat mitgewirkt hat und zur Aussage gegen andere Tatbeteiligte bereit ist, weil ihm Straffreiheit oder Strafmilderung zugesichert wurde" (Kühne: Strafprozeßrecht, 7. Auflage 2007, 463).*

Sie sollte Mitglieder der Terrorgruppe motivieren, sich zu stellen und – gegen Strafminderung – ihre Gefährten zu verraten. Die (umstrittene) Regelung wurde nur bis 1999 (BGBl 1996 Teil I Nr. 4 S. 58) verlängert, aber am 28. Mai 2009 als **„allgemeine" Kronzeugenregelung (§ 46b als „Judas"-§** für mindestens mittlere Kriminalität), die auch die „kleine" Kronzeugenregelung für bestimmte Delikte (z. B. im Drogenbereich) ersetzt, modifiziert (wieder) **eingeführt** (Deutscher Bundestag, zit. nach FAZ vom 29. Mai 2009): vgl. auch § 129 Abs. 6 StGB.

#### *b) Polizeiliche Terrorismusbekämpfung*

21 Das Mißerfolgsrisiko hatte sich für die Terroristen bereits durch die Unnachgiebigkeit der damaligen Bundesregierung gegenüber den er-

presserischen Herausforderungen von **Stockholm und Mogadischu** (vgl. oben Rdn. 13) erkennbar verändert: Die Zahl der Anschläge nahm danach abrupt ab.

Eine abschreckende Wirkung dürften grundsätzlich ferner die Erfolge der vom Bundeskriminalamt eingesetzten **Rasterfahndung** (vgl. dazu Rdn. 38 zu § 29) ausgelöst haben. Auch die Diskussion um den **Under Cover Agent** (dazu *Lüderssen* in: JURA 1985, 113ff) wird unter diesen Aspekten gesehen. Ferner ist das **„Europäische Übereinkommen zur Bekämpfung des Terrorismus vom 27. Januar 1977"** zu erwähnen (abgedr. in: Europa-Archiv, Folge 6, 1977, D, 139–142).

Internationale Abstimmungen der Terrorismusbekämpfung finden **22**
(bzw. fanden) seither in folgenden Gremien statt (nach *Boeden* 1987, 90ff; *Klink* 2000, 372ff):

- *in der **TREVI-Organisation** (TREVI = Terrorisme, Radikalisme, Extremisme, Violence International); inzwischen integriert in die 3. Säule des Maastrichter Vertrages (zu diesem Rdn. 25 zu § 31);*
- *in der **Arbeitsgruppe Terrorismus der Interpol**;*
- *nach den Ereignissen vom 11. September 2001 (vgl. Rdn. 37 unten) in einer **Task Force bei Europol** (vgl. Rdn. 50ff zu § 31).*
- *im **Europarat**, der eine Konvention zur Terrorismusbekämpfung verabschiedet hat.*

*Klink* (2000, 137) sorgte sich um die Vielzahl der Gremien und ihres **23**
output: „Angesichts relativ häufig abstrakter Bekenntnisse zur Zusammenarbeit ohne konkrete Vereinbarungen ist die **Gefahr des substanzlosen Aktionismus** nicht von der Hand zu weisen".

### III. In Japan: Die AUM-Sekte

Alle bis dahin bekannten Dimensionen terroristischer Anschläge wer- **24**
den bzw. wurden durch die Aktivitäten

- einer japanischen Terrorgruppe gesprengt, die (1995) **erstmals Giftgas** benutzt hat, sowie durch Bombenanschläge
- militanter islamischer Fundamentalisten, die (nach weltweiten anderen Anschlägen) am 11. September 2001 **erstmals entführte Passagierflugzeuge als fliegende Superbomben** eingesetzt haben (vgl. Rdn. 38 zu § 30). Zum Islam vgl. Kasten am Ende des § 30.

In Japan wurden am 20. März 1995 bei einem **Giftgasanschlag auf die** **25**
**U-Bahn von Tokio** 12 Menschen getötet und mehr als 5000 Menschen mit Atem- und Kreislaufbeschwerden in die umliegenden Krankenhäuser verteilt. Wie die Zeugenaussagen später ergaben, stellte der Täter, der eine Maske aus weißem Mull vor dem Mund trug, ein Paket auf den Boden und stieg wieder aus (DER SPIEGEL vom 22. Mai 1995, 133). In diesem Paket, das etwa so groß war wie eine Zigarrenkiste, befand sich das **Nervengas Sarin**.

Der SPIEGEL (aaO) sprach von einem „Quantensprung in der **26**
Geschichte des Terrorismus" (vgl. dazu die Karikatur unten); denn Gift

wirke „massen- und tiefenpsychologisch besonders verheerend" und wecke „schlimmere Ängste als Bomben und Gewehre, die traditionellen Waffen der Terroristen". Das Attentat von Tokio habe „das Zutrauen in die Beschützerfunktion des Staates im Innersten erschüttert" (DER SPIEGEL aaO).

**27** Als Urheber der Katastrophe wurde schon bald die (erst 1987 gegründete) AUM-Shinrikyo („erhabene Wahrheit")-Sekte ermittelt, deren Gründer und „göttlicher Kaiser" (der blinde Yoga-Lehrer) **Shoko Asahara** (alias Chizuo *Matsumoto*) neun Jahre später (am 27. Febr. 2004) **zum Tode verurteilt** wurde (NOZ vom 28. Febr. 2004).

**28** Bei der AUM-Sekte (Näheres bei *Nishihara* 1998) mit Zentrum in Kamikuishiki (am Fuße des Fuji) handelt(e) es sich um einen paramilitärisch organisierten Geheimbund mit etwa 10000 Anhängern in Japan und 25000 in Rußland. Zu ihrem Weltbild gehören **Tod und Untergang** als höchstes Gemeinschaftserlebnis. Verhöre sollen enthüllt haben, daß „das U-Bahn-Attentat Vorspiel für einen Staatsstreich war" (DER SPIEGEL aaO, 139).

**29** Bei *Asaharas* Verhaftung am Kommunenhauptsitz wurden in einem unterirdischen Versteck 275 Fässer mit Chemikalien gefunden, die zur Herstellung von Nervengas erforderlich sind (NOZ vom 19. Mai 1995, 6); außerdem Gasmasken, Schutzanzüge, Laserwaffen, Dynamit und Maschinengewehre sowie „200 Metallbehälter mit Peptonen, Nährstoffen zum Züchten von Bakterienkulturen" (DER SPIEGEL aaO, 137; ausführlicher *Neuneck* 2000, 154ff).

aus: *FAZ* vom 6. März 1995, S. 10

Einen erneuten Giftanschlag auf die Tokioter U-Bahn konnte die Polizei am 5. Mai 1995 vereiteln; er hätte, wie Polizeichemiker festgestellt haben, bis zu 10 000 Menschen das Leben gekostet (DER SPIEGEL aaO, 138). **30**

Seither (bis 2010) ist die Sekte strafrechtlich nicht mehr in Erscheinung getreten. **31**

**IV. Weltweit: Islamistischer (religiös motivierter) Terrorismus**

Die fast gleichzeitigen Bombenanschläge (263 Tote, über 5000 Verletzte) auf die US-Botschaft in **Nairobi** (Kenia) und **Daressalam** (Tansania) am 7. August 1998 rückten einen Mann in den (internationalen) Blickpunkt, der schon seit den 80er Jahren als Kopf einer gefährlichen religiösen Eiferergruppe gilt (gemeint sind islamische Fundamentalisten; Rdn. 18 zu § 24), die sich zum Ziel gesetzt hat, die „Ungläubigen" (gemeint sind Nichtmoslems) aus den islamischen Ländern, insbesondere aus den Staaten der arabischen Halbinsel, zu vertreiben: vor allem die mit dem verhaßten Israel verbündeten Amerikaner. **32**

Osama *bin Laden*

**Top-Terrorist**

Das US-Bundeskriminalamt FBI hat den mutmaßlichen Terroristenchef Osama bin Laden auf seine Liste der „zehn meistgesuchten" Verbrecher gesetzt. Der saudische Millionär gilt als Drahtzieher mörderischer Anschläge auf US-Botschaften 1998. Das FBI setzte ferner fünf Millionen Dollar Belohnung für Hinweise aus, die zur Ergreifung bin Ladens führen. Foto: dpa

aus: *NOZ* vom 9. Juni 1999

*In diesem Rahmen soll u.a. auch die von Israel „beschlagnahmte" heilige Stätte der* ***Aqsa-Moschee*** *in Jerusalem „befreit" werden. Darüber hinaus richtet sich der Kampf gegen ungenannte muslemische Regime, die (von den USA beeinflußt) die Anwendung der islamischen* ***Scharia*** *verhindern und statt dessen „gotteslästerliche Gesetze" anwenden würden (Köhler, in: FAZ vom 10. August 1998, 3).* **33**

Der Begriff des islamischen Fundamentalismus „wird meist als reines Synonym für den „Islamismus" verwendet: „Rückkehr zu den Fundamenten des Islam" (*Sadr* 2011, 548). Dieser Sinngehalt ist vor allem für die Salafisten (vgl. Rdn. 68 unten) wichtig. **33a**

In der öffentlichen Wahrnehmung wird unter Islamismus „in der Regel zunächst eine gewaltbereite und nach Dominanz strebende Variante des Islam verstanden" (*Sadr* aaO).

### 1. „Heiliger Krieg"

*a) Der Bankier des Terrors*

**34** Der fanatische Anführer bzw. Geldgeber dieser islamistischen Bewegung (der 196 cm große Riese; *Wright*: 187 cm) *Osama bin Laden*, der u.a. für die Attentate auf den Papst (1985) und für den (ersten) Angriff auf das **World Trade Center** (1995) in New York mitverantwortlich gemacht wird *(Neuneck* 2000, 145) sowie für einen Sprengstoffanschlag auf den **US-Zerstörer „Cole"** am 12. Oktober 2000 im Hafen von Aden, steht im Verdacht, als Hintermann auch die Anschläge in Ostafrika mit finanziert bzw. gesteuert zu haben (CIA-Dossier: „Bankier des Terrors"). Als 17. von 53 Kindern des schwerreichen Baumeisters der saudischen Königsfamilie (Mutter Syrerin, eine von 20 Ehefrauen seines Vaters) im saudiarabischen Dschidda (1955) geboren (*Hermann* 1998, 5), verfügt dieser Mann offenbar auch über erhebliche finanzielle Ressourcen, die er z.T. (wie schon sein Vater) als Bauunternehmer selbst verdient hat.

*Zu den wichtigen Bauaufträgen gehörten z.B. die höchsten Heiligtümer des Islam: die beiden Moscheen in* ***Mekka und Medina*** *(beide in Saudi-Arabien). Bin Ladens Vermögen wird auf* ***300 bis 500 Millionen US-Dollar*** *geschätzt (so Tophoven 2002, 249). Sein Clan soll sogar über* ***fünf Milliarden US-Dollar*** *verfügen (Tophoven 2000, 182). Der Linzer Wirtschaftsprofessor Friedrich Schneider schätzt das Vermögen des internationalen Terrornetzwerkes Al Qaida auf über vier Milliarden Dollar (zit. nach DIE WELT vom 21.10.2004, 8).*

**35** Nach seinem Studienabschluß (1979) als Bauingenieur hat *bin Laden* (1979–89) in Afghanistan (auf seiten der Mudschahedin (Freiheitskämpfer) im „Heiligen Krieg" gegen die **sowjetischen Besatzungstruppen** gekämpft, die für die Moslems **„gottlose" Eindringlinge** waren (*Köhler* aaO, Hermann, aaO). Nach dem Abzug der Russen kritisierte *bin Laden* im **Golf-Krieg** (1991) dann sehr massiv die Entscheidung König *Fahds* von Saudi-Arabien, **westliche (amerikanische) Truppen („Ungläubige" = „Kuffar")** zur militärischen Unterstützung (gegen den Irak Saddam *Husseins*) ins Land zu holen und damit den Islam zu „entweihen". Daraufhin wurde er des Landes verwiesen; auch der Sudan, in den er zunächst flüchtete, wies ihn auf amerikanischen Druck wieder aus (*Hermann* aaO; ausführlicher *Tophoven* 2002, 252 und *Wright* 2007).

Schon 1988 hatte *Bin Laden* (zusammen mit Ayman al *Zawahiri*, seinem Stellvertreter) die weltweit agierende Terrororganisation **„Al Qaida"** (die „Basis" für ein internationales Netzwerk des Terrorismus) gegründet.

*Mit „Terroranschlägen und Aufrufen zum gewaltsamen ‚Jihad' strebt ‚al-Qaida' ihre* ***Hauptziele*** *an: Das Zurückdrängen westlichen Einflusses auf muslimische Länder sowie den Sturz der nach Ansicht von 'al-Qaida' 'vom Glauben abgefallenen' Regierungen im Nahen und Mittleren Osten sowie in Nordafrika" (BMI-Verfassungsschutzbericht 2010, 214).*

Im **Februar 1998** hat sich nach Verlautbarungen *bin Ladens* (*Tophoven* 2002, 254) seine Terrororganisation mit islamistisch-fundamentalistischen (Terror-)Gruppen z.B. **Ägyptens** („Jihad-al-Islami"), **Indiens** („Harakat al-Ansar"), **Kaschmirs** („Harakat-ul-Mudschaheddin"), **Bangladeschs** („Jihad-al-Islami") und der **philippinischen „Abu Sayyaf"**-Organisation zusammengeschlossen.

*Bei der* ***Al-Qaida*** *handelt es sich eher um „eine lose, unter dem* ***Dach einer gemeinsamen panislamischen Ideologie*** *verknüpfte Ansammlung von Gruppen (lokalen und autonomen Terrorzellen), welche Gewalttaten planen und organisieren" (Deckers/Heusel in ZRP 6/2008, 170).*

In „der **Grundsatzerklärung** der neuen Terrorfront artikuliert Osama *bin Laden* seine Absicht, **Amerikaner und ihre Verbündeten überall auf der Welt anzugreifen und zu töten, einschließlich Zivilisten"** (*Tophoven* aaO). Zu **Internet**-Aufrufen vgl. Rdn. 58 zu § 14.

aus: *FAZ* vom 2. Oktober 2001

*b) Training-Camps in Afghanistan*

36 Seine Kommandozentrale hatte *bin Laden* ab 1996 (in einem Bunker- und Höhlensystem) in dem von den ultrareligiösen **Taliban** (wörtlich: Koranschüler) regierten Afghanistan aufgebaut und dort in den schwer zugänglichen Bergketten auch seine Training-Camps einrichten können. In diesen Lagern wurden sog. „Gotteskrieger" **(„arabische Afghanen")** aus der ganzen islamischen Welt (vor allem aus Ägypten, Algerien, Tunesien, Palästina, aber auch aus dem Irak: *Tophoven* 2002, 252) mit **Waffen vertraut** gemacht und religiös-fundamentalistisch **indoktriniert**: Chance als Märtyrer ins Paradies einzugehen; **„bereit sein für Allah zu sterben"**, (vgl. dazu oben die makabre Karikatur, die aber das Problem trifft).

*Ausgebildet werden die Gotteskrieger („Jihadisten") zu **Selbstmordattentätern**, also zu solchen, die (wie die Kamikaze-Flieger: vgl. Rdn. 21c zu § 29) „den eigenen Tod als festen Bestandteil des Tatgeschehens einplanen. Diese **Todesbereitschaft unterscheidet sie auch von den terroristischen Gewalttätern der siebziger und achtziger Jahre** des vergangenen Jahrhunderts" (Baldus 2006, 364), die überleben wollten und deren Verhalten deshalb „bis zu einem gewissen Grade noch kalkulierbar war" (Baldus aaO).*

Eine dieser Ausbildungsstätten wurde von den Amerikanern am 20. August 1998 im Rahmen einer **Vergeltungsaktion** durch Marschflugkörper, die (gesteuert von Satellitennavigatoren) von US-Kriegsschiffen im Arabischen Meer auf den Weg gebracht wurden, völlig zerstört (21 Tote, 30 Verletzte, zit. nach FAZ vom 22. August 1992, 2). *Bin Laden*, der überlebte, ließ danach durch einen Sprecher mitteilen, daß der „richtige Krieg noch (gar) nicht begonnen" habe (zit. nach FAZ vom 24. August 1998).

36a Für die Selbstmordattentäter der *Al Qaida* gibt es ein **historisches Vorbild**. **Auftragsmorde im Namen Allahs** (also der Religion) gab es im islamischem Raum schon in der Zeit zwischen dem 11. und 13. Jhrdt. durch die **Assassinen** (arab. „Haschischgenießer"). Insoweit handelt es sich um einen um 1090 gegründeten Geheimbund der Ismailiten, der sich in einer Festung, dem über 2000 Meter hohen **Felsen von Alamat** im Norden Persiens am kaspischen Meer festgesetzt hatte und von hier aus seine Religion (gegen die Sunniten) auszubreiten versuchte. Der bekannteste Anführer war der **„Alte vom Berge"**, der 1164 an die Spitze der Assassinen gelangte und in Syrien und Persien **Selbstmordattentäter** aussandte, um politische Schlüsselfiguren seiner Gegner bzw. **„abtrünnige" Muslime** (mit dem Dolche auf offener Straße) aus dem Wege zu räumen. Auch schon den damaligen Attentätern wurde **zur Belohnung die Aufnahme ins Paradies versprochen**: vgl. auch die Sure 4.74 (unten Rdn. 59). Das ungeschriebene Gesetz dieses Männerbundes lautete **„Gehorsam bis in den Tod"**. Auch **sleeper** (vgl. Rdn. 41) gab es bereits. 1256 wurde die Festung von den Mongolen zerstört. *Bin Laden* will offenbar der „Alte vom Berge" der heutigen Zeit sein.

## 2. Der 11. September 2001

Der **UN-Sicherheitsrat** hatte (mit der Resolution 1267) die Taliban-Milizen in Afghanistan am **15. Oktober 1999** (einstimmig und ultimativ) aufgefordert, *bin Laden* an die USA oder an ein Drittland **auszuliefern**, um ihn vor Gericht zu stellen *(Tophoven* 2000, 190). Diese lehnten jedoch mit der Begründung ab, **bin Laden** sei „ein **Held in der arabischen Welt**" und genieße das Gastrecht der Taliban (zit. nach *Walter/Neubacher* 2002, 99). *Bin Laden* holte zum (organisierten) Gegenschlag aus. 37

**Terror und Tod in New York**

Flugzeuge zerstören World Trade Center - Auch das Pentagon schwer getroffen

aus: *WAZ* vom 12. September 2001

Am **11. September 2001** rasten zwei von arabischen Selbstmord- **(Kamikaze-)**Attentätern („Glaubensterroristen") entführte Passagierflugzeuge im Abstand von rund 18 Minuten in die beiden (405 Meter hohen) Türme (twin towers) des **World-Trade-Centers** (WTC) in New York (in denen zur Tatzeit etwa 40 000 bis 50 000 Menschen ihrer Arbeit nachgingen) und legten diese in Schutt und Trümmer: etwa 3000 Tote. Das **„Nonplusultra des Terrorismus als Medienereignis"** (*Rieck* in NdsMI 2010, 58). 38

*Ein Anschlag ohne Vorlage (Muster)? Falsch! Ein genaues Vorbild ist z. B. in dem Psychothriller „Der Schrecken der Medusa" (1987 mit Richard Burton) zu sehen: auch dort wird ein Flugzeug aus verbrecherischen Motiven in einen Wolkenkratzer gelenkt.*

Wenig später stürzte eine dritte Maschine auf den Südflügel des **Pentagons** (das amerikanische Verteidigungsministerium): 190 Tote. Ein viertes Flugzeug explodierte auf einem Feld bei Shanksville (Pennsylvania). Die US-Regierung vermutete als Drahtzieher hinter den Anschlägen wieder *bin Laden*; dieser gab schließlich am 28. Okt. 2004 in einem Video seine Urheberschaft zu (zit. nach NOZ vom 30. Okt. 2004).

***Warum New York?*** *Dazu der Terrorismus-Experte Tophoven (2002, 246): „Die Stadt gilt den Kriegern des ‚Heiligen Terrors' als Nerven- und Schaltzentrale der gesamten westlichen Welt. Für die islamistischen Eiferer verschmelzen sich in dieser Metropole die beiden ‚satanischen Verbündeten', USA und Israel, symbolisiert durch die Twin-Towers, zu einer Einheit"*

Der damalige amerikanische **Präsident (*Bush*)** hat daraufhin schon am **12. September** massive Vergeltungsmaßnahmen (Polizeieinsätze auf militärischer Basis) angekündigt. Der **UN-Sicherheitsrat verurteilte die Attentate bereits am gleichen Tag** einstimmig als „horrifying terrorist attacks" und ordnete sie als Bedrohung des Weltfriedens ein (Resolution 39

1368). Der **Nato-Rat** rief am 12. September auf Ersuchen der USA (zum ersten Mal in seiner mehr als 50-jährigen Geschichte) den Verteidigungsfall für alle 19 Mitgliedsstaaten des Bündnisses aus.

*Die entsprechende **Beistandsklausel** enthält der **Art. 5 des Nato-Vertrages**, der sich seit 1999 (sog. „neues strategisches Konzept") auch auf terroristische Attacken aus Nicht-Nato-Staaten bezieht (vgl. dazu auch Art. 80 a Abs. 3 GG: ferner Rdn. 25d zu § 29).*

Für Deutschland folgte der erste Kampfeinsatz der Bundeswehr außerhalb Europas. Inzwischen weiß man, daß „Deutschlands Landesverteidigung am **Hindukusch** wie sie der damalige Verteidigungsminister Peter *Struck* ausgerufen hatte, nicht nötig" und auch nur wenig erfolgreich war (SPIEGEL 36/2011, 87).

### 3. Der Afghanistan-Krieg (seit 2001)

40 Am **8. Oktober** 2001 begannen die USA (mit Unterstützung von England und Frankreich), nachdem die Taliban nicht bereit waren, *bin Laden* auszuliefern, mit **der Bombardierung** afghanischer Städte bzw. militärischer Ziele (vgl. den Zeitungsausriß). *Bin Laden* konnte entkommen; er wurde erst zehn Jahre später (2011) gefaßt und getötet (Rdn. 59). Afghanistan ist (nach dem Ende der Taliban-Herrschaft) trotz der Etablierung einer Zivilregierung (nach umstrittenen Wahlen) ein Krisenherd geblieben.

**USA greifen Afghanistan an**

Ziele in mehreren Städten bombardiert - Keine deutschen Soldaten im Einsatz

aus: *WAZ* vom 8. Oktober 2001

**Zur Sache: Mission Afghanistan**

Seit dem Sturz des Taliban-Regimes Ende 2001 versuchen internationale Truppen die Sicherheitslage in Afghanistan zu verbessern. Die NATO-geführte Schutztruppe ISAF und der US-geführte Anti-Terror-Einsatz „Enduring Freedom" stellen die meisten Soldaten. Die internationale Schutztruppe ISAF verfügt über etwa 9000 Soldaten aus 36 Nationen. Die Bundeswehr stellt mit fast 2000 Soldaten das größte Kontingent. Die Truppen sollen auch beim Wiederaufbau helfen. Die US-geführte Operation „Enduring Freedom" begann nach den Anschlägen des 11. Septembers, um die Taliban zu stürzen. Derzeit haben die USA rund 20000 Soldaten in Afghanistan.

aus: *NOZ* vom 15. September 2005

### 4. Sleeper und andere (potentielle) Terroristen

41 Die Spuren einiger der arabischen Terroristen, die das World-Trade-Center und das Pentagon zerstörten, haben auch nach Deutschland geführt und den Blick auf das Gefahrenpotential der sog. sleeper **(„Schläfer")** gelenkt.

*Insoweit handelt es sich um Personen (primär aus dem arabischen Raum), die in den afghanischen Trainingscamps (vgl. oben Rdn. 36) bin Ladens ausgebildet wurden, in Staaten (der westlichen Welt) einsickerten und dort (oft jahrelang) im **Wartestand** (völlig unauffällig) lebten bzw. noch leben und arbeiten, um dann (um als Märtyrer sterben zu dürfen) **auf Abruf** für terroristische Angriffe (als Schattenarmee) zur Verfügung zu stehen (vgl. den **Rasterkatalog des BKA**: „Verdachtskriterien islamistischer Terrorismus" zit. nach Focus 49/2010, 60). Zum Teil handelt es sich um Studenten (vgl. dazu das Täterprofil: Rdn. 27b zu § 1). Da tatvorbereitende Tätigkeiten unterblieben oder im Dunkeln verblieben, fehlt es an einer erkennbaren Gefahr i.S. des Polizeirechts bzw. an einem strafprozessualen Anfangsverdacht (dazu Baldus 2006, 364).*

Als einer „der Drahtzieher und Todespiloten der spektakulären Anschläge von New York und Washington entpuppte sich der 24jährige Ägypter Mohammed **Atta**, der lange Zeit in Hamburg in einer bürgerlichen Scheinlegalität gelebt und studiert hatte" (*Tophoven* 2002, 247).

*(1) Weitere Gefahren gehen von „jüngeren Muslimen mit einer bür-* **41a**
*gerlichen Vita aus, die aus intakten Zuwandererfamilien kommen und **‚zur Religion der Väter zurückfinden'** wollen" (SPIEGEL 13/2004, 27; vgl. auch Rdn. 15g und 17 zu § 24). Es handelt sich primär um junge Araber und Türken der zweiten und dritten Einwanderergeneration, „die sich hier radikalisiert haben": **„home grown"-Terroristen** (Neubacher* 2010, 746). 220 haben bisher (*Verfassungschutzbericht* 2010, 211) Guerilla-Ausbildungslager der ***Al Qaida*** *durchlaufen; sie haben dort u.a. gelernt wie man mit Schußwaffen umgeht und wie man Bomben baut. „Wer zurückgekehrt ist, zu dem schaut die islamische Jugend auf" (Ermittler, zit. nach SPIEGEL aaO). Dem BKA sind 100 Namen bekannt (SPIEGEL 14/2010, 21).*

*(2) Radikalem Gedankengut zugänglich sollen auch **Islamkonvertiten** in Deutschland sein, „deren Zahl sich auf ca. 11 000 dokumentierte Konversionen beläuft, insgesamt sollen es ca. 40 000 sein " (BKA-Vize Stock in FS für Schwind 2006, 751 und Verfassungsschutzbericht 2008, 210). Den Grund für die Übertritte sieht der Religionssoziologe Wohlrab-Sahr (zit. nach NOZ vom 22. Jan. 2007) in der Pflege der Gemeinschaft im Islam und in seinen klaren Regeln, und zwar vor dem Hintergrund der Individualisierungstendenzen unserer Gesellschaft, die heimatlos mache.*

**„Die sind zu allem bereit"**

**Der Präsident des Bundeskriminalamts (BKA) Jörg Ziercke warnt vor Anschlägen von konvertierten „Gotteskriegern" in Deutschland und rechnet mit weiteren Eskalationen zur Bundestagswahl**

aus: *FOCUS* 6/2009, S. 46

Auffällig ist, daß die Attentäter im Rahmen des Al Qaida-Netzes **weit-** **41b**
**gehend selbständig (unabhängig von der Zentrale) agieren** (anders *Wald-*

*mann* 2005, 745): in amorphen Zellen, die für eine gewisse Zeit zusammenarbeiten, um dann wieder zu zerfallen und in anderer Formation tätig zu werden. Das ist **anders als bei der RAF** (zu dieser oben Rdn. 9).

### 5. Anti-Terrormaßnahmen

**42** Die neue Gefährdungslage hat eine Vielzahl weiterer Aktivitäten (zu den bisherigen vgl. oben Rdn. 19) ausgelöst (Überblick bei *Baldus* 2006, 364 ff; vgl. auch oben Rdn. 19). **Feindstrafrecht?** (dazu Saliger in JZ 15/16/2006, 756).

*a) Sicherheitspakete („Otto-Kataloge“*)*

**43** Eine Resolution des Sicherheitsrates der Vereinten Nationen zur Terrorbekämpfung hat (auch die deutsche Bundesregierung) dazu verpflichtet, „binnen 90 Tagen über Anti-Terrormaßnahmen zu berichten“ (*SPIEGEL* 41/2001, 27). Die Bundesregierung hatte jedoch bereits am **19. September 2001**, also acht Tage nach dem New Yorker Desaster, aus eigener Initiative einem **ersten „Sicherheitspaket“** (Anti-Terrorpaket) zugestimmt, das terroristischen Angriffen vorbeugen soll (vgl. dazu *Schulte* 2002, 4). Zu den Maßnahmen, die im November 2001 (für fünf Jahre) vom Deutschen Bundestag verabschiedet wurden (mehrmals verlängert), zählen:

- erstens: die **Abschaffung des Religionsprivilegs** im Vereinsrecht, das bislang auch (die extremistisch orientierten) Islamisten-Vereine schützte; auf dieser Grundlage (§ 2 Abs. 2 Nr. 3 Vereinsgesetz) wurden inszwischen folgende islamistischen Organisationen verboten: z.B. Kalifatstaat und Al Aqsa;
- zweitens: die Einfügung eines **§ 129b** in das StGB (BGBl. I, 2002, 3390), der kriminelle bzw. terroristische Vereinigungen mit Strafe bedroht, die von Deutschland aus (also hier residieren) weltweit agieren (vgl. dazu *Rauschenberger* 2001, 774).

Die **Rasterfahndung** (vgl. Rdn. 27b zu § 1 und Rdn. 36 zu § 29), die in den 70er Jahren gegen die Terroristen der RAF eingesetzt wurde, gehört nunmehr zu den Hauptinstrumenten der Fahndung nach (potentiellen) terroristischen Tätern. Rechtsgrundlagen: §§ 98 a und b StPO (Justizschiene in bezug auf begangene Straftaten) oder die Polizeigesetze der Länder (Polizeischiene: etwa § 31 PolG NW) im Rahmen der Gefahrenabwehr (in bezug auf künftige Straftaten).

*Um die Rasterfahndung (gegen Terrorismus-Verdächtige) besser koordinieren zu können, hat der Arbeitskreis II der Innenministerkonferenz auf polizeirechtlicher Grundlage am 18. Oktober 2001 eine* ***„Koordinierungsstelle Internationaler Terrorismus“*** *(IntTE) unter Vorsitz des BKA etabliert (vgl. Rogall 2002, 613).*

* ironisch benannt nach dem Vornamen des damaligen Bundesinnenministers Otto *Schily*)

*Das BVerfG hat allerings im Mai 2006 (zit. nach NOZ vom 24. Mai 2006) entschieden, daß die Rasterfahndung nur dann in Betracht kommt, wenn* ***konkrete Hinweise*** *für beabsichtigte Anschläge vorliegen; nur vage Vermutungen reichen nicht aus.*

Ein **zweites „Sicherheitspaket“** das mit weiteren Tabus der bisherigen 44
Sicherheitspolitik bricht, hat der Deutsche Bundestag am 14.12.2001 nach dem Motto „Jetzt weht der Wind, jetzt gehen wir segeln“ (*Garstka* 2002, 524f) verabschiedet (vgl. auch *Schulte* 2002, 4/5). Zu den Maßnahmen dieses Paketes gehören z.B.:

- erstens: die **Aufnahme biometrischer Merkmale** (Vermessung von Körpermerkmalen: Gesicht, Iris, Fingerprint): Seit 1. Nov. 2007 werden neben dem digitalen Passfoto des Inhabers auch dessen **Fingerabdruck** elektronisch gespeichert: die Abdrücke des rechten und linken Zeigefingers werden auf dem Chip des Reise-Passes gespeichert (NOZ vom 9. Juni 2007); für Personalausweise gilt das Optionsmodell (NOZ vom 12. Juni 2008);
- zweitens: die **Einschränkung des Sozialgeheimnisses** (Name, Geburtsdatum, Arbeitgeber, Staats- und Religionszugehörigkeit usw.) im Rahmen der Rasterfahnung (§ 68 Abs. 3 SGB X);
- drittens: die **Vernetzung der Informationssysteme** von Bundeskriminalamt (BKA), Bundesnachrichtendienst (BND) Bundesamt für Verfassungsschutz (BfV) und Bundesamt für die Anerkennung ausländischer Flüchtlinge sowie der Ausländerbehörden der Länder: danach dürfen die deutschen Geheimdienste auf Bank- und Telefondaten von Terrorverdächtigen zugreifen; zulässig ist auch die **Ortung von Handy-Standorten**.

**Von Bin Laden zu Orwell**

Bürgerrechtler fürchten, dass Bushs Anti-Terror-Programm in den Überwachungsstaat führt

aus: *Süddeutsche Zeitung* vom 31. August/1. September 2002, S. 9

Solche Aktivitäten lösen nicht nur hierzulande, sondern auch in den 45
USA, wo (**„Patriot Act“** von 2001; 2005 verlängert) wesentlich rigider reagiert wird, Ängste vor einem Überwachungsstaat aus (vgl. Zeitungsausriß oben).

Bei dem Patriot Act handelt es sich um ein Bundesgesetz mit dem u.a. der **Datenschutz außer Kraft** gesetzt wurde, **Lauschangriffe ohne Einschaltung** der Justiz möglich sind und der Folter zur zulässigen Befragungsmethode erklärt wird.

*b) Weitere Maßnahmen*

Zu den weiteren Maßnahmen zählen z.B.: 46

- erstens: eine im März **2003** beim BKA eingerichtete **Indexkartei**, in der Personen erfaßt werden, die in „irgendeiner Form bei der **Bekämpfung**

**des islamischen Terrorismus** bekannt geworden sind" (vgl. die krit. Stellungnahme des *Bundesbeauftragten für Datenschutz,* Tätigkeitsbereicht vom 19. April 2005, 58);

- zweitens: ein **Luftsicherheitsgesetz** (LuftSiG) vom 18. Juni **2004** (BGBl. 2005 I, 78), das dem Verteidigungsminister das Recht einräumt, in Notfällen den Abschuß entführter Flugzeuge anzuordnen, aber am 15. Februar 2006 durch das **BVerfG** (NJW 2006, 751 ff) für **verfassungswidrig** erklärt wurde (vgl. dazu auch Rdn. 67 zu § 10);
- drittens: die Etablierung eines **„Gemeinsamen Terrorismusabwehrzentrums"** (GTAZ) des Bundes und der Länder am 14. Dezember 2004 (in Berlin) unter Federführung des BKA und des Bundesverfassungschutzes mit dem Auftrag behördenübergreifender Zusammenarbeit (zwischen BKA, BfV, BND, MAD, BPol, ZKA usw.). Vertreter dieser Sicherheitsbehörden treffen sich unter einem Dach zu täglichen Lagebesprechungen mit dem Ziel, durch den gegenseitigen Austausch von Informationen zu gemeinsamen Gefährdungsbewertungen zu gelangen, um auf diese Weise eine Abstimmung präventiver und repressiver Maßnahmen möglich zu machen: **Resourcenbündelung** (dazu *Ziercke* in Egg: Extremistische Kriminalität, Wiesbaden 2006, 61 ff; *Stock* in FS für Schwind 2006, 749 ff); Zum Abwehrzentrum gegen **Rechtsextremismus** vgl. Rdn. 31b zu § 2;
- viertens: der Aufbau einer **Anti-Terror-Datei**, in der Informationen (primär zum islamistisch orientierten Terrorismus) aller Quellen zusammengeführt werden, und zwar mit Zugriffsrechten für sowohl die Geheimdienste als auch für die Polizei.

  *Die (2007 eingerichtete) Datensammlung umfaßt u. a. Angaben zu Telekommunikationsanschlüssen, Bankverbindungen, und zwar vor allem von mutmaßgeblichen Terroristen oder deren Unterstützern. Rechtsgrundlage ist das Antiterrorgesetz (ATDG) von 2006.*

  *Das BVerfG hat die Einrichtung dieser Kartei zwar am 24. April 2013 grundsätzlich gebilligt (zit. nach WAZ vom 25. April 2013), einzelne Teile jedoch für verfassungswidrig erklärt, die bis 2014 geändert werden sollen.*
- *fünftens: die Überwachung von Tatverdächtigen, denen erhebliche Straftaten zur Last gelegt werden, per Satellit (aus dem All) mit Hilfe des satellitengelenkten Ortungssystems* **„Global Positioning System"** (GPS): ein Gerät wird am Kfz des TV angebracht, das im Minutentakt genaue Daten über Standort und Geschwindigkeit liefert (*BVerfG* Az 2 BvR 581/01: keine Bedenken).
- sechstens: am 28.Mai 2009 verabschiedete der Deutsche Bundestag ein weiteres Anti-Terrorgesetz, das die Vorbereitung schwerer staatgefährdender Handlungen mit Strafe bedroht. So soll, wer sich etwa in einem **„Terrorcamp"** (oben Rdn. 36 und 41a) ausbilden läßt, um spätere Anschläge durchzuführen, künftig mit bis zu zehn Jahren Freiheitsstrafe bestraft werden können (§ 89a u.F. StGB). Mit einer Haftstrafe bis zu drei Jahren kann bestraft werden, wer terroristische

Anleitungen z. B. im Internet verbreitet (neuer § 91 StGB). Krit. z. B. *Deckers/Heusel:* Strafbarkeit terroristischer Vorbereitungshandlungen – rechtsstaatlich nicht tragbar, in: ZRP 6/2008, 169 ff.

**Ausbildung in Terrorcamps strafbar**

**Bundestag verabschiedet Anti-Terror-Gesetz**

aus: *NOZ* vom 29. 5. 09

*c) Das BKAG vom 19. Dez. 2008*

Mit der Ergänzung des BKA-Gesetzes vom 19. Dez. 2008 (die am 1. Jan. 2009 in Kraft getreten ist) erhält das BKA eine Reihe von Befugnissen, die sich auf das **Vorfeld einer konkreten Gefahr** („Vorfeldkriminalisierung") bzw. auf das Vorfeld eines strafprozessualen Anfangverdachtes beziehen. Ziel ist die bessere Früherkennung islamistischer Zellen. Das einzige neuartige Fahnundungsinstrument ist allerdings die **Online-Durchsuchung von Computern (Privat-PCs)** solcher Personen, die dem internationalen Terrorismus zugerechnet werden müssen **(§ 20 k).** **46a**

*Bei der Online-Durchsuchung werden auf die Computer von Tatverdächtigen (Privat-PC) Spionage-Programme („Trojaner") aufgespielt mit deren Hilfe die Festplatte über das Internet gezielt nach verdächtigem Material durchsucht werden kann.*

***Bei begründetem Terrorverdacht***

WAZ-Zeichnung: Heiko Sakurai

aus: *WAZ* vom 19. April 2008, 2 (zur nicht erlaubten optischen Wohnraumüberwachung)

Die Vorschrift wurde allerdings (auf Drängen der FDP) in der neuen Bundesregierung (ab 2009: schwarz/gelb) dadurch unpraktikabel gemacht, daß Razzien nur noch auf Antrag der Bundesanwaltschaft und nur noch dann durchgeführt werden dürfen, wenn ein **Bundesrichter** (bisher Amtsrichter) die Online-Durchsuchung anordnet.

**§ 20h** BKAG erlaubt den Ermittlern unter ebenfalls strengen Voraussetzungen in Wohnungen einzudringen, um Mikrophone („Wanzen") zu platzieren **(akustische Wohnraumüberwachung)**.

Das Betreten von Wohnungen um Überwachungskameras anzubringen **(optische Wohnraumüberwachung: „Spähangriff")** ist hingegen **nicht erlaubt** (vgl. Karikatur oben).

**46b** Ein **Überblick** über die rechtlichen Rahmenbedingungen der Terrorismusbekämpfung in Deutschland (bis 2006) sowie zur Umsetzung des Ziels, terroristische Strukturen durch hohen Fahndungs- und Ermittlungsdruck zu zerstören bis zu Maßnahmen zur Prävention und Frühaufklärung, findet sich bei *Stock* (in FS für Schwind 2006, 746ff) und *Körper* (2002, 20ff).

## V. Zu den Ursachen des Terrorismus

**47** Die Schwierigkeit bei der Beantwortung der Ursachenfrage besteht bereits darin, daß sich (inhaftierte) Terroristen bisher (grundsätzlich) gegen jede Exploration gesträubt haben (vgl. z.B. *Dittmann* 2002, 18; *Backes/Jesse* 1993, 260f). *Bierbrauer* (2002, 61ff) weist jedoch darauf hin, daß „wir uns vor der Vorstellung hüten müssen, daß die politischen Führer, die kollektive Gewalt anordnen, ‚verrückt' sind ... Terroristen handeln rational, d.h. sie legitimieren ihre Verbrechen mit höheren humanitären Zielen und geben vor, im Namen der Gerechtigkeit, Ideologie oder Religion zu handeln": **Überzeugungstäter**, „die von der Abschreckungswirkung des Strafrechts nicht erreicht werden" (*Neubacher* 2010, 745). Ideologie (bzw. Religion), „die ausnahmslos mit einem **absoluten Wahrheitsanspruch** verbunden ist, verschafft dem Täter eine hochgradige Rechtfertigung für seine kriminelle Aktivität… Demzufolge wird der Terrorist auch nicht von so etwas wie einem schlechten Gewissen gestört. Seine Ideologie arbeitet perfekt als eine **Technik der Neutralisation**" (*Kühne* in FS für Schwind 2006, 104 und *Walter* in FS für Schwind 2006, 1165ff; zu Neutralisationstechniken vgl. Rdn. 27 zu § 19).

Zu der Frage, **weshalb** Terroristen (die zuvor oft angepaßt lebten) auf die kriminelle Schiene geraten, konnten sich in den Kriminalwissenschaften verschiedene Erklärungsansätze entwickeln (ausführlich bei *Rabert* 1991, 17ff), die sich in zwei Hauptrichtungen einordnen lassen: eher gesellschaftspolitisch orientierte sowie eher individualpsychologische Stellungnahmen aus psychologischer (und psychiatrischer) Sicht.

Insoweit sollte jedoch weiter differenziert werden zwischen eher **nationalen** (RAF, AUM-Sekte) und grenzüberschreitenden **(internationalen)** Phänomenen, zu denen vor allem solche mit (religiös) fundamentalistischem Hintergrund zählen (Al Qaida).

### 1. RAF

**48** Die Erklärungsansätze, die sich auf die Einflußfaktoren beziehen, die zur RAF (oben Rdn. 6ff) geführt haben (sollen), gehen grundsätzlich davon aus, daß deren Wurzeln in der **Protestbewegung** der späten 60er Jahre zu suchen sind, nämlich in einem protestbereiten Idealismus einer Wohlstandsgeneration (vgl. z.B. *Eckert* in FAZ vom 6. Dez. 1977 sowie *Fetcher* 1978, 8), und zwar gefördert durch die (damalige) **Emanzipationspädagogik** (*Hättich* 1978, 197) sowie durch die schon seinerzeit beklagte **Identifikationskrise** Jugendlicher (*Veelken* 1978, 80). Ferner wurden die (negativen) **Einflüsse der „Frankfurter Schule“** betont (vgl. *Rabert* 1991, 90 und Rdn. 45 zu § 10) sowie die **Einflüsse des anarchistischen Schrifttums** (vgl. dazu den Überblick bei *Schwind* 1978). Die „Begleitmusik hoch motivierter Medien hat auch eine Rolle gespielt“ (Insider Peter *Hohmann*, im SPIEGEL 43/2002, 176). *Bierbrauer* (2002, 61ff) weist dazu darauf hin, daß „Terroristen die Öffentlichkeit brauchen, ohne Massenmedien gäbe es keinen Terrorismus“; das gilt auch für den neuen überwiegend islamistischen Terrorismus. Terroristen brauchen den Sauerstoff eines **Unterstützermilieus**, über das die RAF nicht verfügte. Ihre Akzeptanz in der Bevölkerung war danach gleich null.

## 2. Ursachen des Islamistischen Terrorismus

Die mainstream-Kriminologie zeigt sich an der Erklärung der neuen Phänomene (AUM- und Al Qaida-Anschläge usw.) eher desinteressiert (*Albrecht* 2002, 14; *Dittmann* 2002, 20; *Kreuzer* in FS für Schwind 2006, 999ff und *Stock* in FS für Schwind 2006, 741ff). **49**

a) Gleichwohl gibt es zumindest Erklärungsversuche, in deren Vordergrund folgende stehen (*Eckert* 2006, 71): **49a**

- die **kulturalistische Erklärung,**
- die **deprivationstheoretische Erklärung** und
- die **konflikttheoretische Erklärung**.

Nach der **kulturalistischen Erklärung** können „unverträgliche kulturelle Traditionen zu fortschreitenden Spannungen und Konflikten führen“. Ein entsprechender **Kulturkonflikt** (vgl. auch Rdn. 11 zu § 7) „wird in der fundamentalen Differenz zwischen traditionellen Familienformen und Glaubensvorstellungen in islamischen Ländern einerseits und den westlichen Lebensformen anderseits gesehen, die sich in den letzten zweihundert Jahren herausgebildet haben und an jedem Badestrand rund um die Welt als leibhaftige Verführung bzw. als Verführung durch den ‚Leibhaftigen‘ in Erscheinung treten. Konfliktpunkte sind hier insbesondere die ‚westlichen‘ Werte der individuellen Selbstbestimmung und Selbstverwirklichung, wie sie in der freien Partnerwahl von Männern und Frauen, in der Einschätzung von sexueller Selbstbestimmung und Homosexualität, in der Gleichberechtigung von Mann und Frau in und außerhalb der Ehe und schließlich in der Freiheit, sich einer Religionsgemeinschaft anzuschließen oder sie zu verlassen, zum Ausdruck kommen. Darüber hinaus geht es um die ‚östlichen‘ Vorstellungen von Ehre“ (*Eckert* 2005, 125 und 2006, 72). **49b**

Mit (relativer) **Deprivation** ist wahrgenommene **Benachteiligung** als Ursache von Gewaltbereitschaft gemeint. Diese „kann darin gesehen **49c** werden, daß Muslime sich gedemütigt fühlen, weil sie in einem hoffnungslosen ökonomischen und militärischen Rückstand gegenüber ‚Christen' und ‚Juden' stehen, obwohl ihnen im Koran einmal Suprematie versprochen wurde" (*Eckert* 2006, 72). Die „ökonomische und militärische Überlegenheit der westlichen Welt wird als Beleidigung erlebt, die westliche Lebensweise als Bedrohung islamischer Werte" (*Neubacher* 2010, 746). Auch *Scheerer* (2002a, 44) weist darauf hin, daß das Gewaltpotential mit einer „kollektiven Erfahrung verweigerter Anerkennung" zu tun haben kann, also mit **Demütigungen** durch die westliche Welt bzw. dem Gefühl, „mit den Herausforderungen neuzeitlicher Wirtschafts- und Gesellschaftsstrukturen" nicht zurecht zu kommen (so *Hetzer* 2006. 436).

**49d** Vor diesem Hintergrund entstehen dann **(konflikttheoretische Erklärung) Interaktionsspiralen** des Protestes bis hin zu Gewalt-Aktionen, die kollektive Identität herstellen und zugleich zur Radikalisierung benutzt werden (*Eckert* 2005, aaO). Beispiele dafür:

- der **Karikaturenkonflikt**: Karikaturen des Propheten Mohammed (zu diesem Rdn. 69) in einer dänischen Zeitung (am 5. Sept. 2005) führten zu weltweiten Protesten und Gewalt von Muslimen. Dennoch druckte das Pariser Satiremagazin „Charlie hebdo" 2012 weitere (verkaufsfördernde) Mohammad-Karikaturen (WAZ vom 20. Sept. 2012);.
- eine **Vorlesung des Papstes** (*Benedikt XVI.*) am 11. September 2006 in der Universität Regensburg zu dem Thema „Glaube, Vernunft und Universität", in der eine Kritik des byzantinischen Kaisers Manuel II. (aus dem 14. Jahrhundert) an Mohammed und am Islam zitiert wurde. In der islamischen Welt wurde fälschlich vermutet, der (bayerische) Papst würde sich mit der Kritik identifizieren. Die Folge waren wiederum wütende Massenproteste und Gewaltaktionen „von Marokko bis Indonesien" (*SPIEGEL* vom 18. 9. 2006, 68). Auf der anderen Seite geht der Islam davon aus, daß Beleidigungen des Christentums („Ungläubige") akzeptiert werden müssen.

**Skandal um Mohammed**

Der Streit um die **Karikaturen des Propheten** eskaliert: Weltweit protestieren die Muslime. Droht jetzt der „Kampf der Kulturen"?

aus: *WAZ* vom 12. Dezember 2001

**50** b) Diesen Erklärungsansätzen entsprechend hat **Walter Laqueur**, einer der bekanntesten Terrorismus-Experten, (in der WELT vom 4. Dezember 2001) vor dem Hintergrund seiner **Erfahrungen** folgende (gesellschaftliche) Einflußfaktoren genannt:

- erstens: **Armut**, Hunger, Krankheit (so auch *Bierbrauer* 2002, 61 ff und die Weltbank, zit. nach Ruhr-Nachrichten vom 20. November 2001; dazu die Karikatur unten);
- zweitens: religiös fundierte Gewaltbereitschaft (Rdn. 15g zu § 24) bzw. **Konfliktkampf der Kulturen** (vgl. Rdn. 49a zu § 31: *Huntington* ebenso

*Bierbrauer* aaO); Zu den **„Kampfbefehlen Allahs"** vgl. Kasten am Kapitelende;
- drittens: die „**israelische Vorherrschaft** über die heiligen Stätten des Islam", die befreit werden sollen (ebenso auch *Bierbrauer* aaO);
- viertens: besondere Persönlichkeitsstrukturen der Täter, die auch von kollektiver und individueller Psychologie abhängig sind. Zumindest handelt es sich um einen **neuen Terroristentyp**: die Attentäter erfüllen ihre Aufgabe unter bewußter Opferung des eigenen Lebens (vgl. Rdn. 32).

Im Übrigen wurde von *Dittmann* (2002, 21) die Frage gestellt, ob „es bestimmte **persönliche und biographische Bedingungen** gibt, die einen Menschen zum Terroristen prädestinieren". Warum schließen sich z. B. in Deutschland aufgewachsene Muslime der Terrororganisation Al Qaida an (oben Rdn. 41a)? Was bewirken die sog. Haßprediger (Rdn. 15g zu § 24)? Zu weiteren Forschungsfeldern einer **„peacemaking criminology"** vgl. *Kreuzer* in FS für Schwind 2006, 1002):

aus: *WAZ* vom 12. Dezember 2001

c) **Was kann man präventiv tun?** *Waldheim* (2005, 744) schlägt vor, „die gemäßigte Mehrheit der in diesem Lande lebenden Muslime stärker als bisher gegen die radikalen Außenseitergruppen dieser Glaubensgemeinschaft zu mobilisieren". **51**

Diesem Postulat entsprechen Bemühungen des Bundesinnenministers (*Schäuble*), mit den islamischen Organisationen im Rahmen von **„Islamkonferenzen"** ins Gespräch zu kommen (dazu Rdn. 65 zu § 24). **51a**

Auch nach *Eckert* (2005, 131) geht es darum, „die Radikalisierung der Gemeinschaften zu stoppen, als deren selbsternannte Avantgarde die

Terroristen sich verstehen". Man müsse kooperieren, Chancen eröffnen und dadurch Vertrauen gewinnen. Vertrauen könne man auch über **überstaatliche Institutionen** erreichen: etwa über die Einschaltung der Vereinten Nationen. Das Problem dabei hat Robert *Leicht* (in DIE ZEIT vom 24. August 2006, S. 1) auf den Punkt gebracht, wenn er schreibt: Der „Terrorismus islamistischer Herkunft will keine Freund-Feindverhältnisse in unserer Gesellschaft vertiefen – er betrachtet die westlichen Gesellschaften insgesamt als Feind. Folglich kennt er bei seinen Verbrechen keine Beschränkung auf irgendwelche Herrschenden, keine Verschonung kleiner Leute. Ihn interessiert nicht der politische oder soziale Rang einiger Opfer, sondern allein ihre maximale Zahl – die größtmögliche Grausamkeit der Tat". Die verletzte Seele ist wahrscheinlich an Vermittlungen (welcher Art auch immer) überhaupt nicht interessiert. Haßverbrechen! (zu diesen Rdn. 18e zu § 8). Diese erhalten ihren **Sauerstoff** vor allem aus den Kriegen Amerikas, aus dessen Unterstützung (westlich orientierter) arabischer Diktaturen, der israelischen Besatzung und „offener wirtschaftlicher Ausbeutung" (*Kermani,* N. in DIE ZEIT vom 28. Sept. 2006, 51). Auch hier wird man ansetzen müssen.

*Waldmann* (2005, 742) betont darüber hinaus die Bedeutung der **Unterstützermilieus** in den muslimischen Diasporagemeinschaften und beklagt die **Blauäugigkeit** der Politiker und Medien in Westeuropa, die nicht wahrhaben wollten, daß ihre **großzügige Einwanderunspolitik** zur Entstehung radikaler muslimischer Enklaven inmitten (unserer Gesellschaft) führten, die eines Tages deren rechtsstaatlich-demokratische Grundordung aushebeln könnten (aaO, 743).

## VI. „Weltordnungskriege"?

52 Die militärischen Interventionen in Afghanistan (vgl. oben) und im Irak (vgl. unten) lösen aus rechtlicher Sicht verschiedene Überlegungen aus (dazu *Kreuzer* in FS für Schwind 2006, 995 ff).

### 1. „Krieg" oder (Schwerst-)Kriminalität?

53 Zunächst wird die Frage aufgeworfen (z. B. von *Hetzer* 2006, 428), ob islamistischer Terrorismus als „Krieg" einzustufen ist oder als (Schwerst-)Kriminalität. Im ersten Falle gilt das Kriegsvölkerrecht, im zweiten kommen Polizeirecht (Verhältnismäßigkeits-Prinzip), Strafrecht und Strafprozeßrecht in Frage. Die Frage ist streitig.

Daß (auch internationale) terroristische Anschläge als Straftaten durch die Strafverfolgungsbehörden (Polizei und Justiz) verfolgt werden, ist aber nicht neu (vgl. z. B. oben Rdn. 21). Neu ist hingegen, daß ein Staat (USA) bzw. eine Allianz von Staaten (NATO) zum Zwecke der Strafverfolgung (wie in Afghanistan) oder zum Schutz der Zivilbevölkerung (wie im Kosovo) in einer Art „Weltordnungskrieg" Streitkräfte einsetzt: „Krieg gegen Kriminalität"? (*Scheerer* 2002, 37) bzw. „Krieg als Terrorismusbekämpfung"? (so *Funk* 2002, 132).

*Oder sind die Attentate „Verbrechen* ***und*** *Krieg" (Prittwitz 2002, 504)? Die Vergeltungsschläge der USA in Afghanistan ordnet nicht nur Prittwitz (2002, 504) als einen „international bewaffneten Konflikt im Sinne des modernen Völkerrechts" ein. „Krieg als Strafe?" (Prittwitz 2002, 509).* **54**

### 2. Zurück zum „Recht des Stärkeren"?: Irak-Krieg (2003)

Nach Art. 2 der Charta (Satzung) der Vereinten Nationen (UN) ist die Gewaltanwendung unter souveränen Staaten grundsätzlich verboten. Das heißt: nach dem Völkerrecht gibt es kein „Recht des Stärkeren" mehr. Zulässig sind militärische Maßnahmen gegen einen anderen Staat nur in zwei Fällen: zur Selbstverteidigung (die jedoch keinen Präventivkrieg erlaubt) oder nur dann, wenn der UN-Sicherheitsrat (in einer Resolution) einer militärischen Intervention zugestimmt hat. Die USA haben sich jedoch um eine solche Zustimmung vergeblich bemüht. Gleichwohl haben sie in der Nacht zum 20. März 2003 den **Irak** (verbündet vor allem mit England und Spanien) angegriffen, also einen **verbotenen Präventivkrieg** geführt (vgl. dazu unten den Zeitungsausriß). **55**

*Daran dürfte auch nichts ändern, daß sich die USA im Rahmen einer neuen „Nationalen Sicherheitsstrategie" vom 9. Sept. 2002 selbst zur* ***Führung eines Präventivkrieges („vorauseilende Aktionen")*** *gegen die „Schurkenstaaten" legitimiert haben.*

*Zurück zum Recht des Stärkeren?*

Ein Krieg ohne UN-Mandat bricht das Völkerrecht

aus: *DIE WELT* vom 15. März 2003

### 3. Pyrrhus-Siege?

Nach den (internationalen) Kampfeinsätzen in Afghanistan und im Irak stellt sich die Frage ob es sich um bloße Pyrrhus-Siege handelt. **56**

*a) Irak-Krieg*

Die Amerikaner haben zwar den Irak-Krieg militärisch gewonnen, aber nicht die Nachkriegszeit politisch im Griff. Nach dem am 1. Mai 2003 (an Bord der „Abraham Lincoln") durch den damaligen US-Präsident G. W. *Bush* offiziell beendeten Irak-Krieg („Mission Accomplished") werden die amerikanischen Besatzungs-Streitkräfte tagtäglich in gewalttätige Auseinandersetzungen verwickelt. Der **Irak versinkt in Gewalt und Chaos**, während sich die **weltweiten terroristischen Anschläge fortgesetzt** haben (vgl. unten Rdn. 58a). Auch die **Festnahme Saddam Husseins** am 13. Dez. 2003 (in der Nähe seiner Heimatstadt **56a**

Tikrit) hat diese Situation nicht entschärft. Der Diktator wurde am 4. Nov. 2006 durch ein irakisches Sondertribunal zum Tode verurteilt und am 30. Dez. 2006 hingerichtet.

Die **Probleme der Nachkriegszeit** (der „Krieg nach dem Krieg") trafen die USA völlig unvorbereitet. Unterschätzt wurde nicht zuletzt die Relevanz der Feindschaft zwischen den **Schiiten** (die der schiitisch regierte Iran unterstützt) und **Sunniten** (dazu Rdn. 59).

**57** Die dominanten Motive für den völkerrechtswidrigen Krieg, die Annahme, der Irak habe mit *Bin Laden* kooperiert und verfüge über **Massenvernichtungswaffen** (etwa über biologische oder chemische Kampfstoffe) konnten bisher nicht belegt werden.

**58** Die Ablehnung, die die Amerikaner erfahren, hat nicht zuletzt auch mit **Mißhandlungen irakischer Gefangener** durch US-Soldaten zu tun, und zwar im Bagdader Gefängnis Abu Ghraib. Die entsprechenden Fotos zeigten, wie Häftlinge im Rahmen von verschärften Verhörtechniken erniedrigt, geschlagen und gedemütigt wurden, um Geständnisse bzw. Informationen abzupressen; dazu gehörte auch das simulierte Ertränken („Waterboarding"; zum Folterverbot vgl. Art. 3 EMRK); zur Auslegung des Folterverbots durch die USA vgl. *Marx* in KritJ 2/2006, 151 ff.

*Am **31. Aug. 2010** wurde der Kampfeinsatz der US-Armee im Irak (vom US-Präsidenten Obama) für **beendet** erklärt. Das heißt: die Kampftruppen (nicht die Ausbilder) zogen ab und hinterließen ein politisch und militärisch instabiles, zerrissenes Land.*

*b) Afghanistan-Krieg*

**59** Aus Afghanistan wollen sich die USA und ihre Verbündeten bis 2014 zurückziehen. Auch hier hinterlassen sie ein politisch und militärisch zerrissenes Land. Die **Tötung Bin Ladens** in der Nacht zum 3. Mai 2011 durch US-Spezialeinheiten (vgl. Zeitungsausri?) hatte ihre Lage nicht verbessert. Die Taliban sind eher bereit, das Land nach dem Abzug der Allierten im Kampf mit der Übergangsregierung zu übernehmen. Zum Nachfolger von Bin Laden wurde vom „Generalkommando" der Al Qaida der ägyptische Arzt Zawahiri bestimmt, der den „heiligen Krieg" fortführen will.

**USA töten Osama bin Laden**

Spezialkommando stürmt Villa des El-Kaida-Chefs in Pakistan. Jubel in Amerika. Weltweit Furcht vor neuen Terroranschlägen

aus: *WAZ* vom 3. Mai 2011, 1

### 4. Neue Brennpunkte (in Afrika)

Neue Brennpunkte, die auch mit dem Vordringen der al Qaida zu tun 60
haben, sind (nach Asien) in **Afrika** entstanden:

- in **Algerien**: „al Qaida des islamischen Magreb" AQMI (Salafisten):
- in **Nigeria**: „Boko Haram" (deutsch „westliche Bildung ist Sünde");
- in **Somalia**: „Al-Shabaab-Miliz" und
- in **Mali**: „Ansar al-Din" (deutsch: „Verfechter des Glaubens").

Reich geworden sind Rebelen durch Drogenhandel und Entführungen (SPIEGEL-Recherchen 5/2013, 82). Seit Mitte Jan. 2013 kämpfen französische Truppen (unterstützt u.a. von Deutschland) in Mali um eine Islamisten-Offensive (der „Maliban") zurückzudrängen.

**Über 100 000 Extremisten weltweit zu Anschlägen bereit**

Uni Kiel veröffentlicht „Jahrbuch Terrorismus". Deutschland droht Gefahr durch Einzeltäter

aus: *WAZ* vom 11. Okt. 2012

### VII. Auch Deutschland im Visier militanter Islamisten?

Seit 2001 hat es Anschläge der al Qaida in vielen Teilen der Welt gege- 61
ben: z.B. in Tunesien, Pakistan, Kenia, Bali, Marokko, Türkei, Saudi-Arabien, Spanien, Ägypten, Jordanien, England, Indien und Marokko, (vgl. den Überblick im *Verfassungschutzbericht* 2011, 270ff und den Zeitungsausriß unten).

### 1. Anschläge in der Bundesrepublik

Die Verteilung erweckt fast den Eindruck, als wenn eine Zentrale auf- 62
grund einer Weltkarte Bombenattentate verteilt. Inzwischen erscheint **auch Deutschland** an der Reihe zu sein. Beispiele:

*(1)* ***Am 31. Juli 2006*** *wurden* ***Kofferbomben (in zwei Regional-*** 63
***zügen)*** *abgestellt, die zeitgleich explodieren sollten, aber nur wegen eines handwerklichen Fehlers nicht detonierten. Einer der Täter wurde mit Hilfe der Videoüberwachung des Kölner Hbf, öffentlichen Fahndungsdrucks und DNA-Spuren auf den Koffern rasch ermittelt: es handelt sich um einen libanesischen Studenten, der sich seit 2004 in Deutschland aufhielt. Der zweite Attentäter konnte im Libanon gestellt werden.*

*(2)* ***Am 21. Nov. 2006*** *wurde bekannt, daß eine Gruppe von ara-* 64
*bischstämmigen Männern geplant hat, auf dem Frankfurter Flughafen*

***Sprengstoff an Bord** eines israelischen Verkehrsflugzeuges zu schmuggeln.*

65 *(3) **Am 5. Sept. 2007** wurden vier Terroristen (ein Türke, ein Deutschlibanese und zwei zum Islam konvertierte Deutsche zwischen 20 und 30 Jahren) im **Sauerland** (von der GSG 9) gefaßt. Sie hatten vor, als Selbstmordattentäter gleichzeitig Autobomben (mit ungeheurer Sprengkraft) am Frankfurter Flughafen und vor dem US-Luftwaffenstützpunkt Ramstein zu zünden. Alle vier hatten Terror-Camps in Pakistan besucht. Die „Verantwortung" für die geplanten Anschläge übernahm (im Internet) die usbekische „islamische Dschihad-Union".*

66 *(4) Am 12. Dez. 2012 wurde auf einem Bahnsteig des Bonner Hbf eine abgestellte blaue Tasche mit Ammonium und mit einer Bombe (Marke Eigenbau) entdeckt, die von einem Spezialkommando gesprengt werden konnte.*

Bisher fungierte Deutschland eher als Ruhe- bzw. Vorbereitungs- und Rückzugsraum. **Strategiewechsel** vor dem Hintergrund des deutschen Engagements in Afghanistan?

66a Handelt es sich um einen neuen Typus unauffälliger islamistischer Terroristen, um **unberechenbare Einzeltäter** aus dem Kreis der homegrown – Terroristen (vgl. oben Rdn. 41a), die aus heiterem Himmel unter dem Einfluß von Hetzschriften und Haßpredigern (Rdn. 15g zu § 24) im Rahmen eines privaten Dschihad töten? Beispiele aus dem Ausland: ein Anschlag auf Marathonläufer in **Boston** (WAZ vom 17. April 2013) ein babarisches Attentat (mit Fleischermessern) auf einen Soldaten in **London** durch zwei Briten nigerianischer Herkunft (Focus 22/2013, 64, WAZ vom 24. Mai 2013, 2).

**Macheten-Mord schockt London**

Die Bluttat könnte eine neue Form des Terrors markieren: Unauffällige Einzeltäter, die wahllos ihre Opfer aussuchen und brutal zuschlagen

aus: *WAZ* vom 24. Mai 2013

67 Inzwischen werden auch **Stimmen aus dem islamistischen Lager** bekannt, die **auf das Ende der Gewalt drängen**. Zu ihren Wortführern zählt *Sajid Imam al-Sharif*, der „ideologische Pate al-Qaidas" (WELT vom 9. Juli 2008, 8), der auch als *Dr. Fadl* bekannt ist (vgl. Zeitungsausriß unten). In seinem Buch **„Die Rationalisierung des Dschihad"** vertritt er den Standpunkt, „daß die Bombenanschläge al-Qaidas in Ägypten, Saudi-Arabien und anderen Ländern illegitim sind und, daß auch Terrorismus im Westen falsch ist". Die Jugend müsse vor al-Qaida gewarnt werden (Zitate nach DIE WELT aaO). Ähnlich hat auch der bekannte islamische Prediger *Salman al-Auda* Stellung bezogen (vgl. SZ vom 17. Sept. 2007).

ISLAMISMUS

**Die Überläufer der Qaida**

Prominente Ex-Terroristen aus dem Umkreis Bin Ladens brechen mit dem Dschihad. Dazu gehört vor allem der Ägypter Dr. Fadl, der zu den Gründern des internationalen Netzwerks zählt. Experten halten den Sinneswandel für eine verspätete Reaktion auf den 11. September.

aus: *DER SPIEGEL* 29/2008, 120

## 2. Die Salafisten als „fünfte Kolonne"?

Nicht nur die bisherigen Anschläge beunruhigen die deutsche Öffent- **68**
lichkeit, sondern auch die Aktivitäten der islamistischen Gruppe, die als „Salafisten" firmiert (vgl. Rdn. 21 zu § 24).

Der Salafismus „gilt sowohl in Deutschland wie auch auf internationaler Ebene als die zurzeit dynamischste islamistische Bewegung" (*Verfassungschutzbericht* 2011, 251). Als „Partei des Lichts" eroberte sie 2012 (zusammen mit den Muslimbrüdern: „Partei der Freiheit und Gerechtigkeit") in Ägypten die Mehrheit der Sitze im Abgeordnetenhaus, und zwar mit der Werbung für Kopftuch, Geschlechtertrennung und Scharia. Die neue ägyptische Verfassung, die beide Parteien durchsetzten, sieht dementsprechend (in Art. II) die Prinzipen der Scharia (zu dieser Rdn. 24 zu § 24) als „Grundlage der Gesetzgebung vor und deren Auslegung (nicht durch ein Verfassungsgericht), sondern durch islamistische Gelehrte. Eine „Hardcore-Scharia würde nach *Abdel-Samad* (in Focus 50/2012, 36) bedeuten: Alkoholverbot, totale Geschlechtertrennung, Badeverbot für Frauen, Zinsverbot". Nach *Krischer* (in Focus 50/2012, 5) wird die neue ägyptische Regierung „alles tun, um einen totalitären Islam nach dem Vorbild des Kalifats aus dem 7. Jahrhundert zu installieren". *Inzwischen (Juli 2013) wurde diese Regierung ihres Amtes enthoben.*

Anhänger des „jihadistischen" Salafismus wollen ihre Ziele (anders als die „politischen" Salafisten) mit Gewalt durchsetzen. Nach den Beobachtungen des Verfassungsschutzes (*Verfassungsschutzbericht* 2011, 252) übt die „salafistische Ideologie ... eine beträchtliche **Anziehungskraft auf Konvertiten und Muslime der zweiten und dritten Einwanderergeneration aus.**

Im April 2012 fielen Salafisten auch durch die massenweise Verteilung von Koranexemplaren in deutschen Fußgängerzonen auf. Salafistische Propaganda wird jedoch eher über Vorträge salafistischer Prediger verbreitet (*Verfassungsschutzbericht* 2011, 253): auch an den Unis (vgl. Rdn. 15 g zu § 24).

Wegen Gewaltstraftaten, Gewaltaufrufen bzw. Morddrohungen und Hetze gegen Ungläubige wurden im März 2013 drei Islamistenvereine durch den Bundesminister des Inneren verboten (zit. nach NOZ vom 14. März 2013, 4).

Die Zahl der Salafisten wird auf rund 3000 geschätzt (*Verfassungsschutzbericht* 2011, 251).

69 **Zum Islam:** Für viele (strenggläubige) Muslime hat Gott *(Allah)*, als er seinem (damals etwa 40jährigen) „Gesandten" (Propheten), dem Karawanenhändler *Muhammad* (Mohammed), die Verbreitung seiner Lehren (im Koran) auftrug, die monotheistischen Vorgängerreligionen Judentum und Christentum aufgehoben zugunsten des **Islam** als **„einzig wahrer" Religion**.

Der Islam (wörtlich: „Unterwerfung", nämlich unter Allahs Willen) ist in 40 Ländern der Erde die anerkannte Staatsreligion. Für die 1,57 Milliarden Gläubigen (SPIEGEL 51/2010, 91) ist der Koran die maßgebliche Schrift für Fragen des Glaubens, des gesellschaftlichen und staatlichen Lebens und für den **Umgang mit Andersdenkenden**. Wegen des Totalanspruches dieser (heiligen) Schrift, die von Allah selbst stammen soll, kommt auch eine Kritik am Koran nicht in Frage.

Der Koran enthält in 114 Kapiteln **(Suren)** Grundregeln für ein gottesfürchtiges Leben, zu denen (auch über den Erzengel Gabriel) die **„Kampfbefehle Allahs"** (fatma) zählen, die (unkritisch wortwörtlich genommen) auch den Hintergrund der terroristischen Angriffe (militanter Islamisten) bilden: „Buchstabengehorsam": verbunden mit der Zurückweisung der Kritik am Koran (*Sadr* 2011, 548). Beispiele (übersetzt von Max *Henig*, überarbeitet von Murad *Hofmann*, München 1999; vgl. auch Reclam 2001):

***Sure 4, 74:*** *„Und so soll auf Allahs Weg kämpfen, wer das* ***irdische Leben für das Jenseits verkauft****. Und wer auf Allahs Weg kämpft, ob er nun fällt oder siegt,* ***dem geben wir gewaltigen Lohn****".*

***Sure 4, 89:*** *„Wenn sie sich abkehren, dann ergreift sie (nämlich die Ungläubigen) und tötet sie, wo immer ihr sie findet".*

Ziel des Islamismus (dazu Rdn. 33a und 64) ist, gestützt auf den Koran und die **Scharia** (vgl. oben Rdn. 33), der **muslimische Gottesstaat:** eine Veränderung in Richtung auf einen (menschengemachten) demokratischen Rechtsstaat kommt danach eher nicht in Betracht (vgl. dazu *Albert* 2005, 26 ff und *Thiée* 2005, 187 ff): **Theokratie statt Demokratie** Der Abfall vom Islam ist bei Todesstrafe verboten (**Apostasie-Verbot**), falls der Abtrünnige nicht widerruft. **Mullahs** und **Imane** (Vorbeter) sind gelehrte Ausleger des Korans.

Der Prophet *(Muhammad)* wurde um 570 unserer Zeitrechnung in **Mekka** geboren ist (vermutlich) 622 nach Medina ausgewandert und dort am 8. Juni 632 verstorben: „Die Suren aus der Zeit in Mekka gelten als konziliant und friedfertig. Die Suren aus der Zeit in Medina, als *Mohammed* politische Macht erlangt hatte, sind (hingegen) von Intoleranz und Gewaltanwendung gekennzeichnet. Daraus ergibt sich auch die „**Doppelgesichtigkeit** des Koran und des Islam" (*Hildenbrand, W.*, u. a. im Internet). Beispiel: Alkohol (Wein) wird in Sure 16, 67 als „schönes Rauschgetränk" beschrieben, in Sure 5, 90 hingegen als „ein Greuel und des Satans Werk".

So wie es im Christentum Unterschiede zwischen Protestanten und Katholiken gibt, teilt sich die islamische Welt in **sunnitische und schiitische Muslime.** Ursprung der Spaltung („fitna") war eine Auseinandersetzung um die rechtmäßige Nachfolge des Propheten *Mohammed*. Für beide islamische Religionsgruppen ist z. B. die bildliche Darstellung Gottes oder des Propheten ein Tabu: vgl. dazu die Proteste gegen **Mohammed-Karikaturen** (vgl. oben Rdn. 49d).

ZEHNTER TEIL

# Europa als (neuer) kriminalgeographischer Raum

1 Das letzte Kapitel dieses Bandes beschäftigt sich mit einem (neuen) kriminalgeographischen Thema (zur Kriminalgeographie vgl. ausführlich § 15). Durch den **Verzicht auf Kontrollen an den (Binnen-)Grenzen innerhalb der Schengen-Staaten der EU** (zu diesen vgl. Rdn. 9 zu § 31 und Titelblatt des Bandes) ist ein riesiger kriminalgeographischer Raum entstanden, der auch aus kriminalpolitischer Sicht Bedeutung besitzt:

2 Dementsprechend wird das Stichwort „Europa" auch an anderen Stellen des Bandes (kurz) erwähnt, vor allem im Rahmen der Problemfelder

- Armut (Rdn. 24 zu § 12),
- Arbeitslosigkeit (Rdn. 77 zu § 31),
- Medieneinflüsse (Rdn. 55 und 62 zu § 14),
- kommunale Kriminalprävention (Rdn. 18 und 68 zu § 18),
- Kriminalitätsfurcht (Rdn. 29e zu § 20)
- Wirtschaftskriminalität (Rdn. 30b zu § 21),
- Umweltkriminalität (Rdn. 54 zu § 22),
- EU-Richtlinien z.B. zur Zuwanderung (Rdn. 59e zu § 24),
- Drogenproblematik (Rdn. 9 zu § 27),
- Jugendbanden (Rdn. 2ff zu § 28),
- Organisiertes Verbrechen (Rdn. 40 und 51 zu § 29) und
- Terrorismus (Rdn. 2 und 21ff zu § 30).

## § 31 Die Vereinigung Europas und ihre Folgen (aus kriminalpolitischer Sicht)

**Literatur:** **Albrecht,** H.-J./**Kürzinger,** J. (Hrsg.): Kriminologie in Europa – Europäische Kriminologie, Freiburg/Br. 1994; **Baumbach**, J./**Pfau**, M.: Kriminalitätsbekämpfung durch die Bundespolizei, in: Kriminalistik 12/2011, S. 771–780; **Bergner,** St.: „Joint Investigation Teams" als Instrument zur Bekämpfung Organisierter Kriminalität, in: Kriminalistik 6/2010, 367ff; **Best,** P.: Europäische Kriminalpolitik auf der Grundlage der Menschenrechtskonvention – die European Rules, in: FS für *Böhm,* A., Berlin 1999, S. 49–68; **Bull,** H. P./**Baldus,** M.: Braucht Europol die Immunität?, in: FAZ vom 20. Jan. 1998; **Bundeskriminalamt** (Hrsg.): Verbrechensbekämpfung in europäischer Dimension, Wiesbaden 1992; **Contin,** R.: Erhöhung der inneren Sicherheit durch eine Beteiligung der Schweiz an Schengen, in: Kriminalistik 1/2005, S. 51–57; **De Boer,** K.: Frontex: Der falsche Adressat für ein wichtiges Anliegen, in KrimJ 3/2010, S. 181–195; **Dessecker,** A./**Egg,** R. (Hrsg.):

Kriminalstatistiken im Lichte internationaler Erfahrungen, Wiesbaden 2009 (KUP Bd. 57); **Di Fabio,** U.: Die „Dritte Säule der Union", in: DÖV 1997, S. 89–101; **Dünkel,** F. **et al.**: Kriminalität, Kriminalpolitik, strafrechtliche Sanktionspraxis und Gefangenenraten im europäischen Vergleich, Godesberg (zwei Bände) 2010; **Ensthaler,** J.: Maastrichter Vertrag, in: JuS 1994, S. 26–29; **European Sourcebook** of Crime and Criminal Justice Statistics – 2003; 4. Aufl. 2010; **Gleß,** S.: Europol, in: NStZ 12/2001, S. 623–628; **Gleß,** S./**Lüke,** M.: Strafverfolgung über die Grenze hinweg, in: Jura 1998, S. 70–79; **Gleß,** S./**Nelles,** U.: Grenzenlose Strafverfolgung, in: Neue Kriminalpolitik 3/2000, S. 22–25; **Hailbronner,** K. (Hrsg.) Zusammenarbeit der Polizei- und Justizverwaltungen in Europa, Heidelberg 1996; **Heger,** M.: Perspektiven des Europäischen Strafrechts nach dem Vertrag von Lissabon, in: Zeitschrift für Internationale Straftrechtsdogmatik, ZIS 8/2009, S. 406–416; **Hetzer,** W.: Das künftige Strafrecht in der Europäischen Union, in: Kriminalistik 2001, S. 539–542; **Hetzer,** W.: Europäische Strafrechtspflege, in: Kriminalistik 2000, S. 782–788; **Jehle,** J.-M.: Kriminalität, Strafverfolgung und Strafrechtspflege im europäischen Vergleich, in FS für H.-J. *Schneider* 1999, S. 509–522; **Kirchleitner,** Th./**Buggisch,** W.: Konzept und Erfolge der Schleierfahndung in Bayern, in: der kriminalist 9/2009, S. 7–12; **Knaut,** A.: Kontrollpolitische Automatisierung der Personenidentifizierung an den Grenzen, in: KrimJ 3/2010, S. 167 ff; **Koriath,** G.: Verdeckte Ermittler – Ein europaweit taugliches Instrument?, in: Kriminalistik 1996, S. 535–541; **Kühl,** K.: Der Beitrag der Strafrechtswissenschaft zur Europäisierung des Strafrechts, in: FS für *Söllner,* A., München 2000, S. 613–625; **Kühl,** K.: Europäisierung der Strafrechtswissenschaft, in ZStW 1997/Heft 4, S. 778–807; **Kühne,** H.-H.: Kriminalitätsbekämpfung durch innereuropäische Grenzkontrollen? Schriften zum europäischen Recht, Bd. 8, Berlin 1991; **Kühne,** H.-H.: Die gemeinsame Innen- und Rechtspolitik (GIR), in: *Bundesakademie für Sicherheitspolitik* (Hrsg.): Sicherheitspolitik in neuen Dimensionen, Hamburg 2001, S. 113–126; **Kühne,** H.-H.: Innere Sicherheit in einem Europa offener Grenzen, in: *Pauly,* A. (Hrsg.): Schengen en panne, Maastricht 1994, S. 89–100; **Krüger,** R.: Innere Sicherheit für Europa – Schengen und Maastricht – Stationen der Polizei auf dem Weg nach Europa, in: Kriminalistik 1994, S. 773–779; **Leuthardt,** B.: Festung Europa, Zürich 1994; **Meier,** B.-D.: Kriminalität und Strafverfolgung in Europa, in: MschrKrim 2000, S. 320–325; **Meyring,** B.: Die Reform der Bereiche Justiz und Inneres durch den Amsterdamer Vertrag, in EUR Heft 3/1999, S. 309–324; **Morié,** R./**Murck,** M./**Schulte,** R.: Auf dem Weg zu einer europäischen Polizei, Stuttgart 1992; **Mulder,** S./**Watschoot,** N.: GPS – die grenzüberschreitende polizeiliche Zusammenarbeit; in: MFDP 1995, Nr. 228, S. 50–52; **Nikolaus,** W.: Ist „Schengen" nur ein Wort?, in: der kriminalist H. 4/1996, S. 169–172; **Ratzel,** M.-P.: Europol – das Europäische Polizeiamt. Teil 1: Geschichte, Organisation, Aufgaben, Zuständigkeiten und Rechtsgrundlage, in: Kriminalistik 2007, S. 284–291 und 428–434; **Santer,** G.: Der Europäische Gerichtshof als Förderer und Hüter der Integration, Berlin 1998; **Satzger,** H.: Das Strafrecht als Gegenstand europäischer Gesetzgebungstätigkeit, in: KritV 1/2008, S. 6–38; **Satzger**, H.: Internationales und Europäisches Strafrecht, 4. Aufl., Baden-Baden 2010; **Schick,** P. J.: Grunderfordernisse des allgemeinen Teils für ein europäisches Sanktionenrecht, in: ZStW 1998/Heft 2, 473–496; **Schieffer,** M.: Die Zusammenarbeit der EU-Mitgliedsstaaten in den Bereichen Asyl und Einwanderung, Baden-Baden, 1998; **Schneider,** H. J.: Kriminologie in Europa, in: Kriminalistik 5/2005, S. 267–290; **Schneider,** H. J.: Die Europäische Gesellschaft für Kriminologie (European Society of Criminology), in: MschrKrim 2003, S. 225–231; **Schomburg,** W.: Strafsachen in der Europäischen Union, in: NJW 1999, S. 540–543; **Schomburg,** W.: EUROJUST neben EUROPOL, in: Kriminalistik 2000, S. 13–21; **Schröder,** Ch.: Europäische Richtlinien und deutsches Strafrecht, 2002; **Schuster,** L.: Kriminalitätsbekämpfung im zusammenwachsenden Europa, in: BKA-Forschungsreihe Bd. 49/1999, S. 125–140; **Schwind,** H.-D./**Baumann,** J. et al. (Hrsg.): Ursachen, Prävention und Kontrolle von Gewalt, Berlin 1990 (4 Bände); **Sieber,** U. (Hrsg.): Europäische Einigung und Europäisches Strafrecht, München 1993; **Sieber,** U.: Memorandum für ein Europäisches Modellstrafgesetzbuch, in JZ 1997, S. 369–381; **Sommermann,** K.-P.: Der Schutz der Menschenrechte im Rahmen des Europarates, Speyer 1990; **Stock,** J./**Herz,** A.: Die Internationale Kriminalpolizeiliche Organisation (IKPO-Interpol), 1. Teil in: Die Polizei 5/2011, S. 129–156; 2. Teil 6/2011, S. 157–184; **Tuffner,** M.: Das Schengener Informationssystem (SIS), in: FS für H. *Herold,* Wiesbaden 1998, S. 239–257, und in: Kriminalistik 2000, S. 39–43; **Ulber,** G.: Europa – Paradies für Kriminelle? in: Kriminalistik 1992, S. 81–86; **Walter,** B.: Grenzsicherheit zwischen Wegfall der Binnengrenzkontrollen und einem integrierten Schutz der Außengrenzen, in: Kriminalistik 2006, S. 730–736; **Weber,** A.: Möglichkeiten und Grenzen europäischer Asylrechtsharmonisierung vor und nach Amsterdam, in: ZAR-Abhandlungen 4/1998, S. 147–152; **WEISSER RING** (Hrsg.): Opferhilfe in Europa, Mainz 1993; **Zeder,** F.: Europastrafrecht aktuell. Erste Schritte nach dem Vertrag von Lissabon (Teil 1), in: JSt 2/2010, S. 66–69.

**Übersicht**



Die Bundesrepublik Deutschland ist in ihrer besonderen Situation (Wiedervereinigung des Landes am 3. Okt. 1990 und Vereinigung der europäischen Staaten) sowie durch die politischen Veränderungen, die sich seit dem letzten Jahrzehnt des letzten Jahrhunderts vollzogen (etwa die Auflösung des Ostblockes), in spezifischer Weise in sicherheitspolitischer Hinsicht betroffen: Ihre Grenzen haben sich im Osten verändert (die innerdeutsche Grenze gibt es nicht mehr). Innerhalb der (größer gewordenen) EU sollen im Westen, Norden, Süden und Osten alle Grenzkontrollen (völlig) abgebaut werden bzw. sind bereits nicht mehr existent. Wie ist die Entwicklung bisher verlaufen, wie soll es weitergehen und welche Probleme (Folgen) ergeben sich (aus kriminalpolitischer Sicht) aus der Vereinigung der europäischen Staaten? **1**

## I. Von der Montanunion bis zum Maastrichter Vertrag

### 1. Der Einigungsprozeß im Überblick

Die Idee eines vereinigten Europas, die schon in der Weimarer Zeit diskutiert wurde (damals entstand z.B. bereits die Paneuropa-Bewegung **2** des Grafen **Coudenhove-Kalergi***), wird seit Ende des Zweiten Weltkrieges (vor allem auf Betreiben *Churchills, Schumans, de Gasperis* und *Konrad Adenauers*) in die Tat umgesetzt:

- ***1949*** *etablierten zehn europäische Staaten (2013: 47 Staaten mit 800 Mill. Einwohnern) den* ***Europarat*** *(mit Sitz in Straßburg), der allerdings nur Konventionen (mit Empfehlungscharakter) verabschieden kann: etwa die Europäische Konvention zum Schutz der Menschenrechte und Grundfreiheiten* ***(EMRK)*** *vom 4. Nov. 1950 (vgl. BGBl 1952-II, 685/953, Sommermann 1990 und Rdn. 54a zu § 30);*
- ***1951*** *schlossen sich sechs europäische Staaten (Italien, Frankreich, Deutschland, die Niederlande, Belgien und Luxemburg) zur* ***Europäischen Gemeinschaft für Kohle und Stahl (EGKS: „Montanunion“)*** *zusammen (Vertrag vom 18. April 1951);*
- ***1957*** *entstand die* ***EWG****, die Europäische Wirtschaftsgemeinschaft („Römische Verträge“ vom 25. März 1957: BGBl 1957 II, 766 ff) samt* ***EAG*** (*Europäische Atomgemeinschaft*);
- ***1958*** *wurde der Gerichtshof der EGKS (von 1952) zum* ***Gerichtshof der Europäischen Gemeinschaften (EuGH)*** *mit Sitz in Luxemburg weiterentwickelt.*

3 Nachdem die Zusammenarbeit der drei eher wirtschaftlich orientierten Gemeinschaften (EGKS, EWG, EAG), die **1965 zu den „Europäischen Gemeinschaften (EG)** mit gemeinsamen Leitungsgremien („Rat“ und „Kommission“) aufgrund eines Fusionsvertrages verschmolzen, relativ gut funktioniert hatte, verstärkten sich in den 80er Jahren die Bestrebungen, die auch die politische Vereinigung **(1979 ist das Europäische Parlament mit Sitz in Straßburg zum ersten Mal direkt gewählt worden)** im Sinne einer umfassenden politischen Union vorantreiben wollten. Schon

- ***1983*** *erfolgte eine entsprechende* ***Absichtserklärung****: In der* ***„Feierlichen Deklaration zur Europäischen Union“*** *vom 19. Juni 1983 wurde von zehn Staaten der Europäischen Gemeinschaften (zu den sechs Kernstaaten kamen Dänemark, Großbritannien, Griechenland und Irland hinzu) als Zielvorstellung genannt: „die bisher im wirtschaftlichen wie auch im politischen Bereich erzielten Fortschritte auf dem Weg zur Europäischen Union zu festigen“;*
- ***1986*** *bekräftigten 12 EG-Staaten (hinzugekommen waren am 1. Januar desselben Jahres Spanien und Portugal) in einer* ***„Einheitlichen Europäischen Akte“*** *(EEA vom 28. Februar 1986) die (1983er)* ***Absichtserklärung,*** *„gemeinsam zu konkreten Fortschritten auf dem Wege zur Europäischen Union beizutragen“.*

4 Sechs Jahre nach der EEA kommt es zum **Maastrichter Vertrag**, einem „Vertrag über die Europäische Union“ (vom 7. Februar 1992), **in dem aus den Absichtserklärungen der Vorjahre eine bedingte Verpflichtungs-**

* Vgl. dazu seine Veröff.: Pan Europa, Wien 1924; die Idee einer „Union Européenne“ hat der französische Außenminister **Aristide Briand** schon am 5. September 1929 der 10. Versammlung des Völkerbundes in Genf vorgetragen (zit. nach *Papcke* in: Morié et al. 1992, 42, und *Borchardt* 1996, 2).

**erklärung** entstand. Wörtlich heißt es: **Die** (damals noch) **12 EG-Staaten „haben beschlossen, eine Europäische Union zu gründen"**. 1997 wurde der Maastrichter Vertrag (vgl. Rdn. 21ff) durch den Amsterdamer Vertrag (vgl. Rdn. 27), 2000 durch den Vertrag von Nizza (vgl. Rdn. 31), 2002 durch die Beschlüsse von Sevilla (vgl. Rdn. 35) und 2007 durch den Vertrag von Lissabon (Rdn. 71) weiterentwickelt.

*Übersicht 73:* 5
Mitgliederzuwachs der EWG/EG/EU (Einwohner in Millionen)

| | |
|---|---|
| **1957:** | Belgien, Deutschland, Frankreich, Italien, Luxemburg, Niederlande (6 Mitglieder: 186) |
| **1973:** | Dänemark, Großbritannien, Irland (9 Mitglieder: 273) |
| **1981:** | Griechenland (10 Mitglieder: 288) |
| **1986:** | Portugal, Spanien (12 Mitglieder: 338) |
| **1995:** | Finnland, Schweden, Österreich (15 Mitglieder: 376) |
| **2004:** | 10 neue Mitglieder (25 Mitglieder: 456) |
| **2007:** | Rumänien, Bulgarien (27 Mitglieder: 484). |
| **2013:** | Kroatien (28 Mitglieder: 488). |

**Die europäischen Sterne kommen aus der Apokalypse des Johannes, wo von einer „Frau" die Rede ist, die einen „Kranz von zwölf Sternen auf ihrem Haupt" trägt.**

aus: *DIE WELT* vom 19. Juni 2004, S. 29

## 2. Die EEA (1986)

6 In der „Einheitlichen Europäischen Akte" (EEA) von 1986 (vgl. Rdn. 3) wurde unter den 12 EG-Staaten verabredet, **bis zum 31. Dezember 1992** einen **gemeinsamen Binnenmarkt** zu realisieren. Art. 8a des EWG-Vertrages definiert einen solchen als „einen Raum ohne Binnengrenzen, in dem der freie Verkehr von Waren und Personen, Dienstleistungen und Kapital ... gewährleistet ist".

7 Allerdings sollten bis dahin **Ausgleichsmaßnahmen** (etwa die Verstärkung der **Kontrollen an den Außengrenzen** der EG und die Verbesserung der grenzüberschreitenden Zusammenarbeit) zur Gewährleistung der inneren Sicherheit durchgeführt werden (vgl. dazu auch die entsprechenden Forderungen der Anti-Gewaltkommission der Bundesregierung: *Schwind/Baumann* et al. 1990, Bd. I, 224).

8 Bis zum 31. Dezember 1992 war es jedoch weder zu der beabsichtigten Öffnung der Binnengrenzen gekommen, noch waren die geplanten Ausgleichsmaßnahmen umgesetzt worden, allerdings ohne juristische Folgen. Denn die zwölf EG-Staaten hatten in einer Zusatzerklärung (zur Einheitlichen Europäischen Akte) vorsorglich erklärt, dieser Termin bringe **„keine automatische rechtliche Wirkung mit sich“**. Es war also wieder nur eine Absichtserklärung.

### 3. Die Schengener Verträge (1985/1990)

9 Um (sogar vorzeitig) in „Kerneuropa“ freie Fahrt einräumen zu können, haben die Regierungen der **Benelux-Staaten, Deutschlands** und **Frankreichs** am 14. Juni 1985 in dem luxemburgischen Ort Schengen/Mosel (im Dreiländereck Luxemburg/Deutschland/Frankreich) das „Übereinkommen ... betreffend den schrittweisen Abbau der Kontrollen an den gemeinsamen Grenzen“ **(SÜ)** geschlossen (GMBl. 1986, 79ff). Doch die vereinbarten Maßnahmen, die den endgültigen **Abbau auch der Personenkontrollen** schon bis zum 1. Januar 1990 (also vorgezogen) vorbereiten sollten, wurden über Jahre nicht ernsthaft betrieben. Auch dieser Termin ließ sich daher nicht einhalten.

10 Daraufhin wurde am 19. Juni 1990 (BGBl. 1993 II, 1013ff) ein „Übereinkommen zur Durchführung des Übereinkommens von Schengen ...“ **(SDÜ)** zwischen den fünf Vertragsstaaten unterzeichnet, dem später weitere Staaten beitraten (vgl. die Graphik auf der Titelseite).

11 Dieses **Durchführungsabkommen** (veröff. im Bundesanzeiger Nr. 217a vom 23. November 1990), das aus 142 Artikeln besteht, regelt u.a.

- ***erstens:*** *die Abschaffung der Kontrollen an den **Binnengrenzen** der Schengener Vertragsstaaten **Freizügigkeit**, die (inzwischen; 2013) auch für die nicht der EU angehörigen, aber Schengen assoziierten Staaten Island, Liechtenstein, Norwegen und der Schweiz gilt,*
- ***zweitens:*** *den **gemeinsamen Standard der Kontrollen an den Außengrenzen:** das sind die Land- und Seegrenzen sowie die Flug- und Seehäfen der Vertragsparteien, soweit sie nicht Binnengrenzen sind,*
- ***drittens:*** *die Erteilung und Verweigerung von Einreisevisa,*
- ***viertens:*** *die Zuständigkeit für die Behandlung von Asylbegehren,*
- ***fünftens:*** *die polizeiliche Zusammenarbeit einschließlich der grenzüberschreitenden Observation und der Nacheile über Binnengrenzen,*
- ***sechstens:*** *die Rechtshilfe in Strafsachen sowie die Auslieferung,*
- ***siebtens:*** *die Bekämpfung der Drogenkriminalität,*
- ***achtens:*** *die Einrichtung eines (Schengener) Informationssystems (SIS), das als europaweites elektronisches Personen- und Sachfahndungssystem einen gemeinsamen Datenverbund für die Zusammenarbeit der nationalen Polizeibehörden dar*

*stellen soll: mit nationalen Unterstützungseinheiten* ***(N-SIS)*** *und einer zentralen Unterstützungseinheit in Straßburg* ***(C-SIS)****,*

– ***neuntens:*** *die Einrichtung eines Exekutivausschusses (bestehend aus Ministern der Mitgliedstaaten) zur Anwendung dieses Übereinkommens.*

Die **Inkraftsetzung des SDÜ** hatte der Exekutivausschuß der Schengener Vertragsstaaten am 22. Dezember 1994 (unter deutschem Vorsitz) für den 26. März 1995 beschlossen. Warum dieses Datum? An diesem Tage traten die internationalen Sommerflugpläne in Kraft. **12**

Ergänzt wird das SDÜ durch das **Dubliner Übereinkommen** vom 15.6.1990 (über die Bestimmung des zuständigen Staates für die Prüfung eines in einem Mitgliedstaat der EG gestellten Asylantrags), das die asylrechtlichen Bestimmungen der Schengener Verträge abgelöst hat (zu Dublin II vgl. Rdn. 43 zu § 24). Zur Umsetzung von Dublin wurde die Fingerabdruckdatenbank **EURODAC** eingerichtet, die am 15.1.2003 ihre Tätigkeit aufgenommen hat (dazu *Knaut* 3/2010, 167 ff). **13**

**Was haben SÜ (Schengen I) und SDÜ (Schengen II) bewirkt?** **14**

Am **26. März 1995** sind grundsätzlich alle **Personen-Kontrollen** an den Binnengrenzen der seinerzeitigen Schengener Vertragsstaaten (außer Griechenland und Italien) abgeschafft worden: die bisherigen Schlagbäume waren also verschwunden; seit dem 1. April 1998 sind die **Personen-Kontrollen** auch an den EU-Grenzen Österreichs, Italiens und Portugals zu den anderen EU-Mitgliedstaaten weggefallen. Am 1. Januar 2000 folgte Griechenland: Zum derzeitigen Mitgliederstand vgl. die Umschlagseite dieses Bandes.

Damit können allerdings auch Straftäter ungestört reisen: **„Freie Fahrt für Kriminelle?"** Der bdk: „Zum Totlachen für Ganoven" (vgl. unten die Karrikatur).

**15**

aus: *WAZ* vom 27. März 1995

16 Die im SDÜ verabredeten **Ausgleichsmaßnahmen**, die das entstandene Sicherheitsrisiko erträglicher machen sollten, sind bisher (2009) grundsätzlich erst unzureichend umgesetzt worden.

17 bis 20 Immerhin konnte jedoch das Herzstück des Schengener Sicherheitssystems, der **Fahndungscomputer SIS** (bzw. EIS: vgl. Rdn. 28c), der dem Austausch von Fahndungsdaten dient, z.B. von Informationen über Personen (die per Haftbefehl gesucht werden) bzw. über unerwünschte Personen (etwa solche, für die eine Einreisesperre besteht), oder über gestohlene Autos und Waffen liefert, zeitgleich (in **Straßburg**) mit der Grenzöffnung in Betrieb gesetzt werden; mit dem SIS werden auch alle visapflichtigen Ausländer aus Nicht-EU-Staaten (etwa Russen und Türken) an den Außengrenzen überprüft (vgl. dazu *Tuffner* 1998, 250). Das SIS erlaubt es, Fahndungen innerhalb kürzester Zeit im gesamten Schengenraum zu verbreiten.

## II. Der Maastrichter Vertrag (1992)

21 Am 7. Februar 1992 haben die Regierungen der 12 EG-Staaten im niederländischen Maastricht den „Vertrag über die europäische Union" (EUV) unterzeichnet (Maastricht I: dazu *Akmann* 1994, 49ff; *Ensthaler* 1994, 26ff), der **am 1. November 1993 in Kraft getreten** ist. Bei diesem Vertrag handelt es sich um einen **„Mantelvertrag"**, der auch den EGV und das Schengener Abkommen integriert. Sein Ziel besteht darin, den mit der Gründung der EG-Gemeinschaften eingeleiteten Prozeß der Europäischen Integration „auf eine neue Stufe" zu heben.

22 Der Vertrag (BGBl. 1992 II, 1253ff) unterscheidet **drei Säulen** („Säulenstruktur"):

- *die der **Europäischen Gemeinschaften;***
- *die der **Gemeinsamen Außen- und Sicherheitspolitik** (GASP);*
- *die der **Justiz- und Innenpolitik** (ZBJI).*

23 Die **erste Säule** erfaßt das EG- und das EURATOM-Recht. Dieses **„Gemeinschaftsrecht"** besitzt Vorrang vor nationalem Recht und kann auch gegen den Willen eines EU-Mitgliedes erlassen werden, sofern nur die Mehrheit der anderen Mitgliedstaaten zustimmt. Die Materien der ersten Säule **unterliegen der gerichtlichen Kontrolle des EuGH,** der nach Art. 220ff EGV für das ganze „Gemeinschaftsrecht" zuständig ist.

24 Die **zweite und dritte Säule** bestehen hingegen aus dem **„Unionsrecht"**, das die Mitgliedstaaten zu einer Gemeinsamen Außen- und Sicherheitspolitik (GASP) sowie zu einer polizeilichen und justitiellen Zusammenarbeit im Strafrecht (PJZS) verpflichtet. Beschlüsse bedürfen der **Einstimmigkeit, eine gerichtliche Kontrolle durch den EUGH ist grundsätzlich nicht vorgesehen**.

25 Der **dritten Säule (Bereiche Justiz und Inneres:** Art. K1 bis K9 des EUV) wurden übertragen:

- die Asylpolitik,
- die Vorschriften für das Überschreiten der Außengrenzen der Mitgliedstaaten,
- die Einwanderungspolitik,
- die Bekämpfung der Drogenabhängigkeit,
- die Bekämpfung von Betrug im internationalen Maßstab,
- die Zusammenarbeit der Justizbehörden in Zivil- und Strafsachen,
- die Zusammenarbeit im Zollwesen,
- die **Zusammenarbeit der Polizei**.

Daß der EUV von allen Mitgliedstaaten ratifiziert worden ist, ist deshalb bemerkenswert, weil die Europäische Union (in „umgrenzten Tatbeständen“: *Klein* 1993, 11) Hoheitsrechte (Kompetenzen) erhalten sollte bzw. schon hat, die bislang allein den beteiligten Staaten zustehen. Eine entsprechende Übertragung setzt naturgemäß zwingend voraus, daß die Verfassung eine solche Abtretung zuläßt. Deutschland mußte deshalb das Grundgesetz ändern, was 1992 mit der notwendigen Zweidrittel-Mehrheit der Stimmen des Deutschen Bundestages (am 2. Dezember 1992) und des Bundesrates (am 18. Dezember 1992) auch geschah: An die Stelle des seit der Wiedervereinigung Deutschlands aufgehobenen Art. 23 des Grundgesetzes (Geltungsbereich des GG) trat ein **neuer Art. 23**, in dem es nun heißt, daß „die Bundesrepublik Deutschland bei der Entwicklung der Europäischen Union mitwirkt (und hierzu) durch Gesetz **mit Zustimmung** des Bundesrates Hoheitsrechte übertragen kann“. 26

**„Ein Bundesstaat Europa ist möglich“**

**Das Urteil der Karlsruher Richter zum Vertrag von Maastricht**

Sto. BONN, 23. November. Das Urteil des Bundesverfassungsgerichtes zum Maastrichter Vertrag steht einer Weiterentwicklung der durch den Vertrag gegründeten „Europäischen Union“ (EU) zu einem europäischen (Bundes-)Staat mit unselbständigen Gliedern nicht im Wege.

aus: *FAZ* vom 24. November 1993

Das **Bundesverfassungsgericht** hat daraufhin am 12. Oktober 1993 den Maastrichter Vertrag (als in **der derzeitigen Fassung** mit dem GG vereinbar) akzeptiert (dazu *Klein* 1993; vgl. auch den Zeitungsausriß oben).

*Die Zustimmung des BVerfG ist aber **nicht als Blanko-Scheck** zu verstehen (zu den verfassungsrechtlichen Grenzen vgl. Oschatz 1997, 33ff); ein absoluter Souveränitätstransfer ist nämlich mit der sog. **Ewigkeitsklausel** des Art. 79 Abs. 3 des GG unvereinbar (umstritten).*

### III. Folgeverträge und Beschlüsse

Nach der Ratifizierung durch alle zwölf EG-Mitgliedstaaten konnte der Vertrag (über die Europäische Union = EUV) von Maastricht am **1. November 1993 in Kraft** treten. 27

### 1. Der Amsterdamer Vertrag (1997)

28 Seine Überprüfung (zu der auch die zwischenstaatliche Innen- und Rechtspolitik zählte) fand im Rahmen einer weiteren Regierungskonferenz statt **(Maastricht II)**, die im März 1996 in Turin begann und im Sommer 1997 in Amsterdam (mit dem **„Amsterdamer Vertrag"**) endete. Nach diesem (verfassungsändernden: Art. 79 Abs. 2 GG) Vertrag (vgl. BT-Drucks. 13/9339 vom 3. Dezember 1997, 49ff), dem der Deutsche Bundestag am 5. März 1998 (mit großer Mehrheit) und der Bundesrat am 27. März 1998 (einstimmig) zustimmte,

28a – sollten (innerhalb von fünf Jahren nach Inkrafttreten des Vertrages: also bis 2002) die **Schengener Abkommen** (vgl. Rdn. 9ff) grundsätzlich **auf alle EU-Staaten ausgedehnt** werden: vor allem sollten die **Schlagbäume** (in bezug auf Personenkontrollen) auch zwischen den übrigen EU-Staaten abgebaut werden; eine Sonderposition nehmen in diesem Prozeß jedoch Dänemark, Großbritannien und Irland ein: Dänemark lehnt nicht die Abschaffung der Grenzkontrollen generell ab, wohl aber die Vergemeinschaftung dieses Bereiches, Großbritannien und Irland behielten sich (als Nichtmitglieder von Schengen) das Recht ausdrücklich vor, Grenzkontrollen an ihren Außengrenzen beizubehalten (*Meyring* 1999, 313);

28b – sollten (ebenfalls innerhalb von fünf Jahren) **Teile der dritten Säule „vergemeinschaftet"** werden, also von der dritten Säule in die erste Säule abwandern (sog. **Vertiefungsprozeß**: vgl. *Meyring* 1999, 309ff und Rdn. 41): z.B. „Visa, Asyl, Einwanderung und andere Politiken betreffend den freien Personenverkehr" (neuer Titel VI im EUV: dazu *Behrens* in RuP 1997, 193 und *Schieffer* 1998).

28c – das **SIS** (vgl. Rdn. 17) sollte **in ein EIS** (Europäisches Informationssystem) überführt werden (am 1. Mai 1999 geschehen: vgl. dazu *Tuffner* 2000, 39);

28d – sollten **grenzüberschreitende Observation und Nacheile möglich sein** (dazu *Kühne* 2003, 38): am 2. März 2005 **bilateral** z.B. zwischen Deutschland und den Niederlanden geregelt; Polizeibeamte dürfen nunmehr (auch bewaffnet) einen flüchtigen TV (z.B. Bankräuber oder Drogendealer) 150 km weit ins Nachbarland verfolgen (bis dahin: 15 km ohne Waffen);

27e – die **Asylverfahren** sollten **harmonisiert** werden; das ist am 29.4.2004 durch eine EU-Richtlinie geschehen, die die **Drittstaatenregelung** Deutschlands (vgl. Rdn. 43 zu § 24) im Kern übernimmt (NOZ vom 30.4.04; SZ vom 3.5.2004).

– sollten (nach einem Sonderprotokoll) die Mitarbeiter von **EUROPOL** für Amtshandlungen, die zur Erfüllung ihrer Aufgaben gehören, **Immunität** genießen (dazu *Bull/Baldus* 1998, 6);

– sollten der EU **neue Mitglieder** beitreten können.

## 2. Die Beschlüsse von Tampere (1999)

Weitere Beschlüsse zur dritten Säule (Rdn. 25) hat der Europäische Rat auf seiner Sondersitzung am 15./16. Okt. 1999 in Tampere/Finnland gefaßt (abgedr. in NJW 2000, 339). Ziel: „zügige Verwirklichung" des im Amsterdamer Vertrag vorgegebenen **„Raum der Freiheit, der Sicherheit und des Rechts"**, der ab 2004 für die EU-Bürger das sein sollte, „was der schrankenlose Binnenmarkt für die Wirtschaft schon jetzt ist: ein funktionierender europäischer Ordnungsrahmen (*Stabenow* in: FAZ vom 14. Dezember 2001, 8). 29

*a) Präventive Ziele*

Unter Pkt. 41 „ruft der Europäische Rat dazu auf, daß die Aspekte der **Kriminalitätsverhütung** in Maßnahmen zur Kriminalitätsbekämpfung mit einbezogen werden, und daß nationale Programme zur Kriminalitätsverhütung weiter ausgebaut werden" (vgl. dazu das EUCPN, Rdn. 68 zu § 18). 30

*b) Repressive Ziele*

Als repressive Ziele werden genannt: die **Harmonisierung des „nationalen Strafrechts"** (Pkt. 48), die Erweiterung der Befugnisse von EUROPOL (Pkt. 45) sowie der Aufbau einer Institution namens EUROJUST (Pkt. 46). Bis auf EUROJUST enthält **bereits der EUV** in der Fassung von 1997 die entsprechenden rechtlichen Grundlagen (dazu auch *Bergner* 2006, 367 ff). 31

## 3. Der Vertrag von Nizza (2000): Der „Mini-Kompromiß"

Den Verträgen von **Maastricht (1992)** und **Amsterdam (1997)** folgte am 12. Dezember **2000** auf einer weiteren Regierungskonferenz zur Reform der EU der Vertrag von **Nizza** (vom Deutschen Bundesrat am 9. Nov. 2001 gebilligt), den der frühere EU-Parlamentspräsident *Hänsch* (SPD) als den „schlechtesten Vertrag, den es seit Jahrzehnten in der EU gegeben hat", bezeichnet hat (in: FAZ vom 19. Jan. 2001, 12). 32

Geregelt wurde in Nizza nämlich nur „das Formale für die Erweiterungsfähigkeit, also die Festlegung von Stimmen und Sitzen in den Institutionen und Gremien"; die **Vertiefungsprobleme** (Rdn. 28) **sind hingegen nicht gelöst** worden. So wurde kritisiert, daß kein zentraler Aufgabenbereich von der Einstimmigkeit in die Mehrheitsentscheidung (die mit der Übertragung von Hoheitsrechten verbunden ist: dazu *Di Fabio* 2001, 8) überführt werden konnte. In Nizza wurde die Mehrheitsentscheidung sogar noch weiter kompliziert. 33

Zu den besonders relevanten Politikfeldern, die nach wie vor unter dem **Einstimmigkeitszwang** stehen, gehörten vor allem: 34

– die **Rechts- und Innenpolitik**: Betont wird in diesem Zusammenhang (wiederum) die Notwendigkeit der in Art. 31 EUV bereits postulierten **engeren Zusammenarbeit** der **Polizei- und Justizbehörden** der Mitgliedstaaten, „auch unter Einschaltung der Europäischen Stelle für justitielle Zusammenarbeit **(Eurojust)**“: vgl. Art. 31 Abs. 1 (e) n.F. und unten Rdn. 57. Darüber hinaus soll **„die schrittweise Annäherung der Strafvorschriften der Mitgliedstaaten“** zu den Zielen gehören, aber das sieht Art. 29 EUV ohnehin bereits vor;

- die **Steuer-** und **Sozialpolitik** (einschließlich der präventiven Verbrechensbekämpfung);
- die **Asyl- und Flüchtlingspolitik**.

35 **Probleme:** Das Prinzip der Einstimmigkeit eröffnete Erpressungs- bzw. Nötigungsmöglichkeiten durch das **Vetorecht** (Blockaderecht) zum Schutz nationaler Interessen.

36 Positive Auswirkungen für den Einigungsprozeß hat man sich von der Einführung des **EURO** als gemeinsame neue EU-Währung (Währungsunion) am **1.1.2002** (Euro-Scheine und Euro-Münzen ersetzen in der Euro-Zone die jeweilige Landeswährung) erhofft. Zur Währungskrise vgl. Rdn. 76. Inzwischen gehören der EU-Währungsunion (nach dem Beitritt von Estland 2011 und Lettland 2014) 18 EU-Staaten an. Zu den Problemen vgl. Rdn. 75.

### 5. Der Vertrag von Kopenhagen (2002)

37 Am 13. Dezember 2002 beschlossen die Staats- und Regierungschefs der (bis dahin) fünfzehn EU-Staaten (**Alt-EU**) den Beitritt weiterer zehn Staaten: Estland, Lettland, Litauen, Malta, Polen, Slowakei, Slowenien, Tschechien, Ungarn und Zypern (SZ vom 9. 10. 2002).

38 Das Europäische Parlament stimmte am 9. April 2003 zu (NOZ vom 10.4.2003); die Staats- und Regierungschefs der Alt-EU unterschrieben daraufhin den **(5000 Seiten starken!) Beitrittsvertrag am 16. April 2003 in Athen** (BGBl. 2003 II, 1408).

Millionen Menschen feiern Aufnahme von zehn neuen Staaten

**EU vollendet historische Erweiterung**

**Die Spaltung Europas ist überwunden / Größter Binnenmarkt der Erde**

aus: *Süddeutsche Zeitung* vom 3. Mai 2004

## IV. Kopenhagener Aufnahme-Kriterien

39 Als Bedingungen für einen Beitritt hatten die EU-Staats- und Regierungschefs schon 1993 (ebenfalls in Kopenhagen) drei Kriterien bestimmt **(„Kopenhagener Kriterien“)**, die alle Beitrittsländer erfüllen müssen, wenn die Beitrittsverhandlungen Erfolg haben sollen:

- institutionelle Stabilität, demokratische und rechtsstaatliche Ordnung, Wahrung der Menschenrechte sowie Achtung und Schutz in Bezug auf Minderheiten;

- eine funktionsfähige Marktwirtschaft und die Fähigkeit, dem Wettbewerbsdruck innerhalb der Union standzuhalten;
- die Fähigkeit, sich die aus einer EU-Mitgliedschaft erwachsenen Verpflichtungen und Ziele zu eigen zu machen; dazu gehört die Übernahme des „Besitzstandes der Gemeinschaft" mit allen Verordnungen und Gesetzen.

## V. Die EU-Osterweiterung am 1. Mai 2004

Die 10 neuen Mitglieder sind am 1. Mai 2004 der Alt-EU (15 Mitglie- **40**
der) beigetreten; es gab **nunmehr 25 EU-Staaten**. Alle Beitrittsländer haben sich verpflichtet, den **Schengen**-Besitzstand vollständig zu übernehmen (vgl. *Contin* 2005, 54 und oben Rdn. 9ff). Zur Frage, wie die EU funktioniert vgl. die Karikatur unten.

### 1. Zehn neue Mitgliedstaaten

Die EU reichte damit von Rom bis Riga und von den Kanaren bis zu **41**
den Karpaten (vgl. **Titelbild** dieses Bandes): ein riesiger kriminalgeographischer **Raum von 3,9 Millionen Quadratkilometern**

- mit rund **500** Millionen Einwohnern (zum Vergleich: USA = rund **300** Millionen; Indien = rund **1100** Millionen),
- die 21 Sprachen sprechen (**101 Millionen sprechen deutsch**, vgl. Rdn. 54)

ist entstanden.

Damit hatte sich der größte Binnenmarkt der Welt (EWR) etabliert; **42**
zugleich stellten sich jedoch aus kriminalpolitischer Sicht **Probleme** ein, die z.B. auch mit den über **40 000 km Küste** zu tun haben, die bewacht werden müssen.

### 2. Folgen der EU-Osterweiterung (2004) aus kriminalpolitischer Sicht

In der Politik und in den Medien werden mit dem Beitritt der 10 neuen **43**
Staaten zur EU grundsätzlich nur positive Erwartungen verbunden. Die möglichen **negativen Konsequenzen** werden hingegen eher **tabuisiert:** Wanderungsbewegungen größeren Umfangs, die die Arbeitslosigkeit weiter verstärken, Kriminalität bis hin zum Organisierten Verbrechen, Ausländerfeindlichkeit, die das Parteienspektrum verändert (vgl. auch den Zeitungsausriß bei Rdn. 49). Eine solche Entwicklung vollzieht sich allerdings **nicht von „heute auf morgen"**. Was hat sich am 1. Mai 2004 überhaupt verändert und was wird sich noch ändern?

- am 1. Mai 2004 verschoben sich die Außengrenzen der EU um 600 km **44**
nach Osten; die „nunmehr mit den Außengrenzkontrollen beauftragten Staaten ... haben mit finanziellen, personellen und strukturellen Schwierigkeiten zu kämpfen" (B. *Walter* 2006, 734);
- die **Grenzkontrollen** (an der 1253 km langen Grenze zu Polen und **45**
Tschechien) führt die **„Bundespolizei"** durch (zu den Aufgaben vgl. *Baumbach/Pfau* 2011, 771ff).

*„Hurra, wir sind 25 Mann stark!“*
Karikatur: Horst Haitzinger Fotos: Sven Simon, Wende

aus: *NOZ*
vom 30. Okt. 2004

46 – weggefallen ist hingegen bereits zum 1. Mai 2004 die **Visapflicht** für die neuen EU-Bürger; diese benötigen für den Grenzübertritt nach Deutschland nur noch Paß oder Personalausweis (§§ 2 Abs. 1, 10 AufenthG);

47 – um den Arbeitsmarkt in den Alt-EU-Staaten zu schützen, durften (trotz Schengen!) **Arbeitsuchende** aus den Neu-EU-Staaten nach Ablauf einer 7jährigen **Sperrfrist** zuwandern; diese Frist ist abgelaufen. **Ab 1. Mai 2011 gilt die volle Dienstleistungsfreiheit und Arbeitnehmerfreizügigkeit** auch für die mittel- und osteuropäischen EU-Beitrittsländer. Zu befürchteten Problemen vgl. den Zeitungsausriß unten.

48 Die **(Hauruck-)Erweiterung** (vgl. Karikatur oben) der EU auf 25 EU-Staaten hat zugleich Überlegungen ausgelöst, ob nicht eine Konsolidierungsphase angebracht wäre. Sonst könnte sich die EU noch zu Tode wachsen. Diese Befürchtung hatte bzw. hat nach wie vor der Verf. dieses Bandes (vgl. Zeitungsausriß), sie wird inzwischen von anderen Politikern durchaus geteilt (vgl. unten Rdn. 83).

49

# „EU wächst sich zu Tode“

## Schwind warnt vor den Folgen sozialer Probleme

**Osnabrück, 22. 2. (hs-Eigenbericht) Eine dramatische Zunahme der Kriminalität, auch des organisierten Verbrechens, befürchtet der Osnabrücker Kriminalwissenschaftler Hans-Dieter Schwind im Zuge der Osterweiterung der EU.**

Schwind befürchtet mit der Zuwanderung eine starke Zunahme sozialer Probleme. Der Druck auf den Arbeitsmarkt werde sich erheblich verstärken, da einerseits die Schwarzarbeit boomen werde und mehr Jobsucher aus den Beitrittsländern kämen.

Konkurrenz auf dem Arbeitsmarkt, Angst um den Bestand des sozialen Netzes und ein zunehmendes Bedrohtheitsgefühl angesichts der Zuwanderung wird Ausländerfeindlichkeit wachsen lassen und rechtsradikalen Parteien Zulauf bringen, befürchtet Schwind.

aus: *NOZ* vom 23. Februrar 2004 (verkürztes Interview)

## VI. Kriminalpolitische Reaktionen der EU

Betrachtet man vor diesem Hintergrund den bisherigen Verlauf der europäischen Innen- und Rechtspolitik, drängt sich der Eindruck auf, daß die Architekten der neuen Union und der EU-Osterweiterung über den wirtschaftlichen Vorteilen, die entsprechenden Nachteile und die veränderte Sicherheitslage unterschätzt haben (so bereits *Ulber* 1992, 82; *Krüger* 1994, 773). Gleichwohl darf man nicht übersehen, daß die Probleme zumindest erkannt worden sind. Stichworte: EUROPOL, EUROJUST, Europäisches Strafgesetzbuch. 50

*Abbildung 13:* Das Gebäude von EUROPOL in Den Haag, Raamweg 47 (Photo: *Schwind*)

### 1. EUROPOL

Im **Maastrichter Vertrag** (zu diesem oben Rdn. 21 ff) hatten sich die EU-Staaten (im Rahmen der Dritten Säule: oben Rdn. 25) auch auf die Einrichtung von EUROPOL geeinigt. Als Vorläuferorganisation (für den Drogenbereich) wurde zunächst (am 3. Jan. 1994) eine **„Europäische Drogenstelle" (EDS)** aufgebaut. Im selben Gebäude in **Den Haag** (vgl. Photo) nahm dann am 1. Juli 1999 **EUROPOL** seinen Betrieb auf, und zwar „mit dem Ziel, die Leistungsfähigkeit der zuständigen Behörden der Mitgliedstaaten und ihre Zusammenarbeit zu verbessern. Neben Polizei tragen weitere in EUROPOL vertretene Institutionen wie Zoll, Grenzschutz, **Küstenwache**, Gendarmerie, Finanzpolizei dazu bei, dieses Ziel zu erreichen" (*Ratzel* 2007, 284 ff). 51

Seit dem 1. Jan. 2002 ist EUROPOL insbesondere für (grenzüberschreitend) folgende Bereiche **zuständig** (vgl. dazu *Kerner* u. a. in Kriminalistik 2006, 300; *Satzger* 2010, 155): 52

- Terrorismus,
- illegaler Rauschgifthandel,
- Schleuserkriminalität (Menschenhandel),
- Kfz-Verschiebung,
- kriminelle Rockergruppen,
- Computerkriminalität,
- Falschgeldkriminalität,
- Verschiebung und Handel mit nuklearen bzw. radioaktiven Substanzen.

**Aber:** EUROPOL hat (noch) **keine Kompetenz zu exekutivem Handeln**. Es gibt also (noch) keine „EUROCOPS". EUROPOL ist bisher **(wie INTERPOL auch: vgl. Kasten unten)** nur eine **reine Serviceeinrichtung** für die EU-Mitgliedsländer; zu dieser Zuarbeit zählen: jährlich erstellte Gefährdungs- und Bedrohungsanalysen zur Organisierten Kriminalität (Organized Crime Threat Assessment: **OCTA**), Sammeln von Infos und Informationsaustausch bzw. Zurverfügungstellen von Info-Systemen (z. B. von EIS): dazu *Ratzel* 2007, 428 ff. Insoweit hat EUROPOL immerhin „europaweit Zugriff auf personenbezogene Daten, Telefonnummern, Autokennzeichen oder genutzte Internet-Provider" (so *Ratzel* in DIE WELT vom 13. Februar 2007, 5).

EUROPOL darf im Übrigen (z. B. aufgrund von OCTA) eigene Ermittlungen anregen, hat also ein **Initiativrecht** (dazu *Gleß* 2001, 623 f).

53 **Organisatorisch** ist EUROPOL in **drei Abteilungen** (Departments) gegliedert: das Department Serious Crime (schwere Kriminalität), das Department IMT (Information Management and Technology) und das Department Corporate Governance, das zum Ziel hat, „künftig besser auf neue Kriminalitätsentwicklungen und Herausforderungen zeitnah reagieren zu können (*Ratzel* 2007, 290).

54 Personal 1999: 160; 2012: 777 (Europol-Info Jan. 2006 und EU-Jahresbericht vom 7.5.2012, S. 12). Zu diesen EUROPOL-Mitarbeitern gehören über 90 Verbindungsbeamte (EUROPOL-Liaisons Officers = **ELO**), die aus allen Mitgliedstaaten entsandt werden und jeweils Direktzugang zu ihren nationalen Informationssystemen besitzen. Haushaltsmittel 2006: 63,4 (2011 = 84,8) Millionen Euro (Europol-Info aaO). Die Arbeitssprache ist **Englisch**. In Europa ist deutsch für 101 Millionen die Muttersprache (Goethe-Institut München, zit. nach NOZ vom 25. Juli 2008, 2): vgl. dazu aber den Zeitungsausriß.

EUROPA

**Man spricht kein Deutsch**

Bundesregierung und Bundestag reagieren verärgert auf die Weigerung der EU-Kommission, wichtige Brüsseler Dokumente auch ins Deutsche zu übersetzen.

aus:
*DER SPIEGEL*
12/2008, 20

Zum Direktor von EUROPOL wurde 2009 von den Innenministern der 27 EU-Staaten der Engländer Robert („Rob“) *Wainwright* als Nachfolger des Deutschen Max-Peter *Ratzel* gewählt (NOZ vom 7. April 2009).

*Zur **Zentralstellenaufgabe von EUROPOL** vgl. Manske in Kriminalistik 2001, 105ff; zur **Zentralstellenfunktion des BKA**, die vergleichbar erscheint, vgl. Hetzer in Kriminalistik 2001, 154ff.*

EUROPOL darf man nicht mit **INTERPOL** und **FBI** verwechseln. (vgl. den Kasten unten),

Bei **Interpol** (International Police) handelt es sich um den (1914 in Monaco gegründeten) Zusammenschluß von nationalen Polizeibehörden zur Internationalen Kriminalpolizeilichen Organisation (**IKPO**) mit Sitz (seit 1899) in Lyon (Frankreich), der (2011) 188 Mitgliedstaaten angehörten. Die Grundlage bilden Statuten, also kein völkerrechtlich verbindlicher Vertrag wie bei EUROPOL. Die Zuständigkeit umfaßt alle Bereiche der Kriminalität. Ausgenommen sind nach Art. 3 nur Straftaten aus politischen, militärischen, religiösen oder rassischen Motiven, es sei denn es handelt sich um Verbrechen gegen die Menschlichkeit. Die Hauptaufgaben von IKPO-Interpol bestehen in der Bereitstellung eines weltweiten Kommunikationsnetzes, der Erstellung von Lagebildern, der Unterhaltung eines Fahnungs- und Ausschreibungsdienstes, der Koordinierung gegenseitiger Unterstützungsmaßnahmen und in der Veranstaltung von Arbeitstagungen. Supranationale Exekutivbefugnisse besitzen die Mitarbeiter von IKPO-Interpol (ebenso wie die von EUROPOL) nicht. 55

IKPO-Interpol arbeitet mit „Nationalen Zentralbüros“ **(NZB)** zusammen, deren Aufgaben in Deutschland das Bundeskriminalamt (BKA) wahrnimmt (vgl. Art. 4). Die Finanzierung erfolgt aus Mitgliedsbeiträgen der Interpol-Staaten (2011: 48,5 Mio Euro) und sonstigen Zuwendungen Dritter (zum Ganzen: *Kerner* u.a. in Kriminalistik 2006, 301 ff und *Stock/Herz* 2011,129ff und 157ff).

Das **FBI** („Federal Bureau of Investigation“) ist die Bundespolizeibehörde der USA mit Sitz in Washington und einem Budget von über sechs Milliarden US-Dollar und 30 000 Mitarbeitern, darunter 12 000 FBI-Agenten (Special Agents), die im Interesse der Vereinigten Staaten auch im Ausland tätig werden (dazu *Metzner*, F. B.: Das FBI, in: Kriminalistik 10/2008, 569 ff).

Neben der Interpol/EUROPOL und FBI-Zusammenarbeit haben sich weitere Formen übernationaler polizeilicher Kooperation entwickelt: z.B. **AEPC** (Association of European Police Colleges) ein Dachverband europäischer Polizeiakademien (vgl. Rdn. 30b zu § 1): gegründet 1996 sowie **CEPOL** (Collége européen de police/European Police College: gegründet 2001), das für hochrangige Führungskräfte Konferenzen u.ä. organisiert (dazu *Kölbach/Thielmann* in: Kriminalistik 8–9/2008, 514 ff).

56 Die **politische Kontrolle** von EUROPOL üben die Justiz- und Innenminister der Mitgliedstaaten aus, die auch die EUROPOL-Direktoren ernennen; einer richterlichen oder parlamentarischen Kontrolle untersteht EUROPOL nicht. *Kühne* (Lb. 2007, 100) sieht darin eine Verletzung des Gewaltenteilungs- und Demokratieprinzips (zur Kontrolle de lege ferenda vgl. *Gleß* 2001, 625ff). Schließlich: EUROPOL arbeitet naturgemäß eng mit EUROJUST zusammen.

## 2. EUROJUST

57 EUROJUST wurde („als eine Art Parallelkonstruktion zu „EUROPOL“: *Satzger* 2010, 156) am 28. Febr. 2002 durch Beschluß des Rates der Europäischen Union (ebenfalls in Den Haag) errichtet und hat im Dezember 2002 seine Arbeit aufgenommen. Der Ratsbeschluß ist in Deutschland durch ein **Eurojust-Gesetz** (EJG), das am 18. Mai 2004 in Kraft trat (BGBl. I, 902ff), umgesetzt worden.

58 EUROJUST soll bei bestimmten Delikten der schweren und insbesondere der **Organisierten Kriminalität** (z.B. aus dem Bereich des illegalen Drogenhandels und der Computerkriminalität) und des **Terrorismus**, sofern zwei oder mehr Staaten betroffen sind,

- erstens: die **Koordinierung** der in den Mitgliedstaaten laufenden Ermittlungen und Strafverfolgungsmaßnahmen zwischen den zuständigen nationalen Behörden fördern,
- zweitens: die Zusammenarbeit zwischen den zuständigen nationalen Behörden verbessern, insbesondere die internationale **Rechtshilfe** und die Erledigung von Auslieferungsersuchen erleichtern,
- drittens: die zuständigen nationalen Behörden **anderweitig** mit dem Ziel unterstützen, die Wirksamkeit ihrer Ermittlungen und Strafverfolgungsmaßnahmen zu erhöhen.

EUROJUST soll (entsprechend Pkt. 46 von Tampere) als **„justitieller Gegenpart zu EUROPOL“** (*Kühne* Lb. 2007, 59; *Satzger* 2010, 156) die Keimzelle für eine europäische Staatsanwaltschaft bilden. Am 13. Juni 2007 haben sich die EU-Justizminister auf eine **europaweite Vernetzung der Strafregister** verständigt; der Rahmenbeschluß muß aber noch förmlich von den EU-Mitgliedstaaten angenommen werden, bevor er in Kraft treten kann. Zum europäischen Haftbefehl vgl. Kasten.

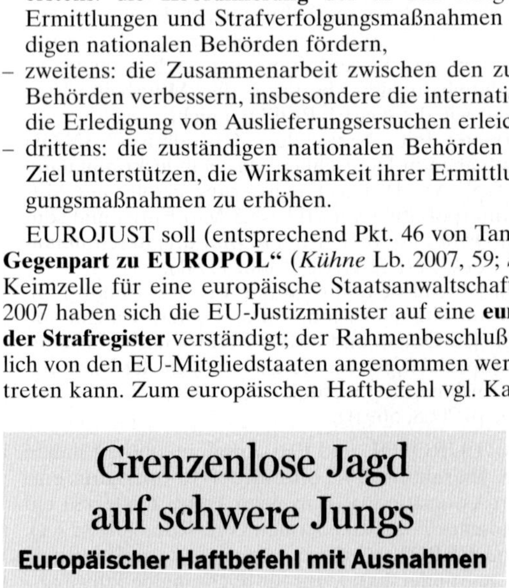
Grenzenlose Jagd auf schwere Jungs

Europäischer Haftbefehl mit Ausnahmen

aus: *NOZ* vom 13. September 2006.

**Zum Europäischen Haftbefehl:** ein (deutsches) Gesetz zur Umsetzung eines EU-Rahmenbeschlusses vom 13.6.2002 zu einem Europäischen Haftbefehl hat das *BVerfG* am 18. Juli 2005 (*BVerfGE* 113, 273) für nichtig erklärt; daraufhin wurde das Europäische Haftbefehlsgesetz (EuHbG) am 20.7.2006 in veränderter Form vom Deutschen Bundestag erneut verabschiedet (BGBl. 2006 I, 1721), das am 2.8.2006 in Kraft trat. Danach dürfen deutsche Staatsbürger nur dann an einen anderen (EU-)Staat ausgeliefert werden, wenn die ihnen vorgeworfenen Straftaten einen überwiegenden Bezug zum Ausland haben (vgl. dazu Art. 16 Abs. 2 GG). Durch den Europäischen Haftbefehl soll das langwierige und komplizierte Auslieferungsverfahren durch ein vereinfachtes System der Übergabe von TV bzw. Tätern ersetzt werden (vgl. dazu *Schünemann* in GA 2004, 193/207, *Kretschmer* in Jura 2005, 780ff und *Satzger* 2010, 163ff sowie oben den Zeitungsausriß). **58a**

### 3. Europäisches Strafgesetzbuch?

Immerhin bieten die Art. 29 und 31 EUV (Art. K 1 EUV a.F.) den **Einstieg in ein europäisches Strafgesetzbuch** (und damit den Einstieg in eine grenzüberschreitende Sekundärprävention: vgl. Rdn. 42 zu § 1). Art. 29 postuliert die **„Annäherung" der Strafvorschriften der Mitgliedstaaten nach Art. 31 Buchstabe e aber nur „soweit dies erforderlich ist"; betont wird also das Subsidiaritätsprinzip**. **59**

*Der **EUGH** (Urt. vom 23. Okt. 2007, zit. bei Schall NStZ 4/2008, 97) hat jedoch seine Rechtsprechung dahingehend bekräftigt, daß Straf- und Strafprozeßrecht grundsätzlich **nicht** in die Zuständigkeit der Gemeinschaft fällt. Zu der gleichwohl **schleichenden Kompetenzerweiterung** der Gemeinschaft im Bereich des Strafrechts vgl. Schall NStZ-RR 2006, 161 ff).*

Art. 31 Buchstabe e erklärt nämlich „die schrittweise Aufnahme von Maßnahmen **zur Festlegung von Mindestvorschriften über die Tatbestandsmerkmale strafbarer Handlungen und Strafen** (in den Bereichen Organisierte Kriminalität, Terrorismus und illegaler Drogenhandel") zur Aufgabe der künftigen EU-Politik.

*Die entsprechenden Initiativen gingen bisher vom **Europarat** aus. Dieser war allerdings 1971 auf der Grundlage eines Memorandums des Amsterdamer Hochschullehrers **Enschedé** zunächst zu einem negativen Ergebnis gelangt. Das heißt: in einer Vereinheitlichung des Strafrechts wurden noch keine Vorteile gesehen.*

Ein viertel Jahrhundert später gelangte der Münchner Strafrechtler **Sieber** in seinem „Memorandum für ein **Europäisches Modellstrafgesetzbuch**" zu einem ganz anderen Resultat (JZ 1997, 369ff). *Sieber* plädiert für die Schaffung eines zunächst unverbindlichen Modellstrafgesetzbuches, von dem er sich Harmonisierungseffekte durch Richtungsvor- **60** gaben erhofft. In diesem Rahmen könnten Mindestregelungen erarbeitet werden, die deliktspezifisch differenziert ausfallen. Gemeinschaftsrelevante Tatbestände, wie Computerdelikte, Geldwäsche, Kinderpornographie (*Kühl* 2000, 622: auch als „Aufhänger der wissenschaftlichen Diskussion"), Menschenhandel, umwelt- und wirtschaftskriminelles Verhalten sowie terroristische Angriffe sollten nach *Sieber* wegen ihrer grenzüberschreitenden Relevanz möglichst weitgehend vereinheitlicht werden, während das bei anderen Deliktsformen (etwa dem „klassischen" Mord oder beim Diebstahl) nicht so dringend erforderlich sei.

Könnte wenigstens der Allgemeine Teil der StGB vergemeinschaftet werden? So *Kühl* (2000, 624); vgl. dazu auch *Weigend* in FS für Roxin 2001, 1375 ff.

**61** *Für eine Harmonisierung hat sich (eine 1993 vom Europarat einberufen) Ende der neunziger Jahre ferner eine Expertengruppe (unter dem Vorsitz des schweizer Kriminologen* ***Killias****) ausgesprochen, die am 12. Oktober 1999 in Straßburg ein* ***„European Sourcebook*** *of Crime and Criminal Justice Statistics" vorgelegt hat (Council of Europe, Straßburg 4. Aufl. 2010). In diesem Sourcebook werden (noch über die in Art. 31 EUV genannten Bereiche hinaus) für weitere Einzeldelikte (wie Raub, Vergewaltigung, Diebstahl und Körperverletzung) die Tatbestandsmerkmale der nationalstaatlichen Tatbestände miteinander verglichen. Außerdem wird in dem Sourcebook versucht, nationale* ***Kriminalstatistiken miteinander vergleichbar zu machen*** *(ausführlich dazu Meyer 2000, 320 ff). Von Hetzer (2001, 539) werden allerdings (nicht zuletzt „wegen der unterschiedlichen Rechtstraditionen in den Staaten Europas") „Zweifel an der Sinnhaftigkeit einer völligen Harmonisierung" geäußert (anders hingegen Bacigalupo in der FS für Roxin 2001, 1361 ff; ausführlich Satzger 2008, 18 ff).*

**62** Fortschritte zeichnen sich bisher im Rahmen einer **sektoralen Vergemeinschaftung** von Strafrechtsbereichen ab (vgl. dazu *Dieckmann* in NStZ 12/2001, 617 ff). So liegt ein Entwurf zu einem „**Corpus iuris** der strafrechtlichen Regelungen zum Schutz der finanziellen Interessen der Europäischen Union (CJ)" vor, der im Auftrag des Europäischen Parlamentes von einer Arbeitsgruppe unter Vorsitz der französischen Professorin **Delmas-Marty** (bis 1996) erarbeitet wurde (ausführlich *Kühne* 2003, 29 ff). Das CJ will die Strafbarkeit von sozialschädlichem Handeln regeln, das sich auf die EG-Finanzinteressen bezieht: etwa Subventionsbetrug und Steuerhinterziehung zum Nachteil der Europäischen Gemeinschaft. Rechtlicher Ausgangspunkt ist der **Art. 280 Abs. IV EGV** (eingefügt durch den Amsterdamer Vertrag), aus dem sich die Verpflichtung der Mitgliedstaaten ergibt, den Gemeinschaftshaushalt zu schützen. Inzwischen gehen Schätzungen davon aus, daß zwischen 10 und 20 % der Haushaltsmittel der EG von Betrügereien betroffen sind (*Hetzer* 2000, 783). Das CJ soll die Arbeit des „Office de la Lutte Anti-Fraud" **(OLAF)** erleichtern, das seit 1999 die Aufgabe hat, den Mißbrauch von EU-Mitteln aufzudecken (*Kühne* 2007, 54). bzw. Korruptionsvorwürfen nachzugehen (dazu SPIEGEL 10/2013, 40).

*Über allen Vorschlägen und Entwürfen, die derzeitig diskutiert werden, darf man allerdings nicht übersehen, daß die nationalen Strafrechtsordnungen zunehmend schon heute durch die Spruchpraxis des Europäischen Gerichtshofes für Menschenrechte und durch* ***Europäische Richtlinien*** *(vgl. auch Rdn. 30b zu § 21), die der Europäische Gerichtshof als Gemeinschaftspraxis billigt, überlagert werden (vgl. Hetzer 2000, 788; Kühl 2000, 614; Schröder 2002); krit. Scheffler in FS für Schwind 2006, 135 ff).* 63

***Allerdings:*** *Am 14. Okt. 2004 hat das* ***Bundesverfassungsgericht*** *entschieden, daß die Rechtsprechung des* ***EuGHMR*** *(vgl. oben Rdn. 23) die deutschen Gerichte* ***nicht bindet****; sie soll nur gebührend berücksichtigt werden. Eine „schematische Vollstreckung" der Urteile komme jedenfalls im Regelfall nicht in Frage (Az. 2 BvR 1481/04).*

***Dazu*** *hat Tilman Hoppe, Lehrbeauftragter einer Berliner FH ermittelt, daß bereits 80 % des in Deutschland geltenden Rechts aus Brüssel mit EU-Vorgaben zu tun hat (zit. nach FOCUS 15/2009, 14).*

Welche Probleme sich auch aus **EU-Rahmenbeschlüssen** ergeben können, illustriert *Böse* am Beispiel der Pornographie: Kinder sind für die EU nämlich insoweit alle Personen bis 18 Jahre (in FS für F. C. *Schroeder* 2006, 751 ff).

Zu den Kompetenzen der EG (EU) nach Art. 94 EGV (zur Angleichung von Strafvorschriften) vgl. *Tiedemann* in FS für Roxin 2001, 1401.

Zu den Perspektiven des Europäischen Strafrechts nach dem Vertrag von Lissabon (vgl. unten Rdn. 71) vgl. *Heger* 2009, 406 ff.

### 4. Forschung und Prävention

Daß schließlich auch (nationale) **Präventionsprogramme** „gesammelt und analysiert" werden sollen, ergibt sich schon aus einer dem Maastrichter Vertrag im Anhang beigefügten Erklärung. 64

*Um* ***europäische kriminologische Forschung*** *und Lehre weiterzuentwickeln wurde am 7./8. April 2000 in DEN HAAG eine „Europäische Gesellschaft für Kriminologie" gegründet, eine „European Society of Criminology"* ***(ESC:*** *Sitz Cambridge/UK), und zwar nach dem Vorbild der „American Society of Criminology" (ASC). Die ersten vier Jahrestagungen fanden statt: 2001 in Lausanne, 2002 in Toledo/Spanien, 2003 in Helsinki, 2004 in Amsterdam, 2005 in Krakau (Polen), 2008 in Edinburgh, 2009 in Ljubljana/Slowenien und 2010 in Liége/Belgien (dazu Schneider, H.J. in ZStW 4/2010, 873 ff); zu den Aufgaben einer Europäischen Kriminologie vgl. z. B. auch Meier 2003, 302 ff und Killias 2002, 3 ff.* 65

Auffällig ist allerdings, daß die (generalpräventive) **Abschreckung** der bevorzugte Strafzweck des (bisherigen) EU-Strafrechts ist (*Scheffler* in FS für Schwind 2006, 136 mit Beispielen).

### 5. Europäische Perspektiven des Strafvollzuges

65a Die Richtung für den Strafvollzug in Europa wird zunächst durch die **EMRK (1950)** bestimmt, die seit 1952 als innerstaatliches Recht gilt. Die zentralen Vorschriften sind Art. 3 (**Folterverbot**) und Art. 34, der die **Anrufung des EGMR** (auch durch Gefangene) regelt, wenn eine Verletzung von Menschenrechten in Betracht kommt. Die EMRK wird ergänzt durch **Empfehlungen des Europarates (1962)** zur Vollzugsgestaltung und Behandlung der Gefangenen, „aus denen die **Europäischen Strafvollzugsgrundsätze von 1987** herausragen" (*Müller-Dietz* in FS für Schwind 2006, 626; ausführlich *Dünkel* et al. 2010, 3ff). An diese „European Prison Rules" (EPR) i.d.F. von 2006 schließen die **„European Rules for Juvenile Offenders Subject to Sanctions and Measures"** des Europarats vom 5.11.2008 in Form einer Empfehlung (Recommendation) an. Eine wichtige Rolle auch als „Mahner" spielt schließlich der **Europäische Ausschuß zur Verhütung der Folter (CPT)**. Ausführlich zu den Perspektiven des Strafvollzugs in Europa und zu den Problemen der Rechtsangleichung vgl. *Müller-Dietz* aaO, 621–634). **Länderberichte** zum Strafvollzug in verschiedenen (EU-)Staaten bei *Dünkel* et al. 2010 (zwei Bände).

### 6. EU-Kriminalstatistik

65b Neben dem Sourcebook (Rdn. 61), das der Europarat veröffentlicht, bemüht sich auch die **EU-Kommission** um den Aufbau von Statistiken „über Kriminalität (einschließlich Viktimisierung) und Strafverfolgung", die Vergleiche zwischen Mitgliedstaaten und deren Regionen ermöglichen soll **(Aktionsplan 2006–2010)**. Kurzfristig sollen hierfür die „verfügbaren nationalen Statistiken zusammengestellt und auf ihre Qualität hin überprüft werden (zit. nach *Heinz* in Dessecker/Egg: Kriminalstatistiken im Lichte internationaler Erfahrungen, Wiesbaden 2009, 64; vgl. auch *von Hofer*: Der internationale Kriminalitätsvergleich mit Hilfe der Statistik, in Schneider Hb. 2009, 121).

## VII. Grundlagenvertrag statt Verfassung

66 Am 28. Juni 2000 veröffentlichte eine von den Staats- und Regierungschefs der EU-Staaten eingesetzte Kommission, die unter dem Vorsitz des früheren deutschen Bundespräsidenten *Herzog* tagte, den Entwurf einer **Charta der Grundrechte**. Diese Charta bildete die Grundlage für die Arbeit eines **EU-Konvents**, der ab 28. Februar 2002 unter dem Vorsitz des früheren französischen Staatspräsidenten *Giscard d'Estaing* tagte und am 13. Juni 2003 den **Entwurf einer EU-Verfassung** vorgelegt hat.

Auf der Grundlage dieses Entwurfs haben sich am **18. Juni 2004** die Staats- und Regierungschefs der (damals noch) 25 EU-Staaten auf einen **„Verfassungsvertrag"** (so *Giscard d'Estaing*) geeinigt (zit. nach DIE WELT vom 18. Juni 2004, 3). 67

**1. Verfassungsvertrag scheitert**

Im Mittelpunkt des Vertragstextes standen: bessere Entscheidungsverfahren, eine gemeinsame EU-Außenpolitik (mit einem EU-Außenminister), die Einverleibung der Grundrechtscharta und die Verkleinerung der EU-Kommission. 68

Dieser Verfassungsvertrag **umfaßte 482 Seiten**. Er wurde am 29. Oktober 2004 von den Staats- und Regierungschefs der EU (in Rom auf dem Kapitol) unterzeichnet, hätte aber noch **von allen 27 Mitgliedstaaten ratifiziert** werden müssen. 69

Am 29. Mai 2005 ist eine entsprechende Volksabstimmung allerdings bereits in **Frankreich gescheitert** (54,9 %: „non") und drei Tage später (am 1. Juni 2005) in den **Niederlanden** (61,7 %: „nee"). Über die Gründe der Ablehnung wurde viel spekuliert. Im Mittelpunkt standen: 70

- der Mißmut über „Die Diktatur der Bürokraten in Brüssel" (SPIEGEL-Titelseite am 6. Juni 2005) bzw. die „verselbständigte Macht der Exekutivgewalt" mit ihrer **Regelungs- und Verordnungswut**, die sich in z.T. grotesken Richtlinien äußert, die z.B. nicht vor der Regelung des Krümmungsgrades von Gurken halt machen (Verordnung inzwischen zurückgenommen) oder der Größe von Kaffeepackungen oder dem Mindestabstand für Leitersprossen (Focus 45/2012, 36). Dazu der Spottspruch: **In Brüssel wird's erdacht, in Deutschland wird's gemacht – in Italien wird gelacht**! (zit. nach Focus 36/2012, 44);
- die **Überschwemmung der Alt-EU-Staaten mit billigen Arbeitskräften**, die den Einheimischen die Arbeitsplätze wegnehmen;
- die **Angst vor Kriminalität** bis zum Organisierten Verbrechen;
- der **Mißmut über den EURO** („TEURO");
- die **Furcht vor der Dynamik der Erweiterungspolitik**, die offenbar nirgends mehr halt macht; auch vor einer Aufnahme der Türkei nicht **(Entgrenzungsangst)**.

Vielleicht haben auch die **Kosten der Brüsseler Mammutbehörde** (mit 30 000 hochbezahlten Mitarbeitern) eine Rolle gespielt. Vorbehalte haben schließlich damit zu tun, daß EU-Europa **nicht als christliches Abendland** konzipiert wurde.

**Sitz der EU-Kommission in Brüssel:** *Mächtiger Beamtenapparat*

aus: *DER SPIEGEL* 43/2006, S. 148.

## 2. (Grundlagen-)Vertrag von Lissabon

71 Nach der gescheiterten Verfassung einigten sich die Staats- und Regierungschefs der EU am 21./22. Juni 2007 (in Heiligendamm) bzw. am 19. Oktober 2007 (in **Lissabon**) auf einen Grundlagenvertrag (3000 Seiten), der am 13. Dez. 2007 in Lissabon unterzeichnet wurde („Lissaboner Vertrag"). Nach Turbulenzen ist der Vertrag am 1. Dez. 2009 in Kraft getreten.

### *a) Wichtige Punkte des Vertrages*

72 – erstens: die Staats- und Regierungschefs bilden einen **Europäischen Rat**, dem ein auf zweieinhalb Jahre gewählter **Präsident** vorsitzt; die halbjährlich zwischen den Mitgliedstaaten rotierenden Präsidentschaften werden also aufgegeben;
– zweitens: es wird einen **Außenbeauftragten** geben (EU-Außenminister);
– drittens: im EU-Parlament erhält Deutschland mit 96 Sitzen die meisten Sitze aller Mitgliedstaaten; das **EU-Parlament** verfügt insgesamt über 750 Sitze;
– viertens: der **Präsident der EU-Kommission** wird auf Vorschlag des Europäischen Rates vom Europäischen Parlament gewählt; jedes Mitgliedland stellt einen Kommissar;

- fünftens: von 2014 an entscheiden die Mitgliedstaaten mit **doppelter Mehrheit**. Das heißt: ein Beschluß gilt als angenommen, wenn 55 % der Mitgliedstaaten zustimmen und diese zusammen mindestens 65 % der Bevölkerung der EU repräsentieren;
- sechstens: **Innen- und Rechtspolitik:** eingeführt wurden **Mehrheitsentscheidungen:** ein nationales Vetorecht und die „3. Säule" gibt es grundsätzlich nicht mehr (dazu *Zeder* 2010, 66ff);
- siebtens: die **Grundrechtscharta** (z.B. Arbeitnehmerrechte) soll (außer für GB und Polen) für rechtsverbindlich erklärt werden;
- achtens: **Neuaufnahmen** werden von den EU-Staats- und Regierungschefs beschlossen und bedürfen (grundsätzlich) der Zustimmung der nationalen Parlamente. Ausnahme: in einzelnen EU-Staaten (etwa in Frankreich) hängt eine Erweiterung der EU von einer Volksabstimmung ab;
- neuntens: **Austritt:** jeder Mitgliedstaat kann die EU wieder verlassen (Notbremse), aber nicht ausgeschlossen werden.

Die Grafik unten veranschaulicht die Gremienstruktur der EU.

aus: *DER SPIEGEL* 5/2011, 20

*b) Deutsches „Begleitgesetz"*

Deutschland musste die **Entscheidung des BVerfG** (Zweiter Senat) zu **73**
der Frage abwarten, ob der Lissaboner Vertrag mit dem **Grundgesetz** vereinbar ist (dazu oben Rdn. 26). Diese Entscheidung hat das BVerfG (2 BvE 2/08 und 5/08) am 30. Juni 2009 (NJW 2009, 2267) dahingehend verkündet (zit. nach FAZ und Süddeutsche Zeitung vom 1. Juli 2009, jeweils S. 1, daß

- der Reformvertrag von Lissabon zwar grundsätzlich dem Grundgesetz **entspricht**,

– aber nur mit dem **Vorbehalt**, daß die „europäische Integration nicht zur Aushöhlung des demokratischen Systems in Deutschland führen darf".

*Das bedeutet, daß den einzelnen Staaten (so auch Deutschland) zentrale Aufgaben (solche „von hinreichendem Gewicht") verbleiben müssen. Diese betreffen etwa die Verfügung über die* ***Sprache****, das* ***Strafrecht****, die* ***Polizei****, den* ***Strafvollzug****, das* ***Militär****, die* ***Staatsbürgerschaft****, die Erhebung von* ***Steuern und Sozialabgaben****, das* ***Familienrecht*** *und die* ***Religion****.*

74 Wenn Brüssel neue Kompetenzen beanspruchen will, die in diese Zuständigkeiten eingreifen, oder Abstimmungsmodalitäten verändern möchte (etwa den Übergang von der Einstimmigkeitsregel auf Entscheidungen mit qualifizierter Mehrheit), müssen

- der **Deutsche Bundestag** (bzw. bei betroffenen Länderinteressen) auch
- der **Deutsche Bundesrat** in jedem Einzelfall zustimmen.

In diesem Rahmen stellt das BVerfG ferner klar, daß es sich bei der EU (nur) um eine „auf Dauer angelegte Vertragsunion souveräner Staaten" handelt, die sich nicht zum Bundesstaat entwickeln dürfe.

Das entsprechende **„Begleitgesetz"** zum Lissaboner Vertrag, das diese Vorgaben berücksichtigt, hat der Deutsche Bundestag **am 8. Sept. 2009 verabschiedet**. Hauptinhalt: Wenn weitere relevante Zuständigkeiten auf Brüssel, also auf die EU, übertragen werden sollen, muß der Deutsche Bundestag zustimmen.

## VIII. Neue Zerreißproben der EU

75 Zu den (neuen/alten) Herausforderungen der EU zählen vor allem: Turbulenzen um den Euro (nicht nur der 17 Euro-Staaten), Binnenmobilitäten und der „große Strom" von jenseits der EU-Grenzen, Integrationsfragen („Kampf der Kulturen") und die künftige Erweiterungspolitik.

**Euro-Rettung wird für Deutsche teuer**

**Wirtschaftsweisen-Chef: Große Unsicherheit – „Griechen nicht nur mit Härte begegnen"**

aus: *NOZ* vom 20. Juli 2013, S. 1.

### 1. Droht der Zerfall der Euro-Zone?

76 Ende 2009/Anfang 2010 wurde bekannt, daß das EURO-Land Griechenland vor dem Staatsbankrott stand („Staatsinsolvenz"). Es folgten mit entsprechenden Bilanzen Irland, Portugal, Spanien, Slowenien und Zypern. Um den gefährdeten EURO zu retten, spannte eine Troika aus Europäischer Zentralbank (EZB), Internationalem Währungsfonds (IWF) und EU- Kommission finanzielle „Rettungsschirme" auf (EFSF,

abgelöst vom ESM) mit dem Ziel, den in Zahlungsschwierigkeiten geratenen Ländern günstigere Kreditbedingungen am Markt zu verschaffen. Das BVerfG (Az. 2 BvE 4/11) hat diese Hilfen als noch verfassungsgemäß (Art. 30 GG) gebilligt (zit. nach FAZ vom 8. Sept. 2011, 1). Die Richter verpflichteten die Bundesregierung jedoch, vor künftigen Hilfsmaßnahmen die Zustimmung des Deutschen Bundestags einzuholen.

Die Diskussion überrascht, weil nach der **„no-bail-out“** Klausel der europäischen Verträge kein EURO-Mitgliedsstaat für die Schulden eines anderen haften muß (keine Transferunion). **77**

*Daß diese Situation in einem Kriminologie-Buch erwähnt wird, hat mit den Konsequenzen der Turbulenzen zu tun: vor allem mit hoher (Jugend-)Arbeitslosigkeit insbesondere in Bankrottstaaten (vgl. unten).*

aus: *NOZ* vom 25. Mai 2013, 4

Der britische Liberaldemokrat *Ashdown* geht vor diesem Hintergrund davon aus (in Focus 46/2012, 50), daß der EURO „in der gegenwärtigen Form mit 17 Mitgliedern nicht überleben wird.“ Statt dessen würden „wir eine **Kern-Europa-Zone** bekommen: mit Deutschland, Österreich den Benelux-Staaten, Finnland und wahrscheinlich auch Schweden.“

Im April 2013 wurde in Berlin eine „Alternative für Deutschland“ gegründet (**Afd**), die den EURO (vgl. Rdn. 36) überhaupt abschaffen will; das Wählerpotential beträgt nach einer EMNID-Umfrage 26 % (zit. nach DER SPIEGEL 15/2013, 34). **77a**

### 2. Binnenwanderungen als soziales Problem

Die EU übt Anziehungskraft aus, nicht zuletzt durch relative Sicherheit und die Aussicht auf staatliche Transferleistungen. Insbesondere der deutsche Sozialstaat wird zum **„Wanderungsmagnet“** (*Buhl* in DSD 2/ **78**

2011, 35). Das war in der Vergangenheit so (vgl. Rdn. 2 zu § 24) und setzt sich mit Zuwanderungen aus Rumänien, Bulgarien und Afrika fort.

*a) Wanderungen vom Balkan*

79 Die Zuwanderer vom Balkan kommen nach dem EU-Beitritt Rumäniens und Bulgariens (2007) im Rahmen der EU-Freizügigkeit nach Kerneuropa, also **legal**: „Armutsflüchtlinge".

*Die Zeitschrift Focus titelte (10/2013, 46): „Die Armut kommt. Zehntausende Flüchtlinge wandern vom Balkan in die Bundesrepublik ein, Städte klagen über extreme Soziallasten, Viertel verwahrlosen, die Kriminalitätsrate in den Metropolen steigt massiv an".*

Entsprechende Beobachtungen liegen z.B. aus Kiel, Dortmund, Berlin, Mannheim, Duisburg und München vor, und zwar primär bezogen auf das sozial auffällige Verhalten der Volksgruppe der **Roma und Sinti**. Konkret geht es nicht nur um die Verwahrlosung des öffentlichen Raumes, sondern auch um den „Griff nach dem Geldbeutel" in der Fußgängerzone, ums Spendenbetteln", um Trickdiebstahl (am Geldautomaten) und um Wohnungseinbrüche (FAZ vom 29. April 2011, 15; WAZ vom 12. Sept. 2012, 1; NOZ vom 26. März 2013).

*b) Flüchtlinge aus Afrika*

80 **Illegal** versuchen verstärkt seit etwa 2000 Tausende (junge) Afrikaner (über das Mittelmeer) nach Europa zu gelangen. Einfallstore sind die andalusische Küste, Lampedusa, die Kanaren (Teneriffa, Gran Canaria, Fuerteventura, La Gomera) und Malta. Um gegenzusteuern haben die (damals noch) 15 Staats- und Regierungschefs der EU am 22. Juni 2002 in Sevilla die Verbesserung der Überwachung der EU-Außengrenzen beschlossen. Dementsprechend nahm am 30. Juni 2005 die EU-Grenzschutzagentur **FRONTEX** (Europäische Agentur für die operative Zusammenarbeit an den Außengrenzen der EU) ihren Betrieb auf (dazu B. *Walter* 2006, 735; krit. *de Boer* 2010, 18ff). 2008 hat die italienische Regierung sogar den „Flüchtlingsnotstand" ausgerufen. Die Befugnisse der Polizei gegenüber den illegalen Zuwanderern, die in brüchigen Booten versuchen, Europa zu erreichen, wurden erheblich erweitert (NOZ vom 28. Juli 2008, 4). Schon seit 2006 setzt Spanien Patrouillenboote und Überwachungsflugzeuge ein (SPIEGEL 21/2006, 111).

*c) Wiedereinführung von Binnengrenzkontrollen*

81 Darüber hinaus haben sich die EU-Staaten, das Europaparlament und die EU-Kommission Ende Mai 2013 darauf geeinigt, ab Herbst 2014 Binnengrenzkontrollen wieder zuzulassen (vgl. Zeitungsausriß unten). Danach dürfen die einzelnen EU-Staaten ihre Binnengrenzen bis zu zwei Jahren wieder kontrollieren, wenn die Sicherheit durch illegale Zuwanderungen „massiv bedroht" ist. Diese **Einschränkung der Reisefreiheit** war allerdings schon bisher auf der Grundlage des Schengener Durchfüh-

rungsabkommens möglich, aber nur (z.B. bei Großereignissen wie Fußball) bis zu 30 Tagen. Gleichwohl haben z.B. Frankreich und Belgien ihre Binnengrenzen in der Vergangenheit zeitweise sogar vollständig geschlossen, um unerwünschte Personen an der Zuwanderung zu hindern.

**Schengen kontrolliert wieder**

Bei einem Ansturm von Einwanderern soll ein Land seine Grenzen schließen dürfen – bis zu zwei Jahre lang. In Hamburg sind Hunderte Flüchtlinge aus Afrika gestrandet

aus: *DIE WELT* vom 31. Mai 2013, 4.

*Deutschland führt im Übrigen schon bisher im 30-km-Bereich Kontrollen hinter den Grenzen im Rahmen von Stichproben durch (dazu Kirchleitner/Bugisch 2009, 7ff). Man spricht von **„Schleierfahndung“** als Substitut für die weggefallenen Grenzen“ (Walter, B 2006, 731). Gemeint sind verdachts- und ereignisunabhängige Kontrollen auch solcher Personen im (binnen-)grenznahen Raum gegen die gar kein Tatverdacht i.S. von § 152 Abs. 2 StPO vorliegt(krit. Kühne 1999, 619).* 81a

### 3. „Kampf der Kulturen“?

Die Zuwanderer stammen aus den verschiedensten Kulturkreisen und hängen unterschiedlichen Religionen an. Die meisten der bisherigen Migranten sind Muslime. Vor diesem Hintergrund erwartet *Huntington* (vgl. oben Rdn. 49a) von der Zukunft Europas einen „Kampf der Kulturen“ (Clash of Civilisation, 1996). Auch der bekannte Journalist *Scholl-Latour* hält (in BamS vom 23. März, 37) „ethnisch-religiöse Bürgerkriege“ für denkbar. Auffällig ist immerhin, daß es bereits in Vorstädten europäischer Metropolen: in Frankreich, in England, in den Niederlanden und Ende März Anfang Juni 2013 sogar in Vororten (sozialen Brennpunkten) von Stockholm und Malmö, (Schweden) zu gewaltorientierten Krawallen aus den Reihen der zugewanderten (perspektivlosen) Armutsbevölkerung gekommen ist (vgl. Rdn. 39 zu § 23; Rdn. 34/34c zu § 24 und Rdn. 44 zu § 28). Es fragt sich allerdings ob die Motive religiös bestimmt waren oder nicht eher aus der sozialen Lage resultierten. Jedenfalls sollte man z.B. auch die Warnungen *Sarrazins* (Rdn. 69 zu § 24) ernst nehmen und nicht einfach im Rahmen der political correctness als rechtsextremistisch abtun. 82

Ein **Beitritt der Türkei** zur EU dürfte sowohl die religiösen als auch die sozialen Problemen, die in der EU schon heute in z.T. dramatischer Weise eskalieren, weiter verschärfen. Für den Fall eines EU-Beitritts dieses Landes rechnet auch die EU-Kommission (zit. nach DER SPIEGEL 41/2004, 26) wegen des Bevölkerungsdrucks (die dortige Bevölkerung nimmt rasant zu) mit größeren Zuzügen, und zwar „höchstwahrscheinlich nach Deutschland". Der frühere EU-Kommissar *Bolkesteen* warnte bereits vor „einer Islamisierung Europas" (zit. nach DER SPIEGEL aaO).

**Rumänien am Pranger**

Die EU-Kommission sieht Rechtsstaatlichkeit und Demokratie in dem osteuropäischen Sorgenstaat gefährdet. Brüssel will die Regierung überwachen

aus: *WAZ* vom 19. Juli 2012

**Schlußbemerkung: Wächst sich die EU zu Tode?**

83 Der Verfasser dieses Bandes hat schon vor fast zehn Jahren diese Frage gestellt (vgl. oben Rdn. 49). Daß die Aufnahme Bulgariens und Rumäniens (2007) gegen die Kopenhagener Kriterien (oben Rdn. 40) verstößt, ist inzwischen eine zu späte Erkenntnis. In beiden politisch unstabilen Staaten werden vor allem die Anti-Korruptionsstandards nicht erfüllt und Rechtsstaatlichkeit sowie Demokratie können nicht gewährleist werden (vgl. Zeitungsausriß oben). Daß Griechenland, Slowenien und Zypern mit ihren desaströsen Finanzen in die EU nicht hätten aufgenommen werden dürfen, ist auch kein Geheimnis. Kroatien durfte trotz aller seiner Probleme (hohe Schulden, verbreitete Korruption) am 1. Juli 2013 der EU als 28. Mitglied beitreten. Auf der Warteliste stehen außer der Türkei noch die Balkanstaaten Montenegro, Bosnien-Herzegowina, Serbien, Albanien, der Kosovo und Mazedonien. Vor diesem Hintergrund forderte der damalige Bundestagspräsident (*Lammert*), „die EU sollte keine weiteren Mitglieder mehr aufnehmen" (zit. nach NOZ vom 15. Oktober 2012, 1). Dahinter mag die Erfahrung stehen, daß man Probleme schwer lösen kann, wenn sie ständig zunehmen. Die EU braucht den Vertiefungsprozeß (vgl. oben Rdn. 28b und 33).

Übrigens: In England soll 2017 über einen Austritt aus der EU abgestimmt werden (vgl. Zeitungsausriß).

**Austritt aus der EU? Briten stimmen 2017 ab**

Scharfe Kritik aus Europa an Camerons Kurs

aus: *WAZ* vom 24. Jan. 2013, 1

# Stichwortverzeichnis

(*kursive* Zahlen verweisen auf Randnummern)